# 湖北省农村统计年鉴

## 2012

《湖北农村统计年鉴》编辑委员会编

中国统计出版社
China Statistics Press

©中国统计出版社 2012
版权所有。未经许可，本书的任何部分不得以任何方式在世界任何地区以任何文字翻印、拷贝、仿制或转载。

©2012 China Statistics Press
All rights reserved. No part of the publication may be reproduced or transmitted in any form or by any means, electronic or mechanical, including photocopying, recording, or any information storage and retrieval system, without written permission from the publisher.

图书在版编目（C I P）数据

湖北农村统计年鉴. 2012 / 《湖北农村统计年鉴》编辑委员会编. -- 北京 ：中国统计出版社, 2012.11
ISBN 978-7-5037-6751-7

Ⅰ. ①湖… Ⅱ. ①湖… Ⅲ. ①农业统计－统计资料－湖北省－2012－年鉴 Ⅳ. ①F327.63-66

中国版本图书馆 CIP 数据核字(2012)第 266962 号

湖北农村统计年鉴-2012

作　　者/ 《湖北农村统计年鉴》编辑委员会
责任编辑/ 佘竞雄
装帧设计/ 韩立友 朱江
出版发行/ 中国统计出版社
地　　址/ 北京市丰台区西三环南路甲 6 号 邮政编码/100073
电　　话/ 邮购（010）63376909　书店（010）68783171
网　　址/ http://csp.stats.gov.cn
印　　刷/ 武汉天宏印务有限公司
经　　销/ 新华书店
开　　本/ 880mm×1230mm　1/16
字　　数/ 1100 千字
印　　张/ 41
版　　别/ 2012 年 11 月第 1 版
版　　次/ 2012 年 11 月第 1 次印刷
定　　价/ 198.00 元

如有印装差错，由本社发行部调换。

# 编 辑 说 明

一、《湖北农村统计年鉴》(2012)由湖北省统计局、农业厅、水利厅、林业厅、水产局、畜牧局、农机局、农垦总公司、监狱管理局等部门共同编辑。

本年鉴营林统计资料由省林业厅提供;畜食品种改良、畜牧兽医组织、畜产品加工企业及规模养殖情况统计资料,由省畜牧局提供;水产统计资料由省水产局提供;农业机械统计资料由省农机局提供;水利建设资料由省水利厅提供;农业技术推广、应用和种植业资料由省农业厅提供;农垦和监狱系统农场资料由省农垦总公司和省监狱管理局提供;其余资料由省统计局提供。

二、2012年湖北农村统计年鉴文字资料主要反映2011年湖北省及各市州农业发展的成就。

三、"#"表示其中数。

四、本年鉴由于组稿、资料整理和编辑时间紧迫,难免有失误之处,敬请广大读者谅解,并欢迎指正。

# 《湖北农村统计年鉴》编辑委员会


主　任：毛凤藻

副主任：赵继华　焦泰文　刘晓洪

委　员：(以姓氏笔划为序)

丁山河　王润章　刘　纲　刘能玉

李　勇　李寿垓　吴庆峰　汪　玫

明　锋　陈红颂　曾　红

编　辑：(以姓氏笔划为序)

王　勇　刘烈辉　刘晓明　刘　芳

李清伟　李　岚　汪才清　张汉远

胡红梅　袁良晖　黄淑芬　韩立友

朱　江

责任编辑：佘竞雄

# 目　　录

## 一、文字篇



## 一、数据篇

### 1.农村基本情况



### 2.农业产值



### 3.总植业



### 4.林业和土特产



### 5.畜牧业

**6.渔业**



**7.农业机械化**



**8.农村用电及化肥施用**



**9.农业技术推行及应用**

**10.水利建设**



**11.农垦和监狱系统农场**

# 抢抓机遇　乘势而上
# 加快推进湖北农业强省建设

湖北省农业厅厅长　祝金水

2011年是极不平凡的一年，面对历史罕见的三季连旱、旱涝急转和重大动植物疫病等灾害，全省各级农业部门在省委、省政府的正确领导下，以开展"三万"和"治庸问责"活动为契机，狠抓强农惠农政策落实，围绕推进农业强省建设，着力转变农业发展方式，加快农业农村经济结构战略性调整，农村改革和发展不断深化，农业农村经济发展总体形势好于预期，有望完成或超额完成年初既定目标，呈现出持续健康较快发展的良好势头。

**一、2011年农业形势好于预期，"十二五"开局之年实现开门红**

2011年，可以说是领导高度重视，各部门合力支持农业力度最大的一年，是全社会关注度最高，农业农村经济发展活力最强的一年，是进入新世纪以来，农业发展形势最好的一年，全省各级农业部门团结一心，克难攻艰，开拓创新，共谋发展，服务能力得到明显提升，凝聚力、战斗力进一步增强，为促进农业农村经济持续较快发展作出了重要贡献，得到了省委、省政府和农业部的充分肯定。我省粮食生产还受到国务院的表彰奖励。据统计，粮食总产477.7亿斤，增产14.5亿斤，首次实现连续八年增产，果茶菜药桑等经济作物总产量增长4.1%；生猪出栏3871.38万头，增长1.1%，肉类总产量400万吨，同比增长6.9%；禽蛋产量147万吨，同比增长10.89%，水产品产量365万吨，增长3.4%；农产品加工产值突破6000亿元，与农业总产值之比达到1.5:1；饲料总产增长6.3%；农产品质量安全合格率达到98.7%，安全水平明显提高；年末农机总动力达到3571万千瓦，增长5.9%，耕种收综合机械化水平达到58%，提高2个百分点；全年农民人均纯收入增长18.3%左右，实现连续八年较大幅度增长。

2011年农业形势特点，集中体现在以下"八个增"。

1、*粮食大幅度增产*。面对历史罕见的自然灾害，全省各级农业部门坚持科技抗灾，抢住了播栽期，确保农作物不因灾掉面积，为全年丰收打下了坚实基础。实施粮食增产行动计划，有效扩大马铃薯、玉米等高产粮食作物71万亩，占新增粮食面积的88%。扎实开展优质高产创建，新增万亩示范片327个，推广集成技术，实施整县和整乡推进，带动了大面积的平衡增产，水稻单产增加19公斤，带动全省粮食综合单产增加6.83公斤，达到386公斤，创历史新高。

2、*农业比较效益显著增加*。新一轮"菜篮子"工程建设加快推进，果茶菜标准园建设步伐加快，畜禽标准化规模养殖水平不断提高，水产精养鱼池改造提档升级，农业标准化、规模化经营水平稳步提升，单位面积产出率明显提高。油菜继续保持全国第一水平。蔬菜设施栽培面积扩大，保有面积稳步提升。全省标准化万头猪场达到508个，数量稳居全国第1位，生猪和家禽规模养殖比例分别达到68%和82%。共完成精养鱼池改造40万亩，抗灾复产成效显著，推广健康养殖，名特优比重达到76%。“菜篮子”产品价格保持高位运行，生猪价格涨幅在47%，果茶价格涨20%，水产品和蔬菜上涨10%左右。与去年相比，种粮亩增收265元，每头生猪增收300元以上，每只蛋鸡增收30元以上，效益大幅增加。

3、农民收入快速增长。农民人均纯收入继续保持两位数增长，进入新世纪来第三次超过城镇居民收入增长幅度，增收绝对值为历年最高。据统计，2011年我省农民人均纯收入6897.92元，比上年增加1065.65元，增幅18.3%。连续两年增幅高于全国平均水平，总额居中部第一。

4、农村经营体制机制活力增强。全省经工商登记的各类农民专业合作社1.9万家，比去年底增长52.1%。指导孝感市孝南区三汊镇四个村，按照依法有偿自愿原则，成立土地股分合作社，探索土地流转和经营体制的新机制，既保障了农民利益，又有效利用了土地资源，为龙头企业发展规模经营探索了新路子。由此诞生的“春晖模式”被誉为现代农业的一面旗帜。到2011年底，全省家庭承包地流转面积666万亩，比上年增加173万亩，占承包耕地面积的14.8%，其中股份合作流转13万亩，增长42%。

5、农产品加工值与农业总产值之比迅猛增长。农产品加工“四个一批”工程实施进展顺利，园区建设速度加快，龙头企业实力明显增强。龙头企业发展加快，相继上马新项目，规模不断扩大，效益显著提高。农产品出口保持快速增长，2011年，全省农产品累计出口创汇14.3亿美元，同比增长32.1%。新增省级产业化重点龙头企业173家，国家级龙头企业15家。稻花香集团成为我省第一家销售收入过100亿元企业，福娃集团过50亿元，益海嘉里、洪湖浪、银丰集团、国宝桥米、襄大、奥星等过30亿元，全省销售收入过10亿元企业新增6家，达到32家。农产品加工产值突破6000亿元大关，增速位居全国前列。

6、农产品质量安全监管水平增强。组织龙头企业和农民专业合作社，参加各类产品交易和推介会，开展农超对接、水产品进香港等活动，全年共计签约产购销合同金额100亿元以上，农产品市场竞争力和占有率明显提升。开展“三品一标”建设，产品总数达到4137个，总产值614.2亿元，总量规模位居全国前列。农产品质量安全检测机构建设加快，检测人员素质明显提高，监测体系进一步完善。扩大监测品种范围和抽查频次，开展饲料和瘦肉精专项检查，农产品质量明显好转，全省农产品质量安全总体合格率高达98.7%，比去年提高0.2个百分点，居全国前三位。

7、农业生产方式现代化程度快速增长。早稻集中育秧，工厂化育秧实现零的突破，水稻直播、再生稻和超级稻应用面积进一步扩大，经济和社会效益显著。脱毒马铃薯大面积推广，无土栽培取得成功并开始应用。测土配方实现全覆盖，秸秆还田、免耕直播等技术广泛应用，统防统治、绿色防治进一步推进。农业机械化水平加快提升，全年共落实购机补贴金8.6亿元，补贴各类农机具37万台。油菜机收创新高，达到382万亩，机播162万亩，继续领跑全国；水稻机插面积668万亩，居全国第3位。农村清洁能源建设稳步推进，积极试点示范建设生物质炭化、气化、秸秆沼气工程14处，完成清洁能源入户工程30万户，普及率达到33%。

8、全社会抓农业的合力增强。省委、省政府高度重视农业，把农业摆在重中之重的位置。鸿忠书记提出“高价买粮”、“用非经济的观念抓农业”等新思路，解放了思想，为农业发展注入了新的重大动力。组织开展“三万”活动，动员十万名干部和社会各方面的力量齐心合力抓农业。召开高规格的建设农业强省工作会议，提振了精神，凝聚了力量，明确了目标，落实了措施，吹响了农业强省建设的号角。农业法制建设取得新成果，省厅获得省“五五”普法先进单位。领导的高度重视，全社会对农业的高度关注与支持，为促进农业农村经济持续健康发展提供了强有力的保障。

**二、明确工作重点，扎实做好2012年农业工作**

省政府确定，2012年是推进农业强省建设年，我们将迎来党的十八召开，抓好农业农村工作，巩固当前农业好形势，保持农业农村经济持续健康发展至关重要。应该说，抓好今年农业农村工作我们面对许多有利条件，党中央始终把“三农”工作放在全党工作的重中之重，连续第九年出台一号文件关注“三农”，强农惠农政策力度进一步加大，“三农”政策支持体系渐趋完善。省委、省政府高度重视农业农村工作，出台一系列关于加快推进农业强省建设的政策措施，连续两年开展“三万”活动，各地各部门和社会各界重视农业、支持农业、合力抓农业的氛围更加浓厚。农民收入连续八年较快增长，发展生产积极性较高，各类工商资本纷纷投资农业，农业投入主体的多元化，农业规模化、集约化、产业化和专业化发展势头较好等等。这些都为我们抓好2012年农业工作创造了良好的发展环境和政策机遇，作为农业部门，我们一定要在推进农业强省建设中有所作为。

2012年农业工作的总体要求是，认真贯彻落实全国农业工作会议、全省经济工作会议和全省农村工作会议精神，坚持科学发展观，紧紧围绕农业强省建设，着力加快农业发展方式转变，加强科技创新，提高农业综合生产能力，加快生产方式变革，提高农业比较效益，建立健全三大体系，提高农业社会化服务水平，推进一二三产业融合，提高农业产业化经营水平。力争粮食增产5亿斤，农民人均纯收入增长10%以上，农产品加工值与农业总产值之比达到1.8:1，确保不发生区域性重大动植物疫病，确保不发生重大农产品质量安全事故。

在具体措施上，重点抓好以下几项工作落实。

（一）坚定不移地把粮食生产放在首位，确保粮食稳定增产。抓住粮食生产不放松，稳定提高粮食产能，始终是我们农业部门的首要职责。现在中央对农业的投资，50%左右的资金集中在粮食上，因此，抓好粮食生产、把粮食生产搞上去也是我们湖北在中央争地位、争项目、争资金的重要法码。一是严格落实惠农政策。加大惠农政策宣传，让党的惠农政策家喻户晓。与有关部门一道，严格落实中央和省里支持发展粮食生产的强农惠农政策，重点向粮食大县和种粮大户倾斜，充分调动地方政府抓粮食，农民群众种粮食的积极性。二是稳定扩大粮食面积。这是确保粮食增产的基础。要进一步压缩冬闲田，确保种满种足。抓好早稻集中和工厂化育秧，发展双季稻和再生稻，提高复种指数，挖掘单位面积产能。在丘陵和坡岗地，大力发展玉米、马铃薯等高产粮食作物，确保粮食种植面积稳定在6200万亩以上。三是组织开展优质高产创建。实施种子工程，繁育和推广一批自有高产良种，提高自给率。大力发展粳稻，提高稻米的品质。推广以专业化统防统治、测土配方施肥等为主的集成技术，实施整乡整县推进，开展优质高产创建，提高创建标准，带动平衡增产，力争粮食作物综合单产提高1%。

（二）坚定不移地推进农业生产方式变革，稳步提高农业比较效益。在确保粮食稳定增产的基础上，坚持效益优先的原则，着力调整种养结构，改革传统农业生产方式，大力发展设施农业和高效农业。一是以标准园创建为主，发展园艺作物。开展部级和省级园艺作物标准园创建，大力发展蔬菜设施栽培，加大果园、茶园改造升级，提高单位面积产出率，落实耕地补偿制度，确保蔬菜800万亩保有量面积落实，力争设施栽培比重达到25%，提高5个百分点。二是以标准化规模养殖为主，加快发展畜牧业。开展“四级联创”，稳定发展大型标准化规模养殖场，重点发展以生猪150模式、蛋鸡153模式为主的家庭标准化规模养殖，力争规模化养殖比重提高1个百分点以上。三是以精养鱼池改造为主，加快发展水产业。加快水产良种体系建设，加大精养鱼池改造，扩大健康养殖，向水体要产量、要效益，力争完成40万亩改造任务。加快发展名特优水产品，力争名特优比重达到80%以上。四是以农机与农艺结合为主，推进农业机械化。严格执行购机补贴政策，加大政策倾斜力度，扶持发展农机专业大户和农机合作社。加强技术创新，研究、探索和推广一批操作简便、易于接受、与农艺结合较好的新机械、新技术和新模式，力争农机综合作业水平达到60%，提高2个百分点。五是以发展生态农业为重点，提高资源利用率。大力推广猪—沼—菜、猪—沼—果等种养相结合的各类循环农业模式和种青养鱼、生猪发酵床等生态农业技术，提高资源有效利用率，促进农业可持续发展。优化调整农村沼气投入结构，支持发展农村能源服务中介，提高沼气利用率，降低农村面源污染。

（三）坚定不移地实施农产品加工“四个一批”工程，提高农业产业化水平。一是大力扶持畜牧产业化。充分利用好武汉农畜产品交易所交易平台，掌握市场信息动态，服务畜禽产业。加快省级畜产品加工园区建设，项目资金重点向畜产品加工龙头企业倾斜，力争明年畜产品加工企业规模、产值、品牌创建等有一个大的提升。扶持襄大、同星等重点本土畜产品加工企业，在基地建设、品牌创新、市场开拓和技术服务等方面给予支持，帮助尽快打造成百亿元产值企业。二是支持企业做大做强。加快承接沿海产业转移，引进一批全国百强龙头企业。充分发挥省农业产业化信用担保公司的融资优势，加强与银行和金融部门合作，共同帮助解决企业加快发展的资金需求。坚持市场化运作，强化引导，推动企业联合重组，创新融资方式，争取一批企业上市经营，力争在畜牧和种业企业上有所突破。三是开展精品名牌创建。重点突出品牌整合和推介，实行优势互补，推进强强联合，支持品牌做大做响，提高产品知名度。组织企业和合作社参加各类产品推介会、交易会和展销会，开展农企对接、农超对接，提高品牌的影响力，增强市场竞争力。四是完善利益联结机制。总结推广股份合作、“企业+合作社+农户”模式，进一步密切企业与基地、农户的利益联结。发挥专业合作社一头连基地和农户，一头接市场和企业的作用，发展订单农业，规范订单行为，提高订单履约率，促进企业、农户和合作社“多赢”。

（四）坚定不移地加强农产品质量安全监督管理，确保不出现重大农产品质量安全事故。一是推行标准化生产。继续开展标准化示范区建设，提高建设标准，扩大建设范围。进一步健全完善农业标准体系，鼓励龙头企业和农民专业合作社推广标准化生产技术，提高产品质量。创新方法，强化监管，建立健全规范的“三品一标”认证动态进退机制。二是加强农产品质量监测。加快农产品质量安全监管体系建设。全面实施产地准出和市场准入制度，完善产品质量追溯制度，建立完备的农产品质量安全追溯体系。进一步扩大监测品种和范围，提高检测频次，认真落实好农产品质量安全属地责任制，建立问题约谈和通报制度，不断完善质量监管机制，提高监管水平。三是加强农业执法。抓好农资主推公告制度，组织经常性农资打假专项活动，开展禁限农药、饲料和饲料添加剂、生鲜乳等专项整活动，从源头保证农产品质量安全。加强执法队伍建设，开展“检打联动”，加大质量安全违法追究力度，形成对违法行为的威慑和高压态势。积极争取省人大、省政府的指导和支持，加大调研和协调力度，力争尽快出台《湖北省土地承包经营管理条例》和《湖北省耕地质量管理条例》。

（五）坚定不移地推进农村经营体制机制创新，发展适度规模经营。一是推广土地股份合作。推广春晖模式，重点支持一批实力较强的农机专业合作社，领办和创办土地股份合作社，发展适度规模经营。鼓励各地结合实际，适应当前农村形势需要，创新农村经营体制机制，探索一批成熟的发展适度规模经营的好模式。二是加强规范引导。进一步完善农村经营管理，加快建立以县市为单位的农村土地流转服务中心，设立乡镇分支机构，为土地委托流转、流转储备等提供服务平台。建立健全农村土地评估体系和土地纠纷仲裁体系，畅通土地承包经营纠纷调解仲裁渠道，确保农村稳定。三是规范发展农民专业合作社。继续开展省级示范合作社创建，促进规范发展。通过联合、重组和参股经营，发展一批集生产、营销、农机服务等于一体的大型综合专业合作社，提高农业社会化服务水平和农民组织化程度。

# 2011年湖北农村经济形势分析

湖北省统计局　袁良晖

2011年,我省农业农村经济经历了异常复杂的市场形势和较为严重的连旱天气及旱涝急转等自然灾害影响。在省委、省政府的正确领导下,全省各地区、各部门以深入推进社会主义新农村建设,促进农业增效、农民增收为核心,坚持科学发展观,继续深化农业结构调整,切实落实各项惠农政策,立足科技抗灾促丰收,抢抓机遇,迎难而上,较好地完成了农业农村经济发展目标,为"十二五"规划的实施奠定了良好开局。全省粮食实现较大增产,畜牧业生产稳中趋好,水产业生产逆势而上,农产品价格中前期高位运行,后期增幅虽有所放缓,但全年增长仍然较快,农业综合生产能力进一步增强,农业经济整体继续保持较快增长,农民收入明显增加。

## 一、总体形势

### (一)农业发展继续保持较快增长

2011年,全省农林牧渔业增加值达到2569.3亿元,扣除价格因素,比上年增长4.4%,其中农业增长5.8%,林业增长9.0%,牧业增长1.2%,渔业增长2.0%,农林牧渔服务业增长10.0%。全省农林牧渔业增加值增幅连续8年保持超过4%的快增长。

### (二)主要农产品生产情况良好

1.粮食较大增产

2011年粮食作物播种面积4122.07千公顷,比2010年增长1.32%。夏粮播种面积增长2.98%,总产增长1.24%,增收1.04亿斤。早、晚稻因旱播种面积分别比上年减少3.41%、2.16%,早稻减产0.51亿斤,下降1.29%;晚稻减产1.06亿斤,下降2.07%。中稻是2011年粮食的主要增长点,播种面积增长1.52%,增产13.39亿斤,增长6.07%;玉米播种面积增长3.44%,增产3.04亿斤,增长5.82%。全年粮食总产2388.53万吨,比上年增加14.54亿斤,增长3.14%。

2.棉花恢复性增长

自2009年9月开始,棉花价格一直居于高位,农民从棉花种植中得到实惠,种棉积极性高涨。2011年棉花种植虽因前期干旱影响,面积有所调减,但仍比上年略增1.79%,达488.66千公顷。2011年棉花生长进入6、7月份后,天气条件较适宜,病虫害也偏轻,与受严重涝灾影响的2010年相比(棉花单产因灾减产5.9%),2011年属恢复性增产年份,全年棉花总产达52.58万吨,增长11.45%。

3.油料作物相对稳定

2011年油料作物种植面积1429.57千公顷,比上年减少1.32%,单产142.1公斤/亩,比上年下降0.97%,总产304.72万吨,比上年减少7.08万吨,减幅2.27%。其中全省油菜籽种植面积1141.4千公顷,减少1.58%,单产128.73公斤/亩,下降3.72%,总产220.39万吨,减少12.18万吨,减幅5.24%。夏油减产受年初干旱低温影响,但总体上仍保持了相对稳定。

4.畜牧生产稳中趋好

2011年春节后，生猪市场价格节节攀升，到7月中旬生猪价格达10元/斤后，除中间出现小幅震荡外，一直维持此高价位。随着生猪市场行情看涨和养殖效益的大幅度提高，社会资本投资发展生猪养殖业的积极性明显回升，一些养殖单位和养殖大户纷纷填槽补栏。湖北省生猪存栏一年多持续下滑的局势在2011年得到根本扭转，能繁母猪存栏量也开始逐步回升。当前，全省生猪生产已经走出生产低周期，步入新一轮的快速增长阶段。

全省畜牧业在广东温氏集团、精武集团等龙头企业的带动下发展势头强劲，全省生猪、肉鸡、肉鸭等产业基地扩张迅猛，已走上高产稳产的良性循环轨道。全年全省生猪出栏3871.4万头，比上年增长1.1%；牛出栏126.4万头，增长2.7%；羊出栏501.9万只，下降1.45%；家禽出笼45885.1万只，下降1.7%；禽蛋产量137万吨，增长3.3%。总体上看，全省畜牧业生产产能得到了一定提升。

在综合总成本的推动下，生猪及其它畜产品这种高价位运行态势和良好发展势头将会持续到2012年春节以后。

5.水产业逆势而上

2011年湖北省水产业受旱时间长、范围广、损失大、影响深，而且鄂东南地区在6月份还遭受了旱涝急转，给水产业生产带来了严峻挑战。尽管上半年全省水产业各项主要经济指标同比均有所回落，但自6月底以后，抗灾复产的成效十分明显，全省养殖面积全面回升，水产业生产形势开始全面好转。加上前冬去春我省改造的精养鱼池已有32万亩开始投入生产，为全年保规划、保目标奠定了良好基础。全年全省水产品生产在十分困难的情况下逆势而上，全年总产达365万吨，比去年增加12万吨，增长3.4%。

6.蔬菜茶叶水果产量增长较快

2011年以来，湖北全省各地积极开展新一轮"菜蓝子"工程建设，加快发展城郊蔬菜和设施栽培。全年蔬菜产量达3358.6万吨，比去年增长7.25%。茶叶、水果生产基地不断扩充，全年茶叶产量18.42万吨，增长11.16%；水果产量521.78万吨（不含果用瓜），增长19.36%。

（三）秋冬播面积平稳增长

我省高度重视发展冬季农业生产，做到了早谋划、早宣传、早发动，突出发展重点，压减冬闲田，继续积极发展脱毒马铃薯、优质小麦和优质油菜生产，注重抓好适销对路的蔬菜、经济作物的生产，全年全省秋冬播面积继续保持了平稳增长。统计资料显示，截止到2011年12月20日，全省农作物秋冬播面积达3283.53千公顷，比上年增长2.64%。其中粮食面积1520.3千公顷，增长5%；蔬菜面积456.35千公顷，增长2.45%；油料面积1221.03千公顷，增长0.8%；其他作物面积86.24千公顷，减少8.58%。

（四）农民增收形势明显好于上年

2011年全省农民人均纯收入达6897元，比上年增长18.3%。农民增收形势明显好于上年，主要基于三点：一是打工经济继续对农民增收起到较好的支撑作用。二是农产品价格大幅上涨带动农民一产业增收。虽然我省农业遭受了历史罕见的自然灾害，但并非全局性，全省农业生产总体平稳，主要农产品产量稳中有增，而且大宗农产品价格大幅上升，有力促进了农民一产业增收。三是非农自营稳步发展，对农民增收的贡献明显提高。四是各项惠农政策使农民得到了相应实惠。

## 二、基本特征

（一）"三农"投入力度进一步加大

2011年全省各部门紧紧把握“三化同步”、“两增同步”的新要求，不断加大对“三农”的投入力度。省财政部门认真履行职能，采取加大投入，加强资金调度，围绕支农重点，全面落实惠农政策等措施积极支持全省“三农”发展。省水利部门开展大规模的农田水利建设，取得了显著成效。人民银行武汉分行切实履行自身职责，大力推进全省金融支持“三农”发展工作。省国土部门以提高农业生产能力、提高农民收入水平、服务新农村建设为目标，积极组织实施2011年土地整治项目。

(二)政策效应明显

近年是我省出台扶持惠农政策最多最实的时期，对促进农业健康发展起到了明显效果，粮食补贴范围的扩大和标准的提高以及新增粮食产能任务的实施，使种粮效益明显提高，同时，国家又再次提高粮食收购价，极大地调动了农民种粮积极性，刺激了粮食面积的增长，全年粮食种植总面积继续扩大，为确保全年粮食增产打下了坚实基础。

湖北农产品加工业在“四个一批”工程的实施下加快了发展步伐。2011年，全省农产品加工业产值达到6849亿元，比上年增长52.3%，农业产值与农产品加工业产值之比达到1:1.61(2010年为1:1.39)。农产品加工业的快速发展对推进农业产业化经营，促进农民增收、农业增效，起到了积极作用。

(三)农产品价格整体虽大幅上升，但后期趋于温和

2011年受国家上调粮食最低收购价格以及生猪、蔬菜、水果价格持续走高等政策性和国内外市场因素影响，农产品价格整体大幅上升，但到第4季度，价格涨幅环比回落，趋于温和。2011年农产品综合价格指数为115.07，与上年相比价格总体上涨15.07%。其中种植业产品价格指数为110.25；林产品价格指数为108.36；牧业产品价格指数为128.86；渔业产品价格指数为108.40。

(四)农民外出务工形势较好

随着国内经济形势的进一步回暖，企业用工持续吃紧，农民外出务工形势继续向好。统计资料显示，2011年我省农民外出从业人员达到1045.37万人，比上年增加35.85万人，增长3.5%。其中省内就近就业人员增长较快，省外就业人员增长趋于平稳。其主要原因，一是由于我省新农村建设用工和基本建设用工机会增加，且农业比较效益明显提高，部分农民工考虑回省务工兼务农更加方便划算，出现农民工回流本省现象；二是省内务工工资增幅明显高于省外。据调查，2011年在省内就近就业人员月工资标准一般在2000元左右，比上年平均增加400元，增幅达25%，比在省外就业人员工资增幅高出近10个百分点。

**三、存在的问题**

(一)农业生产成本增加，影响农民增收的持续性

目前，农业生产成本不断增加，主要原因：一是抗旱打井、抽水等投入成本增加；二是因旱补种、改种、补投鱼苗等造成生产成本增加；三是农资价格普遍上涨。据调查，2011年种子上涨幅度约30%，肥料上涨幅度约25%，农药上涨幅度约为10%，农膜上涨幅度约为11%；四是机耕费、人工成本大幅增加。以上这些因素抵消了农产品价格增长所带来的收益，成为了农民增收的制约因素。

(二)生猪生产仍存隐忧

虽然价格走势好，部分规模户可以实现自繁自养，并自配饲料，养殖积极性高，但是仔猪价格、饲料成本居高不下、人工成本持续上涨等加重了养殖户的负担及对市场预期的顾虑，没有经济实力和缺乏经验的养殖户不敢大量填槽补栏。

(三)农村劳动力不足影响农业生产

由于大量农村青壮年劳动力外出务工或经商，农村劳动力数量少，且多为老弱病残，部分地区因劳动力

不足的负面影响已开始显现。此外，劳动力素质低，科技意识薄弱，创新意识不强，还较大程度上影响了农业生产进度和新品种新技术的推广。

**四、对2012年形势的判断**

从当前农业的各项政策因素和主要农产品市场价格变动及农民外出务工的情况看，如果不发生大的自然灾害，2012年湖北农业生产将继续保持较高速度的稳定增长，农民增收将延续2011年的快速增长态势。

(一)农产品综合价格将保持较高价位，但上涨不如去年迅猛

2011年农产品综合价格指数出现了较大幅度的上涨，虽然年底进入消费旺季，但生猪等主要农产品价格上涨空间不大，预计2012年农产品综合价格指数上涨不如2011年迅猛。

(二)粮食生产仍将保持稳定发展态势

在国家鼓励粮食生产的各项强农惠农政策的推动下，农民的种粮积极性将进一步提高。我省新增粮食产能建设的规划将继续刺激明年粮食种植面积进一步扩大，只要气候正常，湖北粮食产量将继续保持稳定增长。

(三)畜牧业将呈现较快发展

畜牧业将呈现较好发展的主要原因，一是国家和省对生猪生产扶持政策的继续实施将使规模养殖成为畜牧增长的主导；二是在温氏集团、雨润集团和精武集团以及在省内的其他大公司、大集团的龙头带动作用将进一步显现；三是2011年畜产品的高价位、高利润推动我省畜牧业生产产能扩张，效应将在明年得以充分发挥。

(四)渔业将实现快速增长

随着我省精养面积的不断扩大和以小龙虾为主的特种水产品养殖的大发展，2012年渔业将实现快速增长。

**五、有关建议**

(一)进一步加强农田水利基础设施投入

继续认真贯彻落实中央和省委1号文件精神，强力推动全省农田水利基础建设，采取积极有效措施，着力改善我省农业主产区农田水利基础设施，提高抵御自然灾害能力。

(二)进一步加大对农资市场的监管力度

要严格规范农资市场的经营行为，加大“打假”力度，净化农资市场，稳定农资价格，切实保护农民的合法权益。

(三)加大对畜牧养殖户的资金投入

建议金融部门进一步扩大金融信贷投入，开展“小额贷款”业务，降低信贷门槛，放宽信贷条件，并通过财政补贴息的方式，争取向养殖户投放更多信贷资金。有关部门应该进一步完善激励措施，加大对中小规模养殖户的扶持力度。

# 2011年湖北省水产业经济形势分析

湖北省水产局　王勇　唐立

2011年是“十二五”开局之年，是转变渔业经济发展方式的攻坚时期，加快渔业建设的重要时期。全省水产系统坚持以科学发展观统领全省渔业发展全局，大力贯彻“让千湖之省碧水长流”的战略决策，以“不与粮争地、不与人争水”为发展前提，着力突出品牌和效益，走“湖泊拆围、水库限养、江河禁捕、改造鱼池、加工带动、品牌增值”的发展之路。

尽管今年历史罕见的特大旱灾给水产业带来了严峻挑战，但在党中央、国务院、省委省政府以及各有关部门的大力支持下，全省各级水产部门齐心协力抗旱魔，千方百计保生产，多措并举保增收，终于取得了抗旱救灾的初步胜利，6月底以来，随着各级渔业救灾资金的全面到位，渔业生产已经走上正轨，各类水产品长势良好，全省水产品市场总体上仍将保持量足价稳的态势，实现了保规划保增收的目标。2011年全省水产养殖面积达1000万亩，比去年增15万亩，增1.5%；产量357万吨，比去年增4万吨，增1.2%；全年渔民人均纯收入为8200元，比去年增500元，增6.5%；渔业产值达到507.5亿元，同比增49.5亿元，增10.8%；渔业为全省农民人均增收贡献25元。

## 一、全省渔业经济形势

受60年一遇特大旱灾影响，上半年全省水产业生产面临较大困难，各项主要经济指标同比均有所回落，但自6月底以来，全省水产业生产形势开始全面好转，抗灾复产的成效十分明显，主要表现在：

1、水产品产量止跌回升。全省累计实现水产品产量357.2万吨，同比增4万吨，增幅1.2%。

2、养殖面积全面回升。全省养殖面积为1000万亩，比去年底增15万亩，比上半年增38万亩。主要原因是各地抗灾复产工作进展顺利，加上去冬今春我省完成改造的精养鱼池共计40万亩已经开始投入生产，增值效益逐渐放大，为全年保规划、保目标奠定了良好的基础。

3、苗种生产和投放恢复迅速。受旱灾影响，上半年全省苗种损失较大，一度减产达101亿尾，减幅16.6%。为了满足全省渔业生产的需求，我们采取多种措施积极保障苗种的供应。一是将中央的救灾资金重点用于苗种繁育和苗种的购置，国家级和省级原良种场、市州级苗种繁育场共补助2460万元；二是抢抓季节，积极开展大规格苗种的繁育和培育工作；三是加大苗种基地建设资金投入，仅上半年我省就投入苗种繁育体系建设专项资金3328万元（其中小龙虾苗种繁育2000万元，名优苗种繁育400万元，原良种基建项目600万元，苗种基地建设和亲本更新328万元），有效的改善了苗种繁育基础设施条件；四是加大苗种调剂力度，重点补投产量高、见效快得优质品种。全省全年生产苗种达到697亿尾，投入鱼种83.7万吨，同比增7.7万吨，增10%，基本能够满足生产的需要。

4、水产品出口加工实力量减价增。全省水产品出口产量1.78万吨，同比下降19.8%；出口创汇1.74亿美元，同比上升1.74亿美元，同比上升23.4%。其中小龙虾出口9781.3吨，减幅达47.4%；出口额1.14亿美元，略降2.5%。 鱼出口额2628万美元，同比增幅达174.7%；活鱼出口额2302.7万美元，同比增幅达61.2%。出口量下降而出口额上升的主要原因在于受干旱和国内市场消费需要影响，小龙虾、 鱼等主导出口品种涨幅显著，以龙虾仁为例，出口价由8500美元/吨上涨至13200美元/吨，同比上涨了55.3%。

5、水产品市场行情看好，价格稳中有升。全省水产品价格走势较好，尤其是第二季度增幅较为显著，水产品价格普涨，其中大宗品种涨幅达20%，鳊鱼、鲫鱼等涨幅超30%，小龙虾、斑点叉尾 、河蟹等名特品种几乎翻番。年底随着商品鱼的大量上市，部分大宗品种价格有所回落，但与去年相比，水产品价格整体仍呈上升趋势，产地平均价格同比增10%以上。主要因素如下：

一是市场需求导致价格上升。

由于我省历来是水产品外调的主要省份，大宗产品常年外销量占40%以上。上半年，受日本核辐射影响，沿海地区海水水产品的需求大幅下降，导致淡水水产品需求上升，许多地区如上海、广东等地都派专门采购队来我省采购淡水水产品。同时由于上半年的特大旱灾导致近期水产品供应趋紧，导致价格大幅上升，尤其是小龙虾旱灾期间减产严重，价格翻了一番，而且是有价无市；河蟹由于旱灾影响，上市时间推迟，价格也比往年有大幅攀升，据10月大宗水产品市场交易平台数据反馈，河蟹销售量同比大幅增加； 鱼受国内外市场需求的影响，价格由往年的10元/公斤涨到18–20元/公斤以上。

二是CPI的上涨间接拉升水产品市场价格

今年以来，国内CPI一直处于高位，尤其是猪肉一再创出历史新高，价格一向比较稳定的水产品成了肉类消费的替代品，导致水产品消费需求攀升。

三是养殖成本增加导致水产品价格高位运行

上半年，我省受旱灾影响，各地养殖场抗灾复产力度大，采取一系列救灾复产措施，如清塘并塘、调控水质、补充亲鱼、调剂鱼种，这些都在客观上助推了养殖业生产成本的大幅提升。饲料、渔药、人工、运输等成本的上涨以及抗灾水电、燃油等费用支出增加，养殖成本大幅提高。据调查，我省塘租增10－15%，人工成本增20%，水电燃油增16%，饲料涨10－15%，鱼肥涨25%，鱼药增1%，仅养殖成本较上年增0.5元/公斤。如荆州市截至8月底，共投入饲料90万吨，较去年增加10万吨；投入鱼药14000吨，较去年增加3000吨；生物鱼肥12500吨，较去年增加2700吨。黄冈市今年池塘混养饲料每吨3250元/吨，涨200元左右；磷肥均价达到660元/吨，较上年大幅上涨；碳铵价格受煤炭及工业用电价格上调影响，价格达到820元/吨，同比涨160元。

此外严重旱灾致使苗种供应紧张，常规品种苗种价格上涨30%，名特优苗种价格上涨50%，特色品种如小龙虾和 鱼苗种价格涨幅达100%。这些因素都导致了水产品的价格上涨。

**二、我省水产业发展特点**

1、抗旱救灾复产工作成效明显，渔业生产形势好转

今年历史罕见大旱，导致全省72个渔业主产区普遍受灾，全省水产成灾养殖面积369万亩，损失成鱼15.6万吨、鱼种4.9万吨，少繁育苗种101亿尾，直接经济损失25.3亿元。旱情发生时，省局迅速启动应急预案，组成了全省水产抗旱救灾指挥部，下发紧急通知和技术指导手册，并组成四个抗旱工作组，实行分片包干、专家驻点责任制。组织1000多名省、市、县水产技术人员，深入受灾严重的基地、村镇，帮助渔民掌握生产自救技术要点，分类指导渔民科学应对灾情，多种措施提水保水，千方百计调剂补投鱼种，因地制宜调整优化养殖模式，保证了渔业生产在大旱之年，把损失降到最低限度。

在今年抗旱救灾的关键时刻，农业部下拨救灾资金1亿元，省政府落实救灾贷款财政贴息8400万元，加上实际投入生产的近12亿贷款资金，仅中央和省两级用于抗灾复产的资金就达13亿多元，力度之大，覆盖之广，前所未有，有力地支持了渔民生产自救，有力地确保了渔业生产于大灾之年不滑坡。从目前的情况看，全省水产业千方百计保生产的综合性措施发挥了明显的作用，尤其是6月下旬以来，雨水恢复正常，渔业生产稳步回升，全省抢繁抢育鱼苗150亿尾，调剂补投名优苗种18亿尾，放养面积达1000万亩，优化养殖结构面积36.5万亩，为全年保规划保目标打牢了基础。

2、各级党委政府出台的强渔惠渔政策前所未有，有力地促进了渔业生产的快速发展

党中央、国务院、省委、省政府一直高度重视湖北水产业的发展，尤其是近年来，国家在制度、政策和投入上采取了一系列的重大举措，强渔惠渔政策含金量之高、受惠面之广，前所未有，极大的调动了各地发展现代渔业的积极性，极大的促进了湖北水产业的健康、持续、快速发展。

2011年，全省水产业争取中央、省级等各类项目资金近7.513亿元，比2005年增长了近10倍，比2010年的4.2亿元增3.3亿元，增79%，创历史新高。其中：争取中央财政支渔专项补助资金5.79亿元；争取省级财政支渔专项1.723亿元，其中精养鱼池改造资金3600万元，小龙虾及板块资金4500万元，救灾贷款财政贴息8400万元，省级渔业基础设施建设以及苗种补助等730万元。

7.5亿元的项目资金中各类惠渔补贴政策达50700万元，其中燃油补贴28700万元，精养鱼池改造“以奖代补”3600万元，中央抗旱复产救灾补贴10000万元，省财政救灾贴息贷款8400万元。以全省189万渔业人口计，仅中央和省两级惠渔补贴就可以为全省渔民人均增收268元。中央和省级救灾资金、惠渔补贴的及时到位，不仅使渔民获得了恢复生产所需的资金，更重要的是使其抗旱救灾保收的信心得到大大增强。

一系列的强渔惠渔政策，激发了全省转变发展方式、建设渔业强省的热情与活力，使水产业连续多年保持健康快速的发展势头，不仅为丰富城乡居民的“菜篮子”、保障农产品安全有效供给发挥了重要作用，更为农业增效农民增收作出了重要贡献。

3、实施精养鱼池改造工程和现代渔业工程，渔业综合生产能力大幅提升

实施精养鱼池改造工程是“十二五”期间湖北省委省政府支持水产业发展的重大举措之一。目前，全省已改造并投入生产的精养鱼池面积达到40万亩，已全部完成年度任务。3600万元的省级“以奖代补”资金已经撬动了10亿元的地方配套、农民自筹和社会资本。如监利县财政拿出400万元“以奖代补”资金和600万元周转金支持鱼池改造；天门市积极探索水面有序流转的新机制，推动养殖水面向养殖大户和龙头企业集中，引入社会资本6100万元对老化鱼池进行集中连片改造。已经完成精养鱼池改造的地区开始逐步从中受益，改造后的鱼池单产预计可提升30%以上，亩平效益可增加2000元左右，部分重点渔区达到了一池变两池，效益翻一番。精养鱼池改造工作受到渔民的普遍好评，渔民反映说：“改造后的鱼池改养名特优品种，可一塘变两塘，产量增一半，效益翻一番”。

同时，2008年–2011年，中央财政支持我省现代水产业发展项目投入达3.74亿元，整合地方财政投入4.3亿元，引导企业资本投入7.6亿元，累计改造精养鱼池35万亩。其中：2011年，在省委省政府、省财政厅以及各级地方党委政府的大力支持下，目前已投入中央财政资金1.2亿元，整合各级财政支农资金投入1.4亿元，引导社会资金投入2.4亿元，建设高标准现代渔业示范基地10万亩，极大地提高了我省水产业综合生产能力，推进了我省现代渔业的发展进程。

4、水产品牌建设促产业化进程加快。

为深化我省水产主导品牌建设，进一步扩大“楚江红”小龙虾、“梁子”牌梁子湖大河蟹、“洪湖渔家”生态

鱼三大品牌社会影响力和市场竞争力，全省水产业依托三大产业协会的集聚优势，继续开展集中宣传推介，深入推进产销对接，取得了丰硕成果。今年开年，我省以三大品牌的“农超对接”和“进香港”为主题，扩大渔业生产与市场一线的紧密联系，深入推进湖北水产进入“十大连锁超市、十大著名酒店、十大星级宾馆”的活动，用深化品牌宣传和推介营销等新举措，带动水产业的转型升级，进一步提升全省优势水产品的市场占有率和核心竞争力。当前，系列品牌推广活动正在如火如荼开展中，有望为我省水产业“十二五”发展注入新的活力。2011年，在全省水产三艘品牌航母与十大超市、十大餐饮、十大宾馆对接仪式暨产品现场品鉴会上，三大水产品牌航母荣获“湖北市场畅销品牌”、“湖北旅游特产精品”称号，东湖宾馆等48家超市、餐饮、酒店成为“三大品牌产品定点经营单位”。三大品牌的产业协会与武商量贩、湘鄂情等51家企业成功签约产品总量1.5万吨，总金额达10.28亿元。10月19日，我省名优水产品首届香港推介会圆满举行，共签约销售4000余吨，总金额3.78亿港元。11月1日，在第九届中国国际农产品交易会上，我省7家龙头企业共实现销售额427万元，签订产品供销协议2.1亿元。

5、特色渔业亮点纷呈，名特优养殖规模不断扩大。

省委省政府出台的大县板块建设扶持政策作为我省近几年渔业发展的助推器，极大地推动了我省渔业集约化和现代化的进程。全省主要板块基地基本实现了“集中连片规模化、鱼池鱼舍标准化、道路交通网络化、供水排水机电化、养殖生产专业化、养殖模式高效化、产地产品无公害化、生产加工营销一体化”的“八化”格局，集中连片板块达500万亩，总产量超过240万吨。

结合精养鱼池改造，全省主推十大名优品种、十大实用技术、十大优化模式，大力发展健康养殖，名特优养殖规模达到760万亩，占总养殖面积的76%。小龙虾、 鱼、黄鳝、河蟹、甲鱼、鳜鱼、黄颡、青虾等品种的“一鱼一产业”有了较快发展，产业链初步形成，市场占有率居全国前列，小龙虾、黄鳝产量更是占到了全国的50%以上。公安县通过与华中农大共建水产高效生态实验基地，“18221”鱼鳖混养、两年段养鳝、鳜鱼专养等高效养殖规模进一步扩大，新增面积2万亩，名优养殖占该县总养殖面积的80%。嘉鱼县以国家级斑点叉尾 繁育场规范建设为重点，抓好亲本培育，加大出口原料生产基地建设力度，斑点叉尾 苗种繁育能力达到10亿尾，可占全国总量的70%。

6、产业化经营促加工增值加速突破。

今年以来，我省继续贯彻农业产业化“四个一批”战略，洪湖、潜江两大水产品加工园区的龙头企业技改扩规、新产品研发步伐加快，辐射带动武汉、黄冈、宜昌、鄂州等地水产加工龙头企业加速发展。潜江莱克公司投资8000万元，建设小龙虾加工生产线4条，鱼糜加工生产线2条，新增加工能力4万吨，产品成功占领越南等东南亚市场。华山公司成功破解小龙虾废弃物回收再利用的难题，新开发甲壳素衍生产品5个，其批量产品在欧美等高端市场具有较强竞争力。荆州大明、浠水神鹭的常规鱼精深加工生产线加速运转，其即食休闲系列产品在国内各大城市供不应求。武汉高龙公司立足自主创新，开发适销对路的新产品，为改变我省常规鱼量大价低的现状开辟了新的途径，在加工和市场开拓方面取得新的突破，白鲢鱼糜制品成为北方地区的俏销产品，草鱼加工产品成功打入阿联酋、阿曼等中东市场。

7、坚持“五位一体”，质量安全体系建设不断完善

全省按照服务、管理、监督、处罚、应急“五位一体”的监管要求，着力构建水产品质量安全自律机制。依托国家投资建设的40个县级水生动物防疫站，各地加大检测投入，增加质量安全检测设备，切实提高了全省水产品质量安全检测能力。依托渔民专业合作组织，推广实施“统一苗种、鱼药、饲料采购、统一质量控制、统一病害防治、统一认证产品、统一营销”等七统一，引导渔民相互监督，自我约束，逐步建立起覆盖全省的

水产品社会化自律监管网络。

8、渔业资源养护行动深入开展，增殖放流活动成为新的社会热点。

一是长江禁渔工作圆满完成。全省禁渔期共出动渔政船艇120多艘（含租借），出航600多航次，出动渔政执法人员3000多人次，查获违法捕捞渔船20多艘。4月下旬，农业部渔业局赵兴武局长和东海区渔政局李富荣局长巡航检查我省禁渔工作时给予高度肯定。

二是渔业增殖放流活动成为今年我省水产工作的一大亮点。我省先后组织筹办了宜昌珍稀野生生物放流、荆州市四大家鱼亲本放流、两坝间经济鱼类放流等大型增殖放流活动。这些活动规模大、层次高、影响广，产生了显著的经济和社会效益。据统计，截止目前，我省共放流各种规格鱼种7亿尾，达历年之最。

三是开展湖泊生态修复行动。7月12日，在洪湖、梁子湖等全省33个湖泊，举行了生态修复放流行动。活动当天，全省共放流鳜鱼、黄颡鱼、草鱼等经济鱼类苗种3亿尾、种植水草4.25万亩，底播贝类420万粒。

四是加强渔政管理。我省各级渔政部门在积极抗旱的同时，加大了对天然水域的巡查力度，对受干旱灾情的江河湖泊，继续做好了“封江、封湖”禁渔工作，维护了渔业生产秩序，保护了渔业资源。特别是加大了天然水域的死鱼死蚌清理工作，通过采取集中处理，统一掩埋等措施，避免了因为死鱼和死蚌造成的污染导致湖区生态的进一步恶化。目前，各项生态修复工作正在有序进展中，增殖放流、底播贝类、种植水草等工作还在持续开展。通过我们的努力，我省生态修复工作初见成效，以洪湖为例，今年春夏干旱见底的洪湖，经过3个月的生态修复，已重现碧波千里、荷花盛开的景象，曾经枯死在湖底的野莲，已经恢复了九分之一，面积达1万亩。

9、依法治渔深入推进，平安渔业深入人心。

在中央实施机动渔船燃油补贴、渔业互助保险、长江汉江禁渔等惠渔政策后，我省渔政管理不断加强，渔政执法队伍参公管理进度加快，平安渔业建设得到深入推进。

为确保渔业燃油补贴规范核发，各地严格审核补贴对象和条件，加大了油价补助机制的宣传力度，保证了2.87亿元的渔业燃油补贴资金发放工作公正公开。渔业互助保险稳步推进，全省新增12个互保机构。截止目前，全省共有31个机构开展业务，13个机构已完成或超额完成任务，参保渔民10412人，交纳渔民人身平安互保费100万元，保金近6亿元。

**三、存在的主要困难及问题**

1、渔业生态损害严重。一是渔业资源严重受损。超低水位导致鱼类的主要产卵场全部裸露，鱼类产卵场遭受毁灭性的破坏，部分野生鱼类的损失难以估计。我省12万亩的龙感湖仅剩下1万亩水面，青虾种质资源保护区遭到严重破坏；洪湖、长湖等大型湖泊几乎见底；石首豚类国家级保护区的长江故道内，江豚因旱面临生存威胁。二是水生植被覆盖率大幅降低。洪湖、龙感湖沉水植物死亡率在80%以上。部分干涸河流植被破坏更加严重。三是外来物种呈爆发趋势。在本土水生植物大批死亡的同时，外来物种——水花生在今年超低水位和高温天气刺激下，大面积蔓延。和恢复生产相比，渔业生态的修复将是一个漫长的过程。

2、苗种损失严重。历史罕见的旱灾，持续时间长、范围广、损失大、影响深，给水产业生产带来了严峻挑战。尤其是水产原良种亲本损失较大，以小龙虾为例，全年产量只有23万吨，同比减少7.7万吨，减幅25%。更为严重的是，由于持续的干旱给小龙虾的种质资源和生存环境带来了严重的破坏，小龙虾的亲本和苗种严重不足，苗种成为制约小龙虾产业发展的瓶颈，未来几年我省小龙虾产业的发展形势不容乐观。

3、灾害预警机制不健全。灾害预警能力不足，是水产业的短板，尤其是对于自然灾害、爆发性疫病、水环境防控、水产品价格预警等多个方面，我们目前还没有建立有效的预警机制。不仅机构、人员、手段缺乏，而且在减灾、防灾等问题上科研投入也比较滞后。

4、水产品质量检测体系不健全，水产品质量安全保障难度大。目前国家投资建设的“农产品质量检测体系”原则上要求建综合站，但各级农产品质检站实际上仅仅只是个种植业产品质检站，并没有承担水产品的质检任务，而一旦出现水产品质量安全事故，责任又全是各级渔业行政主管部门的，出现了责权利不一致。而且水产品质量的监管涉及多个部门和环节，如工商、质监、商检、畜牧兽医等等，单靠渔业部门来协调力度有限，在这个问题上亟需国家层面出台规章制度，明确权责，并建立统一的协调机制。

# 2011年湖北省水利工作综述

湖北省水利厅　刘　芳

2011年是“十二五”规划开局之年。中央、省委一号文件匀聚焦水利，相继召开了中央水利工作会议和省水利工作会议。全省上下深入贯彻落实中央和省委关于加快水利改革发展的重大决策部署，突出平安水利、农田水利、民生水利、生态水利建设，各项水利工作取得了显著成效，实现了“十二五”全省水利科学发展、跨越式发展的“开门红”。

## 一、水利建设投资情况

2011年全省水利建设投资计划106.35亿元，其中中央预算内投资23.6327亿元，中央财政资金35.2480亿元，省预算内投资2.5020亿元，省财政资金6.7152亿元，省级政府债券4.5亿元。

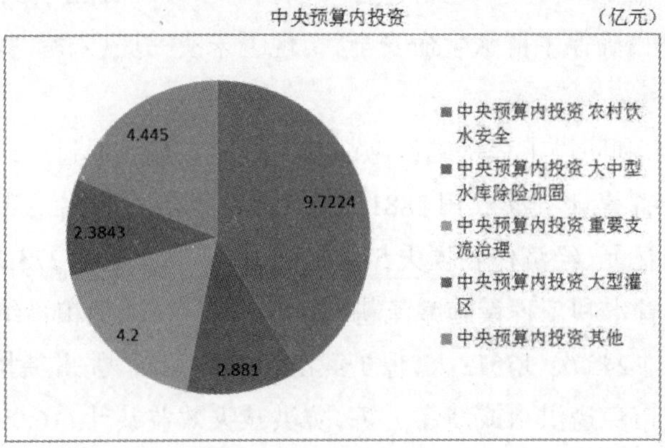


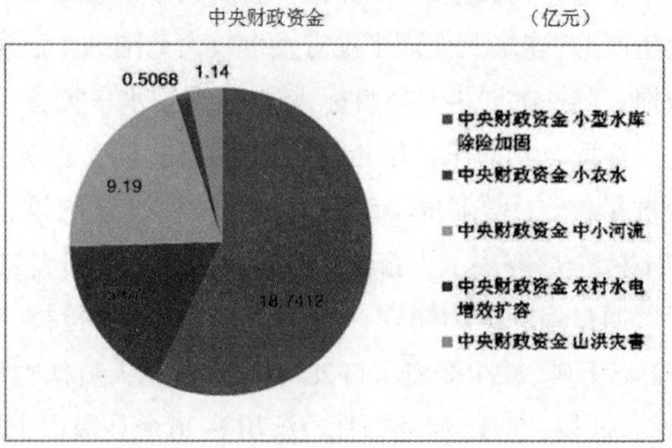


## 二、洪涝灾害情况

2011年我省气候异常，水旱灾害均有发生，既出现了极值性的跨季大旱，又出现了大范围的旱涝急转，还出现了20年一遇的汉江秋季大洪水。在应对极为复杂的防汛抗旱工作中，我省认真贯彻落实胡锦涛总书记、温家宝总理和回良玉副总理莅鄂视察的重要指示，按照国家防总、长江防总的部署，省委、省政府强化组织领导，省防指具体安排调度，各地各部门强化责任、强化措施、全力以赴，始终将群众的饮水安全和生命安全放在首位，做到了依法防控、科学防控、群防群控，夺取了防汛抗旱斗争的全面胜利，实现了防洪保安全、抗旱保用水、减灾保发展的总体目标。

（一）旱情水势灾害。在干旱方面。高峰统计，全省有145.6万人、44.8万头大牲畜饮水困难；全省17个市、州、林区，88个县市均受旱，受旱农田面积1880.7万亩。十堰竹溪、郧西，宜昌远安，黄冈罗田等县城关和近百个集镇被迫分时段供水。在洪涝方面。除随州市外，其他16个市州林区的86个县市均不同程度遭遇暴雨引发的山洪、滑坡、泥石流、城乡渍涝等多种自然灾害，形成多种危害，尤以鄂南的部分地方暴雨洪涝灾害和鄂西南的部分地方山洪伤亡为重。全省受灾人口1001.46万(次)、农田1336.5万亩(次)、倒塌房屋2.8万间,因灾死亡430人、失踪20人。咸宁通城、咸安,潜江等县级城区一度暴雨渍水,最深处达2米;武汉市的11条主要交通干线,出现暴雨渍水,影响城区居民生活和出行。工矿企业停产208家,中断公路760条、供电714条、通信225条。损坏河堤1826处、302.4公里,水闸341处、塘坝1385座、灌溉设施2835处、机电泵站319座、水电站8座。全省因暴雨洪水造成各类直接经济损失84.6亿元,其中水利水毁15.7亿元。在汉江秋汛方面。汉江秋汛致使丹江水库库尾、37处洲滩民垸、杜家台分流共计受灾人口47.3万,倒塌房屋1231间,各类直接经济损失4.93亿元,其中杜家台分流损失约1亿元。

(二)*防汛抗旱*。防汛抗灾历为湖北天大的事,党中央、国务院和省委、省政府高度重视。在跨季大旱肆虐之际,胡锦涛总书记、温家宝总理和回良玉副总理亲临视察指导,温总理还主持召开了长江中下游抗旱座谈会,发出科学抗旱和预防旱涝急转动员令;国家防总、长江防总8次紧急调度三峡、丹江水库分别增流补水212亿、58亿立方米,荆江、汉江河段水位分别提升1米和0.5米,从千里之外调拨设备支援,保证了我省抢引过境客水抗旱保灌。在旱涝急转和汉江抗洪关键时刻,国家防总两次启动防汛三级应急响应。在应对水旱灾害中,国家防总副总指挥、水利部长陈雷和周英、刘宁、李国英等三位副部长多次带领工作组赴鄂指导;国家减灾委、民政部为汉江秋汛启动四级救灾应急响应,派工作组指导救灾。亲切关怀、精心指导、倾力支持,鼓舞了广大干部群众战胜水旱灾害的信心和决心。通过全省上下的共同努力,保证了夏粮夏油丰收、保证了水稻等作物栽播面积、保证了解决人畜饮水困难、保证了未发生一起群体性水事纠纷事件、保证了全年粮食生产"八连增"、保证了没有发生较大范围的生态危机;确保了群众生命安全,实现了未溃一堤、未垮一坝、未损一闸站的防洪具体目标,战胜了严重水旱灾害。

夺取今年防汛抗旱斗争的全面胜利,再次显现了水利防洪工程基础设施的减灾社会效益。通过组织人力抗旱、人工增雨抗旱和调度水利工程设施抗旱,全省累计抗灌农田2881万亩(5747万亩次),占总数的87.1%,全部解决了人畜饮水困难。挽回粮食损失180亿元、经济作物损失57.4亿元,抗旱减灾效益273.2亿元。通过组织人力防守,调度水库控泄、闸站抢排,全省水利工程设施减淹耕地840.39万亩、减免粮食绝收352.45万吨,减少受淹人口287.72万,避免人员伤亡事件245次、17512人,保护武汉、荆州、黄石、鄂州、荆门、天门、仙桃、潜江、赤壁、通山、汉川等26个县级以上城市免遭洪水或渍涝之害,防洪减灾效益共计116.09亿元。

**三、农田水利建设情况**

(一)*"万名干部进万村挖万塘"活动*。2011年全省共开工各类小型水利设施30.4万余处,其中塘堰21万口、小型泵站8365处、小水池(小水窖)2.64万个、沟渠5.9万条。投入各种机械47.2万台套,完成土石方7.2亿立方米,基本实现了全省每一个村民小组整治一口当家塘的目标,共新增蓄水量7.23亿立方米,改善灌溉农田642万多亩。目前已完成投资61.43亿元。其中各级财政筹资19.1亿元,占31.1%;各级工作组帮扶资金6.24亿元,占10.2%;企业和社会捐资18.8亿元,占30.6%;农民自筹资金17.29亿元,占28.1%。

(二)*小型农田水利工程建设*。2010年,我省的37个中央财政小农水重点县(含2个农业水价综合改革示范县)、19个专项工程县以及23个现代农业省级小农水重点县,总投资达11.4亿元(其中中央投入5.21亿元、省级投入2亿元),各地坚持早规划、早部署、早动手、早受益,于2011年5月底全部完成建设任务,共整治渠道6484公里,新建水源工程3519处,共新增、恢复、改善灌溉面积158万亩,新增蓄引提水能力7344万立方米,新增粮食生产能力15.8万吨。在财政部、水利部小农水重点县绩效考评中,我省位列全国第四,达到优秀等次。

2011年度56个中央财政小农水重点县、27个现代农业省级小农水重点县、31个小农水专项工程、2个农业水价综合改革试点的建设任务基本完成，完成投资158286万元(其中中央80000万元，省46100万元)，共新增、恢复、改善灌溉面积270万亩，新增粮食生产能力34万吨，受益群众160余万人，人均增收185元。

(三)灌区续建配套与节水改造。2011年，全省21个大型灌区续建配套与节水改造计划投资38113万元(其中中央23843万元)，截至2012年5月份，已累计完成总投资20066万元(其中中央19966万元)，完成土石方291万立方米，整治渠道181公里，配套渠系建筑物744座，新增、改善灌溉面积133万亩。

5个农业综合开发重点中型灌区中，房县中部平坝灌区、当阳市巩河灌区、红安县尾斗山水库灌区已完成建设任务；京山县石龙灌区、枣阳市华阳河水库灌区已完成建设任务的80%。

(四)非湖泊排涝调度机电排灌泵站情况。我省纳入《全国大型灌溉排水泵站更新改造规划》的灌溉排水泵站25处，290座，1761台，31.58万kW，设计流量2329m3/s，规划投资19.7127亿元。

已开工的6处更新改造项目，国家发改委核定概算投资5.1039亿元，目前，中央投资到位2.1649亿元，省配套到位0.3534亿元。

开工的6处23座泵站主机组安装完成，调试完毕并进行了试运行，10年、11年投入抗旱运行，主体工程基本完工。截止目前，已完成主电机116台，占计划45%；主水泵116台，占计划45%，完成土方31.67万方，占计划52%；完成混凝土3.98方，占计划40%；完成投资25038万元，占概算投资的49%。

**四、农村饮水安全及城乡供水情况**

(一)超额完成了“十件实事”确定的目标任务。2011年我省共争取中央261.29万农村居民和50万农村中小学师生的饮水安全工程投资计划，项目总投资14.56亿元，其中中央投资97224万元。在受还贷影响，省计划下达晚、资金拨付晚，并且只拨付161.29万人中央投资的不利形势下，全省各地不等不靠，积极推进工程建设，截止到12月底，全省已完成投资11.2亿元，建成供水工程2272处，解决了215万人的饮水安全问题，超省政府“十件实事”确定的200万人目标任务7.5%。

(二)编制完成了农村饮水安全工程“十二五”规划。年初就已完成了省级农村饮水安全工程“十二五”规划的编制和上报工作，为有效争取中央“十二五”农村饮水安全人数指标提供了祥实的依据。各县(市、区)的农村饮水安全工程“十二五”规划已全部编制完成并上报省发改委和水利厅，将在春节前完成技术审查等工作。

(三)完成了“十一五”国家级农村饮水安全示范县的省级验收工作。根据国家发改委、水利部的要求，我厅联合省发改委组织完成了鄂城、广水、宜都、竹山等4个国家级示范县省级验收工作，省级初验均为优秀。

(四)进一步提高了农村饮水安全普及率。2011年农村饮水安全工程建设的重点集中在城市水厂和已建农村水厂的管网延伸上，然后再考虑新建千吨万人以上较大规模的集中供水工程，重点建设81处“千吨万人”以上规模的水厂，我省城乡一体化供水和集中供水显著加强，农村饮水安全普及率达到71.48%，比2010年上升5.34个百分点。

(五)落实了农村供水工程电价扶持政策。国家相关部委出台了“农村供水用电执行居民生活或农业排灌用电价格；农村供水工程向农村居民提供的生活饮用水”扶持政策。经过调研，省物价局经国家发改委授权，已行文明确全省农村饮水安全工程供水用电统一执行居民生活用电价格。

(六)进一步提高了农村供水水质合格率。据省卫生部门水质监测报告反映，2011年，全省有消毒设施的供水单位比例，已从2000年的28.78%提高到了39.16%，2011年农村集中式供水工程的出厂水水质合格率比2010年提高了7个百分点，按供水人口计算的出厂水水质合格率已达66.83%，比国家改革委、卫生部、水利部要求61%，超5.83个百分点。

**五、堤防加固整治情况**

（一）湖北省洞庭湖区四河堤防加固工程。国家有关部委下达2010年度湖北省洞庭湖区四河堤防工程第一批投资计划21000万元，其中：中央投资10000万元、地方配套11000万元。2011年，共完成投资21000万元，主要建设内容为：加高培厚堤防38.12公里，护坡护岸14.91公里，堤身堤基防渗墙2.8公里，堤内防渗平台14.04公里，堤身锥探灌浆35.32公里，涵闸处理14座。完成主要工程量：土方215.09立方米、石方12.08立方米、砼5.67立方米、钢材381.7吨。

（二）中小河流治理。2011年，全省中小河流治理工程建设纳入规划共125个项目，其中规划第一批52个试点项目均全面开工建设。截至12月份，共完成投资7.15亿元，完成主要建设内容为：新建堤防66公里、加固堤防148公里、清淤189公里、护岸护坡107公里，完成小型闸、站等工程225处。完成主要工程量：土方1453万立方米、石方130万立方米、砼46万立方米。治理项目通过工程措施实施后，保护区内防洪标准普遍由不足5年一遇提高到10或20年一遇，防洪效益显著。此外，通过滨水环境整治，生态环境效益逐步凸显。

**六、农村水电建设情况**

（一）大力加强地方水电建设管理。水能资源开发继续保持了较快的增长速度。装机50万千瓦的十堰市潘口水电站水库通过下闸蓄水验收；恩施市青龙水电站通过截流验收，沿渡河流域白磷岩、杨家坝水电站通过通水验收；十堰市竹山县龙背湾水电站顺利实现截流。当年在建项目62处、装机规模197.2万千瓦。当年新增水电站21处、装机容量146365千瓦，减少水电站7处、装机容量17885千瓦。全年共完成水电建设投资432459万元，其中，财政资金8680万元、银行贷款298739万元、企业自筹125040万元。至年底，全省农村中小水电电源工程累计达到1776处、容量427.3万千瓦。水电站固定资产总值累计达到2738956万元。全年发电量1050367万千瓦时，发电设备平均年利用小时数为2458小时。

（二）农村水电增效扩容改造试点全面启动。2011年，我省省直漳河、王英、高关，荆州　水、恩施大瓢一级、龙板，黄冈檀树岗、龙潭寺、天堂二级、响水潭二级等47个电站被纳入农村水电增效扩容改造试点项目，改造前装机容量为11.19万千瓦，近3年平均发电量为3.45亿千瓦时；改造后装机容量达13.49万千瓦，年发电量为4.49亿千瓦时。改造总投资共计4.4亿元，申请中央补助资金为13488万元。截止年底，中央已下达第一批财政补助资金5068万元，我省完成了项目初步设计审批等一系列前期准备工作。

（三）水电农村电气化县建设进展顺利。我省鹤峰、宣恩、来风、巴东、咸丰、五峰、远安、秭归、长阳、竹山、竹溪、房县、郧西、郧县、神农架、南漳、保康、老河口、红安、英山、通山、崇阳等22个县（市、区）被列入“十二五”水电新农村电气化县建设行列。计划“十二五”期间，22个县（市、区）总投资49.83亿元，新增农村水电装机容量44.395万千瓦，新增年发电量19.04亿千瓦时；基本解决无电人口用电问题，人均和户均用电标准在2010年的基础上增长25%以上。2011年，22个水电新农村电气化县实施方案全部完成省水利厅和省发改委组织的联合审查和批复，建设工作已全面启动，国家下达水电新农村电气化县建设专项资金2740万元，全年完成总投资1.27亿元，当年投产装机容量1.443万千瓦。

（四）小水电代燃料生态保护工程成效明显。2011年全省在建小水电代燃料项目达19个，装机容量33034千瓦，代燃料户32363户，项目总投资规模28215万元，其中中央投资4100万元，省级配套1595万元，申请银行贷款3175万元。截至年底，共完成投资20442万元，占下达计划投资的72.5%。鹤峰县水口、房县桥上、通山县大茶园、团风县响水潭和红安县对天河5个项目通过省级验收，电站总装机规模10340千瓦，每年为项目区10641户32778名群众提供1250万千瓦时的代燃料电量，为群众节省开支275万元；减少薪柴、煤炭、秸秆等燃料消耗6.56万吨，减少一氧化碳、二氧化碳、烟尘等有害气体及污染物排放99.83吨，保护森林植被79.5万亩；减少因烧柴烧煤引起火眼病、氟肿病、呼吸系统疾病894人次；解放了被砍柴束缚的劳动力11897人，带动了农副产业发展，促进农民增收2296万元。

**七、水资源保护情况**

（一）“三条红线”管理取得新进展。指标体系建设上，组织了全省水资源管理控制指标制定工作；用水总量控制上，推进了计划用水管理，加强了水资源论证、取水许可管理；用水效率控制上，开展了“节水型企业”、“节水型灌区”创建活动；水功能区纳污限制上，启动了水功能区达标考核，加强了排污口监督管理；试点先行推动上，确定恩施市、荆州市沙市区、竹溪县、谷城县、红安县为实行最严格的水资源管理制度试点，以点带面，促进全省水资源严格管理；考核体系建设上，向省委提出了将用水效率及水功能区限制纳污指标纳入省委、省政府对各市州领导班子目标责任制考核范围的诉求，推进水资源管理责任制的落实。

（二）节水型社会建设迈出新步伐。报请省政府成立了分管副省长任组长、省直有关部门为成员的“节水型社会建设领导小组；联合省发改委、武汉圈办等单位印发了《武汉城市圈节水型社会建设规划》，开展了水平衡测试工作。武汉市、宜昌市、荆门市、鄂州市等节水型社会建设试点稳步推进。

（三）积极践行平安水利，饮用水水源地安全保障取得新成绩。高度重视饮用水水源地保护这一直接关系群从身心健康的民生水利问题。强化平时、节假日饮用水安全预防管理，及时妥善应对了汉江武汉段水质出现异常，确保了群众用水安全，受到王国生省长、张昌尔副书记和赵斌、张通副省长的批示肯定；积极参与环保世纪行活动，省人大环资委两次以简报肯定我厅牵头组织的“一库清水送北京——水源地保护行动”。对列入全国重要饮用水源地名录及省级重要饮用水水源地，开展饮用水水源地安全保障达标建设。

（四）促进生态水利建设，河湖水生态保护与修复凸显新亮点。配合长江委开展了汉江中下游健康评估（试点）工作。稳步推进大东湖生态水网构建工程、十堰泗河、黄石磁湖、鄂州洋澜湖等城市水生态保护与修复项目的同时，正积极争取水利部将咸宁淦河流域列入全国水生态修复试点。国庆节前夕，大东湖生态水网构建工程的骨干工程，连接东湖、沙湖两大水系的楚河正式开通，打造了一幅现代“清明上河图”。

（五）水资源公报突显新成效。强化组织领导，保证编制质量，提高水资源公报时效性和权威性、影响力。2011年3月21日，我厅与省政府新闻办联合举办了新闻发布会，人民日报、光明日报等22家媒体记者应邀参加了新闻发布会，并在相关媒体发布消息，向社会发布了降水、径流、水资源量、供用水和水质等水资源信息，展示了水行政主管部门治水、管水、保护水的业绩。

（六）能力建设取得新成果。以信息化建设提升管理能力，全省水资源管理系统建设实施方案已通过水利部审查，方案投资规模2亿元；以加强学习提高队伍能力，举办了“全省最严格水资源管理暨水平衡测试”培训班。以法规建设强化保障能力，启动了《湖北省水资源费征收管理办法》（省政府令285号令）的修订

**八、水土保持情况**

（一）综合治理完成情况。2011年，全省共治理水土流失1672平方公里，占年度计划的111.46%，其中，建设基本农田11.7万亩，种植水土保持林35.66万亩，发展经果林16.69万亩，种草1.4万亩，实施封禁治理185.8万亩。完成投资46817万元，其中中央投资31068万元，省市县配套5817万元，群众自筹6618.1万元。

（二）水土保持治理效益。通过治理年可减少土壤流失量791.7万吨，增加水源涵蓄能力10409.8万立方米，增加经济收入32054万元，增加粮食产量2621.29万公斤，提高林草植被覆盖率25%，受益人口11万人，脱贫人数500多人，可解决1970人的饮水困难。

## 九、水政执法情况

涉水地方法规制度建设取得明显进展,《湖北省湖泊保护条例(草案)》经省政府常务会议讨论通过并已提请省人大常委会审议。《湖北省抗旱条例》、《湖北省农村供水管理办法》等正待省政府常务会议审议。完成了对25部法规规章草案提出修改意见,对60件涉水地方性法规规章以及规范性文件设置行政强制情况进行清理,对16件规范性文件进行合法性审查。水行政审批制度改革稳步推进,启动了省厅行政审批“三集中”(审批职能、审批事项、审批人员)改革工作,进一步明确了省级水行政许可审批项目和管理权限,加强了水行政许可项目的合法性审查。开展了省级水行政权力和服务事项的清理规范。水行政执法工作力度不断加大,全省各级水政监察队伍查处水事违法案件3073起,调处水事纠纷417起,其中鄂渝边界老龙洞水资源开发利用矛盾等省际边界重大水事纠纷取得较大进展。水利法制宣传教育不断深入,向全省水利系统发放宣传画近4000套,对900多名厅机关公务员和基层水行政执法人员进行了法律知识培训。省厅“五五”普法工作通过验收并受到水利部、省依法治省工作领导小组表彰,制定了全省水利“六五”普法规划并全面实施。

## 十、水利安全生产监督管理情况

2011年,全省水利安全生产监督管理工作进一步规范化。安监机构体系基本建成,制度法规体系不断完善,安全责任进一步落实,隐患排查和整改落实力度进一步提高,安全生产意识进一步加强。总的来看,在水利建设规模不断增长、建设项目不断增加的情况下,水利生产安全事故呈现总体下降趋势,没有发生重特大安全事故,保持了安全生产形势总体稳定向好的态势,水利安全生产工作取得了显著成效。全省共开展水利安全执法行动377起,查处违规违法活动130起,完成了6起违规水电站清查整改任务。全国水利企事业单位共排查出一般安全生产隐患2012处,整改2012处,整改率100%。水利行业未发生死亡事故。全年共派出4个稽察组,完成8个水利建设项目的稽察。

## 十一、水文建设情况

2011年省水文系统累计完成投资8571万元。其中2010–2011年水文水资源工程完成投资413万元,2011年到位263万元,支出30万元用于土地迁建;省水资源水环境监测中心襄樊分中心实验室项目完成投资234万元,黄冈红安等部分水文站建设项目完成投资175万元;省中小河流水文监测系统建设项目完成投资7749万元,支出90.36万元用于前期勘测设计费等。

# 2011年武汉市
# 农村经济继续保持平稳发展

武汉市统计局　桂永超　徐长雄

2011年是"十二五"开局之年，我市各级政府认真贯彻落实中央、省、市农村工作会议精神，以农业提质增效和农民增收为核心，以推进农业发展方式为主线，大力发展优势特色产业，优化农产品结构，努力克服持续大旱等自然灾害给农业生产带来的不利影响，农村经济保持平稳发展态势。

统计结果显示，2011年全市实现农业增加值198.70亿元，按可比价格计算，比上年增长4.0%。实现农业总产值329.49亿元，按可比价格计算，增长4.0%；其中：种植业产值174.68亿元，增长2.4%；林业产值3.49亿元，增长60.4%；畜牧业产值90.02亿元，增长5.1%；渔业产值59.40亿元，增长4.7%。

**一、农村经济运行的主要特征**

（一）种植业结构进一步优化，质量和效益提升

1、粮食、油料种植面积和产量下降，棉花种植明显回升

粮食种植面积减少、总产量下降。全年粮食播种面积221.02千公顷，比上年减7.2%，粮食总产量120.86万吨，比上年减11.6%。

油料作物呈"三减"态势。2011年全市油料作物播种面积94.28千公顷，比上年减少2.4%；单产1868公斤/公顷，比上年减少5.0%；产量17.61万吨，比上年减少7.3%。

棉花种植面积、产量大幅增加。受棉花价格大幅上涨因素的刺激，2011年，农民种棉积极性高涨，播种面积达到19.23千公顷，比上年增长25.4%，总产量2.35万吨，比上年增长16.5%。

2、蔬菜产业规模持续壮大，产业化水平进一步提高

2011年，全市蔬菜种植面积161.81千公顷，比上年增长4.4%，全年蔬菜总产量627.13万吨，比上年增6.1%。蔬菜产业发展呈现如下特点：一是具有区域特色的产业带或区域板块进一步扩大，规模种植面积不断增加。全市继续大力推进"菜篮子"基地建设，新增蔬菜基地7.79千公顷。二是在巩固提升洪山菜薹、莲藕、菜豆、豇豆、箭杆白（雪里蕻）、藜蒿、毛豆、芦笋、萝卜等蔬菜优势品种产业化水平的同时，启动了实用菌等优势品种的产业化开发工作，食用菌小区建设到2011年末达到4个，产量达到6.85万吨，比上年增长6.9%。三是蔬菜供应保障有力。"净菜上市"工程加快推进，且更加注重上市质量，引导企业根据自身定位和市场需求推进净菜上市工程，2011年新增净菜专区、专柜达到80家（累计达到155家）。2011年，全市主要菜篮子产品自给率达到68%。

3、茶叶、水果、花卉苗木等特色农业加快发展

种植面积不断增加，产量不断增长。2011年末茶园面积6260公顷，比上年增长27.3%，茶叶产量2194

吨，比上年增长8.7%。水果产量59.97万吨(包含果用瓜)，受结构调整和品种改良影响，下降4.5%。其中园林水果生产继续保持良好发展势头，园林水果面积8997公顷，比上年增长5.2%；总产量7.90万吨，增长5.9%。果用瓜面积19.02千公顷，比上年增长4.3%，总产量52.07万吨，比上年减产6.0%。初步形成了以西瓜、甜瓜、柑橘、梨、桃子、草莓等优势品种为主导的产业结构。

产业基地不断发展壮大。2011年新建茶叶基地1千公顷，干鲜果基地0.67千公顷，苗木花卉基地2千公顷，开发档次和标准也有了明显提高。全市90%以上的新建茶园均采取等高整地、抽槽建园。新建苗木基地摆脱了以前“大而散”、“小而全”的低水平重复建设模式。

4、种植业主要产品市场价格普遍上涨，效益提升

除棉花收购价格因供求因素影响比上年下降13%外，种植业其他主要产品价格在市场供求因素和国家保护价政策的共同作用下，均有明显上涨。2011年小麦、稻谷、油菜籽、蔬菜市场收购价格分别比上年上涨11.47%、18.98%、18.28%，11.87%，经济效益有明显提升。

(二)林业快速发展，生态建设成效显著

一是大力实施重点造林工程项目。2011年共完成血防造林0.89千公顷；退耕还林荒山荒地造林0.9千公顷，巩固退耕还林成果后续产业基地0.67千公顷，补植补造1.97千公顷；低产林改造0.87千公顷。二是着力推进绿色家园建设村湾绿化的提档升级。在黄陂、新洲、江夏、蔡甸、东西湖区5个新城区401个创建村中，完成村湾植树213.68万株，打造了一批绿色生态家园村。同时着力建设江夏区107国道沿线、黄陂区六指等7个家园建设示范片，推进全市村湾绿化的提档升级。

(三)畜牧生产稳步发展，规模养殖再上新台阶

2011年，全市生猪出栏278.05万头，比上年增长6.0%；家禽出笼5164.87万只，增长2.6%；禽蛋产量20.26万吨，增长12.5%；牛奶产量5.95万吨，增长8.2%。全年畜牧业生产呈以下几个主要特点：

1、大力发展规模养殖。2011年，我市新建成12个畜禽养殖小区，使规模养殖小区达到242个。2011年末，规模养殖生猪存栏107万头，占全市牲猪存栏59.0%，比上年提高8.8个百分点，规模养殖家禽存笼2273.92万只，占全市家禽存笼70.9%，比上年提高了2.1个百分点。

2、着力发展标准化健康养殖。2011，全市有30个畜禽养殖小区通过市级环保达标验收，实现废弃物达标排放的养殖小区总数增加到226个，占养殖小区总数的93.4%；部、省级标准化示范养殖场新增4个和17个，总数分别达到14个和32个。全市规模化养殖小区治污达标率和畜禽标准化养殖水平均居全国前列。

3、主要畜禽产品价格高位运行。2011年，主要畜牧产品价格受供求关系和养殖成本影响，一直高位运行，为农业增效、农民增收提供了有力保障。牲猪、家禽、禽蛋、牛奶平均收购价同比分别上涨41.7%、36.3%、19.4%、8.3%。

(四)渔业生产喜获丰收，特种养殖势头良好

2011年，完成放养面积107.53千公顷，比上年增长3%；全年实现水产品产量46.02万吨，增长6.0%。渔业生产主要有以下特点：

一是大力推进水产基地建设。2011年全市依靠各类项目新建规模连片标准化精养鱼池基地达到2.87千公顷以上。

二是着力优化水产养殖结构。2011年全市共投放水产苗种9.14万吨，其中名特优苗种6.1万吨，同比增长5%。名特优新水产品种多模式养殖面积达到72.67千公顷，比上年增加2.67千公顷。全市水产名优比重比上年提高近1个百分点，达到67%。

三是加快培育水产加工龙头企业和精深加工产品。2011年全市年水产品加工转化能力达到19万吨左右，年水产品加工转化量达到12.07万吨，同比增长1万余吨。

（五）农村劳动力就业机会增加，收入显著提高

2011年，受宏观经济稳步发展，企业用工增加等因素的影响，我市农民工外出人数大幅增加。到2011年末，全市农民外出从业（不包括在本乡镇从业）人数达68.90万人，同比增长5.3%。农民外出从业的稳定性增强，从业时间在6个月以上的50.28万人，占73.0%，比上年提高4个百分点；农民外出务工月收入明显增长，月收入在2000—3000元的人数达到23.5万人，占34.1%，比上年提高5.5个百分点；月收入3000元以上的达到8.1万人，占11.4%，比上年提高2.2个百分点。全市外出劳务经济总收入160.30亿元，人均年收入23265元。

**二、农业经济运行中存在的主要问题**

2011年，我市农业生产总的发展态势较好，但仍然存在一些不容忽视的问题。具体表现在：

1、农业基础设施薄弱，抵御自然灾害的能力有待进一步增强

2011年，全市农业遭受50年一遇极端干旱天气，持续几个月降水稀少，到5月5日，全市降雨量仅为102.6毫米，比常年同期减少70%。由于农田水利设施水平不高，导致农业抗灾、防灾能力不强，加之气温较高，日照时间较长，农作物旱情严重，直接影响了农业生产。

2、农业生产成本不断上升，挤压了农民增收的空间

据调查，2011年化肥、农膜、农用柴油等出现价格持续上涨的现象，分别比上年上涨15.1%、2.6%、12.5%。农药价格有所下降，比上年下降1.9%，但仍处于高价位运行。饲料价格上涨，麦麸、米糠、玉米、豆粕等主要饲料价格一直在高位运行，分别比上年上涨2.0%、4.1%、14.3%和下降了0.6%。同时，养殖业人工工资也不断上涨，平均工资比上年上涨15%左右，从而造成养殖成本进一步增加。

3、较高素质的农村人力资源的大量流失，影响农业增长潜力

农村富余劳动力外出就业，有效促进了农民增收，但从长期来看，会对农业生产造成影响。从近几年农业劳动力外出的情况看，外出就业的大多是年轻力壮、文化程度较高、有一技之长的青壮劳动力，属于农村劳动力中的优质资源。劳动力持续外出就业使得农业从业人员的素质下降，影响到农业综合生产能力提高，削弱农业增长的潜力。

**三、促进农村经济可持续发展的几点建议**

1、加强农业基础设施建设，提高农业抵御自然灾害能力

近年来，我市农田水利建设投入虽然不断增加，农业抗御洪、涝、旱灾能力有所提高，促进农业综合生产能力提高作用非常明显。但因历史欠帐多，现有的农田水利工程大多老化失修，设施不配套，防洪、抗旱应急能力较弱，影响农业发展后劲，农业防灾减灾任务仍十分艰巨。因此，要以全市“万名干部进万村挖万塘”活动为契机，加强水利基础设施建设力度，保证农业生产和牲畜用水。

2、加强农资市场监管，规范农资市场秩序

农业生产资料供应充足和价格稳定是农业稳定发展和农民增收的保证。全市各级政府管理部门要继续加强农资市场监管，坚决查处各类坑农害农案件，严厉打击无证经营、假冒伪劣和哄抬物价等违法违规行为，净化农资市场，确保农业生产安全、健康发展的良好环境。

3、加强农业市场信息化建设，加大农业生产调控力度，着力解决“农民种什么”的问题

农户作为个体难以具备灵敏的市场反映能力，市场信息滞后，面对生产周期较长的农业生产，无法依靠

市场信息调节生产，这就需要各级政府进一步加强农业市场信息化建设，加大对农业生产的调控力度，为农户提供及时、准确的市场信息，用于指导生产，着力解决“农民种什么”的问题，也可以有效防止农产品大幅度下跌及卖难带来的伤农问题。要建立长远的鲜活农产品产销调控机制，组织规模比较大的农产品生产企业、加工、运销企业、和其他科研推广机构，成立专业产销协会，开展产销协议对接。通过政府对鲜活农产品生产的调控，使鲜活农产品生产更好地与市场对接，实现产销大体平衡，减少波动，维护农业生产经营者和消费者的利益。

4、全面加快农业制度创新和科技创新，着力解决“怎么种得好”的问题

随着我市农村工业化和城镇化进程的提速，农业生产空间逐步缩小，资源约束更加突出，农业发展面临严峻挑战。依靠农业科技创新的应用，全面提高土地产出率、资源利用率、劳动生产率和市场竞争力成为我市都市型现代农业发展的战略选择。目前要特别重视解决好农技推广“最后一公里”的问题，解决好农业科技和生产发展“两张皮”的问题，解决好农业科技资源协同不够、科研院所改革不够、企业创新能力不够“三不够”的问题。同时，健全土地承包经营权流转市场，加强管理和服务，引导承包农户按照依法自愿有偿原则，规范有序地流转土地承包经营权，逐步发展多种形式的适度规模经营，有力地推动现代农业的发展。

# 2011年黄石农村经济形势分析

黄石市统计局　董明媚

2011年，黄石坚持以科学发展观为指导，以“三万”活动为契机，着力推进新农村建设，有效把握农业发展的机遇挑战，狠抓效益农业、生态保护、规模提升、机制创新等四大重点工作，努力加快农业转型发展步伐，面对气候的异常变化，全市上下积极行动，各行各业大力支援农业，克服了旱涝灾害天气影响，确保了全市农业生产总体保持平稳发展态势。

**一、农业生产保持稳定增长**

2011年，全市农林牧渔总产值首次突破百亿元大关，达到102.15亿元，按可比价格计算，同比增长5.5%，其中：农业产值41.19亿元，增长5.8%；林业产值1.03亿元，减少51.8%；牧业产值32.63亿元，增长5.3%；渔业产值26.29亿元，增长10.4%；农林牧渔服务业产值1.01亿元，增长7.8%。农林牧渔业增加值完成68.81亿元，按可比价计算，同比增长4.6%。

**二、种植业生产获得好收成**

2011年，我市千方百计落实惠农政策，加大了良种补贴、粮食直补、农资综合补贴的发放管理力度，引导农民将各项种粮补贴资金用于发展粮油生产，确保粮食安全。在促进粮食生产上，突出依法规范土地流转，涌现出一批种植大户。全市种植规模达到30亩以上的大户1900多户，规模化复种面积达到38.4万亩，占种植总面积的19.2%，全年粮油生产克服自然灾害影响获得好收成。

1、*粮食产量稳步增长*。2011年春夏之交持续干旱，影响了早稻生产，但在全市“三万”工作组的带领下，各级政府和主管部门采取一系列“水改旱”、“早改中”、“春改夏”等技术措施，确保了粮食生产的稳步增长。全年粮食种植面积达到133.78千公顷，比上年增加0.33%。粮食总产量达到61.01万吨，较上年增长7.5%。其中夏粮产量4.92万吨，增长13.6%；稻谷产量46.16万吨，增长6.8%；玉米产量4.19万吨，增长6.4%。

2、*油料作物稳定增产*。2011年油料总产到达83169吨，比上年增长3.95%。受气候影响夏油总产增幅略低，秋油生产形势好于夏油，总产增幅超过一成。全市夏油（油菜籽）总产量62940吨，增长1.0%；秋油总产量20229吨，增长14.34%，其中：花生产量8154吨，增长19.79%；芝麻产量12061吨，增长10.84%。

3、*蔬菜规模化进程加快*。近几年来，我市通过招商引资、培育种菜大户等方式，形成了一批规模化蔬菜基地。主要分布在阳新，城郊、长江沿线和106、316国道，在规模化种植的带动下，蔬菜产业有较快发展，全市万亩以上蔬菜基地2个，5000亩以上蔬菜基地2个，1000亩以上蔬菜基地10个。2011年在政府蔬菜专项发展资金的扶植下，新发展菜地1.7万亩，其中大冶市0.8万亩，阳新0.67万亩，城郊区0.23万亩。全市蔬菜播种面积达到43.88万亩，全年蔬菜总产量达到60.23万吨，同比分别增长0.07%、7.96%。

**三、畜牧业规模化发展进程加快**

为推进黄石市畜牧业生产，特别是生猪、家禽生产持续稳定发展，近几年来，黄石以科学发展观为统领，以发展质量效益型畜牧业为核心，加大政策扶持和资金投入，创新发展模式，畜牧业产业结构调整和转型升级进一步加快，以抓项目增强后劲，扶龙头壮大产业，畜禽标准化、规模化和产业化发展强劲。2011年全市畜禽项目投入资金1000万元，改扩建9个标准化畜禽养殖小区，补贴能繁殖母猪3万多头。中粮招商引资项目形势喜人，中粮100万头生猪健康养殖项目先后开工建设养殖场5个，目前茗山乡和陶港镇各6万头生猪养殖场已竣工投产，军垦和荆头山农场各7万头养猪场已完成土建工作，即将竣工投产，大箕铺7万头生猪养殖项目正在建设之中。东贝集团投资5000万元在军垦农场兴建30万只现代化蛋鸡养殖场，目前已投入2800万元，完成9栋鸡舍及部分配套设施基础建设，引进蛋鸡达12万羽，年产蛋量可达320万枚。畜牧业的项目建设带动规模养殖继续增长，2011年全市规模养殖户(单位)出栏生猪77.63万头，比上年增长38.42%，家禽出笼2257.07万只，增长12.44%。大冶市规模化养殖进入快速发展期，随着雨润、永大、中粮等一批畜禽养殖加工知名企业入驻，有力地带动了大冶市畜牧业“产、加、销”一体化发展，产业化经营加速推进，年产值达100亿元的畜牧产业链正在形成。

2011年全市生猪出栏110.12万头，同比增长3.8%；羊出栏4.85万只，同比增长11.53%；家禽出笼2706.55万只，同比增长4.0%；大牲畜出栏1.7万头，同比增长19.55%。年末生猪存栏90.59万头，同比增长21.79%；年末家禽存笼1297.36万头，同比增长17.0%；年末山羊存栏5.88万只，同比增长30.3%。全年禽蛋产量达到38526吨，同比增长15.0%。

**四、渔业生产名特优比重提高**

近几年来，黄石渔业生产不断培育新的经济增长点，狠抓水产养殖示范场建设，越来越注重名特优水产养殖，大中型水面得到加速开发利用。以保安湖为龙头，舒婆湖、网湖等河蟹养殖面积达到25万亩，大韦沿江线、沿大冶湖线小龙虾养殖面积超过10万亩，初步建成了一批优质水产养殖示范基地。全市渔业养殖以转变发展方式为突破口，加大了渔业名优特生产的投入力度，全面推进水产生态养殖，促进了水产发展连年上新台阶。2011年全市淡水养殖面积扩大到70.07万亩，比上年增长3.87%。全市水产品产量突破18万吨大关，达到18.01万吨，比上年增长12.52%，其中养殖产量17.55万吨，增长12.67%。

**五、新农村建设全面推进**

2011年，为全面推进新农村建设，我市落实农业项目资金2.3亿元。其中，农业“三补”资金1.27亿元，包含粮食直补1859万元，农资综合补贴7849万元，良种补贴2965万元。农业机械购置补贴资金1969万元，补贴农民购机7578台(套)。用于农村危房改造资金1765.5万元，解决了1177户农村居民住房安全问题。落实畜禽项目资金1000万元，改扩建9个标准化畜禽养殖小区。用于农村能源项目资金778万元，新建大型沼气池3个，小型沼气池15个，建设村级服务网点10个，推广太阳能882台，生物质气化炉375台。同时，农产品质量检验监测项目和植保区域站项目已经立项，总投资1400多万元。

**六、农村专业合作社发展迅猛**

农村专业合作社是解决小生产和大市场对接，连接农民和龙头企业的桥梁和纽带。到2011年底止，全市共发展农民专业合作社450家，比2010年增加160家，涵盖粮食、蔬菜、林果、畜牧、水产多行业，涉及种、养、加、销和技术服务多领域，为农业产业化经营奠定了组织基础。阳新宝塔湖春潮藜蒿专业合作社发展会员达到600多户，带动周边镇村农户450户，经营面积1.2万亩，年销售藜蒿1.9万吨，年人均纯收入9560元。真正起到了“建一个组织，兴一项产业，活一地经济，富一方百姓”的积极作用。

## 七、需要关注的几个问题

虽然我市农业发展较好,但整体水平与转变经济发展方式和满足广大人民群众的生活需求还有一定差距,存在一些不容忽视的问题。主要表现在:一是农业基础设施依然脆弱。近几年来,我市各级政府加大投入,农业基础设施建设取得了明显进步。但由于我市属“水袋子”、“旱包子”并存地区,旱涝保收较难,亟需加强农田水利基础设施建设。二是农资价格上涨较多,农业生产成本提高,影响农民增收。受粮价上涨影响,2011年全市稻谷种子价格比上年上涨15%,化肥等其他主要农资价格也较大幅度上扬。2011年农业生产资料价格指数同比达到114.5,农资价格全面上涨很大程度上抵消了农产品涨价给农民带来的好处。三是农田抛荒现象依然突出。受打工经济影响,全市耕地抛荒面积超过12万亩,其中季节性抛荒8.7万亩,常年抛荒3.4万亩。

建议:建立健全农产品市场预警机制。坚持早预测、早预警的原则;在加大农业基础设施投入力度的基础上,建立农业自然灾害保障基金。要大力实施政策性农业保险措施;切实加强农业基础设施建设。全面开展农田水利基本建设,积极推进农业综合开发,提高农业生产能力。

# 2011年十堰市农村经济形势分析

十堰市统计局　杨静波

今年以来，十堰市农业生产以科学发展观为指导，认真贯彻落实中央、省一号文件精神，以结构调整为主线，不断调整优化农业种植结构，各级党委政府采取了一系列措施落实各项惠农政策。林业产权政策不断完善，林业生产再上新台阶。畜牧业不断调整结构、优化养殖品种。渔业大力发展网箱养鱼，不断提高水产品产量。全年农业生产虽取得了一定的成绩，但也存在一些不容忽视的问题。

## 一、农村经济形势

全市农林牧渔及其服务业总产值（按现行价格计算，下同）达到167.96亿元，同比增长6.1%（按可比价格计算，下同）。其中，农业产值100.05亿元，同比增长5.4%；林业产值6.92亿元，同比增长13.2%；牧业产值51.18亿元，同比增长6.5%；渔业产值8.7亿元，同比增长6.3%；农林牧渔服务业产值1.11元，同比下降7.6%。

全市农林牧渔及其服务业增加值（按现行价格计算，下同）达到96.91亿元，同比增长4.5%（按可比价格计算，下同）。其中，农业增加值57.74亿元，同比增长3.4%；林业增加值3.98亿元，同比增长27.2%；牧业增加值29.3亿元，同比增长5.7%；渔业增加值5.29亿元，同比下降1.2%；农林牧渔服务业增加值0.6亿元，同比下降0.6%。

## 二、农业生产的主要特点

1、全年粮食呈“一减两增”（面积减、产量、单产增）态势。全市粮食作物播种达到408.15万亩，比上年的410.18万亩减2.03万亩，减幅0.5%；全年粮食产量107.63万吨，比上年同期的105.78万吨增加1.85万吨，增幅1.7%。粮食单产每亩264公斤，比上年的每亩258公斤增加6公斤，增幅2.3%。

2、夏粮夏油双双减产

夏粮呈“三减”（面积、产量、单产减）态势。全市夏粮播种面积达到148.98万亩，比上年的149.18万亩减少0.2万亩，减幅0.1%；夏收粮食产量29.53万吨，比上年同期的30.52万吨减少0.99万吨，减幅3.2%。夏粮单产每亩198公斤，比上年每亩205公斤减少7公斤，减幅3.4%。夏粮减产的主要原因是受干旱影响。

小麦呈“三减”（面积、产量、单产减）态势。小麦播种面积109.08万亩，比上年的111.62万亩减少2.54万亩，减幅2.3%。小麦产量21.98万吨，比上年的24.99万吨减少3.01万吨，减幅12%。小麦单产每亩202公斤，与上年每亩205公斤持平减产3公斤，减幅1.5%。

蚕豌豆呈“三减”（面积、产量、单产减）态势。蚕豌豆播种面积11.43万亩，比上年的11.56万亩减少0.13万亩，减幅1.1%。蚕豌豆产量1.16万吨，比上年的1.33万吨减产0.17万吨，减幅12.8%。蚕豌豆每亩单产102公斤，比上年的每亩单产115公斤减少13公斤，减幅11.3%。

马铃薯呈“两增一减”（面积、产量增、单产减）态势。马铃薯播种面积28.47万亩，比上年的26万亩增加2.47万亩，增幅9.5%。马铃薯产量6.38万吨，比上年的6.28万吨增产0.1万吨，增幅1.6%。马铃薯每亩单产

224公斤，比上年每亩单产242公斤减少18公斤，减幅7.4%。

夏油呈“一增两减”（面积增、产量、单产减）态势。油菜籽播种面积66.56万亩，比上年的64.97万亩增加1.59万亩，增幅2.4%；油菜籽产量5.51万吨，比上年的6.29万吨减产0.78万吨，减幅12.5%；油菜籽每亩产量为83公斤，比上年每亩单产97公斤减少14公斤，减幅14.4%。

今年夏粮夏油减产的主要因素：一是气候因素。自去年秋冬播以来，十堰市日照多于上年，雨量比上年明显偏少，干比较严重，这对夏粮夏油生产非常不利。虽然出现了局部的干旱，但对粮油作物产量影响较大，严重影响增产增收。今春的持续干旱，使小麦分蘖减少，麦粒不饱满。据气象部门统计，去年秋季至今年初夏，全市平均降水量只有152.6毫米，比历史同期降水量减少46%。造成小麦、油菜籽穗粒数减少，导致夏粮夏油减产。二是农资价格上涨因素。农资价格上涨，加大了农业生产成本，导致农民种粮积极性不高。虽然近几年国家出台了一系列惠农政策，激发农民种粮的积极性，但是农资价格的持续走高和务工费的增加，远远高于国家下发的良种补贴，生产成本的加大，农资价格上涨较快，在一定程度上影响了农民种粮的积极性。今年农业生产资料价格普遍上涨。化肥价格，碳铵0.75元/公斤，同比上涨15.4%；尿素2.10元/公斤，同比上涨16.7%；复合肥（含PNK各5%）3.00元/公斤，同比上涨11.1%。农膜15.50元/公斤，同比基本持平。种子价格，稻种54元/公斤，同比上涨22.7%；油菜籽40元/公斤，同比上涨5.26%；小麦4.4元/公斤，同比上涨10%。农药价格目前稳定。柴油价格7.35元/升，同比上涨19.5%。

3、秋粮呈“一减两增”（面积减、产量、单产增）态势，秋粮生产形势好于上年。秋收粮食播种面积259.17万亩，比上年的261万亩减少1.83万亩，减幅0.7%。秋收粮食产量78.11万吨，比上年的75.26万吨，增加2.85万吨，增幅3.8%。秋收粮食每亩单产301公斤，比上年每亩单产288公斤增产13公斤，增幅4.5%。

稻谷呈“两减一增”（面积、产量减、单产增）态势。稻谷播种面积54.32万亩，比上年的55.4万亩减少1.08万亩，减幅1.9%。稻谷产量26.1万吨，比上年的26.49万吨减0.39万吨，减幅1.5%；稻谷每亩单产480公斤，比上年每亩单产479公斤增加1公斤，增幅0.2%。

玉米呈“一减两增”（面积减、产量、单产增）态势。玉米播种面积122.03万亩，比上年的122.22万亩减少0.19万亩，减幅0.2 %。玉米产量34.33万吨，比上年的32.97万吨增加1.36万吨，增幅4.1%。玉米每亩单产281公斤，比上年每亩单产270公斤增加11公斤，增幅4.1%。

薯类呈“一减两增”（面积减、产量、单产增）态势。薯类播种面积39.38万亩，比上年的40.18万亩减少0.8万亩，减幅2%。薯类（红薯和马铃薯）产量12.15万吨，比上年的10.52万吨增加1.63万吨，增幅15.5%；薯类每亩单产309公斤，比上年的262公斤增加47公斤，增幅17.9%。

大豆呈“一减两增”（面积减、产量、单产增）态势。大豆播种面积33.3万亩，比上年的33.63万亩减少0.33万亩，减幅1%。大豆产量4.42万吨，比上年的4.27万吨增加0.15万吨，增幅3.5%。大豆每亩单产133公斤，比上年每亩单产127公斤增加6公斤，增幅4.7%。

绿豆呈“三增”（面积、产量、单产增）态势。绿豆播种面积7.61万亩，比上年的7.2万亩增加0.41万亩，增幅5.6%。绿豆产量0.83万吨，与上年0.76万吨增加0.07万吨，增幅9.2%。绿豆每亩单产109公斤，比上年每亩单产106公斤增加3公斤，增幅2.8%。

秋粮增产的主要因素：一是气候因素。自6月13日以来，十堰地区降雨量开始增多，据统计6–8月降雨量415毫米，比历史同期增12.5%。今年夏秋季十堰地区没有遭受大的洪涝灾害，风调雨顺，对粮食生产比较有利。二是“六措施”抗旱保丰收。5月份，市委市政府采取得力措施抗旱保丰收，并动员所有“三万”工作队员投入到抗旱工作中。一是全面落实抗旱责任。驻队干部包村，村干部包组包户，机关干部下到基层一线,协调指挥各村抗旱,日夜轮流值班。二是紧急调配抗旱机械,联系农机局抽调抽水泵下发到各村。三是水资源统一调配。各村做到水资源统一调配,优先确保已插秧的水田用水和秧苗保苗用水,避免出现哄抢水的现象,水库开闸放水。四是做好人工降雨工作。利用人工降雨炮台实施人工降雨。五是全力做好烟叶保苗,组织烟叶站技术人员指导群众做好烟叶保苗。六是积极做好帮扶工作,切实安排好困难群众的生活用水。对家庭贫困和家中缺乏劳力的家庭,村干部组织劳力帮助他们做好夏播抗旱。

4、经济作物产量有增有减。棉花产量149吨,同比增长63.7%。油料产量11.71万吨,同比增长3.9%。其中:秋油产量6.2万吨,同比增长24.5%。从品种上看,花生产量4.24万吨,同比增长29.7%。芝麻产量1.77万吨,同比增长17.2%。烟叶产量1.64万吨,同比增长54.7%。糖料产量1.04万吨,同比增长67.7%。蔬菜产量137.58万吨,同比增长7.1%。药材产量11.37万吨,同比下降10.3%。茶叶产量1.11万吨,比上年的1.04吨增加0.07万吨,增幅6.7%。

全年水果产量31.79万吨,同比下降11.3%。水果产量减产的主要原因:一是部分农户的柑桔树因干旱干死;二是今年柑桔挂果明显减少。

5、畜牧业生产稳定增长。生猪出栏170.25万头,同比增长5.9%。牛出栏9.67万头,同比增长26.2%。羊出栏90.05万只,同比增长16.5%。家禽出笼2333.01万只,同比增长3.5%。猪牛羊禽肉产量18.85万吨,同比增长11.5%。其中:猪肉产量12.76万吨,同比增长5.7%。牛肉产量1.38万吨,同比增长21%。羊肉产量1.34万吨,同比增长12.6%。禽肉产量3.36万吨,同比增长10.9%。禽蛋产量4.63万吨,同比增长12.1%。年末生猪存栏181.11万头,同比增长8.6%。年末大牲畜存栏31.96万头,同比增长12.6%。年末山羊存栏84.16万只,同比增长11.8%。猪牛羊家禽生产稳定发展,一是受价格的拉动作用,养殖户的积极性提高;二是受政策的扶持,出现了一些养猪、养牛、养羊、养鸡专业户;三是受畜牧业结构调整呈现的良性效应,发展由耗粮型的猪禽向节粮型的草食畜转变。猪、牛、羊、猪存栏出现了不同程度的增长与有关扶持政策有直接关系。

6、造林面积大幅增长。当年造林面积29.55千公顷,比上年同期的19.59千公顷增加9.96千公顷,增幅50.8%。随着国家对林业产权政策的不断完善,今后农民植树造林的积极性还会提高。

7、渔业生产稳定增长。十堰市淡水资源丰富,而且水质好、无污染,在全省具有得天独厚的发展优质淡水鱼的良好条件,十堰市出产的优质白鱼,可与武昌鱼媲美,渔业发展前景可观,值得高度重视。水产品产量达到5.86万吨,同比增长5.2%。

**三、当前农业生产存在的突出问题**

1、农业基础设施比较薄弱。十堰市地处秦巴山区,耕地以坡耕地为主,农田抵御自然灾害的能力较差,一旦发生洪水等自然灾害农作物受损较为严重。部分水库、塘堰、引水渠坝常年失修。蓄水排灌能力大大降低,不能发挥抗灾功能。今年上半年,我市遭受六十年一遇大旱,已造成夏粮夏油等农业作物减产。

2、农业生产粗放经营,农业技术水平不高问题仍然很突出。由于农业的比较效益比二、三产业要低,打一个月的工就相当一季农作物的收成,青壮年从事农业生产的基本不多,留在农村从业的基本上是老人和妇女,他们文化程度较低,接受农业新技术较慢,对农作物的种植管理粗放,单位产量不能有效提高。

3、资金问题仍然是新农村建设的一大瓶颈。对于新农村建设,广大农民的积极性高,配合程度较高,但水、电、路等基础设施以及环境的改善需要大量的资金。新农村建设还缺乏统一规划,新农村建设速度还很慢,建房占用耕地的情况还比较严重。

4、能繁母猪补贴政策取消,对生猪生产影响较大。自从2009年十堰市取消了能繁母猪补贴政策后,部分养猪户就屠宰母猪,导致仔猪价格大幅上涨。能繁母猪减少了,导致出栏肉猪减少。由于生猪生产成本大幅上涨,生猪价格随之上涨。

5、本地部分农产品供应不足,导致部分农产品价格过快上涨。十堰市本地生产的粮食、生猪、蔬菜等主要农产品供应严重不足,每年要从外地购进大量的粮食、生猪、蔬菜等农产品。特别是蔬菜自给率不到40%。随着十堰城区人口的不断增长和居民生活水平的逐步提高,蔬菜的需求量越来越大,蔬菜生产、供应、品种调剂和价格方面的问题日益突出。当前的主要问题是,蔬菜基地面积严重不足,基本建设投入不够,菜农主业思想不牢,集约经营水平不高,流通渠道不畅。

**四、几点建议**

1、加大对农村基础设施建设的投入力度。尽管近几年农村基础建设不断加强,极大地改善了农民生产生活条件,但由于山区自然灾害发生频率较高,对抗击灾害的能力仍然很脆弱。要进一步加大基础设施建设的投入力度,加强水库、塘堰、河堤、道路等农村基础设施建设,立足当前,着眼长远,增强灾害防御能力,确保旱涝保丰收。

2、继续抓好"阳光工程"的实施,大力发展劳务经济。充分利用国家"阳光工程"政策,加大农村剩余劳动力职业、技能培训工作力度,提高农村劳动力就业竞争能力,在组织引导和政策扶持上下功夫,探索建立健全农村剩余劳动力有效转移的长效机制。要大力推广农业机械化,实施科教兴农,改变单一种植模式。

3、建立乡村农产品产销信息网络,定期发布农产品市场信息,促进农民增收,促进农村经济发展。

4、稳定十堰地区市场物价,各级政府要采取有效措施,加大农业投入,鼓励农民多种粮,多养猪,多种蔬菜,提高本地主要农产品自给率,减少流通环节,降低流通费用。

# 2011年荆州农业较快增长

荆州市统计局　张宗山　陈　风

2011年，荆州市经历了罕见的长时间持续干旱和旱涝急转的双重灾害，市委、市政府采取有效措施,全力组织抗灾，成效明显，加之6月中旬以后气候对农业生产比较有利，全市农业生产呈现出粮、棉、油全面增产，养殖业稳健发展的喜人局面。2011年全市农林牧渔业总产值为484.20亿元，扣除价格影响因素后，比上年增长3.6%。主要行业呈现全面增长态势，农业、牧业和渔业总产值分别为220.17亿元、121.51亿元和132.03亿元，分别比上年增长3.9 %、1.8 %、3.5%。农林牧渔业增加值为365.15亿元，扣除价格影响因素后，比上年同期增长4.4%。

**一、种植业喜获丰收**

1、粮食产量实现八连增

2011年粮食面积、亩产、总产三增，实现了连续八年增产。全年粮食播种面积820.65万亩，总产363.05万吨。其中：夏粮播种面积192.16万亩，总产40.95万吨，比上年增长11.6%。早稻播种面积108.12万亩，总产49.66万吨。中稻播种面积360.68万亩，总产199.22万吨，。晚稻播种面积120.85万亩，总产61.39万吨。

2、油料

2011年油料总产55.82万吨，比上年增加1.9%。其中：油菜籽播种面积371.27万亩，比上年增加6.75万亩，增长1.9%；总产54.07万吨，比上年增长1.9%。

3、棉花

2011年棉花播种面积168.17万亩，比上年增加5.91万亩，增3.6%；总产14.86万吨，比上年增长8.0%。

4、蔬菜

2011年蔬菜总产235.26万吨，比上年增长4.0%。

5、水果

2011年园林水果产量34.35万吨，比上年减少4.2%。瓜果由于播种面积减少，总产量低于上年。

**二、牧业时逢难得发展机遇**

全市生猪、家禽等主要畜牧产品产量增幅都超过全省平局水平。2011年生猪出栏451.27万头，比上年增加3.2%；生猪存栏325.34万头，比上年同期增加5.8%。家禽出笼6879.83万只、比上年同期增加2.0%；家禽存笼5358.27万只，比上年增加19.7%。禽蛋产量17.40万吨，比上年同期增加10.2%。

畜牧业生产基础条件不断改善，稳定发展的能力不断增强。主要表现在以下方面：

（一）市场价格高位运行、时逢难得发展机遇。2011年，主要畜禽产品价格高位运行，呈现全面上涨态势。全年生猪价格持续上扬，效益明显倍增。今年生猪价格在14.4—20.4元/公斤之间，全年生猪平均价格比上年增长50.2%。全年禽蛋市场行情较好，养禽盈利水平比上年大幅增加。良种粉壳鸡蛋在8-10元/公斤之间，鸭蛋价格在10.0元-10.6元/公斤。全年鸡蛋、鸭蛋平均价格分别比上年上涨21.3%、7.0%。肉鸡价格稳定增长，全年平均价格比上年增长10.0%。

（二）种畜禽生产快速发展，奠定了畜牧业发展的良好基础。近年来，荆州市积极争取国家良种扶持政策，加大种源建设力度，积极开展招商引资，全市种畜禽生产得到突破性发展，仔猪幼禽繁育能够满足生产发展需求。“十一五”末，全市省级以上原种猪场发展到5个，市级扩繁场24个，全市能繁母猪存栏达25.23万头。2011年全市能繁母猪存栏又发展到28.22万头，比上年同期增加11.9%。种禽存笼发展到88万套。

（三）产业化经营取得新突破。主要表现在两方面：一是龙头企业不断发展壮大，合作社组织发展加快。全市市级以上畜牧业龙头企业发展到39家，其中省级龙头企业14家，市级龙头企业25家，新增省级龙头企业4家。不断升级。全市畜牧业合作社达到200个，其中市级示范合作社达到7个，同比新增97个、4个。在松滋市，由6家生猪专业合作社联合发起成立了松滋市汇龙生猪集团合作社，入社会员576户，注册资金5000万元，年可出栏生猪20万头，开创了生猪产业强强联合的新路。二是招商引资力度大，助推畜牧业快速发展。“十一五”期间，广东温氏、南京雨润、北京峪口禽业、福建光阳、四川铁骑力士、浙江今阳、湖北奥信等国内知名企业相继落户荆州，为我市畜牧业的发展注入新的活力。同时湖北宇祥、小胡鸭、湖北双港、荆州离湖等本土企业的迅速成长壮大，带动产业化经营的快速发展。今年全市龙头企业引进又有新发展，北京华都峪口禽业有限责任公司在荆州区投资2.5亿元兴建荆州荆州峪口禽业公司，计划兴建6个蛋种鸡养殖基地,配套建一个孵化基地和一个饲料生产加工基地。荆州区招商引资引进的国家级龙头企业－雨润集团，成立的子公司荆州联润食品公司投资4亿元兴建200万头生猪屠宰加工厂，现已基本完工，正进行设施设备安装，近期可投入生产营运。洪湖市去年引进湖北奥信畜禽实业有限公司，发展肉鸭养殖先从加工企业建起，投资8000多万元在洪湖新滩工业园建起了年加工、冷藏2000万只肉鸭的加工厂，并投资300多万元办起了一个年养殖肉鸭60万只的标准化肉鸭养殖示范基地，通过基地向社会辐射。广东温氏集团继60万头养猪项目落户监利后，今年又落户松滋，计划将分五年投资8亿元，发展80万头生猪养殖。

（四）规模化标准化养殖加快推进。近几年，畜禽规模养殖快速发展，2011年全市万头猪场达到40个，比上年增加3个。建成“150”模式猪舍1625栋，比上年增加261栋。建成蛋鸡“153”鸡舍562栋，比上年增加222栋。建成肉鸡“156”1057栋，比上年增加39栋。

（五）饲料工业发展势头强劲。“十一五”期间我市饲料工业得到长足发展，其产品质量不断提高，品种不断丰富，产量逐年增加，我市已成为全省第二大饲料生产基地。通威、东方希望、湘大骆驼、海大、六和、汇海等国内知名饲料企业纷纷落户荆州，天佳、金迪尔、正欣、正康等本地饲料企业也日益壮大。全市注册饲料企业72家，其中具有万吨饲料生产能力的企业32家，8万吨生产能力的企业18家，30万吨生产能力的企业1家，全年生产能力达400万吨。

**三、淡水渔都建设强力推进**

（一）全力抗灾 水产业保持较快发展

2011年上半年，由于旱灾持续时间长，荆州市部分地区江河断流，沟渠干枯，鱼池见底，渔业生产受到较大影响。面对严重灾情，荆州举全市之力抗灾，全市投入抗旱救灾人力40万人次,投入资金2亿元,动用各种机械水泵11万台套,打机井7000多口,有效降低了渔业旱情影响。渔业主管部门、养殖协会、龙头企业多方努力，及时调剂调配育苗鱼种，加大增殖放流力度，弥补灾害损失。一是增投大规格鱼种。各地在旱灾发生时，采取多种方式保种。灾后全市补投2-3斤规格的草鱼苗2.8万吨，1-2斤规格草鱼苗1.5万吨。大规格鱼种采取自筹和外购的方式加以解决。洪湖市乌林草鱼养殖专业合作社反映，由于大规格草鱼种销售价格相对较低，该合作社上年压塘的2–3斤规格的草鱼种近8万斤，今年在灾后补救中全部销售出去。由于大规格草鱼年增长量可达4–6倍，成为今年渔业增产一个重要方面。二是增加投放扣蟹苗。洪湖市六合水产公司和长河水产公司从江、浙等地引进大眼幼体，加紧培育，满足补苗需求。2011年灾后全市补投扣蟹近30万只，使全年扣蟹投放比例比上年大幅上升。由于蟹类主要生长期在灾后的7、8、9三个月，加之投种的个体数量增大，保证了个体成蟹的规格和品质不低于上年，减轻了灾害损失。三是加快秋繁鱼花生产。全市大型水产苗种场亲本储备充足，秋繁能力可达50亿尾以上，采取秋繁方式增加四大家鱼水花。四是补投四大家鱼寸片鱼种。长江水产研究所、市水产科研所培育乌子头鱼种3亿多尾，满足补苗供应需求。五是补投鳜鱼苗200万尾。由公安、洪湖等地专业合作组织从广东等地场家购进。六是补投虾苗。从安徽、江苏等地外购小龙虾种700吨。七是加大了增殖放流的力度。洪湖市对大湖以及内荆河进行了三次鱼苗投放，分别投放的是四大家鱼苗2000万尾、蟹苗2400万尾。往年投放一般只有800万尾左右，今年市投放规模最大的。境内的长湖、淤泥湖、石首老江河故道、监利老江河故道等水域也开展了增殖放流行动。公安县6月24日，由水产部门精选适宜夏季生长的青鱼、麻鲢、白鲢、黄颡等耐高温鱼苗300万尾分别在县内4大渔场集中投放。

各种抗灾措施及时，渔业生产得到迅速恢复。2011年全市放养面积226.06万亩，同比增加6.13万亩，其中名特优水产品放养面积140万亩，无公害养殖面积200万亩，小龙虾放养面积125万亩。全市水产品产量为108.05万吨，比上年增加3.6%，增幅超过全省平均水平。

（二）强力推进“淡水渔都”建设

荆州市2007年开始提出“重抓水产”发展战略，2011年又提出打造“淡水渔都”宏伟目标，不断增强发展现代化水产理念。一是突出发展水产品加工业。按照“大龙头、大企业、大品牌”的思路，2011年重点建设洪湖淡水水产品加工工业园和荆州城区大明水产加工园，推进水产业加工产业集群发展。加速培育渔民专业合作社，形成“龙头企业+专业合作社+养殖户”的产业化经营模式，实行加工企业与原料基地有效对接。二是加强水产品牌创建。建立完善水产品品牌创建奖励机制，培育和创建国家级、省级名牌农产品。整合和宣传一批在全国有市场影响力的品牌，提高荆州水产品市场竞争力。三是极推进“淡水渔都”建设。通过举办渔博会和参加湖北名优水产品(香港)展示推介暨产品签约会等活动扩大荆州水产的影响，提高知名度，增强水产发展活力。2011年9月底，第二届中国荆州淡水渔业博览会浓重举办，本届渔博会旨在全面推介荆州渔业品牌，搭建国内淡水渔业科研合作、投资贸易交流平台，推进荆州打造生态渔都、科技渔都、文化渔都步伐。本届渔博会活动内容丰富，包括“展鱼、赏鱼、讲鱼、咏鱼、画鱼、摄鱼、唱鱼、钓鱼、卖鱼、烹鱼、品鱼”等，举行了盛大的开幕式暨文艺晚会和开馆仪式、高水平的淡水渔业发展论坛、富有实效的签约仪式，开展了淡水水产品展示交易、渔业科技及渔业文化展示、优质水产品评选和群众性垂钓比赛等主要活动。这次渔博会得到了各级领导的充分肯定，社会各界也给予高度评价。渔博会参展参会企业达355家，跨全国19个省市、地区及美国、西班牙等国，有全国知名水产研究机构8家、加工企业42家；参展品种近1100种，包括活鲜水产品、水产加工品、渔业机械、水产投入品等渔需物资等，基本涵盖了全国乃至全世界淡水产品、现代渔业科技成果和全国主要淡水产品消费地区。共有2万余名水产行业及商贸界专业人士参会参展，现场参观交易人次近15万。展会期间，组织开展了科企、商企投资洽谈活动，有37家客商与我市水产养殖、加工企业签订了54个投资合作项目，签约金额达到35.8亿元，特别是沃尔玛中国投资有限公司与监利利群农工贸有限公司签订了长期的合作协议，重点开展农超对接和基地建设，协议金额1.5亿元；美国海龙苑公司与越盛水产签订了年交易额2000万美元的商贸合同；大明水产与长江水产研究所等4所科研机构签订了水产品精深加工科技合作协议。同时，现场品尝人次众多、产品交易火爆，大明、越盛、小胡鸭公司及凝农甲鱼合作社等企业每天销售额达5万余元。渔博会进一步扩大了荆州作为“中国淡水渔业第一市”在国际国内的影响，促进了荆州市渔业产业化、市场化、规模化发展；积极探索了生态渔业、科技渔业、文化渔业发展的新模式、新思路，促进渔业可持续发展；精心培育了一批水产知名品牌，进一步推动荆州优质水产品走向全国、走向世界。渔博会吸引了31家中省市及境外新闻媒体参会报道。通过新闻宣传的放大效应，进一步提升了荆州城市形象、塑造了荆州渔业品牌、烘托了展会热烈气氛。

2011年，虽然全市农业取得了较快的发展，但持续干旱对农业生产的严重影响让人记忆犹新，水利建设不能适应现代农业发展的问题十分突出。加强农业基础建设，全面增强农业抗灾能力，保障农业生产稳定发展，将是今后加快农业发展的重要工作。加快农业产业化步伐，实现农业生产与农产品加工和市场的对接，降低农业的市场风险，促进农业增效，提高农民收入水平，将是各级政府的工作重点。

# 2011年宜昌农村经济高效较快增长

宜昌市统计局　任先军　李祖群

今年以来，全市农村积极调整产业结构，贯彻各项惠农政策，以市场为导向、以效益为中心、以农民增收为目标，克服了长时期干旱给农业生产带来的不良影响，主要农产品获得较好收成，农产品价格趋好，销路畅通，农村经济效益不断提高，总量保持较快增长。

全年实现现价农林牧渔业总产值400.5亿元，按可比价格计算，比上年增长4.4%；实现现价增加值240.8亿元，比上年增长4.4%。

## 一、2011年农业经济形势

### 1、粮食产量持续增长，收购价格普遍提高

2011年全市粮食产量156.4万吨，比上年增加9.8万吨，增长6.7%，从2004年来实现连续八年增产。据调查，今年我市小麦市场均价为0.98元/斤，比上年提高0.1元/斤；早稻收购均价1.15元/斤，比上年提高0.17元/斤；中稻收购均价1.35元/斤，比上年提高0.15元/斤。今年我市马铃薯上市价格也较好，平均0.6元/斤，比去年0.5元/斤的价格高0.1元/斤。由于增产提价，种粮效益明显提高，粮食产值增幅明显。

### 2、油料因种植面积调减产量小幅下降，收购价上涨提高了效益

全年油料总产22.2万吨，比上年减产1万吨，减4.4%。其中油菜18.1万吨，比上年减产1.6万吨，减8.8%；花生3.5万吨，比上年增产0.5万吨，增16.7%。油料减产的主要原因是因为播种面积减少，油料总播面161.9万亩，同比减少3万亩，下降1.8%。其中：夏油收获面积138.6万亩，比上年调减3.4万亩，同比减2.4%，秋油收获面积23.4万亩，比上年增加0.4万亩，增1.7%。今年油料价格回升，油菜籽最低收购价格达到4.7元/公斤，比去年提高0.8元/公斤。虽然今年油料产量减少，但在收购之初，国家启动油菜籽临时收储计划，仍实现了提价增收。

### 3、棉花产量略增，收益稳中有增

今年棉花播种面积33.5万亩，比上年增加1.5万亩，增4.7%；皮棉总产3.4万吨，比上年增产0.3万吨，增9.6%。据调查，今年棉花均价5元/斤，与去年基本持平。虽然今年棉花价格持平，但产量有较大幅度增长，从而提高收益。

### 4、特色经济作物量价齐升，生产效益大幅增长

全市园林水果产量达到230.7万吨，比去年增加32万吨，增长16.1%。今年柑桔销售价格总体呈现先高-中平-后高的趋势。特早熟、早熟蜜柑上市销售良好、价格走高，均价达到2.1元/公斤，比上年提高40%左右。

茶叶产量达到4.6万吨，比去年增加0.7万吨，增长16.7%，全年鲜叶收购平均价格比去年提高10%左右。

今年蔬菜产量330万吨，比上年增产44.7万吨，增长15.7%。蔬菜平均价格比上年提高0.2元/斤。

水果、茶叶、蔬菜等特色经济作物的产量和价格都实现了较大幅度提高，特色作物的效益得到大幅增长。六大特色产业的产值达315亿元，占总产值的比重比上年提高0.3个百分点。

5、畜产品持续快速增长，价格上扬提高效益

2011年全市生猪出栏574.3万头，比上年增加19万头，增长3.4%；肉牛出栏5万头，比上年增加0.4万头，增长8%；山羊出栏135.7万只，比上年增加18.5万只，增长15.8%；家禽出笼3366万只，比上年增加66万只，增长2%。

畜产品价格整体上涨。一是生猪价格大幅上涨。2010年春节过后，生猪市场一改往年节后价格下滑的局面，一路上涨，并保持高位运行状态。活猪销价均价20元/公斤，同比上涨46%；猪肉均价30元/公斤，同比上涨50%。二是家禽市场稳中有升。肉鸡价格13.4元/公斤，比上年上涨34%；土鸡32.2元/公斤，比上年上涨19.3%；鲜蛋13元/公斤，比上年上涨18.2%。三是牛羊价格持续坚挺。山羊价格25元/公斤，比上年上涨8.7%；羊肉36元/公斤，比上年上涨3%；牛肉40元/公斤，比上年增加3.5%；牛奶3.8元/公斤，比上年上涨10.6%。

6、水产品产量稳步上升，发展势头强劲

今年全市渔业生产继续保持了增长势头，库区渔业养殖力度加强、养殖品种结构进一步优化，网箱养殖面积扩大。全年水产品产量16.8万吨，比去年增加0.6万吨，增3.6%；全市39万亩放养水面投放各种规格苗种3.6万吨，比去年同期3.3万吨增3000吨，增9%；新开发鱼池2000亩，改造标准化鱼池31000亩，清塘清淤6.5万亩。水产品市场整体运行平稳，供给充足，鱼价总体继续上涨，行业利益空间得到进一步拓展，渔民生产积极性高涨，全市水产品全面实现增产、增效。

**二、农业经济发展呈现的主要特点**

1、农产品在大灾之年仍保持增产增收

今年的农业生产遭受早期低温冰雪、暴雨、冰雹等自然灾害，尤其是冬春夏三季连旱的特大自然灾害，在市委市政府的正确领导下，全市上下克难奋进，科学抗灾，实现了农业生产大丰收。粮食、柑桔等产量再创新高，粮食产量实现八连增，同时生猪、山羊的出栏增多，水产品产量进一步增长。

2、农产品价格全面上扬进一步提高了效益

据市场调查，今年以来除棉花价格下降外，整个农产品价格增幅都比较大。全年生猪收购均价比上年上涨40%，牛肉均价上涨9.5%；活鸡、鸡蛋均价分别上涨10.8%、12%；水产品价格从2月份开始一路上扬，总体上涨了10%，出现了近年来从未有过的高价位；今年柑桔销售价格持续走高，销售形势看好，其中特早熟蜜桔均价2.1元/公斤，比上年提高40%左右，为宜昌市柑桔价格建档以来的最高的一年；茶叶的鲜叶收购价格比去年提高10%左右。农产品的价格全面上升推动全市农林牧渔业增加值达到240.8亿元。

3、特色产业的发展成为农业生产的主导

近年来我市着力建设特色产业，今年水果、蔬菜、茶叶、畜牧、水产和食用油六大产业产值占农林牧渔业总产值的78.7%。柑桔生产今年是我市农民家庭经营收入增加的最大亮点，因柑桔产量价格双增，可为农民人均增收400元左右；无公害蔬菜基地的建设面积扩大，蔬菜品质提高，市场需求增加；茶叶产量增加，优质率提高；畜牧养殖规模扩大；水产养殖产量增加。

4、畜牧业“六化”特点得到深化

2011年全市对生猪养殖的"规模化"、"生态化"、"产业化"、"标准化"、"规范化"、"科学化"的做法进一步深化。重点建设了畜禽生产的五大优质板块基地，兴建了一批适度规模的企业化管理、现代化生产、产业化经营的畜禽养殖大场大户和小区，支持各奶制品加工企业实现年加工鲜奶2万吨的目标，扶持和壮大城区、各县市区现有的中小型畜产品屠宰加工企业的规模，使其逐步达到标准化生产水平，进一步加强了无公害畜产品产地认定和产品认证工作。

5、渔业生产突出精品战略，品种发展多元化

宜昌水产养殖以品质和效益为第一追求，水产品养殖中以清江鱼养殖为龙头的特种养殖比重进一步扩大。虽然水产养殖论"块头"在全省进不了前列，但是对农业增效和农民增收的拉动作用十分巨大。全市渔业产销特点主要表现在：一是实现了水产品流通货畅其流，四大家鱼、鲤、鲫、鳊等大宗水产品畅销东北三省、四川、重庆、陕西、安徽、湖南等省市，长江肥鱼、鲟鱼、鳜鱼等名特品种在北京、上海、江浙一带旺销，出口创汇产品清江　鱼供不应求；二是通过水产品加工带动了渔业生产。由于内需扩大，外贸恢复，水产品质量好，宜昌市水产品加工产量产值均有大幅增长。全年加工转化水产品4.3万吨，比去年3.5万吨增长22.9%，创造加工产值9.6亿元，比去年5.2亿元增长84.5%。

6、农业产业化纵深推进带动农村经济又好又快发展

农产品加工产值过百亿元的县市区达到4个，规模以上农产品加工产值达到754.8亿元，农产品加工产值与农林牧业总产值的比达到1.8:1，高于全省的1.6:1，为农村经济发展提供了强劲的动力。

**三、影响农业发展的几个问题**

自然天气好坏直接影响了农业的发展形势趋势，目前政策扶持的空间越来越有限，农产品市场价格继续上升的余地也越来越狭窄，气候环境更是难以预料，农业要保持良好的发展态势，还有系列的问题需要解决。

1、农民增收的长效机制还需进一步建立

农民增收的一个显著特点就是依靠政策、天气等外因促进农民增收，而起长期和决定作用的农业"内质"，如结构优化、科技进步、基础设施建设、产业化经营、劳动力素质等并未发生突破性的变化。农民收入的增长要获得历史性的突破，仅仅局限于农业是不够的，还要使大量的农村劳动力从根本上离开土地，离开第一产业，转移到二、三产业中。2011年，宜昌农村劳动力中第一产业劳动力为73.6万人，占整个农村劳动力的比重仍高达45.7%，进一步加快农村剩余劳动力的有序转移，在农村二、三产业仍有巨大的发展空间，区域经济的工业化水平不高，仍将是制约农民收入增长的根本矛盾。

2、农业基础设施薄弱

宜昌现有的农田水利设施大部分为上世纪70-80年代修建，年久失修，严重老化，有的完全损毁不能使用，有的勉强可用但维护成本极高，有的排灌设施不配套，有的重建轻管，而且乡村两级无钱维修加固。

乡村道路设施等级偏低，广大山区乡村道路甚至没有等级，运输车辆难以进入，大量优质农产品不能及时运出去，不仅影响农民的增产增收，也严重制约了农业结构的进一步调整和农村经济的持续发展。

3、农资价格连续上涨，抵消了部分政策实惠

农业生产资料价格不断上升，生产成本不断提高。随着目前整体物价市场的上涨，农资价格不断攀升，直接增加了农民生产投入的成本，对农民增收不利。

# 2011年襄阳市农村经济形势分析

襄阳市统计局　杨　琳

回顾2011年，我市“三农”工作在市委、政府的高度重视和正确领导下，坚持以科学发展观指导农业，积极创新，奋力开拓，认真贯彻落实中央、省、农村工作会议精神，突出重点，狠抓农林牧渔业生产，积极抗旱、救灾，全市农村经济沿着健康的轨道平稳较快发展，呈现出了大田种植业丰收、畜牧养殖业快速增长、水产生产各项指标平稳发展、劳务经济增收势头强劲，襄阳市2011年农村经济形势分析如下：

## 一、2011年农村经济和农业生产情况

### (一)农业综合经济实力增强，经济总量较上年大幅增加

2011年，在农业规模化、产业化较快发展的带动下，农业生产实现稳步发展，农林牧渔业总产值大幅增加。2011年全市农林牧渔业总产值预计达到503亿元，同比增长4.3%(可比价，下同)，其中农业产值247.94亿元，同比增长3.9%；林业产值6.24亿元，同比增长5.6%；牧业产值208.15元，同比增长4.6%；渔业产值30.06亿元，同比增长4.1%；服务业产值为10.83亿元、比上年同期增长4.6%。农林牧渔业增加值291.66亿元，同比增长4.3%。

### (二)惠农政策全面落实，大田作物产量稳步增长

2011年，我市大力贯彻落实粮食生产补贴等惠农政策，最大限度保护和调动农民种粮积极性，粮食生产克服了重大自然灾害和极端气候等不利因素影响，粮食种植面积不断增加，大田种植全面推进机械化发展，大力推广精品精量播种，化学灭草提高了种植科技含量，2011年全年粮食播种面积1041.9万亩，比上年增长4.03%。全年粮食总产475.05万吨，比上年增加15.62万吨，同比增长3.40%；2011年全年油料总产29.73万吨，同比减少7.46%；2011年棉花总产4.81万吨，同比增长10.88%；2011年蔬菜总产289.22万吨，同比增长3.86%。

### (三)畜牧业生产保持较快发展

2011年，市委、市政府继续把畜牧业作为农民增收的着力点，采取宣传、引导、奖励、等措施，大力实施养殖优惠政策扶持，使全市畜牧业生产各项指标全面增长。2011年我市生猪出栏574.35万头，同比增长3.4%；牛出栏60.33万头，同比增长23.83%；羊出栏150.57万只，同比增长10.61%，均居全省第一位。家禽出笼8083.13万只，同比增长1.10%；禽蛋产量24.69万吨，同比增长9.3%。

### (四)水产品结构调整进一步加快渔业生产健康发展

我市水产工作以市场为导向、以科技为动力、以渔业增效、渔民增收为目标，狠抓结构调整和大水面开发，加大科技兴渔，强化水产品质量安全控制，渔业生产发展在充分利用资源优势的基础上，注重数量与质量的同步提高，名特优水产品放养面积逐年扩大，水产品名优产品比重加大。2011年全市水产品产量17.92万吨，同比增长3.2%。市场上水产品不仅数量充足，而且品种繁多，质量提高，价格平稳，成为城乡居民菜篮

子的不可缺少的重要品种,居民消费量明显增加。

(五)农民转移就业恢复性增长

2011年累计转移农村劳动力97.2万人,同比增长6.8%。占农村劳动力资源数的42.8%。其中,县内乡外务工人数13.79万人,比上年减少0.5万人,下降3.50%;省内县外务工人数24.66万人,比上年增加5.98万人,增长32.01%;省外务工人数58.69万人,比上年增加0.7万人,增长1.21%,港澳台境外务工人数0.05万人,比上年增加0.01万人,增长25.0%。

**二、增长主要因素**

(一)种植业总产增长的主要因素有四:

一是调整结构,扩粮压油。政策效应继续显现,在中央各项惠农政策影响下,广大农民的种粮积极性大大提高,对农业的投入有所增加,特别是良种补贴政策促进了小麦、中稻品种结构的优化和升级,大大提高了优质小麦、中稻的种植比重。

二是襄阳人十分珍惜切实保护合理利用土地耕地 资源,在2011年春夏、秋冬两季农作物播种中充分利用全市25度以上坡地和可利用河滩地,扩大种植面积切实保证粮食安全做到大灾之年不减产。

三是农业机械化程度显著提高。农业机械化发展速度明显加快,农业生产方式实现了由以人力、畜力为主向以机械化作业为主的历史性跨越,随着农业机械化装备的增加,农机作业水平不断提升,2011年全市机播、机耕、机收面积均占总播种面积的95%以上。

四是先进技术在农业生产中发挥重要作用。全市以科技示范户、科技示范基地为抓手,全面推广测土配方施肥,大力推广精品精量播种、药剂拌种、轻简化栽培、化学灭草等关键实用技术,提高了科技含量,为农作物生产奠定了坚实基础。特别是温室大棚蔬菜,我市襄城区已有七季菜。

(二)畜牧业健康发展较快的主要因素是

一是我市以畜牧业夯实基层防疫体系建设,强化防疫保障;优化畜牧业结构,改进生产方式;加大科技投入,强化产品质量安全,畜牧业综合生产力明显提高。

二是猪肉、家禽、禽蛋价全面上涨,提升了养殖户的信心。2011年生猪价格整体很好,每头育肥猪可获利410–610元,土鸡价格同比增长13%,禽蛋价格同比增长15%,增加了养殖户的收入,激励了养殖积极性,养猪形式史无乐观。

(三)水产品生产各项指标增长主要因素

一是水产品产量名特优产品比重增加。全市名特优品种放养面积达50万亩,同比增2万亩,增长4.2%;优质鱼投放比例达到78%,比上年同期增5个百分点。

二是价格均好于上年。鲤鱼基地价4元/斤同比增加0.5元/斤,涨幅11%,市场价5元/斤,同比增加0.5元/斤,涨幅11%;鲫鱼基地价5.7元/斤,同比增加0.5元/斤,涨幅8.8%;市场价6.8元/斤,同比增加1元/斤,涨幅17.3。全市整个鱼价均有不同幅度上涨。

**三、存在问题及原因所在**

(一)去年我市遭遇秋冬春夏四季连旱。全市受旱总面积达到500多万亩,其中在田作物受旱300多万亩,插秧和尚未出苗的田地缺水缺墒200多万亩,由50多万人、20多万头大牧畜饮水困难,不仅影响农业生产用水,而且影响人畜饮水安全。据统计全市因旱造成各类经济损失6亿元以上。

(二)农业生产成本上涨较快,直接影响农民增收。2011年年份特殊,多晴少雨,出现旱地较干,需排灌浇水,再次加大农民的投入,为此,导致多处发现农民不听村干部指挥,不愿意再加大种植业投入,进一步加大投入不如出去打工收入高，在此期间已有焚烧植被和抛荒现象。这种现象对一个农户来说无所谓，只要有利即可，但对一个农业大市乃至国家来说，粮食生产安全就有问题了。

（三）农村劳动力素质偏低，较大制约了农业新技术的推广应用。外出打工青壮年，初中、高中毕业后就直接外出打工，农林牧渔业劳动力整体文化素质下降。村里只有老、弱、病、妇，直接制约了农业新技术的推广应用。

（四）农田基础设施薄弱，制约农业生产。水利是农业生产的命脉，但是这些年农田水利设施普遍存在投入不足，管理不善的问题，导致了设施老化失修失窃，排灌渠道损毁严重，想灌灌不进、想排排不出的现象。用农民的话说水渠排灌：有动脉也有静脉，就是没有毛细血管。这已经严重影响了农业生产的发展，特别是在气候异常，这种影响更显突出。

（五）应对市场风险能力弱。当前，畜产品销售主要依赖外地客商，没有自己的营销中介组织和稳定的销售市场。上档次的畜牧业龙头加工企业很少，产业链条短，受市场制约较大。

（六）投资不足，资金缺乏。财政和金融部门用于发展农林牧渔业生产资金手续复杂环节较多，资金远不能满足需要，目前金融部门支持农林牧渔业发展的政策规定较严，商业银行和农发行只对产业龙头企业贷款，农民自身资金不足，贷款只能到基层信用社，同时，信用社贷款额度较低、手续繁杂，不能满足生产发展之需。

**四、几点建议**

1、抓住机遇，高度重视粮食生产。在调整产业结构时，应坚持大稳定小调整的原则，抓住国际国内粮源紧缺和国家实行粮食直补的政策机遇，想千方设百计扩大粮食种植面积，有目的有计划的合理利用25度以上坡耕地和可用河滩地来确保粮食稳定增长，地方政府要切实保护农民种粮积极性。

2、强化农业基础设施，下决心解决“死角”问题，提高夏粮生产过程中的抗御自然灾害能力。针对农田水利“死角”问题，目前全省已组织万名干部挖万塘活动，一定要注重实用性，要因地制宜挖堰塘、水窖、水井等，要有“家门口”工程；特别要加强库、堰、塘、渠、坝的恢复、改造、整修、扩充、配套，提高蓄、提、引水能力，竭尽全力提高抗旱保收能力，确保能在大旱之年抗灾夺丰收。

3、畜牧业生产要加强免疫、消毒、检疫检验、监测等工作，改变养殖重治疗轻防疫的观念，确保不发生动物疫情，降低畜禽死亡率。加强生猪生产流通形势监测和分析研判，指导广大养殖户适时调整养殖结构，合理安排生产和营销，促进生猪等产业可持续协调发展。科学引导调整生产布局，加快整合资源、打造加工集团企业、营销集团化、大力发展现代畜牧服务业，采取强有力措施抵御市场风险，千万不要盲目地扩大规模。

4、切实把国家、省、市相继出台的各项优惠扶持政策贯彻落实到位。采取多渠道解决农林牧渔业发展资金，在鼓励广大农户积极发展生产的同时，争取各级财政切实加大对农林牧渔业发展的资金投入；加大对农林牧渔业贷款的额度，简化贷款手续，积极探索更为有效的贷款方式。

5、再加力度，实抓好打工经济，使劳务经济成为农民增收的主要增长点。切实落实促进农民工就业的政策措施，拓宽就业渠道，把农村富余劳动力转移出去，既可以增加农民的资源占有量，提高农业劳动生产率，又可以增加农民的非农收入。

# 2011年鄂州市农村经济形势分析

鄂州市统计局　吴丰雄

2011年，鄂州市认真贯彻落实中央1号文件精神，大力发展城郊型农业、观光农业、生态农业，加快农业转型发展步伐。面对气候的异常变化，全市上下积极行动，各行各业大力支援农业，做好灾后生产自救工作，抓住时机补种改种，把旱涝急转的灾害影响减小到最低程度，加之6月之后天气正常，气温偏高，有利于秋收作物生长，秋粮、秋油获得了好收成，弥补了异常气候对夏收作物的不利影响，确保了灾年农业生产平稳发展态势。全年现价农业总产值108.75亿元，首次突破百亿元大关，按可比价计算同比增长5.9%，现价农业增加值60.98亿元，按可比价计算同比增长4.6%。

**一、农林牧渔业产值全面增长**

2012年全市农林牧渔业总产值完成108.75亿元，按可比价计算，同比增长5.9%，其中：农业产值34.04亿元，同比增长4.3%；林业产值1.46亿元，同比增长14.9%；畜牧业产值28.67亿元，增长5.9%；渔业产值44.26亿元，增长6.8%。农产品产量增长、价格上升，是推动农业总产值、增加值增长的双重因素。价格综合指数上涨11.2%,大于产量增长幅度,成为农业总产值增长的首要因素。

**二、种植业面积扩大、产量增长**

今年以来，我市规范了对种粮农民的良种补贴、粮食直补、农资综合直补的发放管理，引导农民将各项种粮补贴资金用于发展粮油生产，确保粮食安全。全市粮油播种面积比上年增加5万亩，其中中稻一项增加3万亩。在促进粮食生产上，突出依法规范土地流转，涌现出一批种植大户。目前我市种植规模达到100亩以上的大户310户，规模化复种面积达到15万亩，占耕地总面积的1／4，全年粮油生产获得好收成。

1、*粮食产量稳步增长*。早稻生产受干旱影响产量虽有所下降，但中稻生产期间气候适宜，秋粮取得了好收成。早稻实际产量72470吨，比上年减少23.67%；中稻初步统计产量101376吨，比上年增长23.59%；晚稻产量104735吨，与上年持平。全年粮食产量329872吨，同比增长6%。

2、*油料作物产量稳定增长*。秋收油料作物生产形势较好，增产已成定局。秋油生产形势比夏油好，受气候影响夏油总产增幅偏低，秋油总产增长2.1%。全年油料总产58620吨，比上年增长1.71%。占我市油料作物比重较大的油菜籽实际产量为49138吨，增长1.58%。

3、*蔬菜生产全年略有增长*。由于品种改良和技术进步，在蔬菜面积大幅度减少情况下，蔬菜产量仍获得了比较理想的增长。全年蔬菜产量达到90.96万吨，同比下降2.24%。

**三、受价格等因素激励，畜牧业生产增长强劲**

今年以来我市生猪价格持续高位运行，生猪出栏价达18.60元/公斤，与去年生猪价格最低谷时比较，增长幅度达到14.5%；与今年元月比较，上涨43%。猪肉每公斤23.8元，同比增长20.5%。扣除猪饲料价格上涨的影响，生猪生产仍可达到盈利高峰。规模场(户)每头利润在400–500元，一般散养户每头猪纯利在250元左右，养殖利润空间的增大，促使养殖户生产积极性提高。全年生猪出栏105万头，同比增长5%；生猪存栏76.3万头，同比增长7.8%。全市家禽出笼1375万只，同比增长3.6%；禽蛋产量44233吨，同比增长11.2%。与此同时，我市蛋禽养殖发展较快。蛋禽出笼1125.67万只，同比增长5.5%；蛋禽存笼965.36万只，同比增6.9%，其中蛋鸡存笼689.6万只，同比增长23.9%。

**四、由典型示范带动，渔业生产实现长足发展**

今年，我市推进渔业经营模式创新，大力兴办家庭渔场及渔业合作社，加强对合作社的组织领导和技术指导，采取独资、合资、入股经营等多种灵活的经营模式，吸纳社会资本，推进水面有序流转，实现产业经营模式由传统渔业向现代渔业的跨越式发展。全年水产品产量360881吨，同比增长8.4%。水产品受上半年旱情和特大洪涝灾害影响，价格大幅度上扬，价格整体较去年高15.5%。

# 2011年荆门市农村经济形势分析

荆门市统计局　严婷婷

2011年，我市农村农业经济经历了复杂的市场形势和较为严重的连旱灾害。在全市上下的共同努力下，农业经济整体保持了较快增长，农业综合生产能力进一步增强，农民收入明显增加。

## 一、总体形势

### （一）农业经济继续保持较快增长

2011年，全市农林牧渔业总产值达到291.95亿元，扣除价格因素，比上年增长4.4%，其中农业增长4.8%，林业增长20.7%，牧业增长2.1%，渔业增长5.5%，农林牧渔服务业增长9.1%。全年实现农林牧渔业增加值166.53亿元，扣除价格因素，比上年增长4.48%。

### （二）主要农产品生产情况较好

1、粮食实现较大增产

全年粮食种植面积522.41万亩，比上年增加10.11万亩，增长1.97%；粮食总产量255.72万吨，比上年增加3.31万吨，增长1.31%。总产量列襄阳市、荆州市、黄岗市之后位居全省第4位。值得一提的是，受国家鼓励政策带动，全年马铃薯种植面积、产量实现倍增。种植面积达7.56万亩，比上年增长2.3倍；总产量4.47万吨（薯类作粮食统计时按实际产量5折1计算），比上年增长2倍，是粮食增产的新增长点。

2、经济作物生产稳定

受良好市场预期的带动，农户种棉积极性高涨，棉花呈现恢复性增长，种植面积达57.11万亩，比上年增加2.49万亩，增长4.58 %。因天气条件较适宜，病虫害偏轻，亩产比上年增加4.6公斤，全年皮棉总产4.79万吨，比上年增加0.46万吨，增长10.59 %。

全年油料作物种植面积205.14万亩，比上年减少5.13万亩，下降2.44%；油料总产34.70万吨，比上年减少1.42万吨，下降3.92%。主要是受油菜籽种植面积减少和上年冬春干旱低温影响，产量比上年减少了1.98万吨。但花生、芝麻等油作物生产稳定，总产达9.26万吨，比上年增加0.56万吨，增长6.51%。

3、蔬菜水果生产正常

2011年，各地积极开展“菜蓝子”工程建设，加快发展城郊蔬菜和设施栽培。全年蔬菜种植面积66.18万亩，比上年增加4.29万亩，增长6.93%；产量达181.15万吨，比上年增加16.65万吨，增长10.12%。

受干冷天气影响，全年水果产量55.21万吨，比上年减少2.88万吨，下降4.96%。其中柑橘减产幅度相对较大，总产13.97万吨，比上年减少0.98万吨，下降6.58%。

4、畜牧业生产稳中趋好，产量提升

生猪养殖稳中趋好。随着生猪市场行情看涨和养殖效益的大幅度提高，生猪养殖业的积极性明显回升，养殖大户或单位纷纷填槽补栏。全年生猪出栏377.12万头，比上年增长3.1%；能繁母猪存栏量也逐步回升，年末存栏达20.95万头，比上年增长2%。

其它牧产品产量进一步提升。全年牛出栏13.14万头，比上年增长7.38%；羊出栏48.36万只，比上年增长12.3%；家禽出笼4350.28万只，比上年增长1.4%；禽蛋产量14.05万吨，比上年增长12%。

5.渔业生产喜夺丰收

全市渔业生产虽然受到上半年旱灾的影响，由于救灾复产措施及时落实，池塘养殖得到恢复，成为灾后渔业增产增收的主要途径。全年放养水面114.51万亩，比上年增加4.45万亩，增长4.04%；水产品产量达42.25万吨，比上年增加3.92万吨，增长10.22%。总量位次比2008-2010年连续三年的第4位上升了1位，跃居全省第3位。全市渔业在湖北楚玉、东湖水产、京山楚龙等龙头企业的带领下，形成基地联养殖户的良好格局，渔业产业化进程蓬勃推进。

（三）农民收入明显增加

2011年全市农民人均纯收入达8248元，比上年增加1297元，增长18.66%。在全省各地市州中，全市农民人均纯收入的总量和增量均位居全省第2位（总量、增量仅次于武汉）。今年农民增收形势好，主要基于三点：一是农民外出务工形势较好，打工经济继续对农民增收起到较好的支撑作用。2011年全市外出农民工从业人员45.96万人，占农村从业人数的41.87%。劳务收入79.18亿元，比上年增长16.82%。二是农产品价格涨多跌少带动农民增收。三是各项惠农政策使农民得到了相应实惠。

（四）农村投资进一步加大，农业产业化加速推进

2011年，全市第一产业固定资产投资29.95亿元，比上年增长41.8%。以提高农村生产生活能力的农田水利（如整修U型渠）建设、高产田改造投资就达3.67亿元，其中钟祥市南水北调沿线土地整理项目已正式开工建设，首批开发面积12万亩，完工后将极大提高沿线土地利用率和机械化耕作水平。农业产业化也在加速推进，全市"规上"（年销售收入2000万元及以上）农产品加工企业276家，其中省级龙头企业达50家，国家级龙头企业4家。全市农产品加工业产值达到603.95亿元，比上年增长77%。农业产值与农产品加工业产值之比达到1∶2.07（2010年为1∶1.35）。农产品加工业的快速发展对推进农业产业化经营，促进农民增收、农业增效，起到了积极作用。

**二、存在的问题**

（一）农村基础设施薄弱等问题仍很突出。尽管农村基础建设投入不断加大，逐步改善着农民生产生活条件，但由于近年来自然灾害发生率较高，农业抗击灾害的能力仍然很弱，加上部分农业设施管理维护不当，农业抗灾弱势产业的地位没有得到根本改变。

（二）农业技术水平不高，劳动力素质普遍偏低。由于农业的经营效益比二、三产业低，大量农村青壮年劳动力选择外出务工或经商，很多农业劳动力是老人和妇女。他们中很大部分人文化程度较低，科技意识薄弱，创新能力不强，接受农业新技术较慢，对农作物的种植管理粗放，还较大程度上影响了农业生产进度和新品种新技术的推广。

（三）产业化龙头企业综合竞争力不强，行业发展不平衡。企业数量多，但规模不大，高、新骨干企业少，产业层次不高，农产品精深加工项目不多，链条不长，产品附加值不高；行业发展不平衡，食品、林木行业增长最快，然而同样具有资源优势的水产养殖、畜禽养殖行业的省级及以上龙头企业偏少，不利于全市农业经济结构的均衡发展。

## 三、相关建议

（一）继续扩大公共财政覆盖农村的范围，加强农村基础设施建设。增加财政支农资金投入总量，财政新增财力向“三农”倾斜，将每年新增的财力切出一定份额用于农村，使财政支农支出的增长速度高于财政经常性收入的增长速度。增加国债项目投资，重点支持与农村生产生活关系密切的节水灌溉、人畜饮水、乡村道路、农村沼气、电网通讯等小型基础设施建设。同时，正确引导农民对直接受益的公益设施建设投资投劳，以更好更快地改善农村生产生活条件和整体面貌，促进城市与农村协调发展、共同繁荣。

（二）抓好农业科技创新，提升农业技术推广能力。切实落实2012年中央“一号文件”精神，大幅度增加对农业科研的投入，加快建立以政府为主导、社会力量广泛参与的多元化农业科研投入体系，努力在良种培育、节水灌溉、新型肥药、疾病防控等方面取得实用技术成果。同时，提升农业技术推广能力，将农业科技成果“平民化”和科技知识“普及化”，有针对性地开展农业科技成果的推广，如家庭式养殖模式、猪-沼-林循环农业等。健全技术推广站，加强管理和指导，改进服务手段，灵活宣传方式、改善宣传条件、加大宣传力度，提高农业科技信息传播效率和利用率，以促进农业科技信息的传播来推动农业科技成果的产业化。

# 2011年孝感市农村经济形势回眸

孝感市统计局　程三清

2011年，在市委、市政府的领导下，全市上下认真贯彻落实国务院出台的促进粮食生产"新十条"等政策和省委、市委农村工作会议精神，坚持以"农业增效，农民增收"为着力点，以开展全市"三万"活动为契机，进一步落实各项支农惠农强农政策，深入推进农村改革，加快发展现代农业，不断调整优化农业种植结构，农业生产稳定发展，主要农产品产量稳步增长；农业基础设施进一步加强，农业机械化装备水平和科技含量不断提高；劳务经济保持较快增长势头，农民收入再创历史新高；新农村建设成效显著，农业综合生产能力稳步提高，全市农业、农村经济发展呈现稳定增长的态势。

## 一、全市农村经济运行的特点

2011年，全市农林牧渔业增加值（按现价格计算，下同）为195.11亿元，增长4.4%。其中，农业增加值91.16亿元，增长4.8%；林业增加值5.02亿元，增长0.6%；牧业增加值65.52亿元，增长4.5%；渔业增加值30.2亿元，增长4.1%；农林牧渔服务业增加值3.21亿元，下降0.6%。2011年，全市农村经济运行呈现以下特点：

### 1、粮棉油生产"两增一减"

粮食生产平稳增长。受国家"惠农"政策的影响，2011年，全市粮食播种面积为525.66万亩，总产量为42.88亿斤，分别比上年同期增长0.3%和3%。其中夏粮播种面积为177.02万亩，总产量为6.87亿斤，同比增长1.4%和7.7%；秋粮播种面积为348.64万亩，总产量为36.01亿斤，同比增长1.0%和2.1%。

棉花大幅增产。自2009年9月始，棉花价格行情一路高升，农民从棉花种植中得到实惠，刺激植棉热情，农民种棉积极性高涨，今年棉花面积在去年增长的基础上再次扩大。2011年，全市棉花播种面积46.02万亩，比去年增加3.6万亩，增长8.5%；棉花生长进入6、7月份后，天气条件较适宜，病虫害也偏轻，棉花的产量和质量均好于上年。2011年，全市皮棉总产量84.94万担，比去年增加13.47万担，增长18.8%。

油料小幅下降。全市油料播种面积为169.05万亩，总产量为436.3万担，分别比去年减少3万亩和13.86万担，分别下降1.7%和3.1%。其中，油菜面积为121.74万亩，总产量为278.69万担，分别比去年减少3.93万亩和20.49万担，分别下降3.1%和6.8%；花生面积为40.09万亩，同比增加0.76万亩，增长1.9%，总产量为141.98万担，同比增加6.42万担，增长4.7%；芝麻面积为7.22万亩，总产量为15.63万担，分别增加0.17万亩和0.14万担，分别增长2.3%和增1.3%。

### 2、畜牧业生产稳步增长

2011年，全市牲猪出栏336.07万头，增长4.95%；牲猪存栏263.33万头，增长4.3%，其中：能繁殖母猪24.77万头，增长9.6%。牛出栏13.67万头，增长12.9%，羊出栏22.38万只，增长15.97%；家禽出笼12236.6万只，增长3.7%。其中：鸡出笼8162.87万只，增长5.6%；鸭出笼3801.05万只，增长11.3%；畜禽肉产量为44.44万吨，增长5.3%；禽蛋产量为34.79万吨，增长12%。其中：鸡蛋产量为28.22万吨。增长15.04%；鸭蛋产量为

5.92万吨，增长4.1%。

近几年来，孝感市规模化养殖呈快速发展态势。2011年，全市建设养殖小区达60个，其中生猪养殖小区15个，家禽养殖小区42个，其他养殖小区3个，累计已建成养殖小区904个。全市规模化生猪养殖已占总饲养量的86%，规模化家禽养殖已占总饲养量的70%。2011年，全市畜牧业实现现价产值130.96亿元，占农业总产值比重的36.8%，农民人均畜牧业收入增加178.56元。

3、特色水产品养殖平稳增长

2011年，受特大干旱的影响，孝感市渔业生产受到了较大的影响，但在全市渔业生产部门的共同努力下，养殖面积和水产品产量稳步增长。2011年，各县市渔业生产部门在充分利用水面资源优势的基础上，大力发展特色养殖，特别是螃蟹生产。通过调整品种、优化产业结构，形成了以小龙虾、河蟹、黄颡鱼、鳜鱼四大优势水产品，养殖面积突破16万亩，产量达到5.2万吨。全市名特优水产品养殖面积达到74万亩，产量达到31.3万吨，其中小龙虾13450吨、河蟹3680吨、鳜鱼1672吨、黄颡鱼12325吨、黄鳝3521吨、龟鳖4565吨，占水产品产量的84%。全市渔业生产在养殖规模上更加突出区域性发展特色，形成了鱼鸭、鱼蟹、网箱养殖、虾稻连作、银鱼增养的湖泊(水库)立体生态养殖模式。2011年全市淡水养殖面积扩大到68486公顷，比去年同期增长1.9%。水产品产量为36.58万吨，增长4.8%。

4、农民收入水平再创历史新高

在外出农民工呈稳步回升的态势下。2011年全市外出农民工从业人员规模达到123.85万人，比去年同期增加4.88万人，增长4.1%，其中：男性劳动力为77.19万人，占外出从业人员规模的62.3%。外出农民工劳务经济总收入达到247.91亿元，人均年收入2万元，同比增长23.3%。2011年，全市农民人平纯收入突破7000元，达到7029元，增长18.3%，农民收入水平再创历史新高。

5、农机化装备水平快速增长

2011年，孝感市农机装备水平在农业机械购置补贴政策的推动下，呈现出稳步增长的发展态势，农机装备结构不断优化，农业机械总动力得到快速增长，农机购置补贴资金大幅增长，全市补贴资金为8079万元，同比增长23.7%，全部用于购置各种农机设备。据统计，2011年全市农业机械化总动力为218.08万千瓦，比去年同期增加14.92万千瓦，增长7.34%。其中：柴油发动机总动力为138.41万千瓦，比去年同期增加4.62万千瓦，增长3.45%；汽油发动机总动力为5.22万千瓦，比去年同期增加0.64万千瓦，增长13.97%；电动机总动力为74.45万千瓦，比去年同期增加9.66万千瓦，增长14.91%。

## 二、农业生产存在主要问题

一是农资价格大幅上涨，推动了农业生产成本的急剧增加，影响农民收入的增长。2011年，孝感市农资市场价格快速上涨，农业生产成本不断增加，影响农民收入的增长。其主要原因是：一是受去年特大旱灾的影响，农村打井抗旱等投入成本大幅增加；二是农资市场价格普遍上涨。据调查统计，市场种子价格上涨幅14.7%，化肥价格上涨幅19.4%，农药价格上涨9.1%，农膜价格上涨12.2%，幼禽家畜价格上涨43.4%；三是各种农用机械费用和人工成本费用大幅上涨。以上这些上涨因素抵消了农产品价格上涨给农民带来的收益，影响了农民收入的增长。

二是农村劳动力整体素质不高，就业竞争力不强。随着我国城镇化进程的不断推进，农民外出务工不断增加，但农村外出务工人员大多数从事体能型工作，技术含量低，收益不高，就业竞争力差，容易失业。农村劳动力素质偏低的主要表现：一是文化程度偏低，初中及初中以下学历的在外出农村劳动力中占比较大，为62.81%。二是有一技之长的人员偏少，在外出务工人员受过专业技能培训的仅为41.6万人，占外出农村劳动力的33.6%,外出人员技能素质与用人单位的需求脱节,较难找到合适的工作。

三是农业基础设施有待进一步加强。全市"三万挖塘"活动的开展,新挖了塘堰,蔬通了沟渠,全面提高了抗旱排涝的能力,但对不良天气、植物病虫害、重大动物疫病等自然灾害的防治能力有待进一步提高,需要进一步加大农业基础设施的投入。

**三、加快农业发展的几点建议**

1、加快推进畜牧业生产方式转变。继续加大对标准化规模养殖场和养殖小区的扶持力度,加强良种繁育、疫病防控、质量安全监测等设施建设,着力改善畜牧业发展条件,提高畜牧业规模化、集约化合标准化水平。同时要加大畜禽养殖无害化处理和资源化利用,积极探索各类型的生态、循环养殖模式,增强畜牧业可持续发展能力。

2、加强农资市场价格管理,确保农民增产增收。密切关注农资市场价格变动趋势,确保农资市场价格基本稳定,同时还要继续加大对流通渠道的监管力度,严厉打击假冒伪劣行为,有效抑制农资价格上涨,保障农资供应渠道畅通。

3、加大对农业基础设施建设的投入力度。尽管近几年农村基础建设不断加强,极大地改善了农民生产生活条件,但由于自然灾害发生频率较高,对抗击灾害的能力仍然很脆弱。要进一步加大基础设施建设的投入力度,加强水库、塘堰、河堤、道路等农村基础设施建设,立足当前,着眼长远,增强灾害防御能力,确保旱涝保丰收。

# 2011年随州市
# 农业及农村经济稳步增长探析

随州市统计局　秦　萍　陈　媛

2011年,随州市委、市政府以科学发展观为指导,认真贯彻落实国家一系列支农惠农强农政策,紧紧围绕促进农业稳定发展、农民持续增收的目标,积极开展“三万”活动,努力做好“三农”工作,极大地调动了农民生产投入的积极性;进一步增强和提高农业综合生产能力;采取有效措施,应对灾害天气;随州市农村经济健康发展,呈现出农业丰收、农村稳定、农民增收的良好态势。

**一、随州市农村经济运行特点**

(一)农业发展步伐稳步前进,主要经济总量再上台阶

2011年,在粮食丰收,畜牧业生产保持较快发展的共同推动下,随州市农业生产实现了稳定增长。全市完成农林牧渔业增加值104亿元,按可比价计算同比增长4.5%。农业、牧业、渔业在结构调整中不断提高,农业生产逐步走上高优农业、科技兴农的轨道,农业综合生产能力跃上新台阶。

(二)惠农政策全面落实,农产品产量稳步增长。

2011年全市粮食生产总体发展较好,在遭遇了60年来最严重是、最持久旱灾情况下,依然取得了较好收成,实现粮食连续八年增产。全年粮食产量达到155.86万吨,同比增长3.45%,其中随县粮食产量居全国第四位,被国家授于“全国产量大县”荣誉,全市油料总产6.53万吨,比上年减少1.2%。棉花总产1.73万吨,比上年增长5.5%;,茶叶总产2256吨,比上年增长17.5%,水果总产12。5万吨,比上年增长7。2%;食用菌总产4。5万吨,增15。4%。全市农业生产能力的明显提升,使粮、油、菜、果等主要农产品供给得到有效保障。

(三)龙头企业作用增大,畜禽规模化稳健发展

2011年,由于政策扶持力度的逐步加大,促进畜牧业生产方式发生转变,规模化和标准化养殖水平明显提高,防控重大动物疫病能力进一步加强。全市新增畜禽标准化养殖小区48个,标准化规模养殖比重达到65%;畜禽标准化、规模化程度居全省前列。建立重大动物疫情监测预警体系,为确保全市畜产品质量安全提供了强有力的技术保障,保持了全市重大动物疫情基本稳定态势。随着畜牧业产业化经营规模的日益扩大,促进了全市畜牧业生产的持续发展。目前,我市随县和广水市进入全国畜牧大县之列,享受国家生猪调出大县资金奖励,各种含金量较高的激励政策对生产发展的强力拉动,畜牧生产呈现较快发展的态势。全年全市猪、牛、羊、禽出栏量分别达到215万头、7.29头、51.4万只、4641.97万只,比上年同期分别增7.1%、7.29%、9.7%、28.9%。

(四)因地制宜突出特色,渔业生产再上台阶。

2011年,我市渔业养殖呈现出注重“量中求质”的名特优水产养殖、追求绿色的健康养殖、大中型水面综

合利用等特点，以转变渔业发展方式为突破口，加大了渔业的名优特生产的投入力度，加强了水产基地建设，水产生态养殖全面推进。2011年全市淡水养殖面积扩大到42万亩，较上年增长5%。全市水产品产量7.34万吨，较上年增长4%。

（五）农业结构调整成效显著，产业化龙头企业逐年增多。

全市农业结构不断得到调整，2011全市农、林、牧、渔各业产值占农林牧渔总产值比重分别为40.05%、2.3%、30.09%、26. %。种植业稳中有降、牧业渔业上升，农林牧渔业内部结构进一步得到优化。全市龙头企业不断发展壮大，2011年全市新增1家国家级农业产业化龙头企业，新增6家省级农业产业化龙头企业，市级以上农业产业化龙头企业总数达到62家，国家级龙头企业2家，省级龙头企业18家。在产业化龙头企业稳定增加的同时，全市农村合作组织发展迅猛，新增257家，全市现有农村合作组织947家。龙头企业带动能力进一步增强，订单农业带动农户27万户，同比增长31.6%。

（六）农业科技不断进步，农民收入持续快速增长。

近几年来，我市大力引进推广标准化生猪养殖"150"、"600"生产模式，推广应用水果高接换种、轻型简化栽培、无公害生产、测土配方施肥等一大批农业生产新技术、新品种和新模式，同时大力推广发展农业机械化，2011年全市农机总动力达到186.59万千瓦，比上年增长5.61%，综合机械化水平达到68%。农业科技推广、农村信息化服务和农民转移就业培训体系进一步得到完善。一大批农民群众通过农村劳动力转移培训走上城镇就业道路，截止2011年12月止，全市外出务工农民人员超过40万人，达到48.76万人，比上年增长8%。农民增收渠道不断拓展，全市外出务工农民人员第一、二、三产业占外出务工农民总人数的比重分别为10%、50%、40%。来自二、三产业收入比重不断提高，农民收入增速明显加快。2011年，全市农民人均纯收入达到7400元，比上年增长17.6%。

**二、制约农村经济发展的主要因素**

（一）农业生产成本持续上升，生产效益较低。2011年，与农村种养业生产密切相关需求量较大的生产资料，如种子、饲料、化肥、燃料、各种农用器具等生产资料价格特别是劳动力成本仍持续上涨，使得农业生产、畜牧业养殖成本持续增加，中央的各项支农惠农政策实惠部分被农资涨价抵消，也削弱了各级惠农政策的成效，减少了农民出售农产品增加的经济收入。

（二）农业产业链较短，现代农业发展有待加快。农产品销售渠道不宽、加工增值环节较缺、市场信息服务网络体系尚需要建立健全，农业产业化程度低，大部分农产品是以原有形式出售或自食。农产品加工企业少，特别是各具特色的农产品龙头企业规模小，粗加工多，精加工少，农产品附加值较低。名优新特农产品市场占有率低，市场竞争力不强，无论是数量还是质量均与发达地区的发展存在一定的差距。农产品质量标准化建设有待加强，现代农业发展有待加快。

（三）农业基础薄弱，农民科技素质较低。农业生产基本条件差、技术装备比较落后的现状还没有得到根本改变，抗御自然灾害能力还相对脆弱。农业科技转化率低，农业信息和技术服务仍以产中指导为主，加之作为结构调整主体的农民，年轻的、有文化的外出打工或从事二、三产业，留守农村劳力年龄偏大文化程度较低，小农思想严重，市场观念淡薄，获取农业信息的手段落后，接受新技术、新品种、新观念的能力低，短期内很难适应不断变化的市场经济运行规律。

**三、促进农村经济平稳发展的几点建议**

一是大力推进农业基础设施建设，不断提升农业抵御自然灾害的能力。要进一步大力加强农田水利、农业基础设施建设，加大设施农业投入，提高我市农业抵御自然风险的能力；加快建设随州市农产品加工龙头企业工程，推动农产品加工企业建设步伐，为农业持续发展和农民持续增收创造条件。二是加大扶持力度，做强做大畜牧产业。生猪、家禽养殖作为我市畜牧业的优势产业，近年来随着政府一系列扶持政策的出台，养殖规模不断扩大，抵御市场风险能力不断增强，产业效应初步显现。我们要通过继续完善扶持政策，着力发展龙头企业，提升深加工转换能力，延伸产业链，做强做大畜牧产业。三是多措并举，促进农民增收。要以实现农民充分就业为根本，不断拓宽农民就业渠道，优化农民就业环境，保障农民劳动利益；要以鼓励农民自主创业为先导，优化扶持政策，引导农民自主创业创收，引导农民投资参与现代化建设，不断提升农民自主经营能力和水平。

# 2011年黄冈市“三农”形势回顾

黄冈市统计局　夏建军　张丽娟　王政权

2011年黄冈农村经济经历了较大旱灾和旱涝急转的自然灾害，但是各级党委政府和全体干部以“三万”活动为契机，切实转变工作作风，深入抗旱排涝的第一线，筑牢农业发展基础、维护农村稳定大局、拓展农民增收路子，取得了超出预想的良好工作业绩。2011年全市共实现农业总产值463.82亿元，同比增长4.4%；实现农业增加值305.39亿元，同比增长4.3%。规模以上农产品加工产值占农业总产值的比重由2010年的65%提高到78%。

## 一、2011年农村经济运行的主要成绩

1、粮食实现“八连增”。2011年我市粮食播种面积771.17万亩，同比减少1.33%。但是由于各级农技部门不断把新技术及优良品转变为农业增产增效的主要手段，使得我市粮食单产水平又有所提高，全年粮食总产达到301.14万吨，同比增长4.26 %，实现“八连增”。

2、经济作物调整效果好。全市棉花面积82.47万亩，同比增长0.86%，总产8.29万吨，同比增长13.18%。油料面积353.81万亩，同比增长1.74 %，总产51.45万吨，同比增长5.1%。蔬菜总产261.55万吨，同比增长8.2 %；茶叶总产3.28吨，持平略减；水果总产10.35万吨，同比增长16.2 %。

3、生态建设实现新突破。全市立足生态立市战略，把林业产业发展和生态家园建设有机统一起来，构建了“一山、两区、六园、六水”的生态保护体系，全市森林公园、湿地公园总数达到20处，其中国家级森林公园、湿地公园有12处。2011年共完成造林18.76万亩，成林抚育49.3万亩，育苗1.03万亩，四旁植树1876万株，封山护林380万亩。黄冈在山美、水美的宜居路上又迈出了坚实的一步。

4、畜牧业跨越式发展态势猛。全市通过抓畜牧业标准化、规模化建设，千方百计争取扶持政策、培育发展项目，有力地推动了畜牧业跨越式发展。各类畜禽养殖场(小区、大户)达到15100个，比上年增加2900个；创建部、省级畜禽标准化示范场80个。牲猪出栏460.53万头，同比增长5.8%，猪肉产量33.53万吨，麻城、浠水在武穴之后又培育成为国家级生猪调出大县。牛出栏43.68万头，同比增长18.53%；羊出栏67.62万只，同比增长21.2%；家禽出笼4558.65万只，同比增长2.1%。牛奶产量8.48万吨，增长48.8%。禽蛋产量54.74万吨，增115.3%。存栏奶牛3.81万头，同比增长65.65%；畜牧业产值达到161.44亿元，在农业总产值中稳占三分之一的份额。

5、水产品稳步发展。全市以渔民增收、渔业安全生产为目标，转变渔业增长方式，拓展渔业发展空间，水产业呈现良好发展态势，主要经济指标继续保持平稳增长。全市水产养殖面积达到123.5万亩，产量42.16万吨，增长3.51%；其中：鱼类36.93万吨，增长5.51%。

6、农民收入增势强劲。农民人均纯收入突破5000元大关，达到了5438元，同比增长804元，增长17.36%，连续五年的增幅超过10%，值得一提的是农民收入的增速超过了物价上涨水平(CPI)、GDP增速和城镇居民可支配收入的增速，农民收入得到实实在在的增长。

**二、"三农"发展的新特点**

一是农业发展后劲明显增强。

1、土地保护力度增强。全市年末耕地面积为533.99万亩，比上年增加2.21万亩。土地增减挂钩验收工作拆旧复垦面积合计1.48万亩，平均通过验收率达98%。旱涝保收耕地面积257.43万亩，增加10.5万亩。

2、农业专业合作组织化程度提高。到2011年底，全市农民专业合作社达到1920家，入社会员27851家，比上年分别增长30%和34%，合作社注册资本金37.2亿元，增长27.98%，其中11家合作社拥有独立注册商标，有16家合作社通过省农产品质量认证。农民专业合作社成为开发销售市场、探索农村生产创新、推广应用科学技术、增加农民收入的重要实践者。

3、基础设施更加完善。全市2011年新修连村、连组公路1492公里，解决了28.45万人的饮水不安全问题，投资20亿的农村电网改造全面启动，罗田、红安等4县、7个电站列入了全省农村水电增效扩容改造首批试点项目。新建沼气池31000口、养殖小区和小型沼气工程170处、大型沼气工程4处，供气9900户，推广节能灶和太阳能19131户，布设沼气服务网点480多个。

4、科技推广扎实有效。"管理在县、服务在基层"的农技推广新机制实现全覆盖，团风县、英山县、黄梅县、蕲春县、武穴县等5个全国农技推广示范县建设稳步推进，504人的农技人员知识更新培训有序进行，焕发了农技推广的活力，提升了农技服务水平。全面实施以"阳光工程"为代表的农民培训，开展农民技能培训18464人，农民创业培训674人，农村实用人才培训169840人，极大地提升了农民种养业水平和技能。

二是农业保障能力明显提升。

1、水利建设向纵深推进。结合开展"万名干部进万村挖万塘"活动，农田水利建设力度加大。2011年全市共争取水利建设资金11.75亿元，完成119座小一型水库除险加固任务，开挖清淤塘堰38354口。

2、农机综合水平不断提高。全市通过加大农机推广力度，培养农机合作组织，扩大了机耕机播机收面积、扩大了农机作业范围。农机总动力达到261万千瓦，农机保有量达到51万台套，主要农作物综合机械化水平达到58.8%。

3、林业"三防"体系建设初见成效。全市建立了森林火灾巡查网络，配备护林员2000多名，组建半专业森林防火消防队35支，投资300万元，配发了一批防火物资机具和专用车辆。使得全市森林火灾受害率控制在0.3‰以内，林业有害生物成灾率控制在0.17‰，森林资源管理和野生动植物保护全面加强。

4、重大动物疫病防控到位。全市范围内继续抓好以生猪、家禽、奶牛为重点的动物的疾病检疫防疫工作，实行重点场区防疫和面上防疫相结合，坚持打好季节防疫的阶段性工作，2011年全年全市继续保持了清净无疫，没有发生畜产品质量安全事故。

三是农业产业化带动作用明显扩展。

1、"三品"标准化生产示范区建设加快。新增农业"三品一标"企业24家，新增品牌57个，农业"三品"产品合格率达到100%，形成了"云雾茶"、"银粘"和"武穴酥糖"三大农业"三品"品牌。

2、农业产业化企业集群不断壮大。2011年市级农业产业化龙头企业198家，其中省级重点龙头企业47家，新增15家。

3、农业产业化企业开发的产品越来越广。以东坡粮油、中禾粮油、富华棉业、华利食品、永通食品、燕加隆板材、李时珍药业、雨润集团、伊利乳业、神鹭水产、崎山缘、金丹等为代表的一大批农业产业化企业加大产品开发力度，拓展了加工对象，把黄冈的优势农产品变成了黄冈人民致富的金钥匙。

4、农业产业化企业规模越来越大。2011年全市规模以上农产品加工企业共完成产值361.6亿元，同比增长46.7%，增速高出工业增速2个百分点，其中，食品饮料业继纺织服装业之后的第二个百亿产业行业。

四是农民增收路明显拓宽。我市作为一个贫困地区，一直以来由于工业不发达、三产业薄弱，农民收入的增长主要依赖于农民工的外出，但是随着一大批企业在黄冈落户和一大批项目在黄冈开工，我市农民就业的渠道慢慢发生着变化。2011年全市农村劳动力总人数344.16万人，农村从业人数为325.05万人。其中：在本乡镇内从业人员177.69万人，同比增长10.13%；外出从业人员147.36万人，同比减少1.25%。人均本地企业务工收入为836元，增长21%，超过了外出务工18.4%和纯收入17.36%的增速。在保证收入长期增长的前提下，农民就业有了更多选择。家门口就业既解决了农民尤其是年龄偏大农民的就业问题，又解决了农村留守儿童、留守老人等社会问题。

**三、促进农村经济发展的几点建议**

1、继续打好农业稳产增收的基础。进一步细化各项抗旱排涝措施，深入基层抓好工作落实，突出抓好自然灾害抵御能力建设、扩种经济作物、扩大养殖业生产，确保农业增产、农民增收目标的实现。

2、继续加大农业项目投入。农业的发展离不开项目的支撑，要实现三农的较快发展，必须通过不断向上争取项目、向外引进项目、向内发展项目，加快农业强市步伐。

3、继续加强农资市场管理。政府部门要加强对农资价格的引导和监管，引导各农资经营企业（户）加强农资的组织调运和储备，保证市场供应，严厉打击哄抬物价的行为，切实整顿和规范农资市场，保证农资质量，为农业生产保驾护航。

4、继续加大惠农政策的落实力度。多渠道宣传中央、省一系列惠农政策，认真落实各项补贴政策，保护和进一步调动农民的生产积极性。

5、继续加大农业科技人才培养。坚持不懈地强化对农民的教育和培训工作，加快培养新一代的知识技能型农民。农民为农业、农村之根本，只有通过加强教育和培训，不断提高农民的文化水平、实用技术能力和综合素质，才能使农民增收、农业增效、农村社会经济和谐发展。

# 2011年咸宁市农业生产形势分析

咸宁市统计局　施良池　张学锋

2011年以来，咸宁市各级深入贯彻落实中央一号文件和省、市农村工作会议精神，紧紧围绕农业增产、农民增收这一核心，加大农业基础建设力度，大力推进农业结构调整，努力克服干旱、洪涝等不利因素的影响，抢抓机遇、扎实工作，确保了粮食生产丰收，农业生产稳定发展的态势。全年实现农林牧渔业总产值(现价，下同)196.18亿元，同比增长4.2%；其中：农业产值104.49亿元，林业产值8.42亿元，，牧业产值51.67亿元，渔业产值29.90亿元，农林牧渔服务业产值1.69亿元；实现农林牧渔业增加值118.80亿元，同比增长4.0%，其中农业增加值63.6亿元，林业增加值4.93亿元，牧业增加值32.18亿元，渔业增加值17.6亿元，农林牧渔服务业增加值1.02亿元。

## 一、农村经济主要特点

### (一) 种植业生产稳定，粮食生产实现丰收

1、粮食生产实现"三增"。全年粮食播种面积207.61千公顷，同比增长1.5%，粮食产量100.68万吨，同比增产3.8 %，单产由2010年316公斤增长到323公斤，增长2.2%，全市人均拥有粮食341公斤，增长2.1%。其中秋粮增产成为全年粮食增加的支柱。

2、油料丰收。全年油料总产量9.25万吨，增产0.86万吨，增长10.3%。其中：夏油产量70836吨，增产8345吨，增长13.4%；花生产量1.59万吨，增产0.06万吨，增长3.8%；芝麻0.58万吨，减产0.03万吨，下降4.8%。

3、全年蔬菜小幅增长。全年蔬菜总产量208.2万吨，增产5.1万吨，增长2.5%。

4、棉花生产快速发展。棉花生产受上年价格利好刺激面积增加幅度大，但增量相对较小。棉花播种面积为2.62千公顷，同比增加0.30千公顷,增长12.9%。棉花产量3221吨，增产360吨，增长12.6%。

5、茶叶基地面积扩大，产量增加。茶叶成为全市农业发展的一个重要板块，全年茶叶基地迅速发展，新增茶园面积2702千公顷，达到12862千公顷，增长26.6%，其中采摘面积达到8585千公顷。实现茶叶产量19050吨，增长3.68%。

6、麻类、糖料生产调减。麻类、糖料因产品价格、生产结构调整影响播种面积差少。苎麻播种面积待续减少，现有苎麻面积6.95千公顷，同比减少1.19千公顷,下降14.6%；产量1.47万吨，下降9.3%。糖料播种面积0.93千公顷，同比减少0.03千公顷,下降3.1%；产量5.14万吨，下降0.5%。

### (二) 林业生产保持稳定，造林面积有所下降

全年完成造林14829公顷，同比减少4394公顷，其中乔木林造林面积下降38%，集体经济造林下降73%，

但竹林面积造林、国有经济造林面积增加,同比分别增长33.4%和4.5%。主要林产品产量呈不同程度增长,油桐籽增长37%,达到572吨;油茶籽增长4%,达到17433吨;竹干笋增长17.6%,达到4240吨;板栗增长15%,达到1393吨。全市园林水果基地面积"五年增",园林水果产量达到4.93万吨,增产0.27万吨,增长5.7%。发展苗木花卉基地1.06万亩,义务植树607万株。

林业产业快速推进,一是高效油茶产业建设,新建基地5.41万亩,全市油茶基地发展到35.6万亩。市油茶产业发展办公室正式挂牌,为全市向油茶大市迈进奠定了坚实基础。二是林产品加工产业园区建设,湖北现代林业(咸安)森工科技产业园实现入园企业20家,年产值15.58亿元。巨宁公司在产业园投资1.2亿元引进竹基纤维复合材料项目生产线,对楠竹进行精深加工,年加工楠竹800万支。

(三) 畜牧生产全面增长,牲猪养殖规模进一步扩大

畜牧业生产全面增长,新增长点不断培植,亮点不断涌现。生猪出栏202.74万头,增长4.0%;生猪存栏154.82万头,增长11.95%;其中:能繁母猪存栏12.45万头,增长1.9%。截至年底,全市已建成万头养殖场12个。

家禽出笼3931.12万只,增长2.3%;家禽存笼2046.38万只,增长7.6%。温氏集团、精武集团落户咸宁有力地推动了家禽养殖规模化生产的发展。

羊出栏15.9万只,增长15.9%;羊存栏13.9万只,增长18.1%。

牛出栏20402头增长3.7%;牛存栏13.07万头,增长7.0%。牛存栏主要为通山县发展奶牛拉动,现代牧业(通山)有限公司在九宫山镇新建奶牛生产基地,2011年新增奶牛存栏6000头,其中有1000头进入了产奶期。

奶牛产量12420吨,增长30.2%。肉类总产量208802吨,增长2.6%。禽蛋总产量27539吨,增长5.5%。

(四) 渔业生产持续发展,名特优品种继续扩大

水产品产量总体保持较快增长。2011年,全市放养面积74.9万亩,实现水产品产量20.2万吨,同比增长3.7%。其中受旱灾和水灾影响,淡水捕捞产量全面下降,全年淡水捕捞产量1.59万吨,同比下降20.1%;淡水养殖产量快速增长,全年淡水养殖产量18.6万吨,同比增长6.4%。水产品加工业进一步发展,全市现有水产品加工企业11个,水产品交易市场39个,年交易量达16万吨。名特优品种比重增大,放养面积进一步提高,名特优放养面积63万亩,占总面积的84.4%(含混养面积);特优水产品产量10.7万吨,占总产量的52.9%,比上年增加3个百分点。

(五) 农民收入水平稳步增加,人均纯收入创历史新高

在外出农民工呈稳步回升的态势下。2011年全市外出农民工从业人员规模达到49.88万人,比去年同期增加2.11万人,增长4.4%。外出农民工劳务经济总收入达到80.46亿元,同比增长9.0%。2011年,全市农民人平纯收入达到6589元,比上年增加983元,增长17.5%,农民收入水平再创历史新高。

(六) 农机化装备水平快速增长,农业服务保障功能得到加强

全市农机装备呈现出稳步增长的发展态势,农机装备结构不断优化,农业机械总动力得到快速增长,农机购置补贴资金大幅增长,全市补贴资金为4970万元,比去年增加1170万元,农业机械化总动力为218.08万千瓦,比去年同期增加157万千瓦,增长9.0%。农机服务体系进一步健全,农机专业技术人员189人,全市农机服务组织由"十五"末的6760个猛增到13262个,增长近96%;农机户由"十五"末的33412个增到53238个,增长了59.3%。公益性农技推广体系进一步完善,建成了覆盖全市所有县、镇、村级动物疫病防控和植保网络,加快了动物检疫、机防专业组织建设发展步伐,每个乡镇均建有一支20台以上机动喷雾器的应急机防

队；农民专业合作社服务体系进一步发展，登记注册各类专业合作组织270个，其中各类专业合作社198个，协会组织72个。

## 二、全年农业生产面临的矛盾和问题

(一) 农业结构调整存在的深层次问题凸现。一是结构调整缺乏总体规划，盲目性、趋同性现象比较突出。二是农业社会化服务体系功能弱，在岗的乡镇农业技术人员人数少，知识老化，且待遇低，难以较好地发挥指导、示范农业生产，防控病害的作用。三是农业的集约化、产业化生产与农民家庭土地承包制的生产不适应不协调的现象比较突出，耕地的流转机制没有形成，制约着现代农业的发展。

(二) 农业抵御自然灾害的能力薄弱。尽管2011年全市大兴农田水利建设，但全市农业基础设施陈旧老化问题未得到根本性改变，加之自然灾害频繁发生，给农业生产带来损失的同时，也使得本已偏少的农业生产要素资源质量下降。

## 三、促进农业稳定发展的建议

农业是安天下的产业，在耕地资源逐年减少，人口不断增加的现实下，确保粮食和农业生产稳定发展显得尤为重要。

(一) 加大扶持力度，完善体制机制。农业仍然是一个弱势产业，各级政府要加大扶持力度，加快推广农业新产品、新种养技术，改革和完善制约农业发展的体制机制，促使农业生产比较效益处于合理水平，有效激发农业生产者投入农业的热情，增加农业产出。

(二) 进一步加强耕地保护和农田水利基本建设。近年来，农民建房占耕地的现象较为突出，要进一步加大耕地保护的力度，合理规划新农村建设和农民私自建房用地。加大中、小型水利设施的建设和维护力度，提高抵御自然灾害的能力。要关注农村个别地方修建一条通村公路，建起公路两边新住房，毁了沿路一大片农田的现象。

(三) 加快推进设施农业建设。设施农业是指建设包括温室、大棚和中小棚，以高技术、高投入实现高产出、高效益为目标。加快推进设施农业建设，提高我市农业物质装备和技术水平，确保农业高产稳产，提高农业效益。设施农业对蔬菜、爪类、食用菌、花卉苗木、种籽育苗、畜牧、水产等农业生产具有不可替代的优势，发展潜力巨大。

(四) 构建特色农业大市战略。我市七山一水两分田的自然条件和比较优势，决定了我市农业必须走特色农业之路。要以“四乡六业”为主体，加快“板块”基地建设，走现代农业发展之路，突破性发展农产品加工业，做大特色，做强产业，做响品牌。力争尽快形成一批具有比较优势、特色鲜明的“一县一品种、每县有产业”特色农业新格局。

# 2011年恩施州农村经济形势分析

恩施州统计局　汪文霞

2011年是“十二五”开局之年，恩施州各级党委政府认真贯彻落实中央和省委关于“三农”工作的决策部署，狠抓各项惠农政策的落实，努力克服自然灾害对农业生产带来的不利影响，走特色开发、绿色繁荣、可持续发展的现代农业之路，有力地促进了全州农林牧渔业持续健康发展。2011年全州实现农林牧渔业增加值（现价）118.25亿元，同比增长4.5%，农村居民人均纯收入3939元，同比增长21%，实现了农业增产、农民增收的目标。

## 一、农村经济运行的主要特征

### （一）经济总量稳定提高

在中央和地方一系列发展农业政策的指导下，全州上下抢抓建设全国先进自治州和湖北武陵山试验区等重大历史机遇，强化措施，全面落实各项惠农政策，农业生产稳步推进，农林牧渔业全面发展。2011年，全州实现农林牧渔业增加值118.25亿元，扣除价格因素，同比增长4.5%，比全省平均增幅高0.1个百分点。其中农业增加值66.83亿元，增长2.6%；林业增加值4.44亿元，增长8.5%；牧业增加值45.24亿元，增长6.6%；渔业增加值0.77亿元，增长35.7%；农林牧渔服务业增加值0.97亿元，增长6.6%。

### （二）粮油产量稳步增长

随着国家扶持粮食生产的力度逐步加大，粮种补贴、粮食直补、生产资料综合补贴、农机购置补贴，粮食最低收购保护价等一系列促粮发展政策得到了进一步落实，补贴种类及补贴金额不断增加，极大地提高了农民的种粮积极性。2011年，全州粮食作物总播种面积达650.90万亩，比上年增加8.30万亩，增长1.3%；全年粮食产量153.15万吨，比上年增加2.70万吨，增长1.8%。油菜籽生产因国家给予政策补贴，加之油料价格上扬，农民种植油料的积极性较高,2011年，全州油料作物播种面积92.85万亩，比上年增加1.15万亩，增长1.3%，油料总产量8.94万吨，比上年增加0.55万吨，增长6.6%。其中油菜籽产量6 .71万吨，比上年增长3.4%。

### (三)特色农业发展加快

由于政府及有关部门加大了对特色产业的扶持力度，促进了全州特色农业的快速发展，经济作物的规模不断扩大，效益不断提高，为搞活农村经济、增加农民收入、促进农村改革发展注入了新的活力。2011年，全州茶叶面积94.53万亩，茶叶产量5.29万吨，同比分别增长10.6%和14.7%。蔬菜种植面积175.25万亩，蔬菜产量198.04万吨，同比分别增长3.7%和8.6%。水果产量24.93万吨，同比增长8.3%。烟叶面积65.91万亩，烟叶产量9.32万吨，同比分别增长2.7%和9.2%。药材面积90.77万亩，同比增长12.3%。

（四）畜牧产业稳步健康发展

近年来，国家加大了对畜牧产业的扶持力度，推动了畜牧产业的快速发展，加之今年受市场行情利好的带动，生猪价格持续走高，极大地调动了农民的养殖积极性，畜牧业生产呈现全面增长的良好势头，在农业增效、农民增收中起到了重要作用。

一是畜禽产品产量增加。2011年全州出栏生猪456.97万头、牛11.61万头、羊72.34万只，出笼禽1040.74万只，同比分别增长3.7%、24.4%、31.3%和3.4%。生产肉类43.83万吨（其中猪肉产量38.87万吨，同比增长4.1%）、禽蛋2.68万吨，同比分别增长5.2%和12.5%。二是畜禽存栏量增加，12月末，全州生猪存栏421.30万头，同比增长2.4%；牛存栏36.36万头，同比增长1.9%；羊存栏63.59万只，同比增长11.1%；禽存笼797.09万只，同比下降4.0%。三是能繁母畜的增长使全州自供仔畜及生猪出栏得到了保障。12月末，全州存栏能繁母猪44.91万头，比2010年底的42.47万头增长5.7%。

（五）渔业生产稳步增长

我州地处武陵山区，生态环境良好，水体污染较少，随着三峡水库、水布垭水库以及州内几个大中型水库的相继建成，全州水域面积大幅度增加。2011年，全州水产品产量6376吨，同比增长3.8%。其中鱼类产量6234吨，同比增长7.2%。淡水养殖面积1974公顷，与去年基本持平。

（六）劳务经济蓬勃发展

全州通过“春风行动”、“阳光工程”、“雨露计划”等措施，千方百计引导和促进农民工就业，并积极开展农民工就业培训，转移就业、农民工维权、福利保障宣传等多种形式，增强外出务工人员的信心，外出务工人员明显增多，劳务经济蓬勃发展。2011年，全州外出从业人员80.50万人，同比增加3.35万人，增长4.3%。外出人员按地域分：县内乡外8.68万人，省内县外16.64万人，省外55.12万人，其中省外就业人数占全部外出务工人数的68.55%.

（七）农民收入逐步提高

国家各项惠农政策资金的及时到位，主要农产品价格上扬，外出从业人员工资提高等因素，推动了农民收入的逐步提高。2011年全州农村居民人均纯收入3939元，同比增加684.01元，增长21%。

（八）农业结构调整步伐加快

近年来，恩施州以农业增效，农民增收为目标，坚定不移地推进农业结构战略性调整，以地区优势资源为基础，以龙头企业为引领，不断加大科技推广力度，发展壮大特色产业，以品牌建设提升农业产业化水平，突破性发展农产品加工业。2011年，农村经济全面发展，其中畜牧业、蔬菜、烟叶、药业、茶叶、干鲜果已成为促进我州农业产业结构调整和州域经济发展的主要支柱产业。目前，我州的“恩施玉露”茶、“思乐”畜产品、“大山鼎”蔬菜等产品已走出大山，市场认知度和市场占有率明显提高。2011年，全州六大支柱产业产值达132亿元，占农林牧渔业总产值的68.4%，比去年同期提高1.9个百分点，已成为财政增税、农民增收的骨干力量。农产品加工产值（2000万元以上工业企业）达到了104.85亿元，农产品加工业产值同农业总产值之比，由去年的0.44∶1提高至0.54∶1。

## 二、农业经济运行中存在的主要问题

2011年，恩施州农业生产总的发展态势较好，但仍然存在一些不容忽视的问题，具体表现在：

（一）农业生产及流通成本上升较大，影响农民增收空间

当前构成农产品基础成本的几大要素，包括生产资料、人工、土地、机械作业、运输费用等均呈刚性增长态势，1—12月，全州农业生产资料价格总指数为111.4%。据调查，2011年玉米、水稻种子市场零售价上涨

10%以上，尿素、碳铵、复合肥市场零售价上涨15%以上，从而加大了农民的农业生产成本，农产品价格的上涨空间被加工流通环节所挤占，农民进一步增收难度加大。

（二）留守劳动力素质偏低，影响现代农业发展

由于种植业比较效益偏低，很多地方的农村青壮年劳动力大多外出务工，留守在家从事农业生产的多数是50岁以上的老人和妇女，普遍存在劳动力年龄偏大、文化水平低、农业科技推广难度大等问题，种粮大户雇工难、用工成本高的现象日益突出。目前农村劳动力价格有些地方已从去年的不足70元/天上涨到100元左右/天，上涨幅度在40%以上，造成生产成本大幅度上升。同时留守劳动力素质偏低，青壮劳动力紧缺，已成为制约当前现代农业发展的现实问题。

（三）农业抵御自然灾害的能力较弱

近年来，全球气候变化对农业生产影响不断加大，极端天气和自然灾害有多发频发趋势。1–5月，我州因降雨量偏少，尤其是4月下旬以后，气温明显升高，旱情加重，部分地方因缺水整田未能适时插秧，有的稻田移栽后无法及时补水，影响活蔸返青和正常分蘖。茶叶、蔬菜、水果等经济作物均受到了不程度的影响。农业基础设施薄弱、农田水利建设相对滞后，应对自然灾害的能力明显不足。

**三、对农村经济工作的几点建议**

（一）加强农业基础设施建设，有效降低农业风险

紧紧抓住国家新一轮西部大开发和湖北武陵山少数民族经济社会发展试验区建设的历史机遇，围绕“挖塘堰、强基础、惠民生”的主题，加强农业基础设施建设，狠抓农村电网改造、基本农田、水利设施等基础设施建设，改善农业生产条件，努力提高农业综合生产能力，有效降低农业风险。

（二）加强农业生产资料价格管理，确保农民增产增收

密切关注农业生产资料价格变动趋势，加大宏观调控力度，坚持政府对农产品市场进行的必要干预，加强对主要农产品价格保护，平抑农产品价格剧烈波动，加强种子、化肥、农药等农业生产资料市场的监督检查力度，确保农民购买农业生产资料价格基本稳定。

（三）继续支持非农产业发展，拓展农民增收渠道

随着经济不断发展，农村非农产业的发展对农民增收的作用越来越强，要继续营造良好的务工环境，推动农民外出务工收入的不断增加。一是加强农民技能培训，拓宽农民增收渠道。要以提高素质为重点，着重培养有文化、懂技术、会管理的新型农民。二是不断提高农村外出务工劳动力的劳动保险和医疗保障覆盖面，尽量解除农民工的后顾之忧。

# 2011年仙桃市农村经济形势分析

仙桃市统计局　杨艺华 何青青

2011年,仙桃市紧紧围绕稳粮、增收、强基础的目标,强化各项政策的贯彻落实,积极推进农村经济结构调整,战胜连续干旱和涝灾等不利因素影响,农村经济保持了良好的发展势头。

**一、全年农业生产情况及预计**

1、粮食:全面丰收。全年种植面积154.96万亩,比去年增加5.30万亩,总产77.03万吨,比去年增加3.79万吨,增长5.19%。

①夏粮:生产呈"三增"势头。全市夏粮总产8.96万吨,比上年增产0.84万吨,增长10.40%。一是面积增。经核实,今年夏粮播种面积42.72万亩,比上年增加3.50万亩,增长8.90%。其中小麦播种面积34.54万亩,比上年增加3.15万亩,增长10.10%;豆类播种面积2.69万亩,比上年减少0.18万亩,减6.40%;薯类播种面积1.84万亩,比上年增加0.49万亩,增长35.8%。二是单产增。经核实,夏粮平均亩产为210公斤,比上年增3公斤。

②秋杂粮:生产保持稳定。一是面积略增,全市秋杂粮(大豆、玉米、秋马铃薯、红薯、绿豆、高粱)面积为18.48万亩,对比去年增加2.26万亩。二是总产略减。全市秋杂粮总产为7.77万吨,对比去年6.18万吨,增加1.59万吨。

2、棉花:呈恢复性发展:受去年棉花市场价格走高的影响,棉农植棉热情高涨,棉花生产继续恢复性发展。一是面积增。据统计,今年全市植棉面积35.61万亩,比去年的33.26万亩,增加2.35万亩,增7.10%。二是单产增。全市皮棉单产为87公斤,比去年增加6公斤,增幅7.41%。三是总产增。全市皮棉总产30830吨,比去年增加4021吨,增幅15.00%。

3、油菜:呈"两增两减"态势。一是面积减少。全市夏收油菜面积68.05万亩,比去年减2.85万亩,减4.02%。二是单产增。根据与市农业部门调查与核产,今年全市油菜平均单产161公斤,比去年增产5公斤,增3.21%。三是总产减。油菜总产109485吨,比去年减883吨,减0.80%。四是效益增。据调查,今年油菜平均收购价为2.3元/斤,比去年同期上涨0.35元/斤。今年油菜籽总产值50365.4万元,比去年增6821.9万元,增20.10%。

4、畜牧业:增速强劲。前三季度,仙桃市生猪出栏80.08万头,存栏56.2万头,同比分别增长7.3%、3.2%,其中能繁母猪存栏6.29万头,同比增长0.6%;牛出栏0.78万头,减少1.4%,存栏3.05万头,减少9.6%;羊出栏0.08万只,存栏0.13万只,同比减少39.5%和8.0%;肉类总产量为6.14万吨,其中猪肉产量为6.00万吨。家禽存笼761万只,出笼705.7万只,同比增长4.3%和15.0%,禽蛋产量5.26万吨,同比增长7.5%。

5、水产：健康发展。今年来，仙桃市以鱼池标准化改造为突破口，狠抓渔业基础设施建设，推进水产板块和水产大市建设；以开挖精养鱼池为着力点，大力调整水产结构，重点发展优质、特色养殖板块。全年水产品产量达28.95万吨，比去年增加0.51万吨，增长1.80%。

**二、主要生产及经济发展特点：**

1、农业产业化经营取得新突破。深入推进农产品加工"四个一批"工程，围绕打造农产品加工百亿强市目标，着力培育农业产业化龙头企业。2011年，全市规模以上农产品加工企业发展到188家，比去年增加20家。截止目前，全市已注册登记的各类农民专业合作社发展到261家，注册资金3.5亿元，入社农户2万多户。

2、农业基础建设取得新成果。抢抓国家投入向"三农"倾斜的机遇，着眼于打基础、管长远，坚持把水利建设作为农业基础建设的优先领域，全市防洪保安和农业抗灾能力得到了全面提高。2011年，泽口灌区续建配套、洛江河综合整治、通顺河水利血防、排中河疏挖、沙湖泵站加固以及小农水重点县项目等一系列骨干水利工程进展顺利，小型大规模农田水利建设完成资金投入2104万元，土方258万方，标工263万个，实现了工作力度大于往年、资金投入多于往年、各项措施优于往年、综合效益好于往年的既定目标。

3、农村环境整治取得新进步。截止目前，全市共改造湾子林和新建"万树村"50个，完成植树580万株；新增垃圾集中处理的村240个，新建垃圾池5754口；新增墓园集中管理的村112个，新建生态墓园112个，新建污水处理设施50多处。

4、农村改革创新取得新成效。农村基本经营制度不断完善，土地适度规模经营发展加快，全市农村家庭承包耕地流转总面积18.56万亩。农业政策性保险范畴不断扩大，全市能繁母猪保险6.3万头，水稻参保面积85万亩，纳入农房保险的农村"两属两户"对象达到3.2万户。

5、农民人均纯收入大幅度增加。2011年，预计全市农民人均纯收入将达到8000元，比去年增加1200元以上，增长17.6%，连续3年高于城镇居民可支配收入增长幅度。

**三、2011年农村统计工作总结**

2011年，在省、市两级领导的关心和支持下，全市农村统计工作紧紧围绕省、市统计工作会议精神，以省局开展数据检查为契机，我们主要做好了以下几项工作：

1、组织和参与了"三万"活动问卷调查工作。

三万"活动问卷调查工作是当前湖北开展"三万"活动的一个重要环节，是实行科学发展观，促进民主决策的重要手段，是访民情、听民意、集民智的重要途径。仙桃共有行政村639个，按照"两个全覆盖"的工作要求，仙桃市共设有工作组565个，其中省级工作组4个；639个行政村的调查对象为11462人，其中男性占90.0%；非党员占79.2%；年龄在46周岁以上的调查对象占63.4%。

根据省的统一布署，我们在3月底至5月初完成了培训，试卷的发放，收集及审核、录入等工作。此次问卷调查，为我们比较全面地了解了当前农民的生活现状以及农民的所思、所想、所盼以及农村经济工作中的不足之处提供了一个平台。

2、规范了统计秩序。目前我市镇级农村统计数据达到由村级启报；上报市局的报表都有分村数据；镇办汇总数与市级数据保持了一致。

3、乡镇"双基"工作有了回升。针对对镇办检查查中发现的问题，我们以文件形式发了通报，在通报中我们对下段工作做了详实可操作性强的要求。后期重点抽查的乡镇，资料整理及对反馈数据的处理等方面都达到相应的标准。

4、多方面确保了数据质量。一是以全市统计工作会议、人口普查、工业“一套表”及省局关于数据质量检查等活动为平台，多渠道寻找问题，解决问题。二是及时反馈各地农作物播种面积及产量的核定数据。按照统计数据下管一级的工作要求，农业科及时反馈年度内各时间段农作物播种面积及产量的定案数据，以切实保证农村统计数据上下的一致性。三是强调强化农业数据的审核评估工作。2011年，我们继续加强了对各地上报数据的审核、评估力度，凡是乡镇上交的报表都及时进行了审核；凡是统计数据出现异常的都进行了查询。

5、提高了统计服务水平。2011年，我们根据国家惠农，重农政策，围绕新农村建设及社会关注的“热点、难点、重点”问题，写了多篇信息及分析，为领导准确把握农村经济运行走势提供了资料。

6、协助局加大了统计信息化工作。2011年，局根据我们提供的关于各镇办网络的现状，进行了网络的整改及维护，目前我市所有镇办的网络工作正常，网页的内容及更新方面有了质的提高。

一年来，我市农村经济统计工作虽然取得了一定成绩，但也还存在一些不足，特别是在调查研究、部门协调、向上级业务部门汇报等方面还做得不够，还有较大差距。下一年度我们将以科学发展观为指导，更加勤奋工作，在确保统计数据的真实性、准确性、完整性和及时性的基础上开拓创新争取让新一年的工作上一个新的台阶。

# 2011年天门市农村经济形势分析

天门市统计局

2011年，天门市委、市政府坚持以科学发展观为指导，统筹解决“三农”问题，着力推进新农村建设事业，积极拓展农业产业化发展道路，始终坚持以农业增效，农民增收为核心，调整农业结构，转变农业发展方式，在战胜旱、涝、病、虫等多种自然灾害后，农村经济稳步发展，农业经济总量增加，农民收入持续增长。全年实现现价农林牧副渔业总产值93.14亿元，同比增长5.9%；其中：农业产值45.63亿元，畜牧业产值24.12亿元，渔业产值21.05亿元。农民人均纯收入7407元，同比增加1200元，增长19.3%。

一、全年农村经济形势

(一)种植业总量大幅增加

1、粮食：预计今年全市粮食总产65.96万吨，同比增长5.2%，总产增加的主要原因是面积扩大。

2011年粮食面积产量与上年对比

| | 单位 | 2011年 | 2010年 |
|---|---|---|---|
| 全年粮食面积 | 万亩 | 174.51 | 172.49 |
| 总产 | 万吨 | 67.80 | 62.71 |
| 一、夏粮面积 | 万亩 | 71.90 | 70.56 |
| 总产 | 万吨 | 15.67 | 14.67 |
| 其中：小麦面积 | 万亩 | 64.20 | 63.59 |
| 总产 | 万吨 | 13.05 | 12.35 |
| 二、秋粮面积 | 万亩 | 102.60 | 101.93 |
| 总产 | 万吨 | 52.13 | 48.04 |
| 其中：稻谷面积 | 万亩 | 84.58 | 84.17 |
| 总产 | 万吨 | 47.44 | 44.09 |
| 黄豆面积 | 万亩 | 12.63 | 13.03 |
| 总产 | 万吨 | 2.51 | 2.36 |
| 玉米面积 | 万亩 | 4.67 | 3.98 |
| 总产 | 万吨 | 1.92 | 1.34 |

2、棉花：今年全市棉花面积为59.31万亩，比上年60.42万亩减少1.11万亩，减幅为1.8%，但由于单产的提高(亩产87公斤，比上年增4公斤)，预计总产5.23万吨，比上年5.02万吨增0.21万吨，增4.1%。

3、油料：全市今年油料总产11.08万吨，比上年增3.1%。油料总产增加的主要原因是单产提高，今年油料单产为127公斤/亩，比上年增加4公斤/亩。

(二)畜牧业生产稳定增长

1、生猪出栏稳步增加。

随着国家对生猪标准化，规模化养殖政策的推动，全市加快生产方式的转变，从以往的农户喂养逐步转化为规模经营,养殖大户逐年增加,养殖小区纷呈迭现。目前全市已形成了以岳口、拖市、张港等乡镇为主的优质三元猪板块基地。预计全市今年生猪出栏94.12万头,同比增1.94万头。

2、家禽出笼、禽蛋产量略有增加。

预计全市家禽出笼1151.12万只,同比增0.8%,禽蛋产量5.11万吨,同比增2.2%。

3、肉牛发展势头良好。

全市牛出栏2.50万头,同比增13.6%。

(三)渔业生产持续发展

近几年,由于水产品价格一直处于较好价位,水产养殖效益可观,水产品养殖规模及名特优产品呈现稳定上升的态势。今年上半年的干旱虽然对我市的水产养殖有一定的影响,但由于下半年补救措施得力,今年的水产品仍然稳步增长。今年水产品产量为11.37万吨,同比增0.19万吨,增长1.6%。

(四)外出人员稳定

长期以来,我市外出从业人员基本稳定在32万左右,今年我市外出从业人员32.84万人,同比增2.5%

(五)农民收入增加

据天门市100户农村住户抽样调查资料显示,全年农村居民人均纯达到7407元,同比增加1200元,增长19.3%。农村居民人均收入呈现如下特点

1、农业生产稳步发展,家庭经营收入仍占主导地位。

据调查,天门市农民人均家庭经营纯收入4267元,占全部收入的57.6%。其中第一产业收入人均3647元,第二、三产业收入人均620元。

2、农村劳动力转移规模扩大,工资性收入依然是农民增收的重要来源。

2011年天门市农民人均工资性收入达到2733元,占全部收入的36.9%,同比增加540元,增长24.6%,

**二、农村经济运行中存在的主要问题**

1、农业自然灾害增多。旱、涝灾害交替出现,天气因素难以控制,6月19日、24日强降雨给我市农业生产带来巨大损失。9月下旬的汉江秋汛也给我市的农业生产带来不小的压力。

2、农产品价格不稳定,让农民深感种养风险愈来愈大。我市是一个棉花生产大市,棉花产量在5万吨以上,2010年,籽棉价格7元/斤,今年为4.2元/斤,5万吨的产量受价格因素的影响使我市农民收入减少7.56亿元。

3、农民工输出质量亟需提升。全市外出务工人员32万左右,人数虽多,但整体素质仍不高,普工多、技工少,影响了转移输出的质量和劳务收入。从百户调查资料来看,我市外出从业得到的收入为1932元/人。

4、农产品优质率不高。好的不多,多的不好,农产品加工业不发达,产业链条短。

5、农业生产资料仍处高位,全年农业生产资料价格指数为124.8%,其中:化肥指数为126.5%,农药指数为126.4%,农用种子指数为100.9%。

**三、几点建议**

1、加大对农村基础设施建设的投入力度,增加农业发展的后劲。尽管近几年对农村基础建设不断加强,但农业抗灾能力依然脆弱,建议进一步加大基础设施建设力度,特别要加强河堤、沟渠、道路等农村基础设施建设,立足当前,着眼长远。提高农业抵御自然灾害的能力,降低农业生产风险。

2、坚持"科技兴农"信念,加大农民技术培训力度。提高农民对现代农业的认识水平,深入推广农业科技

3、相对稳定农产品价格,降低农民种养风险。

4、推进制度建设,引导农业地适度规模集中,从传统农业向规模化、专业化过渡。提高农业效能。

# 2011年神农架林区农村经济平稳增长

神农架林区统计局　金立新

2011年是实施"十二五"规划的开局之年，神农架林区农业农村工作本着坚持抓项目、强基础，抓产业、促增收，抓统筹、添活力，抓典型、创特色，以增收富民为目标，坚持以统筹城乡一体化发展为主线，以夯实农村基础设施建设、加快农业产业化经营为重点，全面贯彻落实强农惠农政策，不断壮大农村经济实力，实现了农业持续增效、农民持续增收、农村持续和谐稳定，为率先跨越发展提供了有力支撑。

**一、农村主要经济运行情况**

（一）农村主要经济指标。全区农林牧渔总产值28512万元，比同期20089万元，增10%。其中农业产值17034万元，比同期16841万元，增长1.1%；牧业产值9785万元，同比增长27%；渔业产值132万元，比同期2万元，增长1.5%；农林牧渔服务业317万元，比同期307万元，增长3.3%。农林牧渔业可比价增加值14577万元，比同期增4.5%(发展速度）。其中农业增加值8971万元，同比增长0.1%；牧业增加值4727万元，同比增长12.8%；渔业增加值71万元，同比增长1.4%，农林牧渔服务增加值149万元，同比增长1.4%。

1、2011年，全区粮食播种面积104320亩，同比减少4.2%；粮食总产量21291吨，同比下降0.5%。其中：夏收粮食面积34791亩，同比下降8.7%，夏收粮食产量为6444吨，下降16.8%；秋收粮食面积71114亩，同比曾0.5%，秋收粮食产量为14931吨，比同期增长10.5%。

2、2011年油料播种面积为6429亩，同比下降11.1%，总产量522吨，同比下降0.32%。

3、2011年蔬菜播种面积26567亩，同比增加6.3%,蔬菜总产量为37239吨，同比增长0.07%。

4、药材总产量为771吨，同比增长15.2%。

5、烟叶总产量为491吨，同比增长74.1%。

（二）林业2011年全区主要林产品产量呈明显上升趋势。2011年核桃产量仅434吨，同比增长758%；板粟产量仅817吨，同比增长19.8%；香菌产量125吨，同比增长127.3%。

（三）畜牧业全区畜牧业生产呈现出平稳的发展势头。2011全区肉类总产量为5866吨，同比下降2.0%。生猪出栏56062头，羊出栏14100只，家禽出笼29829只，分别比同期持平、增长0.03%、增长0.23%、截止2011年底，年出栏生猪500头以上的大户14户；年出栏或存栏牛130头以上的大户1户；年家禽存笼或出笼15000只以上3户。

（四）渔业2011年全区渔业生产呈现快速增长态势。库塘养殖达189吨，同比增长3.8%；捕捞产量达111吨，同比增长9.9%。主要增长点在阳日镇、九湖乡，仅九湖乡捕捞产量达23吨，养殖产量达13吨。

（五）农业结构调整发展中不断优化，特色作物面积都有所扩大。2011年年末实有茶园面积11700亩，同比增长10.7%，产量69吨，同比下降8.0%；现代设施农业面积达236亩，主要集中在松柏镇、阳日镇，种植作物以蔬菜为主，确保了全区蔬菜产量稳定增长；核桃基地、金银花基地建设方兴末艾，成为我区种植业结构调整的重头戏。

（六）、主要农产品需求旺盛，价格全面增长。据农产品价格抽样调查显示，今年主要农产品价格呈全面增长趋势；

1、粮食类。据调查，2011年玉米平均出售价格高达2.2元/公斤，同比上涨10.0%；土豆（五折一）平均出售价格达6元/公斤，同比上涨8.3%；稻谷平均出售价格2.12元/公斤，同比上涨15.22%；小麦平均出售价格1.8元/公斤，同比上涨12.71%。其它杂粮等也有不同程度的上涨。

2、蔬菜类。2011年，受持续低温多雨、干旱等自然灾害频发的影响，菜价一直居高不下，到5月份价格有所下降，但随后菜价仍然涨幅较大。白菜价格由年初的每公斤1.8元，上涨到每公斤2.5元；同比上涨38.8%；黄瓜每公斤2.74元，同比上涨14.64%；苦瓜每公斤3元，同比基本持平；丝瓜每公斤3元，同比上涨11.11%；辣椒每公斤4元，同比上涨6.67%；小葱每公斤8元，同比基本持平；韭菜每公斤1.73元，同比上涨16.89%；豇豆每公斤4元，同比上涨11.11%。

3、畜禽类。从6月份以来，神农架畜禽业产品持续高价位走势，一是生猪价格上涨：据全区主要集贸市场调查显示，猪肉价格在2011年春节过处低迷状态，6月触底之后开始连续三月上涨，且上涨幅度明显，12月猪肉平均价格20元/公斤，比6月份上涨11.1%，其中8月达24元/公斤，比7月上涨20.0%。9月与8月相比，猪蹄、猪排骨由上月12元/斤，上涨到16元/斤、19元/斤上涨到24元/斤，分别上涨33.3%、26.3%。二是牛羊：随着人们膳食结构的改善，牛羊肉消费量逐步增加，市场牛羊肉一直处于供不应求的状态，12月份市场牛肉每公斤为34元，比9月份增长0.4%，活羊25.0元/公斤，羊肉50.0元/公斤，比9月份分别增长23.2%、21.3%。三是家禽及禽蛋；2011年规模养殖前景看好，是神农架畜牧业生产的一大亮点。截止12月底，从调查情况来看，全区肉鸡养殖不仅规模发展快，而且养殖效益非常可观。

（七）2011年，全区农民人均纯收入为4640.33元，同比上年4083增加557.33元，增幅为13.65%，

（八）全区农民工外出务工情况。随着区内区外劳动力市场用工需求的逐步恢复，林区农民外出务工情况也呈现恢复性增长，到12月底，全区外出务工人数已达9467人，比去年同期9426人，增长41人，增幅为0.5%，其中区内1773人，比同期1802人减少29人，减幅为-1.6%，省内县外1831人，同比增69人，增幅为3.9%，省外5838人，比同期5849人，增加11人，增幅为0.2%。

## 二、存在的主要问题

2011年，全区农业经济发展势态虽然取得较好的发展，但是也存在一些问题：

1、长期制约农业生产的因素还没有完全消除。农业基础设施建设和生态环境依然比较脆弱，不良天气和植物病虫害、重大动物疫病等自然灾害对农业生产的影响难以克服；农产品品牌、产品市场占有率不高，农资市场价格不稳，农业生产的发展受制于自然和市场双重风险的影响较为明显。

2、畜牧业生产后劲不足，令人担忧。万头仔猪建设有厂无猪，生猪养殖大户发展停滞不前，养殖规模化程度低，科技含量相对低下，养殖分散，发展观念传统，饲养方式落后以及条件相对较差等问题。

3、农村劳动力整体素质不高。随着我国工业化和城镇化的推进、农民外出务工增加和农民收入多元化，一些青壮年农民，特别是有一定文化知识的青壮年农民大多外出务工，不愿从事种粮、养猪传统的农业生产劳动，农村劳动力大大减少，留在村里的大多为中老年和妇女，农民整体素质下高。这种状况延续下去，不仅农业综合生产能力得不到保障，农村社会发展都将受到影响。

## 三、几点建议

1、要加快生产方式转变，推进猪禽散养、混养方式向规模化、标准化、良种化的现代化养殖方式转变，使

整个畜牧业“提档升级”，增强产业竞争力和抵抗市场的风险的能力。同时要加强科技指导力度，搞好疫病防治，认真落实好有关扶持畜禽业发展的各项优惠政策。

2、利用自然资源优势因地制宜发展特色农产品。进一步壮大具有神农架优势与特色的茶、菜、药、干果等产业。积极倡导“订单农业”和“公司+农户+基地”的经营模式，解决农民生产销售后顾之忧，保障农民稳定增收。

3、大力发展农产品加工、餐饮、交通运输、批零贸易等二、三产业，加强“旅农林”产业之间的衔接，提高“旅农林”产业综合收入。

4、狠抓劳务经济，培育土地流转市场。近年来我区农民新增收入中，劳务收入超过50%，这表明农民劳务收入已成为促进农民收入持续快速增长的重要来源。目前应切实把劳务经济作为农村“第一经济”来抓，把劳务工作重点从数量扩张向“数”、“质”并重转变。充分发挥各种职业培训机构的作用，继续加强对农民工的技能培训，进一步发挥政府在组织管理、信息传递、劳务中介、技能培训和行政维权等方面的职能作用和优势，加强对农村劳动力转移和就业工作的管理和组织，解决好农村“空巢老人”和“留守儿童”问题，解除外出打工人员的后顾之忧，确保劳务经济持续、稳定、快速增长。培育土地流转市场，实现土地集约经营，鼓励外出务工农民将承包地转包或出租，使农村土地向种养大户、种田能手集中，让农民外出务工后，土地不至于弃耕撂荒，也为发展农村产业化、规模化集中经营提供土地资源。

# 1 农村基本情况

# 农村基本情况

| 指标名称 | 农村基层组织情况(个) | | | | | 乡村户数（万户） | 乡村人口数（万人） |
|---|---|---|---|---|---|---|---|
| | 乡镇个数 | 镇个数 | 办事处 | 村民委员会 | 村民小组 | | |
| **湖北省** | **936** | **742** | **217** | **26025** | **206848** | **1071.75** | **4057.1** |
| **武汉市** | **13** | **8** | **62** | **2002** | **18017** | **75.34** | **264.74** |
| 武汉市辖区 | 1 | | 27 | 315 | 2240 | 14.47 | 45.05 |
| 蔡甸区 | 3 | 2 | 7 | 283 | 2031 | 8.82 | 31.86 |
| 江夏区 | 3 | 2 | 7 | 268 | 2694 | 9.7 | 35.12 |
| 黄陂区 | 3 | 1 | 12 | 584 | 6275 | 23.92 | 81.01 |
| 新洲区 | 3 | 3 | 9 | 552 | 4777 | 18.43 | 71.7 |
| **黄石市** | **28** | **27** | **16** | **780** | **7726** | **37.71** | **158.45** |
| 黄石市辖区 | 2 | 2 | 13 | 55 | 541 | 3.88 | 12.64 |
| 大冶市 | 10 | 9 | 3 | 333 | 3835 | 16.98 | 66.25 |
| 阳新县 | 16 | 16 | | 392 | 3350 | 16.85 | 79.56 |
| **十堰市** | **105** | **67** | **13** | **1874** | **10525** | **65.23** | **244.53** |
| 十堰市辖区 | 7 | 3 | 8 | 109 | 626 | 2.8 | 8.77 |
| 丹江口市 | 12 | 11 | 5 | 225 | 1150 | 8.22 | 29.36 |
| 郧县 | 19 | 16 | | 341 | 1776 | 12.5 | 49.99 |
| 郧西县 | 16 | 9 | | 338 | 2285 | 11.69 | 42.45 |
| 竹山县 | 17 | 9 | | 249 | 1470 | 11.03 | 42.1 |
| 竹溪县 | 15 | 8 | | 307 | 1678 | 8.42 | 31.76 |
| 房县 | 19 | 11 | | 305 | 1540 | 10.57 | 40.1 |
| **荆州市** | **102** | **89** | **13** | **2457** | **20473** | **106.44** | **426.88** |
| 荆州市辖区 | 13 | 11 | 9 | 198 | 1429 | 10.33 | 38.5 |
| 江陵县 | 9 | 7 | | 199 | 1551 | 6.29 | 28.03 |
| 松滋市 | 16 | 14 | | 238 | 2502 | 17.93 | 65.75 |
| 公安县 | 16 | 14 | | 328 | 3340 | 18.48 | 74.49 |
| 石首市 | 12 | 11 | 2 | 276 | 2681 | 11.71 | 47.64 |
| 监利县 | 21 | 18 | | 769 | 6074 | 25.32 | 107.98 |
| 洪湖市 | 15 | 14 | 2 | 449 | 2896 | 16.38 | 64.49 |
| **宜昌市** | **87** | **65** | **20** | **1358** | **8167** | **86.44** | **271.68** |
| 宜昌市辖区 | 6 | 2 | 14 | 75 | 651 | 5.65 | 18.01 |
| 夷陵区 | 11 | 8 | 1 | 176 | 1063 | 13.89 | 41.31 |
| 宜都市 | 9 | 7 | 1 | 123 | 850 | 9.43 | 29.01 |
| 枝江市 | 8 | 8 | 1 | 198 | 871 | 10.05 | 34.21 |
| 当阳市 | 7 | 7 | 3 | 158 | 935 | 10.83 | 34.55 |
| 远安县 | 7 | 6 | | 102 | 496 | 5.31 | 15.44 |
| 兴山县 | 8 | 6 | | 89 | 497 | 4.23 | 12.97 |
| 秭归县 | 12 | 8 | | 186 | 1111 | 10.62 | 31.75 |
| 长阳县 | 11 | 8 | | 154 | 968 | 10.7 | 35.85 |
| 五峰县 | 8 | 5 | | 97 | 725 | 5.73 | 18.58 |
| **襄阳市** | **78** | **74** | **21** | **2422** | **14964** | **98.05** | **369.51** |
| 襄阳市辖区 | 7 | 6 | 12 | 229 | 1468 | 11.82 | 46.88 |
| 老河口市 | 8 | 7 | 2 | 217 | 1577 | 7.67 | 29.06 |
| 襄州区 | 12 | 12 | 2 | 439 | 3095 | 18.5 | 77.32 |
| 枣阳市 | 12 | 12 | 3 | 520 | 3650 | 18.93 | 72.36 |
| 宜城市 | 8 | 8 | 2 | 190 | 1392 | 10.1 | 41.53 |
| 南漳县 | 10 | 10 | | 282 | 1343 | 11.41 | 41.43 |
| 谷城县 | 10 | 9 | | 284 | 1224 | 13.34 | 38.26 |
| 保康县 | 11 | 10 | | 261 | 1215 | 6.28 | 22.67 |
| **鄂州市** | **21** | **18** | **4** | **316** | **4027** | **20.79** | **76.85** |

续表1

| 指标名称 | 农村基层组织情况(个) | | | | | 乡村户数(万户) | 乡村人口数(万人) |
|---|---|---|---|---|---|---|---|
| | 乡镇个数 | 镇个数 | 办事处 | 村民委员会 | 村民小组 | | |
| **荆门市** | **52** | **50** | **5** | **1396** | **9831** | **50.04** | **189.73** |
| 荆门市辖区 | 9 | 8 | 4 | 246 | 1686 | 7.79 | 27.43 |
| 沙洋县 | 13 | 13 | | 250 | 2538 | 12.7 | 48.09 |
| 钟祥市 | 16 | 15 | 1 | 495 | 3251 | 17.91 | 69.82 |
| 京山县 | 14 | 14 | | 405 | 2356 | 11.64 | 44.39 |
| **孝感市** | **95** | **72** | **13** | **2942** | **23401** | **104.4** | **412.92** |
| 孝感市辖区 | 11 | 8 | 5 | 490 | 3832 | 17 | 65.24 |
| 孝昌县 | 12 | 8 | | 445 | 3518 | 13.55 | 58.16 |
| 大悟县 | 17 | 14 | | 362 | 3685 | 13.49 | 52.6 |
| 安陆市 | 13 | 9 | 2 | 379 | 3036 | 11.79 | 47.94 |
| 云梦县 | 12 | 9 | | 286 | 2411 | 11.61 | 45.99 |
| 应城市 | 10 | 10 | 5 | 416 | 3189 | 15.94 | 59.89 |
| 汉川市 | 20 | 14 | 1 | 564 | 3730 | 21.02 | 83.1 |
| **随州市** | **38** | **34** | **7** | **875** | **5591** | **50.59** | **195.78** |
| 曾都区 | 5 | 5 | 4 | 151 | 1461 | 10.48 | 38.58 |
| 随县 | 19 | 19 | | 358 | 34 | 20.14 | 77.04 |
| 广水县 | 14 | 10 | 3 | 366 | 4096 | 19.97 | 80.16 |
| **黄冈市** | **115** | **96** | **21** | **4320** | **36635** | **152.88** | **575.85** |
| 黄冈市辖区 | 4 | 3 | 4 | 116 | 861 | 5.46 | 16.06 |
| 团风县 | 10 | 8 | | 290 | 2334 | 8.99 | 31.95 |
| 红安县 | 11 | 10 | 2 | 398 | 3776 | 13.87 | 53.25 |
| 麻城市 | 16 | 15 | 3 | 715 | 5794 | 25.59 | 93.49 |
| 罗田县 | 12 | 7 | | 413 | 4107 | 13.06 | 49.61 |
| 英山县 | 11 | 8 | | 307 | 2565 | 9.72 | 33.32 |
| 浠水县 | 13 | 12 | | 649 | 5765 | 22.27 | 82.4 |
| 蕲春县 | 14 | 13 | 1 | 578 | 4650 | 20.02 | 79.94 |
| 武穴市 | 8 | 8 | 4 | 314 | 2657 | 14.57 | 57.53 |
| 黄梅县 | 16 | 12 | | 485 | 4071 | 18.56 | 75.7 |
| **咸宁市** | **64** | **52** | **6** | **909** | **10027** | **52.1** | **216.08** |
| 咸安区 | 10 | 9 | 3 | 138 | 2298 | 9.79 | 39.33 |
| 嘉鱼县 | 8 | 8 | | 79 | 513 | 6.84 | 27.41 |
| 赤壁市 | 11 | 10 | 3 | 153 | 1689 | 8.42 | 35.09 |
| 通城县 | 11 | 9 | | 167 | 1913 | 9.6 | 39.2 |
| 崇阳县 | 12 | 8 | | 186 | 1874 | 8.93 | 38.16 |
| 通山县 | 12 | 8 | | 186 | 1740 | 8.52 | 36.89 |
| **恩施自治州** | **83** | **39** | **5** | **2536** | **22999** | **97.44** | **345.46** |
| 恩施市 | 13 | 3 | 3 | 172 | 1398 | 17.97 | 62.59 |
| 利川市 | 12 | 6 | 2 | 565 | 6077 | 22.55 | 81.98 |
| 建始县 | 10 | 6 | | 394 | 3568 | 12.78 | 46.25 |
| 巴东县 | 12 | 10 | | 473 | 3763 | 12.75 | 42.95 |
| 宣恩县 | 9 | 3 | | 279 | 2676 | 8.58 | 31.75 |
| 咸丰县 | 10 | 5 | | 263 | 2337 | 9.71 | 33.47 |
| 来凤县 | 8 | 4 | | 185 | 1808 | 7.06 | 26.71 |
| 鹤峰县 | 9 | 2 | | 205 | 1372 | 6.04 | 19.76 |
| **仙桃市** | **15** | **15** | **3** | **638** | **4601** | **27.29** | **115.08** |
| **天门市** | **22** | **21** | **3** | **778** | **6801** | **30.94** | **129.25** |
| **潜江市** | **10** | **10** | **5** | **355** | **2739** | **14.74** | **59.41** |
| **神农架林区** | **8** | **5** | | **67** | **324** | **1.33** | **4.9** |

续表2

| 指标名称 | 乡村从业人员数 | 其中:农林牧渔业从业人员 | 国有农林牧渔场从业人员 | 农业从业人员 | 非农业从业人员 |
|---|---|---|---|---|---|
| **湖北省** | **2665.02** | **885.63** | **58.25** | **34.35** | **23.9** |
| **武汉市** | **139.17** | **54.47** | **7.33** | **3.01** | **4.32** |
| 武汉市辖区 | 24.34 | 10.83 | 2.63 | 1.3 | 1.33 |
| 蔡甸区 | 17.15 | 7.66 | 0.34 | 0.21 | 0.13 |
| 江夏区 | 17.95 | 8.43 | 0.8 | 0.54 | 0.26 |
| 黄陂区 | 45.03 | 15.85 | 2.68 | 0.66 | 2.02 |
| 新洲区 | 34.7 | 11.7 | 0.88 | 0.3 | 0.58 |
| **黄石市** | **87.41** | **25.07** | **3.37** | **1.81** | **1.56** |
| 黄石市辖区 | 7.81 | 2.24 | 0.34 | 0.09 | 0.25 |
| 大冶市 | 36.91 | 11.97 | 0.12 | 0.08 | 0.04 |
| 阳新县 | 42.69 | 10.86 | 2.91 | 1.64 | 1.27 |
| **十堰市** | **134.68** | **53.3** | **2.13** | **1.34** | **0.79** |
| 十堰市辖区 | 4.68 | 1.78 | 0.01 | 0.01 | |
| 丹江口市 | 17.6 | 8.24 | 0.36 | 0.26 | 0.1 |
| 郧县 | 27.85 | 11.4 | 0.14 | 0.03 | 0.11 |
| 郧西县 | 23.96 | 7.83 | 0.02 | 0.02 | |
| 竹山县 | 21.3 | 8.9 | 0.04 | 0.03 | 0.01 |
| 竹溪县 | 16 | 6.91 | 0.98 | 0.65 | 0.33 |
| 房县 | 23.29 | 8.24 | 0.58 | 0.34 | 0.24 |
| **荆州市** | **228.66** | **107.55** | **13.97** | **9.52** | **4.45** |
| 荆州市辖区 | 20.26 | 9.13 | 3.38 | 2.5 | 0.88 |
| 江陵县 | 14.72 | 8.41 | 1.92 | 0.77 | 1.15 |
| 松滋市 | 36.12 | 15.09 | 0.43 | 0.4 | 0.03 |
| 公安县 | 40.56 | 21.15 | | | |
| 石首市 | 25.18 | 10.76 | 0.5 | 0.42 | 0.08 |
| 监利县 | 55.52 | 22.79 | 3.57 | 2.3 | 1.27 |
| 洪湖市 | 36.3 | 20.22 | 4.17 | 3.13 | 1.04 |
| **宜昌市** | **161.2** | **72.42** | **1.34** | **1.19** | **0.15** |
| 宜昌市辖区 | 10 | 3.51 | | | |
| 夷陵区 | 23.47 | 10.97 | | | |
| 宜都市 | 17.84 | 5.35 | | | |
| 枝江市 | 20.03 | 7.93 | 0.03 | 0.02 | 0.01 |
| 当阳市 | 19.92 | 8.81 | 1.26 | 1.14 | 0.12 |
| 远安县 | 9.65 | 3.28 | | | |
| 兴山县 | 8.18 | 5.13 | | | |
| 秭归县 | 19.72 | 9.81 | | | |
| 长阳县 | 22.04 | 11.22 | 0.03 | 0.02 | 0.01 |
| 五峰县 | 10.35 | 6.41 | 0.02 | 0.01 | 0.01 |
| **襄阳市** | **206.54** | **80.62** | **3.12** | **2.12** | **1** |
| 襄阳市辖区 | 23.37 | 9.57 | 0.1 | 0.08 | 0.02 |
| 老河口市 | 18.29 | 7.97 | 0.02 | 0.01 | 0.01 |
| 襄州区 | 43.3 | 15.9 | 1.13 | 0.47 | 0.66 |
| 枣阳市 | 39.96 | 12.88 | 1.17 | 0.92 | 0.25 |
| 宜城市 | 22.32 | 12.5 | 0.28 | 0.25 | 0.03 |
| 南漳县 | 23.79 | 7.86 | | | |
| 谷城县 | 21.22 | 7.05 | 0.41 | 0.38 | 0.03 |
| 保康县 | 14.29 | 6.89 | 0.01 | 0.01 | |
| **鄂州市** | **39.94** | **18.7** | **0.96** | **0.89** | **0.07** |

续表3

| 指标名称 | 乡村从业人员数 | 其中:农林牧渔业从业人员 | 国有农林牧渔场从业人员 | 农业从业人员 | 非农业从业人员 |
|---|---|---|---|---|---|
| **荆门市** | **103.88** | **33.95** | **5.86** | **3.44** | **2.42** |
| 荆门市辖区 | 16.24 | 6.65 | 0.02 | 0.02 | |
| 沙洋县 | 27.22 | 7.62 | 0.75 | 0.36 | 0.39 |
| 钟祥市 | 36.56 | 11.63 | 1.47 | 1.18 | 0.29 |
| 京山县 | 23.86 | 8.05 | 3.62 | 1.88 | 1.74 |
| **孝感市** | **231.8** | **84.59** | **5.24** | **2.54** | **2.7** |
| 孝感市辖区 | 32.9 | 14.93 | 0.92 | 0.31 | 0.61 |
| 孝昌县 | 28.4 | 9.06 | | | |
| 大悟县 | 30.85 | 10.83 | 0.23 | 0.13 | 0.1 |
| 安陆市 | 27.65 | 9.85 | | | |
| 云梦县 | 30.98 | 10.35 | 0.07 | 0.05 | 0.02 |
| 应城市 | 32.08 | 11.1 | 0.05 | 0.02 | 0.03 |
| 汉川市 | 48.94 | 18.47 | 3.97 | 2.03 | 1.94 |
| **随州市** | **107.97** | **43.37** | **0.74** | **0.49** | **0.25** |
| 曾都区 | 19.47 | 7.73 | | | |
| 随县 | 41.79 | 17.1 | 0.72 | 0.48 | 0.24 |
| 广水县 | 46.71 | 18.54 | 0.02 | 0.01 | 0.01 |
| **黄冈市** | **312.07** | **132.07** | **3.6** | **2.13** | **1.47** |
| 黄冈市辖区 | 9.94 | 4 | 0.25 | 0.2 | 0.05 |
| 团风县 | 17.72 | 9.19 | 0.08 | 0.07 | 0.01 |
| 红安县 | 26.49 | 11.37 | 0.1 | 0.1 | |
| 麻城市 | 52.18 | 23.15 | 0.31 | 0.24 | 0.07 |
| 罗田县 | 28.59 | 10.43 | 0.05 | 0.02 | 0.03 |
| 英山县 | 20 | 9.33 | 0.2 | 0.14 | 0.06 |
| 浠水县 | 46.23 | 20.51 | 0.28 | 0.08 | 0.2 |
| 蕲春县 | 41.54 | 13.25 | 0.16 | 0.15 | 0.01 |
| 武穴市 | 30.49 | 13.33 | 0.34 | 0.19 | 0.15 |
| 黄梅县 | 37.79 | 16.66 | 0.14 | 0.09 | 0.05 |
| **咸宁市** | **104.23** | **42.75** | **1.69** | **0.92** | **0.77** |
| 咸安区 | 18.31 | 7.57 | 0.17 | 0.16 | 0.01 |
| 嘉鱼县 | 14.05 | 6.08 | 0.32 | 0.14 | 0.18 |
| 赤壁市 | 15.77 | 7.18 | 0.7 | 0.43 | 0.27 |
| 通城县 | 19.31 | 7.07 | 0.03 | 0.01 | 0.02 |
| 崇阳县 | 18.71 | 7.6 | 0.31 | 0.14 | 0.17 |
| 通山县 | 18.08 | 7.25 | 0.16 | 0.04 | 0.12 |
| **恩施自治州** | **190.99** | **85.82** | **0.06** | **0.04** | **0.02** |
| 恩施市 | 32.78 | 16.73 | | | |
| 利川市 | 42.3 | 19.15 | 0.04 | 0.03 | 0.01 |
| 建始县 | 25.35 | 10.77 | | | |
| 巴东县 | 24.65 | 11.52 | | | |
| 宣恩县 | 17.71 | 8.55 | 0.01 | | 0.01 |
| 咸丰县 | 18.86 | 8.12 | 0.01 | 0.01 | |
| 来凤县 | 17.41 | 6.43 | | | |
| 鹤峰县 | 11.93 | 4.55 | | | |
| **仙桃市** | **65.3** | **21.74** | **1.04** | **0.48** | **0.56** |
| **天门市** | **58.94** | **20.4** | **1.13** | **0.47** | **0.66** |
| **潜江市** | **27.45** | **7.81** | **6.67** | **3.96** | **2.71** |
| **神农架林区** | **2.79** | **1** | | | |

# 耕地情况

单位:千公顷

| 指标名称 | 年末耕地总资源 | 常用耕地面积 | 水田 | 旱地 | 临时性耕地 | 其中:25度以上坡耕地 | 年内增加 | 年内减少 |
|---|---|---|---|---|---|---|---|---|
| **湖北省** | **3928.39** | **3361.86** | **1954.61** | **1407.25** | **566.53** | **112.07** | **46.51** | **14.09** |
| **武汉市** | **206.52** | **204.94** | **121.77** | **83.17** | **1.58** | **0.02** | **1.53** | **2.08** |
| 武汉市辖区 | 42.19 | 40.79 | 12.87 | 27.92 | 1.4 | 0.02 | 0.08 | 1.23 |
| 蔡甸区 | 25.59 | 25.54 | 14.02 | 11.52 | 0.05 |  | 0.08 | 0.21 |
| 江夏区 | 35.53 | 35.4 | 22.68 | 12.72 | 0.13 |  |  | 0.12 |
| 黄陂区 | 53.11 | 53.11 | 42.53 | 10.58 |  |  | 0.01 | 0.48 |
| 新洲区 | 50.1 | 50.1 | 29.67 | 20.43 |  |  | 1.36 | 0.04 |
| **黄石市** | **120.44** | **90.03** | **58.94** | **31.09** | **30.41** | **0.84** | **11.62** | **0.21** |
| 黄石市辖区 | 2.27 | 1.85 | 0.8 | 1.05 | 0.42 |  | 0.07 | 0.03 |
| 大冶市 | 52.61 | 36.21 | 26.13 | 10.08 | 16.4 | 0.39 | 4.96 | 0.14 |
| 阳新县 | 65.56 | 51.97 | 32.01 | 19.96 | 13.59 | 0.45 | 6.59 | 0.04 |
| **十堰市** | **220.7** | **173.65** | **38.07** | **135.58** | **47.05** | **15.84** | **1.81** | **3.81** |
| 十堰市辖区 | 6.45 | 2.08 | 0.44 | 1.64 | 4.37 |  |  | 0.05 |
| 丹江口市 | 22.42 | 20.57 | 6.6 | 13.97 | 1.85 |  | 0.33 | 0.17 |
| 郧县 | 37.5 | 35.09 | 6.87 | 28.22 | 2.41 | 0.21 | 0.3 | 2.98 |
| 郧西县 | 42.82 | 26.72 | 3.35 | 23.37 | 16.1 | 6.69 | 0.21 | 0.07 |
| 竹山县 | 38.82 | 32.32 | 6.6 | 25.72 | 6.5 | 5.14 | 0.18 | 0.27 |
| 竹溪县 | 30.99 | 28.72 | 5.8 | 22.92 | 2.27 | 1.69 | 0.6 | 0.18 |
| 房县 | 41.7 | 28.15 | 8.41 | 19.74 | 13.55 | 2.11 | 0.19 | 0.09 |
| **荆州市** | **658.65** | **466.51** | **325.72** | **140.79** | **192.14** |  | **0.03** | **0.19** |
| 荆州市辖区 | 74.05 | 47.74 | 30.93 | 16.81 | 26.31 |  | 0.03 | 0.15 |
| 江陵县 | 64.67 | 37.98 | 28.74 | 9.24 | 26.69 |  |  |  |
| 松滋市 | 86.36 | 59.67 | 33.61 | 26.06 | 26.69 |  |  | 0.01 |
| 公安县 | 104.13 | 80.38 | 46.46 | 33.92 | 23.75 |  |  | 0.03 |
| 石首市 | 46.89 | 38.85 | 25.68 | 13.17 | 8.04 |  |  |  |
| 监利县 | 171.54 | 137.69 | 112.3 | 25.39 | 33.85 |  |  |  |
| 洪湖市 | 111.01 | 64.2 | 48 | 16.2 | 46.81 |  |  |  |
| **宜昌市** | **318.58** | **234.98** | **87.24** | **147.74** | **83.6** | **17.37** | **0.63** | **0.75** |
| 宜昌市辖区 | 7.35 | 5.61 | 1.12 | 4.49 | 1.74 | 0.69 | 0.01 | 0.13 |
| 夷陵区 | 36.36 | 30.25 | 11.81 | 18.44 | 6.11 | 3.77 | 0.16 | 0.08 |
| 宜都市 | 22.6 | 15.8 | 6.62 | 9.18 | 6.8 |  |  | 0.09 |
| 枝江市 | 45.5 | 45.39 | 22.65 | 22.74 | 0.11 |  |  |  |
| 当阳市 | 63.27 | 44.34 | 28.23 | 16.11 | 18.93 | 2.27 | 0.02 | 0.12 |
| 远安县 | 16.77 | 11.9 | 8.07 | 3.83 | 4.87 |  | 0.24 | 0.21 |
| 兴山县 | 22.1 | 12.95 | 2.39 | 10.56 | 9.15 | 2.86 |  |  |
| 秭归县 | 26.99 | 19.4 | 3.2 | 16.2 | 7.59 | 1.7 | 0.2 | 0.1 |
| 长阳县 | 50.75 | 31.65 | 2.77 | 28.88 | 19.1 |  |  |  |
| 五峰县 | 26.89 | 17.69 | 0.38 | 17.31 | 9.2 | 6.08 |  | 0.02 |
| **襄阳市** | **457.2** | **447.32** | **207.8** | **239.52** | **9.88** | **3.72** | **13.2** | **2.31** |
| 襄阳市辖区 | 36.18 | 35.22 | 18.6 | 16.62 | 0.96 | 0.16 | 0.74 | 0.8 |
| 老河口市 | 44.37 | 40.4 | 14.23 | 26.17 | 3.97 | 1.78 | 0.88 | 0.05 |
| 襄州区 | 109.96 | 108.82 | 49.29 | 59.53 | 1.14 | 0.09 | 9.99 | 0.55 |
| 枣阳市 | 109.31 | 109.22 | 49.06 | 60.16 | 0.09 | 0.09 | 0.17 | 0.52 |
| 宜城市 | 60.91 | 60.91 | 32.14 | 28.77 |  |  | 0.47 |  |
| 南漳县 | 42.68 | 41.52 | 23.29 | 18.23 | 1.16 | 0.37 | 0.17 | 0.31 |
| 谷城县 | 29.27 | 28.48 | 17.52 | 10.96 | 0.79 | 0.24 | 0.09 | 0.06 |
| 保康县 | 24.52 | 22.75 | 3.67 | 19.08 | 1.77 | 0.99 | 0.69 | 0.02 |
| **鄂州市** | **41.39** | **40.55** | **26** | **14.55** | **0.84** |  |  | **0.5** |

续表　　单位:千公顷

| 指标名称 | 年末耕地总资源 | 常用耕地面积 | 水田 | 旱地 | 临时性耕地 | 其中:25度以上坡耕地 | 年内增加 | 年内减少 |
|---|---|---|---|---|---|---|---|---|
| **荆门市** | **262.84** | **261.09** | **185.88** | **75.21** | **1.75** | **0.82** | **5.85** | **0.34** |
| 荆门市辖区 | 33.95 | 33.24 | 28.12 | 5.12 | 0.71 | 0.19 | 2.29 | |
| 沙洋县 | 77.19 | 77.19 | 62.11 | 15.08 | | | 1.54 | 0.04 |
| 钟祥市 | 82.62 | 82.6 | 44.83 | 37.77 | 0.02 | 0.02 | 0.48 | 0.07 |
| 京山县 | 69.08 | 68.06 | 50.82 | 17.24 | 1.02 | 0.61 | 1.54 | 0.23 |
| **孝感市** | **303.64** | **262.25** | **200.16** | **62.09** | **41.39** | **4.89** | **1.81** | **0.54** |
| 孝感市辖区 | 47.94 | 31.39 | 25.7 | 5.69 | 16.55 | 0.01 | 0.05 | 0.14 |
| 孝昌县 | 34.37 | 31.81 | 25.52 | 6.29 | 2.56 | | 0.72 | 0.09 |
| 大悟县 | 41.19 | 36.68 | 28.07 | 8.61 | 4.51 | 4.5 | | |
| 安陆市 | 49.65 | 33.82 | 28.58 | 5.24 | 15.83 | 0.38 | 0.39 | 0.12 |
| 云梦县 | 26.5 | 25.21 | 18.87 | 6.34 | 1.29 | | 0.21 | 0.02 |
| 应城市 | 38.2 | 38.16 | 32.37 | 5.79 | 0.04 | | 0.44 | 0.1 |
| 汉川市 | 65.79 | 65.18 | 41.05 | 24.13 | 0.61 | | | 0.07 |
| **随州市** | **192.68** | **147.06** | **121.66** | **25.4** | **45.62** | **8.39** | **0.07** | **0.2** |
| 曾都区 | 29.75 | 25.83 | 21.87 | 3.96 | 3.92 | 1.78 | 0.01 | 0.15 |
| 随县 | 88.5 | 77.83 | 62.68 | 15.15 | 10.67 | 6.61 | 0.03 | 0.01 |
| 广水县 | 74.43 | 43.4 | 37.11 | 6.29 | 31.03 | | 0.03 | 0.04 |
| **黄冈市** | **355.99** | **342.93** | **260.11** | **82.82** | **13.06** | **8.57** | **2.54** | **1.07** |
| 黄冈市辖区 | 12.05 | 11.91 | 5.63 | 6.28 | 0.14 | | 0.09 | 0.13 |
| 团风县 | 17.96 | 17.46 | 14.87 | 2.59 | 0.5 | 0.39 | 0.06 | 0.07 |
| 红安县 | 40.33 | 38.6 | 27.91 | 10.69 | 1.73 | 0.67 | 0.28 | 0.27 |
| 麻城市 | 54.22 | 53.09 | 36.75 | 16.34 | 1.13 | 0.6 | 0.16 | 0.13 |
| 罗田县 | 27.54 | 26.05 | 20.89 | 5.16 | 1.49 | 0.85 | 0.31 | 0.02 |
| 英山县 | 17.52 | 17.29 | 14.53 | 2.76 | 0.23 | 0.08 | 0.21 | 0.13 |
| 浠水县 | 46.83 | 44.29 | 33.48 | 10.81 | 2.54 | 1.99 | 0.23 | 0.12 |
| 蕲春县 | 40.71 | 40.18 | 34.8 | 5.38 | 0.53 | 0.29 | 0.67 | 0.09 |
| 武穴市 | 36.65 | 35.51 | 29.83 | 5.68 | 1.14 | 0.55 | 0.53 | 0.08 |
| 黄梅县 | 57.98 | 54.63 | 38.28 | 16.35 | 3.35 | 3.15 | | |
| **咸宁市** | **194.29** | **156.06** | **111.8** | **44.26** | **38.23** | **22.19** | **0.78** | **0.38** |
| 咸安区 | 38 | 35.52 | 26.47 | 9.05 | 2.48 | 0.94 | 0.03 | 0.04 |
| 嘉鱼县 | 30.8 | 28.58 | 17.42 | 11.16 | 2.22 | | 0.32 | 0.13 |
| 赤壁市 | 33.78 | 32.84 | 25.66 | 7.18 | 0.94 | | 0.3 | 0.01 |
| 通城县 | 29.5 | 21.29 | 15.94 | 5.35 | 8.21 | 5.15 | 0.01 | 0.01 |
| 崇阳县 | 34.9 | 22.99 | 16.92 | 6.07 | 11.91 | 5.84 | 0.09 | 0.15 |
| 通山县 | 27.31 | 14.84 | 9.39 | 5.45 | 12.47 | 10.26 | 0.03 | 0.04 |
| **恩施自治州** | **313.98** | **257.83** | **70.51** | **187.32** | **56.15** | **28.81** | **5.16** | **1.35** |
| 恩施市 | 49.07 | 47.39 | 9.73 | 37.66 | 1.68 | 1.2 | 0.78 | 0.72 |
| 利川市 | 60.77 | 58.27 | 22.15 | 36.12 | 2.5 | 0.45 | 1.14 | 0.09 |
| 建始县 | 37.22 | 33.89 | 3.52 | 30.37 | 3.33 | 2.66 | 0.11 | 0.07 |
| 巴东县 | 43.75 | 35.98 | 1.9 | 34.08 | 7.77 | 2.69 | 0.08 | 0.13 |
| 宣恩县 | 38.84 | 24.85 | 9.32 | 15.53 | 13.99 | 4.82 | 0.01 | 0.22 |
| 咸丰县 | 37.96 | 24.19 | 11.78 | 12.41 | 13.77 | 9.69 | 2.86 | 0.07 |
| 来凤县 | 25.66 | 17.25 | 9.5 | 7.75 | 8.41 | 5.45 | 0.05 | 0.02 |
| 鹤峰县 | 20.71 | 16.01 | 2.61 | 13.4 | 4.7 | 1.85 | 0.13 | 0.03 |
| **仙桃市** | **94.55** | **90.55** | **57.81** | **32.74** | **4** | | | **0.04** |
| **天门市** | **109.48** | **109.48** | **46.19** | **63.29** | | | **1.11** | **0.03** |
| **潜江市** | **70.52** | **70.52** | **34.87** | **35.65** | | | **0.37** | **0.18** |
| **神农架林区** | **6.94** | **6.11** | **0.08** | **6.03** | **0.83** | **0.61** | | **0.11** |

# 农村劳动力文化程度和年龄状况

单位:万人

| 指标名称 | 外出从业人员 | 小学及以下 | 初中 | 高中及以上 | 20岁以下 | 21岁-49岁 | 50岁以上 |
|---|---|---|---|---|---|---|---|
| **湖北省** | **1045.37** | **135.91** | **628.65** | **280.81** | **173.73** | **740.05** | **131.59** |
| **武汉市** | **68.9** | **6.61** | **42.69** | **19.6** | **11.79** | **47.83** | **9.28** |
| 武汉市辖区 | 7.43 | 0.72 | 3.56 | 3.15 | 1.31 | 4.84 | 1.28 |
| 蔡甸区 | 5.69 | 0.5 | 3.09 | 2.1 | 0.85 | 3.97 | 0.87 |
| 江夏区 | 9.7 | 0.97 | 4.85 | 3.88 | 2.22 | 5.5 | 1.98 |
| 黄陂区 | 27.57 | 3.01 | 18.95 | 5.61 | 4.61 | 20.4 | 2.56 |
| 新洲区 | 18.52 | 1.41 | 12.23 | 4.88 | 2.8 | 13.12 | 2.6 |
| **黄石市** | **44.8** | **5.74** | **31.11** | **7.95** | **8.43** | **33.54** | **2.83** |
| 黄石市辖区 | 3.24 | 0.57 | 1.85 | 0.82 | 0.56 | 2.26 | 0.42 |
| 大冶市 | 13.34 | 1.95 | 8.91 | 2.48 | 2.72 | 9.26 | 1.36 |
| 阳新县 | 28.22 | 3.22 | 20.35 | 4.65 | 5.15 | 22.02 | 1.05 |
| **十堰市** | **69.87** | **12.89** | **41.43** | **15.55** | **10.49** | **48.55** | **10.83** |
| 十堰市辖区 | 2.07 | 0.3 | 1.21 | 0.56 | 0.25 | 1.55 | 0.27 |
| 丹江口市 | 6.42 | 0.65 | 4.12 | 1.65 | 0.94 | 4.65 | 0.83 |
| 郧县 | 12.55 | 1.84 | 7.47 | 3.24 | 1.88 | 8.72 | 1.95 |
| 郧西县 | 15.5 | 2.38 | 10.16 | 2.96 | 1.56 | 11.6 | 2.34 |
| 竹山县 | 11.57 | 2.37 | 6.9 | 2.3 | 1.77 | 7.94 | 1.86 |
| 竹溪县 | 7.11 | 1.39 | 3.81 | 1.91 | 1.18 | 4.51 | 1.42 |
| 房县 | 14.65 | 3.96 | 7.76 | 2.93 | 2.91 | 9.58 | 2.16 |
| **荆州市** | **105.29** | **13.45** | **64.26** | **27.58** | **17.68** | **75.78** | **11.83** |
| 荆州市辖区 | 8.7 | 0.53 | 4.83 | 3.34 | 1.23 | 6.78 | 0.69 |
| 江陵县 | 5.57 | 0.83 | 3.54 | 1.2 | 1.2 | 3.98 | 0.39 |
| 松滋市 | 18.84 | 1.85 | 11 | 5.99 | 2.95 | 14.38 | 1.51 |
| 公安县 | 16.69 | 1.95 | 10.35 | 4.39 | 2.90 | 11.91 | 1.88 |
| 石首市 | 11.58 | 1.39 | 7.57 | 2.62 | 1.71 | 8.59 | 1.28 |
| 监利县 | 30.55 | 5.31 | 18.69 | 6.55 | 5.65 | 20.07 | 4.83 |
| 洪湖市 | 13.36 | 1.59 | 8.28 | 3.49 | 2.04 | 10.07 | 1.25 |
| **宜昌市** | **64.75** | **6.42** | **37.25** | **21.08** | **9.4** | **46.9** | **8.45** |
| 宜昌市辖区 | 3.86 | 0.24 | 1.98 | 1.64 | 0.45 | 3 | 0.41 |
| 夷陵区 | 8.69 | 0.85 | 4.11 | 3.73 | 1.31 | 6.08 | 1.3 |
| 宜都市 | 9.2 | 0.85 | 5.43 | 2.92 | 1.15 | 6.76 | 1.29 |
| 枝江市 | 6.66 | 0.26 | 4.62 | 1.78 | 0.81 | 5.35 | 0.5 |
| 当阳市 | 6.8 | 0.44 | 3.93 | 2.43 | 1.01 | 5.01 | 0.78 |
| 远安县 | 4.67 | 0.42 | 2.91 | 1.34 | 0.67 | 3.36 | 0.64 |
| 兴山县 | 2.26 | 0.2 | 1.4 | 0.66 | 0.45 | 1.54 | 0.27 |
| 秭归县 | 8.52 | 0.84 | 5.14 | 2.54 | 1.13 | 6.41 | 0.98 |
| 长阳县 | 10.91 | 1.76 | 5.99 | 3.16 | 1.83 | 7.28 | 1.8 |
| 五峰县 | 3.18 | 0.56 | 1.74 | 0.88 | 0.59 | 2.11 | 0.48 |
| **襄阳市** | **97.19** | **8.76** | **52.24** | **36.19** | **15.39** | **72.41** | **9.39** |
| 襄阳市辖区 | 11.64 | 1.13 | 7.38 | 3.13 | 2.19 | 7.86 | 1.59 |
| 老河口市 | 7.97 | 0.67 | 5.31 | 1.99 | 1.77 | 5.4 | 0.8 |
| 襄州区 | 23.69 | 1.05 | 5.12 | 17.52 | 1.64 | 21.61 | 0.44 |
| 枣阳市 | 16.69 | 0.89 | 10.75 | 5.05 | 3.46 | 11.33 | 1.9 |
| 宜城市 | 9.15 | 0.63 | 6.15 | 2.37 | 1.7 | 6.71 | 0.74 |
| 南漳县 | 11.63 | 2.35 | 7.19 | 2.09 | 2.15 | 7.67 | 1.81 |
| 谷城县 | 10.91 | 1.16 | 7.28 | 2.47 | 1.63 | 7.86 | 1.42 |
| 保康县 | 5.51 | 0.88 | 3.06 | 1.57 | 0.85 | 3.97 | 0.69 |
| **鄂州市** | **15.18** | **1.32** | **8.25** | **5.61** | **2.5** | **10.4** | **2.28** |

续表 单位:万人

| 指标名称 | 外出从业人员 | 小学及以下 | 初中 | 高中及以上 | 20岁以下 | 21岁-49岁 | 50岁以上 |
|---|---|---|---|---|---|---|---|
| **荆门市** | **45.96** | **3.08** | **26.12** | **16.76** | **6.17** | **35.62** | **4.17** |
| 荆门市辖区 | 5.49 | 0.19 | 2.65 | 2.65 | 0.72 | 4.19 | 0.58 |
| 沙洋县 | 10.85 | 0.6 | 6.35 | 3.9 | 1.39 | 8.62 | 0.84 |
| 钟祥市 | 17.29 | 1.82 | 10.57 | 4.9 | 2.69 | 12.75 | 1.85 |
| 京山县 | 12.33 | 0.47 | 6.55 | 5.31 | 1.37 | 10.06 | 0.9 |
| **孝感市** | **123.85** | **15.4** | **77.79** | **30.66** | **21.31** | **85.18** | **17.36** |
| 孝感市辖区 | 17.87 | 2.8 | 10.28 | 4.79 | 3.27 | 11.37 | 3.23 |
| 孝昌县 | 18.51 | 1.61 | 13.39 | 3.51 | 3.69 | 12.89 | 1.93 |
| 大悟县 | 16.99 | 1.37 | 9.99 | 5.63 | 3.08 | 10.98 | 2.93 |
| 安陆市 | 14.94 | 1.9 | 9.6 | 3.44 | 2.42 | 10.57 | 1.95 |
| 云梦县 | 18.04 | 2.97 | 12.35 | 2.72 | 2.46 | 13.32 | 2.26 |
| 应城市 | 16.91 | 1.99 | 10.4 | 4.52 | 2.87 | 11.68 | 2.36 |
| 汉川市 | 20.59 | 2.76 | 11.78 | 6.05 | 3.52 | 14.37 | 2.7 |
| **随州市** | **48.76** | **5.67** | **29.34** | **13.75** | **8.14** | **34.6** | **6.02** |
| 曾都区 | 8.88 | 0.63 | 4.92 | 3.33 | 1.33 | 6.8 | 0.75 |
| 随县 | 17.12 | 1.97 | 10.67 | 4.48 | 3.13 | 11.98 | 2.01 |
| 广水县 | 22.76 | 3.07 | 13.75 | 5.94 | 3.68 | 15.82 | 3.26 |
| **黄冈市** | **147.36** | **26.14** | **85.88** | **35.34** | **25.83** | **98.57** | **22.96** |
| 黄冈市辖区 | 4.47 | 0.57 | 2.48 | 1.42 | 0.56 | 3.29 | 0.62 |
| 团风县 | 9.14 | 1.54 | 5.87 | 1.73 | 1.31 | 6.11 | 1.72 |
| 红安县 | 13.02 | 2.81 | 7.03 | 3.18 | 4.04 | 6.64 | 2.34 |
| 麻城市 | 23.92 | 5.01 | 14.12 | 4.79 | 5.35 | 14.33 | 4.24 |
| 罗田县 | 14.68 | 2.52 | 8.27 | 3.89 | 2.51 | 10.38 | 1.79 |
| 英山县 | 9.92 | 1.78 | 4.53 | 3.61 | 1.54 | 6.74 | 1.64 |
| 浠水县 | 21.76 | 2.76 | 14.56 | 4.44 | 2.76 | 14.56 | 4.44 |
| 蕲春县 | 21.74 | 3.97 | 12.79 | 4.98 | 3.72 | 14.61 | 3.41 |
| 武穴市 | 13.63 | 2.18 | 7.86 | 3.59 | 1.85 | 9.52 | 2.26 |
| 黄梅县 | 14.78 | 2.99 | 8.21 | 3.58 | 2.13 | 12.19 | 0.46 |
| **咸宁市** | **49.88** | **7.18** | **30.48** | **12.22** | **9.83** | **33.94** | **6.11** |
| 咸安区 | 6.89 | 1.2 | 4.12 | 1.57 | 1.6 | 4.32 | 0.97 |
| 嘉鱼县 | 5.93 | 0.67 | 3.86 | 1.4 | 1.14 | 4.07 | 0.72 |
| 赤壁市 | 8.37 | 0.78 | 5.02 | 2.57 | 1.66 | 5.47 | 1.24 |
| 通城县 | 9.66 | 1.27 | 6.04 | 2.35 | 2.03 | 6.66 | 0.97 |
| 崇阳县 | 10.04 | 1.56 | 5.6 | 2.88 | 1.69 | 7.09 | 1.26 |
| 通山县 | 8.99 | 1.7 | 5.84 | 1.45 | 1.71 | 6.33 | 0.95 |
| **恩施自治州** | **80.5** | **13.64** | **49.6** | **17.26** | **13.15** | **57.91** | **9.44** |
| 恩施市 | 11.08 | 2.08 | 6.75 | 2.25 | 1.73 | 7.99 | 1.36 |
| 利川市 | 19.69 | 2.8 | 12.61 | 4.28 | 3.76 | 13.84 | 2.09 |
| 建始县 | 10.53 | 1.59 | 6.67 | 2.27 | 1.67 | 7.73 | 1.13 |
| 巴东县 | 7.96 | 1.38 | 4.94 | 1.64 | 1.27 | 5.7 | 0.99 |
| 宣恩县 | 8.06 | 1.46 | 4.88 | 1.72 | 1.12 | 5.66 | 1.28 |
| 咸丰县 | 9.56 | 1.21 | 6.5 | 1.85 | 1.51 | 7.23 | 0.82 |
| 来凤县 | 9.26 | 2.62 | 4.7 | 1.94 | 1.7 | 6.41 | 1.15 |
| 鹤峰县 | 4.36 | 0.5 | 2.55 | 1.31 | 0.39 | 3.35 | 0.62 |
| **仙桃市** | **29.55** | **3.26** | **18.87** | **7.42** | **4.7** | **21.7** | **3.15** |
| **天门市** | **32.84** | **3.79** | **20.69** | **8.36** | **5.19** | **22.3** | **5.35** |
| **潜江市** | **19.78** | **2.35** | **12.11** | **5.32** | **3.57** | **14.21** | **2** |
| **神农架林区** | **0.91** | **0.21** | **0.54** | **0.16** | **0.16** | **0.61** | **0.14** |

## 农村劳动力外出渠道和从业时间

单位:万人

| 指标名称 | 自发 | 政府有关部门组织 | 中介组织介绍 | 企业招收 | 1个月-3个月 | 3个月-6个月 | 6个月以上 |
|---|---|---|---|---|---|---|---|
| **湖北省** | **750.75** | **89.07** | **75.14** | **130.41** | **89.09** | **195.86** | **760.42** |
| **武汉市** | **47.81** | **6.88** | **6.87** | **7.34** | **5.8** | **12.82** | **50.28** |
| 武汉市辖区 | 4.25 | 1.06 | 0.77 | 1.35 | 0.69 | 1.75 | 4.99 |
| 蔡甸区 | 4.36 | 0.31 | 0.37 | 0.65 | 0.46 | 1.08 | 4.15 |
| 江夏区 | 6.08 | 1.43 | 0.91 | 1.28 | 0.95 | 2.89 | 5.86 |
| 黄陂区 | 19.31 | 2.75 | 3.36 | 2.15 | 2.41 | 4.41 | 20.75 |
| 新洲区 | 13.81 | 1.33 | 1.46 | 1.92 | 1.3 | 2.7 | 14.52 |
| **黄石市** | **33.61** | **2.81** | **2.62** | **5.76** | **4.39** | **6.02** | **34.39** |
| 黄石市辖区 | 2.19 | 0.35 | 0.24 | 0.46 | 0.45 | 0.78 | 2.01 |
| 大冶市 | 10.17 | 0.71 | 0.76 | 1.7 | 1.49 | 2.8 | 9.05 |
| 阳新县 | 21.25 | 1.75 | 1.62 | 3.6 | 2.45 | 2.44 | 23.33 |
| **十堰市** | **49.79** | **7.24** | **5.46** | **7.38** | **5.62** | **13.92** | **50.33** |
| 十堰市辖区 | 1.36 | 0.15 | 0.3 | 0.26 | 0.12 | 0.28 | 1.67 |
| 丹江口市 | 5.2 | 0.4 | 0.37 | 0.45 | 0.33 | 0.83 | 5.26 |
| 郧县 | 8.56 | 0.77 | 0.9 | 2.32 | 1.04 | 2.89 | 8.62 |
| 郧西县 | 10.5 | 2.39 | 1.46 | 1.15 | 1.11 | 4.05 | 10.34 |
| 竹山县 | 8.59 | 0.9 | 0.95 | 1.13 | 1.21 | 2.42 | 7.94 |
| 竹溪县 | 5.35 | 0.61 | 0.36 | 0.79 | 0.39 | 0.93 | 5.79 |
| 房县 | 10.23 | 2.02 | 1.12 | 1.28 | 1.42 | 2.52 | 10.71 |
| **荆州市** | **83.18** | **7.2** | **6.68** | **8.23** | **6.37** | **16.83** | **82.09** |
| 荆州市辖区 | 6.46 | 0.52 | 0.61 | 1.11 | 0.51 | 2.37 | 5.82 |
| 江陵县 | 3.6 | 0.47 | 0.48 | 1.02 | 0.28 | 0.65 | 4.64 |
| 松滋市 | 14.76 | 0.99 | 1.61 | 1.48 | 1.23 | 2.56 | 15.05 |
| 公安县 | 14.77 | 0.81 | 0.66 | 0.45 | 0.9 | 2.27 | 13.52 |
| 石首市 | 8.04 | 1.59 | 0.97 | 0.98 | 1.2 | 1.92 | 8.46 |
| 监利县 | 23.99 | 2.54 | 1.99 | 2.03 | 1.8 | 5.68 | 23.07 |
| 洪湖市 | 11.56 | 0.28 | 0.36 | 1.16 | 0.45 | 1.38 | 11.53 |
| **宜昌市** | **45.35** | **5.29** | **5.21** | **8.9** | **5.69** | **13.66** | **45.4** |
| 宜昌市辖区 | 2.48 | 0.21 | 0.21 | 0.96 | 0.4 | 0.69 | 2.77 |
| 夷陵区 | 6.16 | 0.62 | 0.73 | 1.18 | 0.72 | 1.74 | 6.23 |
| 宜都市 | 6.1 | 0.66 | 0.77 | 1.67 | 0.68 | 1.79 | 6.73 |
| 枝江市 | 5.17 | 0.38 | 0.4 | 0.71 | 0.25 | 1.76 | 4.65 |
| 当阳市 | 4.75 | 0.43 | 0.46 | 1.16 | 0.81 | 1.52 | 4.47 |
| 远安县 | 3.35 | 0.38 | 0.35 | 0.59 | 0.39 | 0.81 | 3.47 |
| 兴山县 | 1.81 | 0.17 | 0.11 | 0.17 | 0.27 | 0.47 | 1.52 |
| 秭归县 | 6.27 | 0.78 | 0.56 | 0.91 | 0.66 | 1.49 | 6.37 |
| 长阳县 | 7.2 | 1.32 | 1.18 | 1.21 | 1.21 | 2.72 | 6.98 |
| 五峰县 | 2.06 | 0.34 | 0.44 | 0.34 | 0.3 | 0.67 | 2.21 |
| **襄阳市** | **60.38** | **6.35** | **5.98** | **24.48** | **8.3** | **17.82** | **71.07** |
| 襄阳市辖区 | 8.95 | 0.34 | 0.43 | 1.92 | 1.55 | 2.84 | 7.25 |
| 老河口市 | 6.07 | 0.31 | 0.95 | 0.64 | 0.58 | 1.38 | 6.01 |
| 襄州区 | 5.14 | 1.21 | 1.22 | 16.12 | 1.28 | 1.8 | 20.61 |
| 枣阳市 | 12.52 | 1.99 | 1.15 | 1.03 | 1.34 | 3.65 | 11.7 |
| 宜城市 | 6.01 | 0.72 | 0.6 | 1.82 | 1.12 | 2.61 | 5.42 |
| 南漳县 | 8.7 | 0.67 | 0.68 | 1.58 | 1.02 | 2.37 | 8.24 |
| 谷城县 | 9.04 | 0.54 | 0.54 | 0.79 | 0.92 | 2.07 | 7.92 |
| 保康县 | 3.95 | 0.57 | 0.41 | 0.58 | 0.49 | 1.1 | 3.92 |
| **鄂州市** | **7.89** | **2.16** | **2.55** | **2.58** | **1.55** | **3.51** | **10.12** |

续表 单位:万人

| 指标名称 | 自发 | 政府有关部门组织 | 中介组织介绍 | 企业招收 | 1个月－3个月 | 3个月－6个月 | 6个月以上 |
|---|---|---|---|---|---|---|---|
| **荆门市** | **33.52** | **4.19** | **3.82** | **4.43** | **3.83** | **7.68** | **34.45** |
| 荆门市辖区 | 3.42 | 0.72 | 0.45 | 0.9 | 0.66 | 1.22 | 3.61 |
| 沙洋县 | 7.62 | 1.28 | 0.71 | 1.24 | 0.83 | 1.5 | 8.52 |
| 钟祥市 | 12.05 | 1.68 | 1.96 | 1.6 | 1.65 | 3.66 | 11.98 |
| 京山县 | 10.43 | 0.51 | 0.7 | 0.69 | 0.69 | 1.3 | 10.34 |
| **孝感市** | **82.11** | **15.89** | **9.53** | **16.32** | **12.38** | **29.34** | **82.13** |
| 孝感市辖区 | 11.16 | 3.21 | 1.34 | 2.16 | 2.18 | 3.49 | 12.2 |
| 孝昌县 | 11.1 | 3.03 | 1.85 | 2.53 | 1.96 | 5.87 | 10.68 |
| 大悟县 | 11.29 | 1.84 | 1.1 | 2.76 | 1.44 | 3.45 | 12.1 |
| 安陆市 | 9.98 | 1.84 | 1.22 | 1.9 | 1.54 | 3.63 | 9.77 |
| 云梦县 | 14.15 | 1.47 | 1.09 | 1.33 | 1.36 | 5.68 | 11 |
| 应城市 | 13.05 | 0.83 | 1.08 | 1.95 | 1.34 | 3.07 | 12.5 |
| 汉川市 | 11.38 | 3.67 | 1.85 | 3.69 | 2.56 | 4.15 | 13.88 |
| **随州市** | **34.53** | **3.23** | **4.13** | **6.87** | **4.18** | **9.46** | **35.12** |
| 曾都区 | 6.97 | 0.42 | 0.59 | 0.9 | 0.58 | 1.14 | 7.16 |
| 随县 | 12.02 | 1.22 | 2.03 | 1.85 | 1.14 | 3.59 | 12.39 |
| 广水县 | 15.54 | 1.59 | 1.51 | 4.12 | 2.46 | 4.73 | 15.57 |
| **黄冈市** | **104.01** | **12.66** | **12.21** | **18.48** | **16.82** | **31.81** | **98.73** |
| 黄冈市辖区 | 3.05 | 0.27 | 0.36 | 0.79 | 0.25 | 0.84 | 3.38 |
| 团风县 | 6.26 | 0.86 | 0.87 | 1.15 | 1.11 | 2.07 | 5.96 |
| 红安县 | 7.06 | 2.12 | 2.31 | 1.53 | 2.1 | 2.98 | 7.94 |
| 麻城市 | 17.03 | 1.22 | 2.21 | 3.46 | 3.41 | 5.01 | 15.5 |
| 罗田县 | 10.24 | 1.31 | 1.52 | 1.61 | 2.17 | 3.82 | 8.69 |
| 英山县 | 5.8 | 1.6 | 1.01 | 1.51 | 1 | 2.51 | 6.41 |
| 浠水县 | 15.13 | 1.63 | 1.37 | 3.63 | 2.22 | 4.83 | 14.71 |
| 蕲春县 | 15.8 | 1.97 | 1.26 | 2.71 | 2.08 | 3.9 | 15.76 |
| 武穴市 | 10.73 | 1.22 | 0.69 | 0.99 | 1.2 | 2.49 | 9.94 |
| 黄梅县 | 12.61 | 0.46 | 0.61 | 1.1 | 1.28 | 3.35 | 10.15 |
| **咸宁市** | **36.73** | **3.35** | **3.4** | **6.4** | **4.76** | **9.35** | **35.77** |
| 咸安区 | 5.36 | 0.52 | 0.57 | 0.44 | 0.58 | 1.01 | 5.3 |
| 嘉鱼县 | 4.19 | 0.31 | 0.53 | 0.9 | 0.56 | 1.04 | 4.33 |
| 赤壁市 | 5.94 | 0.28 | 0.5 | 1.65 | 1.1 | 1.57 | 5.7 |
| 通城县 | 7.57 | 0.54 | 0.6 | 0.95 | 0.83 | 2.04 | 6.79 |
| 崇阳县 | 6.49 | 1.06 | 0.77 | 1.72 | 1.02 | 2.11 | 6.91 |
| 通山县 | 7.18 | 0.64 | 0.43 | 0.74 | 0.67 | 1.58 | 6.74 |
| **恩施自治州** | **66.22** | **6.96** | **3.27** | **4.05** | **4.82** | **12** | **63.68** |
| 恩施市 | 9.2 | 0.61 | 0.61 | 0.66 | 0.77 | 1.96 | 8.35 |
| 利川市 | 17.92 | 0.6 | 0.47 | 0.7 | 0.98 | 2.63 | 16.08 |
| 建始县 | 8.53 | 0.56 | 0.54 | 0.9 | 0.71 | 1.64 | 8.18 |
| 巴东县 | 6.9 | 0.29 | 0.4 | 0.37 | 0.64 | 1.53 | 5.79 |
| 宣恩县 | 7.54 | 0.27 | 0.11 | 0.14 | 0.48 | 0.93 | 6.65 |
| 咸丰县 | 5.8 | 2.61 | 0.5 | 0.65 | 0.55 | 1.21 | 7.8 |
| 来凤县 | 6.74 | 1.66 | 0.47 | 0.39 | 0.47 | 1.55 | 7.24 |
| 鹤峰县 | 3.59 | 0.36 | 0.17 | 0.24 | 0.22 | 0.55 | 3.59 |
| **仙桃市** | **23.83** | **1.08** | **0.57** | **4.07** | **1.67** | **4.27** | **23.61** |
| **天门市** | **28.45** | **1.15** | **0.94** | **2.3** | **1.94** | **4.85** | **26.05** |
| **潜江市** | **12.54** | **2.63** | **1.85** | **2.76** | **0.9** | **2.31** | **16.57** |
| **神农架林区** | **0.8** | | **0.05** | **0.06** | **0.07** | **0.21** | **0.63** |

# 农村劳动力转移地点

| 指标名称 | 县内乡外 | 省内县外 | 省外 | 港、澳、台 | 境外 |
|---|---|---|---|---|---|
| **湖北省** | **163.48** | **278.11** | **600.54** | **2.39** | **0.85** |
| **武汉市** | **14** | **38.27** | **16.46** | **0.11** | **0.06** |
| 武汉市辖区 | 4.3 | 2.26 | 0.87 | | |
| 蔡甸区 | 1.76 | 2.62 | 1.24 | 0.07 | |
| 江夏区 | 2.67 | 3.78 | 3.21 | 0.02 | 0.02 |
| 黄陂区 | 1.7 | 22.42 | 3.41 | 0.02 | 0.02 |
| 新洲区 | 3.58 | 7.19 | 7.75 | | |
| **黄石市** | **7.22** | **8.68** | **28.84** | **0.03** | **0.03** |
| 黄石市辖区 | 1.33 | 1.07 | 0.84 | | |
| 大冶市 | 3.24 | 3.69 | 6.35 | 0.03 | 0.03 |
| 阳新县 | 2.65 | 3.92 | 21.65 | | |
| **十堰市** | **10.13** | **18.69** | **40.78** | **0.14** | **0.13** |
| 十堰市辖区 | 1.2 | 0.5 | 0.37 | | |
| 丹江口市 | 1.58 | 1.55 | 3.29 | | |
| 郧县 | 2.19 | 5.47 | 4.7 | 0.13 | 0.06 |
| 郧西县 | 1.48 | 3.73 | 10.29 | | |
| 竹山县 | 1.38 | 2.62 | 7.54 | | 0.03 |
| 竹溪县 | 0.61 | 1.15 | 5.33 | 0.01 | 0.01 |
| 房县 | 1.69 | 3.67 | 9.26 | | 0.03 |
| **荆州市** | **10.82** | **21.59** | **72.42** | **0.45** | **0.01** |
| 荆州市辖区 | 1.61 | 2.25 | 4.84 | | |
| 江陵县 | 0.8 | 1.22 | 3.53 | 0.01 | 0.01 |
| 松滋市 | 2.35 | 2.95 | 13.47 | 0.07 | |
| 公安县 | 1.61 | 2.99 | 12.08 | 0.01 | |
| 石首市 | 1.34 | 2.1 | 7.79 | 0.35 | |
| 监利县 | 1.96 | 6.98 | 21.6 | 0.01 | |
| 洪湖市 | 1.15 | 3.1 | 9.11 | | |
| **宜昌市** | **20.16** | **18.88** | **25.69** | **0.02** | |
| 宜昌市辖区 | 2.03 | 1.17 | 0.66 | | |
| 夷陵区 | 3.01 | 2.94 | 2.74 | | |
| 宜都市 | 2.72 | 2.32 | 4.16 | | |
| 枝江市 | 2.56 | 1.59 | 2.5 | 0.01 | |
| 当阳市 | 2.03 | 1.62 | 3.15 | | |
| 远安县 | 1.2 | 1.1 | 2.37 | | |
| 兴山县 | 0.42 | 0.74 | 1.1 | | |
| 秭归县 | 2.35 | 2.63 | 3.54 | | |
| 长阳县 | 3.31 | 3.7 | 3.89 | 0.01 | |
| 五峰县 | 0.53 | 1.07 | 1.58 | | |
| **襄阳市** | **13.79** | **24.66** | **58.69** | **0.02** | **0.03** |
| 襄阳市辖区 | 3.09 | 2.97 | 5.57 | | 0.01 |
| 老河口市 | 0.59 | 0.93 | 6.45 | | |
| 襄州区 | 3.22 | 10.09 | 10.38 | | |
| 枣阳市 | 1.89 | 3.78 | 11.02 | | |
| 宜城市 | 1.78 | 1.42 | 5.95 | | |
| 南漳县 | 1.3 | 2.1 | 8.23 | | |
| 谷城县 | 1.3 | 2.25 | 7.33 | 0.02 | 0.01 |
| 保康县 | 0.62 | 1.12 | 3.76 | | 0.01 |
| **鄂州市** | **3.65** | **5.36** | **5.48** | **0.68** | **0.01** |

续表

| 指标名称 | 县内乡外 | 省内县外 | 省外 | 港、澳、台 | 境外 |
|---|---|---|---|---|---|
| **荆门市** | **6.89** | **12.39** | **26.51** | **0.12** | **0.05** |
| 荆门市辖区 | 1.23 | 1.22 | 3.04 | | |
| 沙洋县 | 1.16 | 3.77 | 5.92 | | |
| 钟祥市 | 3.11 | 4.66 | 9.37 | 0.11 | 0.04 |
| 京山县 | 1.39 | 2.74 | 8.18 | 0.01 | 0.01 |
| **孝感市** | **19.3** | **37.15** | **66.94** | **0.23** | **0.23** |
| 孝感市辖区 | 3.04 | 5.08 | 9.68 | 0.04 | 0.03 |
| 孝昌县 | 2.1 | 4.82 | 11.42 | 0.12 | 0.05 |
| 大悟县 | 3.19 | 5.99 | 7.74 | 0.02 | 0.05 |
| 安陆市 | 2.31 | 4.42 | 8.18 | 0.01 | 0.02 |
| 云梦县 | 1.84 | 4.5 | 11.67 | 0.01 | 0.02 |
| 应城市 | 2.86 | 4.59 | 9.39 | 0.01 | 0.06 |
| 汉川市 | 3.96 | 7.75 | 8.86 | 0.02 | |
| **随州市** | **7.99** | **10.94** | **29.76** | **0.05** | **0.02** |
| 曾都区 | 1.6 | 1.98 | 5.3 | | |
| 随县 | 2.21 | 3.73 | 11.17 | | 0.01 |
| 广水县 | 4.18 | 5.23 | 13.29 | 0.05 | 0.01 |
| **黄冈市** | **20.91** | **35.07** | **90.78** | **0.38** | **0.22** |
| 黄冈市辖区 | 1.22 | 1.12 | 2.12 | 0.01 | |
| 团风县 | 1.66 | 3.29 | 4.16 | | 0.03 |
| 红安县 | 2.77 | 3.99 | 6.03 | 0.14 | 0.09 |
| 麻城市 | 2.96 | 5.33 | 15.63 | | |
| 罗田县 | 2.07 | 3.01 | 9.59 | | 0.01 |
| 英山县 | 1.02 | 2.22 | 6.67 | 0.01 | |
| 浠水县 | 2.76 | 5.45 | 13.46 | 0.05 | 0.04 |
| 蕲春县 | 2.55 | 4.32 | 14.68 | 0.15 | 0.04 |
| 武穴市 | 1.53 | 2.58 | 9.51 | 0.01 | |
| 黄梅县 | 2.35 | 3.66 | 8.75 | 0.01 | 0.01 |
| **咸宁市** | **7.99** | **10.68** | **31.1** | **0.08** | **0.03** |
| 咸安区 | 1.13 | 1.06 | 4.69 | 0.01 | |
| 嘉鱼县 | 1.18 | 1.39 | 3.36 | | |
| 赤壁市 | 1.54 | 1.93 | 4.84 | 0.04 | 0.02 |
| 通城县 | 1.36 | 1.75 | 6.55 | | |
| 崇阳县 | 1.6 | 2.99 | 5.42 | 0.03 | |
| 通山县 | 1.18 | 1.56 | 6.24 | | 0.01 |
| **恩施自治州** | **8.68** | **16.64** | **55.12** | **0.05** | **0.01** |
| 恩施市 | 1.82 | 2.32 | 6.94 | | |
| 利川市 | 1.42 | 2.8 | 15.47 | | |
| 建始县 | 1.22 | 2.4 | 6.86 | 0.04 | 0.01 |
| 巴东县 | 1.11 | 2.39 | 4.46 | | |
| 宣恩县 | 0.46 | 0.75 | 6.85 | | |
| 咸丰县 | 1.02 | 4.02 | 4.52 | | |
| 来凤县 | 1.05 | 1.1 | 7.1 | 0.01 | |
| 鹤峰县 | 0.58 | 0.86 | 2.92 | | |
| **仙桃市** | **4.24** | **8.76** | **16.54** | | **0.01** |
| **天门市** | **3.04** | **6.51** | **23.28** | **0.01** | |
| **潜江市** | **4.5** | **3.67** | **11.58** | **0.02** | **0.01** |
| **神农架林区** | **0.17** | **0.17** | **0.57** | | |

# 农村劳动力外出从事行业和目的

| 指标名称 | 第一产业 | 第二产业 | 第三产业 | 务工 | 经商 | 其他 |
|---|---|---|---|---|---|---|
| **湖北省** | **60.24** | **575.21** | **409.92** | **803.76** | **154.42** | **87.19** |
| **武汉市** | **2.71** | **35.36** | **30.83** | **52.92** | **11.73** | **4.25** |
| 武汉市辖区 | 0.27 | 3.73 | 3.43 | 6.03 | 0.9 | 0.5 |
| 蔡甸区 | 0.09 | 2.79 | 2.81 | 4.07 | 0.94 | 0.68 |
| 江夏区 | 1.79 | 4.12 | 3.79 | 6.07 | 1.98 | 1.65 |
| 黄陂区 | 0.13 | 12.56 | 14.88 | 21.57 | 6 | |
| 新洲区 | 0.44 | 12.16 | 5.92 | 15.18 | 1.92 | 1.42 |
| **黄石市** | **1.85** | **31.8** | **11.15** | **37.09** | **5.17** | **2.54** |
| 黄石市辖区 | 0.48 | 1.63 | 1.13 | 2.56 | 0.39 | 0.29 |
| 大冶市 | 0.76 | 7.41 | 5.17 | 9.87 | 2.16 | 1.31 |
| 阳新县 | 0.61 | 22.76 | 4.85 | 24.66 | 2.62 | 0.94 |
| **十堰市** | **3.8** | **38.98** | **27.09** | **58.72** | **5.31** | **5.84** |
| 十堰市辖区 | 0.11 | 1.21 | 0.75 | 1.75 | 0.15 | 0.17 |
| 丹江口市 | 0.16 | 4.27 | 1.99 | 5.62 | 0.5 | 0.3 |
| 郧县 | 1.34 | 6.35 | 4.86 | 9.63 | 1.76 | 1.16 |
| 郧西县 | 1.06 | 8.6 | 5.84 | 13.12 | 1.35 | 1.03 |
| 竹山县 | 0.61 | 5.46 | 5.5 | 9.59 | 0.92 | 1.06 |
| 竹溪县 | 0.17 | 3.81 | 3.13 | 5.73 | 0.39 | 0.99 |
| 房县 | 0.35 | 9.28 | 5.02 | 13.28 | 0.24 | 1.13 |
| **荆州市** | **5.8** | **54.42** | **45.07** | **78.71** | **17.37** | **9.21** |
| 荆州市辖区 | 0.91 | 4.57 | 3.22 | 5.89 | 1.3 | 1.51 |
| 江陵县 | 0.26 | 3.57 | 1.74 | 4.63 | 0.8 | 0.14 |
| 松滋市 | 0.56 | 10.57 | 7.71 | 15.63 | 2.33 | 0.88 |
| 公安县 | 1.01 | 9.25 | 6.43 | 13.55 | 1.9 | 1.24 |
| 石首市 | 0.42 | 7.77 | 3.39 | 9.25 | 1.53 | 0.8 |
| 监利县 | 1.76 | 10.85 | 17.94 | 19.51 | 7.32 | 3.72 |
| 洪湖市 | 0.88 | 7.84 | 4.64 | 10.25 | 2.19 | 0.92 |
| **宜昌市** | **4.37** | **34.71** | **25.67** | **51.27** | **6.97** | **6.51** |
| 宜昌市辖区 | 0.18 | 2.11 | 1.57 | 3.11 | 0.41 | 0.34 |
| 夷陵区 | 0.24 | 4.31 | 4.14 | 6.37 | 0.99 | 1.33 |
| 宜都市 | | 4.89 | 4.31 | 6.96 | 1.13 | 1.11 |
| 枝江市 | 0.2 | 4.38 | 2.08 | 5.65 | 0.48 | 0.53 |
| 当阳市 | 0.31 | 3.71 | 2.78 | 5.39 | 0.92 | 0.49 |
| 远安县 | 0.44 | 2.47 | 1.76 | 3.83 | 0.48 | 0.36 |
| 兴山县 | 0.13 | 1.13 | 1 | 1.85 | 0.17 | 0.24 |
| 秭归县 | 0.09 | 5.1 | 3.33 | 7.2 | 0.8 | 0.52 |
| 长阳县 | 2.57 | 5.13 | 3.21 | 8.44 | 1.11 | 1.36 |
| 五峰县 | 0.21 | 1.48 | 1.49 | 2.47 | 0.48 | 0.23 |
| **襄阳市** | **5.46** | **53.66** | **38.07** | **79.68** | **10.3** | **7.21** |
| 襄阳市辖区 | 0.82 | 6.34 | 4.48 | 9.39 | 1.36 | 0.89 |
| 老河口市 | 0.16 | 5.5 | 2.31 | 7.14 | 0.71 | 0.12 |
| 襄州区 | 0.88 | 11.36 | 11.45 | 19.59 | 2.64 | 1.46 |
| 枣阳市 | 0.13 | 10.69 | 5.87 | 13.54 | 2.41 | 0.74 |
| 宜城市 | 0.48 | 4.58 | 4.09 | 7.13 | 0.7 | 1.32 |
| 南漳县 | 1.05 | 5.44 | 5.14 | 9.07 | 0.91 | 1.65 |
| 谷城县 | 1.58 | 6.48 | 2.85 | 9.07 | 1.13 | 0.71 |
| 保康县 | 0.36 | 3.27 | 1.88 | 4.75 | 0.44 | 0.32 |
| **鄂州市** | **0.73** | **7.91** | **6.54** | **11.05** | **3.32** | **0.81** |

续表 单位:万人

| 指标名称 | 第一产业 | 第二产业 | 第三产业 | 务工 | 经商 | 其他 |
| --- | --- | --- | --- | --- | --- | --- |
| **荆门市** | **3.44** | **25.42** | **17.1** | **33.65** | **8.65** | **3.66** |
| 荆门市辖区 | 0.21 | 3.35 | 1.93 | 4.31 | 0.6 | 0.58 |
| 沙洋县 | 0.53 | 6.24 | 4.08 | 7.88 | 1.77 | 1.2 |
| 钟祥市 | 2.14 | 8.32 | 6.83 | 11.42 | 4.54 | 1.33 |
| 京山县 | 0.56 | 7.51 | 4.26 | 10.04 | 1.74 | 0.55 |
| **孝感市** | **5.1** | **70.46** | **48.29** | **87.37** | **27.9** | **8.58** |
| 孝感市辖区 | 0.47 | 11.08 | 6.32 | 13.44 | 3.71 | 0.72 |
| 孝昌县 | 1.01 | 10.57 | 6.93 | 13.09 | 4.56 | 0.86 |
| 大悟县 | 1.05 | 9.33 | 6.61 | 10.9 | 4.22 | 1.87 |
| 安陆市 | 0.73 | 8.93 | 5.28 | 10.79 | 3.27 | 0.88 |
| 云梦县 | 0.54 | 11.27 | 6.23 | 14.3 | 3.36 | 0.38 |
| 应城市 | 0.82 | 9.67 | 6.42 | 12.71 | 2.65 | 1.55 |
| 汉川市 | 0.48 | 9.61 | 10.5 | 12.14 | 6.13 | 2.32 |
| **随州市** | **3.41** | **24.75** | **20.6** | **33.67** | **8.35** | **6.74** |
| 曾都区 | 0.91 | 4.06 | 3.91 | 6.45 | 1.12 | 1.31 |
| 随县 | 1.03 | 8.29 | 7.8 | 11.32 | 2.81 | 2.99 |
| 广水县 | 1.47 | 12.4 | 8.89 | 15.9 | 4.42 | 2.44 |
| **黄冈市** | **10.35** | **84.53** | **52.48** | **112.59** | **18.55** | **16.22** |
| 黄冈市辖区 | 0.99 | 2.5 | 0.98 | 3.51 | 0.47 | 0.49 |
| 团风县 | 0.61 | 5.4 | 3.13 | 7.26 | 1.11 | 0.77 |
| 红安县 | 1.44 | 7.36 | 4.22 | 8.68 | 3.15 | 1.19 |
| 麻城市 | 1.24 | 15.32 | 7.36 | 20.58 | 1.58 | 1.76 |
| 罗田县 | 1.05 | 8.72 | 4.91 | 11.81 | 1.68 | 1.19 |
| 英山县 | 0.74 | 5.7 | 3.48 | 7.03 | 1.81 | 1.08 |
| 浠水县 | 1.97 | 13.65 | 6.14 | 13.31 | 2.93 | 5.52 |
| 蕲春县 | 0.71 | 9.58 | 11.45 | 17.9 | 2.3 | 1.54 |
| 武穴市 | 0.34 | 8.18 | 5.11 | 11.19 | 1.53 | 0.91 |
| 黄梅县 | 1.22 | 7.96 | 5.6 | 11.05 | 1.96 | 1.77 |
| **咸宁市** | **5.03** | **26.47** | **18.38** | **37.5** | **6.53** | **5.85** |
| 咸安区 | 0.33 | 3.81 | 2.75 | 5.03 | 1.03 | 0.83 |
| 嘉鱼县 | 0.48 | 3.32 | 2.13 | 4.9 | 0.58 | 0.45 |
| 赤壁市 | 1.53 | 3.84 | 3 | 5.64 | 1.68 | 1.05 |
| 通城县 | 0.37 | 5.63 | 3.66 | 6.93 | 1.35 | 1.38 |
| 崇阳县 | 0.97 | 4.42 | 4.65 | 7.58 | 0.93 | 1.53 |
| 通山县 | 1.35 | 5.45 | 2.19 | 7.42 | 0.96 | 0.61 |
| **恩施自治州** | **4.08** | **46.29** | **30.13** | **71.38** | **5.28** | **3.84** |
| 恩施市 | 0.55 | 6.62 | 3.91 | 9.53 | 1 | 0.55 |
| 利川市 | 1.13 | 11.93 | 6.63 | 17.69 | 1.17 | 0.83 |
| 建始县 | 0.46 | 5.95 | 4.12 | 9.14 | 0.69 | 0.7 |
| 巴东县 | 0.15 | 3.56 | 4.25 | 6.85 | 0.66 | 0.45 |
| 宣恩县 | 0.22 | 5.33 | 2.51 | 7.29 | 0.45 | 0.32 |
| 咸丰县 | 0.51 | 6.12 | 2.93 | 8.82 | 0.51 | 0.23 |
| 来凤县 | 0.97 | 4.41 | 3.88 | 8.34 | 0.53 | 0.39 |
| 鹤峰县 | 0.09 | 2.37 | 1.9 | 3.72 | 0.27 | 0.37 |
| **仙桃市** | **0.97** | **12.14** | **16.44** | **21.18** | **7.27** | **1.1** |
| **天门市** | **2.53** | **14.35** | **15.96** | **19.31** | **9.59** | **3.94** |
| **潜江市** | **0.6** | **13.4** | **5.78** | **16.83** | **2.09** | **0.86** |
| **神农架林区** | **0.01** | **0.56** | **0.34** | **0.84** | **0.04** | **0.03** |

# 农村劳动力职业技能培训情况及劳务经济收入情况

| 指标名称 | 参加过职业技能培训 | 其中:参加过政府举办的技能培训 | 持有职业技术资格证书 | 劳务经济总收入（年） | 其中:月收入500元以下 | 501元-1000元 | 1001元-2000元 | 2001元—3000元 | 3000元以上 |
|---|---|---|---|---|---|---|---|---|---|
| **湖北省** | **284.53** | **117.8** | **132.64** | **16556349** | **24.36** | **150.48** | **421.53** | **286.51** | **162.49** |
| **武汉市** | **25.97** | **10.9** | **8.97** | **1602954** | **2.9** | **7.8** | **26.6** | **23.5** | **8.1** |
| 武汉市辖区 | 2.04 | 1.03 | 1.81 | 167501 | 0.08 | 1.06 | 3.49 | 1.9 | 0.9 |
| 蔡甸区 | 1.38 | 0.87 | 1.07 | 104999 | 1.71 | 0.69 | 1.07 | 1.55 | 0.67 |
| 江夏区 | 2.12 | 1.22 | 2.33 | 212784 | 0.51 | 1.5 | 3.62 | 3.18 | 0.89 |
| 黄陂区 | 16.44 | 5.24 | 1.03 | 774028 | 0.24 | 1.04 | 6.9 | 14.6 | 4.79 |
| 新洲区 | 4 | 2.54 | 2.74 | 343643 | 0.36 | 3.52 | 11.52 | 2.28 | 0.84 |
| **黄石市** | **6.52** | **2.35** | **2.88** | **652647** | **0.26** | **1.52** | **6.96** | **10.77** | **25.29** |
| 黄石市辖区 | 0.5 | 0.11 | 0.26 | 49787 | 0.03 | 0.38 | 0.98 | 1.06 | 0.79 |
| 大冶市 | 2.38 | 0.78 | 1.6 | 246335 | 0.11 | 0.78 | 2.94 | 4.04 | 5.47 |
| 阳新县 | 3.64 | 1.46 | 1.02 | 356525 | 0.12 | 0.36 | 3.04 | 5.67 | 19.03 |
| **十堰市** | **22.79** | **13.19** | **9.64** | **614241** | **0.47** | **6.25** | **27.11** | **21.45** | **14.59** |
| 十堰市辖区 | 0.93 | 0.52 | 0.53 | 20940 | 0.09 | 0.53 | 0.7 | 0.41 | 0.34 |
| 丹江口市 | 2.33 | 1.18 | 1.24 | 62257 | 0.05 | 0.64 | 2.26 | 1.7 | 1.77 |
| 郧县 | 3.2 | 1.72 | 1.69 | 118047 | 0.22 | 2.13 | 5.72 | 3.33 | 1.15 |
| 郧西县 | 7.1 | 4.73 | 3.14 | 113980 | 0.04 | 0.29 | 8.18 | 4.93 | 2.06 |
| 竹山县 | 2.31 | 1.2 | 1.1 | 118637 | 0.06 | 0.7 | 2.87 | 4.14 | 3.8 |
| 竹溪县 | 1.52 | 0.66 | 0.44 | 46672 | 0.01 | 0.06 | 2.13 | 3.24 | 1.67 |
| 房县 | 5.4 | 3.18 | 1.5 | 133708 |  | 1.9 | 5.25 | 3.7 | 3.8 |
| **荆州市** | **19.17** | **8.87** | **10.89** | **1855239** | **2.67** | **15.82** | **45.42** | **29.09** | **12.29** |
| 荆州市辖区 | 1.51 | 0.54 | 0.79 | 171435 | 0.22 | 0.82 | 3.61 | 2.96 | 1.09 |
| 江陵县 | 0.53 | 0.2 | 0.41 | 101120 | 0.32 | 0.75 | 2.01 | 2.03 | 0.46 |
| 松滋市 | 6.51 | 2.8 | 2.82 | 435134 | 0.09 | 1.29 | 9.04 | 6.61 | 1.81 |
| 公安县 | 3.47 | 1.14 | 1.6 | 236736 | 0.12 | 2.03 | 8.7 | 4.02 | 1.82 |
| 石首市 | 1.89 | 1.16 | 1.54 | 168737 | 0.34 | 1.86 | 4.72 | 3.38 | 1.28 |
| 监利县 | 3.95 | 2.51 | 2.72 | 491869 | 1.41 | 7.06 | 12.45 | 5.76 | 3.87 |
| 洪湖市 | 1.31 | 0.52 | 1.01 | 250208 | 0.17 | 2.01 | 4.89 | 4.33 | 1.96 |
| **宜昌市** | **19.86** | **8.9** | **9.42** | **791698** | **1.35** | **10.9** | **26.92** | **13.59** | **11.99** |
| 宜昌市辖区 | 1.39 | 0.65 | 0.6 | 48198 | 0.01 | 0.75 | 1.78 | 0.75 | 0.57 |
| 夷陵区 | 2.82 | 1.23 | 2.2 | 94082 | 0.1 | 0.46 | 1.03 | 1.24 | 5.86 |
| 宜都市 | 3 | 1.36 | 1.4 | 139474 | 0.11 | 1.73 | 4.11 | 2.28 | 0.97 |
| 枝江市 | 2.31 | 0.76 | 0.85 | 95560 | 0.04 | 1.16 | 4.16 | 1.07 | 0.23 |
| 当阳市 | 2.2 | 1.25 | 0.89 | 136542 | 0.12 | 1.3 | 3.09 | 1.79 | 0.5 |
| 远安县 | 1.85 | 0.48 | 0.54 | 62375 | 0.1 | 0.88 | 2.1 | 1.14 | 0.45 |
| 兴山县 | 0.63 | 0.25 | 0.31 | 17978 | 0.09 | 0.53 | 0.9 | 0.52 | 0.22 |
| 秭归县 | 1.53 | 1.04 | 0.63 | 95635 | 0.23 | 1.39 | 4.55 | 1.86 | 0.49 |
| 长阳县 | 2.91 | 1.33 | 1.43 | 89272 | 0.42 | 1.96 | 3.95 | 2.21 | 2.37 |
| 五峰县 | 1.22 | 0.55 | 0.57 | 12582 | 0.13 | 0.74 | 1.25 | 0.73 | 0.33 |
| **襄阳市** | **27.7** | **8.97** | **12.22** | **1550081** | **1.13** | **10.52** | **45.53** | **28.78** | **11.23** |
| 襄阳市辖区 | 5.36 | 0.85 | 1.28 | 186840 | 0.33 | 1.26 | 4.99 | 3.67 | 1.39 |
| 老河口市 | 2.44 | 0.58 | 1.12 | 159237 | 0.02 | 0.49 | 4.32 | 2.31 | 0.83 |
| 襄州区 | 6.33 | 1.45 | 2.65 | 436935 |  | 2.44 | 10.02 | 9.35 | 1.88 |
| 枣阳市 | 5.1 | 2.74 | 3.15 | 291347 | 0.23 | 1.8 | 10.13 | 3.38 | 1.15 |
| 宜城市 | 2.81 | 1.16 | 1.48 | 86355 | 0.12 | 0.96 | 5.23 | 1.91 | 0.93 |
| 南漳县 | 2.72 | 0.9 | 1.14 | 66381 | 0.12 | 1.65 | 4.24 | 3.18 | 2.44 |
| 谷城县 | 1.91 | 0.75 | 0.94 | 277462 | 0.12 | 1.13 | 4.47 | 3.45 | 1.74 |
| 保康县 | 1.03 | 0.54 | 0.46 | 45524 | 0.19 | 0.79 | 2.13 | 1.53 | 0.87 |
| **鄂州市** | **5.36** | **3.68** | **1.68** | **283655** | **0.21** | **3.59** | **4.67** | **4.56** | **2.15** |

续表

| 指标名称 | 参加过职业技能培训 | 其中:参加过政府举办的技能培训 | 持有职业技术资格证书 | 劳务经济总收入(年) | 其中:月收入500元以下 | 501元-1000元 | 1001元-2000元 | 2001元—3000元 | 3000元以上 |
|---|---|---|---|---|---|---|---|---|---|
| **荆门市** | **13.22** | **5.42** | **4.8** | **791784** | **0.76** | **7.18** | **19.38** | **13.86** | **4.78** |
| 荆门市辖区 | 2.7 | 0.87 | 1.1 | 102667 | 0.03 | 0.89 | 3.05 | 1.19 | 0.33 |
| 沙洋县 | 1.88 | 1.02 | 0.81 | 182487 | 0.16 | 1.77 | 4.47 | 3.17 | 1.28 |
| 钟祥市 | 4.32 | 2.48 | 1.68 | 274320 | 0.55 | 3.34 | 6.67 | 4.69 | 2.04 |
| 京山县 | 4.32 | 1.05 | 1.21 | 232310 | 0.02 | 1.18 | 5.19 | 4.81 | 1.13 |
| **孝感市** | **41.6** | **15.02** | **16.51** | **2479132** | **2.11** | **13.52** | **45.44** | **36.23** | **26.55** |
| 孝感市辖区 | 6.27 | 1.95 | 2.68 | 362967 | 0.48 | 1.27 | 3.41 | 4.31 | 8.4 |
| 孝昌县 | 7.23 | 3.35 | 2.16 | 433059 | 0.01 | 1.25 | 7.99 | 5.55 | 3.71 |
| 大悟县 | 5.32 | 2.24 | 2.43 | 309246 | 0.4 | 1.94 | 4.22 | 5.2 | 5.23 |
| 安陆市 | 4.59 | 1.73 | 1.83 | 252480 | 0.34 | 2.31 | 6.87 | 3.49 | 1.93 |
| 云梦县 | 8.56 | 1.48 | 2.95 | 265594 | 0.03 | 1.02 | 7.41 | 6.58 | 3 |
| 应城市 | 3.59 | 1.61 | 1.61 | 351017 | 0.38 | 2.62 | 7.68 | 4.23 | 2 |
| 汉川市 | 6.04 | 2.66 | 2.85 | 504769 | 0.47 | 3.11 | 7.86 | 6.87 | 2.28 |
| **随州市** | **14.01** | **4.36** | **6.55** | **422801** | **2.06** | **10.6** | **21.48** | **10.85** | **3.77** |
| 曾都区 | 2.55 | 0.7 | 1.48 | 90322 | 0.36 | 1.77 | 4.23 | 1.68 | 0.84 |
| 随县 | 4.58 | 1.13 | 3.04 | 259100 | 0.24 | 3.3 | 7.75 | 3.6 | 2.23 |
| 广水县 | 6.88 | 2.53 | 2.03 | 73379 | 1.46 | 5.53 | 9.5 | 5.57 | 0.7 |
| **黄冈市** | **37.94** | **18.85** | **26.11** | **2333567** | **5.69** | **27.36** | **62.76** | **35.08** | **16.47** |
| 黄冈市辖区 | 1.27 | 0.32 | 0.91 | 13410 | 0.06 | 0.67 | 1.95 | 1.33 | 0.46 |
| 团风县 | 2.19 | 1.06 | 0.9 | 157884 | 0.09 | 1.16 | 3.94 | 2.51 | 1.44 |
| 红安县 | 5.1 | 4.26 | 4.35 | 174577 | 0.51 | 1.48 | 4.68 | 3.73 | 2.62 |
| 麻城市 | 7.14 | 1.88 | 8.1 | 105673 | 2.14 | 7.32 | 11.3 | 2.69 | 0.47 |
| 罗田县 | 3.29 | 1.41 | 2.42 | 282920 | 0.38 | 2.59 | 6.27 | 3.72 | 1.72 |
| 英山县 | 4.18 | 1.94 | 1.87 | 178822 | 0.03 | 1.42 | 4.03 | 3.11 | 1.33 |
| 浠水县 | 4.41 | 2.11 | 2.41 | 339788 | 1.08 | 6.12 | 8.51 | 3.5 | 2.55 |
| 蕲春县 | 3.86 | 1.89 | 1.89 | 394718 | 0.87 | 4.4 | 8.71 | 5.43 | 2.33 |
| 武穴市 | 3.34 | 1.21 | 2.16 | 398000 | 0.12 | 0.31 | 5.84 | 5.37 | 1.99 |
| 黄梅县 | 3.02 | 2.63 | 1.09 | 280000 | 0.41 | 1.88 | 7.39 | 3.55 | 1.55 |
| **咸宁市** | **10.67** | **4.78** | **4.43** | **804648** | **1.39** | **10.26** | **21.34** | **12.19** | **4.7** |
| 咸安区 | 1.11 | 0.54 | 0.4 | 128944 | 0.08 | 1.13 | 3.25 | 1.76 | 0.67 |
| 嘉鱼县 | 1.46 | 0.61 | 0.68 | 104589 | 0.15 | 1.13 | 2.52 | 1.68 | 0.45 |
| 赤壁市 | 2.37 | 0.94 | 1.09 | 168883 | 0.22 | 2.22 | 2.29 | 2.71 | 0.93 |
| 通城县 | 2.63 | 1.43 | 1.26 | 179193 | 0.3 | 1.6 | 3.67 | 2.75 | 1.34 |
| 崇阳县 | 1.13 | 0.32 | 0.41 | 110708 | 0.15 | 2.2 | 5.17 | 1.86 | 0.66 |
| 通山县 | 1.97 | 0.94 | 0.59 | 112331 | 0.49 | 1.98 | 4.44 | 1.43 | 0.65 |
| **恩施自治州** | **22.94** | **7.28** | **7.68** | **842913** | **2.74** | **16.05** | **33.33** | **18.51** | **9.87** |
| 恩施市 | 3.13 | 1.1 | 1.06 | 106165 | 0.15 | 3.18 | 4.54 | 2.3 | 0.91 |
| 利川市 | 3.97 | 1.32 | 2.24 | 168421 | 0.35 | 3.48 | 7.78 | 5.31 | 2.77 |
| 建始县 | 2.33 | 0.75 | 0.73 | 129735 | 0.58 | 1.6 | 4.28 | 2.91 | 1.16 |
| 巴东县 | 0.85 | 0.36 | 0.41 | 162060 | 1.21 | 2.61 | 2.83 | 0.96 | 0.35 |
| 宣恩县 | 0.68 | 0.23 | 0.32 | 29084 | 0.04 | 1.13 | 3.37 | 2.23 | 1.29 |
| 咸丰县 | 8.24 | 2.51 | 2.06 | 127380 | 0.2 | 1.15 | 5.2 | 1.72 | 1.29 |
| 来凤县 | 2.87 | 0.46 | 0.34 | 89747 | 0.16 | 0.99 | 3.6 | 2.54 | 1.97 |
| 鹤峰县 | 0.87 | 0.55 | 0.52 | 30321 | 0.05 | 1.91 | 1.73 | 0.54 | 0.13 |
| **仙桃市** | **8.15** | **2.11** | **3.87** | **605917** | **0.28** | **2.62** | **12.99** | **9.53** | **4.13** |
| **天门市** | **4.09** | **1.18** | **2.64** | **518961** | **0.33** | **3.82** | **12.03** | **12.19** | **4.47** |
| **潜江市** | **4.25** | **1.73** | **4.22** | **399190** | | **2.51** | **9.23** | **6.08** | **1.96** |
| **神农架林区** | **0.29** | **0.21** | **0.13** | **6921** | **0.01** | **0.16** | **0.34** | **0.25** | **0.15** |

## 农村劳动力外出人员社会保障情况

单位:万人

| 指标名称 | 雇主拖欠工资人数 | 从事高危、有害工作人数 | 致伤致残人数 | 享受劳保补贴人数 | 与雇主签定劳动合同 | 参与养老保险人数 | 参与医疗保险人数 | 参与失业保险人数 | 参与生育保险人数 | 参与工伤保险人数 |
|---|---|---|---|---|---|---|---|---|---|---|
| **湖北省** | **14.84** | **42.69** | **2.87** | **86.62** | **345.84** | **260.07** | **433.09** | **50.85** | **24.22** | **144.27** |
| **武汉市** | **1.14** | **1.21** | **0.06** | **4.11** | **19.4** | **11.12** | **31.47** | **7.03** | **3.93** | **11.48** |
| 武汉市辖区 | 0.02 | 0.15 | | 0.65 | 3.69 | 2.65 | 3.38 | 1.8 | 1.74 | 2.6 |
| 蔡甸区 | 0.04 | 0.06 | 0.01 | 0.12 | 2.38 | 2.35 | 2.63 | 1.5 | 1.21 | 1.31 |
| 江夏区 | 0.19 | 0.04 | 0.01 | 0.93 | 1.51 | 1.36 | 1.98 | 0.2 | 0.56 | 0.42 |
| 黄陂区 | 0.41 | 0.5 | 0.01 | 0.62 | 3.52 | 2.7 | 19.25 | 2.99 | 0.05 | 0.45 |
| 新洲区 | 0.48 | 0.47 | 0.03 | 1.79 | 8.31 | 2.06 | 4.22 | 0.55 | 0.38 | 6.7 |
| **黄石市** | **0.2** | **0.91** | **0.02** | **1.5** | **4.93** | **1.92** | **3.56** | **0.26** | **0.18** | **0.88** |
| 黄石市辖区 | 0.03 | 0.13 | | 0.17 | 0.98 | 0.54 | 0.57 | 0.2 | 0.15 | 0.27 |
| 大冶市 | 0.11 | 0.45 | 0.01 | 0.68 | 3.23 | 0.87 | 2.65 | 0.03 | 0.03 | 0.58 |
| 阳新县 | 0.06 | 0.33 | 0.01 | 0.65 | 0.72 | 0.51 | 0.34 | 0.03 | | 0.03 |
| **十堰市** | **0.83** | **4.94** | **0.34** | **5.52** | **19.99** | **15.23** | **35.06** | **1.7** | **0.85** | **8.18** |
| 十堰市辖区 | 0.02 | 0.04 | 0.01 | 0.22 | 0.88 | 0.64 | 0.93 | 0.18 | 0.08 | 0.45 |
| 丹江口市 | 0.09 | 0.34 | 0.03 | 0.79 | 2.61 | 1.97 | 3.01 | 0.14 | 0.11 | 1.33 |
| 郧县 | 0.25 | 0.63 | 0.1 | 1.88 | 4.28 | 3.46 | 7.85 | 0.43 | 0.21 | 1.42 |
| 郧西县 | 0.14 | 1.48 | 0.06 | 0.62 | 4.52 | 0.71 | 9.7 | 0.15 | 0.11 | 0.71 |
| 竹山县 | 0.13 | 1.08 | 0.04 | 0.5 | 1.65 | 4.8 | 6.27 | 0.53 | 0.12 | 1.68 |
| 竹溪县 | 0.14 | 0.35 | 0.03 | 0.61 | 1.77 | 2.29 | 3.7 | 0.07 | 0.07 | 0.51 |
| 房县 | 0.06 | 1.02 | 0.07 | 0.9 | 4.28 | 1.36 | 3.6 | 0.2 | 0.15 | 2.08 |
| **荆州市** | **1.43** | **1.38** | **0.17** | **6.87** | **32.64** | **21.52** | **36.15** | **1.85** | **1.27** | **11.11** |
| 荆州市辖区 | | 0.04 | | 0.27 | 3.3 | 2.58 | 2.88 | 0.25 | 0.15 | 1.38 |
| 江陵县 | 0.17 | 0.11 | | 0.43 | 2.64 | 0.78 | 3.15 | 0.27 | 0.07 | 0.93 |
| 松滋市 | 0.17 | 0.3 | 0.03 | 2.97 | 10.12 | 4.59 | 2.2 | 0.03 | 0.1 | 3.81 |
| 公安县 | 0.08 | 0.41 | 0.01 | 0.59 | 7.1 | 1.4 | 6.18 | 0.09 | 0.01 | 1.14 |
| 石首市 | 0.22 | 0.15 | 0.03 | 0.37 | 2.53 | 3.12 | 3.34 | 0.81 | 0.55 | 1.55 |
| 监利县 | 0.39 | 0.13 | 0.06 | 1.94 | 4.1 | 6.69 | 14.78 | 0.39 | 0.33 | 2 |
| 洪湖市 | 0.4 | 0.24 | 0.04 | 0.3 | 2.85 | 2.36 | 3.62 | 0.01 | 0.06 | 0.3 |
| **宜昌市** | **0.52** | **2.63** | **0.15** | **6.68** | **26.33** | **21.87** | **24.2** | **4.26** | **3.43** | **13.05** |
| 宜昌市辖区 | | 0.06 | | 0.6 | 1.9 | 1.73 | 1.96 | 1.19 | 1.03 | 1.27 |
| 夷陵区 | 0.05 | 0.34 | 0.06 | 1.2 | 3.88 | 3.55 | 2.96 | 0.52 | 0.4 | 1.53 |
| 宜都市 | 0.02 | 0.39 | 0.01 | 1.1 | 3.36 | 3.7 | 4.2 | 0.54 | 0.3 | 2.29 |
| 枝江市 | 0.03 | 0.2 | 0.01 | 0.52 | 2.59 | 0.87 | 1.48 | 0.12 | 0.1 | 1.26 |
| 当阳市 | 0.02 | 0.21 | 0.01 | 0.81 | 3.02 | 1.34 | 1.75 | 0.49 | 0.47 | 1 |
| 远安县 | 0.01 | 0.22 | | 0.37 | 1.99 | 1.39 | 1.72 | 0.12 | 0.12 | 0.7 |
| 兴山县 | 0.02 | 0.09 | 0.01 | 0.23 | 0.86 | 0.93 | 1.33 | 0.02 | 0.03 | 0.34 |
| 秭归县 | 0.04 | 0.32 | 0.01 | 0.49 | 2.71 | 2.72 | 2.98 | 0.71 | 0.6 | 1.35 |
| 长阳县 | 0.3 | 0.37 | 0.03 | 0.69 | 4.41 | 3.99 | 4.15 | 0.37 | 0.27 | 2.32 |
| 五峰县 | 0.03 | 0.43 | 0.01 | 0.67 | 1.61 | 1.65 | 1.67 | 0.18 | 0.11 | 0.99 |
| **襄阳市** | **0.71** | **2.8** | **0.12** | **11.82** | **33.81** | **23.58** | **31.86** | **6.88** | **3.08** | **16.18** |
| 襄阳市辖区 | 0.19 | 0.47 | 0.04 | 3.51 | 4.47 | 3.22 | 3.06 | 0.51 | 0.57 | 2.21 |
| 老河口市 | 0.02 | 0.27 | | 1.33 | 2.82 | 2 | 2.59 | 0.07 | 0.03 | 1.74 |
| 襄州区 | 0.01 | 0.34 | | 1.33 | 7.65 | 4.33 | 4.17 | 3.46 | 1.17 | 2.68 |
| 枣阳市 | 0.21 | 0.24 | 0.01 | 2.07 | 8.37 | 4.44 | 10.71 | 2.32 | 0.76 | 6.48 |
| 宜城市 | 0.11 | 0.16 | 0.01 | 0.74 | 2.99 | 2.24 | 3.04 | 0.17 | 0.17 | 0.93 |
| 南漳县 | 0.09 | 0.48 | 0.02 | 1.1 | 3.25 | 2.79 | 3.49 | 0.17 | 0.18 | 0.08 |
| 谷城县 | 0.05 | 0.58 | 0.03 | 1.5 | 2.5 | 1.96 | 2.4 | 0.1 | 0.12 | 1.15 |
| 保康县 | 0.03 | 0.26 | 0.01 | 0.24 | 1.76 | 2.6 | 2.4 | 0.08 | 0.08 | 0.91 |
| **鄂州市** | **0.2** | **0.72** | **0.01** | **0.95** | **3.54** | **15.18** | **15.1** | **0.65** | **0.33** | **2.56** |

续表　　单位：万人

| 指标名称 | 雇主拖欠工资人数 | 从事高危、有害工作人数 | 致伤致残人数 | 享受劳保补贴人数 | 与雇主签定劳动合同 | 参与养老保险人数 | 参与医疗保险人数 | 参与失业保险人数 | 参与生育保险人数 | 参与工伤保险人数 |
|---|---|---|---|---|---|---|---|---|---|---|
| **荆门市** | **0.36** | **0.98** | **0.03** | **3.83** | **17.82** | **11.23** | **22.3** | **2.35** | **0.91** | **8.45** |
| 荆门市辖区 | 0.16 | 0.3 |  | 1.33 | 3.01 | 2.09 | 3.49 | 1.07 | 0.43 | 2.92 |
| 沙洋县 |  | 0.12 |  | 0.41 | 2.96 | 1.39 | 4.4 | 0.41 | 0.16 | 0.99 |
| 钟祥市 | 0.13 | 0.4 | 0.02 | 1.42 | 5.77 | 4.63 | 7.45 | 0.22 | 0.18 | 2.91 |
| 京山县 | 0.07 | 0.16 | 0.01 | 0.67 | 6.08 | 3.12 | 6.96 | 0.65 | 0.14 | 1.63 |
| **孝感市** | **3.24** | **10.67** | **0.23** | **15.49** | **50.95** | **27.23** | **64.85** | **9.11** | **1.34** | **15.78** |
| 孝感市辖区 | 0.46 | 1.4 | 0.02 | 1.51 | 4.84 | 3.16 | 8.42 | 0.92 | 0.18 | 1.44 |
| 孝昌县 | 0.24 | 2.54 | 0.01 | 3.37 | 8.64 | 2.19 | 12.45 | 1.07 | 0.16 | 3.09 |
| 大悟县 | 0.56 | 0.97 | 0.07 | 2.88 | 8.77 | 7.62 | 10.49 | 3.14 | 0.19 | 3.62 |
| 安陆市 | 0.42 | 1.22 | 0.06 | 1.22 | 6.04 | 2.58 | 8.75 | 0.88 | 0.14 | 1.6 |
| 云梦县 | 0.43 | 3.73 | 0.03 | 0.84 | 5.5 | 2.39 | 1.86 | 0.21 | 0.03 | 0.93 |
| 应城市 | 0.34 | 0.32 | 0.01 | 3.64 | 8.78 | 4.88 | 12.25 | 1.31 | 0.37 | 2.17 |
| 汉川市 | 0.79 | 0.49 | 0.03 | 2.03 | 8.38 | 4.41 | 10.63 | 1.58 | 0.27 | 2.93 |
| **随州市** | **1.23** | **1.3** | **0.12** | **3.18** | **16.77** | **12.64** | **19.83** | **1.04** | **0.67** | **7.82** |
| 曾都区 | 0.08 | 0.22 | 0.01 | 0.85 | 2.35 | 4.45 | 3.9 | 0.18 | 0.31 | 1.18 |
| 随县 | 0.29 | 0.57 | 0.05 | 1.28 | 6.15 | 1.88 | 4.95 | 0.2 | 0.26 | 1.89 |
| 广水县 | 0.86 | 0.51 | 0.06 | 1.05 | 8.27 | 6.31 | 10.98 | 0.66 | 0.1 | 4.75 |
| **黄冈市** | **2.49** | **8.74** | **1.3** | **14.43** | **46.75** | **46.83** | **58.94** | **10.24** | **4.95** | **20.71** |
| 黄冈市辖区 | 0.02 | 0.1 | 0.03 | 0.44 | 1.52 | 0.89 | 0.75 | 0.1 | 0.12 | 0.39 |
| 团风县 | 0.06 | 0.22 | 0.02 | 1.07 | 2.84 | 3.6 | 4.37 | 0.15 | 0.1 | 0.81 |
| 红安县 | 0.25 | 1.85 | 0.08 | 0.59 | 6.97 | 9.97 | 11 | 0.8 | 0.8 | 3.16 |
| 麻城市 | 0.32 | 1.26 | 0.13 | 2.38 | 5.67 | 2.26 | 4.63 | 0.52 | 0.38 | 2.62 |
| 罗田县 | 0.32 | 0.71 | 0.11 | 0.96 | 3.96 | 2.12 | 4.21 | 0.59 | 0.21 | 2.53 |
| 英山县 | 0.13 | 0.95 | 0.04 | 3.73 | 5.17 | 4.48 | 3.94 | 2.51 | 1.01 | 3.3 |
| 浠水县 | 0.46 | 1.1 | 0.05 | 2.47 | 5.94 | 9.55 | 9.28 | 3.27 | 1.29 | 2.6 |
| 蕲春县 | 0.38 | 0.85 | 0.75 | 1.3 | 6.46 | 5.83 | 6.32 | 1.55 | 0.82 | 3.46 |
| 武穴市 | 0.12 | 0.57 | 0.05 | 0.55 | 3.67 | 1.37 | 7.53 | 0.08 | 0.1 | 1.37 |
| 黄梅县 | 0.43 | 1.13 | 0.04 | 0.83 | 4.32 | 6.52 | 6.66 | 0.67 | 0.12 | 0.36 |
| **咸宁市** | **1.09** | **2** | **0.16** | **4.3** | **21.18** | **16.42** | **28.06** | **2.7** | **1.67** | **9.4** |
| 咸安区 | 0.06 | 0.07 | 0.01 | 0.31 | 2.8 | 1.33 | 2.06 | 0.15 | 0.24 | 0.93 |
| 嘉鱼县 | 0.1 | 0.17 |  | 1.25 | 3.05 | 0.91 | 3.57 | 0.64 | 0.29 | 1.61 |
| 赤壁市 | 0.34 | 0.64 | 0.05 | 0.48 | 5.11 | 3.36 | 4.85 | 0.99 | 0.47 | 2.29 |
| 通城县 | 0.29 | 0.5 | 0.01 | 1.13 | 3.85 | 2.18 | 4.95 | 0.55 | 0.03 | 2.25 |
| 崇阳县 | 0.05 | 0.14 | 0.04 | 0.54 | 2.33 | 7.3 | 8.47 | 0.12 | 0.62 | 0.93 |
| 通山县 | 0.25 | 0.48 | 0.05 | 0.59 | 4.04 | 1.34 | 4.16 | 0.25 | 0.02 | 1.39 |
| **恩施自治州** | **0.49** | **3.31** | **0.09** | **4.27** | **26.71** | **19.28** | **33.23** | **1.87** | **0.94** | **7.46** |
| 恩施市 | 0.04 | 1.03 |  | 1.11 | 6.24 | 3.03 | 2.69 | 0.19 | 0.18 | 3.42 |
| 利川市 | 0.11 | 0.27 |  | 0.66 | 5.97 | 7.97 | 10.69 | 0.65 |  |  |
| 建始县 | 0.15 | 0.61 | 0.03 | 1.49 | 3.05 | 2.75 | 3.77 | 0.5 | 0.49 | 1.53 |
| 巴东县 |  | 0.37 |  | 0.06 | 1.21 | 0.18 | 0.7 | 0.04 | 0.01 | 0.24 |
| 宣恩县 | 0.01 | 0.13 | 0.04 | 0.18 | 0.83 | 0.8 | 1.06 | 0.17 | 0.03 | 0.31 |
| 咸丰县 | 0.1 | 0.2 | 0.01 | 0.35 | 3.4 | 1.2 | 8.81 | 0.25 | 0.1 | 0.2 |
| 来凤县 | 0.08 | 0.56 | 0.01 | 0.29 | 4.79 | 2.92 | 5.01 | 0.07 | 0.12 | 1.33 |
| 鹤峰县 |  | 0.14 |  | 0.13 | 1.22 | 0.43 | 0.5 |  | 0.01 | 0.43 |
| **仙桃市** | **0.28** | **0.28** | **0.04** | **1.05** | **10.29** | **7.02** | **12.79** | **0.38** | **0.16** | **6.62** |
| **天门市** | **0.47** | **0.59** | **0.03** | **1.11** | **5.15** | **3.45** | **6.37** | **0.2** | **0.38** | **1.45** |
| **潜江市** | **0.16** | **0.17** |  | **1.49** | **9.25** | **5.19** | **8.78** | **0.31** | **0.08** | **3.03** |
| **神农架林区** |  | **0.06** |  | **0.02** | **0.33** | **0.36** | **0.54** | **0.02** | **0.05** | **0.11** |

# 2 农业产值

# 农林牧渔业总产值

单位:万元

| 指 标 名 称 | 按现行价格计算 | 按可比价格计算 |
|---|---|---|
| 农林牧渔业总产值 | 42529000 | 36574013 |
| 一、农业产值 | 22993000 | 20408127 |
| (一)谷物及其他作物 | 11361465 | 10286856 |
| 1.谷 物 | 5571799 | |
| 其中:小 麦 | 979211 | |
| 稻 谷 | 4028565 | |
| 玉 米 | 547817 | |
| 2.薯 类 | 629902 | |
| 3.油 料 | 1712069 | |
| 其中:花 生 | 290911 | |
| 油菜籽 | 1177566 | |
| 4.豆 类 | 342586 | |
| 其中:大 豆 | 252002 | |
| 5.棉 花 | 1702314 | |
| 6.生 麻 | 21208 | |
| 7.糖 料 | 25682 | |
| 8.烟 草 | 275137 | |
| 9.其他农作物 | 1080768 | |
| 其中:饲料作物 | 10061 | |
| (二)蔬菜、食用菌及花卉盆景园艺产品 | 8896423 | 8044289 |
| 1.蔬菜(含菜用瓜) | 8191586 | |
| 2.食用菌 | 501377 | |
| 3.花卉 | 28093 | |
| 4.盆景园艺 | 175367 | |
| (三)水果、坚果、茶、饮料和香料 | 2397203 | 1818417 |
| 1.水果 | 1528026 | |
| 其中:苹 果 | 1473 | |
| 梨 | 102786 | |
| 柑 桔 | 571490 | |
| 2.坚果 | 149217 | |
| 其中:核桃 | 13309 | |
| 板栗 | 134543 | |
| 松子 | 1365 | |
| 3.茶及饮料原料 | 705717 | |
| 其中:茶叶 | 705717 | |
| 4.香料原料 | 14243 | |
| 其中:花椒 | 10010 | |
| 八角 | 4232 | |

续表 单位:万元

| 指 标 名 称 | 按现行价格计算 | 按可比价格计算 |
|---|---|---|
| (四)中草药材 | 337909 | 258565 |
| 二、林业产值 | 861000 | 718417 |
| (一) 林木的培育和种植 | 313999 | 265810 |
| 1.育种育苗 | 56137 | |
| 2.造 林 | 104509 | |
| 3.抚育和管理 | 153353 | |
| (二) 竹木采运 | 324643 | 270207 |
| 其中:村及村以下 | 238178 | |
| (三)林产品 | 222358 | 182400 |
| 三、牧业产值 | 12058000 | 9361439 |
| (一)牲畜饲养 | 859454 | 648801 |
| 1. 牛的饲养 | 549584 | |
| 2. 羊的饲养 | 206167 | |
| 3. 其他牲畜饲养 | 21700 | |
| 4. 奶产品 | 66272 | |
| 其中:牛 奶 | 66272 | |
| 5. 毛绒产品 | 68 | |
| 其中:羊 毛 | 68 | |
| 羊 绒 | | |
| 6. 其他牲畜副产品 | 15663 | |
| (二)猪的饲养 | 7897514 | 6305530 |
| (三)家禽饲养 | 3242651 | 2371105 |
| 1.肉禽 | 1681864 | |
| 2.禽蛋 | 1560787 | |
| (四)狩猎和捕捉动物 | 8813 | 6415 |
| (五)其他畜牧业 | 49568 | 29588 |
| 其中:蚕 茧 | 42121 | |
| 兔 | 10289 | |
| 四、渔业产值 | 5088000 | 4682104 |
| (一)海水产品 | | |
| 其中:养殖 | | |
| 1.鱼 类 | | |
| 2.虾蟹类 | | |
| 3.贝 类 | | |
| 4.藻 类 | | |
| 5.其 他 | | |
| (二)淡水产品 | 5088000 | 4682104 |
| 其中:养殖 | | |
| 1.鱼 类 | 3775409 | |
| 2.虾蟹类 | 1021743 | |
| 3.贝 类 | 16658 | |
| 4.其 他 | 274190 | |
| 五、农林牧渔服务业 | 1529000 | |

# 农林牧渔业总产值

（按现价计算）

单位:万元

| 指标名称 | 农林牧渔业总产值 | 农业总产值合计 | 林业产值合计 | 牧业产值合计 | 渔业产值合计 | 农林牧渔服务业产值 |
|---|---|---|---|---|---|---|
| **湖北省** | **42529000** | **22993000** | **861000** | **12058000** | **5088000** | **1529000** |
| **武汉市** | **3294880** | **1746823** | **34861** | **900221** | **594045** | **18930** |
| 武汉市辖区 | 529984 | 276817 | 962 | 86451 | 163390 | 2364 |
| 蔡甸区 | 360579 | 217642 | 8946 | 62055 | 70049 | 1887 |
| 江夏区 | 786015 | 402593 | 10447 | 245518 | 125888 | 1569 |
| 黄陂区 | 956109 | 498682 | 7171 | 321457 | 118799 | 10000 |
| 新洲区 | 662193 | 288089 | 7335 | 256740 | 106919 | 3110 |
| **黄石市** | **1021459** | **411881** | **10312** | **326263** | **262949** | **10054** |
| 黄石市辖区 | 58934 | 27961 | 1461 | 23243 | 6029 | 240 |
| 大冶市 | 466501 | 176916 | 1474 | 193971 | 88472 | 5668 |
| 阳新县 | 496024 | 207004 | 7377 | 109049 | 168448 | 4146 |
| **十堰市** | **1679666** | **1000504** | **69167** | **511839** | **87044** | **11112** |
| 十堰市辖区 | 47715 | 27706 | 1839 | 16573 | 1182 | 415 |
| 丹江口市 | 298833 | 127197 | 7586 | 109683 | 53057 | 1310 |
| 郧县 | 271390 | 141091 | 15157 | 110797 | 3035 | 1310 |
| 郧西县 | 262718 | 177978 | 11939 | 70831 | 490 | 1480 |
| 竹山县 | 250554 | 185916 | 6958 | 52719 | 2582 | 2379 |
| 竹溪县 | 260656 | 188602 | 5546 | 64794 | 266 | 1448 |
| 房县 | 287800 | 152014 | 20142 | 86442 | 26432 | 2770 |
| **荆州市** | **4841993** | **2201682** | **50316** | **1215075** | **1320273** | **54647** |
| 荆州市辖区 | 721333 | 335039 | 3102 | 175216 | 197175 | 10801 |
| 江陵县 | 287275 | 158182 | 4191 | 92150 | 28386 | 4366 |
| 松滋市 | 527055 | 221890 | 7085 | 264461 | 28487 | 5132 |
| 公安县 | 789247 | 403589 | 5051 | 198404 | 174015 | 8188 |
| 石首市 | 452702 | 185186 | 13823 | 134294 | 114063 | 5336 |
| 监利县 | 1255382 | 595419 | 8244 | 257196 | 383361 | 11162 |
| 洪湖市 | 808999 | 302377 | 8820 | 93354 | 394786 | 9662 |
| **宜昌市** | **4004905** | **2121550** | **45544** | **1464213** | **292223** | **81375** |
| 宜昌市辖区 | 142355 | 87899 | 358 | 48640 | 2101 | 3357 |
| 夷陵区 | 615783 | 363242 | 4735 | 227074 | 11148 | 9584 |
| 宜都市 | 448398 | 200374 | 3492 | 195730 | 40076 | 8726 |
| 枝江市 | 773469 | 391492 | 4004 | 249247 | 113726 | 15000 |
| 当阳市 | 823900 | 435635 | 9112 | 280994 | 82245 | 15914 |
| 远安县 | 195537 | 119132 | 5840 | 64321 | 2584 | 3660 |
| 兴山县 | 159539 | 82580 | 3591 | 69970 | 270 | 3128 |
| 秭归县 | 236185 | 139936 | 3062 | 83009 | 650 | 9528 |
| 长阳县 | 388178 | 168000 | 6250 | 167319 | 39331 | 7278 |
| 五峰县 | 221561 | 133260 | 5100 | 77909 | 92 | 5200 |
| **襄阳市** | **5032255** | **2479375** | **62370** | **2081530** | **300647** | **108333** |
| 襄阳市辖区 | 426823 | 233123 | 7723 | 147849 | 23804 | 14324 |
| 老河口市 | 506767 | 262832 | 2355 | 192741 | 43974 | 4865 |
| 襄州区 | 1153321 | 546016 | 7081 | 450260 | 123520 | 26444 |
| 枣阳市 | 1187303 | 611691 | 3617 | 481778 | 58096 | 32121 |
| 宜城市 | 603508 | 313840 | 5052 | 242768 | 29381 | 12467 |
| 南漳县 | 510398 | 248273 | 15010 | 229344 | 9528 | 8243 |
| 谷城县 | 395750 | 135062 | 10970 | 231101 | 11418 | 7199 |
| 保康县 | 248385 | 128538 | 10562 | 105689 | 926 | 2670 |
| **鄂州市** | **1087542** | **340467** | **14643** | **286751** | **442613** | **3068** |

注:全省数为省级核算数,故分市州汇总不等于全省。

续表 单位:万元

| 指标名称 | 农林牧渔业总产值 | 农业总产值合计 | 林业产值合计 | 牧业产值合计 | 渔业产值合计 | 农林牧渔服务业产值 |
|---|---|---|---|---|---|---|
| **荆门市** | **2919506** | **1414588** | **45262** | **920783** | **471669** | **67204** |
| 荆门市辖区 | 404934 | 208103 | 8233 | 132577 | 48212 | 7809 |
| 沙洋县 | 819756 | 394030 | 10555 | 231804 | 167078 | 16289 |
| 钟祥市 | 928536 | 460335 | 17414 | 261074 | 167191 | 22522 |
| 京山县 | 766281 | 352120 | 9060 | 295328 | 89188 | 20585 |
| **孝感市** | **3559039** | **1552551** | **91023** | **1309628** | **548423** | **57414** |
| 孝感市辖区 | 431871 | 193097 | 2312 | 117367 | 110841 | 8254 |
| 孝昌县 | 411169 | 202671 | 9746 | 162001 | 33247 | 3504 |
| 大悟县 | 418752 | 213696 | 47801 | 126723 | 29153 | 1379 |
| 安陆市 | 470752 | 150713 | 13163 | 249045 | 48499 | 9332 |
| 云梦县 | 463259 | 215730 | 3544 | 187673 | 49492 | 6820 |
| 应城市 | 626621 | 249863 | 6879 | 234063 | 128538 | 7278 |
| 汉川市 | 736615 | 326781 | 7578 | 232756 | 148653 | 20847 |
| 随州市 | 1766124 | 973346 | 36962 | 645419 | 78254 | 32144 |
| 曾都区 | 324460 | 140162 | 3924 | 160011 | 11741 | 8622 |
| 随县 | 825002 | 471753 | 12363 | 285476 | 35788 | 19622 |
| 广水县 | 616662 | 361431 | 20675 | 199932 | 30725 | 3900 |
| **黄冈市** | **4638245** | **2329029** | **69671** | **1614397** | **524299** | **100849** |
| 黄冈市辖区 | 172846 | 94758 | 1539 | 31953 | 41603 | 2993 |
| 团风县 | 185509 | 85694 | 4713 | 67047 | 23271 | 4784 |
| 红安县 | 293578 | 177920 | 8066 | 80361 | 6856 | 20375 |
| 麻城市 | 714555 | 389054 | 8286 | 256750 | 46075 | 14390 |
| 罗田县 | 320708 | 212592 | 8804 | 83490 | 7872 | 7950 |
| 英山县 | 390557 | 275127 | 9713 | 89493 | 6642 | 9582 |
| 浠水县 | 754139 | 309853 | 7463 | 314762 | 115111 | 6950 |
| 蕲春县 | 554798 | 255104 | 10292 | 198590 | 82702 | 8110 |
| 武穴市 | 616136 | 236081 | 5133 | 290316 | 73286 | 11320 |
| 黄梅县 | 568624 | 279427 | 5335 | 169381 | 101437 | 13044 |
| 龙感湖农场 | 66795 | 13419 | 327 | 32254 | 19444 | 1351 |
| **咸宁市** | **1961821** | **1044914** | **84191** | **516699** | **299085** | **16932** |
| 咸安区 | 322129 | 151415 | 14962 | 118555 | 34622 | 2575 |
| 嘉鱼县 | 484973 | 312816 | 5663 | 42223 | 120473 | 3798 |
| 赤壁市 | 428499 | 238100 | 16859 | 71345 | 98187 | 4008 |
| 通城县 | 271284 | 107447 | 11355 | 139734 | 9980 | 2768 |
| 崇阳县 | 299719 | 152594 | 23323 | 99156 | 22064 | 2582 |
| 通山县 | 155218 | 82542 | 12029 | 45687 | 13758 | 1202 |
| **恩施自治州** | **1931876** | **1099155** | **76747** | **730139** | **10819** | **15016** |
| 恩施市 | 352888 | 214165 | 8686 | 126932 | 641 | 2464 |
| 利川市 | 416633 | 268476 | 13750 | 130219 | 3011 | 1177 |
| 建始县 | 246275 | 127196 | 13080 | 101811 | 246 | 3942 |
| 巴东县 | 235533 | 127749 | 9029 | 96840 | 794 | 1121 |
| 宣恩县 | 182649 | 99488 | 3821 | 75098 | 3141 | 1101 |
| 咸丰县 | 203747 | 95253 | 6050 | 98112 | 1006 | 3326 |
| 来凤县 | 156456 | 81480 | 7273 | 64989 | 1854 | 860 |
| 鹤峰县 | 137695 | 85348 | 15058 | 36138 | 126 | 1025 |
| **仙桃市** | **1133415** | **427410** | **9356** | **295149** | **380785** | **20715** |
| **天门市** | **931398** | **456252** | **3377** | **241225** | **210461** | **20083** |
| **潜江市** | **936326** | **483726** | **5505** | **244489** | **185115** | **17491** |
| **神农架林区** | **28512** | **17034** | **1244** | **9785** | **132** | **317** |

## 农林牧渔业增加值

单位:万元

| 指标名称 | 农林牧渔业增加值(现价) | 农业增加值 | 林业增加值 | 牧业增加值 | 渔业增加值 | 农林牧渔服务业增加值 |
|---|---|---|---|---|---|---|
| **湖北省** | **26073721** | **14958901** | **443870** | **7040590** | **3135600** | **494760** |
| **武汉市** | **1987013** | **1055470** | **12200** | **538427** | **370054** | **10862** |
| 武汉市辖区 | 292437 | 153483 | 466 | 48207 | 89026 | 1255 |
| 蔡甸区 | 220118 | 142289 | 2129 | 34290 | 40222 | 1188 |
| 江夏区 | 477646 | 266680 | 803 | 132357 | 77180 | 626 |
| 黄陂区 | 601596 | 295767 | 4589 | 229994 | 64746 | 6500 |
| 新洲区 | 395216 | 197251 | 4213 | 93579 | 98880 | 1293 |
| **黄石市** | **688126** | **288930** | **6762** | **203855** | **183720** | **4859** |
| 黄石市辖区 | 40738 | 20322 | 1102 | 14927 | 4234 | 153 |
| 大冶市 | 315965 | 125312 | 828 | 123384 | 63646 | 2795 |
| 阳新县 | 331423 | 143296 | 4832 | 65544 | 115840 | 1911 |
| **十堰市** | **969083** | **577480** | **39773** | **292801** | **52994** | **6035** |
| 十堰市辖区 | 31489 | 20658 | 777 | 9647 | 219 | 188 |
| 丹江口市 | 164575 | 68657 | 4537 | 57373 | 33798 | 210 |
| 郧县 | 168443 | 77880 | 11121 | 76500 | 1912 | 1030 |
| 郧西县 | 140631 | 90039 | 5163 | 44146 | 285 | 998 |
| 竹山县 | 158391 | 122806 | 3164 | 29099 | 2173 | 1149 |
| 竹溪县 | 138833 | 105362 | 3202 | 29189 | 140 | 940 |
| 房县 | 166721 | 92078 | 11809 | 46847 | 14467 | 1520 |
| **荆州市** | **2651548** | **1253320** | **36682** | **609980** | **723149** | **28417** |
| 荆州市辖区 | 394558 | 194733 | 1460 | 82285 | 110463 | 5617 |
| 江陵县 | 164745 | 90454 | 3245 | 52386 | 16390 | 2270 |
| 松滋市 | 293011 | 121675 | 4763 | 148666 | 15238 | 2669 |
| 公安县 | 450843 | 233393 | 3638 | 99134 | 110420 | 4258 |
| 石首市 | 247701 | 109442 | 12428 | 65863 | 57193 | 2775 |
| 监利县 | 678565 | 346686 | 4964 | 115540 | 205571 | 5804 |
| 洪湖市 | 422125 | 156937 | 6184 | 46106 | 207874 | 5024 |
| **宜昌市** | **2408084** | **1343313** | **28184** | **816779** | **173236** | **46572** |
| 宜昌市辖区 | 86273 | 58687 | 214 | 24744 | 1116 | 1512 |
| 夷陵区 | 369640 | 231621 | 3032 | 120829 | 6602 | 7556 |
| 宜都市 | 275168 | 123561 | 2095 | 119395 | 24446 | 5671 |
| 枝江市 | 463578 | 243774 | 2254 | 139189 | 70036 | 8325 |
| 当阳市 | 480100 | 265462 | 8182 | 153449 | 44787 | 8220 |
| 远安县 | 124830 | 81923 | 2609 | 37068 | 1144 | 2086 |
| 兴山县 | 93011 | 50983 | 1472 | 38933 | 203 | 1420 |
| 秭归县 | 150484 | 92073 | 1536 | 51042 | 351 | 5482 |
| 长阳县 | 234963 | 108141 | 2873 | 96185 | 24486 | 3278 |
| 五峰县 | 130037 | 87088 | 3917 | 35945 | 65 | 3022 |
| **襄阳市** | **2916603** | **1482082** | **39442** | **1193179** | **139341** | **62559** |
| 襄阳市辖区 | 278555 | 153290 | 6375 | 94637 | 12618 | 11635 |
| 老河口市 | 294878 | 152443 | 1343 | 111790 | 26383 | 2919 |
| 襄州区 | 633289 | 311308 | 4743 | 254511 | 49664 | 13063 |
| 枣阳市 | 674456 | 358337 | 1384 | 269477 | 26628 | 18630 |
| 宜城市 | 349068 | 179593 | 2099 | 148401 | 12616 | 6359 |
| 南漳县 | 320048 | 154810 | 9788 | 143391 | 6181 | 5878 |
| 谷城县 | 228930 | 89419 | 7539 | 124389 | 4776 | 2807 |
| 保康县 | 137379 | 82882 | 6171 | 46583 | 475 | 1268 |
| **鄂州市** | **609852** | **166127** | **3967** | **173407** | **265083** | **1268** |

注:全省数为省级核算数,故分市州汇总不等于全省。

续表 单位:万元

| 指标名称 | 农林牧渔业增加值(现价) | 农业增加值 | 林业增加值 | 牧业增加值 | 渔业增加值 | 农林牧渔服务业增加值 |
|---|---|---|---|---|---|---|
| **荆门市** | **1665345** | **860696** | **31129** | **457073** | **277683** | **38764** |
| 荆门市辖区 | 235611 | 136891 | 4994 | 62332 | 26260 | 5134 |
| 沙洋县 | 471046 | 230356 | 6168 | 128557 | 96588 | 9377 |
| 钟祥市 | 480178 | 252591 | 14320 | 93697 | 110628 | 8942 |
| 京山县 | 478510 | 240858 | 5647 | 172487 | 44207 | 15311 |
| **孝感市** | **1951066** | **911558** | **50201** | **655170** | **301989** | **32148** |
| 孝感市辖区 | 231525 | 125676 | 1252 | 41275 | 58071 | 5251 |
| 孝昌县 | 221839 | 111339 | 3424 | 88349 | 16765 | 1962 |
| 大悟县 | 230372 | 110164 | 30843 | 72210 | 16202 | 953 |
| 安陆市 | 264021 | 101934 | 5937 | 129875 | 21749 | 4526 |
| 云梦县 | 248348 | 126911 | 2174 | 88280 | 27469 | 3514 |
| 应城市 | 334606 | 123600 | 2188 | 117227 | 87846 | 3745 |
| 汉川市 | 420355 | 211934 | 4383 | 117954 | 73887 | 12197 |
| 随州市 | 1039921 | 530802 | 21961 | 401919 | 59660 | 25578 |
| 曾都区 | 173907 | 61019 | 1276 | 97406 | 6884 | 7322 |
| 随县 | 487876 | 245681 | 5462 | 194491 | 27241 | 15000 |
| 广水县 | 378138 | 224102 | 15223 | 110022 | 25535 | 3256 |
| **黄冈市** | **3053942** | **1621759** | **19820** | **1008294** | **336085** | **67984** |
| 黄冈市辖区 | 114933 | 70516 | 256 | 24880 | 17588 | 1693 |
| 团风县 | 120790 | 64014 | 2511 | 32772 | 18883 | 2610 |
| 红安县 | 223779 | 136032 | 1584 | 63626 | 2762 | 19775 |
| 麻城市 | 483757 | 281619 | 4949 | 146449 | 38676 | 12064 |
| 罗田县 | 192995 | 122362 | -149 | 60309 | 5773 | 4700 |
| 英山县 | 263810 | 210351 | 3334 | 44891 | 2173 | 3061 |
| 浠水县 | 480026 | 199999 | 1402 | 208755 | 66011 | 3859 |
| 蕲春县 | 320365 | 157734 | 2558 | 107027 | 51636 | 1410 |
| 武穴市 | 422419 | 158272 | 3186 | 206389 | 47019 | 7553 |
| 黄梅县 | 406411 | 216923 | 113 | 100764 | 77834 | 10777 |
| 龙感湖农场 | 24657 | 3937 | 76 | 12432 | 7730 | 482 |
| **咸宁市** | **1188027** | **636024** | **49438** | **321772** | **170585** | **10208** |
| 咸安区 | 212050 | 96747 | 8529 | 82999 | 22056 | 1719 |
| 嘉鱼县 | 268518 | 177484 | 3063 | 24203 | 61573 | 2195 |
| 赤壁市 | 274390 | 152036 | 10878 | 46790 | 62279 | 2407 |
| 通城县 | 160980 | 64818 | 6465 | 82599 | 5480 | 1618 |
| 崇阳县 | 179297 | 96097 | 14157 | 56361 | 11087 | 1595 |
| 通山县 | 92792 | 48842 | 6346 | 28820 | 8110 | 674 |
| **恩施自治州** | **1182526** | **668252** | **44414** | **452419** | **7712** | **9729** |
| 恩施市 | 214300 | 133526 | 3402 | 75647 | 440 | 1285 |
| 利川市 | 254477 | 158628 | 10786 | 81490 | 2786 | 787 |
| 建始县 | 152520 | 80992 | 6603 | 62052 | 181 | 2692 |
| 巴东县 | 140439 | 73897 | 4819 | 60488 | 539 | 696 |
| 宣恩县 | 115073 | 64301 | 2774 | 45270 | 1738 | 990 |
| 咸丰县 | 130843 | 54195 | 4396 | 69530 | 636 | 2086 |
| 来凤县 | 94921 | 50026 | 3528 | 39444 | 1293 | 630 |
| 鹤峰县 | 79953 | 52687 | 8106 | 18498 | 99 | 563 |
| **仙桃市** | **650378** | **258779** | **2085** | **148018** | **229281** | **12215** |
| **天门市** | **636568** | **314851** | **2091** | **146192** | **159376** | **14058** |
| **潜江市** | **552720** | **282118** | **2818** | **141640** | **108653** | **17491** |
| **神农架林区** | **14871** | **8971** | **962** | **4727** | **62** | **149** |

# 农林牧渔业中间消耗

| 指标名称 | 金额 | 指标名称 | 金额 |
|---|---|---|---|
| 农林牧渔业中间消耗总计 | 16455279 | 7.办公用品购置 | 4872 |
| 一、农业中间消耗合计 | 8034099 | 8.其 他 | 11093 |
| (一)物质消耗 | 6698197 | (二)生产服务支出 | 82899 |
| (1)用种量 | 1226661 | 三、牧业中间消耗合计 | 5017410 |
| (2)役畜用饲料、饲草 | 838052 | (一)物质消耗 | 4353650 |
| (3)肥料 | 2049331 | 1.用种量 | 424463 |
| (4)燃料 | 547916 | 2.饲料、饲草 | 2990337 |
| (5)农药 | 477277 | 3.燃 料 | 143134 |
| (6)农用塑料薄膜 | 188103 | 4.用电量 | 115377 |
| (7)用电量 | 345426 | 5.畜牧用药品 | 200743 |
| (8)小农具购置 | 899637 | 6.其 他 | 479596 |
| (9)办公用品购置 | 20653 | (二)生产服务支出 | 663760 |
| (10)其 他 | 105141 | 四、渔业中间消耗合计 | 1952400 |
| (二)生产服务支出 | 1335902 | (一)物质消耗 | 1603831 |
| 二、林业中间消耗合计 | 417130 | 1.饲 料 | 1064032 |
| (一)物质消耗 | 334231 | 2.燃 料 | 88751 |
| 1.用种量 | 111286 | 3.用电量 | 140218 |
| 2.肥 料 | 60636 | 4.办公用品购置 | 6406 |
| 3.燃 料 | 17376 | 5.其 他 | 304424 |
| 4.农 药 | 28500 | (二)生产服务支出 | 348569 |
| 5.用电量 | 14352 | 五、农林牧渔服务业中间消耗合计 | 1034240 |
| 6.小农机具购置 | 66115 | (一)物质消耗 | 985212 |
| | | (二)生产服务支出 | 49028 |

# 3 种植业

## 农作物生产情况

单位:千公倾、万吨、吨

| 指标名称 | 播种面积 | 产量 |
|---|---|---|
| 农 作 物 总 播 种 面 积 | 8009.57 | |
| 一、粮食作物 | 4122.07 | 2388.53 |
| 其中:夏收粮食 | 1304.26 | 425.83 |
| (一)谷物 | 3627.70 | 2249.15 |
| 1 、稻谷 | 2036.17 | 1616.91 |
| (1)早　稻 | 346.37 | 197.06 |
| (2)中稻和一季晚稻 | 1281.58 | 1169.75 |
| (3)双季晚稻 | 408.22 | 250.10 |
| 2 、小麦 | 1013.61 | 344.78 |
| (1)冬小麦 | 1013.61 | 344.78 |
| (2)春小麦 | | |
| 3 、玉米 | 549.66 | 276.20 |
| 4 、谷子 | | |
| 5 、高粱 | 2.70 | 1.15 |
| 6 、其它谷物 | 25.56 | 10.11 |
| 其中: 大 麦 | 24.54 | 9.63 |
| 燕 麦 | | |
| 荞 麦 | 0.15 | 0.04 |
| (二)豆类 | 190.73 | 39.54 |
| 其中:大 豆 | 152.97 | 33.22 |
| 绿 豆 | 20.10 | 4.01 |
| 红小豆 | 6.13 | 0.91 |
| (三)薯类(折粮) | 303.64 | 99.83 |
| 其中:马铃薯 | 220.30 | 88.97 |
| 二、油料作物 | 1429.57 | 3047171 |
| 其中:花生 | 192.17 | 687422 |
| 油菜籽 | 1141.38 | 2203900 |
| 芝 麻 | 89.16 | 145883 |
| 胡麻籽 | | |
| 向日葵籽 | 6.14 | 9197 |
| 三、棉花 | 488.66 | 525800 |
| 四、麻类合计 | 14.51 | 28853 |
| 其中:黄红麻 | 0.10 | 343 |
| 苎 麻 | 14.41 | 28510 |
| 大 麻(线麻) | | |
| 亚 麻 | | |
| 五、糖料 | 7.80 | 324883 |
| (一)甘蔗 | 7.80 | 324883 |
| (二)甜菜 | | |
| 六、烟叶 | 67.18 | 140962 |
| 其中:烤烟 | 47.65 | 96459 |
| 七、药材类合计 | 119.77 | |
| 八、蔬菜(含菜用瓜) | 1062.20 | 33586000 |
| 九、瓜果类 | 99.01 | 3334045 |
| 其中:西瓜 | 83.17 | 2871017 |
| 甜瓜 | 14.12 | 415108 |
| 草莓 | 1.09 | 19996 |
| 十、其他农作物 | 598.80 | |
| 其中:青饲料 | 294.30 | |

注:粮食产量单位为万吨,其它用吨。

# 农作物播种面积

单位:千公倾

| 指标名称 | 农作物总播种面积 | 粮食作物面积 | 夏收粮食面积 | 小麦面积 | 蚕豌豆面积 | 杂粮面积 | 马铃薯面积 |
|---|---|---|---|---|---|---|---|
| **湖北省** | **8009.57** | **4122.07** | **1304.26** | **1013.61** | **64.28** | **25.22** | **201.15** |
| **武汉市** | **541.89** | **221.02** | **29.64** | **22.07** | **6.05** | **0.31** | **1.21** |
| 武汉市辖区 | 90.5 | 26.87 | 5.12 | 4.03 | 0.85 | 0.24 | |
| 蔡甸区 | 64.48 | 21.68 | 3.75 | 2.46 | 1.29 | | |
| 江夏区 | 108.4 | 47.96 | 5.5 | 3.08 | 1.69 | 0.03 | 0.7 |
| 黄陂区 | 155.84 | 69.1 | 7.26 | 5.28 | 1.46 | 0.01 | 0.51 |
| 新洲区 | 122.67 | 55.41 | 8.01 | 7.22 | 0.76 | 0.03 | |
| **黄石市** | **228.46** | **133.78** | **18.97** | **13.98** | **2.63** | **0.21** | **2.15** |
| 黄石市辖区 | 4.47 | 1.64 | 0.39 | 0.26 | 0.06 | 0.01 | 0.06 |
| 大冶市 | 94.4 | 58.54 | 10.43 | 7.29 | 1.94 | 0.16 | 1.04 |
| 阳新县 | 129.59 | 73.6 | 8.15 | 6.43 | 0.63 | 0.04 | 1.05 |
| **十堰市** | **445.73** | **272.1** | **99.32** | **72.72** | **7.62** | | **18.98** |
| 十堰市辖区 | 4.84 | 1.75 | 0.66 | 0.64 | 0.02 | | |
| 丹江口市 | 41.58 | 29.98 | 14 | 13.27 | 0.29 | | 0.44 |
| 郧县 | 82.91 | 56.34 | 23.74 | 21.43 | 1.34 | | 0.97 |
| 郧西县 | 89.82 | 52.74 | 21.06 | 16.92 | 1.08 | | 3.06 |
| 竹山县 | 83.29 | 47.97 | 14.44 | 7.76 | 2.27 | | 4.41 |
| 竹溪县 | 75.23 | 41.4 | 12.4 | 3.87 | 1.75 | | 6.78 |
| 房县 | 68.06 | 41.92 | 13.02 | 8.83 | 0.87 | | 3.32 |
| **荆州市** | **1043.22** | **547.05** | **128.1** | **113.38** | **6.89** | **4.57** | **3.26** |
| 荆州市辖区 | 114.32 | 57.89 | 21.51 | 19.17 | 0.15 | 0.48 | 1.71 |
| 江陵县 | 80.05 | 44.85 | 15.31 | 14.37 | 0.18 | 0.68 | 0.08 |
| 松滋市 | 136.92 | 68.41 | 17.71 | 14.28 | 0.89 | 1.87 | 0.67 |
| 公安县 | 172.58 | 86.65 | 25.28 | 23.29 | 0.76 | 1.06 | 0.17 |
| 石首市 | 86.56 | 36.77 | 2.18 | 1.5 | 0.39 | 0.27 | 0.02 |
| 监利县 | 306.31 | 171.48 | 21.87 | 17.74 | 3.45 | 0.21 | 0.47 |
| 洪湖市 | 146.48 | 81 | 24.24 | 23.03 | 1.07 | | 0.14 |
| **宜昌市** | **589.25** | **321.15** | **93.11** | **42.74** | **5.14** | **2.05** | **43.18** |
| 宜昌市辖区 | 14.86 | 5.92 | 0.7 | 0.43 | 0.12 | | 0.15 |
| 夷陵区 | 76.54 | 41.34 | 8 | 0.43 | 1 | 0.08 | 6.49 |
| 宜都市 | 40 | 25.16 | 5.69 | 0.86 | 0.59 | | 4.24 |
| 枝江市 | 106.68 | 54.4 | 17.62 | 15.96 | 0.59 | 0.29 | 0.78 |
| 当阳市 | 124.22 | 66.8 | 19.5 | 16.41 | 0.44 | 1.16 | 1.49 |
| 远安县 | 25.92 | 15.22 | 2.94 | 0.88 | 0.17 | 0.52 | 1.37 |
| 兴山县 | 32.99 | 17.79 | 6.76 | 0.99 | 0.43 | | 5.34 |
| 秭归县 | 48.58 | 26.68 | 8.48 | 3.08 | 0.91 | | 4.49 |
| 长阳县 | 69.44 | 37.94 | 11.67 | 2.91 | 0.76 | | 8 |
| 五峰县 | 50.02 | 29.9 | 11.75 | 0.79 | 0.13 | | 10.83 |
| **襄阳市** | **918.43** | **694.63** | **351.02** | **330.58** | **2.79** | **3.65** | **14** |
| 襄阳市辖区 | 72 | 51.21 | 25.15 | 25.02 | 0.13 | | |
| 老河口市 | 90.67 | 57.88 | 30.44 | 29.44 | 0.97 | | 0.03 |
| 襄州区 | 208.89 | 167.32 | 95.64 | 87.81 | 0.47 | 1.59 | 5.77 |
| 枣阳市 | 216.08 | 189.23 | 96.12 | 90.37 | 0.57 | 1.8 | 3.38 |
| 宜城市 | 131.59 | 74.9 | 33.96 | 33.41 | 0.13 | 0.22 | 0.2 |
| 南漳县 | 86 | 73.81 | 35.46 | 34.98 | 0.14 | 0.02 | 0.32 |
| 谷城县 | 63.26 | 48.99 | 22.13 | 21.57 | 0.21 | 0.02 | 0.33 |
| 保康县 | 49.94 | 31.29 | 12.12 | 7.98 | 0.17 | | 3.97 |
| **鄂州市** | **115.95** | **56.57** | **10.04** | **6.99** | **1.47** | **0.27** | **1.31** |

注:粮食、油料、棉花面积为抽样调查数,故市州汇总不等于全省。

续表1 单位：千公倾

| 指标名称 | 农作物总播种面积 | 粮食作物面积 | 夏收粮食面积 | 小麦面积 | 蚕豌豆面积 | 杂粮面积 | 马铃薯面积 |
|---|---|---|---|---|---|---|---|
| **荆门市** | **584.2** | **348.27** | **117.1** | **110.92** | **1.7** | **1.93** | **2.55** |
| 荆门市辖区 | 79.98 | 38.62 | 8.68 | 7.68 | 0.17 | | 0.83 |
| 沙洋县 | 165.33 | 95.85 | 28.45 | 26.05 | 0.4 | 1.83 | 0.17 |
| 钟祥市 | 172.48 | 97.47 | 36.5 | 35.84 | 0.48 | 0.09 | 0.09 |
| 京山县 | 166.41 | 116.33 | 43.47 | 41.35 | 0.65 | 0.01 | 1.46 |
| **孝感市** | **597.68** | **350.44** | **118.07** | **100.78** | **4.51** | **1.87** | **10.91** |
| 孝感市辖区 | 80.1 | 45.56 | 12.2 | 8.94 | 0.56 | 0.39 | 2.31 |
| 孝昌县 | 74.74 | 47.05 | 17.02 | 14.95 | 0.83 | 0.24 | 1 |
| 大悟县 | 79.98 | 40.59 | 14.41 | 12.28 | 0.31 | 0.92 | 0.9 |
| 安陆市 | 70.06 | 51.67 | 20.98 | 18.74 | 0.54 | 0.18 | 1.52 |
| 云梦县 | 65.02 | 36.19 | 11.27 | 7.81 | 0.12 | | 3.34 |
| 应城市 | 95.74 | 55.87 | 12.88 | 11.71 | 0.92 | | 0.25 |
| 汉川市 | 132.04 | 73.51 | 29.31 | 26.35 | 1.23 | 0.14 | 1.59 |
| **随州市** | **307.95** | **226.98** | **104.03** | **91.25** | **4.24** | **1.25** | **7.29** |
| 曾都区 | 55.28 | 43.4 | 19.95 | 18.21 | 1.16 | | 0.58 |
| 随县 | 161.23 | 127.12 | 62.33 | 52.83 | 1.93 | 0.9 | 6.67 |
| 广水县 | 91.44 | 56.46 | 21.75 | 20.21 | 1.15 | 0.35 | 0.04 |
| **黄冈市** | **953.12** | **514.11** | **96.06** | **69.28** | **3.77** | **1.86** | **21.15** |
| 黄冈市辖区 | 32.31 | 14.54 | 6.36 | 6.17 | 0.09 | 0.01 | 0.09 |
| 团风县 | 46.4 | 27.13 | 3.8 | 3.23 | 0.26 | 0.01 | 0.3 |
| 红安县 | 105.02 | 59.54 | 7.18 | 5.99 | 0.21 | 0.3 | 0.68 |
| 麻城市 | 156.85 | 77.99 | 19.8 | 17.3 | 0.26 | 0.9 | 1.34 |
| 罗田县 | 70.7 | 40.08 | 12.2 | 10.67 | 0.33 | 0.1 | 1.1 |
| 英山县 | 54.91 | 34.08 | 13.42 | 6.43 | 0.53 | 0.37 | 6.09 |
| 浠水县 | 140.55 | 64.76 | 4.95 | 1.7 | 0.27 | 0.08 | 2.9 |
| 蕲春县 | 122.02 | 66.47 | 7.85 | 0.95 | 0.6 | 0.03 | 6.27 |
| 武穴市 | 97.17 | 54.75 | 4.19 | 2.78 | 0.58 | 0.01 | 0.82 |
| 黄梅县 | 118.73 | 68.26 | 12.95 | 10.7 | 0.64 | 0.05 | 1.56 |
| 龙感湖农场 | 8.46 | 6.51 | 3.36 | 3.36 | | | |
| **咸宁市** | **400.86** | **207.43** | **25.82** | **8.18** | **6.55** | | **11.09** |
| 咸安区 | 82.53 | 36.6 | 3.53 | 0.26 | 1.39 | | 1.88 |
| 嘉鱼县 | 73.32 | 30.61 | 5.24 | 3.89 | 0.99 | | 0.36 |
| 赤壁市 | 86.63 | 39.35 | 4.5 | 0.37 | 1.7 | | 2.43 |
| 通城县 | 55.64 | 36.03 | 4.46 | 2.07 | 0.41 | | 1.98 |
| 崇阳县 | 68.92 | 44.41 | 5.53 | 1.27 | 0.81 | | 3.45 |
| 通山县 | 33.82 | 20.43 | 2.56 | 0.32 | 1.25 | | 0.99 |
| **恩施自治州** | **766.5** | **433.93** | **143.25** | **10.57** | **8.19** | **0.33** | **124.16** |
| 恩施市 | 148.38 | 74.5 | 27.24 | 2.58 | 1.32 | | 23.34 |
| 利川市 | 178.24 | 101.12 | 28.73 | 0.14 | 2.07 | | 26.52 |
| 建始县 | 101.55 | 58.24 | 24.71 | 2.84 | 0.85 | 0.18 | 20.84 |
| 巴东县 | 104.37 | 62.09 | 23.42 | 4.91 | 2.69 | 0.11 | 15.71 |
| 宣恩县 | 68.72 | 36.45 | 9.8 | 0.08 | 0.21 | | 9.51 |
| 咸丰县 | 69.28 | 47.35 | 12.63 | 0.02 | 0.18 | | 12.43 |
| 来凤县 | 48.38 | 29.54 | 7.92 | | 0.79 | 0.04 | 7.09 |
| 鹤峰县 | 47.58 | 24.64 | 8.8 | | 0.08 | | 8.72 |
| **仙桃市** | **215.34** | **103.32** | **28.49** | **23.03** | **1.8** | **2.43** | **1.23** |
| **天门市** | **229.22** | **116.34** | **47.94** | **42.8** | **0.66** | **1.14** | **3.34** |
| **潜江市** | **148.5** | **65.79** | **29.99** | **27.71** | **0.27** | **0.52** | **1.49** |
| **神农架林区** | **10.67** | **6.89** | **2.38** | **0.37** | **0.02** | **0.06** | **1.93** |

续表2 单位:千公顷

| 指标名称 | 秋收粮食面积 | 稻谷面积 | 早稻面积 | 中稻(含一季晚)面积 | 双季晚稻面积 | 玉米面积 |
|---|---|---|---|---|---|---|
| **湖北省** | **2817.81** | **2036.17** | **346.37** | **1281.58** | **408.22** | **549.66** |
| **武汉市** | **191.38** | **160.92** | **54.6** | **46.06** | **60.26** | **16.04** |
| 武汉市辖区 | 21.75 | 10.61 | 2.54 | 5.5 | 2.57 | 8.86 |
| 蔡甸区 | 17.93 | 13.64 | 1.14 | 11.11 | 1.39 | 3.65 |
| 江夏区 | 42.46 | 33.11 | 12.32 | 6.88 | 13.91 | 3.36 |
| 黄陂区 | 61.84 | 57.06 | 19.53 | 16.08 | 21.45 | 0.17 |
| 新洲区 | 47.4 | 46.5 | 19.07 | 6.49 | 20.94 | |
| **黄石市** | **114.81** | **85.85** | **31.05** | **19.65** | **35.15** | **10.76** |
| 黄石市辖区 | **1.25** | **0.84** | **0.29** | **0.25** | **0.3** | **0.12** |
| 大冶市 | 48.11 | 39.16 | 14.51 | 7.1 | 17.55 | 2.65 |
| 阳新县 | 65.45 | 45.85 | 16.25 | 12.3 | 17.3 | 7.99 |
| **十堰市** | **172.78** | **36.21** | | **36.21** | | **81.35** |
| 十堰市辖区 | 1.09 | 0.25 | | 0.25 | | 0.6 |
| 丹江口市 | 15.98 | 6.06 | | 6.06 | | 6.69 |
| 郧县 | 32.6 | 6.49 | | 6.49 | | 16.43 |
| 郧西县 | 31.68 | 3.15 | | 3.15 | | 16.69 |
| 竹山县 | 33.53 | 6.4 | | 6.4 | | 15.08 |
| 竹溪县 | 29 | 5.73 | | 5.73 | | 11.45 |
| 房县 | 28.9 | 8.13 | | 8.13 | | 14.41 |
| **荆州市** | **418.95** | **393.09** | **72.08** | **240.45** | **80.56** | **10.98** |
| 荆州市辖区 | 36.38 | 31.29 | 2.04 | 26.73 | 2.52 | 1.74 |
| 江陵县 | 29.54 | 28.42 | 0.03 | 28.39 | | 0.05 |
| 松滋市 | 50.7 | 43.14 | 10.28 | 21.63 | 11.23 | 5.62 |
| 公安县 | 61.37 | 59.99 | 14.89 | 28.51 | 16.59 | 0.21 |
| 石首市 | 34.59 | 33.12 | 7.82 | 16.93 | 8.37 | 0.55 |
| 监利县 | 149.61 | 144.88 | 32.75 | 75.79 | 36.34 | 0.9 |
| 洪湖市 | 56.76 | 52.25 | 4.27 | 42.47 | 5.51 | 1.91 |
| **宜昌市** | **228.04** | **85.2** | **6.91** | **70.14** | **8.15** | **102.66** |
| 宜昌市辖区 | 5.22 | 0.65 | | 0.65 | | 2.85 |
| 夷陵区 | 33.34 | 9.28 | | 9.28 | | 16.49 |
| 宜都市 | 19.47 | 4.26 | | 4.26 | | 10.55 |
| 枝江市 | 36.78 | 28.04 | 6.91 | 12.98 | 8.15 | 6.41 |
| 当阳市 | 47.3 | 28.11 | | 28.11 | | 15.24 |
| 远安县 | 12.28 | 7.59 | | 7.59 | | 3.63 |
| 兴山县 | 11.03 | 2.12 | | 2.12 | | 7.28 |
| 秭归县 | 18.2 | 2.37 | | 2.37 | | 10.66 |
| 长阳县 | 26.27 | 2.5 | | 2.5 | | 16 |
| 五峰县 | 18.15 | 0.28 | | 0.28 | | 13.55 |
| **襄阳市** | **343.61** | **198.55** | | **198.55** | | **127.19** |
| 襄阳市辖区 | 26.06 | 18.4 | | 18.4 | | 7.16 |
| 老河口市 | 27.44 | 13.62 | | 13.62 | | 10.8 |
| 襄州区 | 71.68 | 44.8 | | 44.8 | | 21.61 |
| 枣阳市 | 93.11 | 48.14 | | 48.14 | | 41.97 |
| 宜城市 | 40.94 | 31.1 | | 31.1 | | 8.51 |
| 南漳县 | 38.35 | 22.79 | | 22.79 | | 15.15 |
| 谷城县 | 26.86 | 16.49 | | 16.49 | | 8.89 |
| 保康县 | 19.17 | 3.21 | | 3.21 | | 13.1 |
| **鄂州市** | **46.53** | **40.93** | **12.07** | **12.55** | **16.31** | **1.04** |

续表3 单位:千公顷

| 指标名称 | 秋收粮食面积 | 稻谷面积 | 早稻面积 | 中稻(含一季晚)面积 | 双季晚稻面积 | 玉米面积 |
|---|---|---|---|---|---|---|
| **荆门市** | **231.17** | **188.45** | **8.28** | **171.98** | **8.19** | **21.19** |
| 荆门市辖区 | 29.94 | 25.56 | | 25.56 | | 2.3 |
| 沙洋县 | 67.4 | 59.77 | 0.37 | 59.3 | 0.1 | 1.54 |
| 钟祥市 | 60.97 | 44.66 | | 44.66 | | 7.42 |
| 京山县 | 72.86 | 58.46 | 7.91 | 42.46 | 8.09 | 9.93 |
| **孝感市** | **232.37** | **216.72** | **22.89** | **167.63** | **26.2** | **2.22** |
| 孝感市辖区 | 33.36 | 32.12 | 4.11 | 22.66 | 5.35 | 0.16 |
| 孝昌县 | 30.03 | 28.62 | 3.15 | 22.05 | 3.42 | 0.06 |
| 大悟县 | 26.18 | 22.01 | 0.38 | 21.18 | 0.45 | 0.11 |
| 安陆市 | 30.69 | 28.63 | | 28.63 | | 0.06 |
| 云梦县 | 24.92 | 22.56 | 4.31 | 13.4 | 4.85 | 1.09 |
| 应城市 | 42.99 | 41.01 | 8.77 | 22.51 | 9.73 | 0.14 |
| 汉川市 | 44.2 | 41.77 | 2.17 | 37.2 | 2.4 | 0.6 |
| **随州市** | **122.95** | **111.5** | | **111.5** | | **5.14** |
| 曾都区 | 23.45 | 21.95 | | 21.95 | | 0.39 |
| 随县 | 64.79 | 57.5 | | 57.5 | | 4.22 |
| 广水县 | 34.71 | 32.05 | | 32.05 | | 0.53 |
| **黄冈市** | **418.05** | **372.72** | **105.46** | **137.28** | **129.98** | **5.04** |
| 黄冈市辖区 | 8.18 | 7.08 | 2.15 | 2.93 | 2 | 0.73 |
| 团风县 | 23.33 | 22.3 | 6.17 | 9.33 | 6.8 | 0.07 |
| 红安县 | 52.36 | 45.31 | 13.43 | 13.33 | 18.55 | 0.13 |
| 麻城市 | 58.19 | 51.33 | 12.67 | 23.33 | 15.33 | 0.87 |
| 罗田县 | 27.88 | 21.15 | 0.56 | 19.17 | 1.42 | 0.38 |
| 英山县 | 20.66 | 14.02 | 0.62 | 11.14 | 2.26 | 0.9 |
| 浠水县 | 59.81 | 55.13 | 20.2 | 10 | 24.93 | 1.13 |
| 蕲春县 | 58.62 | 52.35 | 17.53 | 13.41 | 21.41 | 0.25 |
| 武穴市 | 50.56 | 48.15 | 17.49 | 10.38 | 20.28 | 0.29 |
| 黄梅县 | 55.31 | 52.76 | 14.63 | 21.13 | 17 | 0.29 |
| 龙感湖农场 | 3.15 | 3.14 | 0.01 | 3.13 | | |
| **咸宁市** | **181.61** | **142.76** | **36.16** | **67.9** | **38.7** | **18.13** |
| 咸安区 | 33.07 | 26.48 | 1.66 | 22.64 | 2.18 | 2.8 |
| 嘉鱼县 | 25.37 | 19.77 | 2.9 | 13.82 | 3.05 | 4.93 |
| 赤壁市 | 34.85 | 32.08 | 8.88 | 13.9 | 9.3 | 0.37 |
| 通城县 | 31.57 | 28.93 | 12.99 | 1.5 | 14.44 | 0.69 |
| 崇阳县 | 38.88 | 26.1 | 9.15 | 7.81 | 9.14 | 5.75 |
| 通山县 | 17.87 | 9.4 | 0.58 | 8.23 | 0.59 | 3.59 |
| **恩施自治州** | **290.68** | **67.73** | | **67.73** | | **130.89** |
| 恩施市 | 47.26 | 9.23 | | 9.23 | | 21 |
| 利川市 | 72.39 | 21.98 | | 21.98 | | 30.29 |
| 建始县 | 33.53 | 3.79 | | 3.79 | | 19.14 |
| 巴东县 | 38.67 | 1.94 | | 1.94 | | 22.47 |
| 宣恩县 | 26.65 | 8.82 | | 8.82 | | 9.37 |
| 咸丰县 | 34.72 | 10.8 | | 10.8 | | 12.11 |
| 来凤县 | 21.62 | 8.96 | | 8.96 | | 6.56 |
| 鹤峰县 | 15.84 | 2.21 | | 2.21 | | 9.95 |
| **仙桃市** | **74.83** | **61.12** | **1.6** | **55.52** | **4** | **6.7** |
| **天门市** | **68.4** | **56.39** | **10.47** | **34.49** | **11.43** | **3.11** |
| **潜江市** | **35.8** | **30.62** | **0.05** | **30.56** | **0.01** | **1.9** |
| **神农架林区** | **4.51** | **0.07** | | **0.07** | | **2.65** |

续表4　　　　　　　　　　　　　　　　　　　　　　　　　　　　　　单位:千公顷

| 指标名称 | 粟谷面积 | 高粱面积 | 大豆面积 | 杂豆面积 | 薯类面积 | 其它杂粮面积 |
|---|---|---|---|---|---|---|
| **湖北省** | | **2.7** | **99.83** | **26.62** | **102.49** | **0.34** |
| **武汉市** | | | **9.83** | **2.09** | **2.5** | |
| 武汉市辖区 | | | 1.82 | 0.24 | 0.22 | |
| 蔡甸区 | | | 0.64 | | | |
| 江夏区 | | | 5 | 0.99 | | |
| 黄陂区 | | | 1.47 | 0.86 | 2.28 | |
| 新洲区 | | | 0.9 | | | |
| **黄石市** | | **0.79** | **3.88** | **1.36** | **12.16** | **0.01** |
| 黄石市辖区 | | 0.03 | 0.08 | 0.03 | 0.15 | |
| 大冶市 | | 0.1 | 1.77 | 0.57 | 3.85 | 0.01 |
| 阳新县 | | 0.66 | 2.03 | 0.76 | 8.16 | |
| **十堰市** | | **0.09** | **22.2** | **6.68** | **26.25** | |
| 十堰市辖区 | | | 0.09 | 0.01 | 0.14 | |
| 丹江口市 | | 0.08 | 0.75 | 0.18 | 2.22 | |
| 郧县 | | | 2.88 | 0.92 | 5.88 | |
| 郧西县 | | | 3.76 | 1.31 | 6.77 | |
| 竹山县 | | 0.01 | 5.3 | 1.48 | 5.26 | |
| 竹溪县 | | | 5.46 | 2.25 | 4.11 | |
| 房县 | | | 3.96 | 0.53 | 1.87 | |
| **荆州市** | | **0.03** | **9.94** | **0.74** | **4.17** | |
| 荆州市辖区 | | | 0.79 | 0.26 | 2.3 | |
| 江陵县 | | | 1.04 | | 0.03 | |
| 松滋市 | | | 0.67 | 0.25 | 1.02 | |
| 公安县 | | | 0.83 | 0.12 | 0.22 | |
| 石首市 | | | 0.55 | 0.1 | 0.27 | |
| 监利县 | | 0.03 | 3.61 | | 0.19 | |
| 洪湖市 | | | 2.45 | 0.01 | 0.14 | |
| **宜昌市** | | | **9.58** | **1.33** | **29.26** | **0.01** |
| 宜昌市辖区 | | | 0.08 | 0.08 | 1.56 | |
| 夷陵区 | | | 1.35 | 0.27 | 5.95 | |
| 宜都市 | | | 0.44 | 0.22 | 4 | |
| 枝江市 | | | 0.63 | 0.04 | 1.66 | |
| 当阳市 | | | 1.94 | 0.15 | 1.86 | |
| 远安县 | | | 0.24 | 0.06 | 0.76 | |
| 兴山县 | | | 0.84 | 0.18 | 0.61 | |
| 秭归县 | | | 1.03 | 0.12 | 4.02 | |
| 长阳县 | | | 1.68 | 0.19 | 5.9 | |
| 五峰县 | | | 1.35 | 0.02 | 2.94 | 0.01 |
| **襄阳市** | | **0.02** | **10.07** | **0.89** | **6.82** | **0.07** |
| 襄阳市辖区 | | | 0.5 | | | |
| 老河口市 | | | 0.67 | 0.15 | 2.2 | |
| 襄州区 | | | 4.42 | 0.05 | 0.8 | |
| 枣阳市 | | | 1.12 | 0.57 | 1.31 | |
| 宜城市 | | | 0.66 | 0.01 | 0.66 | |
| 南漳县 | | | 0.19 | 0.02 | 0.18 | 0.02 |
| 谷城县 | | | 0.69 | 0.06 | 0.68 | 0.05 |
| 保康县 | | 0.02 | 1.82 | 0.03 | 0.99 | |
| **鄂州市** | | **0.03** | **2.06** | **0.75** | **1.72** | |

续表5　　单位:千公顷

| 指标名称 | 粟谷面积 | 高粱面积 | 大豆面积 | 杂豆面积 | 薯类面积 | 其它杂粮面积 |
|---|---|---|---|---|---|---|
| **荆门市** | | | **15.3** | **0.69** | **5.54** | |
| 荆门市辖区 | | | 0.62 | 0.2 | 1.26 | |
| 沙洋县 | | | 5.25 | 0.14 | 0.7 | |
| 钟祥市 | | | 7.14 | 0.02 | 1.73 | |
| 京山县 | | | 2.29 | 0.33 | 1.85 | |
| **孝感市** | | **0.17** | **7.36** | **0.78** | **5.12** | |
| 孝感市辖区 | | | 0.6 | 0.13 | 0.35 | |
| 孝昌县 | | | 0.6 | 0.1 | 0.65 | |
| 大悟县 | | 0.17 | 0.77 | 0.26 | 2.86 | |
| 安陆市 | | | 1.36 | 0.17 | 0.47 | |
| 云梦县 | | | 1.14 | | 0.13 | |
| 应城市 | | | 1.45 | 0.11 | 0.28 | |
| 汉川市 | | | 1.44 | 0.01 | 0.38 | |
| **随州市** | | **0.08** | **1.61** | **0.59** | **4.02** | **0.01** |
| 曾都区 | | 0.01 | 0.31 | 0.07 | 0.72 | |
| 随县 | | 0.07 | 0.65 | 0.14 | 2.2 | 0.01 |
| 广水县 | | | 0.65 | 0.38 | 1.1 | |
| **黄冈市** | | **1.35** | **11.36** | **3.9** | **23.44** | **0.24** |
| 黄冈市辖区 | | | 0.14 | 0.03 | 0.2 | |
| 团风县 | | 0.04 | 0.2 | 0.17 | 0.54 | 0.01 |
| 红安县 | | | 1.3 | 1.07 | 4.55 | |
| 麻城市 | | 0.03 | 1.4 | 0.1 | 4.46 | |
| 罗田县 | | 0.21 | 2.58 | 0.81 | 2.65 | 0.1 |
| 英山县 | | 0.14 | 1.6 | 0.45 | 3.46 | 0.09 |
| 浠水县 | | 0.67 | 1.08 | 0.37 | 1.43 | |
| 蕲春县 | | 0.15 | 1.4 | 0.54 | 3.92 | 0.01 |
| 武穴市 | | 0.08 | 1.02 | 0.18 | 0.84 | |
| 黄梅县 | | 0.03 | 0.63 | 0.18 | 1.39 | 0.03 |
| 龙感湖农场 | | | 0.01 | | | |
| **咸宁市** | | | **6.57** | **2.27** | **11.8** | **0.08** |
| 咸安区 | | | 1.03 | 0.92 | 1.84 | |
| 嘉鱼县 | | | 0.44 | 0.09 | 0.14 | |
| 赤壁市 | | | 1.02 | 0.51 | 0.87 | |
| 通城县 | | | 0.88 | 0.21 | 0.86 | |
| 崇阳县 | | | 2.37 | 0.3 | 4.28 | 0.08 |
| 通山县 | | | 0.83 | 0.24 | 3.81 | |
| **恩施自治州** | | **0.12** | **24.93** | **4.05** | **62.96** | |
| 恩施市 | | 0.04 | 5.88 | 0.39 | 10.72 | |
| 利川市 | | 0.02 | 5.43 | 0.59 | 14.08 | |
| 建始县 | | 0.05 | 3.18 | 0.57 | 6.8 | |
| 巴东县 | | | 3.61 | 2.1 | 8.55 | |
| 宣恩县 | | 0.01 | 2.47 | 0.12 | 5.86 | |
| 咸丰县 | | | 3.13 | 0.18 | 8.5 | |
| 来凤县 | | | 0.58 | 0.1 | 5.42 | |
| 鹤峰县 | | | 0.65 | | 3.03 | |
| **仙桃市** | | | **6.04** | **0.23** | **0.74** | |
| **天门市** | | | **8.42** | **0.09** | **0.39** | |
| **潜江市** | | **0.02** | **2.55** | **0.13** | **0.58** | |
| **神农架林区** | | | **1.27** | **0.05** | **0.47** | |

续表6　　　　　　　　　　　　　　　　　　　　　　　　　　　　　　单位:千公倾

| 指标名称 | 棉花面积 | 油料作物面积 | 油菜籽面积 | 花生面积 | 芝麻面积 | 麻类面积 | 黄红麻面积 |
|---|---|---|---|---|---|---|---|
| **湖北省** | **488.66** | **1429.57** | **1141.38** | **192.17** | **89.16** | **14.51** | **0.1** |
| **武汉市** | **19.23** | **94.28** | **65.7** | **13.58** | **14.93** | **1.25** | |
| 武汉市辖区 | 7.41 | 8.36 | 4.02 | 1.12 | 3.15 | | |
| 蔡甸区 | 3.61 | 5.9 | 3.79 | 0.95 | 1.16 | | |
| 江夏区 | 0.03 | 20.83 | 11.66 | 2.69 | 6.48 | 1.25 | |
| 黄陂区 | 2.35 | 31.8 | 21.9 | 7.02 | 2.88 | | |
| 新洲区 | 5.83 | 27.39 | 24.33 | 1.8 | 1.26 | | |
| **黄石市** | **4.3** | **51.44** | **40.11** | **3.51** | **7.8** | **4.18** | |
| 黄石市辖区 | 0.09 | 0.75 | 0.46 | 0.12 | 0.16 | 0.07 | |
| 大冶市 | 1.24 | 20.65 | 15.93 | 1.74 | 2.97 | 0.34 | |
| 阳新县 | 2.97 | 30.04 | 23.72 | 1.65 | 4.67 | 3.77 | |
| **十堰市** | **0.24** | **77.32** | **44.37** | **18.7** | **12.93** | | |
| 十堰市辖区 | | 0.41 | 0.29 | 0.08 | 0.04 | | |
| 丹江口市 | 0.13 | 6.58 | 3.89 | 0.98 | 1.71 | | |
| 郧县 | 0.07 | 11.77 | 6.13 | 1.81 | 3.52 | | |
| 郧西县 | 0.01 | 10.59 | 6.02 | 2.29 | 2.19 | | |
| 竹山县 | | 23.3 | 11.27 | 10.12 | 1.82 | | |
| 竹溪县 | | 15.07 | 9.55 | 2.03 | 2.66 | | |
| 房县 | 0.03 | 9.6 | 7.22 | 1.39 | 0.99 | | |
| **荆州市** | **112.12** | **255.06** | **247.52** | **1.36** | **6.18** | **0.05** | **0.05** |
| 荆州市辖区 | 13.65 | 23.12 | 21.96 | 0.31 | 0.85 | | |
| 江陵县 | 8.65 | 22 | 21.02 | 0.34 | 0.64 | 0.01 | 0.01 |
| 松滋市 | 14.59 | 35.81 | 35.07 | 0.32 | 0.42 | | |
| 公安县 | 28.78 | 39.15 | 38.82 | 0.1 | 0.23 | | |
| 石首市 | 12.21 | 27.58 | 27.44 | 0.01 | 0.13 | 0.01 | 0.01 |
| 监利县 | 25.01 | 74.5 | 72.66 | 0.21 | 1.63 | 0.02 | 0.02 |
| 洪湖市 | 9.23 | 32.9 | 30.55 | 0.07 | 2.28 | 0.01 | 0.01 |
| **宜昌市** | **22.34** | **107.96** | **92.37** | **11.93** | **2.86** | | |
| 宜昌市辖区 | | 1.91 | 1.4 | 0.46 | 0.05 | | |
| 夷陵区 | 0.01 | 12.9 | 10.3 | 2.02 | 0.44 | | |
| 宜都市 | 0.03 | 9.15 | 8.39 | 0.75 | 0.01 | | |
| 枝江市 | 15.34 | 22.25 | 20.01 | 1.55 | 0.69 | | |
| 当阳市 | 6.96 | 28.65 | 24.18 | 3.46 | 1.01 | | |
| 远安县 | | 7.02 | 6.73 | 0.26 | 0.03 | | |
| 兴山县 | | 4.51 | 3.88 | 0.22 | 0.12 | | |
| 秭归县 | | 7.76 | 5.86 | 1.31 | 0.46 | | |
| 长阳县 | | 9.87 | 8.11 | 1.57 | 0.03 | | |
| 五峰县 | | 3.94 | 3.51 | 0.33 | 0.02 | | |
| **襄阳市** | **37.34** | **91.54** | **54.41** | **29.37** | **7.69** | **0.09** | |
| 襄阳市辖区 | 1.04 | 6.3 | 3.79 | 1.62 | 0.89 | | |
| 老河口市 | 5.3 | 12.07 | 6.89 | 2.26 | 2.85 | | |
| 襄州区 | 11.24 | 20.43 | 4.61 | 14.74 | 1.08 | | |
| 枣阳市 | 9.33 | 7.68 | 5.7 | 1.33 | 0.65 | | |
| 宜城市 | 10.17 | 27.97 | 20.05 | 6.96 | 0.96 | | |
| 南漳县 | 0.23 | 3.72 | 2.77 | 0.42 | 0.53 | 0.09 | |
| 谷城县 | 0.03 | 5.91 | 4.06 | 1.3 | 0.55 | | |
| 保康县 | | 7.46 | 6.54 | 0.74 | 0.18 | | |
| **鄂州市** | **5.47** | **28.06** | **23.4** | **1.21** | **3.45** | **0.23** | |

续表7 单位:千公倾

| 指标名称 | 棉花面积 | 油料作物面积 | | | | 麻类面积 | |
|---|---|---|---|---|---|---|---|
| | | | 油菜籽面积 | 花生面积 | 芝麻面积 | | 黄红麻面积 |
| **荆门市** | **38.08** | **136.76** | **114.7** | **16.56** | **5.47** | | |
| 荆门市辖区 | 3.24 | 23.08 | 19.16 | 3.12 | 0.8 | | |
| 沙洋县 | 8.86 | 47.01 | 41.99 | 3.38 | 1.61 | | |
| 钟祥市 | 14.34 | 46.43 | 39.23 | 6.38 | 0.82 | | |
| 京山县 | 11.64 | 20.24 | 14.32 | 3.68 | 2.24 | | |
| **孝感市** | **30.68** | **112.33** | **80.55** | **26.85** | **4.93** | **0.02** | |
| 孝感市辖区 | 4.59 | 16.29 | 13.95 | 1.43 | 0.91 | | |
| 孝昌县 | 1.24 | 16.2 | 11.37 | 3.75 | 1.08 | | |
| 大悟县 | 0.19 | 24.4 | 5.11 | 19.04 | 0.25 | 0.02 | |
| 安陆市 | 1.03 | 8.99 | 6.23 | 1.46 | 1.3 | | |
| 云梦县 | 2.69 | 7.24 | 6.69 | 0.28 | 0.27 | | |
| 应城市 | 3.71 | 18.68 | 17.16 | 0.71 | 0.81 | | |
| 汉川市 | 17.23 | 20.53 | 20.04 | 0.18 | 0.31 | | |
| **随州市** | **11.93** | **29.04** | **16.92** | **8.65** | **3.47** | | |
| 曾都区 | 2.2 | 2.85 | 2.17 | 0.37 | 0.31 | | |
| 随县 | 5.79 | 12.08 | 7.32 | 3.04 | 1.72 | | |
| 广水县 | 3.94 | 14.11 | 7.43 | 5.24 | 1.44 | | |
| **黄冈市** | **54.98** | **235.87** | **185.35** | **40.63** | **9.55** | **1.7** | **0.04** |
| 黄冈市辖区 | 5 | 4.12 | 3.77 | 0.12 | 0.23 | | |
| 团风县 | 2.84 | 11.64 | 8.62 | 1.71 | 1.21 | | |
| 红安县 | 1.78 | 36.1 | 16.92 | 18.77 | 0.41 | 0.04 | |
| 麻城市 | 7.23 | 45.13 | 32 | 11 | 2.13 | 0.03 | 0.02 |
| 罗田县 | 0.28 | 13.18 | 9.9 | 1.96 | 1.32 | 0.01 | |
| 英山县 | 0.23 | 7.46 | 6.09 | 0.69 | 0.49 | 0.03 | |
| 浠水县 | 10.67 | 33.53 | 28.67 | 3.67 | 1.19 | 0.01 | 0.01 |
| 蕲春县 | 4.25 | 25.48 | 22.92 | 1.41 | 1.1 | 1.46 | |
| 武穴市 | 6.84 | 28.77 | 27.3 | 0.71 | 0.76 | 0.12 | 0.01 |
| 黄梅县 | 14.86 | 29.6 | 28.3 | 0.59 | 0.71 | | |
| 龙感湖农场 | 1 | 0.86 | 0.86 | | | | |
| **咸宁市** | **2.64** | **70.3** | **58.59** | **6.98** | **4.73** | **6.96** | |
| 咸安区 | 0.19 | 28.57 | 23.58 | 3.17 | 1.82 | 1.53 | |
| 嘉鱼县 | 1.01 | 6.4 | 5.49 | 0.18 | 0.73 | 2.19 | |
| 赤壁市 | 1.09 | 18.53 | 15.89 | 0.8 | 1.84 | 3.24 | |
| 通城县 | | 4.14 | 3.23 | 0.87 | 0.04 | | |
| 崇阳县 | 0.35 | 8.5 | 7.25 | 1.13 | 0.12 | | |
| 通山县 | | 4.16 | 3.15 | 0.83 | 0.18 | | |
| **恩施自治州** | **0.02** | **61.9** | **49.56** | **7.62** | **0.57** | **0.02** | |
| 恩施市 | 0.02 | 11.26 | 9.47 | 1.24 | | 0.02 | |
| 利川市 | | 8.61 | 6.61 | 0.62 | | | |
| 建始县 | | 10.09 | 8.2 | 1.04 | 0.01 | | |
| 巴东县 | | 12.89 | 9.19 | 2.22 | 0.56 | | |
| 宣恩县 | | 4.16 | 3.02 | 1 | | | |
| 咸丰县 | | 5.97 | 5.14 | 0.77 | | | |
| 来凤县 | | 5.27 | 4.86 | 0.41 | | | |
| 鹤峰县 | | 3.65 | 3.07 | 0.32 | | | |
| **仙桃市** | **23.74** | **48.15** | **45.36** | **0.69** | **2.1** | **0.01** | **0.01** |
| **天门市** | **39.54** | **58.03** | **53.37** | **3.22** | **1.44** | | |
| **潜江市** | **31.05** | **36.24** | **33.9** | **1.29** | **1.05** | | |
| **神农架林区** | | **0.43** | **0.34** | **0.02** | **0.01** | | |

续表8 单位:千公顷

| 指标名称 | 苎麻面积 | 糖料合计面积 | 烟叶面积 | 烤烟面积 | 白肋烟面积 | 药材类播种面积 | 蔬菜、瓜类面积 |
|---|---|---|---|---|---|---|---|
| **湖北省** | **14.41** | **7.8** | **67.18** | **47.65** | **15.48** | **119.77** | **1161.21** |
| **武汉市** | **1.25** | **1.39** | | | | **0.42** | **180.83** |
| 武汉市辖区 | | 0.11 | | | | | 43.92 |
| 蔡甸区 | | | | | | | 24.18 |
| 江夏区 | 1.25 | 0.01 | | | | | 31.27 |
| 黄陂区 | | 0.89 | | | | | 49.34 |
| 新洲区 | | 0.38 | | | | 0.42 | 32.12 |
| **黄石市** | **4.18** | **0.03** | | | | **0.13** | **31.38** |
| 黄石市辖区 | 0.07 | | | | | | 1.9 |
| 大冶市 | 0.34 | 0.03 | | | | 0.03 | 11.2 |
| 阳新县 | 3.77 | | | | | 0.1 | 18.28 |
| **十堰市** | | **0.44** | **7.97** | **6.78** | | **18.83** | **68** |
| 十堰市辖区 | | | | | | | 2.65 |
| 丹江口市 | | | 0.58 | | | 0.13 | 4.18 |
| 郧县 | | | 0.12 | 0.1 | | 1.39 | 13.22 |
| 郧西县 | | 0.41 | 1.88 | 1.29 | | 3.96 | 20.23 |
| 竹山县 | | 0.02 | 1.78 | 1.78 | | 0.62 | 9.57 |
| 竹溪县 | | 0.01 | 1.52 | 1.52 | | 7.08 | 10.15 |
| 房县 | | | 2.09 | 2.09 | | 5.65 | 8 |
| **荆州市** | | **1.45** | | | | **0.01** | **92.72** |
| 荆州市辖区 | | 0.16 | | | | | 18.65 |
| 江陵县 | | 0.11 | | | | | 4.33 |
| 松滋市 | | 0.19 | | | | 0.01 | 16.25 |
| 公安县 | | 0.3 | | | | | 10.96 |
| 石首市 | | 0.2 | | | | | 8.14 |
| 监利县 | | 0.24 | | | | | 22.32 |
| 洪湖市 | | 0.25 | | | | | 12.07 |
| **宜昌市** | | **0.04** | **7.93** | **4.04** | **3.59** | **2.83** | **112.73** |
| 宜昌市辖区 | | | | | | 0.01 | 6.93 |
| 夷陵区 | | | 0.04 | 0.01 | 0.01 | 0.85 | 19.19 |
| 宜都市 | | | 0.02 | | | | 4.84 |
| 枝江市 | | 0.04 | | | | | 11.77 |
| 当阳市 | | | | | | | 20.56 |
| 远安县 | | | | | | 0.01 | 2.47 |
| 兴山县 | | | 2.21 | 2.18 | | 0.36 | 6.42 |
| 秭归县 | | | 1.85 | 1.78 | | 0.27 | 11.95 |
| 长阳县 | | | 0.92 | | 0.78 | 0.33 | 20.05 |
| 五峰县 | | | 2.89 | 0.07 | 2.8 | 1 | 8.55 |
| **襄阳市** | **0.09** | **0.3** | **7.14** | **7.14** | | **2.54** | **80.58** |
| 襄阳市辖区 | | | | | | 0.8 | 11.74 |
| 老河口市 | | | 0.07 | 0.07 | | | 15.33 |
| 襄州区 | | | 0.97 | 0.97 | | 0.07 | 8.79 |
| 枣阳市 | | 0.28 | 0.92 | 0.92 | | | 8.54 |
| 宜城市 | | 0.02 | | | | 0.21 | 18.02 |
| 南漳县 | 0.09 | | 1.47 | 1.47 | | 0.14 | 4.99 |
| 谷城县 | | | | | | | 7.01 |
| 保康县 | | | 3.71 | 3.71 | | 1.32 | 6.16 |
| **鄂州市** | **0.23** | **0.49** | | | | **0.04** | **23.45** |

续表9 单位:千公顷

| 指标名称 | 苎麻面积 | 糖料合计面积 | 烟叶面积 | 烤烟面积 | 白肋烟面积 | 药材类播种面积 | 蔬菜、瓜类面积 |
|---|---|---|---|---|---|---|---|
| **荆门市** | | **0.61** | | | | **0.85** | **50.32** |
| 荆门市辖区 | | 0.11 | | | | 0.27 | 13.39 |
| 沙洋县 | | 0.41 | | | | 0.01 | 12.11 |
| 钟祥市 | | 0.03 | | | | 0.56 | 12.7 |
| 京山县 | | 0.06 | | | | 0.01 | 12.12 |
| **孝感市** | **0.02** | **0.34** | | | | **2.09** | **96.49** |
| 孝感市辖区 | | 0.09 | | | | 0.09 | 13.01 |
| 孝昌县 | | 0.12 | | | | 0.96 | 7.21 |
| 大悟县 | 0.02 | 0.02 | | | | 0.74 | 12.65 |
| 安陆市 | | 0.03 | | | | 0.1 | 8.24 |
| 云梦县 | | | | | | | 18.8 |
| 应城市 | | 0.03 | | | | 0.1 | 16.84 |
| 汉川市 | | 0.05 | | | | 0.1 | 19.74 |
| **随州市** | | **0.11** | | | | **0.57** | **35.4** |
| 曾都区 | | 0.01 | | | | | 6.44 |
| 随县 | | 0.04 | | | | 0.37 | 13.46 |
| 广水县 | | 0.06 | | | | 0.2 | 15.5 |
| **黄冈市** | **1.66** | **0.8** | | | | **29.1** | **105.86** |
| 黄冈市辖区 | | 0.01 | | | | | 7.86 |
| 团风县 | | 0.06 | | | | 0.68 | 3.73 |
| 红安县 | 0.04 | 0.01 | | | | | 7.28 |
| 麻城市 | 0.01 | 0.05 | | | | 3.2 | 22.9 |
| 罗田县 | 0.01 | 0.13 | | | | 7.67 | 9.08 |
| 英山县 | 0.03 | 0.06 | | | | 7.23 | 4.51 |
| 浠水县 | | 0.11 | | | | 0.02 | 28.66 |
| 蕲春县 | 1.46 | 0.24 | | | | 10.3 | 10.73 |
| 武穴市 | 0.11 | 0.11 | | | | | 5.46 |
| 黄梅县 | | 0.02 | | | | | 5.57 |
| 龙感湖农场 | | | | | | | 0.08 |
| **咸宁市** | **6.96** | **0.93** | | | | **0.68** | **93.9** |
| 咸安区 | 1.53 | 0.03 | | | | 0.05 | 15.08 |
| 嘉鱼县 | 2.19 | 0.41 | | | | | 31.89 |
| 赤壁市 | 3.24 | 0.31 | | | | 0.08 | 21.84 |
| 通城县 | | | | | | 0.18 | 6.92 |
| 崇阳县 | | 0.18 | | | | 0.22 | 11.28 |
| 通山县 | | | | | | 0.15 | 6.89 |
| **恩施自治州** | **0.02** | **0.02** | **43.94** | **29.49** | **11.89** | **60.51** | **117.91** |
| 恩施市 | 0.02 | 0.01 | 8.5 | 4.29 | 3.97 | 22.59 | 26.59 |
| 利川市 | | | 8.62 | 7.18 | | 9.5 | 34.41 |
| 建始县 | | | 6.35 | 1.52 | 4.69 | 3.72 | 11.44 |
| 巴东县 | | | 5.53 | 3.54 | 1.81 | 5.91 | 11.27 |
| 宣恩县 | | | 4.99 | 4.81 | | 8.21 | 10.64 |
| 咸丰县 | | | 3.58 | 3.3 | | 3.61 | 7.91 |
| 来凤县 | | 0.01 | 1.63 | 1.53 | | 2.86 | 8.49 |
| 鹤峰县 | | | 4.74 | 3.32 | 1.42 | 4.11 | 7.16 |
| **仙桃市** | | **0.67** | | | | | **27.07** |
| **天门市** | | **0.08** | | | | | **14.89** |
| **潜江市** | | **0.1** | | | | **0.03** | **14.91** |
| **神农架林区** | | | **0.2** | **0.2** | | **1.14** | **1.74** |

续表10　　单位:千公顷

| 指标名称 | 蔬菜面积(含菜用瓜) | 果用瓜面积 | 花卉园艺播种面积 | 其他作物播种面积 | | | |
|---|---|---|---|---|---|---|---|
| | | | | | 青饲料面积 | 绿肥面积 | 其他作物面积 |
| **湖北省** | **1062.2** | **99.01** | **17.48** | **598.8** | **294.3** | **189.7** | **114.8** |
| **武汉市** | **161.81** | **19.02** | **8.87** | **14.6** | **6.37** | **6.4** | **1.83** |
| 武汉市辖区 | 36.72 | 7.2 | 0.69 | 3.14 | 2.67 | 0.35 | 0.12 |
| 蔡甸区 | 20.44 | 3.74 | 5.87 | 3.24 | 0.38 | 1.62 | 1.24 |
| 江夏区 | 27.17 | 4.1 | 2.05 | 5 | 1.41 | 3.59 | |
| 黄陂区 | 47.01 | 2.33 | 0.17 | 2.19 | 1.21 | 0.7 | 0.28 |
| 新洲区 | 30.47 | 1.65 | 0.09 | 1.03 | 0.7 | 0.14 | 0.19 |
| **黄石市** | **29.25** | **2.13** | **0.15** | **3.07** | **1.77** | **1.23** | **0.07** |
| 黄石市辖区 | 1.88 | 0.02 | 0.02 | | | | |
| 大冶市 | 10.45 | 0.75 | 0.08 | 2.29 | 1.23 | 0.99 | 0.07 |
| 阳新县 | 16.92 | 1.36 | 0.05 | 0.78 | 0.54 | 0.24 | |
| **十堰市** | **66.82** | **1.18** | **0.03** | **0.8** | **0.22** | **0.57** | **0.01** |
| 十堰市辖区 | 2.61 | 0.04 | 0.03 | | | | |
| 丹江口市 | 4.1 | 0.08 | | | | | |
| 郧县 | 12.67 | 0.55 | | | | | |
| 郧西县 | 20.12 | 0.11 | | | | | |
| 竹山县 | 9.37 | 0.2 | | 0.03 | 0.01 | 0.02 | |
| 竹溪县 | 10.07 | 0.08 | | | | | |
| 房县 | 7.88 | 0.12 | | 0.77 | 0.21 | 0.55 | 0.01 |
| **荆州市** | **76.92** | **15.8** | **1.24** | **33.52** | **15.32** | **15.65** | **2.55** |
| 荆州市辖区 | 15.09 | 3.56 | 0.56 | 0.29 | 0.21 | 0.02 | 0.06 |
| 江陵县 | 3.38 | 0.95 | | 0.1 | 0.02 | 0.03 | 0.05 |
| 松滋市 | 12.23 | 4.02 | 0.6 | 1.06 | 0.74 | 0.32 | |
| 公安县 | 9.43 | 1.53 | | 6.74 | 2.36 | 4.38 | |
| 石首市 | 6.7 | 1.44 | 0.03 | 1.62 | 0.29 | 1.31 | 0.02 |
| 监利县 | 19.61 | 2.71 | | 12.74 | 2.38 | 8.99 | 1.37 |
| 洪湖市 | 10.48 | 1.59 | 0.05 | 10.97 | 9.32 | 0.6 | 1.05 |
| **宜昌市** | **109.08** | **3.65** | **0.34** | **13.93** | **11.62** | **2.3** | **0.01** |
| 宜昌市辖区 | 6.93 | | 0.05 | 0.04 | 0.03 | 0.01 | |
| 夷陵区 | 18.57 | 0.62 | | 2.21 | 1.67 | 0.54 | |
| 宜都市 | 4.76 | 0.08 | | 0.8 | 0.78 | 0.01 | 0.01 |
| 枝江市 | 10 | 1.77 | 0.16 | 2.72 | 2.27 | 0.45 | |
| 当阳市 | 19.59 | 0.97 | 0.06 | 1.19 | 0.8 | 0.39 | |
| 远安县 | 2.43 | 0.04 | | 1.2 | 0.74 | 0.46 | |
| 兴山县 | 6.38 | 0.04 | | 1.7 | 1.49 | 0.21 | |
| 秭归县 | 11.86 | 0.09 | | 0.07 | | 0.07 | |
| 长阳县 | 20.02 | 0.03 | 0.07 | 0.26 | 0.2 | 0.06 | |
| 五峰县 | 8.54 | 0.01 | | 3.74 | 3.64 | 0.1 | |
| **襄阳市** | **65.01** | **15.57** | **0.24** | **4.03** | **1.13** | **2.51** | **0.39** |
| 襄阳市辖区 | 11.37 | 0.37 | 0.11 | 0.8 | | 0.77 | 0.03 |
| 老河口市 | 14.34 | 0.99 | 0.02 | | | | |
| 襄州区 | 7.29 | 1.5 | | 0.07 | 0.07 | | |
| 枣阳市 | 5.56 | 2.98 | 0.04 | 0.06 | | 0.06 | |
| 宜城市 | 8.65 | 9.37 | | 0.3 | 0.07 | 0.23 | |
| 南漳县 | 4.95 | 0.04 | | 1.55 | 0.61 | 0.87 | 0.07 |
| 谷城县 | 6.69 | 0.32 | 0.07 | 1.25 | 0.38 | 0.58 | 0.29 |
| 保康县 | 6.16 | | | | | | |
| **鄂州市** | **21.02** | **2.43** | | **1.64** | **1.41** | **0.23** | |

续表11 单位:千公倾

| 指标名称 | 蔬菜面积(含菜用瓜) | 果用瓜面积 | 花卉园艺播种面积 | 其他作物播种面积 | | | |
|---|---|---|---|---|---|---|---|
| | | | | | 青饲料面积 | 绿肥面积 | 其他作物面积 |
| **荆门市** | **44.12** | **6.2** | **3.21** | **6.1** | **2.65** | **3.41** | **0.04** |
| 荆门市辖区 | 11.54 | 1.85 | 0.41 | 0.86 | 0.54 | 0.31 | 0.01 |
| 沙洋县 | 11.42 | 0.69 | 0.16 | 0.92 | 0.64 | 0.25 | 0.03 |
| 钟祥市 | 11.33 | 1.37 | 0.94 | 0.01 | | 0.01 | |
| 京山县 | 9.83 | 2.29 | 1.7 | 4.31 | 1.47 | 2.84 | |
| **孝感市** | **88.77** | **7.72** | **2.22** | **3.07** | **1.01** | **1.64** | **0.42** |
| 孝感市辖区 | 11.91 | 1.1 | 0.24 | 0.23 | 0.1 | 0.09 | 0.04 |
| 孝昌县 | 6.26 | 0.95 | 1.89 | 0.07 | 0.02 | 0.05 | |
| 大悟县 | 11.62 | 1.03 | | 1.37 | | 1.37 | |
| 安陆市 | 7.33 | 0.91 | | | | | |
| 云梦县 | 18.45 | 0.35 | 0.08 | 0.02 | | 0.02 | |
| 应城市 | 15.35 | 1.49 | | 0.51 | 0.44 | 0.07 | |
| 汉川市 | 17.85 | 1.89 | 0.01 | 0.87 | 0.45 | 0.04 | 0.38 |
| **随州市** | **32.63** | **2.77** | **0.05** | **3.87** | **0.75** | **3.11** | **0.01** |
| 曾都区 | 6.05 | 0.39 | 0.02 | 0.36 | 0.2 | 0.16 | |
| 随县 | 12.56 | 0.9 | 0.02 | 2.35 | 0.45 | 1.89 | 0.01 |
| 广水县 | 14.02 | 1.48 | 0.01 | 1.16 | 0.1 | 1.06 | |
| **黄冈市** | **101.68** | **4.18** | **0.3** | **10.4** | **5.02** | **3.86** | **1.52** |
| 黄冈市辖区 | 7.31 | 0.55 | | 0.78 | 0.59 | 0.02 | 0.17 |
| 团风县 | 3.37 | 0.36 | | 0.32 | 0.24 | 0.08 | |
| 红安县 | 7.12 | 0.16 | 0.03 | 0.24 | 0.07 | 0.08 | 0.09 |
| 麻城市 | 22.5 | 0.4 | 0.01 | 0.31 | 0.14 | 0.17 | |
| 罗田县 | 8.71 | 0.37 | 0.04 | 0.23 | 0.09 | 0.07 | 0.07 |
| 英山县 | 4.47 | 0.04 | | 1.31 | 0.6 | 0.71 | |
| 浠水县 | 27.93 | 0.73 | 0.13 | 2.66 | 1.33 | 0.86 | 0.47 |
| 蕲春县 | 10.16 | 0.57 | | 3.09 | 1.54 | 1.54 | 0.01 |
| 武穴市 | 4.84 | 0.62 | | 1.12 | 0.34 | 0.07 | 0.71 |
| 黄梅县 | 5.25 | 0.32 | 0.08 | 0.34 | 0.08 | 0.26 | |
| 龙感湖农场 | 0.02 | 0.06 | 0.01 | | | | |
| **咸宁市** | **85.7** | **8.2** | **0.76** | **17.26** | **2.33** | **14.09** | **0.84** |
| 咸安区 | 12.61 | 2.47 | 0.19 | 0.29 | 0.14 | 0.15 | |
| 嘉鱼县 | 30.32 | 1.57 | 0.04 | 0.77 | 0.28 | 0.49 | |
| 赤壁市 | 19.32 | 2.52 | 0.24 | 1.95 | 0.23 | 0.88 | 0.84 |
| 通城县 | 6.62 | 0.3 | 0.06 | 8.31 | 1.52 | 6.79 | |
| 崇阳县 | 10.22 | 1.06 | 0.1 | 3.88 | 0.13 | 3.75 | |
| 通山县 | 6.61 | 0.28 | 0.13 | 2.06 | 0.03 | 2.03 | |
| **恩施自治州** | **116.83** | **1.08** | **0.06** | **48.19** | **25.63** | **1.03** | **21.53** |
| 恩施市 | 26.47 | 0.12 | | 4.89 | 0.07 | 0.47 | 4.35 |
| 利川市 | 34.3 | 0.11 | | 15.98 | 12.81 | 0.39 | 2.78 |
| 建始县 | 11.28 | 0.16 | 0.03 | 11.68 | 5.5 | 0.11 | 6.07 |
| 巴东县 | 11.12 | 0.15 | | 6.68 | 2.44 | | 4.24 |
| 宣恩县 | 10.58 | 0.06 | | 4.27 | 3.58 | 0.05 | 0.64 |
| 咸丰县 | 7.74 | 0.17 | | 0.86 | 0.06 | | 0.8 |
| 来凤县 | 8.23 | 0.26 | 0.03 | 0.55 | 0.45 | 0.01 | 0.09 |
| 鹤峰县 | 7.11 | 0.05 | | 3.28 | 0.72 | | 2.56 |
| **仙桃市** | **23.17** | **3.9** | **0.01** | **12.37** | **6.53** | **1.45** | **4.39** |
| **天门市** | **13** | **1.89** | | **0.34** | **0.1** | **0.24** | |
| **潜江市** | **11.63** | **3.28** | | **0.38** | **0.12** | **0.24** | **0.02** |
| **神农架林区** | **1.73** | **0.01** | | **0.27** | **0.06** | | **0.21** |

# 主要农产品产量

单位:吨

| 指标名称 | 粮食(包括谷物、大豆和薯类)总产量 | 夏收粮食总产量 | 秋收粮食总产量 | 稻谷总产量 | 早稻总产量 | 中稻(含一季晚)总产量 | 双季晚稻总产量 |
|---|---|---|---|---|---|---|---|
| **湖北省** | **23885300** | **4258300** | **19627000** | **16169100** | **1970600** | **11697500** | **2501000** |
| **武汉市** | **1208573** | **78274** | **1130299** | **983237** | **293398** | **324761** | **365078** |
| 武汉市辖区 | 48043 | 14813 | 33230 | 531 | | 531 | |
| 蔡甸区 | 131655 | 8470 | 123185 | 90219 | 4016 | 80670 | 5533 |
| 江夏区 | 271992 | 12979 | 259013 | 225090 | 71682 | 52265 | 101143 |
| 黄陂区 | 455377 | 21871 | 433506 | 387984 | 108123 | 141426 | 138435 |
| 新洲区 | 301506 | 20141 | 281365 | 279413 | 109577 | 49869 | 119967 |
| **黄石市** | **610139** | **49249** | **560890** | **461620** | **161704** | **119628** | **180288** |
| 黄石市辖区 | 7211 | 950 | 6261 | 4729 | 1570 | 1575 | 1584 |
| 大冶市 | 268156 | 27661 | 240495 | 209780 | 79674 | 40917 | 89189 |
| 阳新县 | 334772 | 20638 | 314134 | 247111 | 80460 | 77136 | 89515 |
| **十堰市** | **1076348** | **295277** | **781071** | **261000** | | **261000** | |
| 十堰市辖区 | 5322 | 1358 | 3964 | 1257 | | 1257 | |
| 丹江口市 | 113941 | 44296 | 69645 | 42801 | | 42801 | |
| 郧县 | 194600 | 69402 | 125198 | 42400 | | 42400 | |
| 郧西县 | 178029 | 62051 | 115978 | 25430 | | 25430 | |
| 竹山县 | 222090 | 44458 | 177632 | 49612 | | 49612 | |
| 竹溪县 | 222300 | 45400 | 176900 | 51600 | | 51600 | |
| 房县 | 140066 | 28312 | 111754 | 47900 | | 47900 | |
| **荆州市** | **3630500** | **409527** | **3220973** | **3102753** | **496612** | **1992218** | **613923** |
| 荆州市辖区 | 269920 | 66092 | 203828 | 177256 | 10896 | 152203 | 14157 |
| 江陵县 | 251510 | 49148 | 202362 | 198560 | 203 | 198357 | |
| 松滋市 | 316113 | 46862 | 269251 | 236394 | 49020 | 128033 | 59341 |
| 公安县 | 595808 | 76328 | 519480 | 514236 | 102630 | 273085 | 138521 |
| 石首市 | 202400 | 6626 | 195774 | 189184 | 44732 | 96933 | 47519 |
| 监利县 | 1339147 | 67484 | 1271663 | 1252758 | 252943 | 699778 | 300037 |
| 洪湖市 | 655602 | 96987 | 558615 | 534365 | 36188 | 443829 | 54348 |
| **宜昌市** | **1563475** | **285119** | **1278356** | **694542** | **49840** | **585977** | **58725** |
| 宜昌市辖区 | 10216 | 2133 | 8083 | 2277 | | 2277 | |
| 夷陵区 | 209014 | 27317 | 181697 | 70818 | | 70818 | |
| 宜都市 | 104578 | 15443 | 89135 | 25374 | | 25374 | |
| 枝江市 | 321743 | 56015 | 265728 | 220372 | 49840 | 111807 | 58725 |
| 当阳市 | 507400 | 86083 | 421317 | 272656 | | 272656 | |
| 远安县 | 98440 | 11555 | 86885 | 62246 | | 62246 | |
| 兴山县 | 54817 | 15836 | 38981 | 12059 | | 12059 | |
| 秭归县 | 82765 | 20883 | 61882 | 11867 | | 11867 | |
| 长阳县 | 97853 | 24785 | 73068 | 15549 | | 15549 | |
| 五峰县 | 76649 | 25069 | 51580 | 1324 | | 1324 | |
| **襄阳市** | **4750500** | **1976111** | **2774389** | **1924329** | | **1924329** | |
| 襄阳市辖区 | 237867 | 86235 | 151632 | 128036 | | 128036 | |
| 老河口市 | 350753 | 154640 | 196113 | 118727 | | 118727 | |
| 襄州区 | 1334000 | 614386 | 719614 | 493906 | | 493906 | |
| 枣阳市 | 1337000 | 619442 | 717558 | 482473 | | 482473 | |
| 宜城市 | 677841 | 259872 | 417969 | 331022 | | 331022 | |
| 南漳县 | 420917 | 128111 | 292806 | 210744 | | 210744 | |
| 谷城县 | 263179 | 82296 | 180883 | 135056 | | 135056 | |
| 保康县 | 128943 | 31129 | 97814 | 24365 | | 24365 | |
| **鄂州市** | **329827** | **23606** | **306221** | **278581** | **72470** | **101376** | **104735** |

续表1　　单位:吨

| 指标名称 | 粮食(包括谷物、大豆和薯类)总产量 | 夏收粮食总产量 | 秋收粮食总产量 | 稻谷总产量 | 早稻总产量 | 中稻(含一季晚)总产量 | 双季晚稻总产量 |
|---|---|---|---|---|---|---|---|
| **荆门市** | **2557207** | **464972** | **2092235** | **1841931** | **63600** | **1717045** | **61286** |
| 荆门市辖区 | 256628 | 38513 | 218115 | 192149 | | 192149 | |
| 沙洋县 | 770406 | 128171 | 642235 | 610961 | 2915 | 607122 | 924 |
| 钟祥市 | 839200 | 151509 | 687691 | 572664 | | 572664 | |
| 京山县 | 690973 | 146779 | 544194 | 466157 | 60685 | 345110 | 60362 |
| **孝感市** | **2143900** | **343402** | **1800498** | **1738796** | **136209** | **1433907** | **168680** |
| 孝感市辖区 | 212100 | 22847 | 189253 | 186178 | 25134 | 135117 | 25927 |
| 孝昌县 | 258900 | 44607 | 214293 | 212074 | 20533 | 170920 | 20621 |
| 大悟县 | 275800 | 36579 | 239221 | 212274 | 1856 | 207682 | 2736 |
| 安陆市 | 323600 | 74358 | 249242 | 245321 | | 245321 | |
| 云梦县 | 211400 | 29382 | 182018 | 173828 | 25104 | 116173 | 32551 |
| 应城市 | 343100 | 31564 | 311536 | 306446 | 48865 | 188776 | 68805 |
| 汉川市 | 519000 | 104065 | 414935 | 402675 | 14717 | 369918 | 18040 |
| **随州市** | **1558648** | **423294** | **1135354** | **1082034** | | **1082034** | |
| 曾都区 | 266345 | 76575 | 189770 | 186740 | | 186740 | |
| 随县 | 876103 | 255279 | 620824 | 576748 | | 576748 | |
| 广水县 | 416200 | 91440 | 324760 | 318546 | | 318546 | |
| **黄冈市** | **3011401** | **276323** | **2735078** | **2535581** | **567463** | **1030136** | **937982** |
| 黄冈市辖区 | 52910 | 14590 | 38320 | 32858 | 1038 | 10773 | 21047 |
| 团风县 | 124400 | 14325 | 110075 | 102195 | 28315 | 32906 | 40974 |
| 红安县 | 223508 | 24258 | 199250 | 172162 | 40812 | 49299 | 82051 |
| 麻城市 | 536600 | 53182 | 483418 | 467817 | 102489 | 223418 | 141910 |
| 罗田县 | 230408 | 30284 | 200124 | 182901 | 3899 | 168217 | 10785 |
| 英山县 | 130510 | 30961 | 99549 | 72418 | 2589 | 61667 | 8162 |
| 浠水县 | 469400 | 16588 | 452812 | 412878 | 116275 | 86377 | 210226 |
| 蕲春县 | 470300 | 31515 | 438785 | 407532 | 118060 | 127112 | 162360 |
| 武穴市 | 303800 | 17046 | 286754 | 273721 | 68799 | 76176 | 128746 |
| 黄梅县 | 450029 | 35817 | 414212 | 399350 | 85134 | 182495 | 131721 |
| 龙感湖农场 | 19536 | 7757 | 11779 | 11749 | 53 | 11696 | |
| **咸宁市** | **1006768** | **51723** | **955045** | **812592** | **174349** | **401629** | **236614** |
| 咸安区 | 157100 | 6300 | 150800 | 130650 | 7481 | 112963 | 10206 |
| 嘉鱼县 | 127400 | 10738 | 116662 | 94037 | 12801 | 65739 | 15497 |
| 赤壁市 | 253475 | 15428 | 238047 | 228680 | 50154 | 114320 | 64206 |
| 通城县 | 150200 | 4949 | 145251 | 137474 | 50048 | 10360 | 77066 |
| 崇阳县 | 250297 | 10774 | 239523 | 177124 | 50957 | 60088 | 66079 |
| 通山县 | 68296 | 3534 | 64762 | 44627 | 2908 | 38159 | 3560 |
| **恩施自治州** | **1531500** | **322389** | **1209111** | **388419** | | **388419** | |
| 恩施市 | 208300 | 52256 | 156044 | 40721 | | 40721 | |
| 利川市 | 359500 | 68225 | 291275 | 122996 | | 122996 | |
| 建始县 | 220400 | 61904 | 158496 | 26895 | | 26895 | |
| 巴东县 | 207100 | 59393 | 147707 | 8843 | | 8843 | |
| 宣恩县 | 124000 | 19289 | 104711 | 45620 | | 45620 | |
| 咸丰县 | 204000 | 24267 | 179733 | 72100 | | 72100 | |
| 来凤县 | 121100 | 17260 | 103840 | 55373 | | 55373 | |
| 鹤峰县 | 87100 | 19795 | 67305 | 15871 | | 15871 | |
| **仙桃市** | **770263** | **89578** | **680685** | **602537** | **11125** | **559165** | **32247** |
| **天门市** | **678028** | **156707** | **521321** | **474444** | **69774** | **315775** | **88895** |
| **潜江市** | **451800** | **108052** | **343748** | **314127** | **435** | **313635** | **57** |
| **神农架林区** | **20089** | **6444** | **13645** | **466** | | **466** | |

续表2　　单位:吨

| 指标名称 | 小麦总产量 | 玉米总产量 | 大豆总产量 | 薯类总产量(五折一计算) | 红薯总产量 | 棉花总产量(皮棉) | 油料总产量 |
|---|---|---|---|---|---|---|---|
| **湖北省** | **3447800** | **2762000** | **225420** | **998300** | **108600** | **525800** | **3047171** |
| **武汉市** | **57198** | **97749** | **25054** | **25368** | **16269** | **23477** | **176145** |
| 武汉市辖区 | 11686 | 30996 | 1028 | 468 | 269 | 8767 | 17598 |
| 蔡甸区 | 6881 | 30982 | 1984 | 0 | | 3995 | 11155 |
| 江夏区 | 6762 | 19959 | 11764 | 1919 | | 81 | 41874 |
| 黄陂区 | 12984 | 15812 | 8326 | 22981 | 16000 | 3716 | 61841 |
| 新洲区 | 18885 | | 1952 | 0 | | 6918 | 43677 |
| **黄石市** | **34535** | **41850** | **7930** | **52727** | **36246** | **7056** | **83169** |
| 黄石市辖区 | 609 | 490 | 356 | 761 | 269 | 391 | 2450 |
| 大冶市 | 18776 | 11240 | 3849 | 18406 | 12672 | 3120 | 37892 |
| 阳新县 | 15150 | 30120 | 3725 | 33560 | 23305 | 3545 | 42827 |
| **十堰市** | **219826** | **343290** | **44175** | **185411** | **116947** | **149** | **117130** |
| 十堰市辖区 | 1326 | 2070 | 208 | 418 | 418 | | 666 |
| 丹江口市 | 43412 | 20015 | 1071 | 5906 | 5100 | 47 | 8884 |
| 郧县 | 65600 | 48900 | 5500 | 29600 | 23076 | 48 | 15501 |
| 郧西县 | 50036 | 52005 | 7142 | 39587 | 29087 | 12 | 14408 |
| 竹山县 | 22652 | 88100 | 10400 | 45900 | 27666 | | 39083 |
| 竹溪县 | 15000 | 81800 | 12500 | 53800 | 26400 | | 23233 |
| 房县 | 21800 | 50400 | 7354 | 10200 | 5200 | 42 | 15355 |
| **荆州市** | **361521** | **59277** | **35551** | **35711** | **6943** | **148581** | **558210** |
| 荆州市辖区 | 55203 | 11123 | 2965 | 19726 | 1289 | 19127 | 68377 |
| 江陵县 | 45950 | 260 | 3380 | 629 | | 11494 | 66276 |
| 松滋市 | 37756 | 26013 | 1748 | 7253 | 4653 | 16561 | 67337 |
| 公安县 | 68651 | 1015 | 2850 | 1880 | | 37792 | 103489 |
| 石首市 | 4749 | 2853 | 1985 | 1579 | 919 | 18681 | 57894 |
| 监利县 | 55818 | 5642 | 12082 | 2593 | | 33095 | 112870 |
| 洪湖市 | 93394 | 12371 | 10541 | 2051 | 82 | 11831 | 81967 |
| **宜昌市** | **144518** | **452023** | **21898** | **229739** | **97190** | **33744** | **222129** |
| 宜昌市辖区 | 1030 | 3330 | 93 | 3199 | 2148 | | 3490 |
| 夷陵区 | 1322 | 85403 | 2705 | 45796 | 19471 | 15 | 25017 |
| 宜都市 | 2693 | 54210 | 869 | 19911 | 8295 | 33 | 18908 |
| 枝江市 | 49593 | 34200 | 2010 | 12784 | 8342 | 23176 | 53841 |
| 当阳市 | 70663 | 113930 | 9710 | 33213 | 18154 | 10520 | 66721 |
| 远安县 | 3535 | 19273 | 666 | 10555 | 4663 | | 12644 |
| 兴山县 | 2623 | 24312 | 880 | 14313 | 1526 | | 7238 |
| 秭归县 | 7625 | 35847 | 1824 | 23820 | 11820 | | 14861 |
| 长阳县 | 3836 | 39729 | 1913 | 35711 | 15649 | | 13907 |
| 五峰县 | 1598 | 41789 | 1228 | 30437 | 7122 | | 5502 |
| **襄阳市** | **1843016** | **751234** | **26500** | **169325** | **61016** | **48127** | **297331** |
| 襄阳市辖区 | 85713 | 21167 | 2429 | 0 | | 1778 | 21309 |
| 老河口市 | 150736 | 61357 | 2133 | 13618 | 13472 | 6228 | 26780 |
| 襄州区 | 558477 | 197675 | 10029 | 61881 | 17871 | 16295 | 103976 |
| 枣阳市 | 566048 | 214027 | 4448 | 54432 | 6990 | 12533 | 24305 |
| 宜城市 | 256506 | 74995 | 2057 | 11162 | 9882 | 10801 | 88928 |
| 南漳县 | 125403 | 75411 | 843 | 7225 | 5304 | 476 | 8418 |
| 谷城县 | 79869 | 40530 | 1557 | 5987 | 3170 | 16 | 13243 |
| 保康县 | 20264 | 66072 | 3004 | 15020 | 4327 | | 10372 |
| **鄂州市** | **15059** | **5243** | **4165** | **20529** | **14612** | **7149** | **58620** |

续表3　　　　单位:吨

| 指标名称 | 小麦总产量 | 玉米总产量 | 大豆总产量 | 薯类总产量(五折一计算) | 红薯总产量 | 棉花总产量(皮棉) | 油料总产量 |
|---|---|---|---|---|---|---|---|
| **荆门市** | **440361** | **140467** | **48034** | **72650** | **27954** | **47884** | **347028** |
| 荆门市辖区 | 34651 | 15971 | 909 | 12281 | 8526 | 3676 | 55614 |
| 沙洋县 | 118215 | 10741 | 12798 | 9087 | 4941 | 12287 | 127576 |
| 钟祥市 | 148623 | 57554 | 27978 | 30163 | 3755 | 16082 | 120233 |
| 京山县 | 138872 | 56201 | 6349 | 21119 | 10732 | 15839 | 43605 |
| **孝感市** | **295993** | **13819** | **16641** | **59637** | **23280** | **42469** | **218150** |
| 孝感市辖区 | 17766 | 1048 | 898 | 3495 | 590 | 6399 | 27777 |
| 孝昌县 | 39204 | 219 | 983 | 3797 | 469 | 1255 | 29617 |
| 大悟县 | 30477 | 1627 | 2059 | 23252 | 20806 | 278 | 54999 |
| 安陆市 | 67304 | 38 | 2398 | 6417 | 1072 | 963 | 18374 |
| 云梦县 | 19100 | 4800 | 2935 | 10485 | 94 | 3296 | 17700 |
| 应城市 | 28600 | 613 | 3131 | 1999 |  | 5732 | 28833 |
| 汉川市 | 93542 | 5474 | 4237 | 10192 | 249 | 24546 | 40850 |
| **随州市** | **369100** | **25768** | **5003** | **60606** | **19410** | **17322** | **65300** |
| 曾都区 | 68128 | 1248 | 541 | 7438 | 646 | 3015 | 5979 |
| 随县 | 215517 | 24020 | 2899 | 49585 | 16564 | 7857 | 21715 |
| 广水县 | 85455 | 500 | 1563 | 3583 | 2200 | 6450 | 37606 |
| **黄冈市** | **162661** | **26470** | **33479** | **223821** | **68386** | **82946** | **514509** |
| 黄冈市辖区 | 12618 | 3554 | 148 | 3468 | 904 | 7350 | 6900 |
| 团风县 | 6840 | 1200 | 706 | 12080 | 2057 | 5601 | 20927 |
| 红安县 | 13720 | 1980 | 3541 | 27503 | 7088 | 3271 | 100382 |
| 麻城市 | 39830 | 1910 | 3315 | 23097 | 4068 | 12748 | 98089 |
| 罗田县 | 26554 | 1210 | 5238 | 11540 | 7296 | 286 | 25019 |
| 英山县 | 12769 | 2724 | 3936 | 34969 | 11110 | 109 | 15521 |
| 浠水县 | 5143 | 5600 | 7860 | 31437 | 12090 | 13460 | 70516 |
| 蕲春县 | 2714 | 1070 | 4453 | 51001 | 15635 | 7815 | 48127 |
| 武穴市 | 7366 | 3611 | 2502 | 14032 | 2596 | 9324 | 68828 |
| 黄梅县 | 27350 | 3611 | 1750 | 14694 | 5542 | 21510 | 58896 |
| 龙感湖农场 | 7757 |  | 30 |  |  | 1472 | 1304 |
| **咸宁市** | **14662** | **69675** | **14134** | **79165** | **54115** | **3605** | **92572** |
| 咸安区 | 524 | 9774 | 2003 | 10251 | 6343 | 188 | 41269 |
| 嘉鱼县 | 7648 | 20934 | 987 | 1751 | 601 | 1334 | 9438 |
| 赤壁市 | 1063 | 2240 | 1968 | 14216 | 4210 | 1683 | 24094 |
| 通城县 | 2048 | 2044 | 1822 | 5739 | 3507 |  | 4128 |
| 崇阳县 | 2874 | 26675 | 6134 | 35074 | 28840 | 400 | 9038 |
| 通山县 | 505 | 8008 | 1220 | 12134 | 10614 |  | 4605 |
| **恩施自治州** | **15724** | **592361** | **39233** | **476079** | **179720** | **37** | **89366** |
| 恩施市 | 3302 | 80388 | 6837 | 74532 | 27448 | 37 | 14853 |
| 利川市 | 374 | 130282 | 8447 | 91824 | 28012 |  | 11835 |
| 建始县 | 361 | 98067 | 5180 | 87299 | 27643 |  | 15121 |
| 巴东县 | 11547 | 99171 | 5118 | 75708 | 32611 |  | 19014 |
| 宣恩县 | 108 | 36568 | 3211 | 38056 | 19138 |  | 5854 |
| 咸丰县 | 32 | 74888 | 8200 | 48325 | 24245 |  | 10390 |
| 来凤县 |  | 29373 | 1250 | 33770 | 13803 |  | 6944 |
| 鹤峰县 |  | 43624 | 990 | 26565 | 6820 |  | 5355 |
| **仙桃市** | **71083** | **50769** | **22417** | **11529** | **508** | **30830** | **117555** |
| **天门市** | **130464** | **19161** | **25073** | **22951** | **2518** | **52253** | **110805** |
| **潜江市** | **97689** | **15179** | **9130** | **12112** | **242** | **47990** | **109643** |
| **神农架林区** | **890** | **9900** | **1123** | **7555** | **2111** |  | **518** |

续表4　　　　　　　　　　　　　　　　　　　　　　　　　　　　　　单位:吨

| 指标名称 | 油菜籽总产量 | 花生总产量 | 芝麻总产量 | 麻类总产量 | 糖料总产量 | 烟叶总产量 | 蔬菜总产量 |
|---|---|---|---|---|---|---|---|
| **湖北省** | **2203900** | **687422** | **145883** | **28853** | **324883** | **140962** | **33586000** |
| **武汉市** | **107804** | **42274** | **26037** | **2935** | **70246** | | **6271282** |
| 武汉市辖区 | 7433 | 3646 | 6489 | 36 | 9750 | | 1146377 |
| 蔡甸区 | 7350 | 2318 | 1487 | | | | 566030 |
| 江夏区 | 19242 | 11444 | 11188 | 2899 | 162 | | 1235231 |
| 黄陂区 | 36957 | 19874 | 5010 | | 31163 | | 1966336 |
| 新洲区 | 36822 | 4992 | 1863 | | 29171 | | 1357308 |
| **黄石市** | **62940** | **8154** | **12061** | **7203** | **1021** | | **602295** |
| 黄石市辖区 | 1150 | 559 | 731 | 590 | 66 | | 82693 |
| 大冶市 | 28724 | 4375 | 4789 | 1524 | 955 | | 249993 |
| 阳新县 | 33066 | 3220 | 6541 | 5089 | | | 269609 |
| **十堰市** | **55057** | **42419** | **17745** | | **10406** | **16438** | **1375845** |
| 十堰市辖区 | 429 | 182 | 55 | | | | 127355 |
| 丹江口市 | 5295 | 1953 | 1636 | | | 487 | 152537 |
| 郧县 | 4474 | 5886 | 4953 | | | 158 | 322825 |
| 郧西县 | 4617 | 5587 | 4027 | | 10233 | 2632 | 322438 |
| 竹山县 | 15439 | 20794 | 2695 | | 33 | 4962 | 128757 |
| 竹溪县 | 14745 | 4337 | 2762 | | 140 | 3229 | 153731 |
| 房县 | 10058 | 3680 | 1617 | | | 4970 | 168202 |
| **荆州市** | **540654** | **4720** | **12836** | **272** | **57022** | | **2352656** |
| 荆州市辖区 | 64978 | 1151 | 2248 | | 5585 | | 798933 |
| 江陵县 | 62892 | 1703 | 1681 | 60 | 6648 | | 119806 |
| 松滋市 | 66089 | 657 | 591 | | 5195 | | 195606 |
| 公安县 | 102516 | 386 | 587 | | 10822 | | 328361 |
| 石首市 | 57562 | 36 | 296 | 13 | 9921 | | 261441 |
| 监利县 | 108783 | 428 | 3659 | 124 | 7681 | | 392804 |
| 洪湖市 | 77834 | 359 | 3774 | 75 | 11170 | | 255705 |
| **宜昌市** | **181323** | **34899** | **4834** | | **1795** | **16557** | **3399674** |
| 宜昌市辖区 | 2445 | 980 | 65 | | | | 233539 |
| 夷陵区 | 18159 | 5841 | 820 | | | 85 | 487636 |
| 宜都市 | 16639 | 2206 | 63 | | | 52 | 180416 |
| 枝江市 | 47570 | 5176 | 1095 | | 1680 | | 373530 |
| 当阳市 | 52357 | 12687 | 1677 | | 115 | | 881522 |
| 远安县 | 12002 | 568 | 74 | | | | 144680 |
| 兴山县 | 6098 | 554 | 190 | | | 3903 | 171594 |
| 秭归县 | 10495 | 3343 | 797 | | | 3338 | 286257 |
| 长阳县 | 10738 | 2998 | 32 | | | 2305 | 464359 |
| 五峰县 | 4820 | 546 | 21 | | | 6874 | 176141 |
| **襄阳市** | **135097** | **152432** | **9634** | **281** | **23123** | **14252** | **2892194** |
| 襄阳市辖区 | 11707 | 8327 | 1275 | | | | 522549 |
| 老河口市 | 15756 | 7928 | 2928 | | | 185 | 563722 |
| 襄州区 | 10907 | 91860 | 1209 | | | 2018 | 422163 |
| 枣阳市 | 16791 | 6637 | 877 | | 20133 | 2316 | 453025 |
| 宜城市 | 57681 | 29884 | 1363 | | 2981 | | 268721 |
| 南漳县 | 5827 | 1487 | 1104 | 281 | 9 | 2933 | 169453 |
| 谷城县 | 8030 | 4538 | 675 | | | | 350185 |
| 保康县 | 8398 | 1771 | 203 | | | 6800 | 142376 |
| **鄂州市** | **49138** | **3983** | **5499** | **325** | **6756** | | **909587** |

续表5　　单位:吨

| 指标名称 | 油菜籽总产量 | 花生总产量 | 芝麻总产量 | 麻类总产量 | 糖料总产量 | 烟叶总产量 | 蔬菜总产量 |
|---|---|---|---|---|---|---|---|
| **荆门市** | **254475** | **80591** | **11962** | | **28404** | **4** | **1811516** |
| 荆门市辖区 | 39349 | 14496 | 1769 | | 3215 | | 380857 |
| 沙洋县 | 107258 | 15896 | 4422 | | 22616 | | 426324 |
| 钟祥市 | 81002 | 36597 | 2634 | | 500 | | 670732 |
| 京山县 | 26866 | 13602 | 3137 | | 2073 | 4 | 333603 |
| **孝感市** | **139347** | **70988** | **7815** | **28** | **15584** | | **3175817** |
| 孝感市辖区 | 20250 | 6108 | 1419 | | 4165 | | 515639 |
| 孝昌县 | 17396 | 10703 | 1518 | | 5076 | | 300546 |
| 大悟县 | 7346 | 46918 | 735 | 28 | 192 | | 280840 |
| 安陆市 | 13457 | 3200 | 1717 | | 635 | | 229431 |
| 云梦县 | 15823 | 1284 | 593 | | | | 700628 |
| 应城市 | 25395 | 2122 | 1316 | | 1756 | | 553068 |
| 汉川市 | 39680 | 653 | 517 | | 3760 | | 595665 |
| **随州市** | **23232** | **35608** | **6460** | | **4452** | | **1373929** |
| 曾都区 | 3955 | 1543 | 481 | | 590 | | 248339 |
| 随县 | 6665 | 12391 | 2659 | | 2085 | | 420466 |
| 广水县 | 12612 | 21674 | 3320 | | 1777 | | 705124 |
| **黄冈市** | **342204** | **157263** | **14666** | **4468** | **30781** | | **2615484** |
| 黄冈市辖区 | 6180 | 262 | 458 | | 694 | | 236700 |
| 团凤县 | 15109 | 3643 | 2056 | | 2447 | | 75005 |
| 红安县 | 22858 | 76981 | 543 | 72 | 823 | | 171183 |
| 麻城市 | 49096 | 46900 | 2093 | 3 | 2822 | | 646898 |
| 罗田县 | 18593 | 4968 | 1458 | 34 | 4672 | | 177657 |
| 英山县 | 11600 | 3009 | 679 | 62 | 1300 | | 116501 |
| 浠水县 | 53750 | 13796 | 2970 | 3 | 2700 | | 379940 |
| 蕲春县 | 42757 | 3536 | 1810 | 3772 | 7835 | | 267114 |
| 武穴市 | 65001 | 2478 | 1349 | 522 | 6288 | | 275831 |
| 黄梅县 | 55956 | 1690 | 1250 | | 1200 | | 267272 |
| 龙感湖农场 | 1304 | | | | | | 1383 |
| **咸宁市** | **70836** | **15927** | **5809** | **13263** | **51648** | | **2082168** |
| 咸安区 | 31717 | 7474 | 2078 | 1960 | 754 | | 257496 |
| 嘉鱼县 | 7997 | 446 | 995 | 4724 | 29925 | | 1008658 |
| 赤壁市 | 19777 | 1957 | 2360 | 6579 | 11820 | | 362555 |
| 通城县 | 2319 | 1739 | 70 | | | | 117420 |
| 崇阳县 | 5826 | 3102 | 110 | | 9149 | | 190345 |
| 通山县 | 3200 | 1209 | 196 | | | | 145694 |
| **恩施自治州** | **67069** | **15406** | **544** | **18** | **350** | **93220** | **1980383** |
| 恩施市 | 12017 | 2230 | 5 | 18 | 100 | 16972 | 556569 |
| 利川市 | 7632 | 1609 | | | | 20179 | 585508 |
| 建始县 | 12332 | 1295 | 3 | | | 14556 | 150633 |
| 巴东县 | 12250 | 5074 | 536 | | | 11891 | 185610 |
| 宣恩县 | 4126 | 1564 | | | | 9618 | 128648 |
| 咸丰县 | 8305 | 2020 | | | | 7683 | 106390 |
| 来凤县 | 6193 | 751 | | | 250 | 2950 | 144168 |
| 鹤峰县 | 4214 | 863 | | | | 9371 | 122857 |
| **仙桃市** | **109485** | **2083** | **5987** | **60** | **15167** | | **340458** |
| **天门市** | **93954** | **14790** | **2061** | | **2703** | | **501694** |
| **潜江市** | **101870** | **5847** | **1926** | | **5425** | | **616742** |
| **神农架林区** | **424** | **38** | **7** | | | **491** | **37048** |

# 4 林业和土特产

# 林业生产情况

| 指标名称 | 计量单位 | 湖北省 |
| --- | --- | --- |
| 一、荒山、荒沙造林面积 | 公顷 | 181087 |
| 按造林面积方式分: | | |
| 1、人工造林面积 | 公顷 | 157747 |
| 其中:竹林面积 | 公顷 | 3454 |
| 乔林面积 | 公顷 | 92338 |
| 2、飞播造林面积 | 公顷 | |
| 3、无林地和疏林地新封面积 | 公顷 | 23340 |
| 按经济成份分: | | |
| 1、公有经济林 | 公顷 | 51002 |
| (1)国有经济造林 | 公顷 | 24438 |
| (2)集体经济造林 | 公顷 | 26564 |
| 2、非公有经济造林 | 公顷 | 130085 |
| 按林种用途分: | | |
| 1、用材林 | 公顷 | 84679 |
| 其中:速生丰产林面积 | 公顷 | 38444 |
| 2、经济林 | 公顷 | 48971 |
| 3、防护林 | 公顷 | 44329 |
| 4、薪炭林 | 公顷 | 2077 |
| 5、特种用途林 | 公顷 | 1031 |
| 二、有林地造林面积 | 公顷 | 21075 |
| 1、林冠下造林 | 公顷 | 1664 |
| 2、飞播营林 | 公顷 | |
| 3、有林地和灌木林地新封 | 公顷 | 19411 |
| 三、更新改造面积 | 公顷 | 28284 |
| 四、低产低效林改造面积 | 公顷 | 143053 |
| 五、四旁零星植树 | 万株 | 21152.98 |
| 六、年末实有封山(沙)育林面积 | 公顷 | 945612 |
| 七、幼林抚育作业面积 | 公顷 | 507704 |
| 八、幼林抚育实际面积 | 公顷 | 392614 |

续表

| 指标名称 | 计量单位 | 湖北省 |
|---|---|---|
| 九、成林抚育面积 | 公顷 | 513095 |
| 其中:中、幼龄林抚育面积 | 公顷 | 206900 |
| 十、抚育改造出材量 | 立方米 | 1733341 |
| 其中:中、幼龄林抚育出材量 | 立方米 | 208716 |
| 十一、林木种子采集量 | 吨 | 77756 |
| 十二、当年苗木产量 | 株 | 45873971 |
| 十三、育苗面积 | 公顷 | 24531 |
| 其中:本年新增育苗面积 | 公顷 | 8074 |
| 十四、年末实有母树林面积 | 公顷 | 587313 |
| 十五、年末实有种子园面积 | 公顷 | 10211 |
| 十六、主要林产品产量 | | |
| (一)生 漆 | 公斤 | 379145 |
| (二)油桐籽 | 吨 | 24614 |
| (三)油茶籽 | 吨 | 69627 |
| (四)乌桕籽 | 吨 | 11604 |
| (五)五倍籽 | 吨 | 2034 |
| (六)棕 片 | 吨 | 2523 |
| (七)松 脂 | 公斤 | 5732454 |
| (八)竹笋干 | 吨 | 6238 |
| (九)核 桃 | 吨 | 14304 |
| (十)板 栗 | 吨 | 201561 |
| (十一)紫 胶(原胶) | 吨 | 250 |
| (十二)花 椒 | 吨 | 830 |
| (十三)八 角 | 吨 | 163 |
| (十四)松 子 | 吨 | 5219 |
| 十七、竹木采伐 | | |
| (一)、木 材 | 立方米 | 2065070 |
| 其中:村及村以下采伐 | 立方米 | 1580216 |
| (二)、竹 材 | 万根 | 17606.35 |
| 其中:村及村以下采伐 | 万根 | 15492.14 |
| 1、楠 竹 | 万根 | 2607.29 |
| 2、杂 竹 | 万根 | 14999.06 |

## 林产品产量

单位:吨

| 指标名称 | 生漆 | 油桐籽 | 油茶籽 | 乌桕籽 |
|---|---|---|---|---|
| **湖北省** | **379145** | **24614** | **69627** | **11604** |
| **武汉市** | | **791** | **2845** | |
| 武汉市辖区 | | | 3 | |
| 蔡甸区 | | | | |
| 江夏区 | | | | |
| 黄陂区 | | | 120 | |
| 新洲区 | | 791 | 2722 | |
| **黄石市** | | **486** | **4228** | **11** |
| 黄石市辖区 | | 63 | 702 | |
| 大冶市 | | 200 | 500 | |
| 阳新县 | | 223 | 3026 | 11 |
| **十堰市** | **24498** | **12052** | **163** | **176** |
| 十堰市辖区 | 482 | 20 | | |
| 丹江口市 | | 51 | 90 | 26 |
| 郧县 | 4000 | 8215 | 56 | 150 |
| 郧西县 | 16 | 3282 | | |
| 竹山县 | 1200 | 325 | 10 | |
| 竹溪县 | 18000 | 19 | | |
| 房县 | 800 | 140 | 7 | |
| **荆州市** | | **33** | **48** | **21** |
| 荆州市辖区 | | | | |
| 江陵县 | | | | |
| 松滋市 | | 33 | 48 | 21 |
| 公安县 | | | | |
| 石首市 | | | | |
| 监利县 | | | | |
| 洪湖市 | | | | |
| **宜昌市** | **10507** | **421** | **1078** | **54** |
| 宜昌市辖区 | | | | |
| 夷陵区 | 15 | 14 | 4 | |
| 宜都市 | 2000 | 201 | 13 | 12 |
| 枝江市 | | | | |
| 当阳市 | | | | |
| 远安县 | | 7 | | 1 |
| 兴山县 | 640 | 67 | 15 | |
| 秭归县 | 330 | | | |
| 长阳县 | 3991 | 122 | 995 | 41 |
| 五峰县 | 3531 | 10 | 51 | |
| **襄阳市** | **302** | **120** | **8655** | **9** |
| 襄阳市辖区 | | 6 | 227 | |
| 老河口市 | | | | |
| 襄州区 | | | | |
| 枣阳市 | | | 219 | |
| 宜城市 | | 36 | 3 | |
| 南漳县 | | 20 | 10 | 2 |
| 谷城县 | 2 | 35 | 8169 | 7 |
| 保康县 | 300 | 23 | 27 | |
| **鄂州市** | | | **75** | **666** |

续表 单位:吨

| 指标名称 | 生漆 | 油桐籽 | 油茶籽 | 乌桕籽 |
|---|---|---|---|---|
| **荆门市** | | **19** | **185** | **81** |
| 荆门市辖区 | | 1 | 5 | 1 |
| 沙洋县 | | | | |
| 钟祥市 | | | 105 | 49 |
| 京山县 | | 18 | 75 | 31 |
| **孝感市** | | **2633** | **3377** | **7801** |
| 孝感市辖区 | | | | |
| 孝昌县 | | 36 | 274 | 1 |
| 大悟县 | | 2500 | 3000 | 7800 |
| 安陆市 | | 97 | 103 | |
| 云梦县 | | | | |
| 应城市 | | | | |
| 汉川市 | | | | |
| **随州市** | | **2876** | **3387** | **753** |
| 曾都区 | | 102 | 321 | 117 |
| 随县 | | 434 | 578 | 184 |
| 广水县 | | 2340 | 2488 | 452 |
| **黄冈市** | **70000** | **2571** | **21652** | **1921** |
| 黄冈市辖区 | | | | |
| 团风县 | | 45 | 493 | 1 |
| 红安县 | | 70 | 9204 | 350 |
| 麻城市 | | 1247 | 6655 | 698 |
| 罗田县 | | 765 | 506 | 827 |
| 英山县 | | 177 | 756 | 35 |
| 浠水县 | | 10 | 800 | 10 |
| 蕲春县 | 70000 | 210 | 3200 | |
| 武穴市 | | 45 | 25 | |
| 黄梅县 | | 2 | 13 | |
| **咸宁市** | | **572** | **17433** | |
| 咸安区 | | 39 | 189 | |
| 嘉鱼县 | | | | |
| 赤壁市 | | 60 | 109 | |
| 通城县 | | 37 | 13260 | |
| 崇阳县 | | 237 | 1481 | |
| 通山县 | | 199 | 2394 | |
| **恩施自治州** | **268858** | **2039** | **6501** | **111** |
| 恩施市 | 31771 | 12 | 24 | 20 |
| 利川市 | 34475 | 36 | | |
| 建始县 | 115000 | 167 | 30 | 88 |
| 巴东县 | 14 | 55 | 8 | 3 |
| 宣恩县 | 18000 | 63 | 54 | |
| 咸丰县 | 60000 | 150 | 300 | |
| 来凤县 | 2000 | 1541 | 6000 | |
| 鹤峰县 | 7598 | 15 | 85 | |
| **仙桃市** | | | | |
| **天门市** | | | | |
| **潜江市** | | | | |
| **神农架林区** | **4980** | **1** | | |

# 茶叶、水果产量

单位:吨

| 指标名称 | 茶叶产量 | 绿茶 | 红茶 | 园林水果合计 | 柑桔 | 梨子 | 桃 |
|---|---|---|---|---|---|---|---|
| **湖北省** | **184165** | **148509** | **19374** | **5217789** | **3309737** | **462901** | **690156** |
| **武汉市** | **2194** | **2043** | | **78960** | **34938** | **16131** | **19498** |
| 武汉市辖区 | 325 | 299 | | 16716 | 3562 | 3585 | 5109 |
| 蔡甸区 | | | | 4111 | 2956 | 533 | 575 |
| 江夏区 | 1251 | 1136 | | 29100 | 25908 | 445 | 1494 |
| 黄陂区 | 480 | 480 | | 6769 | 336 | 514 | 4759 |
| 新洲区 | 138 | 128 | | 22264 | 2176 | 11054 | 7561 |
| **黄石市** | **394** | **375** | **10** | **38480** | **33899** | **746** | **1617** |
| 黄石市辖区 | 10 | | 10 | 2117 | 1621 | 146 | 131 |
| 大冶市 | 84 | 75 | | 6363 | 4290 | | 920 |
| 阳新县 | 300 | 300 | | 30000 | 27988 | 600 | 566 |
| **十堰市** | **11130** | **11130** | | **275354** | **255191** | **721** | **6219** |
| 十堰市辖区 | 31 | 31 | | 2377 | 694 | 9 | 583 |
| 丹江口市 | 201 | 201 | | 217087 | 215528 | 17 | 477 |
| 郧县 | 778 | 778 | | 37842 | 32062 | 37 | 2810 |
| 郧西县 | 55 | 55 | | 4966 | 832 | 191 | 775 |
| 竹山县 | 4558 | 4558 | | 3234 | 227 | 232 | 640 |
| 竹溪县 | 5008 | 5008 | | 894 | 100 | 208 | 83 |
| 房县 | 499 | 499 | | 8954 | 5748 | 27 | 851 |
| **荆州市** | **53** | **47** | **1** | **343526** | **248866** | **9351** | **7108** |
| 荆州市辖区 | | | | 59908 | 44928 | 3021 | 3533 |
| 江陵县 | | | | 1293 | 855 | 33 | 211 |
| 松滋市 | 14 | 14 | | 125327 | 115913 | 2149 | 506 |
| 公安县 | 15 | 15 | | 132355 | 71134 | 452 | 303 |
| 石首市 | 24 | 18 | 1 | 17821 | 12783 | 1609 | 1360 |
| 监利县 | | | | 5909 | 2714 | 1908 | 1132 |
| 洪湖市 | | | | 913 | 539 | 179 | 63 |
| **宜昌市** | **45588** | **37562** | **7960** | **2307100** | **2248466** | **22527** | **25637** |
| 宜昌市辖区 | 623 | 609 | 14 | 154619 | 153579 | | 1011 |
| 夷陵区 | 12667 | 12667 | | 486064 | 480219 | 247 | 1089 |
| 宜都市 | 10101 | 8288 | 1807 | 485973 | 484660 | 25 | 895 |
| 枝江市 | 44 | 44 | | 459767 | 422592 | 18686 | 17473 |
| 当阳市 | 117 | 117 | | 340950 | 335473 | 1851 | 2860 |
| 远安县 | 672 | 672 | | 11400 | 9822 | 286 | 732 |
| 兴山县 | 665 | 655 | | 67988 | 65161 | 707 | 541 |
| 秭归县 | 2344 | 2335 | 8 | 242747 | 242149 | 73 | 453 |
| 长阳县 | 1514 | 1465 | | 55538 | 53567 | 380 | 583 |
| 五峰县 | 16841 | 10710 | 6131 | 2054 | 1244 | 272 | |
| **襄阳市** | **10315** | **9325** | **124** | **547160** | **47494** | **127901** | **344169** |
| 襄阳市辖区 | 20 | 20 | | 4439 | 775 | 1353 | 1329 |
| 老河口市 | 66 | 66 | | 121858 | 1295 | 87753 | 26709 |
| 襄州区 | | | | 87474 | 768 | 22447 | 55848 |
| 枣阳市 | 238 | 238 | | 273346 | 900 | 13690 | 254085 |
| 宜城市 | 101 | 101 | | 19653 | 14339 | 1399 | 1903 |
| 南漳县 | 866 | | | 29276 | 25979 | 157 | 1852 |
| 谷城县 | 5192 | 5192 | | 5763 | 3036 | 911 | 1106 |
| 保康县 | 3832 | 3708 | 124 | 5351 | 402 | 191 | 1337 |
| **鄂州市** | **103** | **103** | | **30946** | **23050** | **1403** | **3155** |

续表 单位:吨

| 指标名称 | 茶叶产量 | 绿茶 | 红茶 | 园林水果合计 | 柑桔 | 梨子 | 桃 |
|---|---|---|---|---|---|---|---|
| **荆门市** | **185** | **185** | | **359964** | **139732** | **162922** | **35804** |
| 荆门市辖区 | 57 | 57 | | 81635 | 66449 | 5598 | 6198 |
| 沙洋县 | 2 | 2 | | 22143 | 11453 | 3432 | 6154 |
| 钟祥市 | 111 | 111 | | 186512 | 36525 | 128543 | 6129 |
| 京山县 | 15 | 15 | | 69674 | 25305 | 25349 | 17323 |
| **孝感市** | **7124** | **7011** | **2** | **170227** | **18089** | **22633** | **88527** |
| 孝感市辖区 | 97 | 89 | 2 | 12878 | 1058 | 200 | 11234 |
| 孝昌县 | 1278 | 1278 | | 88531 | 14884 | 994 | 51788 |
| 大悟县 | 5100 | 5100 | | 10724 | 129 | 2434 | 6145 |
| 安陆市 | 275 | 170 | | 14451 | 820 | 970 | 8260 |
| 云梦县 | | | | 16824 | 46 | 6844 | 6630 |
| 应城市 | 374 | 374 | | 15260 | 361 | 3697 | 2397 |
| 汉川市 | | | | 11559 | 791 | 7494 | 2073 |
| **随州市** | **2256** | **2230** | **26** | **120491** | **6718** | **10759** | **74161** |
| 曾都区 | 108 | 95 | 13 | 3927 | 390 | 86 | 2919 |
| 随县 | 1542 | 1529 | 13 | 59689 | 4388 | 5635 | 34327 |
| 广水县 | 606 | 606 | | 56875 | 1940 | 5038 | 36915 |
| **黄冈市** | **32809** | **32809** | | **103501** | **59375** | **4650** | **26537** |
| 黄冈市辖区 | 5 | 5 | | 983 | 718 | 70 | 128 |
| 团风县 | 82 | 82 | | 2073 | 829 | 218 | 474 |
| 红安县 | 1594 | 1594 | | 1878 | 401 | | 651 |
| 麻城市 | 1701 | 1701 | | 4556 | 930 | 730 | 1111 |
| 罗田县 | 385 | 385 | | 6912 | 634 | 310 | 684 |
| 英山县 | 27009 | 27009 | | 3120 | 590 | 641 | 1231 |
| 浠水县 | 1150 | 1150 | | 17870 | 12750 | 790 | 2670 |
| 蕲春县 | 749 | 749 | | 29749 | 10382 | 822 | 17761 |
| 武穴市 | 40 | 40 | | 32095 | 29935 | 37 | 1106 |
| 黄梅县 | 94 | 94 | | 3889 | 2147 | 739 | 721 |
| 龙感湖农场 | | | | 376 | 59 | 293 | |
| **咸宁市** | **19050** | **8559** | **390** | **49470** | **24683** | **7293** | **6966** |
| 咸安区 | 1418 | 802 | | 2706 | 922 | 236 | 1111 |
| 嘉鱼县 | 1382 | 839 | 15 | 4098 | 2751 | 4 | 755 |
| 赤壁市 | 13315 | 5263 | 266 | 12951 | 5023 | 1446 | 1821 |
| 通城县 | 1255 | 747 | 59 | 3088 | 2274 | 52 | 701 |
| 崇阳县 | 629 | 378 | | 12408 | 3011 | 3977 | 2118 |
| 通山县 | 1051 | 530 | 50 | 14219 | 10702 | 1578 | 460 |
| **恩施自治州** | **52895** | **37100** | **10861** | **231365** | **155064** | **40852** | **3997** |
| 恩施市 | 12780 | 10824 | 1950 | 15659 | 12262 | 870 | 957 |
| 利川市 | 11450 | 6479 | 4917 | 28600 | 2314 | 24166 | 840 |
| 建始县 | 901 | 747 | | 14591 | 5770 | 636 | 423 |
| 巴东县 | 817 | 817 | | 47531 | 41319 | 773 | 53 |
| 宣恩县 | 6618 | 6114 | 503 | 72796 | 70500 | 2000 | 251 |
| 咸丰县 | 4298 | 1027 | 200 | 14445 | 1595 | 11000 | 400 |
| 来凤县 | 323 | 279 | | 34806 | 19590 | 920 | 502 |
| 鹤峰县 | 15708 | 10813 | 3291 | 2937 | 1714 | 487 | 571 |
| **仙桃市** | | | | **22854** | **9172** | **9791** | **3544** |
| **天门市** | | | | **15525** | **2849** | **11421** | **878** |
| **潜江市** | | | | **22821** | **2151** | **13800** | **2308** |
| **神农架林区** | **69** | **30** | | **201** | | | **31** |

# 茶园、果园面积

单位:公顷

| 项目 | 年末实有茶园面积 | 其中:本年采摘面积 | 年末果园面积 | 柑桔园面积 | 梨园面积 | 桃园面积 |
|---|---|---|---|---|---|---|
| **湖北省** | **242980** | **174700** | **398839** | **244480** | **48830** | **56640** |
| **武汉市** | **6260** | **3606** | **8997** | **4059** | **1660** | **1996** |
| 武汉市辖区 | 173 | 157 | 972 | 352 | 192 | 274 |
| 蔡甸区 | | | 566 | 273 | 210 | 69 |
| 江夏区 | 760 | 463 | 3890 | 3099 | 28 | 359 |
| 黄陂区 | 4164 | 2188 | 1207 | 40 | 70 | 717 |
| 新洲区 | 1163 | 798 | 2362 | 295 | 1160 | 577 |
| **黄石市** | **1671** | **1320** | **8351** | **5718** | **489** | **841** |
| 黄石市辖区 | 16 | 6 | 347 | 206 | 24 | 27 |
| 大冶市 | 369 | 68 | 1300 | 642 | 140 | 239 |
| 阳新县 | 1286 | 1246 | 6704 | 4870 | 325 | 575 |
| **十堰市** | **34493** | **17604** | **51751** | **33674** | **209** | **766** |
| 十堰市辖区 | 641 | 248 | 817 | 247 | 2 | 154 |
| 丹江口市 | 1588 | 1072 | 22613 | 22399 | 3 | 69 |
| 郧县 | 1554 | 1319 | 23190 | 10077 | 38 | 92 |
| 郧西县 | 479 | 380 | 1681 | 341 | 56 | 79 |
| 竹山县 | 10590 | 5040 | 944 | 29 | 31 | 94 |
| 竹溪县 | 14244 | 8105 | 433 | 1 | 73 | 44 |
| 房县 | 5397 | 1440 | 2073 | 580 | 6 | 234 |
| **荆州市** | **364** | **312** | **21659** | **18016** | **689** | **479** |
| 荆州市辖区 | | | 1729 | 1043 | 91 | 102 |
| 江陵县 | 22 | | 97 | 46 | 5 | 27 |
| 松滋市 | 44 | 34 | 14401 | 13612 | 406 | 133 |
| 公安县 | 36 | 30 | 3688 | 2262 | 22 | 17 |
| 石首市 | 262 | 248 | 1217 | 787 | 70 | 145 |
| 监利县 | | | 461 | 224 | 81 | 52 |
| 洪湖市 | | | 66 | 42 | 14 | 3 |
| **宜昌市** | **53293** | **43745** | **122681** | **117642** | **1528** | **1666** |
| 宜昌市辖区 | 525 | 433 | 5405 | 5295 | | 42 |
| 夷陵区 | 13591 | 9668 | 22920 | 22314 | 93 | 144 |
| 宜都市 | 6157 | 5643 | 20740 | 20637 | 9 | 71 |
| 枝江市 | 52 | 52 | 17660 | 15892 | 724 | 934 |
| 当阳市 | 8171 | 8171 | 21383 | 21020 | 109 | 191 |
| 远安县 | 1687 | 1213 | 3540 | 3276 | 56 | 115 |
| 兴山县 | 1837 | 1366 | 5607 | 5204 | 76 | 50 |
| 秭归县 | 4033 | 2341 | 15957 | 15696 | 20 | 23 |
| 长阳县 | 5082 | 4316 | 9035 | 8015 | 419 | 96 |
| 五峰县 | 12158 | 10542 | 434 | 293 | 22 | |
| **襄阳市** | **22606** | **15705** | **31064** | **2800** | **6265** | **19246** |
| 襄阳市辖区 | 40 | 40 | 293 | 57 | 102 | 96 |
| 老河口市 | 63 | 63 | 7435 | 193 | 4598 | 1837 |
| 襄州区 | | | 3372 | 29 | 932 | 2016 |
| 枣阳市 | 403 | 388 | 16265 | 482 | 444 | 15058 |
| 宜城市 | 272 | 231 | 1065 | 817 | 136 | 52 |
| 南漳县 | 5024 | 2557 | 1354 | 859 | 11 | 34 |
| 谷城县 | 8835 | 6734 | 1090 | 296 | 38 | 84 |
| 保康县 | 7969 | 5692 | 190 | 67 | 4 | 69 |
| **鄂州市** | **167** | **152** | **6464** | **3118** | **1509** | **758** |

续表 单位:公顷

| 项目 | 年末实有茶园面积 | 其中:本年采摘面积 | 年末果园面积 | 柑桔园面积 | 梨园面积 | 桃园面积 |
|---|---|---|---|---|---|---|
| **荆门市** | **898** | **761** | **23827** | **11980** | **7130** | **2739** |
| 荆门市辖区 | 263 | 263 | 9114 | 7399 | 435 | 358 |
| 沙洋县 | 23 | 20 | 1240 | 683 | 337 | 209 |
| 钟祥市 | 322 | 302 | 8490 | 2884 | 3997 | 838 |
| 京山县 | 290 | 176 | 4983 | 1014 | 2361 | 1334 |
| **孝感市** | **24229** | **14494** | **20535** | **1658** | **2038** | **7894** |
| 孝感市辖区 | 927 | 533 | 1912 | 85 | 39 | 1575 |
| 孝昌县 | 7979 | 4890 | 12007 | 1188 | 112 | 3232 |
| 大悟县 | 14740 | 8501 | 2637 | 33 | 904 | 1531 |
| 安陆市 | 290 | 277 | 1830 | 247 | 208 | 930 |
| 云梦县 | | | 959 | 30 | 297 | 305 |
| 应城市 | 293 | 293 | 732 | 48 | 281 | 157 |
| 汉川市 | | | 458 | 27 | 197 | 164 |
| **随州市** | **7238** | **6912** | **15263** | **942** | **1138** | **7457** |
| 曾都区 | 420 | 404 | 1321 | 44 | 91 | 629 |
| 随县 | 4631 | 4562 | 9506 | 730 | 610 | 4323 |
| 广水县 | 2187 | 1946 | 4436 | 168 | 437 | 2505 |
| **黄冈市** | **23362** | **19508** | **14528** | **3128** | **3622** | **4221** |
| 黄冈市辖区 | 11 | 7 | 161 | 112 | 13 | 29 |
| 团风县 | 295 | 269 | 484 | 239 | 53 | 189 |
| 红安县 | 1629 | 1330 | 1021 | 182 | 581 | |
| 麻城市 | 3606 | 3221 | 2652 | 66 | 258 | 555 |
| 罗田县 | 954 | 907 | 929 | 168 | 71 | 102 |
| 英山县 | 13996 | 11598 | 498 | 102 | 127 | 139 |
| 浠水县 | 1200 | 1100 | 1875 | 853 | 181 | 410 |
| 蕲春县 | 1187 | 607 | 3726 | 795 | 112 | 2671 |
| 武穴市 | 182 | 169 | 2393 | 205 | 2000 | 4 |
| 黄梅县 | 302 | 300 | 772 | 403 | 213 | 122 |
| 龙感湖农场 | | | 17 | 3 | 13 | |
| **咸宁市** | **12862** | **8585** | **23151** | **8859** | **4882** | **2756** |
| 咸安区 | 814 | 682 | 1014 | 281 | 25 | 495 |
| 嘉鱼县 | 627 | 619 | 630 | 244 | 49 | 108 |
| 赤壁市 | 5513 | 3403 | 4482 | 1610 | 496 | 474 |
| 通城县 | 3442 | 2493 | 3343 | 2643 | 51 | 339 |
| 崇阳县 | 646 | 185 | 8040 | 1344 | 3668 | 1128 |
| 通山县 | 1820 | 1203 | 5642 | 2737 | 593 | 212 |
| **恩施自治州** | **63018** | **45076** | **34758** | **20767** | **7229** | **1390** |
| 恩施市 | 16784 | 11529 | 3739 | 2338 | 373 | 228 |
| 利川市 | 9523 | 6470 | 3496 | 310 | 2994 | 75 |
| 建始县 | 1534 | 1371 | 2558 | 569 | 104 | 115 |
| 巴东县 | 2534 | 1524 | 8133 | 6784 | 16 | 396 |
| 宣恩县 | 8933 | 5736 | 8360 | 7519 | 642 | 189 |
| 咸丰县 | 7334 | 5395 | 3602 | 420 | 2413 | 80 |
| 来凤县 | 1376 | 966 | 3325 | 1913 | 469 | 87 |
| 鹤峰县 | 15000 | 12085 | 1545 | 914 | 218 | 220 |
| **仙桃市** | | | **1004** | **440** | **389** | **154** |
| **天门市** | | | **616** | **142** | **391** | **62** |
| **潜江市** | **1270** | **925** | **13956** | **1533** | **9645** | **1208** |
| **神农架林区** | **780** | **526** | **234** | | **17** | **5** |

# 2011年长江防护林工程建设情况

| 单位名称 | 荒山荒(沙)地造林面积(公顷) | 在造林面积中 人工造林(公顷) | 飞播造林(公顷) | 无林地和疏林地新封(公顷) | 用材林造林面积(公顷) | 经济林造林面积(公顷) | 防护林造林面积(公顷) | #水源涵养林 | 水土保持林 | 防风固沙林 | 农田、牧场防护林 | 护岸护堤林 | 护路林 |
|---|---|---|---|---|---|---|---|---|---|---|---|---|---|
| **湖北** | **36526** | **18564** | | **17962** | **2533** | **639** | **33354** | **8926** | **17305** | **599** | **360** | **1570** | **62** |
| **黄石市** | **161** | **133** | | **28** | | | **161** | | **161** | | | | |
| 大冶市 | 161 | 133 | | 28 | | | 161 | | 161 | | | | |
| **十堰市** | **23133** | **9133** | | **14000** | **2000** | **94** | **21039** | **7599** | **11440** | | | | |
| 茅箭区 | 2000 | 1000 | | 1000 | 2000 | | | | | | | | |
| 张湾区 | 2000 | 1000 | | 1000 | | | 2000 | | 2000 | | | | |
| 郧县 | 3533 | 1533 | | 2000 | | | 3533 | 3533 | | | | | |
| 郧西县 | 3533 | 1533 | | 2000 | | | 3533 | | 3533 | | | | |
| 竹山县 | 2667 | 667 | | 2000 | | | 2667 | | 2667 | | | | |
| 竹溪县 | 2667 | 667 | | 2000 | | 94 | 2573 | | 573 | | | | |
| 房县 | 2667 | 667 | | 2000 | | | 2667 | | 2667 | | | | |
| 丹江口市 | 3733 | 1733 | | 2000 | | | 3733 | 3733 | | | | | |
| 武当山特区 | 333 | 333 | | | | | 333 | 333 | | | | | |
| **宜昌市** | **1199** | **799** | | **400** | **66** | **134** | **999** | | **400** | | | | |
| 猇亭区 | 267 | 267 | | | | | 267 | | 267 | | | | |
| 夷陵区 | 333 | 133 | | 200 | | 67 | 266 | | | | | | |
| 兴山县 | 133 | 133 | | | | | 133 | | 133 | | | | |
| 秭归县 | 333 | 133 | | 200 | 66 | 67 | 200 | | | | | | |
| 长阳县 | 133 | 133 | | | | | 133 | | | | | | |
| **襄阳市** | **2167** | **1500** | | **667** | | **11** | **2156** | **667** | **890** | **599** | | | |
| 襄州区 | 366 | 366 | | | | | 366 | | | 366 | | | |
| 南漳县 | 534 | 267 | | 267 | | 11 | 523 | 267 | 256 | | | | |
| 谷城县 | 667 | 267 | | 400 | | | 667 | 400 | 267 | | | | |
| 老河口市 | 267 | 267 | | | | | 267 | | 267 | | | | |
| 枣阳市 | 333 | 333 | | | | | 333 | | 100 | 233 | | | |
| **鄂州市** | **267** | **267** | | | | | **267** | | **267** | | | | |
| **荆门市** | **1400** | **867** | | **533** | | | **1400** | **333** | **267** | | | **267** | |
| 东宝区 | 533 | 133 | | 400 | | | 533 | | | | | | |
| 京山县 | 267 | 267 | | | | | 267 | | 267 | | | | |
| 沙洋县 | 267 | 267 | | | | | 267 | | | | | 267 | |
| 钟祥市 | 333 | 200 | | 133 | | | 333 | 333 | | | | | |

续表1

| 单位名称 | 荒山荒(沙)地造林面积（公顷） | 在造林面积中 | | | 用材林造林面积（公顷） | 经济林造林面积（公顷） | 防护林造林面积（公顷） | #水源涵养林 | 水土保持林 | 防风固沙林 | 农田、牧场防护林 | 护岸护堤林 | 护路林 |
|---|---|---|---|---|---|---|---|---|---|---|---|---|---|
| | | 人工造林（公顷） | 飞播造林（公顷） | 无林地和疏林地新封（公顷） | | | | | | | | | |
| **孝感市** | **1334** | **1134** | | **200** | | | **1334** | | **270** | | | **397** | |
| 孝昌县 | 267 | 267 | | | | | 267 | | | | | | |
| 大悟县 | 400 | 200 | | 200 | | | 400 | | | | | | |
| 云梦县 | 200 | 200 | | | | | 200 | | 70 | | | 130 | |
| 安陆市 | 200 | 200 | | | | | 200 | | 200 | | | | |
| 汉川市 | 267 | 267 | | | | | 267 | | | | | 267 | |
| **荆州市** | **1066** | **1066** | | | | | **1066** | | **108** | | **27** | **706** | **25** |
| 荆州区 | 200 | 200 | | | | | 200 | | | | | | |
| 石首市 | 333 | 333 | | | | | 333 | | | | | 333 | |
| 洪湖市 | 333 | 333 | | | | | 333 | | | | | 333 | |
| 松滋市 | 200 | 200 | | | | | 200 | | 108 | | 27 | 40 | 25 |
| **黄冈市** | **1734** | **934** | | **800** | | | **1734** | **200** | **1097** | | | **200** | **37** |
| 团风县 | 200 | 200 | | | | | 200 | | | | | | |
| 红安县 | 467 | 67 | | 400 | | | 467 | | 430 | | | | 37 |
| 罗田县 | 467 | 67 | | 400 | | | 467 | | 467 | | | | |
| 蕲春县 | 200 | 200 | | | | | 200 | | | | | 200 | |
| 黄梅县 | 200 | 200 | | | | | 200 | 200 | | | | | |
| 麻城市 | 200 | 200 | | | | | 200 | | 200 | | | | |
| **咸宁市** | **1133** | **1133** | | | **200** | **400** | **533** | **127** | **73** | | | | |
| 咸安区 | 200 | 200 | | | | | 200 | 127 | 73 | | | | |
| 嘉鱼县 | 200 | 200 | | | 200 | | | | | | | | |
| 通城县 | 200 | 200 | | | | 200 | | | | | | | |
| 崇阳县 | 200 | 200 | | | | 200 | | | | | | | |
| 赤壁市 | 333 | 333 | | | | | 333 | | | | | | |
| 随州市 | 266 | 266 | | | | | 266 | | 266 | | | | |
| 随县 | 266 | 266 | | | | | 266 | | 266 | | | | |
| **恩施自治州** | **333** | **333** | | | | | **333** | | **333** | | | | |
| 巴东县 | 333 | 333 | | | | | 333 | | 333 | | | | |
| 鹤峰县 | | | | | | | | | | | | | |
| **仙桃市** | **333** | **333** | | | | | **333** | | | | **333** | | |
| **潜江市** | **266** | **266** | | | | | **266** | | **266** | | | | |
| **天门市** | **267** | **267** | | | **267** | | | | | | | | |
| **神农架林区** | **1467** | **133** | | **1334** | | | **1467** | | **1467** | | | | |

续表2

| 单位名称 | 低产低效林改造面积(公顷) | 年末实有封山(沙)育林面积(公顷) | 全部林业投资完成额(万元) | 造林 | 低产低效防护林改造 | 种苗 | 森林防火 | 病虫害防治 | 科技费用 | 其他 |
|---|---|---|---|---|---|---|---|---|---|---|
| **湖北** | **2401** | **109419** | **8981** | **4865** | **1214** | **1324** | **105** | **101** | **20** | **1352** |
| **黄石市** | | **420** | **103** | **40** | | | | | | **63** |
| 大冶市 | | 420 | 103 | 40 | | | | | | 63 |
| **十堰市** | | **50134** | **4520** | **2602** | **809** | **188** | | **7** | | **914** |
| 茅箭区 | | 33333 | | | | | | | | |
| 张湾区 | | 1400 | 506 | 210 | | 90 | | | | 206 |
| 郧县 | | 2000 | 670 | 670 | | | | | | |
| 郧西县 | | 2000 | 670 | 460 | | | | | | 210 |
| 竹山县 | | 2267 | 410 | 141 | 79 | | | | | 190 |
| 竹溪县 | | 2667 | 191 | 191 | | | | | | |
| 房县 | | 4000 | 513 | 100 | | 98 | | 7 | | 308 |
| 丹江口市 | | 2000 | 1460 | 730 | 730 | | | | | |
| 武当山特区 | | 467 | 100 | 100 | | | | | | |
| **宜昌市** | **467** | **1334** | **322** | **124** | **5** | **90** | **12** | **52** | | **39** |
| 猇亭区 | | | | | | | | | | |
| 夷陵区 | 467 | 600 | 65 | | 5 | | 10 | 50 | | |
| 兴山县 | | 267 | 88 | 88 | | | | | | |
| 秭归县 | | 200 | 81 | | | 48 | 1 | 1 | | 31 |
| 长阳县 | | 267 | 88 | 36 | | 42 | 1 | 1 | | 8 |
| **襄阳市** | | **667** | **566** | **353** | | **158** | **10** | **8** | **4** | **33** |
| 襄州区 | | | | | | | | | | |
| 南漳县 | | 267 | 145 | 90 | | 25 | 10 | 5 | | 15 |
| 谷城县 | | 400 | 122 | 44 | | 60 | | | | 18 |
| 老河口市 | | | 197 | 117 | | 73 | | 3 | 4 | |
| 枣阳市 | | | 102 | 102 | | | | | | |
| **鄂州市** | **1267** | | **320** | **120** | **200** | | | | | |
| **荆门市** | | **46220** | **407** | **195** | | **106** | | | | **106** |
| 东宝区 | | 46087 | 60 | 60 | | | | | | |
| 京山县 | | | 174 | 75 | | 26 | | | | 73 |
| 沙洋县 | | | 80 | | | 80 | | | | |
| 钟祥市 | | 133 | 93 | 60 | | | | | | 33 |

续表3

| 单位名称 | 低产低效林改造面积(公顷) | 年末实有封山(沙)育林面积(公顷) | 全部林业投资完成额(万元) | | | | | | | |
|---|---|---|---|---|---|---|---|---|---|---|
| | | | | 造林 | 低产低效防护林改造 | 种苗 | 森林防火 | 病虫害防治 | 科技费用 | 其他 |
| **孝感市** | | **400** | **390** | **148** | | **179** | | **16** | | **47** |
| 孝昌县 | | | | | | | | | | |
| 大悟县 | | 400 | 102 | | | 102 | | | | |
| 云梦县 | | | 80 | 18 | | 29 | | 6 | | 27 |
| 安陆市 | | | 80 | 80 | | | | | | |
| 汉川市 | | | 128 | 50 | | 48 | | 10 | | 20 |
| **荆州市** | | | **309** | **86** | | **195** | | **13** | | **15** |
| 荆州区 | | | | | | | | | | |
| 石首市 | | | 100 | | | 100 | | | | |
| 洪湖市 | | | 100 | 32 | | 54 | | 5 | | 9 |
| 松滋市 | | | 109 | 54 | | 41 | | 8 | | 6 |
| **黄冈市** | | **1800** | **628** | **389** | | **82** | **83** | **3** | **9** | **62** |
| 团风县 | | 467 | 139 | 63 | | 20 | 45 | 3 | | 8 |
| 红安县 | | 400 | 62 | 8 | | | | | | 54 |
| 罗田县 | | 400 | 146 | 146 | | | | | | |
| 蕲春县 | | | 75 | 75 | | | | | | |
| 黄梅县 | | | 60 | 39 | | 21 | | | | |
| 麻城市 | | 533 | 146 | 58 | | 41 | 38 | | 9 | |
| **咸宁市** | **467** | **400** | **887** | **622** | **200** | **30** | | **2** | | **33** |
| 咸安区 | | | | | | | | | | |
| 嘉鱼县 | 467 | | 560 | 460 | 100 | | | | | |
| 通城县 | | | | | | | | | | |
| 崇阳县 | | 400 | 165 | | 100 | 30 | | 2 | | 33 |
| 赤壁市 | | | 162 | 162 | | | | | | |
| 随州市 | | **3910** | **80** | **80** | | | | | | |
| 随县 | | | 80 | 80 | | | | | | |
| **恩施自治州** | | **1800** | **109** | **65** | | **20** | | | | **24** |
| 巴东县 | | | 100 | 65 | | 20 | | | | 15 |
| 鹤峰县 | | 1800 | | | | | | | | |
| **仙桃市** | | | **100** | | | **100** | | | | |
| **潜江市** | | | **120** | **41** | | **63** | | | **7** | **9** |
| **天门市** | | | **120** | | | **113** | | | | **7** |
| **神农架林区** | **200** | **2334** | | | | | | | | |

# 2011年天然林保护工程建设情况

| 单位名称 | 工程区木材产量（立方米） | #人工林木材产量 | 荒山荒(沙)地造林面积(公顷) | 人工造林（公顷） | 飞播造林（公顷） | 无林地和疏林地新封(公顷) | 年末实有封山(沙)育林面积（公顷） |
|---|---|---|---|---|---|---|---|
| **湖北** | **264237** | **177790** | **23694** | **5734** | | **17960** | **507585** |
| **十堰市** | **18300** | **800** | **5399** | **1400** | | **3999** | **43013** |
| 茅箭区 | | | 133 | 133 | | | |
| 张湾区 | | | | | | | |
| 市直 | | | 67 | 67 | | | 333 |
| 郧县 | | | 1533 | 200 | | 1333 | 1333 |
| 郧西县 | | | 1533 | 200 | | 1333 | 1333 |
| 竹山县 | | | 1533 | 200 | | 1333 | 11067 |
| 竹溪县 | | | 200 | 200 | | | 11000 |
| 房县 | 18300 | 800 | 200 | 200 | | | 16547 |
| 丹江口市 | | | 200 | 200 | | | 1400 |
| **宜昌市** | **21442** | | **5127** | **1400** | | **3727** | **318674** |
| 点军区 | | | 67 | 67 | | | 200 |
| 夷陵区 | | | 913 | 200 | | 713 | 12267 |
| 宜昌市直 | | | 133 | 133 | | | 6200 |
| 远安县 | | | 281 | 267 | | 14 | 219207 |
| 兴山县 | | | 1533 | 200 | | 1333 | 26000 |
| 秭归县 | | | 867 | | | 867 | 12200 |
| 长阳县 | | | 200 | 200 | | | 11867 |
| 五峰县 | | | 1000 | 200 | | 800 | 10800 |
| 宜都市 | 21442 | | 133 | 133 | | | 19933 |
| **襄阳市** | **76377** | **74300** | **1179** | **600** | | **579** | **14746** |
| 南漳县 | 54500 | 54500 | 200 | 200 | | | 667 |
| 谷城县 | 21877 | 19800 | 779 | 200 | | 579 | 666 |
| 保康县 | | | 200 | 200 | | | 13413 |
| **恩施自治州** | **148118** | **102690** | **8989** | **1801** | | **7188** | **91067** |
| 恩施市 | | | 615 | 200 | | 415 | 14667 |
| 利川市 | | | 1267 | 267 | | 1000 | 14201 |
| 建始县 | 54797 | 42983 | 507 | 267 | | 240 | 9000 |
| 巴东县 | 13185 | 4033 | 1267 | 200 | | 1067 | 10800 |
| 宣恩县 | 10551 | 10551 | 1533 | 200 | | 1333 | 12000 |
| 咸丰县 | 25200 | 25200 | 1067 | 267 | | 800 | 10800 |
| 来凤县 | 3000 | 3000 | 1200 | 200 | | 1000 | 10199 |
| 鹤峰县 | 41385 | 16923 | 1533 | 200 | | 1333 | 9400 |
| 恩施州直 | | | | | | | |
| **神农架林区** | | | **1667** | **200** | | **1467** | **32133** |
| **后河保护区** | | | **133** | **133** | | | **3720** |
| **星斗山保护区** | | | | | | | **899** |
| **神农架保护区** | | | | | | | **1000** |
| **七姊妹山保护区** | | | **1200** | **200** | | **1000** | **2333** |

续表1

| 单位名称 | 年末实有森林管护面积（公顷） | 年末全部在册职工人数（人） | 年末在岗职工人数（人） | 自工程实施以来累计一次性安置职工人数（人） | 年末参加基本养老保险人数（人） | #在岗职工 | 年末参加基本医疗保险人数（人） | #在岗职工 |
|---|---|---|---|---|---|---|---|---|
| **湖北** | **3124845** | **8825** | **8705** | **11762** | **7517** | **6508** | **9136** | **6817** |
| **十堰市** | **787846** | **2667** | **2625** | **2223** | **1820** | **1667** | **2827** | **2179** |
| 茅箭区 | | | | | | | | |
| 张湾区 | 32780 | 77 | 77 | | | | | |
| 市直 | 30047 | 422 | 422 | 457 | 289 | 289 | 460 | 422 |
| 郧县 | 134846 | 511 | 471 | | 254 | 254 | 689 | 471 |
| 郧西县 | 156207 | 211 | 211 | | | | | |
| 竹山县 | 137507 | 238 | 238 | 690 | 80 | 80 | 81 | 80 |
| 竹溪县 | 123846 | 664 | 664 | 563 | 724 | 571 | 861 | 664 |
| 房县 | 172613 | 544 | 542 | 513 | 473 | 473 | 736 | 542 |
| 丹江口市 | | | | | | | | |
| **宜昌市** | **787304** | **838** | **837** | **1720** | **1186** | **595** | **1269** | **621** |
| 点军区 | 32870 | | | | | | | |
| 夷陵区 | 154000 | | | 364 | 412 | | 412 | |
| 宜昌市直 | 53595 | 172 | 172 | 346 | | | | |
| 远安县 | 66667 | 156 | 156 | 682 | 334 | 156 | 391 | 156 |
| 兴山县 | 124000 | 306 | 306 | | | | | |
| 秭归县 | 135767 | 104 | 103 | 131 | 91 | 90 | 91 | 90 |
| 长阳县 | 110974 | | | | | | | |
| 五峰县 | 66667 | | | | 288 | 288 | 288 | 288 |
| 宜都市 | 42764 | 100 | 100 | 197 | 61 | 61 | 87 | 87 |
| **襄阳市** | **268145** | **1715** | **1638** | **543** | **913** | **873** | **1332** | **823** |
| 南漳县 | 73298 | 658 | 581 | | 524 | 524 | 846 | 438 |
| 谷城县 | 103640 | 672 | 672 | | | | | |
| 保康县 | 91207 | 385 | 385 | 543 | 389 | 349 | 486 | 385 |
| **恩施自治州** | **900603** | **2084** | **2084** | **4609** | **2169** | **2118** | **2221** | **1906** |
| 恩施市 | 145219 | 470 | 470 | 1398 | 432 | 432 | 470 | 470 |
| 利川市 | 154091 | 241 | 241 | 431 | 375 | 324 | 572 | 465 |
| 建始县 | 81574 | 213 | 213 | 245 | 213 | 213 | 213 | 213 |
| 巴东县 | 126273 | 236 | 236 | 238 | 200 | 200 | | |
| 宣恩县 | 119240 | 105 | 105 | 227 | 155 | 155 | 165 | 165 |
| 咸丰县 | 74508 | 342 | 342 | 356 | 342 | 342 | 342 | 342 |
| 来凤县 | 49380 | 180 | 180 | 653 | 180 | 180 | 180 | 180 |
| 鹤峰县 | 150318 | 214 | 214 | 566 | 208 | 208 | 208 | |
| 恩施州直 | | 83 | 83 | 495 | 64 | 64 | 71 | 71 |
| **神农架林区** | **227010** | **1172** | **1172** | **2626** | **1172** | **1172** | **1172** | **1172** |
| **后河保护区** | **29334** | **44** | **44** | | **44** | **44** | **80** | **62** |
| **星斗山保护区** | **55466** | **23** | **23** | | **13** | **13** | **33** | **26** |
| **神农架保护区** | **69067** | **254** | **254** | **41** | **174** | | **174** | |
| **七姊妹山保护区** | **70** | **28** | **28** | | **26** | **26** | **28** | **28** |

续表2

| 单位名称 | 全部林业投资完成额（万元） | 国家投资（万元） | 在全部完成投资中 | | | |
|---|---|---|---|---|---|---|
| | | | 造林（万元） | 森林管护（万元） | 森林抚育（万元） | 社会保险（万元） |
| **湖北** | **34637** | **21656** | **3858** | **17352** | **3526** | **3932** |
| **十堰市** | **11129** | **5830** | **820** | **6814** | **759** | **888** |
| 茅箭区 | | | | | | |
| 张湾区 | 476 | | 60 | 381 | | |
| 市直 | 481 | 481 | 30 | 266 | 99 | 40 |
| 郧县 | 2196 | 1672 | 230 | 1848 | 118 | |
| 郧西县 | 2540 | | 90 | 2192 | 118 | |
| 竹山县 | 1009 | | 90 | 375 | 142 | 194 |
| 竹溪县 | 1445 | 1445 | 230 | 739 | | 373 |
| 房县 | 2982 | 2232 | 90 | 1013 | 282 | 281 |
| 丹江口市 | | | | | | |
| **宜昌市** | **7112** | **4046** | **890** | **3645** | **817** | **857** |
| 点军区 | | | | | | |
| 夷陵区 | 490 | | | 302 | 118 | 62 |
| 宜昌市直 | | | | | | |
| 远安县 | 1084 | 726 | 190 | 218 | 118 | 69 |
| 兴山县 | 1295 | 230 | 230 | 510 | 177 | 339 |
| 秭归县 | 1944 | 1661 | 90 | 1578 | 118 | 49 |
| 长阳县 | 413 | | 160 | | 118 | 135 |
| 五峰县 | 1197 | 844 | 90 | 659 | 168 | 157 |
| 宜都市 | 689 | 585 | 130 | 378 | | 46 |
| **襄阳市** | **1546** | **585** | **372** | **768** | **160** | **216** |
| 南漳县 | 198 | | 38 | | 160 | |
| 谷城县 | 584 | 584 | 160 | 424 | | |
| 保康县 | 763 | | 174 | 344 | | 216 |
| **恩施自治州** | **8292** | **6309** | **1264** | **3314** | **791** | **1172** |
| 恩施市 | 872 | 872 | 90 | 287 | 142 | 257 |
| 利川市 | 1104 | | 225 | 407 | 177 | 255 |
| 建始县 | 771 | | 225 | 261 | 118 | 127 |
| 巴东县 | 2181 | 2081 | 202 | 238 | 118 | 174 |
| 宣恩县 | 1693 | 1693 | 230 | 1201 | 118 | 114 |
| 咸丰县 | 1348 | 1340 | 204 | 915 | | 187 |
| 来凤县 | 181 | 181 | 58 | 5 | 118 | |
| 鹤峰县 | | | | | | |
| 恩施州直 | 142 | 142 | 30 | | | 58 |
| **神农架林区** | **4446** | **4025** | **90** | **2167** | **867** | **640** |
| **后河保护区** | **543** | | **60** | **131** | **119** | **38** |
| **星斗山保护区** | **45** | **45** | | **18** | **13** | **14** |
| **神农架保护区** | **708** | | | **495** | | **107** |
| **七姊妹山保护区** | **816** | **816** | **362** | | | |

# 2011年退耕还林工程建设情况

| 单位名称 | 造林面积合计（公顷） | 配套荒山荒地造林（公顷） | 无林地和疏林地新封（公顷） | 在造林面积合计中 | | | 当年粮款兑现退耕地总面积（公顷） | 自工程实施以来累计粮食补助资金（万元） | #当年粮食补助资金（万元） |
|---|---|---|---|---|---|---|---|---|---|
| | | | | 用材林（公顷） | 经济林（公顷） | 防护林（公顷） | | | |
| **湖北** | **42672** | **36009** | **6663** | **15287** | **13050** | **13306** | **305930** | **843884** | **61132** |
| **武汉市** | **789** | **789** | | **133** | **519** | **137** | **12119** | **30276** | **3282** |
| 蔡甸区 | 270 | 270 | | | 133 | 137 | 1466 | 3334 | 307 |
| 江夏区 | | | | | | | 1720 | 5241 | 641 |
| 黄陂区 | 386 | 386 | | 100 | 286 | | 4933 | 12159 | 1244 |
| 新洲区 | 133 | 133 | | 33 | 100 | | 4000 | 9542 | 1090 |
| **黄石市** | **923** | **923** | | | **29** | **894** | **6061** | **16177** | **1193** |
| 市经济开发区 | | | | | | | 43 | 129 | 7 |
| 黄石港区 | | | | | | | 14 | 36 | 2 |
| 西塞山区 | | | | | | | 215 | 591 | 34 |
| 下陆区 | | | | | | | 199 | 512 | 31 |
| 铁山区 | | | | | | | 82 | 237 | 13 |
| 阳新县 | 590 | 590 | | | 29 | 561 | 2820 | 7219 | 553 |
| 大冶市 | 333 | 333 | | | | 333 | 2688 | 7453 | 553 |
| **十堰市** | **4863** | **3797** | **1066** | **901** | **199** | **3733** | **60878** | **179522** | **13245** |
| 茅箭区 | 234 | 167 | 67 | 167 | | 67 | | | |
| 张湾区 | 133 | 133 | | | | 133 | 1300 | 4001 | 282 |
| 市直 | 831 | 165 | 666 | 401 | | 400 | 54 | 139 | |
| 郧县 | 267 | 267 | | | | 267 | 6654 | 31927 | 2096 |
| 郧西县 | 267 | 267 | | | | 267 | 11000 | 20230 | 1953 |
| 竹山县 | 266 | 266 | | | 99 | 167 | 10067 | 26348 | 1867 |
| 竹溪县 | 300 | 300 | | | 100 | 200 | 10313 | 36507 | 1834 |
| 房县 | 2298 | 1965 | 333 | 333 | | 1965 | 11000 | 26663 | 2718 |
| 丹江口市 | 267 | 267 | | | | 267 | 9556 | 30048 | 2348 |
| 武当山特区 | | | | | | | 840 | 3046 | 132 |
| 十堰经济开发区 | | | | | | | 94 | 613 | 15 |
| **宜昌市** | **6259** | **5593** | **666** | **1456** | **3977** | **493** | **43443** | **120989** | **9933** |
| 点军区 | 333 | | 333 | 333 | | | 1376 | 3838 | 239 |
| 夷陵区 | 949 | 949 | | 234 | 715 | | 17132 | 23346 | 1863 |
| 宜昌市直 | 333 | | 333 | | | | | | |
| 远安县 | 400 | 400 | | 60 | 340 | | 2867 | 7698 | 674 |
| 兴山县 | 233 | 233 | | | | 233 | | 9927 | 1495 |
| 秭归县 | 1286 | 1286 | | 243 | 1003 | 40 | 13702 | 40864 | 3100 |
| 长阳县 | 926 | 926 | | | 926 | | | 12914 | 945 |
| 五峰县 | 446 | 446 | | | 359 | 87 | 2133 | 5377 | 454 |
| 宜都市 | 963 | 963 | | 329 | 634 | | 3433 | 9615 | 705 |
| 当阳市 | 257 | 257 | | 257 | | | 2133 | 5583 | 353 |
| 枝江市 | 133 | 133 | | | | 133 | 667 | 1827 | 105 |

续表1

| 单位名称 | 造林面积合计(公顷) | 配套荒山荒地造林(公顷) | 无林地和疏林地新封(公顷) | 在造林面积合计中 | | | 当年粮款兑现退耕地总面积(公顷) | 自工程实施以来累计粮食补助资金(万元) | |
|---|---|---|---|---|---|---|---|---|---|
| | | | | 用材林(公顷) | 经济林(公顷) | 防护林(公顷) | | | #当年粮食补助资金(万元) |
| **襄阳市** | **2133** | **1466** | **667** | **548** | **265** | **987** | **27400** | **71397** | **5186** |
| 襄城区 | | | | | | | 566 | 1498 | 99 |
| 樊城区 | 133 | 133 | | | | 133 | 567 | 1496 | 100 |
| 襄州区 | 167 | 167 | | 167 | | | 2667 | 7024 | 525 |
| 市直 | 333 | | 333 | | | | | | |
| 南漳县 | 233 | 233 | | | 24 | 209 | 3733 | 9620 | 756 |
| 谷城县 | 567 | 233 | 334 | | | 567 | 5133 | 13010 | 1071 |
| 保康县 | 133 | 133 | | 23 | 110 | | 6180 | 17026 | 1051 |
| 老河口市 | 133 | 133 | | | 55 | 78 | 2688 | 7129 | 537 |
| 枣阳市 | 267 | 267 | | 267 | | | 2666 | 6232 | 465 |
| 宜城市 | 167 | 167 | | 91 | 76 | | 3200 | 8362 | 582 |
| **鄂州市** | **500** | **167** | **333** | **60** | **37** | **403** | **2333** | **6174** | **410** |
| **荆门市** | **2757** | **2424** | **333** | **2431** | **326** | | **12534** | **32845** | **2263** |
| 东宝区 | 356 | 356 | | 307 | 49 | | 2689 | 5497 | 274 |
| 掇刀区 | 528 | 195 | 333 | 528 | | | | 1774 | 106 |
| 京山县 | 526 | 526 | | 326 | 200 | | 3845 | 10056 | 733 |
| 沙洋县 | 420 | 420 | | 420 | | | 2000 | 5128 | 420 |
| 钟祥市 | 794 | 794 | | 717 | 77 | | 4000 | 10390 | 730 |
| 屈家岭管理局 | 133 | 133 | | 133 | | | | | |
| **孝感市** | **3135** | **2802** | **333** | **901** | **377** | **1857** | **12686** | **32081** | **1944** |
| 市辖区 | 333 | | 333 | 333 | | | | | |
| 孝南区 | 167 | 167 | | 34 | | 133 | | | |
| 孝昌县 | 487 | 487 | | | 267 | 220 | 4133 | 10655 | 769 |
| 大悟县 | 815 | 815 | | | | 815 | 5200 | 12357 | 378 |
| 云梦县 | 133 | 133 | | 101 | 11 | 21 | | | |
| 应城市 | 213 | 213 | | | 12 | 201 | | | |
| 安陆市 | 820 | 820 | | 266 | 87 | 467 | 3353 | 9069 | 797 |
| 汉川市 | 167 | 167 | | 167 | | | | | |
| **荆州市** | **1899** | **1899** | | **1004** | **217** | **678** | **1200** | **2690** | **218** |
| 沙市区 | 167 | 167 | | | | 167 | | | |
| 荆州区 | 200 | 200 | | | | 200 | | | |
| 市直 | 133 | 133 | | | 133 | | | | |
| 公安县 | 233 | 233 | | 207 | 26 | | | | |
| 监利县 | 333 | 333 | | 333 | | | | | |
| 江陵县 | 167 | 167 | | 167 | | | | | |
| 石首市 | 200 | 200 | | 200 | | | | | |
| 洪湖市 | 233 | 233 | | | | 233 | | | |
| 松滋市 | 233 | 233 | | 97 | 58 | 78 | 1200 | 2690 | 218 |

续表2

| 单位名称 | 造林面积合计(公顷) | 在造林面积合计中 | | | | | 当年粮款兑现退耕地总面积(公顷) | 自工程实施以来累计粮食补助资金(万元) | |
|---|---|---|---|---|---|---|---|---|---|
| | | 配套荒山荒地造林(公顷) | 无林地和疏林地新封(公顷) | 用材林(公顷) | 经济林(公顷) | 防护林(公顷) | | | #当年粮食补助资金(万元) |
| **黄冈市** | **3728** | **3395** | **333** | **1982** | **905** | **841** | **32800** | **81628** | **6403** |
| 黄州区 | 133 | 133 | | | | 133 | | | |
| 团风县 | 340 | 340 | | 207 | | 133 | 2667 | 6150 | 468 |
| 红安县 | 633 | 633 | | 233 | 400 | | 5133 | 13282 | 1037 |
| 罗田县 | 223 | 223 | | | 223 | | 4067 | 9713 | 747 |
| 英山县 | 233 | 233 | | | | 233 | 3533 | 9289 | 693 |
| 浠水县 | 670 | 670 | | 537 | 133 | | 4000 | 10435 | 735 |
| 蕲春县 | 133 | 133 | | | | 133 | 4466 | 9406 | 1176 |
| 黄梅县 | 256 | 256 | | 240 | 16 | | 1667 | 4279 | 206 |
| 麻城市 | 675 | 342 | 333 | 333 | 133 | 209 | 4267 | 11201 | 819 |
| 武穴市 | 298 | 298 | | 298 | | | 3000 | 7873 | 522 |
| 龙感湖 | 134 | 134 | | 134 | | | | | |
| **咸宁市** | **3760** | **3093** | **667** | **1981** | **1072** | **707** | **23346** | **76629** | **5002** |
| 市辖区 | 501 | 167 | 334 | 130 | 37 | 334 | | | |
| 咸安区 | 765 | 765 | | 554 | 211 | | 5400 | 14189 | 974 |
| 嘉鱼县 | 433 | 433 | | 433 | | | | 9433 | 283 |
| 通城县 | 694 | 694 | | 297 | 357 | 40 | 5400 | 14188 | 1123 |
| 崇阳县 | 167 | 167 | | 167 | | | 2813 | 13243 | 886 |
| 通山县 | 667 | 667 | | 200 | 467 | | 5400 | 14126 | 960 |
| 赤壁市 | 533 | 200 | 333 | 200 | | 333 | 4333 | 11450 | 776 |
| **随州市** | **1401** | **735** | **666** | **333** | **335** | **733** | **10291** | **27966** | **1942** |
| 市辖区 | | | | | | | 499 | 1237 | 112 |
| 曾都区 | 333 | | 333 | 333 | | | | | |
| 广水市 | 200 | 200 | | | | 200 | 4600 | 16333 | 859 |
| 随县 | 868 | 535 | 333 | | 335 | 533 | 5192 | 10396 | 971 |
| **恩施自治州** | **9206** | **8273** | **933** | **2904** | **4792** | **1510** | **59839** | **145062** | **9901** |
| 恩施市 | 881 | 815 | 66 | 405 | 294 | 182 | 10567 | 16828 | 2137 |
| 利川市 | 1395 | 1395 | | 381 | 747 | 267 | 6533 | 16919 | 1199 |
| 建始县 | 946 | 879 | 67 | 679 | | 267 | 5600 | 15858 | 1006 |
| 巴东县 | 1134 | 1067 | 67 | | 864 | 270 | 10220 | 24204 | 1370 |
| 宣恩县 | 1310 | 1310 | | 449 | 790 | 71 | 6600 | 16253 | 330 |
| 咸丰县 | 1495 | 1428 | 67 | | 1195 | 300 | 10252 | 29069 | 1926 |
| 来凤县 | 1155 | 822 | 333 | 633 | 522 | | 4867 | 12222 | 963 |
| 鹤峰县 | 890 | 557 | 333 | 357 | 380 | 153 | 5200 | 13709 | 970 |
| **省直单位** | **333** | | **333** | | | | | | |
| **仙桃市** | **200** | **200** | | **200** | | | | | |
| **潜江市** | **200** | **200** | | **200** | | | | | |
| **天门市** | **253** | **253** | | **253** | | | **667** | **1871** | **105** |
| **神农架林区** | **333** | | **333** | | | **333** | **333** | **18577** | **105** |

续表3

| 单位名称 | 自工程实施以来累计生活费兑现金额（万元） | #当年生活费兑现金额（万元） | 当年粮款兑现涉及户数（户） | 全部林业投资完成额（万元） | 粮食补助资金 | 种苗费 | 生活费补助 | 巩固退耕还林成果专项资金 | 其他费用 |
|---|---|---|---|---|---|---|---|---|---|
| **湖北** | **85502** | **10886** | **1287245** | **111564** | **61132** | **4647** | **10886** | **29211** | **5688** |
| **武汉市** | **2532** | **312** | **62800** | **4704** | **3282** | **120** | **312** | **990** | |
| 蔡甸区 | 376 | 44 | 9800 | 588 | 307 | 60 | 44 | 177 | |
| 江夏区 | | | | 641 | 641 | | | | |
| 黄陂区 | 1212 | 148 | 36000 | 2040 | 1244 | 60 | 148 | 588 | |
| 新洲区 | 944 | 120 | 17000 | 1435 | 1090 | | 120 | 225 | |
| **黄石市** | **1191** | **193** | **26281** | **1702** | **1193** | **90** | **193** | **226** | |
| 市经济开发区 | 12 | 1 | 412 | 15 | 7 | | 1 | 7 | |
| 黄石港区 | 3 | | 7 | 2 | 2 | | | | |
| 西塞山区 | 62 | 6 | 216 | 68 | 34 | | 6 | 28 | |
| 下陆区 | 54 | 6 | 1672 | 50 | 31 | | 6 | 13 | |
| 铁山区 | 23 | 2 | 394 | 16 | 13 | | 2 | 1 | |
| 阳新县 | 740 | 85 | 9146 | 671 | 553 | | 85 | 33 | |
| 大冶市 | 297 | 93 | 14434 | 880 | 553 | 90 | 93 | 144 | |
| **十堰市** | **18620** | **1684** | **285423** | **21971** | **13245** | **360** | **1684** | **6627** | **55** |
| 茅箭区 | | | | | | | | | |
| 张湾区 | 309 | 7 | 7096 | 487 | 282 | | 7 | 158 | 40 |
| 市直 | 14 | | | 15 | | | | | 15 |
| 郧县 | 3307 | 327 | 71630 | 2423 | 2096 | | 327 | | |
| 郧西县 | 3128 | 330 | | 3151 | 1953 | 120 | 330 | 748 | |
| 竹山县 | 2750 | 299 | 46006 | 3816 | 1867 | 120 | 299 | 1530 | |
| 竹溪县 | 2898 | 309 | 40110 | 3769 | 1834 | | 309 | 1626 | |
| 房县 | 2619 | 330 | 50474 | 3903 | 2718 | | 330 | 855 | |
| 丹江口市 | 3239 | 54 | 65000 | 4232 | 2348 | 120 | 54 | 1710 | |
| 武当山特区 | 325 | 25 | 4100 | 157 | 132 | | 25 | | |
| 十堰经济开发区 | 31 | 3 | 1007 | 18 | 15 | | 3 | | |
| **宜昌市** | **12231** | **1427** | **164302** | **17800** | **9933** | **600** | **1427** | **5045** | **795** |
| 点军区 | 383 | 41 | 8447 | 280 | 239 | | 41 | | |
| 夷陵区 | 2430 | 273 | | 3337 | 1863 | 105 | 273 | 1096 | |
| 宜昌市直 | | | | | | | | | |
| 远安县 | 784 | 86 | 14788 | 1320 | 674 | | 86 | 430 | 130 |
| 兴山县 | 990 | 197 | 27000 | 2164 | 1495 | 105 | 197 | 367 | |
| 秭归县 | 3947 | 411 | 68000 | 5824 | 3100 | | 411 | 2213 | 100 |
| 长阳县 | 1417 | 168 | | 1113 | 945 | | 168 | | |
| 五峰县 | 546 | 64 | 14622 | 1301 | 454 | 100 | 64 | 118 | 565 |
| 宜都市 | 952 | 103 | 25200 | 1373 | 705 | 140 | 103 | 425 | |
| 当阳市 | 582 | 64 | 4745 | 825 | 353 | 90 | 64 | 318 | |
| 枝江市 | 200 | 20 | 1500 | 263 | 105 | 60 | 20 | 78 | |

续表4

| 单位名称 | 自工程实施以来累计生活费兑现金额（万元） | #当年生活费兑现金额（万元） | 当年粮款兑现涉及户数（户） | 全部林业投资完成额（万元） | 粮食补助资金 | 种苗费 | 生活费补助 | 巩固退耕还林成果专项资金 | 其他费用 |
|---|---|---|---|---|---|---|---|---|---|
| **襄阳市** | **7808** | **830** | **64315** | **7948** | **5186** | **655** | **830** | **1277** | |
| 襄城区 | 154 | 17 | 1955 | 186 | 99 | | 17 | 70 | |
| 樊城区 | 154 | 17 | 983 | 247 | 100 | 60 | 17 | 70 | |
| 襄州区 | 700 | 80 | 1692 | 605 | 525 | | 80 | | |
| 市直 | | | | 35 | | 35 | | | |
| 南漳县 | 972 | 112 | 10762 | 973 | 756 | 105 | 112 | | |
| 谷城县 | 1834 | 152 | 10553 | 1363 | 1071 | 140 | 152 | | |
| 保康县 | 1775 | 185 | 25487 | 2268 | 1051 | 60 | 185 | 972 | |
| 老河口市 | 715 | 92 | 7767 | 689 | 537 | 60 | 92 | | |
| 枣阳市 | 646 | 79 | 1264 | 664 | 465 | 120 | 79 | | |
| 宜城市 | 858 | 96 | 3852 | 918 | 582 | 75 | 96 | 165 | |
| **鄂州市** | **70** | | **28000** | **792** | **410** | **110** | | **272** | |
| **荆门市** | **3408** | **341** | **10745** | **4793** | **2263** | **320** | **341** | **1221** | **648** |
| 东宝区 | 633 | 26 | 4227 | 945 | 274 | 90 | 26 | 287 | 268 |
| 掇刀区 | 180 | 20 | 693 | 309 | 106 | 80 | 20 | 83 | 20 |
| 京山县 | 1016 | 115 | 3056 | 1331 | 733 | | 115 | 483 | |
| 沙洋县 | 499 | 60 | | 726 | 420 | 90 | 60 | 156 | |
| 钟祥市 | 1080 | 120 | 2769 | 1182 | 730 | | 120 | 212 | 120 |
| 屈家岭管理局 | | | | 300 | | 60 | | | 240 |
| **孝感市** | **3400** | **382** | **30456** | **4389** | **1944** | **336** | **382** | **954** | **773** |
| 市辖区 | | | | 35 | | 8 | | | 27 |
| 孝南区 | | | | 177 | | 50 | | | 127 |
| 孝昌县 | 1112 | 124 | | 1055 | 769 | | 124 | 162 | |
| 大悟县 | 1398 | 156 | 30456 | 1942 | 378 | 105 | 156 | 792 | 511 |
| 云梦县 | | | | 81 | | 60 | | | 21 |
| 应城市 | | | | | | | | | |
| 安陆市 | 890 | 102 | | 974 | 797 | 75 | 102 | | |
| 汉川市 | | | | 125 | | 38 | | | 87 |
| **荆州市** | **388** | **36** | **9360** | **1120** | **218** | **496** | **36** | **144** | **226** |
| 沙市区 | | | | 50 | | 50 | | | |
| 荆州区 | | | | | | | | | |
| 市直 | | | | | | | | | |
| 公安县 | | | | 105 | | 48 | | | 57 |
| 监利县 | | | | 100 | | 100 | | | |
| 江陵县 | | | | 75 | | 75 | | | |
| 石首市 | | | | 150 | | 60 | | | 90 |
| 洪湖市 | | | | 105 | | 58 | | | 47 |
| 松滋市 | 388 | 36 | 9360 | 535 | 218 | 105 | 36 | 144 | 32 |

续表5

| 单位名称 | 自工程实施以来累计生活费兑现金额（万元） | #当年生活费兑现金额（万元） | 当年粮款兑现涉及户数（户） | 全部林业投资完成额（万元） | 粮食补助资金 | 种苗费 | 生活费补助 | 巩固退耕还林成果专项资金 | 其他费用 |
|---|---|---|---|---|---|---|---|---|---|
| **黄冈市** | **7542** | **862** | **205093** | **10566** | **6403** | **622** | **862** | **2599** | **80** |
| 黄州区 | | | | 40 | | 40 | | | |
| 团风县 | 724 | 80 | 11755 | 1013 | 468 | 60 | 80 | 405 | |
| 红安县 | 1342 | 154 | | 1686 | 1037 | 105 | 154 | 390 | |
| 罗田县 | 976 | 122 | 43323 | 1614 | 747 | 105 | 122 | 640 | |
| 英山县 | 946 | 106 | 27525 | 799 | 693 | | 106 | | |
| 浠水县 | 1084 | 120 | 21320 | 1165 | 735 | 82 | 120 | 222 | 6 |
| 蕲春县 | 96 | 12 | 37000 | 1188 | 1176 | | 12 | | |
| 黄梅县 | 400 | 50 | 9937 | 635 | 206 | 75 | 50 | 230 | 74 |
| 麻城市 | 1140 | 128 | 39633 | 1163 | 819 | 95 | 128 | 121 | |
| 武穴市 | 834 | 90 | 14600 | 1203 | 522 | | 90 | 591 | |
| 龙感湖 | | | | 60 | | 60 | | | |
| **咸宁市** | **7637** | **1995** | **85468** | **8567** | **5002** | **75** | **1995** | **1354** | **141** |
| 市辖区 | | | | | | | | | |
| 咸安区 | 1478 | 162 | 48371 | 1136 | 974 | | 162 | | |
| 嘉鱼县 | 553 | 53 | | 463 | 283 | | 53 | 127 | |
| 通城县 | 1478 | 162 | 3900 | 1605 | 1123 | | 162 | 320 | |
| 崇阳县 | 1478 | 1326 | | 2812 | 886 | 75 | 1326 | 384 | 141 |
| 通山县 | 1478 | 162 | 33197 | 1402 | 960 | | 162 | 280 | |
| 赤壁市 | 1172 | 130 | | 1149 | 776 | | 130 | 243 | |
| **随州市** | **2986** | **308** | **36723** | **3709** | **1942** | **125** | **308** | **832** | **502** |
| 市辖区 | 125 | 15 | 297 | 127 | 112 | | 15 | | |
| 曾都区 | | | | | | | | | |
| 广水市 | 1880 | 138 | 20284 | 2041 | 859 | | 138 | 542 | 502 |
| 随县 | 981 | 155 | 16142 | 1541 | 971 | 125 | 155 | 290 | |
| **恩施自治州** | **15488** | **2486** | **276205** | **21004** | **9901** | **468** | **2486** | **6841** | **1308** |
| 恩施市 | 1581 | 317 | 44196 | 3560 | 2137 | | 317 | 1106 | |
| 利川市 | 1746 | 196 | 38151 | 2510 | 1199 | 120 | 196 | 995 | |
| 建始县 | 1498 | 168 | 57000 | 1548 | 1006 | 38 | 168 | 336 | |
| 巴东县 | 2305 | 130 | | 3289 | 1370 | 127 | 130 | 591 | 1071 |
| 宣恩县 | 2671 | 1065 | 41334 | 2494 | 330 | 105 | 1065 | 994 | |
| 咸丰县 | 3025 | 308 | 47667 | 4031 | 1926 | | 308 | 1685 | 112 |
| 来凤县 | 1266 | 146 | 25287 | 1541 | 963 | 78 | 146 | 354 | |
| 鹤峰县 | 1396 | 156 | 22570 | 2031 | 970 | | 156 | 780 | 125 |
| **省直单位** | | | | | | | | | |
| **仙桃市** | | | | **90** | | **90** | | | |
| **潜江市** | | | | **90** | | **90** | | | |
| **天门市** | **180** | **20** | **474** | **247** | **105** | **90** | **20** | **32** | |
| **神农架林区** | **2021** | **10** | **1600** | **2072** | **105** | | **10** | **797** | **1160** |

# 5 畜　牧　业

## 全省畜牧业生产

| 指标名称 | 计量单位 | 湖北省 | 指标名称 | 计量单位 | 湖北省 |
|---|---|---|---|---|---|
| 一、畜禽当年出栏(笼)数 | | | (1)山羊 | 只 | 2461834 |
| (一)大牲畜出栏 | 头 | 1267270 | (2)绵羊 | 只 | 1887 |
| 1.牛 | 头 | 1264000 | 四、当年生仔畜 | | |
| 其中:菜牛 | 头 | 209266 | 1.牛(仔畜) | 头 | 944373 |
| 2.其他大牲畜 | 头 | 3270 | (1)黄牛 | 头 | 574999 |
| (1).马 | 头 | 1599 | (2)水牛 | 头 | 337379 |
| (2).驴 | 头 | 1037 | (3)良种及改良种乳牛 | 头 | 10891 |
| (3).骡 | 头 | 634 | (4)菜牛 | 头 | 21104 |
| (二)猪出栏 | 万头 | 3871.44 | 2.马 | 头 | 535 |
| (三)羊 | 只 | 5019000 | 3.驴 | 头 | 181 |
| 1.山羊 | 只 | 4999901 | 4.骡 | 头 | 81 |
| 2.绵羊 | 只 | 19099 | 5.猪(仔畜) | 万头 | 1855.72 |
| (四)兔 | 只 | 2488474 | 五、畜禽肉产量 | 吨 | 3818704 |
| (五)家禽 | 万只 | 45885.14 | 1.牛 | 吨 | 182000 |
| 1.鸡 | 万只 | 36072.57 | #菜牛 | 吨 | 41957 |
| 2.鸭 | 万只 | 9059.38 | 2.马 | 吨 | 162 |
| 3.鹅 | 万只 | 672.41 | 3.驴 | 吨 | 73 |
| 二、畜禽期末存栏(笼)数 | | | 4.骡 | 吨 | 30 |
| (一)大牲畜存栏 | 头 | 3217950 | 5.猪 | 吨 | 2905000 |
| 1.牛 | 头 | 3205000 | 6.羊 | 吨 | 80000 |
| 其中: 能从事劳役的 | 头 | 2018400 | (1)山羊 | 吨 | 79366 |
| (1)黄牛 | 头 | 1759064 | (2)绵羊 | 吨 | 634 |
| (2)水牛 | 头 | 1207558 | 7.兔 | 吨 | 4765 |
| (3)良种及改良种乳牛 | 头 | 90542 | 8.家禽 | 吨 | 643000 |
| (4)菜牛 | 头 | 147835 | 9.其它肉类产量 | 吨 | 3674 |
| 2.其他大牲畜 | 头 | 12950 | 六.活的畜禽产品 | | |
| 其中: 从事农事劳役的 | 头 | 5698 | (一)奶类产量 | 吨 | 142000 |
| (1).马 | 头 | 7612 | 其中: 牛奶产量 | 吨 | 142000 |
| (2).驴 | 头 | 3890 | (二)山羊毛产量 | 公斤 | 4901 |
| (3).骡 | 头 | 1448 | (三)绵羊毛产量 | 公斤 | 3534 |
| (二)猪存栏 | 万头 | 2533.14 | 其中: 细羊毛 | 公斤 | |
| (三)羊 | 只 | 4220000 | 半细羊毛 | 公斤 | 3534 |
| 1.山羊 | 只 | 4216140 | (四)羽绒 | 公斤 | 101655 |
| 2.绵羊 | 只 | 3860 | (五)禽蛋产量 | 吨 | 1370000 |
| (四)兔 | 只 | 1549110 | 1.鸡蛋 | 吨 | 1120754 |
| (五)家禽 | 万只 | 29812.34 | 2.鸭蛋 | 吨 | 236534 |
| 1.鸡 | 万只 | 24871.70 | 3.鹅蛋 | 吨 | 11866 |
| 2.鸭 | 万只 | 4521.94 | 七.其他动物及产品 | | |
| 3.鹅 | 万只 | 418.70 | (一)蜂蜜产量 | 公斤 | 17694772 |
| 三、能繁殖的母畜 | | | (二)蚕茧产量 | 吨 | 8356 |
| 1.牛(母畜) | 头 | 1821154 | 1. 桑蚕茧 | 吨 | 8256 |
| (1)黄牛 | 头 | 990155 | 2. 柞蚕茧 | 吨 | 100 |
| (2)水牛 | 头 | 732065 | 3. 其他蚕茧 | 吨 | |
| (3)良种及改良种乳牛 | 头 | 62916 | (三)其他动物产品 | 吨 | 433951 |
| (4)菜牛 | 头 | 36018 | (四)其他动物饲养 | 只 | 1529825 |
| 2.马 | 头 | 1784 | 八、捕猎野兽、野禽 | | |
| 3.驴 | 头 | 905 | 其中:野 兔 | 只 | 769747 |
| 4.猪(母畜) | 万头 | 247.74 | 野 鸡 | 只 | 577419 |
| 5.羊 | 只 | 2463721 | 野 鸭 | 只 | 58892 |

注:猪、牛、羊、禽指标为国家畜禽监测数据。

# 家禽年内出笼及蚕茧产量

| 指标名称 | 家禽(万只) | 蚕茧产量(吨) | 桑蚕茧 | 柞蚕茧 |
|---|---|---|---|---|
| **湖北省** | **45885.1** | **8356** | **8256** | **100** |
| **武汉市** | **5164.87** | | | |
| 武汉市辖区 | 332.65 | | | |
| 蔡甸区 | 590.25 | | | |
| 江夏区 | 1505 | | | |
| 黄陂区 | 1578.3 | | | |
| 新洲区 | 1158.67 | | | |
| **黄石市** | **2706.55** | **16** | **16** | |
| 黄石市辖区 | 38.44 | | | |
| 大冶市 | 2313.91 | 10 | 10 | |
| 阳新县 | 354.2 | 6 | 6 | |
| **十堰市** | **2333.01** | **376** | **376** | |
| 十堰市辖区 | 151.19 | | | |
| 丹江口市 | 1543.48 | | | |
| 郧县 | 200.35 | 236 | 236 | |
| 郧西县 | 110 | 140 | 140 | |
| 竹山县 | 95.08 | | | |
| 竹溪县 | 100.76 | | | |
| 房县 | **132.15** | | | |
| **荆州市** | 6879.83 | | | |
| 荆州市辖区 | 2135.43 | | | |
| 江陵县 | 600.88 | | | |
| 松滋市 | 717.32 | | | |
| 公安县 | 565.47 | | | |
| 石首市 | 681.17 | | | |
| 监利县 | 1747.72 | | | |
| 洪湖市 | 431.84 | | | |
| **宜昌市** | **3366.43** | **2293** | **2293** | |
| 宜昌市辖区 | 231.61 | 93 | 93 | |
| 夷陵区 | 412.77 | 560 | 560 | |
| 宜都市 | 502.99 | 435 | 435 | |
| 枝江市 | 900.03 | | | |
| 当阳市 | 1027.22 | | | |
| 远安县 | 41.6 | 1205 | 1205 | |
| 兴山县 | 42.12 | | | |
| 秭归县 | 80.02 | | | |
| 长阳县 | 85.05 | | | |
| 五峰县 | 43.02 | | | |
| **襄阳市** | **8083.13** | **734** | **734** | |
| 襄阳市辖区 | 495.89 | | | |
| 老河口市 | 921.71 | | | |
| 襄州区 | 1917.27 | | | |
| 枣阳市 | 2597.88 | | | |
| 宜城市 | 782.61 | | | |
| 南漳县 | 524.36 | 648 | 648 | |
| 谷城县 | 654.28 | | | |
| 保康县 | 189.13 | 86 | 86 | |
| **鄂州市** | **1375.35** | | | |

续表

| 指标名称 | 家禽(万只) | 蚕茧产量(吨) | 桑蚕茧 | 柞蚕茧 |
|---|---|---|---|---|
| **荆门市** | **4350.28** | | | |
| 荆门市辖区 | 637.58 | | | |
| 沙洋县 | 1359.7 | | | |
| 钟祥市 | 1363.25 | | | |
| 京山县 | 989.75 | | | |
| **孝感市** | **12236.6** | | | |
| 孝感市辖区 | 753 | | | |
| 孝昌县 | 1824 | | | |
| 大悟县 | 456 | | | |
| 安陆市 | 1348 | | | |
| 云梦县 | 2101 | | | |
| 应城市 | 1717 | | | |
| 汉川市 | 4037.6 | | | |
| **随州市** | **4641.97** | **100** | | **100** |
| 曾都区 | 900.41 | | | |
| 随县 | 2791.46 | 100 | | 100 |
| 广水县 | 950.1 | | | |
| **黄冈市** | **4558.65** | **4715** | **4715** | |
| 黄冈市辖区 | 113 | | | |
| 团风县 | 584.33 | | | |
| 红安县 | 232.65 | | | |
| 麻城市 | 513.3 | 2003 | 2003 | |
| 罗田县 | 102.5 | 1750 | 1750 | |
| 英山县 | 179.5 | 962 | 962 | |
| 浠水县 | 1122 | | | |
| 蕲春县 | 483.2 | | | |
| 武穴市 | 416.17 | | | |
| 黄梅县 | 772 | | | |
| 龙感湖农场 | 40 | | | |
| **咸宁市** | **3931.12** | | | |
| 咸安区 | 2365.95 | | | |
| 嘉鱼县 | 143.1 | | | |
| 赤壁市 | 282.61 | | | |
| 通城县 | 78.16 | | | |
| 崇阳县 | 925.88 | | | |
| 通山县 | 135.42 | | | |
| **恩施自治州** | **1040.74** | **122** | **122** | |
| 恩施市 | 181.23 | | | |
| 利川市 | 241.7 | | | |
| 建始县 | 151.6 | | | |
| 巴东县 | 94 | 16 | 16 | |
| 宣恩县 | 98.15 | | | |
| 咸丰县 | 114.7 | | | |
| 来凤县 | 127.05 | 106 | 106 | |
| 鹤峰县 | 32.31 | | | |
| **仙桃市** | **908.51** | | | |
| **天门市** | **1151.12** | | | |
| **潜江市** | **1674.88** | | | |
| **神农架林区** | **29.8** | | | |

## 牲畜禽出栏(笼)

| 指标名称 | 牛(头) | 猪出栏(万头) | 羊(只) | 兔(只) | 家禽(万只) |
|---|---|---|---|---|---|
| **湖北省** | **1264000** | **3871.4** | **5019000** | **2488474** | **45885.1** |
| **武汉市** | **58644** | **278.05** | **51572** | **23641** | **5164.87** |
| 武汉市辖区 | 4100 | 47.52 | 3929 | 736 | 332.65 |
| 蔡甸区 | 3998 | 19.21 | 395 | | 590.25 |
| 江夏区 | 10719 | 93.84 | 366 | | 1505 |
| 黄陂区 | 30234 | 93.96 | 26101 | 14652 | 1578.3 |
| 新洲区 | 9593 | 23.52 | 20781 | 8253 | 1158.67 |
| **黄石市** | **16964** | **110.12** | **48485** | **87782** | **2706.55** |
| 黄石市辖区 | 785 | 10.65 | 1131 | 467 | 38.44 |
| 大冶市 | 4935 | 54.3 | 7123 | 82315 | 2313.91 |
| 阳新县 | 11244 | 45.17 | 40231 | 5000 | 354.2 |
| **十堰市** | **96597** | **170.25** | **900526** | **41321** | **2333.01** |
| 十堰市辖区 | 636 | 5.98 | 20504 | | 151.19 |
| 丹江口市 | 27604 | 24.71 | 34853 | 35595 | 1543.48 |
| 郧县 | 21007 | 36.12 | 87397 | 400 | 200.35 |
| 郧西县 | 16063 | 26.11 | 250999 | 2280 | 110 |
| 竹山县 | 6314 | 24.02 | 30748 | 996 | 95.08 |
| 竹溪县 | 19896 | 26.83 | 44624 | | 100.76 |
| 房县 | 5077 | 26.48 | 431401 | 2050 | 132.15 |
| **荆州市** | **65694** | **451.27** | **155322** | **183280** | **6879.83** |
| 荆州市辖区 | 4586 | 47.37 | 8743 | 170000 | 2135.43 |
| 江陵县 | 1427 | 32.37 | 8770 | 5080 | 600.88 |
| 松滋市 | 15232 | 118.4 | 106237 | 1000 | 717.32 |
| 公安县 | 11306 | 81.06 | 18196 | 1000 | 565.47 |
| 石首市 | 14663 | 45.46 | 7284 | | 681.17 |
| 监利县 | 13616 | 92.76 | 3849 | 6200 | 1747.72 |
| 洪湖市 | 4864 | 33.85 | 2243 | | 431.84 |
| **宜昌市** | **50373** | **574.34** | **1356811** | **81471** | **3366.43** |
| 宜昌市辖区 | 759 | 17.93 | 9459 | | 231.61 |
| 夷陵区 | 2932 | 87.61 | 69525 | 6210 | 412.77 |
| 宜都市 | 20351 | 76.4 | 295640 | 237 | 502.99 |
| 枝江市 | 7017 | 88.09 | 27519 | | 900.03 |
| 当阳市 | 7449 | 90.01 | 113890 | 8780 | 1027.22 |
| 远安县 | 2328 | 31.32 | 30681 | | 41.6 |
| 兴山县 | 2792 | 31.65 | 153000 | 75 | 42.12 |
| 秭归县 | 1914 | 52.44 | 60833 | 63750 | 80.02 |
| 长阳县 | 3103 | 65.01 | 505384 | 1570 | 85.05 |
| 五峰县 | 1728 | 33.88 | 90880 | 849 | 43.02 |
| **襄阳市** | **603277** | **574.35** | **1505693** | **1358075** | **8083.13** |
| 襄阳市辖区 | 44688 | 34.42 | 48809 | 14455 | 495.89 |
| 老河口市 | 53882 | 63.43 | 112149 | 489870 | 921.71 |
| 襄州区 | 245699 | 119.11 | 393547 | 364033 | 1917.27 |
| 枣阳市 | 109427 | 95.43 | 458366 | 249242 | 2597.88 |
| 宜城市 | 47489 | 76.12 | 46243 | | 782.61 |
| 南漳县 | 42854 | 95.34 | 186708 | 17635 | 524.36 |
| 谷城县 | 49045 | 63.33 | 154136 | 220750 | 654.28 |
| 保康县 | 10193 | 27.17 | 105735 | 2090 | 189.13 |
| **鄂州市** | **18200** | **105.12** | **21500** | **1200** | **1375.35** |

续表

| 指标名称 | 牛(头) | 猪出栏(万头) | 羊(只) | 兔(只) | 家禽(万只) |
|---|---|---|---|---|---|
| **荆门市** | **131404** | **377.12** | **483583** | **106403** | **4350.28** |
| 荆门市辖区 | 15895 | 56.14 | 250683 | 7818 | 637.58 |
| 沙洋县 | 55427 | 94.19 | 28317 | 30000 | 1359.7 |
| 钟祥市 | 39650 | 118.33 | 156030 | 8386 | 1363.25 |
| 京山县 | 20432 | 108.46 | 48553 | 60199 | 989.75 |
| **孝感市** | **136726** | **336.07** | **223820** | **282170** | **12236.6** |
| 孝感市辖区 | 14696 | 30.42 | 4470 | 1457 | 753 |
| 孝昌县 | 33747 | 35.9 | 47556 | 19280 | 1824 |
| 大悟县 | 31158 | 41.72 | 55328 | 12221 | 456 |
| 安陆市 | 35215 | 82.48 | 101066 | 98652 | 1348 |
| 云梦县 | 10924 | 44.1 | 3210 | 5420 | 2101 |
| 应城市 | 8428 | 45.8 | 10774 | 145000 | 1717 |
| 汉川市 | 2558 | 55.65 | 1416 | 140 | 4037.6 |
| **随州市** | **120236** | **215** | **514023** | **54135** | **4641.97** |
| 曾都区 | 31005 | 61.98 | 60130 | 585 | 900.41 |
| 随县 | 47824 | 92.26 | 264762 | 12788 | 2791.46 |
| 广水县 | 41407 | 60.76 | 189131 | 40762 | 950.1 |
| **黄冈市** | **436886** | **460.53** | **676176** | **191121** | **4558.65** |
| 黄冈市辖区 | 1460 | 8.25 | 1523 | 4530 | 113 |
| 团风县 | 17517 | 9.29 | 23031 | 290 | 584.33 |
| 红安县 | 32947 | 21.51 | 26632 | 30467 | 232.65 |
| 麻城市 | 163278 | 88.95 | 168116 | 45600 | 513.3 |
| 罗田县 | 34989 | 19.11 | 202032 | 13374 | 102.5 |
| 英山县 | 7540 | 20.56 | 122298 | 14370 | 179.5 |
| 浠水县 | 25800 | 83.23 | 36900 | 35000 | 1122 |
| 蕲春县 | 133309 | 52.69 | 72114 | 1080 | 483.2 |
| 武穴市 | 8546 | 84.09 | 7930 | 10730 | 416.17 |
| 黄梅县 | 11500 | 63.32 | 14300 | 35680 | 772 |
| 龙感湖农场 |  | 9.53 | 1300 |  | 40 |
| **咸宁市** | **20402** | **202.74** | **159446** | **54692** | **3931.12** |
| 咸安区 | 2336 | 23.29 | 7123 | 17600 | 2365.95 |
| 嘉鱼县 | 3661 | 17.74 | 3262 | 2392 | 143.1 |
| 赤壁市 | 4918 | 29.28 | 10802 | 2600 | 282.61 |
| 通城县 | 2037 | 73.51 | 4879 | 100 | 78.16 |
| 崇阳县 | 4854 | 40 | 33959 |  | 925.88 |
| 通山县 | 2596 | 18.92 | 99421 | 32000 | 135.42 |
| **恩施自治州** | **116101** | **456.97** | **723439** | **22348** | **1040.74** |
| 恩施市 | 31586 | 88.95 | 149422 | 900 | 181.23 |
| 利川市 | 26741 | 80.51 | 64078 | 3920 | 241.7 |
| 建始县 | 6242 | 65.07 | 181416 | 4172 | 151.6 |
| 巴东县 | 5053 | 75.3 | 171950 | 4226 | 94 |
| 宣恩县 | 15744 | 37.3 | 40983 |  | 98.15 |
| 咸丰县 | 16800 | 56.61 | 12854 | 4978 | 114.7 |
| 来凤县 | 9753 | 30.05 | 21710 | 4050 | 127.05 |
| 鹤峰县 | 4182 | 23.18 | 81026 | 102 | 32.31 |
| **仙桃市** | **14584** | **118.24** | **6961** |  | **908.51** |
| **天门市** | **24992** | **94.12** | **10179** | **835** | **1151.12** |
| **潜江市** | **29093** | **101.56** | **28856** |  | **1674.88** |
| **神农架林区** | **1166** | **5.61** | **14100** |  | **29.8** |

## 大牲畜年末存栏

单位:头

| 指标名称 | 大牲畜存栏 | 牛 | 其中:能从事劳役的 | 黄牛 | 水牛 |
|---|---|---|---|---|---|
| **湖北省** | **3217950** | **3205000** | **2018400** | **1759064** | **1207558** |
| **武汉市** | **201505** | **201068** | **149528** | **56046** | **110757** |
| 武汉市辖区 | 7471 | 7471 | 4645 | | 5816 |
| 蔡甸区 | 8656 | 8656 | 5503 | 102 | 7715 |
| 江夏区 | 33826 | 33826 | 23238 | 116 | 33530 |
| 黄陂区 | 99137 | 99105 | 70365 | 30426 | 43994 |
| 新洲区 | 52415 | 52010 | 45777 | 25402 | 19702 |
| **黄石市** | **82148** | **82139** | **57805** | **45132** | **35822** |
| 黄石市辖区 | 1959 | 1950 | 1169 | 865 | 887 |
| 大冶市 | 26872 | 26872 | 26872 | 12185 | 14687 |
| 阳新县 | 53317 | 53317 | 29764 | 32082 | 20248 |
| **十堰市** | **319603** | **315965** | **187293** | **306814** | **8932** |
| 十堰市辖区 | 2128 | 2128 | 1228 | 2128 | |
| 丹江口市 | 71879 | 71743 | 45226 | 70506 | 1237 |
| 郧县 | 105888 | 102451 | 64231 | 99151 | 3081 |
| 郧西县 | 53500 | 53500 | 23671 | 53500 | |
| 竹山县 | 25915 | 25915 | 16028 | 25751 | 164 |
| 竹溪县 | 29948 | 29948 | 18768 | 29534 | 414 |
| 房县 | 30345 | 30280 | 18141 | 26244 | 4036 |
| **荆州市** | **132547** | **131285** | **70972** | **29984** | **94659** |
| 荆州市辖区 | 4892 | 4824 | 2273 | 674 | 1892 |
| 江陵县 | 3175 | 2790 | 1974 | 1302 | 1175 |
| 松滋市 | 30375 | 30270 | 24639 | 12496 | 17624 |
| 公安县 | 12636 | 12591 | 7316 | 1070 | 10207 |
| 石首市 | 19942 | 19606 | 10839 | 8925 | 9566 |
| 监利县 | 39506 | 39183 | 10508 | 3347 | 34344 |
| 洪湖市 | 22021 | 22021 | 13423 | 2170 | 19851 |
| **宜昌市** | **155757** | **155640** | **111782** | **97995** | **48782** |
| 宜昌市辖区 | 3395 | 3395 | 1828 | 2508 | 313 |
| 夷陵区 | 18742 | 18742 | 10643 | 9445 | 3135 |
| 宜都市 | 25368 | 25368 | 18759 | 22870 | 2487 |
| 枝江市 | 29776 | 29770 | 23168 | 10130 | 18719 |
| 当阳市 | 19367 | 19352 | 11727 | 3524 | 15198 |
| 远安县 | 7305 | 7305 | 4265 | 3607 | 3698 |
| 兴山县 | 10924 | 10924 | 6640 | 7894 | 3030 |
| 秭归县 | 6310 | 6309 | 5085 | 3939 | 1805 |
| 长阳县 | 22086 | 22060 | 20253 | 21761 | 299 |
| 五峰县 | 12484 | 12415 | 9414 | 12317 | 98 |
| **襄阳市** | **920363** | **920320** | **501366** | **632761** | **236771** |
| 襄阳市辖区 | 37751 | 37751 | 14416 | 16668 | 16348 |
| 老河口市 | 95552 | 95552 | 45698 | 71483 | 22536 |
| 襄州区 | 247584 | 247584 | 222825 | 198741 | 48843 |
| 枣阳市 | 245169 | 245155 | 87675 | 156216 | 49552 |
| 宜城市 | 84775 | 84761 | 45103 | 42159 | 42433 |
| 南漳县 | 62258 | 62253 | 37152 | 42007 | 16638 |
| 谷城县 | 120182 | 120175 | 30809 | 80458 | 38361 |
| 保康县 | 27092 | 27089 | 17688 | 25029 | 2060 |
| **鄂州市** | **38144** | **38144** | **31202** | **9100** | **28510** |

续表1　　单位:头

| 指标名称 | 大牲畜存栏 | 牛 | 其中:能从事劳役的 | 黄牛 | 水牛 |
|---|---|---|---|---|---|
| **荆门市** | **199829** | **198784** | **138903** | **30149** | **150463** |
| 荆门市辖区 | 25863 | 25733 | 17559 | 3184 | 19412 |
| 沙洋县 | 70645 | 70635 | 46034 | 3961 | 57100 |
| 钟祥市 | 64763 | 63859 | 47053 | 16992 | 42269 |
| 京山县 | 38558 | 38557 | 28257 | 6012 | 31682 |
| **孝感市** | **431748** | **429899** | **303260** | **168620** | **224678** |
| 孝感市辖区 | 37559 | 37492 | 32838 | 8679 | 26268 |
| 孝昌县 | 92656 | 92347 | 73043 | 52937 | 36263 |
| 大悟县 | 94135 | 94135 | 55218 | 51630 | 42349 |
| 安陆市 | 136220 | 136096 | 83928 | 45380 | 61666 |
| 云梦县 | 22617 | 22320 | 19374 | 5718 | 14967 |
| 应城市 | 39094 | 38679 | 30913 | 4022 | 34657 |
| 汉川市 | 9467 | 8830 | 7946 | 254 | 8508 |
| **随州市** | **231140** | **231096** | **128376** | **44689** | **171386** |
| 曾都区 | 46694 | 46694 | 23814 | 5793 | 29903 |
| 随县 | 85590 | 85550 | 36990 | 27133 | 56179 |
| 广水县 | 98856 | 98852 | 67572 | 11763 | 85304 |
| **黄冈市** | **819426** | **819045** | **514989** | **515295** | **231016** |
| 黄冈市辖区 | 11744 | 11732 | 2192 | 183 | 2009 |
| 团风县 | 34750 | 34750 | 23168 | 18626 | 11381 |
| 红安县 | 118237 | 118237 | 73442 | 65829 | 36618 |
| 麻城市 | 252455 | 252214 | 122196 | 218210 | 24719 |
| 罗田县 | 63498 | 63498 | 61492 | 54945 | 6993 |
| 英山县 | 35148 | 35148 | 25970 | 28136 | 6754 |
| 浠水县 | 93440 | 93440 | 89120 | 58800 | 30835 |
| 蕲春县 | 151210 | 151210 | 87461 | 51697 | 85139 |
| 武穴市 | 27805 | 27805 | 21639 | 6146 | 17385 |
| 黄梅县 | 30018 | 29890 | 8259 | 12723 | 9083 |
| 龙感湖农场 | 1121 | 1121 | 50 | | 100 |
| **咸宁市** | **131418** | **130685** | **90889** | **36870** | **73360** |
| 咸安区 | 24986 | 24986 | 17192 | 3430 | 17153 |
| 嘉鱼县 | 4756 | 4756 | 2933 | 325 | 4319 |
| 赤壁市 | 29347 | 29347 | 23855 | 6166 | 22742 |
| 通城县 | 13140 | 13077 | 11308 | 7312 | 5740 |
| 崇阳县 | 30059 | 30059 | 23025 | 10622 | 13081 |
| 通山县 | 29130 | 28460 | 12576 | 9015 | 10325 |
| **恩施自治州** | **365534** | **363562** | **239131** | **267928** | **93980** |
| 恩施市 | 63796 | 62805 | 39381 | 49214 | 13430 |
| 利川市 | 84145 | 83450 | 34485 | 68105 | 14876 |
| 建始县 | 21769 | 21723 | 15979 | 16934 | 4789 |
| 巴东县 | 34572 | 34568 | 28294 | 25591 | 8346 |
| 宣恩县 | 56095 | 55975 | 35541 | 37825 | 18048 |
| 咸丰县 | 72197 | 72197 | 64521 | 47387 | 24810 |
| 来凤县 | 20363 | 20340 | 12499 | 10903 | 9146 |
| 鹤峰县 | 12597 | 12504 | 8431 | 11969 | 535 |
| **仙桃市** | **29026** | **28855** | **16945** | **5591** | **21208** |
| **天门市** | **61484** | **60266** | **47643** | **26772** | **32536** |
| **潜江市** | **41117** | **41106** | **22031** | **13211** | **15854** |
| **神农架林区** | **7834** | **7814** | **4987** | **7774** | |

续表2 单位:头

| 指标名称 | 牛(续) | | 马 | 驴 |
| --- | --- | --- | --- | --- |
| | 良种及改良种乳牛 | 菜牛 | | |
| **湖北省** | **90542** | **147835** | **7612** | **3890** |
| **武汉市** | **12191** | **22074** | **32** | **405** |
| 武汉市辖区 | 1655 | | | |
| 蔡甸区 | 831 | 8 | | |
| 江夏区 | 180 | | | |
| 黄陂区 | 9525 | 15160 | 32 | |
| 新洲区 | | 6906 | | 405 |
| **黄石市** | | **1185** | | **9** |
| 黄石市辖区 | | 198 | | 9 |
| 大冶市 | | | | |
| 阳新县 | | 987 | | |
| **十堰市** | **57** | **162** | **1530** | **1628** |
| 十堰市辖区 | | | | |
| 丹江口市 | | | 20 | 116 |
| 郧县 | 57 | 162 | 1482 | 1500 |
| 郧西县 | | | | |
| 竹山县 | | | | |
| 竹溪县 | | | | |
| 房县 | | | 28 | 12 |
| **荆州市** | **136** | **6506** | **1002** | **148** |
| 荆州市辖区 | 136 | 2122 | 67 | 1 |
| 江陵县 | | 313 | 206 | 91 |
| 松滋市 | | 150 | 40 | 46 |
| 公安县 | | 1314 | 40 | 5 |
| 石首市 | | 1115 | 326 | 5 |
| 监利县 | | 1492 | 323 | |
| 洪湖市 | | | | |
| **宜昌市** | **7338** | **1525** | **101** | **15** |
| 宜昌市辖区 | 574 | | | |
| 夷陵区 | 6162 | | | |
| 宜都市 | 11 | | | |
| 枝江市 | 6 | 915 | 6 | |
| 当阳市 | 585 | 45 | | 15 |
| 远安县 | | | | |
| 兴山县 | | | | |
| 秭归县 | | 565 | | |
| 长阳县 | | | 26 | |
| 五峰县 | | | 69 | |
| **襄阳市** | **12751** | **38037** | **13** | **29** |
| 襄阳市辖区 | 1796 | 2939 | | |
| 老河口市 | 361 | 1172 | | |
| 襄州区 | | | | |
| 枣阳市 | 10047 | 29340 | 9 | 5 |
| 宜城市 | | 169 | | 14 |
| 南漳县 | | 3608 | 3 | 2 |
| 谷城县 | 547 | 809 | | 7 |
| 保康县 | | | 1 | 1 |
| **鄂州市** | **34** | **500** | | |

续表3 单位:头

| 指标名称 | 牛(续) | | 马 | 驴 |
|---|---|---|---|---|
| | 良种及改良种乳牛 | 菜牛 | | |
| **荆门市** | **1991** | **16181** | **632** | **390** |
| 荆门市辖区 | 221 | 2916 | | 125 |
| 沙洋县 | 1685 | 7889 | | 2 |
| 钟祥市 | 28 | 4570 | 631 | 263 |
| 京山县 | 57 | 806 | 1 | |
| **孝感市** | **1270** | **35331** | **801** | **604** |
| 孝感市辖区 | 707 | 1838 | 23 | 44 |
| 孝昌县 | | 3147 | | |
| 大悟县 | 156 | | | |
| 安陆市 | 360 | 28690 | | |
| 云梦县 | 47 | 1588 | | 297 |
| 应城市 | | | 329 | 86 |
| 汉川市 | | 68 | 449 | 177 |
| **随州市** | **3686** | **11335** | **28** | **16** |
| 曾都区 | 1878 | 9120 | | |
| 随县 | 957 | 1281 | 28 | 12 |
| 广水县 | 851 | 934 | | 4 |
| **黄冈市** | **38084** | **34650** | | **381** |
| 黄冈市辖区 | 6140 | 3400 | | 12 |
| 团风县 | 3100 | 1643 | | |
| 红安县 | 3000 | 12790 | | |
| 麻城市 | 8150 | 1135 | | 241 |
| 罗田县 | 1560 | | | |
| 英山县 | 258 | | | |
| 浠水县 | 1460 | 2345 | | |
| 蕲春县 | 4171 | 10203 | | |
| 武穴市 | 4204 | 70 | | |
| 黄梅县 | 5020 | 3064 | | 128 |
| 龙感湖农场 | 1021 | | | |
| **咸宁市** | **11795** | **8660** | **721** | **12** |
| 咸安区 | 4395 | 8 | | |
| 嘉鱼县 | | 112 | | |
| 赤壁市 | | 439 | | |
| 通城县 | | 25 | 51 | 12 |
| 崇阳县 | | 6356 | | |
| 通山县 | 7400 | 1720 | 670 | |
| **恩施自治州** | **911** | **743** | **1595** | **2** |
| 恩施市 | 161 | | 810 | |
| 利川市 | 67 | 402 | 643 | |
| 建始县 | | | 36 | |
| 巴东县 | 581 | 50 | 1 | 1 |
| 宣恩县 | 102 | | 60 | |
| 咸丰县 | | | | |
| 来凤县 | | 291 | 22 | 1 |
| 鹤峰县 | | | 23 | |
| **仙桃市** | **5** | **2051** | **65** | **106** |
| **天门市** | **293** | **665** | **1069** | **142** |
| **潜江市** | | **12041** | **11** | |
| **神农架林区** | | **40** | **12** | **3** |

# 生猪年末存栏

单位:万头

| 指标名称 | 猪存栏 | 猪(母畜) | 猪(仔畜) |
|---|---|---|---|
| **湖北省** | **2533.1** | **247.7** | **1855.72** |
| **武汉市** | **181.34** | **14.8** | **102.96** |
| 武汉市辖区 | 22.78 | 2.85 | 9.59 |
| 蔡甸区 | 14 | 0.86 | 8.73 |
| 江夏区 | 48.35 | 4.87 | 18.86 |
| 黄陂区 | 70.65 | 4.83 | 54.18 |
| 新洲区 | 25.56 | 1.39 | 11.6 |
| **黄石市** | **90.59** | **6.24** | **14.94** |
| 黄石市辖区 | 5.69 | 0.55 | 1.11 |
| 大冶市 | 33.34 | 2.45 | 7.56 |
| 阳新县 | 51.56 | 3.24 | 6.27 |
| **十堰市** | **181.11** | **13.11** | **61.29** |
| 十堰市辖区 | 4.91 | 0.33 | 2.24 |
| 丹江口市 | 27.68 | 2.12 | 25.5 |
| 郧县 | 41.64 | 2.79 | 16.93 |
| 郧西县 | 25.21 | 1.26 | 1.46 |
| 竹山县 | 27.78 | 2.06 | 1.39 |
| 竹溪县 | 26.96 | 1.81 | 7.58 |
| 房县 | 26.93 | 2.74 | 6.19 |
| **荆州市** | **325.34** | **28.22** | **120.03** |
| 荆州市辖区 | 28.9 | 2.91 | 13.24 |
| 江陵县 | 20.09 | 1.81 | 5.44 |
| 松滋市 | 73.98 | 7.47 | 33.47 |
| 公安县 | 63.79 | 4.45 | 17.28 |
| 石首市 | 30.72 | 1.66 | 6.82 |
| 监利县 | 73.73 | 7.01 | 31.96 |
| 洪湖市 | 34.13 | 2.91 | 11.82 |
| **宜昌市** | **437.79** | **46.57** | **185.88** |
| 宜昌市辖区 | 12.91 | 0.62 | 6.16 |
| 夷陵区 | 59.98 | 5.57 | 54.41 |
| 宜都市 | 49.04 | 3.49 | 4.23 |
| 枝江市 | 79.4 | 14.35 | 28.28 |
| 当阳市 | 68.11 | 9.72 | 33.53 |
| 远安县 | 24.38 | 2.16 | 4.41 |
| 兴山县 | 20.98 | 1.53 | 8.01 |
| 秭归县 | 42.35 | 3.08 | 34.41 |
| 长阳县 | 51.66 | 4.08 | 11.15 |
| 五峰县 | 28.98 | 1.97 | 1.29 |
| **襄阳市** | **465.63** | **52.54** | **273.29** |
| 襄阳市辖区 | 32.12 | 3.25 | 23.42 |
| 老河口市 | 43.96 | 4.69 | 16.95 |
| 襄州区 | 107.1 | 14.92 | 82.89 |
| 枣阳市 | 79.75 | 8.21 | 28.2 |
| 宜城市 | 56.07 | 7.58 | 48 |
| 南漳县 | 65.47 | 7.26 | 56.21 |
| 谷城县 | 50.38 | 4.58 | 15.25 |
| 保康县 | 30.78 | 2.05 | 2.37 |
| **鄂州市** | **76.3** | **6.76** | **69.51** |

续表　　　　单位:万头

| 指标名称 | 猪存栏 | 猪(母畜) | 、猪(仔畜) |
|---|---|---|---|
| **荆门市** | **252.16** | **20.95** | **80.97** |
| 荆门市辖区 | 39.9 | 2.53 | 19.11 |
| 沙洋县 | 62.67 | 4.68 | 8.9 |
| 钟祥市 | 80.59 | 7.92 | 33.21 |
| 京山县 | 69 | 5.82 | 19.75 |
| **孝感市** | **263.33** | **24.77** | **131.82** |
| 孝感市辖区 | 18.72 | 1.62 | 12.35 |
| 孝昌县 | 42.32 | 4.47 | 37.85 |
| 大悟县 | 36.46 | 3.46 | 16.3 |
| 安陆市 | 52.48 | 5.11 | 7.22 |
| 云梦县 | 28.69 | 3.1 | 9.86 |
| 应城市 | 44.17 | 3.64 | 38.34 |
| 汉川市 | 40.49 | 3.37 | 9.9 |
| **随州市** | **149.62** | **12.27** | **126.97** |
| 曾都区 | 50.28 | 3.69 | 46.59 |
| 随县 | 60.77 | 5.8 | 54.97 |
| 广水县 | 38.57 | 2.78 | 25.41 |
| **黄冈市** | **479.66** | **35.95** | **406.23** |
| 黄冈市辖区 | 7.3 | 0.82 | 6.48 |
| 团风县 | 12.59 | 1.15 | 7.97 |
| 红安县 | 61.69 | 4.33 | 57.36 |
| 麻城市 | 94.81 | 4.54 | 90.27 |
| 罗田县 | 18.2 | 1.58 | 16.6 |
| 英山县 | 24.52 | 2.12 | 22.4 |
| 浠水县 | 65 | 6.1 | 58 |
| 蕲春县 | 62.12 | 5.13 | 44.9 |
| 武穴市 | 68.57 | 5.17 | 63.4 |
| 黄梅县 | 50.6 | 3.6 | 26 |
| 龙感湖农场 | 14.26 | 1.41 | 12.85 |
| **咸宁市** | **154.82** | **12.45** | **80.93** |
| 咸安区 | 17.38 | 1.49 | 4.14 |
| 嘉鱼县 | 13.47 | 1.28 | 0.79 |
| 赤壁市 | 25.67 | 1.24 | 9.05 |
| 通城县 | 39.72 | 3.92 | 30.05 |
| 崇阳县 | 43.16 | 3.41 | 34.91 |
| 通山县 | 15.42 | 1.11 | 1.99 |
| **恩施自治州** | **421.3** | **44.91** | **157.44** |
| 恩施市 | 66.84 | 8.24 | 22.95 |
| 利川市 | 77.54 | 6.57 | 30 |
| 建始县 | 51.4 | 6.26 | 20.85 |
| 巴东县 | 67.5 | 6.67 | 29.33 |
| 宣恩县 | 32.87 | 3.96 | 13.31 |
| 咸丰县 | 65.06 | 7.83 | 26.1 |
| 来凤县 | 36.69 | 3.23 | 14.09 |
| 鹤峰县 | 23.4 | 2.15 | 0.81 |
| **仙桃市** | **67.19** | **7.63** | **8.56** |
| **天门市** | **72.82** | **7.21** | **15.55** |
| **潜江市** | **64.39** | **5.9** | **19.1** |
| **神农架林区** | **4.23** | **0.27** | **0.25** |

# 能繁母畜年末存栏

单位:头

| 指标名称 | 牛(母畜) | 黄牛 | 水牛 | 良种及改良种乳牛 | 菜牛 | 马 | 驴 |
|---|---|---|---|---|---|---|---|
| **湖北省** | **1821154** | **990155** | **732065** | **62916** | **36018** | **1784** | **905** |
| **武汉市** | **89652** | **15961** | **58053** | **8826** | **6812** | | **263** |
| 武汉市辖区 | 5460 | | 3805 | 1655 | | | |
| 蔡甸区 | 4372 | 41 | 3920 | 411 | | | |
| 江夏区 | 19440 | 78 | 19202 | 160 | | | |
| 黄陂区 | 42280 | 8074 | 21151 | 6600 | 6455 | | |
| 新洲区 | 18100 | 7768 | 9975 | | 357 | | 263 |
| **黄石市** | **26784** | **14298** | **12476** | | **10** | | |
| 黄石市辖区 | 673 | 260 | 403 | | 10 | | |
| 大冶市 | 3015 | 1413 | 1602 | | | | |
| 阳新县 | 23096 | 12625 | 10471 | | | | |
| **十堰市** | **111413** | **105908** | **5479** | **11** | **15** | **39** | **77** |
| 十堰市辖区 | 712 | 712 | | | | | |
| 丹江口市 | 24015 | 23374 | 641 | | | 5 | 53 |
| 郧县 | 41852 | 38810 | 3016 | 11 | 15 | 30 | 20 |
| 郧西县 | 16804 | 16804 | | | | | |
| 竹山县 | 8050 | 8020 | 30 | | | | |
| 竹溪县 | 8088 | 8088 | | | | | |
| 房县 | 11892 | 10100 | 1792 | | | 4 | 4 |
| **荆州市** | **49164** | **12017** | **36667** | **105** | **375** | **399** | **56** |
| 荆州市辖区 | 998 | 395 | 498 | 105 | | 67 | 1 |
| 江陵县 | 1970 | 1046 | 924 | | | 116 | 54 |
| 松滋市 | 13370 | 4753 | 8542 | | 75 | 13 | |
| 公安县 | 5236 | 538 | 4618 | | 80 | 9 | 1 |
| 石首市 | 7798 | 3766 | 3812 | | 220 | 149 | |
| 监利县 | 12967 | 497 | 12470 | | | 45 | |
| 洪湖市 | 6825 | 1022 | 5803 | | | | |
| **宜昌市** | **58877** | **33310** | **18715** | **6712** | **140** | **16** | **7** |
| 宜昌市辖区 | 1302 | 588 | 175 | 539 | | | |
| 夷陵区 | 10434 | 3177 | 1095 | 6162 | | | |
| 宜都市 | 11154 | 10262 | 881 | 11 | | | |
| 枝江市 | 12102 | 4177 | 7825 | | 100 | | |
| 当阳市 | 6489 | 880 | 5609 | | | | 7 |
| 远安县 | 3495 | 1723 | 1772 | | | | |
| 兴山县 | 2640 | 2016 | 624 | | | | |
| 秭归县 | 1725 | 1174 | 511 | | 40 | | |
| 长阳县 | 7098 | 6899 | 199 | | | | |
| 五峰县 | 2438 | 2414 | 24 | | | 16 | |
| **襄阳市** | **426303** | **294647** | **113397** | **10370** | **7889** | **1** | **18** |
| 襄阳市辖区 | 22004 | 9666 | 9958 | 1690 | 690 | | |
| 老河口市 | 44586 | 33562 | 10824 | 147 | 53 | | |
| 襄州区 | 119765 | 99658 | 20107 | | | | |
| 枣阳市 | 119713 | 80848 | 24709 | 8216 | 5940 | 1 | 4 |
| 宜城市 | 37125 | 19165 | 17897 | | 63 | | 12 |
| 南漳县 | 24585 | 15241 | 8673 | | 671 | | 2 |
| 谷城县 | 49445 | 28528 | 20128 | 317 | 472 | | |
| 保康县 | 9080 | 7979 | 1101 | | | | |
| **鄂州市** | **19320** | **4100** | **15160** | **30** | **30** | | |

续表　　单位:头

| 指标名称 | 牛(母畜) | 黄牛 | 水牛 | 良种及改良种乳牛 | 菜牛 | 马 | 驴 |
|---|---|---|---|---|---|---|---|
| **荆门市** | **101586** | **14802** | **79313** | **1203** | **6268** | **90** | **7** |
| 荆门市辖区 | 15187 | 1835 | 11406 | 120 | 1826 | | 1 |
| 沙洋县 | 38062 | 1952 | 32689 | 1042 | 2379 | | |
| 钟祥市 | 28655 | 8658 | 18138 | 10 | 1849 | 90 | 6 |
| 京山县 | 19682 | 2357 | 17080 | 31 | 214 | | |
| **孝感市** | **185981** | **66978** | **117617** | **756** | **630** | **197** | **228** |
| 孝感市辖区 | 15986 | 5238 | 10048 | 700 | | 7 | 24 |
| 孝昌县 | 39381 | 22763 | 16618 | | | | |
| 大悟县 | 47150 | 21685 | 25409 | 56 | | | |
| 安陆市 | 45731 | 12666 | 33065 | | | | |
| 云梦县 | 11584 | 2614 | 8383 | | 587 | | 111 |
| 应城市 | 22721 | 1984 | 20737 | | | 131 | 57 |
| 汉川市 | 3428 | 28 | 3357 | | 43 | 59 | 36 |
| **随州市** | **115385** | **24729** | **90085** | **165** | **406** | **9** | **2** |
| 曾都区 | 24013 | 3406 | 20541 | | 66 | | |
| 随县 | 48041 | 15480 | 32205 | 125 | 231 | 9 | 2 |
| 广水县 | 43331 | 5843 | 37339 | 40 | 109 | | |
| **黄冈市** | **383249** | **256387** | **96076** | **25417** | **5369** | | **173** |
| 黄冈市辖区 | 8362 | 83 | 1079 | 5160 | 2040 | | |
| 团风县 | 11209 | 5405 | 2909 | 2760 | 135 | | |
| 红安县 | 65600 | 50000 | 15400 | 200 | | | |
| 麻城市 | 134414 | 109114 | 19280 | 6020 | | | 173 |
| 罗田县 | 28338 | 23612 | 3166 | 1560 | | | |
| 英山县 | 10038 | 8097 | 1683 | 258 | | | |
| 浠水县 | 35900 | 23420 | 12034 | | 446 | | |
| 蕲春县 | 61926 | 28818 | 30363 | 1000 | 1745 | | |
| 武穴市 | 14798 | 3305 | 7314 | 4174 | 5 | | |
| 黄梅县 | 11904 | 4533 | 2848 | 3525 | 998 | | |
| 龙感湖农场 | 760 | | | 760 | | | |
| **咸宁市** | **48610** | **14059** | **23833** | **8931** | **1787** | **5** | |
| 咸安区 | 8812 | 764 | 4517 | 3531 | | | |
| 嘉鱼县 | 1679 | 223 | 1387 | | 69 | | |
| 赤壁市 | 8887 | 1435 | 7356 | | 96 | | |
| 通城县 | 5635 | 3115 | 2520 | | | 5 | |
| 崇阳县 | 11277 | 4842 | 4813 | | 1622 | | |
| 通山县 | 12320 | 3680 | 3240 | 5400 | | | |
| **恩施自治州** | **145907** | **110093** | **35363** | **145** | **306** | **702** | **1** |
| 恩施市 | 26189 | 21377 | 4747 | 65 | | 289 | |
| 利川市 | 30298 | 25052 | 5204 | 9 | 33 | 378 | |
| 建始县 | 8546 | 7012 | 1534 | | | 5 | |
| 巴东县 | 15152 | 12119 | 3013 | | 20 | 1 | 1 |
| 宣恩县 | 24330 | 16678 | 7581 | 71 | | 25 | |
| 咸丰县 | 26337 | 17377 | 8960 | | | | |
| 来凤县 | 10124 | 5736 | 4135 | | 253 | 4 | |
| 鹤峰县 | 4931 | 4742 | 189 | | | | |
| **仙桃市** | **9918** | **1784** | **8084** | | **50** | **15** | **16** |
| **天门市** | **26630** | **13358** | **12982** | **245** | **45** | **301** | **57** |
| **潜江市** | **19596** | **4945** | **8765** | | **5886** | **10** | |
| **神农架林区** | **2779** | **2779** | | | | | |

# 当年出生的仔畜

单位:头

| 指标名称 | 牛(仔畜) | 黄牛 | 水牛 | 良种及改良种乳牛 | 菜牛 | 马 | 驴 |
|---|---|---|---|---|---|---|---|
| **湖北省** | **944373** | **574999** | **337379** | **10891** | **21104** | **535** | **181** |
| **武汉市** | **36116** | **7269** | **22627** | **2290** | **3930** | | **60** |
| 武汉市辖区 | 1056 | | 1056 | | | | |
| 蔡甸区 | 1744 | 15 | 1673 | 56 | | | |
| 江夏区 | 7265 | | 7265 | | | | |
| 黄陂区 | 18395 | 3030 | 9371 | 2234 | 3760 | | |
| 新洲区 | 7656 | 4224 | 3262 | | 170 | | 60 |
| **黄石市** | **15280** | **8203** | **7070** | | **7** | | |
| 黄石市辖区 | 225 | 111 | 107 | | 7 | | |
| 大冶市 | 4968 | 1745 | 3223 | | | | |
| 阳新县 | 10087 | 6347 | 3740 | | | | |
| **十堰市** | **61158** | **59894** | **1172** | **42** | **50** | | **3** |
| 十堰市辖区 | 342 | 342 | | | | | |
| 丹江口市 | 14010 | 13746 | 264 | | | | |
| 郧县 | 9236 | 9079 | 65 | 42 | 50 | | |
| 郧西县 | 9688 | 9688 | | | | | |
| 竹山县 | 17775 | 17731 | 44 | | | | |
| 竹溪县 | 5587 | 5587 | | | | | |
| 房县 | 4520 | 3721 | 799 | | | | 3 |
| **荆州市** | **15568** | **3424** | **11966** | **23** | **155** | **60** | **5** |
| 荆州市辖区 | 148 | 52 | 73 | 23 | | | |
| 江陵县 | 430 | 223 | 207 | | | 8 | 5 |
| 松滋市 | 2384 | 953 | 1356 | | 75 | 2 | |
| 公安县 | 1107 | 155 | 872 | | 80 | 7 | |
| 石首市 | 2547 | 1731 | 816 | | | 37 | |
| 监利县 | 6162 | 203 | 5959 | | | 6 | |
| 洪湖市 | 2790 | 107 | 2683 | | | | |
| **宜昌市** | **16641** | **10832** | **5745** | **35** | **29** | **26** | |
| 宜昌市辖区 | 314 | 210 | 69 | 35 | | | |
| 夷陵区 | 1333 | 1064 | 269 | | | | |
| 宜都市 | 4386 | 3699 | 687 | | | | |
| 枝江市 | 3304 | 1619 | 1674 | | 11 | | |
| 当阳市 | 2470 | 353 | 2117 | | | | |
| 远安县 | 1074 | 536 | 538 | | | | |
| 兴山县 | 1230 | 960 | 270 | | | | |
| 秭归县 | 391 | 290 | 83 | | 18 | | |
| 长阳县 | 1264 | 1229 | 35 | | | | |
| 五峰县 | 875 | 872 | 3 | | | 26 | |
| **襄阳市** | **252212** | **183977** | **61674** | **887** | **5674** | **2** | **1** |
| 襄阳市辖区 | 13114 | 6316 | 6185 | 28 | 585 | | |
| 老河口市 | 30099 | 22403 | 7620 | | 76 | | |
| 襄州区 | 84628 | 64397 | 20231 | | | | |
| 枣阳市 | 78728 | 59934 | 13536 | 819 | 4439 | 2 | 1 |
| 宜城市 | 22977 | 13817 | 9160 | | | | |
| 南漳县 | 9686 | 6137 | 2983 | | 566 | | |
| 谷城县 | 9364 | 7694 | 1622 | 40 | 8 | | |
| 保康县 | 3616 | 3279 | 337 | | | | |
| **鄂州市** | **6908** | **1750** | **5120** | **3** | **35** | | |

续表 单位:头

| 指标名称 | 牛(仔畜) | 黄牛 | 水牛 | 良种及改良种乳牛 | 菜牛 | 马 | 驴 |
|---|---|---|---|---|---|---|---|
| **荆门市** | **33850** | **5567** | **25523** | **196** | **2564** | **36** | **4** |
| 荆门市辖区 | 6263 | 824 | 5246 | | 193 | | |
| 沙洋县 | 8721 | 1000 | 6216 | 175 | 1330 | | |
| 钟祥市 | 12479 | 2648 | 9081 | 9 | 741 | 36 | 4 |
| 京山县 | 6387 | 1095 | 4980 | 12 | 300 | | |
| **孝感市** | **105455** | **42249** | **62819** | **33** | **354** | **98** | **104** |
| 孝感市辖区 | 9823 | 3201 | 6622 | | | | 12 |
| 孝昌县 | 29696 | 17256 | 12440 | | | | |
| 大悟县 | 27027 | 13011 | 13983 | 33 | | | |
| 安陆市 | 19828 | 5421 | 14407 | | | | |
| 云梦县 | 8957 | 2359 | 6245 | | 353 | | 47 |
| 应城市 | 9307 | 983 | 8324 | | | 79 | 28 |
| 汉川市 | 817 | 18 | 798 | | 1 | 19 | 17 |
| **随州市** | **64676** | **16695** | **47569** | **135** | **277** | **5** | **1** |
| 曾都区 | 11737 | 2387 | 9350 | | | | |
| 随县 | 29503 | 10725 | 18466 | 115 | 197 | 5 | 1 |
| 广水县 | 23436 | 3583 | 19753 | 20 | 80 | | |
| **黄冈市** | **222076** | **164518** | **47055** | **6127** | **4376** | | |
| 黄冈市辖区 | 2464 | 62 | 803 | 979 | 620 | | |
| 团风县 | 6894 | 5074 | 1407 | 339 | 74 | | |
| 红安县 | 25101 | 15000 | 8516 | 517 | 1068 | | |
| 麻城市 | 87598 | 84346 | | 2120 | 1132 | | |
| 罗田县 | 21524 | 18880 | 2644 | | | | |
| 英山县 | 5326 | 4142 | 1184 | | | | |
| 浠水县 | 28920 | 19293 | 9627 | | | | |
| 蕲春县 | 30150 | 12436 | 16354 | 480 | 880 | | |
| 武穴市 | 8263 | 2565 | 5666 | 29 | 3 | | |
| 黄梅县 | 5576 | 2720 | 854 | 1403 | 599 | | |
| 龙感湖农场 | 260 | | | 260 | | | |
| **咸宁市** | **20805** | **7159** | **12421** | **1013** | **212** | | |
| 咸安区 | 2917 | 517 | 1881 | 513 | 6 | | |
| 嘉鱼县 | 1649 | 71 | 1552 | | 26 | | |
| 赤壁市 | 4567 | 761 | 3795 | | 11 | | |
| 通城县 | 2137 | 1228 | 909 | | | | |
| 崇阳县 | 3605 | 1639 | 1797 | | 169 | | |
| 通山县 | 5930 | 2943 | 2487 | 500 | | | |
| **恩施自治州** | **71585** | **53506** | **17879** | **54** | **146** | **247** | |
| 恩施市 | 9463 | 7932 | 1508 | 23 | | 118 | |
| 利川市 | 16769 | 13889 | 2767 | | 113 | 124 | |
| 建始县 | 5353 | 4275 | 1078 | | | 5 | |
| 巴东县 | 4367 | 3381 | 986 | | | | |
| 宣恩县 | 15450 | 10647 | 4772 | 31 | | | |
| 咸丰县 | 13164 | 8685 | 4479 | | | | |
| 来凤县 | 3933 | 1743 | 2157 | | 33 | | |
| 鹤峰县 | 3086 | 2954 | 132 | | | | |
| **仙桃市** | **3351** | **912** | **2423** | **5** | **11** | **13** | |
| **天门市** | **8152** | **4787** | **3298** | **48** | **19** | **47** | **3** |
| **潜江市** | **9333** | **3090** | **3018** | | **3225** | | |
| **神农架林区** | **1207** | **1167** | | | **40** | **1** | |

## 主要畜产品产量

单位:吨

| 指标名称 | 畜禽肉产量 | 牛 | 猪 | 羊 | 家禽 | 奶类产量 | 其中:牛奶产量 |
|---|---|---|---|---|---|---|---|
| **湖北省** | **3818704** | **182000** | **2905000** | **80000** | **643000** | **142000** | **142000** |
| **武汉市** | **315075** | **9661** | **222440** | **1133** | **81737** | **59453** | **59453** |
| 武汉市辖区 | 43697 | 745 | 38016 | 137 | 4799 | 6345 | 6345 |
| 蔡甸区 | 24938 | 710 | 15368 | 6 | 8854 | 4000 | 4000 |
| 江夏区 | 103777 | 1608 | 75072 | 7 | 27090 | 648 | 648 |
| 黄陂区 | 104439 | 5024 | 75168 | 567 | 23614 | 48460 | 48460 |
| 新洲区 | 38224 | 1574 | 18816 | 416 | 17380 | | |
| **黄石市** | **127099** | **2434** | **82240** | **774** | **40508** | | |
| 黄石市辖区 | 8757 | 88 | 7745 | 18 | 903 | | |
| 大冶市 | 76839 | 735 | 40625 | 153 | 34292 | | |
| 阳新县 | 41503 | 1611 | 33870 | 603 | 5313 | | |
| **十堰市** | **188539** | **13846** | **127685** | **13359** | **33618** | **850** | **850** |
| 十堰市辖区 | 6899 | 82 | 4484 | 358 | 1975 | 850 | 850 |
| 丹江口市 | 46345 | 4141 | 18532 | 513 | 23152 | | |
| 郧县 | 33541 | 2521 | 27090 | 1257 | 2665 | | |
| 郧西县 | 27087 | 2409 | 19582 | 3630 | 1463 | | |
| 竹山县 | 20690 | 947 | 18015 | 461 | 1265 | | |
| 竹溪县 | 25115 | 2984 | 20122 | 669 | 1340 | | |
| 房县 | 28862 | 762 | 19860 | 6471 | 1758 | | |
| **荆州市** | **460025** | **9459** | **345179** | **1898** | **103128** | **68** | **68** |
| 荆州市辖区 | 69623 | 671 | 36479 | 165 | 32010 | 68 | 68 |
| 江陵县 | 34787 | 210 | 25425 | 134 | 9007 | | |
| 松滋市 | 105189 | 2157 | 91169 | 1107 | 10753 | | |
| 公安县 | 71826 | 1634 | 61415 | 294 | 8476 | | |
| 石首市 | 45449 | 2123 | 33006 | 100 | 10211 | | |
| 监利县 | 100687 | 1969 | 72423 | 64 | 26198 | | |
| 洪湖市 | 32464 | 695 | 25262 | 34 | 6473 | | |
| **宜昌市** | **550887** | **8044** | **455051** | **23060** | **64515** | **32456** | **32456** |
| 宜昌市辖区 | 22214 | 88 | 13845 | 174 | 8107 | 782 | 782 |
| 夷陵区 | 85508 | 500 | 72313 | 1738 | 10946 | 23540 | 23540 |
| 宜都市 | 69492 | 3053 | 52230 | 5913 | 8272 | 15 | 15 |
| 枝江市 | 86900 | 1372 | 73329 | 449 | 11750 | | |
| 当阳市 | 96564 | 1524 | 73745 | 2282 | 18953 | 8119 | 8119 |
| 远安县 | 24979 | 410 | 23140 | 567 | 862 | | |
| 兴山县 | 26263 | 209 | 23736 | 1771 | 547 | | |
| 秭归县 | 42899 | 231 | 38882 | 1101 | 2587 | | |
| 长阳县 | 65514 | 365 | 56029 | 7589 | 1520 | | |
| 五峰县 | 30554 | 292 | 56029 | 1476 | 971 | | |
| **襄阳市** | **725103** | **85413** | **439093** | **29834** | **168682** | **8769** | **8769** |
| 襄阳市辖区 | 42581 | 5925 | 26760 | 714 | 9100 | 7903 | 7903 |
| 老河口市 | 67612 | 6801 | 49967 | 1297 | 9225 | 813 | 813 |
| 襄州区 | 190265 | 36855 | 102382 | 6136 | 44348 | 53 | 53 |
| 枣阳市 | 162941 | 16414 | 71271 | 11459 | 63052 | | |
| 宜城市 | 79422 | 6886 | 56906 | 694 | 14936 | | |
| 南漳县 | 92821 | 6428 | 70405 | 4108 | 11854 | | |
| 谷城县 | 63419 | 4901 | 41188 | 3840 | 13131 | | |
| 保康县 | 26042 | 1203 | 20214 | 1586 | 3036 | | |
| **鄂州市** | **102295** | **2504** | **77011** | **150** | **22583** | **125** | **125** |

续表　　单位:吨

| 指标名称 | 畜禽肉产量 | 牛 | 猪 | 羊 | 家禽 | 奶类产量 | 牛奶产量 |
|---|---|---|---|---|---|---|---|
| **荆门市** | **373362** | **18122** | **281703** | **7473** | **65380** | **356** | **356** |
| 荆门市辖区 | 57181 | 1974 | 42004 | 3659 | 9518 | 53 | 53 |
| 沙洋县 | 99421 | 7828 | 70692 | 445 | 20396 | 300 | 300 |
| 钟祥市 | 117621 | 5256 | 88747 | 2641 | 20620 | 3 | 3 |
| 京山县 | 99139 | 3064 | 80260 | 728 | 14846 | | |
| **孝感市** | **441441** | **18864** | **257651** | **3330** | **160641** | **5040** | **5040** |
| 孝感市辖区 | 33392 | 1885 | 22255 | 44 | 9198 | 4200 | 4200 |
| 孝昌县 | 67114 | 5100 | 34105 | 476 | 27360 | | |
| 大悟县 | 46277 | 4206 | 33379 | 1107 | 7301 | | |
| 安陆市 | 86162 | 4897 | 61800 | 1378 | 17702 | 840 | 840 |
| 云梦县 | 64651 | 1366 | 33075 | 35 | 30161 | | |
| 应城市 | 60972 | 1081 | 34300 | 269 | 25137 | | |
| 汉川市 | 82873 | 329 | 38737 | 21 | 43782 | | |
| **随州市** | **237032** | **17685** | **158795** | **9413** | **50556** | **83** | **83** |
| 曾都区 | 53255 | 4650 | 46485 | 902 | 1142 | | |
| 随县 | 114121 | 7030 | 67348 | 3971 | 35591 | | |
| 广水县 | 69656 | 6005 | 44962 | 4540 | 13823 | 83 | 83 |
| **黄冈市** | **525317** | **64066** | **335266** | **11552** | **112671** | **84848** | **84848** |
| 黄冈市辖区 | 8768 | 219 | 6187 | 38 | 2310 | 16420 | 16420 |
| 团风县 | 17112 | 2627 | 6967 | 357 | 7161 | 13350 | 13350 |
| 红安县 | 23743 | 4000 | 16130 | 400 | 3112 | 10000 | 10000 |
| 麻城市 | 101549 | 24491 | 58237 | 3364 | 15390 | 5100 | 5100 |
| 罗田县 | 25258 | 5103 | 14332 | 3615 | 2175 | 7100 | 7100 |
| 英山县 | 20221 | 754 | 15420 | 1529 | 2504 | 27 | 27 |
| 浠水县 | 99775 | 3870 | 61522 | 690 | 33660 | 2100 | 2100 |
| 蕲春县 | 76499 | 19996 | 39517 | 1127 | 14496 | 20733 | 20733 |
| 武穴市 | 71686 | 1281 | 62317 | 158 | 7903 | 1000 | 1000 |
| 黄梅县 | 72738 | 1725 | 47490 | 253 | 23160 | 7050 | 7050 |
| 龙感湖农场 | 7968 | | 7147 | 21 | 800 | 1968 | 1968 |
| **咸宁市** | **208802** | **2979** | **154079** | **3987** | **47172** | **12420** | **12420** |
| 咸安区 | 46699 | 341 | 17698 | 178 | 28391 | 10470 | 10470 |
| 嘉鱼县 | 15830 | 535 | 13485 | 82 | 1716 | | |
| 赤壁市 | 26781 | 718 | 22255 | 270 | 3391 | | |
| 通城县 | 57598 | 297 | 56240 | 122 | 938 | | |
| 崇阳县 | 42863 | 709 | 30020 | 849 | 11111 | | |
| 通山县 | 19031 | 379 | 14381 | 2486 | 1625 | 1950 | 1950 |
| **恩施自治州** | **438323** | **16797** | **388712** | **12551** | **20140** | **617** | **617** |
| 恩施市 | 87009 | 4740 | 75805 | 2397 | 4032 | 369 | 369 |
| 利川市 | 78508 | 4392 | 68433 | 1157 | 4463 | | |
| 建始县 | 62705 | 960 | 55310 | 2832 | 3591 | | |
| 巴东县 | 69649 | 755 | 64055 | 3147 | 1692 | | |
| 宣恩县 | 36354 | 2355 | 31705 | 821 | 1473 | 248 | 248 |
| 咸丰县 | 53504 | 2520 | 48414 | 205 | 2358 | | |
| 来凤县 | 27923 | 291 | 25287 | 390 | 1949 | | |
| 鹤峰县 | 22671 | 784 | 19703 | 1602 | 582 | | |
| **仙桃市** | **98635** | **2115** | **88680** | **104** | **7734** | | |
| **天门市** | **86607** | **3749** | **70593** | **153** | **12087** | **470** | **470** |
| **潜江市** | **111850** | **4343** | **86287** | **444** | **20775** | | |
| **神农架林区** | **5053** | **151** | **4207** | **291** | **404** | | |

## 主要畜产品产量

单位:吨

| 指标名称 | 山羊毛产量 | 绵羊毛产量 | 细羊毛 | 半细羊毛 | 禽蛋产量 | 蜂蜜产量（公斤） |
|---|---|---|---|---|---|---|
| **湖北省** | **4901** | **3534** | | **3534** | **1370000** | **17694772** |
| **武汉市** | | | | | **202636** | **1237186** |
| 武汉市辖区 | | | | | 7484 | 9480 |
| 蔡甸区 | | | | | 11292 | 87000 |
| 江夏区 | | | | | 12251 | 64820 |
| 黄陂区 | | | | | 57800 | 280000 |
| 新洲区 | | | | | 113809 | 795886 |
| **黄石市** | | | | | **38526** | **92859** |
| 黄石市辖区 | | | | | 1459 | 3050 |
| 大冶市 | | | | | 26665 | 88674 |
| 阳新县 | | | | | 10402 | 1135 |
| **十堰市** | | | | | **46290** | **277461** |
| 十堰市辖区 | | | | | 765 | 3000 |
| 丹江口市 | | | | | 10250 | 61646 |
| 郧县 | | | | | 13223 | 4646 |
| 郧西县 | | | | | 6479 | 7125 |
| 竹山县 | | | | | 4544 | 49000 |
| 竹溪县 | | | | | 3263 | 63010 |
| 房县 | | | | | 7766 | 89034 |
| **荆州市** | **35** | | | | **174010** | **7100651** |
| 荆州市辖区 | | | | | 29805 | 400000 |
| 江陵县 | | | | | 16614 | 167730 |
| 松滋市 | 35 | | | | 14013 | 2500000 |
| 公安县 | | | | | 29869 | 1668150 |
| 石首市 | | | | | 27773 | 875950 |
| 监利县 | | | | | 37161 | 850000 |
| 洪湖市 | | | | | 18775 | 638821 |
| **宜昌市** | | | | | **59136** | **736305** |
| 宜昌市辖区 | | | | | 1951 | 7825 |
| 夷陵区 | | | | | 3548 | 74308 |
| 宜都市 | | | | | 5277 | 265350 |
| 枝江市 | | | | | 11467 | 91426 |
| 当阳市 | | | | | 28252 | 81408 |
| 远安县 | | | | | 1625 | 65816 |
| 兴山县 | | | | | 1029 | 39760 |
| 秭归县 | | | | | 1807 | 28438 |
| 长阳县 | | | | | 2449 | 64517 |
| 五峰县 | | | | | 1731 | 17457 |
| **襄阳市** | **4866** | **3534** | | **3534** | **246925** | **1530207** |
| 襄阳市辖区 | | | | | 12205 | 40425 |
| 老河口市 | | | | | 31699 | 140000 |
| 襄州区 | | | | | 56421 | 30066 |
| 枣阳市 | | 3534 | | 3534 | 70726 | 976507 |
| 宜城市 | | | | | 21177 | 84722 |
| 南漳县 | | | | | 13818 | 166640 |
| 谷城县 | | | | | 37125 | 43759 |
| 保康县 | 4866 | | | | 3754 | 48088 |
| **鄂州市** | | | | | **44233** | **18600** |

续表　　单位:吨

| 指标名称 | 山羊毛产量 | 绵羊毛产量 | 细羊毛 | 半细羊毛 | 禽蛋产量 | 蜂蜜产量（公斤） |
|---|---|---|---|---|---|---|
| **荆门市** | | | | | **140502** | **1730920** |
| 荆门市辖区 | | | | | 19203 | 1075806 |
| 沙洋县 | | | | | 40470 | 158296 |
| 钟祥市 | | | | | 40382 | 272497 |
| 京山县 | | | | | 40447 | 224321 |
| **孝感市** | | | | | **347903** | **1745855** |
| 孝感市辖区 | | | | | 25691 | 6325 |
| 孝昌县 | | | | | 47517 | 655335 |
| 大悟县 | | | | | 20987 | 179865 |
| 安陆市 | | | | | 58660 | 10940 |
| 云梦县 | | | | | 58510 | 221000 |
| 应城市 | | | | | 102019 | 404090 |
| 汉川市 | | | | | 34519 | 268300 |
| **随州市** | | | | | **68735** | **1231707** |
| 曾都区 | | | | | 11509 | 61915 |
| 随县 | | | | | 26440 | 442766 |
| 广水县 | | | | | 30786 | 727026 |
| **黄冈市** | | | | | **547388** | **530059** |
| 黄冈市辖区 | | | | | 5864 | 135060 |
| 团风县 | | | | | 88709 | 30300 |
| 红安县 | | | | | 12935 | 50000 |
| 麻城市 | | | | | 62580 | 167610 |
| 罗田县 | | | | | 8077 | 26274 |
| 英山县 | | | | | 4466 | 17700 |
| 浠水县 | | | | | 217857 | 23000 |
| 蕲春县 | | | | | 51353 | 13175 |
| 武穴市 | | | | | 13461 | 58900 |
| 黄梅县 | | | | | 81764 | 8040 |
| 龙感湖农场 | | | | | 322 | |
| **咸宁市** | | | | | **27539** | **885081** |
| 咸安区 | | | | | 5655 | 65515 |
| 嘉鱼县 | | | | | 4737 | 41000 |
| 赤壁市 | | | | | 7901 | 318200 |
| 通城县 | | | | | 2656 | 77477 |
| 崇阳县 | | | | | 4114 | 126861 |
| 通山县 | | | | | 2476 | 256028 |
| **恩施自治州** | | | | | **26756** | **390712** |
| 恩施市 | | | | | 3034 | 35237 |
| 利川市 | | | | | 5492 | 28138 |
| 建始县 | | | | | 4349 | 45243 |
| 巴东县 | | | | | 3564 | 92187 |
| 宣恩县 | | | | | 3119 | 117480 |
| 咸丰县 | | | | | 1560 | 33300 |
| 来凤县 | | | | | 3354 | 13223 |
| 鹤峰县 | | | | | 2284 | 25904 |
| **仙桃市** | | | | | **41701** | **45100** |
| **天门市** | | | | | **51066** | **63193** |
| **潜江市** | | | | | **30017** | **24** |
| **神农架林区** | | | | | **324** | **78852** |

# 畜禽品种改良情况(生猪)

| 地区 | 年末人工授精站数(个) | 授精站种公猪数(头) | 年内人工授精数(头次) | 受胎数(头次) | 受胎率(%) | 开展人工授精村数(个) | 现有人工授精员(人) |
|---|---|---|---|---|---|---|---|
| **湖北省** | **1784** | **7061** | **6776169** | **6207330** | **92.58** | **22353** | **7179** |
| **武汉市** | **88** | **331** | **271867** | **248958** | **91.57** | **1508** | **405** |
| 武汉市辖区 | 25 | 87 | 50673 | 41440 | 81.11 | 51 | 36 |
| 蔡甸区 | 20 | 42 | 26942 | 25595 | 95 | 189 | 103 |
| 江夏区 | 23 | 92 | 110752 | 108758 | 98.2 | 156 | 35 |
| 黄陂区 | 9 | 62 | 82000 | 71890 | 87.67 | 582 | 125 |
| 新洲区 | 11 | 48 | 1500 | 1275 | 85 | 530 | 106 |
| **黄石市** | **17** | **120** | **88100** | **86350** | **98.01** | **420** | **95** |
| 黄石市辖区 | 1 | 3 | 1600 | 1400 | 87.5 | 11 | 3 |
| 大冶市 | 5 | 30 | 5500 | 5100 | 92.73 | 17 | 10 |
| 阳新县 | 11 | 87 | 81000 | 79850 | 98.58 | 392 | 82 |
| **十堰市** | **94** | **333** | **275384** | **255619** | **92.82** | **1220** | **660** |
| 十堰市辖区 | 3 | 12 | 5944 | 5130 | 86.99 | 62 | 17 |
| 丹江口市 | 6 | 42 | 31542 | 29870 | 94.7 | 187 | 75 |
| 郧县 | 19 | 31 | 54735 | 51245 | 93.62 | 201 | 97 |
| 郧西县 | 9 | 84 | 16980 | 15682 | 92.36 | 108 | 26 |
| 竹山县 | 17 | 35 | 44000 | 42000 | 95.45 | 24 | 50 |
| 竹溪县 | 18 | 95 | 54193 | 50400 | 93 | 305 | 83 |
| 房县 | 21 | 29 | 61760 | 55682 | 90.16 | 304 | 306 |
| 武当山特区 | 1 | 5 | 6230 | 5610 | 90.05 | 29 | 6 |
| **荆州市** | **75** | **592** | **542394** | **496060** | **91.46** | **2237** | **584** |
| 荆州市辖区 | 12 | 60 | 44710 | 40711 | 91.37 | 173 | 29 |
| 江陵县 | 8 | 48 | 37760 | 34437 | 91.2 | 217 | 44 |
| 松滋市 | 18 | 186 | 148500 | 135800 | 91.45 | 293 | 183 |
| 公安县 | 16 | 48 | 83872 | 76043 | 90.67 | 320 | 65 |
| 石首市 | 9 | 28 | 28800 | 25920 | 90 | 80 | 18 |
| 监利县 | 7 | 187 | 160102 | 148337 | 92.65 | 724 | 145 |
| 洪湖市 | 5 | 35 | 38650 | 34812 | 90.07 | 430 | 100 |
| **宜昌市** | **125** | **1192** | **842501** | **757394** | **89.9** | **1344** | **876** |
| 宜昌市辖区 | 5 | 16 | 11050 | 9380 | 83.63 | 52 | 12 |
| 夷陵区 | 9 | 177 | 112400 | 110618 | 98.41 | 202 | 160 |
| 宜都市 | 32 | 135 | 17200 | 15480 | 90 | 127 | 50 |
| 枝江市 | 30 | 502 | 297000 | 249735 | 84.09 | 198 | 56 |
| 当阳市 | 7 | 250 | 230000 | 216800 | 94.26 | 158 | 120 |
| 远安县 | 14 | 30 | 40757 | 36700 | 90.05 | 102 | 106 |
| 兴山县 | 8 | 34 | 30150 | 29729 | 98.6 | 92 | 25 |
| 秭归县 | 20 | 48 | 58700 | 47160 | 80.34 | 162 | 85 |
| 长阳县 | 0 | 0 | 9988 | 9250 | 92.61 | 154 | 154 |
| 五峰县 | 0 | 0 | 35256 | 32542 | 92.3 | 97 | 108 |
| **襄阳市** | **238** | **737** | **1075697** | **1008512** | **93.75** | **1964** | **562** |
| 襄阳市辖区 | 4 | 30 | 34600 | 23580 | 90 | 63 | 13 |
| 老河口市 | 10 | 55 | 117000 | 106747 | 91.24 | 227 | 46 |
| 襄州区 | 64 | 132 | 258300 | 253130 | 98 | 284 | 90 |
| 枣阳市 | 69 | 156 | 188547 | 165680 | 87.87 | 520 | 150 |
| 宜城市 | 15 | 125 | 150630 | 150200 | 99.71 | 190 | 46 |
| 南漳县 | 30 | 140 | 180050 | 166310 | 92.37 | 282 | 85 |
| 谷城县 | 36 | 64 | 107010 | 105025 | 98.15 | 255 | 62 |
| 保康县 | 10 | 35 | 39560 | 37840 | 95.65 | 143 | 70 |
| **鄂州市** | **22** | **56** | **73632** | **70024** | **95.1** | **281** | **66** |

续表1

| 地区 | 年末人工授精站数(个) | 授精站种公猪数(头) | 年内人工授精数(头次) | 受胎数(头次) | 受胎率(%) | 开展人工授精村数(个) | 现有人工授精员(人) |
|---|---|---|---|---|---|---|---|
| **荆门市** | **59** | **411** | **525565** | **468573** | **89.16** | **1368** | **358** |
| 荆门市辖区 | 9 | 51 | 73800 | 63132 | 86.07 | 212 | 93 |
| 沙洋县 | 16 | 122 | 147600 | 129684 | 87.86 | 202 | 43 |
| 钟祥市 | 18 | 145 | 180665 | 163565 | 90.53 | 541 | 122 |
| 京山县 | 9 | 78 | 101500 | 92192 | 90.83 | 406 | 82 |
| 沙洋农场 | 7 | 15 | 22000 | 20000 | 90.91 | 7 | 18 |
| **孝感市** | **94** | **423** | **505499** | **463694** | **91.73** | **2398** | **519** |
| 孝感市辖区 | 9 | 63 | 30000 | 26438 | 86.64 | 478 | 118 |
| 孝昌县 | 13 | 33 | 74250 | 73125 | 98.48 | 141 | 30 |
| 大悟县 | 10 | 64 | 77672 | 75964 | 97.8 | 361 | 75 |
| 安陆市 | 16 | 78 | 95300 | 88900 | 93.28 | 354 | 76 |
| 云梦县 | 12 | 33 | 58300 | 47600 | 81.65 | 290 | 60 |
| 应城市 | 24 | 65 | 80117 | 71338 | 89.04 | 413 | 85 |
| 汉川市 | 10 | 87 | 89860 | 80329 | 89.39 | 361 | 75 |
| **黄冈市** | **191** | **879** | **685476** | **602311** | **87.87** | **3883** | **799** |
| 黄冈市辖区 | 21 | 30 | 19650 | 18400 | 93.64 | 84 | 25 |
| 团风县 | 6 | 46 | 22253 | 19156 | 86.08 | 176 | 36 |
| 红安县 | 13 | 159 | 41850 | 35752 | 85.43 | 378 | 76 |
| 麻城市 | 15 | 76 | 95756 | 77562 | 81 | 698 | 140 |
| 罗田县 | 12 | 60 | 36000 | 30889 | 85.8 | 401 | 85 |
| 英山县 | 9 | 50 | 12800 | 10368 | 81 | 265 | 56 |
| 浠水县 | 27 | 237 | 146400 | 140000 | 95.63 | 647 | 130 |
| 蕲春县 | 50 | 65 | 108570 | 88213 | 81.25 | 597 | 120 |
| 武穴市 | 19 | 71 | 98600 | 84796 | 86 | 331 | 67 |
| 黄梅县 | 18 | 62 | 72500 | 67175 | 92.66 | 260 | 54 |
| 龙感湖 | 1 | 23 | 31097 | 30000 | 96.47 | 46 | 10 |
| **咸宁市** | **46** | **183** | **274720** | **245758** | **89.46** | **801** | **410** |
| 咸安区 | 4 | 18 | 33160 | 29300 | 88.36 | 85 | 55 |
| 嘉鱼县 | 10 | 10 | 15600 | 15000 | 96.15 | 75 | 20 |
| 赤壁市 | 8 | 16 | 25200 | 23200 | 92.06 | 153 | 51 |
| 通城县 | 6 | 86 | 103200 | 93912 | 91 | 167 | 190 |
| 崇阳县 | 12 | 38 | 72350 | 60496 | 83.62 | 186 | 67 |
| 通山县 | 6 | 15 | 25210 | 23850 | 94.61 | 135 | 27 |
| **恩施州** | **590** | **933** | **918335** | **853029** | **92.89** | **2572** | **902** |
| 恩施市 | 107 | 268 | 100500 | 98490 | 98 | 172 | 132 |
| 建始县 | 112 | 118 | 142100 | 125500 | 88.32 | 410 | 118 |
| 巴东县 | 116 | 126 | 151708 | 136461 | 89.95 | 490 | 116 |
| 利川市 | 95 | 109 | 141400 | 139320 | 98.53 | 538 | 233 |
| 宣恩县 | 71 | 75 | 91167 | 82353 | 90.33 | 279 | 91 |
| 咸丰县 | 15 | 146 | 179860 | 173465 | 96.44 | 288 | 115 |
| 来凤县 | 42 | 53 | 65000 | 55500 | 85.38 | 192 | 56 |
| 鹤峰县 | 32 | 38 | 46600 | 41940 | 90 | 203 | 41 |
| **随州市** | **110** | **228** | **313389** | **296014** | **94.46** | **861** | **517** |
| 随州市辖区 | 2 | 13 | 21057 | 17619 | 88.54 | 62 | 56 |
| 曾都区 | 31 | 63 | 88400 | 85700 | 96.95 | 114 | 191 |
| 随县 | 42 | 100 | 138460 | 129609 | 93.61 | 321 | 74 |
| 广水市 | 35 | 52 | 65472 | 63086 | 96.36 | 364 | 196 |
| **仙桃市** | **7** | **252** | **124410** | **114608** | **92.12** | **265** | **152** |
| **天门市** | **16** | **288** | **128700** | **118256** | **91.89** | **876** | **201** |
| **潜江市** | **10** | **100** | **125000** | **116770** | **93.42** | **347** | **71** |
| **神农架林区** | **2** | **3** | **5500** | **5400** | **98.18** | **8** | **2** |

续表2

| 地区 | 全社会年末能繁母猪存栏数(头) | 全社会年末后备母猪存栏数(头) | 全社会年末种公猪存栏数(头) | 外来良种(头) | 全社会年内肉猪出栏数(万头) | 年内杂交肉猪出栏数(万头) | 三元杂交肉猪(万头) |
|---|---|---|---|---|---|---|---|
| **湖北省** | **3365831** | **605978** | **24791** | **22771** | **5497.52** | **5021.03** | **4217.7** |
| **武汉市** | **142051** | **31784** | **1851** | **1636** | **272.85** | **254.56** | **209.42** |
| 武汉市辖区 | 22942 | 3455 | 230 | 210 | 43.28 | 40.19 | 32.7 |
| 蔡甸区 | 11714 | 3507 | 165 | 133 | 20.12 | 20.12 | 20.12 |
| 江夏区 | 50342 | 11082 | 846 | 798 | 93.8 | 86.6 | 75.4 |
| 黄陂区 | 43200 | 10280 | 410 | 335 | 90 | 82 | 62 |
| 新洲区 | 13853 | 3460 | 200 | 160 | 25.65 | 25.65 | 19.2 |
| **黄石市** | **61941** | **18380** | **446** | **425** | **126** | **122.1** | **103.95** |
| 黄石市辖区 | 6341 | 1180 | 161 | 161 | 10.65 | 9.78 | 9.32 |
| 大冶市 | 23200 | 6000 | 138 | 138 | 55.1 | 55 | 46 |
| 阳新县 | 32400 | 11200 | 147 | 126 | 60.25 | 57.32 | 48.63 |
| **十堰市** | **146682** | **25633** | **1474** | **1336** | **221.19** | **214.76** | **174.55** |
| 十堰市辖区 | 4281 | 1304 | 158 | 141 | 6.31 | 4.81 | 4.23 |
| 丹江口市 | 19134 | 5740 | 92 | 87 | 26.85 | 24.1 | 21.5 |
| 郧县 | 26563 | 4578 | 402 | 371 | 55.04 | 55.04 | 39.6 |
| 郧西县 | 21000 | 4360 | 165 | 132 | 28.8 | 26.8 | 25.92 |
| 竹山县 | 20100 | 1085 | 200 | 200 | 32.39 | 32.39 | 25.91 |
| 竹溪县 | 25200 | 2180 | 105 | 105 | 41.78 | 41.6 | 36 |
| 房县 | 27860 | 5572 | 347 | 296 | 28.8 | 28.8 | 20.38 |
| 武当山特区 | 2544 | 814 | 5 | 4 | 1.22 | 1.22 | 1.01 |
| **荆州市** | **292521** | **33345** | **2237** | **2096** | **495.84** | **452.59** | **388.33** |
| 荆州市辖区 | 29950 | 5872 | 481 | 440 | 52.28 | 42.81 | 38.64 |
| 江陵县 | 18136 | 1105 | 290 | 275 | 36.7 | 34.8 | 31.87 |
| 松滋市 | 75000 | 10023 | 192 | 186 | 132 | 122.5 | 102.3 |
| 公安县 | 46610 | 2120 | 600 | 588 | 87.84 | 82.87 | 71.22 |
| 石首市 | 26105 | 4630 | 158 | 135 | 45.86 | 39.7 | 29.8 |
| 监利县 | 70590 | 5675 | 286 | 276 | 103.85 | 95.6 | 85.1 |
| 洪湖市 | 26130 | 3920 | 230 | 196 | 37.31 | 34.31 | 29.4 |
| **宜昌市** | **438679** | **40021** | **3473** | **3345** | **670.65** | **586.3** | **470.61** |
| 宜昌市辖区 | 5452 | 542 | 48 | 48 | 24.54 | 24.54 | 22.95 |
| 夷陵区 | 55078 | 10200 | 182 | 182 | 100.25 | 90.23 | 66.8 |
| 宜都市 | 34900 | 1400 | 355 | 330 | 83.42 | 81.2 | 73.48 |
| 枝江市 | 125894 | 5514 | 1430 | 1400 | 116.39 | 90.81 | 79.11 |
| 当阳市 | 97100 | 8800 | 450 | 400 | 112 | 80 | 64 |
| 远安县 | 18526 | 2289 | 32 | 27 | 32.71 | 19.63 | 14.7 |
| 兴山县 | 13400 | 4690 | 134 | 134 | 31.85 | 30.4 | 21.3 |
| 秭归县 | 28700 | 2380 | 217 | 217 | 55.06 | 55.06 | 45.16 |
| 长阳县 | 39951 | 1850 | 400 | 382 | 78.55 | 78.55 | 56.2 |
| 五峰县 | 19678 | 2356 | 225 | 225 | 35.88 | 35.88 | 26.91 |
| **襄阳市** | **505386** | **119300** | **2302** | **2020** | **721.08** | **652.04** | **561.62** |
| 襄阳市辖区 | 27907 | 8472 | 1406 | 1228 | 62.1 | 48 | 42.8 |
| 老河口市 | 51400 | 8000 | 80 | 80 | 64.68 | 32.34 | 32.34 |
| 襄州区 | 119200 | 34461 | 210 | 180 | 158 | 154.84 | 139 |
| 枣阳市 | 82890 | 24867 | 166 | 156 | 125.78 | 122.52 | 100.57 |
| 宜城市 | 75800 | 18950 | 156 | 125 | 85.65 | 83.28 | 68.7 |
| 南漳县 | 73250 | 11350 | 155 | 145 | 105 | 105 | 94 |
| 谷城县 | 47739 | 7200 | 87 | 70 | 73.84 | 66.46 | 56.49 |
| 保康县 | 27200 | 6000 | 42 | 36 | 46.03 | 39.6 | 27.72 |
| **鄂州市** | **45604** | **5439** | **839** | **796** | **109.16** | **109.16** | **97.15** |

续表3

| 地区 | 全社会年末能繁母猪存栏数(头) | 全社会年末后备母猪存栏数(头) | 全社会年末种公猪存栏数(头) | 外来良种(头) | 全社会年内肉猪出栏数(万头) | 年内杂交肉猪出栏数(万头) | 三元杂交肉猪(万头) |
|---|---|---|---|---|---|---|---|
| **荆门市** | **226036** | **41886** | **1712** | **1477** | **419.65** | **400.74** | **357.2** |
| 荆门市辖区 | 37180 | 8506 | 144 | 137 | 77.84 | 75.76 | 67.53 |
| 沙洋县 | 56301 | 8597 | 154 | 131 | 98.23 | 98.23 | 85.5 |
| 钟祥市 | 78568 | 14433 | 1315 | 1110 | 127.57 | 116.55 | 99.22 |
| 京山县 | 44165 | 8850 | 84 | 84 | 106.01 | 100.2 | 94.95 |
| 沙洋农场 | 9822 | 1500 | 15 | 15 | 10 | 10 | 10 |
| **孝感市** | **241125** | **61414** | **760** | **677** | **427.79** | **354.59** | **288.47** |
| 孝感市辖区 | 20126 | 6211 | 111 | 91 | 40.46 | 26.5 | 19.51 |
| 孝昌县 | 32622 | 6517 | 130 | 115 | 63.87 | 60 | 43 |
| 大悟县 | 35960 | 10788 | 101 | 99 | 52.09 | 42.71 | 34.6 |
| 安陆市 | 52800 | 18400 | 150 | 121 | 100.02 | 79 | 71 |
| 云梦县 | 26500 | 4900 | 40 | 36 | 44.6 | 25.1 | 22.5 |
| 应城市 | 36417 | 10218 | 127 | 116 | 57.8 | 55.05 | 46.17 |
| 汉川市 | 36700 | 4380 | 101 | 99 | 68.95 | 66.23 | 51.69 |
| **黄冈市** | **358451** | **56294** | **4804** | **4313** | **624.84** | **546.7** | **448.01** |
| 黄冈市辖区 | 8168 | 1253 | 107 | 86 | 9.8 | 8.4 | 7.4 |
| 团风县 | 11536 | 486 | 302 | 246 | 20.5 | 12.38 | 12.12 |
| 红安县 | 43314 | 876 | 319 | 257 | 51.88 | 51.3 | 36 |
| 麻城市 | 45378 | 13812 | 132 | 121 | 95 | 76 | 65 |
| 罗田县 | 15800 | 4100 | 320 | 310 | 22.3 | 21.3 | 14.91 |
| 英山县 | 21500 | 4000 | 262 | 230 | 31.8 | 30 | 22 |
| 浠水县 | 61000 | 12200 | 398 | 385 | 93.5 | 93.5 | 84.15 |
| 蕲春县 | 49350 | 8237 | 70 | 67 | 80.3 | 78.6 | 55.5 |
| 武穴市 | 52270 | 5600 | 71 | 71 | 107.36 | 96.62 | 82.13 |
| 黄梅县 | 36000 | 4200 | 2800 | 2520 | 81 | 48.6 | 38.8 |
| 龙感湖 | 14135 | 1530 | 23 | 20 | 31.4 | 30 | 30 |
| **咸宁市** | **122463** | **22439** | **1007** | **916** | **243.9** | **212.8** | **177.19** |
| 咸安区 | 14600 | 1055 | 205 | 170 | 25.56 | 25.56 | 21.37 |
| 嘉鱼县 | 7491 | 2200 | 280 | 280 | 19.77 | 19.77 | 13.84 |
| 赤壁市 | 11400 | 3400 | 356 | 320 | 30.15 | 30.15 | 24.12 |
| 通城县 | 45000 | 9640 | 86 | 69 | 86.9 | 85.16 | 75.79 |
| 崇阳县 | 32872 | 3864 | 59 | 59 | 61.31 | 33.14 | 28.17 |
| 通山县 | 11100 | 2280 | 21 | 18 | 20.21 | 19.02 | 13.9 |
| **恩施州** | **448511** | **86934** | **1182** | **1109** | **543.81** | **523.03** | **410.23** |
| 恩施市 | 82400 | 16000 | 276 | 268 | 106.96 | 101.61 | 80.22 |
| 建始县 | 62600 | 9100 | 152 | 135 | 71.38 | 71.38 | 50.11 |
| 巴东县 | 65992 | 16107 | 167 | 156 | 84.49 | 83.07 | 67.21 |
| 利川市 | 67800 | 16950 | 115 | 107 | 99.78 | 99.6 | 82.4 |
| 宣恩县 | 39638 | 7593 | 145 | 137 | 39.07 | 37.26 | 28.1 |
| 咸丰县 | 78292 | 10231 | 149 | 134 | 76.85 | 66.83 | 46.98 |
| 来凤县 | 30591 | 5730 | 106 | 104 | 40.1 | 38.1 | 36.32 |
| 鹤峰县 | 21198 | 5223 | 72 | 68 | 25.18 | 25.18 | 18.89 |
| **随州市** | **137946** | **27973** | **841** | **820** | **276.24** | **252.49** | **216.37** |
| 随州市辖区 | 9202 | 1096 | 13 | 12 | 21.63 | 21.2 | 18.61 |
| 曾都区 | 38491 | 3610 | 376 | 376 | 62.8 | 62.8 | 50 |
| 随县 | 60200 | 17132 | 100 | 80 | 131.65 | 108.33 | 97.64 |
| 广水市 | 30053 | 6135 | 352 | 352 | 60.16 | 60.16 | 50.12 |
| **仙桃市** | **64518** | **15367** | **425** | **395** | **118.64** | **115.69** | **105.81** |
| **天门市** | **75500** | **2365** | **590** | **588** | **117.6** | **115.2** | **104.8** |
| **潜江市** | **56000** | **16800** | **702** | **702** | **102.44** | **102.44** | **99.5** |
| **神农架林区** | **2417** | **604** | **146** | **120** | **5.84** | **5.84** | **4.5** |

# 畜禽品种改良情况(牛)

| 地区 | 当年牛改良配种头数 | 其中:冻配头数 | 当年冻配种受胎数 | 当年冻配种受胎率 | 年内产犊数 | 当年犊牛成活数 | 年末改良牛存栏数(累计) |
|---|---|---|---|---|---|---|---|
| **湖北省** | **394943** | **223476** | **196395** | **77.61** | **170674** | **166076** | **812640** |
| **武汉市** | **10655** | **8094** | **7018** | **86.71** | **3013** | **2944** | **27465** |
| 武汉市辖区 | 1610 | 1000 | 1301 | 80 | 1251 | 1201 | 7643 |
| 蔡甸区 | 922 | 922 | 922 | 100 | 42 | 42 | 960 |
| 江夏区 | 3162 | 1423 | 755 | 53.06 | 552 | 543 | 912 |
| 黄陂区 | 3611 | 3611 | 3210 | 88.9 | 498 | 493 | 11300 |
| 新洲区 | 1350 | 1138 | 830 | 72.93 | 670 | 665 | 6650 |
| **黄石市** | **3200** | **3200** | **3200** | **100** | **2400** | **2240** | **1636** |
| 黄石市辖区 | | | | | | | |
| 大冶市 | 3200 | 3200 | 3200 | 100 | 2400 | 2240 | 1636 |
| 阳新县 | | | | | | | |
| **十堰市** | **17084** | **6262** | **5537** | **88.42** | **5246** | **5091** | **35318** |
| 十堰市辖区 | 1055 | 860 | 801 | 89.38 | 771 | 761 | 1608 |
| 丹江口市 | 11260 | 3260 | 2771 | 85 | 2590 | 2482 | 3570 |
| 郧县 | 2413 | 2142 | 1965 | 91.74 | 1885 | 1848 | 17535 |
| 郧西县 | 2356 | | | | | | 12605 |
| 竹山县 | | | | | | | |
| 竹溪县 | | | | | | | |
| 房县 | | | | | | | |
| 武当山特区 | | | | | | | |
| **荆州市** | **335** | | | | | | **188** |
| 荆州市辖区 | | | | | | | |
| 江陵县 | | | | | | | |
| 松滋市 | | | | | | | |
| 公安县 | | | | | | | |
| 石首市 | | | | | | | |
| 监利县 | 335 | | | | | | 188 |
| 洪湖市 | | | | | | | |
| **宜昌市** | **16239** | **11293** | **9307** | **82.41** | **8764** | **8623** | **28969** |
| 宜昌市辖区 | | | | | | | |
| 夷陵区 | 3700 | 3700 | 3145 | 85 | 3082 | 2988 | 6688 |
| 宜都市 | 580 | | | | | | 3185 |
| 枝江市 | 7610 | 3370 | 2895 | 85.91 | 2710 | 2701 | 10308 |
| 当阳市 | 650 | 650 | 500 | 76.92 | 500 | 495 | |
| 远安县 | 1650 | 1650 | 1100 | 66.67 | 957 | 928 | 3710 |
| 兴山县 | 1106 | 980 | 930 | 94.9 | 905 | 901 | 3512 |
| 秭归县 | 943 | 943 | 737 | 78.15 | 610 | 610 | 1566 |
| 长阳县 | | | | | | | |
| 五峰县 | | | | | | | |
| **襄阳市** | **141650** | **73303** | **71691** | **97.8** | **64852** | **63633** | **406559** |
| 襄阳市辖区 | 20735 | 17538 | 18861 | 95 | 15525 | 15479 | 20600 |
| 老河口市 | 8600 | 600 | 450 | 75 | 440 | 430 | 9700 |
| 襄州区 | 29143 | 11051 | 10531 | 95.29 | 7564 | 7509 | 32876 |
| 枣阳市 | 19964 | 18230 | 17100 | 93.8 | 16969 | 16120 | 190680 |
| 宜城市 | 6853 | 6146 | 5563 | 90.51 | 5486 | 5431 | 39685 |
| 南漳县 | 21852 | 11937 | 10376 | 86.92 | 10169 | 9966 | 59556 |
| 谷城县 | 33285 | 7801 | 7730 | 99.09 | 7701 | 7701 | 52465 |
| 保康县 | 1218 | | 1080 | | 998 | 997 | 997 |
| **鄂州市** | **783** | **90** | **46** | **51.11** | **43** | **43** | **783** |

续表

| 地区 | 当年牛改良配种头数 | 其中:冻配头数 | 当年冻配种受胎数 | 当年冻配种受胎率 | 年内产犊数 | 当年犊牛成活数 | 年末改良牛存栏数(累计) |
|---|---|---|---|---|---|---|---|
| **荆门市** | **13681** | **6295** | **4429** | **70.36** | **3557** | **3529** | **35343** |
| 荆门市辖区 | 754 | 754 | 568 | 78.92 | 387 | 383 | 6462 |
| 沙洋县 | 3102 | 3102 | 2025 | 65.28 | 1708 | 1708 | 5761 |
| 钟祥市 | 8799 | 1413 | 1205 | 85.28 | 1001 | 985 | 19856 |
| 京山县 | 1026 | 1026 | 631 | 61.5 | 461 | 453 | 3264 |
| 沙洋农场 | | | | | | | |
| **孝感市** | **32193** | **21109** | **15718** | **74.46** | **15436** | **15149** | **40998** |
| 孝感市辖区 | | | | | | | |
| 孝昌县 | 8356 | 7248 | 5963 | 82.27 | 5963 | 5832 | 5832 |
| 大悟县 | 9510 | 7805 | 4768 | 61.09 | 4520 | 4408 | 10250 |
| 安陆市 | 13713 | 5505 | 4518 | 82.07 | 4500 | 4463 | 20000 |
| 云梦县 | | | | | | | |
| 应城市 | 614 | 551 | 469 | 85.12 | 453 | 446 | 4916 |
| 汉川市 | | | | | | | |
| **黄冈市** | **58315** | **36622** | **30042** | **82.03** | **23218** | **21505** | **64309** |
| 黄冈市辖区 | 2848 | 2845 | 2617 | 91.99 | 2617 | 2541 | 7140 |
| 团风县 | 5425 | 5425 | 4323 | 79.69 | 2745 | 2456 | 3684 |
| 红安县 | 5650 | 5020 | 4055 | 80.78 | 2510 | 2300 | 8900 |
| 麻城市 | 13925 | 13000 | 10400 | 80 | 8900 | 8012 | 8451 |
| 罗田县 | | | | | | | |
| 英山县 | 1360 | 980 | 765 | 78.06 | 730 | 680 | 3200 |
| 浠水县 | 19835 | 2120 | 1759 | 82.97 | 1350 | 1250 | 11250 |
| 蕲春县 | 4756 | 4657 | 3986 | 85.59 | 2418 | 2366 | 15270 |
| 武穴市 | 901 | 560 | 504 | 90 | 406 | 404 | 901 |
| 黄梅县 | 3600 | 2000 | 1620 | 81 | 1530 | 1484 | 5400 |
| 龙感湖 | 15 | 15 | 13 | 86.67 | 12 | 12 | 113 |
| **咸宁市** | **9284** | **6085** | **4720** | **77.57** | **3304** | **3235** | **14188** |
| 咸安区 | | | | | | | |
| 嘉鱼县 | 32 | | | | | | |
| 赤壁市 | | | | | | | |
| 通城县 | 5472 | 5472 | 4159 | 76.01 | 2786 | 2731 | 4979 |
| 崇阳县 | 3728 | 561 | 522 | 93.05 | 493 | 482 | 9174 |
| 通山县 | 52 | 52 | 39 | 75 | 25 | 22 | 35 |
| **恩施州** | **10070** | **4683** | **4302** | **91.86** | **3695** | **3662** | **31431** |
| 恩施市 | 910 | 60 | 50 | 83.33 | 45 | 45 | 847 |
| 建始县 | 3000 | 216 | 214 | 99.07 | 214 | 213 | 13500 |
| 巴东县 | 270 | 225 | 186 | 82.67 | 184 | 183 | 650 |
| 利川市 | 5820 | 4112 | 3788 | 92.12 | 3216 | 3185 | 16340 |
| 宣恩县 | 70 | 70 | 64 | 91.43 | 36 | 36 | 94 |
| 咸丰县 | | | | | | | |
| 来凤县 | | | | | | | |
| 鹤峰县 | | | | | | | |
| **随州市** | **48718** | **33454** | **29085** | **86.94** | **27417** | **27029** | **81190** |
| 随州市辖区 | 9803 | 6356 | 3782 | 57.03 | 3593 | 3545 | 22306 |
| 曾都区 | 11989 | 5236 | 5132 | 98.01 | 5130 | 5100 | 19810 |
| 随县 | 21350 | 18450 | 17320 | 93.88 | 15889 | 15663 | 19850 |
| 广水市 | 5576 | 3412 | 2851 | 83.56 | 2805 | 2721 | 19224 |
| **仙桃市** | **912** | **912** | **730** | **80.04** | **412** | **395** | **730** |
| **天门市** | **28210** | **8460** | **7603** | **89.87** | **7486** | **7168** | **29924** |
| **潜江市** | **3614** | **3614** | **2967** | **82.1** | **1831** | **1830** | **13609** |
| **神农架林区** | | | | | | | |

## 畜禽品种改良情况(家禽)

| 地区 | 孵化场数(个) | 当年孵化雏禽(万只) | | | 蛋用父母代种鸡场情况 | | |
|---|---|---|---|---|---|---|---|
| | | 雏鸡 | 雏鸭 | 雏鹅 | 蛋用父母代种鸡场年末存笼(万套) | 年内提供商品代母雏(万只) | 年内提供商品代种蛋(万枚) |
| **湖北省** | **1504** | **65265.64** | **10708.33** | **1162.65** | **268.51** | **20423.56** | **36417.8** |
| **武汉市** | **91** | **2625.3** | **582** | **12.8** | **25** | **1059** | **3285** |
| 武汉市辖区 | 2 | 240 | | | 4.7 | 120 | 100 |
| 蔡甸区 | 1 | | 30 | | | | |
| 江夏区 | 4 | 1564.6 | | | 2.2 | 213 | 425 |
| 黄陂区 | 78 | 460.7 | 522 | 12.8 | 12.1 | 366 | 2010 |
| 新洲区 | 6 | 360 | 30 | | 6 | 360 | 750 |
| **黄石市** | **27** | **121** | **84** | **3.1** | | | |
| 黄石市辖区 | | | | | | | |
| 大冶市 | | | | | | | |
| 阳新县 | 27 | 121 | 84 | 3.1 | | | |
| **十堰市** | **20** | **1273** | **5** | **1** | **7.3** | **346.06** | **837** |
| 十堰市辖区 | | | | | | | |
| 丹江口市 | 4 | 650 | 3 | 1 | 1 | 100 | 200 |
| 郧县 | 6 | 21 | 2 | | 3 | 5.2 | 32 |
| 郧西县 | | | | | | | |
| 竹山县 | 2 | 457 | | | 0.4 | 0.86 | 95 |
| 竹溪县 | 7 | 140 | | | 2.9 | 240 | 510 |
| 房县 | 1 | 5 | | | | | |
| 武当山特区 | | | | | | | |
| **荆州市** | **16** | **12493** | **878** | **200** | **69** | **5310** | |
| 荆州市辖区 | 6 | 9110 | 120 | 80 | 54 | 4310 | |
| 江陵县 | 2 | 520 | 8 | | | | |
| 松滋市 | 1 | | | 8 | | | |
| 公安县 | 1 | | | 50 | | | |
| 石首市 | 2 | 1000 | | 3 | 15 | 1000 | |
| 监利县 | 2 | 1863 | 500 | 56 | | | |
| 洪湖市 | 2 | | 250 | 3 | | | |
| **宜昌市** | **128** | **2501** | **134.75** | **64.9** | **1.72** | **172** | **378** |
| 宜昌市辖区 | 1 | | | | | | |
| 夷陵区 | 1 | 810 | | | | | |
| 宜都市 | 5 | 136 | 0.45 | 0.1 | 1.72 | 172 | 378 |
| 枝江市 | 21 | 1035 | 24.3 | 4.8 | | | |
| 当阳市 | 100 | 520 | 110 | 60 | | | |
| 远安县 | | | | | | | |
| 兴山县 | | | | | | | |
| 秭归县 | | | | | | | |
| 长阳县 | | | | | | | |
| 五峰县 | | | | | | | |
| **襄阳市** | **191** | **12134.22** | **1059.73** | **201.38** | **28.35** | **1247.1** | **3523.5** |
| 襄阳市辖区 | 16 | 365 | 14 | 0.87 | 5 | 125 | 1100 |
| 老河口市 | 1 | 1200 | | | | | |
| 襄州区 | 41 | 1719 | 314 | 146 | 2.2 | 24.1 | 52.3 |
| 枣阳市 | 7 | 1710 | 150 | 5.5 | 7 | 60 | 90 |
| 宜城市 | 38 | 5000 | 575 | 46 | | | |
| 南漳县 | 75 | 585 | 6.5 | 3 | 4 | 34 | 80 |
| 谷城县 | 10 | 1505.22 | 0.23 | 0.01 | 10 | 1000 | 2200 |
| 保康县 | 3 | 50 | | | 0.15 | 4 | 1.2 |
| **鄂州市** | **55** | **1786** | **562** | **1.3** | **0.85** | **87** | **0.85** |

续表1

| 地区 | 孵化场数(个) | 当年孵化雏禽(万只) | | | 蛋用父母代种鸡场情况 | | |
|---|---|---|---|---|---|---|---|
| | | 雏鸡 | 雏鸭 | 雏鹅 | 蛋用父母代种鸡场年末存笼(万套) | 年内提供商品代母雏(万只) | 年内提供商品代种蛋(万枚) |
| **荆门市** | **100** | **3097.32** | **804.65** | **177.73** | **21.2** | **1600** | **4526** |
| 荆门市辖区 | 50 | 382 | 418 | 156.5 | 1 | 100 | 220 |
| 沙洋县 | 1 | 1100 | | | 8.8 | 780 | 1836 |
| 钟祥市 | 27 | 790 | 320 | 20 | 3 | 280 | 710 |
| 京山县 | 22 | 825.32 | 66.65 | 1.23 | 8.4 | 440 | 1760 |
| 沙洋农场 | | | | | | | |
| **孝感市** | **157** | **8114.3** | **3770** | **293.1** | **46.81** | **4667.1** | **10787.3** |
| 孝感市辖区 | 27 | 527 | 201 | 30 | 12 | 1290 | 2800 |
| 孝昌县 | 2 | 32.3 | | 98.1 | 0.31 | 28.1 | 70.3 |
| 大悟县 | | | | | | | |
| 安陆市 | 38 | 2255 | 187 | | 20 | 2132 | 4756 |
| 云梦县 | 8 | 600 | 1000 | | 2 | | 440 |
| 应城市 | 42 | 1702 | 410 | 104 | 12.5 | 1217 | 2721 |
| 汉川市 | 40 | 2998 | 1972 | 61 | | | |
| **黄冈市** | **79** | **6163.7** | **358.46** | **59.29** | **35.44** | **3077.6** | **7389.7** |
| 黄冈市辖区 | | | | | | | |
| 团风县 | 3 | 125 | 83 | 40 | 6 | 428 | 1175 |
| 红安县 | | | | | | | |
| 麻城市 | 6 | 550 | 3.1 | | 1.6 | 134 | 331 |
| 罗田县 | 15 | 35 | 4.3 | 1 | | | |
| 英山县 | 2 | 20 | | | | | |
| 浠水县 | 8 | 4800 | 150 | 5 | 27 | 2494 | 5842 |
| 蕲春县 | 33 | 593 | 38.5 | 12.5 | 0.19 | 19 | 40.5 |
| 武穴市 | 1 | 5 | | | 0.65 | 2.6 | 1.2 |
| 黄梅县 | 10 | 35.7 | 9.56 | 0.79 | | | |
| 龙感湖 | 1 | | 70 | | | | |
| **咸宁市** | **44** | **4101.6** | **743.2** | **3.21** | **5.64** | **521** | **1231.1** |
| 咸安区 | | 3750 | | | | | |
| 嘉鱼县 | 6 | 48.5 | 3 | | 1.64 | 180 | 390.1 |
| 赤壁市 | | | | | | | |
| 通城县 | 13 | 66.8 | 2.9 | 0.69 | 4 | 341 | 841 |
| 崇阳县 | 16 | 193 | 722 | 1 | | | |
| 通山县 | 9 | 43.3 | 15.3 | 1.52 | | | |
| **恩施州** | **49** | **764.4** | **86.5** | **1.5** | | | |
| 恩施市 | | | | | | | |
| 建始县 | | | | | | | |
| 巴东县 | 15 | 40.4 | | | | | |
| 利川市 | 32 | 714 | 86 | 1.5 | | | |
| 宣恩县 | 2 | 10 | 0.5 | | | | |
| 咸丰县 | | | | | | | |
| 来凤县 | | | | | | | |
| 鹤峰县 | | | | | | | |
| **随州市** | **88** | **4764.95** | **146.54** | **15.24** | **11.7** | **953.6** | **2808** |
| 随州市辖区 | 3 | 16 | 0.2 | 0.15 | | | |
| 曾都区 | 2 | 3240 | | | | | |
| 随县 | 44 | 532.95 | 96.34 | 9.49 | 11.7 | 953.6 | 2808 |
| 广水市 | 39 | 976 | 50 | 5.6 | | | |
| **仙桃市** | **75** | **2750** | **980** | **5** | **2** | **180** | **440** |
| **天门市** | **163** | **1588.5** | **386.2** | **122.3** | **13.5** | **1203.1** | **1211.3** |
| **潜江市** | **216** | **982.5** | **127.3** | **0.8** | | | |
| **神农架林区** | **5** | **4.85** | | | | | |

续表2

| 地区 | 肉用父母代种鸡场情况 | | | 蛋用父母代种鸭场情况 | | | 肉用父母代种鸭场情况 | | |
|---|---|---|---|---|---|---|---|---|---|
| | 肉用父母代种鸡场年末存笼(万套) | 年内提供商品代雏鸡(万只) | 年内提供商品代种蛋(万枚) | 蛋用父母代种鸭场年末存笼(万套) | 年内提供商品代母雏(万只) | 年内提供商品代种蛋(万枚) | 肉用父母代种鸭场年末存笼(万套) | 年内提供商品代雏鸭(万只) | 年内提供商品代种蛋(万枚) |
| **湖北省** | **260.24** | **27623.4** | **28900.4** | **35.1** | **3222.66** | **6100.9** | **35.97** | **3911** | **5158.6** |
| **武汉市** | **22.4** | **2901.6** | **3416.9** | **0.5** | **30** | **70** | **2** | **30** | **30** |
| 武汉市辖区 | | | | | | | | | |
| 蔡甸区 | | | | | | | 2 | 30 | 30 |
| 江夏区 | 11.9 | 1351.6 | 1536.9 | | | | | | |
| 黄陂区 | 10.5 | 1550 | 1880 | | | | | | |
| 新洲区 | | | | 0.5 | 30 | 70 | | | |
| **黄石市** | | | | | | | | | |
| 黄石市辖区 | | | | | | | | | |
| 大冶市 | | | | | | | | | |
| 阳新县 | | | | | | | | | |
| **十堰市** | **12.15** | **568.75** | **770** | **1** | **3** | **6.4** | **1** | **6** | **5.4** |
| 十堰市辖区 | | | | | | | | | |
| 丹江口市 | 4 | 550 | 700 | | | | | | |
| 郧县 | 5 | 15.8 | 45 | 1 | 3 | 6.4 | 1 | 6 | 5.4 |
| 郧西县 | | | | | | | | | |
| 竹山县 | 0.15 | 0.95 | 25 | | | | | | |
| 竹溪县 | | | | | | | | | |
| 房县 | 3 | 2 | | | | | | | |
| 武当山特区 | | | | | | | | | |
| **荆州市** | **71.1** | **7183** | | **7.08** | **588** | | **2.5** | **290** | |
| 荆州市辖区 | 50 | 4800 | | 1 | 80 | | 0.5 | 40 | |
| 江陵县 | 5.1 | 520 | | 0.08 | 8 | | | | |
| 松滋市 | | | | | | | | | |
| 公安县 | | | | | | | | | |
| 石首市 | | | | | | | | | |
| 监利县 | 16 | 1863 | | 6 | 500 | | | | |
| 洪湖市 | | | | | | | 2 | 250 | |
| **宜昌市** | **14.8** | **1260** | **2355** | | | | | | |
| 宜昌市辖区 | 4.6 | 450 | 520 | | | | | | |
| 夷陵区 | 10.2 | 810 | 1835 | | | | | | |
| 宜都市 | | | | | | | | | |
| 枝江市 | | | | | | | | | |
| 当阳市 | | | | | | | | | |
| 远安县 | | | | | | | | | |
| 兴山县 | | | | | | | | | |
| 秭归县 | | | | | | | | | |
| 长阳县 | | | | | | | | | |
| 五峰县 | | | | | | | | | |
| **襄阳市** | **62** | **7668** | **9686** | **2.8** | **208.76** | **560** | **6.3** | **665** | **955** |
| 襄阳市辖区 | | | | | | | | | |
| 老河口市 | | | | | | | | | |
| 襄州区 | 6.8 | 540 | 852 | 0.8 | 8.76 | 140 | 1.2 | 170 | 190 |
| 枣阳市 | 15 | 1500 | 2000 | | | | 0.8 | 120 | 100 |
| 宜城市 | 40.2 | 5628 | 6834 | 2 | 200 | 420 | 2.5 | 375 | 425 |
| 南漳县 | | | | | | | | | |
| 谷城县 | | | | | | | | | |
| 保康县 | | | | | | | 1.8 | | 240 |
| **鄂州市** | | | | | | | | | |

续表3

| 地区 | 肉用父母代种鸡场情况 | | | 蛋用父母代种鸭场情况 | | | 肉用父母代种鸭场情况 | | |
|---|---|---|---|---|---|---|---|---|---|
| | 肉用父母代种鸡场年末存笼(万套) | 年内提供商品代雏鸡(万只) | 年内提供商品代种蛋(万枚) | 蛋用父母代种鸭场年末存笼(万套) | 年内提供商品代母雏(万只) | 年内提供商品代种蛋(万枚) | 肉用父母代种鸭场年末存笼(万套) | 年内提供商品代雏鸭(万只) | 年内提供商品代种蛋(万枚) |
| **荆门市** | **0.71** | **89** | **124.5** | | | | **5.97** | **563** | **1027.2** |
| 荆门市辖区 | 0.71 | 89 | 124.5 | | | | 2.97 | 293 | 495.2 |
| 沙洋县 | | | | | | | | | |
| 钟祥市 | | | | | | | | 270 | 532 |
| 京山县 | | | | | | | | | |
| 沙洋农场 | | | | | | | | | |
| **孝感市** | **1.2** | **142** | **197** | **15** | **1593** | **3566** | | | |
| 孝感市辖区 | | | | | | | | | |
| 孝昌县 | | | | | | | | | |
| 大悟县 | | | | | | | | | |
| 安陆市 | | | | 15 | 1593 | 3566 | | | |
| 云梦县 | | | | | | | | | |
| 应城市 | 1.2 | 142 | 197 | | | | | | |
| 汉川市 | | | | | | | | | |
| **黄冈市** | | | **895** | | | | **0.5** | **70** | **85** |
| 黄冈市辖区 | | | | | | | | | |
| 团风县 | 6 | | 895 | | | | | | |
| 红安县 | | | | | | | | | |
| 麻城市 | | | | | | | | | |
| 罗田县 | | | | | | | | | |
| 英山县 | | | | | | | | | |
| 浠水县 | | | | | | | | | |
| 蕲春县 | | | | | | | | | |
| 武穴市 | | | | | | | | | |
| 黄梅县 | | | | | | | | | |
| 龙感湖 | | | | | | | 0.5 | 70 | 85 |
| **咸宁市** | **30** | **3750** | **4500** | | | | **5** | **722** | **846** |
| 咸安区 | 30 | 3750 | 4500 | | | | | | |
| 嘉鱼县 | | | | | | | | | |
| 赤壁市 | | | | | | | | | |
| 通城县 | | | | | | | | | |
| 崇阳县 | | | | | | | 5 | 722 | 846 |
| 通山县 | | | | | | | | | |
| **恩施州** | 3.7 | 484 | 654 | | | | | | |
| 恩施市 | | | | | | | | | |
| 建始县 | 0.7 | 88 | 120 | | | | | | |
| 巴东县 | | | | | | | | | |
| 利川市 | 3 | 396 | 534 | | | | | | |
| 宣恩县 | | | | | | | | | |
| 咸丰县 | | | | | | | | | |
| 来凤县 | | | | | | | | | |
| 鹤峰县 | | | | | | | | | |
| **随州市** | **34.1** | **3320** | **5950** | **0.5** | **43.7** | **107.5** | **0.7** | **85** | **120** |
| 随州市辖区 | | | | | | | | | |
| 曾都区 | 30 | 2850 | 5250 | | | | | | |
| 随县 | 4.1 | 470 | 700 | 0.5 | 43.7 | 107.5 | 0.7 | 85 | 120 |
| 广水市 | | | | | | | | | |
| **仙桃市** | | | | | | | **2** | **200** | **340** |
| **天门市** | **2** | **252** | **352** | **8.22** | **756.2** | **1791** | **10** | **1280** | **1750** |
| **潜江市** | | | | | | | | | |
| **神农架林区** | **0.08** | **5** | | | | | | | |

# 乡镇畜牧兽医站基本情况

| 地区 | 基层畜牧兽医站数（个） | 职工总数 | | |
|---|---|---|---|---|
| | | 职工总数（人） | 其中：在编人数（人） | 离退休人员（人） |
| **湖北省** | **1177** | **20444** | **11332** | **6564** |
| **武汉市** | **79** | **1217** | **955** | **658** |
| 武汉市辖区 | 27 | 270 | 113 | 84 |
| 蔡甸区 | 11 | 60 | 32 | 73 |
| 江夏区 | 11 | 212 | 183 | 101 |
| 黄陂区 | 17 | 395 | 347 | 235 |
| 新洲区 | 13 | 280 | 280 | 165 |
| **黄石市** | **40** | **412** | **200** | **249** |
| 黄石市辖区 | 4 | 19 | 12 | 5 |
| 大冶市 | 15 | 173 | 38 | 64 |
| 阳新县 | 21 | 220 | 150 | 180 |
| **十堰市** | **123** | **1806** | **944** | **440** |
| 十堰市辖区 | 16 | 139 | 32 | 36 |
| 丹江口市 | 17 | 198 | 145 | 53 |
| 郧县 | 20 | 445 | 343 | 138 |
| 郧西县 | 18 | 290 | 290 | 13 |
| 竹山县 | 17 | 197 | | 50 |
| 竹溪县 | 15 | 212 | 30 | 54 |
| 房县 | 20 | 325 | 104 | 96 |
| **荆州市** | **119** | **1665** | **901** | **317** |
| 荆州市辖区 | 17 | 166 | 27 | 76 |
| 江陵县 | 12 | 82 | 82 | 9 |
| 松滋市 | 16 | 269 | | 93 |
| 公安县 | 16 | 173 | 173 | |
| 石首市 | 15 | 148 | 148 | 29 |
| 监利县 | 23 | 517 | 309 | 110 |
| 洪湖市 | 20 | 310 | 162 | |
| **宜昌市** | **100** | **2514** | **1345** | **762** |
| 宜昌市辖区 | 12 | 67 | 31 | 12 |
| 夷陵区 | 13 | 244 | 38 | 56 |
| 宜都市 | 10 | 134 | 10 | 83 |
| 枝江市 | 9 | 454 | 330 | 124 |
| 当阳市 | 10 | 153 | 115 | 38 |
| 远安县 | 7 | 160 | 40 | 22 |
| 兴山县 | 8 | 129 | 38 | 27 |
| 秭归县 | 12 | 381 | 381 | 118 |
| 长阳县 | 11 | 572 | 354 | 218 |
| 五峰县 | 8 | 220 | 8 | 64 |
| **襄阳市** | **108** | **2696** | **1372** | **940** |
| 襄阳市辖区 | 6 | 293 | 166 | 59 |
| 老河口市 | 10 | 182 | 99 | 83 |
| 襄州区 | 12 | 505 | 0 | 126 |
| 枣阳市 | 17 | 397 | 322 | 211 |
| 宜城市 | 10 | 373 | 170 | 167 |
| 南漳县 | 11 | 437 | 250 | 147 |
| 谷城县 | 10 | 316 | 223 | 104 |
| 保康县 | 11 | 159 | 108 | 43 |
| **鄂州市** | **21** | **34** | **34** | |

续表1

| 地区 | 基层畜牧兽医站数（个） | 职工总数 | | |
|---|---|---|---|---|
| | | 职工总数（人） | 其中：在编人数（人） | 离退休人员（人） |
| **荆门市** | **56** | **1208** | **106** | **162** |
| 荆门市辖区 | 12 | 210 | 47 | 66 |
| 沙洋县 | 13 | 201 | 25 | 96 |
| 钟祥市 | 17 | 631 | 34 | |
| 京山县 | 14 | 166 | | |
| **孝感市** | **115** | **1541** | **1014** | **290** |
| 孝感市辖区 | 15 | 213 | 91 | 36 |
| 孝昌县 | 14 | 160 | 108 | 62 |
| 大悟县 | 17 | 225 | 220 | 29 |
| 安陆市 | 16 | 397 | 155 | 78 |
| 云梦县 | 12 | 80 | 26 | 23 |
| 应城市 | 17 | 306 | 254 | 62 |
| 汉川市 | 24 | 160 | 160 | |
| **黄冈市** | **138** | **2811** | **2169** | **1057** |
| 黄冈市辖区 | 9 | 62 | 30 | 32 |
| 团风县 | 10 | 128 | 27 | 139 |
| 红安县 | 12 | 280 | 247 | 145 |
| 麻城市 | 18 | 326 | 276 | 143 |
| 罗田县 | 12 | 266 | 266 | 95 |
| 英山县 | 11 | 329 | 306 | 80 |
| 浠水县 | 17 | 517 | 375 | 142 |
| 蕲春县 | 15 | 280 | 150 | 120 |
| 武穴市 | 12 | 484 | 438 | 161 |
| 黄梅县 | 16 | 133 | 48 | |
| 龙感湖 | 6 | 6 | 6 | |
| **咸宁市** | **72** | **866** | **298** | **197** |
| 咸安区 | 14 | 74 | 70 | 25 |
| 嘉鱼县 | 8 | 87 | 42 | 31 |
| 赤壁市 | 14 | 168 | 0 | 32 |
| 通城县 | 12 | 212 | 138 | 74 |
| 崇阳县 | 12 | 228 | 48 | 15 |
| 通山县 | 12 | 97 | 0 | 20 |
| **恩施州** | **91** | **2069** | **1187** | **814** |
| 恩施市 | 17 | 98 | 98 | 182 |
| 建始县 | 10 | 579 | 257 | 180 |
| 巴东县 | 12 | 542 | 532 | 151 |
| 利川市 | 14 | 79 | 79 | 15 |
| 宣恩县 | 9 | 148 | 44 | 119 |
| 咸丰县 | 11 | 236 | 17 | 110 |
| 来凤县 | 8 | 243 | 16 | 48 |
| 鹤峰县 | 10 | 144 | 144 | 9 |
| **随州市** | **44** | **461** | **461** | **210** |
| 随州市辖区 | 2 | 35 | 35 | 25 |
| 曾都区 | 7 | 139 | 139 | 78 |
| 随县 | 18 | 255 | 255 | 107 |
| 广水市 | 17 | 32 | 32 | |
| **仙桃市** | **18** | **491** | **58** | **152** |
| **天门市** | **25** | **268** | **68** | **118** |
| **潜江市** | **20** | **322** | **220** | **198** |
| **神农架林区** | **8** | **63** | | |

续表2

| 地区 | 技术职称状况 | | | | 经营情况 | | | |
|---|---|---|---|---|---|---|---|---|
| | 高级技术职称（人） | 中级技术职称（人） | 初级技术职称（人） | 技术员（人） | 盈余站数（个） | 盈余金额（万元） | 亏损站数（个） | 亏损金额（万元） |
| **湖北省** | **97** | **2668** | **6377** | **4554** | **412** | **1077.58** | **312** | **1310.45** |
| **武汉市** | **4** | **91** | **636** | **245** | **42** | **152.84** | **20** | **176.10** |
| 武汉市辖区 | 4 | 28 | 151 | 35 | | 0.00 | 10 | 138.80 |
| 蔡甸区 | | 7 | 13 | 40 | 8 | 12.30 | 3 | 0.75 |
| 江夏区 | | 8 | 35 | 38 | 11 | 81.37 | | |
| 黄陂区 | | 35 | 236 | 93 | 14 | 10.57 | 3 | 3.55 |
| 新洲区 | | 13 | 201 | 39 | 9 | 48.60 | 4 | 33.00 |
| **黄石市** | **1** | **79** | **155** | **25** | **13** | **38.00** | **6** | **18.00** |
| 黄石市辖区 | | 1 | 9 | 5 | | | 4 | 13.00 |
| 大冶市 | 1 | 28 | 56 | | 13 | 38.00 | 2 | 5.00 |
| 阳新县 | | 50 | 90 | 20 | | | | |
| **十堰市** | **5** | **399** | **454** | **381** | **29** | **232.10** | **83** | **234.71** |
| 十堰市辖区 | 4 | 33 | 41 | 53 | 3 | 14.00 | 13 | 12.50 |
| 丹江口市 | 1 | 67 | 55 | 22 | 6 | 9.80 | 11 | 19.20 |
| 郧县 | | 172 | 177 | 94 | 4 | 200.00 | 16 | 150.00 |
| 郧西县 | | 13 | 18 | 60 | | | 18 | 13.00 |
| 竹山县 | | 28 | 33 | 58 | | | 17 | 10.11 |
| 竹溪县 | | 5 | 11 | 3 | 10 | 2.60 | 5 | 4.30 |
| 房县 | | 81 | 119 | 91 | 6 | 5.70 | 3 | 25.60 |
| **荆州市** | **10** | **300** | **434** | **406** | | | | |
| 荆州市辖区 | 8 | 31 | 46 | 49 | | | | |
| 江陵县 | | 3 | 54 | 25 | | | | |
| 松滋市 | | 68 | 98 | 56 | | | | |
| 公安县 | | 21 | 82 | 70 | | | | |
| 石首市 | | 42 | 59 | 47 | | | | |
| 监利县 | | 78 | 69 | 82 | | | | |
| 洪湖市 | 2 | 57 | 26 | 77 | | | | |
| **宜昌市** | **10** | **241** | **879** | **828** | **44** | **137.07** | **21** | **94.00** |
| 宜昌市辖区 | 1 | 12 | 37 | 15 | | | | 45.00 |
| 夷陵区 | 1 | 26 | 101 | 116 | | 27.22 | | |
| 宜都市 | | 11 | 40 | 65 | | | | |
| 枝江市 | | 46 | 134 | 152 | 9 | 1.65 | | |
| 当阳市 | 6 | 80 | 28 | 4 | | | 10 | 28.00 |
| 远安县 | | 4 | 32 | 54 | 7 | 60.00 | | |
| 兴山县 | | 4 | 23 | 11 | | | 8 | 8.00 |
| 秭归县 | 2 | 16 | 222 | 141 | 9 | 21.20 | 3 | 13.00 |
| 长阳县 | | 40 | 197 | 117 | 11 | 20.00 | | |
| 五峰县 | | 2 | 65 | 153 | 8 | 7.00 | | |
| **襄阳市** | **16** | **314** | **879** | **565** | **35** | **76.85** | **18** | **58.62** |
| 襄阳市辖区 | 3 | 35 | 88 | 158 | | | 4 | 13.00 |
| 老河口市 | | 27 | 66 | | | | | |
| 襄州区 | | 68 | 137 | 63 | 8 | 16.50 | 4 | 6.50 |
| 枣阳市 | | 67 | 210 | 120 | 4 | 9.60 | 3 | 9.20 |
| 宜城市 | | 13 | 93 | | | | | |
| 南漳县 | | 6 | 140 | 112 | 8 | 12.00 | 1 | 8.50 |
| 谷城县 | 9 | 36 | 96 | 64 | 6 | 24.75 | 4 | 17.42 |
| 保康县 | 3 | 32 | 46 | 48 | 9 | 14.00 | 2 | 4.00 |
| **鄂州市** | **1** | **30** | **3** | | | | | |

续表3

| 地区 | 技术职称状况 | | | | 经营情况 | | | |
|---|---|---|---|---|---|---|---|---|
| | 高级技术职称(人) | 中级技术职称(人) | 初级技术职称(人) | 技术员(人) | 盈余站数(个) | 盈余金额(万元) | 亏损站数(个) | 亏损金额(万元) |
| **荆门市** | | **78** | **227** | **62** | **8** | **8.66** | **16** | **47.83** |
| 荆门市辖区 | | 13 | 153 | 7 | 0 | 0.00 | 11 | 47.50 |
| 沙洋县 | | 20 | 7 | | 8 | 8.66 | 5 | 0.33 |
| 钟祥市 | | 23 | 11 | | | | | |
| 京山县 | | 22 | 56 | 55 | | | | |
| **孝感市** | **34** | **284** | **461** | **575** | **58** | **130.30** | **30** | **53.63** |
| 孝感市辖区 | | 23 | 53 | 16 | 13 | 15.60 | 1 | 0.55 |
| 孝昌县 | 28 | 132 | | | | | | |
| 大悟县 | | 36 | 120 | 56 | 3 | 15.30 | 14 | 29.40 |
| 安陆市 | 1 | 32 | 106 | 258 | 1 | 0.10 | 15 | 23.68 |
| 云梦县 | | 3 | 15 | 9 | | | | |
| 应城市 | 5 | 46 | 112 | 143 | 17 | 64.10 | | |
| 汉川市 | | 12 | 55 | 93 | 24 | 35.20 | | |
| **黄冈市** | **8** | **477** | **990** | **334** | **72** | **86.24** | **48** | **317.40** |
| 黄冈市辖区 | | 3 | 12 | 15 | | 0.00 | 9 | 3.00 |
| 团风县 | | 3 | 17 | 70 | 10 | 5.00 | | |
| 红安县 | 4 | 79 | 84 | 80 | | | 12 | 40.10 |
| 麻城市 | | 142 | 70 | 60 | 18 | 33.74 | | |
| 罗田县 | | 29 | 214 | 23 | 7 | 8.00 | 5 | 6.60 |
| 英山县 | | 24 | 52 | 25 | 1 | 1.20 | 10 | 225.20 |
| 浠水县 | | 30 | 315 | 30 | 13 | 5.00 | 4 | 26.00 |
| 蕲春县 | | 33 | 45 | 10 | 15 | 21.30 | | |
| 武穴市 | 4 | 98 | 132 | 11 | | | | |
| 黄梅县 | | 36 | 43 | 10 | 8 | 12.00 | 8 | 16.50 |
| 龙感湖 | | | 6 | | | 0.00 | | |
| **咸宁市** | | **22** | **298** | **246** | **17** | **15.30** | **3** | **3.70** |
| 咸安区 | | 3 | 60 | 11 | | | | |
| 嘉鱼县 | | 5 | 23 | 59 | 7 | 8.30 | 1 | 1.20 |
| 赤壁市 | | 0 | 24 | 102 | | | | |
| 通城县 | | 2 | 62 | 74 | | | | |
| 崇阳县 | | 12 | 36 | | | | | |
| 通山县 | | | 93 | | 10 | 7.00 | 2 | 2.50 |
| **恩施州** | | **186** | **600** | **602** | **56** | **86.39** | **26** | **42.41** |
| 恩施市 | | 3 | 36 | 59 | 17 | 32.54 | | |
| 建始县 | | 5 | 145 | 145 | 10 | | | |
| 巴东县 | | 143 | 162 | 183 | 12 | 43.14 | | |
| 利川市 | | 12 | 49 | 18 | | | 9 | 6.00 |
| 宣恩县 | | 4 | 54 | | 7 | 2.93 | 1 | 0.80 |
| 咸丰县 | | 11 | 29 | 170 | 5 | 0.37 | 6 | 25.83 |
| 来凤县 | | 3 | 13 | | | | 8 | 5.80 |
| 鹤峰县 | | 5 | 112 | 27 | 5 | 7.41 | 2 | 3.98 |
| **随州市** | **1** | **56** | **163** | **206** | **11** | **13.36** | **30** | **215.23** |
| 随州市辖区 | | 3 | 32 | | 1 | 1.00 | 1 | 4.80 |
| 曾都区 | | 19 | 55 | 48 | | 0.00 | 7 | 167.00 |
| 随县 | 1 | 31 | 65 | 158 | 5 | 7.80 | 10 | 7.00 |
| 广水市 | | 3 | 11 | | 5 | 4.56 | 12 | 36.43 |
| **仙桃市** | **7** | **43** | **40** | **23** | **12** | **88.17** | **6** | **40.23** |
| **天门市** | | **17** | **43** | **5** | | | | |
| **潜江市** | | **51** | **103** | | **15** | **12.30** | **5** | **8.60** |
| **神农架林区** | | | **12** | **51** | | | | |

# 县以上畜牧三站一所机构和人员

| 地区 | 畜牧站 | | 草原工作站 | | 家畜繁育改良站 | | 饲料监察所 | |
|---|---|---|---|---|---|---|---|---|
| | 机构数 | 职工人数 | 机构数 | 职工人数 | 机构数 | 职工人数 | 机构数 | 职工人数 |
| **湖北省** | **131** | **1469** | **17** | **47** | **43** | **338** | **63** | **1093** |
| **武汉市** | **13** | **139** | **1** | **2** | **2** | **9** | **6** | **69** |
| 武汉市辖区 | 8 | 55 | | | | | 3 | 6 |
| 蔡甸区 | 1 | 10 | | | | | | |
| 江夏区 | 1 | 27 | | | | | 1 | 3 |
| 黄陂区 | 1 | 16 | | | 1 | 5 | | |
| 新洲区 | 1 | 23 | 1 | 2 | 1 | 4 | 1 | 32 |
| **黄石市** | **9** | **72** | | | **1** | **5** | **2** | **4** |
| 黄石市辖区 | 4 | 17 | | | | | | |
| 大冶市 | 1 | 4 | | | | | | |
| 阳新县 | 3 | 50 | | | 1 | 5 | 1 | 3 |
| **十堰市** | **11** | **141** | **3** | **10** | **5** | **62** | **6** | **51** |
| 十堰市辖区 | 4 | 34 | 1 | 4 | 1 | 4 | 2 | 6 |
| 丹江口市 | 1 | 19 | | | 1 | 6 | 1 | 19 |
| 郧县 | 1 | 5 | | | | | | |
| 郧西县 | 1 | 9 | | | | | | |
| 竹山县 | 1 | 30 | | | 1 | 39 | | |
| 竹溪县 | 1 | 22 | 1 | 2 | 1 | 6 | 1 | 6 |
| 房县 | 1 | 14 | 1 | 4 | 1 | 7 | 1 | 16 |
| **荆州市** | **10** | **53** | | | **1** | | **8** | **464** |
| 荆州市辖区 | 3 | 16 | | | | | 2 | 40 |
| 江陵县 | 1 | 2 | | | | | | |
| 松滋市 | 1 | 4 | | | 1 | | 1 | 48 |
| 公安县 | 1 | 4 | | | | | 1 | 66 |
| 石首市 | 1 | 8 | | | | | 1 | 71 |
| 监利县 | 1 | 7 | | | | | 1 | 111 |
| 洪湖市 | 1 | 4 | | | | | 1 | 115 |
| **宜昌市** | **15** | **125** | **4** | **11** | **5** | **26** | **5** | **46** |
| 宜昌市辖区 | 5 | 25 | | | | | | |
| 夷陵区 | 1 | 8 | | | | | | |
| 宜都市 | 1 | 4 | | | | | 1 | 3 |
| 枝江市 | 1 | 12 | | | 1 | 13 | 1 | 3 |
| 当阳市 | 1 | 16 | | | | | | |
| 远安县 | 1 | 2 | | | | | | |
| 兴山县 | 1 | 2 | 1 | 2 | | | | |
| 秭归县 | 1 | 3 | 1 | | 1 | | 1 | 9 |
| 长阳县 | 1 | 10 | 1 | 8 | 1 | 8 | 1 | 30 |
| 五峰县 | 1 | 27 | 1 | 1 | 1 | 1 | 1 | 1 |
| **襄阳市** | **12** | **110** | **1** | **3** | **3** | **24** | **3** | **10** |
| 襄阳市辖区 | 3 | 11 | | | | | | |
| 老河口市 | 1 | 5 | | | | | 1 | 2 |
| 襄州区 | 1 | 7 | | | | | 1 | 5 |
| 枣阳市 | 1 | 9 | | | 1 | 4 | | |
| 宜城市 | 3 | 49 | | | | | | |
| 南漳县 | 1 | 11 | 1 | 3 | 1 | 13 | 1 | 3 |
| 谷城县 | 1 | 14 | | | | | | |
| 保康县 | 1 | 4 | | | | | | |
| **鄂州市** | **1** | **14** | | | | | | |

续表

| 地区 | 畜牧站 | | 草原工作站 | | 家畜繁育改良站 | | 饲料监察所 | |
|---|---|---|---|---|---|---|---|---|
| | 机构数 | 职工人数 | 机构数 | 职工人数 | 机构数 | 职工人数 | 机构数 | 职工人数 |
| **荆门市** | **8** | **88** | | | **2** | **10** | **5** | **41** |
| 荆门市辖区 | 3 | 24 | | | | | | |
| 沙洋县 | 1 | 11 | | | 1 | 2 | 1 | 6 |
| 钟祥市 | 2 | 26 | | | | | 2 | 5 |
| 京山县 | 1 | 13 | | | 1 | 8 | 1 | 24 |
| **孝感市** | **11** | **170** | **2** | **4** | **5** | **52** | **5** | **116** |
| 孝感市辖区 | 4 | 31 | | | 1 | 23 | | |
| 孝昌县 | 1 | 52 | | | | | | |
| 大悟县 | 1 | 15 | | | 1 | 10 | 1 | 71 |
| 安陆市 | 1 | 41 | | | 1 | 15 | | |
| 云梦县 | 1 | 10 | | | | | 1 | 19 |
| 应城市 | 1 | 5 | 1 | 3 | 1 | 3 | 1 | 6 |
| 汉川市 | 1 | 13 | | | | | 1 | 19 |
| **黄冈市** | **13** | **227** | **2** | **2** | **6** | **37** | **9** | **85** |
| 黄冈市辖区 | 2 | 8 | | | | | | |
| 团风县 | 1 | 3 | | | | | | |
| 红安县 | 1 | 47 | | | 1 | 11 | 1 | 2 |
| 麻城市 | 1 | 9 | 1 | | 1 | 10 | 1 | 47 |
| 罗田县 | 1 | 3 | | | 1 | 3 | 1 | 11 |
| 英山县 | 1 | 16 | | | 1 | 8 | 1 | 8 |
| 浠水县 | 1 | 59 | 1 | 2 | | | 1 | 2 |
| 蕲春县 | 1 | 2 | | | | | 1 | 5 |
| 武穴市 | 1 | 35 | | | 1 | 5 | 1 | 2 |
| 黄梅县 | 1 | 22 | | | | | | |
| 龙感湖 | 1 | 14 | | | 1 | | 1 | 3 |
| **咸宁市** | **7** | **75** | | | **3** | **13** | **6** | **108** |
| 咸安区 | 1 | 8 | | | 1 | 5 | 1 | 42 |
| 嘉鱼县 | 1 | 2 | | | 1 | 2 | 1 | 17 |
| 赤壁市 | 1 | 12 | | | | | 1 | 9 |
| 通城县 | 1 | 29 | | | 1 | 6 | | |
| 崇阳县 | 1 | 10 | | | | | 1 | 20 |
| 通山县 | 1 | 8 | | | | | 1 | 15 |
| **恩施州** | **9** | **50** | **2** | | **3** | **8** | **1** | **26** |
| 恩施市 | 1 | 5 | 1 | | 1 | | | |
| 建始县 | 1 | 11 | | | | | | |
| 巴东县 | 1 | 3 | | | | | | |
| 利川市 | 1 | 6 | | | | | | |
| 宣恩县 | 1 | 5 | | | 1 | | | |
| 咸丰县 | 1 | 5 | | | | | | |
| 来凤县 | 1 | 3 | | | 1 | 8 | 1 | 26 |
| 鹤峰县 | 1 | 7 | 1 | | | | | |
| **随州市** | **7** | **99** | **1** | **5** | **4** | **24** | **3** | **23** |
| 随州市辖区 | 2 | 33 | | | 1 | 2 | | |
| 曾都区 | 1 | 3 | | | 1 | 16 | | |
| 随县 | 1 | 5 | | | 1 | 5 | 1 | 16 |
| 广水市 | 2 | 57 | 1 | 5 | | | 1 | 6 |
| **仙桃市** | **1** | **21** | | | **1** | **5** | **1** | **2** |
| **天门市** | **1** | **58** | | | **1** | **1** | **1** | **34** |
| **潜江市** | **1** | **5** | | | | | **1** | **4** |
| **神农架林区** | **1** | **16** | | **1** | | **1** | | **1** |

# 湖北省畜禽规模养殖情况

| 地 区 | 年出栏50头以上生猪(个、户) | 出栏50–99头(个、户) | 出栏100–499头(个、户) | 出栏500–999头(个、户) | 出栏1000–2999头(个、户) | 出栏3000–10000头(个、户) | 出栏10000头以上(个、户) |
|---|---|---|---|---|---|---|---|
| **全省合计** | **97481** | **35271** | **49285** | **7223** | **4216** | **1082** | **404** |
| **武汉市** | **2879** | **412** | **2040** | **190** | **95** | **82** | **60** |
| 武汉市辖区 | 1243 | 214 | 844 | 105 | 47 | 29 | 4 |
| 蔡甸区 | 50 | | 11 | 16 | 8 | 13 | 2 |
| 江夏区 | 423 | 180 | 157 | 26 | 14 | 17 | 29 |
| 黄陂区 | 754 | 13 | 652 | 37 | 16 | 15 | 21 |
| 新洲区 | 409 | 5 | 376 | 6 | 10 | 8 | 4 |
| **黄石市** | **764** | **117** | **395** | **69** | **144** | **25** | **14** |
| 黄石市辖区 | 123 | 34 | 65 | 14 | 4 | 4 | 2 |
| 大冶市 | 360 | 53 | 227 | 35 | 27 | 12 | 6 |
| 阳新县 | 281 | 30 | 103 | 20 | 113 | 9 | 6 |
| **十堰市** | **3005** | **1258** | **1429** | **175** | **112** | **20** | **11** |
| 十堰市辖区 | 234 | 153 | 68 | 9 | 2 | 2 | |
| 丹江口市 | 790 | 421 | 336 | 18 | 11 | 1 | 3 |
| 郧县 | 345 | 122 | 153 | 50 | 12 | 6 | 2 |
| 郧西县 | 402 | 47 | 339 | 10 | 6 | | |
| 竹山县 | 241 | 31 | 184 | 15 | 10 | | 1 |
| 竹溪县 | 285 | 6 | 174 | 46 | 51 | 5 | 3 |
| 房县 | 708 | 478 | 175 | 27 | 20 | 6 | 2 |
| **荆州市** | **12186** | **4596** | **6436** | **696** | **322** | **104** | **32** |
| 荆州市辖区 | 945 | 156 | 682 | 49 | 39 | 15 | 4 |
| 江陵县 | 467 | 159 | 252 | 16 | 24 | 12 | 4 |
| 松滋市 | 5017 | 2671 | 2087 | 151 | 76 | 25 | 7 |
| 公安县 | 2397 | 413 | 1877 | 69 | 22 | 14 | 2 |
| 石首市 | 430 | 57 | 212 | 73 | 77 | 5 | 6 |
| 监利县 | 2133 | 720 | 1019 | 288 | 74 | 24 | 8 |
| 洪湖市 | 797 | 420 | 307 | 50 | 10 | 9 | 1 |
| **宜昌市** | **16659** | **7294** | **7820** | **936** | **453** | **119** | **37** |
| 宜昌市辖区 | 580 | 216 | 304 | 43 | 12 | 2 | 3 |
| 夷陵区 | 2511 | 569 | 1809 | 92 | 23 | 12 | 6 |
| 宜都市 | 1560 | 612 | 794 | 72 | 52 | 24 | 6 |
| 枝江市 | 2200 | 491 | 1345 | 201 | 138 | 19 | 6 |
| 当阳市 | 2210 | 700 | 1099 | 251 | 125 | 28 | 7 |
| 远安县 | 515 | 252 | 215 | 23 | 16 | 7 | 2 |
| 兴山县 | 641 | 349 | 219 | 39 | 24 | 9 | 1 |
| 秭归县 | 1773 | 466 | 1202 | 82 | 19 | 2 | 2 |
| 长阳县 | 4223 | 3519 | 603 | 85 | 5 | 9 | 2 |
| 五峰县 | 446 | 120 | 230 | 48 | 39 | 7 | 2 |
| **襄阳市** | **17788** | **8275** | **7864** | **831** | **587** | **176** | **55** |
| 襄阳市辖区 | 600 | 86 | 266 | 133 | 89 | 22 | 4 |
| 老河口市 | 754 | 68 | 395 | 179 | 93 | 18 | 1 |
| 襄州区 | 7025 | 4178 | 2700 | 24 | 87 | 25 | 11 |
| 枣阳市 | 2360 | 926 | 1090 | 181 | 100 | 51 | 12 |
| 宜城市 | 3354 | 1646 | 1559 | 73 | 53 | 11 | 12 |
| 南漳县 | 2588 | 1260 | 1145 | 110 | 48 | 17 | 8 |
| 谷城县 | 550 | 89 | 219 | 103 | 103 | 31 | 5 |
| 保康县 | 557 | 22 | 490 | 28 | 14 | 1 | 2 |
| **鄂州市** | **1058** | **99** | **674** | **125** | **104** | **38** | **18** |

续表1

| 地 区 | 年出栏50头以上生猪(个、户) | 出栏50–99头(个、户) | 出栏100–499头(个、户) | 出栏500–999头(个、户) | 出栏1000–2999头(个、户) | 出栏3000–10000头(个、户) | 出栏10000头以上(个、户) |
|---|---|---|---|---|---|---|---|
| **荆门市** | **8260** | **3043** | **3702** | **589** | **812** | **81** | **33** |
| 荆门市辖区 | 1598 | 909 | 479 | 39 | 138 | 20 | 13 |
| 沙洋县 | 1580 | 2 | 1158 | 146 | 251 | 16 | 7 |
| 钟祥市 | 3081 | 1539 | 961 | 230 | 312 | 31 | 8 |
| 京山县 | 2001 | 593 | 1104 | 174 | 111 | 14 | 5 |
| **孝感市** | **6290** | **1779** | **3081** | **962** | **363** | **71** | **34** |
| 孝感市辖区 | 493 | 40 | 295 | 88 | 49 | 10 | 11 |
| 孝昌县 | 1403 | 430 | 598 | 297 | 59 | 14 | 5 |
| 大悟县 | 372 | 86 | 120 | 124 | 33 | 6 | 3 |
| 安陆市 | 687 | 73 | 318 | 169 | 109 | 14 | 4 |
| 云梦县 | 728 | 341 | 329 | 26 | 21 | 10 | 1 |
| 应城市 | 1209 | 505 | 618 | 36 | 37 | 6 | 7 |
| 汉川市 | 1398 | 304 | 803 | 222 | 55 | 11 | 3 |
| **黄冈市** | **9214** | **2248** | **5311** | **979** | **473** | **162** | **41** |
| 黄冈市辖区 | 14 | | | | | 14 | |
| 团风县 | 190 | 69 | 69 | 20 | 18 | 8 | 6 |
| 红安县 | 1271 | 331 | 778 | 119 | 38 | 2 | 3 |
| 麻城市 | 1551 | 237 | 1006 | 208 | 85 | 9 | 6 |
| 罗田县 | 272 | 77 | 134 | 44 | 10 | 6 | 1 |
| 英山县 | 128 | 15 | 32 | 40 | 26 | 13 | 2 |
| 浠水县 | 1377 | 200 | 958 | 137 | 67 | 9 | 6 |
| 蕲春县 | 1239 | 616 | 457 | 54 | 80 | 31 | 1 |
| 武穴市 | 1650 | 454 | 872 | 207 | 81 | 26 | 10 |
| 黄梅县 | 1090 | 201 | 696 | 112 | 47 | 29 | 5 |
| 龙感湖 | 432 | 48 | 309 | 38 | 21 | 15 | 1 |
| **咸宁市** | **2436** | **515** | **1499** | **263** | **128** | **18** | **13** |
| 咸安区 | 283 | 107 | 147 | 19 | 6 | 2 | 2 |
| 嘉鱼县 | 356 | 4 | 220 | 92 | 37 | 3 | |
| 赤壁市 | 448 | 0 | 352 | 70 | 19 | 4 | 3 |
| 通城县 | 349 | 0 | 294 | 25 | 25 | 2 | 3 |
| 崇阳县 | 722 | 372 | 259 | 47 | 33 | 7 | 4 |
| 通山县 | 278 | 32 | 227 | 10 | 8 | | 1 |
| **恩施州** | **7106** | **3000** | **3447** | **443** | **162** | **45** | **9** |
| 恩施市 | 936 | 399 | 431 | 72 | 30 | 2 | 2 |
| 利川市 | 730 | 125 | 510 | 73 | 18 | 4 | |
| 建始县 | 784 | 117 | 568 | 50 | 35 | 11 | 3 |
| 巴东县 | 1546 | 630 | 734 | 112 | 53 | 16 | 1 |
| 宣恩县 | 1079 | 808 | 239 | 28 | 3 | 1 | |
| 咸丰县 | 1331 | 584 | 645 | 83 | 11 | 5 | 3 |
| 来凤县 | 578 | 268 | 282 | 15 | 8 | 5 | |
| 鹤峰县 | 122 | 69 | 38 | 10 | 4 | 1 | |
| **随州市** | **3923** | **1335** | **1889** | **448** | **208** | **30** | **13** |
| 随州市辖区 | 313 | 94 | 153 | 43 | 20 | 1 | 2 |
| 曾都区 | 588 | 124 | 277 | 96 | 77 | 13 | 1 |
| 随县 | 2016 | 766 | 1007 | 166 | 64 | 9 | 4 |
| 广水市 | 1006 | 351 | 452 | 143 | 47 | 7 | 6 |
| **仙桃市** | **1518** | **167** | **990** | **216** | **90** | **43** | **12** |
| **天门市** | **2688** | **717** | **1686** | **169** | **86** | **20** | **10** |
| **潜江市** | **1666** | **395** | **1003** | **131** | **77** | **48** | **12** |
| **神农架林区** | **41** | **21** | **19** | **1** | | | |

续表2

| 地 区 | 年存笼500只以上蛋鸡(个、户) | 存笼500–1999只(个、户) | 存笼2000–9999只(个、户) | 存笼1万–4.99万只(个、户) | 存笼5万–9.99万只(个、户) | 存笼10万–49.99万只(个、户) | 存笼50万只以上(个、户) |
|---|---|---|---|---|---|---|---|
| **全省合计** | **16373** | **2174** | **10398** | **3536** | **222** | **42** | **1** |
| **武汉市** | **1764** | **103** | **1183** | **450** | **24** | **4** | |
| 武汉市辖区 | 53 | 7 | 35 | 9 | 2 | | |
| 蔡甸区 | 21 | 4 | 10 | 6 | 1 | | |
| 江夏区 | 77 | 36 | 33 | 5 | 3 | | |
| 黄陂区 | 256 | 56 | 158 | 38 | 3 | 1 | |
| 新洲区 | 1357 | | 947 | 392 | 15 | 3 | |
| **黄石市** | **165** | **6** | **86** | **69** | **2** | **2** | |
| 黄石市辖区 | 11 | | 8 | 3 | | | |
| 大冶市 | 78 | 5 | 56 | 16 | 1 | | |
| 阳新县 | 76 | 1 | 22 | 50 | 1 | 2 | |
| **十堰市** | **377** | **75** | **127** | **169** | **6** | | |
| 十堰市辖区 | 10 | 3 | 5 | 2 | | | |
| 丹江口市 | 64 | 19 | 24 | 20 | 1 | | |
| 郧县 | 167 | 35 | 42 | 89 | 1 | | |
| 郧西县 | 12 | | | 12 | | | |
| 竹山县 | 18 | | | 18 | | | |
| 竹溪县 | 29 | 10 | 13 | 4 | 2 | | |
| 房县 | 77 | 8 | 43 | 24 | 2 | | |
| **荆州市** | **1285** | **106** | **714** | **438** | **17** | **10** | |
| 荆州市辖区 | 306 | 73 | 201 | 23 | 5 | 4 | |
| 江陵县 | 302 | 16 | 255 | 28 | 2 | 1 | |
| 松滋市 | 42 | 5 | 27 | 8 | 1 | 1 | |
| 公安县 | 310 | | 204 | 103 | 2 | 1 | |
| 石首市 | 239 | | | 231 | 6 | 2 | |
| 监利县 | 26 | | 6 | 19 | | 1 | |
| 洪湖市 | 60 | 12 | 21 | 26 | 1 | | |
| **宜昌市** | **342** | **190** | **75** | **65** | **11** | **1** | |
| 宜昌市辖区 | 17 | 1 | 11 | 3 | 2 | | |
| 夷陵区 | 50 | 14 | 10 | 20 | 6 | | |
| 宜都市 | 40 | 24 | 10 | 6 | | | |
| 枝江市 | 42 | 16 | 5 | 19 | 2 | | |
| 当阳市 | 134 | 120 | 10 | 3 | 1 | | |
| 远安县 | 2 | | | 1 | | 1 | |
| 兴山县 | 9 | | 5 | 4 | | | |
| 秭归县 | 29 | 15 | 11 | 3 | | | |
| 长阳县 | 5 | | | 5 | | | |
| 五峰县 | 14 | | 13 | 1 | | | |
| **襄阳市** | **2156** | **841** | **966** | **338** | **7** | **4** | |
| 襄阳市辖区 | 102 | 39 | 48 | 12 | 3 | | |
| 老河口市 | 148 | 22 | 69 | 56 | 1 | | |
| 襄州区 | 1147 | 667 | 468 | 11 | 1 | | |
| 枣阳市 | 162 | 5 | 98 | 57 | 2 | | |
| 宜城市 | 54 | 12 | 31 | 7 | | 4 | |
| 南漳县 | 273 | 86 | 165 | 22 | | | |
| 谷城县 | 251 | 8 | 73 | 170 | | | |
| 保康县 | 19 | 2 | 14 | 3 | | | |
| **鄂州市** | **241** | **49** | **110** | **74** | **8** | | |

续表3

| 地 区 | 年存笼500只以上蛋鸡(个、户) | 存笼500–1999只(个、户) | 存笼2000–9999只(个、户) | 存笼1万–4.99万只(个、户) | 存笼5万–9.99万只(个、户) | 存笼10万–49.99万只(个、户) | 存笼50万只以上(个、户) |
|---|---|---|---|---|---|---|---|
| **荆门市** | **2552** | **317** | **1872** | **346** | **15** | **2** | |
| 荆门市辖区 | 105 | 16 | 44 | 40 | 5 | | |
| 沙洋县 | 585 | 94 | 386 | 98 | 7 | | |
| 钟祥市 | 193 | 14 | 98 | 76 | 3 | 2 | |
| 京山县 | 1669 | 193 | 1344 | 132 | | | |
| **孝感市** | **1603** | **120** | **1196** | **268** | **15** | **4** | |
| 孝感市辖区 | 145 | 4 | 117 | 22 | 1 | 1 | |
| 孝昌县 | 131 | | 103 | 27 | | 1 | |
| 大悟县 | 67 | 16 | 25 | 26 | | | |
| 安陆市 | 192 | 41 | 115 | 30 | 5 | 1 | |
| 云梦县 | 545 | 29 | 478 | 38 | | | |
| 应城市 | 449 | 21 | 309 | 110 | 9 | | |
| 汉川市 | 74 | 9 | 49 | 15 | | 1 | |
| **黄冈市** | **4557** | **169** | **3401** | **880** | **94** | **13** | |
| 黄冈市辖区 | 18 | | | 16 | 2 | | |
| 团风县 | 261 | | 5 | 187 | 66 | 3 | |
| 红安县 | 75 | 6 | 65 | 3 | | 1 | |
| 麻城市 | 497 | 50 | 407 | 40 | | | |
| 罗田县 | 106 | 23 | 55 | 26 | 1 | 1 | |
| 英山县 | 100 | 9 | 60 | 29 | 1 | 1 | |
| 浠水县 | 3123 | 44 | 2623 | 435 | 16 | 5 | |
| 蕲春县 | 270 | | 137 | 129 | 3 | 1 | |
| 武穴市 | 46 | 11 | 29 | 4 | 1 | 1 | |
| 黄梅县 | 51 | 20 | 16 | 11 | 4 | | |
| 龙感湖 | 10 | 6 | 4 | | | | |
| **咸宁市** | **95** | **26** | **50** | **19** | | | |
| 咸安区 | 4 | 2 | 1 | 1 | | | |
| 嘉鱼县 | 27 | 2 | 19 | 6 | | | |
| 赤壁市 | 47 | 14 | 25 | 8 | | | |
| 通城县 | 2 | | | 2 | | | |
| 崇阳县 | | | | | | | |
| 通山县 | 15 | 8 | 5 | 2 | | | |
| **恩施州** | **159** | **54** | **58** | **38** | **9** | | |
| 恩施市 | 31 | 6 | 15 | 10 | | | |
| 利川市 | 12 | 1 | 10 | 1 | | | |
| 建始县 | 29 | 10 | 11 | 8 | | | |
| 巴东县 | 24 | 4 | 6 | 9 | 5 | | |
| 宣恩县 | 6 | 4 | 1 | 1 | | | |
| 咸丰县 | 15 | 1 | 8 | 4 | 2 | | |
| 来凤县 | 9 | 3 | 3 | 2 | 1 | | |
| 鹤峰县 | 33 | 25 | 4 | 3 | 1 | | |
| **随州市** | **336** | **87** | **192** | **47** | **8** | **1** | **1** |
| 随州市辖区 | 2 | | | | 2 | | |
| 曾都区 | 105 | 37 | 56 | 8 | 3 | | 1 |
| 随县 | 179 | 46 | 115 | 16 | 2 | | |
| 广水市 | 50 | 4 | 21 | 23 | 1 | 1 | |
| **仙桃市** | **448** | **1** | **150** | **294** | **3** | | |
| **天门市** | **254** | **28** | **204** | **20** | **1** | **1** | |
| **潜江市** | **36** | **0** | **13** | **21** | **2** | | |
| **神农架林区** | **3** | **2** | **1** | | | | |

续表4

| 地 区 | 年存笼500只以上蛋鸭(个、户) | 存笼500–999只(个、户) | 存笼1000–4999只(个、户) | 存笼5000–9999只(个、户) | 存笼10000–19999只(个、户) | 存笼20000–29999只(个、户) | 存笼30000–39999只(个、户) | 存笼40000–49999只(个、户) | 存笼50000只以上(个、户) |
|---|---|---|---|---|---|---|---|---|---|
| **全省合计** | **6550** | **866** | **4850** | **565** | **174** | **43** | **21** | **6** | **25** |
| **武汉市** | **334** | **19** | **292** | **19** | **1** | | | | **3** |
| 武汉市辖区 | 15 | 1 | 13 | 1 | | | | | |
| 蔡甸区 | 44 | 1 | 39 | 4 | | | | | |
| 江夏区 | 55 | 14 | 39 | 2 | | | | | |
| 黄陂区 | 220 | 3 | 201 | 12 | 1 | | | | 3 |
| 新洲区 | | | | | | | | | |
| **黄石市** | **68** | **2** | **35** | **10** | **19** | | | **1** | **1** |
| 黄石市辖区 | | | | | | | | | |
| 大冶市 | 1 | | 1 | | | | | | |
| 阳新县 | 67 | 2 | 34 | 10 | 19 | | | 1 | 1 |
| **十堰市** | **30** | | **26** | **1** | **2** | **1** | | | |
| 十堰市辖区 | | | | | | | | | |
| 丹江口市 | 28 | | 26 | | 1 | 1 | | | |
| 郧县 | | | | | | | | | |
| 郧西县 | | | | | | | | | |
| 竹山县 | | | | | | | | | |
| 竹溪县 | | | | | | | | | |
| 房县 | 2 | | | 1 | 1 | | | | |
| **荆州市** | **2393** | **403** | **1688** | **221** | **53** | **13** | **7** | **1** | **7** |
| 荆州市辖区 | 196 | 39 | 126 | 21 | 7 | 2 | | 1 | |
| 江陵县 | 184 | 11 | 144 | 21 | 6 | | | | 2 |
| 松滋市 | 70 | 26 | 38 | 5 | | 1 | | | |
| 公安县 | 745 | 212 | 454 | 62 | 15 | 1 | | | 1 |
| 石首市 | 196 | | 116 | 68 | 6 | 4 | 1 | | 1 |
| 监利县 | 894 | 94 | 731 | 41 | 16 | 5 | 5 | | 2 |
| 洪湖市 | 108 | 21 | 79 | 3 | 3 | | 1 | | 1 |
| **宜昌市** | **67** | **19** | **40** | **6** | **2** | | | | |
| 宜昌市辖区 | | | | | | | | | |
| 夷陵区 | | | | | | | | | |
| 宜都市 | | | | | | | | | |
| 枝江市 | 8 | 1 | 5 | 2 | | | | | |
| 当阳市 | 53 | 12 | 35 | 4 | 2 | | | | |
| 远安县 | | | | | | | | | |
| 兴山县 | | | | | | | | | |
| 秭归县 | | | | | | | | | |
| 长阳县 | | | | | | | | | |
| 五峰县 | | | | | | | | | |
| **襄阳市** | **409** | **11** | **309** | **50** | **20** | **13** | **4** | | **2** |
| 襄阳市辖区 | 27 | 2 | 22 | 2 | 1 | | | | |
| 老河口市 | 5 | 1 | 4 | | | | | | |
| 襄州区 | 75 | 4 | 44 | 9 | 10 | 6 | 2 | | |
| 枣阳市 | 21 | | 11 | 5 | 3 | | 2 | | |
| 宜城市 | 260 | 2 | 211 | 33 | 5 | 7 | | | 2 |
| 南漳县 | 17 | | 17 | | | | | | |
| 谷城县 | 3 | 2 | | 1 | | | | | |
| 保康县 | 1 | | | | 1 | | | | |
| **鄂州市** | **213** | **3** | **170** | **30** | **9** | | | | **1** |

续表5

| 地　区 | 年存笼500只以上蛋鸭(个、户) | 存笼500–999只(个、户) | 存笼1000–4999只(个、户) | 存笼5000–9999只(个、户) | 存笼10000–19999只(个、户) | 存笼20000–29999只(个、户) | 存笼30000–39999只(个、户) | 存笼40000–49999只(个、户) | 存笼50000只以上(个、户) |
|---|---|---|---|---|---|---|---|---|---|
| **荆门市** | **1098** | **141** | **857** | **67** | **14** | **8** | **5** | **3** | **3** |
| 荆门市辖区 | 63 | 18 | 40 | 2 | 1 | 1 | | | 1 |
| 沙洋县 | 175 | 65 | 82 | 7 | 7 | 5 | 5 | 3 | 1 |
| 钟祥市 | 122 | | 93 | 23 | 5 | | | | 1 |
| 京山县 | 738 | 58 | 642 | 35 | 1 | 2 | | | |
| **孝感市** | **649** | **58** | **513** | **60** | **15** | **2** | **1** | | |
| 孝感市辖区 | 21 | | 11 | 5 | 5 | | | | |
| 孝昌县 | 1 | | | | | | 1 | | |
| 大悟县 | 13 | 4 | 5 | 4 | | | | | |
| 安陆市 | 198 | 15 | 157 | 19 | 6 | 1 | | | |
| 云梦县 | | | | | | | | | |
| 应城市 | 250 | 17 | 205 | 26 | 1 | 1 | | | |
| 汉川市 | 166 | 22 | 135 | 6 | 3 | | | | |
| **黄冈市** | **186** | **20** | **96** | **46** | **20** | **2** | | | **2** |
| 黄冈市辖区 | 1 | | | 1 | | | | | |
| 团风县 | | | | | | | | | |
| 红安县 | 31 | | 22 | 7 | 1 | | | | 1 |
| 麻城市 | 48 | 5 | 33 | 8 | 2 | | | | |
| 罗田县 | | | | | | | | | |
| 英山县 | 10 | | 2 | 6 | 2 | | | | |
| 浠水县 | 19 | | 17 | 1 | 1 | | | | |
| 蕲春县 | 28 | | 5 | 15 | 7 | 1 | | | |
| 武穴市 | 11 | | 10 | 1 | | | | | |
| 黄梅县 | 35 | 15 | 6 | 6 | 6 | 1 | | | 1 |
| 龙感湖 | 3 | | 1 | 1 | 1 | | | | |
| **咸宁市** | **57** | **16** | **30** | **9** | **2** | | | | |
| 咸安区 | 3 | | 3 | | | | | | |
| 嘉鱼县 | 29 | 3 | 15 | 9 | 2 | | | | |
| 赤壁市 | 23 | 12 | 11 | | | | | | |
| 通城县 | | | | | | | | | |
| 崇阳县 | | | | | | | | | |
| 通山县 | 2 | 1 | 1 | | | | | | |
| **恩施州** | **48** | **27** | **18** | **2** | **1** | | | | |
| 恩施市 | 3 | | 2 | | 1 | | | | |
| 利川市 | | | | | | | | | |
| 建始县 | | | | | | | | | |
| 巴东县 | | | | | | | | | |
| 宣恩县 | 15 | 11 | 4 | | | | | | |
| 咸丰县 | 9 | 4 | 3 | 2 | | | | | |
| 来凤县 | 20 | 12 | 8 | | | | | | |
| 鹤峰县 | 1 | | 1 | | | | | | |
| **随州市** | **244** | **14** | **190** | **20** | **7** | **4** | **4** | | **5** |
| 随州市辖区 | 3 | | | | | | 1 | | 2 |
| 曾都区 | 54 | 1 | 48 | 4 | | | | | 1 |
| 随县 | 153 | 13 | 119 | 12 | 4 | 1 | 2 | | 2 |
| 广水市 | 34 | | 23 | 4 | 3 | 3 | 1 | | |
| **仙桃市** | **434** | **118** | **301** | **10** | **5** | | | | |
| **天门市** | **170** | **15** | **140** | **11** | **3** | | | **1** | |
| **潜江市** | **150** | | **145** | **3** | **1** | | | | **1** |
| **神农架林区** | | | | | | | | | |

续表6

| 地 区 | 年出笼2000只以上肉鸡(个、户) | 出笼2000-9999只(个、户) | 出笼1万-4.99万只(个、户) | 出笼5万-9.99万只(个、户) | 出笼10万-49.99万只(个、户) | 出笼50万-99.99万只(个、户) | 出笼100万只以上(个、户) |
|---|---|---|---|---|---|---|---|
| **全省合计** | **9720** | **2802** | **5876** | **613** | **378** | **30** | **21** |
| **武汉市** | **726** | **224** | **453** | **25** | **21** | **2** | **1** |
| 武汉市辖区 | 15 | 4 | 7 | 2 | 2 | | |
| 蔡甸区 | 3 | | 2 | 1 | | | |
| 江夏区 | 568 | 156 | 385 | 12 | 15 | | |
| 黄陂区 | 80 | 20 | 43 | 10 | 4 | 2 | 1 |
| 新洲区 | 60 | 44 | 16 | | | | |
| **黄石市** | **59** | **6** | **23** | **8** | **21** | **1** | |
| 黄石市辖区 | 1 | | 1 | | | | |
| 大冶市 | 30 | | 5 | 3 | 21 | 1 | |
| 阳新县 | 28 | 6 | 17 | 5 | | | |
| **十堰市** | **545** | **232** | **234** | **32** | **41** | **1** | **5** |
| 十堰市辖区 | 21 | 2 | 11 | 4 | 4 | | |
| 丹江口市 | 275 | 95 | 124 | 18 | 32 | 1 | 5 |
| 郧县 | 57 | 12 | 32 | 10 | 3 | | |
| 郧西县 | 3 | 2 | 1 | | | | |
| 竹山县 | 48 | 17 | 30 | | 1 | | |
| 竹溪县 | 99 | 73 | 25 | | 1 | | |
| 房县 | 42 | 31 | 11 | | | | |
| **荆州市** | **1339** | **183** | **1048** | **58** | **43** | **5** | **2** |
| 荆州市辖区 | 173 | 30 | 79 | 32 | 25 | 5 | 2 |
| 江陵县 | 242 | 23 | 215 | 2 | 2 | | |
| 松滋市 | 23 | 16 | 4 | 1 | 2 | | |
| 公安县 | 74 | 48 | 25 | 1 | | | |
| 石首市 | 10 | | | 5 | 5 | | |
| 监利县 | 807 | 63 | 723 | 14 | 7 | | |
| 洪湖市 | 10 | 3 | 2 | 3 | 2 | | |
| **宜昌市** | **492** | **181** | **205** | **60** | **41** | **1** | **4** |
| 宜昌市辖区 | 36 | 10 | 14 | 3 | 7 | | 2 |
| 夷陵区 | 63 | 11 | 40 | 2 | 7 | 1 | 2 |
| 宜都市 | 105 | 26 | 61 | 18 | | | |
| 枝江市 | 49 | | 15 | 23 | 11 | | |
| 当阳市 | 157 | 101 | 35 | 11 | 10 | | |
| 远安县 | 8 | 4 | 4 | | | | |
| 兴山县 | 7 | 5 | 2 | | | | |
| 秭归县 | 22 | 12 | 3 | 3 | 4 | | |
| 长阳县 | 5 | | 3 | | 2 | | |
| 五峰县 | 40 | 12 | 28 | | | | |
| **襄阳市** | **2082** | **718** | **1026** | **243** | **88** | **5** | **2** |
| 襄阳市辖区 | 89 | 46 | 33 | 9 | 1 | | |
| 老河口市 | 145 | 13 | 107 | 10 | 13 | 2 | |
| 襄州区 | 907 | 449 | 394 | 38 | 26 | | |
| 枣阳市 | 308 | 55 | 72 | 139 | 39 | 2 | 1 |
| 宜城市 | 314 | 123 | 165 | 17 | 7 | 1 | 1 |
| 南漳县 | 194 | 31 | 141 | 22 | | | |
| 谷城县 | 102 | 1 | 91 | 8 | 2 | | |
| 保康县 | 23 | | 23 | | | | |
| **鄂州市** | **84** | **2** | **55** | **18** | **9** | | |

续表7

| 地区 | 年出笼2000只以上肉鸡(个、户) | 出笼2000–9999只(个、户) | 出笼1万–4.99万只(个、户) | 出笼5万–9.99万只(个、户) | 出笼10万–49.99万只(个、户) | 出笼50万–99.99万只(个、户) | 出笼100万只以上(个、户) |
|---|---|---|---|---|---|---|---|
| **荆门市** | **495** | **244** | **180** | **31** | **40** | | |
| 荆门市辖区 | 206 | 167 | 33 | 5 | 1 | | |
| 沙洋县 | 167 | 44 | 70 | 17 | 36 | | |
| 钟祥市 | 73 | 33 | 28 | 9 | 3 | | |
| 京山县 | 49 | | 49 | | | | |
| **孝感市** | **1671** | **372** | **1196** | **77** | **24** | **2** | |
| 孝感市辖区 | 33 | 23 | 9 | 1 | | | |
| 孝昌县 | 91 | | 49 | 37 | 4 | 1 | |
| 大悟县 | 8 | 7 | 1 | | | | |
| 安陆市 | 238 | 14 | 190 | 22 | 12 | | |
| 云梦县 | 86 | 33 | 51 | | 2 | | |
| 应城市 | 135 | 126 | 4 | 1 | 4 | | |
| 汉川市 | 1080 | 169 | 892 | 16 | 2 | 1 | |
| **黄冈市** | **172** | **73** | **83** | **10** | **6** | | |
| 黄冈市辖区 | 1 | | | | 1 | | |
| 团风县 | 3 | | 3 | | | | |
| 红安县 | 4 | | 2 | 1 | 1 | | |
| 麻城市 | 28 | 21 | 6 | 1 | | | |
| 罗田县 | 4 | 1 | 3 | | | | |
| 英山县 | 24 | 19 | 5 | | | | |
| 浠水县 | | | | | | | |
| 蕲春县 | 27 | | 18 | 7 | 2 | | |
| 武穴市 | 33 | 13 | 20 | | | | |
| 黄梅县 | 44 | 15 | 26 | 1 | 2 | | |
| 龙感湖 | 4 | 4 | | | | | |
| **咸宁市** | **1114** | **97** | **1006** | **6** | **5** | | |
| 咸安区 | 989 | 6 | 978 | 3 | 2 | | |
| 嘉鱼县 | 20 | 12 | 8 | | | | |
| 赤壁市 | 27 | 9 | 14 | 2 | 2 | | |
| 通城县 | 1 | | | | 1 | | |
| 崇阳县 | 10 | 8 | 2 | | | | |
| 通山县 | 67 | 62 | 4 | 1 | | | |
| **恩施州** | **430** | **279** | **128** | **12** | **10** | **1** | |
| 恩施市 | 63 | 18 | 40 | 2 | 3 | | |
| 利川市 | 59 | 54 | 3 | 2 | | | |
| 建始县 | 45 | 31 | 13 | 1 | | | |
| 巴东县 | 141 | 82 | 47 | 6 | 5 | 1 | |
| 宣恩县 | 33 | 25 | 8 | | | | |
| 咸丰县 | 46 | 38 | 8 | | | | |
| 来凤县 | 29 | 20 | 6 | 1 | 2 | | |
| 鹤峰县 | 14 | 11 | 3 | | | | |
| **随州市** | **414** | **162** | **175** | **32** | **26** | **12** | **7** |
| 随州市辖区 | 36 | 23 | 5 | | | 7 | 1 |
| 曾都区 | 117 | 29 | 59 | 12 | 10 | 2 | 5 |
| 随县 | 141 | 66 | 41 | 16 | 15 | 2 | 1 |
| 广水市 | 120 | 44 | 70 | 4 | 1 | 1 | |
| **仙桃市** | **6** | | **6** | | | | |
| **天门市** | **8** | **8** | | | | | |
| **潜江市** | **72** | **11** | **57** | **1** | **3** | | |
| **神农架林区** | **11** | **10** | **1** | | | | |

续表8

| 地　区 | 年出笼2000只肉鸭以上的总户数 | 出笼2000-4999只（个、户） | 出笼5000-9999只（个、户） | 出笼10000-29999只（个、户） | 出笼30000-99999只（个、户） | 出笼100000只以上（个、户） |
|---|---|---|---|---|---|---|
| **全省合计** | **2941** | **546** | **611** | **991** | **619** | **174** |
| **武汉市** | **671** | **11** | **181** | **384** | **85** | **10** |
| 武汉市辖区 | 1 | | | 1 | | |
| 蔡甸区 | 132 | | | 110 | 22 | |
| 江夏区 | 53 | 11 | 5 | 4 | 33 | |
| 黄陂区 | 466 | | 176 | 258 | 26 | 6 |
| 新洲区 | 19 | | | 11 | 4 | 4 |
| **黄石市** | **32** | | | **5** | **7** | **20** |
| 黄石市辖区 | 1 | | | | 1 | |
| 大冶市 | 26 | | | 3 | 3 | 20 |
| 阳新县 | 5 | | | 2 | 3 | |
| **十堰市** | **3** | | **1** | **2** | | |
| 十堰市辖区 | | | | | | |
| 丹江口市 | | | | | | |
| 郧县 | 3 | | 1 | 2 | | |
| 郧西县 | | | | | | |
| 竹山县 | | | | | | |
| 竹溪县 | | | | | | |
| 房县 | | | | | | |
| **荆州市** | **339** | **180** | **54** | **38** | **44** | **23** |
| 荆州市辖区 | 37 | | 5 | 24 | 7 | 1 |
| 江陵县 | 106 | 76 | 23 | 5 | 2 | |
| 松滋市 | 25 | 23 | 1 | 1 | | |
| 公安县 | 95 | 65 | 23 | 6 | 1 | |
| 石首市 | | | | | | |
| 监利县 | 22 | 15 | 2 | | 3 | 2 |
| 洪湖市 | 54 | 1 | | 2 | 31 | 20 |
| **宜昌市** | **8** | **1** | **2** | **3** | **1** | **1** |
| 宜昌市辖区 | | | | | | |
| 夷陵区 | 2 | | | 1 | | 1 |
| 宜都市 | | | | | | |
| 枝江市 | | | | | | |
| 当阳市 | 6 | 1 | 2 | 2 | 1 | |
| 远安县 | | | | | | |
| 兴山县 | | | | | | |
| 秭归县 | | | | | | |
| 长阳县 | | | | | | |
| 五峰县 | | | | | | |
| **襄阳市** | 294 | 53 | 43 | 106 | 83 | 9 |
| 襄阳市辖区 | 19 | 1 | 3 | 14 | 1 | |
| 老河口市 | 3 | | 3 | | | |
| 襄州区 | 27 | 3 | 10 | 12 | 2 | |
| 枣阳市 | 155 | 34 | 20 | 42 | 54 | 5 |
| 宜城市 | 53 | 15 | 7 | 16 | 14 | 1 |
| 南漳县 | 3 | | | 3 | | |
| 谷城县 | | | | | | |
| 保康县 | 34 | | | 19 | 12 | 3 |
| **鄂州市** | **58** | **4** | **10** | **33** | **11** | |

续表9

| 地 区 | 年出笼2000只肉鸭以上的总户数 | 出笼2000–4999只（个、户） | 出笼5000–9999只（个、户） | 出笼10000–29999只（个、户） | 出笼30000–99999只（个、户） | 出笼100000只以上（个、户） |
|---|---|---|---|---|---|---|
| **荆门市** | **185** | **39** | **101** | **15** | **24** | **6** |
| 荆门市辖区 | 47 | 24 | 16 | 4 | 1 | 2 |
| 沙洋县 | 110 | 7 | 68 | 10 | 22 | 3 |
| 钟祥市 | 11 | 8 |  | 1 | 1 | 1 |
| 京山县 | 17 |  | 17 |  |  |  |
| **孝感市** | **909** | **120** | **151** | **323** | **264** | **51** |
| 孝感市辖区 | 85 |  | 12 | 12 | 29 | 32 |
| 孝昌县 | 147 |  |  |  | 143 | 4 |
| 大悟县 | 7 | 3 | 1 | 2 | 1 |  |
| 安陆市 | 135 | 78 | 36 | 12 | 7 | 2 |
| 云梦县 | 260 | 32 | 53 | 147 | 22 | 6 |
| 应城市 | 92 | 3 | 27 | 42 | 16 | 4 |
| 汉川市 | 183 | 4 | 22 | 108 | 46 | 3 |
| **黄冈市** | **208** | **78** | **36** | **30** | **62** | **2** |
| 黄冈市辖区 | 1 |  |  |  |  | 1 |
| 团风县 | 7 |  |  | 6 | 1 |  |
| 红安县 | 7 | 3 | 3 | 1 |  |  |
| 麻城市 | 38 | 30 | 6 |  | 2 |  |
| 罗田县 |  |  |  |  |  |  |
| 英山县 |  |  |  |  |  |  |
| 浠水县 | 7 | 1 | 5 |  | 1 |  |
| 蕲春县 | 25 |  |  | 1 | 24 |  |
| 武穴市 | 21 | 4 | 1 | 7 | 9 |  |
| 黄梅县 | 94 | 40 | 21 | 14 | 19 |  |
| 龙感湖 | 8 |  |  | 1 | 6 | 1 |
| **咸宁市** | **66** | **9** | **5** | **4** | **4** | **44** |
| 咸安区 |  |  |  |  |  |  |
| 嘉鱼县 | 1 | 1 |  |  |  |  |
| 赤壁市 | 5 | 1 | 3 |  |  | 1 |
| 通城县 | 4 |  |  | 3 | 1 |  |
| 崇阳县 | 46 |  |  |  | 3 | 43 |
| 通山县 | 10 | 7 | 2 | 1 |  |  |
| **恩施州** | **43** | **20** | **18** | **4** |  | **1** |
| 恩施市 |  |  |  |  |  |  |
| 利川市 |  |  |  |  |  |  |
| 建始县 |  |  |  |  |  |  |
| 巴东县 | 20 | 5 | 10 | 4 |  | 1 |
| 宣恩县 |  |  |  |  |  |  |
| 咸丰县 | 4 | 3 | 1 |  |  |  |
| 来凤县 | 19 | 12 | 7 |  |  |  |
| 鹤峰县 |  |  |  |  |  |  |
| **随州市** | **47** | **29** | **4** | **9** | **5** |  |
| 随州市辖区 | 1 |  |  |  | 1 |  |
| 曾都区 | 5 |  |  | 4 | 1 |  |
| 随县 | 6 | 1 | 1 | 3 | 1 |  |
| 广水市 | 35 | 28 | 3 | 2 | 2 |  |
| **仙桃市** | **8** |  |  |  | **6** | **2** |
| **天门市** | **16** | **2** | **5** | **3** | **2** | **4** |
| **潜江市** | **54** |  |  | **32** | **21** | **1** |
| **神农架林区** |  |  |  |  |  |  |

续表10

| 地 区 | 年出栏10头以上肉牛(个、户) | 出栏10–49头(个、户) | 出栏50–99头(个、户) | 出栏100–499头(个、户) | 出栏500–999头(个、户) | 出栏1000头以上(个、户) |
|---|---|---|---|---|---|---|
| **全省合计** | **8999** | **5796** | **1984** | **1090** | **80** | **49** |
| **武汉市** | **314** | **248** | **32** | **29** | **2** | **3** |
| 武汉市辖区 | | | | | | |
| 蔡甸区 | 1 | | | | | 1 |
| 江夏区 | 7 | 7 | | | | |
| 黄陂区 | 125 | 84 | 14 | 24 | 1 | 2 |
| 新洲区 | 181 | 157 | 18 | 5 | 1 | |
| **黄石市** | **42** | **26** | **8** | **7** | **1** | |
| 黄石市辖区 | | | | | | |
| 大冶市 | 27 | 15 | 7 | 4 | 1 | |
| 阳新县 | 15 | 11 | 1 | 3 | | |
| **十堰市** | **1418** | **1272** | **84** | **42** | **19** | **1** |
| 十堰市辖区 | 22 | 21 | 1 | | | |
| 丹江口市 | 739 | 706 | 25 | 2 | 6 | |
| 郧县 | 62 | 51 | 4 | | 6 | 1 |
| 郧西县 | 228 | 206 | 17 | 4 | 1 | |
| 竹山县 | 126 | 123 | 1 | | 2 | |
| 竹溪县 | 150 | 88 | 36 | 22 | 4 | |
| 房县 | 91 | 77 | | 14 | | |
| **荆州市** | **214** | **96** | **73** | **42** | **3** | |
| 荆州市辖区 | 27 | 15 | 8 | 3 | 1 | |
| 江陵县 | 30 | 22 | 7 | 1 | | |
| 松滋市 | 22 | 9 | 3 | 9 | 1 | |
| 公安县 | 87 | 26 | 42 | 18 | 1 | |
| 石首市 | 19 | 12 | 4 | 3 | | |
| 监利县 | 15 | 4 | 5 | 6 | | |
| 洪湖市 | 14 | 8 | 4 | 2 | | |
| **宜昌市** | **192** | **140** | **32** | **17** | **3** | |
| 宜昌市辖区 | | | | | | |
| 夷陵区 | 36 | 34 | 1 | 1 | | |
| 宜都市 | 53 | 39 | 7 | 7 | | |
| 枝江市 | 23 | 10 | 5 | 6 | 2 | |
| 当阳市 | 16 | 5 | 10 | 1 | | |
| 远安县 | 11 | 11 | | | | |
| 兴山县 | 5 | 1 | 2 | 2 | | |
| 秭归县 | 11 | 6 | 4 | | 1 | |
| 长阳县 | 27 | 24 | 3 | | | |
| 五峰县 | 10 | 10 | | | | |
| **襄阳市** | **3080** | **1519** | **1093** | **421** | **30** | **17** |
| 襄阳市辖区 | 181 | 55 | 59 | 59 | 4 | 4 |
| 老河口市 | 435 | 343 | 40 | 45 | 7 | |
| 襄州区 | 913 | 116 | 624 | 166 | 4 | 3 |
| 枣阳市 | 349 | 79 | 213 | 40 | 12 | 5 |
| 宜城市 | 393 | 304 | 62 | 21 | 1 | 5 |
| 南漳县 | 262 | 194 | 13 | 53 | 2 | |
| 谷城县 | 505 | 393 | 77 | 35 | | |
| 保康县 | 42 | 35 | 5 | 2 | | |
| **鄂州市** | **28** | | **7** | **20** | **1** | |

续表11

| 地 区 | 年出栏10头以上肉牛（个、户） | 出栏10–49头（个、户） | 出栏50–99头（个、户） | 出栏100–499头（个、户） | 出栏500–999头（个、户） | 出栏1000头以上（个、户） |
|---|---|---|---|---|---|---|
| **荆门市** | **483** | **222** | **112** | **131** | | **18** |
| 荆门市辖区 | 88 | 61 | 24 | 3 | | |
| 沙洋县 | 135 | 5 | 66 | 55 | | 9 |
| 钟祥市 | 207 | 115 | 15 | 68 | | 9 |
| 京山县 | 53 | 41 | 7 | 5 | | |
| **孝感市** | **507** | **445** | **31** | **27** | **3** | **1** |
| 孝感市辖区 | 17 | 7 | 1 | 7 | 1 | 1 |
| 孝昌县 | 279 | 275 | 2 | 1 | 1 | |
| 大悟县 | 116 | 95 | 13 | 7 | 1 | |
| 安陆市 | 23 | 12 | 5 | 6 | | |
| 云梦县 | 4 | 1 | | 3 | | |
| 应城市 | 23 | 12 | 8 | 3 | | |
| 汉川市 | 45 | 43 | 2 | | | |
| **黄冈市** | **1089** | **653** | **182** | **243** | **9** | **2** |
| 黄冈市辖区 | 3 | 1 | 2 | | | |
| 团风县 | 103 | 15 | 18 | 67 | 3 | |
| 红安县 | 38 | 13 | 11 | 14 | | |
| 麻城市 | 377 | 161 | 96 | 118 | | 2 |
| 罗田县 | 48 | 41 | 4 | 3 | | |
| 英山县 | 9 | | 9 | | | |
| 浠水县 | 15 | 3 | 5 | 7 | | |
| 蕲春县 | 456 | 394 | 30 | 29 | 3 | |
| 武穴市 | 7 | 4 | 2 | 1 | | |
| 黄梅县 | 33 | 21 | 5 | 4 | 3 | |
| 龙感湖 | | | | | | |
| **咸宁市** | **270** | **246** | **16** | **7** | **1** | |
| 咸安区 | 18 | 14 | 4 | | | |
| 嘉鱼县 | 103 | 94 | 6 | 3 | | |
| 赤壁市 | 42 | 39 | 2 | 1 | | |
| 通城县 | 3 | | | 2 | 1 | |
| 崇阳县 | 19 | 18 | 1 | | | |
| 通山县 | 85 | 81 | 3 | 1 | | |
| **恩施州** | **535** | **403** | **105** | **26** | **1** | |
| 恩施市 | 157 | 147 | 7 | 3 | | |
| 利川市 | 44 | 42 | 1 | 1 | | |
| 建始县 | 29 | 23 | 1 | 5 | | |
| 巴东县 | 203 | 137 | 53 | 12 | 1 | |
| 宣恩县 | 18 | 15 | 3 | | | |
| 咸丰县 | 49 | 10 | 36 | 3 | | |
| 来凤县 | 25 | 22 | 2 | 1 | | |
| 鹤峰县 | 10 | 7 | 2 | 1 | | |
| **随州市** | **498** | **272** | **169** | **46** | **5** | **6** |
| 随州市辖区 | 153 | 127 | 25 | | | 1 |
| 曾都区 | 44 | 38 | 5 | | | 1 |
| 随县 | 139 | 62 | 37 | 33 | 4 | 3 |
| 广水市 | 162 | 45 | 102 | 13 | 1 | 1 |
| **仙桃市** | **16** | **10** | **5** | **1** | | |
| **天门市** | **221** | **168** | **30** | **22** | **1** | |
| **潜江市** | **82** | **69** | **3** | **8** | **1** | **1** |
| **神农架林区** | **10** | **7** | **2** | **1** | | |

续表12

| 地 区 | 年出栏30只以上肉羊(个、户) | 出栏30-99只(个、户) | 出栏100-499只(个、户) | 出栏500-999只(个、户) | 出栏1000只以上(个、户) |
|---|---|---|---|---|---|
| **全省合计** | **23072** | **16040** | **6425** | **484** | **123** |
| **武汉市** | **140** | **95** | **43** | **2** | |
| 武汉市辖区 | 23 | 17 | 5 | 1 | |
| 蔡甸区 | 4 | 2 | 2 | | |
| 江夏区 | 6 | 4 | 2 | | |
| 黄陂区 | 64 | 32 | 31 | 1 | |
| 新洲区 | 43 | 40 | 3 | | |
| **黄石市** | **46** | **15** | **29** | **2** | |
| 黄石市辖区 | 3 | 2 | 1 | | |
| 大冶市 | 19 | 7 | 12 | | |
| 阳新县 | 24 | 6 | 16 | 2 | |
| **十堰市** | **7791** | **6833** | **898** | **59** | **1** |
| 十堰市辖区 | 131 | 109 | 20 | 2 | |
| 丹江口市 | 509 | 453 | 54 | 2 | |
| 郧县 | 406 | 208 | 182 | 16 | |
| 郧西县 | 2893 | 2644 | 242 | 7 | |
| 竹山县 | 212 | 77 | 134 | 1 | |
| 竹溪县 | 206 | 137 | 66 | 2 | 1 |
| 房县 | 3434 | 3205 | 200 | 29 | |
| **荆州市** | **221** | **60** | **144** | **11** | **6** |
| 荆州市辖区 | 29 | 15 | 12 | 1 | 1 |
| 江陵县 | 14 | 7 | 6 | 1 | |
| 松滋市 | 40 | 32 | 5 | 1 | 2 |
| 公安县 | 84 | | 76 | 6 | 2 |
| 石首市 | 37 | | 36 | 1 | |
| 监利县 | 11 | 5 | 4 | 1 | 1 |
| 洪湖市 | 6 | 1 | 5 | | |
| **宜昌市** | **4557** | **4101** | **429** | **24** | **3** |
| 宜昌市辖区 | 33 | 6 | 27 | | |
| 夷陵区 | 232 | 161 | 64 | 4 | 3 |
| 宜都市 | 1530 | 1521 | 6 | 3 | |
| 枝江市 | 20 | 8 | 10 | 2 | |
| 当阳市 | 248 | 200 | 40 | 8 | |
| 远安县 | 97 | 68 | 24 | 5 | |
| 兴山县 | 330 | 274 | 56 | | |
| 秭归县 | 144 | 76 | 68 | | |
| 长阳县 | 1762 | 1630 | 130 | 2 | |
| 五峰县 | 161 | 157 | 4 | | |
| **襄阳市** | **4555** | **2781** | **1603** | **127** | **44** |
| 襄阳市辖区 | 47 | 7 | 27 | 7 | 6 |
| 老河口市 | 321 | 141 | 138 | 34 | 8 |
| 襄州区 | 1769 | 1278 | 475 | 8 | 8 |
| 枣阳市 | 537 | 128 | 340 | 53 | 16 |
| 宜城市 | 249 | 129 | 119 | | 1 |
| 南漳县 | 858 | 584 | 272 | | 2 |
| 谷城县 | 426 | 230 | 168 | 25 | 3 |
| 保康县 | 348 | 284 | 64 | | |
| **鄂州市** | **65** | **3** | **56** | **3** | **3** |

续表13

| 地 区 | 年出栏30只以上肉羊(个、户) | 出栏30-99只(个、户) | 出栏100-499只(个、户) | 出栏500-999只(个、户) | 出栏1000只以上(个、户) |
|---|---|---|---|---|---|
| **荆门市** | **1571** | **330** | **1162** | **63** | **16** |
| 荆门市辖区 | 1167 | 198 | 941 | 24 | 4 |
| 沙洋县 | 58 | 8 | 39 | 2 | 9 |
| 钟祥市 | 180 | 38 | 102 | 37 | 3 |
| 京山县 | 166 | 86 | 80 | | |
| **孝感市** | **335** | **79** | **174** | **77** | **5** |
| 孝感市辖区 | 11 | 6 | 5 | | |
| 孝昌县 | 48 | | | 48 | |
| 大悟县 | 185 | 60 | 110 | 15 | |
| 安陆市 | 50 | 5 | 31 | 9 | 5 |
| 云梦县 | | | | | |
| 应城市 | 29 | 5 | 21 | 3 | |
| 汉川市 | 12 | 3 | 7 | 2 | |
| **黄冈市** | **1291** | **419** | **822** | **30** | **20** |
| 黄冈市辖区 | 3 | | 3 | | |
| 团风县 | 95 | 16 | 63 | 10 | 6 |
| 红安县 | 69 | 15 | 44 | 6 | 4 |
| 麻城市 | 446 | 211 | 230 | 1 | 4 |
| 罗田县 | 361 | 57 | 302 | 1 | 1 |
| 英山县 | 204 | 81 | 118 | 5 | |
| 浠水县 | 31 | 7 | 21 | 2 | 1 |
| 蕲春县 | 52 | 18 | 30 | 2 | 2 |
| 武穴市 | 13 | 6 | 5 | 1 | 1 |
| 黄梅县 | 16 | 8 | 6 | 2 | |
| 龙感湖 | 1 | | | | 1 |
| **咸宁市** | **302** | **175** | **118** | **7** | **2** |
| 咸安区 | 25 | 19 | 6 | | |
| 嘉鱼县 | 16 | 8 | 6 | 2 | |
| 赤壁市 | 27 | 15 | 12 | | |
| 通城县 | 2 | | | 2 | |
| 崇阳县 | 86 | 63 | 22 | 1 | |
| 通山县 | 146 | 70 | 72 | 2 | 2 |
| **恩施州** | **1127** | **665** | **428** | **30** | **4** |
| 恩施市 | 91 | 77 | 13 | 1 | |
| 利川市 | 152 | 112 | 40 | | |
| 建始县 | 270 | 142 | 118 | 9 | 1 |
| 巴东县 | 280 | 146 | 119 | 13 | 2 |
| 宣恩县 | 50 | 21 | 26 | 2 | 1 |
| 咸丰县 | 131 | 79 | 52 | | |
| 来凤县 | 100 | 48 | 49 | 3 | |
| 鹤峰县 | 53 | 40 | 11 | 2 | |
| **随州市** | **909** | **395** | **446** | **49** | **19** |
| 随州市辖区 | 87 | 25 | 55 | 3 | 4 |
| 曾都区 | 100 | 66 | 33 | | 1 |
| 随县 | 385 | 91 | 250 | 31 | 13 |
| 广水市 | 337 | 213 | 108 | 15 | 1 |
| **仙桃市** | **7** | **3** | **4** | | |
| **天门市** | **36** | **29** | **7** | | |
| **潜江市** | **81** | **23** | **58** | | |
| **神农架林区** | **38** | **34** | **4** | | |

续表14

| 地 区 | 年存栏5头奶牛以上的总户数 | 存栏5–19头(个、户) | 存栏20–99头(个、户) | 存栏100–199头(个、户) | 存栏200–499头(个、户) | 存栏500–999头(个、户) | 存栏1000头以上(个、户) | 年出笼鹅100只以上(个、户) | 年出笼特禽1000只以上(个、户) | 年出栏肉兔50只以上(个、户) |
|---|---|---|---|---|---|---|---|---|---|---|
| **全省合计** | **509** | **250** | **179** | **23** | **15** | **27** | **15** | **483** | **439** | **331** |
| **武汉市** | **61** | **4** | **41** | **7** | **6** | **1** | **2** | **4** | **12** | **2** |
| 武汉市辖区 | 24 | | 19 | 2 | 3 | | | 1 | 1 | |
| 蔡甸区 | 5 | | 2 | 2 | 1 | | | 3 | 2 | |
| 江夏区 | 2 | | | 1 | 1 | | | | | |
| 黄陂区 | 30 | 4 | 20 | 2 | 1 | 1 | 2 | | | |
| 新洲区 | | | | | | | | | 9 | 2 |
| **黄石市** | | | | | | | | | | |
| 黄石市辖区 | | | | | | | | | 4 | |
| 大冶市 | | | | | | | | 2 | 4 | 3 |
| 阳新县 | | | | | | | | | | |
| **十堰市** | **5** | **1** | **3** | **1** | | | | | **2** | **16** |
| 十堰市辖区 | 5 | 1 | 3 | 1 | | | | | | |
| 丹江口市 | | | | | | | | | 1 | 14 |
| 郧县 | | | | | | | | | | |
| 郧西县 | | | | | | | | | | |
| 竹山县 | | | | | | | | | | |
| 竹溪县 | | | | | | | | | | |
| 房县 | | | | | | | | | 1 | 2 |
| **荆州市** | | | | | | | | **66** | **15** | **7** |
| 荆州市辖区 | | | | | | | | 2 | 10 | 1 |
| 江陵县 | | | | | | | | 4 | | 3 |
| 松滋市 | | | | | | | | 19 | | 1 |
| 公安县 | | | | | | | | 33 | | |
| 石首市 | | | | | | | | 4 | | |
| 监利县 | | | | | | | | 4 | 1 | 1 |
| 洪湖市 | | | | | | | | | 4 | 1 |
| **宜昌市** | **33** | **1** | **16** | **6** | **6** | **4** | | | **10** | **5** |
| 宜昌市辖区 | 1 | | | | 1 | | | | | |
| 夷陵区 | 31 | 1 | 16 | 6 | 5 | 3 | | | 3 | 2 |
| 宜都市 | | | | | | | | | 5 | 1 |
| 枝江市 | | | | | | | | | | |
| 当阳市 | 1 | | | | | 1 | | | 1 | 1 |
| 远安县 | | | | | | | | | | |
| 兴山县 | | | | | | | | | | |
| 秭归县 | | | | | | | | | 1 | 1 |
| 长阳县 | | | | | | | | | | |
| 五峰县 | | | | | | | | | | |
| **襄阳市** | **115** | **69** | **41** | **2** | **2** | | **1** | **8** | **16** | **169** |
| 襄阳市辖区 | 23 | 3 | 18 | | 1 | | 1 | | 1 | 19 |
| 老河口市 | 25 | 21 | 3 | 1 | | | | 2 | 3 | 47 |
| 襄州区 | | | | | | | | 3 | 1 | 1 |
| 枣阳市 | 5 | 1 | 4 | | | | | 2 | 1 | 93 |
| 宜城市 | 40 | 28 | 12 | | | | | 1 | 7 | 6 |
| 南漳县 | | | | | | | | | | |
| 谷城县 | 22 | 16 | 4 | 1 | 1 | | | | | 1 |
| 保康县 | | | | | | | | | 3 | 2 |
| **鄂州市** | **2** | **0** | **2** | | | | | **1** | **20** | **0** |

续表15

| 地　区 | 年存栏5头奶牛以上的总户数 | 存栏5–19头(个、户) | 存栏20–99头(个、户) | 存栏100–199头(个、户) | 存栏200–499头(个、户) | 存栏500–999头(个、户) | 存栏1000头以上(个、户) | 年出笼鹅100只以上(个、户) | 年出笼特禽1000只以上(个、户) | 年出栏肉兔50只以上(个、户) |
|---|---|---|---|---|---|---|---|---|---|---|
| **荆门市** | **123** | **100** | **18** | **4** | | **1** | | **102** | **23** | **13** |
| 荆门市辖区 | 10 | 9 | | 1 | | | | 100 | 6 | 2 |
| 沙洋县 | 72 | 65 | 3 | 3 | | 1 | | | 5 | 2 |
| 钟祥市 | 23 | 19 | 4 | | | | | | | 2 |
| 京山县 | 18 | 7 | 11 | | | | | 2 | 12 | 7 |
| **孝感市** | **33** | **5** | **26** | | | **2** | | **236** | **174** | **36** |
| 孝感市辖区 | 4 | 1 | 1 | | | 2 | | 6 | 39 | 4 |
| 孝昌县 | | | | | | | | 6 | 1 | 1 |
| 大悟县 | 3 | | 3 | | | | | 0 | 3 | 1 |
| 安陆市 | 3 | 1 | 2 | | | | | 5 | 18 | 4 |
| 云梦县 | | | | | | | | 1 | 1 | |
| 应城市 | | | | | | | | 7 | 54 | 4 |
| 汉川市 | 23 | 3 | 20 | | | | | 211 | 58 | 22 |
| **黄冈市** | **53** | **16** | **9** | **1** | | **17** | **10** | **43** | **33** | **33** |
| 黄冈市辖区 | 6 | | | | | 5 | 1 | | 1 | |
| 团风县 | 4 | | | | | 3 | 1 | | 1 | |
| 红安县 | 3 | | | | | 2 | 1 | | 5 | 3 |
| 麻城市 | 2 | | | | | | 2 | 1 | 2 | 1 |
| 罗田县 | 2 | | | | | 1 | 1 | | | |
| 英山县 | 1 | | | | | 1 | | | | |
| 浠水县 | 2 | | | | | 2 | | | | |
| 蕲春县 | 27 | 14 | 9 | 1 | | 2 | 1 | 40 | 2 | 14 |
| 武穴市 | 2 | | | | | | 2 | | 2 | 1 |
| 黄梅县 | 3 | 2 | | | | | 1 | 1 | 20 | 14 |
| 龙感湖 | 1 | | | | | 1 | | 1 | | |
| **咸宁市** | **57** | **45** | **7** | | **1** | **2** | **2** | **1** | **10** | **21** |
| 咸安区 | 54 | 45 | 6 | | | 2 | 1 | | | 3 |
| 嘉鱼县 | 1 | | 1 | | | | | | | 1 |
| 赤壁市 | | | | | | | | | 1 | |
| 通城县 | 1 | | | | 1 | | | 1 | 1 | |
| 崇阳县 | | | | | | | | | 3 | |
| 通山县 | 1 | | | | | | 1 | | 5 | 17 |
| **恩施州** | **9** | **3** | **5** | **1** | | | | **1** | **16** | **11** |
| 恩施市 | 4 | | 3 | 1 | | | | | 3 | 3 |
| 利川市 | | | | | | | | | | |
| 建始县 | | | | | | | | | 9 | 3 |
| 巴东县 | | | | | | | | | 1 | |
| 宣恩县 | 5 | 3 | 2 | | | | | | | |
| 咸丰县 | | | | | | | | | 2 | 2 |
| 来凤县 | | | | | | | | 1 | 1 | 3 |
| 鹤峰县 | | | | | | | | | | |
| **随州市** | **2** | **1** | | **1** | | | | **20** | **100** | **17** |
| 随州市辖区 | 1 | 1 | | | | | | | | 0 |
| 曾都区 | | | | | | | | | 2 | |
| 随县 | 1 | | | 1 | | | | 19 | 11 | 11 |
| 广水市 | | | | | | | | 1 | 87 | 6 |
| **仙桃市** | | | | | | | | | **6** | |
| **天门市** | **16** | **5** | **11** | | | | | **1** | | **1** |
| **潜江市** | | | | | | | | | **1** | |
| **神农架林区** | | | | | | | | | **1** | |

# 2011年度畜产品加工企业情况(一)

| 名称 | 肉制品 | | | | 名称 | 禽蛋制品 | | | |
|---|---|---|---|---|---|---|---|---|---|
| | 加工企业个数(个) | 从业劳动力(人) | 固定资产(万元) | 年产值(万元) | | 加工企业个数(个) | 从业劳动力(人) | 固定资产(万元) | 年产值(万元) |
| 合计 | 640 | 30902 | 819204 | 3271946 | 合计 | 89 | 5225 | 151096 | 507915 |
| 武汉市 | 29 | 6716 | 149502 | 527397 | 武汉市 | 4 | 1127 | 35550 | 93560 |
| 黄石市 | 26 | 1587 | 25336 | 92044 | 黄石市 | | | | |
| 十堰市 | 17 | 712 | 17794 | 64971 | 十堰市 | 1 | 16 | 400 | 290 |
| 荆州市 | 102 | 1541 | 36251 | 151698 | 荆州市 | 38 | 1700 | 29194 | 138390 |
| 宜昌市 | 55 | 2907 | 63650 | 285725 | 宜昌市 | 3 | 26 | 1650 | 4200 |
| 襄阳市 | 40 | 2398 | 71664 | 249924 | 襄阳市 | 2 | 330 | 4500 | 6820 |
| 鄂州市 | 23 | 483 | 3750 | 50745 | 鄂州市 | | | | |
| 荆门市 | 65 | 907 | 35412 | 491772 | 荆门市 | 9 | 531 | 25165 | 88820 |
| 孝感市 | 22 | 2108 | 224778 | 173473 | 孝感市 | 8 | 900 | 45510 | 123796 |
| 黄冈市 | 103 | 2408 | 37409 | 194544 | 黄冈市 | 4 | 12 | 170 | 180 |
| 咸宁市 | 44 | 1270 | 12499 | 247065 | 咸宁市 | 1 | 20 | 200 | 550 |
| 恩施州 | 26 | 1957 | 42805 | 228158 | 恩施州 | 1 | 31 | 230 | 706 |
| 随州市 | 45 | 4084 | 51115 | 331450 | 随州市 | 4 | 56 | 1410 | 3783 |
| 仙桃市 | 4 | 921 | 18022 | 59821 | 仙桃市 | 1 | 80 | 3602 | 9200 |
| 天门市 | 5 | 254 | 7300 | 45114 | 天门市 | 1 | 133 | 2000 | 15000 |
| 潜江市 | 30 | 636 | 21864 | 78022 | 潜江市 | 12 | 263 | 1515 | 22620 |
| 神农架林区 | 4 | 13 | 53 | 23 | 神农架林区 | | | | |

# 2011年度畜产品加工企业情况(二)

| 名称 | 乳制品 | | | | 名称 | 蜂制品 | | | |
|---|---|---|---|---|---|---|---|---|---|
| | 加工企业个数(个) | 从业劳动力(人) | 固定资产(万元) | 年产值(万元) | | 加工企业个数(个) | 从业劳动力(人) | 固定资产(万元) | 年产值(万元) |
| 合计 | 16 | 3175 | 192369 | 413017 | 合计 | 45 | 2498 | 43145 | 166712 |
| 武汉市 | 4 | 1273 | 55509 | 166128 | 武汉市 | 8 | 713 | 12662 | 56300 |
| 黄石市 | | | | | 黄石市 | | | | |
| 十堰市 | 1 | 80 | 1500 | 800 | 十堰市 | 1 | 32 | 220 | 1100 |
| 荆州市 | | | | | 荆州市 | 3 | 15 | 300 | 363 |
| 宜昌市 | 5 | 267 | 28900 | 66777 | 宜昌市 | 2 | 23 | 140 | 520 |
| 襄阳市 | 1 | 318 | 1240 | 6350 | 襄阳市 | 2 | 100 | 3000 | 3800 |
| 鄂州市 | | | | | 鄂州市 | | | | |
| 荆门市 | 2 | 86 | 2400 | 2462 | 荆门市 | 6 | 224 | 4103 | 10599 |
| 孝感市 | | | | | 孝感市 | 5 | 435 | 9900 | 44040 |
| 黄冈市 | 1 | 1000 | 100000 | 168000 | 黄冈市 | 2 | 124 | 8720 | 5400 |
| 咸宁市 | 2 | 151 | 2820 | 2500 | 咸宁市 | 3 | 615 | 810 | 16333 |
| 恩施州 | | | | | 恩施州 | 2 | 35 | 66 | 130 |
| 随州市 | | | | | 随州市 | 7 | 170 | 1974 | 27717 |
| 仙桃市 | | | | | 仙桃市 | | | | |
| 天门市 | | | | | 天门市 | | | | |
| 潜江市 | | | | | 潜江市 | | | | |
| 神农架林区 | | | | | 神农架林区 | 4 | 12 | 1250 | 410 |

## 畜牧兽医技术培训情况

| 项　目 | 单位 | 2011年 | 2010年 | 2011年比2010年 | |
|---|---|---|---|---|---|
| | | | | 绝对数 | % |
| 一、本系统内职工培训总人数 | 人次 | 82345 | 69730 | 12615 | 18.09 |
| 其中:参加全国培训班人次 | 人次 | 332 | 323 | 9 | 2.79 |
| 参加省级培训班人次 | 人次 | 4707 | 3757 | 950 | 25.29 |
| 参加市级培训班人次 | 人次 | 12254 | 10529 | 1725 | 16.38 |
| 参加县级培训班人次 | 人次 | 58545 | 52342 | 6203 | 11.85 |
| 二、畜牧兽医知识普及情况 | | | | | |
| 农民参加畜牧部门举办的培训班、讲座人次 | 人次 | 1146890 | 1079128 | 67762 | 6.28 |
| 其中:专业户参加培训和讲座人次 | 人次 | 469550 | 348373 | 121177 | 34.78 |
| 三、年内县级以上畜牧部门用于培训的经费 | 万元 | 1936.79 | 1782 | 154.79 | 8.69 |

## 畜牧部门饲料加工企业情况表

| 项　目 | 饲料加工厂(站)个数(个) | 从业人员（人） | 全年实际产量(吨) | 其中 | | | 四、年产值(万元) | 五、年利润(万元) | 六、固定资产（万元） |
|---|---|---|---|---|---|---|---|---|---|
| | | | | 预混料 | 浓缩料 | 全价料 | | | |
| 全省合计 | 331 | 12634 | 7144591 | 685241 | 773819 | 4834546 | 2042150.15 | 110460.84 | 1705007.75 |
| 年产1000吨以下 | 90 | 1117 | 43775 | 18887 | 6240 | 13988 | 25144.37 | 2799.3 | 21086.51 |
| 年产1001-2000吨 | 32 | 353 | 50080 | 19580 | 2920 | 27080 | 12894 | 1395 | 11027 |
| 年产2001-4000吨 | 44 | 813 | 133524 | 49246 | 13510 | 60704 | 43213.92 | 6882.4 | 22114.8 |
| 年产4001-10000吨 | 57 | 1731 | 430710 | 57980 | 23840 | 336890 | 166695 | 12022.2 | 92744 |
| 年产10001吨以上 | 108 | 8620 | 6486502 | 539548 | 727309 | 4395884 | 1794202.86 | 87361.94 | 1558035.44 |

# 饲料及兽药流通龙头企业情况表

| 地 区 | 固定资产(万元) | 年饲料销售量(吨) | 年兽药销售额(万元) | 年产值(万元) | 年利润(万元) | 从业人数(人) |
|---|---|---|---|---|---|---|
| 全省合计 | 149745 | 4447255 | 27732 | 711763.3 | 29116.95 | 3720 |
| 武汉市 | 1550 | 17080 | 750 | 20230 | 115 | 130 |
| 黄石市 | | | | | | |
| 十堰市 | 3804 | 3113 | 11675 | 14375 | 400.1 | 237 |
| 荆州市 | 27644 | 353000 | 433 | 95665 | 5171.9 | 360 |
| 宜昌市 | 15330 | 165050 | 575 | 45340 | 1762 | 336 |
| 襄阳市 | 68313 | 424966 | 55 | 340235 | 5867 | 1280 |
| 荆门市 | 9122 | 209505 | 8530 | 59046.8 | 4871.1 | 271 |
| 孝感市 | 140 | 0 | 1240 | 780 | 77 | 35 |
| 黄冈市 | 20397 | 3246440 | 1250 | 120112 | 9201.8 | 847 |
| 咸宁市 | 100 | 1320 | 15 | 90 | 18 | 11 |
| 随州市 | 1040 | 8880 | 532 | 4142 | 419.8 | 54 |
| 恩施州 | 950 | 4221 | 537 | 1975.5 | 611.25 | 43 |
| 仙桃市 | 950 | 5630 | 1220 | 6850 | 477 | 63 |
| 天门市 | 100 | 350 | 220 | 220 | 40 | 9 |
| 潜江市 | 305 | 7700 | 700 | 2702 | 85 | 44 |
| 神农架林区 | | | | | | |

# 2011年规模饲养情况

| 项　目 | 场、户数(个、户) | 年存、出栏(笼)量(万头、万只) |
| --- | --- | --- |
| 生猪出栏50头以上 | 97481 | 3620.93 |
| 商品肉鸡出笼2000只以上 | 9720 | 32023.71 |
| 商品蛋鸡存笼500只以上 | 16373 | 12765.11 |
| 年存栏奶牛5头以上 | 509 | 7.86 |
| 年出栏肉牛10头以上 | 8999 | 60.92 |
| 年出栏肉羊30只以上 | 23072 | 267.99 |
| 年出笼鹅100只以上 | 483 | 202.62 |
| 年出笼特禽1000只以上 | 439 | 692.49 |
| 年出栏肉兔50只以上 | 331 | 291.15 |

# 6 渔　业

# 2011年湖北省渔业生产情况

| 项　目 | 2011 | 2010 | 同比增、减 | 增幅 |
|---|---|---|---|---|
| **一、产量指标** | | | | |
| 总产量(万吨) | 356 | 353 | 3 | 0.8% |
| 1、捕捞产量(万吨) | 20.6 | 26.4 | –5.8 | –22.0% |
| 2、养殖产量(万吨) | 335.6 | 326.7 | 8.9 | 2.7% |
| 其中：克氏螯虾 | 23.1 | 30.8 | –7.7 | –25.0% |
| 河蟹养殖 | 8.35 | 7.7 | 0.65 | 8.4% |
| 甲鱼养殖 | 2.7 | 2.4 | 0.3 | 12.5% |
| 鳜鱼养殖 | 2.8 | 2.5 | 0.3 | 12.0% |
| 乌龟养殖 | 0.21 | 0.16 | 0.05 | 31.3% |
| 青虾养殖 | 2.3 | 2.1 | 0.2 | 9.5% |
| 鳝鱼养殖 | 12.4 | 11.1 | 1.3 | 11.7% |
| 黄颡鱼养殖 | 6.1 | 5.1 | 1 | 19.6% |
| 鮰鱼养殖 | 4.18 | 4.06 | 0.12 | 2.9% |
| **二、面积及单产指标** | | | | |
| 可养面积 | 1362 | 1362 | | 0.0% |
| 放养面积（万亩） 1.总面积 | 1000 | 985 | 15 | 1.5% |
| 2.塘堰养殖面积 | 137 | 131 | 6 | 4.5% |
| 3.湖泊养殖面积 | 294 | 294 | 0 | 0.0% |
| 4.水库养殖面积 | 164 | 166 | –2 | –1.1% |
| 5.精养鱼池面积 | 394 | 379 | 15 | 4.0% |
| 6.河沟养殖面积 | 7 | 9 | –2 | –22.2% |
| 7.其它养殖面积 | 4 | 6 | –2 | –36.4% |
| 单产（公斤/亩） 1.平均单产 | 323 | 309 | 14 | 4.4% |
| 2.塘堰养殖单产 | 212 | 203 | 9 | 4.4% |
| 3.湖泊养殖单产 | 112 | 112 | 0 | 0.0% |
| 4.水库养殖单产 | 120 | 120 | 0 | 0.0% |
| 5.精养鱼池单产 | 609 | 582 | 27 | 4.6% |
| 6.河沟养殖单产 | 250 | 236 | 13 | 5.6% |
| 7.其它养殖单产 | 345 | 241 | 104 | 43.2% |
| 稻田养殖 1.产量(万吨) | 13 | 19 | –6 | –31.2% |
| 2.面积(万亩) | 223 | 245 | –22 | –9.1% |
| **三、产值、效益指标（亿元 现价）** | | | | |
| 1.渔民人均纯收入(元) | 8200 | 7700 | 500 | 6.5% |
| 2.淡水渔业产值 | 508.8 | 458 | 50.8 | 11.1% |
| 3.占大农业比重 | 12.4% | 13.6% | –1% | –8.7% |
| 4.水产行业第二产业产值 | 184 | 148 | 36 | 24.3% |
| 其中：加工 | 149 | 128 | 21 | 16.7% |
| 5.水产行业第三产业产值 | 318 | 275 | 43 | 15.6% |
| 6.苗种产值 | 51.5 | 49.5 | 2 | 4.0% |
| **四、其它指标** | | | | |
| 1.淡水水产品人均占有量(公斤) | 59.3 | 57.9 | 1.4 | 2.4% |
| 2.渔业人口(万人) | 190 | 190 | 0.0 | 0.0% |
| 3.渔业劳动力(万人) | 127 | 130 | –3.0 | –2.3% |
| 4.淡水苗种产量(亿尾) | 697 | 750 | –53.0 | –7.1% |
| 5.淡水鱼种产量(万吨) | 85.6 | 82 | 3.6 | 4.4% |
| 6.淡水水产品加工能力（万吨） | 115.8 | 115 | 0.8 | 0.7% |
| 7.淡水水产品加工总量（万吨） | 67.1 | 67.4 | –0.3 | –0.4% |
| 8.淡水水产品出口创汇（亿美元） | 1.74 | 1.6 | 0.1 | 8.7% |
| **五、农民增收** | | | | |
| 全省农民人均纯收入 | 6898 | 5831 | 1067 | 18.3% |

## 水产品总产量及捕捞产量

单位:吨

| 指标名称 | 合 计 | 捕捞产量 | | | | | | |
|---|---|---|---|---|---|---|---|---|
| | | 小计 | 鱼类 | 甲壳类 | | | 贝类 | 其它类 |
| | | | | 小计 | 虾 | 蟹 | | |
| **全省合计** | **3562198** | **205971** | **126527** | **58055** | **53688** | **4367** | **17463** | **3926** |
| **武汉市** | **461288** | **29661** | **25636** | **3590** | **3590** | | **435** | |
| 武汉市辖区 | 129140 | 6442 | 5640 | 802 | 802 | | | |
| 蔡甸区 | 59388 | 3878 | 3255 | 228 | 228 | | 395 | |
| 江夏区 | 83012 | 12985 | 12332 | 653 | 653 | | | |
| 黄陂区 | 88719 | 3926 | 2166 | 1720 | 1720 | | 40 | |
| 新洲区 | 101029 | 2430 | 2243 | 187 | 187 | | | |
| **黄石市** | **180100** | **10829** | **5293** | **3196** | **2429** | **767** | **2222** | **118** |
| 黄石市辖区 | 12281 | 87 | 56 | 29 | 2 | 27 | 2 | |
| 大冶市 | 64448 | 6197 | 2727 | 1457 | 1446 | 11 | 1895 | 118 |
| 阳新县 | 103371 | 4545 | 2510 | 1710 | 981 | 729 | 325 | |
| **十堰市** | 59246 | 13624 | 12672 | 952 | 937 | 15 | | |
| 十堰市辖区 | 1390 | 81 | 81 | | | | | |
| 丹江口市 | 51966 | 11447 | 10768 | 679 | 664 | 15 | | |
| 郧县 | 3600 | 1512 | 1282 | 230 | 230 | | | |
| 郧西县 | 447 | 85 | 77 | 8 | 8 | | | |
| 竹山县 | 330 | 105 | 93 | 12 | 12 | | | |
| 竹溪县 | 259 | 107 | 92 | 15 | 15 | | | |
| 房县 | 1254 | 287 | 279 | 8 | 8 | | | |
| **荆州市** | **1080520** | **68606** | **43538** | **14741** | **12317** | **2424** | **6977** | **3350** |
| 荆州市辖区 | 166751 | 13962 | 9774 | 1492 | 1156 | 336 | 1215 | 1481 |
| 江陵县 | 28597 | 1230 | 986 | 220 | 220 | | 2 | 22 |
| 松滋市 | 28398 | 1799 | 1408 | 355 | 327 | 28 | | 36 |
| 公安县 | 125212 | 11051 | 6797 | 2394 | 2108 | 286 | 1161 | 699 |
| 石首市 | 116855 | 9908 | 7025 | 2392 | 1500 | 892 | 32 | 459 |
| 监利县 | 249304 | 12833 | 7207 | 4629 | 3911 | 718 | 872 | 125 |
| 洪湖市 | 365403 | 17823 | 10341 | 3259 | 3095 | 164 | 3695 | 528 |
| **宜昌市** | **167721** | **21443** | **18095** | **3113** | **3064** | **49** | **84** | **151** |
| 宜昌市辖区 | 2134 | 165 | 163 | | | | | 2 |
| 夷陵区 | 8591 | 1061 | 939 | 117 | 108 | 9 | | 5 |
| 宜都市 | 12909 | 1178 | 1032 | 146 | 146 | | | |
| 枝江市 | 67667 | 7726 | 6480 | 1246 | 1246 | | | |
| 当阳市 | 51920 | 6337 | 5154 | 969 | 934 | 35 | 84 | 130 |
| 远安县 | 2446 | 228 | 220 | 8 | 8 | | | |
| 兴山县 | 215 | 188 | 175 | 13 | 8 | 5 | | |
| 秭归县 | 763 | 477 | 413 | 64 | 64 | | | |
| 长阳县 | 21000 | 4043 | 3481 | 550 | 550 | | | 12 |
| 五峰县 | 76 | 40 | 38 | | | | | 2 |
| **襄阳市** | **182591** | **16532** | **14908** | **1418** | **1102** | **316** | **44** | **162** |
| 襄阳市辖区 | 12851 | 1805 | 1638 | 167 | 148 | 19 | | |
| 老河口市 | 36928 | 1366 | 1269 | 78 | 48 | 30 | 7 | 12 |
| 襄州区 | 41845 | 4411 | 3545 | 812 | 550 | 262 | | 54 |
| 枣阳市 | 44628 | 4109 | 3952 | 109 | 105 | 4 | 37 | 11 |
| 宜城市 | 29123 | 2400 | 2174 | 226 | 226 | | | |
| 南漳县 | 7283 | | | | | | | |
| 谷城县 | 8958 | 1968 | 1857 | 26 | 25 | 1 | | 85 |
| 保康县 | 975 | 473 | 473 | | | | | |

续表1　　　　　　　　　　　　　　　　　　　　　　　　　　　　　　　　单位：吨

| 指标名称 | 合　计 | 捕捞产量 | | | | | | |
|---|---|---|---|---|---|---|---|---|
| | | 小计 | 鱼类 | 甲壳类 | | | 贝类 | 其它类 |
| | | | | 小计 | 虾 | 蟹 | | |
| **鄂州市** | **360884** | **18971** | **11681** | **5585** | **4886** | **699** | **1157** | **548** |
| **荆门市** | **422471** | **28542** | **17365** | **5046** | **4882** | **164** | **484** | **241** |
| 荆门市辖区 | 50605 | 9312 | 8147 | 931 | 889 | 42 | 192 | 42 |
| 沙洋县 | 164575 | 4654 | 4040 | 539 | 539 | | 75 | |
| 钟祥市 | 132119 | 3764 | 1369 | 2077 | 2045 | 32 | 144 | 174 |
| 京山县 | 70398 | 5406 | 3809 | 1499 | 1409 | 90 | 73 | 25 |
| 沙洋农场 | 4774 | 5406 | | | | | | |
| **孝感市** | **365824** | **41151** | **29470** | **7997** | **7987** | **10** | **3159** | **525** |
| 孝感市辖区 | 59700 | 7942 | 5937 | 1649 | 1649 | | | 356 |
| 孝昌县 | 16656 | 3340 | 2910 | 391 | 391 | | | 39 |
| 大悟县 | 23950 | 2108 | 1678 | 430 | 430 | | | |
| 安陆县 | 24966 | 2656 | 2157 | 498 | 488 | 10 | | 1 |
| 云梦县 | 42114 | 839 | 578 | 261 | 261 | | | |
| 应城县 | 58432 | 5814 | 4798 | 898 | 898 | | 2 | 116 |
| 汉川市 | 140006 | 18452 | 11412 | 3870 | 3870 | | 3157 | 13 |
| **黄冈市** | **421561** | **31308** | **24954** | **4151** | **4028** | **123** | **1579** | **624** |
| 黄州区 | 44537 | 1260 | 1200 | | | | 50 | 10 |
| 团风县 | 23756 | 581 | 545 | 1 | | 1 | | 35 |
| 红安县 | 7357 | 1069 | 782 | 203 | 185 | 18 | 2 | 82 |
| 麻城市 | 23028 | 1381 | 1177 | 152 | 141 | 11 | 5 | 47 |
| 罗田县 | 6980 | 60 | 58 | 2 | 2 | | | |
| 英山县 | 7320 | 120 | 105 | 15 | 15 | | | |
| 浠水县 | 92041 | 8706 | 7360 | 1251 | 1200 | 51 | 50 | 45 |
| 蕲春县 | 68868 | 2305 | 2290 | 4 | 4 | | 2 | 9 |
| 武穴市 | 51165 | 4611 | 2682 | 924 | 924 | | 824 | 181 |
| 黄梅县 | 83952 | 11215 | 8755 | 1599 | 1557 | 42 | 646 | 215 |
| 龙感湖区 | 12557 | | | | | | | |
| **咸宁市** | **202266** | **12054** | **8789** | **3170** | **2040** | **1130** | **95** | |
| 咸安区 | 26478 | 635 | 383 | 252 | 167 | 85 | | |
| 嘉鱼县 | 72731 | 3874 | 2596 | 1278 | 773 | 505 | | |
| 赤壁市 | 72326 | 3522 | 2137 | 1299 | 791 | 508 | 86 | |
| 通城县 | 10020 | 2432 | 2155 | 268 | 236 | 32 | 9 | |
| 崇阳县 | 10106 | 687 | 632 | 55 | 55 | | | |
| 通山县 | 10605 | 904 | 886 | 18 | 18 | | | |
| **随州市** | **79929** | **10688** | **8939** | **1665** | **1581** | **84** | **67** | **17** |
| 广水市 | 30129 | 7593 | 6966 | 579 | 504 | 75 | 48 | |
| 随县 | 37000 | 1950 | 910 | 1015 | 1009 | 6 | 19 | 6 |
| 曾都区 | 12800 | 1145 | 1063 | 71 | 68 | 3 | | 11 |
| **恩施州** | **6376** | **1440** | **1375** | **39** | **39** | | | **26** |
| 恩施市 | 489 | 99 | 99 | | | | | |
| 利川市 | 2344 | 597 | 586 | | | | | 11 |
| 建始县 | 325 | 72 | 72 | | | | | |
| 巴东县 | 1045 | 100 | 70 | 30 | 30 | | | |
| 宣恩县 | 368 | 134 | 125 | 9 | 9 | | | |
| 咸丰县 | 380 | 95 | 86 | | | | | 9 |
| 来凤县 | 1307 | 301 | 300 | | | | | 1 |
| 鹤峰县 | 118 | 42 | 37 | | | | | 5 |
| **仙桃市** | **289466** | **11617** | **9154** | **2051** | **1646** | **405** | **412** | |
| **天门市** | **115158** | **2065** | **638** | **777** | **624** | **153** | **486** | **164** |
| **潜江市** | **100639** | **6714** | **3919** | **2533** | **2505** | **28** | **262** | |
| **神农架林区** | **194** | **103** | **101** | **2** | **2** | | | |

## 水产品养殖产量(一)

单位:吨

| 指标名称 | 养殖产量合计 | 其中:鱼类 | | | | | | | |
|---|---|---|---|---|---|---|---|---|---|
| | | 小计 | 鲟鱼 | 鳗鲡 | 青鱼 | 草鱼 | 鲢鱼 | 鳙鱼 | 鲤鱼 |
| **全省合计** | **3356226.742** | **2960264** | **7020** | **150** | **93474** | **813137** | **601723** | **373484** | **164208** |
| **武汉市** | **431627** | **409381** | **300** | **150** | **16647** | **127540** | **95112** | **47209** | **23592** |
| 武汉市辖区 | 122698 | 118813 | | 150 | 7490 | 32574 | 29453 | 16036 | 5035 |
| 蔡甸区 | 55510 | 52550 | 300 | | 957 | 15347 | 14738 | 7389 | 2599 |
| 江夏区 | 70027 | 64257 | | | 3747 | 14257 | 8906 | 9965 | 4136 |
| 黄陂区 | 84793 | 77582 | | | 2460 | 19850 | 16934 | 8590 | 7310 |
| 新洲区 | 98599 | 96179 | | | 1993 | 45512 | 25081 | 5229 | 4512 |
| **黄石市** | **169271** | **152623** | | | **12338** | **31334** | **33938** | **16137** | **7662** |
| 黄石市辖区 | 12194 | 12137 | | | 805 | 2868 | 4929 | 2442 | 241 |
| 大冶市 | 58251 | 52071 | | | 2249 | 14784 | 15810 | 5074 | 1436 |
| 阳新县 | 98826 | 88415 | | | 9284 | 13682 | 13199 | 8621 | 5985 |
| **十堰市** | **45622** | **45011** | **81** | | **86** | **2915** | **10788** | **3938** | **1463** |
| 十堰市辖区 | 1309 | 1304 | | | | 222 | 591 | | 181 |
| 丹江口市 | 40519 | 40063 | | | 86 | 2356 | 8993 | 3224 | 954 |
| 郧县 | 2088 | 2088 | | | | 90 | 858 | 380 | 40 |
| 郧西县 | 362 | 360 | 81 | | | 3 | 77 | 155 | 5 |
| 竹山县 | 225 | 215 | | | | 19 | 88 | 80 | 18 |
| 竹溪县 | 152 | 147 | | | | 30 | 53 | 48 | 9 |
| 房县 | 967 | 834 | | | | 195 | 128 | 51 | 256 |
| **荆州市** | **1011914** | **817417** | **255** | | **67763** | **248880** | **139012** | **65148** | **33534** |
| 荆州市辖区 | 152789 | 133403 | 150 | | 33332 | 37416 | 18821 | 6345 | 2098 |
| 江陵县 | 27367 | 25696 | | | 137 | 11312 | 5771 | 2879 | 516 |
| 松滋市 | 26599 | 24119 | 10 | | 746 | 8650 | 7732 | 1034 | 1585 |
| 公安县 | 114161 | 100367 | 5 | | 6587 | 24566 | 12774 | 7793 | 5199 |
| 石首市 | 106947 | 94981 | 50 | | 4820 | 25120 | 6252 | 8130 | 5825 |
| 监利县 | 236471 | 168457 | 40 | | 15112 | 35838 | 27577 | 8457 | 8507 |
| 洪湖市 | 347580 | 270394 | | | 7029 | 105978 | 60085 | 30510 | 9804 |
| **宜昌市** | **146278** | **144604** | **6645** | | **5661** | **19682** | **25292** | **13654** | **13789** |
| 宜昌市辖区 | 1969 | 1969 | | | 333 | 689 | 239 | 210 | 105 |
| 夷陵区 | 7530 | 7440 | 50 | | 165 | 956 | 2142 | 751 | 1205 |
| 宜都市 | 11731 | 11716 | 4040 | | 120 | 861 | 1871 | 1273 | 458 |
| 枝江市 | 59941 | 59115 | 525 | | 2773 | 6603 | 9558 | 5212 | 6379 |
| 当阳市 | 45583 | 45004 | 314 | | 909 | 9021 | 10203 | 3915 | 5313 |
| 远安县 | 2218 | 2218 | 10 | | 35 | 420 | 834 | 255 | 131 |
| 兴山县 | 27 | 27 | 5 | | 11 | 3 | 5 | 1 | 1 |
| 秭归县 | 286 | 286 | 142 | | | 35 | 40 | 20 | |
| 长阳县 | 16957 | 16793 | 1558 | | 1315 | 1079 | 400 | 2017 | 197 |
| 五峰县 | 36 | 36 | 1 | | | 15 | | | |
| **襄阳市** | **166059** | **158839** | **304** | | **5153** | **23821** | **40063** | **31589** | **19197** |
| 襄阳市辖区 | 11046 | 10665 | | | 131 | 1785 | 2510 | 2493 | 1170 |
| 老河口市 | 35562 | 34229 | 5 | | 2806 | 4622 | 6833 | 5741 | 4338 |
| 襄州区 | 37434 | 37180 | 225 | | 238 | 5702 | 9109 | 9673 | 3407 |
| 枣阳市 | 40519 | 40370 | | | 1860 | 4898 | 13310 | 6495 | 5054 |
| 宜城市 | 26723 | 22746 | | | 3 | 4136 | 4577 | 4452 | 3661 |
| 南漳县 | 7283 | 6712 | 44 | | 17 | 743 | 2193 | 1063 | 658 |
| 谷城县 | 6990 | 6435 | 30 | | 98 | 1785 | 1531 | 1672 | 659 |
| 保康县 | 502 | 502 | | | | 150 | | | 250 |

续表1

单位:吨

| 指标名称 | 养殖产量合计 | 其中:鱼类 | | | | | | | |
|---|---|---|---|---|---|---|---|---|---|
| | | 小计 | 鲟鱼 | 鳗鲡 | 青鱼 | 草鱼 | 鲢鱼 | 鳙鱼 | 鲤鱼 |
| **鄂州市** | **341913** | **315423** | | | **9610** | **83632** | **67966** | **36226** | **8477** |
| **荆门市** | **399335** | **349463** | **90** | | **12470** | **98939** | **45689** | **50836** | **27783** |
| 荆门市辖区 | 41293 | 39009 | 90 | | 1898 | 7669 | 5683 | 6613 | 2367 |
| 沙洋县 | 159921 | 142895 | | | 3997 | 50187 | 19198 | 14389 | 9789 |
| 钟祥市 | 128355 | 111525 | | | 3782 | 28765 | 10656 | 19759 | 11775 |
| 京山县 | 64992 | 51260 | | | 2722 | 10882 | 8709 | 8643 | 3793 |
| 沙洋农场 | 4774 | 4774 | | | 71 | 1436 | 1443 | 1432 | 59 |
| **孝感市** | **324673** | **303035** | | | **10922** | **97186** | **71578** | **20142** | **32792** |
| 孝感市辖区 | 51758 | 47093 | | | 2132 | 13876 | 6187 | 4133 | 6265 |
| 孝昌县 | 13316 | 12965 | | | 422 | 1977 | 4738 | 2030 | 720 |
| 大悟县 | 21842 | 19997 | | | 112 | 5072 | 2674 | 4049 | 4207 |
| 安陆县 | 22310 | 20742 | | | 156 | 3712 | 4068 | 3968 | 1653 |
| 云梦县 | 41275 | 39001 | | | 267 | 12422 | 8368 | 2123 | 675 |
| 应城县 | 52618 | 45208 | | | 1725 | 15933 | 6993 | 3839 | 3833 |
| 汉川市 | 121554 | 118029 | | | 6108 | 44194 | 38550 | | 15439 |
| **黄冈市** | **390253** | **344088** | **275** | | **14768** | **77445** | **78195** | **58748** | **21519** |
| 黄州区 | 43277 | 41902 | | | 3700 | 9750 | 10258 | 7145 | 2600 |
| 团风县 | 23175 | 22155 | | | 1336 | 6218 | 5814 | 4909 | 1433 |
| 红安县 | 6288 | 5720 | | | 129 | 1481 | 1867 | 926 | 382 |
| 麻城市 | 21647 | 20906 | 230 | | 225 | 5594 | 6292 | 4279 | 1706 |
| 罗田县 | 6920 | 6674 | | | 350 | 1060 | 1645 | 1184 | 650 |
| 英山县 | 7200 | 6571 | | | 67 | 839 | 2221 | 2006 | 653 |
| 浠水县 | 83335 | 75158 | 20 | | 1627 | 14938 | 14769 | 11885 | 4563 |
| 蕲春县 | 66563 | 59680 | | | 1953 | 14134 | 15010 | 11220 | 3271 |
| 武穴市 | 46554 | 36029 | 25 | | 1763 | 8414 | 8660 | 6162 | 2445 |
| 黄梅县 | 72737 | 57227 | | | 3237 | 9871 | 9896 | 8007 | 3806 |
| 龙感湖区 | 12557 | 12066 | | | 381 | 5146 | 1763 | 1025 | 10 |
| **咸宁市** | **190212** | **173219** | | | **7350** | **41747** | **46116** | **19348** | **9697** |
| 咸安区 | 25843 | 23942 | | | 1321 | 4609 | 5312 | 5460 | 1867 |
| 嘉鱼县 | 68857 | 61612 | | | 3219 | 14561 | 22075 | | 3814 |
| 赤壁市 | 68804 | 62161 | | | 2588 | 18728 | 12498 | 6403 | 3107 |
| 通城县 | 7588 | 7560 | | | 75 | 1869 | 1966 | 1567 | 633 |
| 崇阳县 | 9419 | 8756 | | | 77 | 1560 | 2547 | 1413 | 126 |
| 通山县 | 9701 | 9188 | | | 70 | 420 | 1718 | 4505 | 150 |
| **随州市** | **69241** | **64491** | | | **6074** | **8662** | **16494** | **11258** | **3345** |
| 广水市 | 22536 | 19536 | | | 2666 | 2562 | 3701 | 3873 | 1195 |
| 随县 | 35050 | 33413 | | | 2768 | 3830 | 8993 | 4811 | 1600 |
| 曾都区 | 11655 | 11542 | | | 640 | 2270 | 3800 | 2574 | 550 |
| **恩施州** | **4936** | **4883** | **64** | | **35** | **1384** | **753** | **386** | **1068** |
| 恩施市 | 390 | 370 | 5 | | 10 | 150 | 40 | 14 | 70 |
| 利川市 | 1747 | 1747 | | | 20 | 520 | 350 | 187 | 480 |
| 建始县 | 253 | 253 | | | | 60 | 40 | 15 | 125 |
| 巴东县 | 945 | 945 | 55 | | | 52 | 30 | 20 | 44 |
| 宣恩县 | 234 | 205 | 4 | | | 40 | 28 | 15 | 62 |
| 咸丰县 | 285 | 285 | | | 5 | 95 | 30 | 30 | 80 |
| 来凤县 | 1006 | 1002 | | | | 442 | 215 | 98 | 193 |
| 鹤峰县 | 76 | 76 | | | | 25 | 20 | 7 | 14 |
| **仙桃市** | **277849** | **269389** | **3** | | **12543** | **102845** | **35612** | **16002** | **9085** |
| **天门市** | **113093** | **101410** | | | **5277** | **33538** | **9700** | **9315** | **8156** |
| **潜江市** | **93925** | **68069** | | | **1765** | **25518** | **13194** | **4060** | **2686** |
| **神农架林区** | **91** | **91** | | | | **1** | **31** | **46** | **7** |

## 水产品养殖产量(二)

单位:吨

| 指标名称 | 其中:鱼类(续1) | | | | | | | | | |
|---|---|---|---|---|---|---|---|---|---|---|
| | 鲫鱼 | 鳊鲂 | 泥鳅 | 鲶鱼 | 鮰鱼 | 黄颡鱼 | 河鲀 | 池沼公鱼 | 银鱼 | 短盖巨脂鲤 |
| **全省合计** | **366363** | **145256** | **23586** | **31661** | **41835** | **60954** | **12** | | **2034** | **46** |
| **武汉市** | **37616** | **26718** | **2155** | **1542** | **1764** | **6757** | | | | **5** |
| 武汉市辖区 | 12281 | 8040 | 66 | 209 | 291 | 1268 | | | | 5 |
| 蔡甸区 | 3165 | 1632 | 152 | 176 | | 563 | | | | |
| 江夏区 | 8023 | 7507 | 19 | 400 | 152 | 2096 | | | | |
| 黄陂区 | 8750 | 5940 | 1640 | 396 | 1256 | 1300 | | | | |
| 新洲区 | 5397 | 3599 | 278 | 361 | 65 | 1530 | | | | |
| **黄石市** | **12707** | **11824** | **7092** | **2017** | **908** | **5016** | **2** | | **296** | **29** |
| 黄石市辖区 | 620 | 174 | 1 | | | 15 | | | | |
| 大冶市 | 4325 | 3965 | 435 | 135 | 502 | 483 | | | | 29 |
| 阳新县 | 7762 | 7685 | 6656 | 1882 | 406 | 4518 | 2 | | 296 | |
| **十堰市** | **1288** | **1354** | **7** | **1174** | **270** | **88** | | | **220** | |
| 十堰市辖区 | 211 | 11 | 1 | 38 | | | | | | |
| 丹江口市 | 1010 | 1105 | | 1090 | 270 | 80 | | | 200 | |
| 郧县 | 17 | 230 | | 25 | | | | | 20 | |
| 郧西县 | 7 | 1 | 3 | 4 | | 6 | | | | |
| 竹山县 | 10 | | | | | | | | | |
| 竹溪县 | 7 | | | | | | | | | |
| 房县 | 26 | 7 | 3 | 17 | | 2 | | | | |
| **荆州市** | **107567** | **26192** | **7865** | **8522** | **966** | **21879** | **10** | | | |
| 荆州市辖区 | 19545 | 3678 | 247 | 2648 | 349 | 4084 | | | | |
| 江陵县 | 1559 | 551 | 316 | 68 | | 187 | | | | |
| 松滋市 | 2012 | 926 | 104 | 86 | 30 | 194 | | | | |
| 公安县 | 8387 | 6006 | 1989 | 1777 | 361 | 6553 | 10 | | | |
| 石首市 | 22178 | 4150 | 620 | 1100 | 110 | 4520 | | | | |
| 监利县 | 22032 | 5823 | 3790 | 2541 | 42 | 3671 | | | | |
| 洪湖市 | 31854 | 5058 | 799 | 302 | 74 | 2670 | | | | |
| **宜昌市** | **24433** | **13044** | **277** | **2765** | **12981** | **2629** | | | **2** | **2** |
| 宜昌市辖区 | 118 | 130 | 1 | 80 | 3 | 5 | | | | |
| 夷陵区 | 1335 | 556 | | | | | | | | |
| 宜都市 | 407 | 330 | 23 | 20 | 2176 | 9 | | | | |
| 枝江市 | 16081 | 6498 | 176 | 1193 | 1363 | 1282 | | | | |
| 当阳市 | 6116 | 5312 | 76 | 1349 | 14 | 1028 | | | 2 | |
| 远安县 | 263 | 115 | | 42 | 15 | 50 | | | | 2 |
| 兴山县 | 1 | | | | | | | | | |
| 秭归县 | 45 | | | 4 | | | | | | |
| 长阳县 | 47 | 103 | 1 | 77 | 9410 | 255 | | | | |
| 五峰县 | 20 | | | | | | | | | |
| **襄阳市** | **19525** | **8319** | **642** | **1095** | **1059** | **2159** | | | **966** | |
| 襄阳市辖区 | 1469 | 545 | 65 | 220 | 50 | 77 | | | | |
| 老河口市 | 5112 | 1660 | | | | 1036 | | | 810 | |
| 襄州区 | 2750 | 3921 | 260 | 285 | 105 | 750 | | | 50 | |
| 枣阳市 | 6058 | 365 | 102 | 338 | 885 | 167 | | | 18 | |
| 宜城市 | 3251 | 1180 | 10 | 130 | | 25 | | | 2 | |
| 南漳县 | 505 | 472 | 187 | 86 | 14 | 86 | | | 86 | |
| 谷城县 | 278 | 176 | 18 | 36 | 5 | 18 | | | | |
| 保康县 | 102 | | | | | | | | | |

续表1

单位:吨

| 指标名称 | 其中:鱼　类(续1) | | | | | | | | | |
|---|---|---|---|---|---|---|---|---|---|---|
| | 鲫鱼 | 鳊鲂 | 泥鳅 | 鲶鱼 | 鮰鱼 | 黄颡鱼 | 河鲀 | 池沼公鱼 | 银鱼 | 短盖巨脂鲤 |
| **鄂州市** | **22380** | **62401** | **1311** | **357** | | **5412** | | | | |
| **荆门市** | **45545** | **23484** | **2897** | **8187** | **9984** | **4141** | | | **315** | |
| 荆门市辖区 | 6337 | 2849 | 314 | 735 | 2278 | 406 | | | 150 | |
| 沙洋县 | 17276 | 10377 | 610 | 1647 | 2507 | 1933 | | | | |
| 钟祥市 | 15766 | 7267 | 986 | 2618 | 4689 | 1423 | | | | |
| 京山县 | 5854 | 2970 | 987 | 3187 | 510 | 379 | | | 165 | |
| 沙洋农场 | 312 | 21 | | | | | | | | |
| **孝感市** | **39440** | **13798** | **1160** | **736** | **103** | **3004** | | | | |
| 孝感市辖区 | 7851 | 3757 | 222 | 193 | | 646 | | | | |
| 孝昌县 | 1340 | 938 | 262 | | | 215 | | | | |
| 大悟县 | 2365 | 760 | 200 | 85 | | 190 | | | | |
| 安陆县 | 4461 | 1798 | 56 | 33 | 15 | 162 | | | | |
| 云梦县 | 10628 | 210 | 43 | 134 | 30 | 871 | | | | |
| 应城县 | 6666 | 2952 | 92 | 242 | 58 | 613 | | | | |
| 汉川市 | 6129 | 3383 | 285 | 49 | | 307 | | | | |
| **黄冈市** | **35201** | **24132** | **1561** | **2072** | **1154** | **5615** | | | **11** | **10** |
| 黄州区 | 3653 | 3056 | 20 | 132 | 5 | 1000 | | | | |
| 团风县 | 1496 | 758 | 20 | 40 | 10 | 35 | | | | |
| 红安县 | 317 | 282 | 31 | 41 | 3 | 82 | | | | |
| 麻城市 | 868 | 440 | 37 | 251 | 235 | 214 | | | | |
| 罗田县 | 680 | 620 | 30 | 60 | 20 | 25 | | | | |
| 英山县 | 268 | 110 | 20 | 21 | 4 | 10 | | | | 10 |
| 浠水县 | 8768 | 7787 | 125 | 733 | 425 | 895 | | | | |
| 蕲春县 | 6745 | 3093 | 83 | 182 | | 1865 | | | | |
| 武穴市 | 3944 | 2548 | 41 | 115 | 2 | 123 | | | | |
| 黄梅县 | 5825 | 5210 | 1154 | 497 | 450 | 879 | | | 11 | |
| 龙感湖区 | 2637 | 228 | | | | 487 | | | | |
| **咸宁市** | **19647** | **10488** | **925** | **1061** | **3746** | **1937** | | | **194** | |
| 咸安区 | 2134 | 1213 | 136 | 60 | 48 | 249 | | | 14 | |
| 嘉鱼县 | 9686 | 3047 | 219 | 196 | 2499 | 835 | | | | |
| 赤壁市 | 6287 | 4719 | 428 | 665 | 373 | 637 | | | 68 | |
| 通城县 | 289 | 708 | 5 | 7 | 190 | | | | 22 | |
| 崇阳县 | 891 | 401 | 57 | 83 | 121 | 136 | | | 45 | |
| 通山县 | 360 | 400 | 80 | 50 | 515 | 80 | | | 45 | |
| **随州市** | **11272** | **2447** | **634** | **617** | **1584** | **639** | | | **30** | |
| 广水市 | 1772 | 847 | 364 | | 1579 | 189 | | | 30 | |
| 随县 | 8000 | 1500 | 260 | 612 | 5 | 400 | | | | |
| 曾都区 | 1500 | 100 | 10 | 5 | | 50 | | | | |
| **恩施州** | **370** | **11** | **7** | **56** | **711** | **14** | | | | |
| 恩施市 | 43 | 8 | | 10 | 20 | | | | | |
| 利川市 | 190 | | | | | | | | | |
| 建始县 | 13 | | | | | | | | | |
| 巴东县 | 5 | | | 40 | 674 | 10 | | | | |
| 宣恩县 | 15 | 3 | 2 | 6 | 17 | 4 | | | | |
| 咸丰县 | 40 | | 5 | | | | | | | |
| 来凤县 | 54 | | | | | | | | | |
| 鹤峰县 | 10 | | | | | | | | | |
| **仙桃市** | **34652** | **13265** | **865** | **163** | **2658** | **3479** | | | | |
| **天门市** | **7948** | **7842** | **518** | **488** | **3043** | **1480** | | | | |
| **潜江市** | **3191** | **2372** | **732** | **727** | **600** | **535** | | | | |
| **神农架林区** | **4** | **2** | | | | | | | | |

# 水产品养殖产量(三)

单位:吨

| 指标名称 | 其中:鱼类(续2) | | | | | | | |
|---|---|---|---|---|---|---|---|---|
| | 长吻鮠 | 黄鳝 | 鳜鱼 | 鲈鱼 | 乌鳢 | 罗非鱼 | 白鱼鲴鱼 | 其它 |
| **全省合计** | **914** | **123835** | **27793** | **2418** | **29023** | **3984** | **39581** | **7773** |
| **武汉市** | **35** | **6449** | **5463** | **123** | **3023** | **190** | **3568** | **3423** |
| 武汉市辖区 | | 2954 | 1005 | 42 | 483 | 40 | 1162 | 229 |
| 蔡甸区 | | 744 | 878 | | 646 | | 70 | 3194 |
| 江夏区 | 35 | 350 | 2176 | | 1162 | | 1326 | |
| 黄陂区 | | 105 | 1190 | 81 | 650 | 150 | 980 | |
| 新洲区 | | 2296 | 214 | | 82 | | 30 | |
| **黄石市** | | **2651** | **1468** | **75** | **4188** | **146** | **1777** | **1018** |
| 黄石市辖区 | | 2349 | 1310 | 20 | 3345 | 126 | 5 | 218 |
| 大冶市 | | 566 | 455 | 23 | 612 | 119 | 819 | 250 |
| 阳新县 | | 2085 | 1003 | 52 | 3576 | | 953 | 768 |
| **十堰市** | **4** | **2** | **504** | **1085** | **449** | **147** | **16817** | **2331** |
| 十堰市辖区 | | | | | | | | 2 |
| 丹江口市 | | | 431 | 1065 | 410 | | 16539 | 2250 |
| 郧县 | | | 70 | 20 | 32 | 65 | 240 | 1 |
| 郧西县 | 4 | | 3 | | | 2 | 8 | 1 |
| 竹山县 | | | | | | | | |
| 竹溪县 | | | | | | | | |
| 房县 | | 2 | | | 7 | 80 | | 60 |
| **荆州市** | **120** | **56586** | **18284** | **25** | **11131** | **220** | **2775** | **683** |
| 荆州市辖区 | | 3469 | 373 | | 676 | | 172 | |
| 江陵县 | | 2376 | | | 24 | | | |
| 松滋市 | | 685 | 255 | | 48 | 20 | | 2 |
| 公安县 | | 11000 | 3514 | | 2417 | 200 | 1072 | 157 |
| 石首市 | 120 | 2350 | 6850 | 20 | 1724 | | 862 | 180 |
| 监利县 | | 26324 | 4059 | 5 | 4240 | | 399 | |
| 洪湖市 | | 10382 | 3233 | | 2002 | | 270 | 344 |
| **宜昌市** | **240** | **496** | **230** | **55** | **1048** | **100** | **1198** | **381** |
| 宜昌市辖区 | | 1 | | 5 | | | 50 | |
| 夷陵区 | 90 | | | | | 96 | | 94 |
| 宜都市 | | | 1 | | | | | 127 |
| 枝江市 | | 390 | 148 | | 354 | | 580 | |
| 当阳市 | | 102 | 43 | | 694 | | 517 | 76 |
| 远安县 | | 3 | 8 | | | 4 | 12 | 19 |
| 兴山县 | | | | | | | | |
| 秭归县 | | | | | | | | |
| 长阳县 | 150 | | 30 | 50 | | | 39 | 65 |
| 五峰县 | | | | | | | | |
| **襄阳市** | | **1189** | **488** | **444** | **532** | **170** | **1718** | **406** |
| 襄阳市辖区 | | | | | | 150 | | |
| 老河口市 | | 386 | 470 | 410 | | | | |
| 襄州区 | | 310 | | | 40 | | 325 | 30 |
| 枣阳市 | | 212 | 3 | 18 | 292 | | 178 | 117 |
| 宜城市 | | 70 | 3 | | 4 | 2 | 1200 | 40 |
| 南漳县 | | 186 | | | 172 | | | 200 |
| 谷城县 | | 25 | 12 | 16 | 24 | 18 | 15 | 19 |
| 保康县 | | | | | | | | |

续表1 单位:吨

| 指标名称 | 其中:鱼类(续2) | | | | | | | |
|---|---|---|---|---|---|---|---|---|
| | 长吻鮠 | 黄鳝 | 鳜鱼 | 鲈鱼 | 乌鳢 | 罗非鱼 | 白鱼<br>鲴鱼 | 其它 |
| **鄂州市** | | **3672** | **1544** | **162** | **4319** | **127** | **7827** | |
| **荆门市** | **250** | **12105** | **1391** | **40** | **3197** | **392** | **1608** | **120** |
| 荆门市辖区 | 183 | 484 | 206 | 40 | 420 | 30 | 257 | |
| 沙洋县 | 26 | 7660 | 807 | | 1416 | 120 | 956 | |
| 钟祥市 | 22 | 2247 | 186 | | 1080 | 92 | 292 | 120 |
| 京山县 | 19 | 1714 | 192 | | 281 | 150 | 103 | |
| 沙洋农场 | | | | | | | | |
| **孝感市** | | **4490** | **2047** | **301** | **3325** | **342** | **1390** | **279** |
| 孝感市辖区 | | 501 | 363 | 15 | 741 | 161 | 50 | |
| 孝昌县 | | 248 | | | 75 | | | |
| 大悟县 | | 120 | | | 77 | | 86 | |
| 安陆县 | | 163 | 58 | | 129 | 122 | 188 | |
| 云梦县 | | 815 | 403 | | 1555 | 30 | 359 | 68 |
| 应城县 | | 430 | 675 | 16 | 407 | 29 | 658 | 47 |
| 汉川市 | | 2213 | 548 | 270 | 341 | | 49 | 164 |
| **黄冈市** | | **8239** | **4254** | **63** | **4369** | **772** | **3011** | **2674** |
| 黄州区 | | 380 | 130 | | 60 | | 13 | |
| 团风县 | | 25 | 17 | 17 | 15 | 12 | | |
| 红安县 | | 56 | 21 | 5 | 19 | | 73 | 5 |
| 麻城市 | | 55 | 46 | | 153 | | 281 | |
| 罗田县 | | 80 | 60 | | 50 | | 110 | 50 |
| 英山县 | | 4 | 48 | | 10 | 260 | 20 | |
| 浠水县 | | 2183 | 1789 | 10 | 1830 | 500 | 991 | 1320 |
| 蕲春县 | | 602 | 1250 | | 214 | | | 58 |
| 武穴市 | | 932 | 313 | | 244 | | 249 | 49 |
| 黄梅县 | | 3542 | 571 | 31 | 1774 | | 1274 | 1192 |
| 龙感湖区 | | 380 | 9 | | | | | |
| **咸宁市** | **100** | **3679** | **1554** | **40** | **2077** | **798** | **1887** | **828** |
| 咸安区 | | 214 | 43 | | 477 | 10 | 752 | 23 |
| 嘉鱼县 | 100 | 234 | 126 | | 555 | | 181 | 265 |
| 赤壁市 | | 2896 | 676 | | 881 | 533 | 674 | |
| 通城县 | | 139 | 36 | | 6 | 48 | | |
| 崇阳县 | | 96 | 213 | | 103 | 167 | 180 | 540 |
| 通山县 | | 100 | 460 | 40 | 55 | 40 | 100 | |
| **随州市** | | **552** | **85** | **5** | **372** | | **421** | |
| 广水市 | | 292 | | | 335 | | 131 | |
| 随县 | | 250 | 80 | 2 | 22 | | 280 | |
| 曾都区 | | 10 | 5 | 3 | 15 | | 10 | |
| 恩施州 | 5 | 3 | 16 | | | | | |
| 恩施市 | | | | | | | | |
| 利川市 | | | | | | | | |
| 建始县 | | | | | | | | |
| 巴东县 | 5 | | 10 | | | | | |
| 宣恩县 | | 3 | 6 | | | | | |
| 咸丰县 | | | | | | | | |
| 来凤县 | | | | | | | | |
| 鹤峰县 | | | | | | | | |
| **仙桃市** | | **32109** | **709** | | **658** | | **4432** | **309** |
| **天门市** | **160** | **11033** | **959** | | **1112** | **580** | **261** | |
| **潜江市** | | **12555** | **28** | | **106** | | | |
| **神农架林区** | | | **0** | | | | | |

# 水产品养殖产量(四)

单位:吨

| 指标名称 | 甲壳类 | | | | | | | 贝类 | 其它类 | | | | |
|---|---|---|---|---|---|---|---|---|---|---|---|---|---|
| | 小计 | 虾 | | | | | 河蟹 | | 小计 | 龟 | 鳖 | 蛙 | 珍珠(公斤) |
| | | 小计 | 罗氏沼虾 | 青虾 | 克氏原螯虾 | 南美白对虾 | | | | | | | |
| **全省合计** | **342196** | **258695** | **1688** | **22765** | **231119** | **3123** | **83501** | **23721** | **30046** | **2083** | **26547** | **1153** | **262742** |
| **武汉市** | **20956** | **14809** | **40** | **1614** | **12519** | **636** | **6147** | **52** | **1238** | **87** | **1151** | | |
| 武汉市辖区 | 3429 | 2281 | 40 | 487 | 1478 | 276 | 1148 | | 456 | 52 | 404 | | |
| 蔡甸区 | 2416 | 2255 | | | 2255 | | 161 | | 4 | | 4 | | |
| 江夏区 | 5644 | 2606 | | 776 | 1830 | | 3038 | | 126 | 35 | 91 | | |
| 黄陂区 | 6605 | 5185 | | 325 | 4500 | 360 | 1420 | | 606 | | 606 | | |
| 新洲区 | 2416 | 2255 | | | 2255 | | 161 | | 4 | | 4 | | |
| **黄石市** | **14441** | **12400** | | **2276** | **9618** | **506** | **2041** | **1883** | **324** | **103** | **106** | **66** | **49444** |
| 黄石市辖区 | 57 | | | | | | 57 | | | | | | |
| 大冶市 | 4783 | 4024 | | 621 | 3403 | | 759 | 1321 | 76 | 4 | 69 | | 3444 |
| 阳新县 | 9601 | 8376 | | 1655 | 6215 | 506 | 1225 | 562 | 248 | 99 | 37 | 66 | 46000 |
| **十堰市** | **611** | **611** | | **10** | **601** | | | | | | | | |
| 十堰市辖区 | 5 | 5 | | | 5 | | | | | | | | |
| 丹江口市 | 456 | 456 | | | 456 | | | | | | | | |
| 郧县 | | | | | | | | | | | | | |
| 郧西县 | 2 | 2 | | | 2 | | | | | | | | |
| 竹山县 | 10 | 10 | | 10 | | | | | | | | | |
| 竹溪县 | 5 | 5 | | | 5 | | | | | | | | |
| 房县 | 133 | 133 | | | 133 | | | | | | | | |
| **荆州市** | **174343** | **104451** | | **4791** | **98837** | **823** | **69892** | **1376** | **18778** | **1257** | **17308** | **178** | **35000** |
| 荆州市辖区 | 12883 | 12041 | | 6 | 11263 | 772 | 842 | | 6503 | 566 | 5937 | | |
| 江陵县 | 1391 | 1374 | | 40 | 1303 | 31 | 17 | | 280 | 80 | 200 | | |
| 松滋市 | 2082 | 2055 | | 5 | 2050 | | 27 | 20 | 378 | 6 | 370 | 2 | |
| 公安县 | 7525 | 4609 | | 268 | 4341 | | 2916 | 1079 | 5190 | 253 | 4781 | 145 | 11000 |
| 石首市 | 11575 | 10432 | | 960 | 9472 | | 1143 | 70 | 321 | 5 | 271 | 21 | 24000 |
| 监利县 | 65713 | 34135 | | 2838 | 31297 | | 31578 | 171 | 2130 | 199 | 1921 | 10 | |
| 洪湖市 | 73174 | 39805 | | 674 | 39111 | 20 | 33369 | 36 | 3976 | 148 | 3828 | | |
| **宜昌市** | **1504** | **1482** | **178** | **32** | **1272** | | **22** | **3** | **167** | **35** | **125** | **7** | |
| 宜昌市辖区 | | | | | | | | | | | | | |
| 夷陵区 | 81 | 59 | 18 | | 41 | | 22 | 3 | 6 | | | 6 | |
| 宜都市 | 5 | 5 | | | 5 | | | | 10 | | 10 | | |
| 枝江市 | 791 | 791 | | 30 | 761 | | | | 35 | | 35 | | |
| 当阳市 | 465 | 465 | | | 465 | | | | 114 | 34 | 80 | | |
| 远安县 | | | | | | | | | | | | | |
| 兴山县 | | | | | | | | | | | | | |
| 秭归县 | | | | | | | | | | | | | |
| 长阳县 | 162 | 162 | 160 | 2 | | | | | 2 | 1 | | 1 | |
| 五峰县 | | | | | | | | | | | | | |
| **襄阳市** | **7019** | **6557** | | **78** | **6472** | **7** | **462** | **66** | **135** | **16** | **62** | | |
| 襄阳市辖区 | 371 | 371 | | | 371 | | | | 10 | | 10 | | |
| 老河口市 | 1275 | 865 | | 20 | 838 | 7 | 410 | 33 | 25 | 10 | 15 | | |
| 襄州区 | 211 | 199 | | 34 | 165 | | 12 | 33 | 10 | 2 | 8 | | |
| 枣阳市 | 147 | 134 | | 21 | 113 | | 13 | | 2 | | 2 | | |
| 宜城市 | 3963 | 3963 | | 3 | 3960 | | | | 14 | 3 | 11 | | |
| 南漳县 | 500 | 500 | | | 500 | | | | 71 | | 14 | | |
| 谷城县 | 552 | 525 | | | 525 | | 27 | | 3 | 1 | 2 | | |
| 保康县 | | | | | | | | | | | | | |

续表1　　单位:吨

| 指标名称 | 甲壳类 | | | | | | | 贝类 | 其它类 | | | | |
|---|---|---|---|---|---|---|---|---|---|---|---|---|---|
| | 小计 | 虾 | | | | | 河蟹 | | 小计 | 龟 | 鳖 | 蛙 | 珍珠（公斤） |
| | | 小计 | 罗氏沼虾 | 青虾 | 克氏原螯虾 | 南美白对虾 | | | | | | | |
| **鄂州市** | **12688** | **7525** | | **1182** | **6242** | **101** | **5163** | **12506** | **1296** | **7** | **1016** | **115** | **157698** |
| **荆门市** | **40691** | **3807** | **1259** | **83** | **36729** | | **2620** | **268** | **8913** | **869** | **7549** | **495** | |
| 荆门市辖区 | 1781 | 1584 | | | 1584 | | 197 | | 503 | 62 | 441 | | |
| 沙洋县 | 15414 | 14236 | | 60 | 14176 | | 1178 | | 1612 | 131 | 1053 | 428 | |
| 钟祥市 | 15850 | 15012 | 1259 | 23 | 13730 | | 838 | 268 | 712 | 170 | 542 | | |
| 京山县 | 7646 | 7239 | | | 7239 | | 407 | | 6086 | 506 | 5513 | 67 | |
| 沙洋农场 | | | | | | | | | | | | | |
| **孝感市** | **15959** | **12769** | | **285** | **12484** | | **3190** | **63** | **5616** | **96** | **5520** | | |
| 孝感市辖区 | 4463 | 4347 | | 129 | 4218 | | 116 | | 202 | 56 | 146 | | |
| 孝昌县 | 351 | 351 | | | 351 | | | | | | | | |
| 大悟县 | 1750 | 1750 | | | 1750 | | | | 95 | 35 | 60 | | |
| 安陆县 | 1568 | 1513 | | 3 | 1510 | | 55 | | | | | | |
| 云梦县 | 2187 | 2172 | | | 2172 | | 15 | | 87 | 5 | 82 | | |
| 应城县 | 2548 | 1109 | | 19 | 1090 | | 1439 | | 4862 | | 4862 | | |
| 汉川市 | 3092 | 1527 | | 134 | 1393 | | 1565 | 63 | 370 | | 370 | | |
| **黄冈市** | **35701** | **34643** | **39** | **2738.8** | **31375** | **490** | **1059** | **9450** | **1014** | **108** | **692** | **195** | **18600** |
| 黄州区 | 1230 | 1220 | | 10 | 720 | 490 | 10 | 120 | 25 | | 20 | | 5000 |
| 团风县 | 823 | 721 | 13 | | 708 | | 102 | 152 | 45 | 20 | 25 | | |
| 红安县 | 551 | 545 | | 12 | 533 | | 6 | | 17 | 7 | 10 | | |
| 麻城市 | 700 | 687 | | | 687 | | 13 | 2 | 39 | 3 | 10 | 26 | |
| 罗田县 | 240 | 240 | | | 240 | | | | 6 | 1 | 5 | | |
| 英山县 | 614 | 614 | | | 614 | | | | 15 | 6 | 9 | | |
| 浠水县 | 7477 | 7232 | 26 | 726 | 6480 | | 245 | 94 | 606 | 38 | 556 | 6 | 6000 |
| 蕲春县 | 6793 | 6760 | | 135 | 6625 | | 33 | 75 | 15 | 10 | | | 5400 |
| 武穴市 | 10430 | 10430 | | 12 | 10418 | | | 92 | 3 | | | 2 | 1200 |
| 黄梅县 | 6356 | 5706 | | 1839 | 3867 | | 650 | 8915 | 239 | 23 | 55 | 161 | |
| 龙感湖区 | 488 | 488 | | 5 | 483 | | | | 3 | | 2 | | 1000 |
| **咸宁市** | **16848** | **12027** | | **1629** | **10398** | | **4821** | | **145** | **11** | **40** | **92** | **2000** |
| 咸安区 | 1873 | 1336 | | 361 | 975 | | 537 | | 28 | 9 | 19 | | |
| 嘉鱼县 | 7241 | 3650 | | 1002 | 2648 | | 3591 | | 4 | 2 | | 2 | |
| 赤壁市 | 6621 | 6035 | | 185 | 5850 | | 586 | | 22 | | 18 | 2 | 2000 |
| 通城县 | 23 | 23 | | | 23 | | | | 5 | | 2 | 3 | |
| 崇阳县 | 577 | 505 | | 81 | 424 | | 72 | | 86 | | 1 | 85 | |
| 通山县 | 513 | 478 | | | 478 | | 35 | | | | | | |
| **随州市** | **4534** | **4378** | **172** | **531** | **3675** | | **156** | **92** | **124** | **24** | **98** | **2** | |
| 广水市 | 2891 | 2788 | | 421 | 2367 | | 103 | | 109 | 23 | 86 | | |
| 随县 | 1532 | 1482 | 172 | 110 | 1200 | | 50 | 92 | 13 | 1 | 10 | 2 | |
| 曾都区 | 111 | 108 | | | 108 | | 3 | | 2 | | 2 | | |
| **恩施州** | **22** | **22** | | | **22** | | | | **31** | **29** | **2** | | |
| 恩施市 | 20 | 20 | | | 20 | | | | | | | | |
| 利川市 | | | | | | | | | | | | | |
| 建始县 | | | | | | | | | | | | | |
| 巴东县 | | | | | | | | | | | | | |
| 宣恩县 | | | | | | | | | 29 | 29 | | | |
| 咸丰县 | | | | | | | | | | | | | |
| 来凤县 | 2 | 2 | | | 2 | | | | 2 | | 2 | | |
| 鹤峰县 | | | | | | | | | | | | | |
| **仙桃市** | **8135** | **4183** | | **8** | **4125** | **50** | **3952** | **14** | **311** | | **308** | **3** | |
| **天门市** | **9638** | **7502** | | | **7005** | **497** | **2136** | **514** | **1531** | **158** | **1373** | | |
| **潜江市** | **21619** | **19043** | | **9** | **19021** | **13** | **2576** | **2434** | **1803** | **95** | **1708** | | |
| **神农架林区** | | | | | | | | | | | | | |

## 主要名特优水产品养殖面积

面积:公顷;温室面积:平方米

| 指标名称 | 龟 | | 鳖 | | 河蟹 | 鳜鱼 | 青虾 | 克氏螯虾 | 银鱼 | 黄颡鱼 | 鳝鱼 | 鮰鱼 | 鲟鱼 |
|---|---|---|---|---|---|---|---|---|---|---|---|---|---|
| | 小计 | #温室 | 小计 | #温室 | | | | | | | | | |
| **全省合计** | **16579** | **142007** | **112622** | **1122458** | **186813** | **94432** | **24304** | **280861** | **9066** | **93798** | **43088** | **9753** | **360** |
| **武汉市** | **10** | **2500** | **443** | **26310** | **46113** | **10946.5** | **5329** | **7916** | **24** | **16794** | **571** | **855** | **18** |
| 武汉市辖区 | 6 | | 287 | 5810 | 2497 | 801 | 66 | 715 | 24 | 2036 | 430 | 14 | |
| 蔡甸区 | | | 77 | | 8272 | 1011 | 2413 | 2133 | | 2267 | 54 | | 18 |
| 江夏区 | 4 | 2500 | 26 | 20500 | 24800 | 5333 | 2000 | 2133 | | 3667 | 23 | 310 | |
| 黄陂区 | | | 50 | | 6000 | 2914 | 850 | 2935 | | 2743 | 13 | 520 | |
| 新洲区 | | | 3 | | 4544 | 888 | | | | 6081 | 50 | 11 | |
| **黄石市** | **6650** | **6650** | **7800** | **7800** | **142193** | **2333** | **2300** | **15016** | **20** | **1735** | **241** | **191** | |
| 黄石市辖区 | | | | | 2277 | | | | | 2 | | | |
| 大冶市 | | | | | 4000 | 1000 | 1000 | 1660 | 20 | 867 | 200 | 96 | |
| 阳新县 | | | | | 6666 | 1350 | 1324 | 13334 | | 9417 | 41 | 92 | |
| **十堰市** | | | | | | **116** | **10** | **635** | **2000** | **6** | **1** | **47** | **2** |
| 十堰市辖区 | | | | | | | | | | | | | |
| 丹江口市 | | | | | | 55 | | 335 | | 5 | | 47 | |
| 郧县 | | | | | | 61 | | | 2000 | | | | |
| 郧西县 | | | | | | | | 1 | | 1 | | | 2 |
| 竹山县 | | | | | | | 10 | | | | | | |
| 竹溪县 | | | | | | | | | | | | | |
| 房县 | | | | | | | | 299 | | | 1 | | |
| **荆州市** | **906** | **49860** | **11163** | **126692** | **66010** | **48278** | **383** | **106826** | **104** | **13863** | **16090** | **390** | **51** |
| 荆州市辖区 | 66 | 40430 | 342 | 20000 | 1840 | 576 | 106 | 5547 | | 1820 | 55 | 157 | 46 |
| 江陵县 | 20 | | 175 | | | | 14 | 1140 | | 26 | 604 | | |
| 松滋市 | 3 | | 333 | 5000 | 240 | 1333 | 1 | 3576 | 4 | 20 | 20 | 32 | 3 |
| 公安县 | 180 | 300 | 6400 | 3054 | 6031 | 1655 | 82 | 4918 | 100 | 5313 | 4274 | 146 | |
| 石首市 | 10 | | 310 | 30000 | 8000 | 3667 | 20 | 6650 | | 452 | 65 | 35 | 1 |
| 监利县 | 67 | 8850 | 551 | 44650 | 21899 | 12252 | 150 | 30328 | | 2719 | 3579 | 20 | 1 |
| 洪湖市 | 560 | 280 | 3052 | 23988 | 28000 | 28795 | 10 | 54667 | | 3513 | 7493 | | |
| **宜昌市** | **25** | | **831** | **1600** | **15** | **342** | **8** | **1166** | **25** | **2785** | **86** | **415** | **99** |
| 宜昌市辖区 | | | | | | | | | | 1 | 1 | 1 | |
| 夷陵区 | | | | | 15 | | | 4 | | | | | 2 |
| 宜都市 | | | 620 | 600 | | 1 | | 1 | | 1 | | 35 | 40 |
| 枝江市 | | | 25 | 1000 | | 32 | 6 | 838 | | 669 | 52 | 337 | 42 |
| 当阳市 | 25 | | 186 | | | 307 | | 323 | 25 | 2108 | 32 | 21 | 6 |
| 远安县 | | | | | | 1 | | | | 1 | 1 | 1 | 1 |
| 兴山县 | | | | | | | | | | | | | 1 |
| 秭归县 | | | | | | | | | | | | | 2 |
| 长阳县 | | | | | | 1 | 2 | | | 5 | | 20 | 5 |
| 五峰县 | | | | | | | | | | | | | |
| **襄阳市** | **8** | | **514** | | **735** | **254** | **248** | **3981** | **2638** | **1037** | **320** | **242** | **29** |
| 襄阳市辖区 | | | 10 | | | | | 71 | | 20 | | 50 | |
| 老河口市 | | | | | 207 | 231 | 43 | 986 | | 135 | 22 | 8 | |
| 襄州区 | 8 | | 460 | | 278 | | 185 | 678 | | 356 | 215 | | 20 |
| 枣阳市 | | | 1 | | 250 | 18 | 15 | 675 | 2025 | 256 | 37 | 183 | |
| 宜城市 | | | 43 | | | | 3 | 1148 | | 114 | 16 | | |
| 南漳县 | | | | | | | | 200 | 613 | 100 | 20 | | 5 |
| 谷城县 | | | | | | 5 | 2 | 223 | | 56 | 10 | 1 | 4 |
| 保康县 | | | | | | | | | | | | | |

面积:公顷;温室面积:平方米

| 指标名称 | 龟 | | 鳖 | | 河蟹 | 鳜鱼 | 青虾 | 克氏螯虾 | 银鱼 | 黄颡鱼 | 鳝鱼 | 鮰鱼 | 鲟鱼 |
|---|---|---|---|---|---|---|---|---|---|---|---|---|---|
| | 小计 | #温室 | 小计 | #温室 | | | | | | | | | |
| **鄂州市** | **4600** | **4200** | **89600** | **82600** | **13010** | **1948** | **2025** | **5258** | **14** | **6826** | **14** | | |
| **荆门市** | **2128** | **48387** | **5761** | **392076** | **7214** | **3553** | **712** | **36239** | **266** | **2940** | **1575** | **1992** | **5** |
| 荆门市辖区 | 10 | 4607 | 3 | 696 | 274 | 195 | | 3884 | 82 | 375 | 68 | 814 | 5 |
| 沙洋县 | 11 | 5000 | 196 | 90750 | 3860 | 2624 | 650 | 12468 | 22 | 1163 | 1010 | 460 | |
| 钟祥市 | 1467 | 12980 | 3686 | 35630 | 2661 | 315 | 62 | 11160 | 42 | 1150 | 260 | 680 | |
| 京山县 | 640 | 25800 | 1876 | 265000 | 419 | 419 | | 8727 | 120 | 252 | 237 | 38 | |
| 沙洋农场 | | | | | | | | | | | | | |
| **孝感市** | **45** | **1400** | **671** | **371370** | **11472** | **1070** | **115** | **14453** | **100** | **1407** | **11612** | **71** | |
| 孝感市辖区 | 5 | 1000 | 162 | 24000 | 107 | 2800 | | 3000 | | 2000 | 167 | | |
| 孝昌县 | | | | | | | | 738 | | 1013 | 10710 | | |
| 大悟县 | 9 | | 21 | | | | | 1066 | | 133 | 67 | | |
| 安陆县 | 10 | | 35 | | 96 | 61 | 107 | 2331 | 100 | 978 | 339 | 45 | |
| 云梦县 | 21 | 400 | 156 | 600 | 134 | 387 | | 1000 | | 2795 | 100 | 26 | |
| 应城县 | | | 91 | 346770 | 3467 | 2112 | 8 | 1658 | | 2819 | 109 | | |
| 汉川市 | | | 206 | | 7668 | 5340 | | 4660 | | 4340 | 120 | | |
| **黄冈市** | **144** | **470** | **158** | **1790** | **3476** | **8419** | **7004** | **30339** | **553** | **11503** | **2112** | **1050** | **208** |
| 黄州区 | | | 8 | | 373 | | | 1670 | | 3563 | 560 | 60 | |
| 团风县 | 5 | 50 | 10 | 50 | 210 | 340 | | 2567 | 18 | 265 | 300 | 320 | |
| 红安县 | 120 | 120 | 60 | 60 | | 300 | | 460 | | 800 | 120 | 4 | |
| 麻城市 | | | 50 | | 4 | 200 | | 400 | | 500 | 60 | 400 | |
| 罗田县 | 1 | 300 | 12 | 1200 | | 200 | | 200 | | 67 | 10 | 40 | 200 |
| 英山县 | 1 | | 2 | | | 8 | | 267 | | 6 | 2 | 3 | |
| 浠水县 | | | | | 667 | 411 | 1936 | 6667 | | 217 | 342 | 87 | 4 |
| 蕲春县 | 17 | | | | 355 | 760 | 68 | 3334 | | 1620 | 8 | | |
| 武穴市 | | | | | | 4000 | 1500 | 7700 | | 1600 | 380 | 3 | 4 |
| 黄梅县 | | | 16 | 480 | 1867 | 2200 | 3500 | 6674 | | 2330 | 250 | 133 | |
| 龙感湖区 | | | | | | | | 400 | 535 | 535 | 80 | | |
| **咸宁市** | **125** | **800** | **50** | **2400** | **15886** | **5330** | **5595** | **23113** | **3222** | **9435** | **1036** | **1137** | |
| 咸安区 | 5 | 800 | 7 | 1100 | 3333 | 400 | | 4000 | 30 | 486 | 107 | | |
| 嘉鱼县 | 120 | | | | 9403 | 1702 | 3695 | 8730 | | 3832 | 180 | 667 | |
| 赤壁市 | | | 25 | | 3000 | 2000 | 1380 | 9333 | 3000 | 4667 | 424 | 35 | |
| 通城县 | | | 8 | 1300 | | 8 | | 350 | 36 | | 200 | 200 | |
| 崇阳县 | | | 10 | | 20 | 1120 | 520 | 400 | 156 | 350 | 25 | 35 | |
| 通山县 | | | | | 130 | 100 | | 300 | | 100 | 100 | 200 | |
| 随州市 | 8503 | 8500 | 16 | | 1106 | 21 | 520 | 4139 | 100 | 160 | 312 | 12 | |
| 广水市 | 8500 | 8500 | | | 1000 | | 470 | 2982 | 100 | 50 | 192 | | |
| 随县 | 3 | | 10 | | 106 | 20 | 50 | 1130 | | 100 | 120 | 5 | |
| 曾都区 | | | 6 | | | 1 | | 27 | | 10 | | 7 | |
| **恩施州** | | | | | | **2** | | **20** | | **3** | **3** | **3** | **3** |
| 恩施市 | | | | | | | | 10 | | 1 | 1 | 1 | 1 |
| 利川市 | | | | | | | | | | | | | |
| 建始县 | | | | | | | | | | | | | |
| 巴东县 | | | | | | 1 | | | | 1 | 1 | 1 | 1 |
| 宣恩县 | | | | | | 1 | | | | 1 | 1 | 1 | 1 |
| 咸丰县 | | | | | | | | | | | | | |
| 来凤县 | | | | | | | | 10 | | | | | |
| 鹤峰县 | | | | | | | | | | | | | |
| **仙桃市** | | | **3105** | **1820** | **5313** | **1369** | **31** | **9658** | | **3065** | **7035** | **2958** | **5** |
| **天门市** | **70** | **20500** | **255** | **102000** | **2155** | **605** | | **11408** | | **384** | **255** | **265** | |
| **潜江市** | **15** | **4990** | **55** | **6800** | **1365** | **200** | | **10736** | | **636** | **1828** | **131** | |
| **神农架林区** | | | | | | | | | | | | | |

# 按水面分类养殖产量、面积、单产(一)

积:公顷;单位:吨;单产:公斤/公顷

| 指标名称 | 合计 | | | 湖泊 | | | 水库 | | | 塘堰 | | |
|---|---|---|---|---|---|---|---|---|---|---|---|---|
| | 面积 | 产量 | 主要水面单产 | 面积 | 产量 | 单产 | 面积 | 产量 | 单产 | 面积 | 产量 | 单产 |
| **全省合计** | **666733** | **3356227** | **4837** | **196168** | **313758** | **1599** | **109434** | **192350** | **1758** | **91364** | **290702** | **3182** |
| **武汉市** | **107542** | **431627** | **3944** | **56160** | **58754** | **1046** | **5011** | **6249** | **1247** | **14473** | **62746** | **4335** |
| 武汉市辖区 | 21875 | 122698 | 73609 | 9689 | 17668 | 1824 | 86 | 261 | 3035 | 3072 | 15895 | 5173 |
| 蔡甸区 | 15372 | 55510 | 3531 | 8652 | 6948 | 803 | | | | 3049 | 12297 | 4033 |
| 江夏区 | 34406 | 70027 | 2003 | 25324 | 19590 | 774 | 415 | 637 | 1535 | 2710 | 10155 | 3747 |
| 黄陂区 | 19200 | 84793 | 4182 | 7467 | 9884 | 1324 | 3398 | 4770 | 1404 | 4077 | 16100 | 3949 |
| 新洲区 | 16689 | 98599 | 5880 | 5028 | 4664 | 928 | 1112 | 581 | 522 | 1565 | 8299 | 5303 |
| **黄石市** | **29172** | **169271** | **5717** | **8640** | **21906** | **2535** | **1409** | **3718** | **2639** | **2103** | **5214** | **2479** |
| 黄石市辖区 | 2386 | 12194 | 5111 | 320 | 1707 | 5334 | 111 | 126 | 1135 | 445 | 228 | 512 |
| 大冶市 | 14400 | 58251 | 3914 | 8000 | 18492 | 2312 | 1187 | 3466 | 2920 | 1213 | 4758 | 3923 |
| 阳新县 | 12386 | 98826 | 7931 | 320 | 1707 | 5334 | 111 | 126 | 1135 | 445 | 228 | 512 |
| **十堰市** | **11518** | **45622** | **3961** | | | | **10121** | **39230** | **3876** | **1070** | **3464** | **3238** |
| 十堰市辖区 | 164 | 1309 | 8860 | | | | 105 | 838 | 7951 | 24 | 205 | 12441 |
| 丹江口市 | 7087 | 40519 | 5590 | | | | 6430 | 35965 | 5593 | 461 | 2578 | 5592 |
| 郧县 | 2310 | 2088 | 904 | | | | 1985 | 1625 | 819 | 265 | 285 | 1075 |
| 郧西县 | 953 | 362 | 286 | | | | 949 | 264 | 278 | | | |
| 竹山县 | 307 | 225 | 733 | | | | 280 | 181 | 646 | 22 | 29 | 1318 |
| 竹溪县 | 308 | 152 | 494 | | | | 210 | 81 | 386 | 96 | 65 | 677 |
| 房县 | 389 | 967 | 2147 | | | | 162 | 276 | 1704 | 202 | 302 | 1495 |
| **荆州市** | **150708** | **1011914** | **6245** | **37712** | **71896** | **1906** | **4708** | **6071** | **1290** | **6892** | **13847** | **2009** |
| 荆州市辖区 | 13319 | 152789 | 30962 | 2650 | 17293 | 6526 | 1990 | 3621 | 1820 | 835 | 1954 | 2340 |
| 江陵县 | 3441 | 27367 | 7596 | | | | | | | 247 | 398 | 1611 |
| 松滋市 | 9574 | 26599 | 2667 | 1602 | 1254 | 783 | 2174 | 1467 | 675 | | | |
| 公安县 | 19060 | 114161 | 5737 | 6826 | 13856 | 2030 | 353 | 433 | 1227 | 1841 | 6679 | 3628 |
| 石首市 | 15039 | 106947 | 6139 | 7881 | 18610 | 2361 | 191 | 550 | 2880 | | | |
| 监利县 | 35592 | 236471 | 5721 | 5923 | 7438 | 1256 | | | | 3969 | 4816 | 1213 |
| 洪湖市 | 54683 | 347580 | 6197 | 12830 | 13445 | 1048 | | | | | | |
| **宜昌市** | **27068** | **146278** | **4957** | **1949** | **6363** | **3265** | **12104** | **26306** | **2173** | **2404** | **6745** | **2806** |
| 宜昌市辖区 | 313 | 1969 | 6408 | 2 | 1 | 500 | 51 | 100 | 1961 | | | |
| 夷陵区 | 1573 | 7530 | 4787 | | | | 423 | 990 | 2340 | 429 | 1616 | 3767 |
| 宜都市 | 3154 | 11731 | 3719 | 26 | 156 | 6000 | 2450 | 9357 | 3819 | 455 | 600 | 1319 |
| 枝江市 | 8643 | 59941 | 6853 | 1841 | 5964 | 3240 | 1806 | 6360 | 3522 | 644 | 3070 | 4767 |
| 当阳市 | 10120 | 45583 | 4503 | 80 | 242 | 3025 | 5158 | 5174 | 1003 | 472 | 1073 | 2273 |
| 远安县 | 1137 | 2218 | 1951 | | | | 488 | 285 | 584 | 364 | 348 | 956 |
| 兴山县 | 60 | 27 | 450 | | | | 40 | 17 | 425 | 20 | 10 | 500 |
| 秭归县 | 35 | 286 | 8171 | | | | 35 | 286 | 8171 | | | |
| 长阳县 | 1986 | 16957 | 2403 | | | | 1653 | 3737 | 2261 | | | |
| 五峰县 | 47 | 36 | 766 | | | | | | | 20 | 28 | 1400 |
| **襄阳市** | **47119** | **166059** | **3483** | | | | **21282** | **41520** | **1951** | **10915** | **39503** | **3619** |
| 襄阳市辖区 | 1840 | 11046 | 5751 | | | | 815 | 2235 | 2742 | 26 | 90 | 3462 |
| 老河口市 | 7565 | 35562 | 4702 | | | | 4077 | 13861 | 3400 | 305 | 1606 | 5266 |
| 襄州区 | 9240 | 37434 | 3959 | | | | 3074 | 6659 | 2166 | 2409 | 11575 | 4805 |
| 枣阳市 | 13968 | 40519 | 2905 | | | | 7082 | 11082 | 1565 | 3790 | 10967 | 2894 |
| 宜城市 | 6493 | 26723 | 3919 | | | | 2877 | 5838 | 2029 | 2093 | 10473 | 5004 |
| 南漳县 | 3156 | 7283 | 2303 | | | | 1279 | 845 | 661 | 581 | 1238 | 2131 |
| 谷城县 | 4168 | 6990 | 1714 | | | | 1393 | 523 | 375 | 1711 | 3554 | 2077 |
| 保康县 | 689 | 502 | 729 | | | | 685 | 477 | 696 | | | |

续表1

面积：公顷；温室面积：平方米

| 指标名称 | 合计 | | | 湖泊 | | | 水库 | | | 塘堰 | | |
|---|---|---|---|---|---|---|---|---|---|---|---|---|
| | 面积 | 产量 | 主要水面单产 | 面积 | 产量 | 单产 | 面积 | 产量 | 单产 | 面积 | 产量 | 单产 |
| **鄂州市** | **41923** | **341913** | **8079** | **20624** | **46138** | **2237** | **868** | **2470** | **2846** | **871** | **4450** | **5109** |
| **荆门市** | **76846** | **399335** | **4838** | **9570** | **28932** | **3023** | **22150** | **20303** | **917** | **13825** | **23525** | **1702** |
| 荆门市辖区 | 17946 | 41293 | 2122 | | | | 8664 | 5932 | 685 | 3941 | 5476 | 1389 |
| 沙洋县 | 23067 | 159921 | 6547 | 7803 | 25647 | 3287 | 3198 | 5965 | 1865 | 3558 | 7062 | 1985 |
| 钟祥市 | 21292 | 128355 | 5591 | 1304 | 2714 | 2081 | 6035 | 4388 | 727 | 3824 | 7029 | 1838 |
| 京山县 | 13447 | 64992 | 4380 | | | | 4226 | 3986 | 943 | 2502 | 3958 | 1582 |
| 沙洋农场 | 1094 | 4774 | 4364 | 463 | 571 | 1233 | 27 | 32 | 1185 | | | |
| **孝感市** | **68486** | **324673** | **4691** | **7835** | **12292** | **1569** | **10009** | **20593** | **2057** | **1789** | **51208** | **2862** |
| 孝感市辖区 | 11490 | 51758 | 4427 | 2993 | 2226 | 744 | 583 | 343 | 588 | 2767 | 7054 | 2549 |
| 孝昌县 | 7278 | 13316 | 1800 | | | | 2338 | 1492 | 638 | 2814 | 4581 | 1628 |
| 大悟县 | 5287 | 21842 | 3885 | | | | 2014 | 4970 | 2468 | 2442 | 7912 | 3240 |
| 安陆县 | 7337 | 22310 | 3021 | | | | 2654 | 8469 | 3191 | 1378 | 2283 | 1657 |
| 云梦县 | 6103 | 41275 | 6716 | | | | 545 | 977 | 1793 | 1583 | 7848 | 4958 |
| 应城县 | 11801 | 52618 | 4381 | 2692 | 5012 | 1862 | 1875 | 4342 | 2316 | 2836 | 9207 | 3246 |
| 汉川市 | 19190 | 121554 | 6429 | 2150 | 5054 | 2351 | | | | 4072 | 12323 | 3026 |
| **黄冈市** | **84013** | **390253** | **4464** | **19959** | **48866** | **2448** | **17853** | **28279** | **1584** | **1533** | **50598** | **3299** |
| 黄州区 | 6881 | 43277 | 6177 | 1557 | 3880 | 2492 | 98 | 290 | 2959 | 795 | 2847 | 3581 |
| 团风县 | 5846 | 23175 | 4027 | 587 | 1201 | 2046 | 1011 | 2082 | 2059 | 765 | 1571 | 2054 |
| 红安县 | 5294 | 6288 | 1153 | | | | 3275 | 1985 | 606 | 1076 | 1182 | 1099 |
| 麻城市 | 9523 | 21647 | 2261 | | | | 3933 | 4880 | 1241 | 3663 | 7216 | 1970 |
| 罗田县 | 3567 | 6920 | 1859 | | | | 2058 | 3141 | 1526 | 1120 | 2202 | 1966 |
| 英山县 | 2217 | 7200 | 3242 | | | | 1596 | 3299 | 2067 | 411 | 1558 | 3791 |
| 浠水县 | 10994 | 83335 | 7161 | 1821 | 5250 | 2883 | 983 | 3027 | 3079 | 3223 | 20214 | 6272 |
| 蕲春县 | 13309 | 66563 | 4804 | 3577 | 7680 | 2147 | 2299 | 4820 | 2097 | 2008 | 6690 | 3332 |
| 武穴市 | 10298 | 46554 | 4255 | 4523 | 8986 | 1987 | 1441 | 1855 | 1287 | 1224 | 3555 | 2904 |
| 黄梅县 | 14818 | 72737 | 4613 | 7894 | 21869 | 2770 | 1159 | 2900 | 2502 | 1051 | 3563 | 3390 |
| 龙感湖区 | 1266 | 12557 | 9778 | | | | | | | | | |
| **咸宁市** | **54483** | **190212** | **3217** | **20227** | **45805** | **2265** | **9462** | **7613** | **805** | **3513** | **7490** | **2132** |
| 咸安区 | 11554 | 25843 | 2238 | 3915 | 2763 | 699 | 1263 | 408 | 323 | 701 | 404 | 576 |
| 嘉鱼县 | 16508 | 68857 | 3723 | 8469 | 20879 | 2465 | 1381 | 573 | 415 | | | |
| 赤壁市 | 15351 | 68804 | 4048 | 7843 | 22163 | 2826 | 1592 | 2163 | 1359 | 200 | 1031 | 5155 |
| 通城县 | 3146 | 7588 | 2518 | | | | 1234 | 1468 | 1190 | 842 | 1110 | 1318 |
| 崇阳县 | 4837 | 9419 | 1867 | | | | 2856 | 1891 | 662 | 1016 | 2332 | 2295 |
| 通山县 | 3087 | 9701 | 2746 | | | | 1136 | 1110 | 977 | 754 | 2613 | 3466 |
| **随州市** | **25453** | **69241** | **2720** | | | | **10809** | **25544** | **2363** | **10565** | **27988** | **2649** |
| 广水市 | 6120 | 22536 | 3002 | | | | 2918 | 8180 | 2803 | 1893 | 6371 | 3366 |
| 随县 | 14667 | 35050 | 2390 | | | | 6451 | 13908 | 2156 | 6666 | 16571 | 2351 |
| 曾都区 | 4666 | 11655 | 2498 | | | | 1440 | 3456 | 2400 | 2006 | 5046 | 2515 |
| **恩施州** | **1974** | **4936** | **2501** | | | | **1120** | **1997** | **1783** | **594** | **1663** | **2800** |
| 恩施市 | 158 | 390 | 2468 | | | | 79 | 145 | 1835 | 79 | 245 | 3101 |
| 利川市 | 641 | 1747 | 2725 | | | | 320 | 320 | 1000 | 241 | 960 | 3983 |
| 建始县 | 72 | 253 | 3514 | | | | 52 | 150 | 2885 | 20 | 103 | 5150 |
| 巴东县 | 14 | 945 | 67500 | | | | 3 | 905 | 301667 | 11 | 40 | 3636 |
| 宣恩县 | 343 | 234 | 682 | | | | 302 | 180 | 596 | 41 | 54 | 1317 |
| 咸丰县 | 245 | 285 | 1163 | | | | 70 | 52 | 743 | 172 | 220 | 1279 |
| 来凤县 | 352 | 1006 | 2858 | | | | 175 | 210 | 1200 | | | |
| 鹤峰县 | 149 | 76 | 510 | | | | 119 | 35 | 294 | 30 | 41 | 1367 |
| **仙桃市** | **35441** | **277849** | **7825** | **2733** | **7745** | **2834** | | | | **279** | **1468** | **5262** |
| **天门市** | **14000** | **113093** | **7560** | **2251** | **7270** | **3230** | **340** | **1087** | **3197** | **2291** | **11514** | **5026** |
| **潜江市** | **10321** | **93925** | **7257** | **1261** | **3039** | **2410** | | | | **976** | **5405** | **5538** |
| **神农架林区** | **235** | **91** | **387** | **40** | **48** | **1200** | **188** | **12** | **64** | **7** | **31** | **4429** |

# 按水面分类养殖产量、面积、单产(一)

面积:公顷;单位:吨;单产:公斤/公顷

| 指标名称 | 精养池 | | | 河沟 | | | 其它养殖 | | | 稻田水产养殖 | | |
|---|---|---|---|---|---|---|---|---|---|---|---|---|
| | 面积 | 产量 | 单产 | 面积 | 产量 | 单产 | 面积 | 产量 | 单产 | 面积 | 产量 | 单产 |
| **全省合计** | **262817** | **2399765** | **9131** | **4644** | **17386** | **3744** | **2306** | **11944** | **5180** | **148524** | **130322** | **877** |
| **武汉市** | **30707** | **294314** | **9585** | **1191** | **2106** | **1768** | | | | **7671** | **7458** | **972** |
| 武汉市辖区 | 8576 | 87310 | 10181 | 452 | 1401 | 3100 | | | | 112 | 163 | 1455 |
| 蔡甸区 | 3671 | 35037 | 9544 | | | | | | | 2133 | 1228 | 576 |
| 江夏区 | 5405 | 38158 | 7060 | 552 | 381 | 690 | | | | 1761 | 1106 | 628 |
| 黄陂区 | 4071 | 49215 | 12089 | 187 | 324 | 1733 | | | | 2933 | 4500 | 1534 |
| 新洲区 | 8984 | 84594 | 9416 | | | | | | | 732 | 461 | 630 |
| **黄石市** | **16753** | **135587** | **8093** | **267** | **361** | **1352** | | | | **1599** | **2485** | **1554** |
| 黄石市辖区 | 1510 | 10133 | 6711 | | | | | | | | | |
| 大冶市 | 3733 | 29287 | 7845 | 267 | 361 | 1352 | | | | 1200 | 1887 | 1573 |
| 阳新县 | 11510 | 96167 | 8355 | | | | | | | 399 | 598 | 1499 |
| **十堰市** | **325** | **1801** | **5542** | | | | **2** | **85** | **42500** | **426** | **1042** | **2446** |
| 十堰市辖区 | 35 | 266 | 9765 | | | | | | | | | |
| 丹江口市 | 196 | 1071 | 5464 | | | | | | | 335 | 905 | 2701 |
| 郧县 | 60 | 178 | 2967 | | | | | | | | | |
| 郧西县 | 2 | 8 | 4000 | | | | 2 | 85 | 42500 | 1 | 5 | 5000 |
| 竹山县 | 5 | 15 | 3000 | | | | | | | | | |
| 竹溪县 | 2 | 6 | 3000 | | | | | | | | | |
| 房县 | 25 | 257 | 10280 | | | | | | | 90 | 132 | 1467 |
| **荆州市** | **94602** | **830308** | **8777** | **4337** | **3738** | **862** | **2457** | **5377** | **2188** | **81375** | **80677** | **991** |
| 荆州市辖区 | 7711 | 120686 | 38914 | 66 | 296 | 4485 | 67 | 280 | 4179 | 8026 | 8659 | 1079 |
| 江陵县 | 3167 | 25587 | 8079 | 14 | 53 | 3786 | 13 | 26 | 2000 | 1139 | 1303 | 1144 |
| 松滋市 | 5669 | 22732 | 4010 | 129 | 77 | 597 | | | | 3577 | 1069 | 299 |
| 公安县 | 9242 | 87220 | 9437 | 741 | 830 | 1120 | 57 | 100 | 1754 | 4336 | 5043 | 1163 |
| 石首市 | 6707 | 71575 | 10672 | 49 | 290 | 5918 | 211 | 1870 | 8863 | 10016 | 14052 | 1403 |
| 监利县 | 22236 | 177472 | 7981 | 1355 | 1815 | 1339 | 2109 | 3101 | 1470 | 34468 | 41829 | 1214 |
| 洪湖市 | 39870 | 325036 | 8152 | 1983 | 377 | 190 | | | | 19813 | 8722 | 440 |
| **宜昌市** | **10112** | **92963** | **9193** | **192** | **267** | **1391** | **307** | **12913** | **42062** | **719** | **721** | **1003** |
| 宜昌市辖区 | 253 | 1860 | 7352 | | | | 7 | 8 | 1143 | | | |
| 夷陵区 | 650 | 4819 | 7414 | 71 | 105 | 1479 | | | | | | |
| 宜都市 | 217 | 1600 | 7373 | 6 | 18 | 3000 | | | | | | |
| 枝江市 | 4264 | 43700 | 10249 | 88 | 136 | 1545 | | | | 678 | 711 | 1049 |
| 当阳市 | 4410 | 39084 | 8863 | | | | | | | 41 | 10 | 244 |
| 远安县 | 285 | 1585 | 5561 | | | | | | | | | |
| 兴山县 | | | | | | | | | | | | |
| 秭归县 | | | | | | | | | | | | |
| 长阳县 | 33 | 315 | 9545 | | | | 300 | 12905 | 43017 | | | |
| 五峰县 | | | | 27 | 8 | 296 | | | | | | |
| **襄阳市** | **13717** | **81129** | **5914** | **885** | **860** | **972** | **320** | **458** | **1431** | **1220** | **2589** | **2122** |
| 襄阳市辖区 | 999 | 8256 | 8264 | | | | | | | 155 | 465 | 3000 |
| 老河口市 | 3150 | 19987 | 6345 | 26 | 83 | 3192 | 7 | 25 | 3600 | | | |
| 襄州区 | 3757 | 18350 | 4884 | | | | | | | 280 | 850 | 3036 |
| 枣阳市 | 2580 | 17952 | 6958 | 482 | 474 | 983 | 34 | 44 | 1294 | | | |
| 宜城市 | 1366 | 8847 | 6477 | 157 | 291 | 1854 | | | | 785 | 1274 | 1623 |
| 南漳县 | 1216 | 5000 | 4112 | | | | 80 | 200 | 2500 | | | |
| 谷城县 | 645 | 2712 | 4205 | 220 | 12 | 55 | 199 | 189 | 950 | | | |
| 保康县 | 4 | 25 | 6250 | | | | | | | | | |

续表1　　　　　　　　　　　　　　　　面积:公顷;温室面积:平方米

| 指标名称 | 精养池 | | | 河沟 | | | 其它养殖 | | | 稻田水产养殖 | | |
|---|---|---|---|---|---|---|---|---|---|---|---|---|
| | 面积 | 产量 | 单产 | 面积 | 产量 | 单产 | 面积 | 产量 | 单产 | 面积 | 产量 | 单产 |
| **鄂州市** | **18851** | **284385** | **15086** | **709** | **1238** | **1746** | | | | **1620** | **3232** | **1995** |
| **荆门市** | **28727** | **295763** | **10296** | **2574** | **3291** | **1279** | | | | **30104** | **27521** | **914** |
| 荆门市辖区 | 5215 | 26402 | 5063 | 126 | 263 | 2087 | | | | 2920 | 3220 | 1103 |
| 沙洋县 | 7482 | 111122 | 14852 | 1026 | 1225 | 1194 | | | | 10194 | 8900 | 873 |
| 钟祥市 | 9413 | 104010 | 11050 | 716 | 906 | 1265 | | | | 10267 | 9308 | 907 |
| 京山县 | 6013 | 50058 | 8325 | 706 | 897 | 1271 | | | | 6723 | 6093 | 906 |
| 沙洋农场 | 604 | 4171 | 6906 | | | | | | | | | |
| **孝感市** | **28105** | **224605** | **7992** | **4211** | **10563** | **2508** | **434** | **970** | **2235** | **6781** | **4442** | **655** |
| 孝感市辖区 | 4798 | 39699 | 8274 | 349 | 862 | 2470 | | | | 3000 | 1574 | 525 |
| 孝昌县 | 1548 | 6750 | 4360 | 578 | 280 | 484 | | | | 738 | 213 | 289 |
| 大悟县 | 831 | 7660 | 9218 | | | | | | | 467 | 1300 | 2784 |
| 安陆县 | 2653 | 10215 | 3850 | 652 | 1198 | 1837 | | | | 80 | 145 | 1813 |
| 云梦县 | 3344 | 29408 | 8794 | 631 | 2752 | 4361 | | | | 1016 | 290 | 285 |
| 应城县 | 3786 | 31086 | 8211 | 612 | 2054 | 3356 | | | | 1343 | 917 | 683 |
| 汉川市 | 11145 | 99787 | 8954 | 1389 | 3417 | 2460 | 434 | 970 | 2235 | 137 | 3 | 22 |
| **黄冈市** | **26419** | **234800** | **8888** | **2773** | **4998** | **1802** | **1673** | **2957** | **1767** | **18650** | **19755** | **1059** |
| 黄州区 | 3057 | 32617 | 10670 | 1374 | 2870 | 2089 | | | | 687 | 773 | 1125 |
| 团风县 | 3118 | 17548 | 5628 | 186 | 418 | 2247 | 179 | 260 | 1453 | 169 | 95 | 562 |
| 红安县 | 745 | 2864 | 3844 | 198 | 75 | 379 | | | | 253 | 182 | 719 |
| 麻城市 | 1927 | 9434 | 4896 | | | | | | | 176 | 117 | 665 |
| 罗田县 | 214 | 963 | 4500 | | | | 175 | 564 | 3223 | 67 | 50 | 746 |
| 英山县 | 210 | 2330 | 11095 | | | | | | | 72 | 13 | 181 |
| 浠水县 | 4759 | 49494 | 10400 | 151 | 340 | 2252 | 57 | 150 | 2632 | 4050 | 4860 | 1200 |
| 蕲春县 | 4810 | 42538 | 8844 | 320 | 785 | 2453 | 295 | 690 | 2339 | 1918 | 3360 | 1752 |
| 武穴市 | 2554 | 27390 | 10724 | 118 | 165 | 1398 | 438 | 476 | 1087 | 4184 | 4127 | 986 |
| 黄梅县 | 3759 | 37243 | 9908 | 426 | 345 | 810 | 529 | 817 | 1544 | 6674 | 6000 | 899 |
| 龙感湖区 | 1266 | 12379 | 9778 | | | | | | | 400 | 178 | 445 |
| **咸宁市** | **18586** | **107259** | **5771** | **1083** | **1942** | **1793** | **1612** | **12302** | **7632** | **8180** | **7801** | **954** |
| 咸安区 | 4983 | 21003 | 4215 | 655 | 1202 | 1835 | 37 | 63 | 1703 | | | |
| 嘉鱼县 | 6008 | 37850 | 6300 | 221 | 566 | 2561 | 429 | 8642 | 20145 | 353 | 347 | 983 |
| 赤壁市 | 5603 | 36708 | 6551 | 113 | 74 | 655 | | | | 6667 | 6665 | 1000 |
| 通城县 | 800 | 4800 | 6000 | 94 | 100 | 1063 | 176 | 110 | 625 | | | |
| 崇阳县 | 965 | 4807 | 4981 | | | | | | | 693 | 389 | 562 |
| 通山县 | 227 | 2091 | 6150 | | | | 970 | 3487 | 3595 | 467 | 400 | 857 |
| **随州市** | **3887** | **11230** | **2889** | **191** | **312** | **1634** | | | | **2360** | **2588** | **1097** |
| 广水市 | 1117 | 3506 | 3139 | 191 | 312 | 1634 | | | | 2360 | 2588 | 1097 |
| 随县 | 1550 | 4571 | 2949 | | | | | | | | | |
| 曾都区 | 1220 | 3153 | 2584 | | | | | | | | | |
| **恩施州** | **240** | **1255** | **5229** | **20** | **21** | **1050** | | | | | | |
| 恩施市 | | | | | | | | | | | | |
| 利川市 | 80 | 467 | 5838 | | | | | | | | | |
| 建始县 | | | | | | | | | | | | |
| 巴东县 | | | | | | | | | | | | |
| 宣恩县 | | | | | | | | | | | | |
| 咸丰县 | 2 | 12 | 6000 | 1 | 1 | 1000 | | | | | | |
| 来凤县 | 158 | 776 | 4911 | 19 | 20 | 1053 | | | | | | |
| 鹤峰县 | | | | | | | | | | | | |
| **仙桃市** | **31112** | **262540** | **8439** | **1317** | **5584** | **4240** | | | | **526** | **512** | **973** |
| **天门市** | **8474** | **84075** | **9922** | **644** | **1899** | **2949** | | | | **6667** | **7248** | **1087** |
| **潜江市** | **7834** | **65957** | **8419** | **250** | **503** | **2012** | | | | **10736** | **19021** | **1771** |
| **神农架林区** | | | | | | | | | | | | |

# 水产苗种生产投放

单位:公顷

| 指标名称 | 投放鱼种(吨) | 鱼种产量(吨) | 鱼苗生产数量(亿尾) | | 扣蟹(公斤) | 稚龟(万只) | 稚鳖(万只) | 虾类育苗(亿尾) | 贝类育苗(万粒) |
|---|---|---|---|---|---|---|---|---|---|
| | | | 合计 | 其中:罗非鱼 | | | | | |
| **全省合计** | **836995** | **856218** | **697** | **7** | **2472478** | **885** | **5311** | **187** | **75561** |
| **武汉市** | **91378** | **77979** | **81** | | **6000** | **63** | **316** | **4** | |
| 武汉市辖区 | 26136 | 13856 | 13 | | | 17 | 258 | | |
| 蔡甸区 | 13696 | 13139 | 11 | | | | | | |
| 江夏区 | 18466 | 16919 | 18 | | 6000 | 46 | 46 | | |
| 黄陂区 | 16650 | 17100 | 6 | | | | 12 | 1 | |
| 新洲区 | 16430 | 16965 | 34 | | | | | | |
| **黄石市** | **49271** | **42791** | **19** | | **11141** | | **121** | **3** | |
| 黄石市辖区 | 8561 | 213 | 5 | | 120 | | | | |
| 大冶市 | 17210 | 16978 | 6 | | 6000 | | | | |
| 阳新县 | 23500 | 25600 | 8 | | 5021 | | 121 | 3 | |
| **十堰市** | **13015** | **12425** | **4** | **1** | | **4** | | **0** | |
| 十堰市辖区 | 750 | | | | | | | | |
| 丹江口市 | 11039 | 11580 | 3 | | | | | | |
| 郧县 | 860 | 700 | 1 | 1 | | | | | |
| 郧西县 | 132 | 15 | | | | | | | |
| 竹山县 | 51 | 38 | 1 | | | | | 0 | |
| 竹溪县 | 40 | 25 | 0 | | | | | | |
| 房县 | 143 | 67 | 0 | 0 | | 4 | | | |
| **荆州市** | **231707** | **259944** | **177** | | **2575474** | **338** | **2763** | **121** | **1181** |
| 荆州市辖区 | 34702 | 25927 | 18 | | 3800 | 45 | 980 | 1 | |
| 江陵县 | 7061 | 6174 | 5 | | | 66 | 46 | | |
| 松滋市 | 12500 | 11000 | 7 | | | | | | |
| 公安县 | 24448 | 18865 | 23 | | 99217 | 90 | 734 | 24 | 180 |
| 石首市 | 27900 | 29450 | 8 | | | 1 | 32 | 7 | 1000 |
| 监利县 | 46840 | 49879 | 26 | | 498130 | 54 | 175 | 3 | 1 |
| 洪湖市 | 78256 | 118649 | 90 | | 1974327 | 82 | 796 | 85 | |
| **宜昌市** | **35563** | **29935** | **11** | | | **36** | **87** | **2** | |
| 宜昌市辖区 | 285 | | | | | | | | |
| 夷陵区 | 2150 | 1700 | 1 | | | | | | |
| 宜都市 | 2200 | 800 | 1 | | | 16 | 36 | 1 | |
| 枝江市 | 11850 | 11020 | 3 | | | | | | |
| 当阳市 | 12730 | 12015 | 3 | | | 20 | 50 | 1 | |
| 远安县 | 1220 | 1180 | 1 | | | | 1 | 0 | |
| 兴山县 | 106 | | | | | | | | |
| 秭归县 | 15 | 20 | 1 | | | | | | |
| 长阳县 | 5000 | 3200 | 1 | | | | | | |
| 五峰县 | 7 | | | | | | | | |
| **襄阳市** | **32808** | **32311** | **22** | **2** | **4485** | | **33** | **5** | |
| 襄阳市辖区 | 2050 | 1065 | 2 | 1 | | | 1 | 1 | |
| 老河口市 | 6080 | 9240 | 3 | | 3100 | | | 0 | |
| 襄州区 | 7125 | 4580 | 4 | | 850 | | 2 | 2 | |
| 枣阳市 | 7400 | 7865 | 4 | | 535 | | | 1 | |
| 宜城市 | 5580 | 5005 | 4 | | | | 30 | | |
| 南漳县 | 3100 | 3100 | 4 | | | | | | |
| 谷城县 | 1383 | 1456 | 2 | 1 | | | | 1 | |
| 保康县 | 90 | | | | | | | | |

续表1

单位:公顷

| 指标名称 | 投放鱼种（吨） | 鱼种产量（吨） | 鱼苗生产数量（亿尾） | | 扣蟹（公斤） | 稚龟（万只） | 稚鳖（万只） | 虾类育苗（亿尾） | 贝类育苗（万粒） |
|---|---|---|---|---|---|---|---|---|---|
| | | | 合计 | 其中:罗非鱼 | | | | | |
| **鄂州市** | **74000** | **55995** | **17** | | | | | **1** | **94000** |
| **荆门市** | **114292** | **109289** | **40** | **1** | **18440** | **499** | **1475** | **12** | |
| 荆门市辖区 | 12507 | 11749 | 3 | | 2924 | | 1 | | |
| 沙洋县 | 44892 | 45800 | 14 | | 6 | 71 | 292 | 7 | |
| 钟祥市 | 37800 | 32420 | 13 | 1 | 3000 | 28 | 232 | 1 | |
| 京山县 | 17745 | 18300 | 10 | | 12510 | 400 | 950 | 4 | |
| 沙洋农场 | 1348 | 1020 | | | | | | | |
| **孝感市** | **78481** | **79196** | **52** | | | **5** | **1048** | **2** | |
| 孝感市辖区 | 12500 | 13229 | 9 | | | | | 1 | |
| 孝昌县 | 4815 | 3378 | 1 | | | | | 1 | |
| 大悟县 | 5500 | 5180 | 3 | | | 3 | 5 | 0 | |
| 安陆县 | 8625 | 7422 | 3 | | | 1 | 10 | 0 | |
| 云梦县 | 8046 | 7850 | 4 | | | 1 | 3 | | |
| 应城县 | 12995 | 11137 | 11 | | | | 1030 | | |
| 汉川市 | 26000 | 31000 | 21 | | | | | | |
| **黄冈市** | **73249** | **91556** | **148** | **2** | **30588** | **1** | **3** | **13** | **330** |
| 黄州区 | 10860 | 13000 | 95 | | | | | 1 | |
| 团风县 | 4500 | 3500 | 3 | | | | | 1 | |
| 红安县 | 2439 | 1986 | 7 | | | | | 0 | |
| 麻城市 | 7500 | 5500 | 5 | | | 0 | | | |
| 罗田县 | 1500 | 600 | 2 | | | | 1 | | |
| 英山县 | 2500 | 1960 | 4 | 2 | | | | 1 | |
| 浠水县 | 16650 | 14985 | 9 | | 20588 | | 1 | 3 | 50 |
| 蕲春县 | 5210 | 27420 | 6 | | | | | 1 | |
| 武穴市 | 3120 | 7835 | 9 | | | | 1 | 4 | 180 |
| 黄梅县 | 16500 | 12450 | 7 | | 10000 | | | 2 | 100 |
| 龙感湖区 | 2470 | 2320 | 2 | | | 1 | | 0 | |
| **咸宁市** | **35166** | **37790** | **30** | **2** | **107100** | **8** | **33** | **6** | |
| 咸安区 | 3716 | 11000 | 7 | | 28500 | | 1 | 3 | |
| 嘉鱼县 | 15500 | 11460 | 9 | | 28600 | 5 | 32 | | |
| 赤壁市 | 9000 | 9200 | 10 | 2 | 50000 | | | 3 | |
| 通城县 | 1300 | 1300 | 1 | | | 3 | | | |
| 崇阳县 | 3350 | 2830 | 1 | 0 | | | | | |
| 通山县 | 2300 | 2000 | 3 | | | | | | |
| **随州市** | **15520** | **14080** | **6** | | | **21** | **3** | | |
| 广水市 | 5520 | 5580 | 5 | | | 21 | | | |
| 随县 | 8000 | 7000 | 1 | | | | | 0.2 | |
| 曾都区 | 2000 | 1500 | 0 | | | | 3 | | |
| **恩施州** | **1250** | **1185** | | | | | | | |
| 恩施市 | 90 | 98 | | | | | | | |
| 利川市 | 445 | 490 | | | | | | | |
| 建始县 | 60 | 65 | | | | | | | |
| 巴东县 | 248 | 210 | | | | | | | |
| 宣恩县 | 62 | 65 | | | | | | | |
| 咸丰县 | 65 | 53 | | | | | | | |
| 来凤县 | 265 | 190 | | | | | | | |
| 鹤峰县 | 15 | 14 | | | | | | | |
| **仙桃市** | **89654** | **65573** | **52** | | | **2** | **189** | **4** | |
| **天门市** | **26000** | **19650** | **18** | | | | **300** | **4** | **50** |
| **潜江市** | **35678** | **26519** | **19** | | **19250** | **8** | **40** | **15** | |
| **神农架林区** | **1** | | | | | | | | |

# 水产加工业(一)

| 指标名称 | 水产加工企业 | | | 水产冷库 | | | | 部分水产品年加工量(吨) | | |
|---|---|---|---|---|---|---|---|---|---|---|
| | 总数(个) | 加工能力(吨/年) | 其中：规模以上(个) | 座数(座) | 冻结能力(吨/日) | 冷藏能力(吨/次) | 制冰能力(吨/日) | 克氏螯虾 | 罗非鱼 | 斑点叉尾鮰 |
| **全省合计** | **216** | **1157810** | **115** | **289** | **65240** | **71614** | **10978** | **33642** | **1225** | **10379** |
| **武汉市** | **28** | **150080** | **14** | **35** | **5256** | **6060** | **5073** | **2208** | **150** | **992** |
| 武汉市辖区 | 9 | 47430 | 5 | 23 | 96 | 1810 | 13 | | | |
| 蔡甸区 | 3 | 12000 | | 4 | 100 | 100 | 60 | | | |
| 江夏区 | 3 | 55000 | 3 | 4 | 5000 | 4000 | 5000 | | | |
| 黄陂区 | 2 | 10000 | 2 | 4 | 60 | 150 | | 1308 | | 592 |
| 新洲区 | 11 | 65650 | 4 | | | | | 1600 | 150 | 400 |
| **黄石市** | **18** | **20800** | **9** | **8** | **110** | **800** | **130** | **108** | | |
| 黄石市辖区 | | | | | | | | | | |
| 大冶市 | 16 | 15000 | 7 | 5 | 70 | 500 | 80 | 108 | | |
| 阳新县 | 2 | 5800 | 2 | 3 | 40 | 300 | 50 | | | |
| **十堰市** | **5** | **15000** | | **1** | **50** | **500** | **15** | | | |
| 十堰市辖区 | | | | | | | | | | |
| 丹江口市 | 5 | 15000 | | 1 | 50 | 500 | 15 | | | |
| 郧县 | | | | | | | | | | |
| 郧西县 | | | | | | | | | | |
| 竹山县 | | | | | | | | | | |
| 竹溪县 | | | | | | | | | | |
| 房县 | | | | | | | | | | |
| **荆州市** | **46** | **434000** | **32** | **97** | **5662** | **14750** | **1709** | **10329** | **40** | **3320** |
| 荆州市辖区 | 5 | 180000 | 4 | 10 | 380 | 800 | 100 | 1300 | | |
| 江陵县 | 1 | 25000 | 1 | 1 | 1000 | 6000 | | | | |
| 松滋市 | 1 | 3000 | 1 | 3 | 800 | 800 | 2 | 500 | | |
| 公安县 | 5 | 38000 | 1 | 5 | 80 | 1000 | 40 | 1000 | | |
| 石首市 | 1 | 1500 | 1 | 1 | 50 | 10 | | | | |
| 监利县 | 6 | 36500 | 4 | 26 | 467 | 1980 | 375 | 2692 | | 120 |
| 洪湖市 | 27 | 150000 | 20 | 51 | 2885 | 4160 | 1192 | 4837 | 40 | 3200 |
| **宜昌市** | **10** | **50000** | **7** | **13** | **400** | **3250** | **160** | **250** | | **3300** |
| 宜昌市辖区 | | | | | | | | | | |
| 夷陵区 | | | | | | | | | | |
| 宜都市 | 3 | 10000 | 3 | 4 | 120 | 500 | | | | |
| 枝江市 | 4 | 23000 | 4 | 7 | 180 | 1250 | 60 | 250 | | 1200 |
| 当阳市 | | | | | | | | | | |
| 远安县 | | | | | | | | | | |
| 兴山县 | | | | | | | | | | |
| 秭归县 | | | | | | | | | | |
| 长阳县 | 3 | 17000 | | 2 | 100 | 1500 | 100 | | | 2100 |
| 五峰县 | | | | | | | | | | |
| **襄阳市** | **5** | **5510** | **1** | **4** | **200.5** | **200.5** | | **35** | | |
| 襄阳市辖区 | | | | | | | | | | |
| 老河口市 | 5 | 5510 | 1 | 3 | 200 | 200 | | 35 | | |
| 襄州区 | | | | | | | | | | |
| 枣阳市 | | | | 1 | 0.5 | 0.5 | | | | |
| 宜城市 | | | | | | | | | | |
| 南漳县 | | | | | | | | | | |
| 谷城县 | | | | | | | | | | |
| 保康县 | | | | | | | | | | |

续表1

| 指标名称 | 水产加工企业 | | | 水产冷库 | | | | 部分水产品年加工量(吨) | | |
|---|---|---|---|---|---|---|---|---|---|---|
| | 总数(个) | 加工能力(吨/年) | 其中:规模以上(个) | 座数(座) | 冻结能力(吨/日) | 冷藏能力(吨/次) | 制冰能力(吨/日) | 克氏螯虾 | 罗非鱼 | 斑点叉尾鮰 |
| **鄂州市** | **20** | **111700** | **10** | **18** | **4130** | **4173** | **2190** | | | |
| **荆门市** | **14** | **81000** | **10** | **20** | **565** | **3394** | **453** | **1555** | | |
| 荆门市辖区 | 2 | 9000 | 1 | 3 | 100 | 164 | 33 | | | |
| 沙洋县 | 4 | 36000 | 4 | 6 | 115 | 330 | 100 | 600 | | |
| 钟祥市 | 6 | 26000 | 4 | 8 | 200 | 2000 | 200 | 700 | | |
| 京山县 | 2 | 10000 | 1 | 3 | 150 | 900 | 120 | 255 | | |
| 沙洋农场 | | | | | | | | | | |
| **孝感市** | **20** | **27700** | **4** | **10** | **41** | **1703** | **110** | **1128** | | |
| 孝感市辖区 | 1 | 2200 | | | | | | | | |
| 孝昌县 | | | | | | | | | | |
| 大悟县 | | | | | | | | | | |
| 安陆县 | | | | | | | | | | |
| 云梦县 | 10 | 10000 | 2 | 4 | | 1500 | | | | |
| 应城县 | 2 | 3010 | 1 | 3 | 11 | 203 | 10 | 302 | | |
| 汉川市 | 7 | 12490 | 1 | 3 | 30 | | 100 | 826 | | |
| **黄冈市** | **20** | **61900** | **5** | **25** | **1290** | **1653** | **416** | **1774** | **185** | **100** |
| 黄州区 | 4 | 1500 | | 1 | 10 | 50 | 10 | | | |
| 团风县 | | | | | | | | | | |
| 红安县 | 1 | 900 | | 3 | 12 | 8 | 6 | | | |
| 麻城市 | | | | 1 | 8 | 10 | 5 | | | |
| 罗田县 | 1 | 1000 | 1 | 2 | 50 | 50 | | | | |
| 英山县 | | | | | | | | | | |
| 浠水县 | 5 | 30000 | 1 | 9 | 500 | 480 | 50 | 1214 | 185 | 100 |
| 蕲春县 | 2 | 5500 | | 2 | 550 | 600 | 300 | | | |
| 武穴市 | 2 | 15000 | 2 | 3 | 105 | 35 | 42 | 560 | | |
| 黄梅县 | 3 | 2000 | | 3 | 25 | 120 | 3 | | | |
| 龙感湖区 | 2 | 6000 | 1 | 1 | 30 | 300 | | | | |
| **咸宁市** | **10** | **27400** | **3** | **17** | **130** | **1630** | **200** | **160** | | **116** |
| 咸安区 | 1 | 5000 | 1 | | | | | | | |
| 嘉鱼县 | 3 | 12900 | | 7 | | 1200 | | 160 | | 116 |
| 赤壁市 | 3 | 9100 | 1 | 5 | 30 | 40 | | | | |
| 通城县 | | | | | | | | | | |
| 崇阳县 | | | | | | | | | | |
| 通山县 | 3 | 400 | 1 | 5 | 100 | 400 | 200 | | | |
| **随州市** | **2** | **9000** | **2** | **5** | **45** | **6000** | **37** | **400** | | **100** |
| 广水市 | 1 | 6000 | 1 | 1 | 25 | 3000 | 20 | 300 | | 100 |
| 随县 | | | | | | | | | | |
| 曾都区 | 1 | 3000 | 1 | 4 | 20 | 3000 | 17 | 100 | | |
| **恩施州** | | | | | | | | | | |
| 恩施市 | | | | | | | | | | |
| 利川市 | | | | | | | | | | |
| 建始县 | | | | | | | | | | |
| 巴东县 | | | | | | | | | | |
| 宣恩县 | | | | | | | | | | |
| 咸丰县 | | | | | | | | | | |
| 来凤县 | | | | | | | | | | |
| 鹤峰县 | | | | | | | | | | |
| **仙桃市** | **12** | **80000** | **8** | **4** | **150** | **2000** | **100** | **800** | | |
| **天门市** | **4** | **20000** | **3** | **4** | **60** | **2000** | **200** | **150** | **50** | **100** |
| **潜江市** | **12** | **83000** | **7** | **28** | **47150** | **23500** | **185** | **14745** | **800** | **2351** |
| **神农架林区** | | | | | | | | | | |

# 水产加工业(二)

| 指标名称 | 水产加工品(吨) | | | | | | | | | | | 用于加工的水产品总量(吨) |
|---|---|---|---|---|---|---|---|---|---|---|---|---|
| | 总量 | 水产品冷冻 | | | 鱼糜及干腌制品 | | | 罐制品 | 鱼粉 | 鱼油 | 其它 | |
| | | 小计 | #冷冻品 | #冷冻加工品 | 小计 | #鱼糜制品 | #干腌制品 | | | | | |
| **全省合计** | **671339** | **283571** | **88260** | **195311** | **356249** | **132981** | **223268** | **30437** | | | **1082** | **1281933** |
| **武汉市** | **64257** | **33780** | **6000** | **27780** | **26292** | **20838** | **5454** | **4185** | | | | **120662** |
| 武汉市辖区 | 35425 | 21480 | 6000 | 15480 | 11160 | 9765 | 1395 | 2785 | | | | 48810 |
| 蔡甸区 | 5900 | | | | 4900 | 4900 | | 1000 | | | | 9834 |
| 江夏区 | 3540 | 900 | | 900 | 2640 | 130 | 2510 | | | | | 6950 |
| 黄陂区 | 4160 | 1900 | | 1900 | 1160 | 1160 | | 1100 | | | | 10340 |
| 新洲区 | 22456 | 9500 | | 9500 | 12956 | 11407 | 1549 | | | | | 44728 |
| **黄石市** | **16390** | **600** | **600** | | **15710** | **1830** | **13880** | **80** | | | | **20311** |
| 黄石市辖区 | | | | | | | | | | | | |
| 大冶市 | 10640 | 600 | 600 | | 9960 | 940 | 9020 | 80 | | | | 13990 |
| 阳新县 | 5750 | | | | 5750 | 890 | 4860 | | | | | 6321 |
| **十堰市** | **7000** | **2000** | **500** | **1500** | **5000** | | **5000** | | | | | **15500** |
| 十堰市辖区 | | | | | | | | | | | | |
| 丹江口市 | 7000 | 2000 | 500 | 1500 | 5000 | | 5000 | | | | | 15500 |
| 郧县 | | | | | | | | | | | | |
| 郧西县 | | | | | | | | | | | | |
| 竹山县 | | | | | | | | | | | | |
| 竹溪县 | | | | | | | | | | | | |
| 房县 | | | | | | | | | | | | |
| **荆州市** | **249892** | **93761** | **45665** | **48096** | **152691** | **50014** | **102677** | **3440** | | | | **412904** |
| 荆州市辖区 | 44160 | 11000 | 7000 | 4000 | 29720 | 20285 | 2120 | 3440 | | | | 99840 |
| 江陵县 | 1830 | | | | 1830 | 1830 | | | | | | 7320 |
| 松滋市 | 2000 | 1800 | 1800 | | 570 | | 200 | | | | | 3000 |
| 公安县 | 35000 | 29500 | 8000 | 11500 | 5500 | 4500 | 1000 | | | | | 21900 |
| 石首市 | 600 | 600 | | 600 | | | | | | | | 1350 |
| 监利县 | 41286 | 12602 | 13080 | 4522 | 8684 | 3684 | 5000 | | | | | 63700 |
| 洪湖市 | 125016 | 38259 | 15785 | 27474 | 106387 | 19715 | 94357 | | | | | 285794 |
| **宜昌市** | **29870** | **27300** | **5000** | **22300** | **2567** | **200** | **2367** | **3** | | | | **46500** |
| 宜昌市辖区 | | | | | | | | | | | | |
| 夷陵区 | | | | | | | | | | | | |
| 宜都市 | 9925 | 9555 | 1055 | 8500 | 367 | | 367 | 3 | | | | 13000 |
| 枝江市 | 9945 | 9745 | 3945 | 5800 | 200 | 200 | | | | | | 17500 |
| 当阳市 | | | | | | | | | | | | |
| 远安县 | | | | | | | | | | | | |
| 兴山县 | | | | | | | | | | | | |
| 秭归县 | | | | | | | | | | | | |
| 长阳县 | 10000 | 8000 | | 8000 | 2000 | | 2000 | | | | | 16000 |
| 五峰县 | | | | | | | | | | | | |
| **襄阳市** | **2488** | **2095** | **2065** | **30** | **393** | | **393** | | | | | **7040** |
| 襄阳市辖区 | | | | | | | | | | | | |
| 老河口市 | 1688 | 1510 | 1510 | | 178 | | 178 | | | | | 4890 |
| 襄州区 | | | | | | | | | | | | |
| 枣阳市 | 550 | 485 | 485 | | 65 | | 65 | | | | | 1550 |
| 宜城市 | | | | | | | | | | | | |
| 南漳县 | 250 | 100 | 70 | 30 | 150 | | 150 | | | | | 600 |
| 谷城县 | | | | | | | | | | | | |
| 保康县 | | | | | | | | | | | | |

续表1

| 指标名称 | 水产加工品（吨） | | | | | | | | | | | 用于加工的水产品总量（吨） |
|---|---|---|---|---|---|---|---|---|---|---|---|---|
| | 总量 | 水产品冷冻 | | | 鱼糜及干腌制品 | | | 罐制品 | 鱼粉 | 鱼油 | 其它 | |
| | | 小计 | #冷冻品 | #冷冻加工品 | 小计 | #鱼糜制品 | #干腌制品 | | | | | |
| **鄂州市** | **96157** | **3262** | **1232** | **2030** | **70315** | **19017** | **51298** | **####** | | | **37** | **175356** |
| **荆门市** | **75688** | **43460** | **5000** | **38460** | **32228** | **19180** | **13048** | | | | | **158642** |
| 荆门市辖区 | 6440 | 2200 | 2200 | | 4240 | 1240 | 3000 | | | | | 8630 |
| 沙洋县 | 37489 | 24050 | 1002 | 23048 | 13439 | 6639 | 6800 | | | | | 58037 |
| 钟祥市 | 19029 | 7380 | 998 | 6382 | 11649 | 10051 | 1598 | | | | | 64910 |
| 京山县 | 12030 | 9830 | 800 | 9030 | 2200 | 1050 | 1150 | | | | | 25575 |
| 沙洋农场 | 700 | | | | 700 | 200 | 500 | | | | | 1490 |
| **孝感市** | **16580** | **8740** | **5605** | **3135** | **7840** | **2260** | **5580** | | | | | **33850** |
| 孝感市辖区 | 40 | | | | 40 | 40 | | | | | | 50 |
| 孝昌县 | | | | | | | | | | | | |
| 大悟县 | | | | | | | | | | | | |
| 安陆县 | | | | | | | | | | | | |
| 云梦县 | 7030 | 530 | | 530 | 6500 | 2000 | 4500 | | | | | 16000 |
| 应城县 | 1610 | 810 | 5 | 805 | 800 | 20 | 780 | | | | | 2800 |
| 汉川市 | 7900 | 7400 | 5600 | 1800 | 500 | 200 | 300 | | | | | 15000 |
| **黄冈市** | **42076** | **15179** | **7023** | **8156** | **26896** | **15522** | **11374** | **1** | | | | **92542** |
| 黄州区 | 1670 | 40 | | 40 | 1630 | 950 | 680 | | | | | 2580 |
| 团风县 | 1500 | | | | 1500 | 700 | 800 | | | | | 1652 |
| 红安县 | 420 | 275 | 195 | 80 | 145 | 60 | 85 | | | | | 850 |
| 麻城市 | 1600 | 292 | 240 | 52 | 1308 | 1300 | 8 | | | | | 5600 |
| 罗田县 | 1200 | 650 | 650 | | 550 | 200 | 350 | | | | | 2600 |
| 英山县 | 440 | | | | 440 | 30 | 410 | | | | | 885 |
| 浠水县 | 16984 | 7223 | 4075 | 3148 | 8620 | 4500 | 4120 | 1 | | | | 44968 |
| 蕲春县 | 10240 | 4250 | 1500 | 2750 | 7150 | 3850 | 3300 | | | | | 10780 |
| 武穴市 | 3522 | 2049 | 63 | 1986 | 1453 | 632 | 821 | | | | | 12327 |
| 黄梅县 | 2700 | 400 | 300 | 100 | 2300 | 1500 | 800 | | | | | 7800 |
| 龙感湖区 | 1800 | | | | 1800 | 1800 | | | | | | 2500 |
| **咸宁市** | **11705** | **6515** | **5325** | **1190** | **5170** | **2620** | **2550** | | | | **20** | **34225** |
| 咸安区 | 1270 | | | | 1250 | 850 | 400 | | | | 20 | 5000 |
| 嘉鱼县 | 3450 | 2650 | 2000 | 650 | 800 | 500 | 300 | | | | | 12900 |
| 赤壁市 | 5485 | 3415 | 3025 | 390 | 2070 | 1220 | 850 | | | | | 13000 |
| 通城县 | 200 | | | | 200 | | 200 | | | | | 420 |
| 崇阳县 | 350 | | | | 350 | | 350 | | | | | 905 |
| 通山县 | 950 | 450 | 300 | 150 | 500 | 50 | 450 | | | | | 2000 |
| **随州市** | **2080** | **2080** | | **2080** | | | | | | | | **12320** |
| 广水市 | 1500 | 1500 | | 1500 | | | | | | | | 8800 |
| 随县 | | | | | | | | | | | | |
| 曾都区 | 580 | 580 | | 580 | | | | | | | | 3520 |
| **恩施州** | | | | | | | | | | | | |
| 恩施市 | | | | | | | | | | | | |
| 利川市 | | | | | | | | | | | | |
| 建始县 | | | | | | | | | | | | |
| 巴东县 | | | | | | | | | | | | |
| 宣恩县 | | | | | | | | | | | | |
| 咸丰县 | | | | | | | | | | | | |
| 来凤县 | | | | | | | | | | | | |
| 鹤峰县 | | | | | | | | | | | | |
| **仙桃市** | **13917** | **5260** | **2045** | **3215** | **8657** | | **8657** | | | | | **38215** |
| **天门市** | **9400** | **8800** | **1000** | **7800** | **600** | | **600** | | | | | **35220** |
| **潜江市** | **33839** | **30739** | **1200** | **29539** | **1890** | **1500** | **390** | **185** | | | **1025** | **78646** |
| **神农架林区** | | | | | | | | | | | | |

# 渔业人口与从业人员

| 指标名称 | 渔业乡(个) | 渔业村(个) | 渔业户(户) | 渔业人口(人) |  | 渔业从业人员(人) |  |  |  |  |  |  |
|---|---|---|---|---|---|---|---|---|---|---|---|---|
|  |  |  |  | 小计 | 其中:传统渔民 | 合计 | 其中:专业从业人员 |  |  |  | 兼业从业人员 | 临时从业人员 |
|  |  |  |  |  |  |  | 小计 | 捕捞 | 养殖 | 其它 |  |  |
| **全省合计** | **51** | **889** | **532879** | **1895384** | **836378** | **1272804** | **896298** | **89195** | **759919** | **47184** | **265114** | **111392** |
| **武汉市** |  | **132** | **61292** | **193702** | **96489** | **139461** | **99670** | **10958** | **81568** | **7144** | **31062** | **8729** |
| 武汉市辖区 |  | 100 | 9257 | 30447 | 11425 | 22085 | 18108 | 1961 | 15330 | 817 | 3320 | 657 |
| 蔡甸区 |  | 17 | 6375 | 22950 | 8736 | 24380 | 11969 | 2642 | 9327 |  | 8651 | 3760 |
| 江夏区 |  | 7 | 20385 | 53477 | 44718 | 39154 | 30549 | 3478 | 26176 | 895 | 6428 | 2177 |
| 黄陂区 |  | 8 | 13890 | 50460 | 21790 | 26080 | 20435 | 1810 | 13800 | 4825 | 4590 | 1055 |
| 新洲区 |  |  | 11385 | 36368 | 9820 | 27762 | 18609 | 1067 | 16935 | 607 | 8073 | 1080 |
| **黄石市** | **1** | **21** | **13131** | **50256** | **9546** | **44491** | **23912** | **2740** | **20469** | **703** | **16932** | **3647** |
| 黄石市辖区 | 1 | 8 | 505 | 1493 | 920 | 2361 | 1305 | 277 | 783 | 245 | 885 | 171 |
| 大冶市 |  | 2 | 6625 | 29798 | 1876 | 16239 | 11756 | 1942 | 9518 | 296 | 3187 | 1296 |
| 阳新县 |  | 11 | 6001 | 18965 | 6750 | 25891 | 10851 | 521 | 10168 | 162 | 12860 | 2180 |
| **十堰市** |  |  | **10064** | **40353** | **21294** | **18570** | **13705** | **5788** | **5828** | **2089** | **3990** | **875** |
| 十堰市辖区 |  |  | 695 | 2772 | 2224 | 1962 | 1482 | 100 | 432 | 950 | 230 | 250 |
| 丹江口市 |  |  | 4673 | 22454 | 10535 | 9612 | 8141 | 3551 | 3564 | 1026 | 1101 | 370 |
| 郧县 |  |  | 3400 | 10000 | 4900 | 3670 | 2370 | 1500 | 870 |  | 1100 | 200 |
| 郧西县 |  |  | 273 | 1061 | 380 | 744 | 691 | 305 | 301 | 85 | 28 | 25 |
| 竹山县 |  |  | 366 | 1292 | 1150 | 927 | 306 | 102 | 179 | 25 | 621 |  |
| 竹溪县 |  |  | 155 | 665 | 605 | 453 | 403 | 80 | 320 | 3 | 50 |  |
| 房县 |  |  | 502 | 2109 | 1500 | 1202 | 312 | 150 | 162 |  | 860 | 30 |
| **荆州市** | **13** | **261** | **108315** | **364714** | **186750** | **281636** | **222567** | **19572** | **195137** | **8058** | **42128** | **16941** |
| 荆州市辖区 |  | 8 | 12506 | 36257 | 9136 | 28867 | 21713 | 1068 | 19379 | 1266 | 3304 | 3850 |
| 江陵县 |  | 1 | 3343 | 12336 | 3122 | 6832 | 5423 | 727 | 4601 | 95 | 1136 | 273 |
| 松滋市 |  | 16 | 4880 | 14130 | 4700 | 12850 | 9745 | 1210 | 8446 | 289 | 2704 | 401 |
| 公安县 | 1 | 53 | 8171 | 28467 | 7280 | 20731 | 18281 | 1670 | 15278 | 1333 | 1605 | 845 |
| 石首市 |  |  | 3450 | 9625 | 8600 | 4302 | 3605 | 1325 | 1925 | 355 | 452 | 245 |
| 监利县 | 1 | 90 | 35105 | 131299 | 57412 | 98054 | 67800 | 10572 | 54508 | 2720 | 20127 | 10127 |
| 洪湖市 | 11 | 93 | 40860 | 132600 | 96500 | 110000 | 96000 | 3000 | 91000 | 2000 | 12800 | 1200 |
| **宜昌市** |  | **15** | **22078** | **78534** | **15489** | **56163** | **34692** | **4654** | **26304** | **3734** | **13502** | **7969** |
| 宜昌市辖区 |  |  | 213 | 620 | 330 | 330 | 200 | 100 | 100 |  | 130 |  |
| 夷陵区 |  |  | 5723 | 13093 | 1405 | 9441 | 2445 | 905 | 1335 | 205 | 3345 | 3651 |
| 宜都市 |  | 2 | 770 | 8102 | 3102 | 5700 | 2700 | 300 | 400 | 2000 | 3000 |  |
| 枝江市 |  | 4 | 9373 | 32093 | 1457 | 20301 | 13986 | 444 | 13114 | 428 | 3728 | 2587 |
| 当阳市 |  | 7 | 4265 | 14024 | 6873 | 11062 | 8363 | 355 | 7417 | 591 | 1573 | 1126 |
| 远安县 |  |  |  |  |  | 3820 | 2758 | 580 | 1910 | 268 | 960 | 102 |
| 兴山县 |  |  | 10 | 30 |  | 24 | 4 |  | 4 |  | 20 |  |
| 秭归县 |  |  | 624 | 2215 | 258 | 2578 | 2144 | 1072 | 964 | 108 | 434 |  |
| 长阳县 |  | 2 | 1100 | 8357 | 2064 | 2823 | 2064 | 898 | 1032 | 134 | 256 | 503 |
| 五峰县 |  |  |  |  |  | 84 | 28 |  | 28 |  | 56 |  |
| **襄阳市** | **4** | **34** | **43315** | **112327** | **48436** | **64158** | **41675** | **4649** | **2380** | **1455** | **320** | **1824** |
| 襄阳市辖区 |  | 1 | 5830 | 11704 | 9170 | 7068 | 4437 | 810 | 3357 | 270 | 1768 | 863 |
| 老河口市 | 1 | 5 | 16031 | 29810 | 12538 | 7147 | 5299 | 810 | 4400 | 89 | 1470 | 378 |
| 襄州区 |  | 1 | 4756 | 24510 | 19985 | 12225 | 9025 | 1412 | 6855 | 758 | 1985 | 1215 |
| 枣阳市 |  | 4 | 6715 | 28178 | 4610 | 15220 | 9170 | 850 | 8150 | 170 | 3650 | 2400 |
| 宜城市 | 1 | 4 | 5723 | 11573 | 120 | 7489 | 3381 | 241 | 3120 | 20 | 2658 | 1450 |
| 南漳县 | 2 | 10 | 3000 |  | 1500 | 8500 | 6000 |  | 4000 | 2000 | 2000 | 500 |
| 谷城县 |  | 9 | 1240 | 6502 | 508 | 6502 | 4358 | 523 | 2380 | 1455 | 320 | 1824 |
| 保康县 |  |  | 20 | 50 | 5 | 7 | 5 | 3 | 2 |  | 1 | 1 |

续表1

| 指标名称 | 渔业乡(个) | 渔业村(个) | 渔业户(户) | 渔业人口(人) |  | 渔业从业人员(人) |  |  |  |  |  |  |
|---|---|---|---|---|---|---|---|---|---|---|---|---|
|  |  |  |  | 小计 | 其中:传统渔民 | 合计 | 其中:专业从业人员 |  |  |  | 兼业从业人员 | 临时从业人员 |
|  |  |  |  |  |  |  | 小计 | 捕捞 | 养殖 | 其它 |  |  |
| **鄂州市** | **2** | **15** | **23247** | **94635** | **38546** | **58217** | **4304** | **416** | **37751** | **112** | **6668** | **8507** |
| **荆门市** | **5** | **151** | **50526** | **125667** | **66404** | **99361** | **7431** | **797** | **62683** | **365** | **20168** | **4881** |
| 荆门市辖区 |  | 5 | 15275 | 22890 | 8315 | 14374 | 9155 | 3128 | 4942 | 1085 | 4501 | 718 |
| 沙洋县 | 3 | 26 | 14667 | 48842 | 38887 | 32351 | 29069 | 2241 | 25547 | 1281 | 2269 | 1013 |
| 钟祥市 | 1 | 91 | 11621 | 29236 | 10575 | 30105 | 21982 | 1676 | 19070 | 1236 | 5983 | 2140 |
| 京山县 | 1 | 29 | 7662 | 20799 | 8627 | 19533 | 11227 | 932 | 10245 | 50 | 7296 | 1010 |
| 沙洋农场 |  |  | 1301 | 3900 |  | 2998 | 2879 |  | 2879 |  | 119 |  |
| **孝感市** | **1** | **39** | **3480** | **130550** | **79369** | **99763** | **6638** | **705** | **5539** | **392** | **22944** | **10435** |
| 孝感市辖区 |  |  | 6342 | 20127 | 13618 | 9147 | 8434 | 312 | 7750 | 372 | 246 | 467 |
| 孝昌县 |  |  | 3148 | 12216 | 12118 | 10771 | 9895 | 295 | 9600 |  | 596 | 280 |
| 大悟县 |  |  | 3024 | 11123 | 2803 | 10113 | 4240 | 32 | 3733 | 475 | 5561 | 312 |
| 安陆县 |  | 1 | 5441 | 20104 | 11144 | 17461 | 9995 | 1696 | 6704 | 1595 | 6032 | 1434 |
| 云梦县 |  |  | 2860 | 10042 | 3313 | 7884 | 5486 | 640 | 4846 |  | 1536 | 862 |
| 应城县 |  |  | 5294 | 19470 | 6156 | 13631 | 9621 | 946 | 8561 | 114 | 3158 | 852 |
| 汉川市 | 1 | 38 | 8699 | 37468 | 30217 | 30756 | 18713 | 3137 | 14204 | 1372 | 5815 | 6228 |
| **黄冈市** | **11** | **165** | **55627** | **185451** | **64204** | **161804** | **9720** | **9350** | **8023** | **761** | **37576** | **27024** |
| 黄州区 | 1 | 7 | 4141 | 13191 | 7500 | 21000 | 13000 | 1049 | 11451 | 500 | 2000 | 6000 |
| 团风县 |  | 5 | 6451 | 12586 | 6302 | 6901 | 5411 | 215 | 4896 | 300 | 1300 | 190 |
| 红安县 |  |  | 6123 | 19593 |  | 12858 | 7476 | 656 | 6290 | 530 | 4300 | 1082 |
| 麻城市 |  |  | 4986 | 13957 |  | 12966 | 9290 | 180 | 8920 | 190 | 3294 | 382 |
| 罗田县 |  |  | 2260 | 7580 | 1580 | 3420 | 1380 | 160 | 1220 |  | 1860 | 180 |
| 英山县 | 1 | 12 | 1390 | 3780 | 400 | 6922 | 1033 | 96 | 727 | 210 | 2767 | 3122 |
| 浠水县 | 1 | 23 | 8156 | 24468 | 12238 | 25647 | 19432 | 1586 | 17326 | 520 | 4895 | 1320 |
| 蕲春县 | 1 | 66 | 4900 | 14700 | 5787 | 19628 | 9108 | 583 | 7880 | 645 | 4150 | 6370 |
| 武穴市 |  | 2 | 5300 | 23850 | 4120 | 15305 | 8717 | 1125 | 7450 | 142 | 4710 | 1878 |
| 黄梅县 | 1 | 11 | 11358 | 50160 | 24900 | 35780 | 20980 | 3700 | 12700 | 4580 | 8300 | 6500 |
| 龙感湖区 | 6 | 39 | 562 | 1586 | 1377 | 1377 | 1377 |  | 1377 |  |  |  |
| **咸宁市** | **14** | **59** | **2258** | **101468** | **26913** | **57765** | **2782** | **345** | **2370** | **663** | **26475** | **3465** |
| 咸安区 | 8 | 26 | 2930 | 10815 | 4325 | 6358 | 3678 | 50 | 3580 | 48 | 1850 | 830 |
| 嘉鱼县 | 1 | 8 | 8412 | 33749 | 4579 | 15989 | 7059 | 1300 | 5609 | 150 | 8930 |  |
| 赤壁市 | 5 | 17 | 4385 | 21304 | 13049 | 18845 | 7835 | 345 | 7490 |  | 9120 | 1890 |
| 通城县 |  |  | 1610 | 5600 |  | 3210 | 2490 | 180 | 2260 | 50 | 440 | 280 |
| 崇阳县 |  | 4 | 3750 | 15000 | 960 | 7143 | 1713 | 248 | 1450 | 15 | 5065 | 365 |
| 通山县 |  | 4 | 1500 | 15000 | 4000 | 6220 | 5050 | 1330 | 3320 | 400 | 1070 | 100 |
| **随州市** |  |  | **2168** | **71349** | **6411** | **28059** | **1436** | **155** | **1193** | **877** | **9512** | **4180** |
| 广水市 |  |  | 1982 | 9367 | 3216 | 6235 | 1712 | 1070 | 370 | 272 | 4303 | 220 |
| 随县 |  |  | 17582 | 58514 | 895 | 18514 | 9855 | 288 | 9062 | 505 | 4865 | 3794 |
| 曾都区 |  |  | 2119 | 3468 | 2300 | 3310 | 2800 | 198 | 2502 | 100 | 344 | 166 |
| **恩施州** |  |  | **4713** | **15900** |  | **8278** | **3141** | **606** | **2535** |  | **2953** | **2184** |
| 恩施市 |  |  | 534 | 1602 |  | 660 | 250 | 40 | 210 |  | 180 | 230 |
| 利川市 |  |  | 1400 | 5300 |  | 2058 | 1018 | 68 | 950 |  | 580 | 460 |
| 建始县 |  |  | 20 | 79 |  | 206 | 20 |  | 20 |  | 102 | 84 |
| 巴东县 |  |  | 650 | 1980 |  | 1998 | 1040 | 400 | 640 |  | 580 | 378 |
| 宣恩县 |  |  | 1354 | 4268 |  | 1520 | 150 | 30 | 120 |  | 1050 | 320 |
| 咸丰县 |  |  | 235 | 751 |  | 684 | 208 | 23 | 185 |  | 126 | 350 |
| 来凤县 |  |  | 460 | 1680 |  | 905 | 415 | 35 | 380 |  | 230 | 260 |
| 鹤峰县 |  |  | 60 | 240 |  | 247 | 40 | 10 | 30 |  | 105 | 102 |
| **仙桃市** |  |  | **3749** | **131584** | **46554** | **103532** | **8469** | **370** | **7742** | **356** | **11940** | **6895** |
| **天门市** |  |  | **1287** | **49020** | **15175** | **38146** | **2406** | **112** | **2141** | **153** | **11690** | **2387** |
| **潜江市** |  | **6** | **1570** | **62785** | **41645** | **36232** | **2761** | **178** | **2479** | **103** | **7208** | **1406** |
| **神农架林区** |  | **4** | **424** |  | **853** | **614** | **525** | **57** | **468** |  | **46** | **43** |

# 渔业船舶拥有量(一)

| 指标名称 | 机动渔船合计 | | | 机动渔船按船长分 | | | | | | | | |
|---|---|---|---|---|---|---|---|---|---|---|---|---|
| | | | | 24米以上 | | | 12－24米 | | | 12米以下 | | |
| | 艘 | 总吨 | 千瓦 | 艘 | 总吨 | 千瓦 | 艘 | 总吨 | 千瓦 | 艘 | 总吨 | 千瓦 |
| **全省合计** | **50587** | | | **1** | **50** | **198** | **4235** | **18367** | **44638** | **46351** | | **373116** |
| **武汉市** | **2427** | **6060** | **28218** | **1** | **50** | **198** | **132** | **1038** | **3947** | **2294** | **4972** | **24073** |
| 武汉市辖区 | 877 | 2687 | 12963 | 1 | 50 | 198 | 19 | 181 | 1737 | 857 | 2456 | 11028 |
| 蔡甸区 | 304 | 381 | 2640 | | | | | | | 304 | 381 | 2640 |
| 江夏区 | 691 | 935 | 5878 | | | | 21 | 197 | 352 | 670 | 738 | 5526 |
| 黄陂区 | 295 | 610 | 3476 | | | | 37 | 224 | 960 | 258 | 386 | 2516 |
| 新洲区 | 260 | 1447 | 3261 | | | | 55 | 436 | 898 | 205 | 1011 | 2363 |
| **黄石市** | **3144** | **4333** | **19342** | | | | **352** | **903** | **2909** | **2792** | **3430** | **16433** |
| 黄石市辖区 | 812 | 1087 | 4786 | | | | 162 | 400 | 1200 | 650 | 687 | 3586 |
| 大冶市 | 931 | 1703 | 5389 | | | | 165 | 413 | 1320 | 766 | 1290 | 4069 |
| 阳新县 | 1401 | 1543 | 9167 | | | | 25 | 90 | 389 | 1376 | 1453 | 8778 |
| **十堰市** | **2096** | **9529** | **26369** | | | | **790** | **5920** | **7601** | **1306** | **3609** | **18768** |
| 十堰市辖区 | 195 | 185 | 1901 | | | | | | | 195 | 185 | 1901 |
| 丹江口市 | 995 | 4520 | 14462 | | | | 390 | 2800 | 3000 | 605 | 1720 | 11462 |
| 郧县 | 657 | 3536 | 7059 | | | | 400 | 3120 | 4601 | 257 | 416 | 2458 |
| 郧西 | 105 | 148 | 1507 | | | | | | | 105 | 148 | 1507 |
| 竹山县 | 12 | 30 | 180 | | | | | | | 12 | 30 | 180 |
| 竹溪县 | 28 | 70 | 420 | | | | | | | 28 | 70 | 420 |
| 房县 | 104 | 1040 | 840 | | | | | | | 104 | 1040 | 840 |
| **荆州市** | **21791** | **50734** | **153957** | | | | **1645** | **6766** | **18271** | **20146** | **43968** | **135686** |
| 荆州市辖区 | 3898 | 5837 | 22768 | | | | 160 | 108 | 324 | 3738 | 5729 | 22444 |
| 江陵县 | 90 | 135 | 451 | | | | | | | 90 | 135 | 451 |
| 松滋市 | 213 | 404 | 1391 | | | | 6 | 50 | 85 | 207 | 354 | 1306 |
| 公安县 | 701 | 1398 | 4017 | | | | | | | 701 | 1398 | 4017 |
| 石首市 | 689 | 689 | 6531 | | | | | | | 689 | 689 | 6531 |
| 监利县 | 6250 | 17255 | 54329 | | | | 32 | 122 | 496 | 6218 | 17133 | 53833 |
| 洪湖市 | 9950 | 25016 | 64470 | | | | 1447 | 6486 | 17366 | 8503 | 18530 | 47104 |
| **宜昌市** | **2470** | **5721** | **13038** | | | | **151** | **511** | **1591** | **2319** | **5210** | **11447** |
| 宜昌市辖区 | 328 | 547 | 1713 | | | | 2 | 87 | 121 | 326 | 460 | 1592 |
| 夷陵区 | 317 | 792 | 1173 | | | | | | | 317 | 792 | 1173 |
| 宜都市 | 495 | 745 | 2000 | | | | | | | 495 | 745 | 2000 |
| 枝江市 | 274 | 564 | 1966 | | | | 1 | 22 | 161 | 273 | 542 | 1805 |
| 当阳市 | 112 | 93 | 728 | | | | | | | 112 | 93 | 728 |
| 远安县 | 50 | 155 | 389 | | | | 50 | 155 | 389 | | | |
| 兴山县 | | | | | | | | | | | | |
| 秭归县 | 500 | 1500 | 2900 | | | | 96 | 203 | 768 | 404 | 1297 | 2132 |
| 长阳县 | 394 | 1325 | 2169 | | | | 2 | 44 | 152 | 392 | 1281 | 2017 |
| 五峰县 | | | | | | | | | | | | |
| **襄阳市** | **2509** | **4312** | **47329** | | | | | | | **2509** | **4312** | **47329** |
| 襄阳市辖区 | 467 | 950 | 9395 | | | | | | | 467 | 950 | 9395 |
| 老河口市 | 430 | 766 | 8237 | | | | | | | 430 | 766 | 8237 |
| 襄州区 | 200 | 715 | 3690 | | | | | | | 200 | 715 | 3690 |
| 枣阳市 | 419 | 700 | 7900 | | | | | | | 419 | 700 | 7900 |
| 宜城市 | 200 | 304 | 3011 | | | | | | | 200 | 304 | 3011 |
| 南漳县 | 200 | 275 | 864 | | | | | | | 200 | 275 | 864 |
| 谷城县 | 593 | 602 | 14232 | | | | | | | 593 | 602 | 14232 |
| 保康县 | | | | | | | | | | | | |

续表1

| 指标名称 | 机动渔船合计 | | | 机动渔船按船长分 | | | | | | | | |
|---|---|---|---|---|---|---|---|---|---|---|---|---|
| | 艘 | 总吨 | 千瓦 | 24米以上 | | | 12－24米 | | | 12米以下 | | |
| | | | | 艘 | 总吨 | 千瓦 | 艘 | 总吨 | 千瓦 | 艘 | 总吨 | 千瓦 |
| **鄂州市** | **479** | **1245** | **2173** | | | | **479** | **1245** | **2173** | | | |
| **荆门市** | **1870** | **3724** | **20543** | | | | | | | **1870** | **3724** | **20543** |
| 荆门市辖区 | 484 | 968 | 5408 | | | | | | | 484 | 968 | 5408 |
| 沙洋县 | 755 | 1510 | 6382 | | | | | | | 755 | 1510 | 6382 |
| 钟祥市 | 423 | 846 | 5830 | | | | | | | 423 | 846 | 5830 |
| 京山县 | 208 | 400 | 2923 | | | | | | | 208 | 400 | 2923 |
| 沙洋农场 | | | | | | | | | | | | |
| **孝感市** | **2950** | **4829** | **23898** | | | | | | | **2950** | **4829** | **23898** |
| 孝感市辖区 | 412 | 565 | 3608 | | | | | | | 412 | 565 | 3608 |
| 孝昌县 | 216 | 481 | 2536 | | | | | | | 216 | 481 | 2536 |
| 大悟县 | 205 | 685 | 3340 | | | | | | | 205 | 685 | 3340 |
| 安陆市 | 384 | 768 | 4159 | | | | | | | 384 | 768 | 4159 |
| 云梦县 | 284 | 346 | 1583 | | | | | | | 284 | 346 | 1583 |
| 应城县 | 589 | 746 | 4219 | | | | | | | 589 | 746 | 4219 |
| 汉川市 | 860 | 1238 | 4453 | | | | | | | 860 | 1238 | 4453 |
| **黄冈市** | **2540** | **5640** | **19284** | | | | **95** | **598** | **1828** | **2445** | **5042** | **17456** |
| 黄冈市辖区 | 146 | 394 | 1543 | | | | 1 | 9 | 135 | 145 | 385 | 1408 |
| 团风县 | 168 | 630 | 1505 | | | | 60 | 424 | 836 | 108 | 206 | 669 |
| 红安县 | 53 | 171 | 888 | | | | 27 | 140 | 626 | 26 | 31 | 262 |
| 麻城市 | 136 | 221 | 1661 | | | | 1 | 9 | 143 | 135 | 212 | 1518 |
| 罗田县 | 56 | 77 | 629 | | | | | | | 56 | 77 | 629 |
| 英山县 | 47 | 47 | 346 | | | | | | | 47 | 47 | 346 |
| 浠水县 | 274 | 586 | 2448 | | | | | | | 274 | 586 | 2448 |
| 蕲春县 | 311 | 323 | 1969 | | | | 6 | 16 | 88 | 305 | 307 | 1881 |
| 武穴市 | 169 | 557 | 1722 | | | | | | | 169 | 557 | 1722 |
| 黄梅县 | 1156 | 2610 | 6383 | | | | | | | 1156 | 2610 | 6383 |
| 龙感湖区 | 24 | 24 | 190 | | | | | | | 24 | 24 | 190 |
| **咸宁市** | **4162** | **8936** | **24658** | | | | | | | **4162** | **8936** | **24658** |
| 咸安区 | 1070 | 1937 | 4244 | | | | | | | 1070 | 1937 | 4244 |
| 嘉鱼县 | 915 | 1245 | 4712 | | | | | | | 915 | 1245 | 4712 |
| 赤壁市 | 508 | 1305 | 2576 | | | | | | | 508 | 1305 | 2576 |
| 通城县 | 293 | 710 | 2152 | | | | | | | 293 | 710 | 2152 |
| 崇阳县 | 378 | 1382 | 2448 | | | | | | | 378 | 1382 | 2448 |
| 通山县 | 998 | 2357 | 8526 | | | | | | | 998 | 2357 | 8526 |
| **随州市** | **950** | **1834** | **9443** | | | | **426** | **1005** | **4801** | **524** | **829** | **4642** |
| 广水市 | 359 | 417 | 4175 | | | | | | | 359 | 417 | 4175 |
| 随县 | 426 | 1005 | 4801 | | | | 426 | 1005 | 4801 | | | |
| 曾都区 | 165 | 412 | 467 | | | | | | | 165 | 412 | 467 |
| **恩施州** | **223** | **454** | **2141** | | | | **165** | **381** | **1517** | **58** | **73** | **624** |
| 恩施市 | 55 | 55 | 413 | | | | 40 | 40 | 300 | 15 | 15 | 113 |
| 利川市 | | | | | | | | | | | | |
| 建始县 | | | | | | | | | | | | |
| 巴东县 | 135 | 356 | 1262 | | | | 125 | 341 | 1217 | 10 | 15 | 45 |
| 宣恩县 | 23 | 23 | 414 | | | | | | | 23 | 23 | 414 |
| 咸丰县 | | | | | | | | | | | | |
| 来凤县 | | | | | | | | | | | | |
| 鹤峰县 | 10 | 20 | 52 | | | | | | | 10 | 20 | 52 |
| **仙桃市** | **452** | **917** | **3783** | | | | | | | **452** | **917** | **3783** |
| **天门市** | **466** | **1311** | **4540** | | | | | | | **466** | **1311** | **4540** |
| **潜江市** | **523** | **1196** | **6641** | | | | | | | **523** | **1196** | **6641** |
| **神农架林区** | **56** | **31** | **321** | | | | | | | **56** | **31** | **321** |
| **梁子湖** | **964** | **2034** | **9698** | | | | | | | **964** | **2034** | **9698** |
| **斧头湖** | **515** | **1305** | **2576** | | | | | | | **515** | **1305** | **2576** |

# 渔业船舶拥有量(机动渔船中的生产渔船)

| 指标名称 | 生产渔船合计 | | | 捕捞渔船小计 | | | | | |
|---|---|---|---|---|---|---|---|---|---|
| | | | | | | | 45-440千瓦 | | |
| | 艘 | 总吨 | 千瓦 | 艘 | 总吨 | 千瓦 | 艘 | 总吨 | 千瓦 |
| **全省合计** | **49951** | **111661** | **408434** | **26127** | **60828** | **226303** | **40** | **382** | **4518** |
| **武汉市** | **2332** | **5912** | **28649** | **1203** | **3434** | **19006** | **29** | **257** | **3506** |
| 武汉市辖区 | 875 | 2755 | 14963 | 538 | 1747 | 10258 | 29 | 257 | 3506 |
| 蔡甸区 | 275 | 352 | 1787 | 23 | 201 | 565 | | | |
| 江夏区 | 644 | 807 | 5554 | 361 | 524 | 3299 | | | |
| 黄陂区 | 278 | 551 | 3084 | 162 | 305 | 1893 | | | |
| 新洲区 | 260 | 1447 | 3261 | 119 | 657 | 2991 | | | |
| **黄石市** | **3062** | **5514** | **24239** | **1587** | **1984** | **11178** | | | |
| 黄石市辖区 | 768 | 2365 | 10013 | 160 | 300 | 2050 | | | |
| 大冶市 | 894 | 1636 | 5176 | 219 | 401 | 1268 | | | |
| 阳新县 | 1400 | 1513 | 9050 | 1208 | 1283 | 7860 | | | |
| **十堰市** | **1982** | **14979** | **37280** | **1449** | **13228** | **26258** | | | |
| 十堰市辖区 | 193 | 167 | 1866 | 176 | 151 | 1706 | | | |
| 丹江口市 | 977 | 10537 | 25332 | 671 | 10077 | 18075 | | | |
| 郧县 | 570 | 2998 | 7238 | 420 | 1792 | 4086 | | | |
| 郧西县 | 98 | 137 | 1404 | 78 | 108 | 1151 | | | |
| 竹山县 | 12 | 30 | 180 | 12 | 30 | 180 | | | |
| 竹溪县 | 28 | 70 | 420 | 28 | 70 | 420 | | | |
| 房县 | 104 | 1040 | 840 | 64 | 1000 | 640 | | | |
| **荆州市** | **21789** | **42916** | **133663** | **9852** | **18647** | **62572** | | | |
| 荆州市辖区 | 3898 | 5837 | 22768 | 183 | 370 | 1016 | | | |
| 江陵县 | 90 | 135 | 451 | 81 | 121 | 371 | | | |
| 松滋市 | 212 | 398 | 1296 | 114 | 177 | 501 | | | |
| 公安县 | 700 | 1231 | 3239 | 369 | 558 | 1349 | | | |
| 石首市 | 689 | 689 | 6531 | 542 | 542 | 4734 | | | |
| 监利县 | 6330 | 16884 | 45422 | 3363 | 8345 | 29275 | | | |
| 洪湖市 | 9870 | 17742 | 53956 | 5200 | 8534 | 25326 | | | |
| **宜昌市** | **2465** | **5636** | **12877** | **1849** | **4253** | **9436** | **2** | **80** | **562** |
| 宜昌市辖区 | 288 | 367 | 1613 | 288 | 367 | 1613 | 2 | 80 | 562 |
| 夷陵区 | 317 | 792 | 1173 | 317 | 792 | 1173 | | | |
| 宜都市 | 491 | 737 | 1892 | 388 | 582 | 1524 | | | |
| 枝江市 | 263 | 542 | 1805 | 119 | 357 | 708 | | | |
| 当阳市 | 112 | 93 | 728 | 52 | 42 | 338 | | | |
| 远安县 | 50 | 155 | 389 | 50 | 155 | 389 | | | |
| 兴山县 | 50 | 125 | 208 | 50 | 125 | 208 | | | |
| 秭归县 | 500 | 1500 | 2900 | 500 | 1500 | 2900 | | | |
| 长阳县 | 394 | 1325 | 2169 | 85 | 333 | 583 | | | |
| 五峰县 | | | | | | | | | |
| **襄阳市** | **2380** | **4499** | **45801** | **1647** | **2597** | **34643** | **9** | **45** | **450** |
| 襄阳市辖区 | 415 | 864 | 9188 | 332 | 684 | 8910 | 9 | 45 | 450 |
| 老河口市 | 408 | 1395 | 9653 | 246 | 685 | 6872 | | | |
| 襄州区 | 145 | 550 | 2840 | 63 | 245 | 1190 | | | |
| 枣阳市 | 419 | 700 | 7900 | 146 | 175 | 2386 | | | |
| 宜城市 | 200 | 291 | 3011 | 171 | 233 | 2653 | | | |
| 南漳县 | 200 | 75 | 864 | 200 | 75 | 864 | | | |
| 谷城县 | 593 | 624 | 12345 | 489 | 500 | 11768 | | | |
| 保康县 | | | | | | | | | |

续表1

| 指标名称 | 生产渔船合计 | | | 捕捞渔船小计 | | | | | |
|---|---|---|---|---|---|---|---|---|---|
| | 艘 | 总吨 | 千瓦 | 艘 | 总吨 | 千瓦 | 45–440千瓦 | | |
| | | | | | | | 艘 | 总吨 | 千瓦 |
| **鄂州市** | **443** | **1074** | **1830** | **366** | **878** | **1518** | | | |
| **荆门市** | **1862** | **3724** | **20543** | **900** | **1800** | **10677** | | | |
| **荆门市辖区** | **484** | **968** | **5408** | **287** | **574** | **3248** | | | |
| 沙洋县 | 755 | 1510 | 6382 | 230 | 460 | 1882 | | | |
| 钟祥市 | 423 | 846 | 5830 | 297 | 594 | 3978 | | | |
| 京山县 | 200 | 400 | 2923 | 86 | 172 | 1569 | | | |
| 沙洋农场 | | | | | | | | | |
| **孝感市** | **2894** | **4609** | **22854** | **1684** | **2564** | **12043** | | | |
| 孝感市辖区 | 410 | 556 | 3450 | 303 | 435 | 2650 | | | |
| 孝昌县 | 208 | 455 | 2377 | 73 | 161 | 849 | | | |
| 大悟县 | 205 | 685 | 3340 | 155 | 335 | 1940 | | | |
| 安陆市 | 343 | 686 | 3712 | 120 | 240 | 1299 | | | |
| 云梦县 | 282 | 282 | 1546 | 260 | 234 | 1258 | | | |
| 应城县 | 588 | 737 | 4116 | 150 | 225 | 1050 | | | |
| 汉川市 | 858 | 1208 | 4313 | 623 | 934 | 2997 | | | |
| **黄冈市** | **2521** | **5540** | **17886** | **1569** | **3216** | **8461** | | | |
| 黄州区 | 145 | 385 | 1408 | 80 | 205 | 836 | | | |
| 团风县 | 167 | 626 | 1450 | 89 | 264 | 519 | | | |
| 红安县 | 53 | 171 | 888 | | | | | | |
| 麻城市 | 135 | 219 | 1518 | | | | | | |
| 罗田县 | 56 | 77 | 629 | | | | | | |
| 英山县 | 47 | 47 | 346 | | | | | | |
| 浠水县 | 265 | 552 | 2007 | 178 | 312 | 882 | | | |
| 蕲春县 | 310 | 320 | 1876 | 185 | 185 | 1088 | | | |
| 武穴市 | 168 | 554 | 1596 | 39 | 167 | 279 | | | |
| 黄梅县 | 1151 | 2565 | 5978 | 998 | 2083 | 4857 | | | |
| 龙感湖区 | 24 | 24 | 190 | | | | | | |
| **咸宁市** | **4084** | **8836** | **24548** | **2188** | **4218** | **12332** | | | |
| 咸安区 | 1010 | 2692 | 6016 | | | | | | |
| 嘉鱼县 | 915 | 1702 | 4642 | 601 | 1021 | 2810 | | | |
| 赤壁市 | 508 | 1016 | 3022 | 292 | 584 | 1752 | | | |
| 通城县 | 293 | 710 | 2152 | 38 | 99 | 228 | | | |
| 崇阳县 | 375 | 750 | 2818 | 276 | 552 | 1656 | | | |
| 通山县 | 983 | 1966 | 5898 | 981 | 1962 | 5886 | | | |
| **随州市** | **949** | **1830** | **9333** | **455** | **871** | **4779** | | | |
| 广水市 | 359 | 417 | 4175 | 181 | 212 | 2115 | | | |
| 随县 | 426 | 1005 | 4801 | 229 | 546 | 2537 | | | |
| 曾都区 | 164 | 408 | 357 | 45 | 113 | 127 | | | |
| **恩施州** | **220** | **415** | **1888** | **166** | **353** | **1288** | | | |
| 恩施市 | 55 | 55 | 413 | 39 | 39 | 294 | | | |
| 利川市 | | | | | | | | | |
| 建始县 | | | | | | | | | |
| 巴东县 | 133 | 320 | 1039 | 127 | 314 | 994 | | | |
| 宣恩县 | 22 | 20 | 384 | | | | | | |
| 咸丰县 | | | | | | | | | |
| 来凤县 | | | | | | | | | |
| 鹤峰县 | 10 | 20 | 52 | | | | | | |
| **仙桃市** | **451** | **912** | **3754** | **451** | **912** | **3754** | | | |
| **天门市** | **464** | **824** | **4288** | **245** | **598** | **1940** | | | |
| **潜江市** | **522** | **1194** | **6551** | **377** | **1032** | **5507** | | | |
| **神农架林区** | **56** | **31** | **556** | **56** | **31** | **556** | | | |
| **梁子湖** | **962** | **2011** | **9418** | **45** | **113** | **127** | | | |
| **斧头湖** | **513** | **1205** | **2476** | **38** | **99** | **228** | | | |

续表2

| 指标名称 | 捕捞渔船小计 | | | 养殖渔船小计 | | |
|---|---|---|---|---|---|---|
| | 44千瓦以下 | | | | | |
| | 艘 | 总吨 | 千瓦 | 艘 | 总吨 | 千瓦 |
| **全省合计** | **26087** | **60446** | **221785** | **23824** | **50833** | **182131** |
| **武汉市** | **1174** | **3177** | **15500** | **1129** | **2478** | **9643** |
| 武汉市辖区 | 509 | 1490 | 6752 | 337 | 1008 | 4705 |
| 蔡甸区 | 23 | 201 | 565 | 252 | 151 | 1222 |
| 江夏区 | 361 | 524 | 3299 | 283 | 283 | 2255 |
| 黄陂区 | 162 | 305 | 1893 | 116 | 246 | 1191 |
| 新洲区 | 119 | 657 | 2991 | 141 | 790 | 270 |
| **黄石市** | **1587** | **1984** | **11178** | **1475** | **3530** | **13061** |
| 黄石市辖区 | 160 | 300 | 2050 | 608 | 2065 | 7963 |
| 大冶市 | 219 | 401 | 1268 | 675 | 1235 | 3908 |
| 阳新县 | 1208 | 1283 | 7860 | 192 | 230 | 1190 |
| **十堰市** | **1449** | **13228** | **26258** | **533** | **1751** | **11022** |
| 十堰市辖区 | 176 | 151 | 1706 | 17 | 16 | 160 |
| 丹江口市 | 671 | 10077 | 18075 | 306 | 460 | 7257 |
| 郧县 | 420 | 1792 | 4086 | 150 | 1206 | 3152 |
| 郧西县 | 78 | 108 | 1151 | 20 | 29 | 253 |
| 竹山县 | 12 | 30 | 180 | | | |
| 竹溪县 | 28 | 70 | 420 | | | |
| 房县 | 64 | 1000 | 640 | 40 | 40 | 200 |
| **荆州市** | **9852** | **18647** | **62572** | **11937** | **24269** | **71091** |
| 荆州市辖区 | 183 | 370 | 1016 | 3715 | 5467 | 21752 |
| 江陵县 | 81 | 121 | 371 | 9 | 14 | 80 |
| 松滋市 | 114 | 177 | 501 | 98 | 221 | 795 |
| 公安县 | 369 | 558 | 1349 | 331 | 673 | 1890 |
| 石首市 | 542 | 542 | 4734 | 147 | 147 | 1797 |
| 监利县 | 3363 | 8345 | 29275 | 2967 | 8539 | 16147 |
| 洪湖市 | 5200 | 8534 | 25326 | 4670 | 9208 | 28630 |
| **宜昌市** | **1847** | **4173** | **8874** | **616** | **1383** | **3441** |
| 宜昌市辖区 | 286 | 287 | 1051 | | | |
| 夷陵区 | 317 | 792 | 1173 | | | |
| 宜都市 | 388 | 582 | 1524 | 103 | 155 | 368 |
| 枝江市 | 119 | 357 | 708 | 144 | 185 | 1097 |
| 当阳市 | 52 | 42 | 338 | 60 | 51 | 390 |
| 远安县 | 50 | 155 | 389 | | | |
| 兴山县 | 50 | 125 | 208 | | | |
| 秭归县 | 500 | 1500 | 2900 | | | |
| 长阳县 | 85 | 333 | 583 | 309 | 992 | 1586 |
| 五峰县 | | | | | | |
| **襄阳市** | **1638** | **2552** | **34193** | **733** | **1902** | **11158** |
| 襄樊市辖区 | 323 | 639 | 8460 | 83 | 180 | 278 |
| 老河口市 | 246 | 685 | 6872 | 162 | 710 | 2781 |
| 襄州区 | 63 | 245 | 1190 | 82 | 305 | 1650 |
| 枣阳市 | 146 | 175 | 2386 | 273 | 525 | 5514 |
| 宜城市 | 171 | 233 | 2653 | 29 | 58 | 358 |
| 南漳县 | 200 | 75 | 864 | | | |
| 谷城县 | 489 | 500 | 11768 | 104 | 124 | 577 |
| 保康县 | | | | | | |

续表3

| 指标名称 | 捕捞渔船小计 | | | 养殖渔船小计 | | |
|---|---|---|---|---|---|---|
| | 44千瓦以下 | | | 艘 | 总吨 | 千瓦 |
| | 艘 | 总吨 | 千瓦 | | | |
| **鄂州市** | **366** | **878** | **1518** | **77** | **196** | **312** |
| **荆门市** | **900** | **1800** | **10677** | **962** | **1924** | **9866** |
| 荆门市辖区 | 287 | 574 | 3248 | 197 | 394 | 2160 |
| 沙洋县 | 230 | 460 | 1882 | 525 | 1050 | 4500 |
| 钟祥市 | 297 | 594 | 3978 | 126 | 252 | 1852 |
| 京山县 | 86 | 172 | 1569 | 114 | 228 | 1354 |
| 沙洋农场 | | | | | | |
| **孝感市** | **1684** | **2564** | **12043** | **1210** | **2045** | **10811** |
| 孝感市辖区 | 303 | 435 | 2650 | 107 | 121 | 800 |
| 孝昌县 | 73 | 161 | 849 | 135 | 294 | 1528 |
| 大悟县 | 155 | 335 | 1940 | 50 | 350 | 1400 |
| 安陆市 | 120 | 240 | 1299 | 223 | 446 | 2413 |
| 云梦县 | 260 | 234 | 1258 | 22 | 48 | 288 |
| 应城县 | 150 | 225 | 1050 | 438 | 512 | 3066 |
| 汉川市 | 623 | 934 | 2997 | 235 | 274 | 1316 |
| **黄冈市** | **1569** | **3216** | **8461** | **952** | **2324** | **9425** |
| 黄州区 | 80 | 205 | 836 | 65 | 180 | 572 |
| 团风县 | 89 | 264 | 519 | 78 | 362 | 931 |
| 红安县 | | | | 53 | 171 | 888 |
| 麻城市 | | | | 135 | 219 | 1518 |
| 罗田县 | | | | 56 | 77 | 629 |
| 英山县 | | | | 47 | 47 | 346 |
| 浠水县 | 178 | 312 | 882 | 87 | 240 | 1125 |
| 蕲春县 | 185 | 185 | 1088 | 125 | 135 | 788 |
| 武穴市 | 39 | 167 | 279 | 129 | 387 | 1317 |
| 黄梅县 | 998 | 2083 | 4857 | 153 | 482 | 1121 |
| 龙感湖区 | | | | 24 | 24 | 190 |
| **咸宁市** | **2188** | **4218** | **12332** | **1896** | **4618** | **12216** |
| 咸安区 | | | | 1010 | 2692 | 6016 |
| 嘉鱼县 | 601 | 1021 | 2810 | 314 | 681 | 1832 |
| 赤壁市 | 292 | 584 | 1752 | 216 | 432 | 1270 |
| 通城县 | 38 | 99 | 228 | 255 | 611 | 1924 |
| 崇阳县 | 276 | 552 | 1656 | 99 | 198 | 1162 |
| 通山县 | 981 | 1962 | 5886 | 2 | 4 | 12 |
| **随州市** | **455** | **871** | **4779** | **494** | **959** | **4554** |
| 广水市 | 181 | 212 | 2115 | 178 | 205 | 2060 |
| 随县 | 229 | 546 | 2537 | 197 | 459 | 2264 |
| 曾都区 | 45 | 113 | 127 | 119 | 295 | 230 |
| **恩施州** | **166** | **353** | **1288** | **54** | **62** | **600** |
| 恩施市 | 39 | 39 | 294 | 16 | 16 | 119 |
| 利川市 | | | | | | |
| 建始县 | | | | | | |
| 巴东县 | 127 | 314 | 994 | 6 | 6 | 45 |
| 宣恩县 | | | | 22 | 20 | 384 |
| 咸丰县 | | | | | | |
| 来凤县 | | | | | | |
| 鹤峰县 | | | | 10 | 20 | 52 |
| **仙桃市** | **451** | **912** | **3754** | | | |
| **天门市** | **245** | **598** | **1940** | **219** | **226** | **2348** |
| **潜江市** | **377** | **1032** | **5507** | **145** | **162** | **1044** |
| **神农架林区** | **56** | **31** | **556** | | | |
| **梁子湖** | **45** | **113** | **127** | **917** | **1898** | **9291** |
| **斧头湖** | **38** | **99** | **228** | **475** | **1106** | **2248** |

## 渔业工业和建筑业产值、增加值

单位:万元

| 指标名称 | 渔业工业和建筑业产值合计 | 增加值合计 | 水产品加工 | | 渔机 | |
|---|---|---|---|---|---|---|
| | | | 产值 | 增加值 | 产值 | 增加值 |
| **全省合计** | **1840527** | **654899** | **1490193** | **526534** | **10087** | **5477** |
| **武汉市** | **142341** | **56742** | **109119** | **44884** | **2** | **1** |
| 武汉市辖区 | 43503 | 11897 | 41361 | 11136 | 2 | 1 |
| 蔡甸区 | 15878 | 11523 | 12718 | 10173 | | |
| 江夏区 | 23240 | 14640 | 11180 | 7043 | | |
| 黄陂区 | 12973 | 8310 | 12113 | 7960 | | |
| 新洲区 | 46747 | 10372 | 31747 | 8572 | | |
| **黄石市** | **30741** | **13642** | **23949** | **11229** | | |
| 黄石市辖区 | | | | | | |
| 大冶市 | 17538 | 8147 | 16746 | 7704 | | |
| 阳新县 | 13203 | 5495 | 7203 | 3525 | | |
| **十堰市** | **20000** | **6050** | **18500** | **5550** | **1500** | **500** |
| 十堰市辖区 | | | | | | |
| 丹江口市 | 20000 | 6050 | 18500 | 5550 | 1500 | 500 |
| 郧县 | | | | | | |
| 郧西县 | | | | | | |
| 竹山县 | | | | | | |
| 竹溪县 | | | | | | |
| 房县 | | | | | | |
| **荆州市** | **366391** | **111994** | **280701** | **86497** | | **60** |
| 荆州市辖区 | 46290 | 15859 | 43190 | 15489 | | |
| 江陵县 | 6025 | 894 | 4010 | 600 | | |
| 松滋市 | 2000 | 350 | 2000 | 350 | | |
| 公安县 | 83454 | 13771 | 46312 | 4150 | | |
| 石首市 | 2900 | 720 | 1500 | 300 | | |
| 监利县 | 43300 | 9925 | 40150 | 7100 | | 60 |
| 洪湖市 | 182422 | 70475 | 143539 | 58508 | | |
| **宜昌市** | **113861** | **52173** | **90700** | **44410** | **410** | **145** |
| 宜昌市辖区 | | | | | | |
| 夷陵区 | | | | | | |
| 宜都市 | 61800 | 37060 | 60200 | 36110 | | |
| 枝江市 | 39400 | 11975 | 20500 | 6300 | 200 | 65 |
| 当阳市 | 1451 | 558 | | | | |
| 远安县 | | | | | | |
| 兴山县 | | | | | | |
| 秭归县 | 210 | 80 | | | 210 | 80 |
| 长阳县 | 11000 | 2500 | 10000 | 2000 | | |
| 五峰县 | | | | | | |
| **襄阳市** | **9534** | **4213** | **3317** | **1435** | | |
| 襄阳市辖区 | 428 | 963 | | | | |
| 老河口市 | 2860 | 1247 | 2530 | 1080 | | |
| 襄州区 | 685 | 265 | | | | |
| 枣阳市 | 3925 | 1030 | 735 | 335 | | |
| 宜城市 | 350 | 150 | | | | |
| 南漳县 | 200 | 140 | | | | |
| 谷城县 | 1046 | 398 | 52 | 20 | | |
| 保康县 | 40 | 20 | | | | |

续表1　　　　　　　　　　　　　　　　　　　　　　　　　　　　　　　　单位:万元

| 指标名称 | 渔业工业和建筑业产值合计 | 增加值合计 | 水产品加工 | | 渔机 | |
|---|---|---|---|---|---|---|
| | | | 产值 | 增加值 | 产值 | 增加值 |
| **鄂州市** | **214245** | **99109** | **204295** | **95168** | | |
| **荆门市** | **392949** | **120132** | **354569** | **106372** | | |
| 荆门市辖区 | 20875 | 6844 | 11365 | 3410 | | |
| 沙洋县 | 162295 | 49425 | 150715 | 45215 | | |
| 钟祥市 | 156489 | 47520 | 145729 | 43719 | | |
| 京山县 | 51190 | 15713 | 44660 | 13398 | | |
| 沙洋农场 | 2100 | 630 | 2100 | 630 | | |
| **孝感市** | **56893** | **13888** | **53244** | **13061** | **580** | **40** |
| 孝感市辖区 | 62 | 51 | 62 | 51 | | |
| 孝昌县 | 145 | 45 | | | | |
| 大悟县 | 199 | 125 | | | | |
| 安陆县 | 57 | | 32 | | | |
| 云梦县 | 21500 | 9890 | 21500 | 9890 | | |
| 应城县 | 5930 | 2637 | 4300 | 2170 | | |
| 汉川市 | 29000 | 1140 | 27350 | 950 | 580 | 40 |
| **黄冈市** | **202502** | **82076** | **97423** | **42353** | **300** | **100** |
| 黄州区 | 9250 | 3780 | 950 | 410 | | |
| 团风县 | 32081 | 12932 | 29381 | 11752 | | |
| 红安县 | 1380 | 474 | 760 | 345 | | |
| 麻城市 | 7198 | 2923 | 5863 | 2150 | | |
| 罗田县 | 1600 | 960 | 600 | 360 | | |
| 英山县 | 445 | 141 | | | | |
| 浠水县 | 39479 | 16457 | 29500 | 13275 | | |
| 蕲春县 | 6630 | 2533 | 3760 | 1513 | | |
| 武穴市 | 24269 | 10296 | 15809 | 7588 | | |
| 黄梅县 | 68950 | 27360 | 8000 | 3700 | 300 | 100 |
| 龙感湖区 | 11220 | 4220 | 2800 | 1260 | | |
| **咸宁市** | **43784** | **24673** | **38599** | **21814** | **135** | **99** |
| 咸安区 | 16117 | 13684 | 13867 | 12344 | | |
| 嘉鱼县 | 10282 | 1663 | 10282 | 1663 | | |
| 赤壁市 | 11515 | 6909 | 9400 | 5640 | 15 | 9 |
| 通城县 | | | | | | |
| 崇阳县 | 1050 | 567 | 1050 | 567 | | |
| 通山县 | 4820 | 1850 | 4000 | 1600 | 120 | 90 |
| **随州市** | **22480** | **8750** | **22480** | **8750** | | |
| 广水市 | 11200 | 7470 | 11200 | 7470 | | |
| 随县 | | | | | | |
| 曾都区 | 11280 | 1280 | 11280 | 1280 | | |
| **恩施州** | | | | | | |
| 恩施市 | | | | | | |
| 利川市 | | | | | | |
| 建始县 | | | | | | |
| 巴东县 | | | | | | |
| 宣恩县 | | | | | | |
| 咸丰县 | | | | | | |
| 来凤县 | | | | | | |
| 鹤峰县 | | | | | | |
| **仙桃市** | **73364** | **16970** | **47566** | **2415** | **7128** | **4515** |
| **天门市** | **62841** | **23532** | **57522** | **21858** | | |
| **潜江市** | **88551** | **20891** | **88209** | **20738** | **22** | **13** |
| **神农架林区** | | | | | | |

续表2 单位:万元

| 指标名称 | 渔用饲料 | | 渔用药物 | | 建筑 | | 其它 | |
|---|---|---|---|---|---|---|---|---|
| | 产值 | 增加值 | 产值 | 增加值 | 产值 | 增加值 | 产值 | 增加值 |
| **全省合计** | **195457** | **61259** | **7372** | **3583** | **134244** | **56995** | **3174** | **1050** |
| **武汉市** | **16495** | **2652** | **2020** | **1207** | **14705** | **7997** | | |
| 武汉市辖区 | 125 | 36 | | | 2015 | 724 | | |
| 蔡甸区 | 360 | 180 | 500 | 250 | 2300 | 920 | | |
| 江夏区 | 1010 | 636 | 1520 | 957 | 9530 | 6003 | | |
| 黄陂区 | | | | | 860 | 350 | | |
| 新洲区 | 15000 | 1800 | | | | | | |
| **黄石市** | **6606** | **2301** | **186** | **112** | | | | |
| 黄石市辖区 | | | | | | | | |
| 大冶市 | 606 | 331 | 186 | 112 | | | | |
| 阳新县 | 6000 | 1970 | | | | | | |
| **十堰市** | | | | | | | | |
| 十堰市辖区 | | | | | | | | |
| 丹江口市 | | | | | | | | |
| 郧县 | | | | | | | | |
| 郧西县 | | | | | | | | |
| 竹山县 | | | | | | | | |
| 竹溪县 | | | | | | | | |
| 房县 | | | | | | | | |
| **荆州市** | **59943** | **15241** | **636** | **369** | **23313** | **9430** | **1798** | **397** |
| 荆州市辖区 | 3100 | 370 | | | | | | |
| 江陵县 | 1637 | 128 | | | 378 | 166 | | |
| 松滋市 | | | | | | | | |
| 公安县 | 22706 | 2396 | | | 14300 | 7200 | 136 | 25 |
| 石首市 | 1400 | 420 | | | | | | |
| 监利县 | 1800 | 2516 | 50 | 29 | 1100 | 200 | 200 | 20 |
| 洪湖市 | 29300 | 9411 | 586 | 340 | 7535 | 1864 | 1462 | 352 |
| **宜昌市** | **6951** | **2458** | | | **15800** | **5160** | | |
| 宜昌市辖区 | | | | | | | | |
| 夷陵区 | | | | | | | | |
| 宜都市 | 1000 | 600 | | | 600 | 350 | | |
| 枝江市 | 5500 | 1700 | | | 13200 | 3910 | | |
| 当阳市 | 451 | 158 | | | 1000 | 400 | | |
| 远安县 | | | | | | | | |
| 兴山县 | | | | | | | | |
| 秭归县 | | | | | | | | |
| 长阳县 | | | | | 1000 | 500 | | |
| 五峰县 | | | | | | | | |
| **襄阳市** | **2818** | **603** | | | **3139** | **2075** | **300** | **160** |
| 襄阳市辖区 | 18 | 3 | | | 450 | 1020 | | |
| 老河口市 | | | | | 330 | 167 | | |
| 襄州区 | | | | | 385 | 105 | 300 | 160 |
| 枣阳市 | 2800 | 600 | | | 390 | 95 | | |
| 宜城市 | | | | | 350 | 150 | | |
| 南漳县 | | | | | 200 | 140 | | |
| 谷城县 | | | | | 994 | 378 | | |
| 保康县 | | | | | 40 | 20 | | |

续表3 单位:万元

| 指标名称 | 渔用饲料 | | 渔用药物 | | 建筑 | | 其它 | |
|---|---|---|---|---|---|---|---|---|
| | 产值 | 增加值 | 产值 | 增加值 | 产值 | 增加值 | 产值 | 增加值 |
| **鄂州市** | | | **1431** | **572** | **8519** | **3369** | | |
| **荆门市** | **36880** | **13245** | **1500** | **515** | | | | |
| 荆门市辖区 | 9510 | 3434 | | | | | | |
| 沙洋县 | 11580 | 4210 | | | | | | |
| 钟祥市 | 9260 | 3286 | 1500 | 515 | | | | |
| 京山县 | 6530 | 2315 | | | | | | |
| 沙洋农场 | | | | | | | | |
| **孝感市** | **1200** | **400** | **5** | | **1748** | **327** | **116** | **60** |
| 孝感市辖区 | | | | | | | | |
| 孝昌县 | | | | | 145 | 45 | | |
| 大悟县 | | | | | 108 | 67 | 91 | 58 |
| 安陆县 | 10 | | 5 | | 5 | | 5 | |
| 云梦县 | | | | | | | | |
| 应城县 | 800 | 300 | | | 810 | 165 | 20 | 2 |
| 汉川市 | 390 | 100 | | | 680 | 50 | | |
| **黄冈市** | **49225** | **16521** | **670** | **269** | **53924** | **22400** | **960** | **433** |
| 黄州区 | 6800 | 2550 | | | 1500 | 820 | | |
| 团风县 | 500 | 200 | | | 2200 | 980 | | |
| 红安县 | | | 20 | 9 | 600 | 120 | | |
| 麻城市 | 135 | 53 | | | 1200 | 720 | | |
| 罗田县 | | | | | 1000 | 600 | | |
| 英山县 | | | | | 335 | 133 | 110 | 8 |
| 浠水县 | 540 | 180 | | | 8589 | 2577 | 850 | 425 |
| 蕲春县 | 570 | 270 | | | 2300 | 750 | | |
| 武穴市 | 5760 | 1728 | | | 2700 | 980 | | |
| 黄梅县 | 28000 | 9300 | 650 | 260 | 32000 | 14000 | | |
| 龙感湖区 | 6920 | 2240 | | | 1500 | 720 | | |
| **咸宁市** | **2300** | **1320** | | | **2750** | **1440** | | |
| 咸安区 | | | | | 2250 | 1340 | | |
| 嘉鱼县 | | | | | | | | |
| 赤壁市 | 2100 | 1260 | | | | | | |
| 通城县 | | | | | | | | |
| 崇阳县 | | | | | | | | |
| 通山县 | 200 | 60 | | | 500 | 100 | | |
| **随州市** | | | | | | | | |
| 广水市 | | | | | | | | |
| 随县 | | | | | | | | |
| 曾都区 | | | | | | | | |
| **恩施州** | | | | | | | | |
| 恩施市 | | | | | | | | |
| 利川市 | | | | | | | | |
| 建始县 | | | | | | | | |
| 巴东县 | | | | | | | | |
| 宣恩县 | | | | | | | | |
| 咸丰县 | | | | | | | | |
| 来凤县 | | | | | | | | |
| 鹤峰县 | | | | | | | | |
| **仙桃市** | **12080** | **6153** | **924** | **539** | **5666** | **3348** | | |
| **天门市** | **959** | **365** | | | **4360** | **1309** | | |
| **潜江市** | | | | | **320** | **140** | | |
| **神农架林区** | | | | | | | | |

## 渔业流通和服务业产值、增加值

单位:万元

| 指标名称 | 渔业流通和服务业产值合计 | 增加值合计 | 水产流通 | |
|---|---|---|---|---|
| | | | 产值 | 增加值 |
| **全省合计** | **3178272** | **970743** | **2687970** | **772385** |
| **武汉市** | **753827** | **435353** | **721845** | **416505** |
| 武汉市辖区 | 706372 | 409491 | 700594 | 406150 |
| 蔡甸区 | 13998 | 5992 | 5121 | 1025 |
| 江夏区 | 16770 | 10565 | 11230 | 7075 |
| 黄陂区 | 8740 | 5331 | 1950 | 780 |
| 新洲区 | 7947 | 3974 | 2950 | 1475 |
| **黄石市** | **21968** | **9520** | **10484** | **3519** |
| 黄石市辖区 | 300 | 35 | | |
| 大冶市 | 7680 | 3497 | 2268 | 606 |
| 阳新县 | 13988 | 5988 | 8216 | 2913 |
| **十堰市** | **38035** | **8006** | **24170** | **5236** |
| 十堰市辖区 | 6100 | 610 | 5900 | 530 |
| 丹江口市 | 31280 | 7170 | 17680 | 4500 |
| 郧县 | 185 | 61 | 120 | 41 |
| 郧西县 | | | | |
| 竹山县 | 120 | 65 | 120 | 65 |
| 竹溪县 | 350 | 100 | 350 | 100 |
| 房县 | | | | |
| **荆州市** | **1169243** | **129105** | **1053443** | **112658** |
| 荆州市辖区 | 47265 | 7146 | 21880 | 2310 |
| 江陵县 | 8485 | 1062 | 6159 | 823 |
| 松滋市 | 9300 | 1000 | 5000 | 600 |
| 公安县 | 15251 | 1300 | 7476 | 653 |
| 石首市 | 9000 | 1020 | 1200 | 200 |
| 监利县 | 380300 | 37801 | 358600 | 36480 |
| 洪湖市 | 699642 | 79776 | 653128 | 71592 |
| **宜昌市** | **163771** | **41843** | **142101** | **32790** |
| 宜昌市辖区 | 12600 | 2800 | 12000 | 2500 |
| 夷陵区 | 2960 | 1370 | 810 | 350 |
| 宜都市 | 31900 | 17045 | 31000 | 16550 |
| 枝江市 | 64818 | 10563 | 55520 | 6210 |
| 当阳市 | 46423 | 8907 | 41571 | 7010 |
| 远安县 | 1000 | 450 | | |
| 兴山县 | | | | |
| 秭归县 | 250 | 100 | | |
| 长阳县 | 3800 | 600 | 1200 | 170 |
| 五峰县 | 20 | 8 | | |
| **襄阳市** | **64247** | **21693** | **43308** | **11640** |
| 襄阳市辖区 | 7160 | 3465 | 4556 | 2220 |
| 老河口市 | 6000 | 2743 | 3200 | 1330 |
| 襄州区 | 9512 | 5640 | 4055 | 2433 |
| 枣阳市 | 6570 | 2635 | 3700 | 1250 |
| 宜城市 | 29110 | 5476 | 25400 | 3810 |
| 南漳县 | 3010 | 805 | 1000 | 300 |
| 谷城县 | 2793 | 883 | 1327 | 262 |
| 保康县 | 92 | 46 | 70 | 35 |

续表1　　　　　　　　　　　　　　　　　　　　单位:万元

| 指标名称 | 渔业流通和服务业产值合计 | 增加值合计 | 水产流通 | |
|---|---|---|---|---|
| | | | 产值 | 增加值 |
| **鄂州市** | **241580** | **91527** | **150521** | **45152** |
| **荆门市** | **169289** | **58691** | **121494** | **30132** |
| 荆门市辖区 | 38466 | 16953 | 23148 | 7894 |
| 沙洋县 | 66707 | 15916 | 51381 | 6710 |
| 钟祥市 | 41855 | 16646 | 31660 | 10547 |
| 京山县 | 19866 | 8385 | 12910 | 4190 |
| 沙洋农场 | 2395 | 791 | 2395 | 791 |
| **孝感市** | **160016** | **41943** | **125850** | **27552** |
| 孝感市辖区 | 54058 | 13645 | 53000 | 13250 |
| 孝昌县 | 19401 | 5230 | 17625 | 4406 |
| 大悟县 | 287 | 180 | 91 | 56 |
| 安陆县 | 39288 | 5237 | 32664 | 4157 |
| 云梦县 | 33820 | 14361 | 15200 | 4498 |
| 应城县 | 13162 | 3290 | 7270 | 1185 |
| 汉川市 | | | | |
| **黄冈市** | **117556** | **44322** | **69510** | **22129** |
| 黄州区 | 14200 | 5910 | 4650 | 1800 |
| 团风县 | 6525 | 2610 | 4200 | 1680 |
| 红安县 | 3400 | 1290 | 700 | 110 |
| 麻城市 | 3382 | 1395 | 1920 | 870 |
| 罗田县 | 1163 | 698 | 50 | 30 |
| 英山县 | 474 | 125 | | |
| 浠水县 | 14950 | 7371 | 5260 | 2367 |
| 蕲春县 | 3162 | 1271 | 1060 | 438 |
| 武穴市 | 24420 | 7882 | 16870 | 3374 |
| 黄梅县 | 33600 | 10780 | 28000 | 8400 |
| 龙感湖区 | 12280 | 4990 | 6800 | 3060 |
| **咸宁市** | **111609** | **43384** | **94343** | **36420** |
| 咸安区 | 6140 | 1842 | 3020 | 910 |
| 嘉鱼县 | 93989 | 36065 | 88873 | 34530 |
| 赤壁市 | 7630 | 3082 | 1950 | 780 |
| 通城县 | 1000 | 700 | | |
| 崇阳县 | 1850 | 1295 | | |
| 通山县 | 1000 | 400 | 500 | 200 |
| **随州市** | **22520** | **5571** | **17555** | **3752** |
| 广水市 | 1580 | 1062 | 520 | 345 |
| 随县 | 20140 | 4409 | 17035 | 3407 |
| 曾都区 | 800 | 100 | | |
| **恩施州** | **4105** | **935** | **2970** | **594** |
| 恩施市 | 650 | 160 | 350 | 70 |
| 利川市 | 1150 | 255 | 900 | 180 |
| 建始县 | 260 | 60 | 180 | 36 |
| 巴东县 | 380 | 82 | 320 | 64 |
| 宣恩县 | 275 | 65 | 180 | 36 |
| 咸丰县 | 330 | 75 | 240 | 48 |
| 来凤县 | 860 | 193 | 650 | 130 |
| 鹤峰县 | 200 | 45 | 150 | 30 |
| **仙桃市** | **33199** | **17044** | **19543** | **9382** |
| **天门市** | **64262** | **12151** | **56650** | **8498** |
| **潜江市** | **27280** | **7850** | **18738** | **3937** |
| **神农架林区** | **24** | **7** | | |

续表2 单位:万元

| 指标名称 | 水产(仓储)运输 | | 休闲渔业 | | 其它 | |
|---|---|---|---|---|---|---|
| | 产值 | 增加值 | 产值 | 增加值 | 产值 | 增加值 |
| **全省合计** | **92618** | **30684** | **390500** | **164843** | **7184** | **2831** |
| **武汉市** | **4140** | **2323** | **27842** | **16525** | | |
| 武汉市辖区 | 759 | 409 | 5019 | 2932 | | |
| 蔡甸区 | | | 8877 | 4967 | | |
| 江夏区 | 1440 | 907 | 4100 | 2583 | | |
| 黄陂区 | 210 | 141 | 6580 | 4410 | | |
| 新洲区 | 1731 | 866 | 3266 | 1633 | | |
| **黄石市** | **1802** | **737** | **9682** | **5264** | | |
| 黄石市辖区 | | | 300 | 35 | | |
| 大冶市 | 498 | 125 | 4914 | 2766 | | |
| 阳新县 | 1304 | 612 | 4468 | 2463 | | |
| **十堰市** | **13065** | **2520** | **650** | **180** | **150** | **70** |
| 十堰市辖区 | | | 200 | 80 | | |
| 丹江口市 | 13000 | 2500 | 450 | 100 | 150 | 70 |
| 郧县 | 65 | 20 | | | | |
| 郧西县 | | | | | | |
| 竹山县 | | | | | | |
| 竹溪县 | | | | | | |
| 房县 | | | | | | |
| **荆州市** | **14259** | **3478** | **100740** | **12838** | **801** | **131** |
| 荆州市辖区 | | | 25085 | 4804 | 300 | 32 |
| 江陵县 | | | 2326 | 239 | | |
| 松滋市 | | | 4300 | 400 | | |
| 公安县 | 160 | 56 | 7400 | 542 | 215 | 49 |
| 石首市 | | | 7800 | 820 | | |
| 监利县 | 5450 | 735 | 16250 | 586 | | |
| 洪湖市 | 8649 | 2687 | 37579 | 5447 | 286 | 50 |
| **宜昌市** | **7762** | **2630** | **12708** | **6003** | **1200** | **420** |
| 宜昌市辖区 | | | 600 | 300 | | |
| 夷陵区 | | | 1650 | 780 | 500 | 240 |
| 宜都市 | 300 | 165 | 600 | 330 | | |
| 枝江市 | 3440 | 1325 | 5858 | 3028 | | |
| 当阳市 | 2722 | 940 | 2130 | 957 | | |
| 远安县 | | | 1000 | 450 | | |
| 兴山县 | | | | | | |
| 秭归县 | 100 | 50 | 150 | 50 | | |
| 长阳县 | 1200 | 150 | 700 | 100 | 700 | 180 |
| 五峰县 | | | 20 | 8 | | |
| **襄阳市** | **3976** | **1100** | **16211** | **8618** | **752** | **335** |
| 襄阳市辖区 | 1134 | 480 | 1450 | 755 | 20 | 10 |
| 老河口市 | 610 | 187 | 2160 | 1211 | 30 | 15 |
| 襄州区 | 312 | 187 | 4885 | 2931 | 260 | 89 |
| 枣阳市 | 350 | 85 | 2150 | 1130 | 370 | 170 |
| 宜城市 | 1560 | 156 | 2100 | 1470 | 50 | 40 |
| 南漳县 | | | 2000 | 500 | 10 | 5 |
| 谷城县 | | | 1454 | 615 | 12 | 6 |
| 保康县 | 10 | 5 | 12 | 6 | | |

续表3 单位:万元

| 指标名称 | 水产(仓储)运输 | | 休闲渔业 | | 其它 | |
|---|---|---|---|---|---|---|
| | 产值 | 增加值 | 产值 | 增加值 | 产值 | 增加值 |
| **鄂州市** | **13440** | **5510** | **77619** | **40865** | | |
| **荆门市** | **2600** | **1390** | **45195** | **27169** | | |
| 荆门市辖区 | 2600 | 1390 | 12718 | 7669 | | |
| 沙洋县 | | | 15326 | 9206 | | |
| 钟祥市 | | | 10195 | 6099 | | |
| 京山县 | | | 6956 | 4195 | | |
| 沙洋农场 | | | | | | |
| **孝感市** | **3963** | **580** | **29753** | **13627** | **450** | **184** |
| 孝感市辖区 | | | 875 | 319 | 183 | 76 |
| 孝昌县 | | | 1560 | 749 | 216 | 75 |
| 大悟县 | | | 145 | 91 | 51 | 33 |
| 安陆县 | 2453 | 500 | 4171 | 580 | | |
| 云梦县 | | | 18620 | 9863 | | |
| 应城县 | 1510 | 80 | 4382 | 2025 | | |
| 汉川市 | | | | | | |
| **黄冈市** | **10789** | **3429** | **36184** | **18233** | **1073** | **531** |
| 黄州区 | 350 | 210 | 9200 | 3900 | | |
| 团风县 | 240 | 96 | 2000 | 800 | 85 | 34 |
| 红安县 | 510 | 160 | 2100 | 980 | 90 | 40 |
| 麻城市 | 162 | 45 | 1300 | 480 | | |
| 罗田县 | 30 | 18 | 1080 | 648 | 3 | 2 |
| 英山县 | 32 | 10 | 432 | 110 | 10 | 5 |
| 浠水县 | 1315 | 395 | 8290 | 4559 | 85 | 50 |
| 蕲春县 | 1200 | 450 | 902 | 383 | | |
| 武穴市 | 1200 | 380 | 6350 | 4128 | | |
| 黄梅县 | 1800 | 380 | 3000 | 1600 | 800 | 400 |
| 龙感湖区 | 3950 | 1285 | 1530 | 645 | | |
| **咸宁市** | **3756** | **1175** | **11780** | **5229** | **1730** | **560** |
| 咸安区 | | | 1540 | 462 | 1580 | 470 |
| 嘉鱼县 | 3276 | 983 | 1840 | 552 | | |
| 赤壁市 | 380 | 152 | 5150 | 2060 | 150 | 90 |
| 通城县 | | | 1000 | 700 | | |
| 崇阳县 | | | 1850 | 1295 | | |
| 通山县 | 100 | 40 | 400 | 160 | | |
| **随州市** | **180** | **87** | **4685** | **1622** | | |
| 广水市 | 180 | 87 | 780 | 520 | | |
| 随县 | | | 3105 | 1002 | | |
| 曾都区 | | | 800 | 100 | | |
| **恩施州** | | | **1135** | **341** | | |
| 恩施市 | | | 300 | 90 | | |
| 利川市 | | | 250 | 75 | | |
| 建始县 | | | 80 | 24 | | |
| 巴东县 | | | 60 | 18 | | |
| 宣恩县 | | | 95 | 29 | | |
| 咸丰县 | | | 90 | 27 | | |
| 来凤县 | | | 210 | 63 | | |
| 鹤峰县 | | | 50 | 15 | | |
| **仙桃市** | **7720** | **3879** | **5130** | **3283** | **806** | **500** |
| **天门市** | **1416** | **566** | **5974** | **2987** | **222** | **100** |
| **潜江市** | **3750** | **1680** | **4792** | **2233** | | |
| **神农架林区** | | | **24** | **7** | | |

# 渔民家庭当年收支情况调查表(一)

单位:万元

| 调查单位(个人)名称 | 全年总收入 | 家庭经营收入 | | | 工资性收入 | | | 财产性收入 | | | | | | 转移性收入 | | | | | | 其他收入 |
|---|---|---|---|---|---|---|---|---|---|---|---|---|---|---|---|---|---|---|---|---|
| | | 小计 | 其中出售水产品 | 其他家庭经营 | 小计 | 渔业 | .其他行业 | 小计 | 其中:利息\股息\红利 | 租金收入 | 土地或水面转包收入 | 土地征用补偿 | 其他财产性收入 | 小计 | 家庭非常住人口寄回或带回 | 亲友赠送 | 救济金\救灾款\抚恤金 | 生产补贴 | 其他转移性收入 | |
| | 1=2+5+8+14+20 | 2=3+4 | 3 | 4 | 5=6+7 | 6 | 7 | 8=9+10+…+13 | 9 | 10 | 11 | 12 | 13 | 14=15+16+..+19 | 15 | 16 | 17 | 18 | 19 | 20 |
| 合计 | 9076.2 | 8384 | 7084 | 1301 | 432.7 | 44.87 | 387.9 | 5.46 | 1.71 | 1.1 | 0.15• | 2 | 0.5 | 143.4 | 105 | 7.1 | 1.6 | 23.08 | 6.6 | 110.1 |
| 新洲区 | 2505.2 | 2195.7 | 1592.8 | 602.92 | 262.84 | 38.82 | 224.02 | 3 | 0.1 | 0.9 | | 2 | | 10 | 6.7 | | 0.7 | 2.602 | | 33.62 |
| 长阳县 | 1059.8 | 1020.3 | 890.01 | 130.32 | 29.402 | | 29.402 | | | | | | | 10.03 | | | | 10.026 | | |
| 黄州区 | 1980.1 | 1878.8 | 1808.7 | 70.175 | 47.84 | 6.05 | 41.79 | | | | | | | 29.36 | 13.15 | 6.7 | 0.5 | 2.6066 | 6.4 | 24.08 |
| 应城市 | 1253.5 | 1090.5 | 904.9 | 185.56 | 42.7 | | 42.7 | 2.46 | 1.61 | 0.2 | 0.15 | | 0.5 | 76.55 | 70.3 | 0.4 | 0.4 | 5.2518 | 0.2 | 41.281 |
| 鄂州市 | 1539.3 | 1487.2 | 1242 | 246 | 23.7 | | 24 | | | | | | | 17.46 | 15 | | | 3 | | 11 |
| 洪湖市 | 738.39 | 711.94 | 645.92 | 66.015 | 26.251 | | 26.251 | | | | | | | | | | | | | 0.2 |

# 渔民家庭当年收支情况调查表(二)

单位:万元

| 调查单位(个人)名称 | 全年总支出 | 生产费用支出 | 家庭经营费用支出 | 渔业生产支出 | | | | | 固定资产折旧支出 | | 其他家庭经营费用支出 | 购置生产性固定资产支出 | 税费支出 | | 财产性支出 | 转移性支出 | 生活支出 | | 其他支出 |
|---|---|---|---|---|---|---|---|---|---|---|---|---|---|---|---|---|---|---|---|
| | | | | 小计 | 其中:燃料及冰费用 | 雇工费用 | 饲料及苗种费用 | 其他生产支出 | 小计 | 其中:渔业固定资产折旧 | | | 小计 | #渔业税费支出 | | | 小计 | #食物支出 | |
| | 21=22+33+35+36+37+39 | 22=23+32 | 23=24+29+31 | 24=25+…+28 | 25 | 26 | 27 | 28 | 29 | 30 | 31 | 32 | 33 | 34 | 35 | 36 | 37 | 38 | 39 |
| 合计 | 6328 | 5031.4 | 4929.4 | 4052.2 | 73.567 | 169.23 | 3585.4 | 224.07 | 119.64 | 105.9 | 757.54 | 102.01 | 170.45 | 165.92 | 61.35 | 15.355 | 821.74 | 607.88 | 227.68 |
| 新洲区 | 1942.8 | 1673.5 | 1653.8 | 1088.3 | 21.878 | 25.98 | 989.184 | 51.25 | 37.316 | 26.616 | 528.15 | 19.738 | 6.829 | 6.679 | 9.5 | 1.4 | 196.15 | 91.19 | 55.45 |
| 长阳县 | 827.78 | 616.65 | 616.65 | 565.72 | 10.42 | 23.1 | 529.14 | 3.06 | 9.793 | 9.843 | 41.14 | | 1.741 | 1.661 | | | 185.424 | 149.668 | 23.96 |
| 黄州区 | 1434.1 | 1181.7 | 1117.6 | 1041.6 | 18.4 | 53.74 | 901.01 | 68.45 | 46.57 | 45.95 | 29.43 | 64.08 | 109.427 | 109.427 | 1.5 | 1.5 | 97.65 | 90 | 42.3016 |
| 应城市 | 740.09 | 489.82 | 473.17 | 377.34 | 4.3 | 52.25 | 299.73 | 21.06 | 12.01 | 12.01 | 83.82 | 16.65 | 6.225 | 1.925 | 4.1 | 12.455 | 154.38 | 142.48 | 73.11 |
| 鄂州市 | 1022.8 | 760.96 | 759.42 | 701.7 | 2.8735 | 14.16 | 604.42 | 80.25 | 7.9668 | 5.526 | 49.75 | 1.54 | 20.101 | 20.101 | 46.25 | | 162.62 | 82.687 | 32.86 |
| 洪湖市 | 360.48 | 308.83 | 308.83 | 277.59 | 15.6954 | | 261.899 | | 5.9867 | 5.9587 | 25.248 | | 26.13 | 26.13 | | | 25.5227 | 51.8561 | |

## 二0一一年渔业灾情(一)

单位:水产品数量-吨;损失价值:万元

| | 水产品损失 | | | | | | | | | | | | 人员损失(人) | | |
|---|---|---|---|---|---|---|---|---|---|---|---|---|---|---|---|
| | 总量 | 损失小计 | #台风、洪涝 | | #病害 | | #干旱 | | #污染 | | #其它 | | 失踪 | 死亡 | 重伤 |
| | | | 数量 | 价值 | 数量 | 价值 | 数量 | 价值 | 数量 | 价值 | 数量 | 价值 | | | |
| | 1＝3+5+7+9+11 | 2＝4+6+8+10+12 | 3 | 4 | 5 | 6 | 7 | 8 | 9 | 10 | 11 | 12 | 13 | 14 | 15 |
| 核定数 | 156534 | 253878 | 26003 | 43138 | 20618 | 25485 | 104775 | 177764 | 2009 | 2980 | 3129 | 4511 | | 1 | |
| 武汉 | 19469 | 18363 | 3020 | 3143 | 1790 | 2023 | 14605 | 13167 | 10 | 21 | 44 | 9 | | | |
| 黄石 | 22702 | 17489 | 4509 | 3407 | 3001 | 2222 | 13891 | 10875 | 378 | 282 | 923 | 703 | | | |
| 十堰 | 4200 | 9675 | 1002 | 1785 | 180 | 260 | 2961 | 7480 | | | 57 | 150 | | | |
| 荆州 | 49551 | 93554 | 1758 | 1535 | 5475 | 9910 | 41789 | 81538 | 345 | 389 | 184 | 182 | | | |
| 宜昌 | 9213 | 14575 | 1580 | 2668 | 1895 | 3460 | 5022 | 6859 | 100 | 250 | 616 | 1338 | | | |
| 襄阳 | 9213 | 8171 | 1662 | 1977 | 1922 | 1618 | 4853 | 4003 | 755 | 530 | 21 | 43 | | | |
| 鄂州 | 46030 | 35442 | 31394 | 24033 | 2550 | 2060 | 12086 | 9349 | | | | | | | |
| 荆门 | 17282 | 23625 | 107 | 115 | 74 | 78 | 17073 | 23399 | 28 | 33 | | | | | |
| 孝感 | 32561 | 36808 | 2837 | 3280 | 3433 | 2470 | 24800 | 29396 | 197 | 207 | 1294 | 1455 | | | |
| 黄冈 | 46825 | 39537 | 5386 | 6064 | 1856 | 1408 | 38489 | 31117 | 344 | 185 | 750 | 763 | | | |
| 咸宁 | 22521 | 35329 | 14750 | 22440 | 3241 | 3635 | 2500 | 7200 | 130 | 124 | 1900 | 1930 | | 1 | |
| 恩施 | 750 | 880 | | | | | 750 | 880 | | | | | | | |
| 随州 | 13500 | 10800 | | | | | 13500 | 10800 | | | | | | | |
| 仙桃 | 17126 | 27255 | | | 2306 | 9034 | 14080 | 17100 | 708 | 1020 | 32 | 101 | | | |
| 天门 | 3189 | 2536 | 25 | 20 | 72 | 63 | 3088 | 2450 | 4 | 3 | | | | | |
| 潜江 | 6389 | 7826 | 562 | 587 | 823 | 1533 | 4794 | 5451 | 110 | 135 | 100 | 120 | | | |
| 林区 | 13 | 15 | 13 | 15 | | | | | | | | | | | |

# 二0一一年渔业灾情(二)

单位:经济损失价值-万元

| | 渔业设施损毁(台风、洪涝) | | | | | | | | | | | | | | | | |
|---|---|---|---|---|---|---|---|---|---|---|---|---|---|---|---|---|---|
| | 经济损失总计 | 池塘 | | 网箱 | | 围栏 | | 沉船 | | 船损 | | 泵站 | | 涵闸 | | 堤坝 | |
| | | 公顷 | 价值 | 个 | 价值 | 千米 | 价值 | 艘 | 价值 | 艘 | 价值 | 座 | 价值 | 座 | 价值 | 米 | 价值 |
| | 1 | 2 | 3 | 4 | 5 | 6 | 7 | 8 | 9 | 10 | 11 | 12 | 13 | 14 | 15 | 16 | 17 |
| 核定数 | 65312 | 35050 | 29562 | 200791 | 4741 | 19418 | 3270 | 150 | 55 | 498 | 391 | 207 | 863 | 224 | 539 | 253963 | 12789 |
| 武汉 | 4098 | 894 | 2300 | 9100 | 340 | 51 | 169 | | | | | 13 | 27 | 6 | 16 | 9300 | 288 |
| 黄石 | 2949 | 4643 | 51 | 801 | 682 | 2487 | 171 | | | | | 44 | 170 | 15 | 30 | 9783 | 389 |
| 十堰 | 2714 | 70 | 228 | 3787 | 1944 | 500 | 480 | 4 | 10 | 35 | 50 | | | | | 400 | 1 |
| 荆州 | 3083 | 1194 | 1539 | 32076 | 186 | 70 | 120 | | | | | 5 | 14 | 12 | 21 | 15600 | 694 |
| 宜昌 | 2769 | 303 | 720 | 2240 | 266 | | | | | 2 | 5 | | | 9 | 35 | 8970 | 642 |
| 襄阳 | 1329 | 941 | 752 | 80 | 17 | 24 | 69 | | | 117 | 99 | 16 | 13 | 13 | 5 | 2175 | 157 |
| 鄂州 | 2670 | 4155 | 2422 | 110 | 6 | | | | | | | 21 | 24 | 2 | 1 | 35500 | 38 |
| 荆门 | 20 | 30 | 10 | | | | | | | | | | | | | 4000 | 10 |
| 孝感 | 2503 | 3253 | 1598 | | | 14283 | 64 | | | 5 | 3 | 6 | 14 | 40 | 36 | 27305 | 401 |
| 黄冈 | 11795 | 8867 | 5444 | 10531 | 493 | 121 | 177 | | | 134 | 103 | 23 | 321 | 60 | 378 | 19870 | 1343 |
| 咸宁 | 25189 | 8092 | 8178 | 18986 | 501 | 1836 | 1986 | 146 | 45 | 205 | 131 | 79 | 280 | 67 | 17 | 1E+05 | 8795 |
| 恩施 | | | | | | | | | | | | | | | | | |
| 随州 | 6000 | 2420 | 6000 | | | | | | | | | | | | | | |
| 仙桃 | | | | | | | | | | | | | | | | | |
| 天门 | 49 | 15 | 5 | 80 | 2 | 30 | 32 | | | | | | | | | 1100 | 10 |
| 潜江 | 641 | 162 | 315 | 123000 | 283 | 5 | 2 | | | | | | | | | 6000 | 21 |
| 林区 | 21 | 11 | | | 21 | 11 | | | | | | | | | | | |

# 二0一一年渔业灾情(三)

单位:经济损失价值-万元

| | 渔业设施损毁(续) | | | | | | | | | | | 受灾养殖面积(公顷) | | | | | |
|---|---|---|---|---|---|---|---|---|---|---|---|---|---|---|---|---|---|
| | 码头 | | 护岸 | | 防波堤 | | 工厂化养殖 | | 苗种繁育场 | | 其它设施损失价值 | 小计 | 台风、洪涝 | 病害 | 干旱 | 污染 | 其它 |
| | 米 | 价值 | 米 | 价值 | 米 | 价值 | 座 | 价值 | 个 | 价值 | | | | | | | |
| | 1 | 2 | 3 | 4 | 5 | 6 | 7 | 8 | 9 | 10 | 11 | 12 = 13+14 ~ 17 | 13 | 14 | 15 | 16 | 17 |
| 核定数 | 3781 | 576 | 88045 | 2220 | 47193 | 1325 | 1 | 150 | 57 | 1940 | 7467 | 246374 | 35226 | 40133 | 162896 | 6165 | 1954 |
| 武汉 | | | 150 | 30 | 500 | 50 | | | 17 | 760 | 118 | 21044 | 1334 | 555 | 19112 | 37 | 6 |
| 黄石 | | | 11740 | 405 | 8562 | 1046 | | | 1 | 5 | | 23698 | 2936 | 3880 | 14986 | 1610 | 286 |
| 十堰 | | | 200 | 1 | | | | | | | | 3431 | 415 | 130 | 2736 | | 150 |
| 荆州 | | | 500 | 23 | 532 | 16 | | | 5 | 240 | 230 | 75481 | 2830 | 14770 | 57600 | 245 | 36 |
| 宜昌 | 5 | 500 | 7820 | 156 | | | 1 | 150 | 4 | 155 | 140 | 6450 | 850 | 1038 | 4542 | | 20 |
| 襄阳 | | | 160 | 14 | 1579 | 13 | | | 2 | 53 | 195 | 10247 | 1813 | 2719 | 6109 | 394 | |
| 鄂州 | | | 4660 | 31 | 21600 | 38 | | | | | 110 | 8079 | 3248 | 2850 | 1981 | | |
| 荆门 | | | | | | | | | | | | 53798 | | 100 | 53687 | 11 | |
| 孝感 | | | 9375 | 110 | 1500 | 34 | | | 1 | 15 | 228 | 28306 | 2093 | 1769 | 23954 | 284 | 206 |
| 黄冈 | 776 | 31 | 37440 | 1420 | 4920 | 116 | | | 24 | 472 | 1497 | 38502 | 8192 | 6890 | 22729 | 291 | 400 |
| 咸宁 | 3000 | 45 | 16000 | 30 | 8000 | 12 | | | 2 | 220 | 4949 | 41688 | 21118 | 10357 | 9193 | 270 | 750 |
| 恩施 | | | | | | | | | | | | | | | | | |
| 随州 | | | | | | | | | | | | 8073 | | 20 | 8053 | | |
| 仙桃 | | | | | | | | | | | | 39816 | | 3545 | 31940 | 4331 | |
| 天门 | | | | | | | | | | | | 1820 | 20 | 300 | 1480 | 20 | |
| 潜江 | | | | | | | | | 1 | 20 | | 10460 | 371 | 1210 | 8616 | 163 | 100 |
| 林区 | | | | | | | | | | | | 6 | 6 | | | | |

## 可养水面分类

单位:公顷

| 单位 | 合计 | 湖泊 | 水库 | 塘堰 | 精养池 | 河沟 | 其它 |
|---|---|---|---|---|---|---|---|
| 全省合计 | 985271 | 206736 | 193499 | 143130 | 335686 | 28669 | 77551 |
| 武汉 | 122149 | 49106 | 5751 | 19636 | 30707 | 2354 | 14595 |
| 黄石 | 52396 | 25304 | 5587 | 6368 | 13988 | 149 | 1000 |
| 十堰 | 36319 |  | 30271 | 1320 | 325 |  | 4403 |
| 荆州 | 180448 | 47575 | 4029 | 12091 | 94602 | 5523 | 16628 |
| 宜昌 | 54016 | 1935 | 30116 | 3609 | 10112 | 572 | 7672 |
| 襄阳 | 53752 |  | 24978 | 12832 | 13717 | 517 | 1708 |
| 鄂州 | 46044 | 19485 | 610 | 3638 | 18851 | 510 | 2950 |
| 荆门 | 76712 | 10348 | 21440 | 12924 | 28727 | 1873 | 1400 |
| 孝感 | 84694 | 11042 | 8654 | 24049 | 28105 | 5588 | 7256 |
| 黄冈 | 92661 | 21503 | 15757 | 17341 | 26419 | 2710 | 8931 |
| 咸宁 | 66017 | 14984 | 14545 | 7807 | 18586 | 2810 | 7285 |
| 恩施 | 22109 |  | 20000 | 1256 | 240 | 200 | 413 |
| 随州 | 30641 |  | 11056 | 13376 | 3887 | 443 | 1879 |
| 仙桃 | 37897 | 1356 |  | 1596 | 31112 | 2402 | 1431 |
| 天门 | 16862 | 2487 | 585 | 2991 | 8474 | 2325 |  |
| 潜江 | 12434 | 1611 |  | 2296 | 7834 | 693 |  |
| 神农架林区 | 120 |  | 120 |  |  |  |  |

# 2011年全国渔业主要省份统计指标对比分析(淡水)

| 项　目 | | 居全国位次 | 占全国比重(%) | 全国数据 | 湖北2011 | 湖北2010 |
|---|---|---|---|---|---|---|
| 1.淡水产品总产量(万吨) | | 1 | 13.2 | 2695 | 356 | 353 |
| 2.河蟹养殖(吨) | | 3 | 12.9 | 649240 | 83501 | 76819 |
| 3.鳜鱼养殖(吨) | | 4 | 10.1 | 274576 | 27793 | 25140 |
| 4.鮰鱼养殖(吨) | | 2 | 15.9 | 44211 | 7020 | 6243 |
| 5.青虾养殖(吨) | | 3 | 9.9 | 230248 | 22765 | 21253 |
| 6.克氏螯虾养殖(吨) | | 1 | 47.5 | 486319 | 231119 | 308249 |
| 7.鳝鱼养殖(吨) | | 1 | 42.3 | 292410 | 123835 | 110694 |
| 8.黄颡鱼养殖(吨) | | 1 | 28.0 | 217380 | 60954 | 51261 |
| 9.鳝鱼养殖(吨) | | 2 | 20.4 | 205177 | 41835 | 40623 |
| 10.甲鱼养殖(吨) | | 2 | 9.3 | 285875 | 26547 | 24100 |
| 11.乌龟养殖(吨) | | 4 | 7.5 | 27682 | 2083 | 1616 |
| 面积(万亩) | 内陆养殖总面积 | 1 | 11.6 | 8593 | 1000 | 985 |
| | 池塘养殖面积 | 2 | 14.4 | 3675 | 531 | 511 |
| | 湖泊养殖面积 | 2 | 19.2 | 1535 | 294 | 294 |
| | 水库养殖面积 | 7 | 5.9 | 2778 | 164 | 166 |
| 单产(公斤/亩) | 内陆养殖平均单产 | 6 | | 272 | 323 | 309 |
| | 池塘养殖单产 | 11 | | 474 | 506 | 492 |
| | 湖泊养殖单产 | 11 | | 100 | 112 | 112 |
| | 水库养殖单产 | 11 | | 111 | 120 | 120 |
| 1.淡水渔业产值(亿元) | | 2 | 12.6 | 4039 | 509 | 458 |
| 2.水产行业第二产业产值(加工等)(海、淡水) | | 7 | 5.2 | 3527 | 184 | 148 |
| 3.水产行业第三产业产值(流通\服务等)(海、淡水) | | 6 | 8.8 | 3594 | 318 | 275 |
| 4.苗种产值 | | 1 | 12.1 | 425 | 52 | 50 |
| 5.渔民人均纯收入(元) | | 16 | | 10012 | 8200 | 7700 |
| 6.渔业人口(万人)(海、淡水) | | 2 | 9.2 | 2061 | 190 | 190 |
| 7.渔业从业人员(万人)(海、淡水) | | 4 | 8.7 | 1459 | 127 | 130 |
| 8.淡水鱼苗产量(亿尾) | | 2 | 6.2 | 11197 | 697 | 750 |
| 9.淡水鱼种产量(万吨) | | 1 | 26.6 | 321 | 86 | 82 |

续表1

| 项目 | 同比增、减 | 增减幅度 | 内陆省份2011年相关数据 | | | 沿海省份2011年相关数据 | | |
|---|---|---|---|---|---|---|---|---|
| | | | 安徽 | 江西 | 湖南 | 广东 | 江苏 | 浙江 |
| 1.淡水产品总产量(万吨) | 3 | 0.8% | 200 | 217 | 200 | 344 | 334 | 105 |
| 2.河蟹养殖(吨) | 6682 | 8.7% | 98655 | 12612 | 6856 | 4755 | 305440 | 9966 |
| 3.鳜鱼养殖(吨) | 2653 | 10.6% | 35209 | 37288 | 15213 | 107086 | 27174 | 11412 |
| 4.鲟鱼养殖(吨) | 777 | 12.4% | 150 | 1512 | 864 | 832 | 1262 | 3024 |
| 5.青虾养殖(吨) | 1512 | 7.1% | 41970 | 20659 | 4683 | 1625 | 107851 | 20294 |
| 6.克氏螯虾养殖(吨) | −77130 | −25.0% | 88379 | 55790 | 1759 | 18 | 86253 | 5130 |
| 7.鳝鱼养殖(吨) | 13141 | 11.9% | 38814 | 74472 | 28079 | 1761 | 7092 | 911 |
| 8.黄颡鱼养殖(吨) | 9693 | 18.9% | 20449 | 33078 | 13997 | 17484 | 16481 | 15277 |
| 9.鳝鱼养殖(吨) | 1212 | 3.0% | 17430 | 27669 | 24486 | 11518 | 1124 | 2831 |
| 10.甲鱼养殖(吨) | 2447 | 10.2% | 16269 | 16294 | 8509 | 20664 | 25366 | 132800 |
| 11.乌龟养殖(吨) | 467 | 28.9% | 4072 | 3121 | 1383 | 1667 | 1409 | 11665 |
| 面积(万亩) 内陆养殖总面积 | 15 | 1.5% | 816 | 642 | 615 | 556 | 852 | 320 |
| 面积(万亩) 池塘养殖面积 | 20 | 3.9% | 292 | 225 | 301 | 417 | 547 | 107 |
| 面积(万亩) 湖泊养殖面积 | | 0.0% | 306 | 155 | 138 | 3 | 140 | 4 |
| 面积(万亩) 水库养殖面积 | −2 | −1.1% | 127 | 233 | 173 | 117 | 31 | 143 |
| 单产(公斤/亩) 内陆养殖平均单产 | 14 | 4.5% | 197 | 290 | 287 | 603 | 325 | 191 |
| 单产(公斤/亩) 池塘养殖单产 | 14 | 2.8% | 332 | 458 | 475 | 729 | 393 | 391 |
| 单产(公斤/亩) 湖泊养殖单产 | | 0.0% | 113 | 179 | 83 | 219 | 156 | 138 |
| 单产(公斤/亩) 水库养殖单产 | | 0.0% | 115 | 204 | 112 | 172 | 216 | 59 |
| 1.淡水渔业产值(亿元) | 51 | 11.1% | 318 | 272 | 238 | 446 | 758 | 191 |
| 2.水产行业第二产业产值(加工等)(海、淡水) | 36 | 24.3% | 37 | 191 | 15 | 310 | 220 | 534 |
| 3.水产行业第三产业产值(流通\服务等)(海、淡水) | 43 | 15.6% | 106 | 112 | 17 | 652 | 399 | 380 |
| 4.苗种产值 | 2 | 4.0% | 20 | 26 | 17 | 24 | 33 | 17 |
| 5.渔民人均纯收入(元) | 500 | 6.5% | 8516 | 8433 | 5829 | 10262 | 13100 | 14820 |
| 6.渔业人口(万人)(海、淡水) | 0 | 0.0% | 91 | 154 | 123 | 245 | 139 | 116 |
| 7.渔业从业人员(万人)(海、淡水) | −3 | −2.3% | 72 | 96 | 84 | 136 | 138 | 81 |
| 8.淡水鱼苗产量(亿尾) | −53 | −7.1% | 333 | 280 | 276 | 7861 | 422 | 123 |
| 9.淡水鱼种产量(万吨) | 4 | 4.4% | 26 | 23 | 36 | 28 | 33 | 5 |

# 7 农业机械化

## 拖拉机分机型表(一)

| 拖拉机型号 | 每台折千瓦 | 全省合计 | | 武汉市 | | 黄石市 | |
|---|---|---|---|---|---|---|---|
| | | 台 | 千瓦 | 台 | 千瓦 | 台 | 千瓦 |
| 总计 | | 1195609 | 11847218.04 | 26655 | 386788.605 | 7804 | 161078.925 |
| 一、大中型合计 | | 130774 | 4390014.615 | 8306 | 227582.46 | 3870 | 128111.235 |
| 1、链轨式 | | 5766 | 314943.825 | 390 | 24536.505 | 395 | 25519.2 |
| 140型 | 102.90 | 219 | 22535.1 | | | | |
| 135型 | 99.23 | 10 | 992.25 | 1 | 99.225 | | |
| 120型 | 88.20 | 231 | 20374.2 | 11 | 970.2 | 104 | 9172.8 |
| 100型 | 73.50 | 510 | 37485 | 147 | 10804.5 | 91 | 6688.5 |
| 90型 | 66.15 | 144 | 9525.6 | 24 | 1587.6 | | |
| 80型 | 58.80 | 863 | 50744.4 | 85 | 4998 | 7 | 411.6 |
| 75型 | 55.13 | 1053 | 58046.625 | 54 | 2976.75 | 2 | 110.25 |
| 70型 | 51.45 | 712 | 36632.4 | 15 | 771.75 | 134 | 6894.3 |
| 60型 | 44.10 | 505 | 22270.5 | 51 | 2249.1 | | |
| 54型 | 39.69 | 175 | 6945.75 | 2 | 79.38 | 50 | 1984.5 |
| 50型 | 36.75 | 1344 | 49392 | | | 7 | 257.25 |
| 轮式 | | 125008 | 4075070.79 | 7916 | 203045.955 | 3475 | 102592.035 |
| 100型 | 73.50 | 249 | 18301.5 | 13 | 955.5 | 15 | 1102.5 |
| 90型 | 66.15 | 1017 | 67274.55 | 80 | 5292 | 15 | 992.25 |
| 80型 | 58.80 | 4315 | 253722 | 168 | 9878.4 | 71 | 4174.8 |
| 75型 | 55.13 | 7698 | 424352.25 | 287 | 15820.875 | 77 | 4244.625 |
| 70型 | 51.45 | 7118 | 366221.1 | 255 | 13119.75 | 140 | 7203 |
| 65型 | 47.78 | 3435 | 164107.125 | 266 | 12708.15 | 147 | 7022.925 |
| 60型 | 44.10 | 1960 | 86436 | 63 | 2778.3 | 6 | 264.6 |
| 55型 | 40.43 | 14800 | 598290 | 394 | 15927.45 | 275 | 11116.875 |
| 50型 | 36.75 | 15001 | 551286.75 | 179 | 6578.25 | 308 | 11319 |
| 48型 | 35.28 | 1950 | 68796 | 50 | 1764 | 140 | 4939.2 |
| 45型 | 33.08 | 9305 | 307762.875 | 86 | 2844.45 | 268 | 8864.1 |
| 40型 | 29.40 | 6436 | 189218.4 | 151 | 4439.4 | 206 | 6056.4 |
| 35型 | 25.73 | 3064 | 78821.4 | 190 | 4887.75 | 188 | 4836.3 |
| 30型 | 22.05 | 4484 | 98872.2 | 104 | 2293.2 | 122 | 2690.1 |
| 28型 | 20.58 | 2463 | 50688.54 | 316 | 6503.28 | 167 | 3436.86 |
| 25型 | 18.38 | 37480 | 688695 | 5208 | 95697 | 1300 | 23887.5 |
| 20型 | 14.70 | 4233 | 62225.1 | 106 | 1558.2 | 30 | 441 |
| 二、小型 | | 1064835 | 7457203.425 | 18349 | 159206.145 | 3934 | 32967.69 |
| 18型 | 13.23 | 25148 | 332708.04 | 467 | 6178.41 | 263 | 3479.49 |
| 15型 | 11.03 | 48167 | 531041.175 | 2897 | 31939.425 | 684 | 7541.1 |
| 12型 | 8.82 | 211746 | 1867599.72 | 8756 | 77227.92 | 1676 | 14782.32 |
| 10型 | 7.35 | 234992 | 1727191.2 | 5297 | 38932.95 | 510 | 3748.5 |
| 8型 | 5.88 | 445107 | 2617229.16 | 586 | 3445.68 | 301 | 1769.88 |
| 6型 | 4.41 | 60129 | 265168.89 | 316 | 1393.56 | 120 | 529.2 |
| 4型 | 2.94 | 39546 | 116265.24 | 30 | 88.2 | 380 | 1117.2 |

续表1

| 拖拉机型号 | 十堰市 | | 荆州市 | | 宜昌市 | | 襄阳市 | | 鄂州市 | |
|---|---|---|---|---|---|---|---|---|---|---|
| | 台 | 千瓦 | 台 | 千瓦 | 台 | 千瓦 | 台 | 千瓦 | 台 | 千瓦 |
| 总计 | 11935 | 149324.07 | 106284 | 1439971.575 | 78580 | 761357.835 | 380479 | 3092501.475 | 6076 | 78951.495 |
| 一、大中型合计 | 3192 | 89897.85 | 15429 | 725405.31 | 9951 | 281746.815 | 27098 | 899667.93 | 1959 | 42757.155 |
| 1、链轨式 | 179 | 9207.345 | 1174 | 70343.175 | 84 | 5189.1 | 1495 | 65245.215 | 159 | 9368.31 |
| 140型 | 5 | 514.5 | 129 | 13274.1 | | | 21 | 2160.9 | 2 | 205.8 |
| 135型 | | | | | | | | | 2 | 198.45 |
| 120型 | 4 | 352.8 | 11 | 970.2 | | | 7 | 617.4 | 7 | 617.4 |
| 100型 | 16 | 1176 | 25 | 1837.5 | 34 | 2499 | 29 | 2131.5 | 5 | 367.5 |
| 90型 | 12 | 793.8 | 31 | 2050.65 | 2 | 132.3 | 25 | 1653.75 | 4 | 264.6 |
| 80型 | 14 | 823.2 | 100 | 5880 | 14 | 823.2 | 109 | 6409.2 | 94 | 5527.2 |
| 75型 | 31 | 1708.875 | 513 | 28279.125 | 16 | 882 | 113 | 6229.125 | 2 | 110.25 |
| 70型 | | | 283 | 14560.35 | 12 | 617.4 | 128 | 6585.6 | 31 | 1594.95 |
| 60型 | 26 | 1146.6 | 59 | 2601.9 | 2 | 88.2 | 35 | 1543.5 | 4 | 176.4 |
| 54型 | 28 | 1111.32 | 15 | 595.35 | | | 46 | 1825.74 | 4 | 158.76 |
| 50型 | 43 | 1580.25 | 8 | 294 | 4 | 147 | 982 | 36088.5 | 4 | 147 |
| 轮式 | 3013 | 80690.505 | 14255 | 655062.135 | 9867 | 276557.715 | 25603 | 834422.715 | 1800 | 33388.845 |
| 100型 | | | 22 | 1617 | 12 | 882 | 61 | 4483.5 | 12 | 882 |
| 90型 | 2 | 132.3 | 271 | 17926.65 | 26 | 1719.9 | 362 | 23946.3 | 12 | 793.8 |
| 80型 | 39 | 2293.2 | 1965 | 115542 | 82 | 4821.6 | 855 | 50274 | 7 | 411.6 |
| 75型 | 54 | 2976.75 | 2936 | 161847 | 219 | 12072.375 | 1861 | 102587.625 | 9 | 496.125 |
| 70型 | 18 | 926.1 | 1511 | 77740.95 | 443 | 22792.35 | 958 | 49289.1 | 11 | 565.95 |
| 65型 | | | 1648 | 78733.2 | 218 | 10414.95 | 226 | 10797.15 | 9 | 429.975 |
| 60型 | 38 | 1675.8 | 574 | 25313.4 | 296 | 13053.6 | 365 | 16096.5 | 7 | 308.7 |
| 55型 | 265 | 10712.625 | 1958 | 79152.15 | 1125 | 45478.125 | 2723 | 110077.275 | 26 | 1051.05 |
| 50型 | 114 | 4189.5 | 1340 | 49245 | 723 | 26570.25 | 2976 | 109368 | 8 | 294 |
| 48型 | | | 55 | 1940.4 | 5 | 176.4 | 1211 | 42724.08 | 8 | 282.24 |
| 45型 | 170 | 5622.75 | 318 | 10517.85 | 469 | 15512.175 | 2023 | 66910.725 | 6 | 198.45 |
| 40型 | 407 | 11965.8 | 408 | 11995.2 | 396 | 11642.4 | 1886 | 55448.4 | 26 | 764.4 |
| 35型 | 653 | 16798.425 | 58 | 1492.05 | 288 | 7408.8 | 519 | 13351.275 | 19 | 488.775 |
| 30型 | 86 | 1896.3 | 103 | 2271.15 | 589 | 12987.45 | 1748 | 38543.4 | 40 | 882 |
| 28型 | 51 | 1049.58 | 127 | 2613.66 | 163 | 3354.54 | 537 | 11051.46 | 181 | 3724.98 |
| 25型 | 1101 | 20230.875 | 813 | 14938.875 | 4604 | 84598.5 | 6063 | 111407.625 | 260 | 4777.5 |
| 20型 | 15 | 220.5 | 148 | 2175.6 | 209 | 3072.3 | 1229 | 18066.3 | 1159 | 17037.3 |
| 二、小型 | 8743 | 59426.22 | 90855 | 714566.265 | 68629 | 479611.02 | 353381 | 2192833.545 | 4117 | 36194.34 |
| 18型 | 702 | 9287.46 | 3006 | 39769.38 | 3039 | 40205.97 | 3809 | 50393.07 | 601 | 7951.23 |
| 15型 | 234 | 2579.85 | 6501 | 71673.525 | 1872 | 20638.8 | 7923 | 87351.075 | 410 | 4520.25 |
| 12型 | 933 | 8229.06 | 35361 | 311884.02 | 4828 | 42582.96 | 36242 | 319654.44 | 966 | 8520.12 |
| 10型 | 1909 | 14031.15 | 20751 | 152519.85 | 25985 | 190989.75 | 64164 | 471605.4 | 1798 | 13215.3 |
| 8型 | 2315 | 13612.2 | 20559 | 120886.92 | 27548 | 161982.24 | 168512 | 990850.56 | 326 | 1916.88 |
| 6型 | 2650 | 11686.5 | 2777 | 12246.57 | 5076 | 22385.16 | 40238 | 177449.58 | 16 | 70.56 |
| 4型 | | | 1900 | 5586 | 281 | 826.14 | 32493 | 95529.42 | | |

续表2

| 拖拉机型号 | 荆门市 | | 孝感市 | | 黄冈市 | | 咸宁市 | | 恩施自治州 | |
|---|---|---|---|---|---|---|---|---|---|---|
| | 台 | 千瓦 | 台 | 千瓦 | 台 | 千瓦 | 台 | 千瓦 | 台 | 千瓦 |
| 总计 | 259997 | 2374897.455 | 36110 | 612595.305 | 28179 | 390937.68 | 15957 | 245071.05 | 8946 | 151742.22 |
| 一、大中型合计 | 17580 | 626329.515 | 11728 | 386942.22 | 8611 | 216466.32 | 4588 | 144218.025 | 3638 | 90474.825 |
| 1、链轨式 | 331 | 22939.35 | 238 | 14034.825 | 443 | 26437.95 | 111 | 6302.625 | 1 | 58.8 |
| 140型 | 46 | 4733.4 | | | 10 | 1029 | | | | |
| 135型 | 7 | 694.575 | | | | | | | | |
| 120型 | 38 | 3351.6 | 1 | 88.2 | 16 | 1411.2 | | | | |
| 100型 | 63 | 4630.5 | 36 | 2646 | 17 | 1249.5 | 8 | 588 | | |
| 90型 | | | 8 | 529.2 | 38 | 2513.7 | | | | |
| 80型 | 5 | 294 | 68 | 3998.4 | 278 | 16346.4 | 32 | 1881.6 | 1 | 58.8 |
| 75型 | 149 | 8213.625 | 93 | 5126.625 | 26 | 1433.25 | 49 | 2701.125 | | |
| 70型 | 7 | 360.15 | 32 | 1646.4 | 15 | 771.75 | 22 | 1131.9 | | |
| 60型 | 10 | 441 | | | 4 | 176.4 | | | | |
| 54型 | | | | | 25 | 992.25 | | | | |
| 50型 | 6 | 220.5 | | | 14 | 514.5 | | | | |
| 轮式 | 17249 | 603390.165 | 11490 | 372907.395 | 8168 | 190028.37 | 4477 | 137915.4 | 3637 | 90416.025 |
| 100型 | 29 | 2131.5 | 8 | 588 | 3 | 220.5 | 5 | 367.5 | | |
| 90型 | 7 | 463.05 | 1 | 66.15 | 3 | 198.45 | 12 | 793.8 | | |
| 80型 | 66 | 3880.8 | 63 | 3704.4 | 17 | 999.6 | 142 | 8349.6 | 3 | 176.4 |
| 75型 | 639 | 35224.875 | 317 | 17474.625 | 63 | 3472.875 | 430 | 23703.75 | | |
| 70型 | 1619 | 83297.55 | 675 | 34728.75 | 201 | 10341.45 | 183 | 9415.35 | 13 | 668.85 |
| 65型 | 158 | 7548.45 | 218 | 10414.95 | 61 | 2914.275 | 172 | 8217.3 | 3 | 143.325 |
| 60型 | 163 | 7188.3 | 136 | 5997.6 | 14 | 617.4 | 78 | 3439.8 | 5 | 220.5 |
| 55型 | 3347 | 135302.475 | 1888 | 76322.4 | 260 | 10510.5 | 581 | 23486.925 | 10 | 404.25 |
| 50型 | 3942 | 144868.5 | 1585 | 58248.75 | 780 | 28665 | 190 | 6982.5 | 891 | 32744.25 |
| 48型 | 96 | 3386.88 | 108 | 3810.24 | 100 | 3528 | 7 | 246.96 | 45 | 1587.6 |
| 45型 | 2682 | 88707.15 | 1751 | 57914.325 | 162 | 5358.15 | 132 | 4365.9 | 91 | 3009.825 |
| 40型 | 586 | 17228.4 | 1154 | 33927.6 | 174 | 5115.6 | 93 | 2734.2 | 305 | 8967 |
| 35型 | 162 | 4167.45 | 398 | 10238.55 | 246 | 6328.35 | 77 | 1980.825 | 81 | 2083.725 |
| 30型 | 400 | 8820 | 278 | 6129.9 | 487 | 10738.35 | 41 | 904.05 | 317 | 6989.85 |
| 28型 | 2 | 41.16 | 86 | 1769.88 | 149 | 3066.42 | 153 | 3148.74 | 100 | 2058 |
| 25型 | 3231 | 59369.625 | 2737 | 50292.375 | 4862 | 89339.25 | 2100 | 38587.5 | 1442 | 26496.75 |
| 20型 | 120 | 1764 | 87 | 1278.9 | 586 | 8614.2 | 81 | 1190.7 | 331 | 4865.7 |
| 二、小型 | 242417 | 1748567.94 | 24382 | 225653.085 | 19568 | 174471.36 | 11369 | 100853.025 | 5308 | 61267.395 |
| 18型 | 3759 | 49731.57 | 2080 | 27518.4 | 1250 | 16537.5 | 511 | 6760.53 | 2652 | 35085.96 |
| 15型 | 6400 | 70560 | 6757 | 74495.925 | 5498 | 60615.45 | 2801 | 30881.025 | 1613 | 17783.325 |
| 12型 | 55982 | 493761.24 | 10200 | 89964 | 5975 | 52699.5 | 4624 | 40783.68 | 783 | 6906.06 |
| 10型 | 77267 | 567912.45 | 2538 | 18654.3 | 3735 | 27452.25 | 2098 | 15420.3 | 65 | 477.75 |
| 8型 | 91504 | 538043.52 | 2072 | 12183.36 | 2452 | 14417.76 | 762 | 4480.56 | 105 | 617.4 |
| 6型 | 4418 | 19483.38 | 460 | 2028.6 | 554 | 2443.14 | 573 | 2526.93 | 90 | 396.9 |
| 4型 | 3087 | 9075.78 | 275 | 808.5 | 104 | 305.76 | | | | |

续表3

| 拖拉机型号 | 随州市 | | 仙桃市 | | 天门市 | | 潜江市 | | 神农架林区 | |
|---|---|---|---|---|---|---|---|---|---|---|
| | 台 | 千瓦 | 台 | 千瓦 | 台 | 千瓦 | 台 | 千瓦 | 台 | 千瓦 |
| 总计 | 139180 | 974940.015 | 20804 | 242743.305 | 33810 | 404944.575 | 34319 | 365686.755 | 494 | 13685.7 |
| 一、大中型合计 | 5735 | 156985.71 | 2439 | 97980.645 | 3977 | 150872.715 | 2221 | 111198.885 | 452 | 13377 |
| 1、链轨式 | 310 | 14200.2 | 18 | 1058.4 | | | 162 | 10359.825 | 276 | 10143 |
| 140型 | 6 | 617.4 | | | | | | | | |
| 135型 | | | | | | | | | | |
| 120型 | | | | | | | 32 | 2822.4 | | |
| 100型 | 4 | 294 | | | | | 35 | 2572.5 | | |
| 90型 | | | | | | | | | | |
| 80型 | 1 | 58.8 | 18 | 1058.4 | | | 37 | 2175.6 | | |
| 75型 | 2 | 110.25 | | | | | 3 | 165.375 | | |
| 70型 | 6 | 308.7 | | | | | 27 | 1389.15 | | |
| 60型 | 286 | 12612.6 | | | | | 28 | 1234.8 | | |
| 54型 | 5 | 198.45 | | | | | | | | |
| 50型 | | | | | | | | | 276 | 10143 |
| 轮式 | 5425 | 142785.51 | 2421 | 96922.245 | 3977 | 150872.715 | 2059 | 100839.06 | 176 | 3234 |
| 100型 | 9 | 661.5 | | | 11 | 808.5 | 49 | 3601.5 | | |
| 90型 | | | 9 | 595.35 | 36 | 2381.4 | 181 | 11973.15 | | |
| 80型 | 58 | 3410.4 | 86 | 5056.8 | 154 | 9055.2 | 539 | 31693.2 | | |
| 75型 | 11 | 606.375 | 125 | 6890.625 | 275 | 15159.375 | 395 | 21774.375 | | |
| 70型 | 33 | 1697.85 | 544 | 27988.8 | 232 | 11936.4 | 282 | 14508.9 | | |
| 65型 | 36 | 1719.9 | 194 | 9268.35 | 58 | 2770.95 | 21 | 1003.275 | | |
| 60型 | 92 | 4057.2 | 16 | 705.6 | 42 | 1852.2 | 65 | 2866.5 | | |
| 55型 | 739 | 29874.075 | 578 | 23365.65 | 557 | 22516.725 | 74 | 2991.45 | | |
| 50型 | 672 | 24696 | 276 | 10143 | 957 | 35169.75 | 60 | 2205 | | |
| 48型 | 104 | 3669.12 | | | 21 | 740.88 | | | | |
| 45型 | 177 | 5854.275 | 94 | 3109.05 | 876 | 28973.7 | | | | |
| 40型 | 119 | 3498.6 | 40 | 1176 | 449 | 13200.6 | 36 | 1058.4 | | |
| 35型 | 15 | 385.875 | 20 | 514.5 | 87 | 2238.075 | 63 | 1620.675 | | |
| 30型 | 84 | 1852.2 | 9 | 198.45 | 12 | 264.6 | 64 | 1411.2 | | |
| 28型 | 323 | 6647.34 | 4 | 82.32 | 22 | 452.76 | 82 | 1687.56 | | |
| 25型 | 2924 | 53728.5 | 426 | 7827.75 | 160 | 2940 | 73 | 1341.375 | 176 | 3234 |
| 20型 | 29 | 426.3 | | | 28 | 411.6 | 75 | 1102.5 | | |
| 二、小型 | 133445 | 817954.305 | 18365 | 144762.66 | 29833 | 254071.86 | 32098 | 254487.87 | 42 | 308.7 |
| 18型 | 753 | 9962.19 | 7 | 92.61 | 828 | 10954.44 | 1421 | 18799.83 | | |
| 15型 | 835 | 9205.875 | 198 | 2182.95 | 822 | 9062.55 | 2722 | 30010.05 | | |
| 12型 | 2758 | 24325.56 | 9895 | 87273.9 | 21620 | 190688.4 | 11147 | 98316.54 | | |
| 10型 | 10739 | 78931.65 | 4590 | 33736.5 | 3249 | 23880.15 | 10255 | 75374.25 | 42 | 308.7 |
| 8型 | 118071 | 694257.48 | 3585 | 21079.8 | 3314 | 19486.32 | 3095 | 18198.6 | | |
| 6型 | 287 | 1265.67 | 90 | 396.9 | | | 2464 | 10866.24 | | |
| 4型 | 2 | 5.88 | | | | | 994 | 2922.36 | | |

# 拖拉机分机型表(二)

| 拖拉机型号 | 每台折千瓦 | 台 | 千瓦 |
|---|---|---|---|
| 总计 | | 1195609 | 11847218.04 |
| 一、大中型合计 | | 130774 | 4390014.615 |
| 1、链轨式 | | 5766 | 314943.825 |
| 140型 | 102.90 | 219 | 22535.1 |
| 135型 | 99.23 | 10 | 992.25 |
| 120型 | 88.20 | 231 | 20374.2 |
| 100型 | 73.50 | 510 | 37485 |
| 90型 | 66.15 | 144 | 9525.6 |
| 80型 | 58.80 | 863 | 50744.4 |
| 75型 | 55.13 | 1053 | 58046.625 |
| 70型 | 51.45 | 712 | 36632.4 |
| 60型 | 44.10 | 505 | 22270.5 |
| 54型 | 39.69 | 175 | 6945.75 |
| 50型 | 36.75 | 1344 | 49392 |

续表1

| 拖拉机型号 | 每台折千瓦 | 台 | 千瓦 |
|---|---|---|---|
| 轮式 | | 125008 | 4075070.79 |
| 100型 | 73.50 | 249 | 18301.5 |
| 90型 | 66.15 | 1017 | 67274.55 |
| 80型 | 58.80 | 4315 | 253722 |
| 75型 | 55.13 | 7698 | 424352.25 |
| 70型 | 51.45 | 7118 | 366221.1 |
| 65型 | 47.78 | 3435 | 164107.125 |
| 60型 | 44.10 | 1960 | 86436 |
| 55型 | 40.43 | 14800 | 598290 |
| 50型 | 36.75 | 15001 | 551286.75 |
| 48型 | 35.28 | 1950 | 68796 |
| 45型 | 33.08 | 9305 | 307762.875 |
| 40型 | 29.40 | 6436 | 189218.4 |
| 35型 | 25.73 | 3064 | 78821.4 |

续表2

| 拖拉机型号 | 每台折千瓦 | 台 | 千瓦 |
| --- | --- | --- | --- |
| 30型 | 22.05 | 4484 | 98872.2 |
| 28型 | 20.58 | 2463 | 50688.54 |
| 25型 | 18.38 | 37480 | 688695 |
| 20型 | 14.70 | 4233 | 62225.1 |
| 二、小型 | | 1064835 | 7457203.425 |
| 18型 | 13.23 | 25148 | 332708.04 |
| 15型 | 11.03 | 48167 | 531041.175 |
| 12型 | 8.82 | 211746 | 1867599.72 |
| 10型 | 7.35 | 234992 | 1727191.2 |
| 8型 | 5.88 | 445107 | 2617229.16 |
| 6型 | 4.41 | 60129 | 265168.89 |
| 4型 | 2.94 | 39546 | 116265.24 |

# 农业机械年末拥有量(一)

| 单位名称 | 农业机械总动力(千瓦) | | | | 大中型拖拉机 | | 其中：轮式拖拉机 | |
|---|---|---|---|---|---|---|---|---|
| | 合计 | 柴油发动机动力 | 汽油发动机动力 | 电动机动力 | 台 | 千瓦 | 台 | 千瓦 |
| **全省合计** | **35712286** | **25814415** | **790255** | **9107616** | **130774** | **4390019** | **125008** | **4075071** |
| **武汉市** | **2414398** | **1647812** | **36570** | **730016** | **8306** | **227582** | **7916** | **203046** |
| 市郊区 | 706190 | 584031 | 13447 | 108712 | 1812 | 60408 | 1653 | 50789 |
| 蔡甸区 | 347039 | 188472 | 3596 | 154971 | 747 | 26558 | 735 | 25805 |
| 江夏区 | 385155 | 256677 | 3252 | 125226 | 1055 | 30889 | 1009 | 28537 |
| 黄陂区 | 508560 | 295622 | 3473 | 209465 | 2182 | 54169 | 2062 | 45826 |
| 新洲区 | 467454 | 323010 | 12802 | 131642 | 2510 | 55558 | 2457 | 52089 |
| **黄石市** | **782540** | **435507** | **4535** | **342498** | **3870** | **128112** | **3475** | **102592** |
| 市郊区 | 24254 | 13995 | 74 | 10185 | 111 | 3849 | 109 | 3738 |
| 大冶市 | 329352 | 159072 | 1335 | 168945 | 1601 | 44855 | 1502 | 39504 |
| 阳新县 | 428934 | 262440 | 3126 | 163368 | 2158 | 79408 | 1864 | 59350 |
| **十堰市** | **1565302** | **1045795** | **11422** | **508085** | **3192** | **89899** | **3013** | **80690** |
| 市郊区 | 80127 | 61266 | 250 | 18611 | 82 | 2415 | 77 | 2091 |
| 丹江口市 | 265007 | 208192 | 2166 | 54649 | 217 | 10496 | 177 | 7997 |
| 郧 县 | 315561 | 202070 | 2622 | 110869 | 509 | 13262 | 420 | 9103 |
| 郧西县 | 252943 | 133867 | 1131 | 117945 | 294 | 7334 | 289 | 6863 |
| 竹山县 | 194188 | 150116 | 2414 | 41658 | 456 | 12319 | 432 | 11260 |
| 竹溪县 | 236632 | 128362 | 1235 | 107035 | 120 | 3234 | 120 | 3234 |
| 房 县 | 220844 | 161922 | 1604 | 57318 | 1514 | 40839 | 1498 | 40142 |
| **荆州市** | **4756029** | **3420132** | **173031** | **1162866** | **15429** | **725406** | **14255** | **655063** |
| 市郊区 | 575465 | 416732 | 26709 | 132024 | 2063 | 93751 | 1863 | 82406 |
| 江陵县 | 436893 | 350124 | 21083 | 65686 | 1739 | 82347 | 1441 | 66728 |
| 松滋区 | 411801 | 252315 | 25164 | 134322 | 1590 | 60687 | 1514 | 54755 |
| 公安县 | 704405 | 456248 | 42402 | 205755 | 2317 | 92429 | 2168 | 84726 |
| 石首市 | 404636 | 296460 | 22394 | 85782 | 847 | 39678 | 662 | 29326 |
| 监利县 | 1247298 | 1002400 | 20331 | 224567 | 4179 | 232300 | 3988 | 217185 |
| 洪湖市 | 975531 | 645853 | 14948 | 314730 | 2694 | 124214 | 2619 | 119937 |
| 宜昌市 | 2607070 | 1752268 | 103743 | 751059 | 9951 | 281748 | 9867 | 276558 |
| 市郊区 | 93033 | 61693 | 12370 | 18970 | 95 | 1819 | 91 | 1672 |
| 宜昌县 | 279104 | 156700 | 12324 | 110080 | 532 | 11525 | 530 | 11385 |
| **宜都市** | **188336** | **136167** | **10426** | **41743** | **957** | **20528** | **954** | **20307** |
| 枝江市 | 724439 | 491802 | 25923 | 206714 | 2842 | 98950 | 2778 | 94834 |
| 当阳市 | 521749 | 444492 | 11741 | 65516 | 2715 | 94315 | 2704 | 93749 |
| 远安县 | 209202 | 159898 | 623 | 48681 | 614 | 13648 | 614 | 13648 |
| 兴山县 | 106684 | 61236 | 3895 | 41553 | 318 | 5870 | 318 | 5870 |
| 秭归县 | 169470 | 84089 | 13230 | 72151 | 1205 | 22443 | 1205 | 22443 |
| 长阳县 | 176727 | 105288 | 2599 | 68840 | 460 | 8453 | 460 | 8453 |
| 五峰县 | 138326 | 50903 | 10612 | 76811 | 213 | 4197 | 213 | 4197 |

续表1

| 单位名称 | 农业机械总动力(千瓦) | | | | 大中型拖拉机 | | 其中:轮式拖拉机 | |
|---|---|---|---|---|---|---|---|---|
| | 合计 | 柴油发动机动力 | 汽油发动机动力 | 电动机动力 | 台 | 千瓦 | 台 | 千瓦 |
| **襄阳市** | **5411982** | **4583957** | **41541** | **786484** | **27098** | **899668** | **25603** | **834422** |
| 市郊区 | 477711 | 380026 | 1819 | 95866 | 1961 | 42853 | 1949 | 42376 |
| 老河口市 | 599243 | 551423 | 6145 | 41675 | 4307 | 159462 | 4244 | 155963 |
| 襄州区 | 1029741 | 970013 | 6760 | 52968 | 5432 | 194766 | 5256 | 184061 |
| 枣阳市 | 1338140 | 1105547 | 7083 | 225510 | 6739 | 247658 | 5627 | 204130 |
| 宜城市 | 800896 | 710503 | 4266 | 86127 | 4738 | 139965 | 4720 | 139046 |
| 南漳县 | 547588 | 456084 | 6291 | 85213 | 1941 | 64673 | 1861 | 60885 |
| 谷城县 | 272039 | 189925 | 3046 | 79068 | 1328 | 31366 | 1328 | 31366 |
| 保康县 | 317737 | 194279 | 5907 | 117551 | 480 | 10279 | 480 | 10279 |
| 襄北农场 | 28887 | 26157 | 224 | 2506 | 172 | 8646 | 138 | 6316 |
| **鄂州市** | **584535** | **274818** | **11124** | **298593** | **1959** | **42757** | **1800** | **33389** |
| **荆门市** | **3666862** | **3246775** | **56962** | **363125** | **17580** | **626330** | **17249** | **603390** |
| 市郊区 | 604807 | 538686 | 7103 | 59018 | 1830 | 54561 | 1830 | 54561 |
| 钟祥市 | 1499360 | 1303712 | 13894 | 181754 | 6605 | 217005 | 6547 | 213885 |
| 京山县 | 850499 | 799734 | 14206 | 36559 | 6210 | 242793 | 5981 | 226825 |
| 沙洋县 | 624066 | 531715 | 21296 | 71055 | 2425 | 87947 | 2425 | 87947 |
| 沙洋农场 | 29472 | 21548 | 286 | 7638 | 170 | 10404 | 128 | 6641 |
| 五三农场 | 58658 | 51380 | 177 | 7101 | 340 | 13620 | 338 | 13531 |
| **孝感市** | **2180821** | **1384119** | **52238** | **744464** | **11728** | **386942** | **11490** | **372908** |
| 市郊区 | 327854 | 205026 | 14605 | 108223 | 1798 | 70351 | 1711 | 65434 |
| 孝昌县 | 248591 | 133441 | 2302 | 112848 | 1488 | 41576 | 1471 | 40466 |
| 大悟县 | 186130 | 104100 | 2696 | 79334 | 1171 | 28169 | 1154 | 27096 |
| 安陆市 | 310747 | 205360 | 3855 | 101532 | 1708 | 54403 | 1686 | 52889 |
| 云梦县 | 243660 | 149925 | 5441 | 88294 | 1522 | 50936 | 1522 | 50936 |
| 应城市 | 276310 | 186337 | 8658 | 81315 | 1994 | 64410 | 1899 | 58990 |
| 汉川市 | 587529 | 399930 | 14681 | 172918 | 2047 | 77097 | 2047 | 77097 |

续表2

| 单位名称 | 农业机械总动力(千瓦) | | | | 大中型拖拉机 | | 其中:轮式拖拉机 | |
|---|---|---|---|---|---|---|---|---|
| | 合计 | 柴油发动机动力 | 汽油发动机动力 | 电动机动力 | 台 | 千瓦 | 台 | 千瓦 |
| **黄冈市** | **2669512** | **1730320** | **84823** | **854369** | **8611** | **216467** | **8168** | **190029** |
| 市郊区 | 107664 | 54443 | 3896 | 49325 | 581 | 13508 | 579 | 13361 |
| 团风县 | 198257 | 119472 | 6800 | 71985 | 678 | 19752 | 625 | 16920 |
| 红安县 | 235495 | 150014 | 3793 | 81688 | 1541 | 33490 | 1458 | 27507 |
| 麻城市 | 299143 | 212675 | 5719 | 80749 | 1556 | 31758 | 1535 | 30766 |
| 罗田县 | 220501 | 157702 | 1939 | 60860 | 505 | 9816 | 505 | 9816 |
| 英山县 | 262004 | 117502 | 12795 | 131707 | 320 | 6525 | 320 | 6525 |
| 浠水县 | 334860 | 212928 | 7230 | 114702 | 1588 | 30621 | 1578 | 30168 |
| 蕲春县 | 319818 | 232190 | 4924 | 82704 | 370 | 9041 | 353 | 7894 |
| 武穴市 | 236192 | 152164 | 14358 | 69670 | 240 | 9118 | 239 | 9044 |
| 黄梅县 | 455578 | 321230 | 23369 | 110979 | 1232 | 52838 | 976 | 38028 |
| **咸宁市** | **1571317** | **1077272** | **24027** | **470018** | **4588** | **144218** | **4477** | **137915** |
| 咸安区 | 319163 | 239346 | 2922 | 76895 | 847 | 29207 | 847 | 29209 |
| 嘉鱼县 | 272966 | 176193 | 1848 | 94925 | 1334 | 52266 | 1242 | 47168 |
| 赤壁市 | 441443 | 309375 | 7038 | 125030 | 1468 | 33275 | 1464 | 33038 |
| 通城县 | 235654 | 167751 | 7897 | 60006 | 472 | 11758 | 472 | 11758 |
| 崇阳县 | 165687 | 94644 | 3480 | 67563 | 227 | 8618 | 227 | 8618 |
| 通山县 | 136404 | 89963 | 842 | 45599 | 240 | 9094 | 225 | 8124 |
| **恩施自治州** | **1940682** | **1005162** | **39275** | **896245** | **3638** | **90475** | **3637** | **90416** |
| 恩施市 | 346213 | 211204 | 4460 | 130549 | 86 | 2565 | 86 | 2565 |
| 建始县 | 249405 | 118548 | 3606 | 127251 | 380 | 7208 | 380 | 7208 |
| 巴东县 | 274497 | 100612 | 10493 | 163392 | 699 | 12964 | 699 | 12964 |
| 利川市 | 275835 | 155119 | 7323 | 113393 | 529 | 9598 | 528 | 9539 |
| 宣恩县 | 190390 | 85364 | 2799 | 102227 | 610 | 21921 | 610 | 21921 |
| 咸丰县 | 169820 | 120340 | 3256 | 46224 | 259 | 9518 | 259 | 9518 |
| 来凤县 | 139298 | 70566 | 2557 | 66175 | 725 | 18950 | 725 | 18950 |
| 鹤峰县 | 295224 | 143409 | 4781 | 147034 | 350 | 7751 | 350 | 7751 |
| **随州市** | **1865901** | **1612987** | **15647** | **237267** | **5735** | **156986** | **5425** | **142786** |
| 曾都区 | 445904 | 366054 | 3955 | 75895 | 1391 | 34151 | 1391 | 34151 |
| 广水市 | 339526 | 246953 | 2000 | 90573 | 2303 | 61904 | 2301 | 61794 |
| 随县 | 1080471 | 999980 | 9692 | 70799 | 2041 | 60931 | 1733 | 46841 |
| **仙桃市** | **1206606** | **824809** | **35754** | **346043** | **2439** | **97981** | **2421** | **96922** |
| **天门市** | **1490977** | **1117339** | **54545** | **319093** | **3977** | **150872** | **3977** | **150872** |
| **潜江市** | **902415** | **613259** | **40843** | **248313** | **2221** | **111199** | **2059** | **100839** |
| **神农架林区** | **95337** | **42084** | **4175** | **49078** | **452** | **13377** | **176** | **3234** |

续表3

| 单位名称 | 小型拖拉机 | | 其中：小四轮拖拉机 | | 耕整机 | |
|---|---|---|---|---|---|---|
| | 台 | 千瓦 | 台 | 千瓦 | 台 | 千瓦 |
| **全省合计** | **1064835** | **7457202** | **39740** | **450793** | **299736** | **1586763** |
| **武汉市** | **18349** | **159206** | **1198** | **13215** | **24009** | **131583** |
| 市郊区 | 4405 | 35334 | 117 | 1236 | 9893 | 49489 |
| 蔡甸区 | 1833 | 15541 | 32 | 409 | 3711 | 21596 |
| 江夏区 | 4279 | 38922 | 196 | 2008 | 3431 | 18585 |
| 黄陂区 | 3879 | 35029 | 636 | 7094 | 2738 | 18760 |
| 新洲区 | 3953 | 34380 | 217 | 2468 | 4236 | 23153 |
| **黄石市** | **3934** | **32968** | **2185** | **29432** | **2512** | **21001** |
| 市郊区 | 59 | 615 | 5 | 66 | 205 | 1142 |
| 大冶市 | 839 | 7526 | 340 | 5846 | 1134 | 5783 |
| 阳新县 | 3036 | 24827 | 1840 | 23520 | 1173 | 14076 |
| **十堰市** | **8743** | **59426** | **714** | **8842** | **20897** | **113728** |
| 市郊区 | 124 | 1076 | | | 746 | 3156 |
| 丹江口市 | 6080 | 34236 | | | 2740 | 12083 |
| 郧 县 | 653 | 5909 | | | 9873 | 54301 |
| 郧西县 | 499 | 3394 | 40 | 419 | 4458 | 24024 |
| 竹山县 | 574 | 7100 | 574 | 7100 | 1195 | 7529 |
| 竹溪县 | 100 | 1323 | 100 | 1323 | 1300 | 9650 |
| 房 县 | 713 | 6388 | | | 585 | 2985 |
| **荆州市** | **90855** | **714566** | **3006** | **39769** | **62864** | **251456** |
| 市郊区 | 17917 | 141282 | 198 | 2620 | 1178 | 4712 |
| 江陵县 | 15172 | 110984 | 158 | 2090 | 2953 | 11812 |
| 松滋区 | 6066 | 55648 | 2056 | 27201 | 3272 | 13088 |
| 公安县 | 7969 | 58978 | 230 | 3043 | 23904 | 95616 |
| 石首市 | 2065 | 15939 | 140 | 1852 | 11163 | 44652 |
| 监利县 | 16657 | 148730 | 136 | 1799 | 13047 | 52188 |
| 洪湖市 | 25009 | 183005 | 88 | 1164 | 7347 | 29388 |
| 宜昌市 | 68629 | 479612 | 3192 | 40101 | 38314 | 202414 |
| 市郊区 | 277 | 1972 | 11 | 97 | 1055 | 788 |
| 宜昌县 | 2572 | 23261 | 65 | 542 | 6199 | 28230 |
| **宜都市** | **763** | **5739** | | | **2935** | **15836** |
| 枝江市 | 21471 | 160270 | 2974 | 37583 | 2716 | 12957 |
| 当阳市 | 36469 | 237629 | 142 | 1879 | 579 | 3087 |
| 远安县 | 4181 | 29331 | | | 10632 | 72550 |
| 兴山县 | 1772 | 13109 | | | 2135 | 9438 |
| 秭归县 | 230 | 1691 | | | 3168 | 14836 |
| 长阳县 | 56 | 415 | | | 8171 | 40855 |
| 五峰县 | 838 | 6195 | | | 724 | 3837 |

续表4

| 单位名称 | 小型拖拉机 | | 其中：<br>小四轮拖拉机 | | 耕整机 | |
|---|---|---|---|---|---|---|
| | 台 | 千瓦 | 台 | 千瓦 | 台 | 千瓦 |
| **襄阳市** | **353381** | **2192834** | **10178** | **110633** | **8843** | **42455** |
| 市郊区 | 32662 | 200463 | 222 | 2714 | 120 | 996 |
| 老河口市 | 28400 | 208115 | | | | |
| 襄州区 | 71047 | 517974 | 3371 | 38546 | | |
| 枣阳市 | 106851 | 513916 | 2518 | 16853 | 3815 | 6969 |
| 宜城市 | 63342 | 380872 | 172 | 2027 | | |
| 南漳县 | 36708 | 259803 | 3764 | 48932 | 2422 | 12110 |
| 谷城县 | 8399 | 64059 | 106 | 1230 | 143 | 941 |
| 保康县 | 5909 | 47239 | 22 | 291 | 2215 | 13955 |
| 襄北农场 | 63 | 393 | 3 | 40 | 128 | 7484 |
| **鄂州市** | **4117** | **36194** | **601** | **7951** | **2644** | **13749** |
| **荆门市** | **242417** | **1748567** | **3168** | **37799** | **2738** | **12732** |
| 市郊区 | 45005 | 316543 | 20 | 220 | | |
| 钟祥市 | 108066 | 699577 | 39 | 429 | | |
| 京山县 | 43371 | 365713 | 3109 | 37150 | 2696 | 12606 |
| 沙洋县 | 44045 | 352536 | | | 42 | 126 |
| 沙洋农场 | 32 | 270 | | | | |
| 五三农场 | 1898 | 13928 | | | | |
| **孝感市** | **24382** | **225652** | **1467** | **18189** | **12235** | **72473** |
| 市郊区 | 1693 | 16174 | 174 | 2307 | 1145 | 6821 |
| 孝昌县 | 3805 | 33636 | 772 | 9413 | 456 | 4949 |
| 大悟县 | 2281 | 17403 | 42 | 463 | 1734 | 10924 |
| 安陆市 | 2773 | 24110 | 102 | 1122 | 5648 | 32194 |
| 云梦县 | 1498 | 16385 | 26 | 324 | 940 | 5527 |
| 应城市 | 5608 | 50621 | 102 | 1266 | 608 | 1787 |
| 汉川市 | 6724 | 67323 | 249 | 3294 | 1704 | 10271 |

续表5

| 单位名称 | 小型拖拉机 | | 其中：<br>小四轮拖拉机 | | 耕整机 | |
|---|---|---|---|---|---|---|
| | 台 | 千瓦 | 台 | 千瓦 | 台 | 千瓦 |
| **黄冈市** | **19568** | **174472** | **3570** | **41084** | **40113** | **229778** |
| 市郊区 | 866 | 7632 | 257 | 2635 | 1148 | 6250 |
| 团风县 | 1141 | 10289 | 135 | 1517 | 3406 | 22139 |
| 红安县 | 871 | 8504 | 373 | 3990 | 4435 | 24152 |
| 麻城市 | 1104 | 9740 | 255 | 2721 | 5571 | 34674 |
| 罗田县 | 1435 | 15582 | 885 | 12850 | 4290 | 21070 |
| 英山县 | 353 | 3892 | 72 | 792 | 1837 | 8740 |
| 浠水县 | 4976 | 43456 | 1315 | 13486 | 5923 | 37284 |
| 蕲春县 | 3940 | 31804 | 182 | 1877 | 4248 | 30371 |
| 武穴市 | 428 | 3702 | 11 | 210 | 1069 | 4291 |
| 黄梅县 | 4454 | 39871 | 85 | 1006 | 8186 | 40807 |
| **咸宁市** | **11369** | **100853** | **4519** | **42438** | **25166** | **129522** |
| 咸安区 | 1427 | 13144 | 568 | 6026 | 1685 | 10593 |
| 嘉鱼县 | 3690 | 31447 | 498 | 4335 | 3165 | 14429 |
| 赤壁市 | 2465 | 21913 | 835 | 8196 | 5245 | 37356 |
| 通城县 | 2618 | 23881 | 2618 | 23881 | 10482 | 47172 |
| 崇阳县 | 675 | 5880 | | | 4245 | 16980 |
| 通山县 | 494 | 4588 | | | 344 | 2992 |
| **恩施自治州** | **5308** | **61267** | **1873** | **19808** | **19362** | **105269** |
| 恩施市 | 153 | 1687 | | | 1669 | 7949 |
| 建始县 | 139 | 1631 | 27 | 300 | 2132 | 12663 |
| 巴东县 | 210 | 1852 | | | 4550 | 25901 |
| 利川市 | 1281 | 14175 | 608 | 7142 | 3096 | 16353 |
| 宣恩县 | 212 | 2051 | 130 | 1147 | 1921 | 10256 |
| 咸丰县 | 1969 | 26050 | | | 2759 | 13243 |
| 来凤县 | 1030 | 10505 | 1030 | 10505 | 2505 | 12172 |
| 鹤峰县 | 314 | 3316 | 78 | 714 | 730 | 6732 |
| **随州市** | **133445** | **817954** | **1980** | **16186** | **27189** | **176251** |
| 曾都区 | 27193 | 173535 | 76 | 838 | | |
| 广水市 | 14470 | 100188 | 1438 | 10186 | 1589 | 25723 |
| 随县 | 91782 | 544231 | 466 | 5162 | 25600 | 150528 |
| **仙桃市** | **18365** | **144763** | **105** | **1099** | **9452** | **55766** |
| **天门市** | **29833** | **254071** | **1654** | **20056** | **1170** | **8190** |
| **潜江市** | **32098** | **254488** | **330** | **4191** | **1952** | **10736** |
| **神农架林区** | **42** | **309** | | | **276** | **9660** |

续表6

| 单位名称 | 机耕船 | | 机动插秧机 | | 其中:乘座式 | |
|---|---|---|---|---|---|---|
| | 台 | 千瓦 | 台 | 千瓦 | 台 | 千瓦 |
| **全省合计** | **24695** | **235922** | **24542** | **78463** | **1378** | **11097** |
| **武汉市** | **3198** | **44453** | **871** | **3965** | **92** | **749** |
| 市郊区 | 629 | 6623 | 18 | 129 | 5 | 55 |
| 蔡甸区 | 405 | 5239 | 169 | 901 | 43 | 259 |
| 江夏区 | 1945 | 30178 | 229 | 817 | | |
| 黄陂区 | 30 | 630 | 229 | 872 | 29 | 261 |
| 新洲区 | 189 | 1783 | 226 | 1246 | 15 | 174 |
| **黄石市** | **2043** | **24715** | **743** | **1506** | **7** | **45** |
| 市郊区 | 152 | 2023 | 3 | 9 | | |
| 大冶市 | 611 | 7332 | 291 | 599 | 5 | 35 |
| 阳新县 | 1280 | 15360 | 449 | 898 | 2 | 10 |
| **十堰市** | **2** | **11** | **321** | **675** | | |
| 市郊区 | | | | | | |
| 丹江口市 | | | 86 | 172 | | |
| 郧 县 | | | 75 | 150 | | |
| 郧西县 | | | 15 | 33 | | |
| 竹山县 | | | 35 | 77 | | |
| 竹溪县 | | | 40 | 85 | | |
| 房 县 | 2 | 11 | 70 | 158 | | |
| **荆州市** | **7174** | **43044** | **3330** | **10563** | **389** | **3004** |
| 市郊区 | 55 | 330 | 591 | 1751 | 45 | 347 |
| 江陵县 | 105 | 630 | 278 | 977 | 51 | 394 |
| 松滋区 | 12 | 72 | 138 | 437 | 16 | 124 |
| 公安县 | 250 | 1500 | 747 | 2260 | 66 | 510 |
| 石首市 | 1683 | 10098 | 213 | 620 | 14 | 108 |
| 监利县 | 3310 | 19860 | 757 | 2332 | 75 | 579 |
| 洪湖市 | 1759 | 10554 | 606 | 2186 | 122 | 942 |
| 宜昌市 | 5 | 53 | 737 | 2561 | 33 | 314 |
| 市郊区 | | | | | | |
| 宜昌县 | | | 98 | 456 | | |
| **宜都市** | | | **97** | **192** | **3** | **9** |
| 枝江市 | 1 | 13 | 273 | 861 | 11 | 115 |
| 当阳市 | 4 | 40 | 190 | 833 | 19 | 190 |
| 远安县 | | | 67 | 196 | | |
| 兴山县 | | | 2 | 3 | | |
| 秭归县 | | | | | | |
| 长阳县 | | | 9 | 18 | | |
| 五峰县 | | | 1 | 2 | | |

续表7

| 单位名称 | 小型拖拉机 | | 其中：<br>小四轮拖拉机 | | 耕整机 | |
|---|---|---|---|---|---|---|
| | 台 | 千瓦 | 台 | 千瓦 | 台 | 千瓦 |
| **襄阳市** | **87** | **1127** | **2891** | **7201** | **55** | **499** |
| 市郊区 | | | 126 | 571 | 1 | 11 |
| 老河口市 | | | 172 | 445 | 2 | 6 |
| 襄州区 | | | 359 | 978 | 15 | 177 |
| 枣阳市 | | | 1056 | 2246 | 11 | 83 |
| 宜城市 | | | 460 | 1007 | 9 | 99 |
| 南漳县 | 23 | 173 | 474 | 1046 | 13 | 77 |
| 谷城县 | 64 | 954 | 212 | 816 | 2 | 24 |
| 保康县 | | | 30 | 70 | | |
| 襄北农场 | | | 2 | 22 | 2 | 22 |
| **鄂州市** | **938** | **13789** | **289** | **698** | **1** | **8** |
| **荆门市** | **102** | **770** | **5984** | **18585** | **89** | **543** |
| 市郊区 | | | 339 | 1017 | 2 | 6 |
| 钟祥市 | | | 1506 | 3877 | 12 | 109 |
| 京山县 | 63 | 375 | 2859 | 10004 | 52 | 156 |
| 沙洋县 | 39 | 395 | 1203 | 3224 | 5 | 64 |
| 沙洋农场 | | | 27 | 286 | 16 | 191 |
| 五三农场 | | | 50 | 177 | 2 | 17 |
| **孝感市** | **1660** | **17835** | **2125** | **6580** | **85** | **790** |
| 市郊区 | 224 | 2472 | 231 | 1178 | 23 | 303 |
| 孝昌县 | | | 183 | 641 | 21 | 201 |
| 大悟县 | 25 | 276 | 117 | 345 | 3 | 21 |
| 安陆市 | | | 399 | 798 | 12 | 84 |
| 云梦县 | 382 | 3266 | 62 | 197 | 4 | 24 |
| 应城市 | | | 776 | 2361 | 8 | 50 |
| 汉川市 | 1029 | 11821 | 357 | 1060 | 14 | 107 |

续表8

| 单位名称 | 小型拖拉机 | | 其中：<br>小四轮拖拉机 | | 耕整机 | |
|---|---|---|---|---|---|---|
| | 台 | 千瓦 | 台 | 千瓦 | 台 | 千瓦 |
| **黄冈市** | **3687** | **33485** | **2179** | **6276** | **195** | **2118** |
| 市郊区 | 76 | 631 | 57 | 85 | | |
| 团风县 | 216 | 2211 | 182 | 650 | 5 | 41 |
| 红安县 | 74 | 507 | 433 | 939 | 4 | 21 |
| 麻城市 | | | 241 | 665 | 11 | 99 |
| 罗田县 | 75 | 851 | 130 | 161 | 1 | 8 |
| 英山县 | 99 | 838 | 63 | 220 | | |
| 浠水县 | 528 | 3262 | 352 | 1056 | 108 | 1404 |
| 蕲春县 | 1658 | 14838 | 150 | 377 | 8 | 38 |
| 武穴市 | 407 | 4470 | 194 | 837 | 9 | 255 |
| 黄梅县 | 554 | 5877 | 377 | 1286 | 49 | 252 |
| **咸宁市** | **1968** | **21948** | **1033** | **4159** | **131** | **887** |
| 咸安区 | 197 | 2181 | 212 | 906 | 5 | 17 |
| 嘉鱼县 | 582 | 5447 | 179 | 882 | 4 | 32 |
| 赤壁市 | 1132 | 13769 | 224 | 1423 | 113 | 777 |
| 通城县 | 14 | 154 | 248 | 439 | 3 | 21 |
| 崇阳县 | 36 | 324 | 88 | 262 | 4 | 20 |
| 通山县 | 7 | 73 | 82 | 247 | 2 | 20 |
| **恩施自治州** | **5** | **11** | **162** | **668** | **2** | |
| 恩施市 | | | 19 | 90 | | |
| 建始县 | 5 | 11 | 2 | 9 | 2 | |
| 巴东县 | | | 6 | 23 | | |
| 利川市 | | | 56 | 230 | | |
| 宣恩县 | | | 31 | 186 | | |
| 咸丰县 | | | 38 | 98 | | |
| 来凤县 | | | 10 | 32 | | |
| 鹤峰县 | | | | | | |
| **随州市** | | | **1158** | **3115** | **18** | **148** |
| 曾都区 | | | 238 | 727 | 1 | 11 |
| 广水市 | | | 265 | 601 | 13 | 80 |
| 随县 | | | 655 | 1787 | 4 | 57 |
| **仙桃市** | **3384** | **29779** | **810** | **2600** | **32** | **258** |
| **天门市** | **302** | **2662** | **1607** | **7231** | **52** | |
| **潜江市** | **140** | **2240** | **302** | **2080** | **197** | **1734** |
| **神农架林区** | | | | | | |

# 农业机械年末拥有量(二)

| 单位名称 | 大中型拖拉机配套农具(部) | | | | | | |
|---|---|---|---|---|---|---|---|
| | 合计 | 机引犁 | 旋耕机 | 机引耙 | 机引播种机 | | |
| | | | | | 小计 | 其中: | |
| | | | | | | 免耕播种机 | 精少量播种机 |
| **全省合计** | **240134** | **67441** | **100252** | **36887** | **8970** | **821** | **6103** |
| **武汉市** | **14279** | **3877** | **6479** | **1440** | **172** | **30** | **42** |
| 市郊区 | 2847 | 900 | 1010 | 187 | 62 | 3 | 9 |
| 蔡甸区 | 1669 | 236 | 745 | 108 | 7 | | 2 |
| 江夏区 | 4790 | 1733 | 1421 | 723 | 38 | | |
| 黄陂区 | 3861 | 697 | 2781 | 222 | 20 | 21 | 11 |
| 新洲区 | 1112 | 311 | 522 | 200 | 45 | 6 | 20 |
| **黄石市** | **6469** | **2341** | **2525** | **1179** | **12** | **12** | |
| 市郊区 | 132 | 56 | 72 | 4 | | | |
| 大冶市 | 3444 | 1354 | 1495 | 505 | 12 | 12 | |
| 阳新县 | 2893 | 931 | 958 | 670 | | | |
| 十堰市 | 6170 | 1749 | 1793 | 833 | 21 | | 21 |
| 市郊区 | 79 | 17 | 1 | 11 | | | |
| 丹江口市 | 309 | 120 | 68 | 115 | 6 | | 6 |
| 郧 县 | 2098 | 423 | 439 | 401 | 15 | | 15 |
| 郧西县 | 356 | 117 | 94 | 65 | | | |
| 竹山县 | 657 | 75 | 178 | 45 | | | |
| 竹溪县 | 225 | 60 | 50 | 30 | | | |
| 房 县 | 2446 | 937 | 963 | 166 | | | |
| **荆州市** | **25423** | **6506** | **11836** | **5050** | **139** | **82** | **62** |
| 市郊区 | 2707 | 632 | 1640 | 244 | 28 | 21 | 7 |
| 江陵县 | 5064 | 1626 | 1626 | 1626 | 72 | | 17 |
| 松滋区 | 2473 | 322 | 1744 | 158 | | | |
| 公安县 | 4255 | 745 | 2437 | 763 | 39 | 2 | 37 |
| 石首市 | 2141 | 443 | 712 | 224 | | | |
| 监利县 | 4671 | 1574 | 1799 | 1187 | | | |
| 洪湖市 | 4112 | 1164 | 1878 | 848 | | 59 | 1 |
| **宜昌市** | **18741** | **4631** | **9325** | **2955** | **49** | **7** | **48** |
| 市郊区 | 10 | 6 | 2 | | | | |
| 宜昌县 | 447 | 220 | 227 | | | | |
| 宜都市 | 2475 | 606 | 816 | 46 | | | |
| 枝江市 | 7417 | 2122 | 3612 | 1386 | | | 6 |
| 当阳市 | 7580 | 1544 | 4261 | 1411 | 49 | 7 | 42 |
| 远安县 | 519 | 90 | 345 | 84 | | | |
| 兴山县 | 26 | | 19 | 7 | | | |
| 秭归县 | 18 | 6 | 6 | 6 | | | |
| 长阳县 | 6 | 3 | 3 | | | | |
| 五峰县 | 243 | 34 | 34 | 15 | | | |
| **襄阳市** | **67427** | **19954** | **19985** | **12494** | **6153** | **206** | **4310** |
| 市郊区 | 2946 | 1080 | 901 | 955 | 10 | 10 | |
| 老河口市 | 9000 | 2700 | 3200 | 2150 | 880 | | 880 |
| 襄州区 | 14279 | 4888 | 4257 | 3477 | 1355 | | 395 |
| 枣阳市 | 16512 | 3868 | 4478 | 1655 | 1810 | 192 | 1615 |
| 宜城市 | 14098 | 4738 | 4738 | 2180 | 674 | | |
| 南漳县 | 6145 | 1097 | 1432 | 1074 | 1326 | | 1326 |
| 谷城县 | 2480 | 1000 | 487 | 667 | 14 | 4 | 10 |
| 保康县 | 1362 | 466 | 397 | 202 | 17 | | 17 |
| 襄北农场 | 605 | 117 | 95 | 134 | 67 | | 67 |

续表1

| 单位名称 | 大中型拖拉机配套农具(部) | | | | | | |
|---|---|---|---|---|---|---|---|
| | 合计 | 机引犁 | 旋耕机 | 机引耙 | 机引播种机 | | |
| | | | | | 小计 | 其中: | |
| | | | | | | 免耕播种机 | 精少量播种机 |
| **鄂州市** | **3768** | **498** | **2088** | **462** | **141** | **90** | **51** |
| **荆门市** | **31314** | **10471** | **13474** | **5080** | **952** | **241** | **473** |
| 市郊区 | 3394 | 1195 | 1501 | 353 | 6 | 5 | 1 |
| 钟祥市 | 13901 | 4923 | 5961 | 2121 | 848 | 188 | 429 |
| 京山县 | 8731 | 2340 | 3418 | 2054 | 25 | | 25 |
| 沙洋县 | 3988 | 1590 | 2212 | 108 | 73 | | 7 |
| 沙洋农场 | 285 | 85 | 44 | 106 | | 22 | 11 |
| 五三农场 | 1015 | 338 | 338 | 338 | | 26 | |
| **孝感市** | **20973** | **5481** | **10709** | **2587** | **423** | **102** | **270** |
| 市郊区 | 2230 | 650 | 881 | 458 | 104 | 75 | 31 |
| 孝昌县 | 3731 | 1136 | 1331 | 871 | 77 | 1 | 71 |
| 大悟县 | 2245 | 765 | 614 | 337 | 4 | 2 | 2 |
| 安陆市 | 2728 | 104 | 2314 | 248 | 18 | 18 | |
| 云梦县 | 3234 | 771 | 2307 | 63 | 82 | 2 | |
| 应城市 | 3476 | 1115 | 1747 | 455 | 138 | 4 | 134 |
| 汉川市 | 3329 | 940 | 1515 | 155 | | | 32 |
| **黄冈市** | **13483** | **2775** | **7373** | **946** | **124** | **29** | **80** |
| 市郊区 | 428 | 29 | 380 | 3 | 4 | | 4 |
| 团风县 | 476 | 39 | 358 | 15 | 13 | 2 | 11 |
| 红安县 | 2572 | 656 | 1275 | 271 | | | |
| 麻城市 | 1400 | 373 | 587 | 139 | | | |
| 罗田县 | 682 | 330 | 200 | 130 | | | |
| 英山县 | 457 | 203 | 147 | 77 | | 2 | 2 |
| 浠水县 | 3436 | 420 | 2336 | 118 | 25 | 20 | 5 |
| 蕲春县 | 1177 | 176 | 715 | 132 | 6 | 2 | 4 |
| 武穴市 | 541 | 63 | 184 | 47 | 62 | | 43 |
| 黄梅县 | 2314 | 486 | 1191 | 14 | 14 | 3 | 11 |
| **咸宁市** | **6777** | **1576** | **3030** | **1042** | **95** | **10** | **89** |
| 咸安区 | 1284 | 387 | 711 | 145 | 40 | 2 | 42 |
| 嘉鱼县 | 1545 | 525 | 586 | 410 | | | |
| 赤壁市 | 2514 | 346 | 735 | 405 | 33 | | 33 |
| 通城县 | 672 | 61 | 540 | 47 | 14 | | 14 |
| 崇阳县 | 344 | 108 | 227 | | 8 | 8 | |
| 通山县 | 418 | 149 | 231 | 35 | | | |
| **恩施自治州** | **1914** | **766** | **613** | **238** | **5** | | **5** |
| 恩施市 | 128 | 58 | 50 | 13 | | | |
| 建始县 | 675 | 234 | 259 | 182 | | | |
| 巴东县 | 70 | 39 | 31 | | | | |
| 利川市 | 463 | 43 | 123 | 8 | 5 | | 5 |
| 宣恩县 | 18 | 9 | 9 | | | | |
| 咸丰县 | 158 | 88 | 35 | 35 | | | |
| 来凤县 | 123 | 61 | 61 | | | | |
| 鹤峰县 | 279 | 234 | 45 | | | | |
| **随州市** | **6704** | **2249** | **2616** | **824** | **13** | **3** | **10** |
| 曾都区 | 1875 | 472 | 353 | 345 | 7 | 2 | 5 |
| 广水市 | 2076 | 1087 | 884 | 105 | | | |
| 随县 | 2753 | 690 | 1379 | 374 | 6 | 1 | 5 |
| **仙桃市** | **5138** | **1495** | **2896** | **138** | **42** | | **42** |
| **天门市** | **7265** | **1763** | **4050** | **585** | **592** | **9** | **583** |
| **潜江市** | **3859** | **1309** | **1245** | **819** | **37** | | **17** |
| **神农架林区** | **430** | | **215** | **215** | | | |

续表2

| 单位名称 | 大中型拖拉机配套农具(部) | | | | | |
|---|---|---|---|---|---|---|
| | 地膜覆盖机 | 秸秆粉碎还田机 | 化肥深施机 | 深松机 | 水稻直播机 | 其它 |
| **全省合计** | **358** | **7040** | **4488** | **216** | **358** | **14124** |
| **武汉市** | **8** | **461** | **71** | **2** | **22** | **1747** |
| 市郊区 | 6 | 154 | 24 | | | 504 |
| 蔡甸区 | | 172 | 1 | 1 | 2 | 397 |
| 江夏区 | 2 | 15 | 5 | 1 | 20 | 832 |
| 黄陂区 | | 119 | 8 | | | 14 |
| 新洲区 | | 1 | 33 | | | |
| **黄石市** | | **4** | **107** | | **279** | **22** |
| 市郊区 | | | | | | |
| 大冶市 | | 4 | 18 | | 34 | 22 |
| 阳新县 | | | 89 | | 245 | |
| 十堰市 | 20 | 57 | 82 | | | 1615 |
| 市郊区 | | | 50 | | | |
| 丹江口市 | | | | | | |
| 郧 县 | | | 7 | | | 813 |
| 郧西县 | | | | | | 80 |
| 竹山县 | | 17 | | | | 342 |
| 竹溪县 | 20 | 40 | 25 | | | |
| 房 县 | | | | | | 380 |
| **荆州市** | **13** | **1164** | **696** | **5** | | **14** |
| 市郊区 | | 156 | | 5 | | 2 |
| 江陵县 | 13 | 101 | | | | |
| 松滋区 | | 249 | | | | |
| 公安县 | | 246 | 13 | | | 12 |
| 石首市 | | 79 | 683 | | | |
| 监利县 | | 111 | | | | |
| 洪湖市 | | 222 | | | | |
| **宜昌市** | **93** | **340** | **213** | | | **1135** |
| 市郊区 | 2 | | | | | |
| 宜昌县 | | | | | | |
| 宜都市 | | 285 | 135 | | | 587 |
| 枝江市 | | 2 | | | | 295 |
| 当阳市 | | 52 | 10 | | | 253 |
| 远安县 | | | | | | |
| 兴山县 | | | | | | |
| 秭归县 | | | | | | |
| 长阳县 | | | | | | |
| 五峰县 | 91 | 1 | 68 | | | |
| **襄阳市** | **185** | **3730** | **1543** | **2** | | **3381** |
| 市郊区 | | | | | | |
| 老河口市 | | 60 | 10 | | | |
| 襄州区 | | 2 | 300 | | | |
| 枣阳市 | 185 | 2569 | | | | 1947 |
| 宜城市 | | 872 | 446 | | | 450 |
| 南漳县 | | 186 | 763 | | | 267 |
| 谷城县 | | 4 | | | | 308 |
| 保康县 | | 20 | 20 | | | 240 |
| 襄北农场 | | 17 | 4 | 2 | | 169 |

续表3

| 单位名称 | 大中型拖拉机配套农具(部) | | | | | |
|---|---|---|---|---|---|---|
| | 地膜覆盖机 | 秸秆粉碎还田机 | 化肥深施机 | 深松机 | 水稻直播机 | 其它 |
| **鄂州市** | | **18** | **15** | **81** | | **465** |
| **荆门市** | **3** | **183** | **350** | **123** | **6** | **672** |
| 市郊区 | | 14 | | | | 325 |
| 钟祥市 | 3 | 45 | | | | |
| 京山县 | | 110 | 338 | 123 | | 323 |
| 沙洋县 | | 5 | | | | |
| 沙洋农场 | | 8 | 12 | | 6 | 24 |
| 五三农场 | | 1 | | | | |
| **孝感市** | | **276** | **461** | | **30** | **1006** |
| 市郊区 | | 137 | | | | |
| 孝昌县 | | 31 | 14 | | | 271 |
| 大悟县 | | | | | | 525 |
| 安陆市 | | 24 | | | 20 | |
| 云梦县 | | 11 | | | | |
| 应城市 | | 11 | | | 10 | |
| 汉川市 | | 62 | 447 | | | 210 |
| **黄冈市** | | **244** | **44** | | **7** | **1970** |
| 市郊区 | | | | | | 12 |
| 团风县 | | 34 | | | | 17 |
| 红安县 | | | | | | 370 |
| 麻城市 | | | | | | 301 |
| 罗田县 | | | | | | 22 |
| 英山县 | | | | | | 30 |
| 浠水县 | | 150 | 43 | | | 344 |
| 蕲春县 | | 3 | | | 7 | 138 |
| 武穴市 | | 43 | | | | 142 |
| 黄梅县 | | 14 | 1 | | | 594 |
| **咸宁市** | **7** | **217** | **352** | | **3** | **455** |
| 咸安区 | | | 1 | | | |
| 嘉鱼县 | | 24 | | | | |
| 赤壁市 | | 192 | 351 | | | 452 |
| 通城县 | 7 | | | | | 3 |
| 崇阳县 | | 1 | | | | |
| 通山县 | | | | | 3 | |
| **恩施自治州** | **8** | **1** | | | **8** | **275** |
| 恩施市 | 7 | | | | | |
| 建始县 | | | | | | |
| 巴东县 | | | | | | |
| 利川市 | 1 | 1 | | | 7 | 275 |
| 宣恩县 | | | | | | |
| 咸丰县 | | | | | | |
| 来凤县 | | | | | 1 | |
| 鹤峰县 | | | | | | |
| **随州市** | **2** | **59** | **324** | | **1** | **616** |
| 曾都区 | | 57 | 24 | | 1 | 616 |
| 广水市 | | | | | | |
| 随县 | 2 | 2 | 300 | | | |
| **仙桃市** | | **101** | | | | **466** |
| **天门市** | **19** | **121** | **23** | **3** | **2** | **107** |
| **潜江市** | | **64** | **207** | | | **178** |
| **神农架林区** | | | | | | |

# 农业机械年末拥有量(三)

| 单位名称 | 小型拖拉机配套农具(部) | | | | | | |
|---|---|---|---|---|---|---|---|
| | 合计 | 机引犁 | 旋耕机 | 机引耙 | 机引播种机 | | |
| | | | | | 小计 | 其中: | |
| | | | | | | 免耕播种机 | 精少量播种机 |
| **全省合计** | **2119683** | **852490** | **431120** | **633918** | **31791** | **1554** | **14750** |
| **武汉市** | **20285** | **4894** | **8580** | **1299** | **441** | **45** | **229** |
| 市郊区 | 5587 | 1904 | 2688 | 311 | 6 | | |
| 蔡甸区 | 2486 | 1071 | 1275 | 123 | | | |
| 江夏区 | 3009 | 570 | 316 | 146 | 30 | | 2 |
| 黄陂区 | 2846 | 415 | 2076 | 348 | | | |
| 新洲区 | 6357 | 934 | 2225 | 371 | 405 | 45 | 227 |
| **黄石市** | **5522** | **1883** | **2502** | **993** | **1** | **6** | **1** |
| 市郊区 | 588 | 198 | 238 | 132 | 1 | | 1 |
| 大冶市 | 1391 | 354 | 796 | 203 | | 6 | |
| 阳新县 | 3543 | 1331 | 1468 | 658 | | | |
| 十堰市 | 29486 | 8503 | 7023 | 8104 | 93 | | 93 |
| 市郊区 | 786 | 73 | 652 | 11 | | | |
| 丹江口市 | 13380 | 6080 | | 5880 | | | |
| 郧 县 | 1835 | 415 | 446 | 319 | 83 | | 83 |
| 郧西县 | 7680 | 580 | 3564 | 1320 | 10 | | 10 |
| 竹山县 | 1367 | 123 | 865 | 64 | | | |
| 竹溪县 | 2880 | 580 | 950 | 300 | | | |
| 房 县 | 1558 | 652 | 546 | 210 | | | |
| **荆州市** | **200584** | **79482** | **79482** | **28351** | **217** | **34** | **106** |
| 市郊区 | 38995 | 16306 | 16306 | 5268 | 1 | 1 | |
| 江陵县 | 44677 | 14706 | 14706 | 14706 | | | |
| 松滋区 | 12263 | 5190 | 5190 | 1483 | | | |
| 公安县 | 17927 | 7222 | 7222 | 2279 | 118 | 1 | 1 |
| 石首市 | 5495 | 2065 | 2065 | 690 | | | |
| 监利县 | 33141 | 10840 | 10840 | 2448 | 63 | | 63 |
| 洪湖市 | 48086 | 23153 | 23153 | 1477 | 35 | 32 | 42 |
| **宜昌市** | **211382** | **83396** | **62164** | **40105** | **1990** | **6** | **1270** |
| 市郊区 | 354 | 121 | 114 | 117 | | | |
| 宜昌县 | 5892 | 2414 | 2414 | 264 | 2 | | 2 |
| 宜都市 | 2236 | 581 | 618 | 94 | | | |
| 枝江市 | 57628 | 32709 | 16431 | 4478 | 713 | | 49 |
| 当阳市 | 102137 | 34012 | 24802 | 25588 | 1275 | 6 | 1219 |
| 远安县 | 25862 | 10895 | 5849 | 9118 | | | |
| 兴山县 | 5267 | 1809 | 1832 | 419 | | | |
| 秭归县 | 3174 | | 3168 | | | | |
| 长阳县 | 7255 | 307 | 5986 | | | | |
| 五峰县 | 1577 | 548 | 950 | 27 | | | |
| **襄阳市** | **732993** | **295426** | **109450** | **255917** | **22156** | | **7314** |
| 市郊区 | 53338 | 29520 | 225 | 23360 | 10 | | 4 |
| 老河口市 | 65040 | 22000 | 19900 | 23100 | 40 | | 40 |
| 襄州区 | 134209 | 63547 | 8523 | 54724 | 7415 | | 635 |
| 枣阳市 | 210575 | 76062 | 43158 | 62459 | 4789 | | 2368 |
| 宜城市 | 171256 | 63645 | 22419 | 63645 | 5668 | | 33 |
| 南漳县 | 68659 | 28982 | 9076 | 21747 | 4207 | | 4207 |
| 谷城县 | 15679 | 7385 | 1828 | 6040 | 1 | | 1 |
| 保康县 | 14107 | 4225 | 4321 | 782 | 26 | | 26 |
| 襄北农场 | 130 | 60 | | 60 | | | |

续表1

| 单位名称 | 小型拖拉机配套农具(部) | | | | | | |
|---|---|---|---|---|---|---|---|
| | 合计 | 机引犁 | 旋耕机 | 机引耙 | 机引播种机 | | |
| | | | | | 小计 | 其中：免耕播种机 | 其中：精少量播种机 |
| **鄂州市** | **9099** | **1762** | **3580** | **454** | **173** | **128** | **45** |
| **荆门市** | **430218** | **187685** | **61078** | **154288** | **3762** | **1153** | **2925** |
| 市郊区 | 98480 | 37571 | 14039 | 29099 | 73 | | 305 |
| 钟祥市 | 201683 | 99377 | 6563 | 88177 | 3601 | 1126 | 2475 |
| 京山县 | 47842 | 15618 | 17861 | 13793 | | | 70 |
| 沙洋县 | 76483 | 33213 | 20689 | 21321 | 88 | 27 | 75 |
| 沙洋农场 | 36 | 8 | 28 | | | | |
| 五三农场 | 5694 | 1898 | 1898 | 1898 | | | |
| **孝感市** | **42696** | **10311** | **19782** | **6882** | **515** | **114** | **439** |
| 市郊区 | 3148 | 850 | 1410 | 591 | 211 | 90 | 121 |
| 孝昌县 | 9270 | 3010 | 2632 | 2637 | 68 | | 38 |
| 大悟县 | 7124 | 1495 | 2253 | 1251 | 1 | | 1 |
| 安陆市 | 5260 | 1164 | 1769 | 1107 | 65 | 23 | 42 |
| 云梦县 | 3120 | 1257 | 1498 | 234 | 131 | 1 | 62 |
| 应城市 | 7384 | 1354 | 4955 | 1020 | 39 | | 39 |
| 汉川市 | 7390 | 1181 | 5265 | 42 | | | 136 |
| **黄冈市** | **45728** | **12398** | **19508** | **3820** | **329** | **58** | **276** |
| 市郊区 | 657 | 27 | 533 | 3 | 7 | 4 | 6 |
| 团风县 | 1475 | 601 | 828 | 13 | 27 | 7 | 20 |
| 红安县 | 5034 | 1467 | 1769 | 545 | 29 | 29 | |
| 麻城市 | 2052 | 481 | 966 | 161 | 20 | | 20 |
| 罗田县 | 5881 | 3050 | 1880 | 850 | | | |
| 英山县 | 4632 | 2500 | 242 | 242 | | 2 | 8 |
| 浠水县 | 9240 | 1172 | 5406 | 305 | 36 | 15 | 16 |
| 蕲春县 | 5327 | 1160 | 3765 | 268 | 9 | 1 | 8 |
| 武穴市 | 1911 | 428 | 428 | 145 | 145 | | 142 |
| 黄梅县 | 9519 | 1512 | 3691 | 1288 | 56 | | 56 |
| **咸宁市** | **18232** | **5173** | **8604** | **2379** | **56** | **3** | **53** |
| 咸安区 | 2266 | 830 | 1155 | 257 | 22 | 3 | 19 |
| 嘉鱼县 | 4454 | 1358 | 1366 | 1187 | | | |
| 赤壁市 | 6600 | 1867 | 2623 | 732 | 31 | | 31 |
| 通城县 | 3674 | 775 | 2586 | 187 | 3 | | 3 |
| 崇阳县 | 880 | 205 | 675 | | | | |
| 通山县 | 358 | 138 | 199 | 16 | | | |
| **恩施自治州** | **12740** | **2173** | **7282** | **884** | | | |
| 恩施市 | 157 | 57 | 70 | 26 | | | |
| 建始县 | 1776 | 157 | 835 | 147 | | | |
| 巴东县 | 2023 | 330 | 1623 | 51 | | | |
| 利川市 | 1951 | 306 | 747 | 234 | | | |
| 宣恩县 | 2081 | | 1526 | | | | |
| 咸丰县 | 1735 | 316 | 1043 | 254 | | | |
| 来凤县 | 1215 | 265 | 578 | 172 | | | |
| 鹤峰县 | 1802 | 742 | 860 | | | | |
| **随州市** | **276894** | **134310** | **5796** | **119420** | | | |
| 曾都区 | 69238 | 25283 | 1951 | 24672 | | | |
| 广水市 | 27225 | 12707 | 2286 | 12196 | | | |
| 随县 | 180431 | 96320 | 1559 | 82552 | | | |
| **仙桃市** | **7253** | **2725** | **3655** | **663** | **35** | | **35** |
| **天门市** | **32085** | **9541** | **14091** | **2862** | **1935** | **7** | **1928** |
| **潜江市** | **44056** | **12828** | **18328** | **7282** | **88** | | **36** |
| **神农架林区** | **430** | | **215** | **215** | | | |

续表2

| 单位名称 | 小型拖拉机配套农具(部) | | | | | |
|---|---|---|---|---|---|---|
| | 地膜覆盖机 | 秸秆粉碎还田机 | 化肥深施机 | 深松机 | 水稻直播机 | 其它 |
| **全省合计** | **2340** | **11758** | **18295** | **538** | **11710** | **125723** |
| **武汉市** | **25** | **52** | **1803** | **10** | **21** | **3160** |
| 市郊区 | 21 | | 52 | | | 605 |
| 蔡甸区 | | | | | | 17 |
| 江夏区 | 4 | 44 | 42 | | 15 | 1842 |
| 黄陂区 | | | | | 6 | 1 |
| 新洲区 | | 8 | 1709 | 10 | | 695 |
| **黄石市** | **12** | | **87** | | **14** | **30** |
| 市郊区 | 12 | | 1 | | 1 | 5 |
| 大冶市 | | | | | 13 | 25 |
| 阳新县 | | | 86 | | | |
| 十堰市 | 220 | 250 | 783 | | | 4510 |
| 市郊区 | | | 50 | | | |
| 丹江口市 | | | | | | 1420 |
| 郧 县 | | | 55 | | | 517 |
| 郧西县 | 20 | | 30 | | | 2156 |
| 竹山县 | | | 48 | | | 267 |
| 竹溪县 | 200 | 250 | 600 | | | |
| 房 县 | | | | | | 150 |
| **荆州市** | | **67** | **1613** | **28** | **10423** | **921** |
| 市郊区 | | | 744 | | 298 | 72 |
| 江陵县 | | | 259 | | 300 | |
| 松滋区 | | | | | 400 | |
| 公安县 | | 4 | 19 | 28 | 1000 | 35 |
| 石首市 | | | 275 | | 400 | |
| 监利县 | | | 311 | | 7825 | 814 |
| 洪湖市 | | 63 | 5 | | 200 | |
| **宜昌市** | **1071** | **206** | **1417** | | **15** | **21018** |
| 市郊区 | 2 | | | | | |
| 宜昌县 | | | | | | 798 |
| 宜都市 | | 199 | 204 | | | 540 |
| 枝江市 | 120 | 1 | 6 | | 15 | 3155 |
| 当阳市 | 472 | 4 | 1201 | | | 14783 |
| 远安县 | | | | | | |
| 兴山县 | 427 | | | | | 780 |
| 秭归县 | | | 6 | | | |
| 长阳县 | | | | | | 962 |
| 五峰县 | 50 | 2 | | | | |
| **襄阳市** | **270** | **9932** | **2776** | | | **37066** |
| 市郊区 | | | | | | 223 |
| 老河口市 | | | | | | |
| 襄州区 | | | | | | |
| 枣阳市 | | 9785 | 418 | | | 13904 |
| 宜城市 | | | | | | 15879 |
| 南漳县 | 268 | 147 | 2314 | | | 1918 |
| 谷城县 | | | | | | 425 |
| 保康县 | 2 | | 44 | | | 4707 |
| 襄北农场 | | | | | | 10 |

续表3

| 单位名称 | 小型拖拉机配套农具(部) | | | | | |
| --- | --- | --- | --- | --- | --- | --- |
| | 地膜覆盖机 | 秸秆粉碎还田机 | 化肥深施机 | 深松机 | 水稻直播机 | 其它 |
| **鄂州市** | | **81** | **410** | **164** | **10** | **2465** |
| **荆门市** | | | | | | **23405** |
| 市郊区 | | | | | | 17698 |
| 钟祥市 | | | | | | 3965 |
| 京山县 | | | | | | 570 |
| 沙洋县 | | | | | | 1172 |
| 沙洋农场 | | | | | | |
| 五三农场 | | | | | | |
| **孝感市** | **10** | **298** | **2200** | | **16** | **2682** |
| 市郊区 | 10 | 28 | 48 | | | |
| 孝昌县 | | 270 | 320 | | | 333 |
| 大悟县 | | | | | | 2124 |
| 安陆市 | | | 1155 | | | |
| 云梦县 | | | | | | |
| 应城市 | | | | | 16 | |
| 汉川市 | | | 677 | | | 225 |
| **黄冈市** | | **172** | **238** | | **994** | **8269** |
| 市郊区 | | 2 | 1 | | | 84 |
| 团风县 | | | | | 1 | 5 |
| 红安县 | | | | | | 1224 |
| 麻城市 | | | | | 103 | 321 |
| 罗田县 | | | | | | 101 |
| 英山县 | | | 44 | | 84 | 1520 |
| 浠水县 | | 25 | 30 | | 238 | 2028 |
| 蕲春县 | | | | | 18 | 107 |
| 武穴市 | | 145 | | | | 620 |
| 黄梅县 | | | 163 | | 550 | 2259 |
| **咸宁市** | | **666** | **506** | | **19** | **829** |
| 咸安区 | | | | | 2 | |
| 嘉鱼县 | | 40 | 503 | | | |
| 赤壁市 | | 626 | | | | 721 |
| 通城县 | | | | | 15 | 108 |
| 崇阳县 | | | | | | |
| 通山县 | | | 3 | | 2 | |
| **恩施自治州** | **594** | | **2** | **236** | | **1569** |
| 恩施市 | 4 | | | | | |
| 建始县 | | | 2 | | | 635 |
| 巴东县 | 19 | | | | | |
| 利川市 | 489 | | | | | 175 |
| 宣恩县 | 82 | | | 236 | | 237 |
| 咸丰县 | | | | | | 122 |
| 来凤县 | | | | | | 200 |
| 鹤峰县 | | | | | | 200 |
| **随州市** | | | | | | **17368** |
| 曾都区 | | | | | | 17332 |
| 广水市 | | | | | | 36 |
| 随县 | | | | | | |
| **仙桃市** | | | | | | **175** |
| **天门市** | **48** | | **3310** | **100** | **198** | |
| **潜江市** | **90** | **34** | **3150** | | | **2256** |
| **神农架林区** | | | | | | |

# 农业机械年末拥有量(四)

| 单位名称 | 农用排灌动力 | | | | | | 农用水泵 | 节水灌溉类机械 |
|---|---|---|---|---|---|---|---|---|
| | 合计 | | 柴油机 | | 电动机 | | | |
| | 台 | 千瓦 | 台 | 千瓦 | 台 | 千瓦 | 台 | 套 |
| **全省合计** | **884121** | **6734967** | **256181** | **2288301** | **627940** | **4446666** | **894751** | **28802** |
| **武汉市** | **47513** | **626075** | **19068** | **169059** | **28445** | **457016** | **43816** | **1811** |
| 市郊区 | 9183 | 103040 | 4106 | 47484 | 5077 | 55556 | 11603 | 479 |
| 蔡甸区 | 4458 | 124605 | 1209 | 11363 | 3249 | 113242 | 5815 | 8 |
| 江夏区 | 8724 | 106770 | 3516 | 31053 | 5208 | 75717 | 6802 | 870 |
| 黄陂区 | 13571 | 179526 | 6490 | 37762 | 7081 | 141764 | 9939 | 156 |
| 新洲区 | 11577 | 112134 | 3747 | 41397 | 7830 | 70737 | 9657 | 298 |
| **黄石市** | **18009** | **236396** | **2394** | **22601** | **15615** | **213795** | **19089** | **1843** |
| 市郊区 | 1053 | 9239 | 99 | 1087 | 954 | 8152 | 1342 | 1116 |
| 大冶市 | 8810 | 118421 | 1041 | 11482 | 7769 | 106939 | 11105 | 311 |
| 阳新县 | 8146 | 108736 | 1254 | 10032 | 6892 | 98704 | 6642 | 416 |
| **十堰市** | **42341** | **271118** | **13018** | **81278** | **29323** | **189840** | **31397** | **2741** |
| 市郊区 | 894 | 4078 | 20 | 183 | 874 | 3895 | 2640 | 220 |
| 丹江口市 | 6345 | 47320 | 1160 | 21680 | 5185 | 25640 | 4570 | 126 |
| 郧 县 | 3543 | 34611 | 228 | 6675 | 3315 | 27936 | 3015 | 416 |
| 郧西县 | 7151 | 42360 | 114 | 1490 | 7037 | 40870 | 7344 | 109 |
| 竹山县 | 2968 | 21571 | 1018 | 5985 | 1950 | 15586 | 382 | 20 |
| 竹溪县 | 19060 | 100040 | 9500 | 35480 | 9560 | 64560 | 11250 | 1850 |
| 房 县 | 2380 | 21138 | 978 | 9785 | 1402 | 11353 | 2196 | |
| **荆州市** | **122104** | **1296255** | **56331** | **506979** | **65773** | **789276** | **119717** | **749** |
| 市郊区 | 8365 | 98460 | 640 | 5760 | 7725 | 92700 | 14997 | 497 |
| 江陵县 | 5209 | 57171 | 1779 | 16011 | 3430 | 41160 | 3737 | 5 |
| 松滋区 | 10145 | 114870 | 2290 | 20610 | 7855 | 94260 | 17189 | |
| 公安县 | 20374 | 223566 | 6974 | 62766 | 13400 | 160800 | 13589 | |
| 石首市 | 11190 | 113544 | 6912 | 62208 | 4278 | 51336 | 9839 | 24 |
| 监利县 | 28290 | 288093 | 17129 | 154161 | 11161 | 133932 | 20707 | 6 |
| 洪湖市 | 38531 | 400551 | 20607 | 185463 | 17924 | 215088 | 39659 | 217 |
| **宜昌市** | **94783** | **295585** | **7473** | **55423** | **87310** | **240162** | **117717** | **3704** |
| 市郊区 | 5387 | 10152 | 97 | 406 | 5290 | 9746 | 9687 | 2259 |
| 宜昌县 | 27459 | 35119 | 460 | 4246 | 26999 | 30873 | 27489 | 62 |
| 宜都市 | 6088 | 34138 | 3400 | 21894 | 2688 | 12244 | 7763 | 31 |
| 枝江市 | 28324 | 126850 | 1044 | 16060 | 27280 | 110790 | 28198 | 1282 |
| 当阳市 | 5174 | 43545 | 197 | 2589 | 4977 | 40956 | 22722 | 26 |
| 远安县 | 12163 | 20948 | 219 | 1896 | 11944 | 19052 | 12132 | 2 |
| 兴山县 | 1226 | 3561 | 761 | 2104 | 465 | 1457 | 1328 | 5 |
| 秭归县 | 7076 | 14228 | 587 | 2793 | 6489 | 11435 | 7422 | 4 |
| 长阳县 | 1592 | 6105 | 693 | 3347 | 899 | 2758 | 708 | 15 |
| 五峰县 | 294 | 939 | 15 | 88 | 279 | 851 | 268 | 18 |
| **襄阳市** | **36859** | **510273** | **10375** | **129111** | **26484** | **381162** | **61971** | **4962** |
| 市郊区 | 4383 | 53987 | 2176 | 25318 | 2207 | 28669 | 10312 | 60 |
| 老河口市 | 2700 | 34100 | 1100 | 12400 | 1600 | 21700 | 6100 | 3000 |
| 襄州区 | 6316 | 48068 | 1588 | 17750 | 4728 | 30318 | 8868 | |
| 枣阳市 | 7180 | 187214 | 2585 | 34483 | 4595 | 152731 | 17045 | 1263 |
| 宜城市 | 3278 | 58193 | 368 | 5667 | 2910 | 52526 | 7418 | 315 |
| 南漳县 | 3156 | 29932 | 1097 | 14520 | 2059 | 15412 | 3347 | 47 |
| 谷城县 | 4105 | 51036 | 555 | 5949 | 3550 | 45087 | 3259 | 70 |
| 保康县 | 5567 | 44524 | 866 | 12128 | 4701 | 32396 | 5563 | 167 |
| 襄北农场 | 174 | 3219 | 40 | 896 | 134 | 2323 | 59 | 40 |

续表1

| 单位名称 | 农用排灌动力 | | | | | | 农用水泵 | 节水灌溉类机械 |
|---|---|---|---|---|---|---|---|---|
| | 合计 | | 柴油机 | | 电动机 | | | |
| | 台 | 千瓦 | 台 | 千瓦 | 台 | 千瓦 | 台 | 套 |
| **鄂州市** | **10958** | **184137** | **3018** | **31689** | **7940** | **152448** | **14463** | **450** |
| **荆门市** | **29361** | **268379** | **8286** | **73390** | **21075** | **194989** | **84152** | **506** |
| 市郊区 | 4830 | 46841 | 1773 | 13859 | 3057 | 32982 | 34143 | |
| 钟祥市 | 12013 | 132634 | 3908 | 33161 | 8105 | 99473 | 31164 | 46 |
| 京山县 | 7212 | 37444 | 2589 | 25890 | 4623 | 11554 | 8600 | 172 |
| 沙洋县 | 5130 | 40282 | | | 5130 | 40282 | 10032 | |
| 沙洋农场 | 96 | 6156 | 16 | 480 | 80 | 5676 | 90 | 240 |
| 五三农场 | 80 | 5022 | | | 80 | 5022 | 123 | 48 |
| **孝感市** | **184022** | **706788** | **25108** | **203503** | **158914** | **503285** | **195990** | **3223** |
| 市郊区 | 52057 | 81436 | 2919 | 14595 | 49138 | 66841 | 61151 | 1738 |
| 孝昌县 | 36807 | 99086 | 4239 | 26905 | 32568 | 72181 | 37080 | 323 |
| 大悟县 | 23526 | 40579 | 357 | 6978 | 23169 | 33601 | 26723 | 308 |
| 安陆市 | 5802 | 76584 | 448 | 3942 | 5354 | 72642 | 6217 | 293 |
| 云梦县 | 23368 | 69567 | 498 | 4392 | 22870 | 65175 | 22771 | 561 |
| 应城市 | 14330 | 74191 | 3345 | 19983 | 10985 | 54208 | 20919 | |
| 汉川市 | 28132 | 265345 | 13302 | 126708 | 14830 | 138637 | 21129 | |
| **黄冈市** | **47980** | **544007** | **20963** | **219716** | **27017** | **324291** | **63397** | **1168** |
| 市郊区 | 1475 | 27774 | 125 | 1634 | 1350 | 26140 | 4279 | 2 |
| 团风县 | 5645 | 47023 | 862 | 20836 | 4783 | 26187 | 6513 | 126 |
| 红安县 | 5113 | 43859 | 3124 | 16002 | 1989 | 27857 | 5119 | |
| 麻城市 | 5097 | 56366 | 3491 | 36598 | 1606 | 19768 | 5218 | 95 |
| 罗田县 | 2265 | 21065 | 485 | 5335 | 1780 | 15730 | 560 | |
| 英山县 | 379 | 6022 | 210 | 2399 | 169 | 3623 | 14610 | 395 |
| 浠水县 | 8827 | 97739 | 3446 | 33868 | 5381 | 63871 | 8226 | 236 |
| 蕲春县 | 7470 | 69631 | 2655 | 29099 | 4815 | 40532 | 8062 | 80 |
| 武穴市 | 5223 | 87046 | 3640 | 41340 | 1583 | 45706 | 4482 | 80 |
| 黄梅县 | 6486 | 87482 | 2925 | 32605 | 3561 | 54877 | 6328 | 154 |
| **咸宁市** | **34091** | **447311** | **12921** | **175185** | **21170** | **272126** | **37436** | **780** |
| 咸安区 | 8940 | 68375 | 2397 | 22058 | 6543 | 46317 | 10928 | 139 |
| 嘉鱼县 | 5668 | 98207 | 2482 | 26278 | 3186 | 71929 | 5048 | 193 |
| 赤壁市 | 6859 | 210685 | 3897 | 109976 | 2962 | 100709 | 4812 | 446 |
| 通城县 | 9680 | 34039 | 3797 | 12358 | 5883 | 21681 | 9963 | 1 |
| 崇阳县 | 2684 | 29755 | 268 | 2415 | 2416 | 27340 | 2953 | |
| 通山县 | 260 | 6250 | 80 | 2100 | 180 | 4150 | 3732 | 1 |
| **恩施自治州** | **24693** | **74304** | **5950** | **31699** | **18743** | **42605** | **25936** | **1606** |
| 恩施市 | 1385 | 3265 | 137 | 1210 | 1248 | 2055 | 1095 | |
| 建始县 | 2879 | 4235 | 78 | 658 | 2801 | 3577 | 4014 | 2 |
| 巴东县 | 2957 | 4406 | 130 | 1198 | 2827 | 3208 | 2867 | 61 |
| 利川市 | 6289 | 14237 | 229 | 2182 | 6060 | 12055 | 6897 | 279 |
| 宣恩县 | 1773 | 3278 | 175 | 1545 | 1598 | 1733 | 1237 | 46 |
| 咸丰县 | 1629 | 9090 | 547 | 5500 | 1082 | 3590 | 2832 | 264 |
| 来凤县 | 5259 | 8865 | 3298 | 4138 | 1961 | 4727 | 5810 | 42 |
| 鹤峰县 | 2522 | 26928 | 1356 | 15268 | 1166 | 11660 | 1184 | 912 |
| **随州市** | **91024** | **172704** | **3865** | **38695** | **87159** | **134009** | **32379** | **4207** |
| 曾都区 | 15933 | 58866 | 1052 | 9622 | 14881 | 49244 | 16365 | 452 |
| 广水市 | 69754 | 69012 | 576 | 5246 | 69178 | 63766 | 730 | 70 |
| 随县 | 5337 | 44826 | 2237 | 23827 | 3100 | 20999 | 15284 | 3685 |
| **仙桃市** | **50778** | **454588** | **41388** | **299561** | **9390** | **155027** | **11221** | |
| **天门市** | **31982** | **397429** | **18623** | **171272** | **13359** | **226157** | **22383** | **594** |
| **潜江市** | **16824** | **247610** | **7362** | **78806** | **9462** | **168804** | **13575** | **352** |
| **神农架林区** | **799** | **2008** | **38** | **334** | **761** | **1674** | **112** | **106** |

续表2

| 单位名称 | 联合收获机 | | | | | 割晒机 | 机动脱粒机 |
|---|---|---|---|---|---|---|---|
| | 台 | 千瓦 | 其中:半喂入 | 玉米联合收获机 | | | |
| | | | | 台 | 千瓦 | 台 | 台 |
| **全省合计** | **58398** | **2464403** | **6779** | **839** | **28043** | **17297** | **233335** |
| **武汉市** | **1245** | **53862** | **198** | **78** | **4530** | **1328** | **10386** |
| 市郊区 | 181 | 9606 | 25 | 21 | 1213 | 21 | 1218 |
| 蔡甸区 | 261 | 12385 | 28 | 47 | 2832 | | 2125 |
| 江夏区 | 368 | 15387 | 10 | 9 | 450 | 83 | 2165 |
| 黄陂区 | 171 | 6827 | 93 | | | 489 | 1731 |
| 新洲区 | 264 | 9657 | 42 | 1 | 35 | 735 | 3147 |
| **黄石市** | **680** | **30994** | **48** | **1** | **48** | **55** | **8230** |
| 市郊区 | 11 | 409 | | | | 13 | 196 |
| 大冶市 | 220 | 10560 | 29 | | | 20 | 6085 |
| 阳新县 | 449 | 20025 | 19 | 1 | 48 | 22 | 1949 |
| **十堰市** | **297** | **10236** | **107** | **1** | **40** | **194** | **40956** |
| 市郊区 | 24 | 397 | 3 | | | | 818 |
| 丹江口市 | 69 | 2539 | | 1 | 40 | | 4120 |
| 郧 县 | 11 | 398 | 7 | | | 121 | 14572 |
| 郧西县 | 32 | 879 | 8 | | | 15 | 9150 |
| 竹山县 | 30 | 1200 | 5 | | | 13 | 5479 |
| 竹溪县 | 15 | 850 | 10 | | | | 750 |
| 房 县 | 116 | 3973 | 74 | | | 45 | 6067 |
| **荆州市** | **10985** | **481648** | **1075** | **368** | **2638** | **373** | **5191** |
| 市郊区 | 840 | 36735 | 156 | 5 | 136 | | 569 |
| 江陵县 | 1316 | 55595 | 28 | | | | 250 |
| 松滋区 | 1008 | 42262 | 243 | 13 | 520 | 25 | 667 |
| 公安县 | 2005 | 76273 | 246 | 3 | 130 | 4 | 1185 |
| 石首市 | 705 | 28745 | 69 | 315 | 920 | | 784 |
| 监利县 | 3844 | 187479 | 111 | 2 | 132 | 118 | 334 |
| 洪湖市 | 1267 | 54559 | 222 | 30 | 800 | 226 | 1402 |
| **宜昌市** | **1926** | **72574** | **412** | **22** | **1119** | **661** | **39987** |
| 市郊区 | 1 | 50 | | | | | 288 |
| 宜昌县 | 31 | 1138 | | | | | 4427 |
| 宜都市 | 39 | 1118 | 23 | | | 6 | 1955 |
| 枝江市 | 474 | 18977 | 181 | 4 | 264 | 655 | 1833 |
| 当阳市 | 1085 | 40080 | 188 | 18 | 855 | | 262 |
| 远安县 | 276 | 10030 | 18 | | | | |
| 兴山县 | | | | | | | 3799 |
| 秭归县 | 1 | 45 | | | | | 4624 |
| 长阳县 | 4 | 146 | 2 | | | | 10788 |
| 五峰县 | 15 | 990 | | | | | 12011 |
| **襄阳市** | **13657** | **605653** | **150** | **289** | **14613** | **757** | **17372** |
| 市郊区 | 998 | 47987 | 37 | 24 | 1426 | | 350 |
| 老河口市 | 1840 | 76000 | 21 | 60 | 1750 | | 1300 |
| 襄州区 | 2402 | 115296 | 7 | 158 | 9249 | | 20 |
| 枣阳市 | 4687 | 196087 | 18 | | | 736 | 2587 |
| 宜城市 | 1931 | 86318 | 8 | | | | |
| 南漳县 | 1018 | 49764 | 15 | 46 | 2154 | | 3006 |
| 谷城县 | 532 | 22648 | 35 | | | 11 | 1195 |
| 保康县 | 175 | 5988 | 8 | 1 | 34 | 10 | 8910 |
| 襄北农场 | 74 | 5565 | 1 | | | | 4 |

续表3

| 单位名称 | 联合收获机 | | | | | 割晒机 | 机动脱粒机 |
|---|---|---|---|---|---|---|---|
| | 台 | 千瓦 | 其中:半喂入 | 玉米联合收获机 | | | |
| | | | | 台 | 千瓦 | 台 | 台 |
| **鄂州市** | 156 | 8658 | 22 | | | 16 | 7682 |
| **荆门市** | 10525 | 444746 | 216 | 8 | 380 | 168 | 2264 |
| 市郊区 | 1845 | 72702 | 76 | | | | 748 |
| 钟祥市 | 3550 | 157118 | 9 | | | 58 | 526 |
| 京山县 | 2574 | 108840 | 58 | | | 109 | 838 |
| 沙洋县 | 2086 | 80781 | 65 | 1 | 44 | | 152 |
| 沙洋农场 | 55 | 5385 | | | | | |
| 五三农场 | 415 | 19920 | 8 | 7 | 336 | 1 | |
| **孝感市** | 3537 | 145769 | 930 | 25 | 1413 | 676 | 12539 |
| 市郊区 | 220 | 8243 | 181 | 3 | 174 | 8 | 1217 |
| 孝昌县 | 243 | 9888 | 91 | 1 | 56 | 150 | 254 |
| 大悟县 | 167 | 6574 | 90 | | | 1 | 8150 |
| 安陆市 | 648 | 27346 | 214 | | | 347 | 1271 |
| 云梦县 | 211 | 9305 | 151 | 17 | 937 | | 283 |
| 应城市 | 958 | 38032 | 105 | | | | 13 |
| 汉川市 | 1090 | 46381 | 98 | 4 | 246 | 170 | 1351 |
| **黄冈市** | 2543 | 100248 | 460 | 19 | 971 | 7512 | 29722 |
| 市郊区 | 73 | 3209 | 11 | | | | 28 |
| 团风县 | 143 | 5778 | 14 | | | 6 | 1042 |
| 红安县 | 71 | 2870 | 8 | | | 169 | 3771 |
| 麻城市 | 278 | 9479 | 96 | 1 | 46 | 7 | 6210 |
| 罗田县 | 164 | 5740 | 48 | | | 350 | 4680 |
| 英山县 | 136 | 4350 | 37 | | | 440 | 1920 |
| 浠水县 | 225 | 7160 | 28 | | | 6272 | 6491 |
| 蕲春县 | 211 | 8799 | 29 | | | 102 | 3915 |
| 武穴市 | 385 | 16790 | 49 | 8 | 353 | 60 | 1000 |
| 黄梅县 | 857 | 36073 | 140 | 10 | 572 | 106 | 665 |
| **咸宁市** | 2510 | 94242 | 210 | 11 | 770 | 871 | 7614 |
| 咸安区 | 322 | 12320 | 23 | 1 | 58 | 14 | 1422 |
| 嘉鱼县 | 393 | 15867 | 2 | 2 | 112 | | 1237 |
| 赤壁市 | 429 | 15167 | | | | 321 | 1572 |
| 通城县 | 543 | 17204 | 58 | | | 321 | 1058 |
| 崇阳县 | 464 | 17062 | 96 | | | | 2000 |
| 通山县 | 359 | 16622 | 31 | 8 | 600 | 215 | 325 |
| **恩施自治州** | 267 | 10482 | 54 | | | 794 | 44879 |
| 恩施市 | 34 | 1050 | 1 | | | | 4496 |
| 建始县 | 29 | 843 | 18 | | | 21 | 4380 |
| 巴东县 | 1 | 3503 | 1 | | | | 5039 |
| 利川市 | 142 | 3435 | 19 | | | | 11102 |
| 宣恩县 | 10 | 329 | 5 | | | | 4901 |
| 咸丰县 | 11 | 241 | | | | 553 | 5297 |
| 来凤县 | 28 | 685 | 10 | | | 220 | 4304 |
| 鹤峰县 | 12 | 396 | | | | | 5360 |
| **随州市** | 3639 | 129605 | 721 | | | 3696 | 1759 |
| 曾都区 | 831 | 25615 | 292 | | | 358 | 592 |
| 广水市 | 512 | 19005 | 180 | | | 1768 | 599 |
| 随县 | 2296 | 84985 | 249 | | | 1570 | 568 |
| **仙桃市** | 955 | 33425 | 196 | 12 | 840 | | 2958 |
| **天门市** | 4159 | 182996 | 1865 | 5 | 681 | 196 | 1796 |
| **潜江市** | 1317 | 59265 | 115 | | | | |
| **神农架林区** | | | | | | | |

# 农业机械年末拥有量(五)

| 单位名称 | 其他收获机械 | | | | | | | | | |
|---|---|---|---|---|---|---|---|---|---|---|
| | 大豆收获机 | | 油菜籽收获机 | | 马铃薯收获机 | | 花生收获机 | | 蔬菜收获机 | |
| | 台 | 千瓦 | 台 | 千瓦 | 台 | 千瓦 | 台 | 千瓦 | 台 | 千瓦 |
| **全省合计** | **12** | **501** | **2979** | **135479** | **69** | **2801** | **129** | **1389** | | **10** |
| **武汉市** | **2** | **338** | **125** | **7231** | **3** | **52** | **10** | **114** | | |
| 市郊区 | 2 | 338 | 34 | 2196 | | | | | | |
| 蔡甸区 | | | 61 | 3650 | 1 | 30 | | | | |
| 江夏区 | | | 1 | 55 | | | 10 | 114 | | |
| 黄陂区 | | | 27 | 1220 | | | | | | |
| 新洲区 | | | 2 | 110 | 2 | 22 | | | | |
| **黄石市** | | | **43** | **1804** | **25** | **1200** | | | | |
| 市郊区 | | | | | | | | | | |
| 大冶市 | | | 30 | 1440 | 25 | 1200 | | | | |
| 阳新县 | | | 13 | 364 | | | | | | |
| **十堰市** | | | **48** | **191** | | | **35** | **145** | | **10** |
| 市郊区 | | | | | | | | | | |
| 丹江口市 | | | 2 | 70 | | | | | | |
| 郧 县 | | | | | | | | | | |
| 郧西县 | | | | | | | | | | 10 |
| 竹山县 | | | | | | | | | | |
| 竹溪县 | | | | | | | 35 | 145 | | |
| 房 县 | | | 46 | 121 | | | | | | |
| **荆州市** | | | **915** | **36774** | **1** | **58** | | | | |
| 市郊区 | | | 131 | 6729 | 1 | 58 | | | | |
| 江陵县 | | | 110 | 3800 | | | | | | |
| 松滋区 | | | 37 | 1441 | | | | | | |
| 公安县 | | | 225 | 9749 | | | | | | |
| 石首市 | | | 10 | 450 | | | | | | |
| 监利县 | | | 222 | 10882 | | | | | | |
| 洪湖市 | | | 180 | 3723 | | | | | | |
| **宜昌市** | | | **95** | **4596** | **13** | **436** | | | | |
| 市郊区 | | | | | | | | | | |
| 宜昌县 | | | | | | | | | | |
| 宜都市 | | | 16 | 448 | | | | | | |
| 枝江市 | | | 29 | 1645 | | | | | | |
| 当阳市 | | | 49 | 2453 | 13 | 436 | | | | |
| 远安县 | | | 1 | 50 | | | | | | |
| 兴山县 | | | | | | | | | | |
| 秭归县 | | | | | | | | | | |
| 长阳县 | | | | | | | | | | |
| 五峰县 | | | | | | | | | | |
| **襄阳市** | | | **340** | **19557** | | | | | | |
| 市郊区 | | | 64 | 3500 | | | | | | |
| 老河口市 | | | | | | | | | | |
| 襄州区 | | | 250 | 14858 | | | | | | |
| 枣阳市 | | | | | | | | | | |
| 宜城市 | | | | | | | | | | |
| 南漳县 | | | 17 | 765 | | | | | | |
| 谷城县 | | | 7 | 366 | | | | | | |
| 保康县 | | | 2 | 68 | | | | | | |
| 襄北农场 | | | | | | | | | | |

续表1

| 单位名称 | 其他收获机械 | | | | | | | | | |
|---|---|---|---|---|---|---|---|---|---|---|
| | 大豆收获机 | | 油菜籽收获机 | | 马铃薯收获机 | | 花生收获机 | | 蔬菜收获机 | |
| | 台 | 千瓦 | 台 | 千瓦 | 台 | 千瓦 | 台 | 千瓦 | 台 | 千瓦 |
| **鄂州市** | **1** | **48** | **19** | **912** | | | | | | |
| **荆门市** | | | | | | | | | | |
| 市郊区 | | | | | | | | | | |
| 钟祥市 | | | | | | | | | | |
| 京山县 | | | | | | | | | | |
| 沙洋县 | | | | | | | | | | |
| 沙洋农场 | | | | | | | | | | |
| 五三农场 | | | | | | | | | | |
| **孝感市** | | | **289** | **15206** | **3** | **128** | | | | |
| 市郊区 | | | 29 | 1487 | | | | | | |
| 孝昌县 | | | 20 | 994 | | | | | | |
| 大悟县 | | | 14 | 721 | | | | | | |
| 安陆市 | | | 27 | 1189 | | | | | | |
| 云梦县 | | | 26 | 1433 | | | | | | |
| 应城市 | | | 5 | 165 | 2 | 88 | | | | |
| 汉川市 | | | 168 | 9217 | 1 | 40 | | | | |
| **黄冈市** | | | **140** | **6083** | **4** | **146** | **21** | **158** | | |
| 市郊区 | | | 8 | 393 | | | | | | |
| 团风县 | | | 16 | 690 | 2 | 43 | | | | |
| 红安县 | | | | | | | 21 | 158 | | |
| 麻城市 | | | | | | | | | | |
| 罗田县 | | | | | | | | | | |
| 英山县 | | | | | | | | | | |
| 浠水县 | | | 7 | 237 | | | | | | |
| 蕲春县 | | | 2 | 100 | | | | | | |
| 武穴市 | | | 35 | 1690 | | | | | | |
| 黄梅县 | | | 72 | 2973 | 2 | 103 | | | | |
| **咸宁市** | | | **219** | **9307** | **14** | **581** | | | | |
| 咸安区 | | | 23 | 962 | 1 | 22 | | | | |
| 嘉鱼县 | | | 21 | 990 | | | | | | |
| 赤壁市 | | | 11 | 387 | | | | | | |
| 通城县 | | | 24 | 1420 | 7 | 334 | | | | |
| 崇阳县 | | | 18 | 676 | 6 | 225 | | | | |
| 通山县 | | | 122 | 4872 | | | | | | |
| **恩施自治州** | | | **7** | **235** | | | | | | |
| 恩施市 | | | | | | | | | | |
| 建始县 | | | 4 | 160 | | | | | | |
| 巴东县 | | | | | | | | | | |
| 利川市 | | | | | | | | | | |
| 宣恩县 | | | | | | | | | | |
| 咸丰县 | | | 3 | 75 | | | | | | |
| 来凤县 | | | | | | | | | | |
| 鹤峰县 | | | | | | | | | | |
| **随州市** | **7** | **21** | **65** | **2387** | **1** | **20** | | | | |
| 曾都区 | | | 3 | 140 | | | | | | |
| 广水市 | | | 17 | 595 | | | | | | |
| 随县 | 7 | 21 | 45 | 1652 | 1 | 20 | | | | |
| **仙桃市** | | | | | | | | | | |
| **天门市** | **2** | **94** | **298** | **13656** | **5** | **180** | **63** | **972** | | |
| **潜江市** | | | **376** | **17540** | | | | | | |
| **神农架林区** | | | | | | | | | | |

续表2

| 单位名称 | 其他收获机械 | | | | | | | | |
|---|---|---|---|---|---|---|---|---|---|
| | 茶叶采摘机 | | 青饲料收获机 | | 秸杆捡拾打捆机 | | 玉米收获专用割台 | 大豆收获专用割台 | 油菜籽收获专用割台 |
| | 台 | 千瓦 | 台 | 千瓦 | 台 | 千瓦 | 台 | 台 | 台 |
| **全省合计** | **7764** | **8997** | **273** | **885** | **219** | **3973** | **448** | **432** | **2623** |
| **武汉市** | **99** | **154** | **69** | **77** | | | **48** | **9** | **69** |
| 市郊区 | | | | | | | 5 | | |
| 蔡甸区 | | | | | | | 38 | 9 | 61 |
| 江夏区 | 21 | 59 | | | | | 5 | | 8 |
| 黄陂区 | 38 | 38 | 14 | 10 | | | | | |
| 新洲区 | 40 | 57 | 55 | 67 | | | | | |
| **黄石市** | **1** | **202** | **32** | **72** | **38** | **1012** | **1** | | **21** |
| 市郊区 | | | | | | | | | |
| 大冶市 | 1 | 202 | 32 | 72 | 2 | 4 | 1 | | 21 |
| 阳新县 | | | | | 36 | 1008 | | | |
| **十堰市** | **151** | **389** | | | | | **1** | | **2** |
| 市郊区 | | | | | | | | | |
| 丹江口市 | 4 | 8 | | | | | 1 | | 2 |
| 郧 县 | 127 | 381 | | | | | | | |
| 郧西县 | 20 | | | | | | | | |
| 竹山县 | | | | | | | | | |
| 竹溪县 | | | | | | | | | |
| 房 县 | | | | | | | | | |
| **荆州市** | | | **2** | **80** | | | **68** | **8** | **267** |
| 市郊区 | | | | | | | | | 54 |
| 江陵县 | | | | | | | 27 | | 108 |
| 松滋区 | | | | | | | 16 | | 26 |
| 公安县 | | | 2 | 80 | | | 1 | | 27 |
| 石首市 | | | | | | | | | 10 |
| 监利县 | | | | | | | 2 | | 26 |
| 洪湖市 | | | | | | | 22 | 8 | 16 |
| **宜昌市** | **2022** | **1656** | **1** | **11** | **44** | **1104** | **31** | **3** | **4** |
| 市郊区 | 20 | 22 | | | | | | | |
| 宜昌县 | 179 | 266 | | | | | | | |
| 宜都市 | 1284 | 784 | 1 | 11 | | | | | |
| 枝江市 | | | | | | | | 3 | |
| 当阳市 | | | | | 43 | 1075 | 31 | | 4 |
| 远安县 | | | | | 1 | 29 | | | |
| 兴山县 | 51 | 102 | | | | | | | |
| 秭归县 | 48 | 42 | | | | | | | |
| 长阳县 | | | | | | | | | |
| 五峰县 | 440 | 440 | | | | | | | |
| **襄阳市** | **86** | **186** | | | **78** | **745** | **223** | **57** | **330** |
| 市郊区 | | | | | | | 2 | | |
| 老河口市 | | | | | | | 50 | | |
| 襄州区 | | | | | 3 | 150 | 37 | | 135 |
| 枣阳市 | | | | | 23 | 590 | 72 | 57 | 83 |
| 宜城市 | | | | | 51 | | 15 | | 86 |
| 南漳县 | | | | | | | 46 | | 1 |
| 谷城县 | 22 | 45 | | | | | | | |
| 保康县 | 64 | 141 | | | 1 | 5 | 1 | | 25 |
| 襄北农场 | | | | | | | | | |

续表3

| 单位名称 | 其他收获机械 | | | | | | | | |
|---|---|---|---|---|---|---|---|---|---|
| | 茶叶采摘机 | | 青饲料收获机 | | 秸秆捡拾打捆机 | | 玉米收获专用割台 | 大豆收获专用割台 | 油菜籽收获专用割台 |
| | 台 | 千瓦 | 台 | 千瓦 | 台 | 千瓦 | 台 | 台 | 台 |
| **鄂州市** | **30** | **57** | | | | | | | **16** |
| **荆门市** | | | | | **4** | **118** | **48** | **331** | **1137** |
| 市郊区 | | | | | 4 | 118 | | | 194 |
| 钟祥市 | | | | | | | 30 | 322 | 580 |
| 京山县 | | | | | | | | | 138 |
| 沙洋县 | | | | | | | | | 214 |
| 沙洋农场 | | | | | | | 8 | 4 | 1 |
| 五三农场 | | | | | | | 10 | 5 | 10 |
| **孝感市** | | | **2** | **1** | **17** | **493** | **2** | | **384** |
| 市郊区 | | | | | 1 | 29 | 2 | | 21 |
| 孝昌县 | | | | | 16 | 464 | | | 20 |
| 大悟县 | | | 2 | 1 | | | | | |
| 安陆市 | | | | | | | | | 72 |
| 云梦县 | | | | | | | | | 5 |
| 应城市 | | | | | | | | | 266 |
| 汉川市 | | | | | | | | | |
| **黄冈市** | **1016** | **2436** | **11** | **206** | **30** | **477** | **8** | | **125** |
| 市郊区 | | | 1 | 191 | 21 | 315 | | | |
| 团风县 | | | | | | | | | 16 |
| 红安县 | 293 | 451 | 10 | 15 | 9 | 162 | | | |
| 麻城市 | | | | | | | 1 | | 14 |
| 罗田县 | 20 | 20 | | | | | | | |
| 英山县 | 660 | 1830 | | | | | | | |
| 浠水县 | 43 | 135 | | | | | | | |
| 蕲春县 | | | | | | | | | |
| 武穴市 | | | | | | | 1 | | 22 |
| 黄梅县 | | | | | | | 6 | | 73 |
| **咸宁市** | **623** | **927** | **156** | **438** | | | **4** | | **88** |
| 咸安区 | 79 | 326 | | | | | 1 | | 23 |
| 嘉鱼县 | | | | | | | | | |
| 赤壁市 | 284 | 285 | | | | | | | |
| 通城县 | 70 | 150 | 149 | 178 | | | | | 24 |
| 崇阳县 | 44 | 66 | | | | | | | 18 |
| 通山县 | 146 | 100 | 7 | 260 | | | 3 | | 23 |
| **恩施自治州** | **3598** | **2838** | | | **8** | **24** | | **2** | **62** |
| 恩施市 | 649 | 486 | | | | | | 2 | 62 |
| 建始县 | 4 | 3 | | | 8 | 24 | | | |
| 巴东县 | 5 | 4 | | | | | | | |
| 利川市 | 996 | 887 | | | | | | | |
| 宣恩县 | 212 | 159 | | | | | | | |
| 咸丰县 | 85 | 64 | | | | | | | |
| 来凤县 | 10 | 8 | | | | | | | |
| 鹤峰县 | 1637 | 1227 | | | | | | | |
| **随州市** | **138** | **152** | | | | | | | **5** |
| 曾都区 | | | | | | | | | |
| 广水市 | | | | | | | | | |
| 随县 | 138 | 152 | | | | | | | 5 |
| **仙桃市** | | | | | | | **12** | | **18** |
| **天门市** | | | | | | | **2** | **22** | **95** |
| **潜江市** | | | | | | | | | |
| **神农架林区** | | | | | | | | | |

# 农业机械年末拥有量(六)

| 单位名称 | 保鲜储藏设备 | 种子加工机械 | 谷物烘干机 | 动力喷雾(粉)机 | | 饲草料加工机械 | | 畜牧饲养机械 | |
|---|---|---|---|---|---|---|---|---|---|
| | 台套 | 台 | 台 | 部 | 千瓦 | 台 | 千瓦 | 台 | 千瓦 |
| **全省合计** | **2713** | **794** | **1582** | **487284** | **647407** | **362275** | **768838** | **13761** | **44372** |
| **武汉市** | **4** | **93** | **12** | **24274** | **31957** | **3156** | **23032** | **1668** | **7097** |
| 市郊区 | 2 | | | 8997 | 13221 | 251 | 2002 | 118 | 99 |
| 蔡甸区 | | | | 1917 | 2690 | 187 | 1655 | 7 | 35 |
| 江夏区 | | 3 | 3 | 1763 | 2302 | 619 | 3237 | 602 | 390 |
| 黄陂区 | | | 9 | 1916 | 2453 | 1346 | 10209 | 377 | 1789 |
| 新洲区 | 2 | 90 | | 9681 | 11291 | 753 | 5929 | 564 | 4784 |
| **黄石市** | | **27** | **31** | **5295** | **2188** | **1433** | **10867** | **442** | **1326** |
| 市郊区 | | | | 60 | 65 | 34 | 103 | 8 | 24 |
| 大冶市 | | 12 | 24 | 1697 | | 719 | 5392 | 238 | 714 |
| 阳新县 | | 15 | 7 | 3538 | 2123 | 680 | 5372 | 196 | 588 |
| **十堰市** | **104** | **63** | **632** | **4695** | **7060** | **36252** | **78004** | **1054** | **9140** |
| 市郊区 | | | | 43 | 134 | 557 | 2541 | 22 | 198 |
| 丹江口市 | | | | 718 | 1436 | 2240 | 6720 | | |
| 郧　县 | 12 | 20 | 4 | 663 | 1383 | 4549 | 34176 | 65 | 485 |
| 郧西县 | 25 | 5 | 2 | 1681 | 987 | 10011 | 12380 | 89 | 871 |
| 竹山县 | | | | 780 | 2081 | 6620 | 7844 | | |
| 竹溪县 | 45 | 25 | 600 | 200 | 300 | 9000 | 7725 | 850 | 7500 |
| 房　县 | 22 | 13 | 26 | 610 | 739 | 3275 | 6618 | 28 | 86 |
| **荆州市** | **20** | **9** | **3** | **135373** | **162448** | **4800** | **38403** | **4297** | **1230** |
| 市郊区 | | | | 20798 | 24958 | 426 | 6565 | 17 | 152 |
| 江陵县 | | | 2 | 16755 | 20106 | 314 | 1634 | | |
| 松滋区 | | | | 20606 | 24727 | 1067 | 7082 | | |
| 公安县 | 20 | 3 | | 33452 | 40142 | 471 | 2682 | 4280 | 1078 |
| 石首市 | | 6 | 1 | 18128 | 21754 | 499 | 1680 | | |
| 监利县 | | | | 14999 | 17999 | 1611 | 17768 | | |
| 洪湖市 | | | | 10635 | 12762 | 412 | 992 | | |
| **宜昌市** | **81** | **13** | **15** | **63752** | **81765** | **28669** | **60505** | **90** | **2561** |
| 市郊区 | 3 | | | 7178 | 12045 | 29 | 257 | 8 | 2412 |
| 宜昌县 | | | | 3357 | 7823 | 1475 | 5940 | | |
| 宜都市 | | | | 5977 | 7482 | 3243 | 4153 | 79 | 107 |
| 枝江市 | | 13 | 11 | 26512 | 25062 | 1562 | 13295 | 3 | 42 |
| 当阳市 | 1 | | 4 | 9430 | 10904 | 461 | 2308 | | |
| 远安县 | | | | 830 | 414 | 2476 | 12380 | | |
| 兴山县 | 9 | | | 1453 | 2906 | 1338 | 1350 | | |
| 秭归县 | | | | 6199 | 12380 | 5159 | 4922 | | |
| 长阳县 | 68 | | | 2367 | 2367 | 206 | 1908 | | |
| 五峰县 | | | | 449 | 382 | 12720 | 13992 | | |
| **襄阳市** | **12** | **200** | **351** | **17271** | **28109** | **6677** | **24307** | **877** | **338** |
| 市郊区 | 2 | | | 317 | 1248 | 72 | 560 | | |
| 老河口市 | | | | 4200 | 5700 | 1200 | | | |
| 襄州区 | | | | 3388 | 5782 | 498 | 3673 | 20 | |
| 枣阳市 | | 189 | 348 | 2335 | 4189 | 1972 | 5164 | 85 | 323 |
| 宜城市 | 10 | 8 | | 2021 | 3259 | 578 | 2890 | 433 | |
| 南漳县 | | | | 2436 | 4872 | 713 | 6288 | | |
| 谷城县 | | | 3 | 711 | 945 | 50 | 375 | 5 | 15 |
| 保康县 | | | | 1692 | 1912 | 1579 | 5199 | 334 | |
| 襄北农场 | | 3 | | 171 | 202 | 15 | 158 | | |

续表1

| 单位名称 | 保鲜储藏设备 | 种子加工机械 | 谷物烘干机 | 动力喷雾(粉)机 | | 饲草料加工机械 | | 畜牧饲养机械 | |
|---|---|---|---|---|---|---|---|---|---|
| | 台套 | 台 | 台 | 部 | 千瓦 | 台 | 千瓦 | 台 | 千瓦 |
| **鄂州市** | **22** | **6** | **8** | **8298** | **10207** | **1560** | **17160** | **99** | **495** |
| **荆门市** | **135** | **160** | **90** | **24325** | **38377** | **1229** | **8078** | **12** | **158** |
| 市郊区 | 4 | | | 2983 | 6086 | 77 | 600 | | |
| 钟祥市 | | 5 | 5 | 4862 | 10017 | 148 | 1505 | | |
| 京山县 | 123 | 126 | 21 | 3006 | 4202 | 962 | 4713 | | |
| 沙洋县 | 8 | 2 | 6 | 13474 | 18072 | 42 | 1260 | 12 | 158 |
| 沙洋农场 | | 13 | 26 | | | | | | |
| 五三农场 | | 14 | 32 | | | | | | |
| **孝感市** | | **8** | **34** | **34263** | **45438** | **3793** | **21991** | **512** | **4515** |
| 市郊区 | | | 12 | 8942 | 13417 | 823 | 9053 | 8 | 32 |
| 孝昌县 | | 8 | 4 | 1990 | 1627 | 629 | 2670 | 116 | 76 |
| 大悟县 | | | | 1540 | 2220 | 1992 | 6602 | 11 | 16 |
| 安陆市 | | | 10 | 2580 | 3057 | 277 | 2770 | | |
| 云梦县 | | | | 3496 | 5244 | | | 53 | 159 |
| 应城市 | | | 8 | 4168 | 6252 | 72 | 896 | 324 | 4232 |
| 汉川市 | | | | 11547 | 13621 | | | | |
| **黄冈市** | **294** | **199** | **257** | **53611** | **68989** | **23827** | **88397** | **4182** | **15928** |
| 市郊区 | 4 | | | 3341 | 3690 | 57 | 487 | 149 | 21 |
| 团风县 | 3 | 5 | 7 | 4617 | 5448 | 364 | 895 | 2683 | 8558 |
| 红安县 | 23 | 10 | 21 | 1548 | 1881 | 917 | 16486 | 67 | 961 |
| 麻城市 | | | | 3533 | 3690 | 2287 | 22390 | 312 | 658 |
| 罗田县 | | | | 1280 | 1536 | 950 | 4750 | | |
| 英山县 | 260 | 180 | 215 | 2470 | 7510 | 17840 | 31120 | 600 | 2050 |
| 浠水县 | | | | 4171 | 6013 | 689 | 5897 | 230 | 2829 |
| 蕲春县 | 2 | | | 3157 | 4244 | 518 | 4014 | 46 | 224 |
| 武穴市 | 1 | 2 | | 8135 | 13016 | | | 27 | 462 |
| 黄梅县 | 1 | 2 | 14 | 21359 | 21961 | 205 | 2358 | 68 | 165 |
| **咸宁市** | **11** | **5** | **78** | **12044** | **17831** | **5148** | **23072** | **60** | **73** |
| 咸安区 | 8 | | | 576 | 1363 | 136 | 773 | 30 | 56 |
| 嘉鱼县 | | | | 483 | 966 | 418 | 4213 | | |
| 赤壁市 | | 5 | 76 | 2702 | 5079 | 452 | 1029 | | |
| 通城县 | | | | 5550 | 7160 | 2566 | 8057 | | |
| 崇阳县 | | | 2 | 2500 | 3010 | 1270 | 6350 | | |
| 通山县 | 3 | | | 233 | 253 | 306 | 2650 | 30 | 17 |
| **恩施自治州** | **1989** | **6** | **19** | **17213** | **18364** | **240029** | **347990** | **448** | **1411** |
| 恩施市 | 328 | | | 2921 | 3206 | 28419 | 66376 | | |
| 建始县 | 30 | 1 | | 1504 | 2258 | 48303 | 51153 | | |
| 巴东县 | 801 | | | 719 | 871 | 62980 | 70398 | | |
| 利川市 | 69 | 5 | 16 | 4001 | 5179 | 7471 | 16768 | 378 | 822 |
| 宣恩县 | 303 | | 3 | 2010 | 1056 | 34050 | 55924 | 9 | 162 |
| 咸丰县 | 85 | | | 2564 | 2820 | 20480 | 39826 | | |
| 来凤县 | 58 | | | 1750 | 2102 | 10902 | 20121 | 61 | 427 |
| 鹤峰县 | 315 | | | 1744 | 872 | 27424 | 27424 | | |
| **随州市** | **18** | **2** | **50** | **8967** | **12321** | **157** | **1479** | **20** | **100** |
| 曾都区 | | 2 | | 1516 | 3204 | 67 | 709 | 20 | 100 |
| 广水市 | | | | 1191 | 1381 | 26 | 130 | | |
| 随县 | 18 | | 50 | 6260 | 7736 | 64 | 640 | | |
| **仙桃市** | | | | **23688** | **33154** | | | | |
| **天门市** | **3** | **3** | **2** | **26286** | **47314** | **545** | **5995** | | |
| **潜江市** | | | | **25848** | **38763** | **660** | **6538** | | |
| **神农架林区** | **20** | | | **2081** | **3122** | **4340** | **13020** | | |

续表2

| 单位名称 | 剪羊毛机 | | 挤奶机 | | 挖坑机 | | 果树修剪机 | | 茶叶修剪机 | | 投饵机 | | 增氧机 | |
|---|---|---|---|---|---|---|---|---|---|---|---|---|---|---|
| | 台 | 千瓦 | 台 | 千瓦 | 台 | 千瓦 | 台 | 千瓦 | 台 | 千瓦 | 台 | 千瓦 | 台 | 千瓦 |
| **全省合计** | | | **117** | **1618** | **1040** | **30635** | **12184** | **22177** | **30950** | **33211** | **123935** | **162485** | **182494** | **431733** |
| **武汉市** | | | **4** | **28** | **54** | **2107** | **180** | **226** | **169** | **268** | **9066** | **6930** | **17191** | **45711** |
| 市郊区 | | | 3 | 20 | 19 | 841 | 30 | 90 | 2 | 7 | 3711 | 577 | 9381 | 25126 |
| 蔡甸区 | | | 1 | 8 | 1 | 50 | 2 | 4 | 1 | 1 | 343 | 351 | 1114 | 3208 |
| 江夏区 | | | | | 7 | 258 | | | 20 | 74 | 228 | 442 | 1564 | 3693 |
| 黄陂区 | | | | | 2 | 38 | 1 | 1 | 109 | 109 | 166 | 83 | 1492 | 4476 |
| 新洲区 | | | | | 25 | 920 | 147 | 131 | 37 | 77 | 4618 | 5477 | 3640 | 9208 |
| **黄石市** | | | | | **35** | **1113** | **546** | **625** | **42** | **14** | **4945** | **765** | **11114** | **28378** |
| 市郊区 | | | | | | | | | | | 277 | 122 | 399 | 1189 |
| 大冶市 | | | | | 20 | 588 | 243 | 534 | | | 4205 | 504 | 5614 | 1684 |
| 阳新县 | | | | | 15 | 525 | 303 | 91 | 42 | 14 | 463 | 139 | 5101 | 25505 |
| **十堰市** | | | **5** | **15** | **373** | **14108** | **310** | **692** | **1956** | **2606** | | | **689** | **1351** |
| 市郊区 | | | 5 | 15 | | | | | 62 | 116 | | | 61 | 188 |
| 丹江口市 | | | | | | | | | 275 | 550 | | | 132 | 163 |
| 郧 县 | | | | | | | 123 | 269 | 198 | 439 | | | 116 | 332 |
| 郧西县 | | | | | 5 | 30 | 5 | 15 | 102 | 96 | | | 85 | 105 |
| 竹山县 | | | | | 66 | 1122 | | | 213 | 256 | | | | |
| 竹溪县 | | | | | 250 | 11500 | | | 880 | 850 | | | 250 | 300 |
| 房 县 | | | | | 52 | 1456 | 182 | 408 | 226 | 299 | | | 45 | 263 |
| **荆州市** | | | | | **227** | **4765** | **5** | **10** | **10** | **10** | **45922** | **29110** | **59690** | **119380** |
| 市郊区 | | | | | 3 | 30 | | | | | 2944 | 4445 | 6931 | 13862 |
| 江陵县 | | | | | | | | | | | 3111 | 2460 | 3111 | 6222 |
| 松滋区 | | | | | | | | | | | 1318 | 2608 | 1277 | 2554 |
| 公安县 | | | | | 224 | 4735 | | | | | 3239 | 2454 | 4332 | 8664 |
| 石首市 | | | | | | | 5 | 10 | 10 | 10 | 840 | 816 | 810 | 1620 |
| 监利县 | | | | | | | | | | | 4140 | 7847 | 9700 | 19400 |
| 洪湖市 | | | | | | | | | | | 30330 | 8480 | 33529 | 67058 |
| **宜昌市** | | | | | | | **17** | **30** | **18135** | **17731** | **3715** | **5279** | **9507** | **25775** |
| 市郊区 | | | | | | | 6 | 18 | 371 | 285 | 35 | 69 | 143 | 400 |
| 宜昌县 | | | | | | | | | 2511 | 3779 | | | | |
| 宜都市 | | | | | | | 11 | 12 | 2346 | 1956 | 76 | 58 | 170 | 276 |
| 枝江市 | | | | | | | | | | | 2549 | 3975 | 7550 | 20761 |
| 当阳市 | | | | | | | | | 2 | 4 | 1055 | 1177 | 1567 | 4107 |
| 远安县 | | | | | | | | | 13 | 13 | | | 77 | 231 |
| 兴山县 | | | | | | | | | 445 | 884 | | | | |
| 秭归县 | | | | | | | | | 464 | 808 | | | | |
| 长阳县 | | | | | | | | | 230 | 214 | | | | |
| 五峰县 | | | | | | | | | 11753 | 9788 | | | | |
| **襄阳市** | | | | | **88** | **344** | **2087** | **4021** | **947** | **2024** | **1007** | **884** | **2212** | **5284** |
| 市郊区 | | | | | | | | | | | | | 305 | 1321 |
| 老河口市 | | | | | | | | | | | | | 250 | 375 |
| 襄州区 | | | | | | | | | | | 12 | 2 | 165 | 338 |
| 枣阳市 | | | | | 88 | 344 | 108 | 382 | 59 | 266 | 285 | 534 | 437 | 565 |
| 宜城市 | | | | | | | | | | | 690 | 345 | 729 | 1749 |
| 南漳县 | | | | | | | | | 169 | 373 | | | 256 | 768 |
| 谷城县 | | | | | | | 3 | 9 | 596 | 1231 | 20 | 3 | 66 | 143 |
| 保康县 | | | | | | | 1976 | 3630 | 123 | 154 | | | | |
| 襄北农场 | | | | | | | | | | | | | 4 | 25 |

续表3

| 单位名称 | 剪羊毛机 | | 挤奶机 | | 挖坑机 | | 果树修剪机 | | 茶叶修剪机 | | 投饵机 | | 增氧机 | |
|---|---|---|---|---|---|---|---|---|---|---|---|---|---|---|
| | 台 | 千瓦 | 台 | 千瓦 | 台 | 千瓦 | 台 | 千瓦 | 台 | 千瓦 | 台 | 千瓦 | 台 | 千瓦 |
| **鄂州市** | | | | | **8** | **508** | **6** | **108** | **6** | **54** | **11758** | **12934** | **7272** | **21816** |
| **荆门市** | | | **23** | **69** | **4** | **45** | | | | | **11312** | **6074** | **17298** | **42407** |
| 市郊区 | | | 1 | 3 | | | | | | | 257 | 514 | 2188 | 5599 |
| 钟祥市 | | | | | | | | | | | 10403 | 4308 | 8250 | 23033 |
| 京山县 | | | | | 4 | 45 | | | | | 40 | 36 | 5107 | 7656 |
| 沙洋县 | | | | | | | | | | | 492 | 1156 | 1591 | 5672 |
| 沙洋农场 | | | | | | | | | | | | | | |
| 五三农场 | | | 22 | 66 | | | | | | | 120 | 60 | 162 | 447 |
| **孝感市** | | | | | **61** | **1478** | | | **206** | **220** | **4174** | **734** | **12655** | **36965** |
| 市郊区 | | | | | 8 | 280 | | | 12 | 10 | 468 | 373 | 4300 | 12553 |
| 孝昌县 | | | | | 31 | 695 | | | 46 | 34 | 48 | 6 | 276 | 828 |
| 大悟县 | | | | | 13 | 338 | | | 145 | 131 | | | 54 | 149 |
| 安陆市 | | | | | | | | | | | | | 151 | 267 |
| 云梦县 | | | | | | | | | | | | | 2560 | 10000 |
| 应城市 | | | | | 9 | 165 | | | 3 | 45 | 598 | 47 | 1082 | 1654 |
| 汉川市 | | | | | | | | | | | 3060 | 308 | 4232 | 11514 |
| **黄冈市** | | | **54** | **1479** | **113** | **4004** | **2767** | **3745** | **1302** | **3377** | **11086** | **13678** | **16732** | **39840** |
| 市郊区 | | | 3 | 36 | | | 104 | 121 | | | 944 | 128 | 4918 | 12846 |
| 团风县 | | | 8 | 287 | | | 864 | 648 | 38 | 54 | 3041 | 3345 | 2565 | 6028 |
| 红安县 | | | 9 | 318 | 8 | 239 | 70 | 240 | 214 | 282 | 114 | 85 | 116 | 150 |
| 麻城市 | | | | | | | 1204 | 1342 | 13 | 22 | 45 | 5 | 190 | 567 |
| 罗田县 | | | 20 | 800 | | | 160 | 192 | 30 | 30 | | | 650 | 780 |
| 英山县 | | | 4 | 12 | 104 | 3750 | 150 | 620 | 895 | 2615 | 51 | 212 | 70 | 210 |
| 浠水县 | | | 8 | 6 | | | | | 10 | 26 | 703 | 1480 | 1074 | 2490 |
| 蕲春县 | | | | | | | | | 72 | 303 | 2136 | 2849 | 1993 | 4571 |
| 武穴市 | | | | | | | 153 | 505 | | | 27 | 27 | 1293 | 3879 |
| 黄梅县 | | | 2 | 20 | 1 | 15 | 62 | 77 | 30 | 45 | 4025 | 5547 | 3863 | 8319 |
| **咸宁市** | | | **31** | **27** | **21** | **243** | **67** | **120** | **521** | **990** | **2221** | **8496** | **3486** | **9196** |
| 咸安区 | | | 31 | 27 | | | 4 | 12 | 79 | 315 | 243 | 426 | 755 | 2185 |
| 嘉鱼县 | | | | | | | | | | | 271 | 271 | 939 | 2318 |
| 赤壁市 | | | | | | | | | 158 | 251 | 483 | 1022 | 501 | 2536 |
| 通城县 | | | | | 15 | 165 | | | 131 | 148 | 65 | 5279 | 178 | 416 |
| 崇阳县 | | | | | 6 | 78 | 2 | 3 | 93 | 139 | 1038 | 1428 | 960 | 1405 |
| 通山县 | | | | | | | 61 | 105 | 60 | 137 | 121 | 70 | 153 | 336 |
| **恩施自治州** | | | | | **15** | **482** | **5948** | **11847** | **7324** | **5558** | **228** | **338** | **487** | **554** |
| 恩施市 | | | | | | | 120 | 150 | 704 | 528 | | | | |
| 建始县 | | | | | 2 | 204 | 633 | 1274 | 82 | 62 | 191 | 248 | 5 | 13 |
| 巴东县 | | | | | 10 | 205 | 4428 | 9523 | 96 | 72 | | | | |
| 利川市 | | | | | 3 | 73 | 46 | 70 | 1190 | 957 | 2 | 22 | 190 | 262 |
| 宣恩县 | | | | | | | 119 | 80 | 1758 | 1318 | | | 10 | 11 |
| 咸丰县 | | | | | | | 267 | 150 | 166 | 124 | 35 | 68 | 102 | 153 |
| 来凤县 | | | | | | | 235 | 400 | 18 | 15 | | | | |
| 鹤峰县 | | | | | | | 100 | 200 | 3310 | 2482 | | | 180 | 115 |
| **随州市** | | | | | **33** | **1262** | | | **32** | **59** | **713** | **1232** | **3490** | **6106** |
| 曾都区 | | | | | 20 | 828 | | | 8 | 24 | 317 | 747 | 600 | 1733 |
| 广水市 | | | | | 11 | 338 | | | 9 | 18 | 105 | 165 | 139 | 246 |
| 随县 | | | | | 2 | 96 | | | 15 | 17 | 291 | 320 | 2751 | 4127 |
| **仙桃市** | | | | | | | | | | | **14100** | **70500** | **17400** | **44063** |
| **天门市** | | | | | **8** | **176** | | | | | **3523** | **5284** | | |
| **潜江市** | | | | | | | | | | | **165** | **247** | **3271** | **4907** |
| **神农架林区** | | | | | | | **251** | **753** | **300** | **300** | | | | |

# 农业机械年末拥有量(七)

| 单位名称 | 农副产品加工动力 | | | | | |
|---|---|---|---|---|---|---|
| | 合计 | | 柴油机 | | 电动机 | |
| | 台 | 千瓦 | 台 | 千瓦 | 台 | 千瓦 |
| **全省合计** | **883447** | **4469686** | **132609** | **1217782** | **750838** | **3251904** |
| **武汉市** | **23192** | **257061** | **4910** | **66859** | **18282** | **190202** |
| 市郊区 | 3268 | 33387 | 598 | 8055 | 2670 | 25332 |
| 蔡甸区 | 3390 | 49671 | 698 | 13199 | 2692 | 36472 |
| 江夏区 | 5349 | 50390 | 770 | 8643 | 4579 | 41747 |
| 黄陂区 | 5318 | 66900 | 978 | 15756 | 4340 | 51144 |
| 新洲区 | 5867 | 56713 | 1866 | 21206 | 4001 | 35507 |
| **黄石市** | **14807** | **94267** | **1736** | **6900** | **13071** | **87367** |
| 市郊区 | 210 | 1088 | 70 | 493 | 140 | 595 |
| 大冶市 | 7013 | 57689 | 694 | 3977 | 6319 | 53712 |
| 阳新县 | 7584 | 35490 | 972 | 2430 | 6612 | 33060 |
| **十堰市** | **60783** | **402300** | **21465** | **172565** | **39318** | **229735** |
| 市郊区 | 2401 | 15743 | 440 | 3969 | 1961 | 11774 |
| 丹江口市 | 6211 | 45869 | 2524 | 23743 | 3687 | 22126 |
| 郧 县 | 8416 | 67390 | 2115 | 19450 | 6301 | 47940 |
| 郧西县 | 14268 | 111261 | 4971 | 47542 | 9297 | 63719 |
| 竹山县 | 9770 | 57808 | 6670 | 39580 | 3100 | 18228 |
| 竹溪县 | 9750 | 31450 | 650 | 4500 | 9100 | 26950 |
| 房 县 | 9967 | 72779 | 4095 | 33781 | 5872 | 38998 |
| **荆州市** | **47318** | **406121** | **25881** | **220654** | **21437** | **185467** |
| 市郊区 | 1962 | 22820 | 90 | 8520 | 1872 | 14300 |
| 江陵县 | 1857 | 18520 | 431 | 4310 | 1426 | 14210 |
| 松滋区 | 3860 | 36967 | 730 | 9149 | 3130 | 27818 |
| 公安县 | 5060 | 50884 | 2069 | 20807 | 2991 | 30077 |
| 石首市 | 8933 | 71750 | 5293 | 41420 | 3640 | 30330 |
| 监利县 | 20547 | 170444 | 15985 | 124824 | 4562 | 45620 |
| 洪湖市 | 5099 | 34736 | 1283 | 11624 | 3816 | 23112 |
| **宜昌市** | **155905** | **528610** | **14662** | **111833** | **141243** | **416777** |
| 市郊区 | 997 | 6706 | 42 | 620 | 955 | 6086 |
| 宜昌县 | 16670 | 83194 | 969 | 9927 | 15701 | 73267 |
| 宜都市 | 6812 | 45033 | 2085 | 20128 | 4727 | 24905 |
| 枝江市 | 9303 | 65837 | 1259 | 7986 | 8044 | 57851 |
| 当阳市 | 2069 | 19302 | 282 | 2334 | 1787 | 16968 |
| 远安县 | 5029 | 23752 | 430 | 6734 | 4599 | 17018 |
| 兴山县 | 14620 | 55333 | 5122 | 16587 | 9498 | 38746 |
| 秭归县 | 34904 | 60263 | 524 | 4469 | 34380 | 55794 |
| 长阳县 | 24896 | 106480 | 3846 | 42306 | 21050 | 64174 |
| 五峰县 | 40605 | 62710 | 103 | 742 | 40502 | 61968 |
| **襄阳市** | **83798** | **458352** | **10167** | **83843** | **73631** | **374509** |
| 市郊区 | 6112 | 79862 | 1501 | 14546 | 4611 | 65316 |
| 老河口市 | 3600 | 30000 | 1000 | 10400 | 2600 | 19600 |
| 襄州区 | 3093 | 22384 | 425 | 3747 | 2668 | 18637 |
| 枣阳市 | 8125 | 78635 | 1442 | 12442 | 6683 | 66193 |
| 宜城市 | 3879 | 41173 | 1308 | 12556 | 2571 | 28617 |
| 南漳县 | 4969 | 74535 | 786 | 11790 | 4183 | 62745 |
| 谷城县 | 7524 | 38859 | 2326 | 5414 | 5198 | 33445 |
| 保康县 | 46496 | 92904 | 1379 | 12948 | 45117 | 79956 |
| 襄北农场 | | | | | | |

续表1

| 单位名称 | 农副产品加工动力 | | | | | |
|---|---|---|---|---|---|---|
| | 合计 | | 柴油机 | | 电动机 | |
| | 台 | 千瓦 | 台 | 千瓦 | 台 | 千瓦 |
| **鄂州市** | **11951** | **127940** | **2850** | **34200** | **9101** | **93740** |
| **荆门市** | **14105** | **140989** | **2405** | **29639** | **11700** | **111350** |
| 市郊区 | 2101 | 23556 | 458 | 4236 | 1643 | 19320 |
| 钟祥市 | 4908 | 59098 | 541 | 5663 | 4367 | 53435 |
| 京山县 | 2990 | 28070 | 1190 | 15470 | 1800 | 12600 |
| 沙洋县 | 3419 | 22527 | | | 3419 | 22527 |
| 沙洋农场 | 605 | 6232 | 216 | 4270 | 389 | 1962 |
| 五三农场 | 82 | 1506 | | | 82 | 1506 |
| **孝感市** | **23631** | **209544** | **3139** | **32570** | **20492** | **176974** |
| 市郊区 | 2310 | 25114 | 508 | 5743 | 1802 | 19371 |
| 孝昌县 | 5216 | 40398 | 412 | 3311 | 4804 | 37087 |
| 大悟县 | 4711 | 46885 | 538 | 7919 | 4173 | 38966 |
| 安陆市 | 2942 | 29829 | 432 | 3976 | 2510 | 25853 |
| 云梦县 | 1784 | 14778 | 164 | 1818 | 1620 | 12960 |
| 应城市 | 2763 | 25263 | 539 | 4985 | 2224 | 20278 |
| 汉川市 | 3905 | 27277 | 546 | 4818 | 3359 | 22459 |
| **黄冈市** | **55555** | **517277** | **13623** | **146521** | **41932** | **370756** |
| 市郊区 | 795 | 9897 | 9 | 230 | 786 | 9667 |
| 团风县 | 4926 | 36352 | 827 | 9667 | 4099 | 26685 |
| 红安县 | 3851 | 42573 | 821 | 6742 | 3030 | 35831 |
| 麻城市 | 6410 | 70604 | 3288 | 33243 | 3122 | 37361 |
| 罗田县 | 6100 | 53360 | 1250 | 14560 | 4850 | 38800 |
| 英山县 | 13365 | 106015 | 1055 | 11535 | 12310 | 94480 |
| 浠水县 | 8702 | 51641 | 2643 | 13512 | 6059 | 38129 |
| 蕲春县 | 3182 | 61233 | 819 | 30719 | 2363 | 30514 |
| 武穴市 | 2742 | 31641 | 1160 | 12045 | 1582 | 19596 |
| 黄梅县 | 5482 | 53961 | 1751 | 14268 | 3731 | 39693 |
| **咸宁市** | **23111** | **192716** | **3745** | **35688** | **19366** | **157028** |
| 咸安区 | 3958 | 35728 | 904 | 8617 | 3054 | 27111 |
| 嘉鱼县 | 2387 | 20115 | 438 | 3921 | 1949 | 16194 |
| 赤壁市 | 3093 | 29830 | 986 | 10096 | 2107 | 19734 |
| 通城县 | 5015 | 31127 | 704 | 6554 | 4311 | 24573 |
| 崇阳县 | 3603 | 33317 | 253 | 2277 | 3350 | 31040 |
| 通山县 | 5055 | 42599 | 460 | 4223 | 4595 | 38376 |
| **恩施自治州** | **308846** | **646362** | **15454** | **143015** | **293392** | **503347** |
| 恩施市 | 14868 | 104698 | 5338 | 42580 | 9530 | 62118 |
| 建始县 | 64665 | 77041 | 376 | 4781 | 64289 | 72260 |
| 巴东县 | 82600 | 98854 | 975 | 9068 | 81625 | 89786 |
| 利川市 | 41278 | 90202 | 701 | 6738 | 40577 | 83464 |
| 宣恩县 | 29843 | 47237 | 245 | 2840 | 29598 | 44397 |
| 咸丰县 | 8672 | 24765 | 2512 | 22178 | 6160 | 2587 |
| 来凤县 | 11400 | 42449 | 187 | 1549 | 11213 | 40900 |
| 鹤峰县 | 55520 | 161116 | 5120 | 53281 | 50400 | 107835 |
| **随州市** | **14984** | **129751** | **3263** | **35410** | **11721** | **94341** |
| 曾都区 | 3271 | 32101 | 866 | 8739 | 2405 | 23362 |
| 广水市 | 3705 | 31203 | 510 | 4937 | 3195 | 26266 |
| 随县 | 8008 | 66447 | 1887 | 21734 | 6121 | 44713 |
| **仙桃市** | **5765** | **78558** | **240** | **2105** | **5525** | **76453** |
| **天门市** | **13019** | **139141** | **5392** | **57484** | **7627** | **81657** |
| **潜江市** | **10978** | **105697** | **3607** | **37880** | **7371** | **67817** |
| **神农架林区** | **15699** | **35000** | **70** | **616** | **15629** | **34384** |

续表2

| 单位名称 | 农副产品加工机械(部) | | | | | | |
|---|---|---|---|---|---|---|---|
| | 合计 | 粮食加工机械 | 油料加工机械 | 棉花加工机械 | 果蔬加工机械 | 茶叶加工机械 | 其它 |
| **全省合计** | **995198** | **683471** | **45123** | **14369** | **5830** | **40462** | **205943** |
| **武汉市** | **15834** | **7373** | **1758** | **717** | **134** | **704** | **5148** |
| 市郊区 | 2199 | 941 | 217 | 118 | 65 | 59 | 799 |
| 蔡甸区 | 1074 | 851 | 50 | 57 | 7 | 1 | 108 |
| 江夏区 | 6333 | 2422 | 304 | 90 | | 94 | 3423 |
| 黄陂区 | 3620 | 1676 | 848 | 174 | 7 | 432 | 483 |
| 新洲区 | 2608 | 1483 | 339 | 278 | 55 | 118 | 335 |
| **黄石市** | **10175** | **8027** | **521** | **235** | **21** | **25** | **1346** |
| 市郊区 | 162 | 67 | 18 | 9 | | | 68 |
| 大冶市 | 4633 | 3310 | 503 | 226 | 21 | 5 | 568 |
| 阳新县 | 5380 | 4650 | | | | 20 | 710 |
| **十堰市** | **77299** | **38074** | **6977** | **538** | **507** | **3737** | **27466** |
| 市郊区 | 2054 | 1111 | 231 | 5 | | 598 | 109 |
| 丹江口市 | 12799 | 4650 | 686 | 82 | 49 | 272 | 7060 |
| 郧 县 | 11787 | 7083 | 544 | 30 | 25 | 618 | 3487 |
| 郧西县 | 24605 | 8365 | 896 | 21 | 75 | 508 | 14740 |
| 竹山县 | 10375 | 9000 | 400 | 360 | 90 | 350 | 175 |
| 竹溪县 | 11690 | 6755 | 3660 | | | 560 | 715 |
| 房 县 | 3989 | 1110 | 560 | 40 | 268 | 831 | 1180 |
| **荆州市** | **40998** | **17056** | **3619** | **1808** | **48** | **47** | **18420** |
| 市郊区 | 3166 | 427 | 130 | 173 | 16 | | 2420 |
| 江陵县 | 1558 | 329 | 152 | 53 | | | 1024 |
| 松滋区 | 6490 | 2652 | 1524 | 132 | 25 | | 2157 |
| 公安县 | 4850 | 1832 | 423 | 347 | 7 | 26 | 2215 |
| 石首市 | 5502 | 2662 | 408 | 298 | | 10 | 2124 |
| 监利县 | 15595 | 8026 | 773 | 535 | | 11 | 6250 |
| 洪湖市 | 3837 | 1128 | 209 | 270 | | | 2230 |
| **宜昌市** | **181582** | **158483** | **3587** | **732** | **501** | **6772** | **11507** |
| 市郊区 | 1400 | 15 | 69 | | 33 | 6 | 1277 |
| 宜昌县 | 25510 | 22300 | 609 | 41 | 173 | 1192 | 1195 |
| 宜都市 | 8806 | 2920 | 233 | 18 | 125 | 1692 | 3818 |
| 枝江市 | 7287 | 3223 | 1425 | 558 | | | 2081 |
| 当阳市 | 1642 | 1311 | 152 | 67 | 11 | 13 | 88 |
| 远安县 | 657 | 542 | 90 | | 1 | 24 | |
| 兴山县 | 16130 | 14136 | 270 | | 8 | 472 | 1244 |
| 秭归县 | 55701 | 53028 | 341 | 48 | 57 | 1043 | 1184 |
| 长阳县 | 21449 | 19518 | 285 | | 10 | 1016 | 620 |
| 五峰县 | 43000 | 41490 | 113 | | 83 | 1314 | |
| **襄阳市** | **84923** | **50362** | **10257** | **2189** | **454** | **4682** | **16979** |
| 市郊区 | 958 | 369 | 529 | 57 | | | 3 |
| 老河口市 | 7170 | 4900 | 1500 | 710 | | | 60 |
| 襄州区 | 2844 | 1733 | 566 | 195 | | | 350 |
| 枣阳市 | 7723 | 2846 | 2954 | 862 | 373 | 89 | 599 |
| 宜城市 | 5792 | 3684 | 1787 | 278 | 34 | 5 | 4 |
| 南漳县 | 5031 | 3230 | 294 | | 34 | 137 | 1336 |
| 谷城县 | 4689 | 2267 | 488 | 77 | 10 | 1071 | 776 |
| 保康县 | 50716 | 31333 | 2139 | 10 | 3 | 3380 | 13851 |
| 襄北农场 | | | | | | | |

续表3

| 单位名称 | 农副产品加工机械(部) | | | | | | |
|---|---|---|---|---|---|---|---|
| | 合计 | 粮食加工机械 | 油料加工机械 | 棉花加工机械 | 果蔬加工机械 | 茶叶加工机械 | 其它 |
| **鄂州市** | **8960** | **3647** | **415** | **286** | **20** | **32** | **4560** |
| **荆门市** | **8577** | **5177** | **1671** | **732** | **54** | **93** | **850** |
| 市郊区 | 1799 | 1250 | 363 | 88 | 24 | 74 | |
| 钟祥市 | 2623 | 1585 | 710 | 213 | 30 | 19 | 66 |
| 京山县 | 2349 | 1251 | 352 | 293 | | | 453 |
| 沙洋县 | 1429 | 829 | 236 | 33 | | | 331 |
| 沙洋农场 | 240 | 240 | | | | | |
| 五三农场 | 137 | 22 | 10 | 105 | | | |
| **孝感市** | **22286** | **7974** | **3658** | **1217** | **866** | **2650** | **5921** |
| 市郊区 | 2337 | 1441 | 413 | 122 | | 65 | 296 |
| 孝昌县 | 5461 | 1301 | 723 | 300 | | 407 | 2730 |
| 大悟县 | 7676 | 2845 | 1451 | 420 | 833 | 2127 | |
| 安陆市 | 2732 | 1028 | 401 | 169 | | | 1134 |
| 云梦县 | 405 | 198 | 207 | | | | |
| 应城市 | 2803 | 889 | 313 | 114 | 32 | 51 | 1404 |
| 汉川市 | 872 | 272 | 150 | 92 | 1 | | 357 |
| **黄冈市** | **64268** | **42780** | **4828** | **3460** | **454** | **2769** | **9977** |
| 市郊区 | 257 | 165 | 34 | 58 | | | |
| 团风县 | 2262 | 1537 | 123 | 51 | 6 | 183 | 362 |
| 红安县 | 3423 | 1940 | 664 | 133 | 12 | 283 | 391 |
| 麻城市 | 6540 | 5242 | 819 | 264 | | 83 | 132 |
| 罗田县 | 11240 | 8850 | 780 | 50 | | 60 | 1500 |
| 英山县 | 21695 | 15020 | 465 | 75 | 390 | 1595 | 4150 |
| 浠水县 | 6614 | 4789 | 580 | 240 | | 214 | 791 |
| 蕲春县 | 2928 | 1582 | 566 | 297 | | 220 | 263 |
| 武穴市 | 3754 | 1685 | 410 | 790 | 4 | 25 | 840 |
| 黄梅县 | 5555 | 1970 | 387 | 1502 | 42 | 106 | 1548 |
| **咸宁市** | **27695** | **20724** | **1309** | **418** | **41** | **1174** | **4029** |
| 咸安区 | 3924 | 2460 | 353 | 48 | | 156 | 907 |
| 嘉鱼县 | 1811 | 829 | 230 | 94 | 39 | 45 | 574 |
| 赤壁市 | 3833 | 2915 | 195 | 61 | | 259 | 403 |
| 通城县 | 5324 | 4563 | 375 | 128 | | 258 | |
| 崇阳县 | 4170 | 3785 | 75 | 47 | | 58 | 205 |
| 通山县 | 8633 | 6172 | 81 | 40 | 2 | 398 | 1940 |
| **恩施自治州** | **407379** | **289537** | **2452** | **39** | **2548** | **17323** | **95480** |
| 恩施市 | 53270 | 46437 | 279 | | 365 | 5189 | 1000 |
| 建始县 | 35967 | 34100 | 348 | 2 | 38 | 334 | 1145 |
| 巴东县 | 93183 | 80464 | 808 | | 833 | 520 | 10558 |
| 利川市 | 76345 | 39456 | 260 | | 98 | 4854 | 31677 |
| 宣恩县 | 53151 | 27636 | 32 | | 348 | 1401 | 23734 |
| 咸丰县 | 25199 | 13387 | 403 | | 85 | 1653 | 9671 |
| 来凤县 | 12476 | 9029 | 99 | 37 | 466 | 150 | 2695 |
| 鹤峰县 | 57788 | 39028 | 223 | | 315 | 3222 | 15000 |
| **随州市** | **8116** | **3631** | **1351** | **484** | **180** | **147** | **2323** |
| 曾都区 | 3177 | 884 | 369 | 98 | 171 | 87 | 1568 |
| 广水市 | 1999 | 1031 | 516 | 210 | 2 | | 240 |
| 随县 | 2940 | 1716 | 466 | 176 | 7 | 60 | 515 |
| **仙桃市** | **5489** | **4830** | **360** | **141** | | | **158** |
| **天门市** | **8414** | **5773** | **493** | **851** | **2** | | **1295** |
| **潜江市** | **7117** | **4311** | **1800** | **522** | | | **484** |
| **神农架林区** | **16086** | **15712** | **67** | | | **307** | |

续表4

| 单位名称 | 设施农业设备 | | | | |
|---|---|---|---|---|---|
| | 水稻工厂化育秧(套) | 温室(万平方米) | | | |
| | | 小计 | 连栋温室 | 日光温室 | 塑料大棚 |
| **全省合计** | **180** | **21519.722** | **151.972** | **244.56** | **21525.19** |
| **武汉市** | **11** | **2897.91** | **53.96** | | **2843.95** |
| 市郊区 | | 2278.39 | 24.54 | | 2253.85 |
| 蔡甸区 | 8 | 68.62 | 0.12 | | 68.5 |
| 江夏区 | | 230 | 1 | | 229 |
| 黄陂区 | 1 | 298.2 | 6 | | 292.2 |
| 新洲区 | 2 | 22.7 | 22.3 | | 0.4 |
| **黄石市** | **3** | **179.72** | **3.8** | | **175.92** |
| 市郊区 | 1 | 111.92 | | | 111.92 |
| 大冶市 | 2 | | 3.8 | | 64 |
| 阳新县 | | | | | |
| **十堰市** | | **1261.08** | **6.36** | **40.67** | **1214.05** |
| 市郊区 | | 318.44 | 1.36 | 12.67 | 304.05 |
| 丹江口市 | | 126 | | | 126 |
| 郧 县 | | 38 | 5 | 17 | |
| 郧西县 | | 345 | | 5 | 340 |
| 竹山县 | | 44 | | | 44 |
| 竹溪县 | | | | | 400 |
| 房 县 | | 22.43 | | 6 | |
| **荆州市** | **26** | **8226** | **6** | | **8220** |
| 市郊区 | 2 | 2021 | | | 2021 |
| 江陵县 | 2 | 1739 | | | 1739 |
| 松滋区 | | 650 | | | 650 |
| 公安县 | 4 | 199 | | | 199 |
| 石首市 | | 2457 | | | 2457 |
| 监利县 | 1 | 749 | 6 | | 743 |
| 洪湖市 | 17 | 411 | | | 411 |
| **宜昌市** | **8** | **25.11** | **0.02** | **0.03** | **25.06** |
| 市郊区 | | | | | |
| 宜昌县 | | | | | |
| 宜都市 | 2 | 4.73 | | | 4.73 |
| 枝江市 | 3 | | | | 6.63 |
| 当阳市 | 2 | 0.18 | 0.02 | 0.03 | 13 |
| 远安县 | 1 | | | | |
| 兴山县 | | | | | |
| 秭归县 | | | | | 0.7 |
| 长阳县 | | | | | |
| 五峰县 | | | | | |
| **襄阳市** | **19** | **418.15** | **0.6** | **59.13** | **358.42** |
| 市郊区 | 1 | 234 | | 9 | 225 |
| 老河口市 | 3 | 30 | | | 30 |
| 襄州区 | 2 | 150 | | 50 | 100 |
| 枣阳市 | 1 | 0.03 | | 0.03 | |
| 宜城市 | 2 | 1.2 | 0.6 | 0.1 | 0.5 |
| 南漳县 | 1 | 2 | | | 2 |
| 谷城县 | 8 | | | | |
| 保康县 | 1 | 0.92 | | | 0.92 |
| 襄北农场 | | | | | |

续表5

| 单位名称 | 设施农业设备 | | | | |
| --- | --- | --- | --- | --- | --- |
| | 水稻工厂化育秧（套） | 温室（万平方米） | | | |
| | | 小计 | 连栋温室 | 日光温室 | 塑料大棚 |
| **鄂州市** | **2** | **233.3** | **1.5** | **3.4** | **228.4** |
| **荆门市** | **5** | **2711.45** | **1.5** | **112.23** | **2597.72** |
| 市郊区 | 1 | 115.24 | 1 | 11.23 | 103.01 |
| 钟祥市 | | 848.7 | | 101 | 1123.2 |
| 京山县 | | | | | 1070 |
| 沙洋县 | | 281.5 | | | 281.5 |
| 沙洋农场 | 4 | 0.5 | 0.5 | | |
| 五三农场 | | | | | 20.01 |
| **孝感市** | **68** | **767.06** | **13.34** | **1.32** | **752.4** |
| 市郊区 | | 183.55 | | | 183.55 |
| 孝昌县 | 12 | 12.49 | | | 12.49 |
| 大悟县 | 50 | 14 | 13.34 | | 0.66 |
| 安陆市 | 5 | | | | |
| 云梦县 | | 471 | | | 471 |
| 应城市 | 1 | 86.02 | | 1.32 | 84.7 |
| 汉川市 | | | | | |
| **黄冈市** | **24** | **3342.28** | **5** | | **3337.28** |
| 市郊区 | 1 | 817 | 5 | | 812 |
| 团风县 | 4 | 87 | | | 87 |
| 红安县 | 3 | 5.32 | | | 5.32 |
| 麻城市 | 10 | 0.62 | | | 0.62 |
| 罗田县 | | 1680 | | | 1680 |
| 英山县 | | 155 | | | 155 |
| 浠水县 | 2 | 4 | | | 4 |
| 蕲春县 | 1 | 260 | | | 5 |
| 武穴市 | | 869 | | | 869 |
| 黄梅县 | 3 | 121.34 | | | 121.34 |
| **咸宁市** | **3** | **186.81** | | **7** | **179.81** |
| 咸安区 | | 103.09 | | | 106.09 |
| 嘉鱼县 | 2 | 14.7 | | | 14.7 |
| 赤壁市 | | | | | |
| 通城县 | 1 | | | | 2.7 |
| 崇阳县 | | | | | 1.32 |
| 通山县 | | 62 | | 7 | 55 |
| **恩施自治州** | **4** | **159.032** | **40.892** | **12.78** | **105.36** |
| 恩施市 | | 52.11 | 19.98 | | 32.13 |
| 建始县 | | 12.14 | 2.5 | | 9.64 |
| 巴东县 | | 4.77 | 1 | | 3.77 |
| 利川市 | 4 | 12.08 | 6.66 | | 5.42 |
| 宣恩县 | | 4.98 | 1.16 | 1.16 | 2.66 |
| 咸丰县 | | 18.152 | 3.692 | 11.62 | 2.84 |
| 来凤县 | | 40.2 | 0.3 | | 39.9 |
| 鹤峰县 | | 14.6 | 5.6 | | 9 |
| **随州市** | **3** | **363.82** | **19** | **8** | **336.82** |
| 曾都区 | | 206.7 | | | 206.7 |
| 广水市 | 1 | 119.12 | | | 119.12 |
| 随县 | 2 | 38 | 19 | 8 | 11 |
| **仙桃市** | | | | | |
| **天门市** | **4** | | | | **4** |
| **潜江市** | | **748** | | | **748** |
| **神农架林区** | | | | | **398** |

# 农业机械年末拥有量(八)

| 单位名称 | 农业机械原值(万元) | | 农业机械净值(万元) | 低速载货汽车 | |
|---|---|---|---|---|---|
| | 合计 | 其中:当年购买农机所用资金 | | 辆 | 千瓦 |
| **全省合计** | **2913184.987** | **378757.5787** | **2191361.39** | **103151** | **3547105** |
| **武汉市** | **144742.3474** | **23473.8417** | **107900.34** | **13990** | **552449** |
| 市郊区 | 36536.9474 | 4875.6617 | 25554.89 | 5579 | 238261 |
| 蔡甸区 | 24800.78 | 2543 | 17769.58 | 1411 | 72491 |
| 江夏区 | 25570 | 4611 | 22633 | 1481 | 61335 |
| 黄陂区 | 28423 | 6150.18 | 24719 | 3039 | 91144 |
| 新洲区 | 29411.62 | 5294 | 17223.87 | 2480 | 89218 |
| **黄石市** | **61560.99** | **11296.8** | **43235.28** | **1140** | **101430** |
| 市郊区 | 6561.69 | 123.7 | 4735.67 | 109 | 2964 |
| 大冶市 | 20112.3 | 4318.5 | 14078.61 | 543 | 21269 |
| 阳新县 | 34887 | 6854.6 | 24421 | 488 | 77197 |
| **十堰市** | **118588** | **26626** | **100805** | **6217** | **169475** |
| 市郊区 | 7665 | 880 | 6865 | 548 | 40004 |
| 丹江口市 | 18565 | 3868 | 17096 | 926 | 3897 |
| 郧 县 | 31784 | 8904 | 28359 | 821 | 36325 |
| 郧西县 | 21595 | 4295 | 21070 | 1387 | 22540 |
| 竹山县 | 11990 | 3490 | 8990 | 960 | 14484 |
| 竹溪县 | 15727 | 1727 | 10800 | 650 | 18000 |
| 房 县 | 11262 | 3462 | 7625 | 925 | 34225 |
| **荆州市** | **647198.24** | **52276.16** | **485398.67** | **8763** | **268095** |
| 市郊区 | 78301.73 | 7569.13 | 58726.3 | 2398 | 83266 |
| 江陵县 | 59417.35 | 4318.98 | 44563.01 | 1178 | 27978 |
| 松滋区 | 56075.66 | 5936 | 42056.74 | 1186 | 37421 |
| 公安县 | 95816.63 | 6841 | 71862.47 | 629 | 21745 |
| 石首市 | 55155.56 | 9853.19 | 41366.67 | 1344 | 35023 |
| 监利县 | 169650.51 | 10675.96 | 127237.88 | 1260 | 39348 |
| 洪湖市 | 132780.8 | 7081.9 | 99585.6 | 768 | 23314 |
| **宜昌市** | **247347.37** | **26330.62** | **181419.8** | **14700** | **412414** |
| 市郊区 | 11788.62 | 1215.7 | 9226.7 | 680 | 39471 |
| 宜昌县 | 17389 | 2727 | 14684 | 2612 | 58866 |
| 宜都市 | 12891 | 2961 | 7258 | 1433 | 32753 |
| 枝江市 | 101806.3 | 2926.4 | 68072.8 | 3767 | 129937 |
| 当阳市 | 47787.45 | 6773.52 | 34222.3 | 1111 | 38439 |
| 远安县 | 12720 | 1406 | 11715 | 643 | 25680 |
| 兴山县 | 6138 | 1380 | 5910 | 335 | 11863 |
| 秭归县 | 15564 | 1263 | 11641 | 2871 | 34371 |
| 长阳县 | 9032 | 1684 | 8294 | 309 | 6180 |
| 五峰县 | 12231 | 3994 | 10396 | 939 | 34854 |
| **襄阳市** | **380881.41** | **48144.795** | **278965.63** | **11555** | **254321** |
| 市郊区 | 35295.77 | 2700.77 | 31116.09 | 320 | 10416 |
| 老河口市 | 54670 | 7880 | 37100 | 1200 | 27410 |
| 襄州区 | 89159 | 7736 | 62773 | 836 | 33415 |
| 枣阳市 | 61588 | 8702 | 30794 | 1312 | 41069 |
| 宜城市 | 70952 | 11174 | 60816 | 5551 | 65209 |
| 南漳县 | 31963 | 4296.86 | 29191 | 223 | 12265 |
| 谷城县 | 25577.53 | 2367.475 | 17387.32 | 583 | 25819 |
| 保康县 | 9400 | 3000 | 8120 | 1530 | 38718 |
| 襄北农场 | 2276.11 | 287.69 | 1668.22 | | |

续表1

| 单位名称 | 农业机械原值(万元) | | 农业机械净值(万元) | 低速载货汽车 | |
|---|---|---|---|---|---|
| | 合计 | 其中:当年购买农机所用资金 | | 辆 | 千瓦 |
| **鄂州市** | **79566** | **10260** | **61980** | **1872** | **58032** |
| **荆门市** | **272354.69** | **27604.98** | **201445.83** | **2808** | **137086** |
| 市郊区 | 39770.69 | 4919.48 | 31052.83 | 862 | 48132 |
| 钟祥市 | 108203 | 7980 | 78626 | 1628 | 78073 |
| 京山县 | 57960 | 6500 | 43352 | 317 | 10846 |
| 沙洋县 | 52433 | 5107 | 40791 | | |
| 沙洋农场 | 6258 | 1218 | 3064 | 1 | 35 |
| 五三农场 | 7730 | 1880.5 | 4560 | | |
| **孝感市** | **182530.8** | **34969** | **138985.63** | **5964** | **180794** |
| 市郊区 | 35457 | 7815 | 25210 | 2255 | 67650 |
| 孝昌县 | 15561.42 | 3482 | 14782.16 | 155 | 4111 |
| 大悟县 | 14713.95 | 4333 | 13579.29 | 203 | 4741 |
| 安陆市 | 36006 | 5102 | 22548 | 963 | 36594 |
| 云梦县 | 24561.43 | 3749 | 14858.18 | 1065 | 31311 |
| 应城市 | 21150 | 4848 | 16435 | | |
| 汉川市 | 35081 | 5640 | 31573 | 1323 | 36387 |
| **黄冈市** | **243142.16** | **39530.291** | **179731.17** | **9520** | **327541** |
| 市郊区 | 7113.59 | 1226.14 | 4979.51 | 345 | 12332 |
| 团风县 | 15849 | 4215 | 12560 | 631 | 15116 |
| 红安县 | 13727.91 | 2596.786 | 8562.87 | 607 | 18805 |
| 麻城市 | 26093 | 4180 | 19778 | 1372 | 33586 |
| 罗田县 | 18560 | 4300 | 13850 | 1005 | 59370 |
| 英山县 | 31400 | 3415 | 23800 | 1378 | 60830 |
| 浠水县 | 27059 | 3846.865 | 16471.2 | 900 | 21649 |
| 蕲春县 | 26790.76 | 3471.4 | 16074.45 | 1293 | 43729 |
| 武穴市 | 21627 | 4795 | 19180 | 278 | 16163 |
| 黄梅县 | 54921.9 | 7484.1 | 44475.14 | 1711 | 45961 |
| **咸宁市** | **89616** | **19869** | **73181** | **5589** | **226198** |
| 咸安区 | 17866 | 3267 | 14319 | 1815 | 93832 |
| 嘉鱼县 | 12992 | 3224 | 10079 | 193 | 6399 |
| 赤壁市 | 12438 | 3253 | 9418 | 1563 | 41028 |
| 通城县 | 21061 | 4856 | 18955 | 1220 | 34095 |
| 崇阳县 | 14100 | 2629 | 11010 | 171 | 11970 |
| 通山县 | 11159 | 2640 | 9400 | 627 | 38874 |
| **恩施自治州** | **113299.89** | **16868.4** | **90111.37** | **9456** | **417224** |
| 恩施市 | 10209 | 2720 | 6868 | 2325 | 111045 |
| 建始县 | 11613.06 | 1607.5 | 8608.24 | 672 | 55688 |
| 巴东县 | 9472.41 | 1633.1 | 5815.7 | 683 | 20053 |
| 利川市 | 19577.92 | 2432.5 | 17599.33 | 2600 | 89342 |
| 宣恩县 | 9372 | 2346 | 6726 | 871 | 38412 |
| 咸丰县 | 9994 | 1976 | 9107.1 | 986 | 33445 |
| 来凤县 | 12636.5 | 2065.3 | 8516 | 542 | 16134 |
| 鹤峰县 | 30425 | 2088 | 26871 | 777 | 53105 |
| **随州市** | **112071.09** | **10277.691** | **84080.43** | **3343** | **131020** |
| 曾都区 | 32343 | 4384.2 | 25443.6 | 1738 | 63608 |
| 广水市 | 32155.02 | 1117 | 22332.9 | 561 | 10360 |
| 随县 | 47573.07 | 4776.491 | 36303.93 | 1044 | 57052 |
| **仙桃市** | 69365 | 6628 | 38654.24 | 4368 | 135408 |
| **天门市** | 87187 | 17100 | 75278 | 3348 | 147312 |
| **潜江市** | 55800 | 5298 | 45927 | 354 | 21675 |
| **神农架林区** | 7934 | 2204 | 4262 | 164 | 6631 |

续表2

| 单位名称 | 三轮汽车 | | 农用挂车(台) | | 推土机 | | 挖掘机 | |
|---|---|---|---|---|---|---|---|---|
| | 辆 | 千瓦 | 大中型 | 小型 | 台 | 千瓦 | 台 | 千瓦 |
| **全省合计** | **118842** | **1582766** | **59486** | **751264** | **8059** | **490625** | **5550** | **300449** |
| **武汉市** | **8142** | **137428** | **5794** | **9563** | **1418** | **82001** | **226** | **12975** |
| 市郊区 | 3879 | 97464 | 1861 | 2134 | 496 | 26545 | 52 | 2820 |
| 蔡甸区 | 152 | 1525 | 334 | 766 | 124 | 6438 | 22 | 1393 |
| 江夏区 | 607 | 8957 | 379 | 2234 | 201 | 11688 | 13 | 598 |
| 黄陂区 | 1770 | 10666 | 1839 | 2531 | 292 | 19272 | 50 | 2207 |
| 新洲区 | 1734 | 18816 | 1381 | 1898 | 305 | 18058 | 89 | 5957 |
| **黄石市** | **1365** | **11921** | **1244** | **477** | **227** | **21972** | **100** | **2628** |
| 市郊区 | 61 | 670 | 21 | 31 | 3 | 165 | 14 | 358 |
| 大冶市 | 598 | 6662 | 380 | 40 | 153 | 12147 | 83 | 2025 |
| 阳新县 | 706 | 4589 | 843 | 406 | 71 | 9660 | 3 | 245 |
| **十堰市** | **14685** | **226432** | **671** | **4412** | **391** | **30545** | **671** | **40978** |
| 市郊区 | 216 | 4114 | 145 | 15 | 15 | 794 | 57 | 2548 |
| 丹江口市 | 5160 | 84094 | 95 | 3870 | 40 | 2499 | 72 | 9000 |
| 郧 县 | 2997 | 41958 | 101 | 197 | 83 | 4482 | 127 | 9450 |
| 郧西县 | 980 | 13820 | 265 | 286 | 43 | 3084 | 155 | 7056 |
| 竹山县 | 2920 | 42924 | 65 | 44 | 132 | 13464 | 48 | 384 |
| 竹溪县 | 1350 | 20530 | | | 40 | 4200 | 120 | 8400 |
| 房 县 | 1062 | 18992 | | | 38 | 2022 | 92 | 4140 |
| **荆州市** | **6959** | **70897** | **803** | **70656** | **1174** | **70343** | **867** | **39015** |
| 市郊区 | 2906 | 23019 | 51 | 12162 | 200 | 11345 | 110 | 4950 |
| 江陵县 | 808 | 11543 | 91 | 10718 | 298 | 15619 | 228 | 10260 |
| 松滋区 | 448 | 6541 | 86 | 6591 | 76 | 5931 | 10 | 450 |
| 公安县 | 309 | 5463 | 117 | 7611 | 149 | 7703 | 108 | 4860 |
| 石首市 | 20 | 515 | 90 | 1832 | 185 | 10352 | 148 | 6660 |
| 监利县 | 1732 | 16315 | 217 | 11688 | 191 | 15115 | 97 | 4365 |
| 洪湖市 | 736 | 7501 | 151 | 20054 | 75 | 4278 | 166 | 7470 |
| **宜昌市** | **7251** | **89169** | **5566** | **52640** | **405** | **24505** | **231** | **15207** |
| 市郊区 | 247 | 6317 | | | 40 | 3592 | 52 | 5698 |
| 宜昌县 | 1466 | 14492 | 635 | 2770 | 71 | 5015 | | |
| 宜都市 | 1418 | 16330 | 954 | 763 | 17 | 826 | 20 | 500 |
| 枝江市 | 2351 | 34470 | 2001 | 10188 | 125 | 6740 | 56 | 4658 |
| 当阳市 | 1083 | 9026 | 1068 | 30796 | 152 | 8331 | 37 | 3729 |
| 远安县 | | | 274 | 6295 | | | | |
| 兴山县 | 174 | 1816 | 318 | 1772 | | | 7 | 449 |
| 秭归县 | 282 | 3268 | | | | | 3 | 173 |
| 长阳县 | 230 | 3450 | 316 | 56 | | 1 | 56 | |
| 五峰县 | | | | | | | | |
| **襄阳市** | **28024** | **314156** | **17464** | **292598** | **461** | **26440** | **288** | **18841** |
| 市郊区 | 2141 | 35282 | 1118 | 28317 | 26 | 1433 | 16 | 732 |
| 老河口市 | 6800 | 56900 | 3300 | 28000 | | | | |
| 襄州区 | 8582 | 76878 | 4020 | 65212 | | | 103 | 8149 |
| 枣阳市 | 4062 | 35733 | 4076 | 61027 | 175 | 8853 | 82 | 3731 |
| 宜城市 | 375 | 10350 | 1830 | 61283 | 146 | 7512 | 21 | 1591 |
| 南漳县 | 769 | 23070 | 1476 | 35276 | 59 | 5310 | 5 | 575 |
| 谷城县 | 1985 | 26293 | 1075 | 7514 | 20 | 1167 | 47 | 2754 |
| 保康县 | 3310 | 49650 | 480 | 5909 | 10 | 480 | 14 | 1309 |
| 襄北农场 | | | 89 | 60 | 25 | 1685 | | |

续表3

| 单位名称 | 三轮汽车 | | 农用挂车(台) | | 推土机 | | 挖掘机 | |
|---|---|---|---|---|---|---|---|---|
| | 辆 | 千瓦 | 大中型 | 小型 | 台 | 千瓦 | 台 | 千瓦 |
| **鄂州市** | **1028** | **12130** | **645** | **2530** | **254** | **14935** | **63** | **3241** |
| **荆门市** | **5900** | **86158** | **3515** | **119865** | **749** | **50306** | **389** | **27800** |
| 市郊区 | 815 | 9975 | 648 | 26417 | 134 | 8133 | 60 | 4206 |
| 钟祥市 | 4233 | 69367 | 801 | 47725 | 338 | 26627 | 186 | 14430 |
| 京山县 | 852 | 6816 | 181 | 2812 | 79 | 4740 | 114 | 5600 |
| 沙洋县 | | | 1885 | 42911 | 186 | 9930 | | |
| 沙洋农场 | | | | | | | 6 | 528 |
| 五三农场 | | | | | 12 | 876 | 23 | 3036 |
| **孝感市** | **4669** | **53153** | **6000** | **19561** | **592** | **33626** | **282** | **15848** |
| 市郊区 | | | 217 | 705 | 84 | 4691 | 76 | 3928 |
| 孝昌县 | 259 | 3340 | 1350 | 3343 | 33 | 1889 | 36 | 1387 |
| 大悟县 | 1686 | 17464 | 1084 | 1114 | 33 | 2013 | 21 | 1048 |
| 安陆市 | 325 | 3900 | 1047 | 7533 | 132 | 7495 | 78 | 5430 |
| 云梦县 | 738 | 10849 | 428 | 508 | 208 | 12234 | 38 | 2280 |
| 应城市 | 465 | 5166 | 1110 | 2824 | | | 18 | 1040 |
| 汉川市 | 1196 | 12434 | 764 | 3534 | 102 | 5304 | 15 | 735 |
| **黄冈市** | **12671** | **179606** | **4509** | **6839** | **646** | **36515** | **717** | **37756** |
| 市郊区 | 296 | 6644 | 248 | 271 | 31 | 1438 | 9 | 408 |
| 团风县 | 483 | 8602 | 251 | 493 | 45 | 1404 | 51 | 1581 |
| 红安县 | 1248 | 23011 | 1027 | 489 | 101 | 6389 | 82 | 7387 |
| 麻城市 | 1615 | 20272 | 1384 | 478 | 37 | 2177 | 27 | 1122 |
| 罗田县 | 1650 | 18500 | 385 | 750 | 23 | 1268 | 60 | 4300 |
| 英山县 | 609 | 10180 | 306 | 281 | 15 | 825 | 129 | 258 |
| 浠水县 | 700 | 10953 | 774 | 1441 | 79 | 4450 | 55 | 4002 |
| 蕲春县 | 594 | 10264 | 11 | 37 | 67 | 4396 | 159 | 12164 |
| 武穴市 | 2511 | 39070 | 92 | 37 | 37 | 1974 | 51 | 1224 |
| 黄梅县 | 2965 | 32110 | 31 | 2562 | 211 | 12194 | 94 | 5310 |
| **咸宁市** | **4681** | **63126** | **1811** | **4025** | **637** | **37536** | **380** | **28094** |
| 咸安区 | 417 | 4896 | 451 | 780 | 238 | 15648 | 177 | 17067 |
| 嘉鱼县 | 957 | 7656 | 924 | 2172 | 136 | 8296 | 23 | 1011 |
| 赤壁市 | 1603 | 19183 | | | 81 | 4455 | 75 | 2812 |
| 通城县 | 621 | 8603 | 333 | 876 | 65 | 3575 | 29 | 1101 |
| 崇阳县 | 825 | 19874 | 103 | 197 | 64 | 2984 | 37 | 2590 |
| 通山县 | 258 | 2914 | | | 53 | 2578 | 39 | 3513 |
| **恩施自治州** | **9650** | **107805** | **1836** | **3324** | **187** | **6841** | **457** | **21265** |
| 恩施市 | 3391 | 35498 | | | 85 | 1380 | 166 | 4500 |
| 建始县 | 2222 | 32414 | 340 | 292 | 6 | 460 | 22 | 1016 |
| 巴东县 | 1484 | 16230 | 716 | 41 | 62 | 3289 | 69 | 3532 |
| 利川市 | 459 | 4694 | 434 | 1171 | 7 | 254 | 115 | 7216 |
| 宣恩县 | 630 | 7560 | | | | | 7 | 336 |
| 咸丰县 | 583 | 2263 | 346 | 1820 | 27 | 1458 | 68 | 4148 |
| 来凤县 | 627 | 5586 | | | | | 10 | 517 |
| 鹤峰县 | 254 | 3560 | | | | | | |
| **随州市** | **7032** | **88244** | **2716** | **86447** | **184** | **14779** | **335** | **15937** |
| 曾都区 | 3215 | 37940 | 284 | 15249 | 27 | 1382 | 66 | 5339 |
| 广水市 | 816 | 8381 | 1479 | 699 | 56 | 3777 | 192 | 6468 |
| 随县 | 3001 | 41923 | 953 | 70499 | 101 | 9620 | 77 | 4130 |
| **仙桃市** | **1360** | **8160** | **1048** | **16032** | **198** | **9946** | **142** | **1830** |
| **天门市** | **3427** | **111177** | **2150** | **29873** | **276** | **15103** | **255** | **11220** |
| **潜江市** | **1535** | **13675** | **3714** | **32422** | **260** | **15232** | **103** | **6186** |
| **神农架林区** | **463** | **9529** | | | | | **44** | **1628** |

续表4

| 单位名称 | 装载机 | | 平地机 | | 开沟机 | | 清淤机 | |
|---|---|---|---|---|---|---|---|---|
| | 台 | 千瓦 | 台 | 千瓦 | 台 | 千瓦 | 台 | 千瓦 |
| **全省合计** | **3347** | **148495** | **155** | **8727** | **2269** | **27261** | **6128** | **28902** |
| **武汉市** | **55** | **1582** | **40** | **1495** | **148** | **3838** | **73** | **1090** |
| 市郊区 | 2 | 40 | 1 | 20 | 16 | 551 | 28 | 490 |
| 蔡甸区 | | | 5 | 184 | 17 | 340 | 5 | 140 |
| 江夏区 | 3 | 44 | | | 1 | 26 | | |
| 黄陂区 | 8 | 280 | 10 | 324 | 97 | 2425 | 22 | 323 |
| 新洲区 | 42 | 1218 | 24 | 967 | 17 | 496 | 18 | 137 |
| **黄石市** | **325** | **18933** | **36** | **1728** | **76** | **2191** | **398** | **4016** |
| 市郊区 | 13 | 84 | | | | | 10 | 136 |
| 大冶市 | 257 | 17309 | 36 | 1728 | 45 | 1323 | 323 | 3230 |
| 阳新县 | 55 | 1540 | | | 31 | 868 | 65 | 650 |
| **十堰市** | **546** | **34014** | **5** | **750** | **110** | **2170** | **5** | **25** |
| 市郊区 | 46 | 2610 | | | | | | |
| 丹江口市 | 48 | 3925 | | | | | | |
| 郧 县 | 134 | 9860 | | | | | | |
| 郧西县 | 48 | 1694 | 5 | 750 | 30 | 220 | | |
| 竹山县 | 35 | 2800 | | | 20 | 1200 | 5 | 25 |
| 竹溪县 | 140 | 9800 | | | 60 | 750 | | |
| 房 县 | 95 | 3325 | | | | | | |
| **荆州市** | **308** | **10780** | **10** | **350** | **39** | **1820** | **4382** | **10176** |
| 市郊区 | 31 | 1085 | 5 | 100 | 23 | 1150 | 24 | 639 |
| 江陵县 | 55 | 1925 | 5 | 250 | 9 | 540 | 18 | 320 |
| 松滋区 | 11 | 385 | | | | | 3 | 71 |
| 公安县 | 55 | 1925 | | | 7 | 130 | 80 | 1238 |
| 石首市 | 20 | 700 | | | | | 104 | 470 |
| 监利县 | 69 | 2415 | | | | | 960 | 5300 |
| 洪湖市 | 67 | 2345 | | | | | 3193 | 2138 |
| **宜昌市** | **71** | **5362** | **1** | **90** | **4** | **30** | **13** | **283** |
| 市郊区 | 9 | 870 | 1 | 90 | | | | |
| 宜昌县 | | | | | | | | |
| 宜都市 | 16 | 450 | | | 4 | 30 | 3 | 24 |
| 枝江市 | 12 | 676 | | | | | 6 | 108 |
| 当阳市 | 34 | 3366 | | | | | 1 | 16 |
| 远安县 | | | | | | | | |
| 兴山县 | | | | | | | | |
| 秭归县 | | | | | | | | |
| 长阳县 | | | | | | | 3 | 135 |
| 五峰县 | | | | | | | | |
| **襄阳市** | **143** | **6492** | | | **801** | **7927** | | |
| 市郊区 | | | | | | | | |
| 老河口市 | | | | | 40 | 736 | | |
| 襄州区 | 24 | 1888 | | | | | | |
| 枣阳市 | | | | | 458 | 3672 | | |
| 宜城市 | 9 | 463 | | | | | | |
| 南漳县 | | | | | 276 | 2031 | | |
| 谷城县 | 59 | 2561 | | | | | | |
| 保康县 | 51 | 1580 | | | | | | |
| 襄北农场 | | | | | 27 | 1488 | | |

续表5

| 单位名称 | 装载机 | | 平地机 | | 开沟机 | | 清淤机 | |
|---|---|---|---|---|---|---|---|---|
| | 台 | 千瓦 | 台 | 千瓦 | 台 | 千瓦 | 台 | 千瓦 |
| **鄂州市** | **27** | **1288** | | | **5** | **72** | **411** | **3576** |
| **荆门市** | **128** | **8912** | **2** | **176** | | | | |
| 市郊区 | 98 | 6221 | | | | | | |
| 钟祥市 | 30 | 2691 | | | | | | |
| 京山县 | | | | | | | | |
| 沙洋县 | | | | | | | | |
| 沙洋农场 | | | 2 | 176 | | | | |
| 五三农场 | | | | | | | | |
| **孝感市** | **310** | **7345** | **27** | **2482** | **307** | **3267** | **41** | **760** |
| 市郊区 | 33 | 1089 | 3 | 122 | 238 | 2618 | 20 | 220 |
| 孝昌县 | 19 | 472 | 2 | 88 | 59 | 649 | 2 | 81 |
| 大悟县 | 4 | 147 | 3 | 96 | | | 3 | 9 |
| 安陆市 | 123 | 4059 | 13 | 1911 | | | | |
| 云梦县 | 123 | 1357 | 6 | 265 | | | | |
| 应城市 | 2 | 30 | | | 10 | | 2 | 30 |
| 汉川市 | 6 | 191 | | | | | 14 | 420 |
| **黄冈市** | **470** | **19218** | **16** | **944** | **140** | **463** | **133** | **2599** |
| 市郊区 | 1 | 21 | | | | | | |
| 团风县 | 46 | 1058 | 16 | 944 | 1 | 11 | 1 | 41 |
| 红安县 | 14 | 1441 | | | | | 16 | 140 |
| 麻城市 | | | | | 2 | 26 | | |
| 罗田县 | 25 | 1250 | | | 2 | 30 | 2 | 30 |
| 英山县 | 69 | 2990 | | | | | 13 | 390 |
| 浠水县 | 51 | 1951 | | | | | 56 | 760 |
| 蕲春县 | 132 | 6926 | | | | | 1 | 40 |
| 武穴市 | 36 | 1032 | | | | | 27 | 945 |
| 黄梅县 | 96 | 2549 | | | 135 | 396 | 17 | 253 |
| **咸宁市** | **279** | **14978** | **16** | **592** | **438** | **3069** | **27** | **761** |
| 咸安区 | 152 | 9607 | | | 1 | 59 | 3 | 95 |
| 嘉鱼县 | | | | | 437 | 3010 | 17 | 166 |
| 赤壁市 | 17 | 345 | | | | | | |
| 通城县 | 14 | 291 | | | | | 4 | 328 |
| 崇阳县 | 75 | 2775 | 16 | 592 | | | | |
| 通山县 | 21 | 1960 | | | | | 3 | 172 |
| **恩施自治州** | **273** | **8882** | **2** | **120** | **9** | **100** | **8** | **201** |
| 恩施市 | 102 | 1740 | | | | | | |
| 建始县 | 21 | 922 | | | 1 | 4 | 1 | 21 |
| 巴东县 | 57 | 2817 | | | | | | |
| 利川市 | 41 | 759 | 2 | 120 | | | 7 | 180 |
| 宣恩县 | 1 | 18 | | | 8 | 96 | | |
| 咸丰县 | 41 | 2296 | | | | | | |
| 来凤县 | 10 | 330 | | | | | | |
| 鹤峰县 | | | | | | | | |
| **随州市** | **87** | **6441** | | | **21** | **370** | **1** | **13** |
| 曾都区 | 66 | 5085 | | | 15 | 210 | | |
| 广水市 | 12 | 541 | | | 4 | 72 | 1 | 13 |
| 随县 | 9 | 815 | | | 2 | 88 | | |
| **仙桃市** | **208** | **1694** | | | **2** | **96** | **513** | **4295** |
| **天门市** | **117** | **2574** | | | **98** | **1078** | | |
| **潜江市** | | | | | **71** | **770** | **123** | **1107** |
| **神农架林区** | | | | | | | | |

# 农机化作业情况(一)

单位:千公顷

| 单位名称 | 农机化作业总体情况 | | | | |
|---|---|---|---|---|---|
| | 机耕面积 | 机播面积 | 机电灌溉面积 | 机械植保面积 | 机收面积 |
| **全省合计** | **4732.21** | **1107.84** | **3382.14** | **4260.10** | **3135.31** |
| **武汉市** | **262.66** | **78.83** | **300.61** | **322.92** | **119.60** |
| 市郊区 | 52.91 | 9.44 | 55.78 | 46.49 | 18.45 |
| 蔡甸区 | 37.66 | 7.94 | 40.68 | 49.99 | 22.59 |
| 江夏区 | 38.86 | 10.83 | 75.00 | 65.07 | 24.20 |
| 黄陂区 | 78.04 | 36.98 | 80.10 | 80.05 | 26.13 |
| 新洲区 | 55.19 | 13.64 | 49.05 | 81.32 | 28.23 |
| **黄石市** | **90.80** | **13.20** | **45.81** | **61.78** | **57.32** |
| 市郊区 | 3.24 | 0.20 | 3.51 | 0.68 | 0.60 |
| 大冶市 | 37.19 | 9.28 | 15.30 | 18.10 | 20.72 |
| 阳新县 | 50.37 | 3.72 | 27.00 | 43.00 | 36.00 |
| **十堰市** | **108.33** | **25.20** | **94.65** | **157.00** | **50.76** |
| 市郊区 | 1.40 | 0.10 | 0.95 | 1.00 | |
| 丹江口市 | 14.80 | 3.20 | 8.00 | 24.00 | 9.50 |
| 郧 县 | 41.00 | 4.50 | 8.00 | 40.00 | 10.60 |
| 郧西县 | 12.33 | 2.50 | 6.70 | 28.00 | 5.33 |
| 竹山县 | 11.00 | 7.90 | 6.70 | 18.70 | 6.13 |
| 竹溪县 | 13.50 | 5.00 | 55.00 | 20.00 | 10.50 |
| 房 县 | 14.30 | 2.00 | 9.30 | 25.30 | 8.70 |
| **荆州市** | **759.16** | **181.16** | **731.08** | **834.74** | **528.51** |
| 市郊区 | 84.84 | 13.70 | 53.81 | 69.25 | 55.41 |
| 江陵县 | 72.05 | 15.82 | 64.40 | 64.40 | 62.70 |
| 松滋区 | 82.86 | 23.50 | 48.70 | 57.80 | 50.80 |
| 公安县 | 136.52 | 24.52 | 71.42 | 89.12 | 82.71 |
| 石首市 | 62.85 | 13.62 | 57.98 | 62.97 | 37.71 |
| 监利县 | 210.27 | 61.05 | 312.57 | 431.02 | 154.18 |
| 洪湖市 | 109.77 | 28.95 | 122.20 | 60.18 | 85.00 |
| **宜昌市** | **225.19** | **38.95** | **105.90** | **286.99** | **111.59** |
| 市郊区 | 13.68 | 0.40 | 0.42 | 9.04 | 0.20 |
| 宜昌县 | 25.57 | 0.88 | 8.10 | 26.08 | 4.89 |
| 宜都市 | 14.85 | 2.17 | 9.70 | 34.02 | 4.77 |
| 枝江市 | 56.24 | 9.60 | 36.40 | 59.00 | 39.25 |
| 当阳市 | 51.74 | 16.35 | 38.64 | 75.92 | 50.82 |
| 远安县 | 20.02 | 7.20 | 8.16 | 0.65 | 10.50 |
| 兴山县 | 10.01 | 0.09 | 1.05 | 10.05 | |
| 秭归县 | 7.92 | 0.26 | | 38.50 | |
| 长阳县 | 16.16 | | 3.43 | 24.73 | 0.16 |
| 五峰县 | 9.00 | 2.00 | | 9.00 | 1.00 |
| **襄阳市** | **735.48** | **276.79** | **273.38** | **444.60** | **534.99** |
| 市郊区 | 53.30 | 28.57 | 7.15 | 9.30 | 49.65 |
| 老河口市 | 62.00 | 26.70 | 30.00 | 67.00 | 46.60 |
| 襄州区 | 181.00 | 73.00 | 120.00 | 108.00 | 129.00 |
| 枣阳市 | 188.20 | 69.20 | 45.70 | 76.50 | 131.70 |
| 宜城市 | 99.31 | 33.45 | 31.06 | 31.06 | 65.05 |
| 南漳县 | 76.88 | 25.50 | 13.15 | 66.67 | 64.87 |
| 谷城县 | 35.99 | 11.16 | 16.00 | 40.70 | 31.39 |
| 保康县 | 26.67 | 1.13 | 3.00 | 37.00 | 9.00 |
| 襄北农场 | 12.13 | 8.08 | 7.32 | 8.37 | 7.73 |

续表1

| 单位名称 | 农机化作业总体情况 | | | | |
|---|---|---|---|---|---|
| | 机耕面积 | 机播面积 | 机电灌溉面积 | 机械植保面积 | 机收面积 |
| **鄂州市** | **41.10** | **9.55** | **50.04** | **55.30** | **25.20** |
| **荆门市** | **497.68** | **153.71** | **212.00** | **344.92** | **423.43** |
| 市郊区 | 54.35 | 5.73 | 17.57 | 36.40 | 46.55 |
| 钟祥市 | 185.56 | 43.17 | 26.03 | 108.29 | 171.32 |
| 京山县 | 113.00 | 33.40 | 110.30 | 112.00 | 90.00 |
| 沙洋县 | 105.43 | 50.40 | 54.10 | 69.03 | 91.43 |
| 沙洋农场 | 22.10 | 18.70 | 2.50 | 5.60 | 12.20 |
| 五三农场 | 17.24 | 2.31 | 1.50 | 13.60 | 11.93 |
| **孝感市** | **362.57** | **69.96** | **319.49** | **307.41** | **249.30** |
| 市郊区 | 61.17 | 12.68 | 30.43 | 28.27 | 26.31 |
| 孝昌县 | 38.20 | 7.36 | 28.05 | 26.04 | 32.53 |
| 大悟县 | 18.78 | 4.25 | 21.95 | 15.29 | 13.12 |
| 安陆市 | 45.00 | 9.62 | 23.10 | 36.30 | 41.44 |
| 云梦县 | 43.73 | 9.66 | 25.02 | 21.15 | 28.41 |
| 应城市 | 53.88 | 11.52 | 85.94 | 71.36 | 42.89 |
| 汉川市 | 101.81 | 14.87 | 105.00 | 109.00 | 64.60 |
| **黄冈市** | **608.33** | **105.61** | **540.15** | **521.20** | **344.30** |
| 市郊区 | 20.61 | 1.91 | 11.13 | 41.50 | 6.34 |
| 团风县 | 35.51 | 5.28 | 24.50 | 12.80 | 17.44 |
| 红安县 | 27.99 | 13.14 | 28.22 | 24.23 | 8.18 |
| 麻城市 | 95.00 | 12.20 | 45.00 | 41.00 | 41.70 |
| 罗田县 | 25.00 | | 8.00 | 16.00 | 8.00 |
| 英山县 | 36.00 | 3.50 | 8.00 | 38.00 | 12.00 |
| 浠水县 | 86.00 | 21.74 | 201.00 | 89.00 | 50.80 |
| 蕲春县 | 53.25 | 4.35 | 23.30 | 38.00 | 47.46 |
| 武穴市 | 117.30 | 26.90 | 82.00 | 105.00 | 81.30 |
| 黄梅县 | 111.67 | 16.59 | 109.00 | 115.67 | 71.08 |
| **咸宁市** | **138.60** | **24.14** | **73.57** | **120.63** | **132.73** |
| 咸安区 | 25.77 | 7.21 | 18.22 | 18.50 | 20.60 |
| 嘉鱼县 | 25.16 | 4.40 | | 26.80 | 36.00 |
| 赤壁市 | 28.10 | 4.80 | 36.00 | 40.00 | 25.95 |
| 通城县 | 28.52 | 5.05 | 9.65 | 19.23 | 25.20 |
| 崇阳县 | 19.60 | 1.80 | 7.50 | 14.60 | 16.70 |
| 通山县 | 11.45 | 0.88 | 2.20 | 1.50 | 8.28 |
| **恩施自治州** | **140.56** | **14.58** | **38.80** | **162.06** | **49.68** |
| 恩施市 | 20.43 | 10.00 | | 73.20 | 6.74 |
| 建始县 | 30.62 | 0.25 | 2.85 | 6.51 | 2.90 |
| 巴东县 | 11.10 | 0.07 | 1.89 | 7.35 | 2.96 |
| 利川市 | 16.46 | 1.05 | 10.51 | 21.52 | 15.24 |
| 宣恩县 | 13.44 | 0.20 | 8.80 | 10.70 | 5.35 |
| 咸丰县 | 15.89 | 0.35 | 3.25 | 23.21 | 8.49 |
| 来凤县 | 18.20 | 0.10 | 5.10 | 7.90 | 6.90 |
| 鹤峰县 | 14.42 | 2.56 | 6.40 | 11.67 | 1.10 |
| **随州市** | **255.92** | **24.87** | **70.96** | **139.05** | **207.86** |
| 曾都区 | 41.33 | 5.53 | 11.18 | 25.95 | 37.39 |
| 广水市 | 58.14 | 5.80 | 24.18 | 36.10 | 43.96 |
| 随县 | 156.45 | 13.54 | 35.60 | 77.00 | 126.51 |
| **仙桃市** | 194.00 | 16.00 | 198.00 | 172.00 | 77.89 |
| **天门市** | 197.80 | 53.83 | 193.00 | 195.00 | 144.95 |
| **潜江市** | 111.90 | 20.80 | 132.70 | 132.70 | 77.20 |
| **神农架林区** | 2.13 | 0.66 | 2.00 | 1.80 | |

续表2

| 单位名称 | 主要农作物农机化作业情况 | | | | | | | |
|---|---|---|---|---|---|---|---|---|
| | 小麦 | | | 水稻 | | | | |
| | 机耕面积 | 机播面积 | 机收面积 | 机耕面积 | 机械种植面积 | | | 机收面积 |
| | | | | | 小计 | 机播面积 | 机插面积 | |
| **全省合计** | **985.19** | **326.14** | **895.28** | **1956.00** | **553.42** | **84.04** | **469.38** | **1795.30** |
| **武汉市** | **25.36** | **4.49** | **17.95** | **148.87** | **52.62** | **12.44** | **40.26** | **81.72** |
| 市郊区 | 6.61 | 0.69 | 5.23 | 5.99 | 0.35 | | 0.70 | 3.43 |
| 蔡甸区 | 1.94 | 0.80 | 1.88 | 14.66 | 3.00 | | 4.07 | 14.49 |
| 江夏区 | 6.15 | 0.71 | 2.05 | 28.04 | 6.73 | | 10.04 | 21.49 |
| 黄陂区 | 2.31 | 1.02 | 4.29 | 69.93 | 33.31 | 10.20 | 15.00 | 19.97 |
| 新洲区 | 8.35 | 1.27 | 4.50 | 30.25 | 9.23 | 2.24 | 10.45 | 22.34 |
| **黄石市** | **4.53** | **2.00** | **3.25** | **62.78** | **7.64** | **0.72** | **6.92** | **53.11** |
| 市郊区 | 0.23 | | 0.15 | 0.78 | 0.14 | 0.04 | 0.10 | 0.45 |
| 大冶市 | 2.60 | 2.00 | 2.00 | 26.00 | 6.68 | 0.68 | 6.00 | 18.66 |
| 阳新县 | 1.70 | | 1.10 | 36.00 | 0.82 | | 0.82 | 34.00 |
| **十堰市** | **37.20** | **8.70** | **21.46** | **27.80** | **7.00** | | **7.40** | **24.40** |
| 市郊区 | 0.30 | | | 0.10 | 0.10 | | | |
| 丹江口市 | 7.00 | 1.50 | 4.50 | 4.50 | 1.70 | | 1.70 | 5.00 |
| 郧 县 | 18.00 | 0.50 | 7.00 | 5.00 | 2.00 | | 1.50 | 3.60 |
| 郧西县 | 5.00 | | 3.33 | 3.00 | 1.00 | | 1.00 | 2.00 |
| 竹山县 | 2.50 | 6.70 | 2.33 | 4.00 | 1.20 | | 1.20 | 3.80 |
| 竹溪县 | 1.50 | | 1.00 | 4.50 | | | 1.00 | 5.50 |
| 房 县 | 2.90 | | 3.30 | 6.70 | 1.00 | | 1.00 | 4.50 |
| **荆州市** | **99.16** | **18.34** | **97.22** | **342.21** | **129.05** | **54.55** | **74.50** | **351.93** |
| 市郊区 | 16.63 | 3.40 | 16.68 | 31.48 | 8.41 | 3.11 | 5.30 | 31.84 |
| 江陵县 | 14.00 | 2.30 | 15.10 | 28.00 | 13.00 | 1.00 | 12.00 | 28.00 |
| 松滋区 | 12.00 | 3.00 | 12.00 | 34.65 | 17.00 | 5.00 | 12.00 | 32.20 |
| 公安县 | 19.51 | 5.00 | 19.11 | 51.49 | 18.80 | 6.70 | 12.10 | 55.60 |
| 石首市 | 2.56 | 0.20 | 1.80 | 25.49 | 13.00 | 6.00 | 7.00 | 29.91 |
| 监利县 | 12.07 | 1.02 | 10.68 | 125.83 | 40.03 | 26.04 | 13.99 | 127.40 |
| 洪湖市 | 22.39 | 3.42 | 21.85 | 45.27 | 18.81 | 6.70 | 12.11 | 46.98 |
| **宜昌市** | **33.03** | **6.55** | **33.50** | **81.21** | **20.75** | **4.81** | **16.11** | **63.12** |
| 市郊区 | | | | | 0.40 | 0.20 | 0.20 | 0.20 |
| 宜昌县 | | | | 12.95 | 0.86 | | 0.86 | 4.11 |
| 宜都市 | 0.66 | 0.34 | 0.55 | 3.90 | 1.75 | | 1.74 | 2.93 |
| 枝江市 | 17.64 | 1.80 | 15.45 | 23.40 | 6.00 | 0.11 | 5.89 | 21.40 |
| 当阳市 | 11.61 | 3.41 | 15.57 | 26.86 | 4.08 | | 4.08 | 24.75 |
| 远安县 | 2.01 | | 1.43 | 8.67 | 7.20 | 4.50 | 2.70 | 9.07 |
| 兴山县 | | | | 2.20 | | | 0.18 | |
| 秭归县 | | | | | 0.26 | | 0.26 | |
| 长阳县 | 0.61 | | | 1.23 | | | | 0.16 |
| 五峰县 | 0.50 | 1.00 | 0.50 | 2.00 | 0.20 | | 0.20 | 0.50 |
| **襄阳市** | **326.57** | **183.52** | **316.93** | **202.63** | **57.13** | **0.15** | **56.98** | **190.89** |
| 市郊区 | 25.30 | 13.30 | 26.26 | 22.60 | 9.57 | | 9.57 | 20.68 |
| 老河口市 | 34.00 | 21.00 | 32.00 | 13.00 | 3.40 | | 3.40 | 11.00 |
| 襄州区 | 81.00 | 51.00 | 82.00 | 41.00 | 15.00 | | 15.00 | 42.00 |
| 枣阳市 | 88.10 | 56.60 | 81.90 | 49.70 | 8.30 | | 8.30 | 48.80 |
| 宜城市 | 33.47 | 17.50 | 33.25 | 31.06 | 9.40 | | 9.40 | 30.20 |
| 南漳县 | 35.00 | 11.33 | 33.40 | 22.76 | 7.47 | | 7.47 | 22.47 |
| 谷城县 | 17.08 | 7.50 | 18.50 | 13.36 | 3.66 | 0.15 | 3.51 | 12.67 |
| 保康县 | 8.00 | 0.67 | 5.00 | 5.32 | 0.33 | | 0.33 | 3.00 |
| 襄北农场 | 4.62 | 4.62 | 4.62 | 3.83 | | | | 0.07 |

续表3

| 单位名称 | 主要农作物农机化作业情况 | | | | | | | |
|---|---|---|---|---|---|---|---|---|
| | 小麦 | | | 水稻 | | | | |
| | 机耕面积 | 机播面积 | 机收面积 | 机耕面积 | 机械种植面积 | | | 机收面积 |
| | | | | | 小计 | 机播面积 | 机插面积 | |
| **鄂州市** | **3.90** | **1.50** | **3.50** | **28.50** | **5.35** | **0.02** | **5.33** | **20.00** |
| **荆门市** | **113.66** | **33.57** | **103.55** | **174.97** | **72.06** | **1.50** | **70.56** | **176.52** |
| 市郊区 | 7.53 | 0.18 | 8.53 | 24.72 | 5.34 | | 5.34 | 24.72 |
| 钟祥市 | 36.00 | 9.42 | 34.62 | 44.49 | 16.75 | | 16.75 | 43.47 |
| 京山县 | 37.30 | 0.30 | 30.50 | 52.60 | 30.70 | | 30.70 | 54.50 |
| 沙洋县 | 15.80 | 13.34 | 17.10 | 45.73 | 15.60 | | 15.60 | 49.33 |
| 沙洋农场 | 9.00 | 9.00 | 5.30 | 4.50 | 3.00 | 1.50 | 1.50 | 4.50 |
| 五三农场 | 8.03 | 1.33 | 7.50 | 2.93 | 0.67 | | 0.67 | |
| **孝感市** | **79.23** | **18.16** | **68.95** | **182.95** | **36.72** | **0.16** | **36.56** | **166.87** |
| 市郊区 | 10.35 | 3.34 | 8.71 | 36.59 | 4.67 | | 4.67 | 17.34 |
| 孝昌县 | 10.85 | 1.52 | 11.83 | 18.32 | 4.79 | 0.01 | 4.78 | 20.16 |
| 大悟县 | 2.49 | 0.47 | 2.55 | 9.91 | 3.37 | | 3.37 | 10.57 |
| 安陆市 | 13.50 | 1.72 | 13.70 | 23.50 | 5.60 | | 5.60 | 26.24 |
| 云梦县 | 6.64 | 3.66 | 2.70 | 21.07 | 3.40 | | 3.40 | 22.00 |
| 应城市 | 10.10 | 2.15 | 9.46 | 33.56 | 8.02 | 0.15 | 7.87 | 32.56 |
| 汉川市 | 25.30 | 5.30 | 20.00 | 40.00 | 6.87 | | 6.87 | 38.00 |
| **黄冈市** | **72.90** | **17.33** | **50.93** | **332.19** | **71.29** | **13.80** | **58.44** | **274.41** |
| 市郊区 | 6.73 | 0.94 | 3.63 | 8.67 | 0.91 | | 0.85 | 2.58 |
| 团风县 | 3.61 | 0.53 | 3.20 | 23.94 | 3.60 | | 3.60 | 13.86 |
| 红安县 | 3.29 | 1.10 | 1.60 | 16.38 | 9.74 | 1.21 | 3.90 | 5.74 |
| 麻城市 | 16.40 | 0.70 | 11.10 | 48.70 | 10.00 | 0.70 | 9.30 | 28.60 |
| 罗田县 | 8.00 | | 2.00 | 12.00 | | | 1.50 | 6.00 |
| 英山县 | 4.20 | 1.20 | 1.00 | 12.20 | | 1.30 | 1.50 | 11.00 |
| 浠水县 | 6.00 | 0.80 | 4.80 | 55.00 | 18.24 | 9.64 | 8.60 | 43.00 |
| 蕲春县 | 1.17 | 1.09 | 1.00 | 31.27 | 2.70 | 0.28 | 2.42 | 46.00 |
| 武穴市 | 9.50 | 7.20 | 8.30 | 70.00 | 16.70 | | 16.70 | 65.00 |
| 黄梅县 | 14.00 | 3.77 | 14.30 | 54.03 | 9.40 | 0.67 | 10.07 | 52.63 |
| **咸宁市** | **3.64** | **3.00** | **5.67** | **86.46** | **9.90** | **1.20** | **12.75** | **113.83** |
| 咸安区 | 0.20 | | 0.20 | 13.82 | 4.00 | | 4.05 | 20.20 |
| 嘉鱼县 | | 3.00 | 3.00 | | 1.40 | | 1.40 | 26.00 |
| 赤壁市 | 1.50 | | 1.50 | 23.60 | | 1.00 | 1.70 | 23.00 |
| 通城县 | 0.09 | | 0.07 | 26.14 | 4.00 | | 4.00 | 22.03 |
| 崇阳县 | 1.10 | | 0.40 | 16.40 | | | 1.20 | 15.40 |
| 通山县 | 0.75 | | 0.50 | 6.50 | 0.50 | 0.20 | 0.40 | 7.20 |
| **恩施自治州** | **8.43** | **0.11** | **2.21** | **40.46** | **12.24** | **0.10** | **12.14** | **47.47** |
| 恩施市 | 3.50 | | | 9.93 | 10.00 | | 10.00 | 6.74 |
| 建始县 | 1.74 | 0.11 | 0.10 | 3.49 | 0.14 | | 0.14 | 2.80 |
| 巴东县 | 2.71 | | 2.11 | 0.27 | 0.07 | | 0.07 | 0.85 |
| 利川市 | 0.16 | | | 7.66 | 1.05 | | 1.05 | 15.24 |
| 宣恩县 | 0.32 | | | 5.61 | 0.20 | 0.10 | 0.10 | 5.35 |
| 咸丰县 | | | | 3.49 | 0.35 | | 0.35 | 8.49 |
| 来凤县 | | | | 7.50 | 0.10 | | 0.10 | 6.90 |
| 鹤峰县 | | | | 2.51 | 0.33 | | 0.33 | 1.10 |
| **随州市** | **90.78** | **1.87** | **81.46** | **109.17** | **22.47** | | **22.47** | **94.33** |
| 曾都区 | 18.01 | 0.80 | 14.80 | 19.82 | 4.73 | | 4.73 | 19.83 |
| 广水市 | 17.07 | 0.40 | 16.66 | 30.55 | 5.40 | | 5.40 | 24.59 |
| 随县 | 55.70 | 0.67 | 50.00 | 58.80 | 12.34 | | 12.34 | 49.91 |
| **仙桃市** | **23.00** | **1.90** | **22.00** | **55.00** | **12.00** | | **12.00** | **55.00** |
| **天门市** | **40.00** | **21.50** | **41.50** | **54.50** | **23.04** | **0.24** | **22.80** | **52.50** |
| **潜江市** | **23.80** | **3.60** | **25.20** | **26.30** | **13.50** | | **13.50** | **29.20** |
| **神农架林区** | | | | | **0.66** | | **0.66** | |

续表4

| 单位名称 | 主要农作物农机化作业情况 | | | | | |
|---|---|---|---|---|---|---|
| | 玉米 | | | 大豆 | | |
| | 机耕面积 | 机播面积 | 机收面积 | 机耕面积 | 机播面积 | 机收面积 |
| **全省合计** | **232.77** | **43.84** | **35.44** | **61.20** | **15.60** | **19.34** |
| **武汉市** | **12.51** | **7.93** | **7.17** | **2.81** | **0.95** | **1.12** |
| 市郊区 | 6.62 | 3.70 | 3.95 | 1.73 | 0.65 | 1.12 |
| 蔡甸区 | 3.97 | 1.69 | 3.12 | 0.63 | | |
| 江夏区 | 1.02 | 2.54 | | 0.05 | 0.05 | |
| 黄陂区 | 0.90 | | | | | |
| 新洲区 | | | 0.10 | 0.40 | 0.25 | |
| **黄石市** | **1.54** | | | **0.80** | | |
| 市郊区 | 0.04 | | | | | |
| 大冶市 | 0.20 | | | 0.10 | | |
| 阳新县 | 1.30 | | | 0.70 | | |
| **十堰市** | **20.43** | **3.00** | | **3.50** | | |
| 市郊区 | 0.10 | | | | | |
| 丹江口市 | 2.00 | | | | | |
| 郧 县 | 11.00 | 0.50 | | 2.50 | | |
| 郧西县 | 1.33 | 1.50 | | 0.50 | | |
| 竹山县 | 3.00 | | | | | |
| 竹溪县 | 3.00 | | | 0.50 | | |
| 房 县 | | 1.00 | | | | |
| **荆州市** | **6.24** | **0.46** | **2.01** | **2.47** | **1.24** | |
| 市郊区 | 0.84 | 0.46 | 0.56 | 0.40 | | |
| 江陵县 | | | | | | |
| 松滋区 | 0.60 | | 0.60 | 0.20 | | |
| 公安县 | 3.10 | | | 0.60 | | |
| 石首市 | 0.20 | | | | | |
| 监利县 | 0.10 | | 0.10 | | | |
| 洪湖市 | 1.40 | | 0.75 | 1.27 | 1.24 | |
| **宜昌市** | **43.06** | **1.62** | **1.60** | **1.63** | **0.51** | |
| 市郊区 | 3.20 | | | | | |
| 宜昌县 | 11.94 | | | | | |
| 宜都市 | 4.01 | | | | | |
| 枝江市 | 1.10 | | | | | |
| 当阳市 | 1.68 | 1.12 | 1.60 | 1.63 | 0.51 | |
| 远安县 | | | | | | |
| 兴山县 | 5.50 | | | | | |
| 秭归县 | 7.92 | | | | | |
| 长阳县 | 3.71 | | | | | |
| 五峰县 | 4.00 | 0.50 | | | | |
| **襄阳市** | **68.96** | **21.54** | **17.05** | **8.26** | **5.04** | **3.14** |
| 市郊区 | 1.90 | 0.60 | 0.45 | | 0.60 | |
| 老河口市 | 9.00 | 2.00 | 3.00 | | | |
| 襄州区 | 17.00 | 4.00 | 4.00 | 3.00 | 1.00 | |
| 枣阳市 | 5.70 | 3.50 | 0.60 | 1.90 | 0.40 | 0.10 |
| 宜城市 | 6.70 | 4.27 | 0.70 | 0.55 | 0.30 | 0.30 |
| 南漳县 | 15.13 | 6.47 | 8.00 | | | |
| 谷城县 | 1.83 | | | | | |
| 保康县 | 11.00 | | | | | |
| 襄北农场 | 0.70 | 0.70 | 0.30 | 2.81 | 2.74 | 2.74 |

续表5

| 单位名称 | 主要农作物农机化作业情况 | | | | | |
|---|---|---|---|---|---|---|
| | 玉米 | | | 大豆 | | |
| | 机耕面积 | 机播面积 | 机收面积 | 机耕面积 | 机播面积 | 机收面积 |
| **鄂州市** | **0.10** | | | **1.00** | | |
| **荆门市** | **13.96** | **3.55** | **3.30** | **8.89** | **5.32** | **7.02** |
| 市郊区 | | | | | | |
| 钟祥市 | 7.56 | 2.78 | 2.13 | 7.09 | 3.52 | 5.22 |
| 京山县 | 4.10 | | | | | |
| 沙洋县 | | | | | | |
| 沙洋农场 | 0.50 | 0.50 | 0.50 | 1.80 | 1.80 | 1.80 |
| 五三农场 | 1.80 | 0.27 | 0.67 | | | |
| **孝感市** | **2.34** | **1.53** | **1.48** | **3.79** | | **0.50** |
| 市郊区 | | | | | | |
| 孝昌县 | 0.01 | | | 0.39 | | |
| 大悟县 | | | | | | |
| 安陆市 | | | | | | |
| 云梦县 | 1.53 | 1.53 | 1.38 | 2.00 | | |
| 应城市 | | | | | | |
| 汉川市 | 0.80 | | 0.10 | 1.40 | | 0.50 |
| **黄冈市** | **3.96** | **0.08** | **0.13** | **4.36** | **0.04** | **0.06** |
| 市郊区 | | | | | | |
| 团风县 | 0.20 | | | | | |
| 红安县 | | | | | | |
| 麻城市 | | | | 2.30 | | |
| 罗田县 | | | | | | |
| 英山县 | 3.00 | | | 2.00 | | |
| 浠水县 | | | | | | |
| 蕲春县 | 0.01 | | | | | |
| 武穴市 | | | | | | |
| 黄梅县 | 0.75 | 0.08 | 0.13 | 0.06 | 0.04 | 0.06 |
| **咸宁市** | **1.13** | **0.10** | **0.35** | **0.40** | | |
| 咸安区 | | | | | | |
| 嘉鱼县 | | | | | | |
| 赤壁市 | 0.20 | 0.10 | 0.15 | 0.10 | | |
| 通城县 | 0.03 | | | | | |
| 崇阳县 | | | | | | |
| 通山县 | 0.90 | | 0.20 | 0.30 | | |
| **恩施自治州** | **48.62** | **2.23** | | **1.55** | | |
| 恩施市 | 7.00 | | | | | |
| 建始县 | 11.37 | | | 0.70 | | |
| 巴东县 | 4.25 | | | | | |
| 利川市 | 4.31 | | | | | |
| 宣恩县 | 3.62 | | | 0.85 | | |
| 咸丰县 | 10.96 | | | | | |
| 来凤县 | 3.50 | | | | | |
| 鹤峰县 | 3.61 | 2.23 | | | | |
| **随州市** | **1.32** | | | **6.64** | | **0.30** |
| 曾都区 | 0.16 | | | 0.04 | | |
| 广水市 | 0.49 | | | 0.60 | | |
| 随县 | 0.67 | | | 6.00 | | 0.30 |
| **仙桃市** | **4.50** | | **0.35** | **5.40** | | |
| **天门市** | **2.50** | **1.80** | **2.00** | **6.80** | **2.50** | **7.20** |
| **潜江市** | **1.60** | | | **2.90** | | |
| **神农架林区** | | | | | | |

# 农机化作业情况（二）

| 单位名称 | 主要农作物农机化作业情况 | | | | | |
|---|---|---|---|---|---|---|
| | 油菜 | | | 马铃薯 | | |
| | 机耕面积 | 机播面积 | 机收面积 | 机耕面积 | 机播面积 | 机收面积 |
| **全省合计** | **821.34** | **131.53** | **266.63** | **56.32** | **5.13** | **4.47** |
| **武汉市** | **26.80** | **7.52** | **5.71** | **0.12** | | |
| 市郊区 | 5.85 | | 0.85 | 0.07 | | |
| 蔡甸区 | 4.33 | 1.18 | 1.24 | | | |
| 江夏区 | 2.65 | 0.80 | 0.46 | 0.05 | | |
| 黄陂区 | 4.90 | 2.65 | 1.87 | | | |
| 新洲区 | 9.07 | 2.89 | 1.29 | | | |
| **黄石市** | **19.78** | **3.54** | **0.06** | **0.10** | | |
| 市郊区 | 1.68 | 0.04 | | | | |
| 大冶市 | 8.00 | 0.60 | 0.06 | | | |
| 阳新县 | 10.10 | 2.90 | | 0.10 | | |
| **十堰市** | **12.60** | **3.50** | **2.90** | **4.50** | **2.00** | **2.00** |
| 市郊区 | 0.10 | | | 0.10 | | |
| 丹江口市 | 1.30 | | | | | |
| 郧　县 | 1.50 | 1.50 | | 1.40 | | |
| 郧西县 | 2.00 | | | 0.50 | | |
| 竹山县 | 1.00 | | | 0.50 | | |
| 竹溪县 | 2.00 | 2.00 | 2.00 | 2.00 | 2.00 | 2.00 |
| 房　县 | 4.70 | | 0.90 | | | |
| **荆州市** | **209.74** | **30.07** | **77.35** | **0.20** | | |
| 市郊区 | 21.95 | 1.43 | 6.33 | | | |
| 江陵县 | 20.05 | 0.52 | 19.60 | | | |
| 松滋区 | 28.91 | 1.50 | 6.00 | | | |
| 公安县 | 30.78 | 0.72 | 8.00 | 0.20 | | |
| 石首市 | 23.80 | 0.42 | 6.00 | | | |
| 监利县 | 53.10 | 20.00 | 16.00 | | | |
| 洪湖市 | 31.15 | 5.48 | 15.42 | | | |
| **宜昌市** | **39.27** | **4.36** | **12.55** | **2.30** | | **0.04** |
| 市郊区 | 0.97 | | | | | |
| 宜昌县 | | 0.02 | | | | |
| 宜都市 | 5.66 | 0.08 | 1.29 | 0.45 | | |
| 枝江市 | 8.10 | 1.80 | 2.40 | | | |
| 当阳市 | 5.56 | 2.46 | 8.86 | 0.04 | | 0.04 |
| 远安县 | 9.20 | | | 0.07 | | |
| 兴山县 | 2.31 | | | | | |
| 秭归县 | | | | | | |
| 长阳县 | 5.47 | | | 1.74 | | |
| 五峰县 | 2.00 | | | | | |
| **襄阳市** | **49.44** | **3.06** | **6.38** | **10.55** | **0.90** | |
| 市郊区 | 3.50 | | 2.26 | | 0.90 | |
| 老河口市 | 6.00 | 0.30 | | | | |
| 襄州区 | 4.00 | | 1.00 | 3.00 | | |
| 枣阳市 | 15.50 | 0.40 | 0.30 | 5.20 | | |
| 宜城市 | 14.00 | 1.98 | 0.60 | 0.13 | | |
| 南漳县 | 2.77 | 0.23 | 1.00 | 1.22 | | |
| 谷城县 | 2.30 | | 0.22 | | | |
| 保康县 | 1.35 | 0.13 | 1.00 | 1.00 | | |
| 襄北农场 | 0.02 | 0.02 | | | | |

续表1

| 单位名称 | 主要农作物农机化作业情况 | | | | | |
|---|---|---|---|---|---|---|
| | 油菜 | | | 马铃薯 | | |
| | 机耕面积 | 机播面积 | 机收面积 | 机耕面积 | 机播面积 | 机收面积 |
| **鄂州市** | **5.60** | **2.70** | **1.70** | **1.00** | | |
| **荆门市** | **107.84** | **32.85** | **55.10** | **1.77** | | |
| 市郊区 | 16.80 | 0.21 | 13.30 | | | |
| 钟祥市 | 39.16 | 10.10 | 11.40 | 1.70 | | |
| 京山县 | 14.60 | 2.40 | 5.00 | | | |
| 沙洋县 | 36.58 | 20.00 | 25.00 | | | |
| 沙洋农场 | 0.10 | 0.10 | 0.10 | | | |
| 五三农场 | 0.60 | 0.04 | 0.30 | 0.07 | | |
| **孝感市** | **61.22** | **13.28** | **11.08** | **0.55** | **0.27** | **0.27** |
| 市郊区 | 11.85 | 4.67 | 0.26 | | | |
| 孝昌县 | 5.65 | 1.05 | 0.54 | 0.05 | | |
| 大悟县 | 3.44 | 0.41 | | | | |
| 安陆市 | 8.00 | 2.30 | 1.50 | | | |
| 云梦县 | 5.65 | 0.80 | 1.91 | 0.44 | 0.27 | 0.27 |
| 应城市 | 7.63 | 1.35 | 0.87 | | | |
| 汉川市 | 19.00 | 2.70 | 6.00 | 0.06 | | |
| **黄冈市** | **118.91** | **14.56** | **18.63** | **2.91** | **0.06** | **0.10** |
| 市郊区 | 4.65 | 0.06 | 0.13 | | | |
| 团风县 | 4.01 | 1.09 | 0.33 | 0.20 | 0.06 | 0.05 |
| 红安县 | 3.69 | 1.35 | 0.76 | 0.27 | | 0.05 |
| 麻城市 | 17.30 | 1.50 | 2.00 | | | |
| 罗田县 | 5.00 | | | | | |
| 英山县 | 6.00 | 1.00 | | 2.00 | | |
| 浠水县 | 20.00 | 2.70 | 3.00 | | | |
| 蕲春县 | 6.41 | 0.56 | 0.46 | 0.44 | | |
| 武穴市 | 24.00 | 3.00 | 8.00 | | | |
| 黄梅县 | 27.85 | 3.30 | 3.95 | | | |
| **咸宁市** | **26.77** | **6.59** | **9.78** | **1.06** | **0.40** | **0.55** |
| 咸安区 | 11.75 | 3.06 | 0.20 | | | |
| 嘉鱼县 | 7.00 | | 7.00 | | | |
| 赤壁市 | 2.00 | 2.00 | 1.30 | | | |
| 通城县 | 2.00 | 0.80 | 0.40 | 0.26 | 0.25 | 0.25 |
| 崇阳县 | 1.32 | 0.45 | 0.50 | 0.60 | 0.15 | 0.30 |
| 通山县 | 2.70 | 0.28 | 0.38 | 0.20 | | |
| **恩施自治州** | **14.20** | | | **26.82** | | |
| 恩施市 | | | | | | |
| 建始县 | 3.35 | | | 9.97 | | |
| 巴东县 | 1.45 | | | 2.42 | | |
| 利川市 | 1.32 | | | 2.88 | | |
| 宣恩县 | | | | 2.69 | | |
| 咸丰县 | 0.68 | | | 0.76 | | |
| 来凤县 | 3.50 | | | 3.70 | | |
| 鹤峰县 | 3.90 | | | 4.40 | | |
| **随州市** | **8.37** | **0.40** | **2.05** | **1.14** | | **0.01** |
| 曾都区 | 1.49 | | 0.01 | 0.76 | | |
| 广水市 | 2.96 | | 0.94 | 0.02 | | |
| 随县 | 3.92 | 0.40 | 1.10 | 0.36 | | 0.01 |
| **仙桃市** | **40.80** | **2.10** | **0.54** | **0.30** | | |
| **天门市** | **50.00** | **3.30** | **40.00** | **3.00** | **1.50** | **1.50** |
| **潜江市** | **30.00** | **3.70** | **22.80** | | | |
| **神农架林区** | | | | | | |

续表2

| 单位名称 | 主要农作物农机化作业情况 | | | | | |
|---|---|---|---|---|---|---|
| | 花生 | | | 棉花 | | |
| | 机耕面积 | 机播面积 | 机收面积 | 机耕面积 | 机播面积 | 机收面积 |
| **全省合计** | **77.53** | **5.39** | **0.63** | **366.14** | **10.77** | **0.20** |
| **武汉市** | **2.46** | | **0.20** | **17.19** | **2.45** | |
| 市郊区 | 0.20 | | | 5.76 | 2.45 | |
| 蔡甸区 | 1.07 | | | 4.60 | | |
| 江夏区 | 0.70 | | 0.20 | 0.20 | | |
| 黄陂区 | | | | | | |
| 新洲区 | 0.49 | | | 6.63 | | |
| **黄石市** | **1.14** | | | **0.13** | **0.02** | |
| 市郊区 | 0.51 | | | | 0.02 | |
| 大冶市 | 0.23 | | | 0.06 | | |
| 阳新县 | 0.40 | | | 0.07 | | |
| **十堰市** | **1.50** | | | | | |
| 市郊区 | | | | | | |
| 丹江口市 | | | | | | |
| 郧 县 | 1.50 | | | | | |
| 郧西县 | | | | | | |
| 竹山县 | | | | | | |
| 竹溪县 | | | | | | |
| 房 县 | | | | | | |
| **荆州市** | **0.10** | | | **99.04** | **2.00** | |
| 市郊区 | | | | 13.54 | | |
| 江陵县 | | | | 10.00 | | |
| 松滋区 | | | | 6.50 | 2.00 | |
| 公安县 | 0.10 | | | 30.74 | | |
| 石首市 | | | | 10.80 | | |
| 监利县 | | | | 19.17 | | |
| 洪湖市 | | | | 8.29 | | |
| **宜昌市** | **1.22** | | | **9.38** | **4.77** | |
| 市郊区 | | | | | | |
| 宜昌县 | | | | | | |
| 宜都市 | 0.12 | | | 0.05 | | |
| 枝江市 | | | | 6.00 | | |
| 当阳市 | 1.03 | | | 3.33 | 4.77 | |
| 远安县 | 0.07 | | | | | |
| 兴山县 | | | | | | |
| 秭归县 | | | | | | |
| 长阳县 | | | | | | |
| 五峰县 | | | | | | |
| **襄阳市** | **24.75** | **3.60** | | **37.32** | | |
| 市郊区 | | 1.60 | | | | |
| 老河口市 | | | | | | |
| 襄州区 | 12.00 | 2.00 | | 13.00 | | |
| 枣阳市 | 5.80 | | | 16.30 | | |
| 宜城市 | 5.53 | | | 7.87 | | |
| 南漳县 | | | | | | |
| 谷城县 | 1.42 | | | | | |
| 保康县 | | | | | | |
| 襄北农场 | | | | 0.15 | | |

续表3

| 单位名称 | 主要农作物农机化作业情况 | | | | | |
|---|---|---|---|---|---|---|
| | 花生 | | | 棉花 | | |
| | 机耕面积 | 机播面积 | 机收面积 | 机耕面积 | 机播面积 | 机收面积 |
| **鄂州市** | | | | **1.00** | | |
| **荆门市** | **7.51** | **0.60** | | **25.71** | **1.46** | |
| 市郊区 | 0.90 | | | 1.07 | | |
| 钟祥市 | 6.31 | 0.60 | | 13.52 | | |
| 京山县 | | | | | | |
| 沙洋县 | | | | 7.32 | 1.46 | |
| 沙洋农场 | 0.30 | | | 0.10 | | |
| 五三农场 | | | | 3.70 | | |
| **孝感市** | **6.92** | | **0.15** | **25.57** | | |
| 市郊区 | 1.03 | | | 1.35 | | |
| 孝昌县 | 2.43 | | | 0.50 | | |
| 大悟县 | 2.94 | | | | | |
| 安陆市 | | | | | | |
| 云梦县 | 0.37 | | 0.15 | 6.03 | | |
| 应城市 | | | | 2.59 | | |
| 汉川市 | 0.15 | | | 15.10 | | |
| **黄冈市** | **7.87** | **0.94** | **0.03** | **44.88** | | |
| 市郊区 | | | | 0.56 | | |
| 团风县 | 0.21 | | | 3.34 | | |
| 红安县 | 2.66 | 0.94 | 0.03 | 1.70 | | |
| 麻城市 | 5.00 | | | 5.30 | | |
| 罗田县 | | | | | | |
| 英山县 | | | | | | |
| 浠水县 | | | | 5.00 | | |
| 蕲春县 | | | | 1.11 | | |
| 武穴市 | | | | 13.80 | | |
| 黄梅县 | | | | 14.07 | | |
| **咸宁市** | **0.30** | | | **0.50** | | |
| 咸安区 | | | | | | |
| 嘉鱼县 | | | | | | |
| 赤壁市 | 0.20 | | | 0.50 | | |
| 通城县 | | | | | | |
| 崇阳县 | | | | | | |
| 通山县 | 0.10 | | | | | |
| **恩施自治州** | **0.48** | | | | | |
| 恩施市 | | | | | | |
| 建始县 | | | | | | |
| 巴东县 | | | | | | |
| 利川市 | 0.13 | | | | | |
| 宣恩县 | 0.35 | | | | | |
| 咸丰县 | | | | | | |
| 来凤县 | | | | | | |
| 鹤峰县 | | | | | | |
| **随州市** | **18.88** | **0.06** | | **19.62** | **0.07** | **0.20** |
| 曾都区 | 0.17 | | | 0.88 | | |
| 广水市 | 4.01 | | | 2.44 | | |
| 随县 | 14.70 | 0.06 | | 16.30 | 0.07 | 0.20 |
| **仙桃市** | **0.60** | | | **23.00** | | |
| **天门市** | **3.00** | **0.19** | **0.25** | **37.00** | | |
| **潜江市** | **0.80** | | | **25.80** | | |
| **神农架林区** | | | | | | |

续表4

| 单位名称 | 单项农机化作业情况 | | | | | | |
|---|---|---|---|---|---|---|---|
| | 机械深耕面积 | 机械深松面积 | 机械化免耕播种面积 | | 保护性耕作面积 | 精少量播种面积 | 机械深施化肥面积 |
| | | | 小计 | 机械化免耕覆盖播种面积 | | | |
| **全省合计** | **643.19** | **72.19** | **50.85** | **50.85** | **121.00** | **105.41** | **134.33** |
| **武汉市** | **70.71** | **5.51** | **0.67** | **0.67** | **0.05** | **4.41** | **5.60** |
| 市郊区 | 16.95 | | | | | 0.40 | 4.37 |
| 蔡甸区 | 1.70 | 1.70 | | | | 0.02 | 0.03 |
| 江夏区 | | | | | | | |
| 黄陂区 | 44.56 | | 0.60 | 0.60 | | 1.10 | |
| 新洲区 | 7.50 | 3.81 | 0.07 | 0.07 | 0.05 | 2.89 | 1.20 |
| **黄石市** | **2.12** | **0.12** | | | **0.40** | **0.64** | **3.04** |
| 市郊区 | 0.12 | 0.12 | | | | 0.04 | 0.04 |
| 大冶市 | | | | | | 0.60 | |
| 阳新县 | 2.00 | | | | 0.40 | | 3.00 |
| **十堰市** | **16.50** | **6.00** | | **25.00** | **13.20** | **0.45** | **10.40** |
| 市郊区 | | | | | 0.20 | | 0.10 |
| 丹江口市 | 6.00 | | | | | | |
| 郧 县 | 1.00 | | | | 3.00 | 0.25 | 1.80 |
| 郧西县 | 2.50 | | | | | 0.20 | 0.50 |
| 竹山县 | 2.00 | 1.00 | | | | | |
| 竹溪县 | 5.00 | 5.00 | | 25.00 | 10.00 | | 8.00 |
| 房 县 | | | | | | | |
| **荆州市** | **177.07** | **30.08** | | **6.51** | **2.90** | **8.45** | **11.47** |
| 市郊区 | 4.80 | 2.00 | | 0.56 | 0.20 | 0.30 | 1.90 |
| 江陵县 | 7.40 | | | | | 2.72 | 2.70 |
| 松滋区 | 0.10 | 0.10 | | | | | |
| 公安县 | 54.50 | 5.50 | | | | | 0.10 |
| 石首市 | | | | | 0.20 | | 1.00 |
| 监利县 | 65.50 | | | | 2.50 | | 1.44 |
| 洪湖市 | 44.77 | 22.48 | | 5.95 | | 5.43 | 4.33 |
| **宜昌市** | **6.88** | **3.40** | **0.45** | **0.52** | **1.80** | **14.14** | **4.66** |
| 市郊区 | | | | | | | |
| 宜昌县 | | | | | | | |
| 宜都市 | | | | 0.07 | | 0.07 | 1.35 |
| 枝江市 | 4.80 | 3.40 | | | 1.80 | 1.80 | |
| 当阳市 | | | 0.45 | 0.45 | | 12.27 | 3.31 |
| 远安县 | | | | | | | |
| 兴山县 | | | | | | | |
| 秭归县 | | | | | | | |
| 长阳县 | | | | | | | |
| 五峰县 | 2.08 | | | | | | |
| **襄阳市** | **121.20** | **0.15** | **0.22** | **0.35** | **0.57** | **48.57** | **31.07** |
| 市郊区 | | | | | | | |
| 老河口市 | | | | | | 10.00 | 0.30 |
| 襄州区 | 75.00 | | | | | 11.00 | 12.00 |
| 枣阳市 | 35.40 | | 0.02 | 0.02 | 0.50 | 18.90 | 2.20 |
| 宜城市 | 6.70 | | | | | 2.00 | 2.00 |
| 南漳县 | | | | | | 6.67 | 11.47 |
| 谷城县 | | | 0.20 | 0.20 | | | |
| 保康县 | | | | | | | 0.50 |
| 襄北农场 | 4.10 | 0.15 | | 0.13 | 0.07 | | 2.60 |

续表5

| 单位名称 | 单项农机化作业情况 | | | | | | |
|---|---|---|---|---|---|---|---|
| | 机械深耕面积 | 机械深松面积 | 机械化免耕播种面积 | | 保护性耕作面积 | 精少量播种面积 | 机械深施化肥面积 |
| | | | 小计 | 机械化免耕覆盖播种面积 | | | |
| **鄂州市** | **12.00** | **5.00** | **1.00** | **1.00** | **2.00** | **0.80** | **12.00** |
| **荆门市** | **15.40** | **2.30** | **19.29** | **18.79** | **4.50** | **12.00** | **9.00** |
| 市郊区 | | | | | | | |
| 钟祥市 | | | | | | 9.10 | |
| 京山县 | | | | | | | |
| 沙洋县 | 9.90 | 1.50 | 15.79 | 15.79 | | | |
| 沙洋农场 | 5.50 | 0.80 | 3.50 | 3.00 | 4.50 | 2.90 | 9.00 |
| 五三农场 | | | | | | | |
| **孝感市** | **76.00** | | **3.01** | **2.42** | **1.00** | **0.61** | **2.67** |
| 市郊区 | | | | | | | 0.63 |
| 孝昌县 | | | 0.59 | | | 0.61 | 2.04 |
| 大悟县 | | | 0.60 | 0.60 | | | |
| 安陆市 | | | 1.82 | 1.82 | 1.00 | | |
| 云梦县 | | | | | | | |
| 应城市 | | | | | | | |
| 汉川市 | 76.00 | | | | | | |
| **黄冈市** | **16.22** | | **15.88** | **15.88** | **3.40** | **9.89** | **3.10** |
| 市郊区 | | | 0.99 | 0.99 | | 0.67 | |
| 团风县 | 0.25 | | 1.62 | 1.62 | 3.40 | 1.09 | |
| 红安县 | 2.14 | | 0.66 | 0.66 | | | |
| 麻城市 | 4.10 | | | | | 1.50 | |
| 罗田县 | 6.00 | | | | | | |
| 英山县 | | | | | | | |
| 浠水县 | | | | | | | |
| 蕲春县 | 3.73 | | 9.11 | 9.11 | | 0.78 | |
| 武穴市 | | | | | | | |
| 黄梅县 | | | 3.50 | 3.50 | | 5.85 | 3.10 |
| **咸宁市** | **3.80** | | **0.50** | | **0.50** | **2.14** | **2.50** |
| 咸安区 | | | | | | | |
| 嘉鱼县 | | | | | | | |
| 赤壁市 | 3.00 | | | | | 2.00 | 2.50 |
| 通城县 | | | | | | 0.14 | |
| 崇阳县 | | | | | | | |
| 通山县 | 0.80 | | 0.50 | | 0.50 | | |
| **恩施自治州** | **28.03** | **17.40** | **8.80** | **8.80** | **87.90** | | |
| 恩施市 | 16.10 | 16.40 | 8.80 | 8.80 | 87.90 | | |
| 建始县 | 4.53 | 1.00 | | | | | |
| 巴东县 | | | | | | | |
| 利川市 | | | | | | | |
| 宣恩县 | 0.50 | | | | | | |
| 咸丰县 | | | | | | | |
| 来凤县 | | | | | | | |
| 鹤峰县 | 6.90 | | | | | | |
| **随州市** | **5.76** | **2.23** | **1.03** | **0.12** | **2.78** | **0.71** | **0.47** |
| 曾都区 | 1.40 | 1.64 | 0.01 | 0.01 | 2.75 | 0.30 | |
| 广水市 | | | | | | | |
| 随县 | 4.36 | 0.59 | 1.02 | 0.11 | 0.03 | 0.41 | 0.47 |
| **仙桃市** | **2.50** | | | | | | |
| **天门市** | **89.00** | | | | | **1.20** | **0.55** |
| **潜江市** | | | | | | **1.40** | **37.80** |
| **神农架林区** | | | | | | | |

## 农机化作业情况(三)

| 单位名称 | 单项农机化作业情况 | | | | |
|---|---|---|---|---|---|
| | 机械铺膜面积（千公顷） | 农田机械节水灌溉面积（千公顷） | 机械化秸杆还田面积（千公顷） | 机械脱粒粮食数量（万吨） | 机械烘干粮食数量（万吨） |
| **全省合计** | **26.052** | **312.966** | **523.518** | **2176.226** | **137.272** |
| **武汉市** | **1.55** | **27.11** | **20.25** | **132.8** | **3.1** |
| 市郊区 | 0.01 | 1.17 | 5.36 | 8.01 | |
| 蔡甸区 | | 1.1 | 4.97 | 14.8 | |
| 江夏区 | 1.54 | 16.98 | 4.53 | 34 | 1.9 |
| 黄陂区 | | 3.06 | | 45.6 | 1.2 |
| 新洲区 | | 4.8 | 5.39 | 30.39 | |
| **黄石市** | **0.426** | **17.126** | **6.3** | **66.532** | **7** |
| 市郊区 | 0.126 | 1.426 | | 1.032 | |
| 大冶市 | | 15.3 | 5 | 33.5 | |
| 阳新县 | 0.3 | 0.4 | 1.3 | 32 | 7 |
| **十堰市** | **7** | **25.6** | **35.8** | **37.37** | **2.4** |
| 市郊区 | | 2 | | 0.37 | |
| 丹江口市 | 1.5 | 1.2 | 6 | | |
| 郧 县 | 2.5 | 1 | 10 | 16 | 0.7 |
| 郧西县 | 2 | 1.5 | 3 | 6 | |
| 竹山县 | | 2.6 | 1.6 | 3.5 | |
| 竹溪县 | 1 | 8 | 10 | 1.5 | |
| 房 县 | | 9.3 | 5.2 | 10 | 1.7 |
| **荆州市** | **2.3** | **27.19** | **51.67** | **305.29** | **4.4** |
| 市郊区 | 0.8 | 6.77 | 3.21 | 22.85 | 2.4 |
| 江陵县 | | 2.8 | 41.2 | 27 | |
| 松滋区 | | 2.4 | 1.45 | 33.4 | |
| 公安县 | 1.5 | 1.2 | 1.1 | 49.55 | 2 |
| 石首市 | | 13.92 | 1.44 | 24.21 | |
| 监利县 | | 0.1 | 1 | 100.85 | |
| 洪湖市 | | | 2.27 | 47.43 | |
| **宜昌市** | **1.75** | **13.23** | **5.44** | **76.34** | **30.06** |
| 市郊区 | | 1.45 | | 0.1 | |
| 宜昌县 | | | | 19.33 | |
| 宜都市 | | 0.18 | 1.38 | 10.25 | |
| 枝江市 | | 8.11 | 0.33 | 1.32 | 29.06 |
| 当阳市 | 1.05 | 0.34 | 3.73 | 20.7 | 1 |
| 远安县 | | 1.08 | | | |
| 兴山县 | 0.7 | | | 5.1 | |
| 秭归县 | | 2 | | 1.5 | |
| 长阳县 | | 0.07 | | 7.7 | |
| 五峰县 | | | | 10.34 | |
| **襄阳市** | **0.52** | **51.11** | **65.86** | **393.72** | **22.3** |
| 市郊区 | | 2 | | 2.1 | |
| 老河口市 | | 16 | 3 | 32 | |
| 襄州区 | | | 6 | 122 | |
| 枣阳市 | | 28.6 | 37.8 | 98.5 | 22.3 |
| 宜城市 | | | 4.1 | 56 | |
| 南漳县 | 0.51 | | 10.4 | 35.4 | |
| 谷城县 | | 0.5 | 1.91 | 42.1 | |
| 保康县 | 0.01 | 0.05 | 0.4 | 5 | |
| 襄北农场 | | 3.96 | 2.25 | 0.62 | |

续表1

| 单位名称 | 单项农机化作业情况 | | | | |
|---|---|---|---|---|---|
| | 机械铺膜面积（千公顷） | 农田机械节水灌溉面积（千公顷） | 机械化秸秆还田面积（千公顷） | 机械脱粒粮食数量（万吨） | 机械烘干粮食数量（万吨） |
| **鄂州市** | | **8.3** | **1.7** | **63** | **10** |
| **荆门市** | | **12.8** | **28.68** | **144.68** | **41.8** |
| 市郊区 | | 2.1 | 6.07 | 28.53 | |
| 钟祥市 | | | 3.8 | 76.5 | |
| 京山县 | | 5.2 | 3.5 | | 39 |
| 沙洋县 | | 4 | 12.31 | 37.75 | |
| 沙洋农场 | | 1.5 | 3 | 1.9 | 2.8 |
| 五三农场 | | | | | |
| **孝感市** | **0.06** | **33.31** | **52.07** | **166** | **10.74** |
| 市郊区 | 0.06 | | 4.14 | 18.71 | |
| 孝昌县 | | 0.79 | 2.45 | 27.44 | |
| 大悟县 | | 3.48 | 3.44 | 11.84 | |
| 安陆市 | | 13 | 4.6 | 31.01 | 10.5 |
| 云梦县 | | 0.77 | 2.33 | | |
| 应城市 | | 15.27 | 33.11 | 36 | 0.24 |
| 汉川市 | | | 2 | 41 | |
| **黄冈市** | **7.846** | **58.77** | **124.478** | **225.9** | **0.952** |
| 市郊区 | | 0.29 | 0.8 | 4.03 | |
| 团风县 | | 1.67 | 1.31 | 15.2 | 0.35 |
| 红安县 | 0.446 | 2.45 | 0.168 | 17.17 | 0.402 |
| 麻城市 | | 2 | | 50 | |
| 罗田县 | | | 6 | 19 | |
| 英山县 | 6 | 7.5 | 16 | | |
| 浠水县 | 1.4 | 25 | 35 | 38 | |
| 蕲春县 | | 1.96 | | 27 | |
| 武穴市 | | 13 | 52 | 11 | |
| 黄梅县 | | 4.9 | 13.2 | 44.5 | 0.2 |
| **咸宁市** | **0.85** | **1.2** | **16.42** | **94.67** | **0.04** |
| 咸安区 | | | | 15.85 | |
| 嘉鱼县 | | | | 10.7 | |
| 赤壁市 | 0.6 | 0.8 | 2.3 | 37 | |
| 通城县 | 0.25 | | 13.6 | 15.12 | |
| 崇阳县 | | | | 12 | 0.04 |
| 通山县 | | 0.4 | 0.52 | 4 | |
| **恩施自治州** | **1.45** | **16.48** | **5.72** | **177.624** | **2.38** |
| 恩施市 | | | | 63.45 | |
| 建始县 | 0.04 | 9.67 | 0.1 | 65 | 1.1 |
| 巴东县 | 0.56 | 1.87 | | 7.25 | |
| 利川市 | 0.85 | 2.96 | 2.72 | 10.5 | 0.08 |
| 宣恩县 | | 0.32 | | 11.13 | 1.2 |
| 咸丰县 | | 1.49 | | 4.694 | |
| 来凤县 | | 0.17 | 2.9 | 9.1 | |
| 鹤峰县 | | | | 6.5 | |
| **随州市** | **1.8** | **6.74** | **23.63** | **141.8** | **0.6** |
| 曾都区 | | 0.04 | 6.23 | 17.64 | |
| 广水市 | | | 0.2 | 42.16 | |
| 随县 | 1.8 | 6.7 | 17.2 | 82 | 0.6 |
| **仙桃市** | | | 54.5 | 65 | |
| **天门市** | 0.5 | 14 | 8 | 40.5 | 1.5 |
| **潜江市** | | | 23 | 45 | |
| **神农架林区** | | | | | |

续表2

| 单位名称 | 单项农机化作业情况 | | | | | | |
|---|---|---|---|---|---|---|---|
| | 机械初加工农产品数量(万吨) | | | | | | |
| | 合计 | 加工粮食数量 | 加工油料数量 | 加工棉花数量 | 加工果蔬数量 | 加工茶叶数量 | 其他农产品 |
| **全省合计** | **3069.751** | **2043.13** | **328.91** | **138.631** | **291.81** | **31.41** | **235.86** |
| **武汉市** | **216.38** | **108.85** | **17.04** | **9.59** | **6.96** | **5.37** | **68.57** |
| 市郊区 | 8.54 | 2.55 | 0.35 | 2 | 0.11 | 0.03 | 3.5 |
| 蔡甸区 | 17.2 | 15.19 | 1.26 | 0.75 | | | |
| 江夏区 | 68.3 | 31.86 | 3.16 | 0.04 | 0.1 | 0.09 | 33.05 |
| 黄陂区 | 75.4 | 30.5 | 7.4 | | 3.9 | 5 | 28.6 |
| 新洲区 | 46.94 | 28.75 | 4.87 | 6.8 | 2.85 | 0.25 | 3.42 |
| **黄石市** | **80.13** | **58.56** | **2.24** | **0.26** | | **0.02** | **19.05** |
| 市郊区 | 0.75 | 0.56 | 0.14 | | | | 0.05 |
| 大冶市 | 38.87 | 28 | 0.8 | 0.06 | | 0.01 | 10 |
| 阳新县 | 40.51 | 30 | 1.3 | 0.2 | | 0.01 | 9 |
| **十堰市** | **81.64** | **42.63** | **6.14** | **1.62** | **8.65** | **6.19** | **16.41** |
| 市郊区 | 3.09 | 0.33 | 0.14 | | | 0.01 | 2.61 |
| 丹江口市 | 7.2 | 3.5 | 0.5 | | 2 | 0.6 | 0.6 |
| 郧 县 | 16.52 | 15 | 0.7 | | 0.3 | 0.02 | 0.5 |
| 郧西县 | 19.27 | 12 | 0.5 | | 0.25 | 0.02 | 6.5 |
| 竹山县 | 9.7 | | 2.6 | 1.6 | 3.5 | 0.5 | 1.5 |
| 竹溪县 | 15 | 6 | 1 | | | 5 | 3 |
| 房 县 | 10.86 | 5.8 | 0.7 | 0.02 | 2.6 | 0.04 | 1.7 |
| **荆州市** | **324.69** | **260.1** | **39.91** | **9.58** | **14.05** | | **1.05** |
| 市郊区 | 49.08 | 30.1 | 2.73 | 6.25 | 10 | | |
| 江陵县 | 22.68 | 16.2 | 5.97 | 0.51 | | | |
| 松滋区 | 37.36 | 22.5 | 9.32 | 0.54 | 4 | | 1 |
| 公安县 | 45.71 | 33.65 | 11.13 | 0.88 | 0.05 | | |
| 石首市 | 16.7 | 12.6 | 3.6 | 0.5 | | | |
| 监利县 | 88.74 | 83.38 | 4.56 | 0.8 | | | |
| 洪湖市 | 64.42 | 61.67 | 2.6 | 0.1 | | | 0.05 |
| **宜昌市** | **326.51** | **144.82** | **35.07** | **14.99** | **102.01** | **3.55** | **26.07** |
| 市郊区 | 10.67 | 0.1 | 0.32 | | 10.21 | 0.04 | |
| 宜昌县 | 47.21 | 18.2 | 3.16 | | 24.9 | 0.95 | |
| 宜都市 | 41.7 | 11.61 | 1.65 | | 27.47 | 0.83 | 0.14 |
| 枝江市 | 52.64 | 41.7 | 5.63 | 3.61 | | | 1.7 |
| 当阳市 | 83.71 | 27.43 | 19.98 | 11.38 | 1.23 | 0.01 | 23.68 |
| 远安县 | 11.51 | 10 | 0.5 | | 0.5 | 0.01 | 0.5 |
| 兴山县 | 10.5 | 7 | 0.72 | | 2.7 | 0.08 | |
| 秭归县 | 47.75 | 11.25 | 1.35 | | 35 | 0.1 | 0.05 |
| 长阳县 | 9.26 | 7.95 | 1.19 | | | 0.12 | |
| 五峰县 | 11.56 | 9.58 | 0.57 | | | 1.41 | |
| **襄阳市** | **391.12** | **311.9** | **45.47** | **20.5** | **2.1** | **2.76** | **8.39** |
| 市郊区 | | | | | | | |
| 老河口市 | 110 | 85 | 20 | 5 | | | |
| 襄州区 | 65 | 60 | 3 | 2 | | | |
| 枣阳市 | 89.1 | 72.6 | 8.5 | 3.5 | 2.1 | 0.8 | 1.6 |
| 宜城市 | 59 | 39 | 10 | 10 | | | |
| 南漳县 | 16.89 | 12.6 | 1.02 | | | | 3.27 |
| 谷城县 | 36.23 | 30.2 | 1.55 | | | 1.16 | 3.32 |
| 保康县 | 14.9 | 12.5 | 1.4 | | | 0.8 | 0.2 |
| 襄北农场 | | | | | | | |

续表3

| 单位名称 | 单项农机化作业情况 | | | | | | |
|---|---|---|---|---|---|---|---|
| | 机械初加工农产品数量(万吨) | | | | | | |
| | 合计 | 加工粮食数量 | 加工油料数量 | 加工棉花数量 | 加工果蔬数量 | 加工茶叶数量 | 其他农产品 |
| **鄂州市** | **74.02** | **60** | **5** | **1** | **2** | **0.02** | **6** |
| **荆门市** | **198.22** | **172.41** | **18.5** | **1.72** | **1.72** | | **3.87** |
| 市郊区 | 23.09 | 20.31 | 2.19 | 0.1 | 0.12 | | 0.37 |
| 钟祥市 | 96.1 | 78 | 11.5 | 1.5 | 1.6 | | 3.5 |
| 京山县 | 58.14 | 58.1 | | 0.04 | | | |
| 沙洋县 | 20.89 | 16 | 4.81 | 0.08 | | | |
| 沙洋农场 | | | | | | | |
| 五三农场 | | | | | | | |
| **孝感市** | **198.78** | **172.99** | **21.47** | **3.78** | | **0.54** | |
| 市郊区 | 27.44 | 25.45 | 1.82 | 0.14 | | 0.03 | |
| 孝昌县 | 26.08 | 21.85 | 4.05 | 0.06 | | 0.12 | |
| 大悟县 | 4.29 | 3.52 | 0.38 | | | 0.39 | |
| 安陆市 | 35.18 | 19.5 | 13.1 | 2.58 | | | |
| 云梦县 | 37.54 | 37.42 | 0.12 | | | | |
| 应城市 | 47.25 | 47.25 | | | | | |
| 汉川市 | 21 | 18 | 2 | 1 | | | |
| **黄冈市** | **444.83** | **289.06** | **62.39** | **41.15** | **17.1** | **2.48** | **32.65** |
| 市郊区 | 9.94 | 6.57 | 2.62 | 0.75 | | | |
| 团风县 | 26.05 | 16.71 | 6.73 | 2.3 | | | 0.31 |
| 红安县 | 19.78 | 13.28 | 5.45 | 0.21 | 0.7 | 0.1 | 0.04 |
| 麻城市 | 71.1 | 51 | 15 | 4.8 | | 0.3 | |
| 罗田县 | 26.02 | 17 | 2 | | | 0.02 | 7 |
| 英山县 | 88 | 40 | 20 | 1 | 15 | 2 | 10 |
| 浠水县 | 45.14 | 45 | 0.09 | 0.05 | | | |
| 蕲春县 | 25.37 | 23.5 | 1.5 | 0.04 | | 0.03 | 0.3 |
| 武穴市 | 86.43 | 37 | 4 | 30 | 1.4 | 0.03 | 14 |
| 黄梅县 | 47 | 39 | 5 | 2 | | | 1 |
| **咸宁市** | **125.811** | **95.41** | **17.46** | **2.831** | **0.5** | **3.67** | **5.94** |
| 咸安区 | 14.535 | 9.91 | 1.37 | | | 0.215 | 3.04 |
| 嘉鱼县 | 10.21 | 10.2 | 0.01 | | | | |
| 赤壁市 | 59.1 | 41 | 11 | 2 | | 3.3 | 1.8 |
| 通城县 | 18.679 | 18.5 | 0.05 | 0.029 | | 0.1 | |
| 崇阳县 | 15.872 | 15.8 | 0.03 | 0.002 | | 0.04 | |
| 通山县 | 7.415 | | 5 | 0.8 | 0.5 | 0.015 | 1.1 |
| **恩施自治州** | **260.96** | **138.38** | **12.58** | **0.51** | **70.87** | **4.61** | **34.01** |
| 恩施市 | 41.54 | 23 | 1.3 | | 13.76 | 0.98 | 2.5 |
| 建始县 | 38.6 | 24 | 6.07 | 0.5 | 6.8 | 0.08 | 1.15 |
| 巴东县 | 34.62 | 18.85 | 0.97 | | 13.29 | 0.07 | 1.44 |
| 利川市 | 62.04 | 32 | 0.85 | | 21 | 0.98 | 7.21 |
| 宣恩县 | 18.8 | 9.67 | 1.16 | | 5.79 | 0.55 | 1.63 |
| 咸丰县 | 17.52 | 10.36 | 0.69 | | 2.9 | 0.42 | 3.15 |
| 来凤县 | 33.35 | 12.6 | 0.9 | 0.01 | 3.95 | 0.04 | 15.85 |
| 鹤峰县 | 14.49 | 7.9 | 0.64 | | 3.38 | 1.49 | 1.08 |
| **随州市** | **97.26** | **56.22** | **22.84** | **5.8** | **0.85** | **1.2** | **10.35** |
| 曾都区 | 17.7 | 13.14 | 0.63 | 0.65 | 0.38 | | 2.9 |
| 广水市 | 57.33 | 36.18 | 18.11 | 2.55 | 0.47 | | 0.02 |
| 随县 | 22.23 | 6.9 | 4.1 | 2.6 | | 1.2 | 7.43 |
| **仙桃市** | **70.5** | **65** | **2.5** | **3** | | | |
| **天门市** | **40.9** | **24** | **8.6** | **5.3** | | | **3** |
| **潜江市** | **134** | **40.8** | **10.7** | **17** | **65** | | **0.5** |
| **神农架林区** | **4** | **2** | **1** | | | **1** | |

续表4

| 单位名称 | 单项农机化作业情况 | | | | |
|---|---|---|---|---|---|
| | 机械化饲草料加工数量（万吨） | | 农机运输作业量（万吨·公里） | | 农田基本建设作业量（万立方米） |
| | 小计 | 机械化青贮秸秆数量 | 小计 | 农业运输作业量 | |
| **全省合计** | **230.05** | **109.5** | **511084.98** | **396270.28** | **2764448.77** |
| **武汉市** | **8.19** | | **81446** | **69773** | **493.5** |
| 市郊区 | 4.2 | | 14659 | 9791 | 61.1 |
| 蔡甸区 | 1.34 | | 17575 | 17575 | |
| 江夏区 | | | 19440 | 13304 | 4.3 |
| 黄陂区 | | | 18578 | 18578 | 10.1 |
| 新洲区 | 2.65 | | 11194 | 10525 | 418 |
| **黄石市** | | | **3134** | **3134** | **2** |
| 市郊区 | | | 216 | 216 | 2 |
| 大冶市 | | | 1603 | 1603 | |
| 阳新县 | | | 1315 | 1315 | |
| **十堰市** | **26.26** | **10.12** | **16948** | **13677** | **125.5** |
| 市郊区 | | | 1040 | 200 | 0.5 |
| 丹江口市 | 2.2 | | 7880 | 7880 | 85 |
| 郧　县 | 2.5 | 0.05 | 2243 | 1102 | 9 |
| 郧西县 | 9.5 | 0.01 | 2760 | 1690 | 5.5 |
| 竹山县 | 2 | | 150 | 130 | 16 |
| 竹溪县 | 10 | 10 | 25 | 25 | 3 |
| 房　县 | 0.06 | 0.06 | 2850 | 2650 | 6.5 |
| **荆州市** | **10.35** | **6.75** | **13650.1** | **10946.1** | **305.59** |
| 市郊区 | 1.31 | | 3284 | 2484 | 2.5 |
| 江陵县 | 0.33 | | 1320 | 988 | 15.33 |
| 松滋区 | 1.42 | | 1332 | 1150 | 4 |
| 公安县 | 3.2 | 3.2 | 1849.9 | 1479.9 | 69.9 |
| 石首市 | 0.34 | | 998.7 | 705.2 | 5.5 |
| 监利县 | 3.55 | 3.55 | 3476.5 | 2889 | 150 |
| 洪湖市 | 0.2 | | 1389 | 1250 | 58.36 |
| **宜昌市** | **20.82** | **13.4** | **51345** | **34398.2** | **18241.9** |
| 市郊区 | | | 6722 | 604.2 | 1256.4 |
| 宜昌县 | | | 3424 | 3424 | 13380 |
| 宜都市 | 5.54 | | 5540 | 4318 | 95 |
| 枝江市 | 11.11 | 11 | 7059 | 4091 | 1173 |
| 当阳市 | 4 | 2.3 | 9240 | 9240 | 1530 |
| 远安县 | | | 2600 | 2600 | 7.5 |
| 兴山县 | 0.1 | 0.1 | 2835 | 2154 | 300 |
| 秭归县 | 0.07 | | 5285 | 3165 | 115 |
| 长阳县 | | | 5152 | 3082 | 385 |
| 五峰县 | | | 3488 | 1720 | |
| **襄阳市** | **5.7** | | **147889** | **124608** | **22.25** |
| 市郊区 | | | 1520 | 1300 | |
| 老河口市 | | | 15190 | 12900 | |
| 襄州区 | | | 65500 | 52380 | 12 |
| 枣阳市 | | | 40273 | 40273 | |
| 宜城市 | | | 22546 | 15642 | |
| 南漳县 | | | 307 | 86 | 4.9 |
| 谷城县 | 5 | | 1994 | 1521 | 5 |
| 保康县 | 0.7 | | 430 | 430 | 0.35 |
| 襄北农场 | | | 129 | 76 | |

续表5

| 单位名称 | 单项农机化作业情况 | | | | |
|---|---|---|---|---|---|
| | 机械化饲草料加工数量（万吨） | | 农机运输作业量（万吨·公里） | | 农田基本建设作业量（万立方米） |
| | 小计 | 机械化青贮秸秆数量 | 小计 | 农业运输作业量 | |
| **鄂州市** | **2** | **2** | **3150** | **2130** | **5.4** |
| **荆门市** | **1** | **1** | **31202.15** | **24673.25** | **387432.6** |
| 市郊区 | | | 8178 | 2993 | 315 |
| 钟祥市 | | | 22198 | 20869 | 386980 |
| 京山县 | | | 80 | 80 | 122.6 |
| 沙洋县 | 1 | 1 | 721.15 | 710.25 | |
| 沙洋农场 | | | 25 | 21 | 15 |
| 五三农场 | | | | | |
| **孝感市** | **8.02** | **8.01** | **34758.21** | **27988** | **4222.1** |
| 市郊区 | | | 11250 | 4480 | 228 |
| 孝昌县 | 0.01 | | | | 2.7 |
| 大悟县 | | | 3271.21 | 3271 | 2279 |
| 安陆市 | 8.01 | 8.01 | 6600 | 6600 | 9 |
| 云梦县 | | | 5086 | 5086 | 4.4 |
| 应城市 | | | 35 | 35 | 198 |
| 汉川市 | | | 8516 | 8516 | 1501 |
| **黄冈市** | **49.22** | **44.64** | **41440** | **31935.1** | **2346410** |
| 市郊区 | 0.9 | 0.9 | 295 | 180 | 120 |
| 团风县 | 4.3 | 1.69 | 4219 | 1317 | 2340000 |
| 红安县 | 0.02 | 0.02 | 114.6 | 67.3 | |
| 麻城市 | | | 3598 | 3395 | 25 |
| 罗田县 | | | 3760 | 2150 | 3760 |
| 英山县 | 7 | 7 | 3000 | 3000 | 1800 |
| 浠水县 | 35 | 35 | 502.4 | 501.8 | 512 |
| 蕲春县 | 1 | | 1315 | 1315 | 101 |
| 武穴市 | | | 23000 | 19000 | 90 |
| 黄梅县 | 1 | 0.03 | 1636 | 1009 | 2 |
| **咸宁市** | **7.17** | **5.42** | **10695.4** | **4924.4** | **424** |
| 咸安区 | | | 20.4 | 20.4 | 11.3 |
| 嘉鱼县 | | | | | |
| 赤壁市 | 5 | 5 | 4312 | 1872 | 11 |
| 通城县 | 1.17 | 0.2 | 2011 | 682 | 389.7 |
| 崇阳县 | | | 1560 | 1560 | 7 |
| 通山县 | 1 | 0.22 | 2792 | 790 | 5 |
| **恩施自治州** | **90.84** | **17.74** | **23813.2** | **14337.61** | **5517.03** |
| 恩施市 | 12 | | 1020 | 1020 | |
| 建始县 | 7.9 | 0.8 | 2663.7 | 2663.7 | 11.4 |
| 巴东县 | 14.3 | | 3109 | 748 | 5446 |
| 利川市 | 10.6 | | 7580 | 5268 | 2.83 |
| 宣恩县 | 10.71 | | 1733 | 1733 | |
| 咸丰县 | 4.2 | 4.2 | 2546.5 | 2546.5 | 36.8 |
| 来凤县 | 15.33 | 12.74 | 5004 | 213.41 | 20 |
| 鹤峰县 | 15.8 | | 157 | 145 | |
| **随州市** | **0.48** | **0.42** | **4730.72** | **4561.42** | **1239.9** |
| 曾都区 | 0.38 | 0.32 | 384.52 | 285.52 | 11 |
| 广水市 | | | 329.2 | 258.9 | 444.9 |
| 随县 | 0.1 | 0.1 | 4017 | 4017 | 784 |
| **仙桃市** | | | **479.2** | **479.2** | |
| **天门市** | | | **25164** | **13840** | |
| **潜江市** | | | **21240** | **14865** | **7** |
| **神农架林区** | | | | | |

续表6

| 单位名称 | 单项农机化作业情况 | | | | | | |
|---|---|---|---|---|---|---|---|
| | 农机跨区作业面积(千公顷) | | | | | | |
| | 小计 | 跨区机耕面积 | 跨区机播面积 | 跨区机收面积 | | | |
| | | | | 小计 | 小麦 | 水稻 | 玉米 |
| **全省合计** | **910.06** | **193.11** | **20.16** | **666.09** | **281.24** | **375.86** | **6.58** |
| **武汉市** | **50.77** | **14.84** | **0.2** | **35.73** | **13.04** | **20.42** | **1.57** |
| 市郊区 | 17.2 | 6.1 | | 11.1 | 9 | 1.15 | 0.95 |
| 蔡甸区 | 3.73 | | | 3.73 | | 3.21 | 0.52 |
| 江夏区 | 10.7 | 4.1 | 0.2 | 6.4 | 1.67 | 4.63 | 0.1 |
| 黄陂区 | 6.02 | 2.24 | | 3.78 | | 3.08 | |
| 新洲区 | 13.12 | 2.4 | | 10.72 | 2.37 | 8.35 | |
| **黄石市** | **1.48** | **0.16** | | **1.32** | **0.3** | **1.02** | |
| 市郊区 | 0.08 | 0.06 | | 0.02 | | 0.02 | |
| 大冶市 | 0.8 | 0.1 | | 0.7 | | 0.7 | |
| 阳新县 | 0.6 | | | 0.6 | 0.3 | 0.3 | |
| **十堰市** | **20.4** | **5.2** | | **15.2** | **6.9** | **8.3** | |
| 市郊区 | 0.4 | 0.2 | | 0.2 | 0.1 | 0.1 | |
| 丹江口市 | 3 | 0.5 | | 2.5 | 1.6 | 0.9 | |
| 郧 县 | 3 | | | 3 | 2 | 1 | |
| 郧西县 | 2.5 | | | 2.5 | 1 | 1.5 | |
| 竹山县 | 3.5 | | | 3.5 | 1 | 2.5 | |
| 竹溪县 | | | | | | | |
| 房 县 | 8 | 4.5 | | 3.5 | 1.2 | 2.3 | |
| **荆州市** | **236.78** | **55.12** | **2.92** | **178.74** | **43.89** | **134.14** | **0.71** |
| 市郊区 | 48.76 | 11.66 | 0.57 | 36.53 | 9.44 | 26.92 | 0.17 |
| 江陵县 | 20.6 | 5 | | 15.6 | 3 | 12.6 | |
| 松滋区 | 27.6 | 5 | 0.1 | 22.5 | 5.8 | 16.7 | |
| 公安县 | 60.65 | 16.1 | 2 | 42.55 | 11.06 | 30.99 | 0.5 |
| 石首市 | 38.67 | 4.86 | | 33.81 | 2.3 | 31.51 | |
| 监利县 | 17.14 | 5 | 0.25 | 11.89 | 4.69 | 7.2 | |
| 洪湖市 | 23.36 | 7.5 | | 15.86 | 7.6 | 8.22 | 0.04 |
| **宜昌市** | **39.07** | **12.58** | **0.58** | **25.91** | **10.58** | **15.33** | |
| 市郊区 | | | | | | | |
| 宜昌县 | 1.46 | 1.34 | | 0.12 | 0.03 | 0.09 | |
| 宜都市 | 0.33 | 0.18 | | 0.15 | 0.03 | 0.12 | |
| 枝江市 | 22.97 | 9.8 | | 13.17 | 7.64 | 5.53 | |
| 当阳市 | 12.51 | 1.26 | 0.58 | 10.67 | 2 | 8.67 | |
| 远安县 | 1.7 | | | 1.7 | 0.88 | 0.82 | |
| 兴山县 | | | | | | | |
| 秭归县 | | | | | | | |
| 长阳县 | 0.1 | | | 0.1 | | 0.1 | |
| 五峰县 | | | | | | | |
| **襄阳市** | **104.77** | **20.61** | **5.4** | **78.76** | **57.43** | **20.23** | **1.1** |
| 市郊区 | 8.1 | 1.6 | 1.1 | 5.4 | 3.8 | 1.5 | 0.1 |
| 老河口市 | 11 | 1 | | 10 | 6 | 3 | 1 |
| 襄州区 | 45 | 10 | 3 | 32 | 26 | 6 | |
| 枣阳市 | 13.5 | | | 13.5 | 9.2 | 4.3 | |
| 宜城市 | 19.1 | 8 | 1.3 | 9.8 | 8.2 | 1.6 | |
| 南漳县 | 5.4 | | | 5.4 | 2.3 | 3.1 | |
| 谷城县 | 0.67 | 0.01 | | 0.66 | 0.43 | 0.23 | |
| 保康县 | 1.3 | | | 1.3 | 0.8 | 0.5 | |
| 襄北农场 | 0.7 | | | 0.7 | 0.7 | | |

续表7

| 单位名称 | 单项农机化作业情况 | | | | | | |
|---|---|---|---|---|---|---|---|
| | 农机跨区作业面积(千公顷) | | | | | | |
| | 小计 | 跨区机耕面积 | 跨区机播面积 | 跨区机收面积 | | | |
| | | | | 小计 | 小麦 | 水稻 | 玉米 |
| **鄂州市** | **3.9** | **1.1** | **1.1** | **1.7** | **0.7** | **1** | |
| **荆门市** | **81.67** | **8.09** | | **73.58** | **46.71** | **25.61** | |
| 市郊区 | 14.91 | 0.55 | | 14.36 | 7.99 | 6.37 | |
| 钟祥市 | 14.07 | | | 14.07 | 11.81 | 1 | |
| 京山县 | 7.38 | | | 7.38 | 4.28 | 3.1 | |
| 沙洋县 | 16.1 | 3.3 | | 12.8 | 6 | 6.8 | |
| 沙洋农场 | 1.9 | | | 1.9 | 1.3 | 0.6 | |
| 五三农场 | 27.31 | 4.24 | | 23.07 | 15.33 | 7.74 | |
| **孝感市** | **34.24** | **8.92** | **1** | **24.32** | **11.82** | **12.5** | |
| 市郊区 | 2.56 | 1.97 | | 0.59 | 0.23 | 0.36 | |
| 孝昌县 | 1.44 | | | 1.44 | 0.21 | 1.23 | |
| 大悟县 | 1.17 | | | 1.17 | | 1.17 | |
| 安陆市 | 12.94 | 5.5 | 1 | 6.44 | 4.33 | 2.11 | |
| 云梦县 | 9.15 | 1.45 | | 7.7 | 2.43 | 5.27 | |
| 应城市 | 0.98 | | | 0.98 | 0.12 | 0.86 | |
| 汉川市 | 6 | | | 6 | 4.5 | 1.5 | |
| **黄冈市** | **85.15** | **28.21** | **6.06** | **50.88** | **14.02** | **35.26** | **1.6** |
| 市郊区 | 6.61 | 3.39 | | 3.22 | 2.04 | 1.18 | |
| 团风县 | 2.52 | 0.71 | | 1.81 | 0.58 | 1.23 | |
| 红安县 | 2.07 | | | 2.07 | 0.8 | 1.27 | |
| 麻城市 | 9.2 | 6.7 | | 2.5 | 1 | 1.5 | |
| 罗田县 | 10 | 5 | | 5 | 2 | 3 | |
| 英山县 | 15 | 3 | 6 | 6 | 2 | 4 | |
| 浠水县 | 4.55 | 1.8 | | 2.75 | 0.5 | 2.25 | |
| 蕲春县 | 7.7 | 0.71 | 0.06 | 6.93 | 0.6 | 6.33 | |
| 武穴市 | 8 | 3 | | 5 | 1.4 | 2 | 1.6 |
| 黄梅县 | 19.5 | 3.9 | | 15.6 | 3.1 | 12.5 | |
| **咸宁市** | **44.56** | **14.53** | | **29.93** | **14.9** | **14.43** | **0.6** |
| 咸安区 | 2.6 | 0.2 | | 2.3 | 0.9 | 1.4 | |
| 嘉鱼县 | 29.3 | 11.8 | | 17.5 | 8.4 | 9.1 | |
| 赤壁市 | 3.5 | 1.2 | | 2.3 | 0.5 | 1.5 | 0.3 |
| 通城县 | 0.86 | 0.13 | | 0.73 | | 0.73 | |
| 崇阳县 | 4.2 | | | 4.2 | 2.9 | 1.3 | |
| 通山县 | 4.1 | 1.2 | | 2.9 | 2.2 | 0.4 | 0.3 |
| **恩施自治州** | **7.82** | **1.32** | | **6.5** | **1.64** | **4.86** | |
| 恩施市 | 1.9 | | | 1.9 | 1.6 | 0.3 | |
| 建始县 | 0.59 | 0.4 | | 0.19 | 0.04 | 0.15 | |
| 巴东县 | | | | | | | |
| 利川市 | 3.02 | 0.92 | | 2.1 | | 2.1 | |
| 宣恩县 | 0.8 | | | 0.8 | | 0.8 | |
| 咸丰县 | 1.21 | | | 1.21 | | 1.21 | |
| 来凤县 | 0.3 | | | 0.3 | | 0.3 | |
| 鹤峰县 | | | | | | | |
| **随州市** | **167.45** | **13.63** | **0.4** | **122.82** | **50.26** | **71.56** | **1** |
| 曾都区 | 59.11 | 1.23 | | 57.88 | 25.15 | 32.73 | |
| 广水市 | 60.68 | 6.7 | 0.4 | 22.98 | 7.01 | 15.97 | |
| 随县 | 47.66 | 5.7 | | 41.96 | 18.1 | 22.86 | 1 |
| **仙桃市** | **7.8** | **4.2** | | **3.6** | **2** | **1.6** | |
| **天门市** | **10** | **3.2** | **2.5** | **4.3** | **2** | **2.3** | |
| **潜江市** | **14.2** | **1.4** | | **12.8** | **5.05** | **7.3** | |
| **神农架林区** | | | | | | | |

# 农机化系统机构及人员情况

| 单位名称 | 农机管理局 | | | 农机化技术推广机构 | | |
|---|---|---|---|---|---|---|
| | 机构数(个) | 人数(人) | 其中：科技人员 | 机构数(个) | 人数(人) | 其中：科技人员 |
| **全省合计** | **103** | **1284** | **687** | **107** | **1016** | **747** |
| **武汉市** | **7** | **111** | **59** | **7** | **86** | **64** |
| 市郊区 | 2 | 14 | 3 | 2 | 5 | 2 |
| 蔡甸区 | 1 | 18 | 12 | 1 | 2 | 1 |
| 江夏区 | 1 | 28 | 15 | 1 | 8 | 7 |
| 黄陂区 | 1 | 17 | 8 | 1 | 14 | 3 |
| 新洲区 | 1 | 28 | 21 | 1 | 44 | 44 |
| 市直 | 1 | 6 | | 1 | 13 | 7 |
| **黄石市** | **3** | **36** | **14** | **4** | **74** | **52** |
| 市郊区 | | | | 1 | 8 | 5 |
| 大冶市 | 1 | 14 | | 1 | 36 | 18 |
| 阳新县 | 1 | 20 | 14 | 1 | 20 | 20 |
| 市直 | 1 | 2 | | 1 | 10 | 9 |
| **十堰市** | **9** | **133** | **63** | **9** | **51** | **41** |
| 市郊区 | 2 | 17 | 10 | 2 | 11 | 8 |
| 丹江口市 | 1 | 13 | 2 | 1 | 7 | 2 |
| 郧 县 | 1 | 15 | 15 | 1 | 8 | 8 |
| 郧西县 | 1 | 10 | 5 | 1 | 5 | 5 |
| 竹山县 | 1 | 22 | 18 | 1 | 4 | 4 |
| 竹溪县 | 1 | 18 | 9 | 1 | 4 | 4 |
| 房 县 | 1 | 13 | | 1 | 3 | 3 |
| 市直 | 1 | 25 | 4 | 1 | 9 | 7 |
| **荆州市** | **10** | **124** | **65** | **15** | **70** | **52** |
| 市郊区 | 3 | 5 | 3 | 9 | 20 | 17 |
| 江陵县 | 1 | 13 | 11 | 1 | 13 | 11 |
| 松滋区 | 1 | 16 | 8 | 1 | 7 | 5 |
| 公安县 | 1 | 17 | 10 | 1 | 5 | 2 |
| 石首市 | 1 | 14 | 6 | 1 | 5 | 3 |
| 监利县 | 1 | 20 | 14 | 1 | 9 | 6 |
| 洪湖市 | 1 | 33 | 9 | 1 | 11 | 8 |
| 市直 | 1 | 6 | 4 | | | |
| **宜昌市** | **10** | **58** | **37** | **11** | **78** | **62** |
| 市郊区 | | | | 1 | 1 | 1 |
| 宜昌县 | 1 | 1 | 1 | 1 | 9 | 5 |
| 宜都市 | 1 | 8 | 7 | 1 | 14 | 10 |
| 枝江市 | 1 | 13 | 10 | 1 | 7 | 4 |
| 当阳市 | 1 | 4 | 2 | 1 | 11 | 11 |
| 远安县 | 1 | 8 | 4 | 1 | 2 | 2 |
| 兴山县 | 1 | 3 | 1 | 1 | 3 | 1 |
| 秭归县 | 1 | 2 | 1 | 1 | 6 | 5 |
| 长阳县 | 1 | 8 | 2 | 1 | 6 | 4 |
| 五峰县 | 1 | 3 | 2 | 1 | 10 | 10 |
| 市直 | 1 | 8 | 7 | 1 | 9 | 9 |
| **襄阳市** | **12** | **133** | **87** | **13** | **122** | **76** |
| 市郊区 | 3 | 9 | 3 | | | |
| 老河口市 | 1 | 16 | 1 | 1 | 4 | 1 |
| 襄州区 | 1 | 25 | 20 | 1 | 8 | 6 |
| 枣阳市 | 1 | 19 | 18 | 1 | 16 | 7 |
| 宜城市 | 1 | 11 | 9 | 1 | 5 | 4 |
| 南漳县 | 1 | 20 | 8 | 1 | 3 | 3 |
| 谷城县 | 1 | 16 | 13 | 1 | 11 | 7 |
| 保康县 | 1 | 7 | 7 | 1 | 10 | 8 |
| 襄北农场 | 1 | 2 | 2 | 5 | 18 | 11 |
| 市直 | 1 | 8 | 6 | 1 | 47 | 29 |

续表1

| 单位名称 | 农机管理局 | | | 农机化技术推广机构 | | |
|---|---|---|---|---|---|---|
| | 机构数(个) | 人数(人) | 其中：科技人员 | 机构数(个) | 人数(人) | 其中：科技人员 |
| **鄂州市** | **1** | **18** | **15** | **1** | **5** | **6** |
| **荆门市** | **7** | **73** | **38** | **5** | **65** | **58** |
| 市郊区 | 2 | 12 | 5 | 1 | 11 | 35 |
| 钟祥市 | 1 | 11 | 8 | 1 | 23 | 1 |
| 京山县 | 1 | 18 | 14 | 1 | 9 | 7 |
| 沙洋县 | 1 | 9 | 8 | 1 | 3 | 3 |
| 沙洋农场 | 1 | 3 | 3 | | | |
| 五三农场 | | | | | | |
| 市直 | 1 | 20 | | 1 | 19 | 12 |
| **孝感市** | **8** | **126** | **72** | **8** | **79** | **53** |
| 市郊区 | 1 | 14 | 12 | 1 | 7 | 7 |
| 孝昌县 | 1 | 10 | 8 | 1 | 8 | 6 |
| 大悟县 | 1 | 18 | 14 | 1 | 16 | 12 |
| 安陆市 | 1 | 18 | 10 | 1 | 18 | 10 |
| 云梦县 | 1 | 16 | 13 | 1 | 9 | 8 |
| 应城市 | 1 | 16 | | 1 | 5 | 2 |
| 汉川市 | 1 | 16 | 15 | 1 | 8 | 8 |
| 市直 | 1 | 18 | | 1 | 8 | |
| **黄冈市** | **12** | **207** | **104** | **12** | **176** | **120** |
| 市郊区 | 1 | 5 | 2 | 1 | 4 | 2 |
| 团风县 | 1 | 12 | 9 | 1 | 7 | 4 |
| 红安县 | 1 | 20 | 16 | 1 | 14 | 10 |
| 麻城市 | 1 | 20 | 17 | 1 | 8 | 8 |
| 罗田县 | 1 | 16 | 8 | 1 | 12 | 4 |
| 英山县 | 1 | 21 | 11 | 1 | 4 | 4 |
| 浠水县 | 1 | 27 | | 1 | 47 | 30 |
| 蕲春县 | 1 | 18 | 16 | 1 | 31 | 26 |
| 武穴市 | 1 | 25 | | 1 | 15 | 5 |
| 黄梅县 | 2 | 18 | 15 | 2 | 5 | 2 |
| 市直 | 1 | 25 | 10 | 1 | 29 | 25 |
| **咸宁市** | **7** | **170** | **91** | **7** | **70** | **47** |
| 咸安区 | 1 | 20 | 6 | 1 | 6 | 4 |
| 嘉鱼县 | 1 | 20 | 11 | 1 | 5 | 5 |
| 赤壁市 | 1 | 54 | 30 | 1 | 5 | 4 |
| 通城县 | 1 | 13 | 4 | 1 | 5 | 3 |
| 崇阳县 | 1 | 28 | 12 | 1 | 24 | 10 |
| 通山县 | 1 | 12 | 5 | 1 | 5 | 3 |
| 市直 | 1 | 23 | 23 | 1 | 20 | 18 |
| **恩施自治州** | **9** | **24** | **13** | **7** | **23** | **19** |
| 恩施市 | 1 | 4 | 1 | | | |
| 建始县 | 1 | 1 | 1 | | | |
| 巴东县 | 1 | 3 | 3 | 1 | 3 | 3 |
| 利川市 | 1 | 3 | 2 | 1 | 3 | 3 |
| 宣恩县 | 1 | 2 | | 1 | 5 | 5 |
| 咸丰县 | 1 | 3 | 2 | 1 | 5 | 4 |
| 来凤县 | 1 | 4 | 1 | 1 | 2 | 1 |
| 鹤峰县 | 1 | | | 1 | 1 | 1 |
| 市直 | 1 | 4 | 3 | 1 | 4 | 2 |
| **随州市** | **4** | **27** | **9** | **4** | **49** | **41** |
| 曾都区 | 1 | 4 | 4 | 1 | 4 | 3 |
| 广水市 | 1 | 15 | | 1 | 43 | 37 |
| 随县 | 1 | 2 | 1 | 1 | 2 | 1 |
| 市直 | 1 | 6 | 4 | 1 | | |
| **仙桃市** | **1** | **12** | **7** | **1** | **6** | **5** |
| **天门市** | **1** | **9** | **5** | **1** | **11** | **8** |
| **潜江市** | **1** | **15** | **8** | **1** | **46** | **41** |
| **神农架林区** | **1** | **8** | | **1** | **5** | **2** |

续表2

| 单位名称 | 农机安全监理机构 | | | 农机化学校 | | |
|---|---|---|---|---|---|---|
| | 机构数(个) | 人数(人) | 其中：科技人员 | 机构数(个) | 人数(人) | 其中：教师(人) |
| **全省合计** | **116** | **1226** | **644** | **56** | **777** | **482** |
| **武汉市** | **8** | **66** | **30** | **5** | **33** | **23** |
| 市郊区 | 3 | 9 | 2 | 1 | 2 | 2 |
| 蔡甸区 | 1 | 4 | 1 | 1 | 3 | 3 |
| 江夏区 | 1 | 21 | 10 | 1 | 10 | 5 |
| 黄陂区 | 1 | 12 | 4 | 1 | 13 | 10 |
| 新洲区 | 1 | 14 | 10 | 1 | 5 | 3 |
| 市直 | 1 | 6 | 3 | | | |
| **黄石市** | **4** | **30** | **16** | **2** | **35** | **15** |
| 市郊区 | 1 | 1 | | 1 | 1 | 1 |
| 大冶市 | 1 | 12 | 6 | | | |
| 阳新县 | 1 | 13 | 7 | 1 | 34 | 14 |
| 市直 | 1 | 4 | 3 | | | |
| **十堰市** | **9** | **74** | **63** | **5** | **34** | **27** |
| 市郊区 | 2 | 12 | 8 | | | |
| 丹江口市 | 1 | 10 | 6 | 1 | 12 | 6 |
| 郧 县 | 1 | 9 | 9 | 1 | | |
| 郧西县 | 1 | 8 | 8 | 1 | 9 | 9 |
| 竹山县 | 1 | 9 | 9 | 1 | 8 | 8 |
| 竹溪县 | 1 | 5 | 5 | 1 | 5 | 4 |
| 房 县 | 1 | 8 | 5 | | | |
| 市直 | 1 | 13 | 13 | | | |
| **荆州市** | **10** | **162** | **78** | **5** | **95** | **59** |
| 市郊区 | 4 | 34 | 24 | | | |
| 江陵县 | 1 | 11 | 9 | | | |
| 松滋区 | 1 | 22 | 7 | 1 | 20 | 15 |
| 公安县 | 1 | 9 | 6 | 1 | 8 | 4 |
| 石首市 | 1 | 21 | 6 | 1 | 37 | 16 |
| 监利县 | 1 | 35 | 15 | 1 | 13 | 12 |
| 洪湖市 | 1 | 30 | 11 | 1 | 17 | 12 |
| 市直 | | | | | | |
| **宜昌市** | **10** | **75** | **52** | **1** | **19** | **15** |
| 市郊区 | 1 | 1 | 1 | | | |
| 宜昌县 | 1 | 3 | 3 | | | |
| 宜都市 | 1 | 6 | 5 | | | |
| 枝江市 | 1 | 13 | 8 | 1 | 19 | 15 |
| 当阳市 | 1 | 9 | 7 | | | |
| 远安县 | 1 | 6 | 5 | | | |
| 兴山县 | 1 | 4 | 1 | | | |
| 秭归县 | | | | | | |
| 长阳县 | 1 | 12 | 7 | | | |
| 五峰县 | 1 | 7 | 5 | | | |
| 市直 | 1 | 14 | 10 | | | |
| **襄阳市** | **16** | **189** | **73** | **3** | **97** | **45** |
| 市郊区 | 3 | 9 | 3 | | | |
| 老河口市 | 1 | 29 | | 1 | 35 | |
| 襄州区 | 1 | 42 | 3 | | | |
| 枣阳市 | 1 | 18 | 10 | 1 | 38 | 32 |
| 宜城市 | 1 | 12 | 8 | | | |
| 南漳县 | 1 | 20 | 3 | | | |
| 谷城县 | 1 | 19 | 16 | 1 | 24 | 13 |
| 保康县 | 1 | 13 | 8 | | | |
| 襄北农场 | 5 | 9 | 8 | | | |
| 市直 | 1 | 18 | 14 | | | |

续表3

| 单位名称 | 农机安全监理机构 | | | 农机化学校 | | |
|---|---|---|---|---|---|---|
| | 机构数(个) | 人数(人) | 其中：科技人员 | 机构数(个) | 人数(人) | 其中：教师(人) |
| **鄂州市** | **1** | **10** | **8** | **1** | **5** | **5** |
| **荆门市** | **14** | **86** | **49** | **7** | **73** | **54** |
| 市郊区 | 1 | 10 | 10 | 2 | 11 | 10 |
| 钟祥市 | 1 | 21 | 13 | 1 | 41 | 24 |
| 京山县 | 1 | 11 | 5 | 1 | 5 | 5 |
| 沙洋县 | 1 | 6 | 5 | 1 | 5 | 5 |
| 沙洋农场 | 8 | 11 | 9 | | | |
| 五三农场 | 1 | 5 | | 1 | 6 | 5 |
| 市直 | 1 | 22 | 7 | 1 | 5 | 5 |
| **孝感市** | **8** | **127** | **55** | **6** | **73** | **48** |
| 市郊区 | 1 | 18 | 17 | 1 | 9 | 5 |
| 孝昌县 | 1 | 15 | 12 | 1 | 8 | 5 |
| 大悟县 | 1 | 20 | 4 | 1 | 10 | 4 |
| 安陆市 | 1 | 18 | 7 | 1 | 15 | 8 |
| 云梦县 | 1 | 8 | 4 | | | |
| 应城市 | 1 | 19 | | 1 | 1 | 1 |
| 汉川市 | 1 | 22 | 11 | 1 | 30 | 25 |
| 市直 | 1 | 7 | | | | |
| **黄冈市** | **12** | **140** | **67** | **11** | **183** | **98** |
| 市郊区 | 1 | 5 | 2 | 1 | 42 | 15 |
| 团风县 | 1 | 9 | 4 | 1 | 9 | 6 |
| 红安县 | 1 | 28 | 13 | 1 | 20 | 13 |
| 麻城市 | 1 | 20 | 8 | 1 | 59 | 30 |
| 罗田县 | 1 | 12 | 4 | 1 | 12 | 6 |
| 英山县 | 1 | 8 | 5 | 1 | 4 | 3 |
| 浠水县 | 1 | 12 | 4 | 1 | 6 | 6 |
| 蕲春县 | 1 | 7 | 5 | 1 | 5 | 5 |
| 武穴市 | 1 | 16 | 3 | 1 | 10 | 4 |
| 黄梅县 | 2 | 12 | 9 | 2 | 16 | 10 |
| 市直 | 1 | 11 | 10 | | | |
| **咸宁市** | **7** | **77** | **28** | | | |
| 咸安区 | 1 | 10 | 2 | | | |
| 嘉鱼县 | 1 | 7 | 3 | | | |
| 赤壁市 | 1 | 20 | 8 | | | |
| 通城县 | 1 | 15 | 6 | | | |
| 崇阳县 | 1 | 12 | 4 | | | |
| 通山县 | 1 | 9 | 1 | | | |
| 市直 | 1 | 4 | 4 | | | |
| **恩施自治州** | **9** | **61** | **46** | **6** | **69** | **45** |
| 恩施市 | 1 | 4 | 1 | 1 | 17 | 5 |
| 建始县 | 1 | 3 | 3 | 1 | 15 | 11 |
| 巴东县 | 1 | 8 | 7 | 1 | 6 | 5 |
| 利川市 | 1 | 9 | 7 | 1 | 22 | 17 |
| 宣恩县 | 1 | 4 | 4 | 1 | 2 | 2 |
| 咸丰县 | 1 | 10 | 9 | | | |
| 来凤县 | 1 | 11 | 5 | 1 | 7 | 5 |
| 鹤峰县 | 1 | 7 | 6 | | | |
| 市直 | 1 | 5 | 4 | | | |
| **随州市** | **4** | **38** | **27** | **2** | **34** | **29** |
| 曾都区 | 1 | 6 | 4 | | | |
| 广水市 | 1 | 23 | 20 | 1 | 19 | 16 |
| 随县 | 1 | 9 | 3 | 1 | 15 | 13 |
| 市直 | 1 | | | | | |
| **仙桃市** | **1** | **14** | **8** | | | |
| **天门市** | **1** | **35** | **15** | **1** | **22** | **15** |
| **潜江市** | **1** | **38** | **29** | | | |
| **神农架林区** | **1** | **4** | | **1** | **5** | **4** |

# 农机化系服务组织及人员(一)

| 单位名称 | 乡(镇)农机管理综合站 | | | 独立的乡(镇)农机管理站 | | |
|---|---|---|---|---|---|---|
| | 机构数(个) | 人数(人) | 其中科技人员(人) | 机构数(个) | 人数(人) | 其中科技人员(人) |
| **全省合计** | **619** | **1219** | **741** | **335** | **1128** | **534** |
| **武汉市** | **67** | **115** | **41** | **15** | **117** | **35** |
| 市郊区 | 26 | 40 | 7 | 2 | 6 | 4 |
| 蔡甸区 | 9 | 20 | | 1 | 1 | |
| 江夏区 | | | | 12 | 110 | 31 |
| 黄陂区 | 19 | 26 | 5 | | | |
| 新洲区 | 13 | 29 | 29 | | | |
| **黄石市** | **23** | **38** | **26** | **15** | **67** | **1** |
| 市郊区 | 2 | 7 | 1 | 1 | 2 | 1 |
| 大冶市 | | | | 14 | 65 | |
| 阳新县 | 21 | 31 | 25 | | | |
| **十堰市** | **33** | **64** | **64** | **52** | **122** | **109** |
| 市郊区 | | | | | | |
| 丹江口市 | 14 | 29 | 29 | 14 | 29 | 29 |
| 郧 县 | | | | 18 | 20 | 20 |
| 郧西县 | 18 | 18 | 18 | | | |
| 竹山县 | | | | | | |
| 竹溪县 | 1 | 17 | 17 | | | |
| 房 县 | | | | 20 | 73 | 60 |
| **荆州市** | **88** | **99** | **64** | **29** | **29** | **28** |
| 市郊区 | 15 | 15 | 9 | | | |
| 江陵县 | | | | 12 | 12 | 12 |
| 松滋区 | 16 | 27 | 16 | | | |
| 公安县 | | | | 16 | 16 | 16 |
| 石首市 | 14 | 14 | 14 | | | |
| 监利县 | 23 | 23 | 5 | | | |
| 洪湖市 | 20 | 20 | 20 | 1 | 1 | |
| **宜昌市** | **37** | **62** | **37** | **4** | **18** | **18** |
| 市郊区 | 5 | 5 | 5 | | | |
| 宜昌县 | 14 | 14 | 8 | | | |
| 宜都市 | | | | 4 | 18 | 18 |
| 枝江市 | | | | | | |
| 当阳市 | 10 | 29 | 18 | | | |
| 远安县 | 1 | 2 | 2 | | | |
| 兴山县 | 7 | 12 | 4 | | | |
| 秭归县 | | | | | | |
| 长阳县 | | | | | | |
| 五峰县 | | | | | | |
| **襄阳市** | **36** | **172** | **29** | **55** | **384** | **86** |
| 市郊区 | 2 | 12 | 6 | 8 | 29 | 6 |
| 老河口市 | | | | 10 | 104 | |
| 襄州区 | | | | 13 | 99 | 38 |
| 枣阳市 | 17 | 85 | | | | |
| 宜城市 | | | | 10 | 116 | 19 |
| 南漳县 | 11 | 54 | 6 | | | |
| 谷城县 | | | | 10 | 23 | 14 |
| 保康县 | 2 | 8 | 8 | | | |
| 襄北农场 | 4 | 13 | 9 | 4 | 13 | 9 |

续表1

| 单位名称 | 乡(镇)农机管理综合站 | | | 独立的乡(镇)农机管理站 | | |
|---|---|---|---|---|---|---|
| | 机构数(个) | 人数(人) | 其中科技人员(人) | 机构数(个) | 人数(人) | 其中科技人员(人) |
| **鄂州市** | **23** | **29** | **10** | | | |
| **荆门市** | **4** | **6** | **4** | **10** | **30** | |
| 市郊区 | 4 | 6 | 4 | 10 | 30 | |
| 钟祥市 | | | | | | |
| 京山县 | | | | | | |
| 沙洋县 | | | | | | |
| 沙洋农场 | | | | | | |
| 五三农场 | | | | | | |
| **孝感市** | **112** | **179** | **106** | **1** | **2** | **1** |
| 市郊区 | 13 | 68 | 47 | | | |
| 孝昌县 | 13 | 13 | 13 | | | |
| 大悟县 | 17 | 17 | 1 | | | |
| 安陆市 | 15 | 22 | 7 | 1 | 2 | 1 |
| 云梦县 | 12 | 12 | 12 | | | |
| 应城市 | 16 | 21 | | | | |
| 汉川市 | 26 | 26 | 26 | | | |
| **黄冈市** | **31** | **91** | **89** | **88** | **143** | **85** |
| 市郊区 | | | | 4 | 4 | |
| 团风县 | | | | 6 | 8 | 8 |
| 红安县 | 12 | 27 | 25 | | | |
| 麻城市 | 19 | 64 | 64 | | | |
| 罗田县 | | | | 12 | 12 | 12 |
| 英山县 | | | | 11 | 17 | 17 |
| 浠水县 | | | | 13 | 33 | |
| 蕲春县 | | | | 15 | 34 | 13 |
| 武穴市 | | | | 11 | 15 | 15 |
| 黄梅县 | | | | 16 | 20 | 20 |
| **咸宁市** | **40** | **59** | **30** | **16** | **20** | **16** |
| 咸安区 | 14 | 14 | 14 | | | |
| 嘉鱼县 | 8 | 8 | 5 | 2 | 6 | 2 |
| 赤壁市 | | | | 14 | 14 | 14 |
| 通城县 | 11 | 13 | 5 | | | |
| 崇阳县 | 6 | 12 | 6 | | | |
| 通山县 | 1 | 12 | | | | |
| **恩施自治州** | **67** | **245** | **211** | **22** | **124** | **108** |
| 恩施市 | 16 | 66 | 57 | | | |
| 建始县 | 2 | 12 | 12 | 8 | 39 | 23 |
| 巴东县 | 12 | 56 | 56 | | | |
| 利川市 | | | | 14 | 85 | 85 |
| 宣恩县 | 9 | 35 | 35 | | | |
| 咸丰县 | 11 | 19 | 10 | | | |
| 来凤县 | 8 | 38 | 22 | | | |
| 鹤峰县 | 9 | 19 | 19 | | | |
| **随州市** | **10** | **12** | **10** | **28** | **72** | **47** |
| 曾都区 | 1 | 2 | 2 | 6 | 14 | 10 |
| 广水市 | 9 | 10 | 8 | 3 | 3 | 2 |
| 随县 | | | | 19 | 55 | 35 |
| **仙桃市** | **21** | **21** | | | | |
| **天门市** | **27** | **27** | **20** | | | |
| **潜江市** | | | | | | |
| **神农架林区** | | | | | | |

续表2

| 单位名称 | 农机化作业服务组织及农机户 | | | | | | | |
|---|---|---|---|---|---|---|---|---|
| | 农机化作业服务组织(个) | | | | | | | |
| | 小计 | | 原值20–50万元（含20万元） | | 原值50万元（含50万元）以上的 | | 农机专业合作社 | |
| | 机构数(个) | 人数(人) | 机构数(个) | 人数(人) | 机构数(个) | 人数(人) | 机构数(个) | 人数(人) |
| **全省合计** | **7639** | **71050** | **2970** | **22003** | **757** | **10456** | **1128** | **28885** |
| **武汉市** | **2377** | **8127** | **103** | **1120** | **52** | **678** | **81** | **1074** |
| 市郊区 | 63 | 966 | 17 | 551 | 20 | 156 | 19 | 237 |
| 蔡甸区 | 42 | 808 | 6 | 148 | 15 | 323 | 21 | 337 |
| 江夏区 | 1893 | 4721 | 26 | 245 | 9 | 153 | 14 | 283 |
| 黄陂区 | 41 | 161 | 23 | 53 | 5 | 31 | 12 | 77 |
| 新洲区 | 338 | 1471 | 31 | 123 | 3 | 15 | 15 | 140 |
| **黄石市** | **48** | **591** | **12** | **88** | **2** | **23** | **34** | **478** |
| 市郊区 | 5 | 83 | 2 | 48 | 1 | 3 | 2 | 32 |
| 大冶市 | 25 | 188 | 10 | 40 | 1 | 20 | 14 | 126 |
| 阳新县 | 18 | 320 | | | | | 18 | 320 |
| **十堰市** | **70** | **1224** | **28** | **342** | **12** | **257** | **17** | **598** |
| 市郊区 | 1 | 4 | | | | | 1 | 4 |
| 丹江口市 | 31 | 607 | 15 | 280 | 10 | 220 | 6 | 107 |
| 郧　县 | 1 | 114 | | | | | 1 | 114 |
| 郧西县 | 18 | 130 | 4 | 22 | | | | |
| 竹山县 | 1 | | | | 1 | 28 | 1 | 28 |
| 竹溪县 | 1 | | | | | | 1 | 25 |
| 房　县 | 17 | 369 | 9 | 40 | 1 | 9 | 7 | 320 |
| **荆州市** | **412** | **10769** | **323** | **7227** | **58** | **1672** | **108** | **3288** |
| 市郊区 | 88 | 1506 | 63 | 241 | 17 | 308 | 31 | 1333 |
| 江陵县 | 208 | 5778 | 198 | 5494 | 10 | 250 | 10 | 250 |
| 松滋区 | 21 | 245 | 14 | 81 | 7 | 164 | 21 | 245 |
| 公安县 | 24 | 617 | 14 | 128 | 3 | 94 | 10 | 440 |
| 石首市 | 12 | 636 | 12 | 360 | | | 4 | 65 |
| 监利县 | 40 | 1128 | 4 | 150 | 3 | 9 | 13 | 96 |
| 洪湖市 | 19 | 859 | 18 | 773 | 18 | 847 | 19 | 859 |
| **宜昌市** | **421** | **4345** | **164** | **1178** | **30** | **508** | **46** | **1816** |
| 市郊区 | 3 | 15 | 3 | 15 | | | 2 | 10 |
| 宜昌县 | 6 | 78 | 4 | 35 | 2 | 18 | 6 | 78 |
| 宜都市 | 87 | 494 | 86 | 462 | | | 4 | 144 |
| 枝江市 | 17 | 458 | 9 | 41 | | | 8 | 417 |
| 当阳市 | 290 | 2465 | 62 | 625 | 25 | 475 | 11 | 243 |
| 远安县 | | | | | | | | |
| 兴山县 | 5 | 770 | | | | | 5 | 770 |
| 秭归县 | | | | | | | | |
| 长阳县 | | | | | | | 2 | 110 |
| 五峰县 | 13 | 65 | | | 3 | 15 | 8 | 44 |
| **襄阳市** | **908** | **5544** | **729** | **2287** | **69** | **355** | **110** | **2658** |
| 市郊区 | 9 | 345 | 1 | 9 | 3 | 36 | 9 | 345 |
| 老河口市 | 6 | 860 | | | | | 6 | 860 |
| 襄州区 | 15 | 540 | | | | | 15 | 540 |
| 枣阳市 | 813 | 2528 | 715 | 1722 | 56 | 258 | 32 | 248 |
| 宜城市 | 4 | 578 | 2 | 476 | | | 2 | 102 |
| 南漳县 | 14 | 137 | | | | | 14 | 137 |
| 谷城县 | 11 | 163 | 7 | 40 | 1 | 2 | 3 | 121 |
| 保康县 | 8 | 168 | 4 | 40 | 3 | 48 | 1 | 80 |
| 襄北农场 | 28 | 225 | | | 6 | 11 | 28 | 225 |

续表3

| 单位名称 | 农机化作业服务组织及农机户 | | | | | | | |
|---|---|---|---|---|---|---|---|---|
| | 农机化作业服务组织(个) | | | | | | | |
| | 小计 | | 原值20–50万元(含20万元) | | 原值50万元(含50万元)以上的 | | 农机专业合作社 | |
| | 机构数(个) | 人数(人) | 机构数(个) | 人数(人) | 机构数(个) | 人数(人) | 机构数(个) | 人数(人) |
| **鄂州市** | **36** | **464** | **12** | **224** | **2** | **10** | **22** | **230** |
| **荆门市** | **414** | **7101** | **91** | **1035** | **73** | **1715** | **250** | **4351** |
| 市郊区 | 26 | 648 | | | | | 26 | 648 |
| 钟祥市 | 296 | 4856 | 79 | 737 | 69 | 1679 | 148 | 2440 |
| 京山县 | 46 | 633 | | | | | 46 | 633 |
| 沙洋县 | 28 | 559 | | | 4 | 36 | 24 | 523 |
| 沙洋农场 | 12 | 298 | 12 | 298 | | | | |
| 五三农场 | 6 | 107 | | | | | 6 | 107 |
| **孝感市** | **329** | **3838** | **190** | **458** | **48** | **1058** | **90** | **2525** |
| 市郊区 | 16 | 457 | 1 | 9 | 5 | 170 | 16 | 307 |
| 孝昌县 | 40 | 1041 | 19 | 105 | 12 | 384 | 10 | 690 |
| 大悟县 | 28 | 239 | 13 | 46 | 10 | 46 | 5 | 147 |
| 安陆市 | 143 | 727 | 108 | 172 | 9 | 40 | 13 | 515 |
| 云梦县 | 16 | 601 | | | 12 | 418 | 4 | 183 |
| 应城市 | 64 | 391 | 49 | 126 | | | 20 | 301 |
| 汉川市 | 22 | 382 | | | | | 22 | 382 |
| **黄冈市** | **227** | **4384** | **219** | **1522** | **76** | **1334** | **148** | **3344** |
| 市郊区 | 23 | 225 | 24 | 230 | 2 | 5 | 3 | 18 |
| 团风县 | 34 | 881 | 16 | 115 | 4 | 123 | 14 | 643 |
| 红安县 | 60 | 410 | 12 | 59 | 21 | 146 | 27 | 205 |
| 麻城市 | 16 | 206 | | | 6 | 72 | 10 | 134 |
| 罗田县 | 5 | 150 | 2 | 40 | 3 | 110 | 7 | 235 |
| 英山县 | 8 | 330 | 120 | 530 | 10 | 45 | 7 | 230 |
| 浠水县 | 13 | 32 | 16 | 118 | | | 18 | 156 |
| 蕲春县 | 30 | 891 | 10 | 246 | | | 24 | 464 |
| 武穴市 | 13 | 242 | 16 | 122 | 15 | 80 | 13 | 242 |
| 黄梅县 | 25 | 1017 | 3 | 62 | 15 | 753 | 25 | 1017 |
| **咸宁市** | **188** | **1217** | **110** | **365** | **37** | **207** | **49** | **1044** |
| 咸安区 | | | | | | | 4 | 133 |
| 嘉鱼县 | 78 | 306 | 42 | 144 | 8 | 36 | 28 | 126 |
| 赤壁市 | 69 | 396 | 47 | 123 | 22 | 89 | 4 | 450 |
| 通城县 | 15 | 256 | 11 | 68 | 1 | 46 | 3 | 142 |
| 崇阳县 | 24 | 246 | 10 | 30 | 6 | 36 | 8 | 180 |
| 通山县 | 2 | 13 | | | | | 2 | 13 |
| **恩施自治州** | **1121** | **12813** | **359** | **1794** | **85** | **1263** | **43** | **2233** |
| 恩施市 | 681 | 4584 | 230 | 471 | 41 | 136 | 10 | 79 |
| 建始县 | 30 | 466 | 1 | 18 | | | 7 | 70 |
| 巴东县 | 54 | 700 | 8 | 160 | 1 | 8 | | |
| 利川市 | 124 | 3003 | 31 | 394 | 11 | 102 | 12 | 507 |
| 宣恩县 | 60 | 480 | 5 | 85 | 4 | 56 | 2 | 24 |
| 咸丰县 | 61 | 835 | 33 | 146 | 16 | 436 | 2 | 253 |
| 来凤县 | 10 | 490 | 1 | 20 | 2 | 225 | 3 | 245 |
| 鹤峰县 | 101 | 2255 | 50 | 500 | 10 | 300 | 7 | 1055 |
| **随州市** | **82** | **533** | **68** | **100** | **4** | **26** | **41** | **1943** |
| 曾都区 | 3 | 18 | | | 1 | 8 | 4 | 64 |
| 广水市 | 36 | 199 | 20 | 51 | 1 | 14 | 18 | 1493 |
| 随县 | 43 | 316 | 48 | 49 | 2 | 4 | 19 | 386 |
| **仙桃市** | **171** | **1779** | **110** | **1047** | **61** | **732** | **18** | **152** |
| **天门市** | **232** | **4782** | **175** | **1857** | **5** | **52** | **50** | **2500** |
| **潜江市** | **603** | **3539** | **277** | **1359** | **143** | **566** | **21** | **651** |
| **神农架林区** | | | | | | | | |

续表4

| 单位名称 | 农机化作业服务组织及农机户 | | | | | | | |
|---|---|---|---|---|---|---|---|---|
| | 农机户 | | | | | | | |
| | 小计 | | 原值20–50万元（含20万元） | | 原值50万元（含50万元）以上的 | | 农机化作业服务专业户 | |
| | 户数(个) | 人数(人) | 户数(个) | 人数(人) | 户数(个) | 人数(人) | 户数(个) | 人数(人) |
| **全省合计** | **1580337** | **2323262** | **8371** | **22506** | **1212** | **4445** | **356634** | **558332** |
| **武汉市** | **52231** | **63463** | **237** | **537** | **82** | **174** | **14793** | **22429** |
| 市郊区 | 18457 | 20116 | 48 | 70 | 6 | 8 | 4096 | 4673 |
| 蔡甸区 | 5937 | 5937 | 3 | 3 | | | 129 | 129 |
| 江夏区 | 9586 | 11709 | 27 | 50 | 4 | 6 | 4698 | 6008 |
| 黄陂区 | 5509 | 11079 | 119 | 307 | 64 | 141 | 5326 | 10670 |
| 新洲区 | 12742 | 14622 | 40 | 107 | 8 | 19 | 544 | 949 |
| **黄石市** | **38440** | **76880** | **45** | **134** | **10** | **22** | **1401** | **4754** |
| 市郊区 | 1810 | 3620 | 9 | 26 | 5 | 7 | 287 | 464 |
| 大冶市 | 17750 | 35500 | 36 | 108 | 5 | 15 | 804 | 1982 |
| 阳新县 | 18880 | 37760 | | | | | 310 | 2308 |
| **十堰市** | **34308** | **71519** | **646** | **1955** | **116** | **507** | **27730** | **58718** |
| 市郊区 | 1746 | 3353 | 16 | 43 | | | 1730 | 3310 |
| 丹江口市 | 8805 | 11307 | 20 | 31 | 5 | 16 | 8780 | 11260 |
| 郧　县 | 7358 | 25803 | 255 | 1306 | 58 | 382 | 7045 | 24113 |
| 郧西县 | 7880 | 13965 | 12 | 45 | | | 2085 | 3543 |
| 竹山县 | 4360 | 5100 | 95 | 200 | 12 | 60 | 4160 | 4820 |
| 竹溪县 | 250 | 250 | 210 | 210 | 40 | 40 | 60 | 60 |
| 房　县 | 3909 | 11741 | 38 | 120 | 1 | 9 | 3870 | 11612 |
| **荆州市** | **301752** | **362102** | **1151** | **2224** | **156** | **441** | **67360** | **83439** |
| 市郊区 | 30165 | 36198 | 121 | 354 | 8 | 40 | 700 | 2095 |
| 江陵县 | 25456 | 30547 | 128 | 522 | 8 | 45 | 1293 | 2255 |
| 松滋区 | 21223 | 25468 | 101 | 194 | 5 | 5 | 9612 | 10290 |
| 公安县 | 55561 | 66673 | 136 | 337 | 14 | 63 | 49353 | 60465 |
| 石首市 | 27161 | 32593 | 15 | 45 | 5 | 20 | 600 | 1200 |
| 监利县 | 66240 | 79488 | 30 | 90 | 10 | 40 | 4670 | 5650 |
| 洪湖市 | 75946 | 91135 | 620 | 682 | 106 | 228 | 1132 | 1484 |
| **宜昌市** | **154224** | **209905** | **579** | **1434** | **43** | **119** | **26825** | **35461** |
| 市郊区 | 2891 | 4052 | 88 | 390 | 18 | 36 | 451 | 734 |
| 宜昌县 | 21408 | 42800 | 88 | 176 | 9 | 18 | 8876 | 9123 |
| 宜都市 | 7313 | 7632 | 156 | 316 | | | 1603 | 1922 |
| 枝江市 | 26532 | 44055 | 20 | 81 | 2 | 8 | 4452 | 10832 |
| 当阳市 | 40043 | 53300 | 178 | 288 | 5 | 14 | 3194 | 3935 |
| 远安县 | 9816 | 9816 | | | | | 498 | 498 |
| 兴山县 | 4699 | 4811 | | | | | 510 | 543 |
| 秭归县 | 26198 | 26300 | 48 | 182 | 9 | 43 | 6017 | 6119 |
| 长阳县 | 9504 | 10969 | 1 | 1 | | | 323 | 504 |
| 五峰县 | 5820 | 6170 | | | | | 901 | 1251 |
| **襄阳市** | **409628** | **634411** | **1251** | **3848** | **15** | **79** | **16405** | **44003** |
| 市郊区 | 262 | 299 | 35 | 35 | | | 147 | 174 |
| 老河口市 | 22600 | 26900 | 800 | 2800 | | | 2510 | 6200 |
| 襄州区 | 86210 | 128990 | 90 | 200 | 3 | 30 | 500 | 700 |
| 枣阳市 | 123859 | 167829 | 115 | 259 | 12 | 49 | 6896 | 19785 |
| 宜城市 | 83690 | 84048 | 10 | 30 | | | 187 | 545 |
| 南漳县 | 36743 | 38764 | 86 | 258 | | | 1476 | 2517 |
| 谷城县 | 15557 | 24014 | 40 | 82 | | | 477 | 713 |
| 保康县 | 40459 | 163207 | 47 | 149 | | | 4000 | 13100 |
| 襄北农场 | 248 | 360 | 28 | 35 | | | 212 | 269 |

续表5

| 单位名称 | 农机化作业服务组织及农机户 | | | | | | | |
|---|---|---|---|---|---|---|---|---|
| | 农机户 | | | | | | | |
| | 小计 | | 原值20–50万元（含20万元） | | 原值50万元（含50万元）以上的 | | 农机化作业服务专业户 | |
| | 户数(个) | 人数(人) | 户数(个) | 人数(人) | 户数(个) | 人数(人) | 户数(个) | 人数(人) |
| **鄂州市** | **8211** | **16426** | **1** | **6** | | | **8210** | **16420** |
| **荆门市** | **243297** | **257441** | **378** | **814** | **53** | **157** | **4167** | **5996** |
| 市郊区 | 48646 | 60821 | 87 | 229 | | | 2681 | 3417 |
| 钟祥市 | 147202 | 148026 | 123 | 211 | 6 | 14 | 597 | 961 |
| 京山县 | 233 | 645 | 114 | 261 | 42 | 126 | 87 | 273 |
| 沙洋县 | 46779 | 47275 | 34 | 104 | 4 | 6 | 386 | 739 |
| 沙洋农场 | 42 | 66 | 5 | 9 | 1 | 11 | 36 | 46 |
| 五三农场 | 395 | 608 | 15 | | | | 380 | 560 |
| **孝感市** | **79324** | **188535** | **1092** | **3038** | **124** | **756** | **34918** | **56002** |
| 市郊区 | 2130 | 2904 | 170 | 515 | 24 | 430 | 1993 | 2320 |
| 孝昌县 | 3693 | 6946 | 115 | 234 | 8 | 35 | 220 | 662 |
| 大悟县 | 2523 | 2988 | 186 | 420 | 25 | 65 | 2312 | 2503 |
| 安陆市 | 19810 | 22600 | 228 | 560 | 33 | 90 | 19810 | 22600 |
| 云梦县 | 7060 | 22558 | 256 | 1019 | 33 | 132 | 6771 | 22269 |
| 应城市 | 1840 | 2725 | 107 | 193 | 1 | 4 | 1732 | 2528 |
| 汉川市 | 42268 | 127814 | 30 | 97 | | | 2080 | 3120 |
| **黄冈市** | **111855** | **204962** | **711** | **1848** | **136** | **650** | **26249** | **38679** |
| 市郊区 | 7922 | 29740 | 31 | 70 | | | 426 | 1046 |
| 团风县 | 7203 | 7455 | 16 | 115 | 4 | 123 | 3231 | 3483 |
| 红安县 | 5131 | 5521 | 72 | 132 | 36 | 171 | 58 | 270 |
| 麻城市 | 15760 | 36456 | 35 | 48 | 1 | 3 | 460 | 520 |
| 罗田县 | 6585 | 18950 | 50 | 150 | 15 | 35 | 890 | 1780 |
| 英山县 | 6650 | 31000 | 120 | 530 | 10 | 45 | 1680 | 6800 |
| 浠水县 | 3980 | 5400 | 32 | 62 | | | 3250 | 4670 |
| 蕲春县 | 23681 | 31374 | 33 | 51 | 21 | 36 | 2069 | 2547 |
| 武穴市 | 9000 | 12000 | 170 | 400 | 41 | 120 | 9000 | 12000 |
| 黄梅县 | 25943 | 27066 | 152 | 290 | 8 | 117 | 5185 | 5563 |
| **咸宁市** | **23560** | **41213** | **284** | **1132** | **83** | **261** | **19377** | **35948** |
| 咸安区 | 881 | 986 | 54 | 54 | 30 | 30 | 797 | 902 |
| 嘉鱼县 | 6692 | 16204 | 40 | 155 | 8 | 37 | 6644 | 16012 |
| 赤壁市 | 3954 | 9431 | 51 | 121 | 28 | 80 | 3875 | 9230 |
| 通城县 | 8651 | 10316 | 115 | 716 | 7 | 54 | 4713 | 5674 |
| 崇阳县 | 3230 | 3940 | 20 | 80 | 10 | 60 | 3200 | 3800 |
| 通山县 | 152 | 336 | 4 | 6 | | | 148 | 330 |
| **恩施自治州** | **63695** | **86052** | **662** | **2343** | **146** | **610** | **61533** | **81146** |
| 恩施市 | 1649 | 4568 | 212 | 551 | 46 | 92 | 1314 | 3675 |
| 建始县 | 3266 | 9234 | 3 | 13 | 2 | 18 | 2891 | 8859 |
| 巴东县 | 7821 | 8204 | | | | | 7821 | 8204 |
| 利川市 | 15620 | 21164 | 191 | 796 | | | 14523 | 19009 |
| 宣恩县 | 1678 | 3073 | | | | | 1678 | 3073 |
| 咸丰县 | 28548 | 31503 | | | | | 28548 | 31503 |
| 来凤县 | 2931 | 3082 | 20 | 55 | | | 2910 | 3027 |
| 鹤峰县 | 2182 | 5224 | 236 | 928 | 98 | 500 | 1848 | 3796 |
| **随州市** | **25984** | **31133** | **531** | **925** | **15** | **42** | **19198** | **21077** |
| 曾都区 | 1507 | 1797 | 150 | 193 | | | 1357 | 1604 |
| 广水市 | 21640 | 25000 | 286 | 385 | 3 | 9 | 15111 | 15517 |
| 随县 | 2837 | 4336 | 95 | 347 | 12 | 33 | 2730 | 3956 |
| **仙桃市** | **18768** | **28152** | **38** | **76** | **3** | **12** | **18768** | **28152** |
| **天门市** | **6158** | **22553** | **364** | **1237** | **13** | **52** | **6158** | **22553** |
| **潜江市** | **8699** | **27668** | **325** | **651** | **176** | **358** | **3539** | **3539** |
| **神农架林区** | **203** | **847** | **76** | **304** | **41** | **205** | **3** | **16** |

# 农机化系服务组织及人员(二)

| 单位名称 | 农机经销机构 | | | | 农机供油站(点) | | 拖拉机驾驶培训机构 | |
|---|---|---|---|---|---|---|---|---|
| | 农机经销企业 | | 农机经销点 | | | | | |
| | 机构数(个) | 人数(人) | 机构数(个) | 人数(人) | 机构数(个) | 人数(人) | 机构数(个) | 人数(人) |
| **全省合计** | **406** | **2566** | **3599** | **9020** | **748** | **1577** | **78** | **1007** |
| **武汉市** | **4** | **26** | **175** | **356** | **4** | **4** | **7** | **41** |
| 市郊区 | | | 18 | 27 | 4 | 4 | 3 | 15 |
| 蔡甸区 | 2 | 2 | 18 | 18 | | | 1 | 10 |
| 江夏区 | | | 29 | 65 | | | 1 | 6 |
| 黄陂区 | 1 | 16 | 55 | 118 | | | 1 | 5 |
| 新洲区 | 1 | 8 | 55 | 128 | | | 1 | 5 |
| **黄石市** | **29** | **122** | **39** | **90** | | | **2** | **39** |
| 市郊区 | 8 | 32 | | | | | | |
| 大冶市 | 21 | 90 | 13 | 42 | | | 1 | 5 |
| 阳新县 | | | 26 | 48 | | | 1 | 34 |
| **十堰市** | **29** | **228** | **280** | **761** | **7** | **33** | **8** | **67** |
| 市郊区 | 10 | 30 | 12 | 33 | 2 | 18 | 2 | 10 |
| 丹江口市 | 12 | 150 | 16 | 24 | | | 1 | 16 |
| 郧 县 | 1 | 7 | 99 | 356 | | | 1 | 9 |
| 郧西县 | 1 | 12 | 67 | 153 | | | 1 | 8 |
| 竹山县 | 4 | 20 | 20 | 40 | | | 1 | 10 |
| 竹溪县 | | | 50 | 120 | 1 | 2 | 1 | 6 |
| 房 县 | 1 | 9 | 16 | 35 | 4 | 13 | 1 | 8 |
| **荆州市** | **80** | **366** | **426** | **1329** | **27** | **62** | **5** | **335** |
| 市郊区 | 35 | 131 | 54 | 115 | 8 | 24 | 1 | 12 |
| 江陵县 | 13 | 42 | 28 | 93 | | | | |
| 松滋区 | 1 | 15 | 50 | 125 | | | 1 | 7 |
| 公安县 | 7 | 110 | 68 | 281 | | | 1 | 5 |
| 石首市 | 16 | 35 | 16 | 35 | | | 1 | 29 |
| 监利县 | 4 | 30 | 121 | 490 | | | 1 | 13 |
| 洪湖市 | 4 | 3 | 89 | 190 | 19 | 38 | | 269 |
| **宜昌市** | **17** | **63** | **213** | **444** | **13** | **31** | **8** | **50** |
| 市郊区 | | | 4 | 8 | 1 | 3 | | |
| 宜昌县 | 6 | 30 | 70 | 150 | | | 1 | 3 |
| 宜都市 | | | 35 | 70 | 1 | 2 | 1 | 4 |
| 枝江市 | | | 16 | 39 | 5 | 15 | | |
| 当阳市 | 2 | 4 | 34 | 65 | 5 | 9 | 1 | 13 |
| 远安县 | | | | | | | 1 | 6 |
| 兴山县 | | | 13 | 13 | | | 1 | 6 |
| 秭归县 | | | 15 | 39 | | | 1 | 5 |
| 长阳县 | 6 | 11 | 8 | 13 | | | 1 | 9 |
| 五峰县 | 3 | 18 | 18 | 47 | 1 | 2 | 1 | 4 |
| **襄阳市** | **45** | **518** | **591** | **1584** | **128** | **189** | **7** | **51** |
| 市郊区 | 2 | 8 | 48 | 68 | 82 | 96 | | |
| 老河口市 | | | 50 | 150 | | | | |
| 襄州区 | | | 102 | 260 | | | 1 | 9 |
| 枣阳市 | 12 | 156 | 72 | 219 | 43 | 86 | 1 | 8 |
| 宜城市 | 9 | 45 | 217 | 651 | | | 1 | 13 |
| 南漳县 | 7 | 132 | 39 | 81 | | | 1 | 4 |
| 谷城县 | 1 | 85 | 38 | 57 | 2 | 4 | 1 | 5 |
| 保康县 | 12 | 80 | 24 | 96 | | | 1 | 4 |
| 襄北农场 | 2 | 12 | 1 | 2 | 1 | 3 | 1 | 8 |

续表1

| 单位名称 | 农机经销机构 | | | | 农机供油站(点) | | 拖拉机驾驶培训机构 | |
|---|---|---|---|---|---|---|---|---|
| | 农机经销企业 | | 农机经销点 | | | | | |
| | 机构数(个) | 人数(人) | 机构数(个) | 人数(人) | 机构数(个) | | 人数(人) | |
| **鄂州市** | **3** | **16** | **60** | **302** | | | **1** | **5** |
| **荆门市** | **92** | **317** | **336** | **719** | **278** | **531** | **4** | **55** |
| 市郊区 | 13 | 45 | 50 | 93 | | | 1 | 5 |
| 钟祥市 | 73 | 220 | 200 | 407 | 262 | 481 | 1 | 41 |
| 京山县 | 3 | 24 | 29 | 103 | | | 1 | 6 |
| 沙洋县 | 2 | 18 | 42 | 86 | | | | |
| 沙洋农场 | 1 | 10 | | | 8 | 10 | | |
| 五三农场 | | | 15 | 30 | 8 | 40 | 1 | 3 |
| **孝感市** | **12** | **103** | **153** | **354** | **38** | **89** | **6** | **43** |
| 市郊区 | | | 13 | 31 | | | 1 | 9 |
| 孝昌县 | | | 14 | 46 | | | 1 | 5 |
| 大悟县 | | | 36 | 73 | | | | |
| 安陆市 | 5 | 26 | 25 | 56 | | | 1 | 6 |
| 云梦县 | | | 15 | 31 | | | 1 | 8 |
| 应城市 | 5 | 59 | 5 | 10 | 38 | 89 | 1 | 5 |
| 汉川市 | 2 | 18 | 45 | 107 | | | 1 | 10 |
| **黄冈市** | **10** | **239** | **383** | **1058** | | | **11** | **149** |
| 市郊区 | | | 30 | 60 | | | 1 | 38 |
| 团风县 | | | 37 | 64 | | | 1 | 9 |
| 红安县 | 1 | 189 | 46 | 113 | | | 1 | 20 |
| 麻城市 | 1 | 10 | 42 | 102 | | | 1 | 29 |
| 罗田县 | | | 40 | 52 | | | 1 | 12 |
| 英山县 | 2 | 12 | 32 | 72 | | | 1 | 4 |
| 浠水县 | 4 | 20 | 33 | 80 | | | 1 | 6 |
| 蕲春县 | | | 20 | 54 | | | 1 | 5 |
| 武穴市 | 1 | 4 | 75 | 400 | | | 1 | 10 |
| 黄梅县 | 1 | 4 | 28 | 61 | | | 2 | 16 |
| **咸宁市** | **5** | **123** | **199** | **533** | **18** | **47** | **6** | **49** |
| 咸安区 | | | 22 | 35 | | | 1 | 9 |
| 嘉鱼县 | 4 | 99 | 40 | 105 | 3 | 10 | 1 | 13 |
| 赤壁市 | | | 91 | 223 | 4 | 15 | 1 | 5 |
| 通城县 | | | 17 | 78 | 11 | 22 | 1 | 9 |
| 崇阳县 | 1 | 24 | 19 | 56 | | | 1 | 6 |
| 通山县 | | | 10 | 36 | | | 1 | 7 |
| **恩施自治州** | **44** | **211** | **373** | **515** | **34** | **58** | **8** | **92** |
| 恩施市 | 38 | 102 | 60 | 146 | | | 1 | 24 |
| 建始县 | 1 | 4 | 28 | 83 | 6 | 12 | 1 | 7 |
| 巴东县 | | 22 | 49 | | | | 1 | 6 |
| 利川市 | 1 | 18 | 60 | 151 | 1 | 4 | 1 | 22 |
| 宣恩县 | | 30 | 62 | 7 | 14 | | 1 | 7 |
| 咸丰县 | 2 | 9 | 35 | 60 | | | 1 | 7 |
| 来凤县 | 2 | 6 | 33 | 68 | 13 | 42 | 1 | 7 |
| 鹤峰县 | | 20 | 46 | | | | 1 | 12 |
| **随州市** | **23** | **72** | **139** | **262** | **140** | **280** | **1** | **6** |
| 曾都区 | 6 | 30 | 22 | 47 | 4 | 4 | | |
| 广水市 | 3 | 12 | 44 | 92 | 8 | 16 | 1 | 6 |
| 随县 | 14 | 30 | 73 | 123 | 128 | 260 | | |
| **仙桃市** | **2** | **13** | **142** | **498** | **60** | **249** | **1** | **8** |
| **天门市** | **5** | **82** | **42** | **95** | **1** | **4** | **1** | **5** |
| **潜江市** | **6** | **67** | **36** | **82** | | | **1** | **7** |
| **神农架林区** | | | **12** | **38** | | | **1** | **5** |

续表2

| 单位名称 | 乡村农机从业人员 | | | | | | | |
|---|---|---|---|---|---|---|---|---|
| | 合计 | 拖拉机驾驶员 | 联合收获机驾驶员 | 农用运输车驾驶员 | 农机维修人员 | 其他农机人员 | 其中:农机职业技能鉴定证书人员 | |
| | | | | | | | 小计 | 修理工 |
| **全省合计** | **2843625** | **697984** | **59332** | **182752** | **32911** | **1870646** | **3849** | **2785** |
| **武汉市** | **78557** | **25235** | **1426** | **13134** | **2225** | **36537** | **652** | **627** |
| 市郊区 | 21987 | 4071 | 234 | 5309 | 457 | 11916 | | |
| 蔡甸区 | 7217 | 2545 | 261 | 649 | 114 | 3648 | | |
| 江夏区 | 20336 | 5584 | 376 | 1883 | 568 | 11925 | 12 | 2 |
| 黄陂区 | 12130 | 6447 | 206 | 2846 | 420 | 2211 | 437 | 437 |
| 新洲区 | 16887 | 6588 | 349 | 2447 | 666 | 6837 | 203 | 188 |
| **黄石市** | **78069** | **8209** | **703** | **3278** | **493** | **65386** | **178** | **178** |
| 市郊区 | 3736 | 123 | 10 | 125 | 24 | 3454 | | |
| 大冶市 | 36063 | 2730 | 277 | 1950 | 310 | 30796 | 170 | 170 |
| 阳新县 | 38270 | 5356 | 416 | 1203 | 159 | 31136 | 8 | 8 |
| **十堰市** | **85419** | **12449** | **239** | **11549** | **3670** | **57512** | **80** | **85** |
| 市郊区 | 3474 | 94 | 1 | 740 | 117 | 2522 | 20 | 20 |
| 丹江口市 | 14224 | 2880 | 35 | 1680 | 232 | 9397 | | |
| 郧 县 | 27438 | 1980 | 18 | 975 | 1501 | 22964 | 2 | 2 |
| 郧西县 | 14498 | 1655 | 48 | 3654 | 385 | 8756 | | |
| 竹山县 | 11052 | 2600 | 22 | 2140 | 990 | 5300 | 58 | 58 |
| 竹溪县 | 2290 | 870 | 15 | 760 | 185 | 460 | | 5 |
| 房 县 | 12443 | 2370 | 100 | 1600 | 260 | 8113 | | |
| **荆州市** | **390866** | **106284** | **20140** | **15722** | **2917** | **245803** | **259** | **181** |
| 市郊区 | 44971 | 19980 | 1418 | 5304 | 127 | 18142 | 5 | 2 |
| 江陵县 | 38201 | 16911 | 2412 | 1986 | 137 | 16755 | 85 | 33 |
| 松滋区 | 32045 | 7656 | 1942 | 1634 | 207 | 20606 | 17 | 17 |
| 公安县 | 67909 | 10286 | 3560 | 938 | 603 | 52522 | 77 | 72 |
| 石首市 | 33374 | 2912 | 1390 | 1364 | 131 | 27577 | 40 | 24 |
| 监利县 | 81241 | 20836 | 7244 | 2992 | 602 | 49567 | 2 | |
| 洪湖市 | 93125 | 27703 | 2174 | 1504 | 1110 | 60634 | 33 | 33 |
| **宜昌市** | **220180** | **42697** | **2324** | **22046** | **3030** | **150083** | **67** | **45** |
| 市郊区 | 4177 | 433 | 2 | 2412 | 105 | 1225 | | |
| 宜昌县 | 43159 | 3987 | 40 | 2003 | 267 | 36862 | | |
| 宜都市 | 8353 | 1588 | 37 | 1588 | 53 | 5087 | 24 | 24 |
| 枝江市 | 46292 | 24913 | 1128 | 11274 | 1779 | 7198 | | |
| 当阳市 | 56148 | 2473 | 856 | 526 | 232 | 52061 | 43 | 21 |
| 远安县 | 10954 | 3766 | 248 | 696 | 12 | 6232 | | |
| 兴山县 | 7032 | 2545 | | 498 | 21 | 3968 | | |
| 秭归县 | 26545 | 1481 | 2 | 1125 | 245 | 23692 | | |
| 长阳县 | 11074 | 825 | 3 | 1276 | 105 | 8865 | | |
| 五峰县 | 6446 | 686 | 8 | 648 | 211 | 4893 | | |
| **襄阳市** | **657377** | **262002** | **11891** | **27247** | **3150** | **353087** | **86** | **83** |
| 市郊区 | 12675 | 10733 | 505 | 1292 | 135 | 10 | | |
| 老河口市 | 28309 | 18850 | 810 | 1200 | 295 | 7154 | | |
| 襄州区 | 130325 | 11821 | 1999 | 7717 | 696 | 108092 | 5 | 5 |
| 枣阳市 | 172038 | 113595 | 4945 | 3965 | 1596 | 47937 | 65 | 65 |
| 宜城市 | 86426 | 78169 | 1773 | 5639 | 153 | 692 | 6 | 3 |
| 南漳县 | 39002 | 16296 | 1018 | 2237 | 47 | 19404 | | |
| 谷城县 | 24312 | 9834 | 684 | 2187 | 112 | 11495 | 10 | 10 |
| 保康县 | 163652 | 2569 | 103 | 3010 | 89 | 157881 | | |
| 襄北农场 | 638 | 135 | 54 | | 27 | 422 | | |

续表3

| 单位名称 | 乡村农机从业人员 | | | | | | | |
|---|---|---|---|---|---|---|---|---|
| | 合计 | 拖拉机驾驶员 | 联合收获机驾驶员 | 农用运输车驾驶员 | 农机维修人员 | 其他农机人员 | 其中:农机职业技能鉴定证书人员 | |
| | | | | | | | 小计 | 修理工 |
| **鄂州市** | **18694** | **4725** | **252** | **1913** | **1775** | **10029** | **70** | **50** |
| **荆门市** | **266519** | **4091** | **2458** | **5514** | **1941** | **252515** | **241** | **219** |
| 市郊区 | 61833 | 1243 | 479 | 3202 | 328 | 56581 | 92 | 92 |
| 钟祥市 | 153956 | 1253 | 1074 | 1892 | 1074 | 148663 | 2 | 2 |
| 京山县 | 1464 | 518 | 278 | 420 | 186 | 62 | 42 | 10 |
| 沙洋县 | 48119 | 528 | 384 | | 285 | 46922 | 105 | 105 |
| 沙洋农场 | 380 | 154 | 90 | | 16 | 120 | | |
| 五三农场 | 767 | 395 | 153 | | 52 | 167 | | 10 |
| **孝感市** | **222483** | **30083** | **4199** | **11142** | **1999** | **175060** | **54** | **43** |
| 市郊区 | 6327 | 2953 | 312 | 2744 | 146 | 172 | | |
| 孝昌县 | 11437 | 2240 | 300 | 559 | 310 | 8028 | | |
| 大悟县 | 8748 | 2949 | 326 | 1917 | 264 | 3292 | | |
| 安陆市 | 23848 | 3815 | 668 | 571 | 497 | 18297 | 50 | 43 |
| 云梦县 | 34647 | 4180 | 377 | 2319 | 57 | 27714 | | |
| 应城市 | 9098 | 5175 | 958 | 513 | 569 | 1883 | 3 | |
| 汉川市 | 128378 | 8771 | 1258 | 2519 | 156 | 115674 | 1 | |
| **黄冈市** | **224457** | **26684** | **2704** | **20489** | **4177** | **170403** | **1137** | **614** |
| 市郊区 | 30025 | 1637 | 79 | 547 | 56 | 27706 | | |
| 团风县 | 8516 | 503 | 156 | 1619 | 103 | 6135 | 51 | 23 |
| 红安县 | 8379 | 2400 | 101 | 1775 | 578 | 3525 | 183 | 200 |
| 麻城市 | 38376 | 2380 | 253 | 2960 | 1650 | 31133 | | |
| 罗田县 | 19240 | 2880 | 164 | 1550 | 128 | 14518 | 18 | 14 |
| 英山县 | 31437 | 800 | 190 | 1600 | 90 | 28757 | 15 | 15 |
| 浠水县 | 14190 | 7400 | 310 | 1560 | 560 | 4360 | | |
| 蕲春县 | 32423 | 3378 | 147 | 904 | 124 | 27870 | 9 | 9 |
| 武穴市 | 13330 | 900 | 420 | 3100 | 450 | 8460 | 580 | 310 |
| 黄梅县 | 28541 | 4406 | 884 | 4874 | 438 | 17939 | 281 | 43 |
| **咸宁市** | **67359** | **15627** | **2786** | **12494** | **2410** | **34042** | **66** | **38** |
| 咸安区 | 10875 | 3176 | 441 | 2462 | 353 | 4443 | | |
| 嘉鱼县 | 17652 | 3745 | 212 | 569 | 1128 | 11998 | | |
| 赤壁市 | 15599 | 3312 | 337 | 5413 | 402 | 6135 | 25 | 20 |
| 通城县 | 13036 | 3092 | 616 | 2095 | 37 | 7196 | 20 | 13 |
| 崇阳县 | 7260 | 840 | 860 | 1540 | 220 | 3800 | 20 | 4 |
| 通山县 | 2937 | 1462 | 320 | 415 | 270 | 470 | 1 | 1 |
| **恩施自治州** | **185881** | **9220** | **283** | **12273** | **1907** | **162198** | **635** | **300** |
| 恩施市 | 9573 | 591 | 28 | 1950 | 157 | 6847 | 102 | 72 |
| 建始县 | 12842 | 874 | 29 | 1659 | 369 | 9911 | 68 | 32 |
| 巴东县 | 19682 | 880 | 1 | 2185 | 156 | 16460 | 88 | 35 |
| 利川市 | 24658 | 1334 | 142 | 2685 | 406 | 20091 | 98 | 50 |
| 宣恩县 | 34942 | 741 | 10 | 734 | 255 | 33202 | 68 | 46 |
| 咸丰县 | 34734 | 2152 | 20 | 993 | 227 | 31342 | 72 | 36 |
| 来凤县 | 13687 | 1612 | 40 | 1169 | 151 | 10715 | 75 | 17 |
| 鹤峰县 | 35763 | 1036 | 13 | 898 | 186 | 33630 | 64 | 12 |
| **随州市** | **134699** | **72393** | **3805** | **11919** | **1609** | **44973** | **24** | **22** |
| 曾都区 | 27244 | 6589 | 834 | 2467 | 442 | 16912 | 13 | 13 |
| 广水市 | 25363 | 4763 | 508 | 1524 | 151 | 18417 | 3 | 3 |
| 随县 | 82092 | 61041 | 2463 | 7928 | 1016 | 9644 | 8 | 6 |
| **仙桃市** | **66070** | **18869** | **1085** | **4995** | **396** | **40725** | | |
| **天门市** | **114029** | **33810** | **4159** | **6775** | **300** | **68985** | **300** | **300** |
| **潜江市** | **31908** | **25337** | **878** | **1799** | **701** | **3193** | | |
| **神农架林区** | **1058** | **269** | | **463** | **211** | **115** | | |

# 农业化经营效益情况

单位:万元

| 单位名称 | 总收入 | | | | | | | | | |
|---|---|---|---|---|---|---|---|---|---|---|
| | 合计 | 农机化作业收入 | | | | | | 农机维修收入 | 其他收入 | |
| | | 小计 | 田间作业收入 | | 农产品初加工作业收入 | 农机运输收入 | | | 小计 | 其中:农机及油料经销收入 |
| | | | 小计 | 其中:跨区作业收入 | | 小计 | 其中:农业运输收入 | | | |
| **全省合计** | **2200622.37** | **1898021.6** | **965159.58** | **76810.44** | **312820.97** | **620041.05** | **441140.55** | **76905.08** | **225695.69** | **167223.68** |
| **武汉市** | **157069.15** | **142655.91** | **54822.81** | **4014.7** | **7595** | **80238.1** | **63716.8** | **5266.81** | **9146.43** | **1554.68** |
| 市郊区 | 38652.76 | 35479.61 | 8107.81 | 1135.7 | 846 | 26525.8 | 21155.8 | 1044.1 | 2129.05 | 777.3 |
| 蔡甸区 | 28660 | 27339 | 12512 | 329 | | 14827 | 14827 | 267 | 1054 | |
| 江夏区 | 24906 | 21564 | 7180 | 800 | 3214 | 11170 | 7449 | 1661 | 1681 | 109 |
| 黄陂区 | 30240.09 | 29071 | 11115 | 176 | 747 | 17209 | 17209 | 500.71 | 668.38 | 668.38 |
| 新洲区 | 34610.3 | 29202.3 | 15908 | 1574 | 2788 | 10506.3 | 3076 | 1794 | 3614 | |
| **黄石市** | **21850.78** | **20630.5** | **10499.7** | **901.6** | **653.9** | **9476.9** | **4166.4** | **981.88** | **238.4** | **168.4** |
| 市郊区 | 590.78 | 521.5 | 249.7 | 16.6 | 31.9 | 239.9 | 148.4 | 30.88 | 38.4 | 38.4 |
| 大冶市 | 7997 | 7531 | 4385 | 355 | 50 | 3096 | 2562 | 266 | 200 | 130 |
| 阳新县 | 13263 | 12578 | 5865 | 530 | 572 | 6141 | 1456 | 685 | | |
| **十堰市** | **104302** | **73386** | **26844** | **1751** | **13230** | **33312** | **16579** | **8758** | **22158** | **11463** |
| 市郊区 | 9100 | 6775 | 2305 | 461 | 1140 | 3330 | 1900 | 530 | 1795 | 208 |
| 丹江口市 | 22130 | 17730 | 9800 | 340 | 2250 | 5680 | 2660 | 1600 | 2800 | |
| 郧　县 | 22475 | 13957 | 1788 | 4 | 1315 | 10854 | 4015 | 950 | 7568 | 5943 |
| 郧西县 | 20000 | 13460 | 5280 | 500 | 3580 | 4600 | 2410 | 1240 | 5300 | 3950 |
| 竹山县 | 9950 | 8050 | 1780 | | 2700 | 3570 | 2780 | 1050 | 850 | 520 |
| 竹溪县 | 10300 | 6200 | 1500 | 1 | 1200 | 3500 | 1600 | 1300 | 2800 | 100 |
| 房　县 | 10347 | 7214 | 4391 | 445 | 1045 | 1778 | 1214 | 2088 | 1045 | 742 |
| **荆州市** | **404437.53** | **340733.15** | **253698.95** | **27627** | **66440.8** | **20593.4** | **14387.4** | **3201.1** | **60503.28** | **60421.28** |
| 市郊区 | 49127.8 | 33420.69 | 20977.49 | 3736.05 | 9816 | 2627.2 | 1997.2 | 725 | 14982.11 | 14982.11 |
| 江陵县 | 31401.08 | 26997.1 | 21161.1 | 3975 | 4536 | 1300 | 790.4 | 85 | 4318.98 | 4318.98 |
| 松滋区 | 41246.95 | 35234.95 | 21262.95 | 6993 | 7472 | 6500 | 4200 | 76 | 5936 | 5936 |
| 公安县 | 56970.75 | 49247.75 | 33235.95 | 4872 | 10544 | 5467.8 | 3517.8 | 882 | 6841 | 6841 |
| 石首市 | 77168.19 | 66948 | 62701 | 2366.7 | 3441 | 806 | 569 | 367 | 9853.19 | 9853.19 |
| 监利县 | 94477.23 | 84108.23 | 63579.23 | 2999.25 | 17747.8 | 2781.2 | 2313 | 317 | 10052 | 9970 |
| 洪湖市 | 54045.53 | 44776.43 | 30781.23 | 2685 | 12884 | 1111.2 | 1000 | 749.1 | 8520 | 8520 |

续表1

单位:万元

| 单位名称 | 总收入 | | | | | | | | | |
|---|---|---|---|---|---|---|---|---|---|---|
| | 合计 | 农机化作业收入 | | | | | | 农机维修收入 | 其他收入 | |
| | | 小计 | 田间作业收入 | | 农产品初加工作业收入 | 农机运输收入 | | | 小计 | 其中:农机及油料经销收入 |
| | | | 小计 | 其中:跨区作业收入 | | 小计 | 其中:农业运输收入 | | | |
| **宜昌市** | **132013.2** | **105542** | **35124.6** | **4047** | **29983.3** | **40434.1** | **28434.2** | **6556.1** | **19915.1** | **9459.4** |
| 市郊区 | 13386 | 12865 | 488 | | 1467 | 10910 | 10170 | 118 | 403 | 122 |
| 宜昌县 | 13431.6 | 12964.6 | 3324.6 | 71 | 2865 | 6775 | 4879 | 35 | 432 | 322 |
| 宜都市 | 5879.6 | 4908.4 | 1122 | 23 | 694.7 | 3091.7 | 1392.3 | 145 | 826.2 | 445.4 |
| 枝江市 | 41826 | 29973 | 14667 | 2657 | 9148.6 | 6157.4 | 2779.9 | 3598.1 | 8254.9 | 1685 |
| 当阳市 | 34026 | 25394 | 11319 | 1150 | 6927 | 7148 | 5120 | 1759 | 6873 | 4205 |
| 远安县 | 3833 | 3796 | 2216 | 136 | 720 | 860 | 386 | 15 | 22 | 5 |
| 兴山县 | 2673 | 2453 | 505 | | 524 | 1424 | 1094 | 101 | 119 | 60 |
| 秭归县 | 4075 | 2845 | 750 | | 1585 | 510 | 480 | 280 | 950 | 930 |
| 长阳县 | 4574 | 2824 | 700 | 10 | 499 | 1625 | 1220 | 200 | 1550 | 1200 |
| 五峰县 | 8309 | 7519 | 33 | | 5553 | 1933 | 913 | 305 | 485 | 485 |
| **襄阳市** | **313971.72** | **291318.79** | **170777.6** | **3968.8** | **16991** | **103550.19** | **89972.69** | **8563.37** | **14089.56** | **11489** |
| 市郊区 | 5597 | 5282 | 3657 | 280 | 306 | 1319 | 1022 | 267 | 48 | |
| 老河口市 | 74952 | 73750 | 19000 | 405 | 550 | 54200 | 51600 | 850 | 352 | 320 |
| 襄州区 | 103131 | 97815 | 62606 | 1663 | 4979 | 30230 | 23238 | 2736 | 2580 | 2345 |
| 枣阳市 | 81439 | 77791 | 69907 | 719 | 4554 | 3330 | 2294 | 2393 | 1255 | 664 |
| 宜城市 | 10904.19 | 9915.19 | 3850 | 569 | 420 | 5645.19 | 5645.19 | 989 | | |
| 南漳县 | 13600 | 7590 | 3854 | 8 | 918 | 2818 | 1415 | 968 | 5042 | 4845 |
| 谷城县 | 9406.53 | 8133.6 | 3262.6 | 94.8 | 2714 | 2157 | 1307.5 | 260.37 | 1012.56 | 315 |
| 保康县 | 13689 | 9789 | 3439 | 180 | 2550 | 3800 | 3400 | 100 | 3800 | 3000 |
| 襄北农场 | 1253 | 1253 | 1202 | 50 | | 51 | 51 | | | |
| **鄂州市** | **51068** | **36503** | **14115** | **283** | **8188** | **14200** | **8720** | **5925** | **8640** | **4200** |
| **荆门市** | **182229.6** | **164099.6** | **76360.5** | **9127.6** | **33284** | **54455.1** | **43094.8** | **2988.5** | **15141.5** | **13817** |
| 市郊区 | 20340.6 | 18824.6 | 8670.6 | 1064.6 | 1249 | 8905 | 5464.8 | 454.5 | 1061.5 | 613 |
| 钟祥市 | 106633 | 91424 | 23759 | 1477 | 30610 | 37055 | 32607 | 1714 | 13495 | 13053 |
| 京山县 | 24570.9 | 24145.9 | 21957.9 | 4117 | 980 | 1208 | 1198 | 75 | 350 | |
| 沙洋县 | 25265 | 24413 | 16822 | 526 | 445 | 7146 | 3690 | 659 | 193 | 110 |
| 沙洋农场 | 1709.1 | 1644.1 | 1503 | 23 | | 141.1 | 135 | 23 | 42 | 41 |
| 五三农场 | 3711 | 3648 | 3648 | 1920 | | | | 63 | | |
| **孝感市** | **147864** | **127513** | **61941** | **2463.8** | **15649** | **49923** | **32670** | **6896** | **13455** | **3202** |
| 市郊区 | 29100 | 16040 | 7597 | 250 | 2307 | 6136 | 1964 | 4455 | 8605 | |
| 孝昌县 | 9913 | 9497 | 2987 | 120 | 230 | 6280 | 5490 | 230 | 186 | |
| 大悟县 | 8270 | 8236 | 3825 | 164 | 1085 | 3326 | 3166 | 34 | | |
| 安陆市 | 31260 | 29876 | 15093 | 566 | 4579 | 10204 | 10204 | 933 | 451 | 451 |
| 云梦县 | 26746 | 24614 | 10560 | 691 | 1568 | 12486 | 7055 | 435 | 1697 | 566 |
| 应城市 | 17782 | 17084 | 6731 | 132.8 | 4522 | 5831 | 857 | 483 | 215 | 187 |
| 汉川市 | 24793 | 22166 | 15148 | 540 | 1358 | 5660 | 3934 | 326 | 2301 | 1998 |

续表2

单位:万元

| 单位名称 | 总收入 | | | | | | | | | |
|---|---|---|---|---|---|---|---|---|---|---|
| | 合计 | 农机化作业收入 | | | | | | 农机维修收入 | 其他收入 | |
| | | 小计 | 田间作业收入 | | 农产品初加工作业收入 | 农机运输收入 | | | 小计 | 其中:农机及油料经销收入 |
| | | | 小计 | 其中:跨区作业收入 | | 小计 | 其中:农业运输收入 | | | |
| **黄冈市** | **239699.14** | **228222.81** | **84390.07** | **5606** | **48431.08** | **95401.66** | **67648.56** | **6742.63** | **4733.7** | **2261.4** |
| 市郊区 | 4640 | 3097 | 1641 | 237 | 524 | 932 | 322 | 147 | 1396 | 944 |
| 团风县 | 16575 | 15593 | 4161 | 245 | 5312 | 6120 | 2161 | 365 | 617 | 51 |
| 红安县 | 6959.54 | 6366.01 | 3006.57 | 98.2 | 1173.28 | 2186.16 | 1353.06 | 399.63 | 193.9 | 155.4 |
| 麻城市 | 31939 | 30515 | 8496 | 24 | 12512 | 9507 | 6705 | 1424 | | |
| 罗田县 | 13665 | 13290 | 6580 | 150 | 4260 | 2450 | 1880 | 155 | 220 | |
| 英山县 | 37760 | 36880 | 9880 | 1350 | 6000 | 21000 | 13500 | 600 | 280 | 150 |
| 浠水县 | 18856.1 | 17948.1 | 13529.8 | 267.6 | 2608.8 | 1809.5 | 1809.5 | 355.2 | 552.8 | |
| 蕲春县 | 9921.5 | 9070.7 | 7591.7 | 866.2 | 946 | 533 | 28 | 437.8 | 413 | |
| 武穴市 | 60120 | 58020 | 15298 | 700 | 8600 | 34122 | 30500 | 1200 | 900 | 800 |
| 黄梅县 | 39263 | 37443 | 14206 | 1668 | 6495 | 16742 | 9390 | 1659 | 161 | 161 |
| **咸宁市** | **45937** | **38332** | **18342** | **891** | **4117** | **15873** | **6707** | **2557** | **5048** | **4788** |
| 咸安区 | 9640 | 6879 | 3895 | 65 | 416 | 2568 | 675 | 605 | 2156 | 2023 |
| 嘉鱼县 | 2779 | 2341 | 1062 | 269 | 310 | 969 | 856 | 346 | 92 | 92 |
| 赤壁市 | 8160 | 7572 | 3813 | 35 | 441 | 3318 | 2935 | 378 | 210 | 98 |
| 通城县 | 9413 | 9130 | 5832 | 92 | 990 | 2308 | 561 | 108 | 175 | 175 |
| 崇阳县 | 5295 | 4520 | 2140 | 210 | 420 | 1960 | 380 | 760 | 15 | |
| 通山县 | 10650 | 7890 | 1600 | 220 | 1540 | 4750 | 1300 | 360 | 2400 | 2400 |
| **恩施自治州** | **101804.05** | **84465.84** | **13105.35** | **1084.94** | **35311.89** | **36048.6** | **16445.7** | **5653.49** | **11684.72** | **9742.52** |
| 恩施市 | 18799.05 | 18109.05 | 1609.2 | 625.1 | 11759.45 | 4740.4 | 643.1 | 690 | | |
| 建始县 | 9054.4 | 8140 | 1249 | 78 | 1051.6 | 5839.4 | 3754.2 | 363.8 | 550.6 | 424.6 |
| 巴东县 | 7703 | 7539 | 362 | | 4816 | 2361 | 2025 | 66 | 98 | |
| 利川市 | 23349.4 | 15929.09 | 2394.35 | 174.14 | 3693.74 | 9841 | 4161 | 559.69 | 6860.62 | 6302.52 |
| 宣恩县 | 6614 | 5757 | 383 | 15 | 3389 | 1985 | 1693 | 320 | 537 | 429 |
| 咸丰县 | 12389.7 | 7767.7 | 623 | 124.8 | 3618.3 | 3526.4 | 2094 | 2303 | 2319 | 1787 |
| 来凤县 | 10713.5 | 9354 | 1149.8 | 67.9 | 2778.8 | 5425.4 | 2075.4 | 544 | 815.5 | 799.4 |
| 鹤峰县 | 13181 | 11870 | 5335 | | 4205 | 2330 | | 807 | 504 | |
| **随州市** | **75200.2** | **60531** | **36500** | **6249** | **8833** | **15198** | **10927** | **6593.2** | **8076** | **6291** |
| 曾都区 | 15128 | 13069 | 4694 | 955 | 3791 | 4584 | 2496 | 509 | 1550 | 998 |
| 广水市 | 21075.2 | 18289 | 10769 | 2994 | 3140 | 4380 | 2197 | 365.2 | 2421 | 1188 |
| 随县 | 38997 | 29173 | 21037 | 2300 | 1902 | 6234 | 6234 | 5719 | 4105 | 4105 |
| **仙桃市** | **79833** | **61265** | **41970** | **1170** | **7845** | **11450** | **11450** | **218** | **18350** | **18350** |
| **天门市** | **77619** | **70016** | **43555** | **1022** | **3918** | **22543** | **14202** | **635** | **6968** | **6968** |
| **潜江市** | **61904** | **49227** | **22443** | **6603** | **11840** | **14944** | **9619** | **5129** | **7548** | **3048** |
| **神农架林区** | **3820** | **3580** | **670** | | **510** | **2400** | **2400** | **240** | | |

续表3

单位:万元

| 单位名称 | 成本与费用 | | | | | | | | 利润总额 |
|---|---|---|---|---|---|---|---|---|---|
| | 合计 | 服务成本与费用 | | | | 管理与财务费用 | 税金及附加 | 其他费用 | |
| | | 小计 | 农机化作业能耗及维修费 | | 农机维修耗材、能耗及设备维护费 | | | | |
| | | | 小计 | 农机运输能耗及维修费 | | | | | |
| **全省合计** | 1458698.42 | 1153220.27 | 964386.43 | 429444.64 | 188833.84 | 149938.01 | 48329.61 | 107210.53 | 741923.95 |
| **武汉市** | 90436.99 | 81357.55 | 69610.06 | 43355.19 | 11747.49 | 2871.44 | 2016.73 | 4191.27 | 66632.16 |
| 市郊区 | 24334.07 | 20482.65 | 18064.14 | 18064.14 | 2418.51 | 1609.64 | 740.98 | 1500.8 | 14318.69 |
| 蔡甸区 | 21718 | 21718 | 21524 | 12547 | 194 | | | | 6942 |
| 江夏区 | 15588 | 13116 | 11522 | 6569 | 1594 | 953 | 693 | 826 | 9318 |
| 黄陂区 | 12512.98 | 11574 | 4656 | 4656 | 6918 | 153.05 | 427 | 358.93 | 17727.11 |
| 新洲区 | 16283.94 | 14466.9 | 13843.92 | 1519.05 | 622.98 | 155.75 | 155.75 | 1505.54 | 18326.36 |
| **黄石市** | 11898.91 | 9728.37 | 7365.57 | 2792.1 | 2362.8 | 139.43 | 264.98 | 1766.13 | 9951.87 |
| 市郊区 | 234.91 | 186.37 | 166.57 | 82.1 | 19.8 | 19.43 | 13.98 | 15.13 | 355.87 |
| 大冶市 | 5372 | 4578 | 3644 | 2710 | 934 | 120 | 55 | 619 | 2625 |
| 阳新县 | 6292 | 4964 | 3555 | | 1409 | | 196 | 1132 | 6971 |
| **十堰市** | 72448 | 57349 | 47910 | 28006 | 9439 | 5753 | 3785 | 5561 | 31854 |
| 市郊区 | 7955 | 5446 | 3833 | 3020 | 1613 | 760 | 361 | 1388 | 1145 |
| 丹江口市 | 17360 | 14200 | 13000 | 6500 | 1200 | 1400 | 160 | 1600 | 4770 |
| 郧　县 | 14609 | 11496 | 10586 | 8550 | 910 | 1018 | 1097 | 998 | 7866 |
| 郧西县 | 10940 | 9440 | 8830 | 2800 | 610 | 500 | 350 | 650 | 9060 |
| 竹山县 | 7280 | 5280 | 4350 | 3990 | 930 | 830 | 720 | 450 | 2670 |
| 竹溪县 | 8300 | 7900 | 4800 | 1890 | 3100 | 50 | 200 | 150 | 2000 |
| 房　县 | 6004 | 3587 | 2511 | 1256 | 1076 | 1195 | 897 | 325 | 4343 |
| **荆州市** | 359703.35 | 265591.45 | 186155.51 | 65184.31 | 79435.94 | 83120.9 | 4245 | 6746 | 44734.18 |
| 市郊区 | 45828.33 | 33694.5 | 22535.67 | 8889.19 | 11158.83 | 11160.83 | 352 | 621 | 3299.47 |
| 江陵县 | 28154.62 | 20907.37 | 13781.12 | 3534.8 | 7126.25 | 7126.25 | 93 | 28 | 3246.46 |
| 松滋区 | 34975.43 | 26430.38 | 18239.33 | 6032 | 8191.05 | 8191.05 | 300 | 54 | 6271.52 |
| 公安县 | 49744.45 | 37923.8 | 26170.82 | 5829.78 | 11752.98 | 7256.65 | 636 | 3928 | 7226.3 |
| 石首市 | 65604 | 49570 | 34104 | 7655 | 15466 | 15416 | 98 | 520 | 11564.19 |
| 监利县 | 86818.23 | 63044.4 | 41435.57 | 10718.54 | 21608.83 | 21608.83 | 1530 | 635 | 7659 |
| 洪湖市 | 48578.29 | 34021 | 29889 | 22525 | 4132 | 12361.29 | 1236 | 960 | 5467.24 |

续表4

单位：万元

| 单位名称 | 成本与费用 | | | | | | | | 利润总额 |
|---|---|---|---|---|---|---|---|---|---|
| | 合计 | 服务成本与费用 | | | | 管理与财务费用 | 税金及附加 | 其他费用 | |
| | | 小计 | 农机化作业能耗及维修费 | | 农机维修耗材、能耗及设备维护费 | | | | |
| | | | 小计 | 农机运输能耗及维修费 | | | | | |
| **宜昌市** | **89154.26** | **70384.5** | **59853.7** | **26929.4** | **10530.8** | **4159.52** | **2377.23** | **12233.01** | **42858.94** |
| 市郊区 | 8749 | 6318 | 4789 | 4526 | 1529 | 1183 | 427 | 821 | 4637 |
| 宜昌县 | 9066 | 6898 | 6001 | 612 | 897 | | 847 | 1321 | 4365.6 |
| 宜都市 | 4173.26 | 3944.1 | 3827.5 | 2114.2 | 116.6 | 20.52 | 12.23 | 196.41 | 1706.34 |
| 枝江市 | 29605 | 22436.4 | 17631.2 | 9820.2 | 4805.2 | | | 7168.6 | 12221 |
| 当阳市 | 22384 | 19084 | 18204 | 4817 | 880 | 1065 | 383 | 1852 | 11642 |
| 远安县 | 2620 | 2534 | 2192 | 420 | 342 | 66 | | 20 | 1213 |
| 兴山县 | 1878 | 1430 | 1308 | 388 | 122 | | 110 | 338 | 795 |
| 秭归县 | 2281 | 1426 | 855 | 855 | 571 | 815 | | 40 | 1794 |
| 长阳县 | 3061 | 2718 | 2200 | 1385 | 518 | 270 | 48 | 25 | 1513 |
| 五峰县 | 5337 | 3596 | 2846 | 1992 | 750 | 740 | 550 | 451 | 2972 |
| **襄阳市** | **244664.19** | **212965.35** | **205414.99** | **87885.46** | **7550.36** | **2473.6** | **5049.8** | **24175.44** | **69307.53** |
| 市郊区 | 2163 | 1885 | 1495 | 1255 | 390 | 108 | 170 | | 3434 |
| 老河口市 | 52462 | 34865 | 34865 | 24150 | | 278 | 339 | 16980 | 22490 |
| 襄州区 | 85263 | 83790 | 83790 | 49405 | | 205 | 881 | 387 | 17868 |
| 枣阳市 | 70343 | 64791 | 62707 | 2895 | 2084 | 788 | 2441 | 2323 | 11096 |
| 宜城市 | 5996.51 | 5418.41 | 3143.05 | 749.72 | 2275.36 | | | 578.1 | 4907.68 |
| 南漳县 | 11622 | 9738 | 7854 | 2452 | 1884 | 282 | 565 | 1037 | 1978 |
| 谷城县 | 5471.14 | 4697.8 | 4027.8 | 1873.5 | 670 | 282 | 121 | 370.34 | 3935.39 |
| 保康县 | 10592 | 7112 | 7052 | 4720 | 60 | 500 | 480 | 2500 | 3097 |
| 襄北农场 | 751.54 | 668.14 | 481.14 | 385.24 | 187 | 30.6 | 52.8 | | 501.46 |
| **鄂州市** | **34912** | **29012** | **26560** | **11060** | **2452** | **3190** | **1030** | **1680** | **16156** |
| **荆门市** | **108829.8** | **76878** | **72334.9** | **33592.2** | **4543.1** | **19278.5** | **1799** | **10874.3** | **73399.8** |
| 市郊区 | 10114.2 | 8687.3 | 7701.2 | 4961 | 986.1 | 174.5 | 478 | 774.4 | 10226.4 |
| 钟祥市 | 80567 | 52126 | 51355 | 20658 | 771 | 18330 | 1075 | 9036 | 26066 |
| 京山县 | 863 | 722 | 722 | 46.5 | | | | 141 | 23707.9 |
| 沙洋县 | 14004 | 12543 | 10472 | 6191 | 2071 | 698 | 231 | 532 | 11261 |
| 沙洋农场 | 1316 | 840 | 689 | 340 | 151 | 76 | 15 | 385 | 393.1 |
| 五三农场 | 1965.6 | 1959.7 | 1395.7 | 1395.7 | 564 | | | 5.9 | 1745.4 |
| **孝感市** | **82062** | **70765** | **64941.8** | **34126** | **5823.2** | **4992.8** | **2280** | **4024.2** | **65802** |
| 市郊区 | 12356 | 9831 | 9119 | 3865 | 712 | 1268 | 893 | 364 | 16744 |
| 孝昌县 | 6854 | 6215 | 6040 | 3955 | 175 | 120.8 | 98 | 420.2 | 3059 |
| 大悟县 | 7238 | 4465 | 3929 | 3922 | 536 | 2606 | | 167 | 1032 |
| 安陆市 | 17325 | 16408 | 15896 | 7772 | 512 | 292 | 15 | 610 | 13935 |
| 云梦县 | 11356 | 10648 | 10431.8 | 6252 | 216.2 | 162 | 93 | 453 | 15390 |
| 应城市 | 9963 | 9327 | 7471 | 3592 | 1856 | 66 | 483 | 87 | 7819 |
| 汉川市 | 16970 | 13871 | 12055 | 4768 | 1816 | 478 | 698 | 1923 | 7823 |

续表5

单位:万元

| 单位名称 | 成本与费用 | | | | | | | | 利润总额 |
|---|---|---|---|---|---|---|---|---|---|
| | 合计 | 服务成本与费用 | | | | 管理与财务费用 | 税金及附加 | 其他费用 | |
| | | 小计 | 农机化作业能耗及维修费 | | 农机维修耗材、能耗及设备维护费 | | | | |
| | | | 小计 | 农机运输能耗及维修费 | | | | | |
| **黄冈市** | **102549.44** | **83641.86** | **71785.95** | **37568.75** | **11855.91** | **2268.89** | **8876.29** | **7762.4** | **137149.7** |
| 市郊区 | 2916 | 1971 | 1666 | 441 | 305 | | 220 | 725 | 1724 |
| 团风县 | 9745 | 8793 | 2963 | 1615 | 5830 | 171 | 464 | 317 | 6830 |
| 红安县 | 4558.85 | 3996.91 | 2593.55 | 2510.75 | 1403.36 | 316.15 | 245.79 | | 2400.69 |
| 麻城市 | 14755 | 11476 | 10964 | 3415 | 512 | 125 | 2294 | 860 | 17184 |
| 罗田县 | 4750 | 2915 | 2850 | 2850 | 65 | 65 | 420 | 1350 | 8915 |
| 英山县 | 7650 | 6900 | 6100 | 5300 | 800 | 150 | 500 | 100 | 30110 |
| 浠水县 | 8262.05 | 8213.05 | 7893.4 | 723.8 | 319.65 | 11.5 | 9.5 | 28 | 10594.05 |
| 蕲春县 | 3654.54 | 2360.9 | 1582 | 606.2 | 778.9 | 330.24 | | 963.4 | 6266.96 |
| 武穴市 | 26425 | 19825 | 19700 | 14000 | 125 | 1100 | 2130 | 3370 | 33695 |
| 黄梅县 | 19833 | 17191 | 15474 | 6107 | 1717 | | 2593 | 49 | 19430 |
| **咸宁市** | **29769** | **21443** | **18761** | **8273** | **2682** | **1129** | **1754** | **5443** | **16168** |
| 咸安区 | 6304 | 4124 | 2368 | 1145 | 1756 | | | 2180 | 3336 |
| 嘉鱼县 | 1085 | 871 | 775 | 775 | 96 | 25 | 31 | 158 | 1694 |
| 赤壁市 | 5309 | 3781 | 3479 | 1187 | 302 | 403 | 512 | 613 | 2851 |
| 通城县 | 7421 | 5917 | 5859 | 1016 | 58 | 416 | 751 | 337 | 1992 |
| 崇阳县 | 3480 | 3290 | 2980 | 1300 | 310 | 85 | 90 | 15 | 1815 |
| 通山县 | 6170 | 3460 | 3300 | 2850 | 160 | 200 | 370 | 2140 | 4480 |
| **恩施自治州** | **56495.28** | **42107.19** | **28136.95** | **17271.13** | **13970.24** | **5713.43** | **3798.88** | **4875.78** | **45308.77** |
| 恩施市 | 9744.78 | 7797.28 | 1858.44 | 960.7 | 5938.84 | 1903.5 | 31 | 13 | 9054.27 |
| 建始县 | 4893.46 | 3696.17 | 3129.67 | 1867.5 | 566.5 | 499.43 | 409.58 | 288.28 | 4160.94 |
| 巴东县 | 4400 | 3168 | 2545 | 1187 | 623 | 306 | 622 | 304 | 3303 |
| 利川市 | 16282.04 | 12730.34 | 8874.54 | 7218.33 | 3855.8 | 1651 | 974.1 | 926.6 | 7067.36 |
| 宣恩县 | 3069 | 2723 | 2186 | 1418 | 537 | 109 | 166 | 71 | 3545 |
| 咸丰县 | 4849.6 | 3431.6 | 2010.6 | 1399.5 | 1421 | | 484 | 934 | 7540.1 |
| 来凤县 | 5895.4 | 5709.8 | 5252.7 | 3220.1 | 457.1 | 78.5 | 48.2 | 58.9 | 4818.1 |
| 鹤峰县 | 7361 | 2851 | 2280 | | 571 | 1166 | 1064 | 2280 | 5820 |
| **随州市** | **42989** | **29873** | **20744** | **9091.1** | **9129** | **808.5** | **703.5** | **11604** | **32211.2** |
| 曾都区 | 9534 | 6021 | 5473 | 2453 | 548 | 181 | 403 | 2929 | 5594 |
| 广水市 | 9734 | 7342 | 5286 | 2791.1 | 2056 | 417.5 | 204.5 | 1770 | 11341.2 |
| 随县 | 23721 | 16510 | 9985 | 3847 | 6525 | 210 | 96 | 6905 | 15276 |
| **仙桃市** | **42710** | **32030** | **29665** | **6895** | **2365** | **6030** | **4650** | | **37123** |
| **天门市** | **42751** | **33043** | **32607** | **9820** | **436** | **5443** | **2677** | **1588** | **34868** |
| **潜江市** | **45613** | **35749** | **21368** | **6471** | **14381** | **2273** | **2905** | **4686** | **16291** |
| **神农架林区** | **1712.2** | **1302** | **1172** | **1124** | **130** | **293** | **117.2** | | **2107.8** |

## 农业化经营效益情况(农户机)

单位:万元

| 单位名称 | 总收入 | | | | | | | | | |
|---|---|---|---|---|---|---|---|---|---|---|
| | 合计 | 农机化作业收入 | | | | | | 农机维修收入 | 其他收入 | |
| | | 小计 | 田间作业收入 | | 农产品初加工作业收入 | 农机运输收入 | | | 小计 | 其中:农机及油料经销收入 |
| | | | 小计 | 其中:跨区作业收入 | | 小计 | 其中:农业运输收入 | | | |
| **全省合计** | **1979923.41** | **1746678.45** | **866645.03** | **57692.84** | **284657.09** | **595376.33** | **425549.09** | **68878.08** | **164366.88** | **108622.82** |
| **武汉市** | 144162.61 | 130665.21 | 48344.21 | 3949.04 | 7088.5 | 75232.5 | 59241.1 | 4991.1 | 8506.3 | 1291.3 |
| 市郊区 | 35730.31 | 32907.91 | 6932.21 | 1135.7 | 795.5 | 25180.2 | 19931.1 | 1044.1 | 1778.3 | 624.3 |
| 蔡甸区 | 28660 | 27339 | 12512 | 329 | | 14827 | 14827 | 267 | 1054 | |
| 江夏区 | 22161 | 19194 | 6393 | 800 | 2860 | 9941 | 6629 | 1477 | 1490 | 97 |
| 黄陂区 | 23001 | 22022 | 6599 | 110.34 | 645 | 14778 | 14778 | 409 | 570 | 570 |
| 新洲区 | 34610.3 | 29202.3 | 15908 | 1574 | 2788 | 10506.3 | 3076 | 1794 | 3614 | |
| **黄石市** | **16590.28** | **15921** | **8821.7** | **601.6** | **253.9** | **6845.4** | **4166.4** | **441.88** | **227.4** | **161.4** |
| 市郊区 | 578.28 | 515 | 249.7 | 16.6 | 31.9 | 233.4 | 148.4 | 27.88 | 35.4 | 35.4 |
| 大冶市 | 7509 | 7051 | 3905 | 355 | 50 | 3096 | 2562 | 266 | 192 | 126 |
| 阳新县 | 8503 | 8355 | 4667 | 230 | 172 | 3516 | 1456 | 148 | | |
| **十堰市** | **101102** | **70261** | **24659** | **1300** | **12290** | **33312** | **16579** | **8683** | **22158** | **11355** |
| 市郊区 | 5900 | 3650 | 120 | 10 | 200 | 3330 | 1900 | 455 | 1795 | 100 |
| 丹江口市 | 22130 | 17730 | 9800 | 340 | 2250 | 5680 | 2660 | 1600 | 2800 | |
| 郧 县 | 22475 | 13957 | 1788 | 4 | 1315 | 10854 | 4015 | 950 | 7568 | 5943 |
| 郧西县 | 20000 | 13460 | 5280 | 500 | 3580 | 4600 | 2410 | 1240 | 5300 | 3950 |
| 竹山县 | 9950 | 8050 | 1780 | | 2700 | 3570 | 2780 | 1050 | 850 | 520 |
| 竹溪县 | 10300 | 6200 | 1500 | 1 | 1200 | 3500 | 1600 | 1300 | 2800 | 100 |
| 房 县 | 10347 | 7214 | 4391 | 445 | 1045 | 1778 | 1214 | 2088 | 1045 | 742 |
| **荆州市** | **320183.11** | **291267.11** | **217001.11** | **15611** | **54024** | **20242** | **13759.8** | **2946.6** | **25969.4** | **25595.4** |
| 市郊区 | 28539.28 | 24984.88 | 14996.88 | 2034 | 7712 | 2276 | 1464 | 725 | 2829.4 | 2629.4 |
| 江陵县 | 23846.3 | 22901 | 18167 | 3019 | 3434 | 1300 | 696 | 81.5 | 863.8 | 863.8 |
| 松滋区 | 17241.2 | 15984 | 8664 | 800 | 820 | 6500 | 4200 | 70 | 1187.2 | 1187.2 |
| 公安县 | 43970.8 | 41010.8 | 24999 | 3038 | 10544 | 5467.8 | 3517.8 | 882 | 2078 | 2017 |
| 石首市 | 67711 | 66948 | 62701 | 2075 | 3441 | 806 | 569 | 324 | 439 | 408 |
| 监利县 | 84829 | 74662 | 56692 | 1960 | 15189 | 2781 | 2313 | 115 | 10052 | 9970 |
| 洪湖市 | 54045.53 | 44776.43 | 30781.23 | 2685 | 12884 | 1111.2 | 1000 | 749.1 | 8520 | 8520 |

续表1

单位:万元

| 单位名称 | 总收入 | | | | | | | | | |
|---|---|---|---|---|---|---|---|---|---|---|
| | 合计 | 农机化作业收入 | | | | | | 农机维修收入 | 其他收入 | |
| | | 小计 | 田间作业收入 | | 农产品初加工作业收入 | 农机运输收入 | | | 小计 | 其中:农机及油料经销收入 |
| | | | 小计 | 其中:跨区作业收入 | | 小计 | 其中:农业运输收入 | | | |
| **宜昌市** | **132013.2** | **105542** | **35124.6** | **4047** | **29983.3** | **40434.1** | **28434.2** | **6556.1** | **19915.1** | **9459.4** |
| 市郊区 | 13386 | 12865 | 488 | | 1467 | 10910 | 10170 | 118 | 403 | 122 |
| 宜昌县 | 13431.6 | 12964.6 | 3324.6 | 71 | 2865 | 6775 | 4879 | 35 | 432 | 322 |
| 宜都市 | 5879.6 | 4908.4 | 1122 | 23 | 694.7 | 3091.7 | 1392.3 | 145 | 826.2 | 445.4 |
| 枝江市 | 41826 | 29973 | 14667 | 2657 | 9148.6 | 6157.4 | 2779.9 | 3598.1 | 8254.9 | 1685 |
| 当阳市 | 34026 | 25394 | 11319 | 1150 | 6927 | 7148 | 5120 | 1759 | 6873 | 4205 |
| 远安县 | 3833 | 3796 | 2216 | 136 | 720 | 860 | 386 | 15 | 22 | 5 |
| 兴山县 | 2673 | 2453 | 505 | | 524 | 1424 | 1094 | 101 | 119 | 60 |
| 秭归县 | 4075 | 2845 | 750 | | 1585 | 510 | 480 | 280 | 950 | 930 |
| 长阳县 | 4574 | 2824 | 700 | 10 | 499 | 1625 | 1220 | 200 | 1550 | 1200 |
| 五峰县 | 8309 | 7519 | 33 | | 5553 | 1933 | 913 | 305 | 485 | 485 |
| **襄阳市** | **272337.22** | **260038.79** | **145618.6** | **3383.8** | **15248** | **99172.19** | **87420.69** | **7456.37** | **4842.06** | **1983.5** |
| 市郊区 | 15 | 14 | 14 | 14 | | | | 1 | | |
| 老河口市 | 73000 | 72150 | 18000 | 380 | 550 | 53600 | 51000 | 850 | | |
| 襄州区 | 100551 | 97815 | 62606 | 1663 | 4979 | 30230 | 23238 | 2736 | | |
| 枣阳市 | 58616 | 56008 | 50332 | 438 | 3279 | 2397 | 1651 | 1724 | 884 | 481 |
| 宜城市 | 10904.19 | 9915.19 | 3850 | 569 | 420 | 5645.19 | 5645.19 | 989 | | |
| 南漳县 | 8312 | 5187 | 3074 | | 765 | 1348 | 1179 | 807 | 2318 | 1237 |
| 谷城县 | 9209.03 | 8119.6 | 3262.6 | 89.8 | 2705 | 2152 | 1307.5 | 249.37 | 840.06 | 265.5 |
| 保康县 | 10689 | 9789 | 3439 | 180 | 2550 | 3800 | 3400 | 100 | 800 | |
| 襄北农场 | 1041 | 1041 | 1041 | 50 | | | | | | |
| **鄂州市** | **45961** | **32853** | **12704** | **255** | **7369** | **12780** | **7848** | **5332** | **7776** | **3780** |
| **荆门市** | **176076.7** | **158080.2** | **70596.2** | **7184.6** | **33254** | **54230** | **42885.8** | **2902** | **15094.5** | **13776** |
| 市郊区 | 20340.6 | 18824.6 | 8670.6 | 1064.6 | 1249 | 8905 | 5464.8 | 454.5 | 1061.5 | 613 |
| 钟祥市 | 106633 | 91424 | 23759 | 1477 | 30610 | 37055 | 32607 | 1714 | 13495 | 13053 |
| 京山县 | 23838.1 | 23418.6 | 21344.6 | 4117 | 950 | 1124 | 1124 | 74.5 | 345 | |
| 沙洋县 | 25265 | 24413 | 16822 | 526 | 445 | 7146 | 3690 | 659 | 193 | 110 |
| 沙洋农场 | | | | | | | | | | |
| 五三农场 | | | | | | | | | | |
| **孝感市** | **142838** | **124242** | **59134** | **2451.8** | **15299** | **49809** | **32515** | **6786** | **11810** | **1408** |
| 市郊区 | 28274 | 15255 | 6849 | 250 | 2270 | 6136 | 1964 | 4414 | 8605 | |
| 孝昌县 | 9837 | 9497 | 2987 | 120 | 230 | 6280 | 5490 | 230 | 110 | |
| 大悟县 | 8270 | 8236 | 3825 | 164 | 1085 | 3326 | 3166 | 34 | | |
| 安陆市 | 29385 | 28452 | 13669 | 566 | 4579 | 10204 | 10204 | 933 | | |
| 云梦县 | 25504 | 23559 | 9932 | 679 | 1255 | 12372 | 6900 | 366 | 1579 | 273 |
| 应城市 | 17782 | 17084 | 6731 | 132.8 | 4522 | 5831 | 857 | 483 | 215 | 187 |
| 汉川市 | 23786 | 22159 | 15141 | 540 | 1358 | 5660 | 3934 | 326 | 1301 | 948 |

续表2

单位:万元

| 单位名称 | 总收入 | | | | | | | | | |
|---|---|---|---|---|---|---|---|---|---|---|
| | 合计 | 农机化作业收入 | | | | | | 农机维修收入 | 其他收入 | |
| | | 小计 | 田间作业收入 | | 农产品初加工作业收入 | 农机运输收入 | | | 小计 | 其中:农机及油料经销收入 |
| | | | 小计 | 其中:跨区作业收入 | | 小计 | 其中:农业运输收入 | | | |
| **黄冈市** | **229984.1** | **218784.66** | **78105.26** | **5404.06** | **46661.2** | **94018.2** | **66801.4** | **6549.04** | **4650.4** | **2237.2** |
| 市郊区 | 4640 | 3097 | 1641 | 237 | 524 | 932 | 322 | 147 | 1396 | 944 |
| 团风县 | 16575 | 15593 | 4161 | 245 | 5312 | 6120 | 2161 | 365 | 617 | 51 |
| 红安县 | 5294.8 | 4808 | 2104.1 | 71.5 | 843.6 | 1860.3 | 1181.5 | 293.6 | 193.2 | 131.2 |
| 麻城市 | 28873 | 27449 | 7632 | 22 | 11261 | 8556 | 6035 | 1424 | | |
| 罗田县 | 13665 | 13290 | 6580 | 150 | 4260 | 2450 | 1880 | 155 | 220 | |
| 英山县 | 37760 | 36880 | 9880 | 1350 | 6000 | 21000 | 13500 | 600 | 280 | 150 |
| 浠水县 | 18856.1 | 17948.1 | 13529.8 | 267.6 | 2608.8 | 1809.5 | 1809.5 | 355.2 | 552.8 | |
| 蕲春县 | 7937.2 | 7256.56 | 6073.36 | 692.96 | 756.8 | 426.4 | 22.4 | 350.24 | 330.4 | |
| 武穴市 | 57120 | 55020 | 12298 | 700 | 8600 | 34122 | 30500 | 1200 | 900 | 800 |
| 黄梅县 | 39263 | 37443 | 14206 | 1668 | 6495 | 16742 | 9390 | 1659 | 161 | 161 |
| **咸宁市** | **45577** | **38013** | **18066** | **873** | **4097** | **15850** | **6643** | **2535** | **5029** | **4772** |
| 咸安区 | 9640 | 6879 | 3895 | 65 | 416 | 2568 | 675 | 605 | 2156 | 2023 |
| 嘉鱼县 | 2779 | 2341 | 1062 | 269 | 310 | 969 | 856 | 346 | 92 | 92 |
| 赤壁市 | 7868 | 7321 | 3605 | 20 | 421 | 3295 | 2871 | 356 | 191 | 82 |
| 通城县 | 9345 | 9062 | 5764 | 89 | 990 | 2308 | 561 | 108 | 175 | 175 |
| 崇阳县 | 5295 | 4520 | 2140 | 210 | 420 | 1960 | 380 | 760 | 15 | |
| 通山县 | 10650 | 7890 | 1600 | 220 | 1540 | 4750 | 1300 | 360 | 2400 | 2400 |
| **恩施自治州** | **87336.19** | **76692.48** | **13105.35** | **1084.94** | **31350.19** | **32236.94** | **16301.7** | **2648.49** | **7995.22** | **6581.42** |
| 恩施市 | 14431.79 | 14431.79 | 1609.2 | 625.1 | 11759.45 | 1063.14 | 643.1 | | | |
| 建始县 | 8937.4 | 8023 | 1249 | 78 | 1051.6 | 5722.4 | 3652.2 | 363.8 | 550.6 | 409 |
| 巴东县 | 6181 | 6041 | 362 | | 3318 | 2361 | 2025 | 54 | 86 | |
| 利川市 | 21990.9 | 15929.09 | 2394.35 | 174.14 | 3693.74 | 9841 | 4161 | 559.69 | 5502.12 | 4944.02 |
| 宣恩县 | 4622 | 3765 | 383 | 15 | 1397 | 1985 | 1693 | 320 | 537 | 429 |
| 咸丰县 | 7278.6 | 7278.6 | 623 | 124.8 | 3146.6 | 3509 | 2052 | | | |
| 来凤县 | 10713.5 | 9354 | 1149.8 | 67.9 | 2778.8 | 5425.4 | 2075.4 | 544 | 815.5 | 799.4 |
| 鹤峰县 | 13181 | 11870 | 5335 | | 4205 | 2330 | | 807 | 504 | |
| **随州市** | **68787** | **55491** | **33761** | **4820** | **7916** | **13814** | **10097** | **6435.5** | **6860.5** | **5780.2** |
| 曾都区 | 15128 | 13069 | 4694 | 955 | 3791 | 4584 | 2496 | 509 | 1550 | 998 |
| 广水市 | 14662 | 13249 | 8030 | 1565 | 2223 | 2996 | 1367 | 207.5 | 1205.5 | 677.2 |
| 随县 | 38997 | 29173 | 21037 | 2300 | 1902 | 6234 | 6234 | 5719 | 4105 | 4105 |
| **仙桃市** | **79833** | **61265** | **41970** | **1170** | **7845** | **11450** | **11450** | **218** | **18350** | **18350** |
| **天门市** | **69479** | **68844** | **43555** | **1022** | **2746** | **22543** | **12402** | **635** | | |
| **潜江市** | **43843** | **35138** | **15409** | **4535** | **8722** | **11007** | **6604** | **3522** | **5183** | **2092** |
| **神农架林区** | **3820** | **3580** | **670** | | **510** | **2400** | **2400** | **240** | | |

续表3

单位:万元

| 单位名称 | 成本与费用 | | | | | | | | 利润总额 |
|---|---|---|---|---|---|---|---|---|---|
| | 合计 | 服务成本与费用 | | | | 管理与财务费用 | 税金及附加 | 其他费用 | |
| | | 小计 | 农机化作业能耗及维修费 | | 农机维修耗材、能耗及设备维护费 | | | | |
| | | | 小计 | 农机运输能耗及维修费 | | | | | |
| **全省合计** | **1304196.68** | **1047742.11** | **884062.84** | **404872.45** | **163679.27** | **115350.19** | **43451.87** | **97652.51** | **675726.73** |
| **武汉市** | **86506.49** | **78065.25** | **67448.76** | **37170.45** | **10616.49** | **2514.83** | **1887.98** | **4038.43** | **57656.12** |
| 市郊区 | 23890.55 | 20277.35 | 17858.84 | 13263.4 | 2418.51 | 1371.42 | 740.98 | 1500.8 | 11839.76 |
| 蔡甸区 | 21718 | 21718 | 21524 | 12547 | 194 | | | | 6942 |
| 江夏区 | 13783 | 11577 | 10188 | 5807 | 1389 | 857 | 622 | 727 | 8378 |
| 黄陂区 | 10831 | 10026 | 4034 | 4034 | 5992 | 130.66 | 369.25 | 305.09 | 12170 |
| 新洲区 | 16283.94 | 14466.9 | 13843.92 | 1519.05 | 622.98 | 155.75 | 155.75 | 1505.54 | 18326.36 |
| **黄石市** | **7789.91** | **6720.87** | **5363.57** | **2790.1** | **1357.3** | **138.93** | **163.98** | **766.13** | **8800.37** |
| 市郊区 | 225.91 | 178.87 | 164.57 | 80.1 | 14.3 | 18.93 | 12.98 | 15.13 | 352.37 |
| 大冶市 | 5372 | 4578 | 3644 | 2710 | 934 | 120 | 55 | 619 | 2137 |
| 阳新县 | 2192 | 1964 | 1555 | | 409 | | 96 | 132 | 6311 |
| **十堰市** | **69910** | **55683** | **47097** | **26599** | **8586** | **5170** | **3496** | **5561** | **31192** |
| 市郊区 | 5417 | 3780 | 3020 | 1613 | 760 | 177 | 72 | 1388 | 483 |
| 丹江口市 | 17360 | 14200 | 13000 | 6500 | 1200 | 1400 | 160 | 1600 | 4770 |
| 郧　县 | 14609 | 11496 | 10586 | 8550 | 910 | 1018 | 1097 | 998 | 7866 |
| 郧西县 | 10940 | 9440 | 8830 | 2800 | 610 | 500 | 350 | 650 | 9060 |
| 竹山县 | 7280 | 5280 | 4350 | 3990 | 930 | 830 | 720 | 450 | 2670 |
| 竹溪县 | 8300 | 7900 | 4800 | 1890 | 3100 | 50 | 200 | 150 | 2000 |
| 房　县 | 6004 | 3587 | 2511 | 1256 | 1076 | 1195 | 897 | 325 | 4343 |
| **荆州市** | **285223.44** | **219442** | **153927.09** | **61986.57** | **65514.91** | **55182.44** | **4129** | **6470** | **34959.67** |
| 市郊区 | 25239.81 | 23311.08 | 12901.09 | 8889.19 | 10409.99 | 1347.73 | 236 | 345 | 3299.47 |
| 江陵县 | 20599.84 | 14923.92 | 9369 | 2755.38 | 5554.92 | 5554.92 | 93 | 28 | 3246.46 |
| 松滋区 | 11287 | 10898 | 8465 | 6032 | 2433 | 35 | 300 | 54 | 5954.2 |
| 公安县 | 36744.5 | 31114 | 22996 | 4506 | 8118 | 1066.5 | 636 | 3928 | 7226.3 |
| 石首市 | 65604 | 49570 | 34104 | 7655 | 15466 | 15416 | 98 | 520 | 2107 |
| 监利县 | 77170 | 55604 | 36203 | 9624 | 19401 | 19401 | 1530 | 635 | 7659 |
| 洪湖市 | 48578.29 | 34021 | 29889 | 22525 | 4132 | 12361.29 | 1236 | 960 | 5467.24 |

续表4

单位:万元

| 单位名称 | 成本与费用 | | | | | | | | 利润总额 |
|---|---|---|---|---|---|---|---|---|---|
| | 合计 | 服务成本与费用 | | | | 管理与财务费用 | 税金及附加 | 其他费用 | |
| | | 小计 | 农机化作业能耗及维修费 | | 农机维修耗材、能耗及设备维护费 | | | | |
| | | | 小计 | 农机运输能耗及维修费 | | | | | |
| **宜昌市** | **89154.26** | **70384.5** | **59853.7** | **26929.4** | **10530.8** | **4159.52** | **2377.23** | **12233.01** | **42858.94** |
| 市郊区 | 8749 | 6318 | 4789 | 4526 | 1529 | 1183 | 427 | 821 | 4637 |
| 宜昌县 | 9066 | 6898 | 6001 | 612 | 897 | | 847 | 1321 | 4365.6 |
| 宜都市 | 4173.26 | 3944.1 | 3827.5 | 2114.2 | 116.6 | 20.52 | 12.23 | 196.41 | 1706.34 |
| 枝江市 | 29605 | 22436.4 | 17631.2 | 9820.2 | 4805.2 | | | 7168.6 | 12221 |
| 当阳市 | 22384 | 19084 | 18204 | 4817 | 880 | 1065 | 383 | 1852 | 11642 |
| 远安县 | 2620 | 2534 | 2192 | 420 | 342 | 66 | | 20 | 1213 |
| 兴山县 | 1878 | 1430 | 1308 | 388 | 122 | | 110 | 338 | 795 |
| 秭归县 | 2281 | 1426 | 855 | 855 | 571 | 815 | | 40 | 1794 |
| 长阳县 | 3061 | 2718 | 2200 | 1385 | 518 | 270 | 48 | 25 | 1513 |
| 五峰县 | 5337 | 3596 | 2846 | 1992 | 750 | 740 | 550 | 451 | 2972 |
| **襄阳市** | **213620.37** | **188848.13** | **182611.27** | **85223.14** | **6236.86** | **1490.2** | **3018.6** | **20263.44** | **58716.85** |
| 市郊区 | 6 | 4.5 | 2 | 1.5 | 2.5 | 0.5 | 1 | | 9 |
| 老河口市 | 51000 | 34400 | 34400 | 24000 | | | 320 | 16280 | 22000 |
| 襄州区 | 83790 | 83790 | 83790 | 49405 | | | | | 16761 |
| 枣阳市 | 50645 | 46648 | 45149 | 2085 | 1499 | 568 | 1758 | 1671 | 7971 |
| 宜城市 | 5996.51 | 5418.41 | 3143.05 | 749.72 | 2275.36 | | | 578.1 | 4907.68 |
| 南漳县 | 7851 | 6281 | 4711 | 2043 | 1570 | 235 | 471 | 864 | 461 |
| 谷城县 | 5424.14 | 4679.8 | 4009.8 | 1864.5 | 670 | 258.2 | 115.8 | 370.34 | 3784.89 |
| 保康县 | 8312 | 7112 | 7052 | 4720 | 60 | 400 | 300 | 500 | 2377 |
| 襄北农场 | 595.72 | 514.42 | 354.42 | 354.42 | 160 | 28.5 | 52.8 | | 445.28 |
| **鄂州市** | **31420** | **26110** | **23904** | **9954** | **2206** | **2871** | **927** | **1512** | **14541** |
| **荆门市** | **105548.2** | **74078.3** | **70250.2** | **31856.5** | **3828.1** | **19202.5** | **1784** | **10483.4** | **70528.5** |
| 市郊区 | 10114.2 | 8687.3 | 7701.2 | 4961 | 986.1 | 174.5 | 478 | 774.4 | 10226.4 |
| 钟祥市 | 80567 | 52126 | 51355 | 20658 | 771 | 18330 | 1075 | 9036 | 26066 |
| 京山县 | 863 | 722 | 722 | 46.5 | | | | 141 | 22975.1 |
| 沙洋县 | 14004 | 12543 | 10472 | 6191 | 2071 | 698 | 231 | 532 | 11261 |
| 沙洋农场 | | | | | | | | | |
| 五三农场 | | | | | | | | | |
| **孝感市** | **79429** | **68608** | **62866** | **32751** | **5742** | **4802** | **2129** | **3890** | **63409** |
| 市郊区 | 12356 | 9831 | 9119 | 3865 | 712 | 1268 | 893 | 364 | 15918 |
| 孝昌县 | 6830 | 6215 | 6040 | 3955 | 175 | 110 | 98 | 407 | 3007 |
| 大悟县 | 7238 | 4465 | 3929 | 3922 | 536 | 2606 | | 167 | 1032 |
| 安陆市 | 16302 | 15400 | 14888 | 7772 | 512 | 292 | | 610 | 13083 |
| 云梦县 | 10697 | 10155 | 9964 | 4960 | 191 | 42 | 47 | 453 | 14807 |
| 应城市 | 9963 | 9327 | 7471 | 3592 | 1856 | 66 | 483 | 87 | 7819 |
| 汉川市 | 16043 | 13215 | 11455 | 4685 | 1760 | 418 | 608 | 1802 | 7743 |

续表5

单位:万元

| 单位名称 | 成本与费用 | | | | | | | | 利润总额 |
|---|---|---|---|---|---|---|---|---|---|
| | 合计 | 服务成本与费用 | | | | 管理与财务费用 | 税金及附加 | 其他费用 | |
| | | 小计 | 农机化作业能耗及维修费 | | 农机维修耗材、能耗及设备维护费 | | | | |
| | | | 小计 | 农机运输能耗及维修费 | | | | | |
| **黄冈市** | **98173.83** | **80861.27** | **69558.7** | **36619.46** | **11302.57** | **1585.54** | **8757.3** | **6969.72** | **131810.27** |
| 市郊区 | 2916 | 1971 | 1666 | 441 | 305 | | 220 | 725 | 1724 |
| 团风县 | 9745 | 8793 | 2963 | 1615 | 5830 | 171 | 464 | 317 | 6830 |
| 红安县 | 3103.1 | 2713.5 | 1682.7 | 1682.7 | 1030.8 | 232.8 | 156.8 | | 2191.7 |
| 麻城市 | 14755 | 11476 | 10964 | 3415 | 512 | 125 | 2294 | 860 | 14118 |
| 罗田县 | 4750 | 2915 | 2850 | 2850 | 65 | 65 | 420 | 1350 | 8915 |
| 英山县 | 7650 | 6900 | 6100 | 5300 | 800 | 150 | 500 | 100 | 30110 |
| 浠水县 | 8262.05 | 8213.05 | 7893.4 | 723.8 | 319.65 | 11.5 | 9.5 | 28 | 10594.05 |
| 蕲春县 | 2989.68 | 1888.72 | 1265.6 | 484.96 | 623.12 | 330.24 | | 770.72 | 4947.52 |
| 武穴市 | 24170 | 18800 | 18700 | 14000 | 100 | 500 | 2100 | 2770 | 32950 |
| 黄梅县 | 19833 | 17191 | 15474 | 6107 | 1717 | | 2593 | 49 | 19430 |
| **咸宁市** | **29716** | **21404** | **18722** | **8273** | **2682** | **1123** | **1748** | **5441** | **15861** |
| 咸安区 | 6304 | 4124 | 2368 | 1145 | 1756 | | | 2180 | 3336 |
| 嘉鱼县 | 1085 | 871 | 775 | 775 | 96 | 25 | 31 | 158 | 1694 |
| 赤壁市 | 5309 | 3781 | 3479 | 1187 | 302 | 403 | 512 | 613 | 2559 |
| 通城县 | 7368 | 5878 | 5820 | 1016 | 58 | 410 | 745 | 335 | 1977 |
| 崇阳县 | 3480 | 3290 | 2980 | 1300 | 310 | 85 | 90 | 15 | 1815 |
| 通山县 | 6170 | 3460 | 3300 | 2850 | 160 | 200 | 370 | 2140 | 4480 |
| **恩施自治州** | **55160.28** | **41673.69** | **28131.95** | **16901.83** | **13541.74** | **5358.43** | **3591.78** | **4536.38** | **32175.91** |
| 恩施市 | 9744.78 | 7797.28 | 1858.44 | 960.7 | 5938.84 | 1903.5 | 31 | 13 | 4687.01 |
| 建始县 | 4817.46 | 3691.17 | 3124.67 | 1853.5 | 566.5 | 429.43 | 409.58 | 287.28 | 4119.94 |
| 巴东县 | 4367 | 3160 | 2545 | 1187 | 615 | 304 | 599 | 304 | 1814 |
| 利川市 | 15804.34 | 12676.84 | 8874.54 | 7218.33 | 3802.3 | 1368 | 918.5 | 841 | 6186.56 |
| 宣恩县 | 3069 | 2723 | 2186 | 1418 | 537 | 109 | 166 | 71 | 1553 |
| 咸丰县 | 4101.3 | 3064.6 | 2010.6 | 1044.2 | 1054 | | 355.5 | 681.2 | 3177.3 |
| 来凤县 | 5895.4 | 5709.8 | 5252.7 | 3220.1 | 457.1 | 78.5 | 48.2 | 58.9 | 4818.1 |
| 鹤峰县 | 7361 | 2851 | 2280 | | 571 | 1166 | 1064 | 2280 | 5820 |
| **随州市** | **40393.7** | **27900.1** | **19363.6** | **8593** | **8536.5** | **653.8** | **609.8** | **11230** | **28393.3** |
| 曾都区 | 9534 | 6021 | 5473 | 2453 | 548 | 181 | 403 | 2929 | 5594 |
| 广水市 | 7138.7 | 5369.1 | 3905.6 | 2293 | 1463.5 | 262.8 | 110.8 | 1396 | 7523.3 |
| 随县 | 23721 | 16510 | 9985 | 3847 | 6525 | 210 | 96 | 6905 | 15276 |
| **仙桃市** | **42710** | **32030** | **29665** | **6895** | **2365** | **6030** | **4650** | | **37123** |
| **天门市** | **35803** | **29608** | **29172** | **6677** | **436** | **3185** | **2032** | **978** | **33676** |
| **潜江市** | **31926** | **25023** | **14956** | **4529** | **10067** | **1590** | **2033** | **3280** | **11917** |
| **神农架林区** | **1712.2** | **1302** | **1172** | **1124** | **130** | **293** | **117.2** | | **2107.8** |

# 农业化管理服务及修理情况

| 单位名称 | 农机化培训(人次) | | | | | | 农机监理装备 | | | |
|---|---|---|---|---|---|---|---|---|---|---|
| | 合计 | 培训农机管理人员 | 培训农机技术人员 | 培训农机监理人员 | 培训农机操作人员 | 培训其他人员 | 监理车辆(辆) | | 安全检测设备(套) | |
| | | | | | | | 小计 | 摩托车 | 小计 | 拖拉机检测设备 |
| **全省合计** | **269510** | **5003** | **36027** | **1227** | **148724** | **78529** | **207** | **89** | **86** | **79** |
| **武汉市** | **22260** | **137** | **1074** | **73** | **16952** | **4024** | **8** | | **6** | **5** |
| 市郊区 | 5168 | 15 | 25 | 11 | 4590 | 527 | 4 | | 2 | 2 |
| 蔡甸区 | 3500 | 30 | 180 | 10 | 3100 | 180 | 1 | | 1 | 1 |
| 江夏区 | 3310 | 44 | 365 | | 2451 | 450 | 1 | | 1 | |
| 黄陂区 | 5636 | 19 | 136 | 43 | 3266 | 2172 | 1 | | 1 | 1 |
| 新洲区 | 4646 | 29 | 368 | 9 | 3545 | 695 | 1 | | 1 | 1 |
| **黄石市** | **3898** | **114** | **561** | **35** | **1880** | **1308** | **2** | **1** | **1** | |
| 市郊区 | 164 | 13 | 35 | 8 | 60 | 48 | | | | |
| 大冶市 | 690 | 70 | 226 | 14 | 320 | 60 | 1 | | 1 | |
| 阳新县 | 3044 | 31 | 300 | 13 | 1500 | 1200 | 1 | 1 | | |
| **十堰市** | **24042** | **1118** | **4332** | **32** | **9920** | **8640** | **12** | **5** | **10** | **10** |
| 市郊区 | 539 | 12 | 57 | 10 | 380 | 80 | 1 | | | |
| 丹江口市 | 2780 | 30 | 350 | | 1100 | 1300 | 2 | | 1 | 1 |
| 郧 县 | 9859 | 50 | 3500 | 9 | 2600 | 3700 | 1 | | 1 | 1 |
| 郧西县 | 3800 | 6 | 10 | 4 | 3480 | 300 | | | | |
| 竹山县 | 3100 | 1000 | | | 1300 | 800 | 6 | 5 | | |
| 竹溪县 | 1972 | 20 | 150 | 2 | 600 | 1200 | 1 | | 4 | 4 |
| 房 县 | 1992 | | 265 | 7 | 460 | 1260 | 1 | | 4 | 4 |
| **荆州市** | **50975** | **425** | **12216** | **164** | **26517** | **11653** | **30** | **19** | **6** | **5** |
| 市郊区 | 5109 | 90 | 400 | 2 | 2297 | 2320 | 3 | 1 | 1 | 1 |
| 江陵县 | 4687 | 17 | 354 | 14 | 3665 | 637 | 1 | | | |
| 松滋区 | 1389 | 27 | 460 | 22 | 880 | | 4 | | 1 | |
| 公安县 | 11845 | 130 | 3377 | | 7687 | 651 | 2 | 2 | | |
| 石首市 | 14457 | 78 | 4894 | 20 | 5229 | 4236 | 1 | | | |
| 监利县 | 6576 | 3 | 1860 | 25 | 3989 | 699 | 3 | | 2 | 2 |
| 洪湖市 | 6912 | 80 | 871 | 81 | 2770 | 3110 | 16 | 16 | 2 | 2 |
| **宜昌市** | **13108** | **118** | **1122** | **98** | **8527** | **3243** | **10** | **1** | **5** | **5** |
| 市郊区 | 617 | 1 | 211 | | 305 | 100 | 1 | 1 | | |
| 宜昌县 | 2962 | | | | 2032 | 930 | | | 1 | 1 |
| 宜都市 | 1880 | 18 | 20 | 5 | 1278 | 559 | 1 | | 1 | 1 |
| 枝江市 | 1946 | 50 | 230 | 66 | 400 | 1200 | 3 | | 2 | 2 |
| 当阳市 | 2026 | 49 | 350 | 27 | 1600 | | 1 | | | |
| 远安县 | 612 | | 300 | | 312 | | 1 | | 1 | 1 |
| 兴山县 | 1300 | | | | 1300 | | | | | |
| 秭归县 | 900 | | | | 900 | | 1 | | | |
| 长阳县 | 300 | | | | 300 | | 1 | | | |
| 五峰县 | 565 | | 11 | | 100 | 454 | 1 | | | |
| **襄阳市** | **17754** | **173** | **1458** | **152** | **12548** | **3423** | **66** | **35** | **5** | **5** |
| 市郊区 | 556 | 23 | 39 | 10 | 274 | 210 | 1 | | | |
| 老河口市 | 3220 | 10 | 150 | 60 | 3000 | | 4 | | 1 | 1 |
| 襄州区 | 5000 | 40 | 30 | 10 | 4920 | | 6 | | | |
| 枣阳市 | 2892 | | 735 | | 936 | 1221 | 47 | 35 | 1 | 1 |
| 宜城市 | 1826 | 12 | 8 | 4 | 1402 | 400 | 2 | | 1 | 1 |
| 南漳县 | 903 | 14 | 287 | 20 | 476 | 106 | 2 | | | |
| 谷城县 | 1437 | 2 | 34 | | 515 | 886 | 2 | | | |
| 保康县 | 1619 | 30 | 150 | 39 | 800 | 600 | 1 | | 1 | 1 |
| 襄北农场 | 301 | 42 | 25 | 9 | 225 | | 1 | | 1 | 1 |

续表1

| 单位名称 | 农机化培训(人次) | | | | | | 农机监理装备 | | | |
|---|---|---|---|---|---|---|---|---|---|---|
| | 合计 | 培训农机管理人员 | 培训农机技术人员 | 培训农机监理人员 | 培训农机操作人员 | 培训其他人员 | 监理车辆(辆) | | 安全检测设备(套) | |
| | | | | | | | 小计 | 摩托车 | 小计 | 拖拉机检测设备 |
| **鄂州市** | **4363** | **125** | **1310** | **66** | **2060** | **802** | **2** | | **2** | **2** |
| **荆门市** | **32921** | **322** | **2997** | **53** | **16430** | **13119** | **4** | **1** | **6** | **6** |
| 市郊区 | 8353 | 118 | 465 | 10 | 4260 | 3500 | 1 | | 1 | 1 |
| 钟祥市 | 10441 | 18 | 840 | 21 | 6062 | 3500 | | | 1 | 1 |
| 京山县 | 7215 | 150 | 750 | 15 | 3100 | 3200 | | | 1 | 1 |
| 沙洋县 | 5607 | 16 | 629 | | 2552 | 2410 | | | | |
| 沙洋农场 | 297 | 16 | 13 | 3 | 256 | 9 | 3 | 1 | 3 | 3 |
| 五三农场 | 1008 | 4 | 300 | 4 | 200 | 500 | | | | |
| **孝感市** | **12587** | **135** | **2004** | **82** | **5469** | **4897** | **9** | | **10** | **7** |
| 市郊区 | 2052 | 26 | 25 | | 1115 | 886 | | | | |
| 孝昌县 | 2306 | 33 | 863 | 40 | 1300 | 70 | 1 | | 1 | 1 |
| 大悟县 | 1205 | | 407 | | 467 | 331 | 1 | | 1 | 1 |
| 安陆市 | 3899 | 15 | 630 | 21 | 875 | 2358 | 3 | | 4 | 4 |
| 云梦县 | 864 | 24 | 50 | | 530 | 260 | 1 | | 1 | 1 |
| 应城市 | 1534 | 2 | 3 | 5 | 793 | 731 | 2 | | 2 | |
| 汉川市 | 727 | 35 | 26 | 16 | 389 | 261 | 1 | | 1 | |
| **黄冈市** | **28656** | **468** | **2122** | **278** | **15671** | **10117** | **12** | **3** | **15** | **15** |
| 市郊区 | 443 | | 135 | 5 | 303 | | 1 | | 1 | 1 |
| 团风县 | 1401 | 6 | 9 | 3 | 863 | 520 | 1 | | 1 | 1 |
| 红安县 | 1226 | 26 | 26 | | 815 | 359 | 2 | 2 | 1 | 1 |
| 麻城市 | 4084 | 64 | 790 | 20 | 3210 | | 3 | 1 | | |
| 罗田县 | 4150 | 60 | 250 | 10 | 2550 | 1280 | 1 | | | |
| 英山县 | 1330 | 25 | 200 | 5 | 800 | 300 | 1 | | 2 | 2 |
| 浠水县 | 2376 | 32 | 32 | 12 | 2300 | | 1 | | 5 | 5 |
| 蕲春县 | 4488 | 180 | 360 | 80 | 2810 | 1058 | | | | |
| 武穴市 | 1987 | 15 | 120 | 2 | 850 | 1000 | 1 | | 1 | 1 |
| 黄梅县 | 7171 | 60 | 200 | 141 | 1170 | 5600 | 1 | | 4 | 4 |
| **咸宁市** | **9135** | **46** | **2384** | **23** | **3915** | **2767** | **12** | **6** | **12** | **9** |
| 咸安区 | 470 | 14 | 56 | | 400 | | 1 | | | |
| 嘉鱼县 | 1793 | 10 | 105 | 6 | 300 | 1372 | 2 | 2 | 3 | 3 |
| 赤壁市 | 4058 | 4 | 2200 | 4 | 1300 | 550 | 2 | | 1 | 1 |
| 通城县 | 1895 | 11 | 22 | 12 | 1305 | 545 | 1 | | 3 | 2 |
| 崇阳县 | 450 | | | | 250 | 200 | 5 | 4 | 3 | 1 |
| 通山县 | 469 | 7 | 1 | 1 | 360 | 100 | 1 | | 2 | 2 |
| **恩施自治州** | **20448** | **1358** | **276** | **18** | **13111** | **5685** | **6** | | **4** | **3** |
| 恩施市 | 441 | 48 | 3 | | 390 | | 1 | | 1 | |
| 建始县 | 2224 | 202 | 87 | | 845 | 1090 | | | | |
| 巴东县 | 2214 | 984 | 11 | 7 | 12 | 1200 | | | | |
| 利川市 | 4586 | 85 | 85 | | 4107 | 309 | 1 | | | |
| 宣恩县 | 2638 | | 28 | | 1997 | 613 | 1 | | 1 | 1 |
| 咸丰县 | 3073 | | | | 2720 | 353 | 1 | | 1 | 1 |
| 来凤县 | 3676 | 11 | 34 | 11 | 1500 | 2120 | 1 | | | |
| 鹤峰县 | 1596 | 28 | 28 | | 1540 | | 1 | | 1 | 1 |
| **随州市** | **14718** | **150** | **1278** | **35** | **5984** | **7271** | **1** | | | |
| 曾都区 | 7400 | | 83 | | 4067 | 3250 | 1 | | | |
| 广水市 | 219 | 40 | 19 | 18 | 17 | 125 | | | | |
| 随县 | 7099 | 110 | 1176 | 17 | 1900 | 3896 | | | | |
| **仙桃市** | **1343** | **22** | **48** | **13** | **1260** | | **21** | **18** | **3** | **3** |
| **天门市** | **8823** | **148** | **645** | **70** | **6380** | **1580** | **6** | | **1** | **1** |
| **潜江市** | **3962** | **127** | **2000** | **35** | **1800** | | **5** | | | **2** |
| **神农架林区** | **517** | **17** | **200** | | **300** | | **1** | | | **1** |

续表2

| 单位名称 | 农机维修厂及维修点 | | | | | | | | | |
|---|---|---|---|---|---|---|---|---|---|---|
| | 合计 | | 一级维修点 | | 二级维修点 | | 三级维修点 | | 专项维修点 | |
| | 机构数(个) | 人数(人) | 机构数(个) | 人数(人) | 机构数(个) | 人数(人) | 机构数(个) | 人数(人) | 机构数(个) | 人数(人) |
| **全省合计** | **7388** | **21765** | **187** | **708** | **369** | **1372** | **2725** | **7575** | **3472** | **10080** |
| **武汉市** | **536** | **1667** | **32** | **87** | **48** | **163** | **251** | **637** | **205** | **771** |
| 市郊区 | 83 | 336 | | | 8 | 39 | 34 | 170 | 41 | 127 |
| 蔡甸区 | 38 | 114 | | | | | 2 | 12 | 36 | 102 |
| 江夏区 | 112 | 529 | | | | | 21 | 85 | 91 | 435 |
| 黄陂区 | 70 | 125 | | | 4 | 11 | 66 | 114 | | |
| 新洲区 | 233 | 563 | 32 | 87 | 36 | 113 | 128 | 256 | 37 | 107 |
| **黄石市** | **77** | **429** | | | **26** | **119** | | | **20** | **100** |
| 市郊区 | 1 | 2 | | | 1 | 2 | | | | |
| 大冶市 | 51 | 310 | | | | | | | 20 | 100 |
| 阳新县 | 25 | 117 | | | 25 | 117 | | | | |
| **十堰市** | **661** | **2473** | **5** | **12** | **16** | **45** | **203** | **619** | **437** | **1797** |
| 市郊区 | 25 | 117 | | | 1 | 2 | | | 24 | 115 |
| 丹江口市 | 122 | 232 | | | | | 50 | 86 | 72 | 146 |
| 郧 县 | 331 | 1501 | | | | | | | 331 | 1501 |
| 郧西县 | 86 | 385 | | | | | 86 | 385 | | |
| 竹山县 | 33 | 99 | | | 8 | 24 | 15 | 40 | 10 | 35 |
| 竹溪县 | 23 | 56 | 5 | 12 | 7 | 19 | 11 | 25 | | |
| 房 县 | 41 | 83 | | | | | 41 | 83 | | |
| **荆州市** | **383** | **1290** | **12** | **33** | **7** | **73** | **87** | **169** | **277** | **1015** |
| 市郊区 | 72 | 127 | | | 3 | 12 | 51 | 79 | 18 | 36 |
| 江陵县 | 12 | 33 | 12 | 33 | | | | | | |
| 松滋区 | 4 | 23 | | | | | 3 | 15 | 1 | 8 |
| 公安县 | 91 | 226 | | | 4 | 61 | | | 87 | 165 |
| 石首市 | 64 | 131 | | | | | 31 | 65 | 33 | 66 |
| 监利县 | 57 | 596 | | | | | | | 57 | 596 |
| 洪湖市 | 83 | 154 | | | | | 2 | 10 | 81 | 144 |
| **宜昌市** | **705** | **2100** | **2** | **10** | **4** | **22** | **123** | **267** | **431** | **1578** |
| 市郊区 | 16 | 74 | | | | | | | 16 | 74 |
| 宜昌县 | 66 | 158 | 2 | 10 | | | 41 | 89 | 23 | 59 |
| 宜都市 | 26 | 43 | | | 2 | 4 | 24 | 39 | | |
| 枝江市 | 295 | 1024 | | | 1 | 8 | 11 | 44 | 283 | 972 |
| 当阳市 | 145 | 223 | | | | | | | | |
| 远安县 | 4 | 10 | | | | | 4 | 10 | | |
| 兴山县 | 12 | 13 | | | | | | | 12 | 13 |
| 秭归县 | 49 | 239 | | | 1 | 10 | | | 48 | 229 |
| 长阳县 | 54 | 105 | | | | | 43 | 85 | 11 | 20 |
| 五峰县 | 38 | 211 | | | | | | | 38 | 211 |
| **襄阳市** | **1025** | **3150** | **18** | **69** | **36** | **145** | **573** | **1853** | **292** | **823** |
| 市郊区 | 62 | 135 | 12 | 23 | 14 | 30 | 36 | 82 | | |
| 老河口市 | 111 | 295 | | | | | 11 | 35 | | |
| 襄州区 | 291 | 696 | 4 | 18 | 16 | 68 | 69 | 203 | 202 | 407 |
| 枣阳市 | 339 | 1596 | 1 | 9 | 2 | 38 | 298 | 1263 | 38 | 286 |
| 宜城市 | 105 | 153 | | | 4 | 9 | 98 | 138 | 3 | 6 |
| 南漳县 | 13 | 47 | | | | | 11 | 41 | 2 | 6 |
| 谷城县 | 51 | 112 | | | | | 2 | 2 | 43 | 110 |
| 保康县 | 48 | 89 | | | | | 48 | 89 | | |
| 襄北农场 | 5 | 27 | 1 | 19 | | | | | 4 | 8 |

续表3

| 单位名称 | 农机维修厂及维修点 | | | | | | | | | |
|---|---|---|---|---|---|---|---|---|---|---|
| | 合计 | | 一级维修点 | | 二级维修点 | | 三级维修点 | | 专项维修点 | |
| | 机构数(个) | 人数(人) | 机构数(个) | 人数(人) | 机构数(个) | 人数(人) | 机构数(个) | 人数(人) | 机构数(个) | 人数(人) |
| **鄂州市** | **165** | **732** | **26** | **130** | **60** | **219** | **73** | **367** | **3** | **6** |
| **荆门市** | **1181** | **1555** | | | **29** | **91** | **399** | **662** | **553** | **802** |
| 市郊区 | 87 | 180 | | | 4 | 17 | | | 83 | 163 |
| 钟祥市 | 702 | 945 | | | 17 | 50 | 235 | 290 | 450 | 605 |
| 京山县 | 64 | 186 | | | | | 64 | 186 | | |
| 沙洋县 | 98 | 176 | | | | | 86 | 158 | 12 | 18 |
| 沙洋农场 | 8 | 16 | | | | | | | 8 | 16 |
| 五三农场 | 222 | 52 | | | 8 | 24 | 14 | 28 | | |
| **孝感市** | **351** | **1208** | **1** | **7** | **1** | **8** | **204** | **587** | **120** | **417** |
| 市郊区 | 31 | 114 | | | | | 29 | 106 | 2 | 8 |
| 孝昌县 | 17 | 58 | | | | | 17 | 58 | | |
| 大悟县 | 34 | 46 | | | | | 32 | 44 | 2 | 2 |
| 安陆市 | 80 | 361 | | | | | 5 | 21 | 50 | 151 |
| 云梦县 | 27 | 57 | | | | | 27 | 57 | | |
| 应城市 | 102 | 416 | | | 1 | 8 | 35 | 152 | 66 | 256 |
| 汉川市 | 60 | 156 | 1 | 7 | | | 59 | 149 | | |
| **黄冈市** | **800** | **2369** | **88** | **316** | **90** | **204** | **314** | **1065** | **308** | **784** |
| 市郊区 | 27 | 53 | | | | | 27 | 53 | | |
| 团风县 | 43 | 103 | | | | | | | 43 | 103 |
| 红安县 | 76 | 578 | 1 | 181 | 1 | 6 | 74 | 391 | | |
| 麻城市 | 97 | 267 | | | 3 | 16 | 94 | 251 | | |
| 罗田县 | 40 | 115 | | | 10 | 30 | 20 | 60 | 10 | 25 |
| 英山县 | 33 | 90 | | | | | 25 | 79 | 8 | 11 |
| 浠水县 | 65 | 203 | | | | | 7 | 33 | 58 | 170 |
| 蕲春县 | 25 | 72 | 1 | 6 | 1 | 4 | 17 | 43 | 6 | 19 |
| 武穴市 | 200 | 450 | 85 | 125 | 65 | 130 | 10 | 25 | 40 | 170 |
| 黄梅县 | 194 | 438 | 1 | 4 | 10 | 18 | 40 | 130 | 143 | 286 |
| **咸宁市** | **345** | **1265** | **3** | **44** | **27** | **188** | **71** | **345** | **244** | **688** |
| 咸安区 | 59 | 141 | | | | | 1 | 5 | 58 | 136 |
| 嘉鱼县 | 100 | 361 | | | | | 3 | 96 | 97 | 265 |
| 赤壁市 | 37 | 255 | 2 | 28 | 10 | 98 | 20 | 106 | 5 | 23 |
| 通城县 | 12 | 18 | | | | | 12 | 18 | | |
| 崇阳县 | 81 | 220 | 1 | 16 | 16 | 80 | 30 | 90 | 34 | 34 |
| 通山县 | 56 | 270 | | | 1 | 10 | 5 | 30 | 50 | 230 |
| **恩施自治州** | **538** | **1313** | | | **11** | **38** | **222** | **488** | **180** | **444** |
| 恩施市 | 56 | 157 | | | | | | | | |
| 建始县 | 112 | 328 | | | 1 | 8 | 25 | 86 | 79 | 234 |
| 巴东县 | 56 | 156 | | | | | 56 | 156 | | |
| 利川市 | 79 | 193 | | | | | 39 | 80 | 40 | 113 |
| 宣恩县 | 23 | 47 | | | | | | | 23 | 47 |
| 咸丰县 | 80 | 111 | | | | | 48 | 76 | 32 | 35 |
| 来凤县 | 70 | 135 | | | 10 | 30 | 54 | 90 | 6 | 15 |
| 鹤峰县 | 62 | 186 | | | | | | | | |
| **随州市** | **262** | **1399** | | | **6** | **22** | **44** | **99** | **212** | **492** |
| 曾都区 | 112 | 272 | | | | | 5 | 16 | 107 | 256 |
| 广水市 | 61 | 111 | | | | | | | 61 | 111 |
| 随县 | 89 | 1016 | | | 6 | 22 | 39 | 83 | 44 | 125 |
| **仙桃市** | | | | | | | | | | |
| **天门市** | **176** | **300** | | | | | **1** | **7** | **175** | **293** |
| **潜江市** | **171** | **455** | | | **8** | **35** | **160** | **410** | **3** | **10** |
| **神农架林区** | **12** | **60** | | | | | | | **12** | **60** |

续表4

| 单位名称 | 农机维修(台次) | | | | | |
|---|---|---|---|---|---|---|
| | 合计 | 维修拖拉机 | 维修联合收割机 | 维修水稻插秧机 | 维修运输机械 | 维修其他农机具 |
| **全省合计** | **1503951** | **457629** | **33704** | **7257** | **185072** | **820289** |
| **武汉市** | **65811** | **9108** | **543** | **157** | **8942** | **47061** |
| 市郊区 | 11289 | 1909 | 139 | 8 | 2114 | 7119 |
| 蔡甸区 | 2824 | 639 | 78 | 40 | 277 | 1790 |
| 江夏区 | 24136 | 2724 | 179 | 28 | 1035 | 20170 |
| 黄陂区 | 13649 | 1582 | 66 | 16 | 4008 | 7977 |
| 新洲区 | 13913 | 2254 | 81 | 65 | 1508 | 10005 |
| **黄石市** | **13679** | **5414** | **153** | **456** | **730** | **6926** |
| 市郊区 | 46 | 26 | | | 10 | 10 |
| 大冶市 | 7192 | 1728 | 121 | 215 | 510 | 4618 |
| 阳新县 | 6441 | 3660 | 32 | 241 | 210 | 2298 |
| **十堰市** | **40123** | **6453** | **180** | **126** | **8516** | **24848** |
| 市郊区 | 1106 | 55 | 1 | | 480 | 570 |
| 丹江口市 | 4358 | 2600 | 56 | 42 | 560 | 1100 |
| 郧 县 | 10894 | 742 | 7 | 21 | 2698 | 7426 |
| 郧西县 | 9852 | 50 | 8 | 4 | 250 | 9540 |
| 竹山县 | 5732 | 1500 | 15 | 7 | 2610 | 1600 |
| 竹溪县 | 1426 | 320 | 6 | 5 | 450 | 645 |
| 房 县 | 6755 | 1186 | 87 | 47 | 1468 | 3967 |
| **荆州市** | **85451** | **25681** | **6041** | **650** | **9606** | **43473** |
| 市郊区 | 4202 | 1599 | 302 | 208 | 1301 | 792 |
| 江陵县 | 5085 | 1905 | 416 | 66 | 723 | 1975 |
| 松滋区 | 3950 | 1887 | 585 | 41 | 1042 | 395 |
| 公安县 | 13940 | 5524 | 1437 | 57 | 1565 | 5357 |
| 石首市 | 7867 | 2437 | 570 | 70 | 600 | 4190 |
| 监利县 | 28245 | 3717 | 293 | 100 | 130 | 24005 |
| 洪湖市 | 22162 | 8612 | 2438 | 108 | 4245 | 6759 |
| **宜昌市** | **102103** | **45700** | **2050** | **484** | **15781** | **38088** |
| 市郊区 | 1160 | 210 | | | 420 | 530 |
| 宜昌县 | 11906 | 4889 | 11 | 32 | 1987 | 4987 |
| 宜都市 | 10026 | 1011 | 45 | 29 | 3208 | 5733 |
| 枝江市 | 35336 | 13670 | 1098 | 314 | 3867 | 16387 |
| 当阳市 | 27838 | 21118 | 805 | 95 | 1755 | 4065 |
| 远安县 | 2826 | 1893 | 86 | 12 | 312 | 523 |
| 兴山县 | 2222 | 900 | | 2 | 220 | 1100 |
| 秭归县 | 7273 | 1513 | | | 2883 | 2877 |
| 长阳县 | 2425 | 298 | | | 841 | 1286 |
| 五峰县 | 1091 | 198 | 5 | | 288 | 600 |
| **襄阳市** | **473168** | **156985** | **5306** | **512** | **20497** | **289868** |
| 市郊区 | 4951 | 3200 | 127 | 12 | | 1612 |
| 老河口市 | 93470 | 45000 | 1800 | 170 | 1500 | 45000 |
| 襄州区 | 38938 | 22331 | 1216 | 146 | 9238 | 6007 |
| 枣阳市 | 214657 | 45983 | 659 | 73 | 385 | 167557 |
| 宜城市 | 53732 | 23016 | 439 | 25 | 210 | 30042 |
| 南漳县 | 3504 | 1761 | 34 | 19 | 923 | 767 |
| 谷城县 | 34290 | 9606 | 835 | 47 | 4229 | 19573 |
| 保康县 | 29370 | 6000 | 150 | 20 | 4000 | 19200 |
| 襄北农场 | 256 | 88 | 46 | | 12 | 110 |

续表5

| 单位名称 | 农机维修(台次) | | | | | |
|---|---|---|---|---|---|---|
| | 合计 | 维修拖拉机 | 维修联合收割机 | 维修水稻插秧机 | 维修运输机械 | 维修其他农机具 |
| **鄂州市** | **48780** | **4760** | **120** | **150** | **5010** | **38740** |
| **荆门市** | **112611** | **53782** | **5119** | **2228** | **6663** | **44819** |
| 市郊区 | 40057 | 16693 | 1637 | 87 | 3225 | 18415 |
| 钟祥市 | 15180 | 6780 | 1170 | 480 | 1284 | 5466 |
| 京山县 | 23500 | 12115 | 1100 | 1200 | 185 | 8900 |
| 沙洋县 | 33620 | 18054 | 1168 | 439 | 1966 | 11993 |
| 沙洋农场 | 254 | 140 | 44 | 22 | 3 | 45 |
| 五三农场 | | | | | | |
| **孝感市** | **112599** | **31096** | **2992** | **731** | **8506** | **69274** |
| 市郊区 | 6120 | 1477 | 19 | | 473 | 4151 |
| 孝昌县 | 8597 | 3925 | 230 | 70 | 893 | 3479 |
| 大悟县 | 37623 | 11528 | 268 | 28 | 1294 | 24505 |
| 安陆市 | 12902 | 1125 | 286 | 144 | 1130 | 10217 |
| 云梦县 | 6714 | 2513 | 67 | 4 | 1788 | 2342 |
| 应城市 | 9867 | 4657 | 1236 | 236 | 782 | 2956 |
| 汉川市 | 30776 | 5871 | 886 | 249 | 2146 | 21624 |
| **黄冈市** | **174735** | **44732** | **3383** | **899** | **56206** | **69515** |
| 市郊区 | 2269 | 1095 | 12 | 2 | 243 | 917 |
| 团风县 | 1415 | 76 | 72 | 16 | 410 | 841 |
| 红安县 | 3660 | 1418 | 94 | 427 | 1436 | 285 |
| 麻城市 | 7256 | 1637 | 181 | 25 | 2928 | 2485 |
| 罗田县 | 3626 | 1250 | 136 | 45 | 1210 | 985 |
| 英山县 | 6785 | 550 | 110 | 25 | 1600 | 4500 |
| 浠水县 | 32782 | 6456 | 216 | 125 | 3296 | 22689 |
| 蕲春县 | 8893 | 3296 | 109 | 36 | 2975 | 2477 |
| 武穴市 | 7120 | 700 | 350 | 70 | 3700 | 2300 |
| 黄梅县 | 100929 | 28254 | 2103 | 128 | 38408 | 32036 |
| **咸宁市** | **23801** | **4319** | **1592** | **185** | **6133** | **11572** |
| 咸安区 | 2866 | 1124 | 212 | 10 | 856 | 664 |
| 嘉鱼县 | 2652 | 674 | 227 | 44 | 672 | 1035 |
| 赤壁市 | 5397 | 871 | 57 | 54 | 1312 | 3103 |
| 通城县 | 1446 | 250 | 146 | 37 | 93 | 920 |
| 崇阳县 | 5770 | 400 | 600 | 20 | 1200 | 3550 |
| 通山县 | 5670 | 1000 | 350 | 20 | 2000 | 2300 |
| **恩施自治州** | **103906** | **10500** | **481** | **35** | **27533** | **65357** |
| 恩施市 | 253 | 53 | | | 44 | 156 |
| 建始县 | 9281 | 684 | 26 | 3 | 3814 | 4754 |
| 巴东县 | 3417 | 512 | | | 144 | 2761 |
| 利川市 | 18651 | 2945 | 421 | 28 | 5646 | 9611 |
| 宣恩县 | 28900 | 1339 | 6 | 4 | 4747 | 22804 |
| 咸丰县 | 5952 | | | | 1832 | 4120 |
| 来凤县 | 16720 | 4417 | 17 | | 4849 | 7437 |
| 鹤峰县 | 20732 | 550 | 11 | | 6457 | 13714 |
| **随州市** | **90621** | **39639** | **1933** | **225** | **4697** | **44127** |
| 曾都区 | 28261 | 6353 | 348 | 86 | 1534 | 19940 |
| 广水市 | 10872 | 4126 | 439 | 79 | 1165 | 5063 |
| 随县 | 51488 | 29160 | 1146 | 60 | 1998 | 19124 |
| **仙桃市** | **15509** | **6158** | **650** | **65** | **3686** | **4950** |
| **天门市** | **26874** | **3364** | **2844** | **263** | **557** | **19846** |
| **潜江市** | **13410** | **9781** | **317** | **91** | **1704** | **1517** |
| **神农架林区** | **770** | **157** | | | **305** | **308** |

## 农机化投入情况表(中央财政)

单位:万元

| 单位名称 | 资金用途 | | | | | | |
|---|---|---|---|---|---|---|---|
| | 合计 | 行政事业 | 基本建设 | 科研 | 推广培训 | 农机购置 | 其他 |
| **全省合计** | **86810.637** | | **405** | **20** | **315.53** | **85854.107** | **216** |
| **武汉市** | **6337.256** | | **81** | | **2** | **6249.256** | **5** |
| 市郊区 | 1392.756 | | | | | 1392.756 | |
| 蔡甸区 | 998 | | 61 | | 2 | 930 | 5 |
| 江夏区 | 1164 | | | | | 1164 | |
| 黄陂区 | 1257.5 | | | | | 1257.5 | |
| 新洲区 | 1525 | | 20 | | | 1505 | |
| 市直 | | | | | | | |
| **黄石市** | **1969** | | | | | **1969** | |
| 市郊区 | | | | | | | |
| 大冶市 | 715 | | | | | 715 | |
| 阳新县 | 1254 | | | | | 1254 | |
| 市直 | | | | | | | |
| **十堰市** | **4805** | | | | | **4805** | |
| 市郊区 | 240 | | | | | 240 | |
| 丹江口市 | 880 | | | | | 880 | |
| 郧 县 | 1000 | | | | | 1000 | |
| 郧西县 | 645 | | | | | 645 | |
| 竹山县 | 630 | | | | | 630 | |
| 竹溪县 | 580 | | | | | 580 | |
| 房 县 | 830 | | | | | 830 | |
| 市直 | | | | | | | |
| **荆州市** | **12687.86** | | | | | **12687.86** | |
| 市郊区 | 2146.92 | | | | | 2146.92 | |
| 江陵县 | 1250.98 | | | | | 1250.98 | |
| 松滋区 | 1736 | | | | | 1736 | |
| 公安县 | 1870 | | | | | 1870 | |
| 石首市 | 1583 | | | | | 1583 | |
| 监利县 | 2295.96 | | | | | 2295.96 | |
| 洪湖市 | 1805 | | | | | 1805 | |
| 市直 | | | | | | | |
| **宜昌市** | **5935** | | | | | **5935** | |
| 市郊区 | 120 | | | | | 120 | |
| 宜昌县 | 600 | | | | | 600 | |
| 宜都市 | 660 | | | | | 660 | |
| 枝江市 | 1099 | | | | | 1099 | |
| 当阳市 | 1160 | | | | | 1160 | |
| 远安县 | 410 | | | | | 410 | |
| 兴山县 | 300 | | | | | 300 | |
| 秭归县 | 460 | | | | | 460 | |
| 长阳县 | 464 | | | | | 464 | |
| 五峰县 | 662 | | | | | 662 | |
| 市直 | | | | | | | |

续表1

单位:万元

| 单位名称 | 资金用途 | | | | | | |
| --- | --- | --- | --- | --- | --- | --- | --- |
| | 合计 | 行政事业 | 基本建设 | 科研 | 推广培训 | 农机购置 | 其他 |
| **襄阳市** | **8908** | | | | **18** | **8850** | **40** |
| 市郊区 | 831 | | | | | 831 | |
| 老河口市 | 1380 | | | | | 1380 | |
| 襄州区 | 1754 | | | | | 1754 | |
| 枣阳市 | 1732 | | | | 10 | 1702 | 20 |
| 宜城市 | 1038 | | | | | 1038 | |
| 南漳县 | 1062 | | | | | 1042 | 20 |
| 谷城县 | 463 | | | | | 463 | |
| 保康县 | 567 | | | | 8 | 559 | |
| 襄北农场 | 81 | | | | | 81 | |
| 市直 | | | | | | | |
| **鄂州市** | **1650** | | | | **10** | **1640** | |
| **荆门市** | **7490.5** | | **70** | | **17.5** | **7283** | **120** |
| 市郊区 | 1262 | | | | | 1262 | |
| 钟祥市 | 1926 | | 70 | | | 1736 | 120 |
| 京山县 | 2000 | | | | | 2000 | |
| 沙洋县 | 1522.5 | | | | 17.5 | 1505 | |
| 沙洋农场 | 130 | | | | | 130 | |
| 五三农场 | 650 | | | | | 650 | |
| 市直 | | | | | | | |
| **孝感市** | **8117** | | **2** | | **34** | **8079** | **2** |
| 市郊区 | 1563 | | | | | 1563 | |
| 孝昌县 | 940 | | | | | 940 | |
| 大悟县 | 966 | | | | | 966 | |
| 安陆市 | 1078 | | 2 | | 24 | 1052 | |
| 云梦县 | 841 | | | | | 841 | |
| 应城市 | 1319 | | | | 10 | 1307 | 2 |
| 汉川市 | 1410 | | | | | 1410 | |
| 市直 | | | | | | | |

续表2

单位:万元

| 单位名称 | 资金用途 | | | | | | |
|---|---|---|---|---|---|---|---|
| | 合计 | 行政事业 | 基本建设 | 科研 | 推广培训 | 农机购置 | 其他 |
| **黄冈市** | **9701.03** | | **2** | **20** | **72.03** | **9580** | **27** |
| 市郊区 | 500 | | | | | 500 | |
| 团风县 | 870 | | | 10 | | 850 | 10 |
| 红安县 | 910 | | | 10 | | 900 | |
| 麻城市 | 997 | | | | | 980 | 17 |
| 罗田县 | 650 | | | | | 650 | |
| 英山县 | 700 | | | | | 700 | |
| 浠水县 | 1200 | | | | | 1200 | |
| 蕲春县 | 900 | | | | | 900 | |
| 武穴市 | 1148.4 | | | | 48.4 | 1100 | |
| 黄梅县 | 1825.63 | | 2 | | 23.63 | 1800 | |
| 市直 | | | | | | | |
| **咸宁市** | **4998** | | | | **21** | **4977** | |
| 咸安区 | 788 | | | | | 788 | |
| 嘉鱼县 | 1008 | | | | | 1008 | |
| 赤壁市 | 1172 | | | | | 1172 | |
| 通城县 | 740 | | | | 10 | 730 | |
| 崇阳县 | 650 | | | | 11 | 639 | |
| 通山县 | 640 | | | | | 640 | |
| 市直 | | | | | | | |
| **恩施自治州** | **5193** | | **250** | | **117** | **4826** | |
| 恩施市 | 815 | | | | 15 | 800 | |
| 建始县 | 790 | | 240 | | 15 | 535 | |
| 巴东县 | 600 | | | | 15 | 585 | |
| 利川市 | 820 | | | | 18 | 802 | |
| 宣恩县 | 579 | | 10 | | 15 | 554 | |
| 咸丰县 | 515 | | | | 15 | 500 | |
| 来凤县 | 632 | | | | 12 | 620 | |
| 鹤峰县 | 442 | | | | 12 | 430 | |
| 市直 | | | | | | | |
| **随州市** | **3110.991** | | | | **24** | **3086.991** | |
| 曾都区 | 878 | | | | | 878 | |
| 广水市 | 850 | | | | | 850 | |
| 随县 | | | | | 24 | 1358.991 | |
| 市直 | | | | | | | |
| **仙桃市** | **1657** | | | | | **1657** | |
| **天门市** | **2100** | | | | | **2100** | |
| **潜江市** | **1625** | | | | | **1625** | |
| **神农架林区** | **526** | | | | | **504** | **22** |

# 农机化投入情况表(地方财政)

单位:万元

| 单位名称 | 资金用途 | | | | | | |
|---|---|---|---|---|---|---|---|
| | 合计 | 行政事业 | 基本建设 | 科研 | 推广培训 | 农机购置 | 其他 |
| **全省合计** | **16837.0554** | **11262.962** | **1355** | **38** | **1398.68** | **1341.2834** | **1441.13** |
| **武汉市** | **2289.7734** | **1487.81** | **135** | **3** | **71.2** | **592.7634** | |
| 市郊区 | 227.4634 | 15.2 | 31 | | | 181.2634 | |
| 蔡甸区 | 443 | 343 | | | | 100 | |
| 江夏区 | 557.61 | 537.61 | | | | 20 | |
| 黄陂区 | 312.7 | 143 | 20 | | 7.2 | 142.5 | |
| 新洲区 | 749 | 449 | 84 | 3 | 64 | 149 | |
| 市直 | | | | | | | |
| **黄石市** | **217.45** | **6.45** | **160** | | **5** | **46** | |
| 市郊区 | 32.45 | 6.45 | | | | 26 | |
| 大冶市 | 185 | | 160 | | 5 | 20 | |
| 阳新县 | | | | | | | |
| 市直 | | | | | | | |
| **十堰市** | **1657.3** | **843** | **405** | **5** | **151.3** | **157** | **96** |
| 市郊区 | 4 | | | | 4 | | |
| 丹江口市 | 79.3 | | | | 79.3 | | |
| 郧 县 | 299 | 245 | 5 | 5 | 8 | 10 | 26 |
| 郧西县 | 665 | 65 | 400 | | 40 | 100 | 60 |
| 竹山县 | 138 | 133 | | | 5 | | |
| 竹溪县 | 297 | 230 | | | 10 | 47 | 10 |
| 房 县 | 175 | 170 | | | 5 | | |
| 市直 | | | | | | | |
| **荆州市** | **1162.08** | **888.48** | **45** | | **49.6** | **40** | **139** |
| 市郊区 | 82.97 | 70.97 | | | 2 | | 10 |
| 江陵县 | 19 | 19 | | | | | |
| 松滋区 | 237.05 | 200.45 | 10 | | 26.6 | | |
| 公安县 | 155 | 118 | 35 | | | | 2 |
| 石首市 | 247.28 | 116.28 | | | 3 | 40 | 88 |
| 监利县 | 131.1 | 128.1 | | | 3 | | |
| 洪湖市 | 51.56 | 47.56 | | | 4 | | |
| 市直 | 238.12 | 188.12 | | | 11 | | 39 |
| **宜昌市** | **1495.37** | **1140.45** | **5** | | **27** | **206.52** | **116.4** |
| 市郊区 | 171.12 | 49.12 | | | | 120 | 2 |
| 宜昌县 | 124 | 82 | | | 15 | 27 | |
| 宜都市 | 354.4 | 225 | 3 | | 5 | 38 | 83.4 |
| 枝江市 | 101 | 101 | | | | | |
| 当阳市 | 137.85 | 104.33 | | | 2 | 16.52 | 15 |
| 远安县 | 27 | 15 | 2 | | 5 | 5 | |
| 兴山县 | 82 | 82 | | | | | |
| 秭归县 | 86 | 86 | | | | | |
| 长阳县 | 86 | 86 | | | | | |
| 五峰县 | 22 | 22 | | | | | |
| 市直 | 304 | 288 | | | | | 16 |

续表1

单位:万元

| 单位名称 | 资金用途 | | | | | | |
|---|---|---|---|---|---|---|---|
| | 合计 | 行政事业 | 基本建设 | 科研 | 推广培训 | 农机购置 | 其他 |
| **襄阳市** | **1028.45** | **828.39** | **25** | | **16.28** | | **158.78** |
| 市郊区 | 5 | 5 | | | | | |
| 老河口市 | 84.5 | 84.5 | | | | | |
| 襄州区 | 197 | 150 | 20 | | 10 | | 17 |
| 枣阳市 | 247 | 247 | | | | | |
| 宜城市 | 143.49 | 58.43 | | | 6.28 | | 78.78 |
| 南漳县 | 140.5 | 100.5 | | | | | 40 |
| 谷城县 | 122.96 | 122.96 | | | | | |
| 保康县 | 88 | 60 | 5 | | | | 23 |
| 襄北农场 | | | | | | | |
| 市直 | | | | | | | |
| **鄂州市** | **285.92** | **165.92** | **30** | **30** | **60** | | |
| **荆门市** | **469.01** | **327.56** | | | **11.9** | | **129.55** |
| 市郊区 | 158.66 | 84.11 | | | | | 74.55 |
| 钟祥市 | 227.5 | 177.5 | | | | | 50 |
| 京山县 | 43.9 | 27 | | | 11.9 | | 5 |
| 沙洋县 | 38.95 | 38.95 | | | | | |
| 沙洋农场 | | | | | | | |
| 五三农场 | | | | | | | |
| 市直 | | | | | | | |
| **孝感市** | **1294** | **1207** | **35** | | **16** | **10** | **26** |
| 市郊区 | | | | | | | |
| 孝昌县 | 76 | 66 | | | | | 10 |
| 大悟县 | 185 | 185 | | | | | |
| 安陆市 | 264 | 217 | 25 | | 2 | 10 | 10 |
| 云梦县 | 176 | 168 | | | 2 | | 6 |
| 应城市 | 310 | 295 | 10 | | 5 | | |
| 汉川市 | 283 | 276 | | | 7 | | |
| 市直 | | | | | | | |

续表2

单位:万元

| 单位名称 | 资金用途 | | | | | | |
|---|---|---|---|---|---|---|---|
| | 合计 | 行政事业 | 基本建设 | 科研 | 推广培训 | 农机购置 | 其他 |
| **黄冈市** | **2000.76** | **1222.8** | **120** | | **242.96** | **203** | **212** |
| 市郊区 | 133.8 | 133.8 | | | | | |
| 团风县 | 65 | 60 | | | | 5 | |
| 红安县 | 320 | 148 | | | | | 172 |
| 麻城市 | 253 | 148 | | | 95 | 10 | |
| 罗田县 | 80 | 80 | | | | | |
| 英山县 | 70 | 70 | | | | | |
| 浠水县 | 110 | 110 | | | | | |
| 蕲春县 | 109 | 84 | | | 25 | | |
| 武穴市 | 397 | 194 | 10 | | 53 | 100 | 40 |
| 黄梅县 | 462.96 | 195 | 110 | | 69.96 | 88 | |
| 市直 | | | | | | | |
| **咸宁市** | **975.4** | **603** | **15** | | **18** | **86** | **253.4** |
| 咸安区 | 286 | 77 | | | 5 | 20 | 184 |
| 嘉鱼县 | 76 | 46 | | | | | 30 |
| 赤壁市 | 61 | 61 | | | | | |
| 通城县 | 187.4 | 109 | | | | 61 | 17.4 |
| 崇阳县 | 111 | 70 | 15 | | 13 | 5 | 8 |
| 通山县 | 75 | 70 | | | | | 5 |
| 市直 | 179 | 170 | | | | | 9 |
| **恩施自治州** | **1428.962** | **1294.962** | | | **48** | | **86** |
| 恩施市 | 130 | 113 | | | | | 17 |
| 建始县 | 122.902 | 120.902 | | | | | 2 |
| 巴东县 | 144 | 142 | | | | | 2 |
| 利川市 | 293 | 271 | | | | | 22 |
| 宣恩县 | 223 | 221 | | | | | 2 |
| 咸丰县 | 68.76 | 64.76 | | | | | 4 |
| 来凤县 | 155.3 | 136.3 | | | | | 19 |
| 鹤峰县 | 42 | 40 | | | | | 2 |
| 市直 | 250 | 186 | | | 48 | | 16 |
| **随州市** | **808.58** | **181.14** | | | **624.44** | | **3** |
| 曾都区 | 101.4 | 57.14 | | | 44.26 | | |
| 广水市 | 220 | 72 | | | 145 | | 3 |
| 随县 | | 24 | | | 435.18 | | |
| 市直 | 28 | 28 | | | | | |
| **仙桃市** | **355** | **117** | | | **17** | | **221** |
| **天门市** | **830** | **415** | **380** | | **35** | | |
| **潜江市** | **399** | **394** | | | **5** | | |
| **神农架林区** | **140** | **140** | | | | | |

# 农机化投入情况表(单位和集体)

单位:万元

| 单位名称 | 资金用途 | | | | | | |
|---|---|---|---|---|---|---|---|
| | 合计 | 行政事业 | 基本建设 | 科研 | 推广培训 | 农机购置 | 其他 |
| 全省合计 | 6961.88 | 668.2 | 1205.8 | 48.6 | 390.2 | 4242.58 | 406.5 |
| 武汉市 | 314.83 | | 100 | | | 214.83 | |
| 黄石市 | 50.5 | | 50 | | | | 0.5 |
| 十堰市 | 832 | | 160 | 40 | 50 | 442 | 140 |
| 荆州市 | 11 | | | | 11 | | |
| 宜昌市 | | | | | | | |
| 襄阳市 | 160.55 | 6.2 | 4.8 | 2.6 | 47.2 | 99.75 | |
| 鄂州市 | 22 | 5 | | 2 | 5 | 10 | |
| 荆门市 | 1083 | | 110 | | | 973 | |
| 孝感市 | 610 | 33 | 164 | | 25 | 139 | 249 |
| 黄冈市 | 144 | | 5 | | 19 | 120 | |
| 咸宁市 | 120 | 29 | 10 | 4 | 17 | 58 | 2 |
| 恩施自治州 | 2296 | | 52 | | 58 | 2186 | |
| 随州市 | 128 | | | | 128 | | |
| 仙桃市 | | | | | | | |
| 天门市 | 1190 | 595 | 550 | | 30 | | 15 |
| 潜江市 | | | | | | | |
| 神农架林区 | | | | | | | |

## 农机化投入情况表(农民个人)

单位:万元

| 单位名称 | 资金用途 | | | | | | |
|---|---|---|---|---|---|---|---|
| | 合计 | 行政事业 | 基本建设 | 科研 | 推广培训 | 农机购置 | 其他 |
| **全省合计** | **292187.2083** | | **3779.1** | | **99.5** | **287254.6083** | **1054** |
| **武汉市** | **16416.9923** | | | | | **16416.9923** | |
| 市郊区 | 3219.9423 | | | | | 3219.9423 | |
| 蔡甸区 | 1513 | | | | | 1513 | |
| 江夏区 | 3427 | | | | | 3427 | |
| 黄陂区 | 4617.05 | | | | | 4617.05 | |
| 新洲区 | 3640 | | | | | 3640 | |
| 市直 | | | | | | | |
| **黄石市** | **9281.8** | | | | | **9281.8** | |
| 市郊区 | 97.7 | | | | | 97.7 | |
| 大冶市 | 3583.5 | | | | | 3583.5 | |
| 阳新县 | 5600.6 | | | | | 5600.6 | |
| 市直 | | | | | | | |
| **十堰市** | **21373** | | **120** | | **25** | **21172** | **56** |
| 市郊区 | 640 | | | | | 640 | |
| 丹江口市 | 2988 | | | | | 2988 | |
| 郧 县 | 7995 | | 20 | | 25 | 7894 | 56 |
| 郧西县 | 3300 | | 100 | | | 3200 | |
| 竹山县 | 2860 | | | | | 2860 | |
| 竹溪县 | 1100 | | | | | 1100 | |
| 房 县 | 2490 | | | | | 2490 | |
| 市直 | | | | | | | |
| **荆州市** | **39553.3** | | | | **5** | **39548.3** | |
| 市郊区 | 5427.21 | | | | 5 | 5422.21 | |
| 江陵县 | 3068 | | | | | 3068 | |
| 松滋区 | 4200 | | | | | 4200 | |
| 公安县 | 4971 | | | | | 4971 | |
| 石首市 | 8230.19 | | | | | 8230.19 | |
| 监利县 | 8380 | | | | | 8380 | |
| 洪湖市 | 5276.9 | | | | | 5276.9 | |
| 市直 | | | | | | | |
| **宜昌市** | **20409.7** | | **211.1** | | **9.5** | **20189.1** | |
| 市郊区 | 975.7 | | | | | 975.7 | |
| 宜昌县 | 2100 | | | | | 2100 | |
| 宜都市 | 2349.1 | | 86.1 | | | 2263 | |
| 枝江市 | 1827.4 | | | | | 1827.4 | |
| 当阳市 | 5731.5 | | 125 | | 9.5 | 5597 | |
| 远安县 | 991 | | | | | 991 | |
| 兴山县 | 1080 | | | | | 1080 | |
| 秭归县 | 803 | | | | | 803 | |
| 长阳县 | 1220 | | | | | 1220 | |
| 五峰县 | 3332 | | | | | 3332 | |
| 市直 | | | | | | | |

续表1

单位:万元

| 单位名称 | 资金用途 | | | | | | |
|---|---|---|---|---|---|---|---|
| | 合计 | 行政事业 | 基本建设 | 科研 | 推广培训 | 农机购置 | 其他 |
| **襄阳市** | **39381.045** | | **10** | | | **39195.045** | **176** |
| 市郊区 | 1869.77 | | | | | 1869.77 | |
| 老河口市 | 6500 | | | | | 6500 | |
| 襄州区 | 5992 | | 10 | | | 5982 | |
| 枣阳市 | 7000 | | | | | 7000 | |
| 宜城市 | 10136 | | | | | 10136 | |
| 南漳县 | 3334 | | | | | 3158 | 176 |
| 谷城县 | 1904.475 | | | | | 1904.475 | |
| 保康县 | 2441 | | | | | 2441 | |
| 襄北农场 | 203.8 | | | | | 203.8 | |
| 市直 | | | | | | | |
| **鄂州市** | **8730** | | **80** | | **40** | **8610** | |
| **荆门市** | **19478.98** | | **130** | | | **19348.98** | |
| 市郊区 | 3657.48 | | | | | 3657.48 | |
| 钟祥市 | 6374 | | 130 | | | 6244 | |
| 京山县 | 4500 | | | | | 4500 | |
| 沙洋县 | 3602 | | | | | 3602 | |
| 沙洋农场 | 115 | | | | | 115 | |
| 五三农场 | 1230.5 | | | | | 1230.5 | |
| 市直 | | | | | | | |
| **孝感市** | **27450** | | **113** | | **13** | **26741** | **583** |
| 市郊区 | 6252 | | | | | 6252 | |
| 孝昌县 | 2542 | | | | | 2542 | |
| 大悟县 | 3367 | | | | | 3367 | |
| 安陆市 | 3911 | | | | | 3911 | |
| 云梦县 | 2957 | | 46 | | 13 | 2898 | |
| 应城市 | 3608 | | 67 | | | 3541 | |
| 汉川市 | 4813 | | | | | 4230 | 583 |
| 市直 | | | | | | | |

续表2

单位:万元

| 单位名称 | 资金用途 | | | | | | |
|---|---|---|---|---|---|---|---|
| | 合计 | 行政事业 | 基本建设 | 科研 | 推广培训 | 农机购置 | 其他 |
| **黄冈市** | **31624.291** | | **2005** | | **7** | **29612.291** | |
| 市郊区 | 726.14 | | | | | 726.14 | |
| 团风县 | 3360 | | | | | 3360 | |
| 红安县 | 1796.786 | | 100 | | | 1696.786 | |
| 麻城市 | 3190 | | | | | 3190 | |
| 罗田县 | 3650 | | | | | 3650 | |
| 英山县 | 2700 | | | | | 2700 | |
| 浠水县 | 2646.865 | | | | | 2646.865 | |
| 蕲春县 | 2571.4 | | | | | 2571.4 | |
| 武穴市 | 5387 | | 1905 | | 7 | 3475 | |
| 黄梅县 | 5596.1 | | | | | 5596.1 | |
| 市直 | | | | | | | |
| **咸宁市** | **14895** | | **8** | | | **14748** | **139** |
| 咸安区 | 2459 | | | | | 2459 | |
| 嘉鱼县 | 2352 | | | | | 2213 | 139 |
| 赤壁市 | 2051 | | | | | 2051 | |
| 通城县 | 4045 | | | | | 4045 | |
| 崇阳县 | 1988 | | 8 | | | 1980 | |
| 通山县 | 2000 | | | | | 2000 | |
| 市直 | | | | | | | |
| **恩施自治州** | **10508.4** | | **552** | | | **9856.4** | **100** |
| 恩施市 | 1724 | | | | | 1724 | |
| 建始县 | 825.5 | | | | | 745.5 | 80 |
| 巴东县 | 995.1 | | | | | 995.1 | |
| 利川市 | 1996.5 | | 526 | | | 1470.5 | |
| 宣恩县 | 1192 | | | | | 1192 | |
| 咸丰县 | 950 | | | | | 950 | |
| 来凤县 | 1290.3 | | 26 | | | 1244.3 | 20 |
| 鹤峰县 | 1535 | | | | | 1535 | |
| 市直 | | | | | | | |
| **随州市** | **7190.7** | | | | | **7190.7** | |
| 曾都区 | 3506.2 | | | | | 3506.2 | |
| 广水市 | 267 | | | | | 267 | |
| 随县 | | | | | | 3417.5 | |
| 市直 | | | | | | | |
| **仙桃市** | **4971** | | | | | **4971** | |
| **天门市** | **15550** | | **550** | | | **15000** | |
| **潜江市** | **3673** | | | | | **3673** | |
| **神农架林区** | **1700** | | | | | **1700** | |

# 农机化投入情况表

单位:万元

| 单位名称 | 资金用途 | | | | | | |
|---|---|---|---|---|---|---|---|
| | 合计 | 行政事业 | 基本建设 | 科研 | 推广培训 | 农机购置 | 其他 |
| **全省合计** | **403201.7807** | **11931.162** | **6769.9** | **106.6** | **2208.91** | **378757.5787** | **3427.63** |
| **武汉市** | **25358.8517** | **1487.81** | **316** | **3** | **73.2** | **23473.8417** | **5** |
| 市郊区 | 4921.8617 | 15.2 | 31 | | | 4875.6617 | |
| 蔡甸区 | 2954 | 343 | 61 | | 2 | 2543 | 5 |
| 江夏区 | 5148.61 | 537.61 | | | | 4611 | |
| 黄陂区 | 6320.38 | 143 | 20 | | 7.2 | 6150.18 | |
| 新洲区 | 6014 | 449 | 204 | 3 | 64 | 5294 | |
| 市直 | | | | | | | |
| **黄石市** | **11518.75** | **6.45** | **210** | | **5** | **11296.8** | **0.5** |
| 市郊区 | 130.15 | 6.45 | | | | 123.7 | |
| 大冶市 | 4533.5 | | 210 | | 5 | 4318.5 | |
| 阳新县 | 6855.1 | | | | | 6854.6 | 0.5 |
| 市直 | | | | | | | |
| **十堰市** | **28717.3** | **843** | **685** | **45** | **226.3** | **26626** | **292** |
| 市郊区 | 884 | | | | 4 | 880 | |
| 丹江口市 | 4087.3 | | | | 79.3 | 3868 | 140 |
| 郧 县 | 9444 | 245 | 85 | 45 | 83 | 8904 | 82 |
| 郧西县 | 5060 | 65 | 600 | | 40 | 4295 | 60 |
| 竹山县 | 3628 | 133 | | | 5 | 3490 | |
| 竹溪县 | 1977 | 230 | | | 10 | 1727 | 10 |
| 房 县 | 3637 | 170 | | | 5 | 3462 | |
| 市直 | | | | | | | |
| **荆州市** | **53414.24** | **888.48** | **45** | | **65.6** | **52276.16** | **139** |
| 市郊区 | 7668.1 | 70.97 | | | 18 | 7569.13 | 10 |
| 江陵县 | 4337.98 | 19 | | | | 4318.98 | |
| 松滋区 | 6173.05 | 200.45 | 10 | | 26.6 | 5936 | |
| 公安县 | 6996 | 118 | 35 | | | 6841 | 2 |
| 石首市 | 10060.47 | 116.28 | | | 3 | 9853.19 | 88 |
| 监利县 | 10807.06 | 128.1 | | | 3 | 10675.96 | |
| 洪湖市 | 7133.46 | 47.56 | | | 4 | 7081.9 | |
| 市直 | 238.12 | 188.12 | | | 11 | | 39 |
| **宜昌市** | **27840.07** | **1140.45** | **216.1** | | **36.5** | **26330.62** | **116.4** |
| 市郊区 | 1266.82 | 49.12 | | | | 1215.7 | 2 |
| 宜昌县 | 2824 | 82 | | | 15 | 2727 | |
| 宜都市 | 3363.5 | 225 | 89.1 | | 5 | 2961 | 83.4 |
| 枝江市 | 3027.4 | 101 | | | | 2926.4 | |
| 当阳市 | 7029.35 | 104.33 | 125 | | 11.5 | 6773.52 | 15 |
| 远安县 | 1428 | 15 | 2 | | 5 | 1406 | |
| 兴山县 | 1462 | 82 | | | | 1380 | |
| 秭归县 | 1349 | 86 | | | | 1263 | |
| 长阳县 | 1770 | 86 | | | | 1684 | |
| 五峰县 | 4016 | 22 | | | | 3994 | |
| 市直 | 304 | 288 | | | | | 16 |

续表1

单位:万元

| 单位名称 | 资金用途 | | | | | | |
|---|---|---|---|---|---|---|---|
| | 合计 | 行政事业 | 基本建设 | 科研 | 推广培训 | 农机购置 | 其他 |
| **襄阳市** | **49478.045** | **834.59** | **39.8** | **2.6** | **81.48** | **48144.795** | **374.78** |
| 市郊区 | 2709.77 | 5 | 2 | | 2 | 2700.77 | |
| 老河口市 | 7964.5 | 84.5 | | | | 7880 | |
| 襄州区 | 7943 | 150 | 30 | | 10 | 7736 | 17 |
| 枣阳市 | 8979 | 247 | | | 10 | 8702 | 20 |
| 宜城市 | 11317.49 | 58.43 | | | 6.28 | 11174 | 78.78 |
| 南漳县 | 4639.36 | 100.5 | | | 6 | 4296.86 | 236 |
| 谷城县 | 2490.435 | 122.96 | | | | 2367.475 | |
| 保康县 | 3132 | 60 | 5 | | 44 | 3000 | 23 |
| 襄北农场 | 302.49 | 6.2 | 2.8 | 2.6 | 3.2 | 287.69 | |
| 市直 | | | | | | | |
| **鄂州市** | **10687.92** | **170.92** | **110** | **32** | **115** | **10260** | |
| **荆门市** | **28521.49** | **327.56** | **310** | | **29.4** | **27604.98** | **249.55** |
| 市郊区 | 5078.14 | 84.11 | | | | 4919.48 | 74.55 |
| 钟祥市 | 8527.5 | 177.5 | 200 | | | 7980 | 170 |
| 京山县 | 6543.9 | 27 | | | 11.9 | 6500 | 5 |
| 沙洋县 | 5163.45 | 38.95 | | | 17.5 | 5107 | |
| 沙洋农场 | 1328 | | 110 | | | 1218 | |
| 五三农场 | 1880.5 | | | | | 1880.5 | |
| 市直 | | | | | | | |
| **孝感市** | **37744** | **1240** | **314** | | **88** | **34969** | **1133** |
| 市郊区 | 7815 | | | | | 7815 | |
| 孝昌县 | 3596 | 66 | | | 14 | 3482 | 34 |
| 大悟县 | 4518 | 185 | | | | 4333 | |
| 安陆市 | 5532 | 217 | 177 | | 26 | 5102 | 10 |
| 云梦县 | 4250 | 192 | 60 | | 23 | 3749 | 226 |
| 应城市 | 5527 | 304 | 77 | | 18 | 4848 | 280 |
| 汉川市 | 6506 | 276 | | | 7 | 5640 | 583 |
| 市直 | | | | | | | |

续表2

单位:万元

| 单位名称 | 资金用途 | | | | | | |
|---|---|---|---|---|---|---|---|
| | 合计 | 行政事业 | 基本建设 | 科研 | 推广培训 | 农机购置 | 其他 |
| **黄冈市** | **43548.081** | **1222.8** | **2157** | **20** | **345.99** | **39530.291** | **272** |
| 市郊区 | 1359.94 | 133.8 | | | | 1226.14 | |
| 团风县 | 4325 | 60 | | 10 | | 4215 | 40 |
| 红安县 | 3036.786 | 148 | 105 | 10 | 5 | 2596.786 | 172 |
| 麻城市 | 4440 | 148 | | | 95 | 4180 | 17 |
| 罗田县 | 4380 | 80 | | | | 4300 | |
| 英山县 | 3498 | 70 | 5 | | 5 | 3415 | 3 |
| 浠水县 | 3976.865 | 110 | 20 | | | 3846.865 | |
| 蕲春县 | 3580.4 | 84 | | | 25 | 3471.4 | |
| 武穴市 | 7064.4 | 194 | 1915 | | 120.4 | 4795 | 40 |
| 黄梅县 | 7886.69 | 195 | 112 | | 95.59 | 7484.1 | |
| 市直 | | | | | | | |
| **咸宁市** | **20992.4** | **632** | **33** | **4** | **56** | **19869** | **398.4** |
| 咸安区 | 3533 | 77 | | | 5 | 3267 | 184 |
| 嘉鱼县 | 3456 | 61 | | | 2 | 3224 | 169 |
| 赤壁市 | 3326 | 61 | | 4 | 4 | 3253 | 4 |
| 通城县 | 4995.4 | 109 | | | 13 | 4856 | 17.4 |
| 崇阳县 | 2764 | 72 | 23 | | 30 | 2629 | 10 |
| 通山县 | 2739 | 82 | 10 | | 2 | 2640 | 5 |
| 市直 | 179 | 170 | | | | | 9 |
| **恩施自治州** | **19426.362** | **1294.962** | **854** | | **223** | **16868.4** | **186** |
| 恩施市 | 2865 | 113 | | | 15 | 2720 | 17 |
| 建始县 | 2065.402 | 120.902 | 240 | | 15 | 1607.5 | 82 |
| 巴东县 | 1792.1 | 142 | | | 15 | 1633.1 | 2 |
| 利川市 | 3379.5 | 271 | 578 | | 76 | 2432.5 | 22 |
| 宣恩县 | 2594 | 221 | 10 | | 15 | 2346 | 2 |
| 咸丰县 | 2059.76 | 64.76 | | | 15 | 1976 | 4 |
| 来凤县 | 2278.6 | 136.3 | 26 | | 12 | 2065.3 | 39 |
| 鹤峰县 | 2142 | 40 | | | 12 | 2088 | 2 |
| 市直 | 250 | 186 | | | 48 | | 16 |
| **随州市** | **11238.271** | **181.14** | | | **776.44** | **10277.691** | **3** |
| 曾都区 | 4485.6 | 57.14 | | | 44.26 | 4384.2 | |
| 广水市 | 1465 | 72 | | | 273 | 1117 | 3 |
| 随县 | 5259.671 | 24 | | | 459.18 | 4776.491 | |
| 市直 | 28 | 28 | | | | | |
| **仙桃市** | **6983** | **117** | | | **17** | **6628** | **221** |
| **天门市** | **19670** | **1010** | **1480** | | **65** | **17100** | **15** |
| **潜江市** | **5697** | **394** | | | **5** | **5298** | |
| **神农架林区** | **2366** | **140** | | | | **2204** | **22** |

# 农机化投入情况表

单位:万元

| 单位名称 | 资金用途 | | | | | | |
|---|---|---|---|---|---|---|---|
| | 合计 | 行政事业 | 基本建设 | 科研 | 推广培训 | 农机购置 | 其他 |
| 合计 | 403201.7807 | 11931.162 | 6769.9 | 106.6 | 2208.91 | 378757.5787 | 3427.63 |
| 一、财政投入 | 103647.6924 | 11262.962 | 1760 | 58 | 1714.21 | 87195.3904 | 1657.13 |
| 1、中央财政 | 86810.637 | | 405 | 20 | 315.53 | 85854.107 | 216 |
| 2、地方财政 | 16837.0554 | 11262.962 | 1355 | 38 | 1398.68 | 1341.2834 | 1441.13 |
| 二、单位和集体投入 | 6961.88 | 668.2 | 1205.8 | 48.6 | 390.2 | 4242.58 | 406.5 |
| 三、农民个人投入 | 292187.2083 | | 3779.1 | | 99.5 | 287254.6083 | 1054 |
| 四、其他投入 | 405 | | 25 | | 5 | 65 | 310 |

# 8 农村用电及化肥施用

# 农村电气化

| 指标名称 | 乡、村办水电站数 | 装机容量 | 发电量 | 农村用电量 |
|---|---|---|---|---|
| **湖北省** | **597** | **1564.85** | **128318.4** | **1122597** |
| **武汉市** | **1** | **0.08** | **85** | **126176.3** |
| 武汉市辖区 | | | | 27496.8 |
| 蔡甸区 | | | | 20539 |
| 江夏区 | | | | 8320 |
| 黄陂区 | 1 | 0.08 | 85 | 51794 |
| 新洲区 | | | | 18026.5 |
| **黄石市** | **32** | **0.88** | **2958** | **113290.9** |
| 黄石市辖区 | | | | 8277.9 |
| 大冶市 | 5 | 0.08 | 26 | 74901 |
| 阳新县 | 27 | 0.8 | 2932 | 30112 |
| **十堰市** | **142** | **32.07** | **62486.4** | **44780.7** |
| 十堰市辖区 | | | | 2827.7 |
| 丹江口市 | 2 | 0.03 | 107 | 8644 |
| 郧县 | 15 | 0.59 | 59.4 | 9377 |
| 郧西县 | 8 | 1.26 | 450 | 6655 |
| 竹山县 | 12 | 4 | 830 | 4203 |
| 竹溪县 | 39 | 20.57 | 57692 | 5327 |
| 房县 | 66 | 5.62 | 3348 | 7747 |
| **荆州市** | **1** | **0.15** | **270** | **131177** |
| 荆州市辖区 | | | | 24831 |
| 江陵县 | | | | 9772 |
| 松滋市 | 1 | 0.15 | 270 | 19876 |
| 公安县 | | | | 24948 |
| 石首市 | | | | 8773 |
| 监利县 | | | | 25760 |
| 洪湖市 | | | | 17217 |
| **宜昌市** | **169** | **71.84** | **43464.2** | **77772.15** |
| 宜昌市辖区 | | | | 16063 |
| 夷陵区 | 25 | 28.4 | 3237.2 | 13100 |
| 宜都市 | 7 | 1.05 | 1712 | 8666 |
| 枝江市 | | | | 8377 |
| 当阳市 | | | | 8830.4 |
| 远安县 | 13 | 0.6 | 2224 | 4386 |
| 兴山县 | 24 | 2.35 | 7017 | 3498 |
| 秭归县 | | | | 5014.75 |
| 长阳县 | 44 | 28.79 | 7774 | 6173 |
| 五峰县 | 56 | 10.65 | 21500 | 3664 |
| **襄阳市** | **17** | **158.92** | **6738** | **81204.84** |
| 襄阳市辖区 | | | | 21271.84 |
| 老河口市 | 6 | 0.21 | 550 | 4461 |
| 襄州区 | 2 | 2.35 | 2820 | 13744 |
| 枣阳市 | | | | 18813 |
| 宜城市 | | | | 8313 |
| 南漳县 | 1 | 80 | 58 | 5326 |
| 谷城县 | 1 | 75 | 10 | 5099 |
| 保康县 | 7 | 1.36 | 3300 | 4177 |
| **鄂州市** | | | | **42844** |

续表

| 指标名称 | 乡、村办水电站数 | 装机容量 | 发电量 | 农村用电量 |
|---|---|---|---|---|
| **荆门市** | **9** | **9.01** | **298** | **68366** |
| 荆门市辖区 | 1 | 0.03 | 71 | 7932 |
| 沙洋县 | | | | 23448 |
| 钟祥市 | 2 | 0.14 | 140 | 19804 |
| 京山县 | 6 | 8.84 | 87 | 17182 |
| **孝感市** | **1** | **0.03** | **24** | **81579.09** |
| 孝感市辖区 | | | | 12790.13 |
| 孝昌县 | | | | 6648 |
| 大悟县 | | | | 9669 |
| 安陆市 | | | | 4456.96 |
| 云梦县 | | | | 9475 |
| 应城市 | 1 | 0.03 | 24 | 16300 |
| 汉川市 | | | | 22240 |
| **随州市** | **21** | **0.84** | **520.5** | **36002.9** |
| 曾都区 | | 0.02 | | 9811.9 |
| 随县 | 15 | 0.17 | 71.5 | 16381 |
| 广水县 | 6 | 0.65 | 449 | 9810 |
| **黄冈市** | **116** | **25.53** | **3772.31** | **171129** |
| 黄冈市辖区 | | | | 15464 |
| 团凤县 | 3 | 1 | 180 | 13768 |
| 红安县 | 23 | 0.16 | 109 | 15391 |
| 麻城市 | 5 | 0.21 | | 20578 |
| 罗田县 | 39 | 0.52 | 1452 | 10189 |
| 英山县 | 17 | 0.32 | 640.31 | 7473.98 |
| 浠水县 | 13 | 0.17 | 329 | 14467 |
| 蕲春县 | 4 | 1.15 | 582 | 21218.03 |
| 武穴市 | | | | 13820 |
| 黄梅县 | 12 | 22 | 480 | 31953 |
| 龙感湖农场 | | | | 6807 |
| **咸宁市** | **84** | **4.31** | **6782** | **38704.24** |
| 咸安区 | 13 | 0.35 | 216 | 5483.88 |
| 嘉鱼县 | | | | 8878.3 |
| 赤壁市 | 9 | 1.65 | 1300 | 7035 |
| 通城县 | 25 | 0.73 | 1450 | 5612 |
| 崇阳县 | 12 | 0.26 | 688 | 5586.06 |
| 通山县 | 25 | 1.32 | 3128 | 6109 |
| **恩施自治州** | **1** | **1260** | **756** | **37046.29** |
| 恩施市 | | | | 7945.7 |
| 利川市 | | | | 7494 |
| 建始县 | | | | 4162.59 |
| 巴东县 | 1 | 1260 | 756 | 4772 |
| 宣恩县 | | | | 3344 |
| 咸丰县 | | | | 3054 |
| 来凤县 | | | | 2040 |
| 鹤峰县 | | | | **4234** |
| **仙桃市** | | | | **40931** |
| **天门市** | **2** | **0.19** | **164** | **21777.42** |
| **潜江市** | | | | **9816.06** |
| **神农架林区** | **1** | **1** | | |

# 农村化肥施用

| 指标名称 | 农用化肥施用量(按折纯法计算) | 氮肥 | 磷肥 | 钾肥 | 复合肥 |
|---|---|---|---|---|---|
| **湖北省** | **3548937** | **1591310** | **652836** | **311573** | **993218** |
| **武汉市** | **155299** | **62280** | **25049** | **16937** | **51033** |
| 武汉市辖区 | 28972 | 8460 | 4144 | 2512 | 13856 |
| 蔡甸区 | 15036 | 5510 | 2242 | 1430 | 5854 |
| 江夏区 | 20860 | 6530 | 3729 | 1986 | 8615 |
| 黄陂区 | 45850 | 17790 | 6909 | 6767 | 14384 |
| 新洲区 | 44581 | 23990 | 8025 | 4242 | 8324 |
| **黄石市** | **50582** | **26072** | **8797** | **4565** | **11148** |
| 黄石市辖区 | 710 | 225 | 124 | 81 | 280 |
| 大冶市 | 24798 | 13495 | 3998 | 2672 | 4633 |
| 阳新县 | 25074 | 12352 | 4675 | 1812 | 6235 |
| **十堰市** | **132065** | **58483** | **21859** | **10003** | **41720** |
| 十堰市辖区 | 4005 | 1166 | 398 | 462 | 1979 |
| 丹江口市 | 15804 | 9704 | 2920 | 266 | 2914 |
| 郧县 | 26142 | 12241 | 5217 | 2272 | 6412 |
| 郧西县 | 42701 | 11663 | 8005 | 4219 | 18814 |
| 竹山县 | 13176 | 8052 | 1810 | 1248 | 2066 |
| 竹溪县 | 16839 | 8923 | 1901 | 916 | 5099 |
| 房县 | 13398 | 6734 | 1608 | 620 | 4436 |
| **荆州市** | **381317** | **181997** | **71134** | **44721** | **83465** |
| 荆州市辖区 | 58971 | 26290 | 9567 | 8491 | 14623 |
| 江陵县 | 37033 | 18745 | 7314 | 3999 | 6975 |
| 松滋市 | 52035 | 24876 | 7653 | 5530 | 13976 |
| 公安县 | 68248 | 32920 | 13581 | 8513 | 13234 |
| 石首市 | 26738 | 10232 | 5066 | 3597 | 7843 |
| 监利县 | 79976 | 36222 | 16519 | 10121 | 17114 |
| 洪湖市 | 58316 | 32712 | 11434 | 4470 | 9700 |
| **宜昌市** | **365689** | **140123** | **69554** | **29700** | **126312** |
| 宜昌市辖区 | 18199 | 5588 | 3227 | 1765 | 7619 |
| 夷陵区 | 70339 | 25923 | 11713 | 4537 | 28166 |
| 宜都市 | 19298 | 7364 | 1720 | 2047 | 8167 |
| 枝江市 | 72079 | 23009 | 13266 | 7315 | 28489 |
| 当阳市 | 83705 | 34817 | 22465 | 7949 | 18474 |
| 远安县 | 8335 | 4246 | 1194 | 700 | 2195 |
| 兴山县 | 6157 | 1751 | 793 | 375 | 3238 |
| 秭归县 | 35245 | 13247 | 6415 | 2647 | 12936 |
| 长阳县 | 24447 | 10815 | 2439 | 390 | 10803 |
| 五峰县 | 27885 | 13363 | 6322 | 1975 | 6225 |
| **襄阳市** | **581877** | **297415** | **111330** | **30849** | **142283** |
| 襄阳市辖区 | 111867 | 67324 | 20783 | 5825 | 17935 |
| 老河口市 | 31519 | 12872 | 2904 | 1175 | 14568 |
| 襄州区 | 108357 | 48888 | 24365 | 7826 | 27278 |
| 枣阳市 | 152537 | 81757 | 14826 | 8339 | 47615 |
| 宜城市 | 54188 | 25583 | 16917 | 2518 | 9170 |
| 南漳县 | 53093 | 23899 | 16029 | 2299 | 10866 |
| 谷城县 | 57858 | 31691 | 14870 | 2023 | 9274 |
| 保康县 | 12458 | 5401 | 636 | 844 | 5577 |
| **鄂州市** | **120245** | **53078** | **32846** | **13034** | **21287** |

续表

| 指标名称 | 农用化肥施用量(按折纯法计算) | 氮肥 | 磷肥 | 钾肥 | 复合肥 |
|---|---|---|---|---|---|
| **荆门市** | **266750** | **94425** | **54835** | **30587** | **86903** |
| 荆门市辖区 | 24794 | 9205 | 4122 | 2076 | 9391 |
| 沙洋县 | 81538 | 26377 | 12056 | 10945 | 32160 |
| 钟祥市 | 102449 | 38878 | 30165 | 10266 | 23140 |
| 京山县 | 57969 | 19965 | 8492 | 7300 | 22212 |
| **孝感市** | **216879** | **115531** | **42161** | **18357** | **40830** |
| 孝感市辖区 | 34983 | 16548 | 6417 | 2778 | 9240 |
| 孝昌县 | 33497 | 15725 | 6694 | 3613 | 7465 |
| 大悟县 | 14490 | 9413 | 1233 | 576 | 3268 |
| 安陆市 | 41417 | 23807 | 9307 | 2911 | 5392 |
| 云梦县 | 13823 | 7401 | 1936 | 1397 | 3089 |
| 应城市 | 25272 | 11390 | 6135 | 2536 | 5211 |
| 汉川市 | 53397 | 31247 | 10439 | 4546 | 7165 |
| **随州市** | **160358** | **83664** | **41659** | **11454** | **23581** |
| 曾都区 | 45327 | 26191 | 9524 | 3572 | 6040 |
| 随县 | 85380 | 40613 | 24290 | 5721 | 14756 |
| 广水县 | 29651 | 16860 | 7845 | 2161 | 2785 |
| **黄冈市** | **502561** | **208039** | **74021** | **41025** | **179476** |
| 黄冈市辖区 | 23505 | 10586 | 5119 | 2412 | 5388 |
| 团风县 | 27716 | 14544 | 5300 | 2245 | 5627 |
| 红安县 | 50166 | 21531 | 9086 | 2551 | 16998 |
| 麻城市 | 31645 | 18673 | 5873 | 3123 | 3976 |
| 罗田县 | 14002 | 6579 | 1109 | 1454 | 4860 |
| 英山县 | 7039 | 2472 | 682 | 501 | 3384 |
| 浠水县 | 43579 | 24813 | 2285 | 809 | 15672 |
| 蕲春县 | 40032 | 20865 | 5540 | 2412 | 11215 |
| 武穴市 | 82420 | 40688 | 16948 | 7920 | 16864 |
| 黄梅县 | 176060 | 45883 | 21545 | 16892 | 91740 |
| 龙感湖农场 | 6397 | 1405 | 534 | 706 | 3752 |
| **咸宁市** | **116785** | **43192** | **23093** | **13359** | **37141** |
| 咸安区 | 32435 | 11902 | 6538 | 2836 | 11159 |
| 嘉鱼县 | 27556 | 8669 | 5564 | 3941 | 9382 |
| 赤壁市 | 13325 | 6265 | 3344 | 1419 | 2297 |
| 通城县 | 17408 | 6145 | 2275 | 1955 | 7033 |
| 崇阳县 | 19537 | 7480 | 4404 | 2462 | 5191 |
| 通山县 | 6524 | 2731 | 968 | 746 | 2079 |
| **恩施自治州** | **278172** | **137244** | **42005** | **21831** | **77092** |
| 恩施市 | 45787 | 21335 | 5103 | 3773 | 15576 |
| 利川市 | 69772 | 39647 | 9551 | 5771 | 14803 |
| 建始县 | 30972 | 16533 | 5104 | 1928 | 7407 |
| 巴东县 | 36227 | 18304 | 3227 | 1987 | 12709 |
| 宣恩县 | 19356 | 8037 | 3575 | 1901 | 5843 |
| 咸丰县 | 28300 | 13956 | 6738 | 2209 | 5397 |
| 来凤县 | 13218 | 5254 | 2238 | 2277 | 3449 |
| 鹤峰县 | 34540 | 14178 | 6469 | 1985 | 11908 |
| **仙桃市** | **73977** | **39268** | **8920** | **3077** | **22712** |
| **天门市** | **76288** | **27887** | **9506** | **10607** | **28288** |
| **潜江市** | **70093** | **22612** | **16067** | **11467** | **19947** |
| **神农架林区** | | | | | |

# 9 农业技术推行及应用

# 全省耕作制度状况

单位:千公顷

| | 面 积 | | 面 积 |
|---|---|---|---|
| 一、三熟制耕地面积 | 539.07 | 2、大麦棉 | 12.17 |
| (一)水田三熟制面积 | 308.14 | 3、蚕豆棉 | 5.84 |
| 1、油稻稻 | 181.92 | 4、油菜棉 | 112.41 |
| 其中:油杂杂 | 87.15 | 5、蔬菜棉 | 20.52 |
| 2、麦稻稻 | 8.17 | 6、麦 玉 | 129.02 |
| 3、蚕豆稻稻 | 0.86 | 7、蚕豆玉 | 5.79 |
| 4、油豆稻 | 5.12 | 8、芋 玉 | 77.92 |
| 5、油瓜稻 | 10.53 | 9、油 玉 | 47.41 |
| 6、油杂再生 | 20.43 | 10、油花生 | 32.82 |
| 7、芋稻稻 | 4.95 | 11、麦 豆 | 23.67 |
| 8、其 它 | 76.16 | 12、麦 苕 | 13.76 |
| (二)旱地三熟制面积 | 230.93 | 13、麦 烟 | 5.08 |
| 1、麦玉豆 | 16.08 | 14、油 苕 | 27.43 |
| 2、麦玉苕 | 14.26 | 15、麦 芝 | 18.32 |
| 3、麦豆苕 | 4.51 | 16、蚕豆芝 | 1.62 |
| 4、芋玉豆 | 21.82 | 17、油 芝 | 17.20 |
| 5、麦豆棉 | 5.74 | 18、麦花生 | 38.75 |
| 6、麦菜棉 | 14.58 | 19、花生玉 | 9.43 |
| 7、麦棉菜 | 8.70 | 20、其 它 | 119.56 |
| 8、菜豆棉 | 3.54 | 三、一熟制耕地面积 | 176.89 |
| 9、菜瓜菜 | 29.27 | (一)水田一熟制面积 | 140.86 |
| 10、其 它 | 112.43 | 1、肥 稻 | 20.75 |
| 二、二熟制耕地面积 | 2085.11 | 2、冬泡稻 | 38.19 |
| (一)水田二熟制面积 | 1227.48 | 3、冬板稻 | 32.55 |
| 1、麦 稻 | 471.84 | 4、冬炕稻 | 17.51 |
| 2、油 稻 | 479.13 | 4、其 它 | 31.86 |
| 3、蚕豆稻 | 6.64 | (二)旱地一熟制面积 | 36.03 |
| 4、花生稻 | 8.90 | 1、高山油菜 | 3.38 |
| 5、玉 稻 | 7.73 | 2、高山玉米 | 13.00 |
| 6、大豆稻 | 3.83 | 3、高山洋芋 | 5.01 |
| 7、芋 稻 | 15.90 | 4、其 它 | 14.64 |
| 8、中杂再生 | 21.09 | 附报: | |
| 9、瓜 稻 | 11.23 | 1、纯种麻类面积 | 4.22 |
| 10、菜 稻 | 46.12 | 2、纯种蔬菜面积 | 85.47 |
| 11、藕 稻 | 3.87 | 其中:高山纯蔬菜 | 17.50 |
| 12、肥稻稻 | 11.88 | 3、农民自留地菜地面积 | 26.73 |
| 13、其 它 | 139.32 | 4、冬泡田 | 58.49 |
| (二)旱地二熟制面积 | 857.63 | 5、冬板田 | 39.93 |
| 1、小麦棉 | 138.91 | 6、冬炕田 | 43.64 |

# 2011年耕作制度状况

单位:千公顷

| | 三熟制耕地面积 | 水田三熟制 | 油稻稻 | 油杂杂 | 油杂再生 | 旱地三熟制 | 麦玉豆 | 芋玉豆 | 菜瓜菜 |
|---|---|---|---|---|---|---|---|---|---|
| **全省合计** | **539.07** | **308.14** | **181.92** | **87.15** | **20.43** | **230.93** | **16.08** | **21.82** | **29.27** |
| **武汉市** | **66.67** | **36.81** | **26.09** | **8.08** | **1.06** | **29.86** | **0.74** | | **5.87** |
| 武汉市辖区 | 6.68 | 0.40 | | | | 6.28 | 0.10 | | 3.85 |
| 蔡甸区 | 2.29 | 0.39 | 0.15 | | | 1.90 | 0.34 | | 0.67 |
| 江夏区 | 9.92 | 6.07 | 2.57 | 1.87 | 0.20 | 3.85 | 0.20 | | 0.65 |
| 黄陂区 | 14.29 | 11.93 | 7.87 | 4.51 | 0.16 | 2.36 | 0.10 | | 0.20 |
| 新洲区 | 33.49 | 18.02 | 15.50 | 1.70 | 0.70 | 15.47 | | | 0.50 |
| **黄石市** | **34.20** | **23.76** | **17.18** | **15.78** | **0.10** | **10.44** | **0.49** | **0.62** | **0.74** |
| 黄石市辖区 | 0.40 | 0.29 | 0.28 | 0.28 | | 0.11 | 0.05 | | 0.01 |
| 大冶市 | 10.10 | 8.40 | 8.40 | 7.20 | | 1.70 | 0.10 | | 0.30 |
| 阳新县 | 23.70 | 15.07 | 8.50 | 8.30 | 0.10 | 8.63 | 0.34 | 0.62 | 0.43 |
| **十堰市** | **28.42** | | | | | **28.42** | **9.03** | **2.74** | **0.04** |
| 十堰市辖区 | 0.09 | | | | | 0.09 | 0.03 | | 0.04 |
| 丹江口市 | 1.50 | | | | | 1.50 | 0.80 | | |
| 郧 县 | 7.50 | | | | | 7.50 | 2.30 | | |
| 郧西县 | 9.23 | | | | | 9.23 | 3.93 | 0.47 | |
| 竹山县 | | | | | | | | | |
| 竹溪县 | 5.30 | | | | | 5.30 | 0.50 | 2.00 | |
| 房 县 | 4.80 | | | | | 4.80 | 1.47 | 0.27 | |
| **荆州市** | **66.02** | **47.46** | **23.16** | **5.51** | **3.31** | **18.56** | **0.55** | | **6.39** |
| 荆州市辖区 | 12.45 | 7.31 | 0.25 | 0.25 | | 5.14 | 0.20 | | 2.31 |
| 江陵县 | 0.85 | | | | | 0.85 | | | 0.40 |
| 松滋市 | 15.43 | 10.57 | 10.09 | 2.26 | | 4.86 | 0.22 | | 3.07 |
| 公安县 | 13.68 | 12.83 | 7.15 | | | 0.85 | | | 0.60 |
| 石首市 | 4.85 | 4.80 | 3.00 | 3.00 | | 0.05 | | | 0.01 |
| 监利县 | 3.17 | 2.70 | 1.30 | | | 0.47 | | | |
| 洪湖市 | 15.59 | 9.25 | 1.37 | | 3.31 | 6.34 | 0.13 | | |
| **宜昌市** | **34.38** | **8.27** | **6.71** | **2.34** | | **26.11** | **0.43** | **3.76** | **2.56** |
| 宜昌市辖区 | 0.45 | | | | | 0.45 | | 0.05 | |
| 夷陵区 | 2.97 | 1.50 | | | | 1.47 | | | 0.47 |
| 宜都市 | 1.93 | | | | | 1.93 | | 0.60 | |
| 枝江市 | 9.58 | 6.71 | 6.71 | 2.34 | | 2.87 | | | 1.47 |
| 当阳市 | 0.80 | | | | | 0.80 | | | 0.60 |
| 远安县 | 0.42 | | | | | 0.42 | 0.04 | 0.06 | 0.02 |
| 兴山县 | 2.86 | | | | | 2.86 | 0.25 | 0.35 | |
| 秭归县 | 0.51 | 0.06 | | | | 0.45 | 0.04 | 0.05 | |
| 长阳县 | 10.30 | | | | | 10.30 | 0.10 | 1.35 | |
| 五峰县 | 4.56 | | | | | 4.56 | | 1.30 | |
| **襄阳市** | **13.55** | **0.68** | | | | **12.87** | **0.02** | | **4.90** |
| 襄阳市辖区 | | | | | | | | | |
| 老河口市 | | | | | | | | | |
| 襄州区 | 2.00 | | | | | 2.00 | | | 0.70 |
| 枣阳市 | | | | | | | | | |
| 宜城市 | 8.50 | 0.68 | | | | 7.82 | | | 4.20 |
| 南漳县 | | | | | | | | | |
| 谷城县 | 1.95 | | | | | 1.95 | 0.02 | | |
| 保康县 | 1.10 | | | | | 1.10 | | | |
| **鄂州市** | **19.02** | **17.20** | **8.00** | **8.00** | **6.00** | **1.82** | **0.02** | | |

续表1 单位:千公顷

| | 三熟制耕地面积 | 水田三熟制 | 油稻稻 | 油杂杂 | 油杂再生 | 旱地三熟制 | 麦玉豆 | 芋玉豆 | 菜瓜菜 |
|---|---|---|---|---|---|---|---|---|---|
| **荆门市** | **11.22** | **6.37** | **3.60** | **0.68** | | **4.85** | **0.30** | | **0.58** |
| 荆门市辖区 | | | | | | | | | |
| 沙洋县 | 1.76 | | | | | 1.76 | | | 0.28 |
| 钟祥市 | 2.54 | 0.54 | | | | 2.00 | 0.10 | | 0.25 |
| 京山县 | 6.92 | 5.83 | 3.60 | 0.68 | | 1.09 | 0.20 | | 0.05 |
| **孝感市** | **29.92** | **20.86** | **10.03** | **0.64** | | **9.06** | **0.33** | **0.08** | **2.30** |
| 孝南区 | 6.25 | 5.65 | 1.80 | 0.14 | | 0.60 | | | 0.44 |
| 孝昌县 | 2.91 | 2.43 | 1.20 | 0.12 | | 0.48 | | | 0.03 |
| 大悟县 | 0.36 | 0.16 | | | | 0.20 | 0.10 | | 0.10 |
| 安陆市 | 0.13 | | | | | 0.13 | | | |
| 云梦县 | 2.94 | 2.67 | 1.11 | | | 0.27 | | | 0.27 |
| 应城市 | 7.59 | 7.06 | 5.32 | 0.06 | | 0.53 | | | 0.26 |
| 汉川市 | 9.74 | 2.89 | 0.60 | 0.32 | | 6.85 | 0.23 | 0.08 | 1.20 |
| **随州市** | **0.03** | **0.01** | | | | **0.02** | | | |
| 曾都区 | | | | | | | | | |
| 随 县 | | | | | | | | | |
| 广水市 | 0.03 | 0.01 | | | | 0.02 | | | |
| **黄冈市** | **123.24** | **111.37** | **67.70** | **32.97** | **9.96** | **11.87** | **0.26** | **0.05** | **1.46** |
| 黄州区 | 3.17 | 1.83 | 1.35 | 1.35 | | 1.34 | | | 0.15 |
| 团风县 | 8.50 | 8.09 | 5.60 | 4.72 | 0.32 | 0.41 | 0.01 | | 0.08 |
| 红安县 | 9.49 | 8.69 | 5.93 | 2.51 | | 0.80 | | | |
| 麻城市 | 9.63 | 9.27 | 9.27 | 0.60 | | 0.36 | | | 0.30 |
| 罗田县 | 0.60 | 0.40 | 0.30 | | | 0.20 | 0.10 | | 0.10 |
| 英山县 | 3.07 | 2.26 | 0.50 | 0.50 | | 0.81 | 0.15 | 0.05 | 0.02 |
| 浠水县 | 22.90 | 20.20 | 10.60 | | 4.00 | 2.70 | | | 0.30 |
| 蕲春县 | 31.77 | 27.32 | 7.98 | 7.22 | 5.64 | 4.45 | | | 0.30 |
| 武穴市 | 15.21 | 14.92 | 13.75 | 8.55 | | 0.29 | | | |
| 黄梅县 | 18.90 | 18.39 | 12.42 | 7.52 | | 0.51 | | | 0.21 |
| 龙感湖 | | | | | | | | | |
| **咸宁市** | **34.14** | **26.81** | **14.71** | **13.15** | | **7.33** | **0.47** | | **4.07** |
| 咸安区 | 13.29 | 10.09 | 1.65 | 1.02 | | 3.20 | 0.08 | | 1.76 |
| 嘉鱼县 | 3.16 | 2.00 | 1.46 | 1.33 | | 1.16 | 0.02 | | 1.14 |
| 赤壁市 | 6.25 | 5.70 | 5.00 | 4.30 | | 0.55 | 0.03 | | 0.50 |
| 通城县 | 4.88 | 3.72 | 2.50 | 2.50 | | 1.16 | 0.31 | | 0.10 |
| 崇阳县 | 5.94 | 5.00 | 4.00 | 4.00 | | 0.94 | | | 0.36 |
| 通山县 | 0.62 | 0.30 | 0.10 | | | 0.32 | 0.03 | | 0.21 |
| **恩施自治州** | **60.38** | **2.07** | | | | **58.31** | **2.64** | **14.57** | **0.35** |
| 恩施市 | 11.46 | | | | | 11.46 | 0.80 | 5.00 | |
| 利川市 | 11.47 | 0.67 | | | | 10.80 | 0.04 | 5.22 | |
| 建始县 | | | | | | | | | |
| 巴东县 | 18.10 | | | | | 18.10 | 1.80 | 1.33 | 0.15 |
| 宣恩县 | 2.06 | | | | | 2.06 | | 1.20 | 0.04 |
| 咸丰县 | 3.16 | | | | | 3.16 | | 1.62 | 0.11 |
| 来凤县 | 1.15 | 0.85 | | | | 0.30 | | 0.20 | |
| 鹤峰县 | 12.98 | 0.55 | | | | 12.43 | | | 0.05 |
| **仙桃市** | **2.16** | **1.46** | **0.73** | | | **0.70** | | | |
| **天门市** | **9.41** | **5.00** | **4.00** | | | **4.41** | **0.80** | | |
| **潜江市** | **6.26** | **0.01** | **0.01** | | | **6.25** | | | |
| **神农架林区** | **0.05** | | | | | **0.05** | | | **0.01** |

续表2　　　　　　　　　　　　　　　　　　　　　　　　　　　　　　　　单位：千公顷

| | 二熟制耕地面积 | 二熟制耕地面积（续） | | | | | | | |
|---|---|---|---|---|---|---|---|---|---|
| | | 水田二熟制 | | | | | 旱地二熟制 | | |
| | | | 麦稻 | 油稻 | 中杂再生 | 菜稻 | | 小麦棉 | 油菜棉 |
| **全省合计** | **2085.11** | **1227.48** | **471.84** | **479.13** | **21.09** | **46.12** | **857.63** | **138.91** | **112.41** |
| **武汉市** | **68.29** | **39.87** | **2.18** | **8.24** | **2.09** | **1.02** | **28.42** | **138.91** | **1.78** |
| 武汉市辖区 | 11.90 | 1.77 | 0.60 | 0.25 | | | 10.13 | 0.30 | 0.06 |
| 蔡甸区 | 5.59 | 5.26 | 0.60 | 0.67 | | | 2.99 | 0.33 | |
| 江夏区 | 20.85 | 14.08 | | 1.45 | 0.80 | 0.50 | 6.77 | 0.01 | |
| 黄陂区 | 15.96 | 10.34 | 0.38 | 2.97 | 0.19 | 0.52 | 5.62 | 0.30 | 0.62 |
| 新洲区 | 14.50 | 11.41 | 0.60 | 2.90 | 1.10 | | 3.09 | 1.38 | 1.10 |
| **黄石市** | **33.09** | **22.34** | **3.62** | **6.31** | **0.30** | **2.22** | **10.75** | **0.42** | **0.20** |
| 黄石市辖区 | 0.38 | 0.16 | 0.02 | 0.11 | | 0.02 | 0.22 | 0.02 | |
| 大冶市 | 11.25 | 6.55 | 3.50 | 3.00 | | 0.05 | 4.70 | 0.30 | |
| 阳新县 | 21.46 | 15.63 | 0.10 | 3.20 | 0.30 | 2.15 | 5.83 | 0.10 | 0.20 |
| **十堰市** | **112.55** | **33.83** | **12.09** | **11.21** | | **5.21** | **78.72** | **0.12** | |
| 十堰市辖区 | 1.07 | 0.44 | 0.20 | 0.05 | | | 0.63 | | |
| 丹江口市 | 14.84 | 6.06 | 3.49 | 2.57 | | | 8.78 | 0.07 | |
| 郧　县 | 26.32 | 6.86 | 3.90 | 0.70 | | 1.10 | 19.46 | 0.05 | |
| 郧西县 | 15.45 | 3.15 | 2.20 | 0.80 | | 0.15 | 12.30 | | |
| 竹山县 | 22.68 | 6.40 | | 4.64 | | 1.66 | 16.28 | | |
| 竹溪县 | 16.80 | 5.40 | 0.20 | 2.40 | | 0.80 | 11.40 | | |
| 房　县 | 15.39 | 5.52 | 2.10 | 0.05 | | 1.50 | 9.87 | | |
| **荆州市** | **294.23** | **194.54** | **39.58** | **113.72** | **6.50** | **3.42** | **99.69** | **31.07** | **35.71** |
| 荆州市辖区 | 28.58 | 18.56 | 5.17 | 7.24 | | 0.51 | 10.02 | 6.18 | 1.09 |
| 江陵县 | 28.50 | 24.00 | 10.50 | 13.50 | | | 4.50 | 1.00 | 3.50 |
| 松滋市 | 42.29 | 22.25 | 2.83 | 16.68 | | | 20.04 | 7.18 | 4.46 |
| 公安县 | 50.70 | 25.90 | 2.00 | 14.85 | | 2.31 | 24.80 | 3.01 | 15.34 |
| 石首市 | 15.15 | 9.58 | | 6.58 | | | 5.57 | | |
| 监利县 | 80.70 | 55.80 | 6.70 | 40.00 | 6.50 | 0.60 | 24.90 | 9.30 | 10.70 |
| 洪湖市 | 48.31 | 38.45 | 12.38 | 14.87 | | | 9.86 | 4.40 | 0.62 |
| **宜昌市** | **142.29** | **63.72** | **13.50** | **43.56** | | **1.10** | **78.57** | **9.10** | **3.30** |
| 宜昌市辖区 | 3.37 | 0.85 | 0.30 | 0.30 | | | 2.52 | | |
| 夷陵区 | 22.27 | 8.24 | | 6.50 | | 0.50 | 14.03 | | |
| 宜都市 | 7.85 | 1.52 | | 0.23 | | | 6.33 | | |
| 枝江市 | 31.37 | 13.74 | 2.40 | 9.50 | | 0.40 | 17.63 | 6.10 | 2.30 |
| 当阳市 | 41.50 | 26.80 | 10.00 | 16.80 | | | 14.70 | 3.00 | 1.00 |
| 远安县 | 8.25 | 6.00 | 0.40 | 5.30 | | | 2.25 | | |
| 兴山县 | 8.57 | 1.92 | | 1.55 | | 0.20 | 6.65 | | |
| 秭归县 | 5.55 | 2.15 | 0.20 | 1.10 | | | 3.40 | | |
| 长阳县 | 7.18 | 2.22 | 0.20 | 2.00 | | | 4.96 | | |
| 五峰县 | 6.38 | 0.28 | | 0.28 | | | 6.10 | | |
| **襄阳市** | **385.92** | **182.27** | **153.76** | **20.31** | | **0.61** | **203.65** | **15.31** | **10.55** |
| 襄阳市辖区 | 22.59 | 13.08 | 11.31 | 1.27 | | 0.50 | 9.51 | 1.00 | |
| 老河口市 | 43.47 | 14.23 | 13.62 | | | | 29.24 | 5.08 | |
| 襄州区 | 95.58 | 38.80 | 35.80 | | | | 56.78 | 4.00 | 0.50 |
| 枣阳市 | 104.02 | 48.14 | 48.14 | | | | 55.88 | 1.83 | 5.70 |
| 宜城市 | 44.34 | 27.93 | 14.11 | 12.00 | | | 16.41 | 3.30 | 4.25 |
| 南漳县 | 38.98 | 21.38 | 18.12 | 2.00 | | 0.10 | 17.60 | 0.10 | 0.10 |
| 谷城县 | 22.31 | 15.50 | 11.50 | 3.00 | | | 6.81 | | |
| 保康县 | 14.63 | 3.21 | 1.16 | 2.04 | | 0.01 | 11.42 | | |
| **鄂州市** | **5.01** | **2.91** | **0.50** | **0.40** | **0.60** | | **2.10** | **0.10** | **1.00** |

续表3 单位:千公顷

| | 二熟制耕地面积 | 二熟制耕地面积(续) | | | | | | | |
|---|---|---|---|---|---|---|---|---|---|
| | | 水田二熟制 | | | | | 旱地二熟制 | | |
| | | | 麦稻 | 油稻 | 中杂再生 | 菜稻 | | 小麦棉 | 油菜棉 |
| **荆门市** | **204.99** | **145.55** | **59.49** | **71.01** | | **0.60** | **59.44** | **13.37** | **8.31** |
| 荆门市辖区 | 27.10 | 24.96 | 7.14 | 16.70 | | | 2.14 | 0.20 | 1.16 |
| 沙洋县 | 57.05 | 44.87 | 11.90 | 26.27 | | | 12.18 | 1.82 | 1.51 |
| 钟祥市 | 72.74 | 40.25 | 20.50 | 18.94 | | | 32.49 | 5.30 | 5.29 |
| 京山县 | 48.10 | 35.47 | 19.95 | 9.10 | | 0.60 | 12.63 | 6.05 | 0.35 |
| **孝感市** | **203.75** | **161.04** | **61.64** | **57.11** | | **12.21** | **42.71** | **12.38** | **4.37** |
| 孝南区 | 23.65 | 19.56 | 6.02 | 10.14 | | 0.45 | 4.09 | 0.48 | 0.83 |
| 孝昌县 | 26.28 | 21.37 | 10.98 | 7.35 | | | 4.91 | 0.48 | 0.23 |
| 大悟县 | 29.06 | 21.94 | 5.93 | 4.20 | | 1.80 | 7.12 | 0.01 | 0.02 |
| 安陆市 | 32.97 | 27.86 | 15.26 | 5.07 | | 6.67 | 5.11 | 0.30 | 0.30 |
| 云梦县 | 17.57 | 14.56 | 5.65 | 4.14 | | | 3.01 | 0.51 | 0.77 |
| 应城市 | 27.28 | 22.07 | 6.20 | 10.00 | | 0.04 | 5.21 | 2.00 | 1.00 |
| 汉川市 | 46.94 | 33.68 | 11.60 | 16.21 | | 3.25 | 13.26 | 8.60 | 1.22 |
| **随州市** | **126.43** | **104.71** | **74.40** | **9.12** | | **8.22** | **21.72** | **6.65** | **2.13** |
| 曾都区 | 25.33 | 21.87 | 16.97 | 0.88 | | 2.92 | 3.46 | 1.20 | 0.13 |
| 随县 | 71.04 | 57.19 | 40.13 | 4.54 | | 3.10 | 13.85 | 4.64 | 1.15 |
| 广水市 | 30.06 | 25.65 | 17.30 | 3.70 | | 2.20 | 4.41 | 0.81 | 0.85 |
| **黄冈市** | **148.41** | **103.04** | **22.15** | **44.80** | **10.47** | **0.30** | **45.37** | **14.15** | **9.03** |
| 黄州区 | 7.18 | 3.67 | 1.20 | 1.20 | | 0.12 | 3.51 | 2.67 | |
| 团风县 | 6.01 | 4.23 | 0.86 | 0.85 | 1.24 | 0.13 | 1.78 | 0.49 | 0.42 |
| 红安县 | 12.30 | 8.17 | 0.76 | 2.19 | | | 4.13 | 0.32 | 0.46 |
| 麻城市 | 34.12 | 25.48 | 8.23 | 12.10 | | | 8.64 | 2.30 | 2.00 |
| 罗田县 | 19.51 | 15.67 | 1.00 | 6.00 | 6.67 | | 3.84 | 0.28 | |
| 英山县 | 12.24 | 10.45 | 4.32 | 5.20 | | 0.05 | 1.79 | 0.10 | |
| 浠水县 | 5.60 | 3.90 | | 1.80 | | | 1.70 | 0.20 | |
| 蕲春县 | 8.41 | 7.48 | 0.15 | 3.90 | 1.70 | | 0.93 | | 0.40 |
| 武穴市 | 8.63 | 5.10 | 0.25 | 3.46 | 0.86 | | 3.53 | 2.31 | 0.85 |
| 黄梅县 | 31.05 | 16.31 | 2.80 | 8.10 | | | 14.74 | 4.70 | 4.90 |
| 龙感湖 | 3.36 | 2.58 | 2.58 | | | | 0.78 | 0.78 | |
| **咸宁市** | **73.29** | **57.53** | **1.80** | **22.30** | | **5.83** | **15.76** | **0.37** | **0.27** |
| 咸安区 | 18.81 | 15.80 | | 15.56 | | 0.12 | 3.01 | | 0.10 |
| 嘉鱼县 | 15.06 | 12.10 | 1.66 | 3.26 | | 3.08 | 2.96 | 0.25 | |
| 赤壁市 | 15.42 | 12.00 | 0.07 | 1.80 | | 0.45 | 3.42 | 0.10 | 0.07 |
| 通城县 | 4.89 | 4.16 | | | | 0.15 | 0.73 | | |
| 崇阳县 | 14.39 | 10.89 | 0.07 | 1.24 | | 1.63 | 3.50 | 0.02 | 0.10 |
| 通山县 | 4.72 | 2.58 | | 0.44 | | 0.40 | 2.14 | | |
| **恩施自治州** | **105.79** | **19.09** | **0.17** | **7.10** | | **3.87** | **86.70** | | |
| 恩施市 | 20.62 | 3.67 | | 0.67 | | 2.33 | 16.95 | | |
| 利川市 | 25.10 | 1.33 | | 0.83 | | 0.40 | 23.77 | | |
| 建始县 | 17.10 | 1.34 | 0.07 | 1.01 | | | 15.76 | | |
| 巴东县 | 17.32 | 1.40 | 0.10 | 1.00 | | | 15.92 | | |
| 宣恩县 | 11.12 | 4.12 | | 1.20 | | | 7.00 | | |
| 咸丰县 | 11.65 | 5.02 | | 1.41 | | 1.14 | 6.63 | | |
| 来凤县 | 0.45 | 0.27 | | 0.16 | | | 0.18 | | |
| 鹤峰县 | 2.43 | 1.94 | | 0.82 | | | 0.49 | | |
| **仙桃市** | **51.85** | **36.58** | **1.30** | **30.68** | **1.13** | **1.23** | **15.27** | **8.70** | **6.10** |
| **天门市** | **73.42** | **30.12** | **12.25** | **17.02** | | | **43.30** | **19.02** | **15.30** |
| **潜江市** | **55.30** | **30.31** | **13.39** | **16.23** | | **0.28** | **24.99** | **5.83** | **14.36** |
| **神农架林区** | **0.50** | **0.03** | **0.02** | **0.01** | | | **0.47** | | |

续表4 单位:千公顷

| | 二熟制耕地面积(续) | | | | | | | | | |
|---|---|---|---|---|---|---|---|---|---|---|
| | 旱地二熟制耕地面积(续) | | | | | | | | | |
| | 蔬菜棉 | 麦 玉 | 芋 玉 | 油 玉 | 油花生 | 麦 豆 | 油 苕 | 麦 芝 | 油 芝 | 麦花生 |
| **全省合计** | **20.52** | **129.02** | **77.92** | **47.41** | **32.82** | **23.67** | **27.43** | **18.32** | **17.20** | **38.75** |
| **武汉市** | **5.24** | **0.12** | | **0.03** | **1.72** | **1.68** | **0.23** | **2.22** | **2.88** | **0.20** |
| 武汉市辖区 | 3.60 | | | | | 0.61 | | 0.10 | 0.03 | |
| 蔡甸区 | 1.33 | | | | | | | | | |
| 江夏区 | 0.01 | 0.10 | | | 1.60 | 0.33 | | 1.00 | 2.15 | |
| 黄陂区 | 0.30 | 0.02 | | 0.03 | 0.12 | 0.13 | 0.23 | 1.02 | 0.67 | 0.20 |
| 新洲区 | | | | | | 0.61 | | 0.10 | 0.03 | |
| **黄石市** | **0.40** | **0.64** | **0.10** | **0.73** | **0.10** | **0.65** | **2.98** | **0.42** | **1.11** | **0.26** |
| 黄石市辖区 | | 0.04 | | | | | 0.01 | 0.02 | 0.03 | 0.01 |
| 大冶市 | | 0.50 | | | | 0.55 | 0.83 | 0.25 | 0.65 | 0.05 |
| 阳新县 | 0.40 | 0.10 | 0.10 | 0.73 | 0.10 | 0.10 | 2.14 | 0.15 | 0.43 | 0.20 |
| **十堰市** | **0.01** | **15.61** | **5.15** | **6.33** | **6.63** | **1.70** | **2.77** | **6.14** | **3.88** | **2.74** |
| 十堰市辖区 | | 0.32 | | | 0.06 | | 0.12 | 0.04 | | 0.02 |
| 丹江口市 | | 4.24 | | 0.37 | | | 0.70 | 1.71 | | 0.98 |
| 郧 县 | | 4.20 | 0.20 | 1.80 | | 0.50 | | 1.70 | 1.00 | |
| 郧西县 | | 3.75 | 0.67 | 0.88 | | | | 0.67 | 1.33 | 0.67 |
| 竹山县 | | | 1.20 | | 6.20 | | 0.20 | 1.22 | 0.23 | 0.40 |
| 竹溪县 | | 0.30 | 2.28 | 1.20 | 0.20 | 0.30 | 1.20 | 0.60 | 0.80 | 0.40 |
| 房 县 | 0.01 | 2.80 | 0.80 | 2.08 | 0.17 | 0.90 | 0.55 | 0.20 | 0.52 | 0.27 |
| **荆州市** | **4.31** | **2.18** | | **2.64** | **0.16** | **0.06** | **0.25** | **0.34** | **0.30** | **0.21** |
| 荆州市辖区 | 0.71 | 0.11 | | 0.10 | 0.05 | | | | 0.09 | |
| 江陵县 | | | | | | | | | | |
| 松滋市 | | 1.92 | | 2.45 | 0.11 | 0.06 | 0.25 | 0.34 | 0.08 | 0.21 |
| 公安县 | 2.76 | | | 0.09 | | | | | | |
| 石首市 | | | | | | | | | | |
| 监利县 | 0.70 | | | | | | | | | |
| 洪湖市 | 0.14 | 0.15 | | | | | | | 0.13 | |
| **宜昌市** | **1.59** | **8.59** | **15.22** | **11.16** | **1.89** | **1.38** | **4.50** | **0.56** | **1.01** | **1.51** |
| 宜昌市辖区 | | | 0.04 | 0.01 | 0.29 | 0.07 | | 0.05 | | 0.01 |
| 夷陵区 | | 0.20 | 5.00 | 0.81 | | 0.29 | 1.89 | | 0.44 | |
| 宜都市 | | 0.20 | 0.33 | 1.00 | | | | | | |
| 枝江市 | 1.30 | 5.00 | 0.20 | 0.81 | | 0.29 | 0.69 | | | 0.40 |
| 当阳市 | 0.29 | 1.17 | 1.20 | 4.18 | | 0.60 | 0.70 | 0.50 | 0.50 | 0.90 |
| 远安县 | | 0.40 | 0.50 | 0.80 | 0.20 | | 0.10 | | 0.02 | |
| 兴山县 | | 0.22 | 4.45 | 1.35 | | | | | 0.01 | |
| 秭归县 | | 0.90 | 0.50 | 0.90 | 0.60 | 0.03 | 0.10 | | 0.02 | |
| 长阳县 | | 0.50 | | | 0.80 | 0.10 | 0.02 | 0.01 | 0.02 | 0.20 |
| 五峰县 | | | 3.00 | 1.30 | | | 1.00 | | | |
| **襄阳市** | **1.00** | **90.48** | | **7.84** | **9.38** | **2.12** | **2.25** | **2.29** | **2.27** | **13.36** |
| 襄阳市辖区 | | 4.76 | | 1.62 | 0.87 | | | 0.30 | 0.03 | |
| 老河口市 | | 10.08 | | | 2.26 | | 2.20 | | 2.10 | |
| 襄州区 | 1.00 | 15.00 | | 2.00 | 2.00 | 1.00 | | 1.00 | | 10.50 |
| 枣阳市 | | 35.82 | | | | 1.12 | | 0.65 | | 1.33 |
| 宜城市 | | 2.99 | | | 3.80 | | | | | |
| 南漳县 | | 14.00 | | 0.60 | | | | | | |
| 谷城县 | | 3.60 | | 0.20 | | | 0.05 | 0.20 | 0.14 | 1.30 |
| 保康县 | | 4.23 | | 3.42 | 0.45 | | | 0.14 | | 0.23 |
| **鄂州市** | | | | | | | | **0.30** | | |

续表5 单位:千公顷

| | 二熟制耕地面积(续) | | | | | | | | | |
|---|---|---|---|---|---|---|---|---|---|---|
| | 旱地二熟制耕地面积(续) | | | | | | | | | |
| | 蔬菜棉 | 麦 玉 | 芋 玉 | 油 玉 | 油花生 | 麦 豆 | 油 苕 | 麦 芝 | 油 芝 | 麦花生 |
| **荆门市** | **1.24** | **2.37** | | **3.67** | **4.43** | **6.28** | **0.07** | **0.73** | **0.41** | **3.60** |
| 荆门市辖区 | | 0.10 | | 0.11 | 0.26 | 0.10 | | | 0.11 | 0.10 |
| 沙洋县 | 0.11 | 0.13 | | | 0.07 | 3.11 | | | | |
| 钟祥市 | 1.01 | 2.01 | | 3.51 | 3.80 | 2.87 | | 0.58 | | 1.50 |
| 京山县 | 0.12 | 0.13 | | 0.05 | 0.30 | 0.20 | 0.07 | 0.15 | 0.30 | 2.00 |
| **孝感市** | **2.55** | **0.09** | **0.72** | **0.29** | **2.36** | **3.37** | **0.23** | **2.25** | **1.57** | **8.06** |
| 孝南区 | 0.35 | 0.02 | | 0.03 | 0.16 | 0.10 | 0.01 | 0.51 | 0.06 | 0.87 |
| 孝昌县 | 0.05 | | | 0.06 | 1.25 | 0.20 | 0.01 | 0.42 | 0.25 | 1.35 |
| 大悟县 | 0.03 | | | | 0.50 | 0.80 | | 0.15 | 0.10 | 4.50 |
| 安陆市 | 0.10 | | | 0.03 | | 1.43 | 0.20 | 0.50 | 0.63 | 0.86 |
| 云梦县 | 0.20 | | 0.71 | | 0.13 | 0.26 | | 0.27 | | 0.11 |
| 应城市 | 0.04 | 0.02 | | 0.05 | 0.24 | 0.38 | | 0.24 | 0.38 | 0.32 |
| 汉川市 | 1.78 | 0.05 | 0.01 | 0.12 | 0.08 | 0.20 | 0.01 | 0.16 | 0.15 | 0.05 |
| **随州市** | **1.21** | **4.26** | | **0.12** | **0.57** | **0.10** | **0.42** | **0.60** | **0.75** | **3.64** |
| 曾都区 | 0.87 | 0.04 | | 0.12 | 0.37 | | 0.42 | | 0.25 | |
| 随 县 | | 4.22 | | | | | | 0.60 | | 3.04 |
| 广水市 | 0.34 | | | | 0.20 | 0.10 | | | 0.50 | 0.60 |
| **黄冈市** | **1.37** | **0.34** | | **0.65** | **1.48** | **1.04** | **2.93** | **1.60** | **0.44** | **4.96** |
| 黄州区 | 0.12 | 0.05 | | | | | | | | |
| 团风县 | 0.05 | 0.01 | | 0.01 | 0.08 | 0.01 | 0.22 | 0.07 | 0.14 | 0.10 |
| 红安县 | | | | | 0.89 | | 0.61 | 0.10 | 0.15 | 0.71 |
| 麻城市 | | | | | | 1.00 | 0.20 | 0.80 | 0.10 | 1.24 |
| 罗田县 | | | | | | | 1.60 | | | 1.96 |
| 英山县 | | 0.23 | | 0.14 | 0.09 | 0.03 | | 0.28 | | 0.57 |
| 浠水县 | 0.80 | | | 0.50 | | | | | | |
| 蕲春县 | | | | | 0.10 | | 0.20 | | | |
| 武穴市 | 0.06 | 0.05 | | | 0.13 | | 0.02 | 0.03 | 0.05 | |
| 黄梅县 | 0.34 | | | | 0.19 | | 0.08 | 0.32 | | 0.38 |
| 龙感湖 | | | | | | | | | | |
| **咸宁市** | **0.19** | **0.71** | | **2.03** | **2.07** | **0.57** | **2.01** | | **1.32** | |
| 咸安区 | 0.09 | 0.10 | | | 1.37 | | | | 1.25 | |
| 嘉鱼县 | | 0.40 | | 0.53 | | 0.36 | | | | |
| 赤壁市 | | 0.02 | | | 0.11 | 0.05 | 0.20 | | | |
| 通城县 | | | | | 0.12 | 0.10 | 0.11 | | | |
| 崇阳县 | 0.10 | 0.07 | | 0.60 | 0.07 | | 1.20 | | | |
| 通山县 | | 0.12 | | 0.90 | 0.40 | 0.06 | 0.50 | | 0.07 | |
| **恩施自治州** | | **1.73** | **56.73** | **11.19** | **1.43** | | **8.79** | **0.28** | | **0.20** |
| 恩施市 | | 0.47 | 6.67 | 4.00 | 0.13 | | 4.67 | | | |
| 利川市 | | | 21.20 | 1.20 | | | | | | |
| 建始县 | | 0.34 | 13.40 | 0.67 | | | 0.34 | | | |
| 巴东县 | | 0.90 | 6.40 | 4.50 | 1.20 | | 1.66 | 0.28 | | 0.20 |
| 宣恩县 | | 0.02 | 5.31 | 0.20 | 0.10 | | 1.00 | | | |
| 咸丰县 | | | 3.18 | 0.62 | | | 1.12 | | | |
| 来凤县 | | | 0.18 | | | | | | | |
| 鹤峰县 | | | 0.39 | | | | | | | |
| **仙桃市** | | | | | | | | | | |
| **天门市** | | **1.32** | | | | **4.42** | | **0.58** | **0.86** | |
| **潜江市** | **1.41** | **0.35** | | **0.56** | **0.60** | **0.30** | | | **0.40** | |
| **神农架林区** | | **0.23** | | **0.17** | | | | **0.01** | | **0.01** |

| | 一熟制耕地面积 | 一熟制耕地面积(续) | | | | | |
|---|---|---|---|---|---|---|---|
| | | 水田一熟制 | 水田一熟制耕地面积(续) | | | | 旱地一熟制 |
| | | | 肥稻 | 冬泡稻 | 冬板稻 | 冬炕稻 | |
| **全省合计** | **176.89** | **140.86** | **20.75** | **38.19** | **32.55** | **17.51** | **36.03** |
| **武汉市** | **5.65** | **5.35** | **0.72** | **1.30** | **1.27** | **0.63** | **0.30** |
| 武汉市辖区 | | | | | | | |
| 蔡甸区 | | | | | | | |
| 江夏区 | 2.43 | 2.43 | 0.60 | 0.70 | 0.70 | | |
| 黄陂区 | 3.22 | 2.92 | 0.12 | 0.60 | 0.57 | 0.63 | 0.30 |
| 新洲区 | | | | | | | |
| **黄石市** | **1.38** | **1.05** | **0.04** | **0.54** | **0.47** | | **0.33** |
| 黄石市辖区 | | | | | | | |
| 大冶市 | | | | | | | |
| 阳新县 | 1.38 | 1.05 | 0.04 | 0.54 | 0.47 | | 0.33 |
| **十堰市** | **10.14** | **2.12** | **0.21** | **0.29** | **0.60** | **0.56** | **8.02** |
| 十堰市辖区 | 0.02 | | | | | | 0.02 |
| 丹江口市 | 0.44 | | | | | | 0.44 |
| 郧 县 | 1.27 | 0.01 | | | | | 1.26 |
| 郧西县 | 0.85 | | | | | | 0.85 |
| 竹山县 | 1.23 | | | | | | 1.23 |
| 竹溪县 | 2.30 | 0.40 | | 0.10 | 0.20 | | 1.90 |
| 房 县 | 4.03 | 1.71 | 0.21 | 0.19 | 0.40 | 0.56 | 2.32 |
| **荆州市** | **30.42** | **28.71** | **7.19** | **6.82** | **7.38** | **0.22** | **1.71** |
| 荆州市辖区 | | | | | | | |
| 江陵县 | | | | | | | |
| 松滋市 | 1.95 | 0.79 | 0.13 | 0.12 | 0.32 | 0.22 | 1.16 |
| 公安县 | 7.35 | 6.80 | | | | | 0.55 |
| 石首市 | 0.72 | 0.72 | 0.36 | | 0.36 | | |
| 监利县 | 20.10 | 20.10 | 6.70 | 6.70 | 6.70 | | |
| 洪湖市 | 0.30 | 0.30 | | | | | |
| **宜昌市** | **4.34** | **3.44** | **1.27** | **0.01** | **0.50** | | **0.90** |
| 宜昌市辖区 | | | | | | | |
| 夷陵区 | 0.33 | 0.33 | 0.33 | | | | |
| 宜都市 | | | | | | | |
| 枝江市 | 0.33 | 0.33 | 0.33 | | | | |
| 当阳市 | 0.81 | 0.81 | 0.31 | | 0.50 | | |
| 远安县 | 2.05 | 1.55 | 0.10 | | | | 0.50 |
| 兴山县 | 0.22 | 0.17 | 0.15 | 0.01 | | | 0.05 |
| 秭归县 | 0.60 | 0.25 | 0.05 | | | | 0.35 |
| 长阳县 | | | | | | | |
| 五峰县 | | | | | | | |
| **襄阳市** | **15.92** | **10.80** | **1.03** | **1.60** | **0.10** | **5.00** | **5.12** |
| 襄阳市辖区 | 0.80 | 0.50 | 0.30 | 0.10 | 0.10 | | 0.30 |
| 老河口市 | | | | | | | |
| 襄州区 | 9.04 | 8.00 | | 1.00 | | 5.00 | 1.04 |
| 枣阳市 | | | | | | | |
| 宜城市 | 2.59 | 1.30 | 0.23 | | | | 1.29 |
| 南漳县 | 0.50 | 0.50 | | 0.50 | | | |
| 谷城县 | 0.50 | 0.50 | 0.50 | | | | |
| 保康县 | 2.49 | | | | | | 2.49 |
| **鄂州市** | | | | | | | |

续表7　　　　　　　　　　　　　　　　　　　　　　　　　　　　　　单位：千公顷

| | 一熟制耕地面积 | 一熟制耕地面积（续） | | | | | |
|---|---|---|---|---|---|---|---|
| | | 水田一熟制 | 水田一熟制耕地面积(续) | | | | 旱地一熟制 |
| | | | 肥稻 | 冬泡稻 | 冬板稻 | 冬炕稻 | |
| **荆门市** | 7.42 | 6.20 | 1.04 | 2.08 | 0.10 | 0.30 | 1.22 |
| 荆门市辖区 | 1.65 | 1.65 | | 0.70 | | | |
| 沙洋县 | 0.87 | 0.67 | 0.54 | | | | 0.20 |
| 钟祥市 | 2.52 | 1.68 | | 0.08 | | | 0.84 |
| 京山县 | 2.38 | 2.20 | 0.50 | 1.30 | 0.10 | 0.30 | 0.18 |
| **孝感市** | 18.61 | 17.87 | 1.84 | 6.83 | 4.02 | 0.96 | 0.74 |
| 孝南区 | 0.49 | 0.49 | 0.09 | | | | 0.00 |
| 孝昌县 | 1.75 | 1.49 | | 0.64 | 0.68 | | 0.26 |
| 大悟县 | 6.24 | 5.81 | 0.99 | 0.60 | 0.50 | 0.60 | 0.43 |
| 安陆市 | 0.72 | 0.72 | 0.52 | | 0.10 | 0.10 | |
| 云梦县 | 1.64 | 1.64 | 0.02 | 1.09 | | | |
| 应城市 | 3.29 | 3.24 | 0.20 | 0.04 | 2.74 | 0.26 | 0.05 |
| 汉川市 | 4.48 | 4.48 | 0.02 | 4.46 | | | |
| **随州市** | 4.19 | 2.99 | 1.89 | 0.88 | | 0.22 | 1.20 |
| 曾都区 | | | | | | | |
| 随　县 | 3.68 | 2.48 | 1.38 | 0.88 | | 0.22 | 1.20 |
| 广水市 | | | | | | | |
| **黄冈市** | 17.05 | 13.22 | 0.73 | 0.49 | 4.54 | 1.81 | 3.83 |
| 黄州区 | | | | | | | |
| 团风县 | 0.50 | 0.49 | 0.08 | 0.19 | 0.08 | 0.09 | 0.01 |
| 红安县 | 2.62 | 1.94 | 0.07 | | 0.24 | 1.52 | 0.68 |
| 麻城市 | 1.00 | 1.00 | | | 1.00 | | |
| 罗田县 | 5.94 | 4.82 | | 0.20 | 0.20 | 0.20 | 1.12 |
| 英山县 | 0.80 | 0.80 | 0.40 | | 0.40 | | |
| 浠水县 | 2.05 | 1.15 | 0.18 | | 0.10 | | 0.90 |
| 蕲春县 | | | | | | | |
| 武穴市 | 0.78 | 0.50 | | 0.10 | | | 0.28 |
| 黄梅县 | 3.36 | 2.52 | | | 2.52 | | 0.84 |
| 龙感湖 | | | | | | | |
| **咸宁市** | 18.46 | 14.49 | 4.67 | 2.43 | 1.35 | 1.03 | 3.97 |
| 咸安区 | 0.58 | 0.58 | | 0.36 | 0.10 | 0.12 | 0.00 |
| 嘉鱼县 | 2.99 | 2.39 | 0.49 | 0.80 | 0.20 | 0.70 | 0.60 |
| 赤壁市 | 5.29 | 4.78 | 0.03 | 0.27 | | | 0.51 |
| 通城县 | 2.11 | 1.35 | 1.35 | | | | 0.76 |
| 崇阳县 | 1.61 | 1.00 | 1.00 | | | | 0.61 |
| 通山县 | 5.88 | 4.39 | 1.80 | 1.00 | 1.05 | 0.21 | 1.49 |
| **恩施自治州** | 42.02 | 34.85 | 0.39 | 14.92 | 12.22 | 6.78 | 7.17 |
| 恩施市 | 2.52 | 2.52 | | 1.02 | 1.00 | 0.50 | 0.00 |
| 利川市 | 21.25 | 20.05 | 0.39 | 10.00 | 5.00 | 4.66 | 1.20 |
| 建始县 | 0.40 | 0.40 | | 0.40 | | | |
| 巴东县 | 0.30 | 0.30 | | | | | |
| 宣恩县 | 7.07 | 4.70 | | 2.00 | 2.00 | 0.70 | 2.37 |
| 咸丰县 | 9.26 | 6.76 | | 1.38 | 4.22 | 0.92 | 2.50 |
| 来凤县 | 0.62 | 0.00 | | | | | 0.62 |
| 鹤峰县 | 0.60 | 0.12 | | 0.12 | | | 0.48 |
| **仙桃市** | | | | | | | |
| **天门市** | | | | | | | |
| **潜江市** | 0.24 | 0.24 | 0.24 | | | | |
| **神农架林区** | 1.56 | 0.04 | | | | | 1.52 |

续表8 单位:千公顷

| | 附报: | | | | |
|---|---|---|---|---|---|
| | 纯种蔬菜面积 | 农民自留地菜地面积 | 冬泡田 | 冬板田 | 冬炕田 |
| **全省合计** | **85.47** | **26.73** | **58.49** | **39.93** | **43.64** |
| **武汉市** | | **2.00** | **9.60** | **4.40** | **2.20** |
| 武汉市辖区 | | | | | |
| 蔡甸区 | | | | | |
| 江夏区 | | 2.00 | 1.00 | 1.00 | |
| 黄陂区 | | | 8.60 | 3.40 | 2.20 |
| 新洲区 | | | | | |
| **黄石市** | **2.90** | **1.00** | **0.54** | **0.47** | |
| 黄石市辖区 | | | | | |
| 大冶市 | | | | | |
| 阳新县 | 2.90 | 1.00 | 0.54 | 0.47 | |
| **十堰市** | **13.78** | **4.07** | **0.82** | **0.74** | **0.56** |
| 十堰市辖区 | 0.90 | | | | |
| 丹江口市 | 0.93 | 1.07 | 0.07 | | |
| 郧 县 | | | | | |
| 郧西县 | 0.10 | 0.08 | 0.15 | 0.14 | |
| 竹山县 | 7.70 | | | | |
| 竹溪县 | 2.82 | 1.50 | 0.10 | 0.20 | |
| 房 县 | 1.33 | 1.42 | 0.50 | 0.40 | 0.56 |
| **荆州市** | **1.30** | **2.12** | **7.15** | **7.57** | **0.89** |
| 荆州市辖区 | | | | | |
| 江陵县 | 1.00 | 0.04 | | | |
| 松滋市 | | | 0.12 | 0.32 | 0.22 |
| 公安县 | | | | | |
| 石首市 | 0.30 | 2.08 | 0.33 | 0.55 | 0.67 |
| 监利县 | | | 6.70 | 6.70 | |
| 洪湖市 | | | | | |
| **宜昌市** | **4.18** | **2.81** | **0.01** | **1.00** | **0.50** |
| 宜昌市辖区 | 0.80 | | | | |
| 夷陵区 | 1.10 | 1.14 | | | |
| 宜都市 | 0.23 | 0.53 | | | |
| 枝江市 | 1.10 | 1.14 | | | |
| 当阳市 | | | | 1.00 | 0.50 |
| 远安县 | | | | | |
| 兴山县 | 0.95 | | 0.01 | | |
| 秭归县 | | | | | |
| 长阳县 | | | | | |
| 五峰县 | | | | | |
| **襄阳市** | **6.98** | **1.00** | **1.70** | **0.30** | **5.60** |
| 襄阳市辖区 | 2.10 | 0.30 | 0.20 | 0.30 | 0.10 |
| 老河口市 | | | | | |
| 襄州区 | | | 1.00 | | 5.00 |
| 枣阳市 | | | | | |
| 宜城市 | | | | | |
| 南漳县 | 1.60 | | 0.50 | | 0.50 |
| 谷城县 | | | | | |
| 保康县 | 3.28 | 0.70 | | | |
| **鄂州市** | | | | | |

续表9 单位:千公顷

| | 附报: | | | | |
|---|---|---|---|---|---|
| | 纯种蔬菜面积 | 农民自留地菜地面积 | 冬泡田 | 冬板田 | 冬炕田 |
| **荆门市** | | **1.52** | **2.77** | **0.10** | **0.30** |
| 荆门市辖区 | | | 1.32 | | |
| 沙洋县 | | 0.57 | | | |
| 钟祥市 | | | 0.10 | | |
| 京山县 | | 0.95 | 1.35 | 0.10 | 0.30 |
| **孝感市** | **9.12** | | **10.47** | **6.21** | **8.89** |
| 孝南区 | 1.00 | | | | |
| 孝昌县 | 0.64 | | 0.64 | 0.76 | 0.63 |
| 大悟县 | 0.80 | | 0.60 | 0.50 | 0.60 |
| 安陆市 | | | | 0.10 | 0.10 |
| 云梦县 | 2.68 | | 1.09 | 0.10 | 0.80 |
| 应城市 | | | 0.04 | 2.75 | 0.26 |
| 汉川市 | 4.00 | | 8.10 | 2.00 | 6.50 |
| **随州市** | **0.10** | **0.70** | **4.20** | **0.10** | **1.30** |
| 曾都区 | | | | | |
| 随 县 | 0.10 | | 4.00 | | 1.00 |
| 广水市 | | 0.70 | 0.20 | 0.10 | 0.30 |
| **黄冈市** | **11.19** | **1.51** | **0.82** | **4.82** | **12.60** |
| 黄州区 | 1.30 | | | | |
| 团风县 | | 0.38 | 0.42 | 0.36 | 0.43 |
| 红安县 | | | | 0.24 | 1.52 |
| 麻城市 | 6.34 | 0.90 | | 1.00 | |
| 罗田县 | | | 0.20 | 0.20 | 0.20 |
| 英山县 | | | | 0.40 | 10.45 |
| 浠水县 | 3.55 | 0.23 | 0.10 | 0.10 | |
| 蕲春县 | | | | | |
| 武穴市 | | | 0.10 | | |
| 黄梅县 | | | | 2.52 | |
| 龙感湖 | | | | | |
| **咸宁市** | **9.69** | **1.72** | **3.03** | **2.00** | **4.02** |
| 咸安区 | 0.85 | 0.46 | 0.36 | 0.10 | 0.12 |
| 嘉鱼县 | 4.74 | 0.50 | 0.80 | 0.20 | 0.70 |
| 赤壁市 | 0.70 | | 0.27 | | |
| 通城县 | 2.70 | | | | |
| 崇阳县 | | | 0.10 | 0.20 | 1.60 |
| 通山县 | 0.70 | 0.76 | 1.50 | 1.50 | 1.60 |
| **恩施自治州** | **8.25** | **5.45** | **17.38** | **12.22** | **6.78** |
| 恩施市 | 6.25 | 3.00 | 1.02 | 1.00 | 0.50 |
| 利川市 | | 0.35 | 10.00 | 5.00 | 4.66 |
| 建始县 | | | 1.78 | | |
| 巴东县 | | | | | |
| 宣恩县 | 2.00 | 2.10 | 2.00 | 2.00 | 0.70 |
| 咸丰县 | | | 1.38 | 4.22 | 0.92 |
| 来凤县 | | | | | |
| 鹤峰县 | | | 1.20 | | |
| **仙桃市** | **15.03** | **1.50** | | | |
| **天门市** | | | | | |
| **潜江市** | **2.95** | **1.33** | | | |
| **神农架林区** | | | | | |

# 全省经济特产作物技术推广情况

| | 计量单位 | 数 值 | | 计量单位 | 数 值 |
|---|---|---|---|---|---|
| 一、低产园改造面积 | 公顷 | 60082 | 九、果品商品化处理 | — | × |
| 1、果树低产园改造面积 | 公顷 | 35674 | 1、商品化处理生产线 | 条 | 390 |
| 其中:柑 桔 | 公顷 | 19989 | 2、时处理能力 | 吨/小时 | 3437.5 |
| 2、茶树低产园改造面积 | 公顷 | 22752 | 3、商品化处理数量 | 吨 | 1325619 |
| 3、桑树低产园改造面积 | 公顷 | 1656 | 十、果汁加工生产线 | 条 | 19 |
| 二、育苗面积 | 公顷 | 6897 | 生产量 | 吨 | 2357 |
| 1、果树育苗面积 | 公顷 | 1865 | 十一、水果罐头加工生产线 | 条 | 35 |
| 其中:柑 桔 | 公顷 | 944 | 生产量 | 吨 | 311550 |
| 2、茶树无性系育苗面积 | 公顷 | 1966 | 其中:桔瓣罐头加工生产线 | 条 | 20 |
| 其中:苗 圃 | 公顷 | 961 | 生产量 | 吨 | 288300 |
| 母本园 | 公顷 | 602 | 十二、茶园行间覆草面积 | 公顷 | 27889 |
| 3、桑树育苗面积 | 公顷 | 157 | 十三、机械化采摘和修剪茶园面积 | 公顷 | 74328 |
| 4、中药材育苗面积 | 公顷 | 1698 | 十四、采茶机数量 | 台 | 10309 |
| 5、花卉育苗面积 | 公顷 | 1211 | 十五、修剪机数量 | 台 | 22536 |
| 三、出圃苗数 | 万株 | 110426.14 | 十六、茶叶冷藏保鲜库 | 立方米 | 23761 |
| 1、果树出圃苗数 | 万株 | 8077.59 | 十七、名优茶机械数量 | 台 | 41642 |
| (1)柑 桔 | 万株 | 2369.67 | 十八、名优茶产量 | 吨 | 61099 |
| (2)桃 子 | 万株 | 2935.97 | 其中:机制名优茶 | 吨 | 51891 |
| (3)梨 子 | 万株 | 907.30 | 十九、有机茶园面积 | 公顷 | 14195 |
| (4)其 它 | 万株 | 1864.65 | 有机茶产量 | 吨 | 5279 |
| 2、茶树出圃苗数 | 万株 | 50740.15 | 二十、中药深加工厂 | 个 | 423 |
| (1)福鼎大白茶 | 万株 | 8836.00 | 中药材加工产量 | 吨 | 74555 |
| (2)鄂茶1号 | 万株 | 13578.00 | 二十一、遮阳网覆盖面积 | 公顷 | 8625 |
| (3)鄂茶10号 | 万株 | 6505.00 | 二十二、大棚面积(不含蔬菜瓜类花卉) | 公顷 | 706 |
| (4)金观音 | 万株 | 1125.00 | 其中:水果 | 公顷 | 181 |
| (5)金萱 | 万株 | | 茶叶 | 公顷 | 209 |
| (6)黄 | 万株 | 30.00 | 二十三、花卉保护地栽培 | 公顷 | 84 |
| (7)其它 | 万株 | 20666.15 | 1、温室 | 公顷 | 2 |
| 3、桑苗出圃苗数 | 万株 | 737.76 | 2、大中小棚 | 公顷 | 28 |
| 其中:湖 桑 | 万株 | 598.00 | 3、遮荫棚 | 公顷 | 54 |
| 杂交桑 | 万株 | 73.76 | 二十四、花卉生产经营实体 | — | × |
| 4、中药材出圃苗数 | 万株 | 46055.71 | 1、花卉市场 | 个 | 23 |
| 其中:木 本 | 万株 | 4884.36 | 2、花卉企业 | 个 | 232 |
| 草 本 | 万株 | 39608.35 | 其中:大型企业 | 个 | 14 |
| 5、花卉出圃苗数 | 万株 | 4814.93 | 3、从业人员 | 户 | 13315 |
| 四、果树高接换种 | 万株 | 664.48 | 其中:花农 | 人 | 3748 |
| 其中:柑 桔 | 万株 | 442.69 | 专业技术人员 | 人 | 681 |
| 梨 | 万株 | 110.88 | 二十五、秸杆覆盖栽培面积 | 公顷 | 39388 |
| 五、柑桔园覆草栽培面积 | 公顷 | 49559 | 其中:果园 | 公顷 | 28412 |
| 六、柑桔贮藏保鲜量 | 吨 | 514595 | 二十六、省力化养蚕张数 | 万张 | 6.28 |
| 其中:通风库贮藏 | 吨 | 406652 | 产量 | 吨 | 2308 |
| 冷库贮藏 | 吨 | 49776 | 二十七、小蚕共育张数 | 万张 | 3.51 |
| 七、果树设施栽培面积 | 公顷 | 1410 | 产量 | 吨 | 1116 |
| 八、果实套袋数 | 万个 | 16730 | 二十八、方格簇应用片数 | 万片 | 2522.1 |

# 2011年经济推广情况

单位：千公、吨

| | 低产园改造面积 | | | | 出圃苗数 | | | |
|---|---|---|---|---|---|---|---|---|
| | | 果树低产园 | 柑桔 | 茶树低产园 | | 果树 | 柑桔 | 桃子 |
| **全省合计** | **60082** | **35674** | **19989** | **22752** | **110426.14** | **8077.59** | **2369.67** | **2935.97** |
| **武汉市** | **400** | **150** | **20** | **250** | **1268.00** | **83.00** | **53.00** | **10.00** |
| 武汉市辖区 | | | | | 10.00 | | | |
| 蔡甸区 | | | | | 801.00 | 1.00 | 1.00 | |
| 江夏区 | | | | | 447.00 | 82.00 | 52.00 | 10.00 |
| 黄陂区 | | | | | | | | |
| 新洲区 | 400 | 150 | 20 | 250 | 10.00 | | | |
| **黄石市** | | | | | **56.43** | **17.22** | **6.26** | **0.91** |
| 黄石市辖区 | | | | | | | | |
| 大冶市 | | | | | | | | |
| 阳新县 | | | | | 56.43 | 17.22 | 6.26 | 0.91 |
| **十堰市** | **7886** | **5729** | **5563** | **2157** | **1437.00** | **472.00** | **301.00** | **1.00** |
| 十堰市辖区 | | | | | | | | |
| 丹江口市 | 3670 | 3330 | 3330 | 340 | 200.00 | 170.00 | 150.00 | |
| 郧县 | 2000 | 2000 | 2000 | | 350.00 | 250.00 | 150.00 | |
| 郧西县 | 200 | 66 | 33 | 134 | | | | |
| 竹山县 | | | | | | | | |
| 竹溪县 | 1333 | | | 1333 | | | | |
| 房县 | 683 | 333 | 200 | 350 | 887.00 | 52.00 | 1.00 | 1.00 |
| **荆州市** | **695** | **695** | **675** | | **840.55** | **312.92** | **296.96** | **13.86** |
| 荆州市辖区 | | | | | 13.93 | 3.92 | 1.96 | 0.86 |
| 江陵县 | | | | | | | | |
| 松滋市 | 667 | 667 | 667 | | 700.00 | 200.00 | 200.00 | |
| 公安县 | | | | | 58.00 | 48.00 | 45.00 | 2.00 |
| 石首市 | | | | | 61.00 | 61.00 | 50.00 | 11.00 |
| 监利县 | 16 | 16 | 8 | | | | | |
| 洪湖市 | 12 | 12 | | | 7.62 | | | |
| **宜昌市** | **21236** | **15803** | **8350** | **4833** | **6457.26** | **1091.80** | **925.40** | **46.30** |
| 宜昌市辖区 | 100 | 100 | 75 | | 0.86 | 0.40 | 0.40 | |
| 夷陵区 | 2666 | 1333 | 1333 | 1333 | 13.00 | 13.00 | 13.00 | |
| 宜都市 | 1700 | 1300 | 667 | 100 | 331.00 | 101.00 | 100.00 | 1.00 |
| 枝江市 | 6700 | 6700 | | | 270.00 | 270.00 | 200.00 | 20.00 |
| 当阳市 | 2000 | 2000 | 2000 | | 2.00 | 2.00 | 2.00 | |
| 远安县 | 1700 | 1000 | 970 | 400 | 1900.40 | 200.40 | 200.00 | 0.30 |
| 兴山县 | 950 | 350 | 285 | 600 | 1310.00 | 75.00 | 40.00 | 15.00 |
| 秭归县 | 4000 | 3000 | 3000 | 1000 | 400.00 | 200.00 | 160.00 | 10.00 |
| 长阳县 | 20 | 20 | 20 | | 230.00 | 230.00 | 210.00 | |
| 五峰县 | 1400 | | | 1400 | 2000.00 | | | |
| **襄阳市** | **5391** | **2780** | **250** | **2201** | **13833.80** | **3157.80** | **32.90** | **2265.50** |
| 襄阳市辖区 | 100 | 100 | | | 300.00 | 100.00 | | 50.00 |
| 老河口市 | 330 | 330 | | | 450.00 | 450.00 | | 180.00 |
| 襄州区 | 2000 | 2000 | | | 10.00 | 10.00 | | 2.00 |
| 枣阳市 | | | | | 2500.00 | 2500.00 | | 2000.00 |
| 宜城市 | 100 | 100 | 100 | | 25.00 | 25.00 | 25.00 | |
| 南漳县 | 1750 | 150 | 150 | 1400 | 2000.00 | | | |
| 谷城县 | 1 | | | 1 | 1925.00 | 25.00 | | 10.00 |
| 保康县 | 1110 | 100 | | 800 | 6623.80 | 47.80 | 7.90 | 23.50 |
| **鄂州市** | **4** | **4** | **3** | | **35.00** | **23.00** | **20.00** | **1.00** |

续表1 单位:千公、吨

| | 低产园改造面积 | | | | 出圃苗数 | | | |
|---|---|---|---|---|---|---|---|---|
| | | 果树低产园 | 柑桔 | 茶树低产园 | | 果树 | 柑桔 | 桃子 |
| **荆门市** | **2568** | **2265** | **1815** | **303** | **652.60** | **92.60** | **40.60** | **7.00** |
| 荆门市辖区 | 1808 | 1555 | 1555 | 253 | 40.00 | 30.00 | 20.00 | 5.00 |
| 沙洋县 | | | | | 210.00 | | | |
| 钟祥市 | 60 | 60 | | | | | | |
| 京山县 | 700 | 650 | 260 | 50 | 402.60 | 62.60 | 20.60 | 2.00 |
| **孝感市** | **3832** | **1151** | **121** | **2681** | **3058.50** | **159.50** | **17.00** | **64.00** |
| 孝南区 | 265 | 120 | 23 | 145 | 635.50 | 35.50 | 12.00 | 22.00 |
| 孝昌县 | 2052 | 986 | 88 | 1066 | 281.00 | 94.00 | | 32.00 |
| 大悟县 | 1400 | | | 1400 | 2000.00 | | | |
| 安陆市 | 75 | 25 | 10 | 50 | 32.00 | 30.00 | 5.00 | 10.00 |
| 云梦县 | | | | | 110.00 | | | |
| 应城市 | 40 | 20 | | 20 | | | | |
| 汉川市 | | | | | | | | |
| **随州市** | **2813** | **1736** | | **1077** | **940.00** | **300.00** | | **200.00** |
| 曾都区 | | | | | | | | |
| 随 县 | 1900 | 1200 | | 700 | 940.00 | 300.00 | | 200.00 |
| 广水市 | 913 | 536 | | 377 | | | | |
| **黄冈市** | **4345** | **1146** | **333** | **2553** | **10506.25** | **171.25** | **123.55** | **28.00** |
| 黄州区 | | | | | | | | |
| 团风县 | 80 | 50 | 25 | 30 | 36.00 | 36.00 | 36.00 | |
| 红安县 | 40 | 10 | | 30 | | | | |
| 麻城市 | 333 | 133 | | 200 | 3005.25 | 5.25 | 1.25 | 3.50 |
| 罗田县 | 750 | 150 | 10 | 100 | 695.00 | 12.00 | | |
| 英山县 | 1706 | | | 1560 | 6121.00 | | | |
| 浠水县 | 800 | 300 | | 500 | 114.00 | 83.00 | 72.00 | 4.00 |
| 蕲春县 | 130 | 100 | 40 | 30 | 520.00 | 20.00 | | 20.00 |
| 武穴市 | 303 | 300 | 205 | 3 | 5.50 | 5.50 | 4.80 | 0.50 |
| 黄梅县 | 200 | 100 | 50 | 100 | | | | |
| 龙感湖 | 3 | 3 | 3 | | 9.50 | 9.50 | 9.50 | |
| **咸宁市** | **4139** | **2393** | **1907** | **1746** | **1967.75** | **402.50** | **138.00** | **23.40** |
| 咸安区 | 336 | 76 | 21 | 260 | 533.00 | | | |
| 嘉鱼县 | 80 | 50 | | 30 | 30.00 | 30.00 | 10.00 | 5.00 |
| 赤壁市 | 1018 | 330 | 250 | 688 | 20.00 | 20.00 | | |
| 通城县 | 667 | | | 667 | 1056.70 | 46.00 | 30.00 | 5.00 |
| 崇阳县 | 1530 | 1500 | 1300 | 30 | 200.00 | 200.00 | | 10.00 |
| 通山县 | 508 | 437 | 336 | 71 | 128.05 | 106.50 | 98.00 | 3.40 |
| **恩施自治州** | **6571** | **1620** | **750** | **4951** | **69343.00** | **1784.00** | **413.00** | **269.00** |
| 恩施市 | 2100 | 350 | 300 | 1750 | 2709.00 | 9.00 | 7.00 | 1.00 |
| 利川市 | 870 | 470 | | 400 | 40000.00 | | | |
| 建始县 | 300 | 150 | 150 | 150 | 500.00 | 300.00 | 150.00 | |
| 巴东县 | 134 | | | 134 | 9050.00 | 50.00 | 50.00 | |
| 宣恩县 | 1000 | 300 | 300 | 700 | 8700.00 | 20.00 | 20.00 | |
| 咸丰县 | 1500 | 150 | | 1350 | 2150.00 | 355.00 | | 58.00 |
| 来凤县 | | | | | 3234.00 | 1050.00 | 186.00 | 210.00 |
| 鹤峰县 | 667 | 200 | | 467 | 3000.00 | | | |
| **仙桃市** | **60** | **60** | **60** | | **30.00** | **10.00** | **2.00** | **6.00** |
| **天门市** | **142** | **142** | **142** | | | | | |
| **潜江市** | | | | | | | | |
| **神农架林区** | | | | | | | | |

续表2　　单位：千公、吨

| | 出圃苗数（续） | | | | | | | |
|---|---|---|---|---|---|---|---|---|
| | 茶树出圃苗数 | | | | | | | |
| | 茶树 | 福鼎大白茶 | 鄂茶1号 | 鄂茶10号 | 中药材 | 木本 | 草本 | 花卉 |
| **全省合计** | **50740.15** | **8836.00** | **13578.00** | **6505.00** | **46055.71** | **4884.36** | **39608.35** | **4814.93** |
| **武汉市** | **315.00** | **152.00** | | **53.00** | | | | **870.00** |
| 武汉市辖区 | | | | | | | | 10.00 |
| 蔡甸区 | | | | | | | | 800.00 |
| 江夏区 | 315.00 | 152.00 | | 53.00 | | | | 50.00 |
| 黄陂区 | | | | | | | | |
| 新洲区 | | | | | | | | 10.00 |
| **黄石市** | | | | | **15.46** | **15.46** | | **10.00** |
| 黄石市辖区 | | | | | | | | |
| 大冶市 | | | | | | | | |
| 阳新县 | | | | | 15.46 | 15.46 | | 10.00 |
| **十堰市** | | | | | **805.00** | **50.00** | **755.00** | **110.00** |
| 十堰市辖区 | | | | | | | | |
| 丹江口市 | | | | | 5.00 | | 5.00 | 25.00 |
| 郧县 | | | | | | | | 50.00 |
| 郧西县 | | | | | | | | |
| 竹山县 | | | | | | | | |
| 竹溪县 | | | | | | | | |
| 房县 | | | | | 800.00 | 50.00 | 750.00 | 35.00 |
| **荆州市** | | | | | | | | **527.63** |
| 荆州市辖区 | | | | | | | | 10.01 |
| 江陵县 | | | | | | | | |
| 松滋市 | | | | | | | | 500.00 |
| 公安县 | | | | | | | | 10.00 |
| 石首市 | | | | | | | | |
| 监利县 | | | | | | | | |
| 洪湖市 | | | | | | | | 7.62 |
| **宜昌市** | **3680.45** | **1210.00** | **90.00** | **30.00** | **870.00** | **55.00** | **762.00** | **815.00** |
| 宜昌市辖区 | 0.45 | | | | | | | |
| 夷陵区 | | | | | | | | |
| 宜都市 | 230.00 | 80.00 | | | | | | |
| 枝江市 | | | | | | | | |
| 当阳市 | | | | | | | | |
| 远安县 | 100.00 | 70.00 | | 30.00 | 800.00 | 50.00 | 750.00 | 800.00 |
| 兴山县 | 1200.00 | 1000.00 | | | 20.00 | 5.00 | 12.00 | 15.00 |
| 秭归县 | 150.00 | 60.00 | 90.00 | | 50.00 | | | |
| 长阳县 | | | | | | | | |
| 五峰县 | 2000.00 | | | | | | | |
| **襄阳市** | **5730.00** | **1425.00** | | **2000.00** | **3750.00** | **1870.00** | **680.00** | **1130.00** |
| 襄阳市辖区 | | | | | | | | 200.00 |
| 老河口市 | | | | | | | | |
| 襄州区 | | | | | | | | |
| 枣阳市 | | | | | | | | |
| 宜城市 | | | | | | | | |
| 南漳县 | 2000.00 | | | 2000.00 | | | | |
| 谷城县 | 250.00 | 25.00 | | | 1200.00 | | | 450.00 |
| 保康县 | 3480.00 | 1400.00 | | | 2550.00 | 1870.00 | 680.00 | 480.00 |
| **鄂州市** | | | | | **2.00** | **1.00** | **1.00** | **10.00** |

| | 出圃苗数(续) | | | | | | | |
|---|---|---|---|---|---|---|---|---|
| | 茶树出圃苗数 | | | | 中药材 | | | 花卉 |
| | 茶树 | 福鼎大白茶 | 鄂茶1号 | 鄂茶10号 | | 木本 | 草本 | |
| **荆门市** | **10.00** | | | | **240.00** | **120.00** | **120.00** | **310.00** |
| 荆门市辖区 | 10.00 | | | | | | | |
| 沙洋县 | | | | | | | | 210.00 |
| 钟祥市 | | | | | | | | |
| 京山县 | | | | | 240.00 | 120.00 | 120.00 | 100.00 |
| **孝感市** | **2765.00** | **1855.00** | **712.00** | **100.00** | | | | **134.00** |
| 孝南区 | 600.00 | 300.00 | 200.00 | 100.00 | | | | |
| 孝昌县 | 165.00 | 55.00 | 12.00 | | | | | 22.00 |
| 大悟县 | 2000.00 | 1500.00 | 500.00 | | | | | |
| 安陆市 | | | | | | | | 2.00 |
| 云梦县 | | | | | | | | 110.00 |
| 应城市 | | | | | | | | |
| 汉川市 | | | | | | | | |
| **随州市** | | | | | **320.00** | **100.00** | **220.00** | **320.00** |
| 曾都区 | | | | | | | | |
| 随 县 | | | | | 320.00 | 100.00 | 220.00 | 320.00 |
| 广水市 | | | | | | | | |
| **黄冈市** | **8072.00** | **1582.00** | **5109.00** | | **2180.00** | **920.00** | **950.00** | **23.00** |
| 黄州区 | | | | | | | | |
| 团风县 | | | | | | | | |
| 红安县 | | | | | | | | |
| 麻城市 | 2000.00 | | 2000.00 | | 1000.00 | 150.00 | 850.00 | |
| 罗田县 | 53.00 | 10.00 | | | 570.00 | 570.00 | | |
| 英山县 | 5788.00 | 1350.00 | 3105.00 | | 310.00 | | | 23.00 |
| 浠水县 | 31.00 | 22.00 | 4.00 | | | | | |
| 蕲春县 | 200.00 | 200.00 | | | 300.00 | 200.00 | 100.00 | |
| 武穴市 | | | | | | | | |
| 黄梅县 | | | | | | | | |
| 龙感湖 | | | | | | | | |
| **咸宁市** | **181.70** | **52.00** | **47.00** | **2.00** | **1013.25** | **1002.90** | **10.35** | **370.30** |
| 咸安区 | 171.00 | 50.00 | 45.00 | | | | | 362.00 |
| 嘉鱼县 | | | | | | | | |
| 赤壁市 | | | | | | | | |
| 通城县 | 10.70 | 2.00 | 2.00 | 2.00 | 1000.00 | 1000.00 | | |
| 崇阳县 | | | | | | | | |
| 通山县 | | | | | 13.25 | 2.90 | 10.35 | 8.30 |
| **恩施自治州** | **29986.00** | **2560.00** | **7620.00** | **4320.00** | **36860.00** | **750.00** | **36110.00** | **165.00** |
| 恩施市 | 2700.00 | 500.00 | 1000.00 | | | | | |
| 利川市 | 10000.00 | | | | 30000.00 | | 30000.00 | |
| 建始县 | 200.00 | 100.00 | 100.00 | | | | | |
| 巴东县 | 4000.00 | 800.00 | 3200.00 | | 5000.00 | 500.00 | 4500.00 | |
| 宣恩县 | 7200.00 | | 3000.00 | 4200.00 | 1480.00 | 200.00 | 1280.00 | |
| 咸丰县 | 1250.00 | 80.00 | | | 380.00 | 50.00 | 330.00 | 165.00 |
| 来凤县 | 1636.00 | 1080.00 | 320.00 | 120.00 | | | | |
| 鹤峰县 | 3000.00 | | | | | | | |
| **仙桃市** | | | | | | | | **20.00** |
| **天门市** | | | | | | | | |
| **潜江市** | | | | | | | | |
| **神农架林区** | | | | | | | | |

续表4 单位:千公、吨

| | 柑桔园覆草栽培面积(公顷) | 柑桔贮藏保鲜量(吨) | 柑橘贮藏保鲜量 | | 果实套袋数(万个) | 果品商品化处理 | | |
|---|---|---|---|---|---|---|---|---|
| | | | 通风库贮藏 | 冷库贮藏 | | 生产线(条) | 时处理能力(吨/时) | 商品化处理数量 |
| **全省合计** | **49559** | **514595** | **406652** | **49776** | **16730** | **390** | **3437.5** | **1325619** |
| **武汉市** | | | | | **1015** | | | |
| 武汉市辖区 | | | | | 500 | | | |
| 蔡甸区 | | | | | 15 | | | |
| 江夏区 | | | | | | | | |
| 黄陂区 | | | | | | | | |
| 新洲区 | | | | | 500 | | | |
| **黄石市** | | | | | **120** | | | |
| 黄石市辖区 | | | | | | | | |
| 大冶市 | | | | | | | | |
| 阳新县 | | | | | 120 | | | |
| **十堰市** | **2250** | **1150** | **1150** | | **55** | **40** | **21.0** | **181800** |
| 十堰市辖区 | | | | | | | | |
| 丹江口市 | 550 | 500 | 500 | | 30 | 35 | 10.0 | 180000 |
| 郧 县 | 1500 | 550 | 550 | | 15 | 5 | 11.0 | 1800 |
| 郧西县 | | | | | | | | |
| 竹山县 | | | | | | | | |
| 竹溪县 | | | | | | | | |
| 房 县 | 200 | 100 | 100 | | 10 | | | |
| **荆州市** | **117** | **1000** | | | **227** | **15** | **100.0** | **30000** |
| 荆州市辖区 | | | | | | | | |
| 江陵县 | | | | | | | | |
| 松滋市 | 67 | 1000 | | | 200 | 15 | 100.0 | 30000 |
| 公安县 | | | | | | | | |
| 石首市 | | | | | | | | |
| 监利县 | 50 | | | | 27 | | | |
| 洪湖市 | | | | | | | | |
| **宜昌市** | **42226** | **418200** | **322400** | **40200** | **4454** | **321** | **3291.0** | **1008760** |
| 宜昌市辖区 | 110 | 7800 | 7200 | | | 16 | 65.0 | 53000 |
| 夷陵区 | 20000 | 30000 | 20000 | 10000 | | 68 | 700.0 | 420000 |
| 宜都市 | 1333 | 20000 | 5000 | | 3 | 90 | 450.0 | 60 |
| 枝江市 | 10050 | 50000 | 40000 | 10000 | 4000 | 78 | 600.0 | 300000 |
| 当阳市 | 5330 | 230000 | 210000 | 20000 | | 15 | 1000.0 | 200000 |
| 远安县 | 200 | | | | 60 | 1 | 8.0 | 6000 |
| 兴山县 | 5203 | | | | 385 | 6 | 260.0 | 28500 |
| 秭归县 | | 40000 | | | 6 | 46 | 200.0 | |
| 长阳县 | | 40000 | 40000 | | | | | |
| 五峰县 | | 400 | 200 | 200 | | 1 | 8.0 | 1200 |
| **襄阳市** | | | | | **1836** | **3** | **10.0** | **60000** |
| 襄阳市辖区 | | | | | 10 | | | |
| 老河口市 | | | | | 1665 | 2 | 10.0 | 60000 |
| 襄州区 | | | | | 15 | | | |
| 枣阳市 | | | | | 110 | | | |
| 宜城市 | | | | | | | | |
| 南漳县 | | | | | | | | |
| 谷城县 | | | | | 20 | | | |
| 保康县 | | | | | 16 | 1 | | |
| **鄂州市** | **1** | **18000** | **10000** | **8000** | **100** | | | |

续表5 单位：千公、吨

| | 柑桔园覆草栽培面积(公顷) | 柑桔贮藏保鲜量(吨) | 柑橘贮藏保鲜量 | | 果实套袋数(万个) | 果品商品化处理 | | |
|---|---|---|---|---|---|---|---|---|
| | | | 通风库贮藏 | 冷库贮藏 | | 生产线(条) | 时处理能力(吨/时) | 商品化处理数量 |
| **荆门市** | **20** | **2300** | **800** | **1500** | **277** | **5** | **2.0** | **3100** |
| 荆门市辖区 | 20 | 2000 | 800 | 1200 | | 3 | 2.0 | 3000 |
| 沙洋县 | | | | | | | | |
| 钟祥市 | | | | | 275 | | | |
| 京山县 | | 300 | | 300 | 2 | 2 | | 100 |
| **孝感市** | **330** | **2360** | **1282** | **56** | **42** | | | **9** |
| 孝南区 | | 1022 | | | | | | 9 |
| 孝昌县 | 330 | 1338 | 1282 | 56 | 4 | | | |
| 大悟县 | | | | | | | | |
| 安陆市 | | | | | | | | |
| 云梦县 | | | | | | | | |
| 应城市 | | | | | 38 | | | |
| 汉川市 | | | | | | | | |
| **随州市** | | | | | **160** | | | |
| 曾都区 | | | | | | | | |
| 随　县 | | | | | 160 | | | |
| 广水市 | | | | | | | | |
| **黄冈市** | **225** | **3820** | **3800** | **20** | **458** | | | |
| 黄州区 | | | | | | | | |
| 团风县 | | | | | | | | |
| 红安县 | | | | | 8 | | | |
| 麻城市 | | | | | 50 | | | |
| 罗田县 | | | | | | | | |
| 英山县 | | | | | | | | |
| 浠水县 | | 20 | | 20 | | | | |
| 蕲春县 | 20 | 800 | 800 | | 400 | | | |
| 武穴市 | 205 | 3000 | 3000 | | | | | |
| 黄梅县 | | | | | | | | |
| 龙感湖 | | | | | | | | |
| **咸宁市** | **2450** | **1815** | **1330** | | **361** | **2** | **12.0** | **1500** |
| 咸安区 | 50 | 15 | 10 | | | | | |
| 嘉鱼县 | | | | | 5 | | | |
| 赤壁市 | | 680 | 200 | | 100 | | | |
| 通城县 | | | | | | | | |
| 崇阳县 | 1200 | 600 | 600 | | 250 | 1 | 6.0 | |
| 通山县 | 1200 | 520 | 520 | | 6 | 1 | 6.0 | 1500 |
| **恩施自治州** | **1939** | **65890** | **65890** | | **7615** | **4** | **1.5** | **40450** |
| 恩施市 | 1500 | | | | 500 | | | |
| 利川市 | | | | | | | | |
| 建始县 | 33 | | | | 200 | | | |
| 巴东县 | | 5000 | 5000 | | | | | |
| 宣恩县 | 406 | 60000 | 60000 | | 5000 | 3 | 1.0 | 40000 |
| 咸丰县 | | 890 | 890 | | 1620 | 1 | 0.5 | 450 |
| 来凤县 | | | | | 280 | | | |
| 鹤峰县 | | | | | 15 | | | |
| **仙桃市** | **1** | **60** | | | **10** | | | |
| **天门市** | | | | | | | | |
| **潜江市** | | | | | | | | |
| **神农架林区** | | | | | | | | |

续表6 单位：千公、吨

| | 茶园行间覆草面积 | 机械化采摘修剪茶园面积 | 采茶机数量(台) | 修剪机数量(台) | 茶叶冷藏保鲜库(立方米) | 名优茶机械数量(台) |
|---|---|---|---|---|---|---|
| **全省合计** | **27889** | **74328** | **10309** | **22536** | **23761** | **41642** |
| **武汉市** | | | **7** | **12** | | **200** |
| 武汉市辖区 | | | | | | |
| 蔡甸区 | | | | | | |
| 江夏区 | | | 7 | 12 | | 200 |
| 黄陂区 | | | | | | |
| 新洲区 | | | | | | |
| **黄石市** | | | | | | |
| 黄石市辖区 | | | | | | |
| 大冶市 | | | | | | |
| 阳新县 | | | | | | |
| **十堰市** | **4496** | **7200** | **144** | **675** | **313** | **6005** |
| 十堰市辖区 | | | | | | |
| 丹江口市 | 930 | 1000 | | 350 | 8 | 550 |
| 郧县 | 1100 | | 18 | 18 | 20 | 85 |
| 郧西县 | | | | | | 30 |
| 竹山县 | 800 | 5500 | | 155 | 44 | 105 |
| 竹溪县 | 1333 | 500 | 115 | 90 | 161 | 5160 |
| 房县 | 333 | 200 | 11 | 62 | 80 | 75 |
| **荆州市** | | | | | | **5** |
| 荆州市辖区 | | | | | | |
| 江陵县 | | | | | | |
| 松滋市 | | | | | | |
| 公安县 | | | | | | |
| 石首市 | | | | | | 5 |
| 监利县 | | | | | | |
| 洪湖市 | | | | | | |
| **宜昌市** | **10125** | **16443** | **6844** | **7832** | **6220** | **8997** |
| 宜昌市辖区 | 10 | 22 | 22 | 32 | 30 | 15 |
| 夷陵区 | 1333 | 5333 | 270 | 1100 | 5000 | 2200 |
| 宜都市 | 1231 | 6157 | 5300 | 2610 | 50 | 200 |
| 枝江市 | | | | | | |
| 当阳市 | | | | | | |
| 远安县 | 120 | 130 | 10 | 10 | 40 | 270 |
| 兴山县 | 430 | 800 | 20 | 50 | | 32 |
| 秭归县 | 1 | 1 | 60 | 20 | 100 | 80 |
| 长阳县 | | | 200 | 200 | | 1200 |
| 五峰县 | 7000 | 4000 | 962 | 3810 | 1000 | 5000 |
| **襄阳市** | **3706** | **762** | **305** | **233** | **400** | **1065** |
| 襄阳市辖区 | | | | | | |
| 老河口市 | | | | | | |
| 襄州区 | | | | | | |
| 枣阳市 | | | 30 | 45 | | |
| 宜城市 | | | | | | |
| 南漳县 | | 300 | 200 | | | 5 |
| 谷城县 | 6 | 2 | 25 | 85 | | 460 |
| 保康县 | 3700 | 460 | 50 | 103 | 400 | 600 |
| **鄂州市** | **1** | **1** | **15** | **10** | **90** | **10** |

续表7　　　　单位:千公、吨

| | 茶园行间覆草面积 | 机械化采摘修剪茶园面积 | 采茶机数量(台) | 修剪机数量(台) | 茶叶冷藏保鲜库(立方米) | 名优茶机械数量(台) |
|---|---|---|---|---|---|---|
| **荆门市** | **200** | | | | **50** | |
| 荆门市辖区 | 200 | | | | 50 | |
| 沙洋县 | | | | | | |
| 钟祥市 | | | | | | |
| 京山县 | | | | | | |
| **孝感市** | 3379 | 13887 | 60 | 7162 | 2105 | 5046 |
| 孝南区 | | 12 | | | 3 | |
| 孝昌县 | 2682 | 4835 | | 76 | | |
| 大悟县 | 667 | 8840 | | 7000 | 2000 | 5000 |
| 安陆市 | 30 | 60 | 60 | 80 | 2 | 30 |
| 云梦县 | | | | | | |
| 应城市 | | 140 | | 6 | 100 | 16 |
| 汉川市 | | | | | | |
| **随州市** | **1200** | **1500** | **11** | **82** | **618** | **60** |
| 曾都区 | | | | | | |
| 随　县 | 1200 | 1500 | 11 | 82 | 600 | 50 |
| 广水市 | | | | | 18 | 10 |
| **黄冈市** | **530** | **4512** | **582** | **497** | **6687** | **15594** |
| 黄州区 | | | | | | |
| 团风县 | | 20 | 5 | 12 | | |
| 红安县 | 40 | 910 | 26 | 20 | 2 | 423 |
| 麻城市 | | | | | 10 | 60 |
| 罗田县 | 100 | 50 | 100 | 100 | | 500 |
| 英山县 | 332 | 3472 | 435 | 310 | 6500 | 13600 |
| 浠水县 | | | | | 55 | 36 |
| 蕲春县 | 25 | 20 | 2 | 40 | 120 | 500 |
| 武穴市 | 3 | 20 | 12 | 12 | | 25 |
| 黄梅县 | 30 | 20 | 2 | 3 | | 450 |
| 龙感湖 | | | | | | |
| **咸宁市** | **1100** | **9273** | **276** | **213** | **233** | **856** |
| 咸安区 | 150 | 382 | | 7 | 22 | 420 |
| 嘉鱼县 | 100 | | | 11 | | 80 |
| 赤壁市 | | 5500 | 186 | 130 | 3 | 236 |
| 通城县 | 200 | 2666 | 60 | 50 | 200 | 100 |
| 崇阳县 | | 600 | 30 | 15 | 8 | 20 |
| 通山县 | 650 | 125 | | | | |
| **恩施自治州** | **3152** | **20750** | **2065** | **5820** | **7045** | **3804** |
| 恩施市 | 200 | 1000 | 50 | 100 | 1500 | 200 |
| 利川市 | | 3 | 889 | 1190 | | 2549 |
| 建始县 | 300 | 300 | | 10 | 20 | 50 |
| 巴东县 | 66 | 667 | | 65 | 5 | 50 |
| 宣恩县 | 1666 | 5200 | 4 | 130 | 100 | 200 |
| 咸丰县 | 920 | 1580 | 110 | 295 | 420 | 315 |
| 来凤县 | | | 12 | 30 | | 20 |
| 鹤峰县 | | 12000 | 1000 | 4000 | 5000 | 420 |
| **仙桃市** | | | | | | |
| **天门市** | | | | | | |
| **潜江市** | | | | | | |
| **神农架林区** | | | | | | |

续表8 单位:千公、吨

| | 名优茶产量 | 机制名优茶 | 中药深加工厂 | | 秸杆覆盖栽培面积 | 果园 | 方格簇应用片数(万片) |
|---|---|---|---|---|---|---|---|
| | | | 加工厂(个) | 加工量 | | | |
| **全省合计** | **61099** | **51891** | **423** | **74555** | **39388** | **28412** | **2522.10** |
| **武汉市** | | | | | | | |
| 武汉市辖区 | | | | | | | |
| 蔡甸区 | | | | | | | |
| 江夏区 | | | | | | | |
| 黄陂区 | | | | | | | |
| 新洲区 | | | | | | | |
| **黄石市** | | | | | | | |
| 黄石市辖区 | | | | | | | |
| 大冶市 | | | | | | | |
| 阳新县 | | | | | | | |
| **十堰市** | **2526** | **2498** | **10** | **50460** | **1640** | **1633** | **2311.00** |
| 十堰市辖区 | | | | | | | |
| 丹江口市 | 110 | 90 | 1 | 100 | 500 | 500 | |
| 郧县 | 70 | 68 | 2 | | 1000 | 1000 | 2300.00 |
| 郧西县 | 26 | 20 | | | | | 11.00 |
| 竹山县 | 650 | 650 | | | | | |
| 竹溪县 | 1420 | 1420 | 3 | 360 | | | |
| 房县 | 250 | 250 | 4 | 50000 | 140 | 133 | |
| **荆州市** | | | | | **701** | **700** | |
| 荆州市辖区 | | | | | | | |
| 江陵县 | | | | | | | |
| 松滋市 | | | | | 700 | 700 | |
| 公安县 | | | | | | | |
| 石首市 | | | | | 1 | | |
| 监利县 | | | | | | | |
| 洪湖市 | | | | | | | |
| **宜昌市** | **17284** | **16685** | | | **20990** | **20890** | **161.00** |
| 宜昌市辖区 | 25 | 15 | | | | | |
| 夷陵区 | 4560 | 4560 | | | | | 150.00 |
| 宜都市 | 3120 | 3120 | | | 20740 | 20740 | 1.00 |
| 枝江市 | | | | | | | |
| 当阳市 | | | | | | | |
| 远安县 | 350 | 300 | | | 250 | 150 | 10.00 |
| 兴山县 | 280 | 250 | | | | | |
| 秭归县 | 300 | 240 | | | | | |
| 长阳县 | 440 | | | | | | |
| 五峰县 | 8209 | 8200 | | | | | |
| **襄阳市** | **3596** | **1070** | **352** | | **5205** | **1160** | |
| 襄阳市辖区 | | | | | | | |
| 老河口市 | 66 | 20 | | | | | |
| 襄州区 | | | | | | | |
| 枣阳市 | | | | | | | |
| 宜城市 | | | | | | | |
| 南漳县 | 500 | | | | 1000 | 1000 | |
| 谷城县 | 1350 | | 350 | | 5 | | |
| 保康县 | 1680 | 1050 | 2 | | 4200 | 160 | |
| **鄂州市** | **103** | **95** | | | **3000** | **150** | |

续表9　　　　单位：千公、吨

| | 名优茶产量 | | 中药深加工厂 | | 秸杆覆盖栽培面积 | | 方格簇应用片数(万片) |
|---|---|---|---|---|---|---|---|
| | | 机制名优茶 | 加工厂(个) | 加工量 | | 果园 | |
| **荆门市** | | | | | | | |
| 荆门市辖区 | | | | | | | |
| 沙洋县 | | | | | | | |
| 钟祥市 | | | | | | | |
| 京山县 | | | | | | | |
| **孝感市** | **3575** | **3120** | | | **1253** | **998** | |
| 孝南区 | 80 | | | | | | |
| 孝昌县 | 360 | 265 | | | 1253 | 998 | |
| 大悟县 | 3000 | 2800 | | | | | |
| 安陆市 | 50 | 25 | | | | | |
| 云梦县 | | | | | | | |
| 应城市 | 85 | 30 | | | | | |
| 汉川市 | | | | | | | |
| **随州市** | **340** | **271** | **2** | **250** | **1200** | | |
| 曾都区 | | | | | | | |
| 随　县 | 275 | 250 | 2 | 250 | 1200 | | |
| 广水市 | 65 | 21 | | | | | |
| **黄冈市** | **17364** | **12214** | **52** | **19500** | **1565** | **1025** | **50.00** |
| 黄州区 | | | | | | | |
| 团风县 | 45 | 36 | | | | | |
| 红安县 | 488 | 236 | | | | | |
| 麻城市 | 600 | 80 | | | | | 20.00 |
| 罗田县 | 50 | 30 | 35 | 12000 | | | 30.00 |
| 英山县 | 15780 | 11600 | 2 | | 530 | | |
| 浠水县 | 130 | 60 | | | | | |
| 蕲春县 | 200 | 160 | 15 | 7500 | 35 | 25 | |
| 武穴市 | 20 | 12 | | | 1000 | 1000 | |
| 黄梅县 | 51 | | | | | | |
| 龙感湖 | | | | | | | |
| **咸宁市** | **5037** | **4884** | **1** | **2000** | **1450** | **1450** | |
| 咸安区 | 650 | 628 | | | | | |
| 嘉鱼县 | 110 | 80 | | | 200 | 200 | |
| 赤壁市 | 3900 | 3800 | | | | | |
| 通城县 | 370 | 370 | 1 | 2000 | | | |
| 崇阳县 | 7 | 6 | | | | | |
| 通山县 | | | | | 1250 | 1250 | |
| **恩施自治州** | **11274** | **11054** | **6** | **2345** | **2384** | **406** | **0.10** |
| 恩施市 | 4753 | 4753 | 2 | 500 | | | |
| 利川市 | 3000 | 3000 | 1 | 1500 | | | |
| 建始县 | 180 | 150 | | | | | |
| 巴东县 | 350 | 250 | 2 | 250 | | | 0.10 |
| 宣恩县 | 2035 | 2000 | | | 2072 | 406 | |
| 咸丰县 | 406 | 352 | 1 | 95 | 312 | | |
| 来凤县 | | | | | | | |
| 鹤峰县 | 550 | 549 | | | | | |
| **仙桃市** | | | | | | | |
| **天门市** | | | | | | | |
| **潜江市** | | | | | | | |
| **神农架林区** | | | | | | | |

## 全省主要油料作物良种面积、产量

单位：千公顷、吨

| | 面 积 | 产 量 | | 面 积 | 产 量 |
|---|---|---|---|---|---|
| 油料良种面积合计 | 1428.86 | — | ㈠"双低"优质油菜面积 | 1104.42 | 2160862 |
| 一、花生良种 | 172.60 | — | 1、华油杂4号面积 | 19.52 | 34158 |
| 1、鄂花4号 | 7.51 | — | 2、华油杂6号面积 | 35.58 | 66524 |
| 2、鄂花5号 | 5.06 | — | 3、华油杂8号面积 | 32.47 | 69558 |
| 3、鄂花6号 | 21.59 | — | 4、华油杂9号面积 | 138.71 | 324416 |
| 4、中花4号 | 5.91 | — | 5、华油杂12号面积 | 68.91 | 136135 |
| 5、中花5号 | 10.15 | — | 6、华油杂13号面积 | 32.81 | 61982 |
| 6、中花6号 | 23.92 | — | 7、中油杂2号面积 | 53.83 | 100434 |
| 7、中花7号 | 3.96 | — | 8、中油杂4号面积 | 23.31 | 37076 |
| 8、中花8号 | 17.27 | — | 9、中油杂8号面积 | 17.76 | 36575 |
| 9、中花16 | 5.31 | — | 10、中油杂11号面积 | 72.49 | 131694 |
| 10、天府11号 | 17.77 | — | 11、中油杂12号面积 | 65.99 | 133004 |
| 11、其它 | 54.46 | — | 12、中双7号面积 | 23.18 | 41872 |
| 二、芝麻良种 | 73.67 | — | 13、中双9号面积 | 106.85 | 187297 |
| 1、鄂芝1号 | 8.70 | — | 14、中双10号面积 | 120.42 | 220349 |
| 2、鄂芝2号 | 4.42 | — | 15、华双4号面积 | 36.57 | 65411 |
| 3、鄂芝3号 | 4.83 | — | 16、华双5号面积 | 26.24 | 48331 |
| 4、中芝9号 | 8.81 | — | 17、广源58面积 | 30.63 | 70752 |
| 5、中芝10号 | 21.27 | — | 18、大地55面积 | 11.84 | 21754 |
| 6、其 它 | 25.64 | — | 19、其它面积 | 187.31 | 373540 |
| 三、油菜良种面积 | 1177.54 | 2288694 | ㈡其它良种油菜面积 | 73.12 | 127832 |

## 2011年主要油料良种

单位：千公、吨

| | 油料良种面积合计 | 花生 | | | | |
|---|---|---|---|---|---|---|
| | | | 鄂花6号 | 中花6号 | 中花8号 | 天府11号 |
| **全省合计** | **1428.86** | **172.60** | **21.59** | **23.92** | **17.27** | **17.77** |
| **武汉市** | **78.07** | **11.87** | **1.09** | **2.44** | **1.92** | **1.53** |
| 武汉市辖区 | 2.28 | 0.42 | 0.13 | | | |
| 蔡甸区 | 0.13 | 0.13 | | | 0.13 | |
| 江夏区 | 18.20 | 2.50 | 0.30 | 1.10 | 0.20 | |
| 黄陂区 | 30.07 | 7.02 | | 0.67 | 1.22 | 1.53 |
| 新洲区 | 27.39 | 1.80 | 0.66 | 0.67 | 0.37 | |
| **黄石市** | **51.43** | **3.47** | **0.44** | **1.21** | **0.32** | |
| 黄石市辖区 | 0.75 | 0.08 | | 0.06 | | |
| 大冶市 | 20.64 | 1.74 | | 0.85 | | |
| 阳新县 | 30.04 | 1.65 | 0.44 | 0.30 | 0.32 | |
| **十堰市** | **75.67** | **18.48** | **3.09** | **0.03** | | **0.50** |
| 十堰市辖区 | 0.41 | 0.08 | | | | |
| 丹江口市 | 6.58 | 0.98 | | | | |
| 郧 县 | 11.46 | 1.81 | | | | |
| 郧西县 | 10.59 | 2.29 | 0.09 | | | |
| 竹山县 | 23.21 | 10.12 | 2.50 | | | |
| 竹溪县 | 14.10 | 2.00 | 0.50 | | | 0.50 |
| 房 县 | 9.32 | 1.20 | | 0.03 | | |
| **荆州市** | **246.08** | **0.84** | **0.13** | **0.01** | **0.01** | **0.01** |
| 荆州市辖区 | 21.94 | | | | | |
| 江陵县 | 22.00 | 0.34 | | | | |
| 松滋市 | 35.81 | 0.32 | | | | |
| 公安县 | 39.15 | 0.10 | 0.10 | | | |
| 石首市 | 27.58 | 0.01 | | | | 0.01 |
| 监利县 | 66.70 | | | | | |
| 洪湖市 | 32.90 | 0.07 | 0.03 | 0.01 | 0.01 | |
| **宜昌市** | **105.41** | **10.46** | **0.75** | **2.03** | **0.80** | **0.01** |
| 宜昌市辖区 | 1.79 | 0.30 | | | | |
| 夷陵区 | 11.20 | 0.90 | | | | |
| 宜都市 | 9.15 | 0.75 | | 0.63 | | |
| 枝江市 | 22.24 | 1.55 | 0.65 | 0.90 | | |
| 当阳市 | 28.65 | 3.46 | | 0.30 | 0.80 | |
| 远安县 | 6.70 | 0.20 | | | | |
| 兴山县 | 4.51 | 0.15 | | | | 0.01 |
| 秭归县 | 7.61 | 1.26 | | | | |
| 长阳县 | 9.71 | 1.57 | 0.10 | 0.20 | | |
| 五峰县 | 3.85 | 0.32 | | | | |
| **襄阳市** | **88.42** | **27.32** | **1.41** | **1.95** | **2.18** | **2.30** |
| 襄阳市辖区 | 5.10 | 1.38 | 0.60 | | 0.13 | |
| 老河口市 | 12.07 | 2.26 | | | | |
| 襄州区 | 18.61 | 13.00 | | 0.50 | 1.00 | 2.00 |
| 枣阳市 | 7.68 | 1.33 | 0.30 | 0.20 | 0.50 | |
| 宜城市 | 27.97 | 6.96 | | 1.10 | 0.35 | 0.30 |
| 南漳县 | 3.62 | 0.35 | 0.10 | | 0.20 | |
| 谷城县 | 5.91 | 1.30 | | | | |
| 保康县 | 7.46 | 0.74 | 0.41 | 0.15 | | |
| **鄂州市** | **22.00** | | | | | |

续表1　　单位：千公、吨

| | 油料良种面积合计 | 花 生 | 鄂花6号 | 中花6号 | 中花8号 | 天府11号 |
|---|---|---|---|---|---|---|
| **荆门市** | **132.24** | **13.82** | **2.34** | **0.87** | **0.80** | **2.28** |
| 荆门市辖区 | 19.81 | 1.00 | | | | |
| 沙洋县 | 45.76 | 2.76 | | | | 1.00 |
| 钟祥市 | 46.43 | 6.38 | 0.10 | 0.30 | 0.80 | 1.28 |
| 京山县 | 20.24 | 3.68 | 2.24 | 0.57 | | |
| **孝感市** | **108.78** | **24.68** | **0.99** | **4.60** | **1.22** | **5.59** |
| 孝南区 | 14.79 | 1.23 | 0.02 | 0.14 | 0.22 | |
| 孝昌县 | 16.05 | 3.68 | 0.06 | 0.54 | 0.48 | 0.45 |
| 大悟县 | 22.50 | 17.14 | | 3.40 | | 5.14 |
| 安陆市 | 8.99 | 1.46 | 0.67 | 0.33 | 0.33 | |
| 云梦县 | 7.24 | 0.28 | | | | |
| 应城市 | 18.68 | 0.71 | 0.18 | 0.16 | 0.17 | |
| 汉川市 | 20.53 | 0.18 | 0.06 | 0.03 | 0.02 | |
| **随州市** | **28.53** | **8.41** | | **3.15** | | **1.00** |
| 曾都区 | 2.85 | 0.37 | | | | |
| 随 县 | 12.08 | 3.04 | | 1.95 | | |
| 广水市 | 13.60 | 5.00 | | 1.20 | | 1.00 |
| **黄冈市** | **225.82** | **35.01** | **6.12** | **6.14** | **6.99** | **2.97** |
| 黄州区 | 4.12 | 0.12 | | | | |
| 团风县 | 10.95 | 1.62 | | 0.31 | 0.16 | |
| 红安县 | 29.05 | 14.62 | 4.82 | 0.38 | 2.13 | 2.47 |
| 麻城市 | 45.13 | 11.00 | | 3.10 | 4.60 | |
| 罗田县 | 11.50 | 1.00 | | | | 0.20 |
| 英山县 | 7.46 | 0.69 | | | | 0.10 |
| 浠水县 | 33.53 | 3.67 | 1.00 | 2.00 | | |
| 蕲春县 | 25.02 | 1.10 | 0.30 | 0.20 | 0.10 | |
| 武穴市 | 28.60 | 0.60 | | 0.15 | | 0.20 |
| 黄梅县 | 29.60 | 0.59 | | | | |
| 龙感湖 | 0.86 | | | | | |
| **咸宁市** | **69.03** | **6.06** | **0.97** | **0.34** | **0.68** | |
| 咸安区 | 27.65 | 2.55 | | 0.26 | 0.68 | |
| 嘉鱼县 | 6.40 | 0.18 | 0.10 | 0.08 | | |
| 赤壁市 | 18.53 | 0.80 | | | | |
| 通城县 | 4.14 | 0.87 | 0.87 | | | |
| 崇阳县 | 8.50 | 1.13 | | | | |
| 通山县 | 3.81 | 0.53 | | | | |
| **恩施自治州** | **54.67** | **6.96** | **2.92** | **0.40** | **0.70** | **0.58** |
| 恩施市 | 11.26 | 1.24 | 1.24 | | | |
| 利川市 | 5.77 | 0.34 | 0.34 | | | |
| 建始县 | 10.09 | 1.04 | 1.04 | | | |
| 巴东县 | 11.89 | 2.00 | 0.30 | 0.40 | 0.40 | |
| 宣恩县 | 3.80 | 1.00 | | | 0.30 | 0.30 |
| 咸丰县 | 3.79 | 0.77 | | | | |
| 来凤县 | 5.27 | 0.41 | | | | 0.28 |
| 鹤峰县 | 2.80 | 0.16 | | | | |
| **仙桃市** | **48.15** | **0.69** | **0.10** | **0.12** | **0.20** | |
| **天门市** | **58.03** | **3.22** | **1.00** | **0.22** | **1.00** | **1.00** |
| **潜江市** | **36.24** | **1.29** | **0.24** | **0.41** | **0.45** | |
| **神农架林区** | **0.29** | **0.02** | | | | |

续表2　　　　单位:千公、吨

| | 芝 麻 | 油菜 | | | “双低”优质油菜 | |
|---|---|---|---|---|---|---|
| | | 中芝10号 | 面 积 | 产 量 | 面 积 | 产 量 |
| **全省合计** | **73.67** | **21.27** | **1177.54** | **2288694** | **1104.42** | **2160862** |
| **武汉市** | **9.28** | **2.70** | **56.60** | **90167** | **52.29** | **83880** |
| 武汉市辖区 | 0.75 | | 1.11 | 2099 | 1.11 | 2099 |
| 蔡甸区 | | | | | | |
| 江夏区 | 5.20 | 1.80 | 10.50 | 17318 | 10.50 | 17318 |
| 黄陂区 | 2.07 | 0.40 | 20.67 | 33928 | 17.57 | 29456 |
| 新洲区 | 1.26 | 0.50 | 24.32 | 36822 | 23.11 | 35007 |
| **黄石市** | **7.80** | **3.72** | **40.11** | **62940** | **39.88** | **62523** |
| 黄石市辖区 | 0.16 | | 0.46 | 1150 | 0.46 | 1150 |
| 大冶市 | 2.97 | | 15.93 | 28724 | 15.70 | 28307 |
| 阳新县 | 4.67 | 3.72 | 23.72 | 33066 | 23.72 | 33066 |
| **十堰市** | **12.78** | **3.26** | **44.32** | **55054** | **38.13** | **47788** |
| 十堰市辖区 | 0.04 | 0.04 | 0.29 | 429 | 0.29 | 429 |
| 丹江口市 | 1.71 | | 3.89 | 5295 | 3.89 | 5295 |
| 郧 县 | 3.52 | | 6.13 | 4474 | 4.93 | 3624 |
| 郧西县 | 2.19 | | 6.02 | 4617 | 6.02 | 4617 |
| 竹山县 | 1.82 | 1.60 | 11.27 | 15439 | 6.80 | 9843 |
| 竹溪县 | 2.60 | 1.60 | 9.50 | 14742 | 9.00 | 13952 |
| 房 县 | 0.90 | 0.02 | 7.22 | 10058 | 7.20 | 10028 |
| **荆州市** | **3.75** | **1.17** | **241.49** | **531655** | **228.09** | **511655** |
| 荆州市辖区 | 0.05 | | 21.89 | 64762 | 21.89 | 64762 |
| 江陵县 | 0.64 | 0.64 | 21.02 | 62892 | 21.02 | 62892 |
| 松滋市 | 0.42 | 0.30 | 35.07 | 66089 | 35.07 | 66089 |
| 公安县 | 0.23 | 0.23 | 38.82 | 102516 | 38.82 | 102516 |
| 石首市 | 0.13 | | 27.44 | 57562 | 27.44 | 57562 |
| 监利县 | | | 66.70 | 100000 | 53.30 | 80000 |
| 洪湖市 | 2.28 | | 30.55 | 77834 | 30.55 | 77834 |
| **宜昌市** | **2.19** | **0.35** | **91.97** | **180860** | **85.24** | **171049** |
| 宜昌市辖区 | 0.05 | | 1.24 | 2404 | 1.24 | 2404 |
| 夷陵区 | | | 10.30 | 18159 | 9.60 | 16659 |
| 宜都市 | 0.01 | | 8.39 | 16639 | 8.22 | 16306 |
| 枝江市 | 0.69 | 0.35 | 20.00 | 47550 | 20.00 | 47550 |
| 当阳市 | 1.01 | | 24.18 | 52357 | 24.18 | 52357 |
| 远安县 | | | 6.50 | 11600 | 6.50 | 11600 |
| 兴山县 | 0.08 | | 3.88 | 6098 | 3.00 | 4710 |
| 秭归县 | 0.30 | | 5.86 | 10495 | 5.86 | 10495 |
| 长阳县 | 0.03 | | 8.11 | 10738 | 3.84 | 5138 |
| 五峰县 | 0.02 | | 3.51 | 4820 | 2.80 | 3830 |
| **襄阳市** | **7.44** | **1.59** | **53.59** | **132826** | **52.08** | **128007** |
| 襄阳市辖区 | 0.75 | | 2.97 | 9436 | 2.97 | 9436 |
| 老河口市 | 2.85 | 1.09 | 6.89 | 15756 | 5.86 | 13392 |
| 襄州区 | 1.00 | 0.10 | 4.61 | 10907 | 4.61 | 10907 |
| 枣阳市 | 0.65 | | 5.70 | 16791 | 5.70 | 16791 |
| 宜城市 | 0.96 | 0.20 | 20.05 | 57681 | 19.64 | 55373 |
| 南漳县 | 0.50 | 0.20 | 2.77 | 5827 | 2.70 | 5680 |
| 谷城县 | 0.55 | | 4.06 | 8030 | 4.06 | 8030 |
| 保康县 | 0.18 | | 6.54 | 8398 | 6.54 | 8398 |
| **鄂州市** | | | **22.00** | **44000** | **22.00** | **44000** |

续表3 单位:千公、吨

| | 芝 麻 | 油菜 | | | “双低”优质油菜 | |
|---|---|---|---|---|---|---|
| | | 中芝10号 | 面 积 | 产 量 | 面 积 | 产 量 |
| **荆门市** | **4.72** | **1.54** | **113.70** | **252517** | **109.05** | **243360** |
| 荆门市辖区 | 0.25 | | 18.56 | 38274 | 14.56 | 30494 |
| 沙洋县 | 1.41 | 0.82 | 41.59 | 106375 | 41.59 | 106375 |
| 钟祥市 | 0.82 | 0.40 | 39.23 | 81002 | 39.23 | 81002 |
| 京山县 | 2.24 | 0.32 | 14.32 | 26866 | 13.67 | 25489 |
| **孝感市** | **4.54** | **0.79** | **79.56** | **139064** | **76.84** | **136219** |
| 孝南区 | 0.60 | 0.20 | 12.96 | 19985 | 11.32 | 19026 |
| 孝昌县 | 1.00 | 0.22 | 11.37 | 17396 | 11.37 | 17396 |
| 大悟县 | 0.25 | 0.15 | 5.11 | 7346 | 5.11 | 7346 |
| 安陆市 | 1.30 | | 6.23 | 13457 | 6.23 | 13457 |
| 云梦县 | 0.27 | | 6.69 | 15823 | 6.69 | 15823 |
| 应城市 | 0.81 | 0.22 | 17.16 | 25395 | 16.67 | 24700 |
| 汉川市 | 0.31 | | 20.04 | 39662 | 19.45 | 38471 |
| **随州市** | **3.33** | **1.90** | **16.79** | **23020** | **16.32** | **22291** |
| 曾都区 | 0.31 | | 2.17 | 3955 | 1.90 | 3565 |
| 随 县 | 1.72 | 1.20 | 7.32 | 6665 | 7.32 | 6665 |
| 广水市 | 1.30 | 0.70 | 7.30 | 12400 | 7.10 | 12061 |
| **黄冈市** | **8.30** | **1.62** | **182.32** | **339952** | **173.87** | **326531** |
| 黄州区 | 0.23 | | 3.77 | 6180 | 3.77 | 6180 |
| 团风县 | 1.21 | 0.24 | 8.12 | 14234 | 7.67 | 13445 |
| 红安县 | 0.04 | 0.03 | 14.39 | 22625 | 13.43 | 21102 |
| 麻城市 | 2.13 | 0.30 | 32.00 | 49096 | 25.86 | 39678 |
| 罗田县 | 0.60 | 0.20 | 9.90 | 18593 | 9.00 | 16902 |
| 英山县 | 0.49 | 0.15 | 6.09 | 11600 | 6.09 | 11600 |
| 浠水县 | 1.19 | | 28.67 | 53750 | 28.67 | 53750 |
| 蕲春县 | 1.00 | 0.20 | 22.92 | 42757 | 22.92 | 42757 |
| 武穴市 | 0.70 | 0.12 | 27.30 | 65001 | 27.30 | 65001 |
| 黄梅县 | 0.71 | 0.38 | 28.30 | 54812 | 28.30 | 54812 |
| 龙感湖 | | | 0.86 | 1304 | 0.86 | 1304 |
| **咸宁市** | **4.37** | **1.10** | **58.59** | **70836** | **58.59** | **70836** |
| 咸安区 | 1.52 | 0.45 | 23.58 | 31717 | 23.58 | 31717 |
| 嘉鱼县 | 0.73 | 0.25 | 5.49 | 7997 | 5.49 | 7997 |
| 赤壁市 | 1.84 | 0.40 | 15.89 | 19777 | 15.89 | 19777 |
| 通城县 | 0.03 | | 3.23 | 2319 | 3.23 | 2319 |
| 崇阳县 | 0.12 | | 7.25 | 5826 | 7.25 | 5826 |
| 通山县 | 0.13 | | 3.15 | 3200 | 3.15 | 3200 |
| **恩施自治州** | **0.57** | | **43.61** | **60204** | **39.11** | **53544** |
| 恩施市 | | | 9.47 | 12017 | 8.75 | 11103 |
| 利川市 | | | 3.43 | 4983 | 3.43 | 4983 |
| 建始县 | 0.01 | | 8.20 | 12332 | 6.19 | 8932 |
| 巴东县 | 0.56 | | 9.19 | 12233 | 8.82 | 11740 |
| 宣恩县 | | | 2.80 | 3912 | 2.30 | 3237 |
| 咸丰县 | | | 3.02 | 4910 | 3.02 | 4910 |
| 来凤县 | | | 4.86 | 6193 | 3.96 | 5015 |
| 鹤峰县 | | | 2.64 | 3624 | 2.64 | 3624 |
| **仙桃市** | **2.10** | **1.10** | **45.36** | **109484** | **26.25** | **64058** |
| **天门市** | **1.44** | | **53.37** | **93954** | **52.52** | **92960** |
| **潜江市** | **1.05** | **0.43** | **33.90** | **101870** | **33.90** | **101870** |
| **神农架林区** | **0.01** | | **0.26** | **291** | **0.26** | **291** |

续表4 单位:千公、吨

| | "双低"优质油菜(续) | | | | | | | |
|---|---|---|---|---|---|---|---|---|
| | 华油杂4号 | | 华油杂6号 | | 华油杂8号 | | 华油杂9号 | |
| | 面积 | 产量 | 面积 | 产量 | 面积 | 产量 | 面积 | 产量 |
| **全省合计** | **19.52** | **34158** | **35.58** | **66524** | **32.47** | **69558** | **138.71** | **324416** |
| **武汉市** | | | **0.27** | **483** | **0.23** | **386** | **0.88** | **1348** |
| 武汉市辖区 | | | 0.05 | 110 | | | | |
| 蔡甸区 | | | | | | | | |
| 江夏区 | | | | | | | | |
| 黄陂区 | | | 0.22 | 373 | 0.23 | 386 | | |
| 新洲区 | | | | | | | 0.88 | 1348 |
| **黄石市** | **2.30** | **4147** | **1.98** | **3712** | | | **1.50** | **2705** |
| 黄石市辖区 | | | 0.18 | 467 | | | | |
| 大冶市 | 2.30 | 4147 | 1.80 | 3245 | | | 1.50 | 2705 |
| 阳新县 | | | | | | | | |
| **十堰市** | **5.30** | **6714** | **0.50** | **700** | **1.50** | **2100** | **2.29** | **2382** |
| 十堰市辖区 | | | | | | | 0.29 | 429 |
| 丹江口市 | 0.67 | 920 | | | | | | |
| 郧县 | 0.80 | 620 | | | | | | |
| 郧西县 | 0.43 | 329 | | | | | 1.50 | 1153 |
| 竹山县 | 3.40 | 4845 | | | | | | |
| 竹溪县 | | | | | | | | |
| 房县 | | | 0.50 | 700 | 1.50 | 2100 | 0.50 | 800 |
| **荆州市** | **1.64** | **4177** | **7.74** | **16313** | **2.11** | **5200** | **74.14** | **193058** |
| 荆州市辖区 | 1.00 | 2972 | 2.14 | 6208 | 1.05 | 3109 | 2.33 | 6765 |
| 江陵县 | | | | | | | 21.02 | 62892 |
| 松滋市 | 0.64 | 1205 | 4.30 | 8105 | 0.92 | 1735 | 6.25 | 11815 |
| 公安县 | | | | | | | 38.82 | 102516 |
| 石首市 | | | | | | | | |
| 监利县 | | | 1.30 | 2000 | | | 5.30 | 8000 |
| 洪湖市 | | | | | 0.14 | 356 | 0.42 | 1070 |
| **宜昌市** | **3.81** | **8945** | **8.50** | **19576** | **0.20** | **310** | **3.94** | **7487** |
| 宜昌市辖区 | 0.39 | 804 | | | | | | |
| 夷陵区 | 0.12 | 211 | | | | | 1.24 | 1977 |
| 宜都市 | | | | | | | | |
| 枝江市 | | | 5.50 | 13076 | | | | |
| 当阳市 | | | 3.00 | 6500 | | | 2.00 | 4300 |
| 远安县 | | | | | | | 0.50 | 900 |
| 兴山县 | 0.40 | 630 | | | 0.20 | 310 | 0.20 | 310 |
| 秭归县 | 2.70 | 7000 | | | | | | |
| 长阳县 | | | | | | | | |
| 五峰县 | 0.20 | 300 | | | | | | |
| **襄阳市** | | | **1.00** | **2366** | **2.40** | **6902** | **3.20** | **6239** |
| 襄阳市辖区 | | | | | | | | |
| 老河口市 | | | | | | | | |
| 襄州区 | | | 1.00 | 2366 | | | | |
| 枣阳市 | | | | | | | 0.60 | 1700 |
| 宜城市 | | | | | 2.40 | 6902 | | |
| 南漳县 | | | | | | | | |
| 谷城县 | | | | | | | 1.40 | 2998 |
| 保康县 | | | | | | | 1.20 | 1541 |
| **鄂州市** | | | | | | | | |

续表5 单位:千公、吨

| | "双低"优质油菜(续) | | | | | | | |
|---|---|---|---|---|---|---|---|---|
| | 华油杂4号 | | 华油杂6号 | | 华油杂8号 | | 华油杂9号 | |
| | 面 积 | 产 量 | 面 积 | 产 量 | 面 积 | 产 量 | 面 积 | 产 量 |
| **荆门市** | **0.60** | **1296** | **2.80** | **5420** | **18.60** | **44472** | **5.00** | **9750** |
| 荆门市辖区 | | | | | 5.00 | 11414 | | |
| 沙洋县 | | | | | 8.00 | 21750 | | |
| 钟祥市 | 0.60 | 1296 | 2.80 | 5420 | 2.20 | 4170 | 5.00 | 9750 |
| 京山县 | | | | | 3.40 | 7138 | | |
| **孝感市** | **0.90** | **1545** | **0.72** | **1220** | **0.28** | **428** | **7.65** | **13737** |
| 孝南区 | 0.45 | 756 | | | | | 0.46 | 771 |
| 孝昌县 | | | 0.23 | 352 | 0.28 | 428 | 1.12 | 1714 |
| 大悟县 | | | | | | | | |
| 安陆市 | | | | | | | 0.67 | 1440 |
| 云梦县 | | | | | | | | |
| 应城市 | 0.20 | 295 | 0.26 | 385 | | | 1.80 | 2687 |
| 汉川市 | 0.25 | 494 | 0.23 | 483 | | | 3.60 | 7125 |
| **随州市** | | | 1.30 | 2207 | 3.04 | 3695 | | |
| 曾都区 | | | | | | | | |
| 随 县 | | | | | 1.92 | 1793 | | |
| 广水市 | | | 1.30 | 2207 | 1.12 | 1902 | | |
| **黄冈市** | **2.59** | **4412** | **4.00** | **7074** | **1.56** | **2589** | **10.16** | **19029** |
| 黄州区 | | | 0.30 | 585 | 0.30 | 585 | | |
| 团风县 | 0.26 | 456 | 0.36 | 631 | 0.25 | 438 | 0.16 | 280 |
| 红安县 | 1.33 | 2078 | 1.74 | 2855 | 1.01 | 1566 | | |
| 麻城市 | | | | | | | | |
| 罗田县 | 1.00 | 1878 | 1.00 | 1878 | | | | |
| 英山县 | | | | | | | | |
| 浠水县 | | | | | | | 10.00 | 18749 |
| 蕲春县 | | | 0.60 | 1125 | | | | |
| 武穴市 | | | | | | | | |
| 黄梅县 | | | | | | | | |
| 龙感湖 | | | | | | | | |
| **咸宁市** | **0.23** | **221** | **4.42** | **3703** | **0.70** | **595** | **2.00** | **2911** |
| 咸安区 | | | | | | | | |
| 嘉鱼县 | | | | | | | 2.00 | 2911 |
| 赤壁市 | | | | | | | | |
| 通城县 | | | 2.55 | 1833 | | | | |
| 崇阳县 | | | 1.35 | 1076 | | | | |
| 通山县 | 0.23 | 221 | 0.52 | 794 | 0.70 | 595 | | |
| **恩施自治州** | **2.15** | **2701** | **0.88** | **1150** | **1.85** | **2881** | **3.55** | **5156** |
| 恩施市 | | | | | | | 1.00 | 1270 |
| 利川市 | | | | | 0.93 | 1225 | 1.00 | 1530 |
| 建始县 | | | | | 0.67 | 1300 | 0.67 | 1250 |
| 巴东县 | 1.00 | 1341 | | | | | | |
| 宣恩县 | | | | | 0.25 | 356 | 0.25 | 356 |
| 咸丰县 | | | | | | | | |
| 来凤县 | 1.15 | 1360 | 0.88 | 1150 | | | 0.63 | 750 |
| 鹤峰县 | | | | | | | | |
| **仙桃市** | | | | | | | **5.12** | **12558** |
| **天门市** | | | **1.47** | **2600** | | | **8.00** | **14160** |
| **潜江市** | | | | | | | **11.28** | **33896** |
| **神农架林区** | | | | | | | | |

续表6 单位:千公、吨

| | "双低"优质油菜(续) | | | | | |
|---|---|---|---|---|---|---|
| | 华油杂12号 | | 华油杂13号 | | 中油杂2号 | |
| | 面积 | 产量 | 面积 | 产量 | 面积 | 产量 |
| **全省合计** | **68.91** | **136135** | **32.81** | **61982** | **53.83** | **100434** |
| **武汉市** | **0.58** | **901** | **0.31** | **553** | **2.55** | **4237** |
| 武汉市辖区 | | | 0.31 | 553 | 0.05 | 110 |
| 蔡甸区 | | | | | | |
| 江夏区 | | | | | | |
| 黄陂区 | 0.23 | 385 | | | 2.10 | 3623 |
| 新洲区 | 0.35 | 516 | | | 0.40 | 504 |
| **黄石市** | | | | | | |
| 黄石市辖区 | | | | | | |
| 大冶市 | | | | | | |
| 阳新县 | | | | | | |
| **十堰市** | **1.10** | **1180** | **0.80** | **613** | **1.47** | **1550** |
| 十堰市辖区 | | | | | | |
| 丹江口市 | | | | | 0.67 | 920 |
| 郧县 | | | | | 0.80 | 630 |
| 郧西县 | 0.30 | 230 | 0.80 | 613 | | |
| 竹山县 | | | | | | |
| 竹溪县 | | | | | | |
| 房县 | 0.80 | 950 | | | | |
| **荆州市** | **20.66** | **44050** | **8.39** | **13945** | **8.20** | **15359** |
| 荆州市辖区 | 2.78 | 8241 | | | 1.05 | 3109 |
| 江陵县 | | | | | | |
| 松滋市 | 2.05 | 3860 | 0.54 | 1015 | 3.85 | 7250 |
| 公安县 | | | | | | |
| 石首市 | 0.53 | 1350 | | | | |
| 监利县 | 8.00 | 12000 | 6.70 | 10000 | 3.30 | 5000 |
| 洪湖市 | 7.30 | 18599 | 1.15 | 2930 | | |
| **宜昌市** | **6.36** | **12306** | **2.60** | **5300** | **0.74** | **1110** |
| 宜昌市辖区 | | | | | | |
| 夷陵区 | | | | | | |
| 宜都市 | | | | | | |
| 枝江市 | 1.60 | 3804 | | | | |
| 当阳市 | 2.00 | 4300 | 2.00 | 4300 | | |
| 远安县 | 0.80 | 1400 | 0.60 | 1000 | | |
| 兴山县 | | | | | 0.30 | 470 |
| 秭归县 | 1.96 | 2802 | | | | |
| 长阳县 | | | | | 0.44 | 640 |
| 五峰县 | | | | | | |
| **襄阳市** | **7.77** | **18390** | **0.40** | **1250** | **3.43** | **9867** |
| 襄阳市辖区 | 0.53 | 1500 | | | 0.93 | 2677 |
| 老河口市 | 1.03 | 2363 | | | | |
| 襄州区 | | | | | | |
| 枣阳市 | 0.50 | 1500 | 0.40 | 1250 | | |
| 宜城市 | 2.05 | 5895 | | | 2.50 | 7190 |
| 南漳县 | 1.00 | 2100 | | | | |
| 谷城县 | 2.66 | 5032 | | | | |
| 保康县 | | | | | | |
| **鄂州市** | | | | | **22.00** | **44000** |

续表7 单位:千公、吨

| | "双低"优质油菜(续) | | | | | |
|---|---|---|---|---|---|---|
| | 华油杂12号 | | 华油杂13号 | | 中油杂2号 | |
| | 面 积 | 产 量 | 面 积 | 产 量 | 面 积 | 产 量 |
| **荆门市** | **8.50** | **19183** | **1.40** | **2960** | **2.10** | **4460** |
| 荆门市辖区 | 2.00 | 4540 | | | | |
| 沙洋县 | 2.00 | 5760 | | | | |
| 钟祥市 | 3.20 | 6130 | 1.40 | 2960 | 2.10 | 4460 |
| 京山县 | 1.30 | 2753 | | | | |
| **孝感市** | **7.03** | **11327** | **5.12** | **9754** | **2.10** | **3019** |
| 孝南区 | 0.44 | 738 | | | | |
| 孝昌县 | 1.62 | 2479 | 1.42 | 2173 | | |
| 大悟县 | | | | | 2.10 | 3019 |
| 安陆市 | 0.67 | 1440 | 1.30 | 2880 | | |
| 云梦县 | | | | | | |
| 应城市 | 3.80 | 5682 | 0.10 | 148 | | |
| 汉川市 | 0.50 | 988 | 2.30 | 4553 | | |
| **随州市** | **1.15** | **1953** | | | | |
| 曾都区 | | | | | | |
| 随 县 | | | | | | |
| 广水市 | 1.15 | 1953 | | | | |
| **黄冈市** | 11.07 | 20670 | 1.70 | 2483 | 3.87 | 6736 |
| 黄州区 | 0.54 | 960 | | | | |
| 团风县 | 0.23 | 403 | 0.18 | 316 | 0.14 | 245 |
| 红安县 | | | 1.52 | 2167 | 1.33 | 1892 |
| 麻城市 | | | | | | |
| 罗田县 | | | | | 1.00 | 1878 |
| 英山县 | | | | | 1.10 | 2163 |
| 浠水县 | 10.00 | 18749 | | | | |
| 蕲春县 | 0.30 | 558 | | | 0.30 | 558 |
| 武穴市 | | | | | | |
| 黄梅县 | | | | | | |
| 龙感湖 | | | | | | |
| **咸宁市** | **2.53** | **3369** | **0.49** | **468** | **2.37** | **2879** |
| 咸安区 | | | | | | |
| 嘉鱼县 | 2.05 | 2913 | | | | |
| 赤壁市 | | | | | 2.37 | 2879 |
| 通城县 | | | | | | |
| 崇阳县 | | | | | | |
| 通山县 | 0.48 | 456 | 0.49 | 468 | | |
| **恩施自治州** | **2.16** | **2806** | **2.50** | **3498** | **3.80** | **5093** |
| 恩施市 | 1.50 | 1900 | 1.00 | 1270 | | |
| 利川市 | | | 1.50 | 2228 | | |
| 建始县 | | | | | | |
| 巴东县 | | | | | 3.50 | 4665 |
| 宣恩县 | | | | | 0.30 | 428 |
| 咸丰县 | | | | | | |
| 来凤县 | | | | | | |
| 鹤峰县 | 0.66 | 906 | | | | |
| **仙桃市** | | | **7.07** | **17565** | | |
| **天门市** | | | **2.03** | **3593** | **1.20** | **2124** |
| **潜江市** | | | | | | |
| **神农架林区** | | | | | | |

续表8 单位:千公、吨

| | “双低”优质油菜(续) | | | | | |
|---|---|---|---|---|---|---|
| | 中油杂4号 | | 中油杂8号 | | 中油杂11号 | |
| | 面 积 | 产 量 | 面 积 | 产 量 | 面 积 | 产 量 |
| **全省合计** | **23.31** | **37076** | **17.76** | **36575** | **72.49** | **131694** |
| **武汉市** | **0.73** | **1274** | | | **0.75** | **1265** |
| 武汉市辖区 | | | | | 0.05 | 110 |
| 蔡甸区 | | | | | | |
| 江夏区 | | | | | 0.70 | 1155 |
| 黄陂区 | 0.53 | 922 | | | | |
| 新洲区 | 0.20 | 352 | | | | |
| **黄石市** | **2.60** | **4716** | | | **10.04** | **15481** |
| 黄石市辖区 | 0.10 | 208 | | | 0.18 | 475 |
| 大冶市 | 2.50 | 4508 | | | 3.10 | 5589 |
| 阳新县 | | | | | 6.76 | 9417 |
| **十堰市** | **1.13** | **1230** | **0.10** | **120** | **6.56** | **10008** |
| 十堰市辖区 | | | | | | |
| 丹江口市 | 0.33 | 460 | | | | |
| 郧 县 | 0.50 | 370 | | | | |
| 郧西县 | | | | | | |
| 竹山县 | | | | | 3.40 | 4998 |
| 竹溪县 | | | | | 3.00 | 4730 |
| 房 县 | 0.30 | 400 | 0.10 | 120 | 0.16 | 280 |
| **荆州市** | **1.63** | **4167** | **1.78** | **4457** | **4.74** | **12014** |
| 荆州市辖区 | 1.00 | 2987 | 1.00 | 2987 | 1.59 | 4684 |
| 江陵县 | | | | | | |
| 松滋市 | 0.63 | 1180 | 0.78 | 1470 | 1.05 | 1980 |
| 公安县 | | | | | | |
| 石首市 | | | | | | |
| 监利县 | | | | | | |
| 洪湖市 | | | | | 2.10 | 5350 |
| **宜昌市** | **4.30** | **6647** | **1.76** | **2323** | **8.17** | **17261** |
| 宜昌市辖区 | | | | | 0.45 | 800 |
| 夷陵区 | | | | | 0.92 | 1645 |
| 宜都市 | | | | | | |
| 枝江市 | 1.60 | 3804 | | | 2.40 | 5706 |
| 当阳市 | | | | | 3.50 | 7600 |
| 远安县 | | | | | 0.70 | 1200 |
| 兴山县 | 0.50 | 800 | | | 0.20 | 310 |
| 秭归县 | 1.20 | 693 | | | | |
| 长阳县 | 0.80 | 1050 | 1.50 | 1923 | | |
| 五峰县 | 0.20 | 300 | 0.26 | 400 | | |
| **襄阳市** | **1.00** | **2366** | **3.45** | **9412** | **7.23** | **15697** |
| 襄阳市辖区 | | | | | | |
| 老河口市 | | | | | 1.33 | 3150 |
| 襄州区 | 1.00 | 2366 | 1.00 | 2366 | | |
| 枣阳市 | | | | | | |
| 宜城市 | | | 2.45 | 7046 | 2.70 | 7765 |
| 南漳县 | | | | | 0.80 | 1700 |
| 谷城县 | | | | | | |
| 保康县 | | | | | 2.40 | 3082 |
| **鄂州市** | | | | | | |

续表9　　　　单位：千公、吨

| | "双低"优质油菜（续） | | | | | |
|---|---|---|---|---|---|---|
| | 中油杂4号 | | 中油杂8号 | | 中油杂11号 | |
| | 面 积 | 产 量 | 面 积 | 产 量 | 面 积 | 产 量 |
| **荆门市** | **2.10** | **4096** | **4.00** | **8336** | **3.00** | **5861** |
| 荆门市辖区 | | | | | | |
| 沙洋县 | | | | | | |
| 钟祥市 | 1.10 | 1978 | 2.00 | 4100 | 3.00 | 5861 |
| 京山县 | 1.00 | 2118 | 2.00 | 4236 | | |
| **孝感市** | **1.65** | **3068** | **1.80** | **3255** | **7.86** | **14941** |
| 孝南区 | 0.70 | 1176 | 0.33 | 554 | 1.20 | 2016 |
| 孝昌县 | | | 0.82 | 1255 | 1.14 | 1744 |
| 大悟县 | | | | | | |
| 安陆市 | | | | | 1.30 | 2882 |
| 云梦县 | 0.55 | 1300 | 0.55 | 1300 | | |
| 应城市 | 0.40 | 592 | 0.10 | 146 | 0.12 | 177 |
| 汉川市 | | | | | 4.10 | 8122 |
| **随州市** | **4.64** | **4211** | **0.68** | **1155** | | |
| 曾都区 | | | | | | |
| 随 县 | 4.64 | 4211 | | | | |
| 广水市 | | | 0.68 | 1155 | | |
| **黄冈市** | **2.40** | **4362** | **0.26** | **456** | **2.31** | **4129** |
| 黄州区 | | | | | | |
| 团风县 | | | 0.26 | 456 | 0.21 | 368 |
| 红安县 | 1.20 | 2001 | | | | |
| 麻城市 | | | | | | |
| 罗田县 | | | | | | |
| 英山县 | 1.20 | 2361 | | | | |
| 浠水县 | | | | | | |
| 蕲春县 | | | | | | |
| 武穴市 | | | | | | |
| 黄梅县 | | | | | 2.10 | 3761 |
| 龙感湖 | | | | | | |
| **咸宁市** | **1.03** | **827** | | | **10.85** | **14916** |
| 咸安区 | | | | | 5.71 | 8248 |
| 嘉鱼县 | | | | | 1.44 | 2173 |
| 赤壁市 | | | | | 3.70 | 4495 |
| 通城县 | | | | | | |
| 崇阳县 | 1.03 | 827 | | | | |
| 通山县 | | | | | | |
| **恩施自治州** | | | **0.67** | **1350** | **4.87** | **6332** |
| 恩施市 | | | | | 0.75 | 950 |
| 利川市 | | | | | | |
| 建始县 | | | 0.67 | 1350 | 2.01 | 2400 |
| 巴东县 | | | | | 1.10 | 1442 |
| 宣恩县 | | | | | 0.40 | 570 |
| 咸丰县 | | | | | 0.61 | 970 |
| 来凤县 | | | | | | |
| 鹤峰县 | | | | | | |
| **仙桃市** | | | | | **4.31** | **10603** |
| **天门市** | | | **3.17** | **5610** | **1.80** | **3186** |
| **潜江市** | | | | | | |
| **神农架林区** | **0.10** | **112** | **0.09** | **101** | | |

续表10　　单位：千公、吨

| | "双低"优质油菜（续） | | | | | | | |
|---|---|---|---|---|---|---|---|---|
| | 中油杂12号 | | 中双7号 | | 中双9号 | | 中双10号 | |
| | 面积 | 产量 | 面积 | 产量 | 面积 | 产量 | 面积 | 产量 |
| **全省合计** | **65.99** | **133004** | **23.18** | **41872** | **106.85** | **187297** | **120.42** | **220349** |
| **武汉市** | **2.62** | **4165** | **1.33** | **1894** | **19.00** | **30306** | **11.94** | **19462** |
| 武汉市辖区 | 0.10 | 179 | 0.18 | 332 | 0.20 | 369 | | |
| 蔡甸区 | | | | | | | | |
| 江夏区 | 1.10 | 1815 | | | 3.30 | 5445 | 4.20 | 6930 |
| 黄陂区 | 0.82 | 1415 | | | 5.85 | 9653 | 4.80 | 7920 |
| 新洲区 | 0.60 | 756 | 1.15 | 1562 | 9.65 | 14839 | 2.94 | 4612 |
| **黄石市** | | | **5.85** | **8102** | **3.47** | **4823** | **3.34** | **5077** |
| 黄石市辖区 | | | | | | | | |
| 大冶市 | | | | | | | 1.00 | 1803 |
| 阳新县 | | | 5.85 | 8102 | 3.47 | 4823 | 2.34 | 3274 |
| **十堰市** | **5.10** | **6572** | | | **2.82** | **3035** | **1.25** | **1020** |
| 十堰市辖区 | | | | | | | | |
| 丹江口市 | | | | | 1.42 | 1775 | | |
| 郧县 | | | | | 1.20 | 910 | | |
| 郧西县 | 1.50 | 1150 | | | | | 1.20 | 920 |
| 竹山县 | | | | | | | | |
| 竹溪县 | 3.50 | 5272 | | | | | | |
| 房县 | 0.10 | 150 | | | 0.20 | 350 | 0.05 | 100 |
| **荆州市** | **16.30** | **33001** | **8.58** | **19179** | **16.03** | **31829** | **25.11** | **50788** |
| 荆州市辖区 | 2.00 | 5974 | | | 2.20 | 6535 | 1.00 | 2987 |
| 江陵县 | | | | | | | | |
| 松滋市 | 1.54 | 2900 | | | 4.33 | 8160 | 3.74 | 7045 |
| 公安县 | | | | | | | | |
| 石首市 | | | 8.58 | 19179 | | | 12.37 | 27444 |
| 监利县 | 8.00 | 12000 | | | 6.70 | 10000 | 6.70 | 10000 |
| 洪湖市 | 4.76 | 12127 | | | 2.80 | 7134 | 1.30 | 3312 |
| **宜昌市** | **7.79** | **15963** | **1.70** | **3627** | **11.75** | **25910** | **1.50** | **2780** |
| 宜昌市辖区 | | | 0.40 | 800 | | | | |
| 夷陵区 | | | | | 0.62 | 1081 | | |
| 宜都市 | 3.69 | 7263 | | | 1.23 | 2446 | | |
| 枝江市 | | | 1.00 | 2377 | 7.90 | 18783 | | |
| 当阳市 | 3.50 | 7600 | | | 0.50 | 1100 | 0.50 | 1100 |
| 远安县 | 0.60 | 1100 | | | 0.60 | 1100 | 0.50 | 900 |
| 兴山县 | | | | | 0.70 | 1100 | 0.50 | 780 |
| 秭归县 | | | | | | | | |
| 长阳县 | | | | | | | | |
| 五峰县 | | | 0.30 | 450 | 0.20 | 300 | | |
| **襄阳市** | **5.21** | **15744** | | | **2.15** | **4456** | **5.92** | **14618** |
| 襄阳市辖区 | 0.91 | 3153 | | | | | 0.52 | 1860 |
| 老河口市 | | | | | | | 3.50 | 7879 |
| 襄州区 | | | | | | | 0.50 | 1183 |
| 枣阳市 | 2.00 | 6355 | | | 0.60 | 1750 | | |
| 宜城市 | 1.80 | 5176 | | | 0.45 | 1294 | 1.00 | 2876 |
| 南漳县 | 0.50 | 1060 | | | | | 0.40 | 820 |
| 谷城县 | | | | | | | | |
| 保康县 | | | | | 1.10 | 1412 | | |
| **鄂州市** | | | | | | | | |

续表11　　　　单位：千公、吨

| | "双低"优质油菜（续） | | | | | | | |
|---|---|---|---|---|---|---|---|---|
| | 中油杂12号 | | 中双7号 | | 中双9号 | | 中双10号 | |
| | 面积 | 产量 | 面积 | 产量 | 面积 | 产量 | 面积 | 产量 |
| **荆门市** | **4.83** | **9285** | **0.90** | **1571** | **2.10** | **4321** | **1.70** | **2950** |
| 荆门市辖区 | 0.56 | 1200 | | | | | | |
| 沙洋县 | 0.47 | 885 | | | 1.20 | 2700 | | |
| 钟祥市 | 3.80 | 7200 | 0.30 | 300 | 0.30 | 350 | 1.70 | 2950 |
| 京山县 | | | 0.60 | 1271 | 0.60 | 1271 | | |
| **孝感市** | **10.78** | **19530** | **0.82** | **1462** | **4.65** | **8819** | **5.61** | **8876** |
| 孝南区 | 0.31 | 521 | | | 0.38 | 637 | 1.45 | 2436 |
| 孝昌县 | 1.12 | 1714 | 0.32 | 490 | 0.48 | 734 | 0.56 | 856 |
| 大悟县 | | | | | | | 1.10 | 1581 |
| 安陆市 | 1.30 | 2880 | | | 0.99 | 1935 | | |
| 云梦县 | 0.55 | 1300 | | | 1.10 | 2600 | | |
| 应城市 | 3.60 | 5385 | | | 0.90 | 1333 | 1.60 | 2380 |
| 汉川市 | 3.90 | 7730 | 0.50 | 972 | 0.80 | 1580 | 0.90 | 1623 |
| **随州市** | **0.38** | **645** | | | | | **1.46** | **1849** |
| 曾都区 | | | | | | | | |
| 随 县 | | | | | | | 0.76 | 661 |
| 广水市 | 0.38 | 645 | | | | | 0.70 | 1188 |
| **黄冈市** | **0.48** | **874** | **3.20** | **5077** | **27.25** | **48593** | **41.08** | **78577** |
| 黄州区 | | | | | 0.50 | 937 | 0.40 | 720 |
| 团风县 | 0.18 | 316 | 1.56 | 2735 | 1.20 | 2103 | 1.60 | 2805 |
| 红安县 | | | 1.64 | 2342 | 1.30 | 2108 | 1.03 | 1685 |
| 麻城市 | | | | | 7.48 | 11483 | 7.35 | 11275 |
| 罗田县 | | | | | 2.00 | 3756 | 2.00 | 3756 |
| 英山县 | | | | | 1.20 | 2242 | 2.30 | 4294 |
| 浠水县 | | | | | 3.67 | 6881 | | |
| 蕲春县 | 0.30 | 558 | | | 0.20 | 369 | 13.30 | 24538 |
| 武穴市 | | | | | | | 6.80 | 17340 |
| 黄梅县 | | | | | 9.10 | 17813 | 6.10 | 11814 |
| 龙感湖 | | | | | 0.60 | 901 | 0.20 | 350 |
| **咸宁市** | **0.73** | **666** | | | **11.67** | **13008** | **14.19** | **17346** |
| 咸安区 | | | | | 7.52 | 9673 | 5.88 | 7684 |
| 嘉鱼县 | | | | | | | | |
| 赤壁市 | | | | | | | 7.40 | 8991 |
| 通城县 | | | | | | | 0.68 | 486 |
| 崇阳县 | | | | | 4.15 | 3335 | 0.23 | 185 |
| 通山县 | 0.73 | 666 | | | | | | |
| **恩施自治州** | **3.69** | **4737** | **0.80** | **960** | **1.93** | **2709** | **1.62** | **2196** |
| 恩施市 | 1.00 | 1270 | | | 1.00 | 1270 | 1.00 | 1270 |
| 利川市 | | | | | | | | |
| 建始县 | 2.17 | 2632 | | | | | | |
| 巴东县 | | | | | | | | |
| 宣恩县 | 0.20 | 285 | | | 0.30 | 414 | 0.30 | 414 |
| 咸丰县 | 0.32 | 550 | | | 0.63 | 1025 | 0.32 | 512 |
| 来凤县 | | | 0.80 | 960 | | | | |
| 鹤峰县 | | | | | | | | |
| **仙桃市** | **4.27** | **10506** | | | **0.25** | **503** | **0.38** | **817** |
| **天门市** | | | | | **1.75** | **3098** | **1.27** | **2248** |
| **潜江市** | **3.74** | **11238** | | | **2.03** | **5887** | **4.05** | **11745** |
| **神农架林区** | **0.07** | **78** | | | | | | |

续表12　　　　单位:千公、吨

| | "双低"优质油菜(续) | | | | | | 其它良种油菜 | |
|---|---|---|---|---|---|---|---|---|
| | 华双4号 | | 华双5号 | | 广源58 | | | |
| | 面积 | 产量 | 面积 | 产量 | 面积 | 产量 | 面积 | 产量 |
| **全省合计** | **36.57** | **65411** | **26.24** | **48331** | **30.63** | **70752** | **73.12** | **127832** |
| **武汉市** | **4.31** | **6773** | **3.03** | **4545** | **0.22** | **375** | **4.31** | **6287** |
| 武汉市辖区 | | | | | | | | |
| 蔡甸区 | | | | | | | | |
| 江夏区 | | | | | | | | |
| 黄陂区 | 1.02 | 1730 | | | 0.22 | 375 | 3.10 | 4472 |
| 新洲区 | 3.29 | 5043 | 3.03 | 4545 | | | 1.21 | 1815 |
| **黄石市** | **5.30** | **7450** | **3.50** | **6310** | | | **0.23** | **417** |
| 黄石市辖区 | | | | | | | | |
| 大冶市 | | | 3.50 | 6310 | | | 0.23 | 417 |
| 阳新县 | 5.30 | 7450 | | | | | | |
| **十堰市** | **1.73** | **1897** | **0.27** | **576** | | | **6.19** | **7266** |
| 十堰市辖区 | | | | | | | | |
| 丹江口市 | 0.53 | 644 | 0.27 | 576 | | | | |
| 郧　县 | 0.40 | 300 | | | | | 1.20 | 850 |
| 郧西县 | 0.20 | 153 | | | | | | |
| 竹山县 | | | | | | | 4.47 | 5596 |
| 竹溪县 | | | | | | | 0.50 | 790 |
| 房　县 | 0.60 | 800 | | | | | 0.02 | 30 |
| **荆州市** | **0.95** | **2183** | **1.24** | **2335** | **10.51** | **22696** | **13.40** | **20000** |
| 荆州市辖区 | | | | | | | | |
| 江陵县 | | | | | | | | |
| 松滋市 | 0.35 | 655 | 1.24 | 2335 | 1.01 | 1900 | | |
| 公安县 | | | | | | | | |
| 石首市 | | | | | | | | |
| 监利县 | | | | | 3.30 | 5000 | 13.40 | 20000 |
| 洪湖市 | 0.60 | 1528 | | | 6.20 | 15796 | | |
| **宜昌市** | **0.10** | **120** | **0.50** | **1100** | **2.27** | **4601** | **6.73** | **9811** |
| 宜昌市辖区 | | | | | | | | |
| 夷陵区 | | | | | | | 0.70 | 1500 |
| 宜都市 | | | | | 2.07 | 4151 | 0.17 | 333 |
| 枝江市 | | | | | | | | |
| 当阳市 | | | 0.50 | 1100 | 0.20 | 450 | | |
| 远安县 | | | | | | | | |
| 兴山县 | | | | | | | 0.88 | 1388 |
| 秭归县 | | | | | | | | |
| 长阳县 | | | | | | | 4.27 | 5600 |
| 五峰县 | 0.10 | 120 | | | | | 0.71 | 990 |
| **襄阳市** | **1.20** | **2082** | **1.14** | **1464** | | | **1.51** | **4819** |
| 襄阳市辖区 | | | | | | | | |
| 老河口市 | | | | | | | 1.03 | 2364 |
| 襄州区 | 0.50 | 1183 | | | | | | |
| 枣阳市 | | | | | | | | |
| 宜城市 | | | | | | | 0.41 | 2308 |
| 南漳县 | | | | | | | 0.07 | 147 |
| 谷城县 | | | | | | | | |
| 保康县 | 0.70 | 899 | 1.14 | 1464 | | | | |
| **鄂州市** | | | | | | | | |

续表13 单位：千公、吨

| | “双低”优质油菜（续） | | | | | | 其它良种油菜 | |
|---|---|---|---|---|---|---|---|---|
| | 华双4号 | | 华双5号 | | 广源58 | | | |
| | 面积 | 产量 | 面积 | 产量 | 面积 | 产量 | 面积 | 产量 |
| **荆门市** | **0.70** | **1200** | | | | | **4.65** | **9157** |
| 荆门市辖区 | | | | | | | 4.00 | 7780 |
| 沙洋县 | | | | | | | | |
| 钟祥市 | 0.70 | 1200 | | | | | | |
| 京山县 | | | | | | | 0.65 | 1377 |
| **孝感市** | **2.37** | **4104** | **1.02** | **1894** | **6.72** | **11397** | **2.72** | **2845** |
| 孝南区 | | | | | 5.60 | 9421 | 1.64 | 959 |
| 孝昌县 | 0.91 | 1391 | | | | | | |
| 大悟县 | | | | | | | | |
| 安陆市 | | | | | | | | |
| 云梦县 | | | 0.60 | 1420 | | | | |
| 应城市 | 0.36 | 534 | 0.42 | 474 | 0.22 | 326 | 0.49 | 695 |
| 汉川市 | 1.10 | 2179 | | | 0.90 | 1650 | 0.59 | 1191 |
| **随州市** | | | | | | | **0.47** | **729** |
| 曾都区 | | | | | | | 0.27 | 390 |
| 随县 | | | | | | | | |
| 广水市 | | | | | | | 0.20 | 339 |
| **黄冈市** | **17.62** | **36739** | **14.54** | **28337** | **0.27** | **473** | **8.45** | **13421** |
| 黄州区 | | | | | | | | |
| 团风县 | 0.30 | 526 | 0.20 | 351 | 0.27 | 473 | 0.45 | 789 |
| 红安县 | 0.72 | 1207 | 0.61 | 1201 | | | 0.96 | 1523 |
| 麻城市 | | | 6.13 | 9403 | | | 6.14 | 9418 |
| 罗田县 | 1.00 | 1878 | | | | | 0.90 | 1691 |
| 英山县 | | | | | | | | |
| 浠水县 | 5.00 | 9371 | | | | | | |
| 蕲春县 | 2.60 | 4797 | 0.60 | 1107 | | | | |
| 武穴市 | 8.00 | 18960 | 7.00 | 16275 | | | | |
| 黄梅县 | | | | | | | | |
| 龙感湖 | | | | | | | | |
| **咸宁市** | **0.79** | **960** | | | | | | |
| 咸安区 | | | | | | | | |
| 嘉鱼县 | | | | | | | | |
| 赤壁市 | 0.79 | 960 | | | | | | |
| 通城县 | | | | | | | | |
| 崇阳县 | | | | | | | | |
| 通山县 | | | | | | | | |
| **恩施自治州** | **1.50** | **1903** | | | | | **4.50** | **6660** |
| 恩施市 | 1.50 | 1903 | | | | | 0.72 | 914 |
| 利川市 | | | | | | | | |
| 建始县 | | | | | | | 2.01 | 3400 |
| 巴东县 | | | | | | | 0.37 | 493 |
| 宣恩县 | | | | | | | 0.50 | 675 |
| 咸丰县 | | | | | | | | |
| 来凤县 | | | | | | | 0.90 | 1178 |
| 鹤峰县 | | | | | | | | |
| **仙桃市** | | | | | **1.12** | **2603** | **19.11** | **45426** |
| **天门市** | | | **1.00** | **1770** | | | **0.85** | **994** |
| **潜江市** | | | | | **9.52** | **28607** | | |
| **神农架林区** | | | | | | | | |

## 全省主要粮食作物优质专用品种生产情况

单位：千公顷、吨

| | 面积 | 产量 | | 面积 | 产量 |
|---|---|---|---|---|---|
| 粮食作物优质专用品种 | 3324.02 | 20750952 | 3、晚稻 | 369.96 | 2571700 |
| 其中：优质水稻 | 1860.10 | 14411901 | (1)鄂晚15 | 5.57 | 34389 |
| 1、早稻 | 304.85 | 1661176 | (2)鄂晚17 | 30.22 | 187390 |
| (1)鄂早18 | 60.62 | 356495 | (3)金优38 | 30.47 | 198995 |
| (2)嘉育948 | 16.56 | 109321 | (4)金优207 | 17.94 | 115210 |
| (3)金优402 | 39.35 | 234234 | (5)金优928 | 56.26 | 406497 |
| (4)两优287 | 68.25 | 422930 | (6)荆楚优148 | 26.33 | 171327 |
| (5)两优42 | 21.60 | 122908 | (7)中9优288 | 56.85 | 372560 |
| (6)其 它 | 98.47 | 415288 | (8)其 它 | 146.32 | 1085332 |
| 2、中稻 | 1185.29 | 10179025 | 优质专用小麦 | 895.48 | 3595356 |
| (1)扬两优6号 | 189.93 | 1653195 | 1、强筋小麦 | 586.69 | 2438984 |
| (2)鉴真2号 | 8.75 | 68864 | 其中：郑麦9023 | 558.29 | 2300332 |
| (3)丰两优香1号 | 171.64 | 1475954 | 2、中筋小麦 | 264.22 | 1004021 |
| (4)两优培九 | 114.35 | 1010885 | 其中：鄂麦15 | 20.92 | 99457 |
| (5)鄂荆糯7号 | 1.30 | 11698 | 鄂麦18 | 95.16 | 332166 |
| (6)丰两优1号 | 20.10 | 188864 | 鄂麦19 | 1.20 | 3520 |
| (7)黄华占 | 25.18 | 163595 | 鄂麦23 | 77.30 | 320673 |
| (8)珞优8号 | 55.77 | 458036 | 3、弱筋小麦 | 44.57 | 152351 |
| (9)鄂中5号 | 9.41 | 74151 | 优质专用玉米 | 236.74 | 1159459 |
| (10)Q优6号 | 63.27 | 520744 | 优质专用大豆 | 56.96 | 155008 |
| (11)鄂香1号 | 6.27 | 44023 | 脱毒薯类 | 168.15 | 623309 |
| (12)其 它 | 519.32 | 4509016 | 其中：马铃薯 | 140.42 | 462654 |

## 2011年主要优质粮食

单位:千公顷、吨

| | 优质专用粮食合计 | | 优质水稻 | | | | | |
|---|---|---|---|---|---|---|---|---|
| | | | | | 早 稻 | | 鄂早18 | |
| | 面积 | 产量 | 面积 | 产量 | 面积 | 产量 | 面积 | 产量 |
| **全省合计** | **3324.02** | **20750952** | **1860.10** | **14411901** | **304.85** | **1661176** | **60.62** | **356495** |
| **武汉市** | **145.45** | **930783** | **121.86** | **793314** | **37.39** | **224039** | **11.82** | **70505** |
| 武汉市辖区 | 4.59 | 30550 | 1.56 | 531 | | | | |
| 蔡甸区 | 6.17 | 45301 | 6.17 | 41441 | 0.45 | 4016 | 0.13 | 1123 |
| 江夏区 | 31.75 | 209112 | 29.99 | 205380 | 10.61 | 61733 | 1.10 | 6400 |
| 黄陂区 | 55.00 | 369067 | 44.41 | 301562 | 13.39 | 80070 | 3.30 | 19800 |
| 新洲区 | 47.94 | 276753 | 39.73 | 244400 | 12.94 | 78220 | 7.29 | 43182 |
| **黄石市** | **95.26** | **449903** | **67.03** | **353556** | **18.38** | **92188** | **0.89** | **4910** |
| 黄石市辖区 | 1.64 | 7211 | 0.84 | 4729 | 0.29 | 1570 | | |
| 大冶市 | 26.68 | 118539 | 20.35 | 101716 | 1.85 | 10158 | 0.85 | 4667 |
| 阳新县 | 66.94 | 324153 | 45.84 | 247111 | 16.24 | 80460 | 0.04 | 243 |
| **十堰市** | **165.13** | **634348** | **23.72** | **172246** | | | | |
| 十堰市辖区 | 0.84 | 2326 | 0.20 | 1000 | | | | |
| 丹江口市 | 20.65 | 91707 | 5.75 | 42801 | | | | |
| 郧 县 | 52.85 | 188900 | 6.49 | 42400 | | | | |
| 郧西县 | 9.80 | 35631 | 1.30 | 10495 | | | | |
| 竹山县 | 39.71 | 181302 | 1.90 | 14250 | | | | |
| 竹溪县 | 26.10 | 84982 | 4.50 | 39400 | | | | |
| 房 县 | 15.18 | 49500 | 3.58 | 21900 | | | | |
| **荆州市** | **507.21** | **3298396** | **381.34** | **2870469** | **69.29** | **323203** | **4.21** | **22996** |
| 荆州市辖区 | 42.82 | 203669 | 24.32 | 137675 | 2.00 | 10680 | | |
| 江陵县 | 44.85 | 251510 | 28.42 | 198560 | 0.03 | 203 | | |
| 松滋市 | 61.52 | 292275 | 43.14 | 236394 | 10.28 | 49020 | 1.48 | 7045 |
| 公安县 | 84.71 | 588632 | 59.99 | 514236 | 14.89 | 102630 | | |
| 石首市 | 36.77 | 202400 | 33.12 | 189184 | 7.82 | 44732 | 2.12 | 10781 |
| 监利县 | 158.50 | 1120565 | 140.10 | 1060055 | 30.00 | 79750 | | |
| 洪湖市 | 78.04 | 639345 | 52.25 | 534365 | 4.27 | 36188 | 0.61 | 5170 |
| **宜昌市** | **151.17** | **883240** | **61.94** | **510765** | **5.30** | **41653** | **1.30** | **10217** |
| 宜昌市辖区 | 0.80 | 3217 | 0.40 | 2227 | | | | |
| 夷陵区 | 8.58 | 77850 | 5.88 | 43750 | | | | |
| 宜都市 | 17.11 | 98221 | 4.26 | 25374 | | | | |
| 枝江市 | 30.09 | 179650 | 18.13 | 142487 | 5.30 | 41653 | 1.30 | 10217 |
| 当阳市 | 42.48 | 317713 | 24.00 | 233000 | | | | |
| 远安县 | 5.60 | 43450 | 5.00 | 41000 | | | | |
| 兴山县 | 10.97 | 35424 | 1.20 | 6810 | | | | |
| 秭归县 | 18.14 | 82765 | 2.37 | 11867 | | | | |
| 长阳县 | 8.20 | 22150 | 0.50 | 3250 | | | | |
| 五峰县 | 9.20 | 22800 | 0.20 | 1000 | | | | |
| **襄阳市** | **550.15** | **3864024** | **123.71** | **1306725** | | | | |
| 襄阳市辖区 | 8.80 | 57000 | 4.16 | 63537 | | | | |
| 老河口市 | 57.88 | 350753 | 13.62 | 118727 | | | | |
| 襄州区 | 128.80 | 1031119 | 44.80 | 493906 | | | | |
| 枣阳市 | 189.23 | 1337000 | 19.90 | 219570 | | | | |
| 宜城市 | 74.15 | 600584 | 31.01 | 331022 | | | | |
| 南漳县 | 53.00 | 314070 | 2.01 | 18018 | | | | |
| 谷城县 | 7.00 | 44555 | 5.00 | 37580 | | | | |
| 保康县 | 31.29 | 128943 | 3.21 | 24365 | | | | |
| **鄂州市** | **15.50** | **91600** | **11.50** | **80400** | **4.00** | **24000** | **3.00** | **18000** |

续表1

单位:千公顷、吨

| | 优质专用粮食合计 | | 优质水稻 | | | | | |
|---|---|---|---|---|---|---|---|---|
| | | | | | 早稻 | | 鄂早18 | |
| | 面积 | 产量 | 面积 | 产量 | 面积 | 产量 | 面积 | 产量 |
| **荆门市** | **255.99** | **1910245** | **166.99** | **1544129** | **6.64** | **50652** | **0.85** | **6372** |
| 荆门市辖区 | 31.70 | 212573 | 21.96 | 163808 | | | | |
| 沙洋县 | 62.65 | 599509 | 51.25 | 543605 | | | | |
| 钟祥市 | 70.18 | 524967 | 41.25 | 406886 | | | | |
| 京山县 | 91.46 | 573196 | 52.53 | 429830 | 6.64 | 50652 | 0.85 | 6372 |
| **孝感市** | **301.99** | **1876348** | **191.00** | **1516586** | **20.60** | **126926** | **7.07** | **41323** |
| 孝南区 | 37.17 | 207479 | 31.49 | 186178 | 3.48 | 25134 | 1.40 | 9094 |
| 孝昌县 | 37.60 | 215926 | 24.42 | 180766 | 2.69 | 17512 | 2.00 | 13020 |
| 大悟县 | 19.85 | 107517 | 6.80 | 64111 | 0.28 | 1369 | 0.15 | 733 |
| 安陆市 | 51.67 | 323600 | 28.63 | 245321 | | | | |
| 云梦县 | 36.19 | 211400 | 22.56 | 173828 | 4.31 | 25104 | | |
| 应城市 | 47.57 | 294306 | 35.33 | 263707 | 7.67 | 43090 | 3.00 | 15930 |
| 汉川市 | 71.94 | 516120 | 41.77 | 402675 | 2.17 | 14717 | 0.52 | 2546 |
| **随州市** | **181.66** | **1277816** | **93.27** | **914262** | | | | |
| 曾都区 | 29.26 | 171667 | 13.17 | 112044 | | | | |
| 随　县 | 110.70 | 802021 | 57.50 | 576748 | | | | |
| 广水市 | 41.70 | 304128 | 22.60 | 225470 | | | | |
| **黄冈市** | **391.57** | **2530690** | **319.67** | **2152824** | **97.92** | **539643** | **21.01** | **123406** |
| 黄州区 | 14.54 | 52910 | 7.08 | 32858 | 2.15 | 1038 | 0.43 | 200 |
| 团风县 | 22.02 | 95726 | 18.20 | 78740 | 5.52 | 25329 | 0.20 | 917 |
| 红安县 | 29.51 | 109056 | 27.95 | 105422 | 10.54 | 33027 | 1.61 | 4898 |
| 麻城市 | 72.40 | 536600 | 47.03 | 435011 | 10.97 | 94400 | 3.02 | 24429 |
| 罗田县 | 9.92 | 53284 | 4.92 | 41202 | 0.25 | 1784 | 0.10 | 712 |
| 英山县 | 20.45 | 85187 | 14.02 | 72418 | 0.62 | 2589 | | |
| 浠水县 | 63.26 | 469400 | 55.02 | 412878 | 20.20 | 116275 | 2.00 | 11510 |
| 蕲春县 | 54.84 | 469400 | 49.70 | 379662 | 16.90 | 114402 | 5.00 | 32625 |
| 武穴市 | 51.13 | 283287 | 48.15 | 273721 | 17.49 | 68799 | 5.85 | 22815 |
| 黄梅县 | 50.37 | 364144 | 44.47 | 309216 | 13.28 | 82000 | 2.80 | 25300 |
| 龙感湖 | 3.13 | 11696 | 3.13 | 11696 | | | | |
| **咸宁市** | **162.61** | **805571** | **138.32** | **762551** | **33.33** | **157538** | **5.59** | **25987** |
| 咸安区 | 29.07 | 136091 | 26.48 | 130650 | 1.66 | 7481 | 0.35 | 1446 |
| 嘉鱼县 | 21.41 | 95341 | 17.61 | 83022 | 1.61 | 7085 | | |
| 赤壁市 | 30.16 | 192359 | 29.81 | 191315 | 7.34 | 39920 | 1.40 | 7091 |
| 通城县 | 36.03 | 141311 | 28.93 | 137474 | 12.99 | 50048 | 3.14 | 11975 |
| 崇阳县 | 30.81 | 184589 | 26.09 | 175463 | 9.15 | 50096 | 0.70 | 5475 |
| 通山县 | 15.13 | 55880 | 9.40 | 44627 | 0.58 | 2908 | | |
| **恩施自治州** | **141.38** | **519969** | **21.83** | **148519** | | | | |
| 恩施市 | 13.33 | 26900 | | | | | | |
| 利川市 | 20.00 | 30000 | | | | | | |
| 建始县 | 1.69 | 26997 | 1.02 | 26895 | | | | |
| 巴东县 | 43.70 | 153473 | 1.80 | 8223 | | | | |
| 宣恩县 | 9.20 | 34080 | 4.00 | 20700 | | | | |
| 咸丰县 | 19.33 | 113733 | 5.38 | 32516 | | | | |
| 来凤县 | 29.54 | 121100 | 8.96 | 55373 | | | | |
| 鹤峰县 | 4.59 | 13686 | 0.67 | 4812 | | | | |
| **仙桃市** | **93.38** | **738188** | **61.00** | **602537** | **1.48** | **11125** | **0.55** | **3924** |
| **天门市** | **116.34** | **616458** | **56.39** | **474444** | **10.47** | **69774** | **4.33** | **28855** |
| **潜江市** | **48.91** | **322598** | **20.53** | **208574** | **0.05** | **435** | | |
| **神农架林区** | **0.32** | **775** | | | | | | |

续表12 单位:千公顷、吨

| | 优质早稻(续) | | | | | | | |
|---|---|---|---|---|---|---|---|---|
| | 嘉育948 | | 金优402 | | 两优287 | | 两优42 | |
| | 面积 | 产量 | 面积 | 产量 | 面积 | 产量 | 面积 | 产量 |
| **全省合计** | **16.56** | **109321** | **39.35** | **234234** | **68.25** | **422930** | **21.60** | **122908** |
| **武汉市** | **0.70** | **4109** | **4.13** | **25062** | **9.46** | **57871** | **2.10** | **12219** |
| 武汉市辖区 | | | | | | | | |
| 蔡甸区 | | | 0.07 | 665 | 0.12 | 1105 | | |
| 江夏区 | 0.30 | 1746 | 0.20 | 1164 | 3.30 | 19200 | 2.10 | 12219 |
| 黄陂区 | | | 3.25 | 19573 | 2.83 | 17022 | | |
| 新洲区 | 0.40 | 2363 | 0.61 | 3660 | 3.21 | 20544 | | |
| **黄石市** | | | **3.15** | **15593** | **3.60** | **18452** | **2.00** | **9916** |
| 黄石市辖区 | | | | | 0.10 | 548 | | |
| 大冶市 | | | | | 1.00 | 5491 | | |
| 阳新县 | | | 3.15 | 15593 | 2.50 | 12413 | 2.00 | 9916 |
| **十堰市** | | | | | | | | |
| 十堰市辖区 | | | | | | | | |
| 丹江口市 | | | | | | | | |
| 郧 县 | | | | | | | | |
| 郧西县 | | | | | | | | |
| 竹山县 | | | | | | | | |
| 竹溪县 | | | | | | | | |
| 房 县 | | | | | | | | |
| **荆州市** | **8.61** | **57442** | **0.55** | **2905** | **21.62** | **149435** | **3.28** | **23210** |
| 荆州市辖区 | | | 0.50 | 2670 | 0.50 | 2670 | 0.50 | 2670 |
| 江陵县 | | | | | 0.03 | 203 | | |
| 松滋市 | 2.74 | 13065 | 0.05 | 235 | 0.72 | 3435 | 0.41 | 1955 |
| 公安县 | | | | | 14.89 | 102630 | | |
| 石首市 | 2.15 | 18318 | | | 0.85 | 3475 | | |
| 监利县 | 3.30 | 22500 | | | 3.30 | 25750 | 2.00 | 15450 |
| 洪湖市 | 0.42 | 3559 | | | 1.33 | 11272 | 0.37 | 3135 |
| **宜昌市** | **1.00** | **10036** | **1.00** | **10469** | **1.00** | **9984** | **1.00** | **947** |
| 宜昌市辖区 | | | | | | | | |
| 夷陵区 | | | | | | | | |
| 宜都市 | | | | | | | | |
| 枝江市 | 1.00 | 10036 | 1.00 | 10469 | 1.00 | 9984 | 1.00 | 947 |
| 当阳市 | | | | | | | | |
| 远安县 | | | | | | | | |
| 兴山县 | | | | | | | | |
| 秭归县 | | | | | | | | |
| 长阳县 | | | | | | | | |
| 五峰县 | | | | | | | | |
| **襄阳市** | | | | | | | | |
| 襄阳市辖区 | | | | | | | | |
| 老河口市 | | | | | | | | |
| 襄州区 | | | | | | | | |
| 枣阳市 | | | | | | | | |
| 宜城市 | | | | | | | | |
| 南漳县 | | | | | | | | |
| 谷城县 | | | | | | | | |
| 保康县 | | | | | | | | |
| **鄂州市** | | | **1.00** | **6000** | | | | |

续表3 单位:千公顷、吨

| | 优质早稻(续) | | | | | | | |
|---|---|---|---|---|---|---|---|---|
| | 嘉育948 | | 金优402 | | 两优287 | | 两优42 | |
| | 面积 | 产量 | 面积 | 产量 | 面积 | 产量 | 面积 | 产量 |
| **荆门市** | **0.33** | **2474** | | | **2.58** | **19340** | **1.00** | **7496** |
| 荆门市辖区 | | | | | | | | |
| 沙洋县 | | | | | | | | |
| 钟祥市 | | | | | | | | |
| 京山县 | 0.33 | 2474 | | | 2.58 | 19340 | 1.00 | 7496 |
| **孝感市** | **1.81** | **11623** | **0.89** | **5198** | **1.09** | **7412** | **0.04** | **276** |
| 孝南区 | 1.11 | 7210 | | | 0.17 | 1500 | | |
| 孝昌县 | | | | | | | | |
| 大悟县 | | | 0.10 | 489 | | | | |
| 安陆市 | | | | | | | | |
| 云梦县 | 0.35 | 2038 | 0.69 | 4019 | 0.40 | 2320 | | |
| 应城市 | | | 0.10 | 690 | 0.50 | 3450 | | |
| 汉川市 | 0.35 | 2375 | | | 0.02 | 142 | 0.04 | 276 |
| **随州市** | | | | | | | | |
| 曾都区 | | | | | | | | |
| 随　县 | | | | | | | | |
| 广水市 | | | | | | | | |
| **黄冈市** | | | **21.94** | **137934** | **18.63** | **105587** | **9.93** | **54830** |
| 黄州区 | | | | | 0.86 | 419 | 0.43 | 222 |
| 团风县 | | | 0.51 | 2340 | 2.25 | 10325 | 2.21 | 10141 |
| 红安县 | | | 3.15 | 9872 | 1.25 | 3804 | | |
| 麻城市 | | | 6.08 | 49181 | 1.52 | 12295 | | |
| 罗田县 | | | 0.10 | 712 | | | 0.05 | 360 |
| 英山县 | | | 0.10 | 368 | 0.28 | 1212 | 0.24 | 1009 |
| 浠水县 | | | 5.00 | 28781 | 6.00 | 34538 | 6.00 | 34538 |
| 蕲春县 | | | 6.50 | 44655 | 2.80 | 19614 | 0.20 | 1200 |
| 武穴市 | | | 0.50 | 2025 | 2.00 | 8250 | | |
| 黄梅县 | | | | | 1.67 | 15130 | 0.80 | 7360 |
| 龙感湖 | | | | | | | | |
| **咸宁市** | **3.32** | **18244** | **6.69** | **31073** | **7.13** | **33316** | **1.40** | **7981** |
| 咸安区 | | | 0.59 | 2832 | 0.16 | 792 | | |
| 嘉鱼县 | | | | | 0.80 | 3538 | 0.81 | 3547 |
| 赤壁市 | 2.87 | 14521 | 1.60 | 9552 | 1.47 | 8756 | | |
| 通城县 | | | 4.00 | 16500 | 4.20 | 17000 | | |
| 崇阳县 | 0.45 | 3723 | 0.50 | 2189 | 0.50 | 3230 | 0.59 | 4434 |
| 通山县 | | | | | | | | |
| **恩施自治州** | | | | | | | | |
| 恩施市 | | | | | | | | |
| 利川市 | | | | | | | | |
| 建始县 | | | | | | | | |
| 巴东县 | | | | | | | | |
| 宣恩县 | | | | | | | | |
| 咸丰县 | | | | | | | | |
| 来凤县 | | | | | | | | |
| 鹤峰县 | | | | | | | | |
| **仙桃市** | **0.79** | **5393** | | | **0.09** | **1106** | **0.05** | **702** |
| **天门市** | | | | | **3.00** | **19992** | **0.80** | **5331** |
| **潜江市** | | | | | **0.05** | **435** | | |
| **神农架林区** | | | | | | | | |

| | 中稻 | | 扬两优6号 | | 丰两优香1号 | | 两优培九 | |
|---|---|---|---|---|---|---|---|---|
| | 面积 | 产量 | 面积 | 产量 | 面积 | 产量 | 面积 | 产量 |
| **全省合计** | **1185.29** | **10179025** | **189.93** | **1653195** | **171.64** | **1524454** | **114.35** | **1010885** |
| **武汉市** | **33.75** | **243171** | **8.58** | **55055** | **1.53** | **11459** | **4.71** | **29738** |
| 武汉市辖区 | 1.50 | 531 | 0.20 | 130 | | | 1.13 | 303 |
| 蔡甸区 | 5.19 | 32612 | 1.20 | 1364 | 0.40 | 2783 | 0.13 | 2343 |
| 江夏区 | 6.23 | 47561 | 1.70 | 12978 | 0.60 | 4581 | 0.40 | 3054 |
| 黄陂区 | 14.98 | 116253 | 4.25 | 31875 | 0.53 | 4095 | 2.23 | 17560 |
| 新洲区 | 5.85 | 46214 | 1.23 | 8708 | | | 0.82 | 6478 |
| **黄石市** | **18.25** | **105220** | **1.70** | **10668** | **0.82** | **5246** | **5.48** | **35352** |
| 黄石市辖区 | 0.25 | 1575 | | | 0.02 | 274 | 0.23 | 1301 |
| 大冶市 | 5.70 | 26509 | | | 0.10 | 576 | 4.00 | 23052 |
| 阳新县 | 12.30 | 77136 | 1.70 | 10668 | 0.70 | 4396 | 1.25 | 10999 |
| **十堰市** | **23.72** | **172246** | **2.57** | **21650** | **0.50** | **3120** | **1.30** | **9000** |
| 十堰市辖区 | 0.20 | 1000 | | | | | | |
| 丹江口市 | 5.75 | 42801 | 0.67 | 7400 | | | | |
| 郧县 | 6.49 | 42400 | | | 0.50 | 3120 | 1.00 | 6100 |
| 郧西县 | 1.30 | 10495 | | | | | | |
| 竹山县 | 1.90 | 14250 | 1.90 | 14250 | | | | |
| 竹溪县 | 4.50 | 39400 | | | | | 0.30 | 2900 |
| 房县 | 3.58 | 21900 | | | | | | |
| **荆州市** | **232.06** | **1937946** | **19.27** | **168824** | **65.15** | **506947** | **33.49** | **304965** |
| 荆州市辖区 | 20.03 | 114129 | 0.77 | 4378 | 2.83 | 15688 | 0.90 | 5661 |
| 江陵县 | 28.39 | 198357 | | | 28.39 | 198357 | | |
| 松滋市 | 21.63 | 128033 | 4.54 | 26880 | 2.15 | 12730 | 3.35 | 19830 |
| 公安县 | 28.51 | 273085 | | | | | 28.51 | 273085 |
| 石首市 | 16.93 | 96933 | 4.42 | 39117 | 4.46 | 19141 | 0.73 | 6389 |
| 监利县 | 74.10 | 683580 | 1.30 | 12300 | 20.00 | 184500 | | |
| 洪湖市 | 42.47 | 443829 | 8.24 | 86149 | 7.32 | 76531 | | |
| **宜昌市** | **49.59** | **413704** | **3.40** | **28756** | **3.53** | **30152** | **1.65** | **12939** |
| 宜昌市辖区 | 0.40 | 2227 | | | | | | |
| 夷陵区 | 5.88 | 43750 | | | | | | |
| 宜都市 | 4.26 | 25374 | | | | | | |
| 枝江市 | 5.78 | 45426 | 1.00 | 7956 | 2.00 | 15902 | 0.50 | 3929 |
| 当阳市 | 24.00 | 233000 | 0.50 | 4800 | 1.33 | 12600 | 0.50 | 4800 |
| 远安县 | 5.00 | 41000 | 1.90 | 16000 | 0.20 | 1650 | 0.20 | 1650 |
| 兴山县 | 1.20 | 6810 | | | | | 0.45 | 2560 |
| 秭归县 | 2.37 | 11867 | | | | | | |
| 长阳县 | 0.50 | 3250 | | | | | | |
| 五峰县 | 0.20 | 1000 | | | | | | |
| **襄阳市** | **123.71** | **1306725** | **8.87** | **93015** | **18.83** | **209442** | **23.90** | **261846** |
| 襄阳市辖区 | 4.16 | 63537 | | | 0.93 | 32500 | | |
| 老河口市 | 13.62 | 118727 | 1.36 | 11855 | 7.80 | 67992 | | |
| 襄州区 | 44.80 | 493906 | 2.00 | 22049 | 2.00 | 22049 | 15.00 | 165370 |
| 枣阳市 | 19.90 | 219570 | 3.80 | 41210 | 1.60 | 17520 | 4.20 | 46620 |
| 宜城市 | 31.01 | 331022 | 1.50 | 16011 | 6.50 | 69381 | 4.70 | 49856 |
| 南漳县 | 2.01 | 18018 | | | | | | |
| 谷城县 | 5.00 | 37580 | | | | | | |
| 保康县 | 3.21 | 24365 | 0.21 | 1890 | | | | |
| **鄂州市** | **5.00** | **37800** | | | | | **4.00** | **30000** |

续表5　　单位：千公顷、吨

| | 中稻 | | 扬两优6号 | | 丰两优香1号 | | 两优培九 | |
|---|---|---|---|---|---|---|---|---|
| | 面积 | 产量 | 面积 | 产量 | 面积 | 产量 | 面积 | 产量 |
| **荆门市** | **153.11** | **1437723** | **25.79** | **252401** | **27.10** | **253545** | **10.01** | **99677** |
| 荆门市辖区 | 21.96 | 163808 | | | 0.80 | 5526 | 0.00 | 0 |
| 沙洋县 | 51.25 | 543605 | 5.30 | 58035 | 12.37 | 113737 | | |
| 钟祥市 | 41.25 | 406886 | 8.75 | 90993 | 8.00 | 82000 | 10.00 | 99590 |
| 京山县 | 38.65 | 323424 | 11.74 | 103373 | 5.93 | 52282 | 0.01 | 87 |
| **孝感市** | **146.10** | **1233637** | **28.90** | **252278** | **7.56** | **56775** | **3.10** | **11867** |
| 孝南区 | 22.66 | 135117 | 4.96 | 21315 | 2.34 | 7158 | 2.73 | 8671 |
| 孝昌县 | 18.68 | 144863 | | | 0.05 | 388 | | |
| 大悟县 | 6.20 | 60795 | | | | | | |
| 安陆市 | 28.63 | 245321 | 3.30 | 28264 | 1.30 | 11134 | | |
| 云梦县 | 13.40 | 116173 | 1.24 | 10750 | | | 0.31 | 2688 |
| 应城市 | 19.33 | 161450 | 2.20 | 20550 | 0.75 | 7005 | 0.00 | 0 |
| 汉川市 | 37.20 | 369918 | 17.20 | 171399 | 3.12 | 31090 | 0.06 | 508 |
| **随州市** | **93.27** | **914262** | **17.62** | **174309** | **7.03** | **59814** | **3.20** | **33361** |
| 曾都区 | 13.17 | 112044 | 5.32 | 45200 | 1.33 | 11314 | | |
| 随　县 | 57.50 | 576748 | 9.50 | 101175 | 5.70 | 48500 | 2.40 | 25380 |
| 广水市 | 22.60 | 225470 | 2.80 | 27934 | | | 0.80 | 7981 |
| **黄冈市** | **106.82** | **761606** | **24.38** | **165471** | **6.58** | **55732** | **13.82** | **106351** |
| 黄州区 | 2.93 | 10773 | 1.46 | 5343 | | | | |
| 团风县 | 8.83 | 30190 | 4.42 | 15589 | | | 0.05 | 176 |
| 红安县 | 6.75 | 25233 | 2.20 | 8137 | | | 1.20 | 4442 |
| 麻城市 | 21.30 | 203978 | 5.80 | 55540 | 2.17 | 20779 | 2.17 | 20779 |
| 罗田县 | 4.17 | 35668 | | | 0.50 | 3565 | 1.50 | 12938 |
| 英山县 | 11.14 | 61667 | 2.05 | 12485 | 0.41 | 2269 | 1.70 | 9432 |
| 浠水县 | 9.99 | 86377 | 2.50 | 21593 | 2.00 | 17274 | 1.80 | 15548 |
| 蕲春县 | 12.50 | 111532 | 1.80 | 16335 | 1.00 | 8175 | 1.80 | 16254 |
| 武穴市 | 10.38 | 76176 | 1.00 | 7500 | 0.50 | 3670 | 1.50 | 11295 |
| 黄梅县 | 15.70 | 108316 | 3.10 | 22387 | | | 2.10 | 15487 |
| 龙感湖 | 3.13 | 11696 | 0.05 | 562 | | | | |
| **咸宁市** | **67.60** | **383444** | **13.55** | **79406** | **2.80** | **15114** | **5.85** | **39133** |
| 咸安区 | 22.64 | 112963 | 1.40 | 7540 | | | | |
| 嘉鱼县 | 13.82 | 65739 | 5.88 | 27980 | 2.00 | 9510 | 0.20 | 931 |
| 赤壁市 | 13.60 | 96135 | 5.87 | 41096 | 0.80 | 5604 | 1.40 | 9807 |
| 通城县 | 1.50 | 10360 | 0.40 | 2790 | | | | |
| 崇阳县 | 7.81 | 60088 | | | | | 1.15 | 10940 |
| 通山县 | 8.23 | 38159 | | | | | 3.10 | 17455 |
| **恩施自治州** | **21.83** | **148519** | | | **0.34** | **24795** | | |
| 恩施市 | | | | | | | | |
| 利川市 | | | | | | | | |
| 建始县 | 1.02 | 26895 | | | 0.34 | 24795 | | |
| 巴东县 | 1.80 | 8223 | | | | | | |
| 宣恩县 | 4.00 | 20700 | | | | | | |
| 咸丰县 | 5.38 | 32516 | | | | | | |
| 来凤县 | 8.96 | 55373 | | | | | | |
| 鹤峰县 | 0.67 | 4812 | | | | | | |
| **仙桃市** | **55.52** | **559165** | **15.61** | **159215** | **9.76** | **99397** | **2.51** | **24479** |
| **天门市** | **34.49** | **315775** | **9.00** | **82400** | **10.33** | **94581** | **1.33** | **12177** |
| **潜江市** | **20.47** | **208082** | **10.69** | **109747** | **9.78** | **98335** | | |
| **神农架林区** | | | | | | | | |

单位：千公顷、吨

| | 优质中稻(续) | | | | | | | |
|---|---|---|---|---|---|---|---|---|
| | 丰两优1号 | | 黄华占 | | 珞优8号 | | Q优6号 | |
| | 面积 | 产量 | 面积 | 产量 | 面积 | 产量 | 面积 | 产量 |
| **全省合计** | **20.10** | **188864** | **25.18** | **165125** | **55.77** | **458036** | **63.27** | **520744** |
| **武汉市** | **0.17** | **98** | **0.43** | **3072** | **3.18** | **25272** | **2.15** | **18332** |
| 武汉市辖区 | 0.17 | 98 | | | | | | |
| 蔡甸区 | | | | | | | 0.13 | 2343 |
| 江夏区 | | | | | 1.50 | 11451 | 0.50 | 3817 |
| 黄陂区 | | | 0.23 | 1656 | 1.25 | 10266 | 1.20 | 9612 |
| 新洲区 | | | 0.20 | 1416 | 0.43 | 3555 | 0.32 | 2560 |
| **黄石市** | **0.60** | **3762** | **0.60** | **2881** | **1.00** | | | |
| 黄石市辖区 | | | | | | | | |
| 大冶市 | | | 0.60 | 2881 | 1.00 | | | |
| 阳新县 | 0.60 | 3762 | | | 0.00 | | | |
| **十堰市** | **0.20** | **1000** | **0.08** | **520** | **1.36** | **8060** | **4.43** | **35845** |
| 十堰市辖区 | 0.20 | 1000 | | | | | | |
| 丹江口市 | | | 0.02 | 120 | | | 0.67 | 8500 |
| 郧 县 | | | | | 0.50 | 2560 | 0.30 | 2050 |
| 郧西县 | | | | | | | 1.30 | 10495 |
| 竹山县 | | | | | | | | |
| 竹溪县 | | | | | | | 1.50 | 10800 |
| 房 县 | | | 0.06 | 400 | 0.86 | 5500 | 0.66 | 4000 |
| **荆州市** | **6.70** | **61500** | **0.37** | **8616** | **4.16** | **37094** | **4.53** | **38609** |
| 荆州市辖区 | | | | | 0.30 | 1737 | 0.50 | 2896 |
| 江陵县 | | | | | | | | |
| 松滋市 | | | | | 0.91 | 5390 | 1.03 | 6100 |
| 公安县 | | | | | | | | |
| 石首市 | | | 0.37 | 8616 | 0.55 | 4875 | 0.10 | 885 |
| 监利县 | 6.70 | 61500 | | | | | 1.30 | 12000 |
| 洪湖市 | | | | | 2.40 | 25092 | 1.60 | 16728 |
| **宜昌市** | **1.00** | **9300** | **0.70** | **6300** | **6.69** | **48818** | **2.79** | **20901** |
| 宜昌市辖区 | | | | | | | | |
| 夷陵区 | | | | | 0.66 | 5000 | 0.62 | 4650 |
| 宜都市 | | | | | 3.20 | 19030 | | |
| 枝江市 | | | | | 1.50 | 11788 | 0.50 | 3651 |
| 当阳市 | 1.00 | 9300 | 0.70 | 6300 | 1.33 | 13000 | 0.67 | 6500 |
| 远安县 | | | | | | | | |
| 兴山县 | | | | | | | 0.50 | 2850 |
| 秭归县 | | | | | | | | |
| 长阳县 | | | | | | | 0.50 | 3250 |
| 五峰县 | | | | | | | | |
| **襄阳市** | **2.00** | **22049** | **1.76** | **18925** | **5.84** | **64503** | **9.60** | **105946** |
| 襄阳市辖区 | | | 0.56 | 6200 | | | 0.67 | 7437 |
| 老河口市 | | | | | | | | |
| 襄州区 | 2.00 | 22049 | 1.00 | 11025 | 2.00 | 22049 | 2.00 | 22049 |
| 枣阳市 | | | | | 3.70 | 40960 | 6.60 | 73260 |
| 宜城市 | | | | | 0.14 | 1494 | 0.33 | 3200 |
| 南漳县 | | | 0.20 | 1700 | | | | |
| 谷城县 | | | | | | | | |
| 保康县 | | | | | | | | |
| **鄂州市** | | | | | | | | |

续表7 单位:千公顷、吨

| | 优质中稻(续) | | | | | | | |
|---|---|---|---|---|---|---|---|---|
| | 丰两优1号 | | 黄华占 | | 珞优8号 | | Q优6号 | |
| | 面积 | 产量 | 面积 | 产量 | 面积 | 产量 | 面积 | 产量 |
| **荆门市** | | | | | **0.06** | **522** | **0.09** | **783** |
| 荆门市辖区 | | | | | | | | |
| 沙洋县 | | | | | | | | |
| 钟祥市 | | | | | | | | |
| 京山县 | | | | | 0.06 | 522 | 0.09 | 783 |
| **孝感市** | **3.05** | **30060** | **3.81** | **18588** | **10.90** | **87738** | **17.44** | **152743** |
| 孝南区 | | | 2.62 | 8280 | 1.25 | 5693 | | |
| 孝昌县 | | | 0.02 | 155 | 5.20 | 40326 | 7.86 | 60954 |
| 大悟县 | | | | | | | 6.20 | 60795 |
| 安陆市 | | | | | 1.30 | 11134 | 1.30 | 11134 |
| 云梦县 | | | 0.76 | 6589 | 0.62 | 5375 | 0.62 | 5375 |
| 应城市 | 0.45 | 4200 | 0.10 | 935 | | | 0.10 | 934 |
| 汉川市 | 2.60 | 25860 | 0.31 | 2629 | 2.53 | 25210 | 1.36 | 13551 |
| **随州市** | **5.70** | **58995** | **2.10** | **19530** | **11.02** | **109254** | **1.99** | **16929** |
| 曾都区 | | | | | 1.32 | 11229 | 1.99 | 16929 |
| 随 县 | 5.70 | 58995 | 2.10 | 19530 | 4.20 | 43155 | | |
| 广水市 | | | | | 5.50 | 54870 | | |
| **黄冈市** | | | **13.13** | **74467** | **3.45** | **24552** | **9.12** | **58717** |
| 黄州区 | | | | | 0.30 | 1080 | | |
| 团风县 | | | 1.41 | 4021 | | | 2.72 | 9593 |
| 红安县 | | | | | | | | |
| 麻城市 | | | | | | | 1.10 | 10534 |
| 罗田县 | | | | | 1.00 | 8850 | 1.00 | 8850 |
| 英山县 | | | | | 1.40 | 7750 | 2.50 | 13867 |
| 浠水县 | | | 0.19 | 1728 | | | 1.00 | 8637 |
| 蕲春县 | | | | | 0.70 | 6310 | 0.80 | 7236 |
| 武穴市 | | | 3.50 | 24675 | | | | |
| 黄梅县 | | | 5.10 | 34184 | | | | |
| 龙感湖 | | | 2.93 | 9859 | 0.05 | 562 | | |
| **咸宁市** | | | **1.77** | **8398** | **7.44** | **46089** | **8.69** | **50068** |
| 咸安区 | | | 1.36 | 6468 | 2.56 | 13736 | 4.15 | 21987 |
| 嘉鱼县 | | | | | 2.00 | 9503 | | |
| 赤壁市 | | | 0.10 | 400 | 1.40 | 9807 | 0.80 | 5604 |
| 通城县 | | | | | 0.25 | 1725 | | |
| 崇阳县 | | | 0.31 | 1530 | 1.00 | 9693 | 3.74 | 22477 |
| 通山县 | | | | | 0.23 | 1625 | | |
| **恩施自治州** | **0.68** | **2100** | | | | | **0.20** | **930** |
| 恩施市 | | | | | | | | |
| 利川市 | | | | | | | | |
| 建始县 | 0.68 | 2100 | | | | | | |
| 巴东县 | | | | | | | 0.20 | 930 |
| 宣恩县 | | | | | | | | |
| 咸丰县 | | | | | | | | |
| 来凤县 | | | | | | | | |
| 鹤峰县 | | | | | | | | |
| **仙桃市** | | | **0.10** | **807** | | | **0.57** | **5651** |
| **天门市** | | | **0.33** | **3021** | **0.67** | **6134** | **1.67** | **15290** |
| **潜江市** | | | | | | | | |
| **神农架林区** | | | | | | | | |

续表8 单位:千公顷、吨

| | 晚稻 | | 鄂晚17 | | 金优38 | | 金优207 | |
|---|---|---|---|---|---|---|---|---|
| | 面积 | 产量 | 面积 | 产量 | 面积 | 产量 | 面积 | 产量 |
| **全省合计** | **369.96** | **2571700** | **30.22** | **187390** | **30.47** | **198995** | **17.94** | **115210** |
| **武汉市** | **50.72** | **326104** | **17.32** | **107484** | **2.70** | **18466** | | |
| 武汉市辖区 | 0.06 | | | | | | | |
| 蔡甸区 | 0.53 | 4813 | 0.33 | 2428 | | | | |
| 江夏区 | 13.15 | 96086 | 0.34 | 2909 | 1.63 | 11856 | | |
| 黄陂区 | 16.04 | 105239 | 4.25 | 26507 | 0.87 | 5390 | | |
| 新洲区 | 20.94 | 119966 | 12.40 | 75640 | 0.20 | 1220 | | |
| **黄石市** | **30.40** | **156148** | | | **3.70** | **18865** | **1.60** | **8197** |
| 黄石市辖区 | 0.30 | 1584 | | | | | | |
| 大冶市 | 12.80 | 65049 | | | 3.00 | 15246 | 0.80 | 4065 |
| 阳新县 | 17.30 | 89515 | | | 0.70 | 3619 | 0.80 | 4132 |
| **十堰市** | | | | | | | | |
| 十堰市辖区 | | | | | | | | |
| 丹江口市 | | | | | | | | |
| 郧县 | | | | | | | | |
| 郧西县 | | | | | | | | |
| 竹山县 | | | | | | | | |
| 竹溪县 | | | | | | | | |
| 房县 | | | | | | | | |
| **荆州市** | **79.99** | **609320** | **1.03** | **8881** | **5.99** | **38688** | **1.60** | **8621** |
| 荆州市辖区 | 2.29 | 12866 | | | 0.50 | 2801 | 0.50 | 2801 |
| 江陵县 | | | | | | | | |
| 松滋市 | 11.23 | 59341 | | | | | 1.10 | 5820 |
| 公安县 | 16.59 | 138521 | | | | | | |
| 石首市 | 8.37 | 47519 | 1.03 | 8881 | 2.14 | 7476 | | |
| 监利县 | 36.00 | 296725 | | | 2.70 | 22000 | | |
| 洪湖市 | 5.51 | 54348 | | | 0.65 | 6411 | | |
| **宜昌市** | **7.05** | **55408** | **0.05** | **258** | **2.00** | **15718** | **3.00** | **23577** |
| 宜昌市辖区 | | | | | | | | |
| 夷陵区 | | | | | | | | |
| 宜都市 | | | | | | | | |
| 枝江市 | 7.05 | 55408 | 0.05 | 258 | 2.00 | 15718 | 3.00 | 23577 |
| 当阳市 | | | | | | | | |
| 远安县 | | | | | | | | |
| 兴山县 | | | | | | | | |
| 秭归县 | | | | | | | | |
| 长阳县 | | | | | | | | |
| 五峰县 | | | | | | | | |
| **襄阳市** | | | | | | | | |
| 襄阳市辖区 | | | | | | | | |
| 老河口市 | | | | | | | | |
| 襄州区 | | | | | | | | |
| 枣阳市 | | | | | | | | |
| 宜城市 | | | | | | | | |
| 南漳县 | | | | | | | | |
| 谷城县 | | | | | | | | |
| 保康县 | | | | | | | | |
| **鄂州市** | **2.50** | **18600** | | | **1.00** | **7200** | | |

续表9　　单位：千公顷、吨

| | 晚稻 | | 鄂晚17 | | 金优38 | | 金优207 | |
|---|---|---|---|---|---|---|---|---|
| | 面积 | 产量 | 面积 | 产量 | 面积 | 产量 | 面积 | 产量 |
| **荆门市** | **7.24** | **55754** | | | **0.20** | **1541** | **3.10** | **23889** |
| 荆门市辖区 | | | | | | | | |
| 沙洋县 | | | | | | | | |
| 钟祥市 | | | | | | | | |
| 京山县 | 7.24 | 55754 | | | 0.20 | 1541 | 3.10 | 23889 |
| **孝感市** | **24.30** | **156023** | **7.10** | **39420** | **2.14** | **13668** | **0.57** | **3970** |
| 孝南区 | 5.35 | 25927 | 3.25 | 14991 | 0.50 | 1805 | | |
| 孝昌县 | 3.05 | 18391 | 1.98 | 11939 | 0.09 | 543 | | |
| 大悟县 | 0.32 | 1947 | | | 0.20 | 1217 | 0.12 | 730 |
| 安陆市 | | | | | | | | |
| 云梦县 | 4.85 | 32551 | 0.74 | 4967 | | | | |
| 应城市 | 8.33 | 59167 | 0.90 | 5845 | 0.32 | 2305 | 0.45 | 3240 |
| 汉川市 | 2.40 | 18040 | 0.23 | 1678 | 1.03 | 7798 | | |
| **随州市** | | | | | | | | |
| 曾都区 | | | | | | | | |
| 随　县 | | | | | | | | |
| 广水市 | | | | | | | | |
| **黄冈市** | **114.93** | **851575** | **3.49** | **23520** | **7.74** | **54603** | **2.20** | **12986** |
| 黄州区 | 2.00 | 21047 | | | 0.30 | 2250 | 0.30 | 2295 |
| 团风县 | 3.85 | 23221 | | | 3.24 | 19524 | | |
| 红安县 | 10.66 | 47162 | 1.20 | 5324 | | | | |
| 麻城市 | 14.76 | 136633 | 1.84 | 14628 | | | | |
| 罗田县 | 0.50 | 3750 | 0.20 | 1500 | | | 0.10 | 750 |
| 英山县 | 2.26 | 8162 | | | 0.20 | 724 | 1.10 | 4038 |
| 浠水县 | 24.83 | 210226 | 0.25 | 2068 | 2.00 | 16865 | 0.70 | 5903 |
| 蕲春县 | 20.30 | 153728 | | | 2.00 | 15240 | | |
| 武穴市 | 20.28 | 128746 | | | | | | |
| 黄梅县 | 15.49 | 118900 | | | | | | |
| 龙感湖 | | | | | | | | |
| **咸宁市** | **37.39** | **221569** | **0.71** | **3835** | **4.32** | **24979** | **5.87** | **33970** |
| 咸安区 | 2.18 | 10206 | | | 0.32 | 1536 | 0.26 | 1209 |
| 嘉鱼县 | 2.18 | 10198 | 0.23 | 1035 | 1.15 | 5342 | | |
| 赤壁市 | 8.87 | 55260 | 0.40 | 2800 | | | 1.53 | 9531 |
| 通城县 | 14.44 | 77066 | | | 1.20 | 6300 | 2.20 | 10500 |
| 崇阳县 | 9.13 | 65279 | 0.08 | | 1.65 | 11801 | 1.88 | 12730 |
| 通山县 | 0.59 | 3560 | | | | | | |
| **恩施自治州** | | | | | | | | |
| 恩施市 | | | | | | | | |
| 利川市 | | | | | | | | |
| 建始县 | | | | | | | | |
| 巴东县 | | | | | | | | |
| 宣恩县 | | | | | | | | |
| 咸丰县 | | | | | | | | |
| 来凤县 | | | | | | | | |
| 鹤峰县 | | | | | | | | |
| **仙桃市** | **4.00** | **32247** | **0.52** | **3992** | | | | |
| **天门市** | **11.43** | **88895** | | | **0.67** | **5210** | | |
| **潜江市** | **0.01** | **57** | | | **0.01** | **57** | | |
| **神农架林区** | | | | | | | | |

续表10 单位:千公顷、吨

| | 优质晚稻(续) | | | | | | | |
|---|---|---|---|---|---|---|---|---|
| | 金优928 | | 荆楚优148 | | 中9优288 | | 其它 | |
| | 面积 | 产量 | 面积 | 产量 | 面积 | 产量 | 面积 | 产量 |
| **全省合计** | **56.26** | **406497** | **26.33** | **171327** | **56.85** | **372560** | **151.89** | **1119721** |
| **武汉市** | **0.46** | **2772** | | | **7.53** | **53081** | **22.71** | **144301** |
| 武汉市辖区 | 0.06 | | | | | | | |
| 蔡甸区 | | | | | | | 0.20 | 2385 |
| 江夏区 | 0.30 | 2182 | | | 6.61 | 48079 | 4.27 | 31060 |
| 黄陂区 | | | | | | | 10.92 | 73342 |
| 新洲区 | 0.10 | 590 | | | 0.92 | 5002 | 7.32 | 37514 |
| **黄石市** | **6.07** | **30946** | **1.20** | **646** | **7.83** | **40187** | **10.00** | **57307** |
| 黄石市辖区 | 0.17 | 832 | | | 0.13 | 752 | | |
| 大冶市 | 4.50 | 22869 | | | 4.50 | 22869 | | |
| 阳新县 | 1.40 | 7245 | 1.20 | 646 | 3.20 | 16566 | 10.00 | 57307 |
| **十堰市** | | | | | | | | |
| 十堰市辖区 | | | | | | | | |
| 丹江口市 | | | | | | | | |
| 郧 县 | | | | | | | | |
| 郧西县 | | | | | | | | |
| 竹山县 | | | | | | | | |
| 竹溪县 | | | | | | | | |
| 房 县 | | | | | | | | |
| **荆州市** | **24.63** | **200807** | **9.23** | **62012** | **6.03** | **43020** | **31.48** | **247291** |
| 荆州市辖区 | 0.52 | 2951 | 0.50 | 2801 | | | 0.27 | 1512 |
| 江陵县 | | | | | | | | |
| 松滋市 | 0.82 | 4335 | 3.15 | 16655 | 1.18 | 6235 | 4.98 | 26296 |
| 公安县 | 16.59 | 138521 | | | | | | |
| 石首市 | | | 2.08 | 13083 | 2.75 | 16072 | 0.37 | 2007 |
| 监利县 | 6.70 | 55000 | 3.30 | 27500 | | | 23.30 | 192225 |
| 洪湖市 | | | 0.20 | 1973 | 2.10 | 20713 | 2.56 | 25251 |
| **宜昌市** | **1.00** | **7859** | | | **1.00** | **7996** | | |
| 宜昌市辖区 | | | | | | | | |
| 夷陵区 | | | | | | | | |
| 宜都市 | | | | | | | | |
| 枝江市 | 1.00 | 7859 | | | 1.00 | 7996 | | |
| 当阳市 | | | | | | | | |
| 远安县 | | | | | | | | |
| 兴山县 | | | | | | | | |
| 秭归县 | | | | | | | | |
| 长阳县 | | | | | | | | |
| 五峰县 | | | | | | | | |
| **襄阳市** | | | | | | | | |
| 襄阳市辖区 | | | | | | | | |
| 老河口市 | | | | | | | | |
| 襄州区 | | | | | | | | |
| 枣阳市 | | | | | | | | |
| 宜城市 | | | | | | | | |
| 南漳县 | | | | | | | | |
| 谷城县 | | | | | | | | |
| 保康县 | | | | | | | | |
| **鄂州市** | **0.50** | **3900** | **0.50** | **3800** | | | **0.50** | **3700** |

续表11　　　　　　　　　　　　　　　　　　　　　　　　　　　　　　　　单位:千公顷、吨

| | 优质晚稻(续) | | | | | | | |
|---|---|---|---|---|---|---|---|---|
| | 金优928 | | 荆楚优148 | | 中9优288 | | 其它 | |
| | 面积 | 产量 | 面积 | 产量 | 面积 | 产量 | 面积 | 产量 |
| **荆门市** | **1.30** | **10018** | | | | | **2.64** | **20306** |
| 荆门市辖区 | | | | | | | | |
| 沙洋县 | | | | | | | | |
| 钟祥市 | | | | | | | | |
| 京山县 | 1.30 | 10018 | | | | | 2.64 | 20306 |
| **孝感市** | **4.12** | **29665** | **0.66** | **4758** | **0.31** | **2250** | **9.40** | **62292** |
| 孝南区 | | | | | | | 1.60 | 9131 |
| 孝昌县 | | | | | | | 0.98 | 5909 |
| 大悟县 | | | | | | | | |
| 安陆市 | | | | | | | | |
| 云梦县 | | | | | | | 4.11 | 27584 |
| 应城市 | 4.12 | 29665 | 0.65 | 4680 | 0.26 | 1872 | 1.63 | 11560 |
| 汉川市 | | | 0.01 | 78 | 0.05 | 378 | 1.08 | 8108 |
| **随州市** | | | | | | | | |
| 曾都区 | | | | | | | | |
| 随 县 | | | | | | | | |
| 广水市 | | | | | | | | |
| **黄冈市** | **12.62** | **90477** | **7.26** | **54393** | **19.70** | **145882** | **61.92** | **469714** |
| 黄州区 | | | | | 0.60 | 4680 | 0.80 | 11822 |
| 团风县 | 0.60 | 3637 | | | | | 0.01 | 60 |
| 红安县 | 2.12 | 9471 | | | | | 7.34 | 32367 |
| 麻城市 | 0.60 | 4770 | | | | | 12.32 | 117235 |
| 罗田县 | 0.20 | 1500 | | | | | | |
| 英山县 | 0.60 | 2179 | 0.06 | 216 | | | 0.30 | 1005 |
| 浠水县 | 7.00 | 59020 | 2.20 | 18552 | 4.80 | 40477 | 7.88 | 67341 |
| 蕲春县 | | | 3.00 | 22725 | 5.80 | 44370 | 9.50 | 71393 |
| 武穴市 | 1.50 | 9900 | 2.00 | 12900 | 8.50 | 56355 | 8.28 | 49591 |
| 黄梅县 | | | | | | | 15.49 | 118900 |
| 龙感湖 | | | | | | | | |
| **咸宁市** | **5.56** | **30053** | **5.00** | **26147** | **11.66** | **58031** | **4.27** | **44554** |
| 咸安区 | 0.10 | 477 | 0.28 | 1340 | 0.78 | 3662 | 0.44 | 1982 |
| 嘉鱼县 | 0.40 | 1907 | | | 0.40 | 1914 | | |
| 赤壁市 | | | 2.40 | 14951 | 3.20 | 19936 | 1.34 | 8042 |
| 通城县 | 2.66 | 11935 | 2.32 | 9856 | 5.50 | 23365 | 0.56 | 15110 |
| 崇阳县 | 2.40 | 15734 | | | 1.78 | 9154 | 1.34 | 15860 |
| 通山县 | | | | | | | 0.59 | 3560 |
| **恩施自治州** | | | | | | | | |
| 恩施市 | | | | | | | | |
| 利川市 | | | | | | | | |
| 建始县 | | | | | | | | |
| 巴东县 | | | | | | | | |
| 宣恩县 | | | | | | | | |
| 咸丰县 | | | | | | | | |
| 来凤县 | | | | | | | | |
| 鹤峰县 | | | | | | | | |
| **仙桃市** | | | **0.48** | **4017** | **1.46** | **11770** | **1.54** | **12468** |
| **天门市** | | | **2.00** | **15554** | **1.33** | **10343** | **7.43** | **57788** |
| **潜江市** | | | | | | | | |
| **神农架林区** | | | | | | | | |

续表12　　　　单位：千公顷、吨

| | 优质专用小麦面积 | | 强筋小麦 | | | | 中筋小麦 | |
|---|---|---|---|---|---|---|---|---|
| | | | | | 郑麦9023 | | | |
| | 面积 | 产量 | 面积 | 产量 | 面积 | 产量 | 面积 | 产量 |
| **全省合计** | **895.48** | **3595356** | **586.69** | **2438984** | **558.29** | **2300332** | **264.22** | **1004021** |
| **武汉市** | **12.55** | **32302** | **4.84** | **12105** | **4.84** | **12105** | **7.11** | **18499** |
| 武汉市辖区 | 1.52 | 1340 | 0.93 | 1032 | 0.93 | 1032 | 0.59 | 308 |
| 蔡甸区 | | | | | | | | |
| 江夏区 | 1.70 | 3732 | | | | | 1.70 | 3732 |
| 黄陂区 | 3.13 | 9625 | 1.25 | 3844 | 1.25 | 3844 | 1.88 | 5781 |
| 新洲区 | 6.20 | 17605 | 2.66 | 7229 | 2.66 | 7229 | 2.94 | 8678 |
| **黄石市** | **10.90** | **27146** | **6.80** | **17380** | **6.20** | **15960** | **3.80** | **9055** |
| 黄石市辖区 | 0.20 | 504 | 0.20 | 504 | 0.20 | 504 | | |
| 大冶市 | 6.00 | 15456 | 6.00 | 15456 | 6.00 | 15456 | | |
| 阳新县 | 4.70 | 11186 | 0.60 | 1420 | | | 3.80 | 9055 |
| **十堰市** | **56.45** | **176544** | **34.62** | **106688** | **31.19** | **98836** | **15.73** | **51556** |
| 十堰市辖区 | 0.64 | 1326 | 0.34 | 700 | 0.34 | 700 | 0.30 | 626 |
| 丹江口市 | 12.25 | 43000 | 6.72 | 23900 | 6.72 | 23900 | 5.53 | 19100 |
| 郧　县 | 20.20 | 62500 | 6.50 | 20100 | 6.50 | 20100 | 7.60 | 24100 |
| 郧西县 | 8.50 | 25136 | 8.50 | 25136 | 8.50 | 25136 | | |
| 竹山县 | 7.76 | 22652 | 7.76 | 22652 | 5.50 | 18000 | | |
| 竹溪县 | 3.10 | 12530 | 1.80 | 7200 | 1.50 | 6000 | 1.30 | 5330 |
| 房　县 | 4.00 | 9400 | 3.00 | 7000 | 2.13 | 5000 | 1.00 | 2400 |
| **荆州市** | **105.56** | **330925** | **79.06** | **245564** | **77.66** | **241909** | **19.95** | **66067** |
| 荆州市辖区 | 16.37 | 47392 | 14.32 | 41665 | 14.32 | 41665 | 2.05 | 5727 |
| 江陵县 | 14.37 | 45950 | 14.37 | 45950 | 14.37 | 45950 | | |
| 松滋市 | 14.28 | 37756 | 7.28 | 19255 | 5.88 | 15600 | 4.05 | 10715 |
| 公安县 | 23.29 | 68651 | 23.29 | 68651 | 23.29 | 68651 | | |
| 石首市 | 1.40 | 4749 | 0.50 | 1373 | 0.50 | 1373 | 0.70 | 2578 |
| 监利县 | 14.70 | 46410 | 6.70 | 21000 | 6.70 | 21000 | 4.60 | 14700 |
| 洪湖市 | 21.15 | 80017 | 12.60 | 47670 | 12.60 | 47670 | 8.55 | 32347 |
| **宜昌市** | **36.26** | **128378** | **23.19** | **81292** | **20.22** | **69103** | **7.82** | **26334** |
| 宜昌市辖区 | 0.40 | 990 | | | | | 0.40 | 990 |
| 夷陵区 | | | | | | | | |
| 宜都市 | 0.86 | 2693 | 0.86 | 2693 | 0.86 | 2693 | | |
| 枝江市 | 11.96 | 37163 | 9.96 | 30949 | 9.96 | 30949 | 2.00 | 6214 |
| 当阳市 | 15.41 | 70663 | 9.67 | 42000 | 7.00 | 30500 | 3.67 | 15800 |
| 远安县 | 0.60 | 2450 | 0.40 | 1630 | 0.40 | 1630 | 0.20 | 820 |
| 兴山县 | 0.85 | 2244 | 0.50 | 1320 | 0.50 | 1320 | 0.25 | 660 |
| 秭归县 | 3.08 | 7625 | | | | | | |
| 长阳县 | 2.70 | 3750 | 1.50 | 2100 | 1.50 | 2011 | 1.20 | 1650 |
| 五峰县 | 0.40 | 800 | 0.30 | 600 | | | 0.10 | 200 |
| **襄阳市** | **270.95** | **1532466** | **205.41** | **1152857** | **191.73** | **1073344** | **58.59** | **349736** |
| 襄阳市辖区 | 15.14 | 35000 | 15.14 | 35000 | 15.14 | 30122 | | |
| 老河口市 | 29.44 | 150736 | 20.14 | 103116 | 19.14 | 97996 | 6.35 | 32547 |
| 襄州区 | 78.00 | 496085 | 62.00 | 394324 | 62.00 | 394324 | 16.00 | 101761 |
| 枣阳市 | 80.30 | 507050 | 59.00 | 371800 | 59.00 | 371800 | 21.30 | 135250 |
| 宜城市 | 33.41 | 202986 | 24.80 | 150684 | 15.12 | 91869 | 8.61 | 52302 |
| 南漳县 | 28.00 | 101070 | 21.00 | 75500 | 18.00 | 64800 | 3.00 | 10770 |
| 谷城县 | 4.00 | 19275 | 2.00 | 12300 | 2.00 | 12300 | 2.00 | 6975 |
| 保康县 | 2.66 | 20264 | 1.33 | 10133 | 1.33 | 10133 | 1.33 | 10131 |
| **鄂州市** | **4.00** | **11200** | **1.00** | **3000** | **1.00** | **3000** | **3.00** | **8200** |

单位:千公顷、吨

| | 优质专用小麦面积 | | 强筋小麦 | | | | 中筋小麦 | |
|---|---|---|---|---|---|---|---|---|
| | | | | | 郑麦9023 | | | |
| | 面积 | 产量 | 面积 | 产量 | 面积 | 产量 | 面积 | 产量 |
| **荆门市** | **81.41** | **341408** | **60.51** | **260806** | **60.01** | **241447** | **15.11** | **59205** |
| 荆门市辖区 | 7.39 | 33208 | 7.39 | 33208 | 7.39 | 33208 | | |
| 沙洋县 | 11.20 | 53604 | 9.80 | 47189 | 9.80 | 47189 | 1.40 | 6415 |
| 钟祥市 | 24.53 | 118081 | 18.52 | 90886 | 18.52 | 73373 | 6.01 | 27195 |
| 京山县 | 38.29 | 136515 | 24.80 | 89523 | 24.30 | 87677 | 7.70 | 25595 |
| **孝感市** | **92.73** | **283196** | **31.26** | **89033** | **27.24** | **77661** | **55.20** | **173935** |
| 孝南区 | 5.68 | 16939 | 1.94 | 6854 | 0.27 | 1651 | 3.74 | 10085 |
| 孝昌县 | 11.49 | 30161 | 3.23 | 8479 | 1.24 | 3255 | 6.89 | 18086 |
| 大悟县 | 11.10 | 27550 | 2.50 | 6205 | 2.50 | 6205 | 8.60 | 21345 |
| 安陆市 | 18.74 | 67304 | 1.30 | 4660 | 1.30 | 4660 | 17.44 | 62644 |
| 云梦县 | 7.81 | 19100 | 6.58 | 16095 | 6.58 | 16095 | 0.48 | 1175 |
| 应城市 | 11.71 | 28600 | 8.30 | 20290 | 8.00 | 19560 | 3.41 | 8310 |
| 汉川市 | 26.20 | 93542 | 7.41 | 26450 | 7.35 | 26235 | 14.64 | 52290 |
| **随州市** | **83.89** | **338115** | **51.88** | **210876** | **51.88** | **210876** | **28.81** | **114375** |
| 曾都区 | 15.79 | 59069 | 7.28 | 27234 | 7.28 | 27234 | 8.51 | 31835 |
| 随　县 | 49.00 | 200388 | 34.80 | 141984 | 34.80 | 141984 | 11.00 | 45540 |
| 广水市 | 19.10 | 78658 | 9.80 | 41658 | 9.80 | 41658 | 9.30 | 37000 |
| **黄冈市** | **47.58** | **108608** | **22.16** | **51020** | **20.78** | **48233** | **23.26** | **53646** |
| 黄州区 | 6.17 | 12618 | 4.97 | 10213 | 3.70 | 7659 | 1.20 | 2405 |
| 团风县 | 2.84 | 4870 | 1.72 | 3643 | 1.61 | 3410 | 1.12 | 1227 |
| 红安县 | 1.36 | 3120 | 1.04 | 2385 | 1.04 | 2385 | 0.32 | 735 |
| 麻城市 | 17.30 | 39830 | 5.85 | 13466 | 5.85 | 13466 | 11.45 | 26364 |
| 罗田县 | 4.00 | 9750 | 2.00 | 4875 | 2.00 | 4875 | 2.00 | 4875 |
| 英山县 | 6.43 | 12769 | 2.30 | 4833 | 2.30 | 4833 | 2.20 | 4630 |
| 浠水县 | 1.70 | 5143 | 0.90 | 2722 | 0.90 | 2722 | 0.80 | 2421 |
| 蕲春县 | 0.60 | 1737 | 0.40 | 1152 | 0.40 | 1152 | 0.20 | 585 |
| 武穴市 | 2.78 | 7366 | 0.88 | 2288 | 0.88 | 2288 | 1.67 | 4442 |
| 黄梅县 | 4.40 | 11405 | 2.10 | 5443 | 2.10 | 5443 | 2.30 | 5962 |
| 龙感湖 | | | | | | | | |
| **咸宁市** | **4.01** | **7055** | **2.29** | **5244** | **1.97** | **4739** | **1.72** | **1811** |
| 咸安区 | 0.26 | 524 | 0.15 | 306 | 0.15 | 306 | 0.11 | 218 |
| 嘉鱼县 | 0.26 | 515 | 0.26 | 515 | 0.26 | 515 | | |
| 赤壁市 | 0.35 | 1044 | 0.35 | 1044 | 0.35 | 1044 | | |
| 通城县 | 1.61 | 1593 | | | | | 1.61 | 1593 |
| 崇阳县 | 1.21 | 2874 | 1.21 | 2874 | 1.21 | 2874 | | |
| 通山县 | 0.32 | 505 | 0.32 | 505 | | | | |
| **恩施自治州** | **5.47** | **11154** | **2.07** | **3159** | **1.97** | **3159** | **2.00** | **4703** |
| 恩施市 | | | | | | | | |
| 利川市 | | | | | | | | |
| 建始县 | 0.67 | 102 | 0.67 | 102 | 0.67 | 102 | | |
| 巴东县 | 4.80 | 11052 | 1.40 | 3057 | 1.30 | 3057 | 2.00 | 4703 |
| 宣恩县 | | | | | | | | |
| 咸丰县 | | | | | | | | |
| 来凤县 | | | | | | | | |
| 鹤峰县 | | | | | | | | |
| **仙桃市** | **18.74** | **58017** | **10.01** | **31896** | **10.01** | **31896** | **8.73** | **26121** |
| **天门市** | **42.80** | **130464** | **29.47** | **89831** | **29.47** | **89831** | **13.33** | **40633** |
| **潜江市** | **21.86** | **77603** | **21.86** | **77603** | **21.86** | **77603** | | |
| **神农架林区** | **0.32** | **775** | **0.26** | **630** | **0.26** | **630** | **0.06** | **145** |

续表14 单位：千公顷、吨

| | 中筋小麦（续） | | | | | | 弱筋小麦 | |
|---|---|---|---|---|---|---|---|---|
| | 鄂麦15 | | 鄂麦18 | | 鄂麦23 | | | |
| | 面积 | 产量 | 面积 | 产量 | 面积 | 产量 | 面积 | 产量 |
| **全省合计** | **20.92** | **99457** | **95.16** | **332166** | **77.30** | **320673** | **44.57** | **152351** |
| **武汉市** | **0.66** | **2007** | **4.51** | **10515** | **1.62** | **4761** | **0.60** | **1698** |
| 武汉市辖区 | | | 0.59 | 308 | | | | |
| 蔡甸区 | | | | | | | | |
| 江夏区 | | | 1.70 | 3732 | | | | |
| 黄陂区 | | | 0.76 | 2166 | 0.82 | 2399 | | |
| 新洲区 | 0.66 | 2007 | 1.46 | 4309 | 0.80 | 2362 | 0.60 | 1698 |
| **黄石市** | **1.50** | **3570** | **1.70** | **4055** | | | **0.30** | **711** |
| 黄石市辖区 | | | | | | | | |
| 大冶市 | | | | | | | | |
| 阳新县 | 1.50 | 3570 | 1.70 | 4055 | | | 0.30 | 711 |
| **十堰市** | **4.10** | **13100** | **7.80** | **30496** | **3.43** | **7160** | **6.10** | **18300** |
| 十堰市辖区 | | | 0.30 | 626 | | | | |
| 丹江口市 | | | 2.10 | 11940 | 3.43 | 7160 | | |
| 郧 县 | 4.10 | 13100 | 3.50 | 11000 | | | 6.10 | 18300 |
| 郧西县 | | | | | | | | |
| 竹山县 | | | | | | | | |
| 竹溪县 | | | 1.30 | 5330 | | | | |
| 房 县 | | | 0.60 | 1600 | | | | |
| **荆州市** | | | **13.10** | **45588** | **3.22** | **10151** | **6.55** | **19294** |
| 荆州市辖区 | | | 2.00 | 5578 | 0.05 | 149 | | |
| 江陵县 | | | | | | | | |
| 松滋市 | | | | | 1.12 | 2965 | 2.95 | 7786 |
| 公安县 | | | | | | | | |
| 石首市 | | | | | | | 0.20 | 798 |
| 监利县 | | | 3.30 | 10500 | 1.30 | 4200 | 3.40 | 10710 |
| 洪湖市 | | | 7.80 | 29510 | 0.75 | 2837 | | |
| **宜昌市** | **1.50** | **6100** | **3.25** | **10774** | **2.00** | **5060** | **5.25** | **20752** |
| 宜昌市辖区 | 0.20 | 500 | 0.20 | 490 | | | | |
| 夷陵区 | | | | | | | | |
| 宜都市 | | | | | | | | |
| 枝江市 | | | 2.00 | 6214 | | | | |
| 当阳市 | 1.30 | 5600 | 0.70 | 3000 | 0.70 | 3000 | 2.07 | 12863 |
| 远安县 | | | 0.10 | 410 | 0.10 | 410 | | |
| 兴山县 | | | 0.25 | 660 | | | 0.10 | 264 |
| 秭归县 | | | | | | | 3.08 | 7625 |
| 长阳县 | | | | | 1.20 | 1650 | | |
| 五峰县 | | | | | | | | |
| **襄阳市** | **10.00** | **63601** | **11.30** | **62853** | **27.43** | **165224** | **6.95** | **29873** |
| 襄阳市辖区 | | | | | | | | |
| 老河口市 | | | | | 4.40 | 22537 | 2.95 | 15073 |
| 襄州区 | 10.00 | 63601 | 3.00 | 19080 | 3.00 | 19080 | | |
| 枣阳市 | | | 5.20 | 32610 | 16.10 | 102640 | | |
| 宜城市 | | | 0.10 | 608 | 0.60 | 3646 | | |
| 南漳县 | | | 1.00 | 3580 | 2.00 | 7190 | 4.00 | 14800 |
| 谷城县 | | | 2.00 | 6975 | | | | |
| 保康县 | | | | | 1.33 | 10131 | | |
| **鄂州市** | | | **1.00** | **2700** | **1.00** | **2700** | | |

续表15 单位:千公顷、吨

| | 中筋小麦(续) | | | | | | 弱筋小麦 | |
|---|---|---|---|---|---|---|---|---|
| | 鄂麦15 | | 鄂麦18 | | 鄂麦23 | | | |
| | 面积 | 产量 | 面积 | 产量 | 面积 | 产量 | 面积 | 产量 |
| **荆门市** | **0.40** | **1151** | **8.40** | **32490** | **5.20** | **19490** | **5.79** | **21397** |
| 荆门市辖区 | | | | | | | | |
| 沙洋县 | | | 1.40 | 6415 | | | | |
| 钟祥市 | 0.40 | 1151 | 2.50 | 10080 | 2.00 | 9890 | | |
| 京山县 | | | 4.50 | 15995 | 3.20 | 9600 | 5.79 | 21397 |
| **孝感市** | **0.80** | **2856** | **12.52** | **37815** | **17.27** | **47421** | **6.27** | **20228** |
| 孝南区 | | | 3.50 | 9458 | 0.24 | 627 | | |
| 孝昌县 | | | 0.74 | 1942 | 2.46 | 6458 | 1.37 | 3596 |
| 大悟县 | | | 1.20 | 2979 | 7.40 | 18366 | | |
| 安陆市 | | | 3.30 | 11830 | 3.30 | 11850 | | |
| 云梦县 | | | 0.13 | 320 | 0.35 | 855 | 0.75 | 1830 |
| 应城市 | 0.00 | 0 | 0.90 | 1464 | 1.70 | 2765 | | |
| 汉川市 | 0.80 | 2856 | 2.75 | 9822 | 1.82 | 6500 | 4.15 | 14802 |
| **随州市** | **1.80** | **6734** | **10.76** | **42250** | **10.95** | **43826** | **3.20** | **12864** |
| 曾都区 | 1.80 | 6734 | 5.46 | 20425 | 1.25 | 4676 | | |
| 随 县 | | | 2.50 | 10825 | 3.20 | 13150 | 3.20 | 12864 |
| 广水市 | | | 2.80 | 11000 | 6.50 | 26000 | | |
| **黄冈市** | **0.16** | **338** | **11.00** | **26841** | **1.26** | **2812** | **2.16** | **3942** |
| 黄州区 | | | 0.30 | 607 | | | | |
| 团风县 | 0.16 | 338 | 0.24 | 508 | 0.18 | 381 | | |
| 红安县 | | | 0.24 | 551 | 0.08 | 184 | | |
| 麻城市 | | | 2.64 | 6077 | | | | |
| 罗田县 | | | 2.00 | 4875 | | | | |
| 英山县 | | | 1.20 | 2383 | 1.00 | 2247 | 1.93 | 3306 |
| 浠水县 | | | 0.80 | 2421 | | | | |
| 蕲春县 | | | 0.20 | 585 | | | | |
| 武穴市 | | | 1.08 | 2872 | | | 0.23 | 636 |
| 黄梅县 | | | 2.30 | 5962 | | | | |
| 龙感湖 | | | | | | | | |
| **咸宁市** | | | **1.65** | **1673** | | | | |
| 咸安区 | | | 0.04 | 80 | | | | |
| 嘉鱼县 | | | | | | | | |
| 赤壁市 | | | | | | | | |
| 通城县 | | | 1.61 | 1593 | | | | |
| 崇阳县 | | | | | | | | |
| 通山县 | | | | | | | | |
| **恩施自治州** | | | **0.20** | **470** | | | **1.40** | **3292** |
| 恩施市 | | | | | | | | |
| 利川市 | | | | | | | | |
| 建始县 | | | | | | | | |
| 巴东县 | | | 0.20 | 470 | | | 1.40 | 3292 |
| 宣恩县 | | | | | | | | |
| 咸丰县 | | | | | | | | |
| 来凤县 | | | | | | | | |
| 鹤峰县 | | | | | | | | |
| **仙桃市** | | | **5.61** | **16491** | **3.12** | **9630** | | |
| **天门市** | | | **2.30** | **7010** | **0.80** | **2438** | | |
| **潜江市** | | | | | | | | |
| **神农架林区** | | | **0.06** | **145** | | | | |

续表16　　　　　　　　　　　　　　　　　　　　　　　　　　　　单位：千公顷、吨

| | 优质专用玉米 | | 优质专用大豆 | | 脱毒薯类 | | 马铃薯 | |
|---|---|---|---|---|---|---|---|---|
| | 面积 | 产量 | 面积 | 产量 | 面积 | 产量 | 面积 | 产量 |
| **全省合计** | **236.74** | **1159459** | **56.96** | **155008** | **168.15** | **623309** | **140.42** | **462654** |
| **武汉市** | **2.63** | **19112** | **1.77** | **10136** | **1.22** | **8660** | **0.99** | **7180** |
| 武汉市辖区 | 2.46 | 17200 | 0.01 | 1028 | | | | 199 |
| 蔡甸区 | | | | | | | | |
| 江夏区 | | | | | | | | |
| 黄陂区 | 0.17 | 1912 | 1.46 | 8270 | 1.22 | 8660 | 0.99 | 6981 |
| 新洲区 | | | 0.30 | 838 | | | | |
| **黄石市** | **8.11** | **30610** | **2.03** | **4003** | **6.81** | **33617** | **3.21** | **11783** |
| 黄石市辖区 | 0.12 | 490 | 0.08 | 356 | 0.03 | 161 | 0.03 | 161 |
| 大冶市 | | | | | 0.33 | 1367 | 0.33 | 1367 |
| 阳新县 | 7.99 | 30120 | 1.95 | 3647 | 6.45 | 32089 | 2.85 | 10255 |
| **十堰市** | **44.01** | **151800** | **15.98** | **30600** | **24.97** | **103158** | **10.78** | **44116** |
| 十堰市辖区 | | | | | | | | |
| 丹江口市 | | | | | 2.65 | 5906 | 0.55 | 806 |
| 郧　县 | 16.43 | 48900 | 2.88 | 5500 | 6.85 | 29600 | 1.32 | 6524 |
| 郧西县 | | | | | | | | |
| 竹山县 | 15.08 | 88100 | 5.30 | 10400 | 9.67 | 45900 | 4.41 | 18234 |
| 竹溪县 | 10.50 | 7300 | 4.00 | 9000 | 4.00 | 16752 | 4.00 | 16752 |
| 房　县 | 2.00 | 7500 | 3.80 | 5700 | 1.80 | 5000 | 0.50 | 1800 |
| **荆州市** | **6.32** | **35379** | **8.08** | **28756** | **3.69** | **27236** | **3.21** | **24855** |
| 荆州市辖区 | 0.01 | 50 | 0.02 | 114 | 2.00 | 18437 | 2.00 | 18437 |
| 江陵县 | 0.05 | 260 | 1.04 | 3380 | 0.11 | 629 | 0.11 | 629 |
| 松滋市 | 3.16 | 14630 | 0.32 | 835 | 0.62 | 2660 | 0.33 | 1280 |
| 公安县 | 0.21 | 1015 | 0.83 | 2850 | 0.39 | 1880 | 0.39 | 1880 |
| 石首市 | 0.28 | 2853 | 0.42 | 1136 | 0.29 | 1579 | 0.12 | 660 |
| 监利县 | 0.70 | 4200 | 3.00 | 9900 | | | | |
| 洪湖市 | 1.91 | 12371 | 2.45 | 10541 | 0.28 | 2051 | 0.26 | 1969 |
| **宜昌市** | **29.91** | **131381** | **1.89** | **3134** | **19.66** | **73485** | **19.66** | **61314** |
| 宜昌市辖区 | | | | | | | | |
| 夷陵区 | 1.85 | 12490 | | | 0.84 | 3210 | 0.84 | 3210 |
| 宜都市 | 10.55 | 54210 | 0.44 | 869 | 1.00 | 15075 | 1.00 | 2904 |
| 枝江市 | | | | | | | | |
| 当阳市 | 2.00 | 13500 | | | 0.07 | 550 | 0.07 | 550 |
| 远安县 | | | | | | | | |
| 兴山县 | 2.85 | 9534 | 0.42 | 441 | 5.15 | 12300 | 5.15 | 12300 |
| 秭归县 | 10.66 | 35847 | 1.03 | 1824 | 1.00 | 12000 | 1.00 | 12000 |
| 长阳县 | 2.00 | 5800 | | | 3.00 | 9350 | 3.00 | 9350 |
| 五峰县 | | | | | 8.60 | 21000 | 8.60 | 21000 |
| **襄阳市** | **85.18** | **488041** | **5.62** | **13645** | **4.50** | **32997** | **0.75** | **8202** |
| 襄阳市辖区 | 1.80 | 10000 | | | | | | |
| 老河口市 | 10.80 | 61357 | 0.67 | 2133 | 2.20 | 13472 | | |
| 襄州区 | 4.00 | 36590 | 2.00 | 4538 | | | | |
| 枣阳市 | 41.97 | 214027 | 0.50 | 2000 | 1.31 | 15198 | 0.75 | 8202 |
| 宜城市 | 8.51 | 74995 | 0.63 | 1970 | | | | |
| 南漳县 | 5.00 | 25000 | | | | | | |
| 谷城县 | | | | | | | | |
| 保康县 | 13.10 | 66072 | 1.82 | 3004 | 0.99 | 4327 | | |
| **鄂州市** | | | | | | | | |

续表17 单位:千公顷、吨

| | 优质专用玉米 | | 优质专用大豆 | | 脱毒薯类 | | 马铃薯 | |
|---|---|---|---|---|---|---|---|---|
| | 面积 | 产量 | 面积 | 产量 | 面积 | 产量 | 面积 | 产量 |
| **荆门市** | **2.10** | **16181** | **0.45** | **1676** | **0.64** | **6850** | **0.55** | **4261** |
| 荆门市辖区 | 2.00 | 14981 | 0.35 | 576 | | | | |
| 沙洋县 | 0.10 | 1200 | 0.10 | 1100 | | | | |
| 钟祥市 | | | | | | | | |
| 京山县 | | | | | 0.64 | 6850 | 0.55 | 4261 |
| **孝感市** | **2.02** | **12229** | **5.29** | **12521** | **12.00** | **49442** | **10.18** | **34687** |
| 孝南区 | 0.16 | 1048 | 0.40 | 898 | 1.50 | 2416 | 1.28 | 2050 |
| 孝昌县 | 0.06 | 219 | 0.57 | 983 | 1.06 | 3797 | 0.88 | 3328 |
| 大悟县 | 0.05 | 650 | 0.40 | 1070 | 1.50 | 14136 | 0.60 | 1631 |
| 安陆市 | 0.06 | 38 | 1.36 | 2398 | 1.99 | 6417 | 1.52 | 5345 |
| 云梦县 | 1.09 | 4800 | 1.14 | 2935 | 3.47 | 10485 | 3.46 | 10391 |
| 应城市 | | | | | 0.53 | 1999 | 0.53 | 1999 |
| 汉川市 | 0.60 | 5474 | 1.42 | 4237 | 1.95 | 10192 | 1.91 | 9943 |
| **随州市** | | | | | **4.50** | **25439** | **4.50** | **25439** |
| 曾都区 | | | | | 0.30 | 554 | 0.30 | 554 |
| 随 县 | | | | | 4.20 | 24885 | 4.20 | 24885 |
| 广水市 | | | | | | | | |
| **黄冈市** | **3.09** | **15875** | **3.02** | **12395** | **17.76** | **95530** | **14.42** | **78741** |
| 黄州区 | 0.73 | 3554 | 0.14 | | 0.18 | 2564 | 0.18 | 2564 |
| 团风县 | 0.07 | 1200 | 0.20 | 706 | 0.71 | 10210 | 0.56 | 10023 |
| 红安县 | | | 0.20 | 514 | | | | |
| 麻城市 | 0.87 | 1910 | 1.40 | 3315 | 5.80 | 23097 | 3.44 | 19029 |
| 罗田县 | | | | | 1.00 | 2332 | 1.00 | 2332 |
| 英山县 | | | | | | | | |
| 浠水县 | 1.13 | 5600 | 1.08 | 7860 | 4.33 | 31437 | 3.63 | 19347 |
| 蕲春县 | | | | | 4.54 | 20430 | 4.54 | 20430 |
| 武穴市 | | | | | 0.20 | 2200 | 0.20 | 2200 |
| 黄梅县 | 0.29 | 3611 | | | 1.00 | 3260 | 0.87 | 2816 |
| 龙感湖 | | | | | | | | |
| **咸宁市** | **7.39** | **21170** | **1.66** | **2510** | **6.75** | **12267** | **6.65** | **11965** |
| 咸安区 | 0.32 | 1344 | | | 2.01 | 3573 | 2.01 | 3573 |
| 嘉鱼县 | 2.80 | 9774 | 0.44 | 1090 | 0.30 | 940 | 0.20 | 638 |
| 赤壁市 | | | | | | | | |
| 通城县 | 0.68 | 2044 | 0.39 | 200 | | | | |
| 崇阳县 | | | | | 3.45 | 6234 | 3.45 | 6234 |
| 通山县 | 3.59 | 8008 | 0.83 | 1220 | 0.99 | 1520 | 0.99 | 1520 |
| **恩施自治州** | **37.38** | **173256** | **2.58** | **4085** | **60.68** | **124995** | **60.58** | **120720** |
| 恩施市 | | | | | 13.33 | 26900 | 13.33 | 26900 |
| 利川市 | | | | | 20.00 | 30000 | 20.00 | 30000 |
| 建始县 | | | | | | | | |
| 巴东县 | 21.00 | 92683 | 2.00 | 2835 | 14.10 | 38680 | 14.00 | 38405 |
| 宣恩县 | 1.20 | 4680 | | | 4.00 | 8700 | 4.00 | 8700 |
| 咸丰县 | 8.62 | 46520 | | | 5.33 | 11840 | 5.33 | 7840 |
| 来凤县 | 6.56 | 29373 | 0.58 | 1250 | | | | |
| 鹤峰县 | | | | | 3.92 | 8875 | 3.92 | 8875 |
| **仙桃市** | **5.70** | **44196** | **6.04** | **22417** | **1.90** | **11021** | **1.90** | **11021** |
| **天门市** | **1.00** | **5050** | | | **1.00** | **6500** | **1.00** | **6500** |
| **潜江市** | **1.90** | **15179** | **2.55** | **9130** | **2.07** | **12112** | **2.04** | **11870** |
| **神农架林区** | | | | | | | | |

## 全省粮、棉、油杂交生产情况

单位：千公顷、吨

| | 面 积 | 产 量 |
|---|---|---|
| 一、杂交水稻 | | |
| 1、推广面积 | 1822.32 | 14210317 |
| (1)早杂面积 | 189.71 | 1085755 |
| (2)中杂面积 | 1312.81 | 10924642 |
| (3)晚杂面积 | 319.80 | 2199920 |
| 2、制种面积 | 2.18 | 12901 |
| 其中：春制面积 | 1.47 | 9914 |
| 夏制面积 | 0.63 | 2755 |
| 3、亲繁面积 | 0.31 | 817 |
| 二、杂交玉米 | | |
| 1、推广面积 | 521.34 | 2530708 |
| 2、制种面积 | 0.12 | 575 |
| 3、亲繁面积 | | |
| 三、杂交棉花推广面积 | 409.09 | 560483 |
| 四、杂交油菜 | | |
| 1、推广面积 | 933.23 | 1824844 |
| 2、制种面积 | 0.66 | 815 |
| 五、再生稻推广面积 | 47.96 | 256959 |

续表1　　单位:千公顷、吨

| | 杂交水稻 | | 杂交早稻 | | 杂交中稻 | | 杂交晚稻 | |
|---|---|---|---|---|---|---|---|---|
| | 推广面积 | 产量 | 面积 | 产量 | 面积 | 产量 | 面积 | 产量 |
| **全省合计** | **1822.32** | **14210317** | **189.71** | **1085755** | **1312.81** | **10924642** | **319.80** | **2199920** |
| **武汉市** | **79.89** | **507057** | **22.00** | **88073** | **34.12** | **278860** | **23.77** | **140124** |
| 武汉市辖区 | 1.61 | 531 | | | 1.50 | 531 | 0.11 | |
| 蔡甸区 | 6.85 | 78008 | 0.32 | 2638 | 6.33 | 72834 | 0.20 | 2536 |
| 江夏区 | 30.56 | 136890 | 10.47 | 17800 | 6.88 | 45530 | 13.21 | 73560 |
| 黄陂区 | 28.33 | 208071 | 6.93 | 42620 | 14.20 | 119280 | 7.20 | 46171 |
| 新洲区 | 12.54 | 83557 | 4.28 | 25015 | 5.21 | 40685 | 3.05 | 17857 |
| **黄石市** | **82.01** | **441512** | **28.69** | **149574** | **19.05** | **116171** | **34.27** | **175767** |
| 黄石市辖区 | 0.84 | 4667 | 0.29 | 1570 | 0.25 | 1575 | 0.30 | 1522 |
| 大冶市 | 35.52 | 190710 | 12.35 | 68520 | 6.50 | 37460 | 16.67 | 84730 |
| 阳新县 | 45.65 | 246135 | 16.05 | 79484 | 12.30 | 77136 | 17.30 | 89515 |
| **十堰市** | **35.47** | **256879** | | | **35.47** | **256879** | | |
| 十堰市辖区 | 0.25 | 1257 | | | 0.25 | 1257 | | |
| 丹江口市 | 6.03 | 41580 | | | 6.03 | 41580 | | |
| 郧　县 | 6.49 | 42400 | | | 6.49 | 42400 | | |
| 郧西县 | 3.15 | 25430 | | | 3.15 | 25430 | | |
| 竹山县 | 6.40 | 49612 | | | 6.40 | 49612 | | |
| 竹溪县 | 5.30 | 51600 | | | 5.30 | 51600 | | |
| 房　县 | 7.85 | 45000 | | | 7.85 | 45000 | | |
| **荆州市** | **345.88** | **2780131** | **29.87** | **207191** | **237.00** | **1963854** | **79.01** | **609086** |
| 荆州市辖区 | 30.88 | 175901 | 2.00 | 10600 | 26.36 | 151144 | 2.52 | 14157 |
| 江陵县 | 28.42 | 198560 | 0.03 | 203 | 28.39 | 198357 | | |
| 松滋市 | 34.92 | 197200 | 2.06 | 9826 | 21.63 | 128033 | 11.23 | 59341 |
| 公安县 | 59.99 | 514209 | 14.89 | 102630 | 28.51 | 273058 | 16.59 | 138521 |
| 石首市 | 24.98 | 149617 | 1.48 | 10965 | 16.34 | 92933 | 7.16 | 45719 |
| 监利县 | 116.00 | 1023500 | 6.70 | 50000 | 73.30 | 676500 | 36.00 | 297000 |
| 洪湖市 | 50.69 | 521144 | 2.71 | 22967 | 42.47 | 443829 | 5.51 | 54348 |
| **宜昌市** | **78.07** | **638699** | **3.00** | **23611** | **66.97** | **556388** | **8.10** | **58700** |
| 宜昌市辖区 | 0.65 | 2277 | | | 0.65 | 2277 | | |
| 夷陵区 | 9.28 | 70818 | | | 9.28 | 70818 | | |
| 宜都市 | 4.26 | 25374 | | | 4.26 | 25374 | | |
| 枝江市 | 23.80 | 187316 | 3.00 | 23611 | 12.70 | 105005 | 8.10 | 58700 |
| 当阳市 | 25.22 | 250000 | | | 25.22 | 250000 | | |
| 远安县 | 7.59 | 62246 | | | 7.59 | 62246 | | |
| 兴山县 | 2.12 | 12059 | | | 2.12 | 12059 | | |
| 秭归县 | 2.37 | 11867 | | | 2.37 | 11867 | | |
| 长阳县 | 2.50 | 15418 | | | 2.50 | 15418 | | |
| 五峰县 | 0.28 | 1324 | | | 0.28 | 1324 | | |
| **襄阳市** | **171.15** | **1658359** | | | **171.15** | **1658359** | | |
| 襄阳市辖区 | 17.68 | 128036 | | | 17.68 | 128036 | | |
| 老河口市 | 13.62 | 118727 | | | 13.62 | 118727 | | |
| 襄州区 | 41.00 | 452012 | | | 41.00 | 452012 | | |
| 枣阳市 | 48.14 | 482473 | | | 48.14 | 482473 | | |
| 宜城市 | 31.01 | 330690 | | | 31.01 | 330690 | | |
| 南漳县 | | | | | | | | |
| 谷城县 | 16.49 | 122056 | | | 16.49 | 122056 | | |
| 保康县 | 3.21 | 24365 | | | 3.21 | 24365 | | |
| **鄂州市** | **17.00** | **118700** | **5.00** | **37500** | **8.00** | **54000** | **4.00** | **27200** |

续表2　　　　单位:千公顷、吨

| | 杂交水稻 | | 杂交早稻 | | 杂交中稻 | | 杂交晚稻 | |
|---|---|---|---|---|---|---|---|---|
| | 推广面积 | 产量 | 面积 | 产量 | 面积 | 产量 | 面积 | 产量 |
| **荆门市** | **165.35** | **1224929** | **5.98** | **47628** | **151.70** | **1120725** | **7.67** | **56576** |
| 荆门市辖区 | 25.46 | 193150 | | | 25.46 | 193150 | | |
| 沙洋县 | 52.87 | 105507 | 0.25 | 2098 | 52.62 | 103409 | | |
| 钟祥市 | 44.66 | 572604 | | | 44.66 | 572604 | | |
| 京山县 | 42.36 | 353668 | 5.73 | 45530 | 28.96 | 251562 | 7.67 | 56576 |
| **孝感市** | **140.54** | **1241143** | **2.56** | **17688** | **126.55** | **1140462** | **11.43** | **82993** |
| 孝南区 | 13.45 | 88409 | 0.17 | 1083 | 12.78 | 83201 | 0.50 | 4125 |
| 孝昌县 | 17.93 | 137941 | 0.32 | 2083 | 17.20 | 133386 | 0.41 | 2472 |
| 大悟县 | 20.52 | 198616 | 0.19 | 932 | 19.88 | 194948 | 0.45 | 2736 |
| 安陆市 | 28.63 | 245321 | | | 28.63 | 245321 | | |
| 云梦县 | 8.63 | 87938 | 1.09 | 8175 | 6.19 | 69638 | 1.35 | 10125 |
| 应城市 | 12.58 | 101456 | 0.67 | 4600 | 5.18 | 48376 | 6.73 | 48480 |
| 汉川市 | 38.80 | 381462 | 0.12 | 815 | 36.69 | 365592 | 1.99 | 15055 |
| **随州市** | **106.59** | **1034714** | | | **106.59** | **1034714** | | |
| 曾都区 | 21.59 | 183730 | | | 21.59 | 183730 | | |
| 随　县 | 55.40 | 555684 | | | 55.40 | 555684 | | |
| 广水市 | 29.60 | 295300 | | | 29.60 | 295300 | | |
| **黄冈市** | **274.25** | **1881985** | **64.22** | **365991** | **110.19** | **808251** | **99.84** | **707743** |
| 黄州区 | 6.65 | 32658 | 1.72 | 838 | 2.93 | 10773 | 2.00 | 21047 |
| 团风县 | 19.18 | 89575 | 5.09 | 23496 | 7.89 | 28721 | 6.20 | 37358 |
| 红安县 | 33.01 | 129106 | 6.44 | 19668 | 12.57 | 46452 | 14.00 | 62986 |
| 麻城市 | 41.90 | 366645 | 9.30 | 75227 | 21.30 | 203968 | 11.30 | 87450 |
| 罗田县 | 20.00 | 173460 | 0.30 | 2475 | 19.00 | 165000 | 0.70 | 5985 |
| 英山县 | 14.02 | 72418 | 0.62 | 2589 | 11.14 | 61667 | 2.26 | 8162 |
| 浠水县 | 52.58 | 396954 | 18.10 | 104187 | 9.80 | 84649 | 24.68 | 208118 |
| 蕲春县 | 41.90 | 319560 | 12.30 | 77490 | 12.10 | 108720 | 17.50 | 133350 |
| 武穴市 | 31.00 | 191565 | 7.00 | 28665 | 5.00 | 37500 | 19.00 | 125400 |
| 黄梅县 | 13.91 | 108919 | 3.35 | 31356 | 8.36 | 59676 | 2.20 | 17887 |
| 龙感湖 | 0.10 | 1125 | | | 0.10 | 1125 | | |
| **咸宁市** | **126.57** | **734956** | **23.57** | **114516** | **65.93** | **393781** | **37.07** | **226659** |
| 咸安区 | 24.33 | 123803 | 0.87 | 4437 | 21.28 | 109160 | 2.18 | 10206 |
| 嘉鱼县 | 17.38 | 82687 | 1.61 | 7308 | 13.82 | 65379 | 1.95 | 10000 |
| 赤壁市 | 25.57 | 192734 | 3.07 | 18308 | 13.60 | 113020 | 8.90 | 61406 |
| 通城县 | 25.79 | 127426 | 9.85 | 40000 | 1.50 | 10360 | 14.44 | 77066 |
| 崇阳县 | 24.10 | 163679 | 7.59 | 41555 | 7.50 | 57703 | 9.01 | 64421 |
| 通山县 | 9.40 | 44627 | 0.58 | 2908 | 8.23 | 38159 | 0.59 | 3560 |
| **恩施自治州** | **63.63** | **379383** | | | **63.63** | **379383** | | |
| 恩施市 | 9.23 | 40721 | | | 9.23 | 40721 | | |
| 利川市 | 18.67 | 121000 | | | 18.67 | 121000 | | |
| 建始县 | 3.62 | 22140 | | | 3.62 | 22140 | | |
| 巴东县 | 1.94 | 8843 | | | 1.94 | 8843 | | |
| 宣恩县 | 8.62 | 44738 | | | 8.62 | 44738 | | |
| 咸丰县 | 10.45 | 71200 | | | 10.45 | 71200 | | |
| 来凤县 | 8.96 | 55373 | | | 8.96 | 55373 | | |
| 鹤峰县 | 2.14 | 15368 | | | 2.14 | 15368 | | |
| **仙桃市** | **58.53** | **584326** | **0.16** | **1278** | **55.17** | **556928** | **3.20** | **26120** |
| **天门市** | **46.70** | **413013** | **4.61** | **32270** | **30.66** | **291848** | **11.43** | **88895** |
| **潜江市** | **30.62** | **314127** | **0.05** | **435** | **30.56** | **313635** | **0.01** | **57** |
| **神农架林区** | **0.07** | **404** | | | **0.07** | **404** | | |

续表3

单位：千公顷、吨

| | 杂交玉米 | | 杂交棉花 | | 杂交油菜 | | 再生稻 | |
|---|---|---|---|---|---|---|---|---|
| | 推广面积 | 产量 | 推广面积 | 产量 | 推广面积 | 产量 | 推广面积 | 产量 |
| **全省合计** | **521.34** | **2530708** | **409.09** | **560483** | **933.23** | **1824844** | **47.96** | **256959** |
| **武汉市** | **11.98** | **56224** | **17.34** | **20511** | **25.77** | **51746** | **4.07** | **22455** |
| 武汉市辖区 | 8.77 | 30996 | 7.39 | 8408 | 1.11 | 2099 | | |
| 蔡甸区 | | | 3.61 | 3995 | | | | |
| 江夏区 | 1.74 | 11428 | 0.03 | 81 | 10.30 | 18413 | 1.70 | 5100 |
| 黄陂区 | 1.47 | 13800 | 1.64 | 2361 | 14.36 | 31234 | 0.35 | 1392 |
| 新洲区 | | | 4.67 | 5666 | | | 2.02 | 15963 |
| **黄石市** | **10.11** | **39602** | **4.30** | **6791** | **36.98** | **57196** | **1.00** | **1500** |
| 黄石市辖区 | 0.12 | 490 | 0.09 | 126 | 0.46 | 1150 | | |
| 大冶市 | 2.00 | 8992 | 1.24 | 3120 | 12.80 | 22980 | 0.60 | |
| 阳新县 | 7.99 | 30120 | 2.97 | 3545 | 23.72 | 33066 | 0.40 | 1500 |
| **十堰市** | **80.96** | **314405** | **0.07** | **16** | **44.20** | **54799** | | |
| 十堰市辖区 | 0.60 | 2070 | | | 0.29 | 429 | | |
| 丹江口市 | 6.30 | 20015 | 0.07 | 16 | 3.89 | 5295 | | |
| 郧 县 | 16.43 | 20015 | | | 6.13 | 4474 | | |
| 郧西县 | 16.69 | 52005 | | | 6.02 | 4617 | | |
| 竹山县 | 15.08 | 88100 | | | 11.27 | 15439 | | |
| 竹溪县 | 11.45 | 81800 | | | 9.50 | 14745 | | |
| 房 县 | 14.41 | 50400 | | | 7.10 | 9800 | | |
| **荆州市** | **8.83** | **45793** | **107.19** | **144367** | **212.05** | **476336** | **9.82** | **46450** |
| 荆州市辖区 | 0.13 | 666 | 12.64 | 18989 | 21.69 | 64201 | | |
| 江陵县 | 0.05 | 260 | 8.65 | 11494 | 21.02 | 62892 | | |
| 松滋市 | 5.62 | 26013 | 14.59 | 16561 | 25.41 | 47900 | | |
| 公安县 | 0.21 | 1015 | 28.78 | 37792 | 38.82 | 102516 | | |
| 石首市 | 0.01 | 34 | 10.00 | 16900 | 21.26 | 40993 | 0.01 | 30 |
| 监利县 | 0.90 | 5434 | 23.30 | 30800 | 53.30 | 80000 | 6.50 | 27354 |
| 洪湖市 | 1.91 | 12371 | 9.23 | 11831 | 30.55 | 77834 | 3.31 | 19066 |
| **宜昌市** | **96.08** | **415904** | **22.29** | **33668** | **56.79** | **106973** | | |
| 宜昌市辖区 | 2.78 | 3200 | | | 1.40 | 2445 | | |
| 夷陵区 | 16.49 | 85403 | | | 10.30 | 18159 | | |
| 宜都市 | 10.55 | 54210 | 0.03 | 33 | 7.97 | 15087 | | |
| 枝江市 | | | 15.30 | 23115 | | | | |
| 当阳市 | 15.24 | 113930 | 6.96 | 10520 | 18.12 | 40800 | | |
| 远安县 | 3.63 | 19273 | | | 5.00 | 9000 | | |
| 兴山县 | 7.28 | 24312 | | | 1.50 | 2500 | | |
| 秭归县 | 10.66 | 35847 | | | 5.86 | 10495 | | |
| 长阳县 | 16.00 | 39729 | | | 3.84 | 5687 | | |
| 五峰县 | 13.45 | 40000 | | | 2.80 | 2800 | | |
| **襄阳市** | **124.07** | **722543** | **35.48** | **45676** | **50.01** | **124284** | | |
| 襄阳市辖区 | 6.19 | 21167 | 0.46 | 900 | 2.67 | 9031 | | |
| 老河口市 | 10.80 | 61357 | 5.30 | 6228 | 6.89 | 15756 | | |
| 襄州区 | 21.61 | 197675 | 11.24 | 16295 | 3.00 | 7098 | | |
| 枣阳市 | 41.97 | 214027 | 9.33 | 12533 | 5.70 | 16791 | | |
| 宜城市 | 8.51 | 63515 | 9.15 | 9720 | 18.85 | 54220 | | |
| 南漳县 | 13.00 | 65200 | | | 2.30 | 4960 | | |
| 谷城县 | 8.89 | 33530 | | | 4.06 | 8030 | | |
| 保康县 | 13.10 | 66072 | | | 6.54 | 8398 | | |
| **鄂州市** | **0.10** | **300** | **5.00** | **7140** | | | **6.60** | **2500** |

续表4　　　　单位:千公顷、吨

| | 杂交玉米 | | 杂交棉花 | | 杂交油菜 | | 再生稻 | |
|---|---|---|---|---|---|---|---|---|
| | 推广面积 | 产量 | 推广面积 | 产量 | 推广面积 | 产量 | 推广面积 | 产量 |
| **荆门市** | **20.37** | **137665** | **33.23** | **41085** | **104.55** | **235755** | | |
| 荆门市辖区 | 2.30 | 15971 | 1.74 | 1870 | 19.16 | 39313 | | |
| 沙洋县 | 1.31 | 9295 | 7.43 | 10680 | 33.27 | 90646 | | |
| 钟祥市 | 7.42 | 57554 | 14.34 | 15423 | 39.23 | 81002 | | |
| 京山县 | 9.34 | 54845 | 9.72 | 13112 | 12.89 | 24794 | | |
| **孝感市** | **2.09** | **12170** | **28.33** | **39288** | **74.20** | **132612** | | |
| 孝南区 | 0.10 | 997 | 4.03 | 5618 | 12.04 | 20149 | | |
| 孝昌县 | 0.06 | 219 | 0.82 | 824 | 9.80 | 14994 | | |
| 大悟县 | 0.11 | 1627 | 0.19 | 278 | 5.11 | 7346 | | |
| 安陆市 | 0.06 | 38 | 1.03 | 963 | 6.23 | 13457 | | |
| 云梦县 | 1.09 | 4800 | 2.43 | 2916 | 6.69 | 15823 | | |
| 应城市 | 0.14 | 613 | 3.47 | 5382 | 15.30 | 22750 | | |
| 汉川市 | 0.53 | 3876 | 16.36 | 23307 | 19.03 | 38093 | | |
| **随州市** | **4.61** | **25268** | **11.05** | **15672** | **16.89** | **23120** | | |
| 曾都区 | 0.39 | 1248 | 2.20 | 3015 | 2.17 | 3955 | | |
| 随　县 | 4.22 | 24020 | 5.79 | 7857 | 7.32 | 6665 | | |
| 广水市 | | | 3.06 | 4800 | 7.40 | 12500 | | |
| **黄冈市** | **4.34** | **19894** | **51.07** | **75166** | **88.86** | **145019** | **25.34** | **181511** |
| 黄州区 | 0.73 | 3554 | 5.00 | 7350 | 3.77 | 6180 | | |
| 团风县 | 0.07 | 1200 | 2.60 | 5128 | 7.96 | 13952 | 1.56 | 7240 |
| 红安县 | | | 0.04 | 65 | 6.82 | 10675 | 0.25 | 1123 |
| 麻城市 | 0.87 | 1910 | 7.23 | 12748 | 9.20 | 14113 | 1.00 | 8089 |
| 罗田县 | 0.10 | 225 | | | 8.00 | 1530 | 6.67 | 15000 |
| 英山县 | 0.90 | 2724 | 0.23 | 109 | 6.09 | 11600 | | |
| 浠水县 | 1.13 | 5600 | 10.67 | 13460 | 28.67 | 53750 | 4.00 | 31547 |
| 蕲春县 | 0.25 | 1070 | 3.50 | 6440 | 3.60 | 6800 | 10.00 | 89850 |
| 武穴市 | | | 6.40 | 8660 | | | 0.86 | 7662 |
| 黄梅县 | 0.29 | 3611 | 14.40 | 19734 | 14.75 | 26419 | 1.00 | 21000 |
| 龙感湖 | | | 1.00 | 1472 | | | | |
| **咸宁市** | **15.18** | **57133** | **1.77** | **2459** | **52.12** | **65689** | | |
| 咸安区 | 2.80 | 9774 | 0.19 | 188 | 23.58 | 31717 | | |
| 嘉鱼县 | 2.50 | 9770 | 0.14 | 188 | 5.49 | 7997 | | |
| 赤壁市 | 0.37 | 2240 | 1.09 | 1683 | 15.89 | 19777 | | |
| 通城县 | 0.17 | 666 | | | 2.56 | 1833 | | |
| 崇阳县 | 5.75 | 26675 | 0.35 | 400 | 1.45 | 1165 | | |
| 通山县 | 3.59 | 8008 | | | 3.15 | 3200 | | |
| **恩施自治州** | **128.41** | **590059** | **0.02** | **37** | **45.06** | **61438** | | |
| 恩施市 | 21.00 | 80388 | 0.02 | 37 | 9.47 | 12017 | | |
| 利川市 | 28.67 | 130000 | | | 5.33 | 7000 | | |
| 建始县 | 18.76 | 98067 | | | 8.20 | 12332 | | |
| 巴东县 | 22.47 | 99171 | | | 8.82 | 11756 | | |
| 宣恩县 | 9.30 | 36305 | | | 2.72 | 3766 | | |
| 咸丰县 | 12.10 | 74885 | | | 3.02 | 4750 | | |
| 来凤县 | 6.56 | 29373 | | | 4.86 | 6193 | | |
| 鹤峰县 | 9.55 | 41870 | | | 2.64 | 3624 | | |
| **仙桃市** | **6.70** | **50769** | **21.36** | **28364** | **45.36** | **109485** | **1.13** | **2543** |
| **天门市** | **2.96** | **18236** | **39.54** | **52253** | **48.30** | **84560** | | |
| **潜江市** | **1.90** | **15179** | **31.05** | **47990** | **31.75** | **95408** | | |
| **神农架林区** | **2.65** | **9564** | | | **0.34** | **424** | | |

## 2011年农信体系情况农业信息体系建设基本情况

单位:个

| | 合计 | 武汉市 | 黄石市 | 十堰市 | 荆州市 | 宜昌市 | 襄阳市 | 鄂州市 | 荆门市 | 孝感市 | 随州市 | 黄冈市 | 咸宁市 | 恩施自治州 | 仙桃市 | 天门市 | 潜江市 | 神农架林区 |
|---|---|---|---|---|---|---|---|---|---|---|---|---|---|---|---|---|---|---|
| 一、信息服务机构 | 14762 | 1441 | 380 | 177 | 1996 | 1547 | 1189 | 67 | 361 | 865 | 272 | 1402 | 219 | 3145 | 64 | 1381 | 136 | 120 |
| 1、市、州 | 32 | 1 | 1 | 8 | 1 | 4 | 2 | 2 | 1 | | 1 | 5 | 1 | 1 | 1 | 1 | 1 | 1 |
| 2、县、市 | 227 | 11 | 4 | 36 | 22 | 34 | 42 | 3 | 5 | 16 | 3 | 32 | 9 | 10 | | | | |
| 3、乡、镇 | 1187 | 67 | 38 | 72 | 113 | 76 | 125 | 12 | 57 | 91 | 45 | 160 | 67 | 95 | 18 | 23 | 120 | 8 |
| 4、村组 | 8128 | 1300 | 176 | 10 | 1412 | 860 | 608 | 20 | | 496 | 189 | 333 | 112 | 1783 | 25 | 778 | 3 | 23 |
| 5、中介龙头 | 5188 | 62 | 161 | 51 | 448 | 573 | 412 | 30 | 298 | 262 | 34 | 872 | 30 | 1256 | 20 | 579 | 12 | 88 |
| 二、农村信息员 | 35785 | 1972 | 932 | 691 | 7689 | 6592 | 1757 | 76 | 1850 | 5099 | 388 | 3139 | 1295 | 1830 | 580 | 1100 | 647 | 148 |
| 1、市、州 | 479 | | | 34 | | 75 | | 1 | 33 | | 200 | 12 | 41 | | 80 | | | 3 |
| 2、县、市 | 1368 | 73 | 6 | 72 | 221 | 370 | 144 | 3 | 24 | 69 | 1 | 190 | 122 | 21 | | 30 | 22 | 0 |
| 3、乡、镇 | 6594 | 83 | 68 | 263 | 1497 | 1836 | 333 | 22 | 126 | 427 | 9 | 824 | 250 | 226 | 300 | 44 | 278 | 8 |
| 4、村组 | 20864 | 1703 | 430 | 93 | 4543 | 3399 | 780 | 20 | 1414 | 4208 | 154 | 1244 | 693 | 645 | 150 | 1004 | 335 | 49 |
| 5、中介龙头 | 6480 | 113 | 428 | 229 | 1428 | 912 | 500 | 30 | 253 | 395 | 24 | 869 | 189 | 938 | 50 | 22 | 12 | 88 |
| 三、信息网站 | 514 | 36 | 6 | 48 | 69 | 54 | 38 | 6 | 38 | 18 | 4 | 75 | 42 | 47 | 1 | 24 | 5 | 3 |
| 1、农业信息网 | 84 | 7 | 1 | 6 | 5 | 15 | 9 | 1 | 5 | 4 | 2 | 10 | 8 | 7 | 1 | 1 | 1 | 1 |
| 2、农业专业网 | 121 | 16 | 2 | 18 | 6 | 14 | 7 | | 12 | 8 | 1 | 16 | 8 | 8 | | 3 | 1 | 1 |
| 3、涉农信息网 | 309 | 13 | 3 | 24 | 58 | 25 | 22 | 5 | 21 | 6 | 1 | 49 | 26 | 32 | | 20 | 3 | 1 |

# 全省棉麻作物良种面积、产量

单位:千公顷、吨

| | 面 积 | 产 量 |
|---|---|---|
| 一、棉花良种 | 415.19 | 565869 |
| 其中:优质棉花 | 358.15 | 489000 |
| 1、鄂杂棉1号F1 | 5.87 | 7320 |
| 2、鄂杂棉5号F1 | 2.55 | 3229 |
| 3、鄂杂棉6号F1 | 5.57 | 7451 |
| 4、鄂杂棉10号F1 | 89.82 | 120486 |
| 5、鄂杂棉11 F1 | 35.96 | 49960 |
| 6、鄂杂棉13号F1 | 10.61 | 14212 |
| 7、鄂杂棉14号F1 | 0.96 | 1485 |
| 8、鄂杂棉15号F1 | 1.23 | 1638 |
| 9、鄂杂棉16号F1 | 1.06 | 1416 |
| 10、鄂杂棉17 F1 | 9.25 | 12117 |
| 11、鄂杂棉18 F1 | 2.15 | 3196 |
| 12、鄂杂棉19 F1 | 2.96 | 3943 |
| 13、鄂杂棉21 F1 | 1.76 | 2248 |
| 14、鄂杂棉23 F1 | 18.15 | 24576 |
| 15、鄂杂棉24 F1 | 17.44 | 23871 |
| 16、鄂杂棉26 F1 | 19.19 | 27989 |
| 17、鄂杂棉28 F1 | 14.09 | 19896 |
| 18、铜杂411 F1 | 19.21 | 26291 |
| 19、E K288 F1 | 17.14 | 23077 |
| 20、冈杂棉8号F1 | 15.27 | 21483 |
| 21、华杂棉H321 | 2.38 | 3672 |
| 22、荆杂棉142 F1 | 22.67 | 32796 |
| 23、荆杂棉88 F1 | 7.4 | 10439 |
| 24、其 它 | 92.5 | 123075 |
| 二、麻类良种 | 10.32 | |
| 其中:苎麻良种 | 10.27 | |
| 其中:华苎4号 | 5.07 | |
| 华苎5号 | 1.1 | |
| 湘苎2号 | 2.22 | |
| 中苎1号 | 0.4 | |

续表1　　　　单位:千公顷、吨

| | 棉花良种 | | 优质棉花 | | 鄂杂棉10号F1 | | 鄂杂棉11 F1 | |
|---|---|---|---|---|---|---|---|---|
| | 面 积 | 产 量 | 面 积 | 产 量 | 面 积 | 产 量 | 面 积 | 产 量 |
| **全省合计** | **415.19** | **565869** | **358.15** | **489000** | **89.82** | **120486** | **35.96** | **49960** |
| **武汉市** | **16.86** | **19201** | **6.31** | **8028** | **1.73** | **2067** | **0.80** | **935** |
| 武汉市辖区 | 6.62 | 6788 | | | | | | |
| 蔡甸区 | 3.61 | 3995 | | | 1.00 | 1137 | 0.33 | 365 |
| 江夏区 | 0.03 | 81 | | | 0.03 | 81 | | |
| 黄陂区 | 1.93 | 2671 | 1.64 | 2362 | | | | |
| 新洲区 | 4.67 | 5666 | 4.67 | 5666 | 0.70 | 849 | 0.47 | 570 |
| **黄石市** | **4.30** | **6791** | **4.30** | **6791** | **0.75** | **890** | | |
| 黄石市辖区 | 0.09 | 126 | 0.09 | 126 | | | | |
| 大冶市 | 1.24 | 3120 | 1.24 | 3120 | | | | |
| 阳新县 | 2.97 | 3545 | 2.97 | 3545 | 0.75 | 890 | | |
| **十堰市** | | | | | | | | |
| 十堰市辖区 | | | | | | | | |
| 丹江口市 | | | | | | | | |
| 郧 县 | | | | | | | | |
| 郧西县 | | | | | | | | |
| 竹山县 | | | | | | | | |
| 竹溪县 | | | | | | | | |
| 房 县 | | | | | | | | |
| **荆州市** | **109.40** | **145698** | **87.66** | **119867** | **42.23** | **56269** | **15.41** | **20793** |
| 荆州市辖区 | 12.64 | 17839 | 9.00 | 12150 | 3.41 | 4873 | 1.12 | 1790 |
| 江陵县 | 8.65 | 11494 | 8.65 | 11494 | | | 8.65 | 11494 |
| 松滋市 | 14.59 | 16561 | | | 0.92 | 1045 | 0.97 | 1100 |
| 公安县 | 28.78 | 37792 | 28.78 | 37792 | 28.78 | 37792 | | |
| 石首市 | 12.21 | 18681 | 10.00 | 16900 | 2.67 | 4021 | 0.67 | 1009 |
| 监利县 | 23.30 | 31500 | 22.00 | 29700 | 3.30 | 4500 | 4.00 | 5400 |
| 洪湖市 | 9.23 | 11831 | 9.23 | 11831 | 3.15 | 4038 | | |
| **宜昌市** | **22.29** | **33668** | **21.03** | **31848** | **2.80** | **4267** | **4.00** | **6056** |
| 宜昌市辖区 | | | | | | | | |
| 夷陵区 | | | | | | | | |
| 宜都市 | 0.03 | 33 | 0.03 | 33 | | | | |
| 枝江市 | 15.30 | 23115 | 15.30 | 23115 | 1.60 | 2417 | 2.50 | 3776 |
| 当阳市 | 6.96 | 10520 | 5.70 | 8700 | 1.20 | 1850 | 1.50 | 2280 |
| 远安县 | | | | | | | | |
| 兴山县 | | | | | | | | |
| 秭归县 | | | | | | | | |
| 长阳县 | | | | | | | | |
| 五峰县 | | | | | | | | |
| **襄阳市** | **36.07** | **45873** | **34.57** | **44295** | **5.90** | **6957** | **2.90** | **3546** |
| 襄阳市辖区 | | | | | | | | |
| 老河口市 | 5.30 | 6228 | 5.30 | 6228 | 1.10 | 1246 | | |
| 襄州区 | 11.24 | 16295 | 11.24 | 16295 | 1.00 | 1450 | 0.50 | 725 |
| 枣阳市 | 9.33 | 12533 | 9.33 | 12533 | 1.20 | 1500 | 1.30 | 1653 |
| 宜城市 | 10.17 | 10801 | 8.70 | 9239 | 2.60 | 2761 | 1.10 | 1168 |
| 南漳县 | | | | | | | | |
| 谷城县 | 0.03 | 16 | | | | | | |
| 保康县 | | | | | | | | |
| **鄂州市** | **4.50** | **7100** | | | **1.00** | **1500** | **1.00** | **1500** |

续表2 单位:千公顷、吨

| | 棉花良种 | | 优质棉花 | | 鄂杂棉10号F1 | | 鄂杂棉11 F1 | |
|---|---|---|---|---|---|---|---|---|
| | 面 积 | 产 量 | 面 积 | 产 量 | 面 积 | 产 量 | 面 积 | 产 量 |
| **荆门市** | **36.58** | **45359** | **31.79** | **39230** | **7.35** | **8630** | | |
| 荆门市辖区 | 3.20 | 3462 | | | 0.50 | 360 | | |
| 沙洋县 | 7.40 | 10635 | 7.40 | 10635 | 0.75 | 970 | | |
| 钟祥市 | 14.34 | 15423 | 14.34 | 15423 | 4.10 | 4600 | | |
| 京山县 | 11.64 | 15839 | 10.05 | 13172 | 2.00 | 2700 | | |
| **孝感市** | **27.56** | **37289** | **26.54** | **36096** | **7.88** | **11088** | **3.50** | **4975** |
| 孝南区 | 1.90 | 1765 | 1.90 | 1765 | | | | |
| 孝昌县 | 1.08 | 1102 | 0.42 | 428 | 0.13 | 133 | | |
| 大悟县 | 0.16 | 235 | | | 0.16 | 235 | | |
| 安陆市 | 1.03 | 963 | 1.03 | 963 | 0.33 | 306 | | |
| 云梦县 | 2.69 | 3296 | 2.69 | 3296 | 0.83 | 996 | 0.20 | 240 |
| 应城市 | 3.47 | 5382 | 3.47 | 5382 | 1.20 | 1868 | 0.10 | 155 |
| 汉川市 | 17.23 | 24546 | 17.03 | 24262 | 5.23 | 7550 | 3.20 | 4580 |
| **随州市** | **11.54** | **16684** | **0.30** | **492** | **0.60** | **982** | **1.00** | **1637** |
| 曾都区 | 2.20 | 3015 | | | | | | |
| 随 县 | 5.79 | 7857 | | | | | | |
| 广水市 | 3.55 | 5812 | 0.30 | 492 | 0.60 | 982 | 1.00 | 1637 |
| **黄冈市** | **52.41** | **77582** | **51.97** | **71729** | **7.69** | **11155** | **2.85** | **4602** |
| 黄州区 | 5.00 | 7350 | 5.00 | 7350 | 1.33 | 2000 | 0.75 | 980 |
| 团风县 | 2.81 | 5536 | 2.68 | | 0.56 | 1104 | 0.20 | 394 |
| 红安县 | 0.03 | 31 | | | | | | |
| 麻城市 | 7.23 | 12748 | 7.23 | 12748 | 0.40 | 705 | | |
| 罗田县 | 0.28 | 286 | | | | | | |
| 英山县 | 0.23 | 109 | 0.23 | 109 | | | | |
| 浠水县 | 10.67 | 13460 | 10.67 | 13460 | 2.00 | 2530 | | |
| 蕲春县 | 4.20 | 7638 | 4.20 | 7638 | 0.30 | 544 | 0.30 | 549 |
| 武穴市 | 6.10 | 8617 | 6.10 | 8617 | 0.40 | 560 | 0.80 | 1120 |
| 黄梅县 | 14.86 | 20335 | 14.86 | 20335 | 2.10 | 2873 | 0.50 | 1184 |
| 龙感湖 | 1.00 | 1472 | 1.00 | 1472 | 0.60 | 839 | 0.30 | 375 |
| **咸宁市** | **1.77** | **2459** | **1.77** | **2459** | **0.51** | **609** | | |
| 咸安区 | 0.19 | 188 | 0.19 | 188 | 0.07 | 70 | | |
| 嘉鱼县 | 0.14 | 188 | 0.14 | 188 | | | | |
| 赤壁市 | 1.09 | 1683 | 1.09 | 1683 | 0.09 | 139 | | |
| 通城县 | | | | | | | | |
| 崇阳县 | 0.35 | 400 | 0.35 | 400 | 0.35 | 400 | | |
| 通山县 | | | | | | | | |
| **恩施自治州** | **0.02** | **37** | **0.02** | **37** | **0.02** | **37** | | |
| 恩施市 | 0.02 | 37 | 0.02 | 37 | 0.02 | 37 | | |
| 利川市 | | | | | | | | |
| 建始县 | | | | | | | | |
| 巴东县 | | | | | | | | |
| 宣恩县 | | | | | | | | |
| 咸丰县 | | | | | | | | |
| 来凤县 | | | | | | | | |
| 鹤峰县 | | | | | | | | |
| **仙桃市** | **21.30** | **27885** | **21.30** | **27885** | **3.30** | **4320** | **2.50** | **3272** |
| **天门市** | **39.54** | **52253** | **39.54** | **52253** | **3.33** | **4402** | **2.00** | **2644** |
| **潜江市** | **31.05** | **47990** | **31.05** | **47990** | **4.73** | **7313** | | |
| **神农架林区** | | | | | | | | |

续表3　　单位：千公顷、吨

| | 棉花良种（续） | | | | | | | |
|---|---|---|---|---|---|---|---|---|
| | 鄂杂棉23 F1 | | 鄂杂棉24 F1 | | 鄂杂棉26 F1 | | 鄂杂棉28 F1 | |
| | 面积 | 产量 | 面积 | 产量 | 面积 | 产量 | 面积 | 产量 |
| **全省合计** | **18.15** | **24576** | **17.44** | **23871** | **19.19** | **27989** | **14.09** | **19896** |
| **武汉市** | **0.90** | **1129** | **1.37** | **1689** | **1.05** | **1307** | **1.31** | **1638** |
| 武汉市辖区 | | | 0.52 | 616 | 0.43 | 510 | 0.54 | 640 |
| 蔡甸区 | | | 0.05 | 55 | | | | |
| 江夏区 | | | | | | | | |
| 黄陂区 | 0.20 | 289 | 0.20 | 289 | 0.20 | 289 | 0.30 | 434 |
| 新洲区 | 0.70 | 840 | 0.60 | 729 | 0.42 | 508 | 0.47 | 564 |
| **黄石市** | | | | | 0.55 | 656 | 0.45 | 537 |
| 黄石市辖区 | | | | | | | | |
| 大冶市 | | | | | | | | |
| 阳新县 | | | | | 0.55 | 656 | 0.45 | 537 |
| **十堰市** | | | | | | | | |
| 十堰市辖区 | | | | | | | | |
| 丹江口市 | | | | | | | | |
| 郧　县 | | | | | | | | |
| 郧西县 | | | | | | | | |
| 竹山县 | | | | | | | | |
| 竹溪县 | | | | | | | | |
| 房　县 | | | | | | | | |
| **荆州市** | **2.86** | **3958** | **2.72** | **3373** | **4.79** | **6491** | **1.52** | **1779** |
| 荆州市辖区 | | | | | 0.56 | 863 | | |
| 江陵县 | | | | | | | | |
| 松滋市 | | | 2.05 | 2330 | 0.44 | 500 | 1.17 | 1330 |
| 公安县 | | | | | | | | |
| 石首市 | 0.67 | 1015 | 0.67 | 1043 | | | | |
| 监利县 | 2.00 | 2700 | | | 3.30 | 4500 | | |
| 洪湖市 | 0.19 | 243 | | | 0.49 | 628 | 0.35 | 449 |
| **宜昌市** | **2.30** | **3512** | **4.20** | **6345** | **3.50** | **5312** | **1.50** | **2266** |
| 宜昌市辖区 | | | | | | | | |
| 夷陵区 | | | | | | | | |
| 宜都市 | | | | | | | | |
| 枝江市 | 0.80 | 1212 | 4.20 | 6345 | 3.00 | 4532 | 1.50 | 2266 |
| 当阳市 | 1.50 | 2300 | | | 0.50 | 780 | | |
| 远安县 | | | | | | | | |
| 兴山县 | | | | | | | | |
| 秭归县 | | | | | | | | |
| 长阳县 | | | | | | | | |
| 五峰县 | | | | | | | | |
| **襄阳市** | **0.80** | **1031** | | | **1.00** | **1450** | **1.90** | **2405** |
| 襄阳市辖区 | | | | | | | | |
| 老河口市 | | | | | | | | |
| 襄州区 | | | | | 1.00 | 1450 | 1.00 | 1450 |
| 枣阳市 | 0.30 | 500 | | | | | | |
| 宜城市 | 0.50 | 531 | | | | | 0.90 | 955 |
| 南漳县 | | | | | | | | |
| 谷城县 | | | | | | | | |
| 保康县 | | | | | | | | |
| **鄂州市** | | | | | **1.00** | **1800** | **0.50** | **800** |

续表4　　　　　　　　　　　　　　　　　　　　　　　　　　　　　　　　单位:千公顷、吨

| | 棉花良种（续） | | | | | | | |
|---|---|---|---|---|---|---|---|---|
| | 鄂杂棉23 F1 | | 鄂杂棉24 F1 | | 鄂杂棉26 F1 | | 鄂杂棉28 F1 | |
| | 面积 | 产量 | 面积 | 产量 | 面积 | 产量 | 面积 | 产量 |
| **荆门市** | **3.55** | **3927** | **2.65** | **3872** | **1.00** | **1800** | | |
| 荆门市辖区 | | | | | | | | |
| 沙洋县 | 1.46 | 1860 | 1.00 | 1750 | 1.00 | 1800 | | |
| 钟祥市 | 2.09 | 2067 | | | | | | |
| 京山县 | | | 1.65 | 2122 | | | | |
| **孝感市** | **1.01** | **1447** | | | **1.94** | **2835** | **0.26** | **371** |
| 孝南区 | | | | | | | | |
| 孝昌县 | 0.03 | 31 | | | 0.02 | 20 | 0.06 | 61 |
| 大悟县 | | | | | | | | |
| 安陆市 | | | | | | | | |
| 云梦县 | | | | | | | | |
| 应城市 | 0.16 | 248 | | | 0.30 | 465 | 0.20 | 310 |
| 汉川市 | 0.82 | 1168 | | | 1.62 | 2350 | | |
| **随州市** | | | **0.30** | **492** | **0.50** | **819** | | |
| 曾都区 | | | | | | | | |
| 随　县 | | | | | | | | |
| 广水市 | | | 0.30 | 492 | 0.50 | 819 | | |
| **黄冈市** | **4.23** | **6156** | **4.20** | **5456** | | | **1.17** | **2075** |
| 黄州区 | 0.13 | 238 | | | | | | |
| 团风县 | | | | | | | 0.17 | 335 |
| 红安县 | | | | | | | | |
| 麻城市 | | | | | | | 0.70 | 1234 |
| 罗田县 | | | | | | | | |
| 英山县 | | | | | | | | |
| 浠水县 | 3.00 | 4220 | 4.00 | 5090 | | | | |
| 蕲春县 | 0.40 | 734 | 0.20 | 366 | | | 0.20 | 366 |
| 武穴市 | 0.20 | 280 | | | | | 0.10 | 140 |
| 黄梅县 | 0.50 | 684 | | | | | | |
| 龙感湖 | | | | | | | | |
| **咸宁市** | **0.50** | **772** | | | | | | |
| 咸安区 | | | | | | | | |
| 嘉鱼县 | | | | | | | | |
| 赤壁市 | 0.50 | 772 | | | | | | |
| 通城县 | | | | | | | | |
| 崇阳县 | | | | | | | | |
| 通山县 | | | | | | | | |
| **恩施自治州** | | | | | | | | |
| 恩施市 | | | | | | | | |
| 利川市 | | | | | | | | |
| 建始县 | | | | | | | | |
| 巴东县 | | | | | | | | |
| 宣恩县 | | | | | | | | |
| 咸丰县 | | | | | | | | |
| 来凤县 | | | | | | | | |
| 鹤峰县 | | | | | | | | |
| **仙桃市** | | | | | | | | |
| **天门市** | **2.00** | **2644** | **2.00** | **2644** | **2.00** | **2644** | **2.00** | **2644** |
| **潜江市** | | | | | **1.86** | **2875** | **3.48** | **5381** |
| **神农架林区** | | | | | | | | |

| | 棉花良种（续） | | | | | | | |
|---|---|---|---|---|---|---|---|---|
| | 铜杂411 F1 | | E K288 F1 | | 冈杂棉8号F1 | | 荆杂棉142 F1 | |
| | 面积 | 产量 | 面积 | 产量 | 面积 | 产量 | 面积 | 产量 |
| 全省合计 | **19.21** | **26291** | **17.14** | **23077** | **15.27** | **21483** | **22.67** | **32796** |
| 武汉市 | **1.56** | **1794** | **0.30** | **330** | **0.33** | **374** | **1.01** | **1100** |
| 武汉市辖区 | 0.83 | 941 | 0.30 | 330 | 0.33 | 374 | 0.20 | 220 |
| 蔡甸区 | 0.50 | 551 | | | | | 0.81 | 880 |
| 江夏区 | | | | | | | | |
| 黄陂区 | | | | | | | | |
| 新洲区 | 0.23 | 302 | | | | | | |
| 黄石市 | **0.40** | **480** | **0.36** | **431** | **0.46** | **551** | | |
| 黄石市辖区 | | | | | | | | |
| 大冶市 | | | | | | | | |
| 阳新县 | 0.40 | 480 | 0.36 | 431 | 0.46 | 551 | | |
| 十堰市 | | | | | | | | |
| 十堰市辖区 | | | | | | | | |
| 丹江口市 | | | | | | | | |
| 郧县 | | | | | | | | |
| 郧西县 | | | | | | | | |
| 竹山县 | | | | | | | | |
| 竹溪县 | | | | | | | | |
| 房县 | | | | | | | | |
| 荆州市 | **6.78** | **8905** | **3.96** | **5061** | **0.95** | **1080** | **8.07** | **13469** |
| 荆州市辖区 | 2.00 | 2700 | | | | | 0.11 | 184 |
| 江陵县 | | | | | | | | |
| 松滋市 | 1.32 | 1500 | 1.06 | 1205 | 0.95 | 1080 | 0.33 | 375 |
| 公安县 | | | | | | | | |
| 石首市 | | | | | | | 5.31 | 9800 |
| 监利县 | 3.30 | 4500 | 2.70 | 3600 | | | 2.00 | 2700 |
| 洪湖市 | 0.16 | 205 | 0.20 | 256 | | | 0.32 | 410 |
| 宜昌市 | **0.20** | **302** | **0.10** | **151** | **0.40** | **604** | | |
| 宜昌市辖区 | | | | | | | | |
| 夷陵区 | | | | | | | | |
| 宜都市 | | | | | | | | |
| 枝江市 | 0.20 | 302 | 0.10 | 151 | 0.40 | 604 | | |
| 当阳市 | | | | | | | | |
| 远安县 | | | | | | | | |
| 兴山县 | | | | | | | | |
| 秭归县 | | | | | | | | |
| 长阳县 | | | | | | | | |
| 五峰县 | | | | | | | | |
| 襄阳市 | **1.40** | **1874** | **2.20** | **2950** | | | | |
| 襄阳市辖区 | 0.00 | | 0.00 | | | | | |
| 老河口市 | | | | | | | | |
| 襄州区 | 1.00 | 1450 | 1.00 | 1450 | | | | |
| 枣阳市 | | | 1.20 | 1500 | | | | |
| 宜城市 | 0.40 | 424 | | | | | | |
| 南漳县 | | | | | | | | |
| 谷城县 | | | | | | | | |
| 保康县 | | | | | | | | |
| 鄂州市 | | | | | | | | |

续表6　　　　单位：千公顷、吨

| | 棉花良种（续） | | | | | | | |
|---|---|---|---|---|---|---|---|---|
| | 铜杂411 F1 | | E K288 F1 | | 冈杂棉8号F1 | | 荆杂棉142 F1 | |
| | 面积 | 产量 | 面积 | 产量 | 面积 | 产量 | 面积 | 产量 |
| **荆门市** | **1.28** | **1728** | **1.20** | **1620** | | | **2.43** | **3127** |
| 荆门市辖区 | | | | | | | | |
| 沙洋县 | 1.28 | 1728 | | | | | | |
| 钟祥市 | | | | | | | | |
| 京山县 | | | 1.20 | 1620 | | | 2.43 | 3127 |
| **孝感市** | **0.08** | **125** | **0.30** | **279** | **1.39** | **1990** | **0.64** | **916** |
| 孝南区 | | | | | | | | |
| 孝昌县 | | | | | 0.01 | 10 | 0.02 | 20 |
| 大悟县 | | | | | | | | |
| 安陆市 | | | 0.30 | 279 | | | | |
| 云梦县 | | | | | | | | |
| 应城市 | 0.08 | 125 | | | 0.10 | 155 | 0.10 | 155 |
| 汉川市 | | | | | 1.28 | 1825 | 0.52 | 741 |
| **随州市** | | | **0.20** | **327** | | | | |
| 曾都区 | | | | | | | | |
| 随　县 | | | | | | | | |
| 广水市 | | | 0.20 | 327 | | | | |
| **黄冈市** | **0.19** | **317** | **3.94** | **5594** | **5.07** | **6871** | **10.02** | **13514** |
| 黄州区 | | | | | | | 1.00 | 1530 |
| 团风县 | 0.09 | 177 | 0.14 | 276 | 0.10 | 197 | 0.16 | 316 |
| 红安县 | | | | | | | | |
| 麻城市 | | | | | 0.30 | 528 | | |
| 罗田县 | | | | | | | | |
| 英山县 | | | | | | | | |
| 浠水县 | | | | | 0.97 | 770 | | |
| 蕲春县 | | | | | 0.20 | 366 | 0.10 | 177 |
| 武穴市 | 0.10 | 140 | 2.50 | 3540 | 2.00 | 2837 | | |
| 黄梅县 | | | 1.30 | 1778 | 1.40 | 1915 | 8.76 | 11491 |
| 龙感湖 | | | | | 0.10 | 258 | | |
| **咸宁市** | **0.14** | **188** | | | | | | |
| 咸安区 | | | | | | | | |
| 嘉鱼县 | 0.14 | 188 | | | | | | |
| 赤壁市 | | | | | | | | |
| 通城县 | | | | | | | | |
| 崇阳县 | | | | | | | | |
| 通山县 | | | | | | | | |
| **恩施自治州** | | | | | | | | |
| 恩施市 | | | | | | | | |
| 利川市 | | | | | | | | |
| 建始县 | | | | | | | | |
| 巴东县 | | | | | | | | |
| 宣恩县 | | | | | | | | |
| 咸丰县 | | | | | | | | |
| 来凤县 | | | | | | | | |
| 鹤峰县 | | | | | | | | |
| **仙桃市** | | | | | | | **0.50** | **670** |
| **天门市** | **2.33** | **3080** | **3.33** | **4402** | **1.33** | **1758** | | |
| **潜江市** | **4.85** | **7498** | **1.25** | **1932** | **5.34** | **8255** | | |
| **神农架林区** | | | | | | | | |

# 全省主要经济良种生产情况

单位:千公顷、吨

| | 面积 | 产量 |
|---|---|---|
| 一、茶叶无性系良种 | 106.70 | |
| 1、福鼎大白茶 | 46.19 | |
| 2、鄂茶1号 | 10.47 | |
| 3、鄂茶10号 | 7.81 | |
| 4、金观音 | 4.51 | |
| 5、金萱 | 0.14 | |
| 6、黄棪 | 0.05 | |
| 7、其它 | 37.54 | |
| 二、水果 | 371.10 | 4586544 |
| (一)柑桔园 | 226.14 | 3242198 |
| 其中:温州蜜柑 | 97.82 | 1055879 |
| 椪柑 | 45.29 | 538658 |
| 锦橙 | 1.92 | 18067 |
| 脐橙 | 25.48 | 320949 |
| 其中:纽荷尔 | 7.05 | 62823 |
| 夏橙 | 1.69 | 20572 |
| 桃叶橙 | 0.29 | 2129 |
| 柚 | 8.64 | 72507 |
| (二)梨园 | 43.53 | 442873 |
| 其中:丰水梨 | 10.65 | 73533 |
| 华梨 | 0.93 | 17612 |
| 黄花梨 | 8.44 | 159809 |
| 金水梨 | 6.70 | 20594 |
| 湘南梨 | 5.99 | 86779 |
| (三)其它果园 | 101.43 | 901473 |
| 其中:苹果园 | 1.63 | 8858 |
| 桃园 | 49.30 | 597642 |
| 其中:油桃 | 17.52 | 95321 |
| 猕猴桃 | 4.18 | 10596 |
| 葡萄 | 7.71 | 124779 |
| 枣园 | 2.48 | 28102 |
| 其中:冬枣 | 0.09 | 258 |
| 李园 | 0.87 | 2363 |
| 柿 | 3.23 | 39198 |
| 其中:甜柿 | 0.99 | 2076 |
| 三、果用瓜 | 90.80 | 2931870 |
| 其中:西瓜 | 77.60 | 2536481 |
| 其中:无籽西瓜 | 17.86 | 570143 |
| 特种西瓜 | 3.78 | 125279 |
| 甜瓜 | 11.77 | 336725 |
| 草莓 | 0.64 | 10524 |
| 四、魔芋产加销情况 | | |
| 1、魔芋 | 176.69 | 514274 |
| 2、魔芋加工量 | | 156595 |
| (1)芋角 | | 24020 |
| (2)精粉 | | 85825 |
| (3)食品 | | 31450 |
| (4)保健品 | | 5 |
| (5)其它 | | 15295 |
| 3、加工产值(万元) | | 142714 |
| 五、桑园 | 21.64 | |
| 其中:湖桑 | 16.30 | |
| 六、养蚕发种量(万张) | 19.74 | 5525 |
| 1、春蚕 | 9.00 | 3126 |
| 2、夏蚕 | 2.66 | 347 |
| 3、秋蚕 | 8.08 | 2052 |
| 七、一代杂交蚕种生产量(万张) | 5.81 | |
| 八、中药材 | 107.56 | 342196 |
| 1、黄连留存 | 19.28 | 19555 |
| 2、党参留存 | 5.77 | 7522 |
| 3、贝母留存 | 2.13 | 1839 |
| 4、茯苓留存 | 3.80 | 39314 |
| 5、天麻留存 | 4.27 | 20631 |
| 6、黄姜 | 6.28 | 86953 |
| 7、麦冬 | 0.62 | 5213 |
| 8、白术 | 7.79 | 29990 |
| 9、杜仲(万株) | 6118.60 | 10264 |
| 10、厚朴(万株) | 1377.19 | 10281 |
| 11、黄柏(万株) | 413.30 | 1675 |
| 12、其它 | 57.62 | 108959 |
| 九、中药材出口量 | | 120 |
| 创汇额(万美元) | | 200 |
| 十、食用菌产销情况 | | |
| (一)产量 | | 268519 |
| 1、干菌产量 | | 92991 |
| (1)香菇产量 | | 75671 |
| (2)黑木耳产量 | | 17319 |
| (3)白木耳产量 | | 1 |
| 2、鲜菌产量 | | 175528 |
| (1)蘑菇产量 | | 130048 |
| (2)平菇产量 | | 10535 |
| (3)金针菇产量 | | 4984 |
| (4)其　它 | | 29961 |
| (二)出口量 | | 5960 |
| 创汇额(万美元) | | 7615 |

## 2011年主要特产良种

单位:公顷、吨

| | 茶叶无性系良种面积 | 福鼎大白茶 | 水果(不含果用瓜) | | 柑橘 | | 温州蜜柑 | |
|---|---|---|---|---|---|---|---|---|
| | | | 面积 | 产量 | 面积 | 产量 | 面积 | 产量 |
| **全省合计** | **106703** | **46189** | **371098** | **4586544** | **226144** | **3242198** | **97819** | **1055879** |
| **武汉市** | **6000** | **2666** | **4608** | **40777** | **3223** | **27870** | **836** | **7001** |
| 武汉市辖区 | | | 718 | 12122 | 124 | 1962 | | |
| 蔡甸区 | 3000 | 1333 | | | | | | |
| 江夏区 | | | 3890 | 28655 | 3099 | 25908 | 836 | 7001 |
| 黄陂区 | 3000 | 1333 | | | | | | |
| 新洲区 | | | | | | | | |
| **黄石市** | **1286** | **400** | **8147** | **37095** | **5593** | **32765** | **215** | **3940** |
| 黄石市辖区 | | | 143 | 732 | 81 | 487 | | |
| 大冶市 | | | 1300 | 6363 | 642 | 4290 | 215 | 3940 |
| 阳新县 | 1286 | 400 | 6704 | 30000 | 4870 | 27988 | | |
| **十堰市** | **3318** | **2819** | **50550** | **273482** | **33674** | **255191** | **29745** | **233926** |
| 十堰市辖区 | | | 250 | 713 | 247 | 694 | | |
| 丹江口市 | 480 | 330 | 22613 | 217087 | 22399 | 215528 | 21234 | 206426 |
| 郧　县 | 1000 | 1000 | 23190 | 37842 | 10077 | 32062 | 8010 | 25400 |
| 郧西县 | 479 | 400 | 1680 | 4966 | 341 | 832 | | |
| 竹山县 | | | 535 | 3234 | 29 | 227 | | |
| 竹溪县 | 1292 | 1022 | 209 | 686 | 1 | 100 | 1 | 100 |
| 房　县 | 67 | 67 | 2073 | 8954 | 580 | 5748 | 500 | 2000 |
| **荆州市** | **364** | **18** | **21659** | **343526** | **18016** | **248866** | **629** | **20293** |
| 荆州市辖区 | | | 1729 | 59908 | 1043 | 44928 | 4 | 36 |
| 江陵县 | 22 | | 97 | 1293 | 46 | 855 | | |
| 松滋市 | 44 | | 14401 | 125327 | 13612 | 115913 | 460 | 9837 |
| 公安县 | 36 | 18 | 3688 | 132355 | 2262 | 71134 | | |
| 石首市 | 262 | | 1217 | 17821 | 787 | 12783 | | 8764 |
| 监利县 | | | 461 | 5909 | 224 | 2714 | 165 | 1656 |
| 洪湖市 | | | 66 | 913 | 42 | 539 | | |
| **宜昌市** | **19290** | **12480** | **117578** | **2265120** | **113279** | **2213330** | **51733** | **673316** |
| 宜昌市辖区 | 500 | 230 | 4040 | 122540 | 4000 | 122240 | 2000 | 90000 |
| 夷陵区 | 2333 | 600 | 22354 | 480419 | 22314 | 480219 | 20364 | 373168 |
| 宜都市 | 6157 | 4000 | 20740 | 485973 | 20637 | 484660 | 19500 | 22680 |
| 枝江市 | | | 17660 | 459767 | 15892 | 422592 | 867 | 6317 |
| 当阳市 | | | 21383 | 340950 | 21020 | 335473 | 5237 | 144214 |
| 远安县 | 130 | 20 | 3540 | 11400 | 3276 | 9822 | | |
| 兴山县 | 1820 | 1780 | 5607 | 67988 | 5204 | 65161 | 250 | 3769 |
| 秭归县 | 4033 | 3000 | 15957 | 242747 | 15696 | 242149 | 465 | 3427 |
| 长阳县 | 1650 | 850 | 5889 | 51289 | 4950 | 49612 | 2850 | 29391 |
| 五峰县 | 2667 | 2000 | 408 | 2047 | 290 | 1402 | 200 | 350 |
| **襄阳市** | **2874** | **351** | **30081** | **542721** | **2743** | **46719** | **735** | |
| 襄阳市辖区 | | | | | | | | |
| 老河口市 | | | 7435 | 121858 | 193 | 1295 | | |
| 襄州区 | | | 3372 | 87474 | 29 | 768 | | |
| 枣阳市 | 403 | 90 | 16265 | 273346 | 482 | 900 | | |
| 宜城市 | | | 974 | 19653 | 817 | 14339 | 735 | |
| 南漳县 | 1800 | | 1354 | 29276 | 859 | 25979 | | |
| 谷城县 | 1 | 1 | 491 | 5763 | 296 | 3036 | | |
| 保康县 | 670 | 260 | 190 | 5351 | 67 | 402 | | |
| **鄂州市** | | | **200** | **3000** | **200** | **3000** | | |

续表1　　　　　　　　　　　　　　　　　　　　　　　　　　　　　　单位:公顷、吨

| | 茶叶无性系良种面积 | 福鼎大白茶 | 水果(不含果用瓜) | | 柑橘 | | 温州蜜柑 | |
|---|---|---|---|---|---|---|---|---|
| | | | 面积 | 产量 | 面积 | 产量 | 面积 | 产量 |
| **荆门市** | | | **23827** | **359964** | **11980** | **139732** | **2872** | **32766** |
| 荆门市辖区 | | | 9156 | 82550 | 7399 | 66449 | 1866 | 16659 |
| 沙洋县 | | | 1198 | 21228 | 683 | 11453 | 302 | 5073 |
| 钟祥市 | | | 8490 | 186512 | 2884 | 36525 | 578 | 7316 |
| 京山县 | | | 4983 | 69674 | 1014 | 25305 | 126 | 3718 |
| **孝感市** | **16428** | **8800** | **15759** | **162588** | **1625** | **17783** | **305** | **1059** |
| 孝南区 | 380 | 310 | 1302 | 9628 | 85 | 881 | 36 | 226 |
| 孝昌县 | 3170 | 1260 | 8673 | 88531 | 1188 | 14884 | | |
| 大悟县 | 12295 | 6900 | 1805 | 6335 | | | | |
| 安陆市 | 290 | 230 | 1830 | 14451 | 247 | 820 | 247 | 800 |
| 云梦县 | | | 959 | 16824 | 30 | 46 | 22 | 33 |
| 应城市 | 293 | 100 | 732 | 15260 | 48 | 361 | | |
| 汉川市 | | | 458 | 11559 | 27 | 791 | | |
| **随州市** | **1603** | **533** | **15263** | **120491** | **942** | **6718** | | |
| 曾都区 | 420 | | 1321 | 3927 | 44 | 390 | | |
| 随　县 | | | 9506 | 59689 | 730 | 4388 | | |
| 广水市 | 1183 | 533 | 4436 | 56875 | 168 | 1940 | | |
| **黄冈市** | **8621** | **3327** | **11720** | **95745** | **3128** | **56301** | **970** | **25735** |
| 黄州区 | 11 | | 161 | 983 | 112 | 718 | 112 | 718 |
| 团风县 | 295 | 190 | 484 | 2025 | 239 | 829 | | |
| 红安县 | 170 | 130 | 1021 | 1878 | 182 | 401 | | |
| 麻城市 | 359 | 359 | 2652 | 4556 | 66 | 930 | 39 | |
| 罗田县 | 400 | 100 | 929 | 6912 | 168 | 634 | | |
| 英山县 | 7366 | 2533 | 441 | 2846 | 102 | 590 | | |
| 浠水县 | | | 1044 | 13655 | 853 | 12790 | | |
| 蕲春县 | 20 | 15 | 3627 | 29744 | 795 | 10382 | 714 | 5662 |
| 武穴市 | | | 598 | 29106 | 205 | 26946 | 105 | 19355 |
| 黄梅县 | | | 746 | 3664 | 403 | 2022 | | |
| 龙感湖 | | | 17 | 376 | 3 | 59 | | |
| **咸宁市** | **3444** | **1631** | **21372** | **49470** | **8859** | **24687** | **4819** | **15900** |
| 咸安区 | 290 | 130 | 1014 | 2706 | 281 | 922 | 269 | 660 |
| 嘉鱼县 | 200 | 100 | 630 | 4098 | 244 | 2755 | | |
| 赤壁市 | 1000 | 867 | 4482 | 12951 | 1610 | 5023 | 1230 | 3113 |
| 通城县 | 134 | 4 | 3343 | 3088 | 2643 | 2274 | | |
| 崇阳县 | | | 6743 | 12408 | 1344 | 3011 | 1090 | 1827 |
| 通山县 | 1820 | 530 | 5160 | 14219 | 2737 | 10702 | 2230 | 10300 |
| **恩施自治州** | **43342** | **13096** | **34758** | **231365** | **20767** | **155064** | **3817** | **31876** |
| 恩施市 | 13330 | 5000 | 3739 | 15659 | 2338 | 12262 | 1500 | 8678 |
| 利川市 | 7820 | 780 | 3496 | 28600 | 310 | 2314 | | |
| 建始县 | | | 2558 | 14591 | 569 | 5770 | | |
| 东县 | 1000 | 200 | 8133 | 47531 | 6784 | 41319 | 130 | 5299 |
| 宣恩县 | 5666 | 966 | 8360 | 72796 | 7519 | 70500 | 296 | 4800 |
| 咸丰县 | 6150 | 2050 | 3602 | 14445 | 420 | 1595 | 152 | 680 |
| 来凤县 | 1376 | 1100 | 3325 | 34806 | 1913 | 19590 | 1300 | 11200 |
| 鹤峰县 | 8000 | 3000 | 1545 | 2937 | 914 | 1714 | 439 | 1219 |
| **仙桃市** | | | **1004** | **22854** | **440** | **9172** | **434** | **9072** |
| **天门市** | | | **616** | **15525** | **142** | **2849** | | |
| **潜江市** | | | **13956** | **22821** | **1533** | **2151** | **709** | **995** |
| **神农架林区** | **133** | **68** | | | | | | |

| | 水果良种(续) | | | | | | | | | | | |
|---|---|---|---|---|---|---|---|---|---|---|---|---|
| | 柑橘良种(续) | | | | 梨 | | 其它水果 | | 桃 | | | |
| | 椪柑 | | 脐橙 | | | | | | | | 油桃 | |
| | 面积 | 产量 | 面积 | 产量 | 面积 | 产量 | 面积 | 产量 | 面积 | 产量 | 面积 | 产量 |
| **全省合计** | **45294** | **538658** | **25480** | **320949** | **43526** | **442873** | **101428** | **901473** | **49296** | **597642** | **17523** | **95321** |
| **武汉市** | | | | | **201** | | **1184** | **12907** | **588** | **5768** | | |
| 武汉市辖区 | | | | | 173 | | 421 | 10160 | 229 | 4274 | | |
| 蔡甸区 | | | | | | | | | | | | |
| 江夏区 | | | | | 28 | | 763 | 2747 | 359 | 1494 | | |
| 黄陂区 | | | | | | | | | | | | |
| 新洲区 | | | | | | | | | | | | |
| **黄石市** | **420** | **2212** | **200** | **1850** | **476** | **660** | **2078** | **3670** | **729** | **1464** | **208** | **229** |
| 黄石市辖区 | | | | | 11 | 60 | 51 | 185 | 8 | 52 | 8 | 4 |
| 大冶市 | 20 | 312 | | | 140 | | 518 | 2073 | 146 | 846 | | |
| 阳新县 | 400 | 1900 | 200 | 1850 | 325 | 600 | 1509 | 1412 | 575 | 566 | 200 | 225 |
| **十堰市** | **1400** | **510** | **1327** | **9332** | **135** | **513** | **16741** | **17778** | **608** | **5636** | **33** | **500** |
| 十堰市辖区 | | | | | 2 | 9 | 1 | 10 | | | | |
| 丹江口市 | | | 670 | 9102 | 3 | 17 | 211 | 1542 | 69 | 477 | | |
| 郧　县 | 1400 | 510 | 657 | 230 | 38 | 37 | 13075 | 5743 | 92 | 2810 | | |
| 郧西县 | | | | | 55 | 191 | 1284 | 3943 | 79 | 775 | | |
| 竹山县 | | | | | 31 | 232 | 475 | 2775 | 94 | 640 | | |
| 竹溪县 | | | | | | | 208 | 586 | 40 | 83 | | |
| 房　县 | | | | | 6 | 27 | 1487 | 3179 | 234 | 851 | 33 | 500 |
| **荆州市** | **11978** | **115159** | **1196** | **19851** | **689** | **9351** | **2954** | **85309** | **479** | **7108** | **5** | **70** |
| 荆州市辖区 | 294 | 9391 | 511 | 10466 | 91 | 3021 | 595 | 11959 | 102 | 3533 | | |
| 江陵县 | | | | 64 | 5 | 33 | 46 | 405 | 27 | 211 | | |
| 松滋市 | 11684 | 96812 | 683 | 4150 | 406 | 2149 | 383 | 7265 | 133 | 506 | 5 | 70 |
| 公安县 | | 5970 | | 4520 | 22 | 452 | 1404 | 60769 | 17 | 303 | | |
| 石首市 | | 2686 | | 583 | 70 | 1609 | 360 | 3429 | 145 | 1360 | | |
| 监利县 | | 300 | 2 | 68 | 81 | 1908 | 156 | 1287 | 52 | 1132 | | |
| 洪湖市 | | | | | 14 | 179 | 10 | 195 | 3 | 63 | | |
| **宜昌市** | **23901** | **352160** | **19061** | **268113** | **1433** | **22223** | **2866** | **29567** | **1542** | **6446** | **176** | **1980** |
| 宜昌市辖区 | 800 | 30000 | 200 | 300 | | | 40 | 300 | 40 | 300 | | |
| 夷陵区 | 1500 | 103269 | 100 | 1000 | | | 40 | 200 | 40 | 200 | 40 | 200 |
| 宜都市 | 385 | 1500 | 352 | 1415 | 9 | 25 | 94 | 1288 | 71 | 895 | 71 | 895 |
| 枝江市 | 3350 | 6317 | 1340 | 12643 | 724 | 18686 | 1044 | 18489 | 934 | | | |
| 当阳市 | 15516 | 189882 | 200 | 247 | 109 | 1851 | 254 | 3626 | 191 | 2860 | | |
| 远安县 | | | | | 56 | 286 | 208 | 1292 | 115 | 732 | 20 | 400 |
| 兴山县 | 65 | 1250 | 3255 | 40142 | 76 | 707 | 327 | 2120 | 50 | 541 | 45 | 485 |
| 秭归县 | 585 | 3400 | 13164 | 208601 | 20 | 73 | 241 | 525 | 23 | 453 | | |
| 长阳县 | 1650 | 16302 | 450 | 3765 | 419 | 380 | 520 | 1297 | 78 | 465 | | |
| 五峰县 | 50 | 240 | | | 20 | 215 | 98 | 430 | | | | |
| **襄阳市** | **610** | **18250** | | | **6163** | **126548** | **21175** | **369454** | **19069** | **339560** | **9050** | **21510** |
| 襄阳市辖区 | | | | | | | | | | | | |
| 老河口市 | | | | | 4598 | 87753 | 2644 | 32810 | 1837 | 26709 | 550 | 8250 |
| 襄州区 | | | | | 932 | 22447 | 2411 | 64259 | 2016 | 55848 | | |
| 枣阳市 | | | | | 444 | 13690 | 15339 | 258756 | 15058 | 254085 | 8500 | 13260 |
| 宜城市 | | | | | 136 | 1399 | 21 | 3915 | 5 | 475 | | |
| 南漳县 | 610 | 18250 | | | 11 | 157 | 484 | 3140 | | | | |
| 谷城县 | | | | | 38 | 911 | 157 | 1816 | 84 | 1106 | | |
| 保康县 | | | | | 4 | 191 | 119 | 4758 | 69 | 1337 | | |
| **鄂州市** | | | | | | | | | | | | |

续表3 单位:公顷、吨

| | 水果良种(续) | | | | | | | | | | | |
|---|---|---|---|---|---|---|---|---|---|---|---|---|
| | 柑橘良种(续) | | | | 梨 | | 其它水果 | | 桃 | | | |
| | 椪柑 | | 脐橙 | | | | | | | | 油桃 | |
| | 面积 | 产量 | 面积 | 产量 | 面积 | 产量 | 面积 | 产量 | 面积 | 产量 | 面积 | 产量 |
| **荆门市** | | | **10** | **123** | **7130** | **162922** | **4717** | **57310** | **2739** | **35804** | | |
| 荆门市辖区 | | | 5 | 47 | 447 | 5958 | 1310 | 10143 | 388 | 6753 | | |
| 沙洋县 | | | | 7 | 325 | 3072 | 190 | 6703 | 179 | 5599 | | |
| 钟祥市 | | | 5 | 69 | 3997 | 128543 | 1609 | 21444 | 838 | 6129 | | |
| 京山县 | | | | | 2361 | 25349 | 1608 | 19020 | 1334 | 17323 | | |
| **孝感市** | **17** | **106** | **8** | **13** | **1857** | **22148** | **12277** | **122657** | **6838** | **81528** | **747** | **9159** |
| 孝南区 | 17 | 106 | | | 39 | 200 | 1178 | 8547 | 1143 | 8153 | | |
| 孝昌县 | | | | | 112 | 994 | 7373 | 72653 | 3232 | 51788 | | |
| 大悟县 | | | | | 723 | 1949 | 1082 | 4386 | 1071 | 4300 | 375 | 1506 |
| 安陆市 | | | | | 208 | 970 | 1375 | 12661 | 930 | 8260 | | |
| 云梦县 | | | 8 | 13 | 297 | 6844 | 632 | 9934 | 305 | 6630 | 305 | 6630 |
| 应城市 | | | | | 281 | 3697 | 403 | 11202 | 157 | 2397 | 67 | 1023 |
| 汉川市 | | | | | 197 | 7494 | 234 | 3274 | | | | |
| **随州市** | | | | | **1138** | **10759** | **13183** | **103014** | **7457** | **74161** | **5739** | **58812** |
| 曾都区 | | | | | 91 | 86 | 1186 | 3451 | 629 | 2919 | 66 | 2336 |
| 随　县 | | | | | 610 | 5635 | 8166 | 49666 | 4323 | 34327 | 4323 | 34327 |
| 广水市 | | | | | 437 | 5038 | 3831 | 49897 | 2505 | 36915 | 1350 | 22149 |
| **黄冈市** | **100** | **435** | **37** | **177** | **1818** | **4596** | **6774** | **34848** | **3705** | **23092** | **4** | **500** |
| 黄州区 | | | | | 13 | 70 | 36 | 195 | 29 | 128 | | |
| 团风县 | | | | | 53 | 218 | 192 | 978 | 189 | 474 | | |
| 红安县 | | | | | 581 | | 258 | 1477 | | 651 | | |
| 麻城市 | | | | | 258 | 730 | 2328 | 2896 | 555 | 1111 | | |
| 罗田县 | | | | | 71 | 310 | 690 | 5968 | | | | |
| 英山县 | | | | | 127 | 641 | 212 | 1615 | 139 | 1231 | | |
| 浠水县 | | | | | 181 | 790 | 10 | 75 | | | | |
| 蕲春县 | 30 | 330 | 7 | 59 | 112 | 822 | 2720 | 18540 | 2671 | 17761 | | |
| 武穴市 | 70 | 105 | 30 | 118 | 205 | 37 | 188 | 2123 | 4 | 1106 | 4 | 500 |
| 黄梅县 | | | | | 204 | 685 | 139 | 957 | 118 | 630 | | |
| 龙感湖 | | | | | 13 | 293 | 1 | 24 | | | | |
| **咸宁市** | **699** | **1602** | **291** | **1110** | **4832** | **7289** | **7681** | **17494** | **2728** | **6348** | **1161** | **1660** |
| 咸安区 | | | | | 25 | 236 | 708 | 1548 | 495 | 1111 | 61 | 160 |
| 嘉鱼县 | | | | | | | 386 | 1343 | 108 | 755 | | |
| 赤壁市 | 355 | 1186 | 24 | 721 | 496 | 1446 | 2376 | 6482 | 474 | 1821 | | |
| 通城县 | | | | | 51 | 52 | 649 | 762 | 339 | 701 | | |
| 崇阳县 | 104 | 403 | | | 3667 | 3977 | 1732 | 5420 | 1100 | 1500 | 1100 | 1500 |
| 通山县 | 240 | 13 | 267 | 389 | 593 | 1578 | 1830 | 1939 | 212 | 460 | | |
| **恩施自治州** | **6169** | **48224** | **3350** | **20380** | **7229** | **40852** | **6762** | **35449** | **1390** | **3997** | **38** | **208** |
| 恩施市 | 109 | 1222 | 100 | 202 | 373 | 870 | 1028 | 2527 | 228 | 957 | | |
| 利川市 | 220 | 982 | 80 | 33 | 2994 | 24166 | 192 | 2120 | 75 | 840 | | |
| 建始县 | 399 | 2538 | 40 | 344 | 104 | 636 | 1885 | 8185 | 115 | 423 | | |
| 巴东县 | 3063 | 16047 | 2961 | 18000 | 16 | 773 | 1333 | 5439 | 396 | 53 | | |
| 宣恩县 | 1525 | 25200 | 30 | 500 | 642 | 2000 | 199 | 296 | 189 | 251 | | |
| 咸丰县 | 32 | 180 | | | 2413 | 11000 | 769 | 1850 | 80 | 400 | 38 | 208 |
| 来凤县 | 410 | 1644 | 110 | 1268 | 469 | 920 | 943 | 14296 | 87 | 502 | | |
| 鹤峰县 | 411 | 411 | 29 | 33 | 218 | 487 | 413 | 736 | 220 | 571 | | |
| **仙桃市** | | | | | **389** | **9791** | **175** | **3891** | **154** | **3544** | | |
| **天门市** | | | | | **391** | **11421** | **83** | **1255** | **62** | **878** | | |
| **潜江市** | | | | | **9645** | **13800** | **2778** | **6870** | **1208** | **2308** | **362** | **693** |
| **神农架林区** | | | | | | | | | | | | |

续表4 单位：千公顷、吨

| | 果用瓜(含草莓) | | 西瓜 | | | | 魔芋产加销情况 | | | | |
|---|---|---|---|---|---|---|---|---|---|---|---|
| | | | | | 无籽西瓜 | | 魔芋生产 | | 魔芋加工 | | 加工产值(万元) |
| | 面积 | 产量 | 面积 | 产 量 | 面积 | 产量 | 面积 | 鲜芋产量 | 加工量 | 精粉 | |
| **全省合计** | **90.80** | **2931870** | **77.60** | **2536481** | **17.86** | **570143** | **176692** | **514274** | **156595** | **85825** | **142714** |
| **武汉市** | **16.54** | **482310** | **15.16** | **442906** | **4.30** | **145410** | | | | | |
| 武汉市辖区 | 2.52 | 88555 | 2.24 | 79620 | 0.15 | 5500 | | | | | |
| 蔡甸区 | 8.27 | 241155 | 7.58 | 221453 | 2.15 | 72705 | | | | | |
| 江夏区 | 4.10 | 112501 | 3.72 | 102459 | 1.50 | 54000 | | | | | |
| 黄陂区 | | | | | | | | | | | |
| 新洲区 | 1.65 | 40099 | 1.62 | 39374 | 0.50 | 13205 | | | | | |
| **黄石市** | **2.00** | **66509** | **1.74** | **51721** | **0.53** | **20661** | | | | | |
| 黄石市辖区 | 0.02 | 138 | 0.01 | 85 | | | | | | | |
| 大冶市 | 0.62 | 32244 | 0.43 | 18611 | 0.43 | 18611 | | | | | |
| 阳新县 | 1.36 | 34127 | 1.30 | 33025 | 0.10 | 2050 | | | | | |
| **十堰市** | **1.09** | **32091** | **0.77** | **20794** | **0.01** | **400** | **6570** | **67098** | **33750** | **3150** | **12812** |
| 十堰市辖区 | | | | | | | | | | | |
| 丹江口市 | 0.08 | 2380 | 0.08 | 2380 | | | | | | | |
| 郧 县 | 0.55 | 23911 | 0.42 | 16221 | | | 600 | 22000 | 13000 | 1000 | 4200 |
| 郧西县 | 0.11 | 1046 | 0.05 | 350 | | | 370 | 5488 | | | |
| 竹山县 | 0.20 | 2322 | 0.10 | 163 | | | | | | | |
| 竹溪县 | 0.03 | 451 | 0.03 | 451 | | | 5333 | 32610 | 15750 | 2150 | 5612 |
| 房 县 | 0.12 | 1981 | 0.09 | 1229 | 0.01 | 400 | 267 | 7000 | 5000 | | 3000 |
| **荆州市** | **15.80** | **631927** | **12.47** | **506522** | **4.47** | **162206** | | | | | |
| 荆州市辖区 | 3.56 | 177064 | 1.89 | 99124 | 0.07 | 3427 | | | | | |
| 江陵县 | 0.95 | 58240 | 0.84 | 53508 | | | | | | | |
| 松滋市 | 4.02 | 138432 | 3.76 | 134048 | 3.50 | 124779 | | | | | |
| 公安县 | 1.53 | 69374 | 1.35 | 63312 | | | | | | | |
| 石首市 | 1.44 | 68966 | 1.09 | 53728 | | | | | | | |
| 监利县 | 2.71 | 92239 | 2.01 | 76812 | 0.90 | 34000 | | | | | |
| 洪湖市 | 1.59 | 27612 | 1.53 | 25990 | | | | | | | |
| **宜昌市** | **2.98** | **99839** | **2.02** | **74032** | **0.40** | **12713** | **6289** | **88825** | **80545** | **66200** | **19995** |
| 宜昌市辖区 | | | | | | | | | | | |
| 夷陵区 | | | | | | | | | | | |
| 宜都市 | 0.08 | 1122 | 0.03 | 472 | | | | | | | |
| 枝江市 | 1.77 | 52511 | 1.00 | 31783 | 0.40 | 12713 | | | | | |
| 当阳市 | 0.97 | 43573 | 0.84 | 39178 | | | | | | | |
| 远安县 | | | | | | | | | | | |
| 兴山县 | 0.04 | 806 | 0.04 | 806 | | | 232 | 2405 | 2405 | | 395 |
| 秭归县 | 0.09 | 1576 | 0.08 | 1558 | | | 1790 | 28300 | 73000 | 62000 | 6100 |
| 长阳县 | 0.03 | 251 | 0.03 | 235 | | | 2667 | 40000 | 3800 | 3800 | |
| 五峰县 | | | | | | | 1600 | 18120 | 1340 | 400 | 13500 |
| **襄阳市** | **15.33** | **535792** | **14.28** | **491470** | **0.20** | **10128** | | | | | |
| 襄阳市辖区 | 0.13 | 10200 | 0.10 | 8200 | 0.10 | 8200 | | | | | |
| 老河口市 | 0.99 | 29888 | 0.77 | 24557 | | | | | | | |
| 襄州区 | 1.50 | 77449 | 1.12 | 54693 | | | | | | | |
| 枣阳市 | 2.98 | 156652 | 2.66 | 145250 | | | | | | | |
| 宜城市 | 9.37 | 256010 | 9.27 | 253177 | 0.08 | 1188 | | | | | |
| 南漳县 | 0.04 | 1441 | 0.04 | 1441 | 0.02 | 740 | | | | | |
| 谷城县 | 0.32 | 4152 | 0.32 | 4152 | | | | | | | |
| 保康县 | | | | | | | | | | | |
| **鄂州市** | **1.52** | **3400** | **1.00** | **3000** | **0.80** | **2000** | | | | | |

续表5 单位:千公顷、吨

| | 果用瓜(含草莓) | | 西瓜 | | | | 魔芋产加销情况 | | | | |
|---|---|---|---|---|---|---|---|---|---|---|---|
| | | | | | 无籽西瓜 | | 魔芋生产 | | 魔芋加工 | | 加工产值(万元) |
| | 面积 | 产量 | 面积 | 产 量 | 面积 | 产量 | 面积 | 鲜芋产量 | 加工量 | 精粉 | |
| **荆门市** | **6.20** | **192171** | **5.47** | **165225** | **2.74** | **82613** | | | | | |
| 荆门市辖区 | 1.85 | 55443 | 1.53 | 47369 | 0.77 | 23685 | | | | | |
| 沙洋县 | 0.69 | 25027 | 0.60 | 22790 | 0.30 | 11395 | | | | | |
| 钟祥市 | 1.37 | 38795 | 1.23 | 27338 | 0.62 | 13669 | | | | | |
| 京山县 | 2.29 | 72906 | 2.11 | 67728 | 1.05 | 33864 | | | | | |
| **孝感市** | **7.60** | **274515** | **6.42** | **253182** | **1.15** | **42188** | | | | | |
| 孝南区 | 1.10 | 54616 | 0.90 | 48091 | 0.20 | 6835 | | | | | |
| 孝昌县 | 0.95 | 24058 | 0.48 | 21682 | | | | | | | |
| 大悟县 | 0.91 | 12300 | 0.70 | 9107 | 0.30 | 3903 | | | | | |
| 安陆市 | 0.91 | 43137 | 0.91 | 43137 | 0.33 | 12500 | | | | | |
| 云梦县 | 0.35 | 12720 | 0.30 | 11035 | 0.00 | 0 | | | | | |
| 应城市 | 1.49 | 81406 | 1.30 | 77003 | 0.32 | 18950 | | | | | |
| 汉川市 | 1.89 | 46278 | 1.83 | 43127 | | | | | | | |
| **随州市** | **2.77** | **118850** | **2.32** | **98901** | | | | | | | |
| 曾都区 | 0.39 | 8522 | 0.39 | 8522 | | | | | | | |
| 随　县 | 0.90 | 33039 | 0.80 | 28067 | | | | | | | |
| 广水市 | 1.48 | 77289 | 1.13 | 62312 | | | | | | | |
| **黄冈市** | **4.02** | **120521** | **3.14** | **97426** | **0.19** | **14659** | | | | | |
| 黄州区 | 0.55 | 16754 | 0.49 | 14659 | 0.19 | 14659 | | | | | |
| 团风县 | 0.36 | 9457 | 0.32 | 8676 | | | | | | | |
| 红安县 | | | | | | | | | | | |
| 麻城市 | 0.40 | 15650 | 0.30 | 15375 | | | | | | | |
| 罗田县 | 0.37 | 6646 | 0.26 | 4804 | | | | | | | |
| 英山县 | 0.04 | 342 | 0.03 | 231 | | | | | | | |
| 浠水县 | 0.73 | 28559 | 0.47 | 18419 | | | | | | | |
| 蕲春县 | 0.57 | 13041 | 0.47 | 9578 | | | | | | | |
| 武穴市 | 0.62 | 16403 | 0.50 | 14037 | | | | | | | |
| 黄梅县 | 0.32 | 11318 | 0.24 | 9296 | | | | | | | |
| 龙感湖 | 0.06 | 2351 | 0.06 | 2351 | | | | | | | |
| **咸宁市** | **8.20** | **213991** | **7.72** | **206700** | **2.77** | **65956** | | | | | |
| 咸安区 | 2.47 | 68166 | 2.40 | 67393 | | | | | | | |
| 嘉鱼县 | 1.57 | 53505 | 1.37 | 49685 | | | | | | | |
| 赤壁市 | 2.52 | 62508 | 2.38 | 60736 | 2.38 | 60736 | | | | | |
| 通城县 | 0.30 | 3692 | 0.27 | 3445 | 0.17 | 1500 | | | | | |
| 崇阳县 | 1.06 | 21910 | 1.05 | 21631 | | | | | | | |
| 通山县 | 0.28 | 4210 | 0.25 | 3810 | 0.22 | 3720 | | | | | |
| **恩施自治州** | **0.98** | **17105** | **0.93** | **15016** | | | **163833** | **358351** | **42300** | **16475** | **109907** |
| 恩施市 | 0.12 | 1673 | 0.11 | 1575 | | | 24350 | 56814 | 2500 | | 18543 |
| 利川市 | 0.11 | 1569 | 0.11 | 1569 | | | 29150 | 64214 | 30000 | 13125 | 20562 |
| 建始县 | 0.10 | 1327 | 0.10 | 253 | | | 45518 | 94420 | | | 27152 |
| 巴东县 | 0.15 | 2635 | 0.15 | 2635 | | | 38990 | 77003 | 3540 | 1200 | 22598 |
| 宣恩县 | 0.06 | 1374 | 0.06 | 1374 | | | 25000 | 50080 | | | 17024 |
| 咸丰县 | 0.17 | 1950 | 0.17 | 1950 | | | 825 | 15820 | 6260 | 2150 | 4028 |
| 来凤县 | 0.26 | 6439 | 0.22 | 5522 | | | | | | | |
| 鹤峰县 | 0.01 | 138 | 0.01 | 138 | | | | | | | |
| **仙桃市** | **3.88** | **73503** | **2.69** | **54661** | | | | | | | |
| **天门市** | **1.89** | **69346** | **1.47** | **54925** | **0.30** | **11209** | | | | | |
| **潜江市** | | | | | | | | | | | |
| **神农架林区** | | | | | | | | | | | |

| | 桑园面积 | | 养蚕 | | 中药材 | | | | | |
|---|---|---|---|---|---|---|---|---|---|---|
| | | | | | | | 黄连 | | 杜仲 | |
| | 桑园面积 | 湖桑 | 发种量(万张) | 产茧量 | 面积(千公顷) | 产量 | 留存面积(千公顷) | 产量 | 总株数(万株) | 产量 |
| **全省合计** | **21635** | **16303** | **19.74** | **5525** | **107.56** | **342196** | **19.28** | **19555** | **6118.60** | **10264** |
| **武汉市** | | | | | | | | | | |
| 武汉市辖区 | | | | | | | | | | |
| 蔡甸区 | | | | | | | | | | |
| 江夏区 | | | | | | | | | | |
| 黄陂区 | | | | | | | | | | |
| 新洲区 | | | | | | | | | | |
| **黄石市** | **67** | | **2.40** | **6** | **0.10** | **1235** | | | | |
| 黄石市辖区 | | | | | | | | | | |
| 大冶市 | | | | | | | | | | |
| 阳新县 | 67 | | 2.40 | 6 | 0.10 | 1235 | | | | |
| **十堰市** | **4633** | **1333** | **0.90** | **376** | **13.25** | **105930** | **0.33** | **70** | **120** | **3452** |
| 十堰市辖区 | | | | | | | | | | |
| 丹江口市 | | | | | 0.13 | 1610 | | | | |
| 郧　县 | 1100 | 1000 | 0.30 | 236 | 1.39 | 495 | | | | |
| 郧西县 | 3200 | | 0.60 | 140 | 3.96 | 65678 | | | | 252 |
| 竹山县 | | | | | | | | | | |
| 竹溪县 | 333 | 333 | | | 2.12 | 3003 | | | | |
| 房　县 | | | | | 5.65 | 35144 | 0.33 | 70 | 120 | 3200 |
| **荆州市** | | | | | | | | | | |
| 荆州市辖区 | | | | | | | | | | |
| 江陵县 | | | | | | | | | | |
| 松滋市 | | | | | | | | | | |
| 公安县 | | | | | | | | | | |
| 石首市 | | | | | | | | | | |
| 监利县 | | | | | | | | | | |
| 洪湖市 | | | | | | | | | | |
| **宜昌市** | **4847** | **4367** | **4.93** | **1960** | **0.93** | **964** | | | **5125** | **433** |
| 宜昌市辖区 | | | | | | | | | | |
| 夷陵区 | 2400 | 1920 | 0.80 | 320 | | | | | | |
| 宜都市 | 544 | 544 | 0.95 | 435 | | 124 | | | | 121 |
| 枝江市 | | | | | | | | | | |
| 当阳市 | | | | | | | | | | |
| 远安县 | 1903 | 1903 | 3.18 | 1205 | | | | | | |
| 兴山县 | | | | | 0.33 | 680 | | | 5125 | 312 |
| 秭归县 | | | | | 0.27 | | | | | |
| 长阳县 | | | | | 0.33 | 160 | | | | |
| 五峰县 | | | | | | | | | | |
| **襄阳市** | | | | | **1.88** | | | | | |
| 襄阳市辖区 | | | | | | | | | | |
| 老河口市 | | | | | | | | | | |
| 襄州区 | | | | | | | | | | |
| 枣阳市 | | | | | 0.21 | | | | | |
| 宜城市 | | | | | 0.21 | | | | | |
| 南漳县 | | | | | 0.14 | | | | | |
| 谷城县 | | | | | | | | | | |
| 保康县 | | | | | 1.32 | | | | | |
| **鄂州市** | | | | | | | | | | |

续表7　　单位:公顷、吨

| | 桑园面积 | 湖桑 | 养蚕 | | 中药材 | | | | | |
|---|---|---|---|---|---|---|---|---|---|---|
| | | | | | | | 黄连 | | 杜仲 | |
| | | | 发种量(万张) | 产茧量 | 面积(千公顷) | 产量 | 留存面积(千公顷) | 产量 | 总株数(万株) | 产量 |
| **荆门市** | | | | | **0.83** | **11690** | | | | |
| 荆门市辖区 | | | | | 0.27 | 3795 | | | | |
| 沙洋县 | | | | | | | | | | |
| 钟祥市 | | | | | 0.56 | 7895 | | | | |
| 京山县 | | | | | | | | | | |
| **孝感市** | | | | | **0.19** | **689** | | | | |
| 孝南区 | | | | | 0.09 | 557 | | | | |
| 孝昌县 | | | | | | | | | | |
| 大悟县 | | | | | | | | | | |
| 安陆市 | | | | | | | | | | |
| 云梦县 | | | | | | | | | | |
| 应城市 | | | | | 0.10 | 132 | | | | |
| 汉川市 | | | | | | | | | | |
| **随州市** | | | | | | | | | | |
| 曾都区 | | | | | | | | | | |
| 随　县 | | | | | | | | | | |
| 广水市 | | | | | | | | | | |
| **黄冈市** | **10503** | **10503** | **10.99** | **3061** | **29.10** | **80202** | | | | |
| 黄州区 | | | | | | | | | | |
| 团风县 | | | | | 0.68 | 680 | | | | |
| 红安县 | | | | | | | | | | |
| 麻城市 | 7330 | 7330 | 6.68 | 2003 | 3.20 | 2698 | | | | |
| 罗田县 | 1200 | 1200 | 0.21 | 96 | 7.67 | 45875 | | | | |
| 英山县 | 1973 | 1973 | 4.10 | 962 | 7.23 | 28310 | | | | |
| 浠水县 | | | | | 0.02 | 50 | | | | |
| 蕲春县 | | | | | 10.30 | 2589 | | | | |
| 武穴市 | | | | | | | | | | |
| 黄梅县 | | | | | | | | | | |
| 龙感湖 | | | | | | | | | | |
| **咸宁市** | | | | | **0.63** | **3083** | **0.05** | | | |
| 咸安区 | | | | | 0.05 | | | | | |
| 嘉鱼县 | | | | | | | | | | |
| 赤壁市 | | | | | 0.03 | 165 | | | | |
| 通城县 | | | | | 0.18 | 1950 | | | | |
| 崇阳县 | | | | | 0.22 | 968 | | | | |
| 通山县 | | | | | 0.15 | | 0.05 | | | |
| **恩施自治州** | **1585** | **100** | **0.52** | **122** | **60.51** | **138357** | **18.87** | **19473** | **873.60** | **6379** |
| 恩施市 | | | | | 22.59 | 15480 | 7.70 | 2120 | 131.50 | 1441 |
| 利川市 | | | | | 9.50 | 41800 | 6.00 | 10000 | 400 | 3000 |
| 建始县 | | | | | 3.72 | 2388 | 3.72 | 2388 | | |
| 巴东县 | 1000 | 100 | 0.04 | 16 | 5.91 | 26595 | 0.06 | 113 | 9.10 | 1840 |
| 宣恩县 | | | | | 8.21 | 17257 | 0.44 | 252 | 228 | |
| 咸丰县 | | | | | 3.61 | 16930 | 0.24 | 150 | 105 | 98 |
| 来凤县 | 585 | | 0.48 | 106 | 2.86 | 15250 | 0.71 | 4450 | | |
| 鹤峰县 | | | | | 4.11 | 2657 | | | | |
| **仙桃市** | | | | | | | | | | |
| **天门市** | | | | | | | | | | |
| **潜江市** | | | | | | | | | | |
| **神农架林区** | | | | | **0.14** | **46** | **0.03** | **12** | | |

# 2011年主要农产品成本收益

## 主要种植业产品生产成本、收益与劳动生产率

| 调查项目 | | 单位 | 小麦 | 早稻 | 中稻 | 晚稻 | 玉米 | 油菜籽 | 大豆 | 棉花 | 花生 |
|---|---|---|---|---|---|---|---|---|---|---|---|
| 调查县数 | | 个 | 139 | 79 | 177 | 81 | 46 | 189 | 63 | 87 | 8 |
| 调查户数 | | 个 | 850 | 504 | 1072 | 431 | 341 | 1334 | 269 | 608 | 287 |
| 调查面积 | | 亩 | 5067.5 | 1170.8 | 7169.1 | 1118.0 | 740.0 | 4067.8 | 461.2 | 2732.7 | 486.6 |
| 一、成本与收益 | | | | | | | | | | | |
| 每亩 | 主产品产量 | 公斤 | 263 | 408 | 572 | 444 | 419 | 119 | 144 | 216 | 433 |
| | 副产品产量 | 公斤 | 196 | 297 | 345 | 258 | 414 | 123 | 173 | 345 | 334 |
| | 产值合计 | 元 | 530.14 | 1006.69 | 1543.27 | 1204.27 | 949.90 | 545.70 | 710.44 | 1822.91 | 1374.62 |
| | 主产品产值 | 元 | 500.74 | 944.65 | 1496.10 | 1150.76 | 894.52 | 523.08 | 686.64 | 1761.71 | 1349.86 |
| | 副产品产值 | 元 | 29.40 | 62.04 | 47.16 | 53.51 | 55.39 | 22.62 | 23.80 | 61.19 | 24.77 |
| | 总成本 | 元 | 366.63 | 537.67 | 649.22 | 588.52 | 475.92 | 341.45 | 350.87 | 1018.41 | 553.99 |
| | 生产成本 | 元 | 366.63 | 537.67 | 646.70 | 584.54 | 475.92 | 341.45 | 350.87 | 1017.99 | 550.27 |
| | 物质费用 | 元 | 254.79 | 352.26 | 439.12 | 402.85 | 250.34 | 187.61 | 186.21 | 493.62 | 327.94 |
| | 人工成本 | 元 | 111.84 | 185.41 | 207.58 | 181.69 | 225.58 | 153.84 | 164.66 | 524.37 | 222.33 |
| | 家庭用工数量 | 个 | 4.45 | 7.32 | 7.31 | 7.11 | 8.94 | 6.12 | 6.52 | 20.92 | 8.85 |
| | 家庭用工日工价 | 元 | 24.93 | 24.93 | 24.93 | 24.93 | 24.93 | 24.93 | 24.93 | 24.93 | 24.93 |
| | 雇工数量 | 个 | 0.07 | 0.16 | 0.68 | 0.24 | 0.13 | 0.14 | 0.05 | 0.19 | 0.10 |

| 调查项目 | | 单位 | 小麦 | 早稻 | 中稻 | 晚稻 | 玉米 | 油菜籽 | 大豆 | 棉花 | 花生 |
|---|---|---|---|---|---|---|---|---|---|---|---|
| 每亩 | 雇工工价 | 元 | 13.28 | 18.75 | 37.03 | 18.75 | 21.07 | 9.45 | 39.63 | 14.54 | 9.63 |
| | 土地成本 | 元 | | | 2.52 | 3.98 | | | | 0.42 | 3.72 |
| | 流转地租金 | 元 | | | 2.52 | 3.98 | | | | 0.42 | 3.72 |
| | 净产值 | 元 | 275.35 | 654.43 | 1104.15 | 801.43 | 699.57 | 358.09 | 524.23 | 1329.29 | 1046.69 |
| | 纯收益 | 元 | 163.51 | 469.02 | 894.05 | 615.76 | 473.98 | 204.25 | 359.57 | 804.50 | 820.64 |
| | 成本纯收益率(%) | 元 | 44.60 | 87.23 | 137.71 | 104.63 | 99.59 | 59.82 | 102.48 | 79.00 | 148.13 |
| 每50公斤主产品 | 平均出售价格 | 元 | 95.29 | 115.79 | 130.67 | 129.57 | 106.86 | 219.99 | 238.44 | 406.94 | 308.31 |
| | 总成本 | 元 | 69.77 | 65.90 | 56.70 | 66.26 | 56.85 | 143.60 | 121.84 | 235.24 | 128.01 |
| | 生产成本 | 元 | 69.77 | 65.90 | 56.48 | 65.82 | 56.85 | 143.60 | 121.84 | 235.15 | 127.50 |
| | 物质费用 | 元 | 48.49 | 43.18 | 38.35 | 45.36 | 29.91 | 78.90 | 64.66 | 114.02 | 74.79 |
| | 净产值 | 元 | 52.40 | 80.22 | 96.43 | 90.24 | 83.57 | 150.60 | 182.04 | 307.05 | 238.96 |
| | 纯收益 | 元 | 31.12 | 57.49 | 78.08 | 69.33 | 56.62 | 85.90 | 124.86 | 185.83 | 189.62 |
| 每一劳动日 | 主产品产量 | 公斤 | 58 | 55 | 72 | 60 | 23 | 19 | 22 | 10 | 50 |
| | 净产值 | 元 | 60.92 | 87.54 | 138.12 | 109.08 | 77.14 | 57.21 | 79.74 | 62.95 | 119.27 |
| 每亩 | 主产品出售量 | 公斤 | 234 | 316 | 448 | 354 | 259 | 90 | 117 | 194 | 359 |
| | 主产品出售价值 | 元 | 445.26 | 732.93 | 1172.04 | 916.18 | 554.27 | 394.38 | 557.74 | 1578.89 | 1126.36 |
| 附记1:每亩成本外支出 | | 元 | 1.84 | 2.40 | 3.84 | 2.15 | 8.68 | 0.59 | 3.82 | 0.69 | |
| 附记2:每亩补贴收入 | | 元 | 57.52 | 67.70 | 78.56 | 78.74 | 35.17 | 21.77 | 7.91 | 23.83 | 13.15 |

| 调查项目 | 单位 | 小麦 | 早稻 | 中稻 | 晚稻 | 玉米 | 油菜籽 | 大豆 | 棉花 | 花生 |
|---|---|---|---|---|---|---|---|---|---|---|
| 二、每亩物质费用合计 | 元 | 254.79 | 352.26 | 439.12 | 402.85 | 250.34 | 187.61 | 186.21 | 493.62 | 327.94 |
| (一)直接生产费用小计 | 元 | 244.54 | 343.58 | 422.94 | 395.11 | 233.24 | 178.78 | 170.31 | 473.58 | 314.75 |
| 1、种籽、种苗费 | 元 | 45.73 | 48.24 | 67.18 | 54.21 | 40.21 | 19.80 | 43.36 | 53.07 | 139.02 |
| 2、农家肥费 | 元 | 2.72 | 1.66 | 2.92 | 0.72 | 8.92 | 2.96 | 2.40 | 9.77 | 0.50 |
| 3、化肥费 | 元 | 79.40 | 108.89 | 127.14 | 127.52 | 109.86 | 79.34 | 46.70 | 245.23 | 90.29 |
| 4、塑料薄膜费 | 元 | 0.00 | 5.11 | 1.72 | 0.00 | 0.31 | 0.04 | 0.45 | 9.65 | 4.03 |
| 5、农药费 | 元 | 14.88 | 33.46 | 57.05 | 65.69 | 10.70 | 12.77 | 11.13 | 87.39 | 19.83 |
| 6、畜力费 | 元 | 8.31 | 35.79 | 19.73 | 22.16 | 18.87 | 22.75 | 31.84 | 14.46 | 20.60 |
| 7、机械作业费 | 元 | 88.40 | 86.26 | 117.43 | 105.45 | 38.04 | 36.09 | 30.27 | 35.02 | 36.52 |
| 8、灌溉费 | 元 | 2.19 | 19.98 | 21.53 | 14.94 | 3.55 | 2.15 | 2.29 | 11.17 | 0.18 |
| 9、燃料动力费 | 元 | 1.40 | 0.07 | 2.94 | 2.18 | 1.04 | 2.07 |  | 4.22 | 1.53 |
| 10、棚架材料费 | 元 |  | 1.72 | 0.06 |  |  |  | 0.03 | 1.91 |  |
| 11、其它直接生产费用 | 元 | 1.51 | 2.40 | 5.25 | 2.22 | 1.74 | 0.81 | 1.84 | 1.68 | 2.26 |
| (二)间接生产费用小计 | 元 | 10.25 | 8.68 | 16.18 | 7.74 | 17.10 | 8.83 | 15.90 | 20.04 | 13.18 |
| 1、固定资产折旧费 | 元 | 4.29 | 2.42 | 4.14 | 1.90 | 4.01 | 3.35 | 3.72 | 5.72 | 3.58 |
| 2、初期生产费用分摊 | 元 | 0.16 | 0.02 | 1.07 | 0.01 | 1.76 | 0.16 | 0.98 | 1.61 |  |
| 3、小农具购置及修理费 | 元 | 2.32 | 2.97 | 5.17 | 3.03 | 5.85 | 2.51 | 5.11 | 5.83 | 4.80 |
| 4、管理费及其他间接生产费 | 元 | 1.59 | 1.64 | 2.28 | 0.48 | 1.31 | 1.63 | 2.66 | 4.13 | 1.92 |

| 调查项目 | 单位 | 小麦 | 早稻 | 中稻 | 晚稻 | 玉米 | 油菜籽 | 大豆 | 棉花 | 花生 |
|---|---|---|---|---|---|---|---|---|---|---|
| 5、销售费用 | 元 | 1.90 | 1.63 | 3.52 | 2.31 | 4.17 | 1.19 | 3.44 | 2.76 | 2.88 |
| 附记:每亩化肥混合使用量 | 公斤 | 57.8 | 77.4 | 72.8 | 67.6 | 77.3 | 52.2 | 26.4 | 107.5 | 8.8 |
| 三、每亩劳动用工合计 | 个 | 4.4 | 7.3 | 7.3 | 7.1 | 8.9 | 6.1 | 6.5 | 20.9 | 8.4 |
| (一)直接生产用工小计 | 个 | 3.6 | 6.8 | 6.5 | 6.6 | 8.2 | 5.6 | 6.0 | 19.7 | 1.2 |
| 1、播种前翻耕整地用工 | 个 | 0.6 | 1.2 | 1.0 | 0.8 | 1.0 | 0.9 | 1.7 | 1.0 | 1.4 |
| 2、种籽准备与播种用工 | 个 | 0.5 | 1.2 | 1.0 | 1.4 | 1.4 | 0.9 | 0.9 | 1.9 | 0.3 |
| 3、施肥用工 | 个 | 0.3 | 0.4 | 0.6 | 0.5 | 0.7 | 0.4 | 0.3 | 1.6 | 0.1 |
| 4、排灌用工 | 个 | 0.2 | 0.7 | 0.8 | 0.7 | 0.2 | 0.2 | 0.2 | 0.6 | 1.3 |
| 5、田间管理用工 | 个 | 0.8 | 1.2 | 1.6 | 1.5 | 1.5 | 1.1 | 0.9 | 5.3 | 3.7 |
| 6、收获用工 | 个 | 0.8 | 1.8 | 1.4 | 1.5 | 3.0 | 1.9 | 1.7 | 8.8 | 0.2 |
| 7、初制加工用工 | 个 | 0.2 | 0.0 | 0.1 | 0.1 | 0.2 | 0.1 | 0.2 | 0.2 | 0.1 |
| 8、其它直接生产用工 | 个 | 0.1 | 0.3 | 0.1 | 0.1 | 0.1 | 0.1 | 0.1 | 0.3 | 0.5 |
| (二)间接生产用工小计 | 个 | 0.8 | 0.5 | 0.8 | 0.6 | 0.8 | 0.6 | 0.6 | 1.3 | |
| 1、初期生产用工分摊 | 个 | 0.0 | 0.0 | 0.1 | 0.1 | 0.1 | 0.0 | 0.1 | 0.3 | 0.1 |
| 2、积肥用工 | 个 | 0.1 | 0.1 | 0.1 | | 0.3 | 0.1 | 0.1 | 0.1 | |
| 3、经营管理用工 | 个 | 0.1 | 0.1 | 0.2 | 0.2 | | 0.1 | 0.1 | 0.2 | |
| 4、一事一议酬劳 | 个 | 0.2 | | 0.1 | | 0.2 | 0.1 | 0.1 | | 0.1 |
| 5、其它间接生产用工 | 个 | 0.2 | 0.1 | 0.1 | 0.1 | 0.1 | 0.1 | 0.1 | 0.2 | 0.1 |
| 6、销售用工 | 个 | 0.1 | 0.2 | 0.2 | 0.2 | 0.1 | 0.1 | 0.1 | 0.5 | 0.1 |

# 全省主要粮食作物良种面积

单位:千公顷

| | 面积 | | 面积 |
|---|---|---|---|
| 一、水稻 | 2172.23 | (4)绵Ⅱ优838 | 21.07 |
| (一)常规品种 | 362.75 | (5)两优培九 | 114.35 |
| 1、早 稻 | 162.68 | (6)新两优6号 | 72.35 |
| (1)鄂早18 | 60.62 | (7)丰两优香1号 | 171.64 |
| (2)嘉育948 | 16.56 | (8)冈优725 | 22.00 |
| (3)鄂早16 | 6.78 | (9)D优202 | 23.36 |
| (4)舟903 | 2.34 | (10)金优725 | 19.56 |
| (5)鄂早13 | 2.28 | (11)红莲优6号 | 17.62 |
| (6)鄂早14 | 4.79 | (12)天两优616 | 23.98 |
| (7)鄂早11 | 4.22 | (13)珞优8号 | 55.77 |
| (8)华矮837 | 1.98 | (14)荆两优10号 | 6.78 |
| (9)中鉴100 | 1.11 | (15)Q优6号 | 63.27 |
| (10)其 它 | 62.00 | (16)培两优3076 | 24.25 |
| 2、中 稻 | 114.06 | (17)天优8号 | 10.73 |
| (1)扬稻6号 | 7.62 | (18)荆两优10号 | 10.11 |
| (2)鉴真2号 | 8.75 | (19)广两优476 | 28.17 |
| (3)鄂荆糯6号 | 17.49 | (20)其它 | 382.00 |
| (4)鄂荆糯7号 | 1.30 | 3、晚 稻 | 319.06 |
| (5)鄂中5号 | 9.41 | (1)荆楚优148 | 26.33 |
| (6)黄华占 | 25.18 | (2)金优207 | 17.94 |
| (7)其 它 | 44.31 | (3)金优928 | 56.26 |
| 3、晚 稻 | 86.01 | (4)金优12 | 4.01 |
| (1)鄂晚5号 | 4.39 | (5)金优38 | 30.47 |
| (2)鄂晚9号 | 0.32 | (6)金优桂99 | 1.42 |
| (3)鄂晚10号 | 4.05 | (7)金优77 | 4.09 |
| (4)鄂晚11 | 5.05 | (8)金优晚3 | 3.01 |
| (5)鄂晚15 | 5.57 | (9)中9优288 | 56.85 |
| (6)鄂晚17 | 30.22 | (10)汕优晚3 | 1.72 |
| (7)其 它 | 36.41 | (11)协优64 | 1.26 |
| (二)杂交组合 | 1809.48 | (12)荆优928 | 2.69 |
| 1、早 稻 | 185.81 | (13)新香优96 | 3.01 |
| (1)两优42 | 21.60 | (14)鄂粳杂1号 | 8.59 |
| (2)金优152 | 5.58 | (15)鄂粳杂3号 | 11.71 |
| (3)金优402 | 39.35 | (16)鄂籼杂1号 | 4.86 |
| (4)金优928 | 6.33 | (17)岳优9113 | 17.46 |
| (5)两优287 | 68.25 | (18)其 它 | 67.38 |
| (6)其它 | 44.70 | 二、小 麦 | 1027.89 |
| 2、中 稻 | 1304.61 | 1、鄂恩6号 | 21.43 |
| (1)扬两优6号 | 189.93 | 2、宛麦369 | 13.58 |
| (2)Ⅱ优明86 | 24.26 | 3、鄂麦14 | 49.53 |
| (3)Ⅱ优725 | 23.41 | 4、鄂麦15 | 20.92 |

续表　　　　续表单位:千公顷

| | 面 积 | | 面 积 |
|---|---|---|---|
| 5、鄂麦18 | 95.16 | 2、晋杂12号 | 0.63 |
| 6、鄂麦23 | 77.30 | 3、其 它 | 0.81 |
| 7、鄂麦24 | 8.21 | 六、马铃薯良种 | 235.62 |
| 8、鄂麦352 | 12.24 | 1、鄂马铃薯1号 | 15.34 |
| 9、华麦13 | 21.81 | 2、鄂马铃薯3号 | 34.44 |
| 10、郑麦9023 | 558.29 | 3、鄂马铃薯4号 | 12.79 |
| 11、鄂恩5号 | 5.20 | 4、鄂马铃薯5号 | 76.56 |
| 12、襄麦25 | 40.88 | 5、鄂芋一号 | 2.45 |
| 13、其 它 | 103.34 | 6、南中552 | 9.90 |
| 三、大麦良种 | 17.52 | 7、其 它 | 84.14 |
| 1、鄂大麦6号 | 3.02 | 七、红薯良种 | 138.13 |
| 2、鄂大麦7号 | 4.00 | 1、鄂薯1号 | 17.72 |
| 3、鄂大麦8号 | 2.97 | 2、鄂薯2号 | 9.87 |
| 4、华大麦1号 | 0.50 | 3、鄂薯3号 | 7.47 |
| 5、华大麦2号 | 0.36 | 4、鄂薯407 | 2.60 |
| 6、华大麦3号 | 2.21 | 5、鄂薯603 | 2.47 |
| 7、鄂啤5号 | 1.52 | 6、恩薯1号 | 29.44 |
| 8、西引2号 | 0.23 | 7、徐薯18 | 33.55 |
| 9、其 它 | 2.71 | 8、其 它 | 35.01 |
| 四、玉米良种 | 517.94 | 八、大豆良种 | 132.72 |
| 1、华玉4号 | 14.21 | 1、猴子毛 | 10.12 |
| 2、农大108 | 20.58 | 2、六月爆 | 18.44 |
| 3、鄂玉9号 | 7.94 | 3、鄂豆6号 | 5.49 |
| 4、鄂玉10号 | 22.95 | 4、鄂豆7号 | 2.78 |
| 5、鄂玉23 | 7.41 | 5、鄂豆8号 | 27.11 |
| 6、鄂玉25 | 14.85 | 6、中豆8号 | 9.34 |
| 7、鄂玉26 | 19.25 | 7、中豆29 | 1.06 |
| 8、蠡玉16 | 31.42 | 8、中豆30 | 5.79 |
| 9、宜单629 | 21.89 | 9、中豆33 | 13.56 |
| 10、鄂玉16 | 9.34 | 10、中豆34 | 2.87 |
| 11、鄂玉17 | 3.55 | 10、其 它 | 36.16 |
| 12、鄂玉18 | 22.65 | 九、蚕豆良种 | 25.21 |
| 13、雅玉2号 | 8.35 | 1、启豆50号 | 4.53 |
| 14、登海9号 | 52.83 | 2、青皮豆 | 7.64 |
| 15、中农大451 | 6.92 | 3、78-2 | 1.69 |
| 16、华甜玉3号 | 11.22 | 4、其 它 | 11.35 |
| 17、掖单13 | 23.99 | 十、豌豆良种 | 10.84 |
| 18、其 它 | 218.59 | 1、中豌6号 | 6.14 |
| 五、高粱良种 | 1.51 | 2、秦选1号 | 0.75 |
| 1、辽杂10号 | 0.07 | 3、其它 | 3.95 |

# 2011年主要粮食良种

单位：千公顷

| | 水稻良种面积合计 | 常规水稻 | 早稻 | | | 中稻 | | | |
|---|---|---|---|---|---|---|---|---|---|
| | | | 早稻 | 鄂早18 | 嘉育948 | 中稻 | 鄂荆糯6号 | 鄂中5号 | 黄华占 |
| **全省合计** | **2172.23** | **362.75** | **162.68** | **60.62** | **16.56** | **114.06** | **17.49** | **9.41** | **25.18** |
| **武汉市** | **140.89** | **61.33** | **24.79** | **11.82** | **0.70** | **3.23** | | **1.05** | **0.43** |
| 武汉市辖区 | 1.56 | | | | | | | | |
| 蔡甸区 | 8.38 | 1.53 | 0.54 | 0.13 | | 0.46 | | | |
| 江夏区 | 33.05 | 2.49 | 1.85 | 1.10 | 0.30 | | | | |
| 黄陂区 | 52.83 | 24.50 | 8.40 | 3.30 | | 1.85 | | 0.92 | 0.23 |
| 新洲区 | 45.07 | 32.81 | 14.00 | 7.29 | 0.40 | 0.92 | | 0.13 | 0.20 |
| **黄石市** | **85.25** | **3.24** | **2.04** | **0.89** | | **0.60** | | | **0.60** |
| 黄石市辖区 | 0.84 | | | | | | | | |
| 大冶市 | 38.57 | 3.05 | 1.85 | 0.85 | | 0.60 | | | 0.60 |
| 阳新县 | 45.84 | 0.19 | 0.19 | 0.04 | | 0.00 | | | 0.00 |
| **十堰市** | **35.87** | **0.40** | | | | **0.40** | **0.20** | **0.10** | **0.08** |
| 十堰市辖区 | 0.25 | | | | | | | | |
| 丹江口市 | 6.05 | 0.02 | | | | 0.02 | | | 0.02 |
| 郧　县 | 6.49 | | | | | | | | |
| 郧西县 | 3.15 | | | | | | | | |
| 竹山县 | 6.40 | | | | | | | | |
| 竹溪县 | 5.40 | 0.10 | | | | 0.10 | | 0.10 | |
| 房　县 | 8.13 | 0.28 | | | | 0.28 | 0.20 | | 0.06 |
| **荆州市** | **393.09** | **47.21** | **42.21** | **4.21** | **8.61** | **3.45** | **2.30** | | **0.37** |
| 荆州市辖区 | 31.29 | 0.41 | 0.04 | | | 0.37 | 0.20 | | |
| 江陵县 | 28.42 | | | | | | | | |
| 松滋市 | 43.14 | 8.22 | 8.22 | 1.48 | 2.74 | | | | |
| 公安县 | 59.99 | | | | | | | | |
| 石首市 | 33.12 | 8.14 | 6.34 | 2.12 | 2.15 | 0.59 | 0.10 | | 0.37 |
| 监利县 | 144.88 | 28.88 | 26.05 | | 3.30 | 2.49 | 2.00 | | |
| 洪湖市 | 52.25 | 1.56 | 1.56 | 0.61 | 0.42 | | | | |
| **宜昌市** | **84.77** | **7.12** | **3.90** | **1.30** | **1.00** | **3.17** | | **0.01** | **0.70** |
| 宜昌市辖区 | 0.40 | | | | | | | | |
| 夷陵区 | 9.28 | | | | | | | | |
| 宜都市 | 4.26 | | | | | | | | |
| 枝江市 | 28.03 | 4.23 | 3.90 | 1.30 | 1.00 | 0.28 | | | |
| 当阳市 | 28.11 | 2.89 | | | | 2.89 | | 0.01 | 0.70 |
| 远安县 | 7.50 | | | | | | | | |
| 兴山县 | 2.12 | | | | | | | | |
| 秭归县 | 2.37 | | | | | | | | |
| 长阳县 | 2.50 | | | | | | | | |
| 五峰县 | 0.20 | | | | | | | | |
| **襄阳市** | **177.36** | **6.37** | | | | **6.37** | | **1.20** | **1.76** |
| 襄阳市辖区 | 18.08 | 0.56 | | | | 0.56 | | | 0.56 |
| 老河口市 | 13.62 | | | | | | | | |
| 襄州区 | 44.80 | 3.80 | | | | 3.80 | | 1.00 | 1.00 |
| 枣阳市 | 48.14 | | | | | | | | |
| 宜城市 | 31.01 | | | | | | | | |
| 南漳县 | 2.01 | 2.01 | | | | 2.01 | | 0.20 | 0.20 |
| 谷城县 | 16.49 | | | | | | | | |
| 保康县 | 3.21 | | | | | | | | |
| **鄂州市** | **26.90** | **10.90** | **7.00** | **3.00** | | **0.90** | | **0.50** | |

续表1

单位：千公顷

| | 水稻良种面积合计 | 常规水稻 | 早稻 | 鄂早18 | 嘉育948 | 中稻 | 鄂荆糯6号 | 鄂中5号 | 黄华占 |
|---|---|---|---|---|---|---|---|---|---|
| **荆门市** | **185.84** | **21.49** | **2.03** | **0.85** | **0.33** | **18.94** | **5.10** | **3.60** | |
| 荆门市辖区 | 25.69 | 0.23 | | | | 0.23 | 0.10 | 0.13 | |
| 沙洋县 | 59.57 | 6.70 | 0.12 | | | 6.48 | 4.67 | | |
| 钟祥市 | 44.66 | | | | | | | | |
| 京山县 | 55.92 | 14.56 | 1.91 | 0.85 | 0.33 | 12.23 | 0.33 | 3.47 | |
| **孝感市** | **210.43** | **74.81** | **19.69** | **7.07** | **1.81** | **40.70** | **9.69** | **0.30** | **3.81** |
| 孝南区 | 31.84 | 18.39 | 3.66 | 1.40 | 1.11 | 9.88 | 2.76 | | 2.62 |
| 孝昌县 | 24.42 | 9.61 | 2.48 | 2.00 | | 4.47 | | | 0.02 |
| 大悟县 | 20.20 | 1.48 | 0.18 | 0.15 | | 1.30 | | | |
| 安陆市 | 28.63 | | | | | | | | |
| 云梦县 | 22.56 | 13.93 | 3.22 | | 0.35 | 7.21 | 4.73 | | 0.76 |
| 应城市 | 41.01 | 28.43 | 8.10 | 3.00 | | 17.33 | 2.20 | 0.30 | 0.10 |
| 汉川市 | 41.77 | 2.97 | 2.05 | 0.52 | 0.35 | 0.51 | | | 0.31 |
| **随州市** | **111.14** | **4.55** | | | | **4.55** | | | **2.10** |
| 曾都区 | 21.59 | | | | | | | | |
| 随　县 | 57.50 | 2.10 | | | | 2.10 | | | 2.10 |
| 广水市 | 32.05 | 2.45 | | | | 2.45 | | | |
| **黄冈市** | **368.20** | **96.32** | **41.13** | **21.01** | | **25.05** | **0.20** | **2.20** | **13.13** |
| 黄州区 | 7.08 | 0.43 | 0.43 | 0.43 | | | | | |
| 团风县 | 22.30 | 3.12 | 1.08 | 0.20 | | 1.44 | | | 1.41 |
| 红安县 | 45.31 | 12.30 | 6.99 | 1.61 | | 0.76 | | | |
| 麻城市 | 47.03 | 7.40 | 3.37 | 3.02 | | | | | |
| 罗田县 | 21.05 | 1.05 | 0.16 | 0.10 | | 0.17 | | | |
| 英山县 | 14.02 | | | | | | | | |
| 浠水县 | 55.02 | 2.54 | 2.10 | 2.00 | | 0.19 | | | 0.19 |
| 蕲春县 | 52.35 | 10.45 | 5.23 | 5.00 | | 1.31 | 0.20 | 0.10 | |
| 武穴市 | 48.15 | 17.15 | 10.49 | 5.85 | | 5.38 | | | 3.50 |
| 黄梅县 | 52.76 | 38.85 | 11.28 | 2.80 | | 12.77 | | 2.10 | 5.10 |
| 龙感湖 | 3.13 | 3.03 | | | | 3.03 | | | 2.93 |
| **咸宁市** | **142.75** | **16.18** | **12.59** | **5.59** | **3.32** | **1.97** | | **0.20** | **1.77** |
| 咸安区 | 26.48 | 2.15 | 0.79 | 0.35 | | 1.36 | | | 1.36 |
| 嘉鱼县 | 19.77 | 2.39 | 1.29 | | | | | | |
| 赤壁市 | 32.08 | 6.51 | 5.81 | 1.40 | 2.87 | 0.30 | | 0.20 | 0.10 |
| 通城县 | 28.93 | 3.14 | 3.14 | 3.14 | | | | | |
| 崇阳县 | 26.09 | 1.99 | 1.56 | 0.70 | 0.45 | 0.31 | | | 0.31 |
| 通山县 | 9.40 | | | | | | | | |
| **恩施自治州** | **61.54** | **0.55** | | | | **0.55** | | | |
| 恩施市 | 9.23 | | | | | | | | |
| 利川市 | 18.67 | | | | | | | | |
| 建始县 | 1.02 | | | | | | | | |
| 巴东县 | 1.90 | | | | | | | | |
| 宣恩县 | 8.82 | 0.20 | | | | 0.20 | | | |
| 咸丰县 | 10.80 | 0.35 | | | | 0.35 | | | |
| 来凤县 | 8.96 | | | | | | | | |
| 鹤峰县 | 2.14 | | | | | | | | |
| **仙桃市** | **61.12** | **2.59** | **1.44** | **0.55** | **0.79** | **0.35** | | **0.25** | **0.10** |
| **天门市** | **56.39** | **9.69** | **5.86** | **4.33** | | **3.83** | | | **0.33** |
| **潜江市** | **30.62** | | | | | | | | |
| **神农架林区** | **0.07** | | | | | | | | |

续表2 单位:千公顷

| | 常规稻良种面积(续) | | | | | | | | |
|---|---|---|---|---|---|---|---|---|---|
| | 晚 稻 | 鄂晚17 | 杂交水稻 | 早 稻 | 两优42 | 金优402 | 两优287 | 中 稻 | 扬两优6号 |
| **全省合计** | **86.01** | **30.22** | **1809.48** | **185.81** | **21.60** | **39.35** | **68.25** | **1304.61** | **189.93** |
| **武汉市** | **33.31** | **17.32** | **79.56** | **22.00** | **2.10** | **4.13** | **9.46** | **33.84** | **8.58** |
| 武汉市辖区 | | | 1.56 | | | | | 1.50 | 0.20 |
| 蔡甸区 | 0.53 | 0.33 | 6.85 | 0.32 | | 0.07 | 0.12 | 6.33 | 1.20 |
| 江夏区 | 0.64 | 0.34 | 30.56 | 10.47 | 2.10 | 0.20 | 3.30 | 6.88 | 1.70 |
| 黄陂区 | 14.25 | 4.25 | 28.33 | 6.93 | 0.00 | 3.25 | 2.83 | 14.20 | 4.25 |
| 新洲区 | 17.89 | 12.40 | 12.26 | 4.28 | 0.00 | 0.61 | 3.21 | 4.93 | 1.23 |
| **黄石市** | **0.60** | | **82.01** | **28.69** | **2.00** | **3.15** | **3.60** | **19.05** | **1.70** |
| 黄石市辖区 | | | 0.84 | 0.29 | | | 0.10 | 0.25 | |
| 大冶市 | 0.60 | | 35.52 | 12.35 | | | 1.00 | 6.50 | |
| 阳新县 | | | 45.65 | 16.05 | 2.00 | 3.15 | 2.50 | 12.30 | 1.70 |
| **十堰市** | | | **35.47** | | | | | **35.47** | **2.57** |
| 十堰市辖区 | | | 0.25 | | | | | 0.25 | |
| 丹江口市 | | | 6.03 | | | | | 6.03 | 0.67 |
| 郧 县 | | | 6.49 | | | | | 6.49 | |
| 郧西县 | | | 3.15 | | | | | 3.15 | |
| 竹山县 | | | 6.40 | | | | | 6.40 | 1.90 |
| 竹溪县 | | | 5.30 | | | | | 5.30 | |
| 房 县 | | | 7.85 | | | | | 7.85 | |
| **荆州市** | **1.55** | **1.03** | **345.88** | **29.87** | **3.28** | **0.55** | **21.62** | **237.00** | **19.27** |
| 荆州市辖区 | | | 30.88 | 2.00 | 0.50 | 0.50 | 0.50 | 26.36 | 0.77 |
| 江陵县 | | | 28.42 | 0.03 | | | 0.03 | 28.39 | |
| 松滋市 | | | 34.92 | 2.06 | 0.41 | 0.05 | 0.72 | 21.63 | 4.54 |
| 公安县 | | | 59.99 | 14.89 | | | 14.89 | 28.51 | |
| 石首市 | 1.21 | 1.03 | 24.98 | 1.48 | | | 0.85 | 16.34 | 4.42 |
| 监利县 | 0.34 | | 116.00 | 6.70 | 2.00 | | 3.30 | 73.30 | 1.30 |
| 洪湖市 | | | 50.69 | 2.71 | 0.37 | | 1.33 | 42.47 | 8.24 |
| **宜昌市** | **0.05** | **0.05** | **77.65** | **3.00** | **1.00** | **1.00** | **1.00** | **66.55** | **3.40** |
| 宜昌市辖区 | | | 0.40 | | | | | 0.40 | |
| 夷陵区 | | | 9.28 | | | | | 9.28 | |
| 宜都市 | | | 4.26 | | | | | 4.26 | |
| 枝江市 | 0.05 | 0.05 | 23.80 | 3.00 | 1.00 | 1.00 | 1.00 | 12.70 | 1.00 |
| 当阳市 | | | 25.22 | | | | | 25.22 | 0.50 |
| 远安县 | | | 7.50 | | | | | 7.50 | 1.90 |
| 兴山县 | | | 2.12 | | | | | 2.12 | |
| 秭归县 | | | 2.37 | | | | | 2.37 | |
| 长阳县 | | | 2.50 | | | | | 2.50 | |
| 五峰县 | | | 0.20 | | | | | 0.20 | |
| **襄阳市** | | | **170.99** | | | | | **170.99** | **8.87** |
| 襄阳市辖区 | | | 17.52 | | | | | 17.52 | |
| 老河口市 | | | 13.62 | | | | | 13.62 | 1.36 |
| 襄州区 | | | 41.00 | | | | | 41.00 | 2.00 |
| 枣阳市 | | | 48.14 | | | | | 48.14 | 3.80 |
| 宜城市 | | | 31.01 | | | | | 31.01 | 1.50 |
| 南漳县 | | | | | | | | | |
| 谷城县 | | | 16.49 | | | | | 16.49 | |
| 保康县 | | | 3.21 | | | | | 3.21 | 0.21 |
| **鄂州市** | **3.00** | | **16.00** | **4.00** | | **1.00** | | **8.00** | |

| | 常规稻良种面积(续) | | 杂交水稻 | | | | | | |
|---|---|---|---|---|---|---|---|---|---|
| | 晚稻 | 鄂晚17 | | 早稻 | 两优42 | 金优402 | 两优287 | 中稻 | 扬两优6号 |
| **荆门市** | **0.52** | | **164.35** | **4.98** | **1.00** | | **2.58** | **151.70** | **25.79** |
| 荆门市辖区 | | | 25.46 | | | | | 25.46 | |
| 沙洋县 | 0.10 | | 52.87 | 0.25 | | | | 52.62 | 5.30 |
| 钟祥市 | | | 44.66 | | | | | 44.66 | 8.75 |
| 京山县 | 0.42 | | 41.36 | 4.73 | 1.00 | | 2.58 | 28.96 | 11.74 |
| **孝感市** | **14.42** | **7.10** | **135.62** | **2.36** | **0.04** | **0.89** | **1.09** | **121.85** | **28.90** |
| 孝南区 | 4.85 | 3.25 | 13.45 | 0.17 | | | 0.17 | 12.78 | 4.96 |
| 孝昌县 | 2.66 | 1.98 | 14.81 | 0.21 | | | | 14.21 | |
| 大悟县 | | | 18.72 | 0.10 | | 0.10 | | 18.17 | |
| 安陆市 | | | 28.63 | | | | | 28.63 | 3.30 |
| 云梦县 | 3.50 | 0.74 | 8.63 | 1.09 | | 0.69 | 0.40 | 6.19 | 1.24 |
| 应城市 | 3.00 | 0.90 | 12.58 | 0.67 | | 0.10 | 0.50 | 5.18 | 2.20 |
| 汉川市 | 0.41 | 0.23 | 38.80 | 0.12 | 0.04 | | 0.02 | 36.69 | 17.20 |
| **随州市** | | | **106.59** | | | | | **106.59** | **17.62** |
| 曾都区 | | | 21.59 | | | | | 21.59 | 5.32 |
| 随　县 | | | 55.40 | | | | | 55.40 | 9.50 |
| 广水市 | | | 29.60 | | | | | 29.60 | 2.80 |
| **黄冈市** | **30.14** | **3.49** | **271.88** | **62.52** | **9.93** | **21.94** | **18.63** | **110.19** | **24.38** |
| 黄州区 | | | 6.65 | 1.72 | 0.43 | | 0.86 | 2.93 | 1.46 |
| 团风县 | 0.60 | | 19.18 | 5.09 | 2.21 | 0.51 | 2.25 | 7.89 | 4.42 |
| 红安县 | 4.55 | 1.20 | 33.01 | 6.44 | | 3.15 | 1.25 | 12.57 | 2.20 |
| 麻城市 | 4.03 | 1.84 | 39.63 | 7.60 | | 6.08 | 1.52 | 21.30 | 5.80 |
| 罗田县 | 0.72 | 0.20 | 20.00 | 0.30 | 0.05 | 0.10 | | 19.00 | |
| 英山县 | | | 14.02 | 0.62 | 0.24 | 0.10 | 0.28 | 11.14 | 2.05 |
| 浠水县 | 0.25 | 0.25 | 52.48 | 18.10 | 6.00 | 5.00 | 6.00 | 9.80 | 2.50 |
| 蕲春县 | 3.91 | | 41.90 | 12.30 | 0.20 | 6.50 | 2.80 | 12.10 | 1.80 |
| 武穴市 | 1.28 | | 31.00 | 7.00 | | 0.50 | 2.00 | 5.00 | 1.00 |
| 黄梅县 | 14.80 | | 13.91 | 3.35 | 0.80 | | 1.67 | 8.36 | 3.10 |
| 龙感湖 | | | 0.10 | | | | | 0.10 | 0.05 |
| **咸宁市** | **1.62** | **0.71** | **126.57** | **23.57** | **1.40** | **6.69** | **7.13** | **65.93** | **13.55** |
| 咸安区 | | | 24.33 | 0.87 | | 0.59 | 0.16 | 21.28 | 1.40 |
| 嘉鱼县 | 1.10 | 0.23 | 17.38 | 1.61 | 0.81 | | 0.80 | 13.82 | 5.88 |
| 赤壁市 | 0.40 | 0.40 | 25.57 | 3.07 | | 1.60 | 1.47 | 13.60 | 5.87 |
| 通城县 | | | 25.79 | 9.85 | | 4.00 | 4.20 | 1.50 | 0.40 |
| 崇阳县 | 0.12 | 0.08 | 24.10 | 7.59 | 0.59 | 0.50 | 0.50 | 7.50 | |
| 通山县 | | | 9.40 | 0.58 | | | | 8.23 | |
| **恩施自治州** | | | **60.99** | | | | | **60.99** | |
| 恩施市 | | | 9.23 | | | | | 9.23 | |
| 利川市 | | | 18.67 | | | | | 18.67 | |
| 建始县 | | | 1.02 | | | | | 1.02 | |
| 巴东县 | | | 1.90 | | | | | 1.90 | |
| 宣恩县 | | | 8.62 | | | | | 8.62 | |
| 咸丰县 | | | 10.45 | | | | | 10.45 | |
| 来凤县 | | | 8.96 | | | | | 8.96 | |
| 鹤峰县 | | | 2.14 | | | | | 2.14 | |
| **仙桃市** | **0.80** | **0.52** | **58.53** | **0.16** | **0.05** | | **0.09** | **55.17** | **15.61** |
| **天门市** | | | **46.70** | **4.61** | **0.80** | | **3.00** | **30.66** | **9.00** |
| **潜江市** | | | **30.62** | **0.05** | | | **0.05** | **30.56** | **10.69** |
| **神农架林区** | | | **0.07** | | | | | **0.07** | |

续表4　　单位:千公顷

| | 杂交中稻良种面积(续) | | | | | | | | |
|---|---|---|---|---|---|---|---|---|---|
| | Ⅱ优明86 | Ⅱ优725 | 绵Ⅱ优838 | 两优培九 | 新两优6号 | 丰两优香1号 | 冈优725 | D优202 | 金优725 |
| **全省合计** | **24.26** | **23.41** | **21.07** | **114.35** | **72.35** | **171.64** | **22.00** | **23.36** | **19.56** |
| **武汉市** | **0.48** | **0.20** | | **4.71** | **1.98** | **1.53** | **0.06** | **0.27** | **0.02** |
| 武汉市辖区 | | | | 1.13 | | | | | |
| 蔡甸区 | | | | 0.13 | 0.87 | 0.40 | | | |
| 江夏区 | | | | 0.40 | 0.70 | 0.60 | | | |
| 黄陂区 | | | | 2.23 | | 0.53 | | | |
| 新洲区 | 0.48 | 0.20 | | 0.82 | 0.41 | | 0.06 | 0.27 | 0.02 |
| **黄石市** | **0.50** | **0.40** | | **5.48** | **0.80** | **0.82** | **0.40** | | **1.75** |
| 黄石市辖区 | | | | 0.23 | | 0.02 | | | |
| 大冶市 | | | | 4.00 | | 0.10 | | | |
| 阳新县 | 0.50 | 0.40 | | 1.25 | 0.80 | 0.70 | 0.40 | | 1.75 |
| **十堰市** | **1.26** | **3.00** | **1.33** | **1.30** | **0.80** | **0.50** | **2.07** | **0.53** | **7.09** |
| 十堰市辖区 | | | | | | | | | 0.10 |
| 丹江口市 | | | 1.13 | | | | 0.67 | | 1.33 |
| 郧　县 | 0.40 | 1.50 | | 1.00 | 0.80 | 0.50 | 0.60 | | |
| 郧西县 | | | | | | | 0.50 | | 0.50 |
| 竹山县 | | | | | | | 0.30 | | 3.50 |
| 竹溪县 | | 1.50 | | 0.30 | | | | | |
| 房　县 | 0.86 | | 0.20 | | | | | 0.53 | 1.66 |
| **荆州市** | **0.80** | **0.90** | **1.84** | **33.49** | **17.72** | **65.15** | **0.60** | **1.91** | **0.72** |
| 荆州市辖区 | 0.80 | 0.90 | 0.51 | 0.90 | 0.50 | 2.83 | 0.50 | 0.60 | 0.72 |
| 江陵县 | | | | | | 28.39 | | | |
| 松滋市 | | | 0.63 | 3.35 | 1.12 | 2.15 | | 1.31 | |
| 公安县 | | | | 28.51 | | | | | |
| 石首市 | | | 0.70 | 0.73 | 0.80 | 4.46 | 0.10 | | |
| 监利县 | | | | | 3.30 | 20.00 | | | |
| 洪湖市 | | | | | 12.00 | 7.32 | | | |
| **宜昌市** | **1.40** | **0.50** | **2.50** | **1.65** | **2.43** | **3.53** | **2.12** | **0.25** | **1.93** |
| 宜昌市辖区 | | | | | | | 0.20 | 0.15 | 0.05 |
| 夷陵区 | | 0.20 | | | | | 0.52 | | 0.48 |
| 宜都市 | | | | | | | | | |
| 枝江市 | 0.50 | | 0.50 | 0.50 | 1.10 | 2.00 | | | |
| 当阳市 | 0.50 | | 2.00 | 0.50 | 1.33 | 1.33 | 0.50 | | |
| 远安县 | 0.40 | 0.30 | | 0.20 | | 0.20 | 0.40 | 0.10 | 0.20 |
| 兴山县 | | | | 0.45 | | | 0.20 | | 0.20 |
| 秭归县 | | | | | | | | | |
| 长阳县 | | | | | | | 0.30 | | 1.00 |
| 五峰县 | | | | | | | | | |
| **襄阳市** | **9.60** | **8.00** | **2.96** | **23.90** | **4.34** | **18.83** | **6.30** | **4.17** | **1.30** |
| 襄阳市辖区 | | | 0.01 | | | 0.93 | | | |
| 老河口市 | | | | | 1.42 | 7.80 | | | |
| 襄州区 | 1.00 | 3.00 | 1.50 | 15.00 | | 2.00 | 3.00 | | |
| 枣阳市 | 1.30 | 4.20 | | 4.20 | 1.20 | 1.60 | 3.30 | 3.50 | 1.30 |
| 宜城市 | 0.20 | 0.80 | 0.12 | 4.70 | 1.05 | 6.50 | | | |
| 南漳县 | | | | | | | | | |
| 谷城县 | 7.10 | | | | | | | | |
| 保康县 | | | 1.33 | | 0.67 | | | 0.67 | |
| **鄂州市** | | | | **4.00** | **1.00** | | | | **2.00** |

续表5 单位:千公顷

| | 杂交中稻良种面积(续) | | | | | | | | |
|---|---|---|---|---|---|---|---|---|---|
| | Ⅱ优明86 | Ⅱ优725 | 绵Ⅱ优838 | 两优培九 | 新两优6号 | 丰两优香1号 | 冈优725 | D优202 | 金优725 |
| **荆门市** | **3.67** | **0.87** | **5.00** | **10.01** | **7.77** | **27.10** | **2.60** | | **2.10** |
| 荆门市辖区 | | | | | | 0.80 | | | |
| 沙洋县 | | | | | | 12.37 | 2.60 | | 2.10 |
| 钟祥市 | 3.52 | | 5.00 | 10.00 | 6.25 | 8.00 | | | |
| 京山县 | 0.15 | 0.87 | | 0.01 | 1.52 | 5.93 | | | |
| **孝感市** | **1.95** | **2.29** | **5.14** | **3.10** | **6.77** | **7.56** | **3.71** | **13.10** | **1.30** |
| 孝南区 | | | | 2.73 | 1.50 | 2.34 | | | |
| 孝昌县 | | | | | | 0.05 | | | |
| 大悟县 | | | 1.50 | | 0.67 | | | 9.80 | |
| 安陆市 | 1.30 | 1.30 | 3.30 | | | 1.30 | 3.30 | 3.30 | 1.30 |
| 云梦县 | 0.30 | 0.30 | 0.30 | 0.31 | 0.62 | | 0.30 | | |
| 应城市 | | 0.46 | | | 0.12 | 0.75 | 0.10 | | |
| 汉川市 | 0.35 | 0.23 | 0.04 | 0.06 | 3.86 | 3.12 | 0.01 | | |
| **随州市** | **1.10** | **3.51** | | **3.20** | **6.00** | **7.03** | **3.32** | | |
| 曾都区 | 1.10 | 2.21 | | | 2.20 | 1.33 | 2.22 | | |
| 随　县 | | | | 2.40 | 3.80 | 5.70 | | | |
| 广水市 | | 1.30 | | 0.80 | | | 1.10 | | |
| **黄冈市** | **1.00** | **3.60** | **2.00** | **13.82** | **11.03** | **6.58** | **0.67** | **2.28** | **1.01** |
| 黄州区 | | | | | 0.44 | | | | |
| 团风县 | | | | 0.05 | 0.10 | | | | |
| 红安县 | | 0.60 | | 1.20 | 1.30 | | | 1.24 | 0.34 |
| 麻城市 | | | | 2.17 | 3.23 | 2.17 | | | |
| 罗田县 | 1.00 | 3.00 | 1.00 | 1.50 | 2.00 | 0.50 | 0.67 | 0.33 | 0.67 |
| 英山县 | | | 1.00 | 1.70 | 0.26 | 0.41 | | 0.41 | |
| 浠水县 | | | | 1.80 | 1.50 | 2.00 | | | |
| 蕲春县 | | | | 1.80 | 1.70 | 1.00 | | 0.30 | |
| 武穴市 | | | | 1.50 | | 0.50 | | | |
| 黄梅县 | | | | 2.10 | 0.50 | | | | |
| 龙感湖 | | | | | | | | | |
| **咸宁市** | **2.50** | **0.12** | **0.30** | **5.85** | **9.65** | **2.80** | **0.15** | **0.85** | |
| 咸安区 | 0.10 | 0.12 | 0.20 | | 2.70 | | 0.15 | 0.20 | |
| 嘉鱼县 | | | | 0.20 | 3.74 | 2.00 | | | |
| 赤壁市 | | | | 1.40 | 2.00 | 0.80 | | | |
| 通城县 | | | 0.10 | | 0.20 | | | 0.20 | |
| 崇阳县 | | | | 1.15 | 1.01 | | | 0.45 | |
| 通山县 | 2.40 | | | 3.10 | | | | | |
| **恩施自治州** | | | | | **0.34** | **0.34** | | | **0.34** |
| 恩施市 | | | | | | | | | |
| 利川市 | | | | | | | | | |
| 建始县 | | | | | 0.34 | 0.34 | | | 0.34 |
| 巴东县 | | | | | | | | | |
| 宣恩县 | | | | | | | | | |
| 咸丰县 | | | | | | | | | |
| 来凤县 | | | | | | | | | |
| 鹤峰县 | | | | | | | | | |
| **仙桃市** | | | | **2.51** | | **9.76** | | | |
| **天门市** | | | | **1.33** | **0.80** | **10.33** | | | |
| **潜江市** | | | | | **0.92** | **9.78** | | | |
| **神农架林区** | | **0.02** | | | | | | | |

续表6　　　　单位:千公顷

| | 杂交水稻良种面积(续) | | | | | | | | |
|---|---|---|---|---|---|---|---|---|---|
| | 杂交中稻良种面积(续) | | | | | | | | |
| | 红莲优6号 | 天两优616 | 珞优8号 | Q优6号 | 培两优3076 | 天优8号 | 广两优476 | 晚稻 | 荆楚优148 |
| **全省合计** | **17.62** | **23.98** | **55.77** | **63.27** | **24.25** | **10.73** | **28.17** | **319.06** | **26.33** |
| **武汉市** | **1.24** | **0.22** | **3.18** | **2.15** | **0.65** | **1.12** | **0.40** | **23.72** | |
| 武汉市辖区 | | | | | | | | 0.06 | |
| 蔡甸区 | | | | 0.13 | | | 0.40 | 0.20 | |
| 江夏区 | | | 1.50 | 0.50 | | 0.30 | | 13.21 | |
| 黄陂区 | 1.20 | 0.22 | 1.25 | 1.20 | 0.65 | 0.30 | | 7.20 | |
| 新洲区 | 0.04 | | 0.43 | 0.32 | | 0.52 | | 3.05 | |
| **黄石市** | **1.30** | | **1.00** | | | | | **34.27** | **1.20** |
| 黄石市辖区 | | | | | | | | 0.30 | |
| 大冶市 | | | 1.00 | | | | | 16.67 | |
| 阳新县 | 1.30 | | | | | | | 17.30 | 1.20 |
| **十堰市** | **0.76** | | **1.36** | **4.43** | | **0.27** | | | |
| 十堰市辖区 | | | | | | | | | |
| 丹江口市 | | | | 0.67 | | | | | |
| 郧　县 | | | 0.50 | 0.30 | | | | | |
| 郧西县 | | | | 1.30 | | | | | |
| 竹山县 | 0.70 | | | | | | | | |
| 竹溪县 | | | | 1.50 | | | | | |
| 房　县 | 0.06 | | 0.86 | 0.66 | | 0.27 | | | |
| **荆州市** | **0.70** | **10.54** | **4.16** | **4.53** | **1.52** | **0.85** | **4.62** | **79.01** | **9.23** |
| 荆州市辖区 | 0.50 | 0.50 | 0.30 | 0.50 | | | 0.01 | 2.52 | 0.50 |
| 江陵县 | | | | | | | | | |
| 松滋市 | | 0.73 | 0.91 | 1.03 | 0.63 | 0.85 | | 11.23 | 3.15 |
| 公安县 | | | | | | | | 16.59 | |
| 石首市 | | 3.41 | 0.55 | 0.10 | 0.89 | | | 7.16 | 2.08 |
| 监利县 | | 4.00 | | 1.30 | | | 0.80 | 36.00 | 3.30 |
| 洪湖市 | 0.20 | 1.90 | 2.40 | 1.60 | | | 3.81 | 5.51 | 0.20 |
| **宜昌市** | **0.70** | **1.00** | **6.69** | **2.79** | **0.70** | | **3.00** | **8.10** | |
| 宜昌市辖区 | | | | | | | | | |
| 夷陵区 | | | 0.66 | 0.62 | | | | | |
| 宜都市 | | | 3.20 | | | | | | |
| 枝江市 | 0.50 | | 1.50 | 0.50 | 0.50 | | 3.00 | 8.10 | |
| 当阳市 | | 1.00 | 1.33 | 0.67 | 0.20 | | | | |
| 远安县 | 0.20 | | | | | | | | |
| 兴山县 | | | | 0.50 | | | | | |
| 秭归县 | | | | | | | | | |
| 长阳县 | | | | 0.50 | | | | | |
| 五峰县 | | | | | | | | | |
| **襄阳市** | **2.93** | **1.50** | **5.84** | **9.60** | **14.40** | | **4.30** | | |
| 襄阳市辖区 | | | | 0.67 | | | | | |
| 老河口市 | | | | | | | | | |
| 襄州区 | 2.00 | | 2.00 | 2.00 | 5.00 | | | | |
| 枣阳市 | 0.30 | 0.50 | 3.70 | 6.60 | 3.60 | | 0.80 | | |
| 宜城市 | 0.30 | 1.00 | 0.14 | 0.33 | 5.80 | | 3.50 | | |
| 南漳县 | | | | | | | | | |
| 谷城县 | | | | | | | | | |
| 保康县 | 0.33 | | | | | | | | |
| **鄂州市** | **1.00** | | | | | | | **4.00** | **0.50** |

续表7 单位:千公顷

| | 杂交水稻良种面积(续) | | | | | | | | |
|---|---|---|---|---|---|---|---|---|---|
| | 杂交中稻良种面积(续) | | | | | | | 晚稻 | |
| | 红莲优6号 | 天两优616 | 珞优8号 | Q优6号 | 培两优3076 | 天优8号 | 广两优476 | | 荆楚优148 |
| **荆门市** | **5.00** | **0.52** | **0.06** | **0.09** | **0.21** | **0.07** | **0.08** | **7.67** | |
| 荆门市辖区 | | | | | | | | | |
| 沙洋县 | 4.00 | | | | | | | | |
| 钟祥市 | 1.00 | | | | | | | | |
| 京山县 | | 0.52 | 0.06 | 0.09 | 0.21 | 0.07 | 0.08 | 7.67 | |
| **孝感市** | | **3.47** | **10.90** | **17.44** | **1.30** | **2.58** | **2.95** | **11.41** | **0.66** |
| 孝南区 | | | 1.25 | | | | | 0.50 | |
| 孝昌县 | | | 5.20 | 7.86 | | | | 0.39 | |
| 大悟县 | | | | 6.20 | | | | 0.45 | |
| 安陆市 | | | 1.30 | 1.30 | 1.30 | | 1.30 | | |
| 云梦县 | | 0.62 | 0.62 | 0.62 | | 0.62 | | 1.35 | |
| 应城市 | | | | 0.10 | | 0.10 | 0.20 | 6.73 | 0.65 |
| 汉川市 | | 2.85 | 2.53 | 1.36 | | 1.86 | 1.45 | 1.99 | 0.01 |
| **随州市** | | | **11.02** | **1.99** | **3.60** | | **7.40** | | |
| 曾都区 | | | 1.32 | 1.99 | | | | | |
| 随　县 | | | 4.20 | | 3.60 | | | | |
| 广水市 | | | 5.50 | | | | 7.40 | | |
| **黄冈市** | **1.33** | **0.94** | **3.45** | **9.12** | **1.87** | **3.73** | | **99.17** | **7.26** |
| 黄州区 | | | 0.30 | | | | | 2.00 | |
| 团风县 | | 0.14 | | 2.72 | 0.07 | | | 6.20 | |
| 红安县 | | | | | | | | 14.00 | |
| 麻城市 | | | | 1.10 | | 3.23 | | 10.73 | |
| 罗田县 | 1.33 | | 1.00 | 1.00 | 1.00 | | | 0.70 | |
| 英山县 | | | 1.40 | 2.50 | | | | 2.26 | 0.06 |
| 浠水县 | | | | 1.00 | | 0.50 | | 24.58 | 2.20 |
| 蕲春县 | | 0.50 | 0.70 | 0.80 | 0.80 | | | 17.50 | 3.00 |
| 武穴市 | | 0.30 | | | | | | 19.00 | 2.00 |
| 黄梅县 | | | | | | | | 2.20 | |
| 龙感湖 | | | 0.05 | | | | | | |
| **咸宁市** | **2.50** | **5.12** | **7.44** | **8.69** | | **0.25** | **4.30** | **37.07** | **5.00** |
| 咸安区 | | 4.30 | 2.56 | 4.15 | | | 4.30 | 2.18 | 0.28 |
| 嘉鱼县 | | | 2.00 | | | | | 1.95 | |
| 赤壁市 | | 0.67 | 1.40 | 0.80 | | | | 8.90 | 2.40 |
| 通城县 | | 0.10 | 0.25 | | | 0.25 | | 14.44 | 2.32 |
| 崇阳县 | | 0.05 | 1.00 | 3.74 | | | | 9.01 | |
| 通山县 | 2.50 | | 0.23 | | | | | 0.59 | |
| **恩施自治州** | | | | 0.20 | | | | | |
| 恩施市 | | | | | | | | | |
| 利川市 | | | | | | | | | |
| 建始县 | | | | | | | | | |
| 巴东县 | | | | 0.20 | | | | | |
| 宣恩县 | | | | | | | | | |
| 咸丰县 | | | | | | | | | |
| 来凤县 | | | | | | | | | |
| 鹤峰县 | | | | | | | | | |
| **仙桃市** | **0.16** | | | **0.57** | | | **1.12** | **3.20** | **0.48** |
| **天门市** | | **0.67** | **0.67** | **1.67** | | **0.33** | | **11.43** | **2.00** |
| **潜江市** | | | | | | **1.53** | | **0.01** | |
| **神农架林区** | | | | | | | | | |

续表8 单位:千公顷

| | 杂交晚稻良种面积(续) | | | | | | 小麦良种面积 | |
|---|---|---|---|---|---|---|---|---|
| | 金优207 | 金优928 | 金优38 | 中9优288 | 鄂粳杂3号 | 岳优9113 | | 鄂恩6号 |
| **全省合计** | **17.94** | **56.26** | **30.47** | **56.85** | **11.71** | **17.46** | **1027.89** | **21.43** |
| **武汉市** | | **0.46** | **2.70** | **7.53** | **4.92** | **1.14** | **15.89** | **0.60** |
| 武汉市辖区 | | 0.06 | | | | | 1.52 | |
| 蔡甸区 | | | | | | | | |
| 江夏区 | | 0.30 | 1.63 | 6.61 | 1.40 | 1.14 | 3.08 | |
| 黄陂区 | | | 0.87 | | 3.20 | | 4.07 | |
| 新洲区 | | 0.10 | 0.20 | 0.92 | 0.32 | | 7.22 | 0.60 |
| **黄石市** | **1.60** | **6.07** | **3.70** | **7.83** | | **1.30** | **12.19** | |
| 黄石市辖区 | | 0.17 | | 0.13 | | | 0.20 | |
| 大冶市 | 0.80 | 4.50 | 3.00 | 4.50 | | | 7.29 | |
| 阳新县 | 0.80 | 1.40 | 0.70 | 3.20 | | 1.30 | 4.70 | |
| **十堰市** | | | | | | | **71.82** | |
| 十堰市辖区 | | | | | | | 0.64 | |
| 丹江口市 | | | | | | | 13.27 | |
| 郧　县 | | | | | | | 21.43 | |
| 郧西县 | | | | | | | 16.92 | |
| 竹山县 | | | | | | | 7.76 | |
| 竹溪县 | | | | | | | 3.30 | |
| 房　县 | | | | | | | 8.50 | |
| **荆州市** | **1.60** | **24.63** | **5.99** | **6.03** | **0.94** | **3.86** | **109.44** | **1.60** |
| 荆州市辖区 | 0.50 | 0.52 | 0.50 | | | | 16.37 | |
| 江陵县 | | | | | | | 14.37 | |
| 松滋市 | 1.10 | 0.82 | | 1.18 | | | 14.28 | 1.10 |
| 公安县 | | 16.59 | | | | | 23.29 | |
| 石首市 | | | 2.14 | 2.75 | | | 1.40 | 0.50 |
| 监利县 | | 6.70 | 2.70 | | | 3.30 | 16.70 | |
| 洪湖市 | | | 0.65 | 2.10 | 0.94 | 0.56 | 23.03 | |
| **宜昌市** | **3.00** | **1.00** | **2.00** | **1.00** | | | **40.91** | **2.50** |
| 宜昌市辖区 | | | | | | | 0.40 | |
| 夷陵区 | | | | | | | | |
| 宜都市 | | | | | | | 0.86 | |
| 枝江市 | 3.00 | 1.00 | 2.00 | 1.00 | | | 15.96 | 2.00 |
| 当阳市 | | | | | | | 15.41 | 0.30 |
| 远安县 | | | | | | | 0.80 | |
| 兴山县 | | | | | | | 0.99 | |
| 秭归县 | | | | | | | 3.08 | |
| 长阳县 | | | | | | | 2.91 | |
| 五峰县 | | | | | | | 0.50 | 0.20 |
| **襄阳市** | | | | | | | **312.00** | **2.00** |
| 襄阳市辖区 | | | | | | | 23.82 | |
| 老河口市 | | | | | | | 29.44 | |
| 襄州区 | | | | | | | 86.00 | |
| 枣阳市 | | | | | | | 90.37 | |
| 宜城市 | | | | | | | 33.41 | |
| 南漳县 | | | | | | | 34.98 | |
| 谷城县 | | | | | | | 6.00 | 2.00 |
| 保康县 | | | | | | | 7.98 | |
| **鄂州市** | | **0.50** | **1.00** | | | | **5.00** | **1.00** |

| | 杂交晚稻良种面积(续) | | | | | | 小麦良种面积 | |
|---|---|---|---|---|---|---|---|---|
| | 金优207 | 金优928 | 金优38 | 中9优288 | 鄂粳杂3号 | 岳优9113 | | 鄂恩6号 |
| **荆门市** | **3.10** | **1.30** | **0.20** | | | | **96.84** | **2.50** |
| 荆门市辖区 | | | | | | | 7.68 | |
| 沙洋县 | | | | | | | 18.17 | 1.30 |
| 钟祥市 | | | | | | | 32.60 | |
| 京山县 | 3.10 | 1.30 | 0.20 | | | | 38.39 | 1.20 |
| **孝感市** | **0.57** | **4.12** | **2.14** | **0.31** | **0.15** | **0.16** | **95.73** | **5.17** |
| 孝南区 | | | 0.50 | | | | 7.58 | 0.55 |
| 孝昌县 | | | 0.09 | | 0.09 | | 11.49 | 0.47 |
| 大悟县 | 0.12 | | 0.20 | | 0.03 | | 12.20 | |
| 安陆市 | | | | | | | 18.74 | 1.30 |
| 云梦县 | | | | | | | 7.81 | 0.40 |
| 应城市 | 0.45 | 4.12 | 0.32 | 0.26 | | 0.14 | 11.71 | 0.10 |
| 汉川市 | | | 1.03 | 0.05 | 0.03 | 0.02 | 26.20 | 2.35 |
| **随州市** | | | | | | | **91.25** | |
| 曾都区 | | | | | | | 18.21 | |
| 随　县 | | | | | | | 52.83 | |
| 广水市 | | | | | | | 20.21 | |
| **黄冈市** | **2.20** | **12.62** | **7.74** | **19.70** | **5.70** | **11.00** | **65.07** | **5.05** |
| 黄州区 | 0.30 | | 0.30 | 0.60 | | | 6.17 | |
| 团风县 | | 0.60 | 3.24 | | | | 3.23 | |
| 红安县 | | 2.12 | | | 0.55 | | 1.78 | |
| 麻城市 | | 0.60 | | | 5.15 | | 17.30 | |
| 罗田县 | 0.10 | 0.20 | | | | | 10.67 | 1.00 |
| 英山县 | 1.10 | 0.60 | 0.20 | | | | 6.43 | |
| 浠水县 | 0.70 | 7.00 | 2.00 | 4.80 | | 1.00 | 1.70 | |
| 蕲春县 | | | 2.00 | 5.80 | | 3.50 | 0.95 | |
| 武穴市 | | | | 8.50 | | 6.50 | 2.78 | |
| 黄梅县 | | | | | | | 10.70 | 1.80 |
| 龙感湖 | | | | | | | 3.36 | 2.25 |
| **咸宁市** | **5.87** | **5.56** | **4.32** | **11.66** | | | **8.10** | |
| 咸安区 | 0.26 | 0.10 | 0.32 | 0.78 | | | 0.26 | |
| 嘉鱼县 | | 0.40 | 1.15 | 0.40 | | | 3.89 | |
| 赤壁市 | 1.53 | | | 3.20 | | | 0.35 | |
| 通城县 | 2.20 | 2.66 | 1.20 | 5.50 | | | 2.07 | |
| 崇阳县 | 1.88 | 2.40 | 1.65 | 1.78 | | | 1.21 | |
| 通山县 | | | | | | | 0.32 | |
| **恩施自治州** | | | | | | | **9.74** | **1.01** |
| 恩施市 | | | | | | | 2.58 | |
| 利川市 | | | | | | | 0.14 | |
| 建始县 | | | | | | | 2.01 | 0.67 |
| 巴东县 | | | | | | | 4.91 | 0.30 |
| 宣恩县 | | | | | | | 0.08 | 0.03 |
| 咸丰县 | | | | | | | 0.02 | 0.01 |
| 来凤县 | | | | | | | | |
| 鹤峰县 | | | | | | | | |
| **仙桃市** | | | | **1.46** | | | **23.03** | |
| **天门市** | | | **0.67** | **1.33** | | | **42.80** | |
| **潜江市** | | | **0.01** | | | | **27.71** | |
| **神农架林区** | | | | | | | **0.37** | |

续表10 单位:千公顷

| | 小麦良种面积(续) | | | | | | | | |
|---|---|---|---|---|---|---|---|---|---|
| | 宛麦369 | 鄂麦14 | 鄂麦15 | 鄂麦18 | 鄂麦23 | 鄂麦352 | 华麦13 | 郑麦9023 | 襄麦25 |
| **全省合计** | **13.58** | **49.53** | **20.92** | **95.16** | **77.30** | **12.24** | **21.81** | **558.29** | **40.88** |
| **武汉市** | **0.40** | | **0.66** | **4.51** | **1.62** | | **0.40** | **4.84** | |
| 武汉市辖区 | | | | 0.59 | | | | 0.93 | |
| 蔡甸区 | | | | | | | | | |
| 江夏区 | | | | 1.70 | | | | | |
| 黄陂区 | | | | 0.76 | 0.82 | | | 1.25 | |
| 新洲区 | 0.40 | | 0.66 | 1.46 | 0.80 | | 0.40 | 2.66 | |
| **黄石市** | | **0.70** | **1.50** | **1.70** | | | **0.80** | **6.20** | |
| 黄石市辖区 | | | | | | | | 0.20 | |
| 大冶市 | | | | | | | | 6.00 | |
| 阳新县 | | 0.70 | 1.50 | 1.70 | | | 0.80 | | |
| **十堰市** | | **1.66** | **4.10** | **7.80** | **3.43** | | | **31.19** | **4.98** |
| 十堰市辖区 | | | | 0.30 | | | | 0.34 | |
| 丹江口市 | | | | 2.10 | 3.43 | | | 6.72 | |
| 郧　县 | | 1.00 | 4.10 | 3.50 | | | | 6.50 | 4.00 |
| 郧西县 | | | | | | | | 8.50 | 0.32 |
| 竹山县 | | | | | | | | 5.50 | |
| 竹溪县 | | | | 1.30 | | | | 1.50 | |
| 房　县 | | 0.66 | | 0.60 | | | | 2.13 | 0.66 |
| **荆州市** | **0.20** | **0.58** | | **13.10** | **3.22** | **3.74** | **3.00** | **77.66** | **1.18** |
| 荆州市辖区 | | | | 2.00 | 0.05 | | | 14.32 | |
| 江陵县 | | | | | | | | 14.37 | |
| 松滋市 | | 0.58 | | | 1.12 | | | 5.88 | 0.98 |
| 公安县 | | | | | | | | 23.29 | |
| 石首市 | 0.20 | | | | | | | 0.50 | |
| 监利县 | | | | 3.30 | 1.30 | 3.40 | 2.00 | 6.70 | |
| 洪湖市 | | | | 7.80 | 0.75 | 0.34 | 1.00 | 12.60 | 0.20 |
| **宜昌市** | **1.30** | | **1.50** | **3.25** | **2.00** | | **0.10** | **20.22** | |
| 宜昌市辖区 | | | 0.20 | 0.20 | | | | | |
| 夷陵区 | | | | | | | | | |
| 宜都市 | | | | | | | | 0.86 | |
| 枝江市 | 1.00 | | | 2.00 | | | | 9.96 | |
| 当阳市 | | | 1.30 | 0.70 | 0.70 | | | 7.00 | |
| 远安县 | | | | 0.10 | 0.10 | | 0.10 | 0.40 | |
| 兴山县 | | | | 0.25 | | | | 0.50 | |
| 秭归县 | | | | | | | | | |
| 长阳县 | | | | | 1.20 | | | 1.50 | |
| 五峰县 | 0.30 | | | | | | | | |
| **襄阳市** | **5.52** | **23.32** | **10.00** | **11.30** | **27.43** | **1.30** | **0.80** | **191.73** | **14.04** |
| 襄阳市辖区 | | | | | | | | 15.14 | |
| 老河口市 | | | | | 4.40 | | | 19.14 | 5.90 |
| 襄州区 | 2.00 | 2.00 | 10.00 | 3.00 | 3.00 | | | 62.00 | |
| 枣阳市 | 0.50 | 3.60 | | 5.20 | 16.10 | 0.30 | 0.50 | 59.00 | 3.00 |
| 宜城市 | 0.70 | 12.60 | | 0.10 | 0.60 | | 0.30 | 15.12 | 1.47 |
| 南漳县 | 1.00 | 2.00 | | 1.00 | 2.00 | 1.00 | | 18.00 | 3.00 |
| 谷城县 | | | | 2.00 | | | | 2.00 | |
| 保康县 | 1.32 | 3.12 | | | 1.33 | | | 1.33 | 0.67 |
| **鄂州市** | | | | **1.00** | **1.00** | | **1.00** | **1.00** | |

续表11　　单位：千公顷

| | 小麦良种面积（续） | | | | | | | | |
|---|---|---|---|---|---|---|---|---|---|
| | 宛麦369 | 鄂麦14 | 鄂麦15 | 鄂麦18 | 鄂麦23 | 鄂麦352 | 华麦13 | 郑麦9023 | 襄麦25 |
| **荆门市** | **0.60** | **0.60** | **0.40** | **8.40** | **5.20** | | **0.80** | **60.01** | **5.60** |
| 荆门市辖区 | | | | | | | | 7.39 | |
| 沙洋县 | | | | 1.40 | | | | 9.80 | |
| 钟祥市 | 0.60 | 0.60 | 0.40 | 2.50 | 2.00 | | 0.80 | 18.52 | 5.60 |
| 京山县 | | | | 4.50 | 3.20 | | | 24.30 | |
| **孝感市** | **2.28** | **10.81** | **0.80** | **12.52** | **17.27** | **7.00** | **4.76** | **27.24** | **2.53** |
| 孝南区 | | 1.76 | | 3.50 | 0.24 | | 0.46 | 0.27 | 0.44 |
| 孝昌县 | 0.82 | 1.65 | | 0.74 | 2.46 | | 0.65 | 1.24 | 1.92 |
| 大悟县 | | 0.30 | | 1.20 | 7.40 | | | 2.50 | |
| 安陆市 | | 6.60 | | 3.30 | 3.30 | 1.80 | 1.14 | 1.30 | |
| 云梦县 | | | | 0.13 | 0.35 | | | 6.58 | |
| 应城市 | 0.20 | | | 0.90 | 1.70 | | 0.41 | 8.00 | |
| 汉川市 | 1.26 | 0.50 | 0.80 | 2.75 | 1.82 | 5.20 | 2.10 | 7.35 | 0.17 |
| **随州市** | **2.10** | **1.00** | **1.80** | **10.76** | **10.95** | | **0.90** | **51.88** | **3.40** |
| 曾都区 | | | 1.80 | 5.46 | 1.25 | | | 7.28 | 1.10 |
| 随　县 | 2.10 | | | 2.50 | 3.20 | | 0.90 | 34.80 | 2.30 |
| 广水市 | | 1.00 | | 2.80 | 6.50 | | | 9.80 | |
| **黄冈市** | **1.18** | **10.27** | **0.16** | **11.00** | **1.26** | **0.20** | **1.99** | **20.78** | **4.50** |
| 黄州区 | | | | 0.30 | | | | 3.70 | |
| 团风县 | 0.18 | 0.34 | 0.16 | 0.24 | 0.18 | | 0.18 | 1.61 | |
| 红安县 | | | | 0.24 | 0.08 | | | 1.04 | |
| 麻城市 | | 7.00 | | 2.64 | | | 1.81 | 5.85 | |
| 罗田县 | 1.00 | 1.00 | | 2.00 | | | | 2.00 | |
| 英山县 | | 1.93 | | 1.20 | 1.00 | | | 2.30 | |
| 浠水县 | | | | 0.80 | | | | 0.90 | |
| 蕲春县 | | | | 0.20 | | | | 0.40 | |
| 武穴市 | | | | 1.08 | | 0.20 | | 0.88 | |
| 黄梅县 | | | | 2.30 | | | | 2.10 | 4.50 |
| 龙感湖 | | | | | | | | | |
| **咸宁市** | | | | **1.65** | | | **0.46** | **1.97** | |
| 咸安区 | | | | 0.04 | | | | 0.15 | |
| 嘉鱼县 | | | | | | | | 0.26 | |
| 赤壁市 | | | | | | | | 0.35 | |
| 通城县 | | | | 1.61 | | | 0.46 | | |
| 崇阳县 | | | | | | | | 1.21 | |
| 通山县 | | | | | | | | | |
| **恩施自治州** | | | | **0.20** | | | | **1.97** | |
| 恩施市 | | | | | | | | | |
| 利川市 | | | | | | | | | |
| 建始县 | | | | | | | | 0.67 | |
| 巴东县 | | | | 0.20 | | | | 1.30 | |
| 宣恩县 | | | | | | | | | |
| 咸丰县 | | | | | | | | | |
| 来凤县 | | | | | | | | | |
| 鹤峰县 | | | | | | | | | |
| **仙桃市** | | | | **5.61** | **3.12** | | | **10.01** | |
| **天门市** | | **0.54** | | **2.30** | **0.80** | | **6.80** | **29.47** | |
| **潜江市** | | | | | | | | **21.86** | **4.65** |
| **神农架林区** | | **0.05** | | **0.06** | | | | **0.26** | |

续表12　　　　　　　　　　单位：千公顷

| | 大麦良种面积 | 玉米良种面积 | 华玉4号 | 农大108 | 鄂玉10号 | 鄂玉25 | 鄂玉26 | 蠡玉16 | 宜单629 |
|---|---|---|---|---|---|---|---|---|---|
| **全省合计** | **17.52** | **517.94** | **14.21** | **20.58** | **22.95** | **14.85** | **19.25** | **31.42** | **21.89** |
| **武汉市** | **0.10** | **13.16** | | | | **1.93** | **0.80** | **2.14** | **0.23** |
| 武汉市辖区 | 0.03 | 8.77 | | | | 0.20 | | 1.50 | 0.20 |
| 蔡甸区 | | 1.52 | | | | 0.33 | | 0.64 | 0.03 |
| 江夏区 | 0.03 | 2.70 | | | | 1.40 | 0.80 | | |
| 黄陂区 | 0.01 | 0.17 | | | | | | | |
| 新洲区 | 0.03 | | | | | | | | |
| **黄石市** | **0.10** | **10.76** | **1.15** | **0.90** | **1.00** | | | **1.20** | |
| 黄石市辖区 | | 0.12 | 0.05 | | | | | | |
| 大冶市 | 0.10 | 2.65 | | 0.20 | | | | | |
| 阳新县 | | 7.99 | 1.10 | 0.70 | 1.00 | | | 1.20 | |
| **十堰市** | | **79.44** | **0.99** | **4.77** | **11.70** | **2.97** | **2.53** | **3.58** | **5.53** |
| 十堰市辖区 | | 0.60 | | | 0.40 | | | | |
| 丹江口市 | | 5.73 | 0.86 | 0.77 | | | | | |
| 郧　县 | | 16.43 | | | 7.20 | | | | |
| 郧西县 | | 16.69 | | 4.00 | | 2.30 | 2.40 | 1.25 | 2.70 |
| 竹山县 | | 15.08 | | | 4.10 | | | | |
| 竹溪县 | | 10.50 | | | | | | 2.00 | 2.50 |
| 房　县 | | 14.41 | 0.13 | | | 0.67 | 0.13 | 0.33 | 0.33 |
| **荆州市** | **3.40** | **10.50** | **0.10** | **1.37** | | **1.10** | **1.02** | | |
| 荆州市辖区 | 0.38 | 1.63 | | | | 0.50 | 0.50 | | |
| 江陵县 | 0.68 | 0.05 | | | | | | | |
| 松滋市 | 1.87 | 5.62 | | 1.25 | | | | | |
| 公安县 | | 0.21 | | | | | | | |
| 石首市 | 0.27 | 0.28 | 0.10 | | | | | | |
| 监利县 | 0.20 | 0.80 | | | | | 0.10 | | |
| 洪湖市 | | 1.91 | | 0.12 | | 0.60 | 0.42 | | |
| **宜昌市** | **1.95** | **98.02** | **0.48** | **5.61** | **1.80** | **1.50** | **2.45** | **10.91** | **8.28** |
| 宜昌市辖区 | | | | | | | | | |
| 夷陵区 | | 16.49 | 0.48 | 0.18 | | | | | 2.49 |
| 宜都市 | | 10.55 | | | | | | 6.86 | 3.69 |
| 枝江市 | 0.29 | 6.40 | | 1.50 | | | | | 1.00 |
| 当阳市 | 1.16 | 15.24 | | 0.50 | | | | | |
| 远安县 | 0.50 | 3.60 | | 0.10 | 0.10 | 0.10 | | 0.30 | |
| 兴山县 | | 7.28 | | 0.40 | | 0.40 | 0.45 | 0.55 | 0.10 |
| 秭归县 | | 10.66 | | 2.93 | 1.70 | | | | |
| 长阳县 | | 16.00 | | | | | | 2.20 | |
| 五峰县 | | 11.80 | | | | 1.00 | 2.00 | 1.00 | 1.00 |
| **襄阳市** | **3.52** | **125.98** | **9.56** | **2.23** | **6.67** | **3.11** | **6.39** | **6.73** | **7.33** |
| 襄阳市辖区 | | 5.95 | 3.67 | 0.53 | | | | | |
| 老河口市 | | 10.80 | | | | 2.11 | 1.59 | | |
| 襄州区 | 1.50 | 21.61 | 1.00 | 1.00 | 2.00 | 1.00 | | | |
| 枣阳市 | 1.80 | 41.97 | | | | | 1.80 | 3.20 | |
| 宜城市 | 0.22 | 8.51 | | 0.70 | | | | | |
| 南漳县 | | 15.15 | | | | | 3.00 | 1.20 | 5.00 |
| 谷城县 | | 8.89 | 4.89 | | | | | | |
| 保康县 | | 13.10 | | | 4.67 | | | 2.33 | 2.33 |
| **鄂州市** | | **0.90** | | **0.20** | | | | | |

续表13　　　　　　　　　　　　　　　　　　　　　　　　　　　　　　　　　　　单位：千公顷

| | 大麦良种面积 | 玉米良种面积 | 华玉4号 | 农大108 | 鄂玉10号 | 鄂玉25 | 鄂玉26 | 蠡玉16 | 宜单629 |
|---|---|---|---|---|---|---|---|---|---|
| **荆门市** | **0.01** | **20.87** | **0.40** | **3.15** | **1.40** | | | **1.00** | |
| 荆门市辖区 | | 2.21 | | | | | | 1.00 | |
| 沙洋县 | 0.01 | 1.31 | | | | | | | |
| 钟祥市 | | 7.42 | 0.40 | 0.50 | 0.40 | | | | |
| 京山县 | | 9.93 | | 2.65 | 1.00 | | | | |
| **孝感市** | **1.74** | **2.21** | **0.05** | **0.09** | **0.07** | **0.03** | **0.06** | **0.03** | **0.07** |
| 孝南区 | 0.30 | 0.16 | 0.05 | 0.05 | | | 0.02 | | |
| 孝昌县 | 0.22 | 0.06 | | | | | | | |
| 大悟县 | 0.90 | 0.10 | | | 0.05 | | | | |
| 安陆市 | 0.18 | 0.06 | | | | 0.01 | 0.01 | 0.01 | |
| 云梦县 | | 1.09 | | | | | | | |
| 应城市 | | 0.14 | | 0.04 | 0.02 | | | | 0.02 |
| 汉川市 | 0.14 | 0.60 | | | | 0.02 | 0.03 | 0.02 | 0.05 |
| **随州市** | **1.25** | **5.14** | | **0.16** | | | | | |
| 曾都区 | | 0.39 | | 0.16 | | | | | |
| 随　县 | 0.90 | 4.22 | | | | | | | |
| 广水市 | 0.35 | 0.53 | | | | | | | |
| **黄冈市** | **1.34** | **4.67** | | **0.05** | | **1.17** | | **0.01** | |
| 黄州区 | | 0.73 | | | | | | | |
| 团风县 | | 0.07 | | | | | | | |
| 红安县 | | | | | | | | | |
| 麻城市 | 0.90 | 0.87 | | | | 0.87 | | | |
| 罗田县 | 0.10 | 0.20 | | | | | | | |
| 英山县 | 0.28 | 0.90 | | 0.05 | | | | 0.01 | |
| 浠水县 | 0.06 | 1.13 | | | | 0.30 | | | |
| 蕲春县 | | 0.25 | | | | | | | |
| 武穴市 | | 0.23 | | | | | | | |
| 黄梅县 | | 0.29 | | | | | | | |
| 龙感湖 | | | | | | | | | |
| **咸宁市** | | **15.99** | | | | **0.42** | **0.30** | | |
| 咸安区 | | 2.80 | | | | | | | |
| 嘉鱼县 | | 2.80 | | | | 0.25 | 0.30 | | |
| 赤壁市 | | 0.37 | | | | | | | |
| 通城县 | | 0.68 | | | | 0.17 | | | |
| 崇阳县 | | 5.75 | | | | | | | |
| 通山县 | | 3.59 | | | | | | | |
| **恩施自治州** | | **116.40** | **1.48** | **1.55** | **0.31** | **1.54** | **5.50** | **2.10** | |
| 恩施市 | | 21.00 | | | | | | | |
| 利川市 | | 28.67 | | | | | | | |
| 建始县 | | 6.70 | 1.34 | 1.34 | | | 3.35 | | |
| 巴东县 | | 22.47 | | | | | 0.30 | | |
| 宣恩县 | | 9.37 | | | | | 1.50 | | |
| 咸丰县 | | 12.08 | | | | | 0.35 | | |
| 来凤县 | | 6.56 | 0.14 | 0.21 | 0.31 | 1.54 | | 2.10 | |
| 鹤峰县 | | 9.55 | | | | | | | |
| **仙桃市** | **2.43** | **6.70** | | | | | | **2.46** | |
| **天门市** | **1.14** | **3.11** | | **0.50** | | **0.60** | | **0.50** | |
| **潜江市** | **0.52** | **1.90** | | | | **0.35** | | **0.76** | |
| **神农架林区** | **0.02** | **2.19** | | | | **0.13** | **0.20** | | **0.45** |

续表14　　　　单位:千公顷

| | 玉米良种面积(续) | | | | 马铃薯良种面积 | | | | |
|---|---|---|---|---|---|---|---|---|---|
| | 鄂玉18 | 登海9号 | 华甜玉3号 | 掖单13 | | 鄂马铃薯1号 | 鄂马铃薯3号 | 鄂马铃薯4号 | 鄂马铃薯5号 |
| **全省合计** | **22.65** | **52.83** | **11.22** | **23.99** | **235.62** | **15.34** | **34.44** | **12.79** | **76.56** |
| **武汉市** | **0.82** | | **2.61** | **1.00** | **1.69** | | **0.33** | **0.50** | **0.51** |
| 武汉市辖区 | 0.30 | | 2.46 | 1.00 | | | | | |
| 蔡甸区 | 0.52 | | | | | | | | |
| 江夏区 | | | | | 0.70 | | | 0.50 | 0.20 |
| 黄陂区 | | | 0.15 | | 0.99 | | 0.33 | | 0.31 |
| 新洲区 | | | | | | | | | |
| **黄石市** | **2.30** | **1.20** | **0.31** | **0.87** | **3.38** | | **0.50** | | **0.70** |
| 黄石市辖区 | | | | 0.07 | 0.03 | | | | |
| 大冶市 | 1.00 | | 0.01 | 0.30 | 0.50 | | | | |
| 阳新县 | 1.30 | 1.20 | 0.30 | 0.50 | 2.85 | | 0.50 | | 0.70 |
| **十堰市** | **10.67** | **0.20** | | **2.79** | **16.69** | **0.40** | **0.80** | **0.06** | **2.00** |
| 十堰市辖区 | | | | | | | | | |
| 丹江口市 | | | | 1.14 | 0.55 | | 0.55 | | |
| 郧　县 | | | | 1.50 | 1.32 | | 0.10 | | |
| 郧西县 | 1.00 | 0.20 | | 0.15 | 3.06 | | | 0.06 | |
| 竹山县 | 5.00 | | | | 4.41 | | | | |
| 竹溪县 | 2.00 | | | | 4.70 | | | | 2.00 |
| 房　县 | 2.67 | | | | 2.65 | 0.40 | 0.15 | | |
| **荆州市** | **0.30** | **0.30** | **0.70** | **0.20** | **3.75** | **0.69** | **0.88** | **1.10** | **0.80** |
| 荆州市辖区 | | | | | 2.00 | 0.50 | 0.50 | 0.50 | 0.50 |
| 江陵县 | | | | | 0.11 | | | | 0.11 |
| 松滋市 | | | | | 0.67 | 0.19 | 0.23 | | |
| 公安县 | | | 0.21 | | 0.39 | | | 0.39 | |
| 石首市 | | | | | 0.12 | | 0.09 | 0.01 | 0.01 |
| 监利县 | | 0.30 | 0.20 | 0.20 | 0.20 | | | 0.10 | 0.10 |
| 洪湖市 | 0.30 | | 0.29 | | 0.26 | | 0.06 | 0.10 | 0.08 |
| **宜昌市** | **4.80** | **2.60** | **0.20** | **1.00** | **39.48** | **0.14** | **12.87** | **2.40** | **11.42** |
| 宜昌市辖区 | | | | | 0.15 | | 0.10 | | |
| 夷陵区 | | | | | 3.40 | | 3.00 | | 0.20 |
| 宜都市 | | | | | 4.24 | | 1.41 | | 1.42 |
| 枝江市 | 0.50 | 2.00 | | 1.00 | 0.80 | | 0.40 | | |
| 当阳市 | | 0.50 | 0.20 | | 1.93 | | | 0.30 | 0.40 |
| 远安县 | 0.20 | | | | 0.90 | 0.10 | 0.10 | 0.10 | 0.10 |
| 兴山县 | 0.60 | 0.10 | | | 5.34 | | 1.20 | | 2.80 |
| 秭归县 | | | | | 4.12 | 0.04 | 0.06 | | |
| 长阳县 | 3.50 | | | | 8.00 | | 1.00 | 2.00 | 3.00 |
| 五峰县 | | | | | 10.60 | | 5.60 | | 3.50 |
| **襄阳市** | **2.30** | **33.16** | **4.00** | **4.62** | **0.82** | | | **0.50** | **0.25** |
| 襄阳市辖区 | | | | 0.42 | | | | | |
| 老河口市 | 1.30 | 2.58 | | | | | | | |
| 襄州区 | | 4.00 | 2.00 | 4.00 | | | | | |
| 枣阳市 | | 23.00 | | | 0.75 | | | 0.50 | 0.25 |
| 宜城市 | | 2.58 | | 0.20 | | | | | |
| 南漳县 | 1.00 | 1.00 | | | | | | | |
| 谷城县 | | | 2.00 | | 0.07 | | | | |
| 保康县 | | | | | | | | | |
| **鄂州市** | | | | | **0.61** | | | **0.30** | **0.01** |

| | 玉米良种面积(续) | | | | 马铃薯良种面积 | | | | |
|---|---|---|---|---|---|---|---|---|---|
| | 鄂玉18 | 登海9号 | 华甜玉3号 | 掖单13 | | 鄂马铃薯1号 | 鄂马铃薯3号 | 鄂马铃薯4号 | 鄂马铃薯5号 |
| **荆门市** | **0.03** | **4.53** | **0.50** | **7.35** | **2.13** | **0.50** | | | **0.20** |
| 荆门市辖区 | | 1.10 | | | | | | | |
| 沙洋县 | | | | 1.01 | 0.04 | | | | |
| 钟祥市 | 0.03 | 2.00 | 0.50 | 3.00 | 1.54 | 0.50 | | | 0.20 |
| 京山县 | | 1.43 | | 3.34 | 0.55 | | | | |
| **孝感市** | **0.22** | **0.83** | **0.10** | **0.17** | **11.05** | **0.95** | **0.35** | **2.55** | **2.46** |
| 孝南区 | 0.01 | | | 0.02 | 1.85 | 0.30 | 0.35 | 0.50 | 0.50 |
| 孝昌县 | | | | | 0.88 | 0.60 | | | |
| 大悟县 | | | | 0.04 | 0.90 | | | 0.30 | 0.20 |
| 安陆市 | 0.01 | 0.01 | | | 1.52 | | | 0.80 | 0.72 |
| 云梦县 | | 0.80 | 0.10 | 0.10 | 3.46 | | | | |
| 应城市 | | 0.02 | | 0.01 | 0.53 | | | 0.20 | 0.22 |
| 汉川市 | 0.20 | | | | 1.91 | 0.05 | | 0.75 | 0.82 |
| **随州市** | | **2.25** | | **1.20** | **7.37** | | | | |
| 曾都区 | | 0.15 | | | 0.30 | | | | |
| 随　县 | | 2.10 | | 1.20 | 6.67 | | | | |
| 广水市 | | | | | 0.40 | | | | |
| **黄冈市** | **0.33** | **0.09** | **0.76** | **1.17** | **28.27** | **1.00** | **2.70** | **1.00** | **0.70** |
| 黄州区 | | | 0.26 | 0.35 | 0.18 | | | | |
| 团风县 | | | 0.05 | 0.02 | 0.56 | | | | |
| 红安县 | | | | | 1.67 | | | | |
| 麻城市 | | | | | 3.44 | | 1.50 | | |
| 罗田县 | | | | | 1.00 | 0.20 | 0.20 | 0.20 | |
| 英山县 | | 0.07 | 0.05 | 0.50 | 7.24 | | | 0.40 | 0.50 |
| 浠水县 | 0.33 | | 0.30 | | 3.63 | | | 0.40 | 0.20 |
| 蕲春县 | | | | 0.10 | 7.50 | 0.50 | 0.80 | | |
| 武穴市 | | 0.02 | | 0.20 | 1.10 | | 0.20 | | |
| 黄梅县 | | | 0.10 | | 1.95 | 0.30 | | | |
| 龙感湖 | | | | | | | | | |
| **咸宁市** | **0.43** | **4.18** | **0.25** | **3.60** | **9.14** | **0.99** | | **0.20** | |
| 咸安区 | | | | 0.50 | 2.01 | | | | |
| 嘉鱼县 | | 2.00 | 0.25 | | 0.20 | | | 0.20 | |
| 赤壁市 | | 0.05 | | 0.21 | 0.51 | | | | |
| 通城县 | | | | 0.51 | 1.98 | | | | |
| 崇阳县 | | 2.13 | | 2.12 | 3.45 | | | | |
| 通山县 | 0.43 | | | 0.26 | 0.99 | 0.99 | | | |
| **恩施自治州** | **0.05** | **0.34** | **0.10** | **0.02** | **103.91** | **10.67** | **15.00** | **2.20** | **56.43** |
| 恩施市 | | | | | 23.35 | | | | 13.33 |
| 利川市 | | | | | 24.67 | 10.67 | 3.33 | | 10.00 |
| 建始县 | | | | | 11.73 | | 3.35 | | 6.70 |
| 巴东县 | | 0.20 | | | 15.71 | | 3.00 | | 9.50 |
| 宣恩县 | | | | | 7.60 | | 1.00 | | 4.00 |
| 咸丰县 | | | | | 5.33 | | 2.31 | | 3.01 |
| 来凤县 | 0.05 | 0.14 | 0.10 | 0.02 | 8.14 | | | 2.20 | 5.86 |
| 鹤峰县 | | | | | 7.38 | | 2.01 | | 4.03 |
| **仙桃市** | | **2.37** | **1.11** | | **1.90** | | | | |
| **天门市** | | **0.50** | **0.51** | | **3.34** | | **1.00** | **1.00** | |
| **潜江市** | | **0.28** | | | **2.04** | | | **0.98** | **1.06** |
| **神农架林区** | **0.40** | | **0.07** | | **0.05** | | **0.01** | | **0.02** |

续表16 单位:千公顷

| | 红薯良种面积 | 红薯良种面积(续) | | | 大豆良种面积 | | | | 蚕豆良种面积 | 豌豆良种面积 |
|---|---|---|---|---|---|---|---|---|---|---|
| | | 鄂薯1号 | 恩薯1号 | 徐薯18 | | 六月爆 | 鄂豆8号 | 中豆33 | | |
| **全省合计** | **138.13** | **17.72** | **29.44** | **33.55** | **132.72** | **18.44** | **27.11** | **13.56** | **25.21** | **10.84** |
| **武汉市** | **1.40** | | | **0.50** | **8.62** | **0.26** | **3.46** | **1.48** | **0.90** | **1.25** |
| 武汉市辖区 | | | | | 1.26 | | | | 0.24 | 0.22 |
| 蔡甸区 | | | | | | | | | | |
| 江夏区 | | | | | 5.00 | | 2.80 | 1.00 | | |
| 黄陂区 | 1.40 | | | 0.50 | 1.46 | 0.26 | 0.26 | 0.18 | 0.40 | 0.65 |
| 新洲区 | | | | | 0.90 | | 0.40 | 0.30 | 0.26 | 0.38 |
| **黄石市** | **6.75** | **1.72** | **1.20** | **0.80** | **3.78** | **0.11** | **0.13** | **1.13** | **0.82** | **0.94** |
| 黄石市辖区 | 0.05 | 0.02 | | | 0.08 | 0.01 | 0.03 | 0.03 | 0.02 | 0.01 |
| 大冶市 | 3.10 | 1.20 | | | 1.75 | 0.10 | 0.10 | 1.10 | 0.50 | 0.90 |
| 阳新县 | 3.60 | 0.50 | 1.20 | 0.80 | 1.95 | | | | 0.30 | 0.03 |
| **十堰市** | **22.30** | **0.30** | **0.00** | **16.74** | **20.58** | **0.35** | **2.31** | | **0.30** | **1.29** |
| 十堰市辖区 | 0.14 | | | 0.14 | 0.09 | | 0.05 | | | |
| 丹江口市 | 2.10 | | | 1.00 | 0.75 | | | | | 0.15 |
| 郧　县 | 5.53 | | | 4.50 | 2.88 | 0.20 | | | | 0.20 |
| 郧西县 | 6.67 | | | 5.50 | 3.76 | | 0.56 | | | 0.14 |
| 竹山县 | 5.26 | | | 5.20 | 5.30 | | | | | |
| 竹溪县 | 0.80 | 0.20 | | | 4.00 | | 1.50 | | | 0.50 |
| 房　县 | 1.80 | 0.10 | | 0.40 | 3.80 | 0.15 | 0.20 | | 0.30 | 0.30 |
| **荆州市** | **1.21** | **0.15** | **0.28** | **0.18** | **8.56** | **2.25** | **2.01** | **1.12** | **6.69** | |
| 荆州市辖区 | | | | | 0.02 | | | | | |
| 江陵县 | | | | | 1.04 | | | | 0.18 | |
| 松滋市 | 1.02 | 0.15 | 0.28 | 0.18 | 0.67 | 0.07 | | 0.12 | 0.89 | |
| 公安县 | | | | | 0.83 | | 0.83 | | 0.76 | |
| 石首市 | 0.17 | | | | 0.55 | 0.25 | | | 0.39 | |
| 监利县 | | | | | 3.00 | 1.30 | 0.70 | 1.00 | 3.40 | |
| 洪湖市 | 0.02 | | | | 2.45 | 0.63 | 0.48 | | 1.07 | |
| **宜昌市** | **23.08** | **0.50** | **0.90** | **7.40** | **7.73** | **0.76** | **1.23** | **1.30** | **0.29** | **0.51** |
| 宜昌市辖区 | 0.77 | 0.30 | 0.10 | 0.05 | | | | | | |
| 夷陵区 | 2.40 | 0.20 | | 0.30 | | | | | | |
| 宜都市 | 4.00 | | | 4.00 | 0.44 | | | | | 0.20 |
| 枝江市 | 1.56 | | | 0.20 | 0.60 | | 0.20 | | | |
| 当阳市 | 1.42 | | | | 1.94 | | 0.60 | 0.30 | 0.15 | 0.14 |
| 远安县 | 0.50 | | | 0.10 | 0.20 | 0.10 | | | | |
| 兴山县 | 0.61 | | | 0.45 | 0.84 | 0.16 | | | 0.14 | 0.17 |
| 秭归县 | 3.62 | | 0.80 | | 1.03 | | 0.03 | 1.00 | | |
| 长阳县 | 5.90 | | | 1.20 | 1.68 | 0.30 | 0.40 | | | |
| 五峰县 | 2.30 | | | 1.10 | 1.00 | 0.20 | | | | |
| **襄阳市** | **5.56** | **2.20** | **0.34** | **0.71** | **9.32** | **1.32** | **2.69** | **0.35** | **0.91** | |
| 襄阳市辖区 | | | | | 0.39 | 0.12 | | | | |
| 老河口市 | 2.20 | 2.20 | | | 0.67 | | 0.67 | | 0.07 | |
| 襄州区 | 0.60 | | | | 4.00 | 1.00 | 1.00 | | | |
| 枣阳市 | 0.56 | | | 0.10 | 1.12 | 0.20 | 0.60 | 0.20 | 0.57 | |
| 宜城市 | 0.60 | | | | 0.63 | | 0.22 | 0.15 | 0.10 | |
| 南漳县 | | | | | | | | | | |
| 谷城县 | 0.61 | | | 0.61 | 0.69 | | | | | |
| 保康县 | 0.99 | | 0.34 | | 1.82 | | 0.20 | | 0.17 | |
| **鄂州市** | | | | | | | | | | |

续表17 单位:千公顷

| | 红薯良种面积 | 红薯良种面积(续) | | | 大豆良种面积 | | | | 蚕豆良种面积 | 豌豆良种面积 |
|---|---|---|---|---|---|---|---|---|---|---|
| | | 鄂薯1号 | 恩薯1号 | 徐薯18 | | 六月爆 | 鄂豆8号 | 中豆33 | | |
| **荆门市** | **1.95** | **0.46** | | | **11.08** | **0.75** | **2.42** | **0.13** | **0.94** | **0.10** |
| 荆门市辖区 | 0.30 | | | | 0.62 | | | | | |
| 沙洋县 | 0.26 | | | | 1.73 | | 0.60 | | 0.29 | 0.10 |
| 钟祥市 | 0.19 | 0.16 | | | 7.14 | 0.75 | 1.52 | | | |
| 京山县 | 1.20 | 0.30 | | | 1.59 | | 0.30 | 0.13 | 0.65 | |
| **孝感市** | **3.77** | **0.75** | | **0.90** | **7.06** | **0.85** | **2.97** | **1.83** | **1.93** | **1.84** |
| 孝南区 | 0.32 | 0.03 | | | 0.40 | 0.25 | 0.07 | | | 0.06 |
| 孝昌县 | 0.18 | | | | 0.57 | | 0.06 | 0.09 | 0.66 | 0.17 |
| 大悟县 | 2.75 | 0.50 | | 0.90 | 0.72 | | 0.30 | 0.20 | | 0.30 |
| 安陆市 | 0.47 | 0.20 | | | 1.36 | | 0.67 | 0.69 | 0.17 | 0.34 |
| 云梦县 | 0.01 | | | | 1.14 | 0.40 | 0.55 | | | |
| 应城市 | | | | | 1.45 | 0.20 | 0.40 | 0.50 | 0.60 | 0.24 |
| 汉川市 | 0.04 | 0.02 | | | 1.42 | | 0.92 | 0.35 | 0.50 | 0.73 |
| **随州市** | **3.32** | **1.60** | | | **1.61** | **0.50** | | | **0.64** | **1.56** |
| 曾都区 | 0.42 | | | | 0.31 | | | | 0.39 | |
| 随　县 | 2.20 | 1.60 | | | 0.65 | 0.50 | | | 0.25 | 1.56 |
| 广水市 | 0.70 | | | | 0.65 | | | | | |
| **黄冈市** | **11.06** | **1.06** | **0.20** | **1.60** | **8.67** | **1.88** | **1.18** | **0.60** | **1.84** | **0.85** |
| 黄州区 | 0.11 | | | | 0.14 | 0.05 | | | 0.07 | 0.02 |
| 团风县 | 0.28 | 0.06 | | | 0.20 | 0.13 | | | 0.20 | 0.06 |
| 红安县 | 1.43 | | | | 0.20 | | 0.20 | | | |
| 麻城市 | 2.36 | | | | 1.40 | | 0.50 | 0.40 | 0.21 | 0.05 |
| 罗田县 | 1.20 | 0.20 | | | 1.00 | 0.20 | | | | 0.30 |
| 英山县 | 1.98 | | | 1.50 | 1.60 | 0.90 | | | 0.01 | 0.33 |
| 浠水县 | 0.70 | | | 0.10 | 1.08 | | 0.08 | | 0.25 | 0.01 |
| 蕲春县 | 2.00 | 0.30 | | | 1.40 | 0.30 | 0.20 | 0.10 | 0.50 | 0.08 |
| 武穴市 | | | | | 1.02 | 0.30 | 0.20 | 0.10 | | |
| 黄梅县 | 1.00 | 0.50 | 0.20 | | 0.63 | | | | 0.60 | |
| 龙感湖 | | | | | | | | | | |
| **咸宁市** | **8.75** | **3.76** | | **2.72** | **6.49** | **1.64** | **0.71** | | **4.30** | **0.27** |
| 咸安区 | 1.71 | 0.10 | | 0.85 | 1.03 | 0.18 | | | 1.18 | 0.21 |
| 嘉鱼县 | 0.10 | | | | 0.44 | 0.24 | 0.10 | | 0.99 | |
| 赤壁市 | 0.87 | 0.40 | | 0.47 | 1.02 | | | | 1.00 | 0.02 |
| 通城县 | 0.86 | 0.86 | | | 0.80 | 0.40 | 0.40 | | 0.02 | 0.03 |
| 崇阳县 | 1.40 | | | 1.40 | 2.37 | 0.20 | | | 0.81 | |
| 通山县 | 3.81 | 2.40 | | | 0.83 | 0.62 | 0.21 | | 0.30 | 0.01 |
| **恩施自治州** | **48.27** | **4.80** | **26.52** | **2.00** | **21.81** | **5.73** | **1.01** | **1.00** | **3.19** | **2.14** |
| 恩施市 | 10.71 | 1.00 | 5.00 | | 5.88 | | 1.00 | 1.00 | 0.66 | 0.66 |
| 利川市 | 9.00 | | 8.00 | 1.00 | 4.00 | 1.50 | | | 1.00 | |
| 建始县 | 3.35 | | 3.35 | | 3.18 | 0.37 | | | | |
| 巴东县 | 8.55 | 3.80 | 3.60 | | 3.61 | 1.30 | | | 1.00 | 1.35 |
| 宣恩县 | 4.80 | | 1.20 | 1.00 | 1.90 | 1.10 | | | 0.05 | 0.08 |
| 咸丰县 | 5.06 | | 3.42 | | 2.14 | 1.25 | | | 0.06 | 0.05 |
| 来凤县 | 4.37 | | | | 0.58 | 0.21 | 0.01 | | 0.39 | |
| 鹤峰县 | 2.43 | | 1.95 | | 0.52 | | | | 0.03 | |
| **仙桃市** | **0.07** | | | | **6.04** | **0.71** | **2.31** | **1.15** | **1.60** | **0.09** |
| **天门市** | **0.39** | **0.39** | | | **8.42** | **1.33** | **3.00** | **2.50** | **0.66** | |
| **潜江市** | **0.03** | **0.03** | | | **2.55** | | **1.58** | **0.97** | **0.20** | |
| **神农架林区** | **0.22** | | | | **0.40** | | **0.10** | | | |

# 全省农业技术推广面积

单位:千公顷

| | 面 积 | | 面 积 |
|---|---|---|---|
| 一、水稻育秧生产技术(大田) | | 5、油 菜 | 37.04 |
| 1、早稻保温育秧面积 | 166.41 | 6、其 它 | 15.12 |
| 其中:地膜育秧面积 | 142.62 | 十七、地膜覆盖栽培面积 | 714.99 |
| 2、杂交稻两段育秧面积 | 134.35 | 1、水 稻 | 77.45 |
| 其中:旱育抛寄两段秧 | 10.56 | 2、小 麦 | 1.73 |
| 3、水稻旱育秧面积 | 396.72 | 3、玉 米 | 202.11 |
| (1)早稻旱育秧 | 31.85 | 其中:大田地膜玉米 | 69.59 |
| (2)中稻旱育秧 | 347.66 | 地膜育苗移栽 | 101.29 |
| (3)晚稻旱育秧 | 17.21 | 塑盘育苗移栽 | 26.46 |
| 4、壮秧剂应用面积 | 283.78 | 4、棉 花 | 104.03 |
| 二、水稻抛栽面积 | **329.61** | 其中:移栽地膜棉 | 80.53 |
| 1、早稻抛栽 | 42.48 | 直播地膜棉 | 7.18 |
| 2、中稻抛栽 | 267.10 | 5、花 生 | 30.37 |
| 3、晚稻抛栽 | 20.03 | 6、烟 叶 | 48.27 |
| 三、水稻少免耕技术应用面积 | **231.59** | 7、蔬 菜 | 190.99 |
| 其中:少免耕直播 | 172.96 | 8、其 它 | 60.04 |
| 少免耕抛栽 | 32.76 | 十八、秸秆覆盖栽培面积 | 194.62 |
| 四、再生稻生产面积(大田) | **35.59** | 其中:麦田 | 115.70 |
| 其中:早抛再面积 | 3.43 | 油菜田 | 41.39 |
| 五、小麦精量半精量播种面积 | **372.19** | 棉田 | 17.71 |
| 六、小麦旱稀肥控栽培面积 | **196.75** | 十九、秸秆还田面积 | 1175.37 |
| 七、玉米预留行面积 | **197.94** | 二十、蔬菜遮阳网覆盖面积 | 48.84 |
| 其中:冬套蔬菜面积 | 14.40 | 二十一、蔬菜防虫网覆盖面积 | 15.16 |
| 小麦预留行面积 | 51.07 | 二十二、作物棚栽面积 | 169.31 |
| 八、稻、棉轮作面积 | **35.33** | 1、大棚栽培面积 | 70.81 |
| 九、吨粮田面积 | **665.18** | 其中:蔬菜 | 48.49 |
| 十、双百棉面积 | **135.85** | 果用瓜 | 8.00 |
| 十一、棉田套种情况 | | 其中:西瓜 | 5.95 |
| 1、套种粮食面积 | 24.32 | 甜瓜 | 1.02 |
| 其中:套种早黄豆 | 10.63 | 2、中棚栽培面积 | 44.52 |
| 套种玉米或高粱 | 7.43 | 其中:蔬菜 | 37.53 |
| 2、套种油料面积 | 6.13 | 3、小拱棚栽培面积 | 53.98 |
| 其中:套种花生 | 3.77 | 其中:蔬菜 | 46.16 |
| 套种芝麻 | 2.13 | 二十三、蔬菜良种繁育面积 | 77.92 |
| 3、间作套种蔬菜 | 35.18 | 二十四、配方施肥面积 | 5238.51 |
| 其中:春季套种 | 9.56 | 1、小 麦 | 774.12 |
| 夏季套种 | 13.56 | 2、早 稻 | 283.98 |
| 冬季预留行套菜 | 5.69 | 3、中稻一晚 | 1205.07 |
| 4、套种瓜类面积 | 16.20 | 4、双 晚 | 325.92 |
| 其中:套种西瓜 | 10.74 | 5、玉 米 | 368.80 |
| 套种甜瓜 | 2.34 | 6、薯 类 | 215.41 |
| 十二、棉花营养钵移栽面积 | 336.83 | 7、棉 花 | 326.61 |
| 其中:麦林套栽面积 | 105.96 | 8、油 菜 | 883.98 |
| 麦油豆后移栽面积 | 173.40 | 9、花 生 | 102.31 |
| 十三、油菜育苗移栽面积 | 629.51 | 10、芝 麻 | 24.25 |
| 十四、油菜秋冬发高产栽培面积 | 540.52 | 11、麻 类 | 4.93 |
| 十五、脱毒薯类栽培面积 | 163.74 | 12、蔬 菜 | 494.26 |
| 其中:脱毒马铃薯 | 149.37 | 13、其 它 | 228.87 |
| 十六、微机优化模式栽培面积 | 156.95 | 二十五、化肥深施面积 | 1491.96 |
| 1、小 麦 | 8.53 | 二十六、使用微量元素肥面积 | 3123.78 |
| 2、杂交水稻 | 77.96 | 1、专用配合微肥 | 1108.41 |
| 3、杂交玉米 | 2.20 | 其中:小 麦 | 194.31 |
| 4、棉 花 | 16.10 | 水 稻 | 455.57 |

## 全省农业技术推广面积

续表1　　　　单位:千公顷

| | 面 积 |
|---|---|
| 棉 花 | 199.85 |
| 蔬 菜 | 200.09 |
| 2、硼 肥 | 1262.69 |
| 其中:小 麦 | 21.47 |
| 水 稻 | 37.08 |
| 棉 花 | 196.92 |
| 油 菜 | 905.12 |
| 花 生 | 56.89 |
| 芝 麻 | 5.56 |
| 3、锌 肥 | 597.19 |
| 其中:水 稻 | 428.27 |
| 玉 米 | 77.31 |
| 棉 花 | 80.92 |
| 4、钼 肥 | 88.28 |
| 其中:小 麦 | 14.46 |
| 大 豆 | 20.15 |
| 花 生 | 35.13 |
| 5、其 它 | 67.21 |
| 二十七、喷施磷酸二氢钾 | 2140.08 |
| 1、小 麦 | 471.88 |
| 2、水 稻 | 797.00 |
| 3、棉 花 | 252.96 |
| 4、油 菜 | 404.70 |
| 5、花 生 | 28.47 |
| 6、芝 麻 | 4.34 |
| 7、蔬 菜 | 109.87 |
| 8、其 它 | 70.86 |
| 二十八、化学调控面积 | 2702.89 |
| 1、缩节安(助壮素) | 378.88 |
| 其中:小 麦 | 52.05 |
| 棉 花 | 296.55 |
| 2、多效唑 | 1192.47 |
| 其中:小 麦 | 103.63 |
| 水 稻 | 472.15 |
| 棉 花 | 53.77 |
| 油 菜 | 326.93 |
| 花 生 | 50.56 |
| 3、乙烯利 | 72.20 |
| 其中:棉花催熟 | 64.58 |
| 4、8 0 2 | 157.37 |
| 其中:棉 花 | 150.78 |
| 5、生物有机肥 | 482.97 |
| 其中:小 麦 | 78.73 |
| 水 稻 | 173.61 |
| 玉 米 | 50.94 |
| 棉 花 | 50.69 |
| 油 菜 | 77.47 |
| 6、棉花应用调节安面积 | 102.15 |
| 7、棉花应用壮苗素、床草净 | 109.50 |
| 8、2.4–D | 35.04 |
| 9、坐果灵 | 55.46 |
| 10、赤霉素 | 68.00 |
| 11、其 它 | 48.85 |

| | 面 积 |
|---|---|
| 二十九、种子包衣面积 | 1288.54 |
| 1、小 麦 | 247.13 |
| 2、水 稻 | 236.80 |
| 3、玉 米 | 343.60 |
| 4、棉 花 | 322.49 |
| 5、油 菜 | 82.03 |
| 6、其 它 | 56.49 |
| 三十、化学除草剂使用面积 | 4705.13 |
| 1、小 麦 | 859.93 |
| 2、水 稻 | 1875.19 |
| 3、玉 米 | 281.17 |
| 4、棉 花 | 314.36 |
| 5、油 菜 | 870.11 |
| 6、花 生 | 108.03 |
| 7、芝 麻 | 40.44 |
| 8、麻 类 | 0.50 |
| 9、蔬 菜 | 196.16 |
| 10、其 它 | 159.24 |
| 三十一、生物农药施用面积 | 1120.39 |
| 三十二、灯光诱蛾防治面积 | 509.15 |
| 其中:优质稻大田应用面积 | 126.14 |
| 棉田应用面积 | 130.74 |
| 蔬菜田(地)应用面积 | 63.70 |
| 三十三、节水灌溉技术应用面积 | 554.21 |
| 三十四、各种技术承包人数(人) | 71818 |
| 1、行政干部 | 3425 |
| 2、技术干部 | 7277 |
| 3、农民技术员 | 56718 |
| 4、其 它 | 4398 |
| 三十五、各种技术承包面积 | 2014.81 |
| 1、种 子 | 191.72 |
| 2、植 保 | 726.95 |
| 3、栽 培 | 441.33 |
| 4、土 肥 | 444.28 |
| 5、蔬 菜 | 136.61 |
| 6、其 它 | 73.92 |
| 三十六、科技示范园(场)个数 | 959 |
| 面积 | 186.07 |
| 1、县(市)科技示范园个数 | 273 |
| 面积 | 133.00 |
| 2、乡镇科技示范场个数 | 686 |
| 面积 | 53.07 |
| 三十七、科技示范户(户) | 212242 |
| 1、小 麦 | 30136 |
| 2、水 稻 | 64205 |
| 3、玉 米 | 13026 |
| 4、棉 花 | 19898 |
| 5、油 菜 | 26235 |
| 6、蔬 菜 | 26728 |
| 7、中药材 | 10863 |
| 8、其 它 | 21151 |

# 2011年农技推广情况

单位：千公顷

| | 水稻育秧生产技术(大田) | | | | | | | |
|---|---|---|---|---|---|---|---|---|
| | 早稻保温育秧面积 | 地膜育秧 | 杂交稻两段育秧面积 | 水稻旱育秧面积 | 早稻 | 中稻 | 晚稻 | 壮秧剂应用面积 |
| **全省合计** | **166.41** | **142.62** | **134.35** | **396.72** | **31.85** | **347.66** | **17.21** | **283.78** |
| **武汉市** | **21.14** | **21.14** | | **11.12** | **4.70** | **3.02** | **3.40** | **9.24** |
| 武汉市辖区 | | | | | | | | |
| 蔡甸区 | 0.07 | 0.07 | | | | | | |
| 江夏区 | 6.30 | 6.30 | | 3.65 | 1.40 | 1.00 | 1.25 | 2.50 |
| 黄陂区 | 1.73 | 1.73 | | 0.12 | | 0.07 | 0.05 | 0.86 |
| 新洲区 | 13.04 | 13.04 | | 7.35 | 3.30 | 1.95 | 2.10 | 5.88 |
| **黄石市** | **23.55** | **15.90** | | **0.16** | **0.16** | | | **15.00** |
| 黄石市辖区 | | | | | | | | |
| 大冶市 | 7.50 | | | 0.01 | 0.01 | | | 15.00 |
| 阳新县 | 16.05 | 15.90 | | 0.15 | 0.15 | | | |
| **十堰市** | | | **17.47** | **16.24** | | **16.24** | | **10.88** |
| 十堰市辖区 | | | 0.25 | 0.25 | | 0.25 | | 0.25 |
| 丹江口市 | | | 5.33 | 5.33 | | 5.33 | | |
| 郧　县 | | | 6.49 | 0.01 | | 0.01 | | 0.03 |
| 郧西县 | | | 3.00 | 0.15 | | 0.15 | | |
| 竹山县 | | | | 1.80 | | 1.80 | | 2.00 |
| 竹溪县 | | | 0.40 | 5.40 | | 5.40 | | 5.40 |
| 房　县 | | | 2.00 | 3.30 | | 3.30 | | 3.20 |
| **荆州市** | **50.24** | **44.77** | | **69.04** | **9.75** | **52.97** | **6.32** | **28.73** |
| 荆州市辖区 | 0.50 | 0.50 | | 6.32 | 0.10 | 6.12 | 0.10 | 10.00 |
| 江陵县 | | | | 10.00 | | 10.00 | | |
| 松滋市 | 2.55 | 2.08 | | 8.60 | 1.87 | 3.58 | 3.15 | 10.38 |
| 公安县 | 10.00 | 5.00 | | 16.90 | 5.50 | 9.00 | 2.40 | |
| 石首市 | 2.00 | 2.00 | | 1.00 | 0.50 | 0.50 | | 5.10 |
| 监利县 | 32.70 | 32.70 | | | | | | |
| 洪湖市 | 2.49 | 2.49 | | 26.22 | 1.78 | 23.77 | 0.67 | 3.25 |
| **宜昌市** | **5.20** | **3.50** | **5.30** | **30.37** | **1.76** | **27.81** | **0.80** | **35.85** |
| 宜昌市辖区 | | | | 0.55 | | 0.55 | | |
| 夷陵区 | | | | 9.28 | | 9.28 | | 8.35 |
| 宜都市 | | | 3.00 | 0.33 | | 0.33 | | 4.00 |
| 枝江市 | 5.20 | 3.50 | 2.30 | 9.66 | 1.76 | 7.10 | 0.80 | 17.00 |
| 当阳市 | | | | 2.67 | | 2.67 | | |
| 远安县 | | | | 4.00 | | 4.00 | | 5.00 |
| 兴山县 | | | | 2.12 | | 2.12 | | 1.20 |
| 秭归县 | | | | 0.56 | | 0.56 | | |
| 长阳县 | | | | 1.20 | | 1.20 | | 0.30 |
| 五峰县 | | | | | | | | |
| **襄阳市** | | | **25.74** | **81.92** | | **81.92** | | **19.95** |
| 襄阳市辖区 | | | 1.02 | 6.75 | | 6.75 | | |
| 老河口市 | | | 2.72 | 6.80 | | 6.80 | | |
| 襄州区 | | | 22.00 | 9.80 | | 9.80 | | |
| 枣阳市 | | | | 20.00 | | 20.00 | | |
| 宜城市 | | | | 18.00 | | 18.00 | | 4.50 |
| 南漳县 | | | | 10.00 | | 10.00 | | 15.00 |
| 谷城县 | | | | 10.00 | | 10.00 | | |
| 保康县 | | | | 0.57 | | 0.57 | | 0.45 |
| **鄂州市** | | | | **0.08** | **0.02** | **0.02** | **0.04** | **0.06** |

附表1　　　　单位:千公顷

| | 水稻育秧生产技术(大田) | | | | | | | |
|---|---|---|---|---|---|---|---|---|
| | 早稻保温育秧面积 | 地膜育秧 | 杂交稻两段育秧面积 | 水稻旱育秧面积 | 早稻 | 中稻 | 晚稻 | 壮秧剂应用面积 |
| **荆门市** | **1.46** | **1.09** | | **42.44** | **0.68** | **41.28** | **0.48** | **55.75** |
| 荆门市辖区 | | | | 8.00 | | 8.00 | | |
| 沙洋县 | 0.37 | | | 28.67 | 0.20 | 28.47 | | 24.21 |
| 钟祥市 | | | | 1.58 | | 1.58 | | 28.20 |
| 京山县 | 1.09 | 1.09 | | 4.19 | 0.48 | 3.23 | 0.48 | 3.34 |
| **孝感市** | **19.68** | **15.45** | **7.34** | **9.16** | **0.38** | **8.59** | **0.19** | **34.99** |
| 孝南区 | 4.11 | 3.32 | | 0.12 | 0.10 | 0.02 | | 3.78 |
| 孝昌县 | 1.13 | 0.67 | 3.84 | 0.32 | 0.02 | 0.30 | | 1.15 |
| 大悟县 | 0.04 | 0.04 | 3.50 | 1.92 | 0.02 | 1.83 | 0.07 | 1.20 |
| 安陆市 | | | | 0.67 | | 0.67 | | 3.40 |
| 云梦县 | 3.70 | 3.70 | | 0.10 | | | 0.10 | |
| 应城市 | 8.77 | 6.42 | | 5.68 | 0.24 | 5.42 | 0.02 | 5.68 |
| 汉川市 | 1.93 | 1.30 | | 0.35 | | 0.35 | | 19.78 |
| **随州市** | | | **74.77** | **31.03** | | **31.03** | | **21.60** |
| 曾都区 | | | 15.37 | 6.58 | | 6.58 | | |
| 随　县 | | | 30.20 | 21.60 | | 21.60 | | 21.60 |
| 广水市 | | | 29.20 | 2.85 | | 2.85 | | |
| **黄冈市** | **27.21** | **23.93** | **1.67** | **31.77** | **10.05** | **16.02** | **5.70** | **20.16** |
| 黄州区 | 2.15 | 0.67 | 0.67 | 0.40 | | 0.40 | | 0.40 |
| 团风县 | 2.10 | 1.94 | | 0.66 | 0.16 | 0.40 | 0.10 | |
| 红安县 | 0.72 | 0.72 | | 3.84 | 0.89 | 2.35 | 0.60 | 3.89 |
| 麻城市 | 5.60 | 5.60 | | 0.70 | 0.30 | 0.30 | 0.10 | |
| 罗田县 | 0.10 | 0.10 | | 0.67 | | 0.67 | | 0.67 |
| 英山县 | 0.62 | | | 7.70 | 0.40 | 6.20 | 1.10 | 8.90 |
| 浠水县 | 2.40 | 2.00 | 1.00 | 2.00 | 1.00 | 0.20 | 0.80 | |
| 蕲春县 | 2.92 | 2.60 | | 12.30 | 5.30 | 5.00 | 2.00 | 3.80 |
| 武穴市 | 0.80 | 0.50 | | 3.50 | 2.00 | 0.50 | 1.00 | 2.50 |
| 黄梅县 | 9.80 | 9.80 | | | | | | |
| 龙感湖 | | | | | | | | |
| **咸宁市** | **7.46** | **6.37** | **0.73** | **3.06** | **1.02** | **1.76** | **0.28** | **0.42** |
| 咸安区 | 0.10 | 0.04 | | 0.27 | 0.08 | 0.19 | | 0.22 |
| 嘉鱼县 | 0.50 | 0.50 | | 0.64 | 0.54 | 0.10 | | 0.20 |
| 赤壁市 | 0.67 | | 0.73 | | | | | |
| 通城县 | 1.33 | 1.16 | | 0.73 | 0.40 | 0.27 | 0.06 | |
| 崇阳县 | 4.67 | 4.67 | | 0.71 | | 0.60 | 0.11 | |
| 通山县 | 0.19 | | | 0.71 | | 0.60 | 0.11 | |
| **恩施自治州** | | | **1.33** | **48.85** | | **48.85** | | **15.39** |
| 恩施市 | | | | 9.23 | | 9.23 | | 4.00 |
| 利川市 | | | 1.20 | 14.46 | | 14.46 | | 3.33 |
| 建始县 | | | 0.13 | 3.48 | | 3.48 | | 1.34 |
| 巴东县 | | | | 1.20 | | 1.20 | | 0.30 |
| 宣恩县 | | | | 8.60 | | 8.60 | | 2.20 |
| 咸丰县 | | | | 8.01 | | 8.01 | | 1.42 |
| 来凤县 | | | | 2.10 | | 2.10 | | 2.80 |
| 鹤峰县 | | | | 1.77 | | 1.77 | | |
| **仙桃市** | | | | **1.22** | | **1.22** | | **11.10** |
| **天门市** | **10.47** | **10.47** | | **4.66** | **3.33** | **1.33** | | **4.66** |
| **潜江市** | | | | **15.53** | | **15.53** | | |
| **神农架林区** | | | | **0.07** | | **0.07** | | |

附表2　　　　单位：千公顷

| | 水稻抛栽面积 | 水稻抛栽面积 | | | 水稻少免耕技术应用面积 | | | 再生稻生产面积(大田) |
|---|---|---|---|---|---|---|---|---|
| | | 早稻 | 中稻 | 晚稻 | | 少免耕直播 | 少免耕抛栽 | |
| **全省合计** | **329.61** | **42.48** | **267.10** | **20.03** | **231.59** | **172.96** | **32.76** | **35.59** |
| **武汉市** | **3.95** | **2.47** | **1.18** | **0.30** | **33.96** | **30.66** | | **3.13** |
| 武汉市辖区 | | | | | 0.30 | 0.30 | | |
| 蔡甸区 | | | | | | | | |
| 江夏区 | 1.10 | 0.80 | 0.30 | | 3.30 | 3.30 | | 0.76 |
| 黄陂区 | 0.60 | | 0.30 | 0.30 | 23.30 | 20.00 | | 0.35 |
| 新洲区 | 2.25 | 1.67 | 0.58 | | 7.06 | 7.06 | | 2.02 |
| **黄石市** | **0.16** | **0.15** | **0.01** | | **19.00** | **18.85** | **0.15** | **0.95** |
| 黄石市辖区 | | | | | | | | |
| 大冶市 | 0.01 | | 0.01 | | 0.50 | 0.50 | | 0.60 |
| 阳新县 | 0.15 | 0.15 | | | 18.50 | 18.35 | 0.15 | 0.35 |
| **十堰市** | **2.51** | | **2.51** | | **4.65** | **1.21** | **1.93** | |
| 十堰市辖区 | 0.10 | | 0.10 | | 0.10 | 0.10 | | |
| 丹江口市 | 1.33 | | 1.33 | | 1.67 | 0.33 | 1.33 | |
| 郧　县 | 0.10 | | 0.10 | | | | | |
| 郧西县 | | | | | | | | |
| 竹山县 | 0.18 | | 0.18 | | 0.38 | 0.08 | 0.10 | |
| 竹溪县 | 0.80 | | 0.80 | | 0.50 | | 0.50 | |
| 房　县 | | | | | 2.00 | 0.70 | | |
| **荆州市** | **80.24** | **21.08** | **53.44** | **5.72** | **6.78** | **1.30** | **1.25** | **9.81** |
| 荆州市辖区 | 11.61 | 0.80 | 10.71 | 0.10 | | | | |
| 江陵县 | 5.00 | | 5.00 | | | | | |
| 松滋市 | 9.09 | 1.20 | 4.71 | 3.18 | 1.25 | 0.60 | 0.65 | |
| 公安县 | 12.50 | 5.50 | 5.00 | 2.00 | | | | |
| 石首市 | 4.00 | 2.00 | 2.00 | | | | | |
| 监利县 | 13.40 | 10.00 | 3.30 | 0.10 | 1.30 | 0.70 | 0.60 | 6.50 |
| 洪湖市 | 24.64 | 1.58 | 22.72 | 0.34 | 4.23 | | | 3.31 |
| 宜昌市 | 47.40 | 1.50 | 45.90 | | 4.83 | 3.00 | 1.83 | |
| 宜昌市辖区 | 0.35 | | 0.35 | | | | | |
| 夷陵区 | 8.35 | | 8.35 | | 0.20 | | 0.20 | |
| 宜都市 | 3.00 | | 3.00 | | | | | |
| 枝江市 | 6.50 | 1.50 | 5.00 | | 1.00 | 0.30 | 0.70 | |
| 当阳市 | 20.00 | | 20.00 | | 2.33 | 2.00 | 0.33 | |
| 远安县 | 5.00 | | 5.00 | | 1.20 | 0.70 | 0.50 | |
| 兴山县 | 1.95 | | 1.95 | | 0.10 | | 0.10 | |
| 秭归县 | 1.05 | | 1.05 | | | | | |
| 长阳县 | 1.20 | | 1.20 | | | | | |
| 五峰县 | | | | | | | | |
| **襄阳市** | **28.11** | | **28.11** | | **4.80** | **3.55** | **1.25** | |
| 襄阳市辖区 | 1.30 | | 1.30 | | | | | |
| 老河口市 | 0.50 | | 0.50 | | | | | |
| 襄州区 | 5.00 | | 5.00 | | 2.00 | 2.00 | | |
| 枣阳市 | 12.00 | | 12.00 | | 0.50 | 0.50 | | |
| 宜城市 | 1.30 | | 1.30 | | 0.30 | 0.05 | 0.25 | |
| 南漳县 | 3.00 | | 3.00 | | 1.00 | | 1.00 | |
| 谷城县 | 5.00 | | 5.00 | | 1.00 | 1.00 | | |
| 保康县 | 0.01 | | 0.01 | | | | | |
| **鄂州市** | **0.03** | **0.01** | **0.01** | **0.01** | | | | **1.00** |

附表3

单位：千公顷

|  | 水稻抛栽面积 | 水稻抛栽面积 |  |  | 水稻少免耕技术应用面积 |  |  | 再生稻生产面积(大田) |
|---|---|---|---|---|---|---|---|---|
|  |  | 早稻 | 中稻 | 晚稻 |  | 少免耕直播 | 少免耕抛栽 |  |
| **荆门市** | **0.75** | **43.15** | **0.36** | **5.18** | **3.78** | **1.40** |  | **15.12** |
| 荆门市辖区 |  | 9.00 |  | 0.93 | 0.60 | 0.33 |  | 4.67 |
| 沙洋县 |  | 28.25 |  | 2.20 | 2.00 | 0.20 |  | 7.30 |
| 钟祥市 |  | 2.30 |  | 0.04 | 0.02 | 0.02 |  | 1.50 |
| 京山县 | 0.75 | 3.60 | 0.36 | 2.01 | 1.16 | 0.85 |  | 1.65 |
| **孝感市** | **0.41** | **9.26** | **0.01** | **38.35** | **28.32** | **2.85** |  | **31.82** |
| 孝南区 | 0.32 |  |  |  |  |  |  |  |
| 孝昌县 | 0.03 | 0.04 |  | 0.33 | 0.28 | 0.05 |  |  |
| 大悟县 | 0.06 | 6.80 | 0.01 | 2.32 | 1.02 | 1.30 |  | 7.92 |
| 安陆市 |  | 1.67 |  | 4.00 | 3.00 | 1.00 |  | 5.30 |
| 云梦县 |  |  |  | 10.50 | 10.50 |  |  | 5.60 |
| 应城市 |  | 0.30 |  | 13.76 | 8.40 | 0.30 |  | 7.20 |
| 汉川市 |  | 0.45 |  | 7.44 | 5.12 | 0.20 |  | 5.80 |
| **随州市** |  | **14.35** |  | **5.02** | **1.00** | **4.02** |  | **46.55** |
| 曾都区 |  | 6.35 |  | 3.22 | 0.50 | 2.72 |  | 2.73 |
| 随　县 |  | 8.00 |  | 1.80 | 0.50 | 1.30 |  | 39.62 |
| 广水市 |  |  |  |  |  |  |  | 4.20 |
| **黄冈市** | **8.82** | **17.79** | **4.08** | **67.33** | **57.90** | **5.68** | **19.57** | **10.96** |
| 黄州区 |  | 0.67 |  | 0.67 | 0.67 |  |  | 3.35 |
| 团风县 | 1.23 | 1.41 |  |  |  |  |  | 3.23 |
| 红安县 | 1.89 | 3.14 | 1.28 | 0.24 | 0.23 | 0.01 | 0.04 | 0.88 |
| 麻城市 | 1.50 | 2.40 |  | 5.60 | 5.30 | 0.30 | 1.00 |  |
| 罗田县 |  | 0.67 |  | 7.37 | 6.70 | 0.67 | 6.67 | 3.00 |
| 英山县 | 0.20 | 5.50 | 1.00 | 0.95 |  |  |  |  |
| 浠水县 | 0.60 | 0.40 | 0.20 | 4.20 | 1.00 | 0.40 |  |  |
| 蕲春县 | 2.00 | 3.30 | 1.00 | 18.50 | 16.50 | 2.00 | 10.00 |  |
| 武穴市 | 1.40 | 0.30 | 0.60 | 10.80 | 8.50 | 2.30 | 0.86 |  |
| 黄梅县 |  |  |  | 19.00 | 19.00 |  | 1.00 | 0.50 |
| 龙感湖 |  |  |  |  |  |  |  |  |
| **咸宁市** | **5.29** | **11.86** | **9.55** | **20.14** | **18.09** | **1.65** |  | **0.74** |
| 咸安区 | 0.80 | 1.68 | 0.41 | 0.69 | 0.56 | 0.13 |  |  |
| 嘉鱼县 | 0.56 | 0.08 |  | 10.80 | 10.20 | 0.60 |  |  |
| 赤壁市 | 2.13 | 1.20 | 5.00 | 0.43 | 0.03 |  |  |  |
| 通城县 | 1.33 | 0.33 | 0.67 | 4.67 | 4.00 | 0.67 |  | 0.60 |
| 崇阳县 | 0.47 | 0.67 | 3.47 | 0.00 |  |  |  |  |
| 通山县 |  | 7.90 |  | 3.55 | 3.30 | 0.25 |  | 0.14 |
| **恩施自治州** |  | **26.06** |  | **13.92** |  | **8.42** |  | **2.01** |
| 恩施市 |  | 7.38 |  | 4.00 |  | 4.00 |  | 0.67 |
| 利川市 |  | 8.00 |  | 7.00 |  | 1.50 |  |  |
| 建始县 |  | 1.34 |  |  |  |  |  | 1.34 |
| 巴东县 |  | 1.00 |  |  |  |  |  |  |
| 宣恩县 |  | 4.00 |  | 0.70 |  | 0.70 |  |  |
| 咸丰县 |  | 1.82 |  | 1.52 |  | 1.52 |  |  |
| 来凤县 |  | 2.30 |  | 0.70 |  | 0.70 |  |  |
| 鹤峰县 |  | 0.22 |  |  |  |  |  |  |
| **仙桃市** |  | **1.67** |  | **0.30** | **0.30** |  | **1.13** | **3.59** |
| **天门市** | **2.00** | **9.00** |  | **5.33** | **3.00** | **2.33** |  | **3.33** |
| **潜江市** |  | **2.80** |  | **2.00** | **2.00** |  |  | **5.68** |
| **神农架林区** |  |  |  |  |  |  |  |  |

附表4

单位:千公顷

| | 小麦旱稀肥控栽培面积 | 玉米预留行面积 | 小麦预留行面积 | 稻、棉轮作面积 | 吨粮田面积 | 双百棉面积 | 棉田套种面积 | | |
|---|---|---|---|---|---|---|---|---|---|
| | | | | | | | 套种粮食 | 间作套种蔬菜 | 套种瓜类 |
| **全省合计** | **196.75** | **197.94** | **51.07** | **35.33** | **665.18** | **135.85** | **24.32** | **35.18** | **16.20** |
| **武汉市** | **10.36** | **0.16** | **0.16** | **2.53** | **9.83** | **2.41** | **4.75** | **2.04** | **6.38** |
| 武汉市辖区 | | | | | | | 4.20 | 0.80 | 2.31 |
| 蔡甸区 | 3.73 | | | 1.54 | | | | | 3.61 |
| 江夏区 | 2.25 | | | 0.02 | 3.10 | 0.01 | | 0.01 | |
| 黄陂区 | 0.35 | 0.16 | 0.16 | 0.72 | 3.43 | 0.70 | 0.20 | | 0.10 |
| 新洲区 | 4.03 | | | 0.25 | 3.30 | 1.70 | 0.35 | 1.23 | 0.36 |
| **黄石市** | | **5.10** | **4.05** | | **12.20** | **0.50** | **0.20** | | |
| 黄石市辖区 | | | | | | | | | |
| 大冶市 | | 0.30 | | | 8.70 | | | | |
| 阳新县 | | 4.80 | 4.05 | | 3.50 | 0.50 | 0.20 | | |
| **十堰市** | **12.33** | **26.67** | **18.45** | | **14.77** | | | | |
| 十堰市辖区 | 0.40 | 0.60 | | | 0.50 | | | | |
| 丹江口市 | 3.33 | 2.53 | 2.00 | | 2.67 | | | | |
| 郧　县 | 1.50 | 2.20 | 2.20 | | 8.10 | | | | |
| 郧西县 | | 1.84 | 1.15 | | | | | | |
| 竹山县 | 2.80 | 8.00 | 7.00 | | | | | | |
| 竹溪县 | 3.50 | 5.50 | 2.10 | | 3.00 | | | | |
| 房　县 | 0.80 | 6.00 | 4.00 | | 0.50 | | | | |
| **荆州市** | **22.80** | **0.10** | | **8.41** | **93.80** | **37.98** | **4.43** | **10.97** | **3.77** |
| 荆州市辖区 | 0.00 | | | 1.24 | | 0.02 | | 0.51 | 0.20 |
| 江陵县 | | | | | | | | | |
| 松滋市 | 5.23 | | | 0.86 | 5.55 | 0.92 | 0.46 | 2.88 | 2.34 |
| 公安县 | | | | | 40.00 | 28.00 | 3.20 | 4.20 | |
| 石首市 | 0.67 | | | 2.00 | 0.67 | 1.30 | 0.10 | 0.67 | 0.42 |
| 监利县 | 13.30 | 0.10 | | 2.00 | 40.00 | 3.80 | | 1.24 | 0.46 |
| 洪湖市 | 3.60 | | | 2.31 | 7.58 | 3.94 | 0.67 | 1.47 | 0.35 |
| **宜昌市** | **17.30** | **45.33** | **4.71** | **0.40** | **38.06** | **9.83** | **2.31** | **1.80** | **0.51** |
| 宜昌市辖区 | | 0.60 | | | | | | | |
| 夷陵区 | | 9.98 | | | | | | | |
| 宜都市 | | 10.55 | 0.30 | | 0.66 | | | | |
| 枝江市 | 13.40 | 2.50 | 1.50 | 0.40 | 10.00 | 8.50 | 1.50 | 1.60 | 0.50 |
| 当阳市 | | | | | 8.00 | 1.33 | 0.81 | 0.20 | 0.01 |
| 远安县 | 0.80 | 1.60 | | | | | | | |
| 兴山县 | 0.85 | 7.10 | 0.91 | | 1.90 | | | | |
| 秭归县 | 2.05 | | | | 12.50 | | | | |
| 长阳县 | 0.20 | 12.50 | 2.00 | | 5.00 | | | | |
| 五峰县 | | 0.50 | | | | | | | |
| **襄阳市** | **58.62** | **26.72** | **16.43** | **3.70** | **120.00** | **15.57** | **0.30** | **1.93** | **0.05** |
| 襄阳市辖区 | | 2.10 | 0.60 | 0.50 | 11.00 | 0.40 | | | 0.01 |
| 老河口市 | 3.10 | 2.80 | 1.03 | | 25.00 | 4.40 | | | |
| 襄州区 | 2.00 | | | | 30.00 | 5.00 | | 0.50 | |
| 枣阳市 | 35.00 | | | | | 2.30 | 0.30 | 1.40 | |
| 宜城市 | 2.00 | 3.00 | 1.80 | 3.20 | 32.00 | 3.47 | | | |
| 南漳县 | 5.00 | 13.00 | 13.00 | | 22.00 | | | | 0.04 |
| 谷城县 | 11.00 | 2.00 | | | | | | 0.03 | |
| 保康县 | 0.52 | 3.82 | | | | | | | |
| **鄂州市** | **0.30** | **0.50** | **0.20** | **0.10** | **0.02** | **0.20** | **0.07** | **0.80** | |

附表5

单位：千公顷

| | 小麦旱稀肥控栽培面积 | 玉米预留行面积 | 小麦预留行面积 | 稻、棉轮作面积 | 吨粮田面积 | 双百棉面积 | 棉田套种面积 | | |
|---|---|---|---|---|---|---|---|---|---|
| | | | | | | | 套种粮食 | 间作套种蔬菜 | 套种瓜类 |
| **荆门市** | **24.16** | **1.45** | **0.29** | **0.01** | **55.63** | **13.95** | **1.39** | **1.89** | **1.47** |
| 荆门市辖区 | 1.00 | | | | | 0.20 | 0.03 | | |
| 沙洋县 | 8.10 | 0.33 | | | 18.00 | 3.40 | 0.21 | 0.35 | 0.07 |
| 钟祥市 | 7.50 | 0.10 | 0.04 | | 12.50 | 4.20 | 0.50 | 1.20 | 1.37 |
| 京山县 | 7.56 | 1.02 | 0.25 | 0.01 | 25.13 | 6.15 | 0.65 | 0.34 | 0.03 |
| **孝感市** | **19.44** | **0.50** | **0.28** | **1.01** | **52.81** | **9.04** | **0.84** | **1.10** | **0.39** |
| 孝南区 | 2.54 | 0.16 | | | | 4.59 | 0.15 | 0.41 | 0.03 |
| 孝昌县 | | | | 0.11 | 4.30 | 0.05 | 0.01 | 0.01 | 0.03 |
| 大悟县 | 1.20 | 0.06 | 0.02 | | 9.20 | | | | |
| 安陆市 | 6.70 | 0.03 | 0.01 | 0.33 | 10.00 | | 0.30 | | |
| 云梦县 | 2.00 | | | 0.20 | 6.50 | 1.00 | 0.06 | 0.50 | |
| 应城市 | 0.20 | | | 0.22 | 22.60 | 2.70 | 0.12 | 0.18 | 0.12 |
| 汉川市 | 6.80 | 0.25 | 0.25 | 0.15 | 0.21 | 0.70 | 0.20 | | 0.21 |
| **随州市** | **4.50** | | | **3.00** | **79.03** | **4.95** | **1.10** | | **0.40** |
| 曾都区 | | | | | 6.23 | 0.45 | | | |
| 随　县 | | | | 2.20 | 50.70 | 4.50 | 1.10 | | |
| 广水市 | 4.50 | | | 0.80 | 22.10 | | | | 0.40 |
| **黄冈市** | **11.70** | **1.37** | **0.65** | **9.56** | **123.32** | **26.22** | **2.82** | **5.74** | **0.58** |
| 黄州区 | 5.00 | 0.05 | 0.05 | | 3.35 | 2.00 | 0.10 | 1.00 | 0.12 |
| 团风县 | 3.10 | | | | 10.60 | 2.10 | | 1.13 | 0.26 |
| 红安县 | | | | 0.56 | | | 0.42 | 0.04 | 0.03 |
| 麻城市 | 0.60 | | | | | | | 0.12 | |
| 罗田县 | 2.00 | 0.02 | | | 6.67 | | 0.20 | | |
| 英山县 | | 0.70 | 0.20 | | 2.20 | 0.10 | 0.10 | 0.05 | |
| 浠水县 | 0.70 | 0.60 | 0.40 | 4.20 | 30.00 | 4.00 | 1.10 | 0.80 | |
| 蕲春县 | 0.30 | | | 1.50 | 26.40 | 1.80 | 0.60 | 1.50 | 0.02 |
| 武穴市 | | | | 3.30 | 38.00 | 6.60 | 0.30 | 1.10 | 0.15 |
| 黄梅县 | | | | | 6.10 | 9.62 | | | |
| 龙感湖 | | | | | | | | | |
| **咸宁市** | **0.40** | **2.96** | **0.14** | | **6.53** | | | | |
| 咸安区 | | 0.20 | | | 1.33 | | | | |
| 嘉鱼县 | | | | | | | | | |
| 赤壁市 | | | | | 2.20 | | | | |
| 通城县 | 0.40 | 0.26 | | | 3.00 | | | | |
| 崇阳县 | | | | | | | | | |
| 通山县 | | 2.50 | 0.14 | | | | | | |
| **恩施自治州** | **0.34** | **82.54** | **5.47** | | **11.47** | | | | |
| 恩施市 | | 17.33 | 0.47 | | 1.33 | | | | |
| 利川市 | | 20.94 | 0.14 | | | | | | |
| 建始县 | 0.34 | 1.34 | 1.34 | | | | | | |
| 巴东县 | | 21.50 | 3.50 | | 7.30 | | | | |
| 宣恩县 | | 6.70 | 0.02 | | 0.10 | | | | |
| 咸丰县 | | 3.52 | | | 0.64 | | | | |
| 来凤县 | | 1.26 | | | | | | | |
| 鹤峰县 | | 9.95 | | | 2.10 | | | | |
| **仙桃市** | **11.17** | **2.35** | **0.24** | **2.96** | **24.36** | **5.69** | **0.34** | **0.11** | **0.12** |
| **天门市** | **3.33** | | | **1.00** | **22.72** | **6.67** | **4.19** | **7.30** | **1.00** |
| **潜江市** | | | | **2.65** | **0.63** | **2.84** | **1.58** | **1.50** | **1.53** |
| **神农架林区** | | **2.19** | | | | | | | |

|  | 棉花营养钵移栽面积 | 麦林套栽 | 麦油豆后移栽 | 油菜育苗移栽面积 | 油菜秋冬发高产栽培面积 | 脱毒薯类栽培面积 | 脱毒马铃薯 | 微机优化模式栽培面积 |
|---|---|---|---|---|---|---|---|---|
| **全省合计** | **336.83** | **105.96** | **173.40** | **629.51** | **540.52** | **163.74** | **149.37** | **156.95** |
| **武汉市** | **10.24** | **5.57** | **1.83** | **23.27** | **39.66** | **3.71** | **1.72** | **20.16** |
| 武汉市辖区 | 1.50 |  |  | 0.06 | 0.46 | 0.07 | 0.03 |  |
| 蔡甸区 | 3.00 | 2.00 |  |  |  | 3.00 | 2.67 | 2.46 |
| 江夏区 |  |  |  | 3.14 | 9.80 | 0.69 | 0.69 | 8.90 |
| 黄陂区 | 0.66 | 0.02 | 0.30 | 5.50 | 19.20 | 1.00 | 1.00 |  |
| 新洲区 | 5.08 | 3.55 | 1.53 | 14.57 | 10.20 |  |  | 8.80 |
| **黄石市** | **1.70** | **0.20** |  | **32.10** | **25.10** | **0.38** | **0.38** |  |
| 黄石市辖区 |  |  |  |  |  |  |  |  |
| 大冶市 |  |  |  | 14.30 | 15.10 | 0.05 | 0.05 |  |
| 阳新县 | 1.70 | 0.20 |  | 17.80 | 10.00 | 0.33 | 0.33 |  |
| **十堰市** | **0.07** | **0.07** |  | **33.59** | **26.76** | **11.00** | **9.36** | **6.20** |
| 十堰市辖区 |  |  |  | 0.29 | 0.29 | 0.14 |  |  |
| 丹江口市 | 0.07 | 0.07 |  | 1.33 | 1.07 | 0.55 | 0.55 |  |
| 郧　县 |  |  |  | 3.40 | 3.30 | 0.65 | 0.65 |  |
| 郧西县 |  |  |  | 6.02 | 3.40 | 3.06 | 3.06 |  |
| 竹山县 |  |  |  | 8.00 | 5.70 |  |  |  |
| 竹溪县 |  |  |  | 9.55 | 9.00 | 4.80 | 4.60 | 6.20 |
| 房　县 |  |  |  | 5.00 | 4.00 | 1.80 | 0.50 |  |
| **荆州市** | **89.66** | **21.39** | **61.80** | **116.40** | **127.37** | **3.99** | **3.74** |  |
| 荆州市辖区 | 9.26 | 8.10 | 1.00 | 12.43 | 6.40 | 3.00 | 3.00 |  |
| 江陵县 | 8.00 |  | 8.00 |  |  | 0.05 | 0.05 |  |
| 松滋市 | 14.59 | 8.72 | 5.87 | 5.27 | 20.56 | 0.55 | 0.30 |  |
| 公安县 | 28.78 |  | 28.78 | 38.82 | 38.82 | 0.39 | 0.39 |  |
| 石首市 |  |  |  | 12.76 | 13.50 |  |  |  |
| 监利县 | 20.00 | 3.30 | 16.70 | 33.30 | 36.70 |  |  |  |
| 洪湖市 | 9.03 | 1.27 | 1.45 | 13.82 | 11.39 |  |  |  |
| **宜昌市** | **20.70** | **12.30** | **6.10** | **48.74** | **53.79** | **23.76** | **19.46** | **31.35** |
| 宜昌市辖区 |  |  |  | 0.50 | 0.33 | 0.30 | 0.10 |  |
| 夷陵区 |  |  |  | 4.10 | 3.20 | 0.84 | 0.84 |  |
| 宜都市 |  |  |  | 8.33 | 5.33 | 1.50 | 1.50 |  |
| 枝江市 | 15.10 | 11.80 | 1.00 | 18.50 | 19.00 | 0.80 | 0.80 | 30.00 |
| 当阳市 | 5.60 | 0.50 | 5.10 | 5.51 | 13.33 | 0.07 | 0.07 |  |
| 远安县 |  |  |  | 2.80 | 3.50 |  |  |  |
| 兴山县 |  |  |  | 2.00 | 2.20 | 5.15 | 5.15 |  |
| 秭归县 |  |  |  | 2.30 | 3.40 | 4.10 |  | 1.35 |
| 长阳县 |  |  |  | 4.20 | 2.00 | 3.00 | 3.00 |  |
| 五峰县 |  |  |  | 0.50 | 1.50 | 8.00 | 8.00 |  |
| **襄阳市** | **24.12** | **7.70** | **11.32** | **18.50** | **21.25** | **0.32** |  | **1.90** |
| 襄阳市辖区 | 0.72 |  | 0.72 | 1.88 | 0.10 |  |  | 1.90 |
| 老河口市 | 5.00 |  |  | 1.75 | 1.13 |  |  |  |
| 襄州区 | 8.00 | 5.00 | 3.00 | 2.00 |  |  |  |  |
| 枣阳市 | 4.90 | 0.30 | 4.60 |  |  |  |  |  |
| 宜城市 | 5.50 | 2.40 | 3.00 | 2.80 | 11.00 |  |  |  |
| 南漳县 |  |  |  | 0.70 | 2.00 |  |  |  |
| 谷城县 |  |  |  | 4.06 | 4.06 |  |  |  |
| 保康县 |  |  |  | 5.31 | 2.96 | 0.32 |  |  |
| **鄂州市** | **3.00** | **2.50** | **0.50** | **15.00** | **6.00** | **0.64** | **0.61** |  |

附表7　　　　　　　　　　　　　　　　　　　　　　　　　　　　　　　　　　　单位：千公顷

| | 棉花营养钵移栽面积 | | | 油菜育苗移栽面积 | 油菜秋冬发高产栽培面积 | 脱毒薯类栽培面积 | | 微机优化模式栽培面积 |
|---|---|---|---|---|---|---|---|---|
| | | 麦林套栽 | 麦油豆后移栽 | | | | 脱毒马铃薯 | |
| **荆门市** | **26.36** | **6.80** | **9.95** | **42.74** | **43.63** | **2.09** | **0.98** | |
| 荆门市辖区 | 2.50 | | 0.50 | 2.55 | 1.00 | 0.85 | | |
| 沙洋县 | 7.92 | 2.00 | | 34.67 | 32.51 | | | |
| 钟祥市 | 8.00 | 2.00 | 6.00 | 3.33 | 10.00 | 0.50 | 0.43 | |
| 京山县 | 7.94 | 2.80 | 3.45 | 2.19 | 0.12 | 0.74 | 0.55 | |
| **孝感市** | **16.01** | **5.94** | **9.65** | **14.31** | **26.27** | **5.53** | **4.72** | **1.18** |
| 孝南区 | 0.54 | 0.15 | 0.34 | 0.65 | 0.90 | | | 1.18 |
| 孝昌县 | 0.32 | 0.13 | 0.19 | 0.62 | 2.78 | | | |
| 大悟县 | | | | 3.60 | 1.20 | 1.30 | 0.50 | |
| 安陆市 | 0.60 | 0.30 | 0.30 | 0.67 | 3.30 | 1.52 | 1.52 | |
| 云梦县 | 2.00 | 0.70 | 1.30 | 1.85 | 4.39 | 0.30 | 0.30 | |
| 应城市 | 3.55 | 1.66 | 1.52 | 0.24 | 12.20 | 0.53 | 0.53 | |
| 汉川市 | 9.00 | 3.00 | 6.00 | 6.68 | 1.50 | 1.88 | 1.87 | |
| **随州市** | **8.36** | **1.90** | **4.10** | **7.76** | **5.30** | **4.50** | **4.50** | |
| 曾都区 | | | | | | 0.30 | 0.30 | |
| 随　县 | 5.20 | 1.40 | 3.80 | 5.86 | 4.20 | 4.20 | 4.20 | |
| 广水市 | 3.16 | 0.50 | 0.30 | 1.90 | 1.10 | | | |
| **黄冈市** | **41.74** | **12.43** | **16.31** | **139.28** | **71.58** | **15.72** | **13.29** | **96.16** |
| 黄州区 | 5.00 | 3.35 | | 2.35 | 0.67 | 0.18 | 0.18 | |
| 团风县 | 2.72 | 0.92 | 0.78 | 8.62 | 8.20 | 0.52 | 0.42 | |
| 红安县 | 0.36 | | 0.02 | 12.24 | | 0.05 | 0.05 | 0.96 |
| 麻城市 | 6.53 | 0.65 | 5.88 | 20.50 | 12.00 | | | |
| 罗田县 | 0.20 | 0.20 | | 6.67 | 5.00 | 2.00 | 1.00 | 16.00 |
| 英山县 | 0.05 | | 0.03 | 2.80 | 4.60 | 2.60 | 2.60 | 0.30 |
| 浠水县 | 2.90 | 0.20 | 0.50 | 24.50 | 18.00 | 4.33 | 3.63 | 3.10 |
| 蕲春县 | 3.60 | 0.10 | 3.30 | 15.80 | 15.80 | 4.54 | 4.54 | 75.80 |
| 武穴市 | 6.60 | 2.31 | | 25.50 | 0.40 | 0.40 | | |
| 黄梅县 | 13.78 | 4.70 | 5.80 | 20.30 | 6.91 | 1.10 | 0.87 | |
| 龙感湖 | | | | | | | | |
| **咸宁市** | **0.52** | **0.20** | **0.20** | **28.10** | **19.39** | **7.44** | **6.62** | |
| 咸安区 | 0.12 | | | 9.15 | 7.36 | 2.01 | 2.01 | |
| 嘉鱼县 | | | | 5.05 | 3.00 | 0.38 | 0.36 | |
| 赤壁市 | 0.40 | 0.20 | 0.20 | 5.60 | 3.00 | 0.80 | 0.80 | |
| 通城县 | | | | 2.20 | 1.33 | | | |
| 崇阳县 | | | | 3.50 | 2.40 | 3.45 | 3.45 | |
| 通山县 | | | | 2.60 | 2.30 | 0.80 | | |
| **恩施自治州** | **0.02** | | **0.02** | **30.09** | **18.00** | **79.03** | **78.93** | |
| 恩施市 | 0.02 | | 0.02 | 6.67 | 5.33 | 13.33 | 13.33 | |
| 利川市 | | | | 4.00 | 1.00 | 20.00 | 20.00 | |
| 建始县 | | | | 6.70 | 5.36 | 16.75 | 16.75 | |
| 巴东县 | | | | 5.30 | 1.80 | 14.10 | 14.00 | |
| 宣恩县 | | | | 2.10 | 1.20 | 4.00 | 4.00 | |
| 咸丰县 | | | | 2.28 | 1.52 | 5.33 | 5.33 | |
| 来凤县 | | | | 1.20 | 0.87 | 1.60 | 1.60 | |
| 鹤峰县 | | | | 1.84 | 0.92 | 3.92 | 3.92 | |
| **仙桃市** | **23.74** | **0.55** | **16.57** | **31.75** | **35.65** | **1.90** | **1.33** | |
| **天门市** | **39.54** | **19.02** | **15.00** | **34.80** | | **2.50** | **2.50** | |
| **潜江市** | **31.05** | **9.39** | **20.05** | **13.08** | **20.77** | **1.18** | **1.18** | |
| **神农架林区** | | | | | | **0.05** | **0.05** | |

单位:千公顷

| | 微机优化模式(续) | | | 地膜覆盖栽培面积 | | | | | |
|---|---|---|---|---|---|---|---|---|---|
| | 杂交水稻 | 棉花 | 油菜 | | 水稻 | 玉米 | 大田地膜玉米 | 地膜育苗移栽 | 塑盘育苗移栽 |
| **全省合计** | 77.96 | 16.10 | 37.04 | 714.99 | 77.45 | 202.11 | 69.59 | 101.29 | 26.46 |
| **武汉市** | 7.80 | 1.50 | 6.96 | 76.17 | 15.37 | 8.56 | 6.76 | 1.80 | |
| 武汉市辖区 | | | | 32.99 | | 4.76 | 4.7x6 | | |
| 蔡甸区 | 1.20 | 0.10 | 0.66 | 30.04 | 13.64 | 2.33 | 1.20 | 1.13 | |
| 江夏区 | 4.50 | | 3.10 | 2.23 | | | | | |
| 黄陂区 | | | | 4.63 | 1.73 | 1.47 | 0.80 | 0.67 | |
| 新洲区 | 2.10 | 1.40 | 3.20 | 6.28 | | | | | |
| **黄石市** | | | | 24.44 | 16.05 | 1.64 | 1.62 | 0.02 | |
| 黄石市辖区 | | | | | | | | | |
| 大冶市 | | | | 3.44 | | 0.14 | 0.12 | 0.02 | |
| 阳新县 | | | | 21.00 | 16.05 | 1.50 | 1.50 | | |
| **十堰市** | 0.50 | | 1.50 | 65.16 | 9.03 | 32.53 | 7.98 | 17.80 | 5.70 |
| 十堰市辖区 | | | | 0.63 | 0.10 | 0.20 | | 0.20 | |
| 丹江口市 | | | | 2.61 | 0.33 | 1.33 | 0.33 | 1.00 | |
| 郧　县 | | | | 6.95 | 0.10 | 0.30 | 0.25 | | |
| 郧西县 | | | | 2.87 | 0.10 | 0.70 | 0.50 | 0.20 | |
| 竹山县 | | | | 13.20 | 3.10 | 8.00 | 1.60 | 5.50 | 0.70 |
| 竹溪县 | 0.50 | | 1.50 | 18.90 | 2.30 | 11.00 | 2.80 | 4.60 | 3.60 |
| 房　县 | | | | 20.00 | 3.00 | 11.00 | 2.50 | 6.30 | 1.40 |
| **荆州市** | | | | 42.72 | | 5.67 | 1.04 | 3.25 | 0.10 |
| 荆州市辖区 | | | | 2.85 | | 0.13 | 0.01 | | |
| 江陵县 | | | | | | | | | |
| 松滋市 | | | | 12.09 | | 4.03 | 0.68 | 3.25 | 0.10 |
| 公安县 | | | | 17.00 | | | | | |
| 石首市 | | | | 7.54 | | 0.01 | 0.01 | | |
| 监利县 | | | | | | | | | |
| 洪湖市 | | | | 3.24 | | 1.50 | 0.34 | | |
| **宜昌市** | 18.00 | 10.00 | 2.57 | 91.33 | 11.00 | 39.31 | 14.53 | 17.93 | 6.60 |
| 宜昌市辖区 | | | | 0.68 | | 0.25 | 0.20 | | |
| 夷陵区 | | | | 4.60 | | 4.60 | 2.80 | 1.30 | 0.50 |
| 宜都市 | | | | 7.67 | | 5.66 | 0.33 | 5.33 | |
| 枝江市 | 18.00 | 10.00 | 2.00 | 22.00 | 11.00 | 2.50 | 2.10 | 0.40 | |
| 当阳市 | | | | 5.19 | | 1.10 | 0.30 | 0.40 | 0.40 |
| 远安县 | | | | 0.20 | | 0.20 | | | |
| 兴山县 | | | | 7.98 | | 3.20 | 0.50 | 2.50 | 0.20 |
| 秭归县 | | | 0.57 | 11.61 | | 3.10 | 1.60 | | 1.50 |
| 长阳县 | | | | 17.80 | | 12.20 | 4.20 | 4.50 | 3.50 |
| 五峰县 | | | | 13.60 | | 6.50 | 2.50 | 3.50 | 0.50 |
| **襄阳市** | 0.50 | | 0.00 | 55.90 | 0.23 | 7.32 | 5.80 | 0.42 | 1.10 |
| 襄阳市辖区 | 0.50 | | | 4.96 | 0.20 | 2.00 | 1.50 | 0.40 | 0.10 |
| 老河口市 | | | | 11.20 | | 1.10 | 1.10 | | |
| 襄州区 | | | | 3.50 | | | | | |
| 枣阳市 | | | | 5.60 | | | | | |
| 宜城市 | | | | 19.80 | | 0.70 | 0.70 | | |
| 南漳县 | | | | | | | | | |
| 谷城县 | | | | 6.43 | | 3.50 | 2.50 | | 1.00 |
| 保康县 | | | | 4.41 | 0.03 | 0.02 | | 0.02 | |
| **鄂州市** | | | 0.00 | 1.59 | 0.05 | 0.08 | 0.06 | 0.01 | 0.01 |

| | 微机优化模式(续) | | | 地膜覆盖栽培面积 | | | | | |
|---|---|---|---|---|---|---|---|---|---|
| | 杂交水稻 | 棉花 | 油菜 | | 水稻 | 玉米 | 大田地膜玉米 | 地膜育苗移栽 | 塑盘育苗移栽 |
| **荆门市** | | | **0.00** | **23.18** | 2.33 | 3.42 | 1.76 | 1.65 | 0.01 |
| 荆门市辖区 | | | | | | | | | |
| 沙洋县 | | | | 1.64 | | 0.11 | 0.06 | 0.05 | |
| 钟祥市 | | | | 10.50 | | 2.10 | 0.50 | 1.60 | |
| 京山县 | | | | 11.04 | 2.33 | 1.21 | 1.20 | | 0.01 |
| **孝感市** | | | **0.66** | **30.66** | 0.48 | 0.36 | 0.23 | 0.03 | |
| 孝南区 | | | 0.66 | 4.27 | **0.17** | **0.08** | **0.01** | | |
| 孝昌县 | | | | 1.95 | | | | | |
| 大悟县 | | | | 15.52 | 0.31 | 0.01 | | 0.01 | |
| 安陆市 | | | | 1.03 | | 0.03 | | | |
| 云梦县 | | | | 2.80 | | 0.10 | 0.10 | | |
| 应城市 | | | | 1.49 | | 0.04 | 0.02 | 0.02 | |
| 汉川市 | | | | 3.60 | | 0.10 | 0.10 | | |
| **随州市** | | | | **9.81** | | 0.35 | 0.15 | | |
| 曾都区 | | | | 1.91 | | **0.15** | **0.15** | | |
| 随　县 | | | | 5.40 | | 0.20 | | | |
| 广水市 | | | | 2.50 | | | | | |
| **黄冈市** | **51.16** | **4.60** | **25.35** | **60.42** | 9.57 | 1.07 | 0.39 | 0.68 | |
| 黄州区 | | | | 8.73 | **0.67** | **0.21** | **0.21** | | |
| 团风县 | | | | 3.44 | | 0.01 | | 0.01 | |
| 红安县 | 0.56 | | 0.05 | 16.77 | | | | | |
| 麻城市 | | | | 5.15 | | | | | |
| 罗田县 | 10.00 | | 3.00 | 2.10 | 0.20 | | | | |
| 英山县 | | | 0.30 | 3.50 | | 0.30 | 0.08 | 0.22 | |
| 浠水县 | | 1.00 | | 6.65 | 5.00 | 0.40 | | 0.40 | |
| 蕲春县 | 40.60 | 3.60 | 22.00 | 13.70 | 3.70 | | | | |
| 武穴市 | | | | 0.37 | | 0.15 | 0.10 | 0.05 | |
| 黄梅县 | | | | 0.01 | | | | | |
| 龙感湖 | | | | | | | | | |
| **咸宁市** | | | | **12.97** | 0.91 | 5.34 | 5.13 | 0.17 | 0.04 |
| 咸安区 | | | | 2.52 | **0.10** | **0.46** | **0.41** | **0.05** | |
| 嘉鱼县 | | | | 1.29 | 0.20 | 1.09 | 1.09 | | |
| 赤壁市 | | | | 1.54 | 0.20 | 0.09 | 0.03 | 0.06 | |
| 通城县 | | | | 2.86 | 0.13 | 0.33 | 0.23 | 0.06 | 0.04 |
| 崇阳县 | | | | 1.82 | | 1.62 | 1.62 | | |
| 通山县 | | | | 2.94 | 0.28 | 1.75 | 1.75 | | |
| **恩施自治州** | | | | **164.40** | 12.43 | 88.58 | 18.97 | 56.68 | 12.90 |
| 恩施市 | | | | 48.75 | **9.23** | **21.00** | **3.33** | **17.67** | |
| 利川市 | | | | 23.53 | | 16.53 | 1.20 | 12.00 | 3.33 |
| 建始县 | | | | 21.78 | | 16.08 | 3.35 | 12.06 | 0.67 |
| 巴东县 | | | | 36.60 | | 21.70 | 6.00 | 12.40 | 3.30 |
| 宣恩县 | | | | 5.97 | 0.10 | 1.67 | 1.33 | 0.29 | 0.05 |
| 咸丰县 | | | | 6.12 | | 0.35 | 0.28 | 0.07 | |
| 来凤县 | | | | 6.39 | 3.10 | 1.40 | | 0.80 | 0.60 |
| 鹤峰县 | | | | 15.26 | | 9.85 | 3.48 | 1.39 | 4.95 |
| **仙桃市** | | | | **4.29** | | 2.01 | 2.01 | | |
| **天门市** | | | | **6.11** | | **3.11** | **3.11** | | |
| **潜江市** | | | | **42.65** | | **0.57** | **0.05** | **0.52** | |
| **神农架林区** | | | | **3.19** | | **2.19** | | **0.33** | |

单位:千公顷

| | 棉花 | 地膜覆盖栽培面积(续) | | | | 秸秆覆盖栽培面积 | | | |
|---|---|---|---|---|---|---|---|---|---|
| | | 移栽地膜棉 | 花生 | 烟叶 | 蔬菜 | | 麦田 | 油菜田 | 棉田 |
| **全省合计** | **104.03** | **80.53** | **30.37** | **48.27** | **190.99** | **194.62** | **115.70** | **41.39** | **17.71** |
| **武汉市** | **5.37** | **4.65** | **1.37** | | **30.67** | **1.55** | **0.10** | **1.45** | |
| 武汉市辖区 | 4.49 | 3.99 | | | 23.61 | | | | |
| 蔡甸区 | 0.07 | | | | | | | | |
| 江夏区 | | | | | 1.73 | 1.35 | | 1.35 | |
| 黄陂区 | 0.81 | 0.66 | 0.62 | | | 0.20 | 0.10 | 0.10 | |
| 新洲区 | | | 0.75 | | 5.33 | | | | |
| **黄石市** | **0.20** | **0.20** | **0.20** | | **5.35** | **5.25** | **1.00** | **4.05** | **0.20** |
| 黄石市辖区 | | | | | | | | | |
| 大冶市 | | | 0.20 | | 2.10 | 5.00 | 1.00 | 4.00 | |
| 阳新县 | 0.20 | 0.20 | | | 3.25 | 0.25 | | 0.05 | 0.20 |
| **十堰市** | **0.07** | **0.07** | **1.40** | **5.56** | **12.92** | **2.44** | **0.97** | **0.97** | |
| 十堰市辖区 | | | | | 0.33 | | | | |
| 丹江口市 | 0.07 | 0.07 | | 0.58 | 0.30 | 0.44 | 0.37 | 0.07 | |
| 郧　县 | | | 0.10 | | 6.10 | 0.50 | | | |
| 郧西县 | | | | 1.88 | 0.19 | | | | |
| 竹山县 | | | 1.00 | 0.60 | 0.50 | | | | |
| 竹溪县 | | | 0.20 | 1.20 | 3.00 | 0.90 | 0.30 | 0.60 | |
| 房　县 | | | 0.10 | 1.30 | 2.50 | 0.60 | 0.30 | 0.30 | |
| **荆州市** | **16.11** | **7.11** | **0.08** | **0.00** | **19.32** | **12.29** | **6.71** | **2.26** | **3.32** |
| 荆州市辖区 | 0.26 | 0.26 | | | 2.08 | 0.01 | 0.01 | | |
| 江陵县 | | | | | | | | | |
| 松滋市 | 1.16 | 1.16 | 0.08 | | 6.64 | | | | |
| 公安县 | 9.00 | | | | 8.00 | | | | |
| 石首市 | 4.60 | 4.60 | | | 2.60 | | | | |
| 监利县 | | | | | | 9.30 | 6.70 | | 2.60 |
| 洪湖市 | 1.09 | 1.09 | | | | 2.98 | | 2.26 | 0.72 |
| **宜昌市** | **2.90** | **1.70** | **0.47** | **5.78** | **24.49** | **20.23** | **4.43** | **5.40** | **0.80** |
| 宜昌市辖区 | | | | | 0.43 | | | | |
| 夷陵区 | | | | | | | | | |
| 宜都市 | | | | | 1.33 | 0.33 | 0.13 | 0.20 | 0.00 |
| 枝江市 | 2.40 | 1.60 | | | 6.10 | 9.40 | 4.00 | 4.60 | 0.80 |
| 当阳市 | 0.50 | 0.10 | 0.10 | | 3.49 | 6.70 | | | |
| 远安县 | | | | | | 0.20 | 0.20 | | |
| 兴山县 | | | | 2.18 | 2.50 | 1.00 | 0.10 | 0.60 | |
| 秭归县 | | | 0.37 | 1.50 | 5.64 | 2.60 | | | |
| 长阳县 | | | | 0.30 | 2.50 | | | | |
| 五峰县 | | | | 1.80 | 2.50 | | | | |
| **襄阳市** | **16.43** | **14.80** | **1.56** | **4.21** | **19.15** | **62.83** | **61.10** | **1.73** | |
| 襄阳市辖区 | 0.60 | 0.50 | 0.06 | | 2.00 | 0.40 | 0.20 | 0.20 | |
| 老河口市 | 5.30 | 4.50 | | | 4.80 | 17.82 | 17.10 | 0.72 | |
| 襄州区 | 0.50 | 0.30 | | | 2.00 | | | | |
| 枣阳市 | 3.50 | 3.50 | | 0.90 | 1.20 | 36.90 | 36.30 | 0.60 | |
| 宜城市 | 6.50 | 6.00 | 1.50 | | 6.00 | 3.70 | 3.50 | 0.20 | |
| 南漳县 | | | | | | | | | |
| 谷城县 | 0.03 | | | | 2.50 | 4.00 | 4.00 | | |
| 保康县 | | | | 3.31 | 0.65 | 0.01 | | 0.01 | |
| **鄂州市** | **1.40** | **0.60** | | | | **0.03** | **0.01** | **0.01** | **0.01** |

单位:千公顷

| | 地膜覆盖栽培面积(续) | | | | | 秸秆覆盖栽培面积 | | | |
|---|---|---|---|---|---|---|---|---|---|
| | 棉花 | 移栽地膜棉 | 花生 | 烟叶 | 蔬菜 | | 麦田 | 油菜田 | 棉田 |
| **荆门市** | **12.51** | **5.70** | **0.60** | | **2.52** | **6.80** | **0.40** | | **1.87** |
| 荆门市辖区 | | | | | | | | | |
| 沙洋县 | 0.21 | 0.10 | | | 0.87 | 6.40 | | | 1.87 |
| 钟祥市 | 8.00 | 1.40 | 0.30 | | | | | | |
| 京山县 | 4.30 | 4.20 | 0.30 | | 1.65 | 0.40 | 0.40 | | |
| **孝感市** | **3.57** | **2.71** | **11.93** | | **13.01** | **11.71** | **7.12** | **4.23** | **0.36** |
| 孝南区 | 1.20 | 0.69 | | | 2.67 | 1.27 | 0.52 | 0.39 | 0.36 |
| 孝昌县 | 0.01 | | | | 1.64 | | | | |
| 大悟县 | 0.02 | | 11.40 | | 3.50 | 6.30 | 4.50 | 1.80 | |
| 安陆市 | | | 0.50 | | | 3.33 | 1.30 | 2.03 | |
| 云梦县 | | | | | 2.70 | 0.80 | 0.80 | | |
| 应城市 | 0.04 | 0.02 | 0.03 | | 1.30 | 0.01 | | 0.01 | |
| 汉川市 | 2.30 | 2.00 | | | 1.20 | | | | |
| **随州市** | **4.56** | **3.86** | **0.80** | | **3.10** | **11.20** | **10.30** | **0.80** | |
| 曾都区 | 1.76 | 1.76 | | | | | | | |
| 随　县 | 2.80 | 2.10 | 0.30 | | 2.10 | 11.20 | 10.30 | 0.80 | |
| 广水市 | | | 0.50 | | 1.00 | | | | |
| **黄冈市** | **8.57** | **6.79** | **11.24** | | **20.08** | **33.55** | **11.45** | **15.00** | **4.40** |
| 黄州区 | 3.35 | 3.35 | | | 4.50 | 2.35 | 2.35 | | |
| 团风县 | 0.30 | 0.30 | 0.21 | | 1.52 | 6.10 | 1.30 | 3.20 | 1.30 |
| 红安县 | 0.03 | 0.01 | 10.23 | | 4.12 | | | | |
| 麻城市 | 3.28 | 2.22 | | | 1.87 | | | | |
| 罗田县 | 0.20 | | 0.50 | | 1.20 | 10.00 | 5.00 | 5.00 | |
| 英山县 | | | | | 1.40 | 3.50 | 2.30 | 1.20 | |
| 浠水县 | 0.50 | | | | 0.75 | 0.50 | 0.20 | | |
| 蕲春县 | 0.90 | 0.90 | 0.30 | | 4.50 | 10.50 | 0.30 | 5.50 | 2.60 |
| 武穴市 | | | | | 0.22 | 0.60 | | 0.10 | 0.50 |
| 黄梅县 | 0.01 | 0.01 | | | | | | | |
| 龙感湖 | | | | | | | | | |
| **咸宁市** | **0.12** | **0.12** | **0.52** | | **3.27** | **2.95** | **0.35** | **0.49** | |
| 咸安区 | 0.12 | 0.12 | 0.22 | | 0.76 | 0.15 | | 0.12 | |
| 嘉鱼县 | | | | | | | | | |
| 赤壁市 | | | | | 0.50 | | | | |
| 通城县 | | | | | 1.20 | 0.80 | 0.20 | 0.20 | |
| 崇阳县 | | | | | 0.20 | | | | |
| 通山县 | | | 0.30 | | 0.61 | 2.00 | 0.15 | 0.17 | 0.00 |
| **恩施自治州** | **0.02** | **0.02** | | **32.72** | **23.19** | **0.28** | | | |
| 恩施市 | 0.02 | 0.02 | | 8.50 | 10.00 | | | | |
| 利川市 | | | | 5.67 | 1.33 | | | | |
| 建始县 | | | | 2.01 | 3.35 | | | | |
| 巴东县 | | | | 4.70 | 6.10 | | | | |
| 宣恩县 | | | | 3.00 | 0.70 | | | | |
| 咸丰县 | | | | 3.06 | 0.86 | 0.28 | | | |
| 来凤县 | | | | 1.04 | 0.85 | | | | |
| 鹤峰县 | | | | 4.74 | | | | | |
| **仙桃市** | **1.15** | **1.15** | | | **1.13** | **0.21** | | | **0.21** |
| **天门市** | | | | | **3.00** | **18.00** | **10.00** | **5.00** | **3.00** |
| **潜江市** | **31.05** | **31.05** | **0.20** | | **8.79** | **5.30** | **1.76** | | **3.54** |
| **神农架林区** | | | | | **1.00** | | | | |

单位：千公顷

| | 秸秆还田面积 | 蔬菜遮阳网覆盖面积 | 作物棚栽面积 | 大棚 | 蔬菜 | 中棚 | 蔬菜 | 小拱棚 | 蔬菜 |
|---|---|---|---|---|---|---|---|---|---|
| **全省合计** | **1175.37** | **48.84** | **169.31** | **70.81** | **48.49** | **44.52** | **37.53** | **53.98** | **46.16** |
| **武汉市** | 14.62 | 12.16 | 28.82 | 13.36 | 4.11 | 10.38 | 9.61 | 5.08 | 4.45 |
| 武汉市辖区 | 4.00 | 0.26 | 5.76 | 2.23 | 0.93 | 1.91 | 1.91 | 1.62 | 1.12 |
| 蔡甸区 | | 10.00 | 12.75 | 7.72 | 0.39 | 3.50 | 3.33 | 1.53 | 1.50 |
| 江夏区 | 3.10 | 0.23 | 1.27 | 0.27 | 0.27 | 0.87 | 0.87 | 0.13 | 0.13 |
| 黄陂区 | 6.70 | 0.00 | 1.54 | 0.44 | 0.32 | 0.60 | | 0.50 | 0.40 |
| 新洲区 | 0.82 | 1.67 | 7.50 | 2.70 | 2.20 | 3.50 | 3.50 | 1.30 | 1.30 |
| **黄石市** | **28.40** | | **7.40** | **3.91** | **2.54** | **1.47** | **0.23** | **2.02** | **2.02** |
| 黄石市辖区 | | | | | | | | | |
| 大冶市 | 10.95 | | 5.97 | 2.50 | 1.16 | 1.47 | 0.23 | 2.00 | 2.00 |
| 阳新县 | 17.45 | | 1.43 | 1.41 | 1.38 | | | 0.02 | 0.02 |
| **十堰市** | **25.27** | **1.66** | **7.57** | **2.90** | **2.20** | **1.58** | **1.47** | **3.09** | **2.84** |
| 十堰市辖区 | | | 2.00 | 0.60 | 0.60 | 0.60 | 0.60 | 0.80 | 0.80 |
| 丹江口市 | 6.67 | | 0.07 | 0.01 | 0.01 | 0.03 | 0.03 | 0.03 | 0.03 |
| 郧　县 | 0.30 | 0.10 | 1.70 | 0.90 | 0.70 | | | 0.80 | 0.80 |
| 郧西县 | | | 0.19 | 0.19 | 0.19 | | | | |
| 竹山县 | | 0.35 | 0.11 | | | 0.05 | 0.05 | 0.06 | 0.06 |
| 竹溪县 | 13.80 | 1.20 | 2.50 | 0.90 | 0.50 | 0.60 | 0.50 | 1.00 | 0.80 |
| 房　县 | 4.50 | 0.01 | 1.00 | 0.30 | 0.20 | 0.30 | 0.29 | 0.40 | 0.35 |
| **荆州市** | **220.23** | **1.10** | **12.86** | **6.40** | **3.04** | **2.57** | **0.65** | **3.89** | **2.96** |
| 荆州市辖区 | 23.51 | 1.01 | 2.11 | 1.40 | 1.14 | 0.20 | 0.20 | 0.51 | 0.51 |
| 江陵县 | | | | | | | | | |
| 松滋市 | 21.15 | | 0.20 | 0.10 | 0.10 | | | 0.10 | 0.10 |
| 公安县 | | | 1.56 | 0.66 | 0.33 | 0.45 | 0.45 | 0.45 | 0.45 |
| 石首市 | 0.67 | 0.01 | 1.35 | 0.68 | 0.67 | | | 0.67 | 0.50 |
| 监利县 | 133.30 | | 2.52 | 0.90 | 0.80 | | | 1.62 | 1.40 |
| 洪湖市 | 41.60 | 0.08 | 5.12 | 2.66 | | 1.92 | | 0.54 | |
| **宜昌市** | **110.51** | **5.15** | **23.28** | **9.50** | **9.39** | **6.61** | **6.41** | **7.17** | **6.76** |
| 宜昌市辖区 | | 1.50 | 5.00 | 2.00 | 2.00 | 2.00 | 1.80 | 1.00 | 0.60 |
| 夷陵区 | 3.00 | | 0.90 | 0.30 | 0.20 | | | 0.60 | 0.60 |
| 宜都市 | 1.33 | 1.00 | 1.00 | 0.40 | 0.40 | 0.34 | 0.34 | 0.26 | 0.26 |
| 枝江市 | 20.00 | 2.00 | 6.50 | 1.00 | 1.00 | 1.50 | 1.50 | 4.00 | 4.00 |
| 当阳市 | 65.18 | 0.20 | 1.95 | 0.28 | 0.28 | 0.67 | 0.67 | 1.00 | 1.00 |
| 远安县 | 6.80 | | 0.03 | 0.02 | 0.01 | | | 0.01 | |
| 兴山县 | 14.20 | 0.45 | 0.50 | 0.10 | 0.10 | 0.10 | 0.10 | 0.30 | 0.30 |
| 秭归县 | | | 7.20 | 5.20 | 5.20 | 2.00 | 2.00 | | |
| 长阳县 | | | 0.20 | 0.20 | 0.20 | | | | |
| 五峰县 | | | | | | | | | |
| **襄阳市** | **179.35** | **1.30** | **17.16** | **3.03** | **2.40** | **4.83** | **4.45** | **9.30** | **7.77** |
| 襄阳市辖区 | 19.95 | 0.20 | 3.70 | 1.50 | 1.40 | 0.60 | 0.60 | 1.60 | 1.40 |
| 老河口市 | 41.00 | 0.10 | 0.85 | | | 0.71 | 0.71 | 0.14 | 0.14 |
| 襄州区 | 50.00 | | 1.30 | 0.60 | 0.40 | 0.50 | 0.50 | 0.20 | 0.20 |
| 枣阳市 | 42.00 | 0.50 | 2.00 | 0.50 | 0.50 | | | 1.50 | 0.50 |
| 宜城市 | 19.50 | 0.50 | 8.50 | 0.17 | 0.08 | 2.70 | 2.60 | 5.63 | 5.50 |
| 南漳县 | | | | | | | | | |
| 谷城县 | 6.50 | | 0.65 | 0.20 | | 0.25 | | 0.20 | |
| 保康县 | 0.40 | | 0.16 | 0.06 | 0.02 | 0.07 | 0.04 | 0.03 | 0.03 |
| **鄂州市** | **2.00** | **0.50** | **1.62** | **1.55** | **1.00** | **0.04** | **0.03** | **0.03** | **0.03** |

| | 秸秆还田面积 | 蔬菜遮阳网覆盖面积 | 作物棚栽面积 | 大棚 | 蔬菜 | 中棚 | 蔬菜 | 小拱棚 | 蔬菜 |
|---|---|---|---|---|---|---|---|---|---|
| **荆门市** | **106.30** | **0.01** | **4.52** | **1.25** | **1.20** | **1.04** | **0.74** | **2.23** | **1.98** |
| 荆门市辖区 | | | 0.28 | 0.13 | 0.13 | | | 0.15 | |
| 沙洋县 | 3.60 | | 0.86 | 0.47 | 0.42 | 0.24 | 0.24 | 0.15 | 0.15 |
| 钟祥市 | 45.00 | | 1.11 | 0.63 | 0.63 | | | 0.48 | 0.48 |
| 京山县 | 57.70 | 0.01 | 2.27 | 0.02 | 0.02 | 0.80 | 0.50 | 1.45 | 1.35 |
| **孝感市** | **72.35** | **3.57** | **13.34** | **8.35** | **6.51** | **1.53** | **1.32** | **3.46** | **3.06** |
| 孝南区 | 6.82 | 0.27 | 0.75 | 0.09 | 0.08 | 0.27 | 0.24 | 0.39 | 0.35 |
| 孝昌县 | 6.46 | 0.34 | 0.64 | 0.11 | 0.11 | 0.33 | 0.33 | 0.20 | 0.18 |
| 大悟县 | 8.80 | 0.90 | 1.21 | 0.38 | 0.30 | 0.48 | 0.42 | 0.35 | 0.32 |
| 安陆市 | 6.67 | 0.30 | 0.55 | 0.20 | 0.10 | 0.20 | 0.10 | 0.15 | |
| 云梦县 | 10.20 | 1.65 | 4.51 | 2.40 | 2.40 | | | 2.11 | 2.00 |
| 应城市 | 33.40 | 0.06 | 0.80 | 0.32 | 0.22 | 0.22 | 0.20 | 0.26 | 0.21 |
| 汉川市 | | 0.05 | 4.88 | 4.85 | 3.30 | 0.03 | 0.03 | | |
| **随州市** | **50.10** | **3.63** | **12.64** | **1.57** | **1.55** | **5.63** | **5.13** | **5.44** | **4.44** |
| 曾都区 | 7.20 | 1.76 | 4.79 | 0.59 | 0.59 | 1.60 | 1.10 | 2.60 | 1.60 |
| 随　县 | 42.90 | 1.20 | 6.52 | 0.82 | 0.82 | 3.40 | 3.40 | 2.30 | 2.30 |
| 广水市 | | 0.67 | 1.33 | 0.16 | 0.14 | 0.63 | 0.63 | 0.54 | 0.54 |
| **黄冈市** | **133.12** | **6.16** | **11.12** | **5.84** | **5.10** | **3.42** | **2.77** | **1.86** | **1.30** |
| 黄州区 | 2.67 | 0.67 | 1.42 | 0.87 | 0.67 | 0.20 | 0.20 | 0.35 | 0.35 |
| 团风县 | 19.50 | 1.10 | 1.72 | 0.82 | 0.60 | 0.50 | 0.30 | 0.40 | 0.20 |
| 红安县 | 1.56 | 0.33 | 0.37 | 0.26 | 0.22 | 0.05 | | 0.06 | |
| 麻城市 | | 0.26 | 2.00 | 1.20 | 1.20 | 0.80 | 0.80 | | |
| 罗田县 | 20.00 | 0.20 | 1.00 | 0.80 | 0.60 | | | 0.20 | |
| 英山县 | 4.30 | 0.05 | 0.75 | 0.20 | 0.20 | 0.40 | | 0.15 | 0.10 |
| 浠水县 | 23.60 | 3.00 | 1.50 | 1.00 | 1.00 | 0.30 | 0.30 | 0.20 | 0.20 |
| 蕲春县 | 41.00 | | | | | | | | |
| 武穴市 | | 0.10 | 0.80 | 0.28 | 0.26 | 0.22 | 0.22 | 0.30 | 0.25 |
| 黄梅县 | 17.36 | 0.45 | 1.50 | 0.35 | 0.35 | 0.95 | 0.95 | 0.20 | 0.20 |
| 龙感湖 | 3.13 | | 0.06 | 0.06 | | | | | |
| **咸宁市** | **12.77** | **6.85** | **11.08** | **2.75** | **1.42** | **2.18** | **1.79** | **6.15** | **5.29** |
| 咸安区 | 6.97 | 0.43 | 0.66 | 0.40 | 0.23 | 0.06 | 0.03 | 0.20 | 0.19 |
| 嘉鱼县 | | 3.50 | 4.82 | 2.02 | 1.02 | 1.80 | 1.50 | 1.00 | 1.00 |
| 赤壁市 | | 0.01 | 0.30 | | | | | 0.30 | 0.30 |
| 通城县 | 3.80 | 0.20 | 2.50 | | | | | 2.50 | 2.50 |
| 崇阳县 | | 0.01 | 1.14 | 0.03 | 0.02 | 0.01 | 0.01 | 1.10 | 1.10 |
| 通山县 | 2.00 | 2.70 | 1.66 | 0.30 | 0.15 | 0.31 | 0.25 | 1.05 | 0.20 |
| **恩施自治州** | **57.25** | **1.95** | **2.98** | **1.77** | **1.43** | **0.34** | **0.34** | **0.87** | **0.73** |
| 恩施市 | 4.30 | 0.13 | 0.50 | 0.20 | 0.10 | | | 0.30 | 0.20 |
| 利川市 | 6.67 | | 0.23 | 0.03 | 0.01 | 0.10 | 0.10 | 0.10 | 0.10 |
| 建始县 | 20.10 | 0.67 | 0.34 | 0.34 | 0.27 | | | | |
| 巴东县 | 20.50 | 1.10 | 0.40 | | | 0.20 | 0.20 | 0.20 | 0.20 |
| 宣恩县 | 2.20 | 0.05 | 0.10 | 0.06 | 0.04 | 0.02 | 0.02 | 0.02 | 0.02 |
| 咸丰县 | 2.81 | | 0.35 | 0.08 | 0.06 | 0.02 | 0.02 | 0.25 | 0.21 |
| 来凤县 | | | 1.06 | 1.06 | 0.95 | | | | |
| 鹤峰县 | 0.67 | | | | | | | | |
| **仙桃市** | **14.37** | **1.15** | **3.66** | **3.00** | **2.80** | **0.55** | **0.55** | **0.11** | **0.11** |
| **天门市** | **100.33** | **3.00** | **4.95** | **2.95** | **2.00** | **1.50** | **1.50** | **0.50** | **0.50** |
| **潜江市** | **48.40** | **0.55** | **6.01** | **2.38** | **1.80** | **0.85** | **0.54** | **2.78** | **1.92** |
| **神农架林区** | | **0.10** | **0.30** | **0.30** | | | | | |

单位：千公顷

| | 蔬菜良种繁育面积 | 配方施肥面积 (续) | | | | | | | |
|---|---|---|---|---|---|---|---|---|---|
| | | 配方施肥面积 | 小麦 | 早稻 | 中稻一晚 | 双晚 | 玉米 | 薯类 | 棉花 |
| **全省合计** | **77.92** | **5238.51** | **774.12** | **283.98** | **1205.07** | **325.92** | **368.80** | **215.41** | **326.61** |
| **武汉市** | **4.26** | **222.93** | **13.07** | **32.84** | **15.86** | **36.46** | **4.80** | **1.76** | **9.40** |
| 武汉市辖区 | 0.01 | 21.69 | | | 1.01 | | 3.33 | 0.07 | 2.67 |
| 蔡甸区 | 3.33 | 7.04 | 2.46 | 1.14 | 0.18 | 1.39 | | | |
| 江夏区 | 0.77 | 56.92 | 0.03 | 10.50 | 5.70 | 11.80 | | 0.69 | |
| 黄陂区 | | 43.50 | 4.07 | 3.10 | 3.77 | 4.43 | 1.47 | 1.00 | 1.90 |
| 新洲区 | 0.15 | 96.08 | 6.51 | 18.10 | 5.20 | 18.84 | | | 4.83 |
| **黄石市** | | **161.93** | **11.23** | **30.21** | **17.78** | **33.29** | **6.56** | **7.81** | **3.80** |
| 黄石市辖区 | | | | | | | | | |
| 大冶市 | | 53.78 | 6.87 | 14.51 | 6.73 | 17.27 | 0.00 | 3.47 | 1.20 |
| 阳新县 | | 108.15 | 4.36 | 15.70 | 11.05 | 16.02 | 6.56 | 4.34 | 2.60 |
| **十堰市** | **0.36** | **221.53** | **54.52** | | **28.95** | | **45.95** | **7.94** | |
| 十堰市辖区 | | 4.04 | 0.64 | | 0.25 | | 0.60 | 0.14 | |
| 丹江口市 | | 13.66 | 3.10 | | 3.30 | | 2.00 | | |
| 郧　县 | | 64.30 | 20.00 | | 6.30 | | 15.00 | 4.80 | |
| 郧西县 | | 22.08 | 16.68 | | | | | | |
| 竹山县 | 0.06 | 24.30 | 3.60 | | 5.60 | | 7.70 | | |
| 竹溪县 | 0.30 | 53.45 | 3.50 | | 5.50 | | 11.45 | | |
| 房　县 | | 39.70 | 7.00 | | 8.00 | | 9.20 | 3.00 | |
| **荆州市** | **0.20** | **731.88** | **89.71** | **56.76** | **206.75** | **67.02** | **6.48** | **0.39** | **93.04** |
| 荆州市辖区 | 0.00 | 55.24 | 5.52 | 1.00 | 18.12 | 0.50 | | | 10.54 |
| 江陵县 | | 73.16 | 14.02 | 0.03 | 28.39 | | 0.05 | | 8.65 |
| 松滋市 | | 80.00 | 14.28 | 10.28 | 21.63 | 11.23 | 5.62 | | 14.59 |
| 公安县 | | 161.24 | 23.29 | 14.89 | 28.51 | 16.59 | 0.21 | 0.39 | 28.78 |
| 石首市 | 0.20 | 21.90 | | 1.80 | 5.60 | 1.80 | | | 4.00 |
| 监利县 | | 240.00 | 15.00 | 26.00 | 70.00 | 35.00 | | | 20.00 |
| 洪湖市 | | 100.34 | 17.60 | 2.76 | 34.50 | 1.90 | 0.60 | | 6.48 |
| **宜昌市** | **3.46** | **376.96** | **30.53** | **6.50** | **61.88** | **8.15** | **68.83** | **19.20** | **19.67** |
| 宜昌市辖区 | | 4.40 | | | 0.60 | | 1.10 | | |
| 夷陵区 | 0.19 | 38.90 | | | 8.50 | | 11.80 | 3.00 | |
| 宜都市 | 2.67 | 23.48 | 0.13 | | 4.26 | | 10.55 | | |
| 枝江市 | | 100.00 | 13.70 | 6.50 | 12.70 | 8.15 | 5.40 | 0.20 | 14.00 |
| 当阳市 | 0.20 | 107.33 | 13.00 | | 23.87 | | 11.73 | | 5.67 |
| 远安县 | | 15.15 | 0.50 | | 7.55 | | 2.60 | | |
| 兴山县 | 0.40 | 28.10 | 0.70 | | 2.10 | | 7.15 | 5.50 | |
| 秭归县 | | 11.50 | | | | | 4.50 | 1.50 | |
| 长阳县 | | 48.10 | 2.50 | | 2.30 | | 14.00 | 9.00 | |
| 五峰县 | | | | | | | | | |
| **襄阳市** | **12.65** | **584.86** | **190.70** | | **175.72** | | **95.49** | | **18.28** |
| 襄阳市辖区 | | 44.01 | 19.18 | | 14.78 | | 3.00 | | 0.55 |
| 老河口市 | 12.15 | 65.41 | 28.50 | | 13.60 | | 7.80 | | 2.70 |
| 襄州区 | | 181.00 | 82.00 | | 42.00 | | 17.00 | | 10.00 |
| 枣阳市 | 0.50 | 88.60 | 2.70 | | 42.00 | | 36.00 | | |
| 宜城市 | | 76.00 | 21.00 | | 22.00 | | 5.00 | | 5.00 |
| 南漳县 | | 65.00 | 32.00 | | 22.00 | | 8.00 | | |
| 谷城县 | | 38.01 | | | 16.49 | | 8.89 | | 0.03 |
| 保康县 | | 26.83 | 5.32 | | 2.85 | | 9.80 | | |
| **鄂州市** | **2.00** | **21.74** | **0.20** | **0.60** | **3.00** | **2.00** | **0.50** | **0.50** | **2.30** |

单位:千公顷

| | 蔬菜良种繁育面积 | 配方施肥面积（续） | | | | | | | |
|---|---|---|---|---|---|---|---|---|---|
| | | 配方施肥面积 | 小麦 | 早稻 | 中稻一晚 | 双晚 | 玉米 | 薯类 | 棉花 |
| **荆门市** | **0.31** | **434.59** | **86.19** | **7.04** | **142.63** | **7.60** | **13.59** | **1.50** | **29.70** |
| 荆门市辖区 | | 55.13 | 5.00 | | 23.30 | | 0.20 | 0.40 | 1.70 |
| 沙洋县 | 0.10 | 104.96 | 14.59 | 0.29 | 41.86 | | 0.09 | | 6.46 |
| 钟祥市 | | 148.96 | 32.50 | | 43.25 | | 6.80 | | 12.34 |
| 京山县 | 0.21 | 125.54 | 34.10 | 6.75 | 34.22 | 7.60 | 6.50 | 1.10 | 9.20 |
| **孝感市** | **11.84** | **455.95** | **87.96** | **18.49** | **138.72** | **21.16** | **0.22** | **7.06** | **23.79** |
| 孝南区 | | 51.21 | 7.58 | 3.22 | 13.44 | 5.03 | 0.01 | | 0.93 |
| 孝昌县 | 0.30 | 65.02 | 14.12 | 3.12 | 20.65 | 3.32 | 0.05 | 0.65 | 0.98 |
| 大悟县 | 0.30 | 69.29 | 11.20 | 0.35 | 19.80 | 0.40 | 0.10 | 2.52 | 0.10 |
| 安陆市 | | 65.25 | 18.74 | | 28.63 | | 0.06 | 0.47 | 1.03 |
| 云梦县 | | 60.90 | 7.65 | 4.25 | 13.20 | 4.81 | | 3.42 | 2.55 |
| 应城市 | | 40.00 | 4.00 | 6.00 | 12.00 | 6.00 | | | 3.00 |
| 汉川市 | 11.24 | 104.28 | 24.67 | 1.55 | 31.00 | 1.60 | | | 15.20 |
| **随州市** | **6.10** | **249.43** | **87.51** | | **101.82** | | **2.60** | **7.39** | **10.00** |
| 曾都区 | 6.05 | 46.61 | 15.48 | | 19.02 | | 0.30 | 0.72 | 2.20 |
| 随　县 | 0.05 | 144.02 | 52.83 | | 57.50 | | 2.30 | 6.67 | 5.30 |
| 广水市 | | 58.80 | 19.20 | | 25.30 | | | | 2.50 |
| **黄冈市** | **3.37** | **664.89** | **53.06** | **94.70** | **120.86** | **106.84** | **2.31** | **19.84** | **39.00** |
| 黄州区 | | 27.69 | 4.67 | 2.00 | 2.20 | 1.67 | 0.60 | 0.10 | 4.50 |
| 团风县 | 0.10 | 45.31 | 3.23 | 6.17 | 9.33 | 6.80 | 0.07 | 0.84 | 2.84 |
| 红安县 | | 56.69 | 0.92 | 10.25 | 7.51 | 10.21 | | 0.50 | 0.44 |
| 麻城市 | | 103.34 | 13.33 | 11.33 | 18.67 | 6.67 | | | 6.67 |
| 罗田县 | 3.00 | 51.67 | 10.67 | 0.50 | 19.00 | 0.50 | | 2.00 | |
| 英山县 | 0.05 | 37.50 | 5.90 | 0.60 | 11.10 | 2.20 | 0.60 | 6.30 | 0.20 |
| 浠水县 | 0.20 | 66.70 | | 14.20 | 5.00 | 22.00 | 0.50 | | 3.00 |
| 蕲春县 | | 108.80 | 0.95 | 17.53 | 13.41 | 21.41 | 0.25 | 10.10 | 4.25 |
| 武穴市 | 0.02 | 76.65 | 2.70 | 17.49 | 10.38 | 20.28 | | | 6.50 |
| 黄梅县 | | 82.08 | 7.33 | 14.63 | 21.13 | 15.10 | 0.29 | | 9.60 |
| 龙感湖 | | 8.46 | 3.36 | | 3.13 | | | | 1.00 |
| **咸宁市** | **0.97** | **238.45** | **3.30** | **26.37** | **56.19** | **31.76** | **8.87** | **6.94** | **0.15** |
| 咸安区 | 0.45 | 69.97 | 0.20 | 1.61 | 22.39 | 2.06 | 2.55 | 2.11 | 0.15 |
| 嘉鱼县 | 0.45 | 41.08 | | | 8.50 | 2.00 | 2.00 | | |
| 赤壁市 | 0.01 | 37.00 | | 7.10 | 11.20 | 6.00 | | | |
| 通城县 | 0.06 | 31.82 | 1.76 | 10.00 | 1.30 | 12.00 | 0.40 | 0.33 | |
| 崇阳县 | | 36.69 | 1.20 | 7.20 | 6.10 | 9.13 | 2.00 | 0.90 | |
| 通山县 | | 21.89 | 0.14 | 0.46 | 6.70 | 0.57 | 1.92 | 3.60 | |
| **恩施自治州** | **32.40** | **513.52** | **8.22** | | **53.54** | | **110.80** | **133.62** | |
| 恩施市 | | 123.33 | 2.58 | | 9.23 | | 21.00 | 20.00 | |
| 利川市 | 32.40 | 133.33 | | | 20.00 | | 26.67 | 36.67 | |
| 建始县 | | 53.94 | 1.34 | | 0.34 | | 16.75 | 25.46 | |
| 巴东县 | | 67.70 | 4.30 | | 1.80 | | 21.10 | 19.00 | |
| 宣恩县 | | 29.30 | | | 7.00 | | 6.50 | 8.20 | |
| 咸丰县 | | 28.40 | | | 4.20 | | 3.51 | 4.08 | |
| 来凤县 | | 37.32 | | | 8.96 | | 6.56 | 11.50 | |
| 鹤峰县 | | 40.20 | | | 2.01 | | 8.71 | 8.71 | |
| **仙桃市** | | **60.20** | **10.00** | | **20.00** | **0.20** | | | **10.00** |
| **天门市** | | **182.52** | **30.00** | **10.47** | **34.49** | **11.43** | | | **39.54** |
| **潜江市** | | **116.67** | **17.82** | | **26.88** | **0.01** | **1.50** | **1.46** | **27.94** |
| **神农架林区** | | **0.46** | **0.10** | | | | **0.30** | | |

| | 配方施肥面积(续) | | | | 化肥深施面积 | 使用微量元素肥面积 | | | |
|---|---|---|---|---|---|---|---|---|---|
| | 油菜 | 花生 | 芝麻 | 蔬菜 | | | 专用配合微肥 | | |
| | | | | | | | | 小麦 | 水稻 |
| **全省合计** | **883.98** | **102.31** | **24.25** | **494.26** | **1491.96** | **3123.78** | **1108.41** | **194.31** | **455.57** |
| **武汉市** | **39.00** | **5.46** | **0.74** | **55.36** | **35.20** | **179.55** | **64.30** | **3.13** | **12.35** |
| 武汉市辖区 | | | | 14.61 | 5.20 | 3.81 | | | |
| 蔡甸区 | | 0.95 | | | | | | | |
| 江夏区 | 9.30 | | | 16.50 | 3.70 | 44.50 | 25.00 | | |
| 黄陂区 | 6.60 | 3.01 | | 10.53 | 21.10 | 74.60 | 28.70 | 0.33 | 10.55 |
| 新洲区 | 23.10 | 1.50 | 0.74 | 13.72 | 5.20 | 56.64 | 10.60 | 2.80 | 1.80 |
| **黄石市** | **21.23** | **1.20** | **4.47** | **18.28** | **43.40** | **86.29** | **44.61** | **1.50** | **19.40** |
| 黄石市辖区 | | | | | | | | | |
| 大冶市 | 0.00 | 0.00 | | 3.73 | 30.00 | 58.18 | 39.50 | 1.50 | 17.00 |
| 阳新县 | 21.23 | 1.20 | 4.47 | 14.55 | 13.40 | 28.11 | 5.11 | 0.00 | 2.40 |
| **十堰市** | **33.29** | **3.11** | **4.94** | **26.33** | **104.80** | **119.47** | **44.90** | **20.20** | **10.80** |
| 十堰市辖区 | 0.29 | 0.08 | 0.04 | 2.00 | | | | | |
| 丹江口市 | 2.00 | 0.33 | 1.00 | 1.93 | 20.00 | 10.67 | | | |
| 郧　县 | 4.50 | 0.40 | 1.80 | 9.50 | 33.00 | 21.50 | 18.00 | 13.00 | 5.00 |
| 郧西县 | 5.40 | | | | | 2.90 | 1.90 | | |
| 竹山县 | 7.00 | | | 0.40 | 14.80 | 11.70 | 4.00 | | |
| 竹溪县 | 9.50 | 2.00 | 2.00 | 6.50 | 12.00 | 33.50 | 11.00 | 2.00 | 4.00 |
| 房　县 | 4.60 | 0.30 | 0.10 | 6.00 | 25.00 | 39.20 | 10.00 | 5.20 | 1.80 |
| **荆州市** | **171.92** | **0.10** | **0.23** | **37.78** | **145.76** | **651.59** | **207.24** | **46.38** | **73.83** |
| 荆州市辖区 | 17.41 | | | 2.15 | 2.07 | 36.56 | 10.50 | 0.50 | 5.00 |
| 江陵县 | 21.02 | | | | | 104.31 | 54.82 | 14.37 | 28.42 |
| 松滋市 | 2.37 | | | | 12.20 | 98.76 | 7.35 | | 2.91 |
| 公安县 | 38.82 | 0.10 | 0.23 | 9.43 | 98.85 | 128.67 | 52.07 | 23.29 | |
| 石首市 | 6.30 | | | 2.40 | 29.37 | 38.40 | 8.00 | | |
| 监利县 | 58.00 | | | 16.00 | | 153.30 | 63.30 | 6.70 | 33.30 |
| 洪湖市 | 28.00 | | | 7.80 | 3.27 | 91.59 | 11.20 | 1.52 | 4.20 |
| **宜昌市** | **66.75** | **3.30** | **0.70** | **53.15** | **212.00** | **215.04** | **79.38** | **10.70** | **23.43** |
| 宜昌市辖区 | 0.50 | | | 1.60 | 11.50 | 3.80 | 1.70 | 0.20 | 0.40 |
| 夷陵区 | 8.50 | 1.60 | | 5.30 | 12.00 | 24.90 | 14.50 | | 8.70 |
| 宜都市 | 6.67 | | | | 10.00 | 12.24 | 5.33 | | 3.33 |
| 枝江市 | 19.50 | 1.00 | 0.60 | 9.75 | 60.00 | 95.30 | 42.00 | 9.00 | 11.00 |
| 当阳市 | 15.53 | | | 15.60 | 84.00 | 46.00 | 8.00 | | |
| 远安县 | 4.50 | | | | | 5.50 | | | |
| 兴山县 | 3.75 | 0.20 | 0.10 | 5.40 | 9.50 | 5.60 | 0.55 | | |
| 秭归县 | 1.50 | 0.50 | | 3.50 | 16.00 | 5.80 | 3.50 | 1.20 | |
| 长阳县 | 6.30 | | | 12.00 | 4.00 | 12.60 | 2.30 | 0.30 | |
| 五峰县 | | | | | 5.00 | 3.30 | 1.50 | | |
| **襄阳市** | **41.79** | **19.50** | **1.05** | **33.80** | **170.41** | **165.00** | **93.60** | **26.64** | **49.11** |
| 襄阳市辖区 | 0.60 | | 0.20 | 5.50 | 12.50 | 7.98 | 2.50 | 1.00 | 0.30 |
| 老河口市 | 6.01 | | | 6.80 | 34.00 | 5.50 | | | |
| 襄州区 | 3.00 | 14.00 | | 7.00 | 3.00 | 48.00 | 30.00 | 18.00 | 8.00 |
| 枣阳市 | 4.50 | 1.20 | 0.30 | 0.60 | 2.70 | 42.00 | 37.00 | | 30.00 |
| 宜城市 | 15.00 | 3.00 | | 5.00 | 25.00 | 27.00 | 6.50 | 1.50 | |
| 南漳县 | 2.50 | | | | 50.00 | 18.10 | 15.00 | 5.00 | 10.00 |
| 谷城县 | 4.06 | 1.30 | 0.55 | 6.69 | | 8.36 | 1.00 | 1.00 | |
| 保康县 | 6.12 | | | 2.21 | 43.21 | 8.06 | 1.60 | 0.14 | 0.81 |
| **鄂州市** | **10.00** | **0.30** | **0.30** | **2.00** | **12.00** | **13.04** | **2.40** | **0.40** | **0.50** |

附表17 单位：千公顷

| | 配方施肥面积(续) | | | | 化肥深施面积 | 使用微量元素肥面积 | 专用配合微肥 | | |
|---|---|---|---|---|---|---|---|---|---|
| | 油菜 | 花生 | 芝麻 | 蔬菜 | | | | 小麦 | 水稻 |
| **荆门市** | **103.23** | **4.00** | **1.30** | **26.66** | **27.10** | **203.58** | **38.05** | **6.41** | **10.58** |
| 荆门市辖区 | 18.33 | 1.00 | 0.20 | | 25.00 | 32.13 | 6.30 | | 4.30 |
| 沙洋县 | 33.27 | | | 8.28 | | 63.41 | 21.05 | 5.21 | 4.62 |
| 钟祥市 | 39.23 | | | 11.23 | | 56.75 | | | |
| 京山县 | 12.40 | 3.00 | 1.10 | 7.15 | 2.10 | 51.29 | 10.70 | 1.20 | 1.66 |
| **孝感市** | **60.81** | **21.84** | **2.57** | **64.24** | **79.33** | **229.98** | **51.71** | **11.21** | **20.48** |
| 孝南区 | 8.77 | 0.46 | 0.35 | 7.97 | 8.71 | 23.39 | 11.53 | 2.71 | 3.86 |
| 孝昌县 | 9.21 | 2.12 | 0.72 | 5.96 | 31.32 | 30.24 | 9.88 | 1.80 | 5.22 |
| 大悟县 | 4.80 | 17.80 | 0.20 | 11.50 | 32.10 | 60.27 | 14.30 | 6.20 | 5.30 |
| 安陆市 | 6.23 | 1.46 | 1.30 | 7.33 | | 6.73 | 0.50 | | |
| 云梦县 | 6.60 | | | 18.42 | | 13.40 | 5.50 | | |
| 应城市 | 7.00 | | | 2.00 | 7.20 | 29.45 | 10.00 | 0.50 | 6.10 |
| 汉川市 | 18.20 | | | 11.06 | | 66.50 | | | |
| **随州市** | **14.39** | **5.77** | **2.00** | **17.95** | **15.40** | **20.24** | **0.20** | | |
| 曾都区 | 2.17 | 0.37 | 0.30 | 6.05 | | 4.84 | | | |
| 随　县 | 7.32 | 1.60 | 1.70 | 8.80 | 15.40 | 7.20 | | | |
| 广水市 | 4.90 | 3.80 | | 3.10 | | 8.20 | 0.20 | | |
| **黄冈市** | **142.51** | **28.06** | **4.33** | **42.89** | **282.17** | **554.22** | **219.24** | **11.81** | **134.52** |
| 黄州区 | 3.70 | 0.10 | 0.15 | 7.00 | 25.00 | 28.43 | 14.88 | 1.67 | 5.30 |
| 团风县 | 8.62 | 1.71 | 1.21 | 3.37 | 43.31 | 65.07 | 21.42 | 1.50 | 13.70 |
| 红安县 | 12.30 | 13.55 | | | 2.13 | 62.12 | 16.52 | 1.31 | 9.99 |
| 麻城市 | 25.33 | 10.00 | 0.67 | 10.00 | 43.33 | 42.35 | 5.66 | 0.33 | 1.33 |
| 罗田县 | 9.00 | 1.00 | 1.00 | 8.00 | 10.00 | 20.70 | 10.50 | 3.00 | 5.00 |
| 英山县 | 5.80 | 0.30 | 0.20 | 3.20 | 32.80 | 35.15 | 20.45 | 3.70 | 12.30 |
| 浠水县 | 22.00 | | | | 3.20 | 62.70 | 30.00 | 0.30 | 15.00 |
| 蕲春县 | 22.90 | 1.40 | 1.10 | 10.00 | 26.50 | 117.30 | 63.50 | | 48.50 |
| 武穴市 | 18.00 | | | 1.30 | 13.20 | 77.81 | 29.51 | | 23.40 |
| 黄梅县 | 14.00 | | | | 78.10 | 36.60 | 5.80 | | |
| 龙感湖 | 0.86 | | | 0.02 | 4.60 | 5.99 | 1.00 | | |
| **咸宁市** | **41.41** | **3.96** | **1.02** | **41.31** | **68.72** | **93.02** | **36.35** | **0.15** | **20.87** |
| 咸安区 | 22.36 | 2.75 | 1.02 | 10.61 | 2.05 | 25.82 | 0.37 | | 0.22 |
| 嘉鱼县 | 3.80 | | | 12.28 | 32.47 | 35.30 | 23.80 | | 12.00 |
| 赤壁市 | 3.20 | | | 7.20 | 24.00 | 8.39 | 2.51 | 0.01 | 2.50 |
| 通城县 | 2.70 | 0.66 | | 2.67 | 5.00 | 3.93 | | | |
| 崇阳县 | 6.50 | | | 3.45 | 5.20 | 7.94 | 1.40 | | 0.90 |
| 通山县 | 2.85 | 0.55 | | 5.10 | | 11.64 | 8.27 | 0.14 | 5.25 |
| **恩施自治州** | **37.09** | **2.10** | | **63.97** | **250.50** | **151.88** | **21.01** | | **3.07** |
| 恩施市 | 9.47 | | | 9.00 | 120.00 | 10.60 | 8.50 | | |
| 利川市 | 5.33 | | | 26.67 | | 51.00 | | | |
| 建始县 | 6.70 | | | 3.35 | 53.60 | 25.46 | 3.35 | | |
| 巴东县 | 5.90 | 1.80 | | 7.30 | 44.80 | 16.50 | | | |
| 宣恩县 | 1.80 | 0.30 | | 3.50 | 12.00 | 13.90 | 0.50 | | 0.50 |
| 咸丰县 | 1.84 | | | 4.52 | | 9.18 | | | |
| 来凤县 | 3.00 | | | 3.60 | | 6.78 | 0.62 | | 0.56 |
| 鹤峰县 | 3.05 | | | 6.03 | 20.10 | 18.46 | 8.04 | | 2.01 |
| **仙桃市** | **20.00** | | | | **45.17** | **45.36** | | | |
| **天门市** | **53.37** | **3.22** | | | | **224.49** | **151.73** | **42.80** | **56.39** |
| **潜江市** | **27.13** | **0.39** | **0.60** | **10.54** | | **171.03** | **53.69** | **12.98** | **20.24** |
| **神农架林区** | **0.06** | | | | | | | | |

单位:千公顷

| | 使用微量元素肥面积(续) | | | | | | | | |
|---|---|---|---|---|---|---|---|---|---|
| | 专用配合微肥(续) | | 硼肥 | | | | | | 锌肥 |
| | 棉花 | 蔬菜 | | 小麦 | 水稻 | 棉花 | 油菜 | 花生 | |
| **全省合计** | **199.85** | **200.09** | **1262.69** | **21.47** | **37.08** | **196.92** | **905.12** | **56.89** | **597.19** |
| **武汉市** | **2.83** | **20.99** | **71.81** | **0.33** | **2.66** | **7.13** | **45.17** | **0.91** | **31.50** |
| 武汉市辖区 | | | 2.11 | | | 1.80 | 0.31 | | 1.70 |
| 蔡甸区 | | | | | | | | | |
| 江夏区 | | | 15.00 | | | | | | 3.00 |
| 黄陂区 | 0.33 | 17.49 | 25.50 | 0.33 | 2.66 | 0.33 | 20.66 | 0.91 | 16.70 |
| 新洲区 | 2.50 | 3.50 | 29.20 | | | 5.00 | 24.20 | | 10.10 |
| **黄石市** | **0.94** | **6.77** | **31.19** | | | | **30.49** | | **5.70** |
| 黄石市辖区 | | | | | | | | | |
| 大冶市 | | 5.00 | 15.14 | | | | 15.14 | | 2.00 |
| 阳新县 | 0.94 | 1.77 | 16.05 | | | | 15.35 | | 3.70 |
| **十堰市** | | **13.90** | **30.47** | **0.30** | **3.20** | | **23.29** | **2.57** | **14.50** |
| 十堰市辖区 | | | | | | | | | |
| 丹江口市 | | | 4.87 | | | | 3.89 | 0.87 | 5.00 |
| 郧　县 | | | 3.00 | | 1.20 | | 1.80 | | 0.50 |
| 郧西县 | | 1.90 | 1.00 | | | | 1.00 | | |
| 竹山县 | | 4.00 | 4.10 | | | | 4.10 | | 1.00 |
| 竹溪县 | | 5.00 | 11.50 | | | | 9.00 | 1.50 | 5.00 |
| 房　县 | | 3.00 | 6.00 | 0.30 | 2.00 | | 3.50 | 0.20 | 3.00 |
| **荆州市** | **70.91** | **12.09** | **270.93** | **4.32** | **0.02** | **76.38** | **180.59** | **0.25** | **172.83** |
| 荆州市辖区 | 3.00 | 2.00 | 16.55 | 4.32 | 0.02 | 3.40 | 8.79 | | 9.51 |
| 江陵县 | 8.65 | 3.38 | 21.02 | | | | 21.02 | | 28.47 |
| 松滋市 | 2.88 | 1.56 | 40.32 | | | 11.67 | 28.06 | 0.25 | 50.61 |
| 公安县 | 28.78 | | 67.60 | | | 28.78 | 38.82 | | 9.00 |
| 石首市 | | 4.00 | 21.20 | | | | 21.20 | | 9.20 |
| 监利县 | 23.30 | | 56.60 | | | 23.30 | 33.30 | | 33.40 |
| 洪湖市 | 4.30 | 1.15 | 47.64 | | | 9.23 | 29.40 | | 32.64 |
| **宜昌市** | **14.00** | **31.25** | **93.38** | **2.00** | **10.00** | **16.00** | **61.98** | **3.30** | **38.23** |
| 宜昌市辖区 | | 1.10 | 1.30 | 0.30 | | | 0.90 | 0.10 | 0.50 |
| 夷陵区 | | 5.80 | 7.00 | | | | 6.00 | 1.00 | 2.30 |
| 宜都市 | | 2.00 | 5.33 | | | | 5.33 | | 1.58 |
| 枝江市 | 14.00 | 8.00 | 29.60 | 1.00 | 10.00 | 12.00 | 6.60 | | 23.00 |
| 当阳市 | | 8.00 | 30.00 | | | 4.00 | 24.00 | 2.00 | 8.00 |
| 远安县 | | | 4.50 | | | | 4.50 | | 1.00 |
| 兴山县 | | 0.55 | 3.85 | | | | 3.85 | | 0.45 |
| 秭归县 | | 2.30 | 2.30 | 0.70 | | | 1.50 | | |
| 长阳县 | | 2.00 | 7.70 | | | | 7.50 | 0.20 | 1.40 |
| 五峰县 | | 1.50 | 1.80 | | | | 1.80 | | |
| **襄阳市** | **10.00** | **4.65** | **45.77** | **0.83** | **4.20** | | **38.52** | **1.55** | **18.33** |
| 襄阳市辖区 | 0.20 | 1.00 | 3.18 | 0.83 | 0.20 | | 1.73 | 0.20 | 1.30 |
| 老河口市 | | | 5.50 | | | | 5.50 | | |
| 襄州区 | 4.00 | | 3.00 | | | | 3.00 | | 10.00 |
| 枣阳市 | 4.00 | 3.00 | 5.00 | | 4.00 | | 1.00 | | |
| 宜城市 | 1.80 | | 17.00 | | | | 16.00 | 1.00 | 2.50 |
| 南漳县 | | | 2.80 | | | | 2.00 | 0.35 | |
| 谷城县 | | | 4.06 | | | | 4.06 | | 3.30 |
| 保康县 | | 0.65 | 5.23 | | | | 5.23 | | 1.23 |
| **鄂州市** | **0.60** | **0.90** | **5.30** | **0.60** | **2.00** | **0.60** | **2.00** | **0.04** | **3.40** |

附表19　　单位:千公顷

| | 使用微量元素肥面积(续) | | | | | | | | |
|---|---|---|---|---|---|---|---|---|---|
| | 专用配合微肥(续) | | 硼肥 | | | | | | 锌肥 |
| | 棉花 | 蔬菜 | | 小麦 | 水稻 | 棉花 | 油菜 | 花生 | |
| **荆门市** | **10.33** | **10.71** | **134.01** | **3.70** | **0.50** | **20.09** | **105.84** | **2.43** | **23.71** |
| 荆门市辖区 | 1.70 | 0.30 | 20.53 | | | 1.70 | 18.83 | | 5.30 |
| 沙洋县 | 5.01 | 6.21 | 41.25 | | | 3.04 | 37.43 | 0.78 | |
| 钟祥市 | | | 41.16 | | | 5.30 | 35.86 | | 13.29 |
| 京山县 | 3.62 | 4.20 | 31.07 | 3.70 | 0.50 | 10.05 | 13.72 | 1.65 | 5.12 |
| **孝感市** | **3.11** | **16.91** | **111.76** | **1.78** | **1.88** | **14.18** | **71.28** | **18.19** | **39.94** |
| 孝南区 | 0.61 | 4.35 | 10.57 | 0.02 | | 0.54 | 9.85 | 0.07 | 0.22 |
| 孝昌县 | 0.20 | 2.66 | 11.43 | 0.40 | 0.25 | 0.62 | 9.00 | 1.02 | 1.50 |
| 大悟县 | | 2.80 | 24.73 | 1.36 | 1.63 | 0.02 | 4.60 | 17.10 | 3.82 |
| 安陆市 | 0.50 | | 6.23 | | | | 6.23 | | |
| 云梦县 | | 5.50 | 6.60 | | | | 6.50 | | 1.30 |
| 应城市 | 1.80 | 1.60 | 17.00 | | | | 17.00 | | 1.80 |
| 汉川市 | | | 35.20 | | | 13.00 | 18.10 | | 31.30 |
| **随州市** | | **0.20** | **16.44** | | | **2.00** | **13.94** | **0.40** | **3.60** |
| 曾都区 | | | 1.34 | | | | 1.34 | | 3.50 |
| 随　县 | | | 7.20 | | | 0.90 | 6.30 | | |
| 广水市 | | 0.20 | 7.90 | | | 1.10 | 6.30 | 0.40 | 0.10 |
| **黄冈市** | **30.16** | **40.91** | **220.30** | **2.05** | **8.85** | **22.75** | **156.40** | **24.72** | **81.25** |
| 黄州区 | 4.56 | 3.35 | 8.00 | | | 4.35 | 3.35 | 0.10 | 5.35 |
| 团风县 | 2.84 | 3.37 | 13.78 | | | 2.60 | 8.20 | 1.70 | 25.17 |
| 红安县 | 0.38 | 4.71 | 36.27 | 1.05 | 7.55 | 0.23 | 14.87 | 12.25 | |
| 麻城市 | 3.33 | 0.67 | 34.69 | | | 2.67 | 25.30 | 6.67 | 1.00 |
| 罗田县 | 0.20 | 2.00 | 4.20 | 1.00 | 1.00 | 0.20 | 1.00 | 0.50 | 2.00 |
| 英山县 | 0.15 | 4.30 | 6.40 | | 0.30 | | 6.00 | 0.10 | 6.00 |
| 浠水县 | 5.70 | 9.00 | 28.00 | | | 0.50 | 25.00 | 2.50 | 3.40 |
| 蕲春县 | 3.60 | 10.00 | 27.70 | | | 1.00 | 22.92 | 0.70 | 17.50 |
| 武穴市 | 5.60 | 0.51 | 33.60 | | | 6.20 | 27.10 | 0.20 | 14.70 |
| 黄梅县 | 2.80 | 3.00 | 26.80 | | | 5.00 | 21.80 | | 2.00 |
| 龙感湖 | 1.00 | | 0.86 | | | | 0.86 | | 4.13 |
| **咸宁市** | | **15.33** | **37.58** | | **2.27** | **0.10** | **30.76** | **1.79** | **4.47** |
| 咸安区 | | 0.15 | 22.38 | | | | 22.38 | | 2.02 |
| 嘉鱼县 | | 11.80 | 4.80 | | 2.07 | 0.10 | | | |
| 赤壁市 | | | 0.03 | | | | | | 0.08 |
| 通城县 | | | 2.83 | | 0.20 | | 2.33 | 0.30 | 0.50 |
| 崇阳县 | | 0.50 | 4.44 | | | | 3.40 | 1.04 | 1.70 |
| 通山县 | | 2.88 | 3.10 | | | | 2.65 | 0.45 | 0.17 |
| **恩施自治州** | | **9.44** | **32.60** | | **1.50** | | **26.96** | **0.74** | **90.62** |
| 恩施市 | | | 2.10 | | 0.90 | | 1.00 | | |
| 利川市 | | | 5.33 | | | | 3.33 | | 40.67 |
| 建始县 | | 3.35 | 6.70 | | | | 6.70 | | 15.41 |
| 巴东县 | | | 6.50 | | | | 6.50 | | 9.00 |
| 宣恩县 | | | 3.50 | | 0.50 | | 2.50 | 0.50 | 9.50 |
| 咸丰县 | | | 3.36 | | | | 1.95 | 0.21 | 4.92 |
| 来凤县 | | 0.06 | 2.06 | | 0.10 | | 1.93 | 0.03 | 3.75 |
| 鹤峰县 | | 6.03 | 3.05 | | | | 3.05 | | 7.37 |
| **仙桃市** | | | **45.36** | | | | **45.36** | | |
| **天门市** | **39.54** | **13.00** | **49.54** | | | **10.00** | **39.54** | | **20.00** |
| **潜江市** | **17.43** | **3.04** | **66.25** | **5.56** | | **27.69** | **33.00** | | **49.11** |
| **神农架林区** | | | | | | | | | |

附表20　　　　单位:千公顷

| | 使用微量元素肥面积(续) | | | | | | 喷施磷酸二氢钾 | |
|---|---|---|---|---|---|---|---|---|
| | 水稻 | 玉米 | 棉花 | 钼肥 | | | | 小麦 |
| | | | | | 大豆 | 花生 | | |
| **全省合计** | **428.27** | **77.31** | **80.92** | **88.28** | **20.15** | **35.13** | **2140.08** | **471.88** |
| **武汉市** | **23.53** | **0.12** | **1.93** | **8.74** | **0.00** | **1.85** | **127.17** | **9.93** |
| 武汉市辖区 | | | 1.70 | | | | 8.46 | 0.13 |
| 蔡甸区 | | | | | | | 6.59 | 2.46 |
| 江夏区 | | | | 0.50 | | | 8.90 | |
| 黄陂区 | 13.43 | 0.12 | 0.23 | 1.50 | | 0.91 | 20.50 | 0.12 |
| 新洲区 | 10.10 | | | 6.74 | | 0.94 | 82.72 | 7.22 |
| **黄石市** | **5.70** | | | **3.09** | **0.75** | **1.84** | **11.65** | **0.00** |
| 黄石市辖区 | | | | | | | | |
| 大冶市 | 2.00 | | | 0.34 | | 0.34 | | |
| 阳新县 | 3.70 | | | 2.75 | 0.75 | 1.50 | 11.65 | |
| **十堰市** | **8.63** | **5.07** | | **17.60** | **5.10** | **2.50** | **93.03** | **35.90** |
| 十堰市辖区 | | | | | | | 1.71 | 0.30 |
| 丹江口市 | 3.33 | 1.67 | | 0.80 | 0.40 | 0.40 | 26.67 | 8.00 |
| 郧　县 | 0.50 | | | | | | 13.70 | 8.50 |
| 郧西县 | | | | | | | 16.85 | 13.30 |
| 竹山县 | 0.60 | 0.40 | | 2.60 | 2.60 | | 9.60 | 1.80 |
| 竹山县 | 2.00 | 3.00 | | 4.00 | 2.00 | 2.00 | 17.50 | 3.00 |
| 房　县 | 2.20 | | | 10.20 | 0.10 | 0.10 | 7.00 | 1.00 |
| **荆州市** | **138.03** | **5.26** | **28.47** | **0.48** | **0.48** | | **424.87** | **55.36** |
| 荆州市辖区 | 3.32 | 0.01 | 6.16 | | | | 56.36 | 7.30 |
| 江陵县 | 28.42 | 0.05 | | | | | 72.46 | 14.37 |
| 松滋市 | 34.51 | 4.50 | 11.60 | 0.48 | 0.48 | | 48.19 | 4.43 |
| 公安县 | 9.00 | | | | | | 104.96 | 23.29 |
| 石首市 | 6.60 | | 2.60 | | | | 4.00 | |
| 监利县 | 26.70 | | 6.70 | | | | 66.60 | 3.30 |
| 洪湖市 | 29.48 | 0.70 | 1.41 | | | | 72.30 | 2.67 |
| **宜昌市** | **20.05** | **6.18** | **12.00** | **3.65** | **0.85** | **2.70** | **131.53** | **22.85** |
| 宜昌市辖区 | | 0.50 | | | | | 1.50 | 0.30 |
| 夷陵区 | 1.20 | 1.10 | | 1.10 | | 1.10 | 14.60 | |
| 宜都市 | | 1.58 | | | | | 7.33 | |
| 枝江市 | 12.00 | 1.00 | 10.00 | 0.70 | 0.40 | 0.30 | 78.00 | 14.00 |
| 当阳市 | 5.00 | 1.00 | 2.00 | | | | 14.00 | 8.00 |
| 远安县 | 1.00 | | | | | | 1.00 | |
| 兴山县 | 0.45 | | | 0.65 | 0.45 | 0.10 | 2.60 | 0.25 |
| 秭归县 | | | | | | | | |
| 长阳县 | 0.40 | 1.00 | | 1.20 | | 1.20 | 12.50 | 0.30 |
| 五峰县 | | | | | | | | |
| **襄阳市** | **15.55** | **0.78** | | **2.30** | **0.30** | **1.40** | **227.05** | **144.19** |
| 襄阳市辖区 | 0.90 | 0.40 | | 1.00 | 0.30 | 0.10 | 13.32 | 11.82 |
| 老河口市 | | | | | | | 26.04 | 20.60 |
| 襄州区 | 8.00 | | | | | | 70.00 | 40.00 |
| 枣阳市 | | | | | | | | |
| 宜城市 | 2.50 | | | 1.00 | | 1.00 | 38.00 | 23.00 |
| 南漳县 | | | | 0.30 | | 0.30 | 29.20 | 26.00 |
| 谷城县 | 3.30 | | | | | | 43.97 | 21.57 |
| 保康县 | 0.85 | 0.38 | | | | | 6.52 | 1.20 |
| **鄂州市** | **1.80** | **0.70** | **0.90** | **1.94** | **1.00** | **0.04** | **4.68** | **0.60** |

| | 使用微量元素肥面积(续) | | | | | | 喷施磷酸二氢钾 | |
|---|---|---|---|---|---|---|---|---|
| | 水稻 | 玉米 | 棉花 | 钼肥 | | | | 小麦 |
| | | | | | 大豆 | 花生 | | |
| **荆门市** | **21.29** | **0.40** | **1.60** | **6.51** | **0.60** | **2.17** | **148.69** | **37.28** |
| 荆门市辖区 | 4.30 | | 1.00 | | | | | |
| 沙洋县 | | | | 1.11 | | 0.97 | 29.31 | 9.33 |
| 钟祥市 | 13.29 | | | 2.20 | | | 71.32 | 16.70 |
| 京山县 | 3.70 | 0.40 | 0.60 | 3.20 | 0.60 | 1.20 | 48.06 | 11.25 |
| **孝感市** | **32.55** | **0.02** | **7.37** | **21.00** | **1.61** | **13.32** | **187.40** | **41.41** |
| 孝南区 | 0.21 | | 0.01 | 0.96 | 0.43 | 0.37 | 24.86 | 4.45 |
| 孝昌县 | 1.34 | | 0.16 | 5.02 | 0.26 | 2.35 | 15.86 | 2.96 |
| 大悟县 | 3.80 | 0.02 | | 14.62 | 0.62 | 10.50 | 37.08 | 8.60 |
| 安陆市 | | | | | | | 6.70 | |
| 云梦县 | 1.30 | | | | | | 27.20 | 5.30 |
| 应城市 | 1.80 | | | 0.40 | 0.30 | 0.10 | 10.20 | |
| 汉川市 | 24.10 | | 7.20 | | | | 65.50 | 20.10 |
| **随州市** | **3.50** | | | | | | **46.78** | **20.48** |
| 曾都区 | 3.50 | | | | | | 40.48 | 17.28 |
| 随　县 | | | | | | | 2.70 | 2.70 |
| 广水市 | | | | | | | 3.60 | 0.50 |
| **黄冈市** | **70.15** | **1.00** | **10.10** | **9.47** | **2.00** | **3.47** | **258.63** | **10.42** |
| 黄州区 | 3.35 | 0.33 | 1.67 | 0.20 | 0.10 | 0.10 | 14.66 | 0.67 |
| 团风县 | 22.30 | 0.07 | 2.80 | 2.40 | 0.20 | 1.50 | 19.80 | 0.65 |
| 红安县 | | | | | | | | |
| 麻城市 | 0.67 | | 0.33 | 0.67 | | 0.67 | 1.33 | 0.20 |
| 罗田县 | 2.00 | | | 2.00 | 0.50 | 0.50 | 4.50 | 1.00 |
| 英山县 | 5.30 | 0.60 | 0.10 | 2.10 | 0.60 | 0.20 | 31.50 | 5.60 |
| 浠水县 | 3.40 | | | 1.00 | | | 13.50 | |
| 蕲春县 | 17.50 | | | 1.10 | 0.60 | 0.50 | 67.70 | 0.50 |
| 武穴市 | 10.50 | | 4.20 | | | | 58.62 | |
| 黄梅县 | 2.00 | | | | | | 44.22 | |
| 龙感湖 | 3.13 | | 1.00 | | | | 2.80 | 1.80 |
| **咸宁市** | **4.39** | | | **2.35** | **0.62** | **1.53** | **13.70** | **0.33** |
| 咸安区 | 2.02 | | | 1.05 | 0.12 | 0.93 | 4.98 | |
| 嘉鱼县 | | | | | | | | |
| 赤壁市 | | | | 0.20 | | | 2.46 | |
| 通城县 | 0.50 | | | 0.60 | 0.30 | 0.30 | 0.50 | 0.33 |
| 崇阳县 | 1.70 | | | 0.40 | 0.20 | 0.20 | 3.38 | |
| 通山县 | 0.17 | | | 0.10 | | 0.10 | 2.38 | |
| **恩施自治州** | **32.54** | **57.78** | | **5.95** | **5.19** | **0.76** | **53.88** | **2.94** |
| 恩施市 | | | | | | | 5.30 | |
| 利川市 | 16.67 | 24.00 | | 5.00 | 4.50 | 0.50 | 13.00 | |
| 建始县 | 2.01 | 13.40 | | | | | 1.34 | 1.34 |
| 巴东县 | 1.80 | 7.20 | | | | | 7.80 | 1.60 |
| 宣恩县 | 5.00 | 4.50 | | 0.40 | 0.20 | 0.20 | 10.30 | |
| 咸丰县 | 2.51 | 2.11 | | 0.21 | 0.21 | | 10.22 | |
| 来凤县 | 2.54 | 1.21 | | 0.34 | 0.28 | 0.06 | 4.58 | |
| 鹤峰县 | 2.01 | 5.36 | | | | | 1.34 | |
| **仙桃市** | | | | | | | **106.99** | **20.27** |
| **天门市** | **20.00** | | | **3.22** | | **3.22** | **188.62** | **42.80** |
| **潜江市** | **30.56** | | **18.55** | **1.98** | **1.65** | **0.33** | **115.41** | **27.12** |
| **神农架林区** | | | | | | | | |

| | 喷施磷酸二氢钾(续) | | | | | 化学调控面积 | 缩节安(助壮素) | | |
|---|---|---|---|---|---|---|---|---|---|
| | 水稻 | 棉花 | 油菜 | 花生 | 蔬菜 | | | 小麦 | 棉花 |
| **全省合计** | **797.00** | **252.96** | **404.70** | **28.47** | **109.87** | **2702.89** | **378.88** | **52.05** | **296.55** |
| **武汉市** | **57.18** | **10.16** | **36.04** | **1.15** | **8.73** | **128.19** | **17.51** | | **11.71** |
| 武汉市辖区 | 0.11 | 4.83 | 0.15 | | 3.12 | 9.31 | 4.83 | | 4.83 |
| 蔡甸区 | 2.00 | | | 0.80 | | | | | |
| 江夏区 | 3.30 | | 4.10 | | 1.50 | 19.37 | | | |
| 黄陂区 | 5.27 | 0.33 | 7.79 | 0.35 | 4.11 | 37.99 | 7.60 | | 1.80 |
| 新洲区 | 46.50 | 5.00 | 24.00 | | | 61.52 | 5.08 | | 5.08 |
| **黄石市** | **2.45** | **0.90** | **2.10** | | **4.70** | **32.75** | **2.00** | | **2.00** |
| 黄石市辖区 | | | | | | | | | |
| 大冶市 | | | | | | 5.30 | | | |
| 阳新县 | 2.45 | 0.90 | 2.10 | | 4.70 | 27.45 | 2.00 | | 2.00 |
| **十堰市** | **10.68** | | **22.52** | **1.12** | **7.80** | **118.20** | **2.40** | **2.10** | |
| 十堰市辖区 | 0.15 | | 0.03 | 0.02 | 1.20 | | | | |
| 丹江口市 | 5.33 | | 3.34 | | | 10.60 | 1.60 | 1.60 | |
| 郧　县 | 1.20 | | 1.00 | | 3.00 | 36.90 | | | |
| 郧西县 | | | 3.55 | | | | | | |
| 竹山县 | | | 7.00 | | 0.80 | 30.70 | | | |
| 竹溪县 | 3.00 | | 5.00 | 1.00 | 2.50 | 28.80 | 0.80 | 0.50 | |
| 房　县 | 1.00 | | 2.60 | 0.10 | 0.30 | 11.20 | | | |
| **荆州市** | **160.82** | **82.09** | **111.25** | **0.06** | **13.86** | **618.73** | **86.38** | **4.56** | **73.52** |
| 荆州市辖区 | 18.65 | 8.63 | 16.35 | | 5.43 | 36.21 | 14.54 | 3.04 | 11.50 |
| 江陵县 | 28.42 | 8.65 | 21.02 | | | 88.10 | 8.65 | | 8.65 |
| 松滋市 | 22.11 | 8.05 | 7.88 | 0.06 | 4.23 | 94.21 | 16.11 | 1.52 | 14.59 |
| 公安县 | 14.89 | 28.78 | 38.00 | | | 185.38 | 28.78 | | 28.78 |
| 石首市 | | | 4.00 | | | 23.07 | 10.00 | | 10.00 |
| 监利县 | 33.30 | 23.30 | 6.70 | | | 104.60 | | | |
| 洪湖市 | 43.45 | 4.68 | 17.30 | | 4.20 | 87.16 | 8.30 | | |
| **宜昌市** | **40.43** | **13.00** | **26.00** | **0.90** | **16.90** | **209.74** | **21.10** | | **20.00** |
| 宜昌市辖区 | 0.40 | | | | 0.50 | 1.40 | | | |
| 夷陵区 | 6.00 | | 5.80 | 0.90 | 1.10 | 8.40 | 1.10 | | |
| 宜都市 | 3.33 | | | | 2.00 | 2.11 | | | |
| 枝江市 | 25.00 | 13.00 | 18.00 | | 8.00 | 160.60 | 14.00 | | 14.00 |
| 当阳市 | 4.00 | | | | 2.00 | 11.21 | 6.00 | | 6.00 |
| 远安县 | 1.00 | | | | | 2.00 | | | |
| 兴山县 | 0.70 | | 0.50 | | 0.80 | 9.65 | | | |
| 秭归县 | | | | | | | | | |
| 长阳县 | | | 1.70 | | 2.50 | 13.87 | | | |
| 五峰县 | | | | | | 0.50 | | | |
| **襄阳市** | **53.65** | **6.30** | **8.96** | **4.70** | **5.01** | **157.04** | **20.00** | **5.00** | **13.00** |
| 襄阳市辖区 | 1.00 | 0.30 | | 0.20 | | 10.17 | 0.94 | | 0.94 |
| 老河口市 | 5.44 | | | | | 17.83 | 2.53 | | 2.53 |
| 襄州区 | 15.00 | 6.00 | 3.00 | 3.00 | | 29.00 | 5.00 | | 3.00 |
| 枣阳市 | | | | | | 21.00 | 3.00 | | 3.00 |
| 宜城市 | 13.00 | | | | 2.00 | 49.00 | 3.50 | | 3.50 |
| 南漳县 | | | 1.50 | 0.20 | 1.00 | 20.00 | 5.00 | 5.00 | |
| 谷城县 | 16.49 | | 4.06 | 1.30 | | 7.53 | 0.03 | | 0.03 |
| 保康县 | 2.72 | | 0.40 | | 2.01 | 2.51 | | | |
| **鄂州市** | **1.70** | **0.50** | **1.00** | **0.03** | **0.80** | **6.46** | | | |

附表23 单位:千公顷

| | 喷施磷酸二氢钾(续) | | | | | 化学调控面积 | 缩节安(助壮素) | | |
|---|---|---|---|---|---|---|---|---|---|
| | 水稻 | 棉花 | 油菜 | 花生 | 蔬菜 | | | 小麦 | 棉花 |
| **荆门市** | **71.42** | **21.17** | **11.00** | **1.50** | **1.20** | **187.07** | **26.34** | **2.00** | **24.34** |
| 荆门市辖区 | | | | | | 24.20 | 1.70 | | 1.70 |
| 沙洋县 | 8.86 | 3.12 | 6.80 | | | 49.99 | 1.26 | | 1.26 |
| 钟祥市 | 44.00 | 10.30 | | | | 61.50 | 13.50 | 2.00 | 11.50 |
| 京山县 | 18.56 | 7.75 | 4.20 | 1.50 | 1.20 | 51.38 | 9.88 | | 9.88 |
| **孝感市** | **82.86** | **13.41** | **17.69** | **12.41** | **15.92** | **192.72** | **26.41** | **3.91** | **18.47** |
| 孝南区 | 8.86 | 0.44 | 6.98 | 0.21 | 2.47 | 16.38 | 2.87 | 1.91 | 0.93 |
| 孝昌县 | 6.10 | 0.35 | 2.20 | 0.80 | 2.60 | 13.83 | 0.33 | | 0.33 |
| 大悟县 | 11.50 | 0.02 | 2.56 | 11.40 | 1.80 | 50.58 | 1.31 | 1.30 | 0.01 |
| 安陆市 | 6.70 | | | | | 15.88 | | | |
| 云梦县 | 6.40 | 1.70 | 5.15 | | 8.65 | 13.07 | 1.50 | 0.70 | 0.80 |
| 应城市 | 8.00 | 0.80 | 0.80 | | 0.40 | 14.58 | 3.40 | | 3.40 |
| 汉川市 | 35.30 | 10.10 | | | | 68.40 | 17.00 | | 13.00 |
| **随州市** | **21.90** | **1.60** | **1.30** | **0.30** | **1.20** | **12.96** | **3.43** | | **3.43** |
| 曾都区 | 20.80 | 1.10 | 1.30 | | | 3.06 | 0.33 | | 0.33 |
| 随　县 | | | | | | 4.30 | | | |
| 广水市 | 1.10 | 0.50 | | 0.30 | 1.20 | 5.60 | 3.10 | | 3.10 |
| **黄冈市** | **123.53** | **29.95** | **60.14** | **0.94** | **16.11** | **335.50** | **42.72** | **2.68** | **39.33** |
| 黄州区 | 3.50 | 2.67 | 2.67 | | 4.80 | 13.86 | 4.50 | | 4.50 |
| 团风县 | 7.80 | 1.29 | 6.20 | 0.24 | 2.86 | 18.68 | 2.60 | | 2.50 |
| 红安县 | | | | | | 2.57 | 0.06 | 0.01 | 0.04 |
| 麻城市 | 0.13 | 0.67 | 0.07 | 0.10 | 0.13 | 35.59 | 6.00 | 0.67 | 5.33 |
| 罗田县 | 1.00 | | 2.00 | | 0.50 | 26.10 | 1.00 | 1.00 | |
| 英山县 | 11.60 | 0.20 | 5.40 | 0.30 | 2.10 | 23.10 | 0.10 | | 0.10 |
| 浠水县 | | | 12.00 | | | 34.30 | 1.50 | | 1.50 |
| 蕲春县 | 43.20 | 3.10 | 6.80 | 0.10 | 5.40 | 89.60 | 4.70 | | 4.10 |
| 武穴市 | 30.20 | 6.40 | 21.50 | 0.20 | 0.32 | 67.05 | 6.40 | | 6.40 |
| 黄梅县 | 26.10 | 14.62 | 3.50 | | | 19.01 | 14.86 | | 14.86 |
| 龙感湖 | | 1.00 | | | | 5.64 | 1.00 | 1.00 | |
| **咸宁市** | **8.12** | | **2.43** | **0.10** | **2.36** | **44.21** | | | |
| 咸安区 | 3.19 | | 1.32 | | 0.36 | 5.89 | | | |
| 嘉鱼县 | | | | | | | | | |
| 赤壁市 | 0.20 | | 0.01 | | 2.00 | 21.41 | | | |
| 通城县 | | | 0.17 | | | 11.12 | | | |
| 崇阳县 | 2.98 | | 0.40 | | | 4.11 | | | |
| 通山县 | 1.75 | | 0.53 | 0.10 | | 1.68 | | | |
| **恩施自治州** | **27.37** | | **7.46** | **2.04** | **5.26** | **97.98** | **8.71** | **0.67** | |
| 恩施市 | 4.30 | | 1.00 | | | 24.70 | | | |
| 利川市 | 10.00 | | 3.00 | | | 8.00 | | | |
| 建始县 | | | | | | 12.73 | 6.70 | 0.67 | |
| 巴东县 | 1.00 | | 1.20 | 2.00 | | 13.40 | | | |
| 宣恩县 | 5.50 | | 1.00 | | 1.80 | 14.00 | | | |
| 咸丰县 | 3.14 | | 0.35 | | 2.12 | 10.32 | | | |
| 来凤县 | 3.43 | | 0.91 | 0.04 | | 3.47 | | | |
| 鹤峰县 | | | | | 1.34 | 11.36 | 2.01 | | |
| **仙桃市** | **49.65** | **7.66** | **29.41** | | | **179.57** | **29.83** | **9.67** | **20.16** |
| **天门市** | **56.39** | **39.54** | **46.67** | **3.22** | | **180.08** | **59.54** | **20.00** | **39.54** |
| **潜江市** | **28.85** | **26.68** | **20.73** | | **10.02** | **201.69** | **32.51** | **1.46** | **31.05** |
| **神农架林区** | | | | | | | | | |

附表24　　　　单位：千公顷

| | 多效唑 | 使用多效唑面积(续) | | | | | 乙烯利 | 棉花催熟 | 802 |
|---|---|---|---|---|---|---|---|---|---|
| | | 小 麦 | 水 稻 | 棉 花 | 油 菜 | 花 生 | | | |
| **全省合计** | **1192.47** | **103.63** | **472.15** | **53.77** | **326.93** | **50.56** | **72.20** | **64.58** | **157.37** |
| **武汉市** | **45.00** | **3.51** | **9.17** | **0.20** | **24.91** | **7.21** | **1.45** | **0.58** | **0.75** |
| 武汉市辖区 | 0.45 | | 0.12 | | 0.23 | 0.10 | 1.20 | 0.50 | |
| 蔡甸区 | | | | | | | | | |
| 江夏区 | 5.04 | 0.01 | 2.15 | | 2.88 | | | | |
| 黄陂区 | 23.70 | 3.50 | 6.90 | 0.20 | 7.30 | 5.80 | 0.25 | 0.08 | 0.25 |
| 新洲区 | 15.81 | | | | 14.50 | 1.31 | | | 0.50 |
| **黄石市** | **26.15** | | **23.05** | | **2.50** | **0.50** | **0.60** | **0.10** | **0.70** |
| 黄石市辖区 | | | | | | | | | |
| 大冶市 | 2.30 | | 2.00 | | | 0.30 | | | |
| 阳新县 | 23.85 | | 21.05 | | 2.50 | 0.20 | 0.60 | 0.10 | 0.70 |
| **十堰市** | **27.77** | **3.34** | **10.80** | | **11.90** | **1.33** | | | |
| 十堰市辖区 | | | | | | | | | |
| 丹江口市 | 2.67 | 2.34 | | | | 0.33 | | | |
| 郧 县 | 4.30 | | 3.50 | | 0.80 | | | | |
| 郧西县 | | | | | | | | | |
| 竹山县 | 9.60 | | 4.30 | | 5.30 | | | | |
| 竹溪县 | 9.00 | | 3.00 | | 5.00 | 1.00 | | | |
| 房 县 | 2.20 | 1.00 | | | 0.80 | | | | |
| **荆州市** | **247.98** | **3.02** | **49.46** | **0.12** | **45.10** | | **27.29** | **27.29** | **70.15** |
| 荆州市辖区 | 16.37 | 3.02 | 7.48 | 0.12 | 5.75 | | 0.70 | 0.70 | 0.70 |
| 江陵县 | 49.44 | | 28.42 | | 21.02 | | | | |
| 松滋市 | 29.89 | | 11.56 | | 18.33 | | 0.59 | 0.59 | 13.51 |
| 公安县 | 104.00 | | | | | | 26.00 | 26.00 | 25.00 |
| 石首市 | 2.00 | | 2.00 | | | | | | 6.70 |
| 监利县 | | | | | | | | | 20.00 |
| 洪湖市 | 46.28 | | | | | | | | 4.24 |
| **宜昌市** | **57.30** | **1.70** | **27.20** | | **21.60** | **2.20** | **1.20** | **0.80** | **15.00** |
| 宜昌市辖区 | 0.50 | | | | 0.50 | | | | |
| 夷陵区 | 1.10 | | | | 1.10 | | | | |
| 宜都市 | | | | | | | | | |
| 枝江市 | 41.50 | 1.50 | 24.00 | | 16.00 | | 0.80 | 0.80 | 15.00 |
| 当阳市 | 5.20 | 0.20 | | | 3.00 | 2.00 | | | |
| 远安县 | 2.00 | | 2.00 | | | | | | |
| 兴山县 | 1.50 | | 0.40 | | 0.50 | | 0.20 | | |
| 秭归县 | | | | | | | | | |
| 长阳县 | 5.00 | | 0.80 | | | 0.20 | 0.20 | | |
| 五峰县 | 0.50 | | | | 0.50 | | | | |
| **襄阳市** | **76.24** | **24.00** | **13.82** | **3.10** | **17.10** | **9.72** | **0.70** | **0.20** | **1.90** |
| 襄阳市辖区 | 1.93 | | 0.81 | | 0.10 | 1.02 | 0.20 | 0.20 | |
| 老河口市 | 3.10 | | | 3.10 | | | | | 0.90 |
| 襄州区 | 14.00 | | 5.00 | | 3.00 | 5.00 | | | |
| 枣阳市 | 9.00 | 3.00 | 5.00 | | 1.00 | | | | |
| 宜城市 | 34.70 | 16.00 | 3.00 | | 12.00 | 3.70 | 0.50 | | 1.00 |
| 南漳县 | 6.00 | 5.00 | | | 1.00 | | | | |
| 谷城县 | 7.50 | | | | | | | | |
| 保康县 | 0.01 | | 0.01 | | | | | | |
| **鄂州市** | **2.60** | **0.50** | **0.50** | **0.60** | **0.60** | **0.40** | | | |

单位:千公顷

| | 多效唑 | 使用多效唑面积(续) | | | | | 乙烯利 | 棉花催熟 | 802 |
|---|---|---|---|---|---|---|---|---|---|
| | | 小麦 | 水稻 | 棉花 | 油菜 | 花生 | | | |
| **荆门市** | **126.07** | **10.52** | **51.80** | **4.32** | **53.88** | **5.47** | **4.81** | **4.41** | **6.04** |
| 荆门市辖区 | 22.00 | 1.00 | 10.00 | | 11.00 | | | | 0.50 |
| 沙洋县 | 40.92 | 4.12 | 21.20 | 0.32 | 15.20 | | 1.21 | 1.11 | 1.24 |
| 钟祥市 | 41.00 | 5.00 | 10.00 | 4.00 | 20.00 | 2.00 | 1.50 | 1.50 | 3.00 |
| 京山县 | 22.15 | 0.40 | 10.60 | | 7.68 | 3.47 | 2.10 | 1.80 | 1.30 |
| **孝感市** | **113.37** | **21.48** | **70.06** | **1.08** | **8.34** | **12.41** | **2.18** | **0.70** | **14.42** |
| 孝南区 | 9.23 | 1.48 | 4.65 | 0.36 | 2.56 | 0.18 | 0.48 | 0.04 | 0.02 |
| 孝昌县 | 10.27 | 0.42 | 7.30 | 0.32 | 1.40 | 0.83 | 0.42 | 0.06 | |
| 大悟县 | 38.14 | 3.20 | 22.01 | | 1.53 | 11.40 | | | |
| 安陆市 | 15.80 | 15.40 | | 0.40 | | | | | |
| 云梦县 | 6.93 | 0.78 | 3.50 | | 2.65 | | 0.48 | | |
| 应城市 | 2.80 | 0.20 | 2.40 | | 0.20 | | 0.80 | 0.60 | 1.30 |
| 汉川市 | 30.20 | | 30.20 | | | | | | 13.10 |
| **随州市** | **4.23** | **2.73** | **1.50** | | | | **0.30** | **0.30** | **1.40** |
| 曾都区 | 2.73 | 2.73 | | | | | | | |
| 随　县 | | | | | | | | | 1.40 |
| 广水市 | 1.50 | | 1.50 | | | | 0.30 | 0.30 | |
| **黄冈市** | **160.45** | **3.43** | **94.85** | **2.28** | **45.14** | **9.85** | **1.96** | **1.58** | **7.41** |
| 黄州区 | 7.67 | | 4.67 | | 3.00 | | 0.67 | 0.67 | |
| 团风县 | 3.20 | | 2.41 | | | 0.79 | 0.32 | 0.31 | 0.90 |
| 红安县 | 1.15 | | | 0.25 | 0.21 | 0.69 | | | |
| 麻城市 | 12.73 | 0.33 | 3.67 | 0.53 | 1.53 | 6.67 | 0.67 | 0.60 | 0.67 |
| 罗田县 | 6.00 | 1.00 | 2.00 | | 3.00 | | | | |
| 英山县 | 15.80 | | 10.50 | | 5.20 | 0.10 | | | |
| 浠水县 | 31.50 | | 30.00 | | | 1.50 | | | |
| 蕲春县 | 42.50 | | 18.50 | 1.50 | 17.50 | 0.10 | 0.30 | | |
| 武穴市 | 38.00 | 1.50 | 22.30 | | 14.20 | | | | 1.40 |
| 黄梅县 | 0.50 | | | | 0.50 | | | | 3.60 |
| 龙感湖 | 1.40 | 0.60 | 0.80 | | | | | | 0.84 |
| **咸宁市** | **14.71** | **0.30** | **8.66** | | **2.99** | **0.20** | **2.75** | | |
| 咸安区 | 1.46 | | 0.66 | | 0.75 | | | | |
| 嘉鱼县 | 0.00 | | | | | | | | |
| 赤壁市 | 2.51 | | | | | | 2.40 | | |
| 通城县 | 8.63 | 0.30 | 6.60 | | 1.53 | 0.20 | 0.10 | | |
| 崇阳县 | 1.89 | | 1.18 | | 0.71 | | | | |
| 通山县 | 0.22 | | 0.22 | | | | 0.25 | | |
| **恩施自治州** | **34.19** | | **10.87** | | **8.25** | **1.06** | | | |
| 恩施市 | 6.50 | | 6.50 | | | | | | |
| 利川市 | 8.00 | | | | 3.00 | | | | |
| 建始县 | 3.35 | | | | 3.35 | | | | |
| 巴东县 | 2.20 | | 1.20 | | | 1.00 | | | |
| 宣恩县 | 3.20 | | 2.00 | | 1.20 | | | | |
| 咸丰县 | 4.28 | | 0.21 | | 0.42 | | | | |
| 来凤县 | 1.30 | | 0.96 | | 0.28 | 0.06 | | | |
| 鹤峰县 | 5.36 | | | | | | | | |
| **仙桃市** | **125.76** | **7.76** | **59.95** | **22.07** | **35.77** | **0.21** | | | **7.36** |
| **天门市** | **80.00** | **20.00** | **20.00** | **20.00** | **20.00** | | | | |
| **潜江市** | **50.65** | **1.34** | **20.46** | | **28.85** | | **28.96** | **28.62** | **32.24** |
| **神农架林区** | | | | | | | | | |

附表26 单位:千公顷

| | 棉 花 | 生 物<br>有机肥 | 使用生物有机肥面积(续) | | | | | 棉花应<br>用调节<br>安面积 | 棉花用<br>壮苗素<br>床草净 |
|---|---|---|---|---|---|---|---|---|---|
| | | | 小 麦 | 水 稻 | 玉 米 | 棉 花 | 油 菜 | | |
| **全省合计** | **150.78** | **482.97** | **78.73** | **173.61** | **50.94** | **50.69** | **77.47** | **102.15** | **109.50** |
| **武汉市** | **0.65** | **37.56** | **0.73** | **18.25** | **1.06** | **2.32** | **15.20** | **6.41** | **0.90** |
| 武汉市辖区 | | 2.83 | | 0.25 | 1.06 | 1.52 | | | |
| 蔡甸区 | | | | | | | | | |
| 江夏区 | | 14.33 | 0.03 | 8.70 | | | 5.60 | | |
| 黄陂区 | 0.15 | | | | | | | 1.33 | 0.90 |
| 新洲区 | 0.50 | 20.40 | 0.70 | 9.30 | | 0.80 | 9.60 | 5.08 | |
| **黄石市** | **0.70** | **3.00** | | | | | **0.50** | **0.30** | |
| 黄石市辖区 | | | | | | | | | |
| 大冶市 | | 3.00 | | | | | 0.50 | | |
| 阳新县 | 0.70 | 0.00 | | | | | | 0.30 | |
| **十堰市** | | **72.83** | **20.83** | **13.03** | **25.77** | | **12.60** | | |
| 十堰市辖区 | | | | | | | | | |
| 丹江口市 | | 4.33 | 1.33 | 2.33 | 0.67 | | | | |
| 郧 县 | | 27.10 | 16.50 | 3.50 | 6.50 | | 0.60 | | |
| 郧西县 | | | | | | | | | |
| 竹山县 | | 20.90 | | 2.40 | 12.10 | | 6.40 | | |
| 竹溪县 | | 14.50 | 1.50 | 3.00 | 5.00 | | 5.00 | | |
| 房 县 | | 6.00 | 1.50 | 1.80 | 1.50 | | 0.60 | | |
| **荆州市** | **65.91** | **111.30** | **17.63** | **41.91** | **1.02** | **22.15** | **7.49** | **40.99** | **28.00** |
| 荆州市辖区 | 0.70 | 0.25 | 0.05 | 0.10 | | | | 1.00 | 2.40 |
| 江陵县 | | 30.01 | 10.00 | 11.00 | 0.01 | 5.00 | 4.00 | | |
| 松滋市 | 13.51 | 17.74 | 0.88 | 9.81 | 1.01 | 2.55 | 3.49 | 9.17 | 3.88 |
| 公安县 | 25.00 | | | | | | | | |
| 石首市 | 6.70 | 2.30 | | 1.00 | | 1.30 | | 1.00 | 0.67 |
| 监利县 | 20.00 | 40.00 | 6.70 | 20.00 | | 13.30 | | 24.60 | 20.00 |
| 洪湖市 | | 21.00 | | | | | | 5.22 | 1.05 |
| **宜昌市** | **14.00** | **30.78** | **1.50** | **9.50** | **7.21** | **4.40** | **4.50** | **14.40** | **1.51** |
| 宜昌市辖区 | | 0.90 | | | 0.50 | | 0.40 | | |
| 夷陵区 | | 6.20 | | 1.20 | 4.10 | | 0.90 | | |
| 宜都市 | | 2.11 | | | 2.11 | | | | |
| 枝江市 | 14.00 | 16.40 | 1.30 | 8.00 | | 4.40 | 2.70 | 14.40 | 1.50 |
| 当阳市 | | | | | | | | | 0.01 |
| 远安县 | | | | | | | | | |
| 兴山县 | | 4.50 | 0.20 | 0.30 | 0.50 | | 0.50 | | |
| 秭归县 | | | | | | | | | |
| 长阳县 | | 0.67 | | | | | | | |
| 五峰县 | | | | | | | | | |
| **襄阳市** | **1.90** | **31.20** | **14.42** | **12.01** | **0.75** | **2.30** | **1.72** | **5.10** | **5.00** |
| 襄阳市辖区 | | 5.00 | 2.00 | 2.00 | 0.50 | 0.10 | 0.40 | 0.10 | |
| 老河口市 | 0.90 | 6.70 | 2.90 | 2.60 | | 1.20 | | | 3.50 |
| 襄州区 | | | | | | | | 2.00 | 1.00 |
| 枣阳市 | | 6.00 | 3.00 | 3.00 | | | | 3.00 | |
| 宜城市 | 1.00 | 2.00 | 0.50 | 0.50 | | 1.00 | | | 0.50 |
| 南漳县 | | 9.00 | 6.00 | 3.00 | | | | | |
| 谷城县 | | | | | | | | | |
| 保康县 | | 2.50 | 0.02 | 0.91 | 0.25 | | 1.32 | | |
| **鄂州市** | | **1.86** | **0.02** | **0.80** | **0.40** | **0.60** | **0.04** | **0.40** | **0.80** |

单位：千公顷

| | 棉 花 | 生 物<br>有机肥 | 使用生物有机肥面积(续)<br>小 麦 | 水 稻 | 玉 米 | 棉 花 | 油 菜 | 棉花应<br>用调节<br>安面积 | 棉花用<br>壮苗素<br>床草净 |
|---|---|---|---|---|---|---|---|---|---|
| **荆门市** | **6.04** | **6.45** | **1.80** | **2.70** | **0.00** | **0.72** | **1.03** | **7.06** | **1.96** |
| 荆门市辖区 | 0.50 | | | | | | | | |
| 沙洋县 | 1.24 | 2.25 | 1.20 | 0.20 | | 0.22 | 0.43 | 1.21 | 1.86 |
| 钟祥市 | 3.00 | | | | | | | 2.00 | |
| 京山县 | 1.30 | 4.20 | 0.60 | 2.50 | | 0.50 | 0.60 | 3.85 | 0.10 |
| **孝感市** | **14.41** | **13.11** | **0.54** | **2.71** | | **3.05** | **1.42** | **7.16** | **4.49** |
| 孝南区 | 0.01 | 2.72 | 0.46 | 0.91 | | 0.14 | 1.15 | 0.38 | 0.39 |
| 孝昌县 | | 0.28 | | 0.05 | | 0.01 | 0.22 | 0.02 | |
| 大悟县 | | 5.83 | 0.08 | 0.45 | | | | | |
| 安陆市 | | 0.08 | | | | | 0.05 | | |
| 云梦县 | | | | | | | | 1.36 | |
| 应城市 | 1.30 | 1.60 | | 1.30 | | 0.30 | | 3.10 | 0.90 |
| 汉川市 | 13.10 | 2.60 | | | | 2.60 | | 2.30 | 3.20 |
| **随州市** | **1.40** | **2.90** | **1.10** | **1.80** | | | | | |
| 曾都区 | | | | | | | | | |
| 随 县 | 1.40 | 2.90 | 1.10 | 1.80 | | | | | |
| 广水市 | | | | | | | | | |
| **黄冈市** | **7.36** | **73.59** | **10.13** | **29.34** | **0.55** | **6.35** | **18.85** | **12.89** | **2.54** |
| 黄州区 | | 0.35 | | | 0.35 | | | | |
| 团风县 | 0.85 | 5.32 | | 3.60 | | 0.30 | 1.42 | 2.24 | 2.30 |
| 红安县 | | 0.88 | | 0.21 | | 0.03 | 0.40 | 0.02 | 0.01 |
| 麻城市 | 0.67 | 9.99 | 0.33 | 0.33 | | 0.67 | 3.33 | 5.33 | 0.08 |
| 罗田县 | | 14.00 | 5.00 | 6.00 | | | 3.00 | 0.10 | |
| 英山县 | | 7.20 | 2.20 | 3.50 | 0.15 | 0.05 | 1.30 | | |
| 浠水县 | | 0.30 | | | | | 0.30 | 1.00 | |
| 蕲春县 | | 16.50 | | 7.00 | | 1.20 | 5.50 | 4.20 | 0.10 |
| 武穴市 | 1.40 | 16.65 | 1.50 | 7.80 | 0.05 | 3.80 | 3.50 | | |
| 黄梅县 | 3.60 | | | | | | | | 0.05 |
| 龙感湖 | 0.84 | 2.40 | 1.10 | 0.90 | | 0.30 | 0.10 | | |
| **咸宁市** | | **25.42** | **1.50** | **19.45** | **0.20** | | **3.17** | | |
| 咸安区 | | 4.43 | | 2.37 | 0.20 | | 1.86 | | |
| 嘉鱼县 | | | | | | | | | |
| 赤壁市 | | 16.30 | | 15.20 | | | | | |
| 通城县 | | 1.28 | 0.30 | 0.67 | | | 0.31 | | |
| 崇阳县 | | 2.20 | 1.20 | | | | 1.00 | | |
| 通山县 | | 1.21 | | 1.21 | | | | | |
| **恩施自治州** | | **35.08** | | **9.75** | **13.98** | | **2.75** | | |
| 恩施市 | | 12.00 | | 4.50 | 6.00 | | 1.50 | | |
| 利川市 | | | | | | | | | |
| 建始县 | | 2.68 | | 0.67 | 1.34 | | 0.67 | | |
| 巴东县 | | 5.00 | | 0.60 | 3.80 | | 0.50 | | |
| 宣恩县 | | 4.00 | | 2.00 | 2.00 | | | | |
| 咸丰县 | | 5.80 | | 1.05 | 0.24 | | | | |
| 来凤县 | | 1.61 | | 0.93 | 0.60 | | 0.08 | | |
| 鹤峰县 | | 3.99 | | | | | | | |
| **仙桃市** | **7.36** | **3.09** | **1.03** | **2.06** | | | | **3.54** | **6.27** |
| **天门市** | | **1.00** | | | | **1.00** | | | **39.54** |
| **潜江市** | **31.05** | **33.80** | **7.50** | **10.30** | | **7.80** | **8.20** | **3.90** | **18.49** |
| **神农架林区** | | | | | | | | | |

附表28　　　　单位:千公顷

| | 棉花应用壮苗素、床草净(续) | | | 包衣种子使用面积 | | | | | |
|---|---|---|---|---|---|---|---|---|---|
| | 2.4–D | 坐果灵 | 赤霉素 | | 小 麦 | 水 稻 | 玉 米 | 棉 花 | 油 菜 |
| **全省合计** | **35.04** | **55.46** | **68.00** | **1288.54** | **247.13** | **236.80** | **343.60** | **322.49** | **82.03** |
| **武汉市** | **0.33** | **2.10** | **15.98** | **86.07** | **9.16** | **22.80** | **7.63** | **14.58** | **30.87** |
| 武汉市辖区 | | | | 10.11 | | | 5.20 | 4.91 | |
| 蔡甸区 | | | | 7.66 | 2.46 | | | 3.33 | 1.87 |
| 江夏区 | | | | 21.83 | 2.40 | 8.70 | 1.10 | 0.01 | 9.50 |
| 黄陂区 | 0.33 | 2.10 | 1.33 | 3.46 | | | 1.33 | 1.33 | |
| 新洲区 | | | 14.65 | 43.01 | 4.30 | 14.10 | | 5.00 | 19.50 |
| **黄石市** | | | | **7.05** | **2.00** | **0.50** | **2.45** | **2.10** | |
| 黄石市辖区 | | | | | | | | | |
| 大冶市 | | | | 2.00 | 2.00 | | | | |
| 阳新县 | | | | 5.05 | | 0.50 | 2.45 | 2.10 | |
| **十堰市** | | **6.15** | **2.05** | **85.10** | **15.00** | **10.00** | **47.90** | **0.00** | **5.20** |
| 十堰市辖区 | | | | | | | | | |
| 丹江口市 | | 2.00 | | 6.30 | | | 6.30 | | |
| 郧　县 | | 4.00 | 0.50 | 13.00 | 9.50 | | 3.50 | | |
| 郧西县 | | | | 4.30 | 0.50 | | 3.80 | | |
| 竹山县 | | 0.15 | 0.05 | 15.00 | | | 15.00 | | |
| 竹溪县 | | | 1.50 | 22.50 | 2.00 | 3.00 | 10.50 | | 3.00 |
| 房　县 | | | | 24.00 | 3.00 | 7.00 | 8.80 | | 2.20 |
| **荆州市** | **2.28** | **1.66** | **0.93** | **182.74** | **7.51** | **47.29** | **1.56** | **75.40** | **21.99** |
| 荆州市辖区 | | 0.05 | 0.20 | 14.78 | 3.20 | | | 11.58 | |
| 江陵县 | | | | 58.07 | | 28.42 | | 8.65 | |
| 松滋市 | 1.48 | 1.21 | 0.33 | 26.30 | 1.01 | 6.48 | 1.56 | 14.59 | 1.99 |
| 公安县 | 0.50 | 0.30 | 0.40 | 28.78 | | | | 28.78 | |
| 石首市 | 0.30 | 0.10 | | 7.00 | | | | 7.00 | |
| 监利县 | | | | 36.70 | 3.30 | 6.70 | | | 20.00 |
| 洪湖市 | | | | 11.11 | | 5.69 | | 4.80 | |
| **宜昌市** | **22.55** | **18.20** | **24.20** | **124.02** | **4.60** | **8.20** | **84.22** | **8.50** | **16.50** |
| 宜昌市辖区 | | | | 1.10 | 0.30 | | 0.80 | | |
| 夷陵区 | | | | 16.49 | | | 16.49 | | |
| 宜都市 | | | | 10.55 | | | 10.55 | | |
| 枝江市 | 20.00 | 17.00 | 20.00 | 18.10 | 0.50 | 0.30 | 0.30 | 2.50 | 14.50 |
| 当阳市 | | | | 25.10 | 1.60 | 0.50 | 15.00 | 6.00 | |
| 远安县 | | | | 10.50 | | 7.00 | 3.50 | | |
| 兴山县 | 0.55 | 1.20 | 0.20 | 7.28 | | | 7.28 | | |
| 秭归县 | | | | 7.50 | 2.00 | | 3.50 | | 2.00 |
| 长阳县 | 2.00 | | 4.00 | 15.60 | 0.20 | 0.40 | 15.00 | | |
| 五峰县 | | | | 11.80 | | | 11.80 | | |
| **襄阳市** | **4.00** | **4.20** | **0.20** | **224.67** | **109.84** | **27.31** | **55.60** | **26.92** | |
| 襄阳市辖区 | 1.00 | 1.00 | | 13.49 | 10.67 | | 2.00 | 0.82 | |
| 老河口市 | | 1.10 | | 10.00 | 2.60 | | 2.10 | 5.30 | |
| 襄州区 | 3.00 | 2.00 | | 65.00 | 25.00 | 10.00 | 15.00 | 10.00 | |
| 枣阳市 | | | | 68.00 | 50.00 | | 12.00 | 6.00 | |
| 宜城市 | | 0.10 | 0.20 | 8.30 | | | 3.50 | 4.80 | |
| 南漳县 | | | | | | | | | |
| 谷城县 | | | | 46.95 | 21.57 | 16.49 | 8.89 | | |
| 保康县 | | | | 12.93 | | 0.82 | 12.11 | | |
| **鄂州市** | | | **0.80** | **7.00** | **1.00** | **4.00** | | **2.00** | |

附表29　　　　单位:千公顷

| | 棉花应用壮苗素、床草净(续) | | | 包衣种子使用面积 | | | | | |
|---|---|---|---|---|---|---|---|---|---|
| | 2.4-D | 坐果灵 | 赤霉素 | | 小 麦 | 水 稻 | 玉 米 | 棉 花 | 油 菜 |
| **荆门市** | | **4.20** | **3.60** | **41.74** | **1.40** | **0.32** | **12.06** | **24.86** | **0.40** |
| 荆门市辖区 | | | | | | | | | |
| 沙洋县 | | | | 6.91 | 1.40 | 0.32 | 0.39 | 2.20 | 0.40 |
| 钟祥市 | | | | 18.17 | | | 5.00 | 12.67 | |
| 京山县 | | 4.20 | 3.60 | 16.66 | | | 6.67 | 9.99 | |
| **孝感市** | **0.29** | **3.52** | **2.88** | **42.48** | **7.91** | **12.92** | **0.02** | **21.17** | **0.15** |
| 孝南区 | 0.07 | 0.09 | 0.06 | 14.23 | 4.68 | 8.72 | 0.02 | 0.61 | 0.15 |
| 孝昌县 | | 0.71 | 1.40 | 1.10 | | | | 0.84 | |
| 大悟县 | | 2.50 | 1.30 | 1.10 | 0.58 | 0.50 | | 0.02 | |
| 安陆市 | | | | 0.90 | | | | 0.90 | |
| 云梦县 | | | | 8.45 | 2.65 | 3.70 | | 2.10 | |
| 应城市 | 0.22 | 0.22 | 0.12 | 3.70 | | | | 3.70 | |
| 汉川市 | | | | 13.00 | | | | 13.00 | |
| **随州市** | **0.10** | | **0.60** | **53.89** | **42.26** | **1.60** | **0.40** | **9.63** | |
| 曾都区 | | | | 2.20 | | | | 2.20 | |
| 随　县 | | | | 48.89 | 42.26 | 1.60 | 0.40 | 4.63 | |
| 广水市 | 0.10 | | 0.60 | 2.80 | | | | 2.80 | |
| **黄冈市** | **1.30** | **4.74** | **8.75** | **82.18** | **4.89** | **26.66** | **0.73** | **42.65** | **2.87** |
| 黄州区 | | 0.67 | | 8.01 | | | 0.67 | 4.67 | 2.67 |
| 团风县 | | | 0.60 | 21.72 | 0.16 | 18.06 | 0.06 | 2.84 | |
| 红安县 | | | | 2.51 | 1.23 | | | | |
| 麻城市 | | 0.07 | 0.05 | | | | | | |
| 罗田县 | | | | 0.20 | | | | 0.20 | |
| 英山县 | | | | | | | | | |
| 浠水县 | | | | 9.20 | 0.10 | | | 9.10 | |
| 蕲春县 | 1.30 | 4.00 | 3.50 | 8.60 | | 2.20 | | 3.70 | 0.20 |
| 武穴市 | | | 4.60 | 14.48 | 1.60 | 6.40 | | 6.48 | |
| 黄梅县 | | | | 14.86 | | | | 14.86 | |
| 龙感湖 | | | | 2.60 | 1.80 | | | 0.80 | |
| **咸宁市** | **0.31** | **0.33** | **0.69** | **8.35** | **1.30** | **1.99** | **2.70** | **0.35** | **1.21** |
| 咸安区 | | | | 1.07 | 0.02 | 0.56 | 0.33 | 0.08 | |
| 嘉鱼县 | | | | 1.08 | 0.25 | 0.03 | 0.22 | 0.07 | 0.51 |
| 赤壁市 | | 0.20 | | 1.40 | 0.28 | | 0.25 | | 0.15 |
| 通城县 | 0.31 | 0.13 | 0.67 | 1.15 | 0.50 | 0.50 | 0.15 | | |
| 崇阳县 | | | 0.02 | 0.40 | | | 0.20 | 0.20 | |
| 通山县 | | | | 3.25 | 0.25 | 0.90 | 1.55 | | 0.55 |
| **恩施自治州** | **3.00** | **7.61** | **6.09** | **180.62** | | **57.79** | **119.19** | | |
| 恩施市 | | | 4.20 | 33.23 | | 9.23 | 21.00 | | |
| 利川市 | | | | 48.67 | | 20.00 | 28.67 | | |
| 建始县 | | | | 22.38 | | 3.62 | 18.76 | | |
| 巴东县 | 3.00 | 1.50 | 0.50 | 24.25 | | 1.80 | 22.45 | | |
| 宣恩县 | | 6.00 | 0.80 | 18.19 | | 8.82 | 9.37 | | |
| 咸丰县 | | | 0.24 | 12.54 | | 4.06 | 7.84 | | |
| 来凤县 | | 0.11 | 0.35 | 9.67 | | 8.12 | 1.55 | | |
| 鹤峰县 | | | | 11.69 | | 2.14 | 9.55 | | |
| **仙桃市** | | **2.55** | **1.17** | **47.72** | **18.08** | | **5.90** | **23.74** | |
| **天门市** | | | | **39.54** | | | | **39.54** | |
| **潜江市** | **0.88** | **0.20** | **0.06** | **72.86** | **21.85** | **15.42** | **1.10** | **31.05** | **2.84** |
| **神农架林区** | | | | **2.51** | **0.33** | | **2.14** | | |

附表30　　　　单位:千公顷

| | 化学除草剂使用面积 | 化学除草剂使用面积(续) | | | | | | | |
|---|---|---|---|---|---|---|---|---|---|
| | | 小麦 | 水稻 | 玉米 | 棉花 | 油菜 | 花生 | 芝麻 | 蔬菜 |
| **全省合计** | **4705.13** | **859.93** | **1875.19** | **281.17** | **314.36** | **870.11** | **108.03** | **40.44** | **196.16** |
| **武汉市** | **246.35** | **13.96** | **115.90** | **7.53** | **11.98** | **56.33** | **11.43** | **7.42** | **21.10** |
| 武汉市辖区 | 15.27 | 0.20 | 0.37 | 6.00 | 4.95 | 0.15 | 0.20 | 0.20 | 3.20 |
| 蔡甸区 | | | | | | | | | |
| 江夏区 | 42.88 | 2.50 | 12.70 | 0.06 | 0.02 | 11.20 | 2.20 | 4.30 | 9.50 |
| 黄陂区 | 97.65 | 4.06 | 60.13 | 1.47 | 1.93 | 20.67 | 7.33 | 2.06 | |
| 新洲区 | 90.55 | 7.20 | 42.70 | 0.00 | 5.08 | 24.31 | 1.70 | 0.86 | 8.40 |
| **黄石市** | **117.47** | **8.50** | **73.30** | **2.10** | **2.80** | **20.90** | **1.50** | **6.97** | |
| 黄石市辖区 | | | | | | | | | |
| 大冶市 | 64.87 | 6.90 | 38.00 | 0.20 | 1.20 | 15.60 | | 2.97 | |
| 阳新县 | 52.60 | 1.60 | 35.30 | 1.90 | 1.60 | 5.30 | 1.50 | 4.00 | |
| **十堰市** | **169.96** | **47.65** | **32.00** | **35.17** | | **20.68** | **2.63** | **1.90** | **2.80** |
| 十堰市辖区 | | | | | | | | | |
| 丹江口市 | 36.46 | 8.00 | 6.00 | 5.07 | | 3.33 | 0.33 | 0.40 | |
| 郧　县 | 30.00 | 16.50 | 4.50 | 5.50 | | | | | |
| 郧西县 | 16.80 | 9.65 | 3.00 | 2.40 | | 0.15 | | | |
| 竹山县 | 19.70 | 3.50 | 6.20 | 2.00 | | 7.00 | 0.50 | 0.50 | |
| 竹溪县 | 35.00 | 2.50 | 5.00 | 9.00 | | 8.00 | 1.50 | 1.00 | 2.00 |
| 房　县 | 32.00 | 7.50 | 7.30 | 11.20 | | 2.20 | 0.30 | | 0.80 |
| **荆州市** | **800.24** | **97.36** | **356.11** | **3.30** | **96.42** | **226.39** | **0.10** | **1.69** | **17.62** |
| 荆州市辖区 | 66.82 | 17.35 | 18.65 | 0.01 | 11.58 | 15.61 | | | 3.50 |
| 江陵县 | 72.49 | 14.37 | 28.42 | 0.05 | 8.65 | 21.00 | | | |
| 松滋市 | 113.64 | 12.45 | 40.15 | 2.32 | 13.61 | 35.00 | | 0.26 | 9.32 |
| 公安县 | 151.42 | 23.29 | 59.99 | 0.21 | 28.78 | 38.82 | 0.10 | 0.23 | |
| 石首市 | 55.71 | 1.00 | 26.00 | 0.01 | 3.50 | 21.00 | | | 4.20 |
| 监利县 | 242.00 | 16.70 | 133.30 | 0.70 | 24.60 | 66.70 | | | |
| 洪湖市 | 98.16 | 12.20 | 49.60 | | 5.70 | 28.26 | | 1.20 | 0.60 |
| **宜昌市** | **341.48** | **33.30** | **78.11** | **64.02** | **18.20** | **68.28** | **4.05** | **0.87** | **25.00** |
| 宜昌市辖区 | 5.60 | | 0.50 | 0.80 | | 0.30 | | | 1.50 |
| 夷陵区 | 23.90 | | 9.00 | 6.20 | | 8.10 | 0.60 | | |
| 宜都市 | 14.60 | | 4.00 | 5.27 | | 3.33 | | | |
| 枝江市 | 79.80 | 14.00 | 27.00 | 5.60 | 13.20 | 20.00 | | | |
| 当阳市 | 114.41 | 15.00 | 28.11 | 14.50 | 5.00 | 22.00 | 3.00 | 0.80 | 16.00 |
| 远安县 | 9.00 | | 5.00 | | | 4.00 | | | |
| 兴山县 | 18.57 | 0.80 | 2.00 | 6.85 | | 3.55 | 0.15 | 0.07 | 4.50 |
| 秭归县 | 33.50 | 2.00 | | 3.00 | | 2.00 | | | 3.00 |
| 长阳县 | 34.30 | 1.50 | 2.50 | 15.00 | | 5.00 | 0.30 | | |
| 五峰县 | 7.80 | | | 6.80 | | | | | |
| **襄阳市** | **627.36** | **269.36** | **170.75** | **74.58** | **21.58** | **34.76** | **20.78** | **4.44** | **21.11** |
| 襄阳市辖区 | 55.20 | 22.75 | 15.81 | 5.72 | 0.78 | 2.94 | 1.38 | 0.62 | 5.00 |
| 老河口市 | 65.81 | 21.00 | 13.50 | 10.01 | 3.30 | 5.80 | 2.20 | 2.50 | 7.50 |
| 襄州区 | 180.00 | 82.00 | 44.00 | 15.00 | 8.00 | 4.00 | 14.00 | 1.00 | 7.00 |
| 枣阳市 | 112.00 | 60.00 | 26.00 | 23.00 | 3.00 | | | | |
| 宜城市 | 102.00 | 31.00 | 30.00 | 8.20 | 6.50 | 19.00 | 2.70 | | 1.60 |
| 南漳县 | 63.20 | 27.50 | 22.00 | 10.00 | | 2.60 | 0.30 | 0.30 | |
| 谷城县 | 38.06 | 21.57 | 16.49 | | | | | | |
| 保康县 | 11.09 | 3.54 | 2.95 | 2.65 | | 0.42 | 0.20 | 0.02 | 0.01 |
| **鄂州市** | **0.95** | **0.60** | **0.30** | **0.00** | **0.05** | | | | |

| | 化学除草剂使用面积 | 化学除草剂使用面积(续) | | | | | | | |
|---|---|---|---|---|---|---|---|---|---|
| | | 小麦 | 水稻 | 玉米 | 棉花 | 油菜 | 花生 | 芝麻 | 蔬菜 |
| **荆门市** | **360.64** | **76.94** | **146.63** | **13.06** | **21.28** | **84.95** | **6.55** | **3.10** | **6.28** |
| 荆门市辖区 | 24.80 | 1.00 | 10.00 | 0.20 | 1.50 | 11.00 | 1.00 | 0.10 | |
| 沙洋县 | 88.13 | 10.59 | 42.76 | 0.26 | 1.42 | 30.68 | 0.17 | 0.84 | 1.21 |
| 钟祥市 | 124.06 | 30.00 | 44.66 | 4.00 | 8.00 | 35.00 | 2.00 | 0.10 | 0.10 |
| 京山县 | 123.65 | 35.35 | 49.21 | 8.60 | 10.36 | 8.27 | 3.38 | 2.06 | 4.97 |
| **孝感市** | **360.31** | **74.00** | **163.63** | **0.21** | **18.53** | **46.29** | **21.73** | **1.29** | **32.19** |
| 孝南区 | 43.62 | 4.28 | 19.72 | 0.02 | 1.29 | 8.57 | 0.55 | 0.36 | 7.51 |
| 孝昌县 | 41.13 | 12.42 | 17.80 | 0.03 | 0.32 | 7.22 | 1.24 | 0.10 | 1.38 |
| 大悟县 | 59.43 | 9.80 | 22.01 | 0.03 | 0.02 | 4.20 | 19.04 | 0.03 | 4.20 |
| 安陆市 | 45.03 | 14.90 | 22.90 | 0.03 | 0.90 | 4.90 | 0.60 | 0.20 | 0.60 |
| 云梦县 | 42.80 | 5.80 | 19.60 | | | 5.40 | | | 12.00 |
| 应城市 | 59.40 | 6.50 | 26.00 | 0.10 | 3.00 | 16.00 | 0.30 | 0.60 | 6.50 |
| 汉川市 | 68.90 | 20.30 | 35.60 | | 13.00 | | | | |
| **随州市** | **230.39** | **89.14** | **109.05** | **2.88** | **7.99** | **11.59** | **5.51** | **2.63** | **1.60** |
| 曾都区 | 45.60 | 18.21 | 21.95 | 0.39 | 2.20 | 2.17 | 0.37 | 0.31 | |
| 随　县 | 132.29 | 52.83 | 57.50 | 2.49 | 5.79 | 7.32 | 3.04 | 1.72 | 1.60 |
| 广水市 | 52.50 | 18.10 | 29.60 | | | 2.10 | 2.10 | 0.60 | |
| **黄冈市** | **614.94** | **55.71** | **329.12** | **2.27** | **36.50** | **138.17** | **24.51** | **3.25** | **10.11** |
| 黄州区 | 20.98 | 6.17 | 5.34 | 0.72 | 5.00 | 3.35 | 0.12 | 0.15 | 0.13 |
| 团风县 | 40.68 | 3.23 | 22.30 | 0.07 | 2.84 | 8.62 | 1.71 | 1.21 | 0.20 |
| 红安县 | 58.81 | 3.75 | 20.19 | | 0.96 | 13.74 | 15.73 | | |
| 麻城市 | 96.84 | 16.50 | 51.00 | | 5.50 | 18.80 | 4.95 | 0.09 | |
| 罗田县 | 37.30 | 8.00 | 16.00 | 0.10 | 0.20 | 8.00 | 1.00 | 1.00 | 3.00 |
| 英山县 | 25.05 | 5.40 | 10.60 | 0.05 | 0.10 | 5.70 | 0.10 | | |
| 浠水县 | 73.40 | 0.90 | 48.00 | 1.13 | | 22.00 | 0.30 | | |
| 蕲春县 | 93.70 | 0.80 | 52.00 | 0.20 | 4.20 | 22.50 | 0.60 | 0.80 | 6.50 |
| 武穴市 | 74.36 | 2.70 | 47.80 | | 6.40 | 17.20 | | | 0.26 |
| 黄梅县 | 85.36 | 4.90 | 52.76 | | 10.30 | 17.40 | | | |
| 龙感湖 | 8.46 | 3.36 | 3.13 | | 1.00 | 0.86 | | | 0.02 |
| **咸宁市** | **178.83** | **1.33** | **115.34** | **5.73** | **0.30** | **24.32** | **3.83** | **2.58** | **19.61** |
| 咸安区 | 43.67 | 0.15 | 20.70 | 0.51 | 0.18 | 14.10 | 2.30 | 1.62 | 3.71 |
| 嘉鱼县 | 38.90 | | 18.50 | 0.80 | | 3.50 | 0.18 | 0.66 | 10.20 |
| 赤壁市 | 21.50 | | 18.69 | 0.12 | | 1.71 | 0.40 | 0.30 | |
| 通城县 | 35.39 | 1.00 | 26.70 | 0.43 | | 3.00 | 0.80 | | 3.46 |
| 崇阳县 | 34.12 | | 26.10 | 3.55 | 0.12 | 2.01 | 0.10 | | 2.24 |
| 通山县 | 5.25 | 0.18 | 4.65 | 0.32 | | | 0.05 | | |
| **恩施自治州** | **184.44** | **2.60** | **47.88** | **60.85** | | **8.72** | **1.02** | | **21.94** |
| 恩施市 | 36.00 | | 8.00 | 0.00 | | | | | 8.00 |
| 利川市 | 26.66 | | 13.33 | 13.33 | | | | | |
| 建始县 | 14.74 | | 1.34 | 10.05 | | 1.34 | | | 2.01 |
| 巴东县 | 26.50 | 2.60 | 1.50 | 13.00 | | 2.10 | 1.00 | | 2.50 |
| 宣恩县 | 17.60 | | 8.80 | 7.50 | | 0.50 | | | |
| 咸丰县 | 30.60 | | 9.24 | 4.82 | | 0.38 | | | 3.98 |
| 来凤县 | 12.40 | | 3.46 | 4.19 | | 2.25 | 0.02 | | 2.10 |
| 鹤峰县 | 19.94 | | 2.21 | 7.96 | | 2.15 | | | 3.35 |
| **仙桃市** | **148.59** | **23.03** | **55.27** | **3.35** | **19.19** | **45.36** | **0.29** | **2.10** | |
| **天门市** | **212.87** | **42.80** | **56.39** | **3.11** | **39.54** | **53.37** | **3.22** | **1.44** | **13.00** |
| **潜江市** | **107.51** | **23.33** | **25.37** | **0.87** | **20.00** | **30.00** | **0.88** | **0.76** | **3.50** |
| **神农架林区** | **2.80** | **0.32** | **0.04** | **2.14** | | | | | **0.30** |

附表32

单位:千公顷

| | 生物农药施用面积 | 灯光诱蛾防治面积 | 灯光诱蛾防治面积(续) | | | 节水灌溉技术应用面积 | 各种技术承包人数(人) | | | |
|---|---|---|---|---|---|---|---|---|---|---|
| | | | 优质稻大田应用 | 棉田应用 | 蔬菜田应用 | | | 行政干部 | 技术干部 | 农民技术员 |
| **全省合计** | **1120.39** | **509.15** | **126.14** | **130.74** | **63.70** | **554.21** | **71818** | **3425** | **7277** | **56718** |
| **武汉市** | **124.59** | **9.43** | **1.10** | **1.50** | **5.93** | **31.17** | **25557** | **401** | **955** | **23616** |
| 武汉市辖区 | 0.70 | 0.23 | | | 0.13 | 0.67 | | | | |
| 蔡甸区 | | | | | | | | | | |
| 江夏区 | 17.60 | 3.20 | | | 3.20 | 2.40 | 192 | 11 | 60 | 116 |
| 黄陂区 | 78.79 | 2.20 | 1.10 | 0.30 | 0.80 | 26.00 | 10045 | 320 | 775 | 8500 |
| 新洲区 | 27.50 | 3.80 | | 1.20 | 1.80 | 2.10 | 15320 | 70 | 120 | 15000 |
| **黄石市** | **3.50** | **1.50** | **1.00** | **0.20** | **0.30** | **0.01** | **185** | | **125** | **35** |
| 黄石市辖区 | | | | | | | | | | |
| 大冶市 | 2.00 | 0.90 | 0.90 | | | | | | | |
| 阳新县 | 1.50 | 0.60 | 0.10 | 0.20 | 0.30 | 0.01 | 185 | | 125 | 35 |
| **十堰市** | **47.17** | **21.30** | **4.00** | | **7.63** | **46.17** | **12025** | **410** | **935** | **8520** |
| 十堰市辖区 | | | | | | | | | | |
| 丹江口市 | 6.67 | 5.00 | | | 0.53 | 1.67 | 310 | | 130 | 180 |
| 郧　县 | 13.00 | 9.50 | | | 4.80 | 28.00 | 1900 | 80 | 220 | 1500 |
| 郧西县 | | | | | | | 620 | 30 | 160 | 380 |
| 竹山县 | 1.80 | 0.40 | | | | 1.50 | 45 | | 45 | |
| 竹溪县 | 15.00 | 6.00 | 4.00 | | 2.00 | 2.00 | 8200 | | 200 | 6000 |
| 房　县 | 10.70 | 0.40 | | | 0.30 | 13.00 | 950 | 300 | 180 | 460 |
| **荆州市** | **158.71** | **140.76** | | **51.68** | **9.21** | **12.13** | **6319** | **297** | **1313** | **4376** |
| 荆州市辖区 | 13.45 | 2.10 | | | 1.10 | 10.00 | 4139 | 139 | 1000 | 3000 |
| 江陵县 | 1.00 | 10.00 | | 8.00 | 2.00 | | | | | |
| 松滋市 | 66.46 | 56.18 | | 14.23 | 6.08 | | 426 | 30 | 63 | 276 |
| 公安县 | | 28.78 | | 28.78 | | | 1010 | 50 | 160 | 600 |
| 石首市 | 35.00 | 0.70 | | 0.67 | 0.03 | 0.33 | 190 | | 10 | 180 |
| 监利县 | | | | | | | | | | |
| 洪湖市 | 42.80 | 43.00 | | | | 1.80 | 554 | 78 | 80 | 320 |
| **宜昌市** | **148.60** | **99.00** | **21.80** | **18.80** | **18.80** | **21.83** | **3697** | **69** | **681** | **2797** |
| 宜昌市辖区 | 7.00 | 5.00 | | | | | 15 | | 5 | 5 |
| 夷陵区 | 7.10 | 21.80 | 1.67 | | 0.60 | | | | | |
| 宜都市 | 5.00 | 4.00 | | | 2.00 | | 433 | | 95 | 293 |
| 枝江市 | 30.00 | 50.00 | 18.13 | 15.30 | 9.00 | | 2255 | 25 | 130 | 2100 |
| 当阳市 | 80.00 | 5.70 | 2.00 | 3.50 | 0.20 | 3.33 | | | | |
| 远安县 | 0.30 | 5.00 | | | | | 46 | | 46 | |
| 兴山县 | 4.20 | 1.50 | | | 1.50 | 6.50 | 235 | | 60 | 75 |
| 秭归县 | | | | | | 12.00 | 420 | | 250 | 170 |
| 长阳县 | 15.00 | 6.00 | | | 5.50 | | 293 | 44 | 95 | 154 |
| 五峰县 | | | | | | | | | | |
| **襄阳市** | **69.55** | **5.40** | **0.70** | **1.00** | **0.40** | **37.70** | **1559** | **552** | **291** | **631** |
| 襄阳市辖区 | 25.80 | 0.10 | | | 0.10 | 0.20 | 113 | 19 | 44 | 50 |
| 老河口市 | 11.23 | 1.50 | 0.70 | 0.80 | | 11.50 | 70 | | | 30 |
| 襄州区 | | | | | | | | | | |
| 枣阳市 | | | | | | | | | | |
| 宜城市 | 17.00 | 0.50 | | 0.20 | 0.10 | 6.00 | 90 | | 35 | 50 |
| 南漳县 | 15.00 | 3.00 | | | | 20.00 | 435 | 350 | 85 | |
| 谷城县 | | 0.30 | | | 0.20 | | 185 | 25 | 45 | 115 |
| 保康县 | 0.52 | | | | | | 666 | 158 | 82 | 386 |
| **鄂州市** | **10.00** | **9.00** | **6.00** | **2.00** | **1.00** | **2.00** | **602** | **320** | **120** | **150** |

| | 生物农药施用面积 | 灯光诱蛾防治面积 | 灯光诱蛾防治面积(续) | | | 节水灌溉技术应用面积 | 各种技术承包人数（人） | | | |
|---|---|---|---|---|---|---|---|---|---|---|
| | | | 优质稻大田应用 | 棉田应用 | 蔬菜田应用 | | | 行政干部 | 技术干部 | 农民技术员 |
| **荆门市** | **30.01** | **6.31** | | **1.67** | **1.30** | **0.33** | | | | |
| 荆门市辖区 | 10.00 | | | | | | | | | |
| 沙洋县 | | | | | | | | | | |
| 钟祥市 | | | | | | | | | | |
| 京山县 | 20.01 | 6.31 | | 1.67 | 1.30 | 0.33 | | | | |
| **孝感市** | **52.21** | **25.60** | **1.10** | **13.46** | **6.64** | **73.36** | **3731** | **142** | **636** | **2777** |
| 孝南区 | 1.26 | 5.58 | | 1.16 | 0.69 | 5.76 | 924 | 62 | 281 | 505 |
| 孝昌县 | 8.62 | 0.32 | | | | | 72 | 15 | 18 | 39 |
| 大悟县 | 4.20 | 0.90 | | | 0.55 | 5.80 | 1690 | 20 | 120 | 1500 |
| 安陆市 | 0.33 | 1.30 | | | 1.30 | | 200 | 40 | 60 | 100 |
| 云梦县 | 36.20 | 3.70 | 1.10 | | 2.60 | 25.80 | 85 | | 22 | 63 |
| 应城市 | 1.60 | | | | | | 105 | 5 | 40 | 10 |
| 汉川市 | | 13.80 | | 12.30 | 1.50 | 36.00 | 655 | | 95 | 560 |
| **随州市** | **40.10** | **2.67** | **1.67** | **0.00** | **1.00** | **18.60** | **393** | **27** | **65** | **301** |
| 曾都区 | | | | | | 18.60 | 386 | 27 | 58 | 301 |
| 随　县 | 28.10 | 2.07 | 1.67 | | 0.40 | | | | | |
| 广水市 | 12.00 | 0.60 | | | 0.60 | | 7 | | 7 | |
| **黄冈市** | **197.70** | **89.49** | **47.60** | **10.84** | **4.88** | **144.01** | **6566** | **376** | **601** | **4856** |
| 黄州区 | 15.00 | 0.70 | | 0.35 | 0.35 | 0.67 | 50 | | 15 | 35 |
| 团风县 | 22.10 | 19.86 | | 0.19 | 0.92 | 15.20 | 1705 | 112 | 162 | 1041 |
| 红安县 | 19.68 | 0.23 | | | 0.11 | 3.44 | 90 | 10 | 22 | 42 |
| 麻城市 | 32.22 | 9.00 | 8.10 | 0.90 | | 3.50 | 186 | 90 | 60 | 36 |
| 罗田县 | 10.00 | 4.00 | 3.00 | | | 20.00 | 2046 | | 46 | 2000 |
| 英山县 | 42.10 | 5.70 | | | 0.50 | | 415 | | 55 | 156 |
| 浠水县 | 8.90 | 5.50 | 5.50 | | | | 740 | 140 | 120 | 420 |
| 蕲春县 | 27.20 | 13.50 | 8.90 | 0.50 | 3.00 | 92.00 | 645 | | 65 | 580 |
| 武穴市 | 9.20 | 7.50 | 1.90 | 5.60 | | 9.20 | 80 | 24 | 56 | |
| 黄梅县 | 6.80 | 23.30 | 20.00 | 3.30 | | | 581 | | | 518 |
| 龙感湖 | 4.50 | 0.20 | 0.20 | | | | 28 | | | 28 |
| **咸宁市** | **36.90** | **6.30** | **1.30** | | **2.30** | **50.55** | **647** | **106** | **315** | **226** |
| 咸安区 | 3.65 | 0.70 | | | | | 117 | 52 | 65 | |
| 嘉鱼县 | 5.66 | 2.30 | | | 2.30 | 44.50 | 103 | 8 | 24 | 71 |
| 赤壁市 | 7.10 | 1.30 | 1.30 | | | | 150 | 29 | 89 | 32 |
| 通城县 | 14.67 | | | | | | 92 | 10 | 30 | 52 |
| 崇阳县 | 2.80 | 2.00 | | | | | 129 | 1 | 68 | 60 |
| 通山县 | 3.02 | | | | | 6.05 | 56 | 6 | 39 | 11 |
| **恩施自治州** | **49.87** | **22.60** | **0.67** | | **3.41** | **24.38** | **690** | **123** | **249** | **215** |
| 恩施市 | 2.00 | 5.00 | | | 2.00 | 0.10 | | | | |
| 利川市 | 26.67 | 0.13 | | | | 0.67 | 30 | | 30 | |
| 建始县 | 3.35 | 1.34 | | | | 3.35 | | | | |
| 巴东县 | 8.20 | 1.80 | | | | | | | | |
| 宣恩县 | 2.50 | 2.00 | | | | 3.00 | 140 | 20 | 40 | 30 |
| 咸丰县 | 3.85 | 1.02 | | | 0.08 | 1.50 | 105 | 18 | 29 | 35 |
| 来凤县 | 3.30 | 1.26 | | | 1.26 | 2.42 | 260 | 40 | 60 | 140 |
| 鹤峰县 | | 10.05 | 0.67 | | 0.07 | 13.34 | 155 | 45 | 90 | 10 |
| **仙桃市** | **57.27** | **2.30** | **1.20** | **0.90** | **0.20** | **91.17** | **223** | **64** | **56** | **103** |
| **天门市** | **39.54** | **30.00** | **30.00** | | | | **9080** | **500** | **800** | **7780** |
| **潜江市** | **54.67** | **36.69** | **8.00** | **28.69** | | **0.80** | **544** | **38** | **135** | **335** |
| **神农架林区** | | **0.80** | | | **0.70** | | | | | |

| | 各种技术承包面积 | 各种技术承包面积(续) | | | | | 科技示范园(场) | | 县(市)科技示范园 | |
|---|---|---|---|---|---|---|---|---|---|---|
| | | 种子 | 植保 | 栽培 | 土肥 | 蔬菜 | 个数 | 面积 | 个数 | 面积 |
| **全省合计** | **2014.81** | **191.72** | **726.95** | **441.33** | **444.28** | **136.61** | **959** | **186.07** | **273** | **133.00** |
| **武汉市** | **125.90** | **4.90** | **31.80** | **24.50** | **35.30** | **20.50** | **78** | **8.52** | **27** | **5.90** |
| 武汉市辖区 | | | | | | | | | | |
| 蔡甸区 | | | | | | | | | | |
| 江夏区 | 54.30 | 1.20 | 15.70 | 10.80 | 17.40 | 8.50 | 3 | 0.10 | 3 | 0.10 |
| 黄陂区 | 23.00 | 2.50 | 3.50 | 3.50 | 2.50 | 3.50 | 15 | 1.82 | 4 | 1.80 |
| 新洲区 | 48.60 | 1.20 | 12.60 | 10.20 | 15.40 | 8.50 | 60 | 6.60 | 20 | 4.00 |
| **黄石市** | **17.70** | | **14.60** | | | **1.40** | **43** | **3.51** | **6** | **0.46** |
| 黄石市辖区 | | | | | | | | | | |
| 大冶市 | | | | | | | 1 | 0.11 | 1 | 0.11 |
| 阳新县 | 17.70 | | 14.60 | | | 1.40 | 42 | 3.40 | 5 | 0.35 |
| **十堰市** | **213.87** | **24.67** | **35.20** | **65.50** | **43.70** | **17.70** | **70** | **3.15** | **19** | **1.45** |
| 十堰市辖区 | | | | | | | | | | |
| 丹江口市 | 6.00 | | 2.00 | 2.00 | | | 26 | 0.33 | 8 | 0.13 |
| 郧　县 | 57.00 | | 15.00 | 12.00 | 21.00 | 6.00 | 6 | 0.04 | 1 | 0.01 |
| 郧西县 | 41.77 | 8.87 | 4.80 | 14.50 | 3.10 | 3.00 | 1 | 0.01 | 1 | 0.01 |
| 竹山县 | 19.10 | 10.00 | 2.80 | | | 3.70 | | | | |
| 竹溪县 | 55.00 | 2.00 | 7.00 | 22.00 | 10.00 | 4.00 | 2 | 0.27 | 1 | 0.10 |
| 房　县 | 35.00 | 3.80 | 3.60 | 15.00 | 9.60 | 1.00 | 35 | 2.50 | 8 | 1.20 |
| **荆州市** | **243.92** | **24.26** | **107.12** | **57.34** | **37.52** | **10.47** | **149** | **70.35** | **60** | **50.77** |
| 荆州市辖区 | 66.00 | | 40.00 | 15.00 | 10.00 | 1.00 | 1 | 0.15 | 1 | 0.15 |
| 江陵县 | | | | | | | | | | |
| 松滋市 | 72.52 | 10.26 | 34.12 | 15.34 | 8.52 | 3.07 | 15 | 0.24 | 2 | 0.11 |
| 公安县 | 31.00 | 3.00 | 11.00 | 5.00 | 2.00 | 5.00 | 11 | 7.50 | 11 | 7.50 |
| 石首市 | 4.20 | 1.00 | 1.00 | 2.00 | | 0.20 | 1 | 0.01 | 1 | 0.01 |
| 监利县 | | | | | | | 76 | 56.00 | 30 | 40.00 |
| 洪湖市 | 70.20 | 10.00 | 21.00 | 20.00 | 17.00 | 1.20 | 45 | 6.45 | 15 | 3.00 |
| **宜昌市** | **220.20** | **30.70** | **63.20** | **66.30** | **41.00** | **12.00** | **37** | **4.26** | **15** | **0.94** |
| 宜昌市辖区 | 4.00 | | 2.00 | | | 2.00 | 3 | 0.20 | 1 | 0.15 |
| 夷陵区 | | | | | | | 9 | 0.60 | | |
| 宜都市 | 15.00 | | 2.50 | 8.00 | 4.00 | 0.50 | 18 | 1.33 | 8 | 0.66 |
| 枝江市 | 90.00 | 12.00 | 39.00 | 16.00 | 19.00 | 4.00 | | | | |
| 当阳市 | | | | | | | 1 | 2.00 | | |
| 远安县 | 15.00 | | | 15.00 | | | 2 | 0.03 | 2 | 0.03 |
| 兴山县 | 11.70 | 0.20 | 2.20 | 2.80 | 1.50 | 2.50 | 1 | 0.01 | 1 | 0.01 |
| 秭归县 | 22.50 | 2.50 | 5.50 | 6.50 | 2.50 | 3.00 | 1 | 0.08 | 1 | 0.08 |
| 长阳县 | 62.00 | 16.00 | 12.00 | 18.00 | 14.00 | | 2 | 0.01 | 2 | 0.01 |
| 五峰县 | | | | | | | | | | |
| **襄阳市** | **113.42** | **6.10** | **39.26** | **31.87** | **25.29** | **8.50** | **70** | **17.56** | **22** | **5.54** |
| 襄阳市辖区 | 86.12 | | 25.96 | 30.37 | 24.79 | 5.00 | 9 | 3.94 | 4 | 0.60 |
| 老河口市 | 3.80 | 2.00 | 1.80 | | | | 2 | 1.00 | | |
| 襄州区 | | | | | | | | | | |
| 枣阳市 | | | | | | | 4 | 0.04 | 3 | 0.03 |
| 宜城市 | 10.00 | 3.60 | 1.50 | 0.50 | 0.50 | 3.50 | 4 | 0.13 | 1 | 0.03 |
| 南漳县 | | | | | | | 7 | 5.00 | 6 | 4.80 |
| 谷城县 | 13.50 | 0.50 | 10.00 | 1.00 | | | 12 | 7.45 | 1 | 0.08 |
| 保康县 | | | | | | | 32 | | 7 | |
| **鄂州市** | **78.50** | **1.50** | **30.00** | **20.00** | **15.00** | **10.00** | **20** | **2.00** | **3** | **1.40** |

附表35　　　　单位:千公顷

|  | 各种技术承包面积 | 各种技术承包面积(续) |  |  |  |  | 科技示范园(场) |  |  |  |
|---|---|---|---|---|---|---|---|---|---|---|
|  |  | 种子 | 植保 | 栽培 | 土肥 | 蔬菜 | 个数 | 面积 | 县(市)科技示范园 |  |
|  |  |  |  |  |  |  |  |  | 个数 | 面积 |
| **荆门市** |  |  |  |  |  |  | **30** | **0.27** | **3** | **0.09** |
| 荆门市辖区 |  |  |  |  |  |  |  |  |  |  |
| 沙洋县 |  |  |  |  |  |  | 15 | 0.21 | 2 | 0.08 |
| 钟祥市 |  |  |  |  |  |  |  |  |  |  |
| 京山县 |  |  |  |  |  |  | 15 | 0.06 | 1 | 0.01 |
| **孝感市** | **213.96** | **1.23** | **110.12** | **31.00** | **55.50** | **14.63** | **132** | **6.08** | **25** | **2.80** |
| 孝南区 | 10.32 | 0.13 | 4.42 |  | 1.30 | 3.60 | 13 | 2.22 | 1 | 0.31 |
| 孝昌县 |  |  |  |  |  |  | 9 | 0.82 | 4 | 0.31 |
| 大悟县 | 0.54 |  |  |  |  | 0.13 | 80 | 0.54 | 10 | 0.07 |
| 安陆市 |  |  |  |  |  |  | 6 | 0.05 | 2 | 0.02 |
| 云梦县 | 24.50 | 1.10 | 15.70 |  | 5.20 | 2.50 | 7 | 2.05 | 7 | 2.05 |
| 应城市 | 23.60 |  | 10.00 | 10.00 | 3.00 | 0.40 | 17 | 0.40 | 1 | 0.04 |
| 汉川市 | 155.00 |  | 80.00 | 21.00 | 46.00 | 8.00 |  |  |  |  |
| **随州市** |  |  |  |  |  |  | **15** | **1.37** | **6** | **0.73** |
| 曾都区 |  |  |  |  |  |  |  |  |  |  |
| 随　县 |  |  |  |  |  |  | 11 | 1.34 | 5 | 0.72 |
| 广水市 |  |  |  |  |  |  | 4 | 0.03 | 1 | 0.01 |
| **黄冈市** | **319.35** | **52.19** | **127.35** | **60.44** | **62.14** | **9.59** | **139** | **61.99** | **52** | **59.03** |
| 黄州区 | 2.00 |  |  |  |  | 2.00 | 5 | 2.67 | 5 | 2.67 |
| 团风县 | 52.52 |  | 16.20 | 18.10 | 14.52 | 2.10 | 4 | 0.45 | 1 | 0.24 |
| 红安县 | 16.42 |  | 4.55 | 2.74 | 3.22 | 0.47 | 11 |  | 3 |  |
| 麻城市 |  |  |  |  |  |  | 2 | 0.50 | 2 | 0.50 |
| 罗田县 | 53.00 | 6.00 | 20.00 | 10.00 | 15.00 | 2.00 | 24 | 3.00 | 20 | 2.50 |
| 英山县 | 11.89 | 1.59 | 5.30 | 2.10 | 1.50 | 0.80 | 48 | 5.80 | 12 | 5.30 |
| 浠水县 | 69.00 | 42.00 | 19.00 | 6.00 | 1.00 | 1.00 | 1 | 46.67 | 1 | 46.67 |
| 蕲春县 | 64.40 | 2.60 | 20.70 | 13.50 | 26.90 | 0.70 | 16 | 0.60 | 1 | 0.20 |
| 武穴市 | 31.80 |  | 23.30 | 8.00 |  | 0.50 | 13 | 1.20 | 1 | 0.35 |
| 黄梅县 | 18.30 |  | 18.30 |  |  |  | 6 | 0.70 | 3 | 0.50 |
| 龙感湖 | 0.02 |  |  |  |  | 0.02 | 9 | 0.40 | 3 | 0.10 |
| **咸宁市** | **71.78** | **14.21** | **29.75** | **7.57** | **9.45** | **7.33** | **78** | **3.89** | **11** | **2.88** |
| 咸安区 | 12.21 |  | 9.85 | 0.66 | 1.28 | 0.32 | 4 | 0.18 | 4 | 0.18 |
| 嘉鱼县 |  |  |  |  |  |  | 11 | 2.90 | 3 | 2.60 |
| 赤壁市 | 14.50 | 0.51 | 5.30 | 3.10 | 1.70 | 0.52 |  |  |  |  |
| 通城县 | 10.84 | 6.70 | 1.00 | 1.67 | 0.67 | 0.80 | 15 | 0.40 | 4 | 0.10 |
| 崇阳县 | 13.33 |  | 7.80 | 2.14 | 2.60 | 0.79 | 12 | 0.40 |  |  |
| 通山县 | 20.90 | 7.00 | 5.80 |  | 3.20 | 4.90 | 36 | 0.01 |  |  |
| **恩施自治州** | **43.31** | **6.00** | **10.08** | **6.81** | **8.91** | **6.49** | **48** | **0.95** | **16** | **0.77** |
| 恩施市 |  |  |  |  |  |  | 22 | 0.20 | 5 | 0.05 |
| 利川市 | 8.00 | 2.00 | 2.00 | 2.00 | 2.00 |  | 1 | 0.20 | 1 | 0.20 |
| 建始县 |  |  |  |  |  |  | 0 |  |  |  |
| 巴东县 |  |  |  |  |  |  | 3 |  |  |  |
| 宣恩县 | 3.30 | 0.30 | 0.80 | 0.50 | 0.50 | 1.20 | 4 | 0.20 | 4 | 0.20 |
| 咸丰县 | 4.85 | 0.15 | 1.22 | 2.41 |  | 0.92 | 3 | 0.30 | 3 | 0.30 |
| 来凤县 | 11.25 | 2.88 | 1.37 | 1.21 | 3.06 | 1.02 | 4 | 0.05 | 1 | 0.02 |
| 鹤峰县 | 15.91 | 0.67 | 4.69 | 0.69 | 3.35 | 3.35 | 11 |  | 2 |  |
| **仙桃市** | **21.90** | **0.96** | **10.47** |  | **10.47** |  | **1** |  | **1** |  |
| **天门市** | **220.00** |  | **80.00** | **50.00** | **80.00** | **10.00** | **27** | **2.00** | **5** | **0.20** |
| **潜江市** | **111.00** | **25.00** | **38.00** | **20.00** | **20.00** | **8.00** | **21** | **0.16** | **1** | **0.03** |
| **神农架林区** |  |  |  |  |  |  | **1** | **0.01** | **1** | **0.01** |

| | 乡镇科技示范场 | | 科技示范户（户） | 小麦 | 水稻 | 玉米 | 棉花 | 油菜 | 蔬菜 | 中药材 |
|---|---|---|---|---|---|---|---|---|---|---|
| | 个数 | 面积 | | | | | | | | |
| **全省合计** | **686** | **53.07** | **212242** | **30136** | **64205** | **13026** | **19898** | **26235** | **26728** | **10863** |
| **武汉市** | **51** | **2.62** | **2054** | **5** | **132** | **55** | **32** | **44** | **224** | |
| 武汉市辖区 | | | 129 | | 15 | 36 | 10 | | 55 | |
| 蔡甸区 | | | | | | | | | | |
| 江夏区 | | | 323 | | 48 | 14 | | 3 | 97 | |
| 黄陂区 | 11 | 0.02 | 852 | 3 | 27 | 5 | | 10 | 25 | |
| 新洲区 | 40 | 2.60 | 750 | 2 | 42 | | 22 | 31 | 47 | |
| **黄石市** | **37** | **3.05** | **1563** | **77** | **892** | **33** | **42** | **340** | **108** | **4** |
| 黄石市辖区 | | | | | | | | | | |
| 大冶市 | | | 600 | 7 | 490 | 7 | 2 | 10 | 58 | |
| 阳新县 | 37 | 3.05 | 963 | 70 | 402 | 26 | 40 | 330 | 50 | 4 |
| **十堰市** | **51** | **1.70** | **31298** | **8878** | **3567** | **4030** | | **1706** | **9397** | **1390** |
| 十堰市辖区 | | | | | | | | | | |
| 丹江口市 | 18 | 0.20 | 1300 | 1000 | | | | | | |
| 郧　县 | 5 | 0.03 | 18370 | 6300 | 2100 | 1700 | | 300 | 7500 | 50 |
| 郧西县 | | | 6500 | 1250 | 640 | 1200 | | 360 | 1200 | 900 |
| 竹山县 | | | 138 | 28 | 27 | 30 | | 26 | 27 | |
| 竹溪县 | 1 | 0.17 | 3890 | 200 | 550 | 850 | | 900 | 550 | 340 |
| 房　县 | 27 | 1.30 | 1100 | 100 | 250 | 250 | | 120 | 120 | 100 |
| **荆州市** | **89** | **19.58** | **18037** | **670** | **7762** | **67** | **4648** | **2541** | **2296** | |
| 荆州市辖区 | | | 3900 | | 1100 | | 1100 | 1000 | 700 | |
| 江陵县 | | | 3100 | 500 | 1000 | | 500 | 500 | 600 | |
| 松滋市 | 13 | 0.13 | 2037 | 120 | 722 | 65 | 518 | 303 | 256 | |
| 公安县 | | | 1000 | 50 | 400 | 2 | 500 | 38 | 10 | |
| 石首市 | | | 2000 | | 840 | | 930 | | 230 | |
| 监利县 | 46 | 16.00 | 1000 | | 700 | | 100 | 100 | 100 | |
| 洪湖市 | 30 | 3.45 | 5000 | | 3000 | | 1000 | 600 | 400 | |
| **宜昌市** | **22** | **3.32** | **15003** | **260** | **2510** | **1900** | **430** | **2203** | **1640** | **15** |
| 宜昌市辖区 | 2 | 0.05 | 350 | | | | | | 200 | |
| 夷陵区 | 9 | 0.60 | 3000 | | 990 | 1080 | | 750 | 180 | |
| 宜都市 | 10 | 0.67 | 330 | | 50 | 50 | | 100 | 30 | |
| 枝江市 | | | 1860 | 100 | 300 | 60 | 280 | 260 | 200 | |
| 当阳市 | 1 | 2.00 | 3550 | 100 | 1000 | 100 | 150 | 1000 | 200 | |
| 远安县 | | | 1640 | | 65 | | | | | |
| 兴山县 | | | 840 | 30 | 80 | 200 | | 75 | 140 | 15 |
| 秭归县 | | | 2063 | 30 | 25 | 30 | | 18 | 360 | |
| 长阳县 | | | 1000 | | | 180 | | | 180 | |
| 五峰县 | | | 370 | | | 200 | | | 150 | |
| **襄阳市** | **48** | **12.02** | **28571** | **9014** | **7081** | **2590** | **1359** | **1821** | **2674** | **31** |
| 襄阳市辖区 | 5 | 3.34 | 512 | 114 | 123 | 20 | 10 | 30 | 159 | 6 |
| 老河口市 | 2 | 1.00 | 5359 | 1130 | 1108 | 1370 | 119 | 871 | 750 | |
| 襄州区 | | | 8000 | 3000 | 3000 | | 1000 | | 500 | |
| 枣阳市 | 1 | 0.01 | 2000 | 1200 | 300 | | 230 | | 130 | |
| 宜城市 | 3 | 0.10 | 2200 | 1000 | | | | 620 | | |
| 南漳县 | 1 | 0.20 | 1000 | 370 | 270 | 200 | | | | |
| 谷城县 | 11 | 7.37 | 6800 | 2200 | 2200 | 1000 | | 300 | 1100 | |
| 保康县 | 25 | | 2700 | | 80 | | | | 35 | 25 |
| **鄂州市** | **17** | **0.60** | **1473** | **200** | **500** | **20** | **50** | **100** | **600** | **3** |

单位：千公顷

| | 乡镇科技示范场 | | 科技示范户（户） | | | | | | | |
|---|---|---|---|---|---|---|---|---|---|---|
| | 个数 | 面积 | | 小麦 | 水稻 | 玉米 | 棉花 | 油菜 | 蔬菜 | 中药材 |
| **荆门市** | **27** | **0.18** | **5756** | **500** | **2553** | **200** | **1253** | **1200** | **50** | |
| 荆门市辖区 | | | | | | | | | | |
| 沙洋县 | 13 | 0.13 | 3106 | | 1053 | | 1053 | 1000 | | |
| 钟祥市 | | | | | | | | | | |
| 京山县 | 14 | 0.05 | 2650 | 500 | 1500 | 200 | 200 | 200 | 50 | |
| **孝感市** | **107** | **3.28** | **10996** | **585** | **5610** | **22** | **1572** | **908** | **1474** | **56** |
| 孝南区 | 12 | 1.91 | 2828 | 285 | 1345 | 12 | 62 | 313 | 576 | 1 |
| 孝昌县 | 5 | 0.51 | 540 | | 337 | | | 165 | 38 | |
| 大悟县 | 70 | 0.47 | 1258 | 200 | 408 | | | 120 | 80 | 50 |
| 安陆市 | 4 | 0.03 | 1000 | | 1000 | | | | | |
| 云梦县 | | | 1370 | | 520 | | 110 | 110 | 530 | |
| 应城市 | 16 | 0.36 | 1000 | 100 | 400 | 10 | 200 | 200 | 50 | 5 |
| 汉川市 | | | 3000 | | 1600 | | 1200 | | 200 | |
| **随州市** | **9** | **0.64** | **1970** | **770** | **600** | | | | **200** | |
| 曾都区 | | | 270 | 270 | | | | | | |
| 随　县 | 6 | 0.62 | 1000 | 300 | 300 | | | | | |
| 广水市 | 3 | 0.02 | 700 | 200 | 300 | | | | 200 | |
| **黄冈市** | **87** | **2.96** | **62431** | **8607** | **17503** | **1435** | **7232** | **12244** | **2848** | **8682** |
| 黄州区 | | | 700 | | 150 | 50 | | 200 | 300 | |
| 团风县 | 3 | 0.21 | 3700 | 50 | 1600 | | 100 | 700 | 800 | 50 |
| 红安县 | 8 | | 54 | | 14 | | 2 | 12 | 4 | |
| 麻城市 | | | 25231 | 5390 | 7878 | 250 | 4530 | 6489 | 590 | 22 |
| 罗田县 | 4 | 0.50 | 19700 | 1000 | 5000 | 100 | 100 | 3000 | 500 | 8000 |
| 英山县 | 36 | 0.50 | 2100 | 110 | 800 | 30 | | | 130 | 310 |
| 浠水县 | | | 40 | 1 | 16 | 5 | 5 | 5 | 2 | |
| 蕲春县 | 15 | 0.40 | 5000 | 2000 | | 1000 | 1000 | 500 | 200 | 300 |
| 武穴市 | 12 | 0.85 | 3200 | | 1000 | | 1000 | 1000 | 200 | |
| 黄梅县 | 3 | 0.20 | 2500 | | 1000 | | 450 | 300 | 100 | |
| 龙感湖 | 6 | 0.30 | 206 | 56 | 45 | | 45 | 38 | 22 | |
| **咸宁市** | **67** | **1.01** | **13759** | **62** | **8788** | **446** | | **1720** | **2201** | **58** |
| 咸安区 | | | 5445 | | 3650 | 165 | | 1000 | 420 | |
| 嘉鱼县 | 8 | 0.30 | 1000 | | 413 | | | 100 | 370 | |
| 赤壁市 | | | 4090 | 50 | 3260 | 21 | | 210 | 502 | |
| 通城县 | 11 | 0.30 | 249 | 12 | 110 | 10 | | 45 | 54 | 8 |
| 崇阳县 | 12 | 0.40 | 1900 | | 1000 | 50 | | 250 | 600 | |
| 通山县 | 36 | 0.01 | 1075 | | 355 | 200 | | 115 | 255 | 50 |
| **恩施自治州** | **32** | **0.18** | **8636** | **30** | **1647** | **2113** | | **790** | **1911** | **605** |
| 恩施市 | 17 | 0.15 | 1000 | | 100 | 200 | | 100 | 300 | 100 |
| 利川市 | | | 1546 | | 407 | 713 | | | 341 | 85 |
| 建始县 | | | 340 | 10 | 50 | 100 | | 50 | 100 | 20 |
| 巴东县 | 3 | | 1000 | 20 | 80 | 200 | | 140 | 60 | 70 |
| 宣恩县 | | | 2000 | | 500 | 500 | | 300 | 300 | 200 |
| 咸丰县 | | | 1000 | | 150 | 80 | | 30 | 240 | 110 |
| 来凤县 | 3 | 0.03 | 750 | | 310 | 220 | | 120 | 70 | 20 |
| 鹤峰县 | 9 | | 1000 | | 50 | 100 | | 50 | 500 | |
| **仙桃市** | | | **4500** | **250** | **2800** | **50** | **1000** | **400** | | |
| **天门市** | **22** | **1.80** | **5000** | | **2000** | | **2000** | | **1000** | |
| **潜江市** | **20** | **0.13** | **1000** | **200** | **240** | | **280** | **200** | **60** | |
| **神农架林区** | | | **195** | **28** | **20** | **65** | | **18** | **45** | **19** |

# 10 水利建设

# 灌溉面积

单位:千公顷

| | 灌溉面积 | | | | | | 有效实灌面积 | 旱涝保收面积 | 上年有效灌溉面积达到 |
|---|---|---|---|---|---|---|---|---|---|
| | 合计 | 有效灌溉面积 | 林地灌溉面积 | 园地灌溉面积 | 牧草地灌溉面积 | 其他灌溉面积 | | | |
| **湖北** | **2615.26** | **2455.69** | **27.80** | **45.14** | **4.95** | **81.68** | **2209.28** | **1791.18** | **2379.78** |
| **武汉市** | **211.43** | **196.33** | **3.32** | **2.97** | **0.26** | **8.55** | **162.11** | **151.96** | **195.04** |
| 洪山区 | 8.35 | 7.02 | 0.93 | 0.40 | | | 1.79 | 5.94 | 7.02 |
| 东西湖区 | 14.41 | 12.03 | 0.13 | 0.52 | 0.13 | 1.60 | 10.67 | 10.67 | 11.92 |
| 汉南区 | 14.79 | 10.90 | 1.44 | 0.72 | 0.13 | 1.60 | 10.90 | 10.90 | 10.90 |
| 蔡甸区 | 31.27 | 28.57 | | 0.60 | | 2.10 | 28.57 | 25.30 | 27.10 |
| 江夏区 | 40.45 | 37.55 | 0.40 | 0.40 | | 2.10 | 28.55 | 22.36 | 37.45 |
| 黄陂区 | 53.00 | 53.00 | | | | | 34.38 | 32.30 | 52.99 |
| 新洲区 | 47.65 | 45.85 | 0.42 | 0.33 | | 1.05 | 45.85 | 43.10 | 46.25 |
| 开发区 | 1.51 | 1.41 | | | | 0.10 | 1.40 | 1.39 | 1.41 |
| **黄石市** | **62.92** | **62.23** | **0.02** | **0.56** | | **0.11** | **53.33** | **30.98** | **57.22** |
| 市辖区 | 2.79 | 2.79 | | | | | 2.79 | 2.23 | 1.34 |
| 石灰窑区 | 0.11 | 0.11 | | | | | 0.05 | | 0.11 |
| 下陆区 | 0.23 | 0.20 | 0.02 | | | 0.01 | 0.14 | | 0.20 |
| 铁山区 | 0.24 | 0.24 | | | | | 0.05 | 0.05 | 0.24 |
| 阳新县 | 22.13 | 22.03 | | | | 0.10 | 21.30 | 13.70 | 21.83 |
| 大冶市 | 37.42 | 36.86 | | 0.56 | | | 29.00 | 15.00 | 33.50 |
| **十堰市** | **71.66** | **66.66** | **0.53** | **0.37** | | **4.10** | **43.67** | **40.58** | **64.26** |
| 茅箭区 | 0.99 | 0.99 | | | | | 0.72 | 0.67 | 0.98 |
| 张湾区 | 1.74 | 1.71 | | 0.03 | | | 1.61 | 1.06 | 1.45 |
| 郧　县 | 19.28 | 15.49 | 0.13 | 0.13 | | 3.53 | 6.22 | 5.70 | 13.82 |
| 郧西县 | 7.11 | 7.09 | | 0.02 | | | 5.67 | 5.14 | 6.89 |
| 竹山县 | 13.75 | 12.84 | 0.24 | 0.17 | | 0.50 | 9.00 | 7.00 | 12.84 |
| 竹溪县 | 6.05 | 5.96 | | 0.02 | | 0.07 | 3.35 | 4.20 | 5.96 |
| 房　县 | 11.06 | 10.90 | 0.16 | | | | 10.90 | 9.51 | 10.84 |
| 丹江口市 | 11.68 | 11.68 | | | | | 6.20 | 7.30 | 11.48 |
| **宜昌市** | **136.46** | **127.97** | **2.21** | **6.10** | | **0.18** | **106.73** | **102.88** | **126.34** |
| 西陵区 | 0.56 | | | 0.39 | | 0.17 | | | |

续表1 单位:千公顷

| | 灌溉面积 | | | | | | 有效实灌面积 | 旱涝保收面积 | 上年有效灌溉面积达到 |
|---|---|---|---|---|---|---|---|---|---|
| | 合计 | 有效灌溉面积 | 林地灌溉面积 | 园地灌溉面积 | 牧草地灌溉面积 | 其他灌溉面积 | | | |
| 伍家岗区 | 0.65 | 0.37 | | 0.28 | | | 0.37 | 0.19 | 0.38 |
| 点军区 | 2.60 | 2.30 | | 0.30 | | | 1.85 | 1.80 | 2.20 |
| 猇亭区 | 1.08 | 1.08 | | | | | 1.08 | 1.08 | 1.18 |
| 夷陵区 | 12.56 | 12.56 | | | | | 12.20 | 11.00 | 12.56 |
| 远安县 | 8.30 | 8.30 | | | | | 8.11 | 7.90 | 8.30 |
| 兴山县 | 8.68 | 5.27 | 2.21 | 1.20 | | | 5.27 | 5.27 | 4.29 |
| 秭归县 | 11.13 | 7.21 | | 3.91 | | 0.01 | 6.39 | 6.98 | 6.91 |
| 长阳土家族自治县 | 2.85 | 2.85 | | | | | 2.75 | 2.78 | 2.85 |
| 五峰土家族自治县 | 0.91 | 0.89 | | 0.02 | | | 0.89 | 0.80 | 0.89 |
| 宜都市 | 9.40 | 9.40 | | | | | 7.62 | 7.59 | 9.34 |
| 当阳市 | 38.29 | 38.29 | | | | | 28.00 | 22.06 | 37.99 |
| 枝江市 | 39.45 | 39.45 | | | | | 32.20 | 35.43 | 39.45 |
| **襄阳市** | **283.37** | **276.68** | **1.54** | **5.15** | | | **215.77** | **205.09** | **276.68** |
| 市辖区 | 19.39 | 19.12 | 0.17 | 0.10 | | | 19.12 | 14.95 | 19.12 |
| 襄州区 | 73.65 | 73.45 | 0.20 | | | | 55.43 | 51.11 | 73.45 |
| 南漳县 | 23.75 | 23.51 | 0.10 | 0.14 | | | 22.51 | 23.07 | 23.51 |
| 谷城县 | 24.06 | 21.53 | 0.86 | 1.67 | | | 17.90 | 15.66 | 21.53 |
| 保康县 | 6.38 | 6.35 | | 0.03 | | | 4.81 | 5.52 | 6.35 |
| 农场 | 2.38 | 2.38 | | | | | 2.30 | 2.38 | 2.38 |
| 老河口市 | 23.03 | 22.91 | 0.05 | 0.07 | | | 20.66 | 14.94 | 22.91 |
| 枣阳市 | 79.09 | 76.39 | | 2.70 | | | 42.00 | 52.10 | 76.39 |
| 宜城市 | 31.64 | 31.04 | 0.16 | 0.44 | | | 31.04 | 25.36 | 31.04 |
| **鄂州市** | **36.68** | **36.55** | **0.10** | **0.03** | | | **36.55** | **33.00** | **36.22** |
| 市辖区 | 36.68 | 36.55 | 0.10 | 0.03 | | | 36.55 | 33.00 | 36.22 |
| **荆门市** | **257.03** | **235.76** | **9.34** | **6.20** | | **5.73** | **219.43** | **152.49** | **180.33** |
| 掇刀区 | 18.72 | 14.72 | 1.20 | 1.00 | | 1.80 | 14.72 | 2.96 | 3.36 |
| 东宝区 | 24.11 | 18.67 | 3.34 | 2.10 | | | 18.67 | 12.00 | 12.56 |
| 屈家岭区 | 5.52 | 4.30 | | 0.90 | | 0.32 | 3.31 | 2.80 | 4.10 |

单位:千公顷

| | 灌溉面积 | | | | | | 有效实灌面积 | 旱涝保收面积 | 上年有效灌溉面积达到 |
|---|---|---|---|---|---|---|---|---|---|
| | 合计 | 有效灌溉面积 | 林地灌溉面积 | 园地灌溉面积 | 牧草地灌溉面积 | 其他灌溉面积 | | | |
| 京山县 | 57.31 | 56.50 | | | | 0.81 | 56.50 | 30.18 | 46.73 |
| 沙洋县 | 84.23 | 81.23 | 1.80 | 1.20 | | | 81.23 | 67.37 | 54.24 |
| 钟祥市 | 55.17 | 48.37 | 3.00 | 1.00 | | 2.80 | 45.00 | 37.18 | 47.37 |
| 沙洋农场 | 11.97 | 11.97 | | | | | | | 11.97 |
| **孝感市** | **241.30** | **220.41** | **0.13** | **0.32** | | **20.44** | **206.74** | **171.06** | **217.65** |
| 市辖区 | 0.40 | 0.40 | | | | | 0.40 | 0.28 | 0.40 |
| 孝南区 | 26.21 | 26.21 | | | | | 26.21 | 26.21 | 29.03 |
| 孝昌县 | 27.00 | 26.72 | 0.10 | 0.18 | | | 18.10 | 20.42 | 27.00 |
| 大悟县 | 24.40 | 18.40 | | | | 6.00 | 18.40 | 13.33 | 15.00 |
| 云梦县 | 24.60 | 24.55 | 0.03 | 0.02 | | | 19.50 | 21.70 | 24.49 |
| 应城市 | 37.00 | 37.00 | | | | | 37.00 | 23.32 | 34.60 |
| 安陆市 | 50.29 | 46.96 | | | | 3.33 | 46.96 | 25.63 | 46.96 |
| 汉川市 | 51.40 | 40.17 | | 0.12 | | 11.11 | 40.17 | 40.17 | 40.17 |
| **荆州市** | **407.67** | **387.98** | **6.00** | **9.15** | | **4.54** | **371.02** | **335.27** | **392.52** |
| 沙市区 | 11.57 | 11.27 | | 0.30 | | | 11.27 | 10.32 | 11.27 |
| 荆州区 | 32.18 | 31.37 | 0.23 | 0.58 | | | 31.34 | 27.72 | 31.37 |
| 公安县 | 60.00 | 60.00 | | | | | 57.02 | 57.02 | 75.19 |
| 监利县 | 108.82 | 105.78 | | | | 3.04 | 94.77 | 79.05 | 105.78 |
| 江陵县 | 44.11 | 36.21 | 2.70 | 5.20 | | | 36.21 | 35.12 | 32.52 |
| 石首市 | 37.06 | 30.83 | 2.50 | 2.23 | | 1.50 | 30.00 | 27.46 | 30.70 |
| 洪湖市 | 62.46 | 61.05 | 0.57 | 0.84 | | | 58.94 | 55.47 | 60.67 |
| 松滋市 | 51.47 | 51.47 | | | | | 51.47 | 43.11 | 45.02 |
| **黄冈市** | **275.82** | **272.61** | **1.82** | **1.24** | | **0.15** | **262.84** | **181.59** | **272.28** |
| 黄州区 | 15.33 | 15.33 | | | | | 15.33 | | 15.33 |
| 团风县 | 5.52 | 5.52 | | | | | 5.52 | 2.00 | 5.52 |
| 红安县 | 26.10 | 26.10 | | | | | 26.10 | 5.70 | 26.10 |
| 罗田县 | 20.00 | 19.80 | 0.20 | | | | 19.58 | 10.20 | 19.60 |
| 英山县 | 8.35 | 8.35 | | | | | 8.35 | 6.38 | 8.32 |

续表3　　　　　　　　　　　　　　　　　　　　　　　　单位:千公顷

| | 灌溉面积 | | | | | | 有效实灌面积 | 旱涝保收面积 | 上年有效灌溉面积达到 |
|---|---|---|---|---|---|---|---|---|---|
| | 合计 | 有效灌溉面积 | 林地灌溉面积 | 园地灌溉面积 | 牧草地灌溉面积 | 其他灌溉面积 | | | |
| 浠水县 | 41.02 | 40.75 | 0.12 | 0.15 | | | 36.00 | 37.00 | 40.75 |
| 蕲春县 | 33.70 | 33.70 | | | | | 33.70 | 26.00 | 33.70 |
| 黄梅县 | 44.80 | 42.86 | 1.10 | 0.69 | | 0.15 | 42.86 | 40.00 | 42.86 |
| 麻城市 | 47.50 | 46.90 | 0.40 | 0.20 | | | 42.10 | 29.31 | 46.80 |
| 武穴市 | 33.50 | 33.30 | | 0.20 | | | 33.30 | 25.00 | 33.30 |
| **咸宁市** | **113.91** | **106.04** | | **0.98** | | **6.89** | **88.39** | **66.49** | **105.98** |
| 咸安区 | 16.95 | 16.95 | | | | | 9.40 | 8.00 | 16.93 |
| 嘉鱼县 | 26.75 | 26.75 | | | | | 22.80 | 17.90 | 26.75 |
| 通城县 | 14.90 | 14.90 | | | | | 14.00 | 12.06 | 14.88 |
| 崇阳县 | 15.00 | 15.00 | | | | | 13.80 | 8.00 | 15.00 |
| 通山县 | 7.76 | 6.78 | | 0.98 | | | 5.15 | 4.50 | 6.76 |
| 赤壁市 | 32.55 | 25.66 | | | | 6.89 | 23.24 | 16.03 | 25.66 |
| **随州市** | **128.04** | **116.97** | **1.58** | **4.20** | **4.69** | **0.60** | **115.46** | **51.62** | **111.91** |
| 曾都区 | 11.71 | 10.61 | 1.10 | | | | 9.10 | | 8.21 |
| 随县 | 77.95 | 68.18 | 0.48 | 4.00 | 4.69 | 0.60 | 68.18 | 31.60 | 66.50 |
| 广水市 | 38.38 | 38.18 | | 0.20 | | | 38.18 | 20.02 | 37.20 |
| 恩施土家族苗族自治州 | 70.03 | 68.66 | 0.11 | 0.35 | | 0.91 | 52.72 | 47.04 | 62.68 |
| 恩施市 | 8.73 | 8.73 | | | | | 3.92 | 6.92 | 8.63 |
| 利川市 | 22.26 | 21.62 | | | | 0.64 | 19.12 | 16.71 | 20.30 |
| 建始县 | 3.95 | 3.86 | 0.09 | | | | 2.95 | 1.90 | 3.66 |
| 巴东县 | 4.00 | 3.74 | | 0.26 | | | 2.53 | 1.26 | 2.57 |
| 宣恩县 | 8.34 | 8.30 | 0.02 | 0.02 | | | 6.60 | 5.80 | 8.29 |
| 咸丰县 | 8.36 | 8.09 | | | | 0.27 | 6.78 | 6.21 | 7.89 |
| 来凤县 | 8.69 | 8.66 | | 0.03 | | | 7.12 | 6.26 | 8.01 |
| 鹤峰县 | 5.70 | 5.66 | | 0.04 | | | 3.70 | 1.98 | 3.33 |
| **仙桃市** | **106.10** | **93.80** | **0.80** | **1.90** | | **9.60** | **90.21** | **76.10** | **93.80** |
| **潜江市** | **102.84** | **77.54** | | **5.42** | | **19.88** | **75.24** | **65.00** | **77.54** |
| **天门市** | **108.36** | **108.36** | | | | | **108.36** | **79.32** | **108.30** |
| **神农架林区** | **1.64** | **1.14** | **0.30** | **0.20** | | | **0.71** | **0.71** | **1.03** |

# 机电灌溉面积

单位:千公顷

| | 机电排灌面积 | 机电提灌面积 | | | | | 其中:纯排面积 |
|---|---|---|---|---|---|---|---|
| | | 小计 | 机电井灌溉面积 | 固定站灌溉面积 | 流动机灌溉面积 | 喷滴灌灌溉面积 | |
| **湖北** | **1402.55** | **1111.74** | **141.13** | **785.92** | **175.29** | **9.40** | **290.81** |
| **武汉市** | **161.21** | **132.67** | **5.09** | **111.10** | **15.95** | **0.53** | **28.54** |
| 洪山区 | 5.69 | 5.47 | 1.23 | 3.25 | 0.87 | 0.12 | 0.22 |
| 东西湖区 | 12.03 | 11.63 | 0.42 | 10.40 | 0.40 | 0.41 | 0.40 |
| 汉南区 | 21.43 | 11.41 | 0.67 | 10.07 | 0.67 | | 10.02 |
| 蔡甸区 | 29.93 | 27.03 | | 24.10 | 2.93 | | 2.90 |
| 江夏区 | 33.23 | 19.23 | | 19.23 | | | 14.00 |
| 黄陂区 | 21.00 | 21.00 | 1.07 | 15.95 | 3.98 | | |
| 新洲区 | 35.70 | 35.70 | 1.70 | 27.00 | 7.00 | | |
| 开发区 | 2.20 | 1.20 | | 1.10 | 0.10 | | 1.00 |
| **黄石市** | **47.75** | **2.37** | | **1.39** | **0.25** | **0.73** | **45.38** |
| 市辖区 | 2.54 | 1.54 | | 1.32 | 0.22 | | 1.00 |
| 下陆区 | 0.10 | 0.10 | | 0.07 | 0.03 | 0.00 | |
| 阳新县 | 26.00 | 0.64 | | | | 0.64 | 25.36 |
| 大冶市 | 19.11 | 0.09 | | | | 0.09 | 19.02 |
| **十堰市** | **9.37** | **4.41** | **3.18** | **0.91** | **0.09** | **0.23** | **4.96** |
| 张湾区 | 0.07 | 0.07 | 0.07 | | | | |
| 郧　县 | 0.55 | 0.55 | 0.02 | 0.53 | | | |
| 郧西县 | 0.40 | 0.40 | 0.09 | 0.28 | 0.01 | 0.02 | |
| 竹山县 | 0.46 | 0.00 | | | | | 0.46 |
| 竹溪县 | 0.59 | 0.59 | 0.20 | 0.10 | 0.08 | 0.21 | |
| 房　县 | 4.50 | 0.00 | | | | | 4.50 |
| 丹江口市 | 2.80 | 2.80 | 2.80 | | | | |
| **宜昌市** | **68.94** | **26.45** | **7.52** | **18.15** | **0.66** | **0.12** | **42.49** |
| 伍家岗区 | 0.23 | 0.13 | | 0.13 | | | 0.10 |

续表1　　　　　　　　　　　　　　　　　　　　　　　　　　　　　　　单位:千公顷

| | 机电排灌面积 | 机电提灌面积 | | | | | 其中:纯排面积 |
|---|---|---|---|---|---|---|---|
| | | 小 计 | 机电井灌溉面积 | 固定站灌溉面积 | 流动机灌溉面积 | 喷滴灌灌溉面积 | |
| 点军区 | 0.55 | 0.31 | | 0.25 | 0.06 | | 0.24 |
| 猇亭区 | 0.50 | 0.18 | 0.03 | 0.10 | 0.05 | | 0.32 |
| 草埠湖管理区 | 0.12 | 0.12 | | | | 0.12 | |
| 远安县 | 0.31 | 0.31 | 0.31 | | | | |
| 五峰土家族自治县 | 0.08 | 0.08 | | 0.08 | | | |
| 宜都市 | 3.11 | 0.00 | | | | | 3.11 |
| 当阳市 | 20.91 | 7.16 | 7.16 | | | | 13.75 |
| 枝江市 | 43.13 | 18.16 | 0.02 | 17.59 | 0.55 | | 24.97 |
| **襄阳市** | **111.56** | **111.56** | **25.64** | **77.36** | **7.22** | **1.34** | |
| 市辖区 | 6.96 | 6.96 | 3.04 | 3.59 | 0.30 | 0.03 | |
| 襄州区 | 29.39 | 29.39 | 10.99 | 15.38 | 2.60 | 0.42 | |
| 南漳县 | 9.73 | 9.73 | 1.26 | 8.40 | | 0.07 | |
| 谷城县 | 5.54 | 5.54 | 0.63 | 3.06 | 1.66 | 0.19 | |
| 保康县 | 1.44 | 1.44 | 0.05 | 1.23 | 0.03 | 0.13 | |
| 农场 | 1.95 | 1.95 | 0.40 | 1.25 | | 0.30 | |
| 老河口市 | 12.30 | 12.30 | 2.29 | 8.44 | 1.44 | 0.13 | |
| 枣阳市 | 30.15 | 30.15 | 5.68 | 24.40 | | 0.07 | |
| 宜城市 | 14.10 | 14.10 | 1.30 | 11.61 | 1.19 | | |
| **鄂州市** | **26.76** | **26.36** | | **24.00** | **2.00** | **0.36** | **0.40** |
| 市辖区 | 26.76 | 26.36 | | 24.00 | 2.00 | 0.36 | 0.40 |
| **荆门市** | **130.90** | **117.41** | **25.75** | **79.36** | **12.30** | | **13.49** |
| 掇刀区 | 3.24 | 2.04 | 0.04 | 1.00 | 1.00 | | 1.20 |
| 东宝区 | 6.80 | 6.80 | 0.20 | 5.30 | 1.30 | | |
| 屈家岭区 | 2.10 | 1.20 | | 1.20 | | | 0.90 |
| 京山县 | 24.20 | 24.20 | 21.02 | 1.69 | 1.49 | | |

| | 机电排灌面积 | 机电提灌面积 | | | | | 其中：纯排面积 |
|---|---|---|---|---|---|---|---|
| | | 小计 | 机电井灌溉面积 | 固定站灌溉面积 | 流动机灌溉面积 | 喷滴灌灌溉面积 | |
| 沙洋县 | 56.67 | 56.67 | 3.79 | 47.47 | 5.41 | | |
| 钟祥市 | 26.01 | 19.60 | 0.70 | 15.90 | 3.00 | | 6.41 |
| 沙洋农场 | 11.88 | 6.90 | | 6.80 | 0.10 | | 4.98 |
| **孝感市** | **142.90** | **86.56** | **61.37** | **18.04** | **6.52** | **0.63** | **56.34** |
| 孝南区 | 20.55 | | | | | | 20.55 |
| 孝昌县 | 11.22 | 11.22 | 0.72 | 6.04 | 4.36 | 0.10 | |
| 大悟县 | 2.34 | 2.34 | 2.34 | | | | |
| 云梦县 | 12.85 | 0.00 | | | | | 12.85 |
| 应城市 | 21.33 | 8.53 | 8.53 | | | | 12.80 |
| 安陆市 | 16.78 | 15.58 | 0.89 | 12.00 | 2.16 | 0.53 | 1.20 |
| 汉川市 | 57.83 | 48.89 | 48.89 | | | | 8.94 |
| **荆州市** | **356.39** | **312.71** | **0.62** | **230.07** | **78.30** | **3.72** | **43.68** |
| 沙市区 | 11.27 | 8.62 | | 7.97 | 0.60 | 0.05 | 2.65 |
| 荆州区 | 34.75 | 28.45 | 0.17 | 21.24 | 4.70 | 2.34 | 6.30 |
| 公安县 | 57.02 | 57.02 | | 57.02 | | | |
| 监利县 | 96.42 | 76.14 | | 42.35 | 33.79 | | 20.28 |
| 江陵县 | 26.31 | 26.31 | 0.45 | 19.01 | 6.85 | | |
| 石首市 | 37.56 | 27.39 | | 26.51 | | 0.88 | 10.17 |
| 洪湖市 | 64.10 | 60.90 | | 38.92 | 21.53 | 0.45 | 3.20 |
| 松滋市 | 28.96 | 27.88 | | 17.05 | 10.83 | | 1.08 |
| **黄冈市** | **72.91** | **69.91** | **10.33** | **45.46** | **13.67** | **0.45** | **3.00** |
| 黄州区 | 0.23 | 0.23 | 0.23 | | | | |
| 团风县 | 7.50 | 7.50 | 6.00 | 0.90 | 0.60 | | |
| 红安县 | 5.06 | 5.06 | | 5.06 | | | |
| 罗田县 | 1.52 | 1.52 | | 1.42 | 0.10 | | |

续表3

单位：千公顷

| | 机电排灌面积 | 机电提灌面积 | | | | | 其中：纯排面积 |
|---|---|---|---|---|---|---|---|
| | | 小 计 | 机电井灌溉面积 | 固定站灌溉面积 | 流动机灌溉面积 | 喷滴灌灌溉面积 | |
| 浠水县 | 14.60 | 14.60 | 3.20 | 11.40 | | | |
| 蕲春县 | 9.33 | 6.33 | | 6.12 | 0.21 | | 3.00 |
| 黄梅县 | 22.75 | 22.75 | | 15.86 | 6.86 | 0.03 | |
| 麻城市 | 2.32 | 2.32 | 0.90 | 1.00 | 0.30 | 0.12 | |
| 武穴市 | 9.60 | 9.60 | | 3.70 | 5.60 | 0.30 | |
| **咸宁市** | **58.90** | **37.13** | **1.63** | **23.72** | **11.29** | **0.49** | **21.77** |
| 咸安区 | 9.32 | 6.99 | | 3.45 | 3.54 | | 2.33 |
| 嘉鱼县 | 16.30 | 0.00 | | | | | 16.30 |
| 通城县 | 4.23 | 4.23 | 1.63 | 0.60 | 1.95 | 0.05 | |
| 崇阳县 | 7.47 | 6.67 | | 3.70 | 2.97 | | 0.80 |
| 通山县 | 1.14 | 1.02 | | 0.51 | 0.11 | 0.40 | 0.12 |
| 赤壁市 | 20.44 | 18.22 | | 15.46 | 2.72 | 0.04 | 2.22 |
| **随州市** | **15.40** | **15.40** | | **13.82** | **1.58** | | |
| 广水市 | 15.40 | 15.40 | | 13.82 | 1.58 | | |
| 恩施土家族苗族自治州 | 3.53 | 3.33 | | 1.61 | 1.51 | 0.21 | 0.20 |
| 恩施市 | 1.06 | 1.06 | | 0.35 | 0.71 | | |
| 利川市 | 0.80 | 0.80 | | 0.51 | 0.09 | 0.20 | |
| 建始县 | 0.29 | 0.29 | | | 0.29 | | |
| 宣恩县 | 0.19 | 0.19 | | 0.10 | 0.08 | 0.01 | |
| 咸丰县 | 0.34 | 0.14 | | | 0.14 | | 0.20 |
| 来凤县 | 0.85 | 0.85 | | 0.65 | 0.20 | | |
| **仙桃市** | **93.30** | **81.70** | | **71.58** | **10.12** | | **11.60** |
| **潜江市** | **48.52** | **48.52** | | **34.10** | **13.83** | **0.59** | |
| **天门市** | **54.21** | **35.25** | | **35.25** | | | **18.96** |

## 除涝面积

单位:千公顷

| | 除涝面积 | | | | 本年除涝面积变化 | | 上年除涝面积达到 |
|---|---|---|---|---|---|---|---|
| | 小 计 | 3～5年 | 5～10年 | 10年以上 | 新增 | 减少 | |
| **湖 北** | **1219.48** | **253.99** | **521.58** | **443.90** | **6.73** | **6.43** | **1219.18** |
| **武汉市** | **100.32** | **20.89** | **50.83** | **28.60** | **0.62** | | **99.70** |
| 洪山区 | 5.58 | | | 5.58 | | | 5.58 |
| 东西湖区 | 16.56 | | 3.64 | 12.92 | 0.20 | | 16.36 |
| 汉南区 | 11.87 | 3.54 | 8.33 | | | | 11.87 |
| 蔡甸区 | 25.50 | 4.90 | 10.60 | 10.00 | | | 25.50 |
| 江夏区 | 9.10 | 2.70 | 6.30 | 0.10 | | | 9.10 |
| 黄陂区 | 12.01 | 3.21 | 8.80 | | 0.02 | | 11.99 |
| 新洲区 | 18.50 | 6.17 | 12.33 | | 0.40 | | 18.10 |
| 开发区 | 1.20 | 0.37 | 0.83 | | | | 1.20 |
| **黄石市** | **30.05** | **9.91** | **19.72** | **0.42** | **0.10** | **1.45** | **31.40** |
| 市辖区 | 0.42 | | | 0.42 | | 1.45 | 1.87 |
| 黄石港区 | 0.01 | 0.01 | | | | | 0.01 |
| 阳新县 | 21.29 | 3.90 | 17.39 | | 0.10 | | 21.19 |
| 大冶市 | 8.33 | 6.00 | 2.33 | | | | 8.33 |
| **宜昌市** | **52.92** | **18.64** | **29.85** | **4.43** | **0.02** | | **52.90** |
| 伍家岗区 | 0.10 | | 0.10 | | | | 0.10 |
| 点军区 | 0.24 | | 0.24 | | | | 0.24 |
| 猇亭区 | 0.50 | 0.02 | 0.46 | 0.02 | 0.02 | | 0.48 |
| 兴山县 | 3.82 | 3.82 | | | | | 3.82 |
| 长阳土家族自治县 | 0.70 | 0.59 | 0.11 | | | | 0.70 |
| 五峰土家族自治县 | 1.95 | 1.77 | 0.18 | | | | 1.95 |
| 宜都市 | 3.25 | 1.19 | 2.06 | | | | 3.25 |
| 当阳市 | 17.38 | 9.64 | 3.33 | 4.41 | | | 17.38 |
| 枝江市 | 24.98 | 1.61 | 23.37 | | | | 24.98 |
| **襄阳市** | **29.64** | **10.36** | **18.48** | **0.80** | | | **29.64** |
| 市辖区 | 1.33 | | 1.33 | | | | 1.33 |
| 襄州区 | 10.23 | 10.23 | | | | | 10.23 |
| 老河口市 | 1.67 | | 0.87 | 0.80 | | | 1.67 |

续表1

单位:千公顷

| | 除涝面积 | | | | 本年除涝面积变化 | | 上年除涝面积达到 |
|---|---|---|---|---|---|---|---|
| | 小 计 | 3~5年 | 5~10年 | 10年以上 | 新增 | 减少 | |
| 宜城市 | 16.41 | 0.13 | 16.28 | | | | 16.41 |
| **鄂州市** | **26.89** | **5.77** | **9.79** | **11.33** | **3.47** | | **23.42** |
| 市辖区 | 26.89 | 5.77 | 9.79 | 11.33 | 3.47 | | 23.42 |
| **荆门市** | **85.00** | **19.11** | **41.10** | **24.79** | **0.20** | | **84.80** |
| 屈家岭区 | 4.20 | 0.96 | | 3.24 | 0.20 | | 4.00 |
| 沙洋县 | 15.50 | 2.70 | 6.10 | 6.70 | | | 15.50 |
| 钟祥市 | 50.00 | 14.00 | 28.00 | 8.00 | | | 50.00 |
| 沙洋农场 | 15.30 | 1.45 | 7.00 | 6.85 | | | 15.30 |
| **孝感市** | **115.66** | **13.17** | **57.32** | **45.17** | **0.62** | | **115.04** |
| 孝南区 | 17.98 | | | 17.98 | | | 17.98 |
| 大悟县 | 0.60 | 0.60 | | | | | 0.60 |
| 云梦县 | 17.26 | | | 17.26 | 0.62 | | 16.64 |
| 应城市 | 11.20 | | 11.20 | | | | 11.20 |
| 安陆市 | 1.20 | 1.20 | | | | | 1.20 |
| 汉川市 | 67.42 | 11.37 | 46.12 | 9.93 | | | 67.42 |
| **荆州市** | **365.06** | **32.31** | **133.91** | **198.84** | **1.19** | | **363.87** |
| 沙市区 | 12.00 | 0.04 | 0.93 | 11.03 | | | 12.00 |
| 荆州区 | 26.60 | 0.35 | 2.31 | 23.94 | | | 26.60 |
| 公安县 | 55.48 | 17.36 | 38.12 | | 0.99 | | 54.49 |
| 监利县 | 109.89 | 11.68 | 55.66 | 42.55 | | | 109.89 |
| 江陵县 | 35.20 | 0.90 | 10.60 | 23.70 | | | 35.20 |
| 石首市 | 34.20 | 0.12 | 5.14 | 28.94 | 0.20 | | 34.00 |
| 洪湖市 | 63.00 | | 9.42 | 53.58 | | | 63.00 |
| 松滋市 | 28.69 | 1.86 | 11.73 | 15.10 | | | 28.69 |
| **黄冈市** | **96.92** | **33.75** | **26.51** | **36.66** | **0.41** | **4.98** | **101.49** |
| 黄州区 | 1.80 | 1.65 | 0.10 | 0.05 | | 4.35 | 6.15 |
| 团风县 | 6.50 | 1.52 | 1.70 | 3.28 | 0.40 | | 6.10 |
| 红安县 | 0.10 | | 0.10 | | | | 0.10 |
| 罗田县 | 3.45 | 3.45 | | | | | 3.45 |

续表2 单位：千公顷

| | 除涝面积 | | | | 本年除涝面积变化 | | 上年除涝面积达到 |
|---|---|---|---|---|---|---|---|
| | 小 计 | 3～5年 | 5～10年 | 10年以上 | 新增 | 减少 | |
| 英山县 | 0.60 | | 0.60 | | | | 0.60 |
| 浠水县 | 12.00 | 4.70 | 7.30 | | | | 12.00 |
| 蕲春县 | 17.87 | 10.23 | 5.85 | 1.79 | | | 17.87 |
| 黄梅县 | 36.42 | 3.30 | 5.50 | 27.62 | | 0.63 | 37.05 |
| 麻城市 | 10.18 | 7.40 | 2.76 | 0.02 | 0.01 | | 10.17 |
| 武穴市 | 8.00 | 1.50 | 2.60 | 3.90 | | | 8.00 |
| **咸宁市** | **44.70** | **12.58** | **14.08** | **18.04** | **0.10** | | **44.60** |
| 咸安区 | 5.82 | 0.93 | 4.89 | | | | 5.82 |
| 嘉鱼县 | 20.34 | 9.50 | 5.52 | 5.32 | | | 20.34 |
| 通城县 | 3.20 | 0.20 | | 3.00 | | | 3.20 |
| 崇阳县 | 1.67 | 1.00 | 0.67 | | | | 1.67 |
| 通山县 | 2.00 | 0.95 | 0.80 | 0.25 | 0.10 | | 1.90 |
| 赤壁市 | 11.67 | | 2.20 | 9.47 | | | 11.67 |
| 恩施土家族苗族自治州 | 18.86 | 15.06 | 2.68 | 1.12 | | | 18.86 |
| 恩施市 | 2.01 | 1.53 | 0.27 | 0.21 | | | 2.01 |
| 利川市 | 6.43 | 6.43 | | | | | 6.43 |
| 建始县 | 3.58 | 2.62 | 0.77 | 0.19 | | | 3.58 |
| 巴东县 | 2.15 | 1.90 | 0.25 | | | | 2.15 |
| 宣恩县 | 0.60 | 0.45 | 0.15 | | | | 0.60 |
| 咸丰县 | 0.80 | 0.37 | 0.43 | | | | 0.80 |
| 来凤县 | 0.56 | 0.22 | 0.19 | 0.15 | | | 0.56 |
| 鹤峰县 | 2.73 | 1.54 | 0.62 | 0.57 | | | 2.73 |
| **仙桃市** | **94.10** | **9.60** | **37.00** | **47.50** | | | **94.10** |
| **潜江市** | **66.90** | **22.40** | **28.30** | **16.20** | | | **66.90** |
| **天门市** | **92.00** | **30.00** | **52.00** | **10.00** | | | **92.00** |
| **神农架林区** | **0.46** | **0.45** | **0.01** | | | | **0.46** |

## 节水灌溉面积

单位:千公顷

| | 本年节水灌溉面积合计 | 喷灌面积 | 微灌面积 | 低压管灌面积 | 渠道防渗面积 | 其他工程节水面积 | 上年节水灌溉面积达到 |
|---|---|---|---|---|---|---|---|
| **湖北** | **440.86** | **15.37** | **8.40** | **28.12** | **360.40** | **28.57** | **402.02** |
| **武汉市** | **54.90** | **1.71** | **0.82** | **14.71** | **33.79** | **3.87** | **49.24** |
| 洪山区 | 1.76 | 0.09 | 0.03 | 0.27 | 1.37 | | 1.76 |
| 东西湖区 | 9.70 | 0.34 | 0.07 | 5.41 | 3.46 | 0.42 | 9.55 |
| 汉南区 | 2.52 | 0.10 | 0.10 | | | 2.32 | 2.22 |
| 蔡甸区 | 15.87 | 0.65 | 0.20 | 3.23 | 11.79 | | 13.27 |
| 江夏区 | 6.36 | | | 1.50 | 4.86 | | 4.36 |
| 黄陂区 | 0.96 | | 0.15 | | 0.61 | 0.20 | 0.95 |
| 新洲区 | 16.83 | 0.53 | 0.27 | 3.85 | 11.25 | 0.93 | 16.23 |
| 开发区 | 0.90 | | | 0.45 | 0.45 | | 0.90 |
| **黄石市** | **7.48** | **0.79** | **0.15** | **0.66** | **5.88** | | **7.15** |
| 市辖区 | 1.05 | | | 0.65 | 0.40 | | 1.20 |
| 下陆区 | 0.001 | | 0.001 | | | | |
| 铁山区 | 0.04 | | | 0.01 | 0.03 | | 0.04 |
| 阳新县 | 4.08 | 0.64 | | | 3.44 | | 3.98 |
| 大冶市 | 2.31 | 0.15 | 0.15 | | 2.01 | | 1.93 |
| **十堰市** | **38.60** | **1.10** | **0.34** | **1.42** | **27.63** | **8.11** | **38.23** |
| 茅箭区 | 0.37 | | 0.10 | | | 0.27 | 0.31 |
| 张湾区 | 1.09 | 0.08 | 0.03 | 0.39 | 0.59 | | 0.95 |
| 郧　县 | 2.02 | 0.02 | 0.01 | | 1.99 | | 2.02 |
| 郧西县 | 2.08 | 0.02 | | 0.14 | 1.92 | | 2.08 |
| 竹山县 | 9.75 | 0.06 | | 0.39 | 8.33 | 0.97 | 9.75 |
| 竹溪县 | 4.69 | 0.39 | 0.20 | | 3.47 | 0.63 | 4.69 |
| 房　县 | 11.27 | | | | 5.06 | 6.21 | 11.16 |
| 丹江口市 | 7.33 | 0.53 | | 0.50 | 6.27 | 0.03 | 7.27 |
| **宜昌市** | **36.84** | **1.16** | **0.57** | **1.22** | **30.18** | **3.71** | **35.83** |
| 西陵区 | 0.46 | | | 0.46 | | | 0.46 |
| 点军区 | 0.30 | 0.05 | | | 0.25 | | 0.28 |

续表1 单位:千公顷

| | 本年节水灌溉面积合计 | 喷灌面积 | 微灌面积 | 低压管灌面积 | 渠道防渗面积 | 其他工程节水面积 | 上年节水灌溉面积达到 |
|---|---|---|---|---|---|---|---|
| 猇亭区 | 0.20 | | | | 0.20 | | 0.20 |
| 草埠湖管理区 | 3.53 | 0.06 | | | 3.47 | | 3.55 |
| 远安县 | 3.81 | 0.06 | 0.06 | | | 3.69 | 3.81 |
| 兴山县 | 1.21 | 0.56 | 0.26 | 0.39 | | | 1.03 |
| 秭归县 | 2.98 | 0.31 | 0.25 | 0.37 | 2.05 | | 2.85 |
| 长阳土家族自治县 | 0.28 | 0.05 | | | 0.23 | | 0.28 |
| 五峰土家族自治县 | 0.08 | | | | 0.06 | 0.02 | 0.08 |
| 宜都市 | 7.57 | | | | 7.57 | | 7.32 |
| 当阳市 | 4.77 | 0.07 | | | 4.70 | | 4.77 |
| 枝江市 | 11.65 | | | | 11.65 | | 11.20 |
| **襄阳市** | **38.64** | **1.86** | **0.51** | **0.71** | **35.38** | **0.18** | **37.89** |
| 市辖区 | 1.31 | 0.03 | | 0.05 | 1.23 | | 1.31 |
| 襄州区 | 3.69 | 0.15 | | | 3.54 | | 3.69 |
| 南漳县 | 7.67 | 0.07 | | | 7.60 | | 7.67 |
| 谷城县 | 4.48 | 0.06 | 0.13 | 0.53 | 3.62 | 0.14 | 4.48 |
| 保康县 | 6.51 | 0.13 | 0.25 | | 6.13 | | 6.51 |
| 农场 | 2.30 | 1.22 | | | 1.08 | | 2.30 |
| 老河口市 | 3.87 | 0.13 | 0.13 | | 3.61 | | 3.87 |
| 枣阳市 | 5.70 | 0.07 | | 0.13 | 5.50 | | 5.00 |
| 宜城市 | 3.11 | | | | 3.07 | 0.04 | 3.06 |
| **鄂州市** | **1.05** | **0.24** | **0.14** | | **0.67** | | **0.99** |
| 市辖区 | 1.05 | 0.24 | 0.14 | | 0.67 | | 0.99 |
| **荆门市** | **40.42** | **0.63** | **0.43** | **3.93** | **35.43** | | **35.40** |
| 掇刀区 | 1.80 | | 0.30 | | 1.50 | | 1.80 |
| 东宝区 | 1.61 | | 0.03 | 0.63 | 0.95 | | 1.61 |
| 屈家岭区 | 3.51 | | 0.10 | | 3.41 | | 3.31 |
| 京山县 | 8.00 | | | 3.00 | 5.00 | | 5.00 |
| 沙洋县 | 3.52 | 0.02 | | | 3.50 | | 2.30 |

续表2　　单位:千公顷

| | 本年节水灌溉面积合计 | 喷灌面积 | 微灌面积 | 低压管灌面积 | 渠道防渗面积 | 其他工程节水面积 | 上年节水灌溉面积达到 |
|---|---|---|---|---|---|---|---|
| 钟祥市 | 9.98 | | | 0.30 | 9.68 | | 9.38 |
| 沙洋农场 | 12.00 | 0.61 | | | 11.39 | | 12.00 |
| **孝感市** | **27.22** | **2.74** | **0.06** | **0.10** | **23.95** | **0.37** | **25.54** |
| 孝南区 | 0.47 | 0.02 | | 0.02 | 0.43 | | 0.47 |
| 孝昌县 | 3.63 | 0.10 | | | 3.53 | | 3.63 |
| 大悟县 | 11.08 | 0.13 | | | 10.95 | | 9.40 |
| 云梦县 | 9.51 | 0.78 | 0.04 | 0.08 | 8.61 | | 9.51 |
| 应城市 | 0.76 | 0.02 | | | 0.37 | 0.37 | 0.76 |
| 安陆市 | 1.69 | 1.69 | | | | | 1.69 |
| 汉川市 | 0.08 | | 0.02 | | 0.06 | | 0.08 |
| **荆州市** | **27.15** | **0.83** | **2.09** | | **17.50** | **6.73** | **22.24** |
| 沙市区 | 0.05 | | 0.05 | | | | 0.05 |
| 荆州区 | 2.34 | 0.34 | 2.00 | | | | 2.34 |
| 公安县 | 2.00 | | | | 2.00 | | 2.00 |
| 监利县 | 4.94 | | | | 4.94 | | 4.32 |
| 江陵县 | 6.33 | | | | | 6.33 | 6.33 |
| 石首市 | 1.18 | 0.04 | 0.04 | | 0.70 | 0.40 | 0.08 |
| 洪湖市 | 6.79 | 0.45 | | | 6.34 | | 4.00 |
| 松滋市 | 3.52 | | | | 3.52 | | 3.12 |
| **黄冈市** | **34.64** | **1.17** | **0.15** | **0.30** | **32.03** | **0.99** | **30.96** |
| 黄州区 | 0.30 | 0.23 | 0.07 | | | | 0.23 |
| 红安县 | 5.86 | | | | 5.86 | | 5.86 |
| 罗田县 | 0.90 | | | | | 0.90 | 0.85 |
| 英山县 | 1.96 | 0.08 | | | 1.80 | 0.08 | 1.90 |
| 浠水县 | 3.22 | | 0.02 | | 3.20 | | 3.22 |
| 蕲春县 | 2.94 | 0.11 | 0.04 | | 2.79 | | 1.04 |
| 黄梅县 | 1.10 | 0.03 | | | 1.06 | 0.01 | 1.08 |
| 麻城市 | 1.96 | 0.12 | 0.02 | | 1.82 | | 1.68 |

续表3　　单位:千公顷

| | 本年节水灌溉面积合计 | 喷灌面积 | 微灌面积 | 低压管灌面积 | 渠道防渗面积 | 其他工程节水面积 | 上年节水灌溉面积达到 |
|---|---|---|---|---|---|---|---|
| 武穴市 | 16.40 | 0.60 | | 0.30 | 15.50 | | 15.10 |
| **咸宁市** | **22.80** | **0.08** | **1.83** | **0.13** | **20.50** | **0.26** | **19.74** |
| 咸安区 | 2.98 | | | | 2.98 | | 2.98 |
| 嘉鱼县 | 10.28 | | 1.35 | | 8.93 | | 7.98 |
| 通城县 | 0.40 | 0.05 | | 0.01 | 0.34 | | 0.34 |
| 崇阳县 | 3.50 | | | | 3.50 | | 3.20 |
| 通山县 | 5.44 | | 0.48 | | 4.70 | 0.26 | 5.04 |
| 赤壁市 | 0.20 | 0.03 | | 0.12 | 0.05 | | 0.20 |
| **随州市** | **29.64** | **1.78** | **0.30** | **0.16** | **23.13** | **4.27** | **24.33** |
| 曾都区 | 9.49 | 0.18 | 0.15 | 0.16 | 5.09 | 3.91 | 7.15 |
| 随县 | 16.34 | 0.40 | 0.15 | | 15.79 | | 13.40 |
| 广水市 | 3.81 | 1.20 | | | 2.25 | 0.36 | 3.78 |
| 恩施土家族苗族自治州 | 19.59 | 0.87 | 0.79 | 1.91 | 15.94 | 0.08 | 14.29 |
| 恩施市 | 1.54 | | | 1.48 | 0.06 | | 0.21 |
| 利川市 | 6.10 | 0.10 | 0.10 | | 5.90 | | 5.10 |
| 建始县 | 0.03 | 0.02 | 0.01 | | | | |
| 巴东县 | 2.43 | | | 0.43 | 1.92 | 0.08 | 1.20 |
| 宣恩县 | 0.01 | 0.01 | | | | | 0.01 |
| 咸丰县 | 2.51 | 0.68 | 0.65 | | 1.18 | | 1.10 |
| 来凤县 | 6.89 | 0.01 | | | 6.88 | | 6.59 |
| 鹤峰县 | 0.08 | 0.05 | 0.03 | | | | 0.08 |
| **仙桃市** | **6.28** | | | | **6.28** | | **6.28** |
| **潜江市** | **37.66** | **0.37** | **0.22** | **2.87** | **34.20** | | **37.66** |
| **天门市** | **17.70** | | | | **17.70** | | **16.00** |
| **神农架林区** | **0.25** | **0.04** | | | **0.21** | | **0.25** |

## 水土流失治理面积

单位:千公顷

| | 原有水土流失面积 | 新增水土流失面积 | 其中:植被死亡或破坏 | 开发建设或开荒、过牧 |
|---|---|---|---|---|
| **湖　北** | **7915.97** | **117.69** | **31.75** | **42.32** |
| **武汉市** | **192.26** | **1.26** | **0.10** | **0.80** |
| 洪山区 | 5.30 | | | |
| 东西湖区 | 4.20 | 0.60 | | 0.60 |
| 汉南区 | 0.14 | 0.26 | | |
| 蔡甸区 | 31.60 | | | |
| 江夏区 | 24.00 | | | |
| 黄陂区 | 58.00 | | | |
| 新洲区 | 69.00 | 0.40 | 0.10 | 0.20 |
| 开发区 | 0.02 | | | |
| **黄石市** | **153.71** | **0.95** | **0.05** | **0.60** |
| 市辖区 | 5.60 | | | |
| 下陆区 | 0.76 | | | |
| 铁山区 | 1.55 | | | |
| 阳新县 | 123.80 | 0.20 | 0.05 | 0.10 |
| 大冶市 | 22.00 | 0.75 | | 0.50 |
| **十堰市** | **1470.21** | **99.50** | **30.00** | **31.30** |
| 茅箭区 | 27.40 | | | |
| 张湾区 | 26.30 | | | |
| 郧　县 | 260.00 | | | |
| 郧西县 | 298.55 | 68.00 | 30.00 | |
| 竹山县 | 201.65 | | | |
| 竹溪县 | 205.30 | 1.20 | | 1.00 |
| 房　县 | 224.35 | | | |
| 丹江口市 | 226.66 | 30.30 | | 30.30 |
| **宜昌市** | **1214.44** | | | |
| 西陵区 | 4.65 | | | |
| 伍家岗区 | 4.92 | | | |
| 点军区 | 23.56 | | | |
| 猇亭区 | 9.33 | | | |
| 夷陵区 | 244.04 | | | |
| 远安县 | 78.35 | | | |
| 兴山县 | 153.92 | | | |
| 秭归县 | 235.58 | | | |
| 长阳土家族自治县 | 216.50 | | | |
| 五峰土家族自治县 | 60.70 | | | |

续表1　　　　单位：千公顷

| | 其他原因 | 水土流失治理面积 | 其中：小流域治理面积 | 水土流失治理面积 | | 上年水土流失治理面积达到 |
|---|---|---|---|---|---|---|
| | | | | 新　增 | 减　少 | |
| **湖　北** | **43.62** | **4832.72** | **1448.41** | **168.72** | **2.47** | **4666.47** |
| **武汉市** | **0.36** | **132.28** | **6.31** | **1.44** | **0.40** | **131.24** |
| 洪山区 | | 2.46 | | | | 2.46 |
| 东西湖区 | | 4.80 | | 0.20 | | 4.60 |
| 汉南区 | 0.26 | 0.40 | | | | 0.40 |
| 蔡甸区 | | 3.23 | 1.80 | 0.14 | | 3.09 |
| 江夏区 | | 19.98 | | 0.10 | 0.30 | 20.18 |
| 黄陂区 | | 51.26 | | 0.60 | | 50.66 |
| 新洲区 | 0.10 | 50.13 | 4.50 | 0.40 | 0.10 | 49.83 |
| 开发区 | | 0.02 | 0.01 | | | 0.02 |
| **黄石市** | **0.30** | **72.81** | **24.54** | **2.20** | | **70.61** |
| 市辖区 | | 3.60 | | | | 3.60 |
| 下陆区 | | 0.76 | | | | 0.76 |
| 铁山区 | | 0.29 | | 0.02 | | 0.27 |
| 阳新县 | 0.05 | 45.80 | 24.54 | 2.00 | | 43.80 |
| 大冶市 | 0.25 | 22.36 | | 0.18 | | 22.18 |
| **十堰市** | **38.20** | **1247.88** | **323.17** | **123.09** | | **1124.79** |
| 茅箭区 | | 4.52 | 1.43 | | | 4.52 |
| 张湾区 | | 4.47 | 4.47 | | | 4.47 |
| 郧　县 | | 207.72 | 26.95 | 26.95 | | 180.77 |
| 郧西县 | 38.00 | 365.74 | 182.29 | 64.92 | | 300.82 |
| 竹山县 | | 72.99 | 44.82 | | | 72.99 |
| 竹溪县 | 0.20 | 188.07 | 9.63 | 0.42 | | 187.65 |
| 房　县 | | 147.41 | 53.58 | 0.50 | | 146.91 |
| 丹江口市 | | 256.96 | | 30.30 | | 226.66 |
| **宜昌市** | | **900.08** | **438.33** | **4.14** | **0.57** | **896.51** |
| 西陵区 | | 3.37 | | | | 3.37 |
| 伍家岗区 | | 2.90 | | | | 2.90 |
| 点军区 | | 19.76 | 2.63 | | | 19.76 |
| 猇亭区 | | 6.01 | 0.50 | | | 6.01 |
| 夷陵区 | | 210.50 | 66.30 | 0.70 | | 209.80 |
| 远安县 | | 62.38 | 8.14 | | | 62.38 |
| 兴山县 | | 146.20 | 95.13 | 0.41 | | 145.79 |
| 秭归县 | | 232.22 | 230.10 | 0.62 | 0.57 | 232.17 |
| 长阳土家族自治县 | | 119.89 | | 2.40 | | 117.49 |
| 五峰土家族自治县 | | 23.43 | 1.50 | 0.01 | | 23.42 |

续表2 单位:千公顷

| | 原有水土流失面积 | 新增水土流失面积 | 其中:植被死亡或破坏 | 开发建设或开荒、过牧 | 其他原因 |
|---|---|---|---|---|---|
| 宜都市 | 77.00 | | | | |
| 当阳市 | 85.50 | | | | |
| 枝江市 | 20.39 | | | | |
| **襄阳市** | **763.03** | | | | |
| 市辖区 | 37.65 | | | | |
| 襄州区 | 38.00 | | | | |
| 南漳县 | 175.30 | | | | |
| 谷城县 | 138.35 | | | | |
| 保康县 | 174.67 | | | | |
| 老河口市 | 47.98 | | | | |
| 枣阳市 | 91.89 | | | | |
| 宜城市 | 59.19 | | | | |
| **鄂州市** | **26.35** | | | | |
| 市辖区 | 26.35 | | | | |
| **荆门市** | **282.50** | **7.01** | **1.40** | **3.50** | **2.11** |
| 掇刀区 | 15.60 | 0.01 | | | 0.01 |
| 东宝区 | 29.27 | 0.10 | | 0.10 | |
| 屈家岭区 | 6.69 | | | | |
| 京山县 | 100.97 | | | | |
| 沙洋县 | 21.70 | 6.90 | 1.40 | 3.40 | 2.10 |
| 钟祥市 | 108.27 | | | | |
| **孝感市** | **380.18** | **5.00** | | **3.00** | **2.00** |
| 市辖区 | 4.26 | | | | |
| 孝南区 | 11.86 | | | | |
| 孝昌县 | 54.14 | | | | |
| 大悟县 | 189.63 | 3.00 | | 3.00 | |
| 云梦县 | 8.90 | | | | |
| 应城市 | 18.84 | | | | |
| 安陆市 | 64.18 | 2.00 | | | 2.00 |
| 汉川市 | 28.37 | | | | |
| **荆州市** | **87.10** | | | | |
| 沙市区 | 2.98 | | | | |
| 荆州区 | 21.26 | | | | |
| 公安县 | 5.09 | | | | |
| 石首市 | 14.37 | | | | |
| 洪湖市 | 6.17 | | | | |

续表3 单位:千公顷

| | 水土流失<br>治理面积 | 其中:<br>小流域治理面积 | 水土流失治理面积 | | 上年水土流失<br>治理面积达到 |
|---|---|---|---|---|---|
| | | | 新　增 | 减　少 | |
| 宜都市 | 44.12 | 4.73 | | | 44.12 |
| 当阳市 | 22.12 | 22.12 | | | 22.12 |
| 枝江市 | 7.18 | 7.18 | | | 7.18 |
| **襄阳市** | **446.41** | **284.42** | **7.00** | | **439.41** |
| 市辖区 | 15.65 | 15.25 | | | 15.65 |
| 襄州区 | 11.00 | 7.00 | 1.00 | | 10.00 |
| 南漳县 | 79.45 | 68.31 | 1.50 | | 77.95 |
| 谷城县 | 124.32 | 73.13 | | | 124.32 |
| 保康县 | 123.18 | 85.99 | 3.00 | | 120.18 |
| 老河口市 | 1.94 | 1.94 | | | 1.94 |
| 枣阳市 | 70.44 | 12.61 | 1.50 | | 68.94 |
| 宜城市 | 20.43 | 20.19 | | | 20.43 |
| **鄂州市** | **22.72** | **11.07** | | | **22.72** |
| 市辖区 | 22.72 | 11.07 | | | 22.72 |
| **荆门市** | **117.65** | **8.00** | **5.31** | **0.76** | **113.10** |
| 掇刀区 | 14.01 | | 0.01 | | 14.00 |
| 东宝区 | 12.52 | 8.00 | 2.00 | | 10.52 |
| 屈家岭区 | 5.14 | | | | 5.14 |
| 京山县 | 16.80 | | 3.20 | | 13.60 |
| 沙洋县 | 7.84 | | | 0.76 | 8.60 |
| 钟祥市 | 61.34 | | 0.10 | | 61.24 |
| **孝感市** | **205.98** | **13.33** | **6.80** | | **199.18** |
| 市辖区 | 0.89 | 0.49 | | | 0.89 |
| 孝南区 | 7.06 | | | | 7.06 |
| 孝昌县 | 38.91 | 4.50 | 1.80 | | 37.11 |
| 大悟县 | 114.20 | | 3.00 | | 111.20 |
| 云梦县 | 2.13 | | | | 2.13 |
| 应城市 | 8.34 | 8.34 | | | 8.34 |
| 安陆市 | 34.45 | | 2.00 | | 32.45 |
| 汉川市 | | | | | |
| **荆州市** | **38.76** | **15.65** | **0.40** | | **38.36** |
| 沙市区 | 1.08 | | | | 1.08 |
| 荆州区 | 8.61 | 8.61 | | | 8.61 |
| 公安县 | 0.80 | | | | 0.80 |
| 石首市 | 2.00 | 2.00 | 0.40 | | 1.60 |
| 洪湖市 | 0.34 | | | | 0.34 |

续表4 单位：千公顷

| | 原有水土流失面积 | 新增水土流失面积 | 其中：植被死亡或破坏 | 开发建设或开荒、过牧 | 其他原因 |
|---|---|---|---|---|---|
| 松滋市 | 37.23 | | | | |
| **黄冈市** | **1011.98** | **1.92** | **0.20** | **1.37** | **0.35** |
| 黄州区 | 28.00 | | | | |
| 团风县 | 24.63 | | | | |
| 红安县 | 178.00 | | | | |
| 罗田县 | 116.00 | | | | |
| 英山县 | 72.10 | 0.25 | | 0.05 | 0.20 |
| 浠水县 | 121.20 | | | | |
| 蕲春县 | 116.85 | 0.12 | | 0.12 | |
| 黄梅县 | 64.80 | 0.75 | | 0.60 | 0.15 |
| 麻城市 | 229.40 | 0.80 | 0.20 | 0.60 | |
| 武穴市 | 61.00 | | | | |
| **咸宁市** | **324.37** | | | | |
| 咸安区 | 49.42 | | | | |
| 嘉鱼县 | 28.90 | | | | |
| 通城县 | 64.46 | | | | |
| 崇阳县 | 79.74 | | | | |
| 通山县 | 54.44 | | | | |
| 赤壁市 | 47.41 | | | | |
| **随州市** | **401.40** | **2.05** | | **1.75** | **0.30** |
| 曾都区 | 128.96 | 0.05 | | 0.05 | |
| 随县 | 143.44 | 2.00 | | 1.70 | 0.30 |
| 广水市 | 129.00 | | | | |
| 恩施土家族苗族自治州 | 1424.36 | | | | |
| 恩施市 | 239.63 | | | | |
| 利川市 | 283.79 | | | | |
| 建始县 | 115.96 | | | | |
| 巴东县 | 250.41 | | | | |
| 宣恩县 | 164.41 | | | | |
| 咸丰县 | 168.46 | | | | |
| 来凤县 | 91.70 | | | | |
| 鹤峰县 | 110.00 | | | | |
| **仙桃市** | **30.00** | | | | |
| **潜江市** | **7.10** | | | | |
| **天门市** | **72.00** | | | | |
| **神农架林区** | **74.98** | | | | |

续表5 单位：千公顷

| | 水土流失治理面积 | 其中：小流域治理面积 | 水土流失治理面积 | | 上年水土流失治理面积达到 |
|---|---|---|---|---|---|
| | | | 新 增 | 减 少 | |
| 松滋市 | 25.93 | 5.04 | | | 25.93 |
| **黄冈市** | **629.53** | **98.41** | **8.05** | **0.74** | **622.22** |
| 黄州区 | 28.00 | | | | 28.00 |
| 团风县 | 23.70 | 5.21 | | 0.14 | 23.84 |
| 红安县 | 122.47 | | 1.71 | | 120.76 |
| 罗田县 | 74.13 | 24.03 | | | 74.13 |
| 英山县 | 8.25 | | 1.50 | | 6.75 |
| 浠水县 | 86.52 | 8.17 | 1.32 | | 85.20 |
| 蕲春县 | 42.41 | | 0.45 | | 41.96 |
| 黄梅县 | 54.19 | 45.00 | 1.35 | 0.60 | 53.44 |
| 麻城市 | 169.36 | 4.70 | 1.72 | | 167.64 |
| 武穴市 | 20.50 | 11.30 | | | 20.50 |
| **咸宁市** | **214.68** | **34.48** | **0.80** | | **213.88** |
| 咸安区 | 38.05 | | 0.10 | | 37.95 |
| 嘉鱼县 | 20.26 | 0.60 | 0.40 | | 19.86 |
| 通城县 | 53.99 | 2.00 | 0.10 | | 53.89 |
| 崇阳县 | 51.54 | 1.50 | 0.10 | | 51.44 |
| 通山县 | 25.18 | 25.18 | 0.10 | | 25.08 |
| 赤壁市 | 25.66 | 5.20 | | | 25.66 |
| **随州市** | **154.80** | **0.60** | **2.03** | | **152.77** |
| 曾都区 | 65.54 | 0.20 | 0.53 | | 65.01 |
| 随县 | 74.74 | 0.40 | 1.00 | | 73.74 |
| 广水市 | 14.52 | | 0.50 | | 14.02 |
| 恩施土家族苗族自治州 | 576.27 | 168.07 | 3.08 | | 573.19 |
| 恩施市 | 109.61 | 11.31 | 0.62 | | 108.99 |
| 利川市 | 135.03 | 134.56 | 0.47 | | 134.56 |
| 建始县 | 29.00 | | | | 29.00 |
| 巴东县 | 101.74 | 0.30 | 0.56 | | 101.18 |
| 宣恩县 | 71.45 | 16.32 | 0.61 | | 70.84 |
| 咸丰县 | 64.07 | 2.88 | 0.27 | | 63.80 |
| 来凤县 | 34.78 | 2.70 | 0.55 | | 34.23 |
| 鹤峰县 | 30.59 | | | | 30.59 |
| **仙桃市** | **16.02** | | **0.22** | | **15.80** |
| **潜江市** | **3.78** | **3.78** | **1.06** | | **2.72** |
| **天门市** | **1.60** | | | | **1.60** |
| **神农架林区** | **51.47** | **18.25** | **3.10** | | **48.37** |

## 农村饮水安全人口达标

单位:万人

| | 本年饮水安全达标人口 | | | | 上年农村饮水安全达标人口 |
|---|---|---|---|---|---|
| | 合　计 | #只达到基本安全人　口 | 本年新增 | 本年减少 | |
| **湖　北** | **2636.06** | **515.03** | **272.40** | **64.74** | **2428.41** |
| **武汉市** | **208.91** | **27.87** | **33.30** | **9.88** | **185.49** |
| 洪山区 | 18.39 | | | | 18.39 |
| 东西湖区 | 16.94 | | 0.51 | | 16.43 |
| 汉南区 | 7.18 | | | | 7.18 |
| 蔡甸区 | 29.83 | | 8.70 | | 21.13 |
| 江夏区 | 40.70 | | 13.61 | | 27.09 |
| 黄陂区 | 68.00 | | 5.07 | | 62.93 |
| 新洲区 | 27.87 | 27.87 | 5.41 | | 22.46 |
| 开发区 | | | | 9.88 | 9.88 |
| **黄石市** | **80.10** | | **14.26** | | **65.84** |
| 市辖区 | 5.77 | | 0.20 | | 5.57 |
| 黄石港区 | 0.64 | | | | 0.64 |
| 石灰窑区 | 1.15 | | | | 1.15 |
| 下陆区 | 0.71 | | 0.04 | | 0.67 |
| 铁山区 | 0.49 | | 0.29 | | 0.20 |
| 阳新县 | 42.22 | | 10.23 | | 31.99 |
| 大冶市 | 29.12 | | 3.50 | | 25.62 |
| **十堰市** | **183.55** | **12.04** | **17.50** | | **166.05** |
| 茅箭区 | 2.41 | | 0.30 | | 2.11 |
| 张湾区 | 4.24 | 0.97 | 0.50 | | 3.74 |
| 郧　县 | 33.00 | | 3.00 | | 30.00 |
| 郧西县 | 30.00 | 11.07 | 2.00 | | 28.00 |
| 竹山县 | 23.63 | | 2.00 | | 21.63 |
| 竹溪县 | 20.68 | | 2.50 | | 18.18 |
| 房　县 | 29.26 | | 2.50 | | 26.76 |
| 丹江口市 | 40.33 | | 4.70 | | 35.63 |

续表1 单位:万人

| | 本年饮水安全达标人口 | | | | 上年农村饮水安全达标人口 |
|---|---|---|---|---|---|
| | 合计 | #只达到基本安全人口 | 本年新增 | 本年减少 | |
| **宜昌市** | **230.45** | **49.94** | **22.15** | **20.76** | **229.06** |
| 西陵区 | 1.21 | | 0.20 | | 1.01 |
| 伍家岗区 | 1.70 | | 0.78 | | 0.92 |
| 点军区 | 8.32 | 3.89 | 0.50 | | 7.82 |
| 猇亭区 | 2.29 | | 0.30 | | 1.99 |
| 夷陵区 | 34.07 | 11.00 | 4.00 | 5.20 | 35.27 |
| 远安县 | 15.38 | | 1.50 | | 13.88 |
| 兴山县 | 8.98 | 0.34 | 1.50 | | 7.48 |
| 秭归县 | 30.93 | | 3.00 | 2.00 | 29.93 |
| 长阳土家族自治县 | 29.55 | | 3.50 | 5.80 | 31.85 |
| 五峰土家族自治县 | 17.20 | | 1.50 | | 15.70 |
| **宜都市** | **20.00** | **5.85** | **2.37** | **7.76** | **25.39** |
| 当阳市 | 31.84 | 18.66 | 1.50 | | 30.34 |
| 枝江市 | 28.98 | 10.20 | 1.50 | | 27.48 |
| **襄阳市** | **193.78** | **42.09** | **21.87** | | **171.91** |
| 市辖区 | 20.66 | 1.32 | 0.52 | | 20.14 |
| 襄州区 | 37.49 | 4.06 | 6.52 | | 30.97 |
| 南漳县 | 20.20 | 8.50 | 1.58 | | 18.62 |
| 谷城县 | 21.61 | 3.47 | 2.11 | | 19.50 |
| 保康县 | 12.27 | 5.44 | 2.27 | | 10.00 |
| 老河口市 | 17.48 | 5.20 | 2.11 | | 15.37 |
| 枣阳市 | 45.91 | 8.50 | 5.15 | | 40.76 |
| 宜城市 | 18.16 | 5.60 | 1.61 | | 16.55 |
| **鄂州市** | **68.81** | | **5.50** | | **63.31** |
| 市辖区 | 68.81 | | 5.50 | | 63.31 |
| **荆门市** | **125.17** | **6.49** | **16.55** | | **108.62** |
| 掇刀区 | 6.99 | 6.49 | 0.50 | | 6.49 |

续表2 单位:万人

| | 本年饮水安全达标人口 | | | | 上年农村饮水安全达标人口 |
|---|---|---|---|---|---|
| | 合　计 | #只达到基本安全人　口 | 本年新增 | 本年减少 | |
| 东宝区 | 10.90 | | 1.10 | | 9.80 |
| 屈家岭区 | 2.71 | | 0.50 | | 2.21 |
| 京山县 | 21.43 | | 5.00 | | 16.43 |
| 沙洋县 | 25.12 | | 4.45 | | 20.67 |
| 钟祥市 | 58.02 | | 5.00 | | 53.02 |
| **孝感市** | **170.01** | | **14.88** | | **155.13** |
| 市辖区 | 9.63 | | 1.50 | | 8.13 |
| 孝南区 | 22.30 | | 3.00 | | 19.30 |
| 孝昌县 | 17.77 | | | | 17.77 |
| 大悟县 | 22.38 | | 2.50 | | 19.88 |
| 云梦县 | 17.39 | | | | 17.39 |
| 应城市 | 24.65 | | 1.61 | | 23.04 |
| 安陆市 | 16.17 | | 2.20 | | 13.97 |
| 汉川市 | 39.72 | | 4.07 | | 35.65 |
| **荆州市** | **350.45** | **74.77** | **28.39** | **0.55** | **322.61** |
| 市辖区 | 2.28 | | | | 2.28 |
| 沙市区 | 12.47 | | 1.49 | | 10.98 |
| 荆州区 | 21.39 | 12.82 | 3.00 | | 18.39 |
| 公安县 | 63.94 | | 4.30 | | 59.64 |
| 监利县 | 83.12 | | 5.50 | | 77.62 |
| 江陵县 | 20.82 | 3.56 | 4.00 | 0.55 | 17.37 |
| 石首市 | 31.54 | 11.00 | 3.60 | | 27.94 |
| 洪湖市 | 58.62 | 37.62 | 3.50 | | 55.12 |
| 松滋市 | 56.27 | 9.77 | 3.00 | | 53.27 |
| **黄冈市** | **377.16** | **111.50** | **27.95** | **3.72** | **352.93** |
| 黄州区 | 16.80 | | 1.50 | | 15.30 |
| 团风县 | 23.98 | 9.00 | 2.00 | | 21.98 |
| 红安县 | 35.00 | | 4.00 | | 31.00 |
| 罗田县 | 54.57 | | 2.00 | | 52.57 |

续表3 单位:万人

| | 本年饮水安全达标人口 | | | | 上年农村饮水安全达标人口 |
|---|---|---|---|---|---|
| | 合　计 | #只达到基本安全人　口 | 本年新增 | 本年减少 | |
| 英山县 | 27.09 | 13.18 | 1.75 | 3.72 | 29.06 |
| 浠水县 | 34.97 | | 2.75 | | 32.22 |
| 蕲春县 | 49.23 | | 3.00 | | 46.23 |
| 黄梅县 | 40.60 | 29.75 | 4.70 | | 35.90 |
| 麻城市 | 51.58 | 44.69 | 3.00 | | 48.58 |
| 武穴市 | 43.34 | 14.88 | 3.25 | | 40.09 |
| **咸宁市** | **187.24** | **39.47** | **9.95** | | **177.29** |
| 咸安区 | 27.74 | | 2.15 | | 25.59 |
| 嘉鱼县 | 29.51 | | 2.80 | | 26.71 |
| 通城县 | 32.78 | | 2.00 | | 30.78 |
| 崇阳县 | 31.24 | 14.04 | 1.00 | | 30.24 |
| 通山县 | 32.88 | | 1.50 | | 31.38 |
| 赤壁市 | 33.09 | 25.43 | 0.50 | | 32.59 |
| **随州市** | **120.45** | **26.69** | **24.46** | | **95.99** |
| 曾都区 | 33.43 | | 5.20 | | 28.23 |
| 随县 | 55.45 | 26.69 | 14.76 | | 40.69 |
| 广水市 | 31.57 | | 4.50 | | 27.07 |
| 恩施土家族苗族自治州 | 188.82 | 66.76 | 17.18 | | 171.64 |
| 恩施市 | 32.15 | 11.28 | 3.00 | | 29.15 |
| 利川市 | 37.85 | 11.87 | 3.18 | | 34.67 |
| 建始县 | 29.01 | 13.08 | 2.00 | | 27.01 |
| 巴东县 | 22.20 | 6.95 | 2.00 | | 20.20 |
| 宣恩县 | 20.45 | 7.43 | 2.00 | | 18.45 |
| 咸丰县 | 19.55 | 5.98 | 2.00 | | 17.55 |
| 来凤县 | 15.91 | 6.00 | 2.00 | | 13.91 |
| 鹤峰县 | 11.70 | 4.17 | 1.00 | | 10.70 |
| **仙桃市** | **50.33** | | **5.00** | | **45.33** |
| **潜江市** | **46.24** | **4.00** | **6.16** | | **40.08** |
| **天门市** | **53.40** | **53.40** | **7.00** | **28.35** | **74.75** |
| **神农架林区** | **1.19** | | **0.30** | **1.48** | **2.37** |

# 有效灌溉面积减少原因

单位:千公顷

| | 本年有效灌溉面积 | | 本年有效灌溉面积减少原因 | | | | | | | |
|---|---|---|---|---|---|---|---|---|---|---|
| | 新 增 | 减 少 | 水源不足 | 老化失修 | 毁损破坏 | 转供工业、生活 | 建设占地 | 退 耕 | 统计调整 | 其他 |
| **湖 北** | **95.28** | **19.37** | **3.70** | **0.37** | | | **0.11** | | **15.19** | |
| **武汉市** | **2.19** | **0.90** | **0.60** | **0.30** | | | | | | |
| 东西湖区 | 0.11 | | | | | | | | | |
| 蔡甸区 | 1.47 | | | | | | | | | |
| 江夏区 | 0.10 | | | | | | | | | |
| 黄陂区 | 0.01 | | | | | | | | | |
| 新洲区 | 0.50 | 0.90 | 0.60 | 0.30 | | | | | | |
| **黄石市** | **5.01** | | | | | | | | | |
| 市辖区 | 1.45 | | | | | | | | | |
| 阳新县 | 0.20 | | | | | | | | | |
| 大冶市 | 3.36 | | | | | | | | | |
| 十堰市 | 2.40 | | | | | | | | | |
| 茅箭区 | 0.01 | | | | | | | | | |
| 张湾区 | 0.26 | | | | | | | | | |
| 郧 县 | 1.67 | | | | | | | | | |
| 郧西县 | 0.20 | | | | | | | | | |
| 房 县 | 0.06 | | | | | | | | | |
| 丹江口市 | 0.20 | | | | | | | | | |
| **宜昌市** | **1.74** | **0.11** | | | | | **0.11** | | | |
| 伍家岗区 | | 0.01 | | | | | 0.01 | | | |
| 点军区 | 0.10 | | | | | | | | | |
| 猇亭区 | | 0.10 | | | | | 0.10 | | | |
| 兴山县 | 0.98 | | | | | | | | | |
| 秭归县 | 0.30 | | | | | | | | | |
| 宜都市 | 0.06 | | | | | | | | | |
| 当阳市 | 0.30 | | | | | | | | | |
| **鄂州市** | **0.33** | | | | | | | | | |
| 市辖区 | 0.33 | | | | | | | | | |
| **荆门市** | **55.43** | | | | | | | | | |
| 掇刀区 | 11.36 | | | | | | | | | |
| 东宝区 | 6.11 | | | | | | | | | |
| 屈家岭区 | 0.20 | | | | | | | | | |
| 京山县 | 9.77 | | | | | | | | | |
| 沙洋县 | 26.99 | | | | | | | | | |
| 钟祥市 | 1.00 | | | | | | | | | |

续表1 单位:千公顷

| | 本年有效灌溉面积 | | 本年有效灌溉面积减少原因 | | | | | | | |
|---|---|---|---|---|---|---|---|---|---|---|
| | 新增 | 减少 | 水源不足 | 老化失修 | 毁损破坏 | 转供工业、生活 | 建设占地 | 退耕 | 统计调整 | 其他 |
| **孝感市** | **5.86** | **3.10** | **3.10** | | | | | | | |
| 孝南区 | | 2.82 | 2.82 | | | | | | | |
| 孝昌县 | | 0.28 | 0.28 | | | | | | | |
| 大悟县 | 3.40 | | | | | | | | | |
| 云梦县 | 0.06 | | | | | | | | | |
| 应城市 | 2.40 | | | | | | | | | |
| **荆州市** | **10.65** | **15.19** | | | | | | | **15.19** | |
| 公安县 | | 15.19 | | | | | | | 15.19 | |
| 江陵县 | 3.69 | | | | | | | | | |
| 石首市 | 0.13 | | | | | | | | | |
| 洪湖市 | 0.38 | | | | | | | | | |
| 松滋市 | 6.45 | | | | | | | | | |
| **黄冈市** | **0.33** | | | | | | | | | |
| 罗田县 | 0.20 | | | | | | | | | |
| 英山县 | 0.03 | | | | | | | | | |
| 麻城市 | 0.10 | | | | | | | | | |
| **咸宁市** | **0.06** | | | | | | | | | |
| 咸安区 | 0.02 | | | | | | | | | |
| 通城县 | 0.02 | | | | | | | | | |
| 通山县 | 0.02 | | | | | | | | | |
| **随州市** | **5.06** | | | | | | | | | |
| 曾都区 | 2.40 | | | | | | | | | |
| 随县 | 1.68 | | | | | | | | | |
| 广水市 | 0.98 | | | | | | | | | |
| 恩施土家族苗族自治州 | 6.05 | 0.07 | | 0.07 | | | | | | |
| 恩施市 | 0.10 | | | | | | | | | |
| 利川市 | 1.34 | 0.02 | | 0.02 | | | | | | |
| 建始县 | 0.20 | | | | | | | | | |
| 巴东县 | 1.17 | | | | | | | | | |
| 宣恩县 | 0.01 | | | | | | | | | |
| 咸丰县 | 0.25 | 0.05 | | 0.05 | | | | | | |
| 来凤县 | 0.65 | | | | | | | | | |
| 鹤峰县 | 2.33 | | | | | | | | | |
| **天门市** | **0.06** | | | | | | | | | |
| **神农架林区** | **0.11** | | | | | | | | | |

# 万亩以上灌区

单位：千公顷

| | 设计灌溉面积达到万亩 | | | 有 | |
|---|---|---|---|---|---|
| | | | | 合计 | |
| | 灌区处数 | 设计灌溉面积 | 有效灌溉面积 | 处数 | 有效灌溉面积 |
| **湖北** | **399** | **2661.65** | **2136.17** | **381** | **2131.24** |
| **武汉市** | **36** | **130.46** | **103.53** | **35** | **102.96** |
| 洪山区 | 2 | 5.65 | 3.46 | 2 | 3.46 |
| 东西湖区 | 1 | 20.60 | 12.03 | 1 | 12.03 |
| 汉南区 | 1 | 4.34 | 4.34 | 1 | 4.34 |
| 蔡甸区 | 15 | 15.28 | 15.28 | 15 | 15.28 |
| 江夏区 | 5 | 6.14 | 4.60 | 4 | 4.03 |
| 黄陂区 | 11 | 54.82 | 47.88 | 11 | 47.88 |
| 新洲区 | 1 | 23.63 | 15.94 | 1 | 15.94 |
| **黄石市** | **13** | **60.87** | **56.28** | **13** | **56.28** |
| 市辖区 | 1 | 0.76 | 0.76 | 1 | 0.76 |
| 阳新县 | 7 | 39.61 | 39.61 | 7 | 39.61 |
| 大冶市 | 5 | 20.50 | 15.91 | 5 | 15.91 |
| 十堰市 | 16 | 21.82 | 13.21 | 7 | 9.68 |
| 郧 县 | 6 | 12.80 | 4.93 | 2 | 2.00 |
| 郧西县 | 1 | 0.60 | 0.60 | | |
| 竹山县 | 1 | 0.45 | 0.45 | 1 | 0.45 |
| 竹溪县 | 1 | 1.39 | 1.39 | 1 | 1.39 |
| 房 县 | 6 | 3.80 | 3.80 | 2 | 3.80 |
| 丹江口市 | 1 | 2.78 | 2.04 | 1 | 2.04 |
| **宜昌市** | **18** | **151.37** | **111.91** | **17** | **111.91** |
| 点军区 | 1 | 2.80 | 0.45 | 1 | 0.45 |
| 夷陵区 | 7 | 87.58 | 69.92 | 6 | 69.92 |
| 远安县 | 2 | 2.87 | 1.71 | 2 | 1.71 |
| 宜都市 | 4 | 11.92 | 7.69 | 4 | 7.69 |
| 当阳市 | 3 | 35.53 | 23.42 | 3 | 23.42 |
| 枝江市 | 1 | 10.67 | 8.72 | 1 | 8.72 |
| **襄阳市** | **40** | **289.25** | **246.68** | **40** | **246.68** |
| 市辖区 | 5 | 18.50 | 18.10 | 5 | 18.10 |
| 襄州区 | 5 | 80.96 | 70.23 | 5 | 70.23 |
| 南漳县 | 4 | 37.40 | 19.66 | 4 | 19.66 |

续表1 单位:千公顷

| | 效灌溉面积达到万亩 | | | | | | | |
|---|---|---|---|---|---|---|---|---|
| | 五十万亩以上灌区 | | 三十至五十万亩灌区 | | 五至三十万亩灌区 | | 一至五万亩灌区 | |
| | 处数 | 有效灌溉面积 | 处数 | 有效灌溉面积 | 处数 | 有效灌溉面积 | 处数 | 有效灌溉面积 |
| **湖北** | **11** | **646.78** | **21.00** | **419.32** | **102** | **660.68** | **247** | **404.46** |
| **武汉市** | | | **2.00** | **35.94** | **3** | **28.77** | **30** | **38.25** |
| 洪山区 | | | | | | | 2 | 3.46 |
| 东西湖区 | | | | | 1 | 12.03 | | |
| 汉南区 | | | | | 1 | 4.34 | | |
| 蔡甸区 | | | | | | | 15 | 15.28 |
| 江夏区 | | | | | | | 4 | 4.03 |
| 黄陂区 | | | 1.00 | 20.00 | 1 | 12.40 | 9 | 15.48 |
| 新洲区 | | | 1.00 | 15.94 | | | | |
| **黄石市** | | | **1.00** | **30.00** | **1** | **6.50** | **11** | **19.78** |
| 市辖区 | | | | | | | 1 | 0.76 |
| 阳新县 | | | 1.00 | 30.00 | | | 6 | 9.61 |
| 大冶市 | | | | | 1 | 6.50 | 4 | 9.41 |
| **十堰市** | | | | | | | **7** | **9.68** |
| 郧县 | | | | | | | 2 | 2.00 |
| 郧西县 | | | | | | | | |
| 竹山县 | | | | | | | 1 | 0.45 |
| 竹溪县 | | | | | | | 1 | 1.39 |
| 房县 | | | | | | | 2 | 3.80 |
| 丹江口市 | | | | | | | 1 | 2.04 |
| **宜昌市** | **1** | **65.00** | | | **5** | **35.47** | **11** | **11.44** |
| 点军区 | | | | | | | 1 | 0.45 |
| 夷陵区 | 1 | 65.00 | | | | | 5 | 4.92 |
| 远安县 | | | | | | | 2 | 1.71 |
| 宜都市 | | | | | 1 | 3.33 | 3 | 4.36 |
| 当阳市 | | | | | 3 | 23.42 | | |
| 枝江市 | | | | | 1 | 8.72 | | |
| **襄阳市** | **1** | **79.04** | **4.00** | **79.12** | **3** | **30.15** | **32** | **58.37** |
| 市辖区 | | 12.70 | | | | | 5 | 5.40 |
| 襄州区 | | 39.43 | | | 1 | 17.55 | 4 | 13.25 |
| 南漳县 | | | 1.00 | 6.20 | 2 | 12.60 | 1 | 0.86 |

续表2　　　　　　　　　　　　　　　　　　　　　　　　　　　　　　　单位:千公顷

| | 设计灌溉面积达到万亩 | | | 有 | |
|---|---|---|---|---|---|
| | 灌区处数 | 设　计<br>灌溉面积 | 有　效<br>灌溉面积 | 合　计 | |
| | | | | 处数 | 有　效<br>灌溉面积 |
| 谷城县 | 5 | 16.46 | 11.85 | 5 | 11.85 |
| 农场 | | 4.00 | 4.00 | | 4.00 |
| 老河口市 | 1 | 25.00 | 22.91 | 1 | 22.91 |
| 枣阳市 | 12 | 75.00 | 73.43 | 12 | 73.43 |
| 宜城市 | 8 | 31.93 | 26.50 | 8 | 26.50 |
| **鄂州市** | **9** | **16.84** | **16.84** | **9** | **16.84** |
| 市辖区 | 9 | 16.84 | 16.84 | 9 | 16.84 |
| **荆门市** | **47** | **351.16** | **326.08** | **46** | **326.08** |
| 掇刀区 | 4 | 6.00 | 6.00 | 4 | 6.00 |
| 东宝区 | 5 | 180.88 | 155.80 | 4 | 155.80 |
| 京山县 | 7 | 46.73 | 46.73 | 7 | 46.73 |
| 沙洋县 | 23 | 41.05 | 41.05 | 23 | 41.05 |
| 钟祥市 | 8 | 76.50 | 76.50 | 8 | 76.50 |
| **孝感市** | **31** | **212.05** | **185.37** | **31** | **185.37** |
| 孝南区 | 5 | 38.83 | 29.79 | 5 | 29.79 |
| 孝昌县 | 4 | 33.64 | 33.64 | 4 | 33.64 |
| 大悟县 | 4 | 19.70 | 15.00 | 4 | 15.00 |
| 云梦县 | 1 | 12.21 | 12.21 | 1 | 12.21 |
| 应城市 | 3 | 36.90 | 34.60 | 3 | 34.60 |
| 安陆市 | 3 | 23.35 | 19.96 | 3 | 19.96 |
| 汉川市 | 11 | 47.42 | 40.17 | 11 | 40.17 |
| **荆州市** | **53** | **489.12** | **384.54** | **53** | **384.54** |
| 市辖区 | 1 | 34.67 | 28.43 | 1 | 28.43 |
| 沙市区 | 1 | 13.93 | 11.27 | 1 | 11.27 |
| 荆州区 | 6 | 18.63 | 16.68 | 6 | 16.68 |
| 公安县 | 12 | 82.91 | 59.87 | 12 | 59.87 |
| 监利县 | 10 | 135.81 | 98.90 | 10 | 98.90 |
| 江陵县 | 3 | 37.53 | 31.41 | 3 | 31.41 |
| 石首市 | 9 | 43.97 | 30.83 | 9 | 30.83 |
| 洪湖市 | 3 | 72.07 | 61.05 | 3 | 61.05 |
| 松滋市 | 8 | 49.60 | 46.10 | 8 | 46.10 |

| | 效灌溉面积达到万亩 | | | | | | | |
|---|---|---|---|---|---|---|---|---|
| | 五十万亩以上灌区 | | 三十至五十万亩灌区 | | 五至三十万亩灌区 | | 一至五万亩灌区 | |
| | 处数 | 有效灌溉面积 | 处数 | 有效灌溉面积 | 处数 | 有效灌溉面积 | 处数 | 有效灌溉面积 |
| 谷城县 | | | | | | | 5 | 11.85 |
| 农场 | | 4.00 | | | | | | |
| 老河口市 | 1 | 22.91 | | | | | | |
| 枣阳市 | | | 3.00 | 60.79 | | | 9 | 12.64 |
| 宜城市 | | | | 12.13 | | | 8 | 14.37 |
| **鄂州市** | | | | | **1** | **7.65** | **8** | **9.19** |
| 市辖区 | | | | | 1 | 7.65 | 8 | 9.19 |
| **荆门市** | **1** | **152.60** | **4.00** | **79.50** | **9** | **43.80** | **32** | **50.18** |
| 掇刀区 | | | | | | | 4 | 6.00 |
| 东宝区 | 1 | 152.60 | | | | | 3 | 3.20 |
| 京山县 | | | 2.00 | 20.00 | 4 | 20.73 | 1 | 6.00 |
| 沙洋县 | | | | | 5 | 23.07 | 18 | 17.98 |
| 钟祥市 | | | 2.00 | 59.50 | | | 6 | 17.00 |
| **孝感市** | **1** | **28.39** | **1.00** | **10.67** | **13** | **103.50** | **16** | **42.81** |
| 孝南区 | | 0.76 | | | 4 | 25.13 | 1 | 3.90 |
| 孝昌县 | | 6.64 | | | 3 | 24.30 | 1 | 2.70 |
| 大悟县 | | | | | 1 | 5.96 | 3 | 9.04 |
| 云梦县 | | 9.60 | | | | | 1 | 2.61 |
| 应城市 | | | | 4.60 | 3 | 30.00 | | |
| 安陆市 | 1 | 11.39 | 1.00 | 6.07 | | | 1 | 2.50 |
| 汉川市 | | | | | 2 | 18.11 | 9 | 22.06 |
| **荆州市** | **2** | **59.34** | **4.00** | **96.16** | **30** | **200.23** | **17** | **28.81** |
| 市辖区 | 1 | 28.43 | | | | | | |
| 沙市区 | | | | | 1 | 11.27 | | |
| 荆州区 | | | | | 3 | 13.93 | 3 | 2.75 |
| 公安县 | | | | | 10 | 56.40 | 2 | 3.47 |
| 监利县 | | | 3.00 | 69.95 | 6 | 27.95 | 1 | 1.00 |
| 江陵县 | | | 1.00 | 26.21 | 1 | 4.00 | 1 | 1.20 |
| 石首市 | | | | | 4 | 23.17 | 5 | 7.66 |
| 洪湖市 | 1 | 30.91 | | | 2 | 30.14 | | |
| 松滋市 | | | | | 3 | 33.37 | 5 | 12.73 |

续表4 单位:千公顷

| | 设计灌溉面积达到万亩 | | | 有 | |
|---|---|---|---|---|---|
| | | | | 合计 | |
| | 灌区处数 | 设计灌溉面积 | 有效灌溉面积 | 处数 | 有效灌溉面积 |
| **黄冈市** | **62** | **318.41** | **248.40** | **60** | **248.40** |
| 黄州区 | 5 | 18.40 | 14.86 | 5 | 14.86 |
| 团风县 | 7 | 26.27 | 21.71 | 7 | 21.71 |
| 红安县 | 2 | 30.23 | 20.86 | 2 | 20.86 |
| 罗田县 | 7 | 11.44 | 9.11 | 7 | 9.11 |
| 英山县 | 2 | 9.26 | 2.57 | 2 | 2.57 |
| 浠水县 | 4 | 38.88 | 29.16 | 4 | 29.16 |
| 蕲春县 | 8 | 37.28 | 34.29 | 6 | 34.29 |
| 黄梅县 | 3 | 24.65 | 20.20 | 3 | 20.20 |
| 麻城市 | 18 | 77.43 | 69.28 | 18 | 69.28 |
| 武穴市 | 6 | 44.57 | 26.36 | 6 | 26.36 |
| **咸宁市** | **24** | **118.51** | **88.02** | **24** | **88.02** |
| 咸安区 | 7 | 19.98 | 15.50 | 7 | 15.50 |
| 嘉鱼县 | 2 | 26.53 | 18.10 | 2 | 18.10 |
| 通城县 | 4 | 15.00 | 14.13 | 4 | 14.13 |
| 崇阳县 | 4 | 15.00 | 10.37 | 4 | 10.37 |
| 通山县 | 4 | 19.00 | 13.77 | 4 | 13.77 |
| 赤壁市 | 3 | 23.00 | 16.15 | 3 | 16.15 |
| **随州市** | **27** | **112.73** | **91.30** | **24** | **90.95** |
| 曾都区 | 3 | 9.11 | 8.31 | 2 | 8.31 |
| 随县 | 10 | 56.67 | 50.38 | 8 | 50.03 |
| 广水市 | 14 | 46.95 | 32.61 | 14 | 32.61 |
| 恩施土家族苗族自治州 | 10 | 21.59 | 15.85 | 10 | 15.85 |
| 利川市 | 1 | 1.00 | 0.80 | 1 | 0.80 |
| 建始县 | 2 | 3.70 | 2.36 | 2 | 2.36 |
| 巴东县 | 1 | 1.20 | 0.80 | 1 | 0.80 |
| 宣恩县 | 1 | 2.39 | 0.78 | 1 | 0.78 |
| 来凤县 | 3 | 11.00 | 9.25 | 3 | 9.25 |
| 鹤峰县 | 2 | 2.30 | 1.86 | 2 | 1.86 |
| **仙桃市** | **5** | **148.43** | **93.80** | **5** | **93.80** |
| **潜江市** | **4** | **102.84** | **77.54** | **4** | **77.54** |
| **天门市** | **4** | **116.21** | **76.82** | **3** | **76.34** |

续表5　　　　单位：千公顷

| | 效灌溉面积达到万亩 | | | | | | | |
|---|---|---|---|---|---|---|---|---|
| | 五十万亩以上灌区 | | 三十至五十万亩灌区 | | 五至三十万亩灌区 | | 一至五万亩灌区 | |
| | 处数 | 有效灌溉面积 | 处数 | 有效灌溉面积 | 处数 | 有效灌溉面积 | 处数 | 有效灌溉面积 |
| **黄冈市** | **1** | **32.24** | **2.00** | **40.36** | **14** | **99.15** | **43** | **76.65** |
| 黄州区 | | | | | 1 | 6.00 | 4 | 8.86 |
| 团风县 | | | | | 1 | 13.53 | 6 | 8.18 |
| 红安县 | | | 1.00 | 16.36 | 1 | 4.50 | | |
| 罗田县 | | 0.44 | | | | | 7 | 8.67 |
| 英山县 | | | | | | | 2 | 2.57 |
| 浠水县 | 1 | 22.67 | | | | | 3 | 6.49 |
| 蕲春县 | | 9.13 | | | 1 | 9.13 | 5 | 16.03 |
| 黄梅县 | | | | | 3 | 20.20 | | |
| 麻城市 | | | 1.00 | 24.00 | 2 | 21.13 | 15 | 24.15 |
| 武穴市 | | | | | 5 | 24.66 | 1 | 1.70 |
| **咸宁市** | | | **2.00** | **30.90** | **8** | **27.90** | **14** | **29.22** |
| 咸安区 | | | | | | | 7 | 15.50 |
| 嘉鱼县 | | | 1.00 | 16.90 | | | 1 | 1.20 |
| 通城县 | | | | | 4 | 14.13 | | |
| 崇阳县 | | | | | | | 4 | 10.37 |
| 通山县 | | | | | 4 | 13.77 | | |
| 赤壁市 | | | 1.00 | 14.00 | | | 2 | 2.15 |
| **随州市** | **1** | **30.51** | **1.00** | **16.67** | **6** | **26.01** | **16** | **17.76** |
| 曾都区 | | | | | 1 | 5.20 | 1 | 3.11 |
| 随县 | 1 | 27.63 | | | 4 | 15.82 | 3 | 6.58 |
| 广水市 | | 2.88 | 1.00 | 16.67 | 1 | 4.99 | 12 | 8.07 |
| 恩施土家族苗族自治州 | | | | | 1 | 6.00 | 9 | 9.85 |
| 利川市 | | | | | | | 1 | 0.80 |
| 建始县 | | | | | | | 2 | 2.36 |
| 巴东县 | | | | | | | 1 | 0.80 |
| 宣恩县 | | | | | | | 1 | 0.78 |
| 来凤县 | | | | | 1 | 6.00 | 2 | 3.25 |
| 鹤峰县 | | | | | | | 2 | 1.86 |
| **仙桃市** | **1** | **71.96** | | | **4** | **21.84** | | |
| **潜江市** | **1** | **57.70** | | | **3** | **19.84** | | |
| **天门市** | **1** | **70.00** | | | **1** | **3.87** | **1** | **2.47** |

## 堤 防

单位:公里、千公顷、万人

| | 合计 | | | 上年堤防长度 |
|---|---|---|---|---|
| | 长 度 | 保护耕地 | 保护人口 | |
| **湖 北** | **13064.98** | **1851.23** | **3179.36** | **5180.80** |
| **武汉市** | **851.55** | **102.71** | **312.59** | **587.75** |
| 洪山区 | 37.52 | 7.02 | 94.00 | 37.52 |
| 东西湖区 | 105.80 | 12.69 | 26.98 | 105.80 |
| 汉南区 | 96.96 | 10.60 | 11.50 | 96.96 |
| 蔡甸区 | 252.09 | | | 37.76 |
| 江夏区 | 32.60 | | 63.03 | 30.66 |
| 黄陂区 | 72.00 | 21.00 | 29.08 | 60.59 |
| 新洲区 | 206.81 | 40.00 | 63.70 | 181.80 |
| 开发区 | 47.78 | 11.40 | 24.30 | 36.66 |
| **黄石市** | **859.50** | **112.83** | **281.01** | **257.88** |
| 市辖区 | 13.83 | 2.11 | 3.50 | |
| 黄石港区 | 6.72 | | 20.10 | 6.72 |
| 石灰窑区 | 21.55 | | 25.00 | 21.55 |
| 阳新县 | 441.00 | 95.02 | 139.02 | 222.61 |
| 大冶市 | 376.40 | 15.70 | 93.39 | 7.00 |
| **十堰市** | **1757.48** | **35.70** | **112.10** | **131.39** |
| 市辖区 | 69.64 | 3.00 | 31.00 | |
| 张湾区 | 33.00 | 0.33 | 23.00 | 33.00 |
| 郧 县 | 125.30 | 2.90 | 0.55 | 6.90 |
| 郧西县 | 442.00 | 0.55 | 6.30 | 16.52 |
| 竹山县 | 165.07 | 9.00 | 14.75 | 17.60 |
| 竹溪县 | 376.13 | 4.92 | 18.00 | 6.03 |
| 房 县 | 532.17 | 15.00 | 18.50 | 37.17 |
| 丹江口市 | 14.17 | | | 14.17 |
| **宜昌市** | **535.30** | **59.46** | **60.89** | **182.24** |
| 伍家岗区 | 20.54 | 0.26 | 1.00 | |
| 点军区 | 11.08 | 0.13 | 1.00 | |
| 猇亭区 | 12.48 | 0.59 | 3.50 | |
| 宜都市 | 69.69 | | 8.50 | 6.00 |

续表1　　单位:公里、千公顷、万人

| | 1级堤防长度 | 2级堤防长度 | 本年达标堤防长度 | 本年减少堤防长度 | 上年堤防长度 | 上年累计达标堤防长度 |
|---|---|---|---|---|---|---|
| **湖 北** | **550.38** | **1712.89** | **359.60** | **6.70** | **12711.32** | **4821.20** |
| **武汉市** | **235.69** | **144.04** | **21.72** | | **840.40** | **566.03** |
| 洪山区 | 37.52 | | | | 37.52 | 37.52 |
| 东西湖区 | | 34.65 | 11.15 | | 94.65 | 94.65 |
| 汉南区 | | 50.25 | | | 96.96 | 96.96 |
| 蔡甸区 | 13.93 | 23.83 | | | 252.09 | 37.76 |
| 江夏区 | 5.62 | 25.04 | | | 32.60 | 30.66 |
| 黄陂区 | | | | | 72.00 | 60.59 |
| 新洲区 | 166.80 | | | | 206.81 | 181.80 |
| 开发区 | 11.82 | 10.27 | 10.57 | | 47.78 | 26.09 |
| **黄石市** | **29.54** | **24.33** | **8.00** | **6.70** | **866.20** | **249.88** |
| 市辖区 | | | | 6.70 | 20.53 | |
| 黄石港区 | 6.72 | | | | 6.72 | 6.72 |
| 石灰窑区 | 21.55 | | | | 21.55 | 21.55 |
| 阳新县 | | 24.33 | 8.00 | | 441.00 | 214.61 |
| 大冶市 | 1.27 | | | | 376.40 | 7.00 |
| **十堰市** | | **18.70** | **18.52** | | **1741.88** | **112.87** |
| 市辖区 | | | | | 69.64 | |
| 张湾区 | | 15.00 | | | 33.00 | 33.00 |
| 郧 县 | | 3.70 | | | 125.30 | 6.90 |
| 郧西县 | | | | | 442.00 | 16.52 |
| 竹山县 | | | 2.92 | | 165.07 | 14.68 |
| 竹溪县 | | | 2.83 | | 373.30 | 3.20 |
| 房 县 | | | 3.17 | | 529.00 | 34.00 |
| 丹江口市 | | | 9.60 | | 4.57 | 4.57 |
| **宜昌市** | | | **0.20** | | **529.91** | **182.04** |
| 伍家岗区 | | | | | 20.54 | |
| 点军区 | | | | | 11.08 | |
| 猇亭区 | | | | | 12.48 | |
| 宜都市 | | | 0.20 | | 69.69 | 5.80 |

续表2　　　　　　　　　　　　　　　　　　　　　　　　　　　　　　单位:公里、千公顷、万人

| | 合计 | | | 上年堤防长度 |
|---|---|---|---|---|
| | 长度 | 保护耕地 | 保护人口 | |
| 当阳市 | 159.20 | 17.88 | 13.90 | 23.60 |
| 枝江市 | 262.31 | 40.60 | 32.99 | 152.64 |
| **襄阳市** | **504.80** | **96.63** | **258.91** | **288.80** |
| 市辖区 | 161.71 | 34.78 | 150.00 | 125.00 |
| 襄州区 | 187.41 | 25.52 | 35.00 | 95.80 |
| 南漳县 | 4.00 | 9.00 | 12.00 | 3.00 |
| 谷城县 | 37.84 | 4.81 | 10.00 | 28.00 |
| 老河口市 | 11.40 | 2.52 | 21.91 | 5.00 |
| 宜城市 | 102.44 | 20.00 | 30.00 | 32.00 |
| **鄂州市** | **285.00** | **129.00** | **200.00** | **67.00** |
| 市辖区 | 285.00 | 129.00 | 200.00 | 67.00 |
| **荆门市** | **505.98** | **100.00** | **75.15** | **144.05** |
| 屈家岭区 | 14.50 | | | |
| 沙洋县 | 184.07 | 51.00 | 16.00 | 14.77 |
| 钟祥市 | 307.41 | 49.00 | 59.15 | 129.28 |
| **孝感市** | **708.15** | **162.31** | **310.11** | **134.28** |
| 孝南区 | 152.20 | 25.70 | 62.43 | 38.00 |
| 孝昌县 | 14.98 | 0.89 | 8.00 | |
| 大悟县 | 25.00 | 1.50 | 30.00 | 5.00 |
| 云梦县 | 105.61 | 22.72 | 42.20 | 58.56 |
| 应城市 | 109.82 | 25.00 | 40.80 | |
| 安陆市 | 53.20 | 6.50 | 17.68 | 5.00 |
| 汉川市 | 247.34 | 80.00 | 109.00 | 27.72 |
| **荆州市** | **2775.75** | **428.01** | **595.41** | **1964.57** |
| 沙市区 | 57.86 | 11.68 | 61.77 | 57.00 |
| 荆州区 | 219.88 | 34.90 | 57.85 | 185.00 |
| 公安县 | 735.40 | 80.33 | 101.15 | 500.91 |
| 监利县 | 332.02 | 115.63 | 141.26 | 274.00 |
| 江陵县 | 83.30 | 38.65 | 40.98 | 70.30 |
| 石首市 | 371.38 | 37.06 | 63.38 | 336.20 |

续表3　　单位:公里、千公顷、万人

| | 1级堤防长度 | 2级堤防长度 | 本年达标堤防长度 | 本年减少堤防长度 | 上年堤防长度 | 上年累计达标堤防长度 |
|---|---|---|---|---|---|---|
| 当阳市 | | | | | 159.20 | 23.60 |
| 枝江市 | | | | | 256.92 | 152.64 |
| **襄阳市** | | **106.53** | | | **504.80** | **288.80** |
| 市辖区 | | 65.51 | | | 161.71 | 125.00 |
| 襄州区 | | 10.54 | | | 187.41 | 95.80 |
| 南漳县 | | | | | 4.00 | 3.00 |
| 谷城县 | | 25.48 | | | 37.84 | 28.00 |
| 老河口市 | | 5.00 | | | 11.40 | 5.00 |
| 宜城市 | | | | | 102.44 | 32.00 |
| **鄂州市** | | **67.00** | | | **285.00** | **67.00** |
| 市辖区 | | 67.00 | | | 285.00 | 67.00 |
| **荆门市** | **39.46** | **60.17** | | | **482.76** | **144.05** |
| 屈家岭区 | | | | | 14.50 | |
| 沙洋县 | | 14.77 | | | 160.85 | 14.77 |
| 钟祥市 | 39.46 | 45.40 | | | 307.41 | 129.28 |
| **孝感市** | | **65.72** | | | **708.15** | **134.28** |
| 孝南区 | | 38.00 | | | 152.20 | 38.00 |
| 孝昌县 | | | | | 14.98 | |
| 大悟县 | | | | | 25.00 | 5.00 |
| 云梦县 | | | | | 105.61 | 58.56 |
| 应城市 | | | | | 109.82 | |
| 安陆市 | | | | | 53.20 | 5.00 |
| 汉川市 | | 27.72 | | | 247.34 | 27.72 |
| **荆州市** | **229.89** | **620.74** | **27.23** | | **2775.75** | **1937.34** |
| 沙市区 | 16.50 | | | | 57.86 | 57.00 |
| 荆州区 | 75.00 | 110.00 | | | 219.88 | 185.00 |
| 公安县 | | 117.80 | 17.03 | | 735.40 | 483.88 |
| 监利县 | 138.39 | | | | 332.02 | 274.00 |
| 江陵县 | | 70.30 | | | 83.30 | 70.30 |
| 石首市 | | 91.20 | 10.20 | | 371.38 | 326.00 |

续表4 单位:公里、千公顷、万人

| | 合计 | | | 上年堤防长度 |
|---|---|---|---|---|
| | 长度 | 保护耕地 | 保护人口 | |
| 洪湖市 | 677.75 | 64.06 | 93.16 | 302.00 |
| 松滋市 | 298.16 | 45.70 | 35.86 | 239.16 |
| **黄冈市** | **2361.58** | **187.76** | **324.59** | **397.77** |
| 黄州区 | 271.66 | 32.00 | 57.69 | 129.11 |
| 团风县 | 147.66 | 14.00 | 15.00 | 35.00 |
| 红安县 | 2.00 | 10.00 | 12.00 | 0.90 |
| 罗田县 | 100.00 | | 10.50 | 27.00 |
| 英山县 | 200.00 | 4.70 | 16.00 | |
| 浠水县 | 295.00 | 27.00 | 18.52 | 58.00 |
| 蕲春县 | 98.74 | 15.80 | 45.00 | 41.40 |
| 黄梅县 | 169.52 | 37.26 | 60.48 | 58.86 |
| 麻城市 | 1037.00 | 27.00 | 53.40 | 7.50 |
| 武穴市 | 40.00 | 20.00 | 36.00 | 40.00 |
| **咸宁市** | **419.79** | **113.77** | **163.90** | **134.72** |
| 咸安区 | 65.00 | 9.27 | 20.10 | 38.80 |
| 嘉鱼县 | 153.29 | | 36.20 | 56.34 |
| 赤壁市 | 201.50 | 104.50 | 107.60 | 39.58 |
| **随州市** | **164.34** | **2.67** | **30.00** | **164.34** |
| 市辖区 | 164.34 | 2.67 | 30.00 | 164.34 |
| 恩施土家族苗族自治州 | 44.16 | 1.89 | 29.00 | 31.61 |
| 恩施市 | 11.00 | | 19.00 | 5.45 |
| 利川市 | 14.16 | 1.89 | 10.00 | 14.16 |
| 巴东县 | 6.00 | | | 6.00 |
| 宣恩县 | 7.00 | | | |
| 来凤县 | 3.00 | | | 3.00 |
| 鹤峰县 | 3.00 | | | 3.00 |
| **仙桃市** | **474.00** | **106.10** | **152.10** | **93.40** |
| **潜江市** | **256.90** | **72.00** | **103.00** | **168.30** |
| **天门市** | **432.70** | **108.36** | **164.40** | **432.70** |
| **神农架林区** | **128.00** | **32.03** | **6.20** | |

续表5 单位:公里、千公顷、万人

| | 1级堤防长度 | 2级堤防长度 | 本年达标堤防长度 | 本年减少堤防长度 | 上年堤防长度 | 上年累计达标<br>堤防长度 |
|---|---|---|---|---|---|---|
| 洪湖市 | | 202.00 | | | 677.75 | 302.00 |
| 松滋市 | | 29.44 | | | 298.16 | 239.16 |
| **黄冈市** | | **181.84** | **84.63** | | **2259.92** | **313.14** |
| 黄州区 | | 47.98 | 81.13 | | 170.00 | 47.98 |
| 团风县 | | 8.00 | | | 147.66 | 35.00 |
| 红安县 | | | | | 2.00 | 0.90 |
| 罗田县 | | 27.00 | | | 100.00 | 27.00 |
| 英山县 | | | | | 200.00 | |
| 浠水县 | | | | | 295.00 | 58.00 |
| 蕲春县 | | | | | 98.74 | 41.40 |
| 黄梅县 | | 58.86 | | | 169.52 | 58.86 |
| 麻城市 | | | 3.50 | | 1037.00 | 4.00 |
| 武穴市 | | 40.00 | | | 40.00 | 40.00 |
| **咸宁市** | | **40.22** | **7.51** | | **419.79** | **127.21** |
| 咸安区 | | 9.87 | | | 65.00 | 38.80 |
| 嘉鱼县 | | 23.56 | | | 153.29 | 56.34 |
| 赤壁市 | | 6.79 | 7.51 | | 201.50 | 32.07 |
| **随州市** | | | **164.34** | | | |
| 市辖区 | | | 164.34 | | | |
| 恩施土家族苗族自治州 | | | 27.45 | | 15.16 | 4.16 |
| 恩施市 | | | 5.45 | | 11.00 | |
| 利川市 | | | 10.00 | | 4.16 | 4.16 |
| 巴东县 | | | 6.00 | | | |
| 宣恩县 | | | | | | |
| 来凤县 | | | 3.00 | | | |
| 鹤峰县 | | | 3.00 | | | |
| **仙桃市** | | **93.40** | | | **474.00** | **93.40** |
| **潜江市** | | **168.30** | | | **256.90** | **168.30** |
| **天门市** | **15.80** | **121.90** | | | **432.70** | **432.70** |
| **神农架林区** | | | | | **118.00** | |

## 水闸基本情况表

单位:座

| | 合 计 | 按过流量大小分 | | | 按作用分 | | | |
|---|---|---|---|---|---|---|---|---|
| | | 大型 | 中型 | 小型 | 分洪闸 | 节制闸 | 排水闸 | 引水闸 |
| **湖　北** | **3787** | **16** | **543** | **3228** | **324** | **634** | **1552** | **1277** |
| **武汉市** | **639** | **2** | **12** | **625** | **111** | **387** | **108** | **33** |
| 洪山区 | 9 | | | 9 | | 6 | 3 | |
| 东西湖区 | 353 | | 4 | 349 | | 348 | 1 | 4 |
| 汉南区 | 25 | | | 25 | | 15 | | 10 |
| 蔡甸区 | 127 | 1 | 2 | 124 | 111 | 14 | 2 | |
| 江夏区 | 58 | | 1 | 57 | | 1 | 57 | |
| 黄陂区 | 28 | | | 28 | | 3 | 16 | 9 |
| 新洲区 | 24 | 1 | 5 | 18 | | | 14 | 10 |
| 开发区 | 15 | | | 15 | | | 15 | |
| **黄石市** | **221** | **1** | **6** | **214** | **1** | **21** | **189** | **10** |
| 市辖区 | 9 | | | 9 | | | 4 | 5 |
| 黄石港区 | 4 | | | 4 | | 4 | | |
| 石灰窑区 | 9 | | | 9 | | 9 | | |
| 阳新县 | 189 | 1 | | 188 | 1 | | 184 | 4 |
| 大冶市 | 10 | | 6 | 4 | | 8 | 1 | 1 |
| **宜昌市** | **245** | | | **245** | | **1** | **188** | **56** |
| 伍家岗区 | 4 | | | 4 | | | 4 | |
| 点军区 | 13 | | | 13 | | | 13 | |
| 猇亭区 | 11 | | | 11 | | | 11 | |
| 宜都市 | 55 | | | 55 | | | 55 | |
| 当阳市 | 95 | | | 95 | | | 62 | 33 |
| 枝江市 | 67 | | | 67 | | 1 | 43 | 23 |
| **襄阳市** | **914** | | **240** | **674** | **2** | **7** | **73** | **832** |
| 市辖区 | 12 | | | 12 | | | | 12 |
| 襄州区 | 113 | | | 113 | | | | 113 |
| 南漳县 | 50 | | 10 | 40 | 2 | | | 48 |
| 谷城县 | 17 | | 7 | 10 | | | | 17 |
| 老河口市 | 642 | | 204 | 438 | | | | 642 |
| 枣阳市 | 52 | | 18 | 34 | | 7 | 45 | |
| 宜城市 | 28 | | 1 | 27 | | | 28 | |
| **鄂州市** | **176** | **1** | **3** | **172** | | **10** | **166** | |
| 市辖区 | 176 | 1 | 3 | 172 | | 10 | 166 | |
| **荆门市** | **162** | **3** | **12** | **147** | | **16** | **129** | **17** |
| 沙洋县 | 113 | 3 | 12 | 98 | | 16 | 85 | 12 |
| 钟祥市 | 49 | | | 49 | | | 44 | 5 |

| | 合计 | 按过流量大小分 | | | 按作用分 | | | |
|---|---|---|---|---|---|---|---|---|
| | | 大型 | 中型 | 小型 | 分洪闸 | 节制闸 | 排水闸 | 引水闸 |
| **孝感市** | **264** | **2** | **24** | **238** | **7** | **33** | **168** | **56** |
| 孝南区 | 42 | | 4 | 38 | | | 18 | 24 |
| 孝昌县 | 15 | | | 15 | | | 15 | |
| 大悟县 | 51 | | 10 | 41 | 7 | 33 | 10 | 1 |
| 云梦县 | 30 | 1 | 3 | 26 | | | 28 | 2 |
| 应城市 | 34 | | 3 | 31 | | | 27 | 7 |
| 安陆市 | 11 | | | 11 | | | 10 | 1 |
| 汉川市 | 81 | 1 | 4 | 76 | | | 60 | 21 |
| **荆州市** | **344** | **3** | **5** | **336** | **2** | **4** | **183** | **155** |
| 沙市区 | 7 | | | 7 | | | 2 | 5 |
| 荆州区 | 28 | | | 28 | | | 13 | 15 |
| 公安县 | 90 | 2 | 2 | 86 | 2 | | 46 | 42 |
| 监利县 | 20 | | 1 | 19 | | | 5 | 15 |
| 江陵县 | 40 | | | 40 | | 4 | 22 | 14 |
| 石首市 | 72 | | | 72 | | | 37 | 35 |
| 洪湖市 | 28 | 1 | 2 | 25 | | | 11 | 17 |
| 松滋市 | 59 | | | 59 | | | 47 | 12 |
| **黄冈市** | **468** | | **164** | **304** | **157** | **67** | **163** | **81** |
| 黄州区 | 85 | | | 85 | | 42 | 43 | |
| 团风县 | 4 | | | 4 | | 1 | 3 | |
| 英山县 | 6 | | | 6 | | | 6 | |
| 浠水县 | 157 | | 154 | 3 | 157 | | | |
| 蕲春县 | 102 | | 2 | 100 | | 12 | 9 | 81 |
| 黄梅县 | 31 | | 8 | 23 | | 12 | 19 | |
| 麻城市 | 68 | | | 68 | | | 68 | |
| 武穴市 | 15 | | | 15 | | | 15 | |
| **咸宁市** | **186** | **1** | **52** | **133** | | **55** | **127** | **4** |
| 咸安区 | 4 | | | 4 | | 4 | | |
| 嘉鱼县 | 84 | | 1 | 83 | | 2 | 79 | 3 |
| 赤壁市 | 98 | 1 | 51 | 46 | | 49 | 48 | 1 |
| **随州市** | **59** | **2** | **2** | **55** | **37** | **8** | **3** | **11** |
| 市辖区 | 3 | 2 | 1 | | 1 | 2 | | |
| 曾都区 | 45 | | | 45 | 36 | 5 | 3 | 1 |
| 随县 | 1 | | 1 | | | 1 | | |
| 广水市 | 10 | | | 10 | | | | 10 |
| **仙桃市** | **44** | **1** | **20** | **23** | **1** | **5** | **38** | |
| **潜江市** | **9** | | **2** | **7** | | **2** | **3** | **4** |
| **天门市** | **56** | | **1** | **55** | **6** | **18** | **14** | 18 |

# 蓄水工程设施统计表

单位:万立方米

| | 已建成蓄水工程数量 | 大型水库 | 中型水库 | 小型水库 | 塘坝 | 已建成蓄水工程总库容 | 大型水库 |
|---|---|---|---|---|---|---|---|
| **湖　北** | **700997** | **61** | **258** | **5544** | **695134** | **5829868.6** | **4356611** |
| **武汉市** | **72116** | **3** | **6** | **265** | **71842** | **135557.06** | **52164** |
| 洪山区 | 1605 | | | 2 | 1603 | 4398 | |
| 东西湖区 | 21 | | | 2 | 19 | 3075 | |
| 蔡甸区 | 2418 | | | 18 | 2400 | 1576 | |
| 江夏区 | 6798 | | | 116 | 6682 | 13146 | |
| 黄陂区 | 38326 | 2 | 5 | 83 | 38236 | 85647 | 41704 |
| 新洲区 | 22944 | 1 | 1 | 42 | 22900 | 27535 | 10460 |
| 开发区 | 4 | | | 2 | 2 | 180.06 | |
| **黄石市** | **17991** | **2** | **6** | **263** | **17720** | **263290.3** | **224900** |
| 市辖区 | 27 | | | 4 | 23 | 223 | |
| 石灰窑区 | 4 | | | 4 | | 185.3 | |
| 下陆区 | 2 | | | 2 | | 128 | |
| 铁山区 | 156 | | | 2 | 154 | 785 | |
| 阳新县 | 7688 | 2 | 3 | 140 | 7543 | 245427 | 224900 |
| 大冶市 | 10114 | | 3 | 111 | 10000 | 16542 | |
| **十堰市** | **6374** | **4** | **17** | **486** | **5867** | **2337117.9** | **2266034** |
| 市辖区 | 6 | | 2 | 4 | | 5597 | |
| 茅箭区 | 26 | | | 11 | 15 | 449.12 | |
| 张湾区 | 14 | 1 | | 13 | | 117566 | 117334 |
| 郧　县 | 3573 | | 4 | 86 | 3483 | 20324.65 | |
| 郧西县 | 840 | 1 | 2 | 96 | 741 | 57119.84 | 48400 |
| 竹山县 | 62 | 1 | 2 | 59 | | 21789.37 | 10300 |
| 竹溪县 | 44 | | 2 | 42 | | 5478.4 | |
| 房　县 | 1703 | | 3 | 72 | 1628 | 9220.1 | |
| 丹江口市 | 106 | 1 | 2 | 103 | | 2099573.4 | 2090000 |
| **宜昌市** | **80916** | **5** | **24** | **397** | **80490** | **596451.4** | **471140** |
| 西陵区 | 3 | 1 | | 2 | | 71144 | 71100 |
| 伍家岗区 | 6 | | | 6 | | 426 | |
| 点军区 | 865 | | 1 | 13 | 851 | 2743 | |
| 猇亭区 | 1226 | | | 6 | 1220 | 938 | |
| 夷陵区 | 8947 | 1 | 4 | 60 | 8882 | 39084 | 21047 |
| 远安县 | 9338 | | 2 | 52 | 9284 | 15209 | |
| 兴山县 | 428 | 1 | | 9 | 418 | 15360 | 14670 |
| 秭归县 | 3244 | | | 16 | 3228 | 2557 | |
| 长阳土家族自治县 | 2196 | 1 | | 8 | 2187 | 347864 | 347000 |
| 五峰土家族自治县 | 106 | | | 1 | 105 | 198.4 | |

续表1

单位:万立方米

| | 中型水库 | 小型水库 | 塘坝 | 已建成蓄水工程年设计供水能力 | 大型水库 | 中型水库 | 小型水库 | 塘坝 |
|---|---|---|---|---|---|---|---|---|
| **湖 北** | **749206** | **460585.52** | **263466.03** | **3761114** | **2275903** | **798266.9** | **455030.52** | **231913.53** |
| **武汉市** | **18872** | **16936.1** | **47584.96** | **92564** | **38418** | **15070** | **12629.4** | **26446.6** |
| 洪山区 | | 125 | 4273 | 879.6 | | | 109 | 770.6 |
| 东西湖区 | | 101 | 2974 | 3602 | | | 126 | 3476 |
| 蔡甸区 | | 376 | 1200 | 1260 | | | 300 | 960 |
| 江夏区 | | 6381 | 6765 | 9541 | | | 4200 | 5341 |
| 黄陂区 | 17228 | 7495 | 19220 | 64983 | 32948 | 14045 | 6990 | 11000 |
| 新洲区 | 1644 | 2390 | 13041 | 12165 | 5470 | 1025 | 880 | 4790 |
| 开发区 | | 68.1 | 111.96 | 133.4 | | | 24.4 | 109 |
| **黄石市** | **13098** | **19056.3** | **6236** | **127042.8** | **79970** | **14303** | **22013.7** | **10756.1** |
| 市辖区 | | 205 | 18 | 36.5 | | | 24.4 | 12.1 |
| 石灰窑区 | | 185.3 | | 185.3 | | | 185.3 | |
| 下陆区 | | 128 | | 128 | | | 128 | |
| 铁山区 | | 164 | 621 | 100 | | | 100 | |
| 阳新县 | 7284 | 8846 | 4397 | 115600 | 79970 | 10926 | 14920 | 9784 |
| 大冶市 | 5814 | 9528 | 1200 | 10993 | | 3377 | 6656 | 960 |
| **十堰市** | **40775** | **25686.57** | **4622.31** | **744562** | **577745** | **104058** | **55622** | **7137** |
| 市辖区 | 3870 | 1727 | | 4100 | | 2800 | 1300 | |
| 茅箭区 | | 414.12 | 35 | 352 | | | 280 | 72 |
| 张湾区 | | 232 | | 11945 | 11545 | | 400 | |
| 郧 县 | 12850 | 5036.65 | 2438 | 20349 | | 12850 | 5061 | 2438 |
| 郧西县 | 2931 | 4704.53 | 1084.31 | 158942 | 145200 | 4100 | 8311 | 1331 |
| 竹山县 | 7452 | 4037.37 | | 45000 | 21000 | 15000 | 9000 | |
| 竹溪县 | 4150 | 1328.4 | | 4638 | | 3770 | 868 | |
| 房 县 | 4648 | 3507.1 | 1065 | 22413 | | 12413 | 6704 | 3296 |
| 丹江口市 | 4874 | 4699.4 | | 476823 | 400000 | 53125 | 23698 | |
| **宜昌市** | **65353** | **40219** | **19739.4** | **715268** | **567656** | **99274** | **31837** | **16501** |
| 西陵区 | | 44 | | 18 | | | 18 | |
| 伍家岗区 | | 426 | | 26 | | | 26 | |
| 点军区 | 1750 | 604 | 389 | 4485 | | 3068 | 1107 | 310 |
| 猇亭区 | | 542 | 396 | 878 | | | 469 | 409 |
| 夷陵区 | 10662 | 4734 | 2641 | 61760 | 30000 | 25230 | 2930 | 3600 |
| 远安县 | 10230 | 3339 | 1640 | 46686 | | 42700 | 2486 | 1500 |
| 兴山县 | | 459 | 231 | 7208 | 6620 | | 438 | 150 |
| 秭归县 | | 917 | 1640 | 2407 | | | 1834 | 573 |
| 长阳土家族自治县 | | 534 | 330 | 523650 | 520500 | | 1500 | 1650 |
| 五峰土家族自治县 | | 190 | 8.4 | 359 | | | 350 | 9 |

续表2

单位:万立方米

| | 已建成蓄水工程年实际供水能力 | 大型水库 | 中型水库 | 小型水库 | 塘坝 | 上年实际供水能力达到 | 本年实际供水能力新增 | 本年实际供水能力减少 |
|---|---|---|---|---|---|---|---|---|
| **湖　北** | **2907607** | **1741164** | **624929.6** | **338474.42** | **203039.02** | **2900853.6** | **131466.4** | **124713** |
| **武汉市** | **78407** | **31156** | **14235** | **12921** | **20095** | **75762.3** | **3427** | **782.3** |
| 洪山区 | 648 | | | 100 | 548 | 1080 | | 432 |
| 东西湖区 | 3075 | | | 101 | 2974 | 2880 | 195 | |
| 蔡甸区 | 1260 | | | 300 | 960 | 1260 | | |
| 江夏区 | 7380 | | | 3380 | 4000 | 7080 | 300 | |
| 黄陂区 | 54419 | 25686 | 13210 | 8200 | 7323 | 51667 | 2752 | |
| 新洲区 | 11515 | 5470 | 1025 | 820 | 4200 | 11765.3 | 100 | 350.3 |
| 开发区 | 110 | | | 20 | 90 | 30 | 80 | |
| **黄石市** | **90755** | **55980** | **10014** | **16249.5** | **8511.5** | **90755** | | |
| 市辖区 | 30 | | | 20.5 | 9.5 | 30 | | |
| 石灰窑区 | 75 | | | 75 | | 75 | | |
| 下陆区 | 45 | | | 45 | | 45 | | |
| 铁山区 | 80 | | | 80 | | 80 | | |
| 阳新县 | 82650 | 55980 | 7650 | 11190 | 7830 | 82650 | | |
| 大冶市 | 7875 | | 2364 | 4839 | 672 | 7875 | | |
| **十堰市** | **576749** | **491345** | **51562** | **29988** | **3854** | **576433** | **316** | |
| 市辖区 | 3700 | | 2500 | 1200 | | 3700 | | |
| 茅箭区 | 330 | | | 266 | 64 | 300 | 30 | |
| 张湾区 | 11128 | 10665 | | 463 | | 11128 | | |
| 郧　县 | 20349 | | 12850 | 5061 | 2438 | 20349 | | |
| 郧西县 | 139691 | 130680 | 4000 | 4346 | 665 | 139691 | | |
| 竹山县 | 40000 | 20000 | 12000 | 8000 | | 40000 | | |
| 竹溪县 | 4638 | | 3770 | 868 | | 4602 | 36 | |
| 房　县 | 19874 | | 12465 | 6722 | 687 | 19624 | 250 | |
| 丹江口市 | 337039 | 330000 | 3977 | 3062 | | 337039 | | |
| **宜昌市** | **641826** | **508676** | **87375** | **30058** | **15717** | **608033** | **34415** | **622** |
| 西陵区 | 15 | | | 15 | | 15 | | |
| 伍家岗区 | 26 | | | 26 | | 26 | | |
| 点军区 | 2424 | | 1417 | 697 | 310 | 2424 | | |
| 猇亭区 | 583 | | | 280 | 303 | 593 | | 10 |
| 夷陵区 | 54900 | 25800 | 21600 | 3000 | 4500 | 53000 | 1900 | |
| 远安县 | 40574 | | 37174 | 2071 | 1329 | 9600 | 30974 | |
| 兴山县 | 6085 | 5500 | | 260 | 325 | 6085 | | |
| 秭归县 | 2407 | | | 1834 | 573 | 2407 | | |
| 长阳土家族自治县 | 468486 | 466840 | | 1200 | 446 | 469098 | | 612 |
| 五峰土家族自治县 | 348 | | | 340 | 8 | 348 | | |

续表3 单位:万立方米

| | 蓄水工程当年实际供水量 | 农业灌溉 | 工业生产 | 城镇生活 | 乡村生活 | 生态环境 | 其他 | 另:水电供水 | 其中:当年向本县(市、区)外供水量 |
|---|---|---|---|---|---|---|---|---|---|
| **湖北** | **1334181.9** | **745038.58** | **223304.25** | **80700.44** | **36614.58** | **9481** | **239043** | **1269682** | **3973.46** |
| **武汉市** | **65736** | **53146** | **1786** | **5056** | **4168** | **860** | **720** | | |
| 洪山区 | 648 | 648 | | | | | | | |
| 东西湖区 | 3075 | 3075 | | | | | | | |
| 蔡甸区 | | | | | | | | | |
| 江夏区 | 4900 | 4800 | | | | 100 | | | |
| 黄陂区 | 45492 | 34052 | 1396 | 4566 | 3998 | 760 | 720 | | |
| 新洲区 | 11515 | 10545 | 390 | 410 | 170 | | | | |
| 开发区 | 106 | 26 | | 80 | | | | | |
| **黄石市** | **87726.6** | **55826.6** | **11049** | **6186** | **8038** | **4959** | **1668** | **241200** | **3100** |
| 市辖区 | 10.6 | 10.6 | | | | | | | |
| 石灰窑区 | 75 | 75 | | | | | | | |
| 下陆区 | 45 | 10 | 20 | | | | 15 | | |
| 铁山区 | 80 | 35 | 45 | | | | | | |
| 阳新县 | 82650 | 52896 | 9918 | 5786 | 7438 | 4959 | 1653 | 241200 | 3100 |
| 大冶市 | 4866 | 2800 | 1066 | 400 | 600 | | | | |
| **十堰市** | **168731.79** | **29561.89** | **18736.3** | **8720.6** | **726** | | **110987** | **105087** | |
| 市辖区 | 3500 | | | 3500 | | | | | |
| 茅箭区 | 320 | 200 | | | 120 | | | | |
| 张湾区 | 10863 | 863 | 7500 | 2500 | | | | | |
| 郧　县 | 20110 | 14480 | 4510 | 1120 | | | | 19600 | |
| 郧西县 | 83861.79 | 883.89 | 132.3 | 943.6 | | | 81902 | 81902 | |
| 竹山县 | 28000 | 1500 | | 500 | 500 | | 25500 | | |
| 竹溪县 | 1622 | 1135 | 224 | 157 | 106 | | | | |
| 房　县 | 13600 | 9500 | 4100 | | | | | | |
| 丹江口市 | 6855 | 1000 | 2270 | | | | 3585 | 3585 | |
| **宜昌市** | **32608.73** | **16516** | **7704.73** | **7861** | **501** | | **26** | **424603** | |
| 西陵区 | 13 | 13 | | | | | | | |
| 伍家岗区 | 20 | 20 | | | | | | | |
| 点军区 | 1800 | 1200 | 100 | 200 | 300 | | | 1800 | |
| 猇亭区 | 130 | 130 | | | | | | | |
| 夷陵区 | 2000 | 2000 | | | | | | | |
| 远安县 | 3635 | 3461 | | 105 | 43 | | 26 | 37174 | |
| 兴山县 | 3125 | 800 | 1250 | 1075 | | | | 62000 | |
| 秭归县 | 1415 | 1020 | 260 | 135 | | | | | |
| 长阳土家族自治县 | 1800 | 1200 | 600 | | | | | 295000 | |
| 五峰土家族自治县 | 239 | 127 | | | 112 | | | 129 | |

续表4

单位:万立方米

| | 已建成蓄水工程数量 | 大型水库 | 中型水库 | 小型水库 | 塘坝 | 已建成蓄水工程总库容 | 大型水库 |
|---|---|---|---|---|---|---|---|
| 宜都市 | 10267 | | 5 | 41 | 10221 | 22018 | |
| 当阳市 | 24211 | 1 | 7 | 119 | 24084 | 53466 | 17323 |
| 枝江市 | 20079 | | 5 | 64 | 20010 | 25444 | |
| **襄阳市** | **85857** | **10** | **57** | **790** | **85000** | **444663** | **171843** |
| 市辖区 | 5015 | | 6 | 63 | 4946 | 20428 | |
| 襄州区 | 7543 | 2 | 7 | 151 | 7383 | 88623 | 44330 |
| 南漳县 | 11379 | 3 | 1 | 123 | 11252 | 56608 | 43163 |
| 谷城县 | 8655 | | 6 | 74 | 8575 | 28850 | |
| 保康县 | 1720 | | | 8 | 1712 | 1656 | |
| 农场 | 303 | | | | 303 | 1410 | |
| 老河口市 | 4298 | 2 | 7 | 49 | 4240 | 64524 | 42120 |
| 枣阳市 | 32763 | 2 | 20 | 252 | 32489 | 135809 | 30290 |
| 宜城市 | 14181 | 1 | 10 | 70 | 14100 | 46755 | 11940 |
| **鄂州市** | **16035** | | **1** | **34** | **16000** | **8610** | |
| 市辖区 | 16035 | | 1 | 34 | 16000 | 8610 | |
| **荆门市** | **94713** | **6** | **27** | **520** | **94160** | **534157** | **355911** |
| 掇刀区 | 8594 | | 4 | 30 | 8560 | 11579 | |
| 东宝区 | 17491 | 1 | 4 | 86 | 17400 | 226638 | 203500 |
| 屈家岭区 | 30 | | | 30 | | 2624 | |
| 京山县 | 37151 | 2 | 6 | 143 | 37000 | 142599 | 71940 |
| 沙洋县 | 31263 | | 7 | 56 | 31200 | 29690 | |
| 钟祥市 | 184 | 3 | 6 | 175 | | 121027 | 80471 |
| **孝感市** | **91068** | **3** | **14** | **397** | **90654** | **238580** | **104770** |
| 市辖区 | 2 | 2 | | | | 94730 | 94730 |
| 孝南区 | 25968 | | 1 | 19 | 25948 | 18337 | |
| 孝昌县 | 26607 | 1 | 3 | 25 | 26578 | 40727 | 10040 |
| 大悟县 | 129 | | 6 | 123 | | 34962 | |
| 云梦县 | 6 | | | 6 | | 522 | |
| 应城市 | 88 | | 2 | 86 | | 16762 | |
| 安陆市 | 35445 | | 2 | 138 | 35305 | 29717 | |
| 汉川市 | 2823 | | | | 2823 | 2823 | |
| **荆州市** | **72212** | **2** | **5** | **62** | **72143** | **86381** | **63360** |
| 市辖区 | 1 | 1 | | | | 51160 | 51160 |
| 荆州区 | 14815 | 1 | 1 | 16 | 14797 | 17826 | 12200 |
| 公安县 | 17729 | | 1 | 2 | 17726 | 3984 | |

续表5 单位:万立方米

| | 中型水库 | 小型水库 | 塘坝 | 已建成蓄水工程年设计供水能力 | 大型水库 | 中型水库 | 小型水库 | 塘坝 |
|---|---|---|---|---|---|---|---|---|
| 宜都市 | 15179 | 3765 | 3074 | 14026 | | 9140 | 2886 | 2000 |
| 当阳市 | 14880 | 17173 | 4090 | 32465 | 10536 | 9636 | 11293 | 1000 |
| 枝江市 | 12652 | 7492 | 5300 | 21300 | | 9500 | 6500 | 5300 |
| **襄阳市** | **150091** | **79148** | **43581** | **348223** | **129244** | **125233** | **58808** | **34938** |
| 市辖区 | 12690 | 4152 | 3586 | 14944 | | 9650 | 2850 | 2444 |
| 襄州区 | 20253 | 19586 | 4454 | 76504 | 22469 | 32864 | 18018 | 3153 |
| 南漳县 | 1049 | 8022 | 4374 | 52252 | 42060 | 622 | 6551 | 3019 |
| 谷城县 | 19730 | 4870 | 4250 | 22675 | | 14484 | 3451 | 4740 |
| 保康县 | | 1056 | 600 | 1550 | | | 1000 | 550 |
| 农场 | | | 1410 | 1577 | | | | 1577 |
| 老河口市 | 11875 | 8529 | 2000 | 57630 | 39545 | 9520 | 6565 | 2000 |
| 枣阳市 | 59741 | 24886 | 20892 | 87051 | 18670 | 36643 | 14823 | 16915 |
| 宜城市 | 24753 | 8047 | 2015 | 34040 | 6500 | 21450 | 5550 | 540 |
| **鄂州市** | **1600** | **3810** | **3200** | **7085** | | **1142** | **2743** | **3200** |
| 市辖区 | 1600 | 3810 | 3200 | 7085 | | 1142 | 2743 | 3200 |
| **荆门市** | **86556** | **62340** | **29350** | **330248.3** | **212370** | **51281** | **42797.3** | **23800** |
| 掇刀区 | 6011 | 3068 | 2500 | 8622 | | 3477 | 2845 | 2300 |
| 东宝区 | 7896 | 6992 | 8250 | 143401 | 127465 | 5855 | 4081 | 6000 |
| 屈家岭区 | | 2624 | | 1545 | | | 1545 | |
| 京山县 | 46280 | 15379 | 9000 | 82181.3 | 44070 | 21935 | 9676.3 | 6500 |
| 沙洋县 | 11513 | 8577 | 9600 | 28680 | | 11450 | 8230 | 9000 |
| 钟祥市 | 14856 | 25700 | | 65819 | 40835 | 8564 | 16420 | |
| **孝感市** | **52217** | **40597** | **40996** | **144226.22** | **45806** | **29453** | **24323.22** | **44644** |
| 市辖区 | | | | 40948 | 40948 | | | |
| 孝南区 | 2335 | 2054 | 13948 | 15969.6 | | 1224 | 797.6 | 13948 |
| 孝昌县 | 11780 | 4181 | 14726 | 28113 | 4858 | 6850 | 1679 | 14726 |
| 大悟县 | 23584 | 11378 | | 28815.62 | | 15135 | 7209.62 | 6471 |
| 云梦县 | | 522 | | 323.3 | | | 323.3 | |
| 应城市 | 8992 | 7770 | | 9323.7 | | 5429 | 3894.7 | |
| 安陆市 | 5526 | 14692 | 9499 | 20733 | | 815 | 10419 | 9499 |
| 汉川市 | | | 2823 | | | | | |
| **荆州市** | **10704** | **6717** | **5600** | **127452.7** | **105456** | **5866** | **3106.7** | **13024** |
| 市辖区 | | | | 94200 | 94200 | | | |
| 荆州区 | 1416 | 1796 | 2414 | 14520 | 11256 | 400 | 450 | 2414 |
| 公安县 | 1220 | 324 | 2440 | 3944 | | 1180 | 324 | 2440 |

续表6

单位:万立方米

| | 已建成蓄水工程年实际供水能力 | 大型水库 | 中型水库 | 小型水库 | 塘坝 | 上年实际供水能力达到 | 本年实际供水能力新增 | 本年实际供水能力减少 |
|---|---|---|---|---|---|---|---|---|
| 宜都市 | 12591 | | 8072 | 2616 | 1903 | 11050 | 1541 | |
| 当阳市 | 32465 | 10536 | 9636 | 11293 | 1000 | 32465 | | |
| 枝江市 | 20922 | | 9476 | 6426 | 5020 | 20922 | | |
| **襄阳市** | **331412** | **127484** | **121079** | **50686** | **32163** | **363807** | **78** | **32473** |
| 市辖区 | 14944 | | 9650 | 2850 | 2444 | 14944 | | |
| 襄州区 | 76504 | 22469 | 32864 | 18018 | 3153 | 76504 | | |
| 南漳县 | 45487 | 42000 | 250 | 1805 | 1432 | 45487 | | |
| 谷城县 | 22675 | | 14484 | 3451 | 4740 | 22675 | | |
| 保康县 | 1398 | | | 968 | 430 | 1360 | 38 | |
| 农场 | 1577 | | | | 1577 | 1577 | | |
| 老河口市 | 56630 | 39545 | 9520 | 6565 | 1000 | 56630 | | |
| 枣阳市 | 82227 | 18670 | 34811 | 11859 | 16887 | 114700 | | 32473 |
| 宜城市 | 29970 | 4800 | 19500 | 5170 | 500 | 29930 | 40 | |
| **鄂州市** | **7085** | | **1142** | **2743** | **3200** | **7085** | | |
| 市辖区 | 7085 | | 1142 | 2743 | 3200 | 7085 | | |
| **荆门市** | **212827.3** | **128673** | **38818** | **22736.3** | **22600** | **210746** | **5400** | **3318.7** |
| 掇刀区 | 8018 | | 3477 | 2041 | 2500 | 8018 | | |
| 东宝区 | 88029 | 79243 | 2006 | 1580 | 5200 | 82629 | 5400 | |
| 屈家岭区 | 1409 | | | 1409 | | 1409 | | |
| 京山县 | 82181.3 | 44070 | 21935 | 9676.3 | 6500 | 85500 | | 3318.7 |
| 沙洋县 | 23290 | | 8200 | 6690 | 8400 | 23290 | | |
| 钟祥市 | 9900 | 5360 | 3200 | 1340 | | 9900 | | |
| **孝感市** | **94427.12** | **4500** | **25700** | **21068.62** | **43158.5** | **94427.12** | | |
| 市辖区 | | | | | | | | |
| 孝南区 | 13390 | | 800 | 590 | 12000 | 13390 | | |
| 孝昌县 | 26600 | 4500 | 6500 | 1600 | 14000 | 26600 | | |
| 大悟县 | 28815.62 | | 15135 | 7209.62 | 6471 | 28815.62 | | |
| 云梦县 | | | | | | | | |
| 应城市 | 4973.5 | | 2450 | 1250 | 1273.5 | 4973.5 | | |
| 安陆市 | 20648 | | 815 | 10419 | 9414 | 20648 | | |
| 汉川市 | | | | | | | | |
| **荆州市** | **125037.7** | **105456** | **5006** | **3006.7** | **11569** | **126902.7** | **35** | **1900** |
| 市辖区 | 94200 | 94200 | | | | 94200 | | |
| 荆州区 | 14520 | 11256 | 400 | 450 | 2414 | 14520 | | |
| 公安县 | 1544 | | 320 | 224 | 1000 | 3444 | | 1900 |

续表7

单位:万立方米

| | 蓄水工程当年实际供水量 | 农业灌溉 | 工业生产 | 城镇生活 | 乡村生活 | 生态环境 | 其他 | 另:水电供 水 | 其中:当年向本县(市、区)外供水量 |
|---|---|---|---|---|---|---|---|---|---|
| 宜都市 | 835.73 | 679 | 44.73 | 66 | 46 | | | | |
| 当阳市 | 5180 | 150 | 2950 | 2080 | | | | 28500 | |
| 枝江市 | 12416 | 5716 | 2500 | 4200 | | | | | |
| **襄阳市** | **229793** | **186192** | **27700** | **12220** | **3641** | **40** | | **130025** | |
| 市辖区 | 14850 | 12500 | 800 | 900 | 650 | | | | |
| 襄州区 | 76504 | 65504 | 7800 | 3200 | | | | 50439 | |
| 南漳县 | 31691 | 24941 | 4560 | 1540 | 650 | | | 79586 | |
| 谷城县 | 17910 | 11500 | 3320 | 2500 | 590 | | | | |
| 保康县 | 1388 | 992 | | | 396 | | | | |
| 农场 | 125 | 125 | | | | | | | |
| 老河口市 | 32540 | 26800 | 3600 | 1620 | 520 | | | | |
| 枣阳市 | 28360 | 18600 | 7000 | 2250 | 470 | 40 | | | |
| 宜城市 | 26425 | 25230 | 620 | 210 | 365 | | | | |
| **鄂州市** | **4900** | **4820** | | **70** | **10** | | | | |
| 市辖区 | 4900 | 4820 | | 70 | 10 | | | | |
| **荆门市** | **112729.4** | **80692.5** | **29500** | **2536.9** | | | | | |
| 掇刀区 | 680 | 630 | 30 | 20 | | | | | |
| 东宝区 | 35202 | 31502 | 3520 | 180 | | | | | |
| 屈家岭区 | 1330 | 1210 | 40 | 80 | | | | | |
| 京山县 | 48000 | 32000 | 15000 | 1000 | | | | | |
| 沙洋县 | 22080 | 10085 | 10910 | 1085 | | | | | |
| 钟祥市 | 5437.4 | 5265.5 | | 171.9 | | | | | |
| **孝感市** | **25189.5** | **20212.5** | **1750** | **1830** | **1280** | **117** | | **99750.03** | |
| 市辖区 | | | | | | | | | |
| 孝南区 | | | | | | | | | |
| 孝昌县 | 1000 | 1000 | | | | | | | |
| 大悟县 | 10233 | 6586 | 1520 | 1410 | 600 | 117 | | | |
| 云梦县 | | | | | | | | | |
| 应城市 | 4973.5 | 4973.5 | | | | | | 0.03 | |
| 安陆市 | 8983 | 7653 | 230 | 420 | 680 | | | 99750 | |
| 汉川市 | | | | | | | | | |
| **荆州市** | **90498.61** | **27282.61** | **62348** | **650** | **218** | | | **61132** | **873.46** |
| 市辖区 | 68422.61 | 6424.61 | 61698 | 300 | | | | 61132 | 873.46 |
| 荆州区 | 5860 | 5792 | | | 68 | | | | |
| 公安县 | 1544 | 1544 | | | | | | | |

续表8　　单位:万立方米

| | 已建成蓄水工程数量 | 大型水库 | 中型水库 | 小型水库 | 塘坝 | 已建成蓄水工程总库容 | 大型水库 |
|---|---|---|---|---|---|---|---|
| 石首市 | 1831 | | | 11 | 1820 | 1102 | |
| 松滋市 | 37836 | | 3 | 33 | 37800 | 12309 | |
| **黄冈市** | **29086** | **12** | **37** | **955** | **28082** | **506798.91** | **312121** |
| 黄州区 | 2 | | | 2 | | 736 | |
| 团风县 | 59 | 1 | 7 | 51 | | 27254 | 10103 |
| 红安县 | 140 | 2 | 4 | 134 | | 54740 | 29150 |
| 罗田县 | 131 | 1 | 5 | 125 | | 38786 | 16300 |
| 英山县 | 71 | 1 | 2 | 68 | | 25412 | 10442 |
| 浠水县 | 67 | 1 | 2 | 64 | | 119863 | 110400 |
| 蕲春县 | 28241 | 2 | 4 | 153 | 28082 | 61514 | 35556 |
| 黄梅县 | 21 | 1 | 2 | 18 | | 26454.91 | 13300 |
| 麻城市 | 252 | 3 | 7 | 242 | | 120377 | 86870 |
| 武穴市 | 102 | | 4 | 98 | | 31662 | |
| **咸宁市** | **27332** | **4** | **18** | **450** | **26860** | **220547** | **135270** |
| 咸安区 | 6250 | 1 | 1 | 79 | 6169 | 23137 | 11190 |
| 嘉鱼县 | 1581 | 1 | 1 | 17 | 1562 | 15032 | 10580 |
| 通城县 | 6186 | | 6 | 67 | 6113 | 19735 | |
| 崇阳县 | 6312 | 1 | 4 | 84 | 6223 | 58628 | 42900 |
| 通山县 | 1246 | | 3 | 86 | 1157 | 13018 | |
| 赤壁市 | 5757 | 1 | 3 | 117 | 5636 | 90997 | 70600 |
| **随州市** | **94781** | **7** | **21** | **671** | **94082** | **250459** | **130708** |
| 市辖区 | 2 | 1 | 1 | | | 29500 | 27480 |
| 曾都区 | 29505 | | 3 | 110 | 29392 | 24926 | |
| 随县 | 394 | 5 | 12 | 377 | | 132100 | 85978 |
| 广水市 | 64880 | 1 | 5 | 184 | 64690 | 63933 | 17250 |
| 恩施土家族苗族自治州 | 12467 | 3 | 22 | 233 | 12209 | 195456 | 68390 |
| 恩施市 | 323 | 1 | 3 | 39 | 280 | 46549 | 22040 |
| 利川市 | 9559 | | 4 | 46 | 9509 | 26352 | |
| 建始县 | 1639 | | 3 | 19 | 1617 | 12362 | |
| 巴东县 | 15 | | | 15 | | 2350 | |
| 宣恩县 | 532 | 1 | 2 | 24 | 505 | 50098 | 34300 |
| 咸丰县 | 324 | 1 | 2 | 23 | 298 | 22642 | 12050 |
| 来凤县 | 53 | | 3 | 50 | | 12973 | |
| 鹤峰县 | 19 | | 4 | 15 | | 15892 | |
| 州　直 | 3 | | 1 | 2 | | 6238 | |
| **天门市** | **22** | | **2** | **20** | | **7581** | |
| **神农架林区** | **27** | | **1** | **1** | **25** | **4219** | |

续表9

单位:万立方米

| | 中型水库 | 小型水库 | 塘坝 | 已建成蓄水工程年设计供水能力 | 大型水库 | 中型水库 | 小型水库 | 塘坝 |
|---|---|---|---|---|---|---|---|---|
| 石首市 | | 356 | 746 | 1050 | | | 289 | 761 |
| 松滋市 | 8068 | 4241 | | 13738.7 | | 4286 | 2043.7 | 7409 |
| **黄冈市** | **106897** | **74458.55** | **13322.36** | **533588** | **328757** | **109227** | **81624** | **13980** |
| 黄州区 | | 736 | | 370 | | | 370 | |
| 团风县 | 13369 | 3782 | | 34698 | 18749 | 6666 | 9283 | |
| 红安县 | 15872 | 9718 | | 39120 | 17820 | 9430 | 6890 | 4980 |
| 罗田县 | 14308 | 8178 | | 48275 | 24300 | 16079 | 7896 | |
| 英山县 | 5970 | 6550 | 2450 | 34800 | 15000 | 7500 | 8800 | 3500 |
| 浠水县 | 3526 | 5937 | | 40000 | 36183 | 1200 | 2617 | |
| 蕲春县 | 5864 | 12421.64 | 7672.36 | 71400 | 38200 | 8200 | 19500 | 5500 |
| 黄梅县 | 12012 | 1142.91 | | 156728 | 138300 | 16675 | 1753 | |
| 麻城市 | 16443 | 17064 | | 65897 | 40205 | 14570 | 11122 | |
| 武穴市 | 19533 | 8929 | 3200 | 42300 | | 28907 | 13393 | |
| **咸宁市** | **39519** | **29739** | **16019** | **131977.8** | **77884** | **26671.4** | **18003.2** | **9419.2** |
| 咸安区 | 3720 | 4666 | 3561 | 14683 | 7274 | 2418 | 3032 | 1959 |
| 嘉鱼县 | 1071 | 1504 | 1877 | 8725 | 5610 | 805 | 1110 | 1200 |
| 通城县 | 12078 | 4622 | 3035 | 12429 | | 8081 | 2913 | 1435 |
| 崇阳县 | 7067 | 5845 | 2816 | 25530 | 15000 | 5400 | 3560 | 1570 |
| 通山县 | 6279 | 4647 | 2092 | 7810.8 | | 3767.4 | 2788.2 | 1255.2 |
| 赤壁市 | 9304 | 8455 | 2638 | 62800 | 50000 | 6200 | 4600 | 2000 |
| **随州市** | **57953** | **38218** | **23580** | **187631** | **64370** | **62771** | **40345** | **20145** |
| 市辖区 | 2020 | | | 17390 | 16170 | 1220 | | |
| 曾都区 | 11781 | 6275 | 6870 | 19703 | | 10373 | 5895 | 3435 |
| 随县 | 25317 | 20805 | | 102450 | 37500 | 34200 | 30750 | |
| 广水市 | 18835 | 11138 | 16710 | 48088 | 10700 | 16978 | 3700 | 16710 |
| 恩施土家族苗族自治州 | 96169 | 21451 | 9446 | 257026.13 | 48227 | 142227.5 | 58838 | 7733.63 |
| 恩施市 | 18244 | 6100 | 165 | 46549 | 22040 | 18244 | 6100 | 165 |
| 利川市 | 13987 | 3667 | 8698 | 66508 | | 52308 | 7300 | 6900 |
| 建始县 | 9703 | 2314 | 345 | 7341 | | 5157 | 1839 | 345 |
| 巴东县 | | 2350 | | 7135.23 | | | 7050 | 85.23 |
| 宣恩县 | 15141 | 657 | | 23600 | 17150 | 6056 | 394 | |
| 咸丰县 | 9221 | 1133 | 238 | 10175.9 | 9037 | 12.5 | 888 | 238.4 |
| 来凤县 | 9280 | 3693 | | 32184 | | 29650 | 2534 | |
| 鹤峰县 | 14669 | 1223 | | 9800 | | 8800 | 1000 | |
| 州 直 | 5924 | 314 | | 53733 | | 22000 | 31733 | |
| **天门市** | **6012** | **1569** | | **10000** | | **8300** | **1700** | |
| **神农架林区** | **3390** | **640** | **189** | **4219** | | **3390** | **640** | **189** |

续表10 单位:万立方米

| | 已建成蓄水工程年实际供水能力 | 大型水库 | 中型水库 | 小型水库 | 塘坝 | 上年实际供水能力达到 | 本年实际供水能力新增 | 本年实际供水能力减少 |
|---|---|---|---|---|---|---|---|---|
| 石首市 | 1035 | | | 289 | 746 | 1000 | 35 | |
| 松滋市 | 13738.7 | | 4286 | 2043.7 | 7409 | 13738.7 | | |
| **黄冈市** | **289909.3** | **142977** | **79679** | **54271.3** | **12982** | **288699.3** | **1210** | |
| 黄州区 | 320 | | | 274 | 46 | 320 | | |
| 团风县 | 23248 | 13124 | 4466 | 5658 | | 23248 | | |
| 红安县 | 33830 | 17820 | 9430 | 1600 | 4980 | 33830 | | |
| 罗田县 | 17400 | 8143 | 5375 | 3882 | | 17200 | 200 | |
| 英山县 | 22400 | 10500 | 5200 | 4300 | 2400 | 22400 | | |
| 浠水县 | 21260 | 18700 | 800 | 1760 | | 21260 | | |
| 蕲春县 | 62317 | 33150 | 8691 | 16920 | 3556 | 61307 | 1010 | |
| 黄梅县 | 17738.3 | 8464 | 7839 | 1435.3 | | 17738.3 | | |
| 麻城市 | 49396 | 33076 | 9220 | 5100 | 2000 | 49396 | | |
| 武穴市 | 42000 | | 28658 | 13342 | | 42000 | | |
| **咸宁市** | **104528.2** | **71984** | **18139.6** | **10290.8** | **4113.8** | **185228** | **3171.2** | **83871** |
| 咸安区 | 12919 | 7274 | 2418 | 2168 | 1059 | 14683 | | 1764 |
| 嘉鱼县 | 8075 | 5610 | 805 | 1110 | 550 | 8575 | | 500 |
| 通城县 | 8025 | | 5645 | 1912 | 468 | 15004 | | 6979 |
| 崇阳县 | 15400 | 11200 | 2200 | 1400 | 600 | 17130 | | 1730 |
| 通山县 | 5207.2 | | 2511.6 | 1858.8 | 836.8 | 2036 | 3171.2 | |
| 赤壁市 | 54902 | 47900 | 4560 | 1842 | 600 | 127800 | | 72898 |
| **随州市** | **182407** | **64468** | **60683** | **37142** | **20114** | **182407** | | |
| 市辖区 | 17390 | 16268 | 1122 | | | 17390 | | |
| 曾都区 | 16499 | | 8383 | 4702 | 3414 | 16499 | | |
| 随县 | 100440 | 37500 | 34200 | 28740 | | 100440 | | |
| 广水市 | 48078 | 10700 | 16978 | 3700 | 16700 | 48078 | | |
| 恩施土家族苗族自治州 | 163186.42 | 8465 | 104097 | 45713.2 | 4911.22 | 81518.22 | 83414.2 | 1746 |
| 恩施市 | 3700 | | 1000 | 2535 | 165 | 3600 | 100 | |
| 利川市 | 59802 | | 48329 | 6923 | 4550 | 24325 | 35477 | |
| 建始县 | 2880 | | 2535 | 345 | | 4626 | | 1746 |
| 巴东县 | 5680.22 | | | 5600 | 80.22 | 5680.22 | | |
| 宣恩县 | 10802 | 8465 | 1876 | 461 | | 10477 | 325 | |
| 咸丰县 | 311 | | | 225 | 86 | 311 | | |
| 来凤县 | 23838.2 | | 23357 | 481.2 | | 23823 | 15.2 | |
| 鹤峰县 | 8690 | | 8000 | 660 | 30 | 8676 | 14 | |
| 州 直 | 47483 | | 19000 | 28483 | | | 47483 | |
| **天门市** | **9000** | | **7400** | **1600** | | **9000** | | |
| **神农架林区** | **50** | | | | **50** | **50** | | |

续表11　　　　单位:万立方米

| | 蓄水工程当年实际供水量 | 农业灌溉 | 工业生产 | 城镇生活 | 乡村生活 | 态环境 | 其他 | 另:水电供水 | 其中:当年向本县(市、区)外供水量 |
|---|---|---|---|---|---|---|---|---|---|
| 石首市 | 950 | 350 | 450 | 100 | 50 | | | | |
| 松滋市 | 13722 | 13172 | 200 | 250 | 100 | | | | |
| **黄冈市** | **201132.84** | **152320.84** | **9090** | **8280** | **2205** | **3500** | **25737** | **22352** | |
| 黄州区 | 320 | 320 | | | | | | | |
| 团风县 | 20480 | 18000 | 2480 | | | | | | |
| 红安县 | 11250 | 9800 | 350 | 1100 | | | | | |
| 罗田县 | 17400 | 11400 | | | | 3500 | 2500 | | |
| 英山县 | 19760 | 2000 | 1000 | 2800 | 1200 | | 12760 | 12760 | |
| 浠水县 | 18000 | 18000 | | | | | | | |
| 蕲春县 | 24924 | 15222 | 960 | | | | 8742 | 8742 | |
| 黄梅县 | 12668.84 | 11928.84 | | 720 | 20 | | | | |
| 麻城市 | 44395 | 39800 | 2500 | 1800 | 295 | | | | |
| 武穴市 | 31935 | 25850 | 1800 | 1860 | 690 | | 1735 | 850 | |
| **咸宁市** | **94614.16** | **48172.08** | **26434.72** | **12988** | **6469.36** | | **550** | **15138** | |
| 咸安区 | 12360 | 5200 | 2120 | 1820 | 3220 | | | | |
| 嘉鱼县 | 6644 | 4723 | 1921 | | | | | | |
| 通城县 | 8025 | 5645 | 548 | 1832 | | | | | |
| 崇阳县 | 12761 | 7273 | 1525 | 1626 | 1787 | | 550 | 15138 | |
| 通山县 | 2082.16 | 781.08 | 520.72 | 520 | 260.36 | | | | |
| 赤壁市 | 52742 | 24550 | 19800 | 7190 | 1202 | | | | |
| **随州市** | **79729.8** | **59264.36** | **3305** | **8862.44** | **7198** | | **1100** | **36050** | |
| 市辖区 | 11209 | 8568 | | 2641 | | | | | |
| 曾都区 | 12521 | 764 | 2645 | 2234 | 6878 | | | | |
| 随县 | 46220 | 43020 | | 2100 | | | 1100 | 36050 | |
| 广水市 | 9779.8 | 6912.36 | 660 | 1887.44 | 320 | | | | |
| 恩施土家族苗族自治州 | 137686.42 | 7976.2 | 23900.5 | 5439.5 | 2110.22 | 5 | 98255 | 124345 | |
| 恩施市 | 3700 | 2000 | | 900 | 800 | | | | |
| 利川市 | 59802 | 1271 | 2.5 | 1380.5 | 48 | | 57100 | 57100 | |
| 建始县 | 2880 | 450 | 300 | 950 | | | 1180 | 2916 | |
| 巴东县 | 5680.22 | 3000 | | 2000 | 680.22 | | | | |
| 宣恩县 | 10402 | 435 | | 134 | 112 | | 9721 | 9721 | |
| 咸丰县 | 311 | 138 | 50 | 59 | 64 | | | | |
| 来凤县 | 23838.2 | 282.2 | 23434 | 16 | 106 | | | 24369 | |
| 鹤峰县 | 8690 | 300 | 104 | | 280 | | 8006 | 8006 | |
| 州 直 | 22383 | 100 | 10 | | 20 | 5 | 22248 | 22233 | |
| 天门市 | **3055** | **3055** | | | | | | | |
| 神农架林区 | **50** | | | | **50** | | | **10000** | |

# 引水工程设施统计表

单位:万立方米

| | 引水工程处数 | 引水工程年设计供水能力 | 引水工程年实际供水能力 | 上年实际供水能力达到 | 本年实际供水能力新增 | 本年实际供水能力减少 | 引水工程当年实际供水量 |
|---|---|---|---|---|---|---|---|
| **湖　北** | **13504** | **1364391.2** | **1089430.3** | **1019028.3** | **86551.66** | **16149.73** | **557314.97** |
| **武汉市** | **405** | **88114.12** | **51853** | **52185** | **1350** | **1682** | **34232** |
| 洪山区 | 366 | 8256 | 6728 | 8410 | | 1682 | 6728 |
| 东西湖区 | 4 | 23328 | 9667 | 8539 | 1128 | | 9667 |
| 汉南区 | 9 | | | | | | |
| 黄陂区 | 16 | 53670.12 | 33598 | 33496 | 102 | | 15977 |
| 新洲区 | 10 | 2860 | 1860 | 1740 | 120 | | 1860 |
| **黄石市** | **137** | **61516** | **49215** | **49215** | | | **49213** |
| 市辖区 | 3 | 16 | 15 | 15 | | | 13 |
| 阳新县 | 69 | 11500 | 9200 | 9200 | | | 9200 |
| 大冶市 | 65 | 50000 | 40000 | 40000 | | | 40000 |
| **十堰市** | **4429** | **70577.9** | **45962.9** | **44917.9** | **1045** | | **17513** |
| 郧　县 | 3700 | 2200 | 2200 | 2200 | | | 2100 |
| 郧西县 | 634 | 58677.9 | 38267.9 | 38042.9 | 225 | | 9983 |
| 房　县 | 3 | 900 | 895 | 895 | | | 830 |
| 丹江口市 | 92 | 8800 | 4600 | 3780 | 820 | | 4600 |
| **宜昌市** | **6640** | **239453.9** | **174477.5** | **174293.7** | **192.8** | **9** | **28318** |
| 市辖区 | 1 | 78300 | 36067 | 36067 | | | 9372 |
| 西陵区 | 3 | 130 | 120 | 120 | | | 110 |
| 点军区 | 1 | 216 | 216 | 216 | | | 200 |
| 猇亭区 | 8 | 1180 | 654 | 654 | | | 620 |
| 夷陵区 | 22 | 5200 | 4030 | 4000 | 30 | | 1780 |
| 远安县 | 729 | 23706.9 | 3237 | 3246 | | 9 | 3237 |
| 兴山县 | 322 | 20100 | 20100 | 20055 | 45 | | 800 |
| 秭归县 | 5002 | 2831 | 2806 | 2781 | 25 | | 2590 |
| 长阳土家族自治县 | 444 | 1470 | 1120.5 | 1027.7 | 92.8 | | 882 |
| 五峰土家族自治县 | 73 | 73420 | 73400 | 73400 | | | |
| 当阳市 | 6 | 30000 | 30000 | 30000 | | | 6000 |
| 枝江市 | 29 | 2900 | 2727 | 2727 | | | 2727 |
| **襄阳市** | **12** | **135481** | **131749** | **131749** | | | **63842** |
| 市辖区 | 1 | 21000 | 20000 | 20000 | | | 11500 |
| 襄州区 | 3 | 37584 | 37584 | 37584 | | | 10332 |
| 南漳县 | 4 | 4472 | 3500 | 3500 | | | 124 |
| 谷城县 | 1 | 2365 | 2365 | 2365 | | | 860 |
| 保康县 | 1 | 13800 | 13800 | 13800 | | | 1316 |
| 农场 | | 5160 | 5000 | 5000 | | | 4200 |
| 老河口市 | 1 | 30000 | 30000 | 30000 | | | 25400 |
| 宜城市 | 1 | 21100 | 19500 | 19500 | | | 10110 |
| **荆门市** | **19** | **21344** | **8778** | **8658** | **120** | | **923** |
| 掇刀区 | 2 | 500 | 420 | 300 | 120 | | 200 |

续表1

单位:万立方米

| | 农业灌溉 | 工业生产 | 城镇生活 | 乡村生活 | 生态环境 | 其他 | 另:水电供水 | 从本县(市、区)外调(引)入水量 |
|---|---|---|---|---|---|---|---|---|
| **湖　北** | **454338.47** | **60095** | **25050.98** | **3249.52** | **3449** | **11132** | **128765.37** | **6077.3** |
| **武汉市** | **30058** | **320** | **170** | **270** | **3414** | | | |
| 洪山区 | 6728 | | | | | | | |
| 东西湖区 | 6253 | | | | 3414 | | | |
| 汉南区 | | | | | | | | |
| 黄陂区 | 15977 | | | | | | | |
| 新洲区 | 1100 | 320 | 170 | 270 | | | | |
| **黄石市** | **33807** | **8420** | **2910** | **2075** | | **2001** | **1420** | **0.3** |
| 市辖区 | 7 | | | 5 | | 1 | | |
| 阳新县 | 3800 | 3420 | 1910 | 70 | | | 1420 | |
| 大冶市 | 30000 | 5000 | 1000 | 2000 | | 2000 | | 0.3 |
| 十堰市 | 5874 | 1473 | 1592 | 100 | | 8474 | 9924 | |
| 郧　县 | 1190 | 570 | 340 | | | | 1500 | |
| 郧西县 | 1384 | 123 | 52 | | | 8424 | 8424 | |
| 房　县 | 830 | | | | | | | |
| 丹江口市 | 2470 | 780 | 1200 | 100 | | 50 | | |
| **宜昌市** | **13285** | **5050** | **9923** | **60** | | | **88366.34** | **2727** |
| 市辖区 | 939 | | 8433 | | | | 11387 | |
| 西陵区 | 30 | 30 | | 50 | | | | |
| 点军区 | 180 | 20 | | | | | | |
| 猇亭区 | 610 | | | 10 | | | | |
| 夷陵区 | 1780 | | | | | | | |
| 远安县 | 3007 | | 230 | | | | 6691.34 | |
| 兴山县 | 800 | | | | | | 21100 | |
| 秭归县 | 2330 | | 260 | | | | | |
| 长阳土家族自治县 | 882 | | | | | | | |
| 五峰土家族自治县 | | | | | | | 19188 | |
| 当阳市 | | 5000 | 1000 | | | | 30000 | |
| 枝江市 | 2727 | | | | | | | 2727 |
| **襄阳市** | **58542** | **3680** | **1620** | | | | | |
| 市辖区 | 8000 | 2000 | 1500 | | | | | |
| 襄州区 | 10332 | | | | | | | |
| 南漳县 | | 4 | 120 | | | | | |
| 谷城县 | 860 | | | | | | | |
| 保康县 | 1240 | 76 | | | | | | |
| 农场 | 4200 | | | | | | | |
| 老河口市 | 23800 | 1600 | | | | | | |
| 宜城市 | 10110 | | | | | | | |
| **荆门市** | **843** | **50** | **30** | | | | | |
| 掇刀区 | 150 | 50 | | | | | | |

续表2

单位:万立方米

| | 引水工程处数 | 引水工程年设计供水能力 | 引水工程年实际供水能力 | 上年实际供水能力达到 | 本年实际供水能力新增 | 本年实际供水能力减少 | 引水工程当年实际供水量 |
|---|---|---|---|---|---|---|---|
| 东宝区 | 1 | 300 | 260 | 260 | | | 150 |
| 屈家岭区 | 1 | 100 | 60 | 60 | | | 40 |
| 京山县 | 2 | 300 | 280 | 280 | | | 180 |
| 沙洋县 | 11 | 18144 | 7258 | 7258 | | | |
| 钟祥市 | 2 | 2000 | 500 | 500 | | | 353 |
| **孝感市** | **67** | **37047** | **21732** | **21732** | | | **9179** |
| 云梦县 | 6 | 8261 | 2840 | 2840 | | | 2840 |
| 应城市 | 16 | 10295 | 4099 | 4099 | | | 4099 |
| 安陆市 | 2 | 50 | 40 | 40 | | | 40 |
| 汉川市 | 43 | 18441 | 14753 | 14753 | | | 2200 |
| **荆州市** | **159** | **219406** | **198774.27** | **202758** | **5828** | **9811.73** | **142597.27** |
| 沙市区 | 5 | 21000 | 10500 | 10500 | | | 8458 |
| 荆州区 | 5 | 41631 | 41631 | 35803 | 5828 | | 41631 |
| 公安县 | 86 | 55720 | 55720 | 55720 | | | 25800 |
| 江陵县 | 2 | 40000 | 30188.27 | 40000 | | 9811.73 | 30188.27 |
| 石首市 | 37 | 24440 | 24440 | 24440 | | | 12400 |
| 洪湖市 | 12 | 23995 | 23675 | 23675 | | | 17654 |
| 松滋市 | 12 | 12620 | 12620 | 12620 | | | 6466 |
| **黄冈市** | **8** | **80439.8** | **80368** | **4431.8** | **75936.2** | | **5386.2** |
| 红安县 | 1 | 2000 | 2000 | 2000 | | | 2000 |
| 罗田县 | | 539.8 | 468 | 431.8 | 36.2 | | 36.2 |
| 武穴市 | 7 | 77900 | 77900 | 2000 | 75900 | | 3350 |
| **咸宁市** | **281** | **79075** | **65167** | **63467** | **2047** | **347** | **22910** |
| 咸安区 | 2 | 5500 | 4500 | 4500 | | | 4500 |
| 嘉鱼县 | 37 | 67775 | 55970 | 55970 | | | 14110 |
| 崇阳县 | 139 | 3380 | 2650 | 2997 | | 347 | 2606 |
| 赤壁市 | 103 | 2420 | 2047 | | 2047 | | 1694 |
| **随州市** | | **46600** | **31100** | **31100** | | | |
| 广水市 | | 46600 | 31100 | 31100 | | | |
| 恩施土家族苗族自治州 | 1303 | 1604.44 | 1394.59 | 1361.93 | 32.66 | | 1342.5 |
| 恩施市 | 383 | 460 | 423 | 423 | | | 423 |
| 建始县 | 315 | 123 | 123 | 123 | | | 123 |
| 巴东县 | 165 | 333.16 | 247.78 | 242.52 | 5.26 | | 199.28 |
| 咸丰县 | 222 | 447.5 | 390 | 368 | 22 | | 390 |
| 来凤县 | 27 | 178 | 157.2 | 155.8 | 1.4 | | 157.2 |
| 鹤峰县 | 191 | 62.78 | 53.61 | 49.61 | 4 | | 50.02 |
| **仙桃市** | **15** | **92052** | **58000** | **62300** | | **4300** | **58000** |
| **潜江市** | **2** | **19000** | **18500** | **18500** | | | **18500** |
| **天门市** | **1** | **170000** | **150000** | **150000** | | | **103000** |
| **神农架林区** | **26** | **2680** | **2359** | **2359** | | | **2359** |

续表3

单位:万立方米

| | 农业灌溉 | 工业生产 | 城镇生活 | 乡村生活 | 生态环境 | 其他 | 另:水电供水 | 从本县(市、区)外调(引)入水量 |
|---|---|---|---|---|---|---|---|---|
| 东宝区 | 120 | | 30 | | | | | |
| 屈家岭区 | 40 | | | | | | | |
| 京山县 | 180 | | | | | | | |
| 沙洋县 | | | | | | | | |
| 钟祥市 | 353 | | | | | | | |
| **孝感市** | **9179** | | | | | | | |
| 云梦县 | 2840 | | | | | | | |
| 应城市 | 4099 | | | | | | | |
| 安陆市 | 40 | | | | | | | |
| 汉川市 | 2200 | | | | | | | |
| **荆州市** | **96887.27** | **39662** | **5165** | **226** | | **657** | **29055** | |
| 沙市区 | 3050 | 3300 | 2108 | | | | | |
| 荆州区 | 7366 | 34205 | | 60 | | | 29055 | |
| 公安县 | 23000 | 1000 | 1800 | | | | | |
| 江陵县 | 29320.27 | 211 | | | | 657 | | |
| 石首市 | 12400 | | | | | | | |
| 洪湖市 | 15651 | 946 | 1057 | | | | | |
| 松滋市 | 6100 | | 200 | 166 | | | | |
| **黄冈市** | **5350** | | **36.2** | | | | | **3350** |
| 红安县 | 2000 | | | | | | | |
| 罗田县 | | | 36.2 | | | | | |
| 武穴市 | 3350 | | | | | | | 3350 |
| **咸宁市** | **19285** | **143** | **3442** | **40** | | | **0.03** | |
| 咸安区 | 1500 | | 3000 | | | | | |
| 嘉鱼县 | 14110 | | | | | | | |
| 崇阳县 | 2105 | 71 | 390 | 40 | | | 0.03 | |
| 赤壁市 | 1570 | 72 | 52 | | | | | |
| **随州市** | | | | | | | | |
| 广水市 | | | | | | | | |
| 恩施土家族苗族自治州 | 972.2 | 3 | 53.78 | 313.52 | | | | |
| 恩施市 | 400 | 3 | | 20 | | | | |
| 建始县 | 25 | | | 98 | | | | |
| 巴东县 | | | 53.78 | 145.5 | | | | |
| 咸丰县 | 390 | | | | | | | |
| 来凤县 | 157.2 | | | | | | | |
| 鹤峰县 | | | | 50.02 | | | | |
| **仙桃市** | **58000** | | | | | | | |
| **潜江市** | **18500** | | | | | | | |
| **天门市** | **103000** | | | | | | | |
| **神农架林区** | **756** | **1294** | **109** | **165** | **35** | | | |

## 机电井工程设施统计表

单位:千千瓦,万立方米

| | 机配井眼数 | #已配套机电井眼数 | 已建成配套机电井装机容量 | 已建成配套机电井年设计供水能力 | 已建成配套机电井年实际供水能力 | 上年实际供水能力达到 |
|---|---|---|---|---|---|---|
| **湖　北** | **15905** | **15125** | **2529.065** | **49129.8** | **42816.52** | **41323.34** |
| **武汉市** | **2058** | **1994** | **1007.05** | **8297.69** | **4365.69** | **4340.69** |
| 洪山区 | 1000 | 1000 | 1000 | 585 | 150 | 150 |
| 东西湖区 | 517 | 456 | 0.6 | 1125 | 80 | 60 |
| 汉南区 | 80 | 80 | 1 | 4189 | 4000 | 4000 |
| 蔡甸区 | 80 | 80 | 1 | 0.69 | 0.69 | 0.69 |
| 黄陂区 | 21 | 18 | 0.2 | | | |
| 新洲区 | 360 | 360 | 4.25 | 2398 | 135 | 130 |
| **黄石市** | **67** | **14** | **84.94** | **280** | **225** | **225** |
| 阳新县 | 9 | 9 | 52.82 | 180 | 145 | 145 |
| 大冶市 | 58 | 5 | 32.12 | 100 | 80 | 80 |
| **十堰市** | **2742** | **2242** | **6.75** | **443.75** | **430.25** | **430.25** |
| 张湾区 | 2000 | 1500 | 1.5 | | | |
| 郧　县 | 570 | 570 | 0.22 | 200 | 200 | 200 |
| 郧西县 | 40 | 40 | 1.6 | 33.75 | 20.25 | 20.25 |
| 竹溪县 | 83 | 83 | 2.4 | 210 | 210 | 210 |
| 房　县 | 49 | 49 | 1.03 | | | |
| **宜昌市** | **491** | **491** | **59.05** | **1027** | **1027** | **1027** |
| 当阳市 | 484 | 484 | 59 | 1000 | 1000 | 1000 |
| 枝江市 | 7 | 7 | 0.05 | 27 | 27 | 27 |
| **襄阳市** | **4266** | **4109** | **1118.96** | **34006** | **32050** | **32021** |
| 市辖区 | 764 | 694 | 7.86 | 15700 | 14260 | 14260 |
| 襄州区 | 1420 | 1420 | 5.48 | 2016 | 2000 | 2000 |
| 南漳县 | 397 | 339 | 5.01 | 367 | 367 | 367 |
| 谷城县 | 253 | 232 | 5.7 | 2270 | 2080 | 2080 |
| 保康县 | 26 | 26 | 1080 | 1080 | 1080 | 1080 |
| 农场 | 37 | 33 | 1.13 | 1860 | 1860 | 1860 |
| 老河口市 | 727 | 727 | 6.26 | 6500 | 6500 | 6500 |

续表1

单位:千千瓦,万立方米

| | 本年实际供水能力新增 | 本年实际供水能力减少 | 机电井当年实际供水量 | 农业灌溉 | 工业生产 | 城镇生活 | 乡村生活 | 生态环境 | 其他 |
|---|---|---|---|---|---|---|---|---|---|
| **湖　北** | **1493.18** | | **14579.33** | **11315.25** | **1024.78** | **858.2** | **1376.1** | | **5** |
| **武汉市** | **25** | | **2625** | **2585** | **40** | | | | |
| 洪山区 | | | 150 | 150 | | | | | |
| 东西湖区 | 20 | | 80 | 80 | | | | | |
| 汉南区 | | | 2260 | 2260 | | | | | |
| 蔡甸区 | | | | | | | | | |
| 黄陂区 | | | | | | | | | |
| 新洲区 | 5 | | 135 | 95 | 40 | | | | |
| **黄石市** | | | **225** | **225** | | | | | |
| 阳新县 | | | 145 | 145 | | | | | |
| 大冶市 | | | 80 | 80 | | | | | |
| **十堰市** | | | **270.25** | **258.25** | | **6** | **1** | | **5** |
| 张湾区 | | | | | | | | | |
| 郧　县 | | | 190 | 190 | | | | | |
| 郧西县 | | | 2.25 | 2.25 | | | | | |
| 竹溪县 | | | 78 | 66 | | 6 | 1 | | 5 |
| 房　县 | | | | | | | | | |
| **宜昌市** | | | **27** | **27** | | | | | |
| 当阳市 | | | | | | | | | |
| 枝江市 | | | 27 | 27 | | | | | |
| **襄阳市** | **29** | | **7833** | **6165** | **584** | **668** | **416** | | |
| 市辖区 | | | 3100 | 2600 | 100 | 400 | | | |
| 襄州区 | | | 1122 | 1122 | | | | | |
| 南漳县 | | | 17 | 5 | | | 12 | | |
| 谷城县 | | | 450 | 450 | | | | | |
| 保康县 | | | 138 | 138 | | | | | |
| 农场 | | | 60 | 40 | | 20 | | | |
| 老河口市 | | | 1216 | 410 | 290 | 239 | 277 | | |

续表2

单位:千千瓦,万立方米

| | 机配井眼数 | #已配套机电井眼数 | 已建成配套机电井装机容量 | 已建成配套机电井年设计供水能力 | 已建成配套机电井年实际供水能力 | 上年实际供水能力达到 |
|---|---|---|---|---|---|---|
| 枣阳市 | 372 | 368 | 4.9 | 2353 | 2353 | 2324 |
| 宜城市 | 270 | 270 | 2.62 | 1860 | 1550 | 1550 |
| **荆门市** | **1387** | **1387** | **13.08** | **1158** | **860** | **740** |
| 掇刀区 | | | | 100 | 100 | 100 |
| 东宝区 | 4 | 4 | 0.03 | 120 | 120 | |
| 屈家岭区 | 12 | 12 | 0.01 | 48 | 30 | 30 |
| 京山县 | 58 | 58 | 2 | 90 | 60 | 60 |
| 钟祥市 | 1302 | 1302 | 10.92 | 800 | 550 | 550 |
| 沙洋农场 | 11 | 11 | 0.12 | | | |
| **孝感市** | **1563** | **1563** | **8.705** | **2384** | **2369.9** | **2369.9** |
| 孝南区 | 525 | 525 | 0.78 | | | |
| 孝昌县 | 314 | 314 | 1.055 | 230 | 230 | 230 |
| 云梦县 | 471 | 471 | 4.26 | | | |
| 应城市 | 94 | 94 | 1.41 | 1154 | 1153.9 | 1153.9 |
| 安陆市 | 159 | 159 | 1.2 | 1000 | 986 | 986 |
| **荆州市** | **39** | **39** | **0.23** | **1079** | **1079** | **158** |
| 荆州区 | 38 | 38 | 0.22 | 1064 | 1064 | 143 |
| 江陵县 | 1 | 1 | 0.01 | 15 | 15 | 15 |
| **黄冈市** | **612** | **612** | **4.27** | **13** | **12.5** | **11.5** |
| 浠水县 | 12 | 12 | 0.27 | | | |
| 麻城市 | 600 | 600 | 4 | 13 | 12.5 | 11.5 |
| **咸宁市** | **2680** | **2674** | **226.03** | **441.36** | **397.18** | |
| 咸安区 | 401 | 400 | 33.6 | | | |
| 嘉鱼县 | 339 | 334 | 68 | | | |
| 通城县 | 136 | 136 | 7.43 | | | |
| 崇阳县 | 604 | 604 | 36 | 441.36 | 397.18 | |
| 通山县 | 320 | 320 | 15 | | | |
| 赤壁市 | 880 | 880 | 66 | | | |

续表3

单位：千千瓦，万立方米

| | 本年实际供水能力新增 | 本年实际供水能力减少 | 机电井当年实际供水量 | 农业灌溉 | 工业生产 | 城镇生活 | 乡村生活 | 生态环境 | 其他 |
|---|---|---|---|---|---|---|---|---|---|
| 枣阳市 | 29 | | 280 | 160 | | | 120 | | |
| 宜城市 | | | 1450 | 1240 | 194 | 9 | 7 | | |
| **荆门市** | **120** | | **538** | **538** | | | | | |
| 掇刀区 | | | | | | | | | |
| 东宝区 | 120 | | 120 | 120 | | | | | |
| 屈家岭区 | | | 5 | 5 | | | | | |
| 京山县 | | | 60 | 60 | | | | | |
| 钟祥市 | | | 353 | 353 | | | | | |
| 沙洋农场 | | | | | | | | | |
| **孝感市** | | | **1590.4** | **516** | **280** | **168.1** | **626.3** | | |
| 孝南区 | | | | | | | | | |
| 孝昌县 | | | 76.5 | 40 | | 12.5 | 24 | | |
| 云梦县 | | | | | | | | | |
| 应城市 | | | 1153.9 | 396 | | 155.6 | 602.3 | | |
| 安陆市 | | | 360 | 80 | 280 | | | | |
| **荆州市** | **921** | | **1064** | **921** | **118** | | **25** | | |
| 荆州区 | 921 | | 1064 | 921 | 118 | | 25 | | |
| 江陵县 | | | | | | | | | |
| **黄冈市** | **1** | | **9.5** | **9.5** | | | | | |
| 浠水县 | | | | | | | | | |
| 麻城市 | 1 | | 9.5 | 9.5 | | | | | |
| **咸宁市** | **397.18** | | **397.18** | **70.5** | **2.78** | **16.1** | **307.8** | | |
| 咸安区 | | | | | | | | | |
| 嘉鱼县 | | | | | | | | | |
| 通城县 | | | | | | | | | |
| 崇阳县 | 397.18 | | 397.18 | 70.5 | 2.78 | 16.1 | 307.8 | | |
| 通山县 | | | | | | | | | |
| 赤壁市 | | | | | | | | | |

## 取排水泵站设施统计表

单位:千千瓦,万立方米

| | 取水泵站工程处数 | 取水泵站工程装机容量 | 取水泵站工程年设计供水能力 | 取水泵站工程年实际供水能力 |
|---|---|---|---|---|
| **湖 北** | **9875** | **44765.995** | **871949.76** | **731314.37** |
| **武汉市** | **1177** | **2407.37** | **132546** | **85479** |
| 洪山区 | 366 | 15.5 | 8256 | 6728 |
| 东西湖区 | 32 | 3.73 | 12000 | 8657 |
| 汉南区 | 151 | 6.83 | 77760 | 50000 |
| 江夏区 | 175 | 2304 | 17840 | 14250 |
| 新洲区 | 448 | 75.88 | 9350 | 1080 |
| 开发区 | 5 | 1.43 | 7340 | 4764 |
| **黄石市** | **485** | **37.066** | **34980** | **25189** |
| 市辖区 | 4 | 0.26 | 40 | 36 |
| 黄石港区 | 5 | 0.163 | 1000 | 600 |
| 下陆区 | 12 | 0.043 | 200 | 108 |
| 阳新县 | 164 | 9.07 | 5940 | 4985 |
| 大冶市 | 300 | 27.53 | 27800 | 19460 |
| **十堰市** | **299** | **11.98** | **3759.5** | **3741** |
| 郧 县 | 194 | 9.38 | 3207 | 3207 |
| 郧西县 | 56 | 1.6 | 142.5 | 124 |
| 房 县 | 49 | 1 | 410 | 410 |
| **宜昌市** | **443** | **42.732** | **9633.3** | **7823** |
| 西陵区 | 8 | 0.75 | 30 | 15 |
| 伍家岗区 | 24 | 0.48 | | |
| 点军区 | 32 | 0.75 | 46 | 46 |
| 猇亭区 | 3 | 0.08 | 140 | 94 |
| 夷陵区 | 67 | 3.34 | 500 | 305 |
| 远安县 | 120 | 11.25 | 657.3 | 206 |
| 秭归县 | 22 | 0.44 | 5 | 2 |
| 五峰土家族自治县 | 5 | 0.1 | 25 | 25 |
| 宜都市 | | | | |
| 当阳市 | 92 | 7.572 | 2300 | 1200 |
| 枝江市 | 70 | 17.97 | 5930 | 5930 |
| **襄阳市** | **2279** | **152.72** | **70921** | **49747** |
| 市辖区 | 77 | 8.77 | 1060 | 1060 |
| 襄州区 | 269 | 28.21 | 10620 | 10620 |
| 南漳县 | 139 | 7.13 | 5816 | 4611 |
| 谷城县 | 114 | 9.92 | 1283 | 1283 |
| 保康县 | 100 | 3.25 | 740 | 400 |
| 农场 | 54 | 2.81 | 163 | 163 |
| 老河口市 | 169 | 17.2 | 1260 | 1260 |
| 枣阳市 | 925 | 54.69 | 45459 | 26700 |
| 宜城市 | 432 | 20.74 | 4520 | 3650 |
| **鄂州市** | **716** | **32.89** | **21546** | **19678** |
| 市辖区 | 716 | 32.89 | 21546 | 19678 |

续表1

单位:千千瓦,万立方米

| | 上年实际供水能力达到 | 本年实际供水能力增加 | 本年实际供水能力减少 | 取水泵站当年实际供水量 | 灌溉供水 |
|---|---|---|---|---|---|
| **湖　北** | **725554.34** | **31019.03** | **25259** | **338008.53** | **267327.2** |
| **武汉市** | **82570** | **5581** | **2672** | **33544** | **23866** |
| 洪山区 | 9400 | | 2672 | 6728 | 6728 |
| 东西湖区 | 7854 | 803 | | 8657 | 4107 |
| 汉南区 | 50000 | | | 5025 | 5025 |
| 江夏区 | 14250 | | | 7290 | 7290 |
| 新洲区 | 1030 | 50 | | 1080 | 680 |
| 开发区 | 36 | 4728 | | 4764 | 36 |
| **黄石市** | **25189** | | | **25089** | **19086** |
| 市辖区 | 36 | | | 36 | 36 |
| 黄石港区 | 600 | | | 500 | 350 |
| 下陆区 | 108 | | | 108 | 100 |
| 阳新县 | 4985 | | | 4985 | 4005 |
| 大冶市 | 19460 | | | 19460 | 14595 |
| **十堰市** | **3741** | | | **2007** | **1985** |
| 郧　县 | 3207 | | | 1490 | 1490 |
| 郧西县 | 124 | | | 107 | 85 |
| 房　县 | 410 | | | 410 | 410 |
| **宜昌市** | **7823** | | | **6779** | **6768.5** |
| 西陵区 | 15 | | | 14 | 14 |
| 伍家岗区 | | | | | |
| 点军区 | 46 | | | 25 | 20 |
| 猇亭区 | 94 | | | 90 | 90 |
| 夷陵区 | 305 | | | 290 | 290 |
| 远安县 | 206 | | | 206 | 200.5 |
| 秭归县 | 2 | | | | |
| 五峰土家族自治县 | 25 | | | 24 | 24 |
| 宜都市 | | | | | |
| 当阳市 | 1200 | | | 400 | 400 |
| 枝江市 | 5930 | | | 5730 | 5730 |
| **襄阳市** | **49649** | **98** | | **10581** | **9891** |
| 市辖区 | 1060 | | | 1000 | 580 |
| 襄州区 | 10620 | | | 3521 | 3521 |
| 南漳县 | 4611 | | | 1337 | 1302 |
| 谷城县 | 1283 | | | 790 | 590 |
| 保康县 | 302 | 98 | | 248 | 248 |
| 农场 | 163 | | | 85 | 50 |
| 老河口市 | 1260 | | | 250 | 250 |
| 枣阳市 | 26700 | | | 1200 | 1200 |
| 宜城市 | 3650 | | | 2150 | 2150 |
| **鄂州市** | **19678** | | | **19678** | **19678** |
| 市辖区 | 19678 | | | 19678 | 19678 |

续表2

单位:千千瓦,万立方米

| | 工业生产 | 城镇生活 | 乡村生活 | 生态环境 |
|---|---|---|---|---|
| **湖　北** | **51297.73** | **13234.6** | **3187** | **251** |
| **武汉市** | **3735** | **2242** | **1194** | **251** |
| 洪山区 | | | | |
| 东西湖区 | 1183 | 636 | 1084 | 251 |
| 汉南区 | | | | |
| 江夏区 | | | | |
| 新洲区 | 180 | 110 | 110 | |
| 开发区 | 2372 | 1496 | | |
| **黄石市** | **2653** | **1373** | **1535** | |
| 市辖区 | | | | |
| 黄石港区 | 100 | | 50 | |
| 下陆区 | 8 | | | |
| 阳新县 | 580 | 400 | | |
| 大冶市 | 1965 | 973 | 1485 | |
| **十堰市** | | **22** | | |
| 郧　县 | | | | |
| 郧西县 | | 22 | | |
| 房　县 | | | | |
| **宜昌市** | **2** | **5.5** | **3** | |
| 西陵区 | | | | |
| 伍家岗区 | | | | |
| 点军区 | 2 | | 3 | |
| 猇亭区 | | | | |
| 夷陵区 | | | | |
| 远安县 | | 5.5 | | |
| 秭归县 | | | | |
| 五峰土家族自治县 | | | | |
| 宜都市 | | | | |
| 当阳市 | | | | |
| 枝江市 | | | | |
| **襄阳市** | **200** | **255** | **235** | |
| 市辖区 | 200 | 220 | | |
| 襄州区 | | | | |
| 南漳县 | | | 35 | |
| 谷城县 | | | 200 | |
| 保康县 | | | | |
| 农场 | | 35 | | |
| 老河口市 | | | | |
| 枣阳市 | | | | |
| 宜城市 | | | | |
| **鄂州市** | | | | |
| 市辖区 | | | | |

续表3

单位:千千瓦,万立方米

| | 其他 | 另:水电供水 | 排水泵站工程处数 | 排水泵站工程装机容量 | 排水泵站工程年实际排水能力 |
|---|---|---|---|---|---|
| **湖　北** | **2711** | **29055** | **2815** | **1913.977** | **605223.63** |
| **武汉市** | **2256** | | **237** | **1204.8** | **213065** |
| 洪山区 | | | 35 | 10 | 46656 |
| 东西湖区 | 1396 | | 8 | 48.14 | 122749 |
| 汉南区 | | | 7 | 7.67 | 4500 |
| 江夏区 | | | 52 | 1085 | 3760 |
| 新洲区 | | | 127 | 50.46 | 32000 |
| 开发区 | 860 | | 8 | 3.53 | 3400 |
| **黄石市** | **442** | | **113** | **54.839** | **33846** |
| 市辖区 | | | 5 | 2.39 | 3400 |
| 黄石港区 | | | 3 | 0.259 | 1000 |
| 下陆区 | | | 12 | 0.043 | 108 |
| 阳新县 | | | 31 | 31.1 | 25710 |
| 大冶市 | 442 | | 62 | 21.047 | 3628 |
| 十堰市 | | | | | |
| 郧　县 | | | | | |
| 郧西县 | | | | | |
| 房　县 | | | | | |
| **宜昌市** | | | **316** | **45.43** | **21437** |
| 西陵区 | | | | | |
| 伍家岗区 | | | | | |
| 点军区 | | | 49 | 1.12 | 198 |
| 猇亭区 | | | 5 | 0.72 | 680 |
| 夷陵区 | | | | | |
| 远安县 | | | | | |
| 秭归县 | | | | | |
| 五峰土家族自治县 | | | | | |
| 宜都市 | | | 206 | 6.16 | 1349 |
| 当阳市 | | | 22 | 10.64 | 12000 |
| 枝江市 | | | 34 | 26.79 | 7210 |
| **襄阳市** | | | | | |
| 市辖区 | | | | | |
| 襄州区 | | | | | |
| 南漳县 | | | | | |
| 谷城县 | | | | | |
| 保康县 | | | | | |
| 农场 | | | | | |
| 老河口市 | | | | | |
| 枣阳市 | | | | | |
| 宜城市 | | | | | |
| **鄂州市** | | | | | |
| 市辖区 | | | | | |

续表4

单位:千千瓦,万立方米

| | 取水泵站工程处数 | 取水泵站工程装机容量 | 取水泵站工程年设计供水能力 | 取水泵站工程年实际供水能力 |
|---|---|---|---|---|
| **荆门市** | **428** | **41411.70** | **15580** | **8540** |
| 掇刀区 | 229 | 3.00 | 540 | 500 |
| 东宝区 | 74 | 6.70 | 3000 | 3000 |
| 京山县 | 107 | | 40 | 40 |
| 沙洋县 | 18 | 41402.00 | 12000 | 5000 |
| **孝感市** | **1211** | **159.14** | **38072.44** | **26318.02** |
| 孝南区 | 68 | 14.60 | 54.44 | 54.44 |
| 孝昌县 | 158 | 33.20 | 2722 | 2178 |
| 大悟县 | 64 | 5.34 | 3200 | 1850 |
| 云梦县 | 152 | 16.77 | 600 | 578.7 |
| 应城市 | 194 | 27.02 | 10800 | 1036.88 |
| 安陆市 | 315 | 50.40 | 18218 | 18142 |
| 汉川市 | 260 | 11.81 | 2478 | 2478 |
| **荆州市** | **1026** | **276.03** | **348617** | **325723** |
| 沙市区 | 220 | 3.43 | 22840 | 11420 |
| 荆州区 | 165 | 21.02 | 41631 | 41631 |
| 公安县 | 32 | 6.50 | 60300 | 60300 |
| 监利县 | 283 | 170.90 | 85075 | 85075 |
| 江陵县 | 66 | 6.72 | 25511 | 25511 |
| 石首市 | 88 | 21.93 | 17046 | 17046 |
| 洪湖市 | 43 | 3.63 | 27704 | 26230 |
| 松滋市 | 129 | 41.90 | 68510 | 58510 |
| **黄冈市** | **488** | **28.98** | **11016** | **9235** |
| 英山县 | 22 | 1.70 | 900 | 870 |
| 蕲春县 | 442 | 13.21 | 3800 | 3350 |
| 黄梅县 | 3 | 13.90 | 6300 | 5000 |
| 麻城市 | 21 | 0.17 | 16 | 15 |
| **咸宁市** | **685** | **60.37** | **35878** | **30415** |
| 咸安区 | 118 | 12.01 | 6603 | 5280 |
| 嘉鱼县 | 145 | 16.35 | 10860 | 9800 |
| 通城县 | 61 | 1.58 | 757 | 519 |
| 崇阳县 | 118 | 2.47 | 1356 | 1140 |
| 通山县 | 50 | 1.43 | 642 | 456 |
| 赤壁市 | 193 | 26.53 | 15660 | 13220 |
| **随州市** | **102** | **15.21** | **1770** | **1770** |
| 广水市 | 102 | 15.21 | 1770 | 1770 |
| 恩施土家族苗族自治州 | 126 | 4.11 | 306.52 | 245.35 |
| 利川市 | 54 | 2.00 | 250 | 196 |
| 咸丰县 | 2 | 0.50 | 55 | 48 |
| 来凤县 | 70 | 1.61 | 1.52 | 1.35 |
| **仙桃市** | **10** | **12.50** | **121324** | **113411** |
| **潜江市** | **243** | **92.20** | **21000** | **21000** |
| **天门市** | **157** | **21.00** | **5000** | **3000** |

续表5

单位：千千瓦，万立方米

| | 上年实际供水能力达到 | 本年实际供水能力增加 | 本年实际供水能力减少 | 取水泵站当年实际供水量 | 灌溉供水 |
|---|---|---|---|---|---|
| **荆门市** | **3340** | **5200** | | **8055** | **7855** |
| 掇刀区 | 500 | | | 50 | 50 |
| 东宝区 | | 3000 | | 3000 | 2800 |
| 京山县 | 40 | | | 5 | 5 |
| 沙洋县 | 2800 | 2200 | | 5000 | 5000 |
| **孝感市** | **26168.02** | **150** | | **6340.68** | **5782.85** |
| 孝南区 | 54.44 | | | 50 | 50 |
| 孝昌县 | 2178 | | | 580 | 580 |
| 大悟县 | 1700 | 150 | | 1850 | 1850 |
| 云梦县 | 578.7 | | | 357.4 | 357.4 |
| 应城市 | 1036.88 | | | 1036.88 | 572.05 |
| 安陆市 | 18142 | | | 773 | 680 |
| 汉川市 | 2478 | | | 1693.4 | 1693.4 |
| **荆州市** | **328130** | | **2407** | **110590** | **70725** |
| 沙市区 | 11420 | | | 2900 | 2900 |
| 荆州区 | 42564 | | 933 | 41631 | 7366 |
| 公安县 | 60300 | | | 9342 | 9342 |
| 监利县 | 85075 | | | 45800 | 40200 |
| 江陵县 | 25511 | | | 612 | 612 |
| 石首市 | 17046 | | | 10000 | 10000 |
| 洪湖市 | 27704 | | 1474 | | |
| 松滋市 | 58510 | | | 305 | 305 |
| **黄冈市** | **9234** | **1** | | **2884.5** | **2884.5** |
| 英山县 | 870 | | | 870 | 870 |
| 蕲春县 | 3350 | | | | |
| 黄梅县 | 5000 | | | 2000 | 2000 |
| 麻城市 | 14 | 1 | | 14.5 | 14.5 |
| **咸宁市** | **30625** | **19970** | **20180** | **30415** | **17056** |
| 咸安区 | | 5280 | | 5280 | 1560 |
| 嘉鱼县 | 29980 | | 20180 | 9800 | 6700 |
| 通城县 | 365 | 154 | | 519 | |
| 崇阳县 | 280 | 860 | | 1140 | 480 |
| 通山县 | | 456 | | 456 | 96 |
| 赤壁市 | | 13220 | | 13220 | 8220 |
| **随州市** | **1770** | | | **1460** | **1300** |
| 广水市 | 1770 | | | 1460 | 1300 |
| 恩施土家族苗族自治州 | 226.32 | 19.03 | | 245.35 | 109.35 |
| 利川市 | 190 | 6 | | 196 | 75 |
| 咸丰县 | 35 | 13 | | 48 | 33 |
| 来凤县 | 1.32 | 0.03 | | 1.35 | 1.35 |
| **仙桃市** | **113411** | | | **58000** | **58000** |
| **潜江市** | **21000** | | | **21000** | **21000** |
| **天门市** | **3000** | | | **1340** | **1340** |

续表6

单位:千千瓦,万立方米

| | 工业生产 | 城镇生活 | 乡村生活 | 生态环境 |
|---|---|---|---|---|
| **荆门市** | **200** | | | |
| 掇刀区 | | | | |
| 东宝区 | 200 | | | |
| 京山县 | | | | |
| 沙洋县 | | | | |
| **孝感市** | **451.73** | **106.1** | | |
| 孝南区 | | | | |
| 孝昌县 | | | | |
| 大悟县 | | | | |
| 云梦县 | | | | |
| 应城市 | 451.73 | 13.1 | | |
| 安陆市 | | 93 | | |
| 汉川市 | | | | |
| **荆州市** | **39805** | | **60** | |
| 沙市区 | | | | |
| 荆州区 | 34205 | | 60 | |
| 公安县 | | | | |
| 监利县 | 5600 | | | |
| 江陵县 | | | | |
| 石首市 | | | | |
| 洪湖市 | | | | |
| 松滋市 | | | | |
| **黄冈市** | | | | |
| 英山县 | | | | |
| 蕲春县 | | | | |
| 黄梅县 | | | | |
| 麻城市 | | | | |
| **咸宁市** | **4143** | **9216** | | |
| 咸安区 | 1080 | 2640 | | |
| 嘉鱼县 | 900 | 2200 | | |
| 通城县 | 99 | 420 | | |
| 崇阳县 | 84 | 576 | | |
| 通山县 | | 360 | | |
| 赤壁市 | 1980 | 3020 | | |
| **随州市** | | | **160** | |
| 广水市 | | | 160 | |
| 恩施土家族苗族自治州 | 108 | 15 | | |
| 利川市 | 108 | | | |
| 咸丰县 | | 15 | | |
| 来凤县 | | | | |
| **仙桃市** | | | | |
| **潜江市** | | | | |
| **天门市** | | | | |

续表7

单位:千千瓦,万立方米

| | 其他 | 另:水电供水 | 排水泵站工程处数 | 排水泵站工程装机容量 | 排水泵站工程年实际排水能力 |
|---|---|---|---|---|---|
| **荆门市** | | | **46** | **9.225** | **2860** |
| 掇刀区 | | | 1 | 0.56 | 560 |
| 东宝区 | | | | | |
| 京山县 | | | | | |
| 沙洋县 | | | 45 | 8.665 | 2300 |
| **孝感市** | | | **397** | **112.45** | **17669.73** |
| 孝南区 | | | 82 | 23.2 | 12021 |
| 孝昌县 | | | | | |
| 大悟县 | | | | | |
| 云梦县 | | | 31 | 20.23 | |
| 应城市 | | | 46 | 19.44 | 4421.7 |
| 安陆市 | | | 1 | 0.56 | 720 |
| 汉川市 | | | 237 | 49.02 | 507.03 |
| **荆州市** | | **29055** | **1118** | **357.4** | **235797.7** |
| 沙市区 | | | 92 | 12.97 | 22840 |
| 荆州区 | | 29055 | 122 | 19.09 | 1903 |
| 公安县 | | | 169 | 71.86 | 9342 |
| 监利县 | | | 219 | 86.32 | 85075 |
| 江陵县 | | | 205 | 27.55 | 8057.7 |
| 石首市 | | | 88 | 21.93 | 12046 |
| 洪湖市 | | | 190 | 99.35 | 28024 |
| 松滋市 | | | 33 | 18.33 | 68510 |
| **黄冈市** | | | **67** | **16.183** | **1203.2** |
| 英山县 | | | | | |
| 蕲春县 | | | 62 | 15.903 | 1200 |
| 黄梅县 | | | 3 | | |
| 麻城市 | | | 2 | 0.28 | 3.2 |
| **咸宁市** | | | **321** | **31.25** | **23561** |
| 咸安区 | | | 41 | 1.22 | 810 |
| 嘉鱼县 | | | 148 | 16.62 | 12606 |
| 通城县 | | | | | |
| 崇阳县 | | | | | |
| 通山县 | | | | | |
| 赤壁市 | | | 132 | 13.41 | 10145 |
| **随州市** | | | | | |
| 广水市 | | | | | |
| 恩施土家族苗族自治州 | 13 | | 2 | 0.2 | 100 |
| 利川市 | 13 | | | | |
| 咸丰县 | | | 2 | 0.2 | 100 |
| 来凤县 | | | | | |
| **仙桃市** | | | **21** | **49.8** | **45684** |
| **潜江市** | | | | | |
| **天门市** | | | **177** | **32.4** | **10000** |

## 排灌机械保有量统计表

单位:个,千千瓦

| | 灌溉机电井:机电井眼数 | #已配套机电井眼数 | 上年配套机电井眼数 | 本年配套机电井眼数新增 | 本年配套机电井眼数减少 | 配套机电井装机容量 |
|---|---|---|---|---|---|---|
| **湖　北** | **12488** | **11767** | **11547** | **220** | | **423.39** |
| **武汉市** | **2058** | **1994** | **1794** | **200** | | **6.79** |
| 洪山区 | 1000 | 1000 | 1000 | | | 0.55 |
| 东西湖区 | 517 | 456 | 256 | 200 | | 0.6 |
| 汉南区 | 80 | 80 | 80 | | | 0.5 |
| 蔡甸区 | 80 | 80 | 80 | | | 0.69 |
| 江夏区 | | | | | | |
| 黄陂区 | 21 | 18 | 18 | | | 0.2 |
| 新洲区 | 360 | 360 | 360 | | | 4.25 |
| 开发区 | | | | | | |
| **黄石市** | **5** | **5** | **5** | | | **84.94** |
| 市辖区 | | | | | | |
| 阳新县 | | | | | | 52.82 |
| 大冶市 | 5 | 5 | 5 | | | 32.12 |
| **十堰市** | **2693** | **2193** | **2183** | **10** | | **6.65** |
| 张湾区 | 2000 | 1500 | 1500 | | | 1.5 |
| 郧　县 | 570 | 570 | 570 | | | 0.22 |
| 郧西县 | 40 | 40 | 40 | | | 1.6 |
| 竹溪县 | 34 | 34 | 24 | 10 | | 2.3 |
| 房　县 | 49 | 49 | 49 | | | 1.03 |
| 丹江口市 | | | | | | |
| **宜昌市** | **491** | **491** | **491** | | | **58.8** |
| 伍家岗区 | | | | | | |
| 点军区 | | | | | | |
| 猇亭区 | | | | | | |
| 宜都市 | | | | | | |
| 当阳市 | 484 | 484 | 484 | | | 58.75 |
| 枝江市 | 7 | 7 | 7 | | | 0.05 |
| **襄阳市** | **4266** | **4109** | **4109** | | | **38.96** |
| 市辖区 | 764 | 694 | 694 | | | 7.86 |

续表2

单位:个,千千瓦

| | 上年配套机电井装机容量 | 本年配套机电井装机容量新增 | 本年配套机电井装机容量减少 | 固定机电排灌站:固定机电排灌站处数 | 固定机电排灌站装机容量 | 流动机装机容量 | 喷滴灌装机容量 |
|---|---|---|---|---|---|---|---|
| **湖　北** | **215.86** | **207.53** | | **15743** | **2071.758** | **977.93** | **114.61** |
| **武汉市** | **6.69** | **0.1** | | **3381** | **325.65** | **38.16** | **2.36** |
| 洪山区 | 0.55 | | | 502 | 23.19 | 0.5 | 0.18 |
| 东西湖区 | 0.5 | 0.1 | | 329 | 71.2 | 0.26 | 0.34 |
| 汉南区 | 0.5 | | | 158 | 14.5 | | 0.15 |
| 蔡甸区 | 0.69 | | | 1385 | 57.5 | 1 | 1.6 |
| 江夏区 | | | | 227 | 33.89 | | |
| 黄陂区 | 0.2 | | | 324 | 45.96 | 36.4 | 0.09 |
| 新洲区 | 4.25 | | | 448 | 75.88 | | |
| 开发区 | | | | 8 | 3.53 | | |
| **黄石市** | **84.94** | | | **593** | **104.51** | **20.58** | **5.96** |
| 市辖区 | | | | 31 | 3.75 | 0.41 | |
| 阳新县 | 52.82 | | | 376 | 43.45 | 9 | 0.37 |
| 大冶市 | 32.12 | | | 186 | 57.31 | 11.17 | 5.59 |
| **十堰市** | **6.45** | **0.2** | | **407** | **13.52** | **7.86** | **3.1** |
| 张湾区 | 1.5 | | | | | | |
| 郧　县 | 0.22 | | | 194 | 8.65 | 0.73 | |
| 郧西县 | 1.6 | | | 56 | 1.6 | 0.19 | 3.1 |
| 竹溪县 | 2.1 | 0.2 | | 15 | 0.2 | 0.68 | |
| 房　县 | 1.03 | | | 51 | 0.5 | 1 | |
| 丹江口市 | | | | 91 | 2.57 | 5.26 | |
| **宜昌市** | **58.8** | | | **323** | **59.195** | **51.79** | **0.22** |
| 伍家岗区 | | | | 7 | 0.37 | 1.16 | |
| 点军区 | | | | 49 | 1.12 | 0.5 | 0.02 |
| 猇亭区 | | | | 5 | 0.72 | 3.8 | |
| 宜都市 | | | | 206 | 6.16 | 3.35 | |
| 当阳市 | 58.75 | | | 22 | 10.64 | 41.46 | 0.09 |
| 枝江市 | 0.05 | | | 34 | 40.185 | 1.52 | 0.11 |
| **襄阳市** | **38.96** | | | **2279** | **156.01** | **8.58** | **4.35** |
| 市辖区 | 7.86 | | | 77 | 8.18 | 0.5 | 0.09 |

续表2　　　　　　单位:个,千千瓦

| | 灌溉机电井:机电井眼数 | #已配套机电井眼数 | 上年配套机电井眼数 | 本年配套机电井眼数新增 | 本年配套机电井眼数减少 | 配套机电井装机容量 |
|---|---|---|---|---|---|---|
| 襄州区 | 1420 | 1420 | 1420 | | | 5.48 |
| 南漳县 | 397 | 339 | 339 | | | 5.01 |
| 谷城县 | 253 | 232 | 232 | | | 5.7 |
| 保康县 | 26 | 26 | 26 | | | 0.01 |
| 农场 | 37 | 33 | 33 | | | 1.13 |
| 老河口市 | 727 | 727 | 727 | | | 6.26 |
| 枣阳市 | 372 | 368 | 368 | | | 4.89 |
| 宜城市 | 270 | 270 | 270 | | | 2.62 |
| **鄂州市** | | | | | | |
| 市辖区 | | | | | | |
| **荆门市** | **1360** | **1360** | **1360** | | | **10.92** |
| 京山县 | 58 | 58 | 58 | | | |
| 钟祥市 | 1302 | 1302 | 1302 | | | 10.92 |
| **孝感市** | **1553** | **1553** | **1553** | | | **8.69** |
| 市辖区 | | | | | | |
| 孝南区 | 525 | 525 | 525 | | | 0.78 |
| 孝昌县 | 304 | 304 | 304 | | | 1.04 |
| 大悟县 | | | | | | |
| 云梦县 | 471 | 471 | 471 | | | 4.26 |
| 应城市 | 94 | 94 | 94 | | | 1.41 |
| 安陆市 | 159 | 159 | 159 | | | 1.2 |
| 汉川市 | | | | | | |
| **荆州市** | **39** | **39** | **29** | **10** | | **0.23** |
| 沙市区 | | | | | | |
| 荆州区 | 38 | 38 | 28 | 10 | | 0.22 |
| 公安县 | | | | | | |
| 监利县 | | | | | | |
| 江陵县 | 1 | 1 | 1 | | | 0.01 |
| 石首市 | | | | | | |
| 洪湖市 | | | | | | |
| 松滋市 | | | | | | |

续表3

单位:个,千千瓦

| | 上年配套机电井装机容量 | 本年配套机电井装机容量新增 | 本年配套机电井装机容量减少 | 固定机电排灌站:固定机电排灌站处数 | 固定机电排灌站装机容量 | 流动机装机容量 | 喷滴灌装机容量 |
|---|---|---|---|---|---|---|---|
| 襄州区 | 5.48 | | | 269 | 25.62 | 0.32 | 2.27 |
| 南漳县 | 5.01 | | | 139 | 7.13 | 0.8 | 0.2 |
| 谷城县 | 5.7 | | | 114 | 9.92 | 0.6 | 0.02 |
| 保康县 | 0.01 | | | 100 | 6.86 | 3.6 | 0.01 |
| 农场 | 1.13 | | | 54 | 1.95 | | 0.86 |
| 老河口市 | 6.26 | | | 169 | 16.35 | | 0.85 |
| 枣阳市 | 4.89 | | | 925 | 54.6 | | 0.05 |
| 宜城市 | 2.62 | | | 432 | 25.4 | 2.76 | |
| **鄂州市** | | | | **1536** | **101.78** | **3** | **0.6** |
| 市辖区 | | | | 1536 | 101.78 | 3 | 0.6 |
| **荆门市** | **10.92** | | | **335** | **72.37** | **80.63** | |
| 京山县 | | | | | | | |
| 钟祥市 | 10.92 | | | 335 | 72.37 | 80.63 | |
| **孝感市** | **8.69** | | | **1480** | **196.68** | **138.41** | **3.53** |
| 市辖区 | | | | 2 | 2.5 | | |
| 孝南区 | 0.78 | | | 153 | 12.73 | 19.98 | 0.29 |
| 孝昌县 | 1.04 | | | 158 | 12.98 | 19.98 | 0.29 |
| 大悟县 | | | | 69 | 3.51 | 15.81 | 1.55 |
| 云梦县 | 4.26 | | | 176 | 29.76 | 33.95 | 0.21 |
| 应城市 | 1.41 | | | 240 | 46.45 | 21.74 | 0.57 |
| 安陆市 | 1.2 | | | 185 | 27.92 | 14.66 | 0.49 |
| 汉川市 | | | | 497 | 60.83 | 12.29 | 0.13 |
| **荆州市** | **0.23** | | | **2153** | **462.24** | **362.64** | **0.83** |
| 沙市区 | | | | 350 | 21.7 | | |
| 荆州区 | 0.22 | | | 287 | 40.11 | 23.27 | 0.3 |
| 公安县 | | | | 332 | 96.16 | 36 | |
| 监利县 | | | | 283 | 97.59 | 90.56 | |
| 江陵县 | 0.01 | | | 271 | 34.27 | 22.79 | |
| 石首市 | | | | 235 | 38.92 | 64.97 | 0.08 |
| 洪湖市 | | | | 233 | 102.98 | 75.53 | 0.45 |
| 松滋市 | | | | 162 | 30.51 | 49.52 | |

续表4

单位:个,千千瓦

| | 灌溉机电井:机电井眼数 | #已配套机电井眼数 | 上年配套机电井眼数 | 本年配套机电井眼数新增 | 本年配套机电井眼数减少 | 配套机电井装机容量 | 上年配套机电井装机容量 |
|---|---|---|---|---|---|---|---|
| **黄冈市** | **23** | **23** | **23** | | | **0.18** | **0.18** |
| 黄州区 | | | | | | | |
| 团风县 | | | | | | | |
| 红安县 | | | | | | | |
| 英山县 | | | | | | | |
| 浠水县 | 12 | 12 | 12 | | | 0.09 | 0.09 |
| 蕲春县 | | | | | | | |
| 黄梅县 | | | | | | | |
| 麻城市 | 11 | 11 | 11 | | | 0.09 | 0.09 |
| 武穴市 | | | | | | | |
| **咸宁市** | | | | | | **207.23** | |
| 咸安区 | | | | | | 23.63 | |
| 嘉鱼县 | | | | | | 65.9 | |
| 通城县 | | | | | | 7.43 | |
| 崇阳县 | | | | | | 34 | |
| 通山县 | | | | | | 13.76 | |
| 赤壁市 | | | | | | 62.51 | |
| **随州市** | | | | | | | |
| 曾都区 | | | | | | | |
| 恩施土家族苗族自治州 | | | | | | | |
| 利川市 | | | | | | | |
| 建始县 | | | | | | | |
| 宣恩县 | | | | | | | |
| 咸丰县 | | | | | | | |
| 来凤县 | | | | | | | |
| 鹤峰县 | | | | | | | |
| **仙桃市** | | | | | | | |
| **潜江市** | | | | | | | |
| **天门市** | | | | | | | |

续表5 单位:个,千千瓦

| | 本年配套机电井装机容量新增 | 本年配套机电井装机容量减少 | 固定机电排灌站:固定机电排灌站处数 | 固定机电排灌站装机容量 | 流动机装机容量 | 喷滴灌装机容量 |
|---|---|---|---|---|---|---|
| **黄冈市** | | | **1524** | **193.943** | **107.23** | **92.62** |
| 黄州区 | | | 85 | 10.82 | 6.09 | 85 |
| 团风县 | | | 158 | 21 | 12 | 1 |
| 红安县 | | | 336 | 18 | 24 | 5 |
| 英山县 | | | 17 | 0.92 | 5.08 | |
| 浠水县 | | | 315 | 28 | 20 | |
| 蕲春县 | | | 62 | 15.903 | 8.86 | 0.99 |
| 黄梅县 | | | 100 | 58 | 12 | |
| 麻城市 | | | 166 | 10.23 | 0.08 | 0.03 |
| 武穴市 | | | 285 | 31.07 | 19.12 | 0.6 |
| **咸宁市** | **207.23** | | **103** | **105.28** | **101.95** | |
| 咸安区 | 23.63 | | 6 | 3 | 20.63 | |
| 嘉鱼县 | 65.9 | | 25 | 41 | 24.9 | |
| 通城县 | 7.43 | | 15 | 6.45 | 0.98 | |
| 崇阳县 | 34 | | 4 | 1.14 | 32.86 | |
| 通山县 | 13.76 | | 18 | 9.76 | 4 | |
| 赤壁市 | 62.51 | | 35 | 43.93 | 18.58 | |
| **随州市** | | | **547** | **22.12** | **4.35** | **0.94** |
| 曾都区 | | | 547 | 22.12 | 4.35 | 0.94 |
| 恩施土家族苗族自治州 | | | 121 | 2.94 | 0.92 | 0.1 |
| 利川市 | | | 10 | 0.5 | 0.2 | |
| 建始县 | | | 3 | 0.15 | 0.14 | |
| 宣恩县 | | | 10 | 0.28 | 0.1 | |
| 咸丰县 | | | 19 | 0.32 | 0.18 | 0.1 |
| 来凤县 | | | 70 | 1.61 | 0.25 | |
| 鹤峰县 | | | 9 | 0.08 | 0.05 | |
| **仙桃市** | | | **239** | **92.2** | **2.4** | |
| **潜江市** | | | **386** | **95.79** | **36** | |
| **天门市** | | | **336** | **67.53** | **13.43** | |

## 大型水库一览表

单位:万立方米

| 水库名称 | 管理单位 | 水　　源 |
|---|---|---|
| 丹江口水库 | 汉江集团 | 汉江 |
| 长阳隔河岩水库 | 清江开发公司 | 清江 |
| 漳河水库 | 湖北省漳河工程管理局 | 沮漳河 |
| 富水水库 | 湖北省富水水库管理局 | 富水河 |
| 张湾黄龙滩水库 | 黄龙滩发电厂 | 汉江堵河 |
| 黄冈市白莲河水库 | 黄冈市白莲河水库管理处 | 长江支流浠水河 |
| 徐家河水库管理局 | 徐家河水库管理局 | |
| 葛洲坝 | 长江电力股份有限公司 | 长江 |
| 陆水水库 | 陆水水库管理局 | 陆水 |
| 湖北省王英水库 | 湖北省王英水库管理局 | 富水水系王英河 |
| 麻城市浮桥河水库 | 麻城市水利局 | 中馆驿镇浮桥河村 |
| 温峡口水库 | 温峡口水库管理处 | 汉江支流 |
| 荆州市危水水库 | 荆州市危水工程管理局 | 危水河 |
| 陡岭子水库 | 陡岭子水电责任有限责任公司 | 汉江金钱河 |
| 崇阳县青山水库 | 崇阳县青山水库管理局 | 陆水青山河 |
| 洞坪水库 | 湖北宣恩洞坪水电有限责任公司 | 忠建河 |
| 惠亭水库 | 惠亭水库管理处 | 京山河 |
| 老河口王甫洲水利枢纽 | 老河口市电力部门 | 汉江 |
| 襄州区西排子河水库 | 西排子河水库管理处 | 小清河分支西排子河 |
| 市直先觉庙水库 | 先觉庙水库 | 府河 |
| 随县封江口水库 | 封江口水库 | 府河 |
| 蕲春县大同水库 | 大同水库管理处 | 蕲河 |
| 黄陂区夏家寺水库 | 黄陂区夏家寺水库管理处 | 滠水支流长堰河 |
| 恩施市老渡口电站水库 | 国电长源老渡口水电开发有限公司 | 清江马水河 |
| 高关水库管理局 | 湖北省高关水库管理局 | 汉江大富水 |
| 西北口水库 | 宜昌市黄柏河流域管理局 | 黄柏河 |
| 襄阳市熊河水库 | 襄阳市熊河水库管理局 | 唐白河 |
| 随县吴山水库 | 吴山水库 | 府河 |
| 金沙河水库 | 金沙河水库管理 | 倒水河 |
| 巩河水库 | 巩河水库管理处 | 沮河支流巩河 |

续表1

单位:万立方米

| 水库名称 | 总库容 | 兴利库容 | 防洪库容 | 已淤积库容 | 年末蓄水量 |
| --- | --- | --- | --- | --- | --- |
| 丹江口水库 | 2090000.00 | | | | |
| 长阳隔河岩水库 | 347000.00 | 22000.00 | 7400.00 | | 262615.00 |
| 漳河水库 | 203500.00 | 92400.00 | 34300.00 | | 147490.00 |
| 富水水库 | 166500.00 | 54800.00 | 28100.00 | | 44530.00 |
| 张湾黄龙滩水库 | 116320.00 | 59800.00 | 15800.00 | 5850.00 | 987650.00 |
| 黄冈市白莲河水库 | 114000.00 | 41700.00 | 35200.00 | 2600.00 | |
| 徐家河水库管理局 | 73350.00 | 29900.00 | 28960.00 | | |
| 葛洲坝 | 71100.00 | | | | 67800.00 |
| 陆水水库 | 70600.00 | 4080.00 | 16300.00 | | |
| 湖北省王英水库 | 62300.00 | 26880.00 | 11853.00 | | |
| 麻城市浮桥河水库 | 53950.00 | 27172.00 | 25400.00 | | 13996.00 |
| 温峡口水库 | 52000.00 | 26900.00 | 13200.00 | | 23460.00 |
| 荆州市危水水库 | 51160.00 | 30900.00 | 5040.00 | | 27290.00 |
| 陡岭子水库 | 48420.00 | | | | |
| 崇阳县青山水库 | 42900.00 | 20840.00 | 8160.00 | 150.00 | 16800.00 |
| 洞坪水库 | 34300.00 | 19100.00 | 3500.00 | 11700.00 | 31209.00 |
| 惠亭水库 | 31400.00 | 17350.00 | 10800.00 | | |
| 老河口王甫洲水利枢纽 | 30950.00 | 14000.00 | 16950.00 | | 11000.00 |
| 襄州区西排子河水库 | 28200.00 | 12227.00 | 9617.00 | | 12000.00 |
| 市直先觉庙水库 | 27480.00 | 15660.00 | 10830.00 | | 15508.00 |
| 随县封江口水库 | 26480.00 | 13680.00 | 9200.00 | | 10743.00 |
| 蕲春县大同水库 | 25536.00 | 16035.00 | 7046.00 | | |
| 黄陂区夏家寺水库 | 25350.00 | 12060.00 | 4300.00 | | 14488.00 |
| 恩施市老渡口电站水库 | 22040.00 | | | | |
| 高关水库管理局 | 20865.00 | 15432.00 | 2906.00 | | 5896.00 |
| 西北口水库 | 19627.00 | 15573.00 | 3836.00 | | 12749.00 |
| 襄阳市熊河水库 | 19590.00 | 11590.00 | 6000.00 | 100.00 | 3560.00 |
| 随县吴山水库 | 18858.00 | 9705.00 | 8810.00 | | 3734.00 |
| 金沙河水库 | 18060.00 | 10640.00 | | | 10889.00 |
| 巩河水库 | 17323.00 | 10526.00 | 4530.00 | 300.00 | 8595.90 |

续表2　　单位:万立方米

| 水库名称 | 管理单位 | 水　源 |
|---|---|---|
| 广水市花山水库 | 广水市花山水库管理处 | 淮河水系狮河支流 |
| 郑家河水库 | 孝感市郑家河水库管理局 | 长江·府河支流·漳河 |
| 麻城市三河口水库 | 麻城市水利局 | 举水 |
| 随县黑屋湾水库 | 黑屋湾水库 | 府河 |
| 罗田县天堂水库 |  | 新昌河 |
| 梅店水库 | 梅院泥水库管理处 | 黄陂栗树河 |
| 襄州区红水河水库 | 红水河水库管理处 | 小清河分支黑水河 |
| 麻城市明山水库 | 麻城市水利局 | 举水 |
| 南漳石门水库 | 石门集水库工程管理局 | 清凉河 |
| 石门水库 | 石门水库管理处 | 寨子河 |
| 襄阳市三道河水库 | 三道河水库工管局 | 蛮河 |
| 古洞口一级 | 兴山县明星电业有限公司 | 香溪河 |
| 黄梅县垅坪水库 | 黄梅县垅坪水库管理处 | 华阳河 |
| 随县大洪山水库 | 大洪山水库 | 府河 |
| 枣阳华阳河水库 | 华阳河水库管理处 | 滚河支流 |
| 南漳云台山水库 | 云台山水库工程管理局 | 黑河 |
| 太湖港水库 | 荆州市荆州区太湖港工程管理局 | 沮漳河 |
| 朝阳寺水库 | 朝阳电业公司 | 唐岩河 |
| 宜城莺河一库 | 工程管理局 | 莺河 |
| 黄坡水库 | 黄坡水库管理处 | 敖河 |
| 随县天河口水库 | 天河口水库 | 府河 |
| 南川水库 | 南川水库管理处 | 淦河 |
| 老河口孟桥川水库 | 老河口水利局 | 汉江 |
| 尾斗山水库 | 尾斗山水库管理处 | 举水 |
| 三湖连江水库 | 三湖连江水库管理处 |  |
| 道观河水库 | 道观河水库管理处 | 举水 |
| 张咀水库 | 张咀水库电站管理处 | 浠水 |
| 霍河水库 | 竹山县霍河水库管理处 | 堵河 |
| 牛车河水库 | 团风县牛车河水库管理处 | 巴水 |
| 观音岩水库 | 孝昌县观音岩水库管理处 | 长江·府河·澴河支流·晏家河 |
| 蕲春县花园水库 | 花园水库管理处 | 蕲河支流狮子河 |

续表3

单位:万立方米

| 水库名称 | 总库容 | 兴利库容 | 防洪库容 | 已淤积库容 | 年末蓄水量 |
| --- | --- | --- | --- | --- | --- |
| 广水市花山水库 | 17300.00 | 10700.00 | 6500.00 | | 7230.00 |
| 郑家河水库 | 17100.00 | 11260.00 | | | |
| 麻城市三河口水库 | 16460.00 | 10000.00 | 4260.00 | | 2293.00 |
| 随县黑屋湾水库 | 16320.00 | 6945.00 | 10570.00 | 200.00 | 6820.00 |
| 罗田县天堂水库 | 16300.00 | 7960.00 | 6000.00 | 2950.00 | 6300.00 |
| 梅店水库 | 16158.00 | 8728.00 | 4320.00 | | 10539.00 |
| 襄州区红水河水库 | 16130.00 | 5890.00 | 9710.00 | | 2789.00 |
| 麻城市明山水库 | 16000.00 | 9700.00 | 5100.00 | 2100.00 | 9097.00 |
| 南漳石门水库 | 15403.00 | 11469.00 | 3749.00 | 40.00 | 6715.00 |
| 石门水库 | 15300.00 | 6860.00 | 7140.00 | 27.50 | 2746.00 |
| 襄阳市三道河水库 | 15000.00 | 12744.00 | 3869.00 | 250.00 | 9267.00 |
| 古洞口一级 | 14760.00 | 6626.00 | 1540.00 | 4734.00 | 7685.00 |
| 黄梅县垅坪水库 | 13300.00 | 9600.00 | 3400.00 | | 4100.00 |
| 随县大洪山水库 | 12640.00 | 6900.00 | 2970.00 | | 6925.00 |
| 枣阳华阳河水库 | 12300.00 | 7070.00 | 5080.00 | | 1000.00 |
| 南漳云台山水库 | 12300.00 | 8900.00 | 2900.00 | | 5001.00 |
| 太湖港水库 | 12200.00 | 2814.00 | 8360.00 | | 3610.00 |
| 朝阳寺水库 | 12050.00 | 7900.00 | 2730.00 | | 10020.00 |
| 宜城莺河一库 | 11940.00 | 7631.00 | 3947.00 | | 3295.00 |
| 黄坡水库 | 11850.00 | 5350.00 | 6810.00 | | 5400.00 |
| 随县天河口水库 | 11680.00 | 5060.00 | 4410.00 | | 5685.00 |
| 南川水库 | 11190.00 | 6523.00 | 3500.00 | 0.07 | 4500.00 |
| 老河口孟桥川水库 | 11170.00 | 9737.00 | 1870.00 | | 4000.00 |
| 尾斗山水库 | 11050.00 | 7220.00 | | | 5516.00 |
| 三湖连江水库 | 10580.00 | 5610.00 | 2859.00 | | 6119.00 |
| 道观河水库 | 10460.00 | 5400.00 | 4570.00 | | 1050.00 |
| 张咀水库 | 10442.00 | 6707.00 | 2099.00 | 1096.00 | 350.00 |
| 霍河水库 | 10300.00 | 7040.00 | 1651.00 | 570.00 | 338.90 |
| 牛车河水库 | 10230.00 | 6666.00 | 553.00 | 3011.00 | 5549.00 |
| 观音岩水库 | 10040.00 | 4833.00 | | | 4703.00 |
| 蕲春县花园水库 | 10020.00 | 6588.00 | 2809.00 | | |

续表4

单位:万立方米

| 灌区名称 | 管理单位 | 受益地方 |
|---|---|---|
| 漳河灌区 | 湖北省漳河工程管理局 | 荆门、荆州、宜昌 |
| 引丹灌区 | 引丹工程管理局 | 老河口、襄阳、枣阳 |
| 泽口灌区 | 仙桃市泽口灌区工程管理局 | 仙桃市、潜江市 |
| 天门引汉灌区 | 天门市引汉灌区工程管理处 | 天门市 |
| 随中灌区 | 随中灌区管理局 | 市辖区 |
| 宜昌市东风渠灌区 | 宜昌市东风渠灌区管理局 | 夷陵区、当阳市及枝江市 |
| 兴隆灌区 | 潜江市水利局 | 潜江市 |
| 江陵县观音寺灌区 | 江陵县观音寺颜家台灌区管理处 | 江陵县、沙市区 |
| 徐家河灌区 | 徐家河水库管理局 | 孝南、孝昌、安陆、云梦 |
| 白莲河灌区 | 浠水县白莲河灌区管理局 | 浠水、蕲春 |
| 洪湖市隔北灌区 | 洪湖市水利局 | 洪湖市 |
| 荆州市危水灌区 | 荆州市危水工程管理局 | 湖北松滋、公安及湖南澧县 |
| 王英灌区 | 王英水库管理局 | 阳新县、咸安区、江夏区、大冶市、梁子湖区 |
| 监利县隔北灌区 | 监利县灌区管理局 | 监利县 |
| 高关水库灌区 | 湖北省高关水库管理局 | 京山县、应城市 |
| 监利县何王庙灌区 | 监利县灌区管理局 | 监利县 |
| 大岗坡灌区 | 大岗坡灌区管理处 | 枣阳市,襄州区 |
| 惠亭水库灌区 | 惠亭水库管理处 | 京山.天门.应城 |
| 温峡口水库灌区 | 温峡口水库管理处 | 钟祥市 |
| 陆水灌区 | 赤壁市南干渠管理处、赤壁市北干渠管理处 | 赤壁市、嘉鱼县 |
| 监利县西门渊灌区 | 监利县灌区管理局 | 监利县 |
| 红安县金檀灌区 | 红安县金檀灌区管理局 | 红安 |
| 武汉新洲区举水灌区 | 武汉市新洲区举水灌区管理局 | 新洲区 |
| 石门水库灌区 | 石门水库管理处 | 钟祥市.沙洋等 |
| 明山灌区 | 麻城市明山水库管理处 | 麻城市 |
| 广水市黑花飞灌区 | 广水市黑花飞灌区灌溉管理处 | 随州市 广水市 |
| 梅院泥水库灌区 | 梅院泥水库管理处 | 黄陂区 |
| 郑家河灌区 | 郑家河水库管理局 | 安陆、应城 |
| 熊河灌区 | 熊河水库管理处 | 枣阳市 |
| 石台寺灌区 | 石台寺灌区管理处 | 枣阳市 |
| 三湖连江灌区 | 三湖连江水库管理处 | 嘉鱼县 |
| 三道河灌区 | 三道河管理局 | 南漳、宜城 |

续表5

单位:万立方米

| 灌区名称 | 骨干水源 | 设计灌溉面积 | 有效灌溉面积 | 本年实灌面积 |
|---|---|---|---|---|
| 漳河灌区 | 漳河水库 | 173.68 | 155.67 | 48.73 |
| 引丹灌区 | 丹江水库 | 140.00 | 110.00 | 108.00 |
| 泽口灌区 | 汉江 | 149.11 | 91.76 | 90.76 |
| 天门引汉灌区 | 汉江 | 106.00 | 70.00 | 70.00 |
| 随中灌区 | 府河 | 80.06 | 37.40 | 21.01 |
| 宜昌市东风渠灌区 | 黄柏河 | 77.47 | 65.00 | 65.00 |
| 兴隆灌区 | 汉江 | 49.95 | 37.90 | 36.90 |
| 江陵县观音寺灌区 | 长江 | 46.03 | 26.67 | 26.67 |
| 徐家河灌区 | | 42.70 | 33.90 | 33.90 |
| 白莲河灌区 | 白莲河水库 | 42.70 | 40.00 | 24.00 |
| 洪湖市隔北灌区 | 东荆河 | 41.13 | 30.91 | 29.20 |
| 荆州市危水灌区 | 危水水库 | 34.67 | 28.43 | 17.13 |
| 王英灌区　　监利县隔北灌区 | 王英水库 | 33.08 | 27.71 | 27.00 |
| 高关水库灌区 | 东荆河 | 30.73 | 24.38 | 24.35 |
| 监利县何王庙灌区 | 汉江大富水 | 30.00 | 25.60 | |
| 大岗坡灌区 | 长江 | 28.80 | 24.74 | 23.67 |
| 惠亭水库灌区 | 唐白河 | 28.35 | 20.00 | 5.20 |
| 温峡口水库灌区 | 京山河 | 26.75 | 14.67 | 14.67 |
| 陆水灌区 | 汉江支流敖水河 | 26.75 | 25.00 | 12.00 |
| 监利县西门渊灌区 | 陆水水库 | 25.20 | 16.30 | 15.00 |
| 红安县金檀灌区 武汉新洲区举水灌区 | 长江 | 24.40 | 19.79 | 19.79 |
| 石门水库灌区 | 倒水 | 24.53 | 24.53 | |
| 明山灌区 | 举水河 | 23.62 | 15.93 | 12.00 |
| 广水市黑花飞灌区 | 寨子河 | 23.20 | 16.50 | 3.33 |
| 梅院泥水库灌区 | 麻城市明山水库 | 22.50 | 20.00 | 15.50 |
| 郑家河灌区 | 广水市黑洞湾、飞沙河、许家冲水库 | 22.47 | 19.35 | 1.35 |
| 熊河灌区 | 梅院泥水库 | 21.84 | 20.00 | 17.90 |
| 石台寺灌区 | 郑家河水库 | 20.70 | 20.70 | 20.70 |
| 三湖连江灌区 | 熊河水库 | 20.27 | 17.13 | 1.60 |
| 三道河灌区 | 唐白河 | 20.01 | 15.33 | |
| 灌区名称 | 三湖连江水库 | 20.00 | 16.90 | 15.07 |
| 漳河灌区 | 三道河水库 | 20.20 | 18.33 | 16.00 |

## 项目投资规模及结构表

单位:万元

| 项目类型 | 计划总投资 | 中央政府投资 |
| --- | --- | --- |
| 合计 | 1277688.05 | 719246.39 |
| 控制性枢纽工程项目 | 2889.00 | 1739.00 |
| 其他枢纽工程 | 2889.00 | 1739.00 |
| 防洪项目 | 454977.71 | 304719.86 |
| 江河湖泊治理工程 | 190099.68 | 98688.56 |
| 行蓄洪区安全建设 | 448.00 | |
| 城市防洪工程 | 15632.00 | 12100.00 |
| 水库除险加固 | 244397.03 | 191181.30 |
| 其他防洪项目 | 4401.00 | 2750.00 |
| 灌溉除涝项目 | 502148.88 | 243980.53 |
| 灌区建设工程 | 210586.84 | 105491.00 |
| 节水灌溉工程 | 111454.00 | 53499.00 |
| 小型农田水利建设 | 121545.53 | 53574.00 |
| 水库工程 | 5909.00 | 3950.00 |
| 泵站工程 | 51728.51 | 26803.53 |
| 其他灌溉除涝项目 | 925.00 | 663.00 |
| 供水项目 | 158788.67 | 96859.00 |
| 人饮解困及饮水安全工程 | 157682.67 | 96859.00 |
| 其他供水工程 | 1106.00 | |
| 水务项目 | 827.00 | 4.00 |
| 其他水务项目 | 827.00 | 4.00 |
| 水电开发利用 | 35434.00 | 6905.00 |
| 水力发电工程 | 27261.00 | 5030.00 |
| 电网建设与改造 | 850.00 | 150.00 |
| 其他电气化工程 | 7323.00 | 1725.00 |
| 水保及生态 | 109769.79 | 54861.00 |
| 水土流失治理 | 70044.00 | 44101.00 |
| 流域生态综合治理 | 9689.79 | |
| 水利血防项目 | 30036.00 | 10760.00 |
| 机构能力建设专项 | 8593.00 | 8048.00 |
| 水文设施及能力建设 | 8160.00 | 8032.00 |
| 其他水利发展项目 | 433.00 | 16.00 |

续表1

单位:万元

| 项目类型 | 地方政府投资 | 企业和私人投资 | 银行贷款 | 其他投资 |
| --- | --- | --- | --- | --- |
| 合　计 | 527050.17 | 3284.00 | 13030.00 | 15077.49 |
| 控制性枢纽工程项目 | 1150.00 | | | |
| 其他枢纽工程 | 1150.00 | | | |
| 防洪项目 | 144654.64 | | 2000.00 | 3603.21 |
| 江河湖泊治理工程 | 86831.61 | | 2000.00 | 2579.51 |
| 行蓄洪区安全建设 | 448.00 | | | |
| 城市防洪工程 | 3532.00 | | | |
| 水库除险加固 | 52192.03 | | | 1023.70 |
| 其他防洪项目 | 1651.00 | | | |
| 灌溉除涝项目 | 255346.35 | 59.00 | | 2763.00 |
| 灌区建设工程 | 105095.84 | | | |
| 节水灌溉工程 | 57955.00 | | | |
| 小型农田水利建设 | 65149.53 | 59.00 | | 2763.00 |
| 水库工程 | 1959.00 | | | |
| 泵站工程 | 24924.98 | | | |
| 其他灌溉除涝项目 | 262.00 | | | |
| 供水项目 | 51677.39 | | 5550.00 | 4702.28 |
| 人饮解困及饮水安全工程 | 50571.39 | | 5550.00 | 4702.28 |
| 其他供水工程 | 1106.00 | | | |
| 水务项目 | 823.00 | | | |
| 其他水务项目 | 823.00 | | | |
| 水电开发利用 | 19819.00 | 3225.00 | 2998.00 | 2487.00 |
| 水力发电工程 | 16159.00 | 1585.00 | 2000.00 | 2487.00 |
| 电网建设与改造 | 700.00 | | | |
| 其他电气化工程 | 2960.00 | 1640.00 | 998.00 | |
| 水保及生态 | 50912.79 | | 2482.00 | 1514.00 |
| 水土流失治理 | 21947.00 | | 2482.00 | 1514.00 |
| 流域生态综合治理 | 9689.79 | | | |
| 水利血防项目 | 19276.00 | | | |
| 机构能力建设专项 | 537.00 | | | 8.00 |
| 水文设施及能力建设 | 128.00 | | | |
| 其他水利发展项目 | 409.00 | | | 8.00 |

续表2

单位:万元

| 项目类型 | 计划总投资 | 实际需要总投资 | 其中:移民征地费 |
|---|---|---|---|
| 合　计 | 1277688.05 | 1353335.18 | 6753.01 |
| 控制性枢纽工程项目 | 2889.00 | 2889.00 | |
| 其他枢纽工程 | 2889.00 | 2889.00 | |
| 防洪项目 | 454977.71 | 455205.84 | 6351.35 |
| 江河湖泊治理工程 | 190099.68 | 190000.68 | 6269.94 |
| 行蓄洪区安全建设 | 448.00 | 448.00 | |
| 城市防洪工程 | 15632.00 | 15632.00 | |
| 水库除险加固 | 244397.03 | 244724.16 | 81.41 |
| 其他防洪项目 | 4401.00 | 4401.00 | |
| 灌溉除涝项目 | 502148.88 | 576668.88 | 10.66 |
| 灌区建设工程 | 210586.84 | 274040.84 | |
| 节水灌溉工程 | 111454.00 | 124152.00 | |
| 小型农田水利建设 | 121545.53 | 119913.53 | |
| 水库工程 | 5909.00 | 5909.00 | |
| 泵站工程 | 51728.51 | 51728.51 | 10.66 |
| 其他灌溉除涝项目 | 925.00 | 925.00 | |
| 供水项目 | 158788.67 | 160531.67 | |
| 人饮解困及饮水安全工程 | 157682.67 | 159425.67 | |
| 其他供水工程 | 1106.00 | 1106.00 | |
| 水务项目 | 827.00 | 827.00 | |
| 其他水务项目 | 827.00 | 827.00 | |
| 水电开发利用 | 35434.00 | 34589.00 | |
| 水力发电工程 | 27261.00 | 26416.00 | |
| 电网建设与改造 | 850.00 | 850.00 | |
| 其他电气化工程 | 7323.00 | 7323.00 | |
| 水保及生态 | 109769.79 | 109770.79 | 391.00 |
| 水土流失治理 | 70044.00 | 70045.00 | |
| 流域生态综合治理 | 9689.79 | 9689.79 | |
| 水利血防项目 | 30036.00 | 30036.00 | 391.00 |
| 机构能力建设专项 | 8593.00 | 8593.00 | |
| 水文设施及能力建设 | 8160.00 | 8160.00 | |
| 其他水利发展项目 | 433.00 | 433.00 | |

续表3

单位:万元

| 项 目 类 型 | 累计安排投资 | 累计到位资金 | 累计完成投资 | 累计新增固定资产 |
|---|---|---|---|---|
| 合　计 | 1045612.96 | 901865.00 | 707918.93 | 636970.45 |
| 控制性枢纽工程项目 | 2889.00 | 1828.00 | 1828.00 | 1828.00 |
| 其他枢纽工程 | 2889.00 | 1828.00 | 1828.00 | 1828.00 |
| 防洪项目 | 420535.86 | 369094.56 | 287915.26 | 258288.30 |
| 江河湖泊治理工程 | 164429.67 | 128402.40 | 96807.17 | 84852.17 |
| 行蓄洪区安全建设 | 448.00 | 448.00 | 448.00 | 448.00 |
| 城市防洪工程 | 12000.00 | 9324.00 | 9324.00 | 9324.00 |
| 水库除险加固 | 239257.19 | 226519.16 | 176935.09 | 159263.13 |
| 其他防洪项目 | 4401.00 | 4401.00 | 4401.00 | 4401.00 |
| 灌溉除涝项目 | 339531.53 | 276857.67 | 209737.03 | 197165.71 |
| 灌区建设工程 | 87416.00 | 70690.00 | 62660.00 | 53850.00 |
| 节水灌溉工程 | 87415.00 | 55459.00 | 47831.87 | 47405.55 |
| 小型农田水利建设 | 116391.53 | 109632.67 | 63682.16 | 60347.16 |
| 水库工程 | 4141.00 | 3625.00 | 2651.00 | 2651.00 |
| 泵站工程 | 43243.00 | 36526.00 | 32707.00 | 32707.00 |
| 其他灌溉除涝项目 | 925.00 | 925.00 | 205.00 | 205.00 |
| 供水项目 | 156530.67 | 143843.87 | 119357.87 | 96660.67 |
| 人饮解困及饮水安全工程 | 155565.67 | 142878.87 | 118392.87 | 96660.67 |
| 其他供水工程 | 965.00 | 965.00 | 965.00 | |
| 水务项目 | 827.00 | 827.00 | 827.00 | 827.00 |
| 其他水务项目 | 827.00 | 827.00 | 827.00 | 827.00 |
| 水电开发利用 | 28654.00 | 23144.00 | 16994.00 | 16994.00 |
| 水力发电工程 | 20481.00 | 17016.00 | 11616.00 | 11616.00 |
| 电网建设与改造 | 850.00 | 850.00 | 100.00 | 100.00 |
| 其他电气化工程 | 7323.00 | 5278.00 | 5278.00 | 5278.00 |
| 水保及生态 | 83807.90 | 73440.90 | 67097.77 | 64649.77 |
| 水土流失治理 | 60262.90 | 58369.90 | 53601.77 | 52128.77 |
| 流域生态综合治理 | 550.00 | 550.00 | 550.00 | 550.00 |
| 水利血防项目 | 22995.00 | 14521.00 | 12946.00 | 11971.00 |
| 机构能力建设专项 | 8577.00 | 8569.00 | 677.00 | 557.00 |
| 水文设施及能力建设 | 8152.00 | 8144.00 | 252.00 | 132.00 |
| 其他水利发展项目 | 425.00 | 425.00 | 425.00 | 425.00 |

## 2011年水利建设投资计划——按项目类型分

单位:万元

| 项目类型 | 本年计划投资 | 1、中央政府投资 | 1.1预算内拨款 | 1.2中央财政水利专项资金 | 2、地方政府投资 |
|---|---|---|---|---|---|
| 合计 | 918953.60 | 552407.00 | 236327.00 | 316080.00 | 356138.18 |
| 控制性枢纽工程项目 | 478.00 | | | | 478.00 |
| 其他枢纽工程 | 478.00 | | | | 478.00 |
| 防洪项目 | 496115.96 | 334999.00 | 80687.00 | 254312.00 | 160417.26 |
| 堤防工程 | | | | | |
| 江河湖泊治理工程 | 225112.95 | 113677.00 | 46777.00 | 66900.00 | 111435.95 |
| 行蓄洪区安全建设 | 8448.00 | 2000.00 | 2000.00 | | 6448.00 |
| 城市防洪工程 | 500.31 | 350.00 | 350.00 | | 150.31 |
| 水库除险加固 | 257625.70 | 216222.00 | 28810.00 | 187412.00 | 40704.00 |
| 其他防洪项目 | 4429.00 | 2750.00 | 2750.00 | | 1679.00 |
| 灌溉除涝项目 | 206848.94 | 95141.00 | 38441.00 | 56700.00 | 111020.53 |
| 灌区建设工程 | 33709.00 | 17417.00 | 17417.00 | | 16292.00 |
| 节水灌溉工程 | 11210.00 | 6297.00 | 6297.00 | | 4913.00 |
| 小型农田水利建设 | 131166.94 | 56700.00 | | 56700.00 | 73779.53 |
| 水库工程 | 3767.00 | 2064.00 | 2064.00 | | 1703.00 |
| 泵站工程 | 25688.00 | 12000.00 | 12000.00 | | 13688.00 |
| 其他灌溉除涝项目 | 1308.00 | 663.00 | 663.00 | | 645.00 |
| 供水项目 | 146003.67 | 97224.00 | 97224.00 | | 46969.39 |
| 人饮解困及饮水安全工程 | 145203.67 | 97224.00 | 97224.00 | | 46169.39 |
| 其他供水工程 | 800.00 | | | | 800.00 |
| 水务项目 | 851.00 | 12.00 | 12.00 | | 839.00 |
| 其他水务项目 | 851.00 | 12.00 | 12.00 | | 839.00 |
| 水电开发利用 | 40223.00 | 12198.00 | 7130.00 | 5068.00 | 20814.00 |
| 水力发电工程 | 31838.00 | 10773.00 | 5705.00 | 5068.00 | 15494.00 |
| 电网建设与改造 | 1660.00 | 300.00 | 300.00 | | 1360.00 |
| 其他电气化工程 | 6725.00 | 1125.00 | 1125.00 | | 3960.00 |
| 水保及生态 | 19863.00 | 12749.00 | 12749.00 | | 7114.00 |
| 水土流失治理 | 14184.00 | 8480.00 | 8480.00 | | 5704.00 |
| 水利血防项目 | 5544.00 | 4269.00 | 4269.00 | | 1275.00 |
| 其他环境水利项目 | 135.00 | | | | 135.00 |
| 机构能力建设专项 | 8370.00 | 84.00 | 84.00 | | 8286.00 |
| 水文设施及能力建设 | 833.00 | 48.00 | 48.00 | | 785.00 |
| 科研教育设施 | 75.00 | | | | 75.00 |
| 其他水利发展项目 | 7462.00 | 36.00 | 36.00 | | 7426.00 |
| 前期工作项目 | 200.00 | | | | 200.00 |
| 其他前期工作 | 200.00 | | | | 200.00 |

续表

单位:万元

| 项目类型 | 2.1预算内拨款 | 2.2预算内专项资金 | 2.3地方财政水利专项资金 | 2.4自筹资金 | 2.5其它资金 |
|---|---|---|---|---|---|
| 合　计 | 26848.00 | 44501.00 | 66480.00 | 26433.15 | 191876.00 |
| 控制性枢纽工程项目 | | 478.00 | | | |
| 其他枢纽工程 | | 478.00 | | | |
| 防洪项目 | 6728.00 | 43727.00 | 1458.00 | 9121.15 | 99383.11 |
| 堤防工程 | | | | | |
| 江河湖泊治理工程 | 1260.00 | 26707.00 | 1121.00 | 8165.84 | 74182.11 |
| 行蓄洪区安全建设 | 448.00 | | | | 6000.00 |
| 城市防洪工程 | | | | 150.31 | |
| 水库除险加固 | 4870.00 | 17020.00 | 71.00 | 805.00 | 17938.00 |
| 其他防洪项目 | 150.00 | | 266.00 | | 1263.00 |
| 灌溉除涝项目 | 8411.00 | 296.00 | 50203.00 | 10350.00 | 41760.53 |
| 灌区建设工程 | 3432.00 | | 620.00 | 2450.00 | 9790.00 |
| 节水灌溉工程 | 2288.00 | 100.00 | | 1683.00 | 842.00 |
| 小型农田水利建设 | 544.00 | 196.00 | 48364.00 | 3324.00 | 21351.53 |
| 水库工程 | 678.00 | | 509.00 | | 516.00 |
| 泵站工程 | 1151.00 | | 490.00 | 2893.00 | 9154.00 |
| 其他灌溉除涝项目 | 318.00 | | 220.00 | | 107.00 |
| 供水项目 | 2350.00 | | 13474.00 | 3409.00 | 27736.39 |
| 人饮解困及饮水安全工程 | 1950.00 | | 13474.00 | 3409.00 | 27336.39 |
| 其他供水工程 | 400.00 | | | | 400.00 |
| 水务项目 | 475.00 | | 340.00 | 8.00 | 16.00 |
| 其他水务项目 | 475.00 | | 340.00 | 8.00 | 16.00 |
| 水电开发利用 | 110.00 | | | 2155.00 | 18549.00 |
| 水力发电工程 | 110.00 | | | 185.00 | 15199.00 |
| 电网建设与改造 | | | | | 1360.00 |
| 其他电气化工程 | | | | 1970.00 | 1990.00 |
| 水保及生态 | 1060.00 | | 1000.00 | 1358.00 | 3696.00 |
| 水土流失治理 | 925.00 | | | 1083.00 | 3696.00 |
| 水利血防项目 | | | 1000.00 | 275.00 | |
| 其他环境水利项目 | 135.00 | | | | |
| 机构能力建设专项 | 7514.00 | | 5.00 | 32.00 | 735.00 |
| 水文设施及能力建设 | 674.00 | | | 16.00 | 95.00 |
| 科研教育设施 | 75.00 | | | | |
| 其他水利发展项目 | 6765.00 | | 5.00 | 16.00 | 640.00 |
| 前期工作项目 | 200.00 | | | | |
| 其他前期工作 | 200.00 | | | | |

## 水利基本建设本年施工和投产项目个数

单位:个

| 项目类型 | 本年施工项目 | 本年新开工 | 本年部分投产项目 | 本年全部投产项目 |
|---|---|---|---|---|
| 总计 | 945.00 | 809.00 | 74.00 | 612.00 |
| 控制性枢纽工程项目 | 1.00 | 1.00 | | 1.00 |
| 其他枢纽工程 | 1.00 | 1.00 | | 1.00 |
| 防洪项目 | 577.00 | 516.00 | 36.00 | 372.00 |
| 江河湖泊治理工程 | 109.00 | 86.00 | 16.00 | 67.00 |
| 行蓄洪区安全建设 | 1.00 | 1.00 | | 1.00 |
| 城市防洪工程 | 1.00 | | | |
| 水库除险加固 | 452.00 | 415.00 | 20.00 | 290.00 |
| 其他防洪项目 | 14.00 | 14.00 | | 14.00 |
| 灌溉除涝项目 | 182.00 | 146.00 | 16.00 | 116.00 |
| 灌区建设工程 | 37.00 | 24.00 | 2.00 | 21.00 |
| 节水灌溉工程 | 14.00 | 9.00 | 3.00 | 5.00 |
| 小型农田水利建设 | 80.00 | 68.00 | 7.00 | 46.00 |
| 水库工程 | 30.00 | 29.00 | 2.00 | 29.00 |
| 泵站工程 | 18.00 | 13.00 | 2.00 | 13.00 |
| 其他灌溉除涝项目 | 3.00 | 3.00 | | 2.00 |
| 供水项目 | 87.00 | 85.00 | 9.00 | 59.00 |
| 人饮解困及饮水安全工程 | 86.00 | 85.00 | 9.00 | 59.00 |
| 其他供水工程 | 1.00 | | | |
| 水务项目 | 8.00 | 8.00 | | 8.00 |
| 其他水务项目 | 8.00 | 8.00 | | 8.00 |
| 水电开发利用 | 22.00 | 17.00 | 1.00 | 13.00 |
| 水力发电工程 | 14.00 | 11.00 | | 7.00 |
| 电网建设与改造 | 1.00 | 1.00 | | |
| 其他电气化工程 | 7.00 | 5.00 | 1.00 | 6.00 |
| 水保及生态 | 49.00 | 19.00 | 8.00 | 28.00 |
| 水土流失治理 | 38.00 | 13.00 | 7.00 | 25.00 |
| 流域生态综合治理 | 1.00 | | | |
| 水利血防项目 | 10.00 | 6.00 | 1.00 | 3.00 |
| 机构能力建设专项 | 18.00 | 17.00 | 4.00 | 15.00 |
| 水文设施及能力建设 | 8.00 | 7.00 | 2.00 | 5.00 |
| 其他水利发展项目 | 10.00 | 10.00 | 2.00 | 10.00 |

## 2011年水利工程投资进度——按项目类型分

单位:万元

| 项目类型 | 本年计划投资 | 本年到位投资 | 本年完成资金 | 本年新增固定资产 |
|---|---|---|---|---|
| 总计 | 918953.57 | 747750.12 | 598948.14 | 572295.91 |
| 控制性枢纽工程项目 | 478.00 | 478.00 | 478.00 | 478.00 |
| 其他枢纽工程 | 478.00 | 478.00 | 478.00 | 478.00 |
| 防洪项目 | 496115.96 | 387712.86 | 266870.46 | 250630.75 |
| 江河湖泊治理工程 | 225112.95 | 123926.55 | 85398.46 | 80244.32 |
| 行蓄洪区安全建设 | 8448.00 | 448.00 | 448.00 | 448.00 |
| 城市防洪工程 | 500.31 | 1038.31 | 2115.31 | 2115.31 |
| 水库除险加固 | 257625.70 | 257895.00 | 174345.69 | 163264.12 |
| 其他防洪项目 | 4429.00 | 4405.00 | 4563.00 | 4559.00 |
| 灌溉除涝项目 | 206848.94 | 185421.59 | 156148.95 | 148917.43 |
| 灌区建设工程 | 33709.00 | 28425.00 | 37685.00 | 36857.00 |
| 节水灌溉工程 | 11210.00 | 10978.00 | 9518.87 | 7583.55 |
| 小型农田水利建设 | 131166.94 | 120025.39 | 76042.88 | 71502.88 |
| 水库工程 | 3767.00 | 3240.00 | 2619.00 | 2619.00 |
| 泵站工程 | 25688.00 | 21445.20 | 29998.20 | 30150.00 |
| 其他灌溉除涝项目 | 1308.00 | 1308.00 | 285.00 | 205.00 |
| 供水项目 | 146003.67 | 129769.67 | 99971.67 | 93870.67 |
| 人饮解困及饮水安全工程 | 145203.67 | 128969.67 | 99171.67 | 93870.67 |
| 其他供水工程 | 800.00 | 800.00 | 800.00 | |
| 水务项目 | 851.00 | 843.00 | 843.00 | 843.00 |
| 其他水务项目 | 851.00 | 843.00 | 843.00 | 843.00 |
| 水电开发利用 | 40223.00 | 26089.00 | 20099.00 | 22819.00 |
| 水力发电工程 | 31838.00 | 20525.00 | 15190.00 | 17370.00 |
| 电网建设与改造 | 1660.00 | 1000.00 | 100.00 | 100.00 |
| 其他电气化工程 | 6725.00 | 4564.00 | 4809.00 | 5349.00 |
| 水保及生态 | 19863.00 | 15358.00 | 53323.06 | 53666.06 |
| 水土流失治理 | 14184.00 | 8676.00 | 43369.96 | 43852.96 |
| 水利血防项目 | 5544.00 | 6682.00 | 9953.10 | 9813.10 |
| 其他环境水利项目 | 135.00 | | | |
| 机构能力建设专项 | 8370.00 | 2078.00 | 985.00 | 1071.00 |
| 水文设施及能力建设 | 833.00 | 809.00 | 516.00 | 602.00 |
| 科研教育设施 | 75.00 | | | |
| 其他水利发展项目 | 7462.00 | 1269.00 | 469.00 | 469.00 |
| 前期工作项目 | 200.00 | | | |
| 其他前期工作 | 200.00 | | | |

# 2011年水利工程完成投资——按项目类型分

单位:万元

| 项目类型 | 本年完成投资合计 | 建筑工程 | 安装工程 | 设备工器具购置 | 其他费用 | |
|---|---|---|---|---|---|---|
| | | | | | 小计 | 其中:移民征地补偿费 |
| 总计 | 598948.14 | 505441.33 | 41146.13 | 23215.11 | 29145.57 | 1526.76 |
| 控制性枢纽工程项目 | 478.00 | 478.00 | | | | |
| 其他枢纽工程 | 478.00 | 478.00 | | | | |
| 防洪项目 | 266870.46 | 244237.36 | 10617.19 | 3036.23 | 8979.68 | 686.76 |
| 江河湖泊治理工程 | 85398.46 | 80448.32 | 2228.00 | 279.00 | 2443.14 | 561.00 |
| 行蓄洪区安全建设 | 448.00 | 278.00 | 155.00 | 15.00 | | |
| 城市防洪工程 | 2115.31 | 1555.31 | 266.00 | 210.00 | 84.00 | |
| 水库除险加固 | 174345.69 | 157403.73 | 7967.19 | 2527.23 | 6447.54 | 125.76 |
| 其他防洪项目 | 4563.00 | 4552.00 | 1.00 | 5.00 | 5.00 | |
| 灌溉除涝项目 | 156148.95 | 135144.65 | 8257.73 | 8135.38 | 4611.19 | 840.00 |
| 灌区建设工程 | 37685.00 | 35869.00 | 337.00 | 61.00 | 1418.00 | 700.00 |
| 节水灌溉工程 | 9518.87 | 8383.30 | 525.00 | 111.85 | 498.72 | 90.00 |
| 小型农田水利建设 | 76042.88 | 72438.15 | 1633.17 | 801.53 | 1170.03 | 50.00 |
| 水库工程 | 2619.00 | 1893.00 | 44.00 | 19.00 | 663.00 | |
| 泵站工程 | 29998.20 | 16276.20 | 5718.56 | 7142.00 | 861.44 | |
| 其他灌溉除涝项目 | 285.00 | 285.00 | | | | |
| 供水项目 | 99971.67 | 70807.96 | 16989.21 | 9855.50 | 2319.00 | |
| 人饮解困及饮水安全工程 | 99171.67 | 70207.96 | 16989.21 | 9655.50 | 2319.00 | |
| 其他供水工程 | 800.00 | 600.00 | | 200.00 | | |
| 水务项目 | 843.00 | 80.00 | | 28.00 | 735.00 | |
| 其他水务项目 | 843.00 | 80.00 | | 28.00 | 735.00 | |
| 水电开发利用 | 20099.00 | 13459.00 | 4830.00 | 1610.00 | 200.00 | |
| 水力发电工程 | 15190.00 | 9710.00 | 3770.00 | 1510.00 | 200.00 | |
| 电网建设与改造 | 100.00 | 100.00 | | | | |
| 其他电气化工程 | 4809.00 | 3649.00 | 1060.00 | 100.00 | | |
| 水保及生态 | 53323.06 | 40708.36 | 452.00 | 78.00 | 12084.70 | |
| 水土流失治理 | 43369.96 | 31170.96 | 300.00 | 16.00 | 11883.00 | |
| 水利血防项目 | 9953.10 | 9537.40 | 152.00 | 62.00 | 201.70 | |
| 机构能力建设专项 | 985.00 | 375.00 | | 416.00 | 194.00 | |
| 水文设施及能力建设 | 516.00 | 160.00 | | 356.00 | | |
| 其他水利发展项目 | 469.00 | 215.00 | | 60.00 | 194.00 | |

# 2011年水利工程完成投资按用途分

单位:万元

| | 本年完成投资合计 | 防洪 | 灌溉 | 除涝 | 供水 |
|---|---|---|---|---|---|
| **湖北** | **598948.14** | **267197.45** | **130194.25** | **21213.00** | **100313.24** |
| **武汉市** | **20299.15** | **8337.15** | **5371.00** | **519.00** | **5860.00** |
| 市辖区 | 100.00 | 100.00 | | | |
| 洪山区 | 335.00 | | | | 335.00 |
| 东西湖区 | 480.00 | | 225.00 | | 255.00 |
| 汉南区 | 120.00 | | | | 120.00 |
| 蔡甸区 | 685.00 | 600.00 | | | 85.00 |
| 江夏区 | 2462.15 | 1433.15 | | 229.00 | 800.00 |
| 黄陂区 | 9235.00 | 5434.00 | 2106.00 | 290.00 | 1205.00 |
| 新洲区 | 6827.00 | 720.00 | 3040.00 | | 3055.00 |
| 开发区 | 50.00 | 50.00 | | | |
| **黄石市** | **22867.00** | **12064.00** | **2066.00** | **4375.00** | **4350.00** |
| 石灰窑区 | 216.00 | 30.00 | 186.00 | | |
| 下陆区 | 5.00 | 5.00 | | | |
| 阳新县 | 13436.00 | 4881.00 | 1880.00 | 4375.00 | 2300.00 |
| 大冶市 | 7530.00 | 5468.00 | | | 2050.00 |
| **十堰市** | **91740.92** | **27840.00** | **8017.53** | **800.00** | **10258.39** |
| 市辖区 | 4962.00 | 4482.00 | 470.00 | | |
| 茅箭区 | 1003.89 | 480.00 | 145.50 | | 378.39 |
| 张湾区 | 2254.03 | 1505.00 | 409.03 | | 340.00 |
| 郧　县 | 16867.00 | 2124.00 | 2360.00 | | 1800.00 |
| 郧西县 | 15418.00 | 2857.00 | | | 1150.00 |
| 竹山县 | 10610.00 | 5779.00 | 1412.00 | 800.00 | 990.00 |
| 竹溪县 | 6070.00 | 2440.00 | 30.00 | | 1400.00 |
| 房　县 | 11145.00 | 3860.00 | | | 1700.00 |
| 丹江口市 | 23411.00 | 4313.00 | 3191.00 | | 2500.00 |
| **宜昌市** | **53420.61** | **23066.61** | **13030.00** | **2157.00** | **9631.00** |
| 市辖区 | 2772.00 | 1750.00 | 1022.00 | | |
| 西陵区 | 100.00 | | | | 100.00 |
| 伍家岗区 | 719.00 | 404.00 | | | 315.00 |
| 点军区 | 400.00 | | 150.00 | | 250.00 |
| 猇亭区 | 154.00 | 4.00 | | | 150.00 |
| 夷陵区 | 4191.00 | 1297.00 | 670.00 | | 1500.00 |
| 远安县 | 5954.31 | 1375.31 | 2089.00 | | 750.00 |
| 兴山县 | 3480.00 | 1026.00 | 2023.00 | | 131.00 |
| 秭归县 | 4932.50 | 1713.50 | 970.00 | | 1400.00 |
| 长阳土家族自治县 | 5861.00 | 1834.00 | 2060.00 | | 800.00 |
| 五峰土家族自治县 | 2570.54 | 1204.54 | | | 750.00 |
| 宜都市 | 3297.00 | 2112.00 | | | 1185.00 |
| 当阳市 | 9072.00 | 6212.00 | 2145.00 | | 650.00 |
| 枝江市 | 9917.26 | 4134.26 | 1901.00 | 2157.00 | 1650.00 |

续表1

单位:万元

| | 发电 | 水保及生态 | 机构能力建设 | 前期工作 | 其它 |
|---|---|---|---|---|---|
| **湖北** | **20173.00** | **54200.20** | **1342.00** | **842.00** | **3473.00** |
| **武汉市** | | | **12.00** | **200.00** | |
| 市辖区 | | | | | |
| 洪山区 | | | | | |
| 东西湖区 | | | | | |
| 汉南区 | | | | | |
| 蔡甸区 | | | | | |
| 江夏区 | | | | | |
| 黄陂区 | | | | 200.00 | |
| 新洲区 | | | 12.00 | | |
| 开发区 | | | | | |
| **黄石市** | | | **12.00** | | |
| 石灰窑区 | | | | | |
| 下陆区 | | | | | |
| 阳新县 | | | | | |
| 大冶市 | | | 12.00 | | |
| **十堰市** | **8008.00** | **36353.00** | **24.00** | | **440.00** |
| 市辖区 | | 10.00 | | | |
| 茅箭区 | | | | | |
| 张湾区 | | | | | |
| 郧县 | 115.00 | 10468.00 | | | |
| 郧西县 | 1010.00 | 10401.00 | | | |
| 竹山县 | 750.00 | 829.00 | | | 50.00 |
| 竹溪县 | 560.00 | 1250.00 | | | 390.00 |
| 房县 | 5573.00 | | 12.00 | | |
| 丹江口市 | | 13395.00 | 12.00 | | |
| **宜昌市** | **3179.00** | **2131.00** | **111.00** | | **115.00** |
| 市辖区 | | | | | |
| 西陵区 | | | | | |
| 伍家岗区 | | | | | |
| 点军区 | | | | | |
| 猇亭区 | | | | | |
| 夷陵区 | 260.00 | 452.00 | 12.00 | | |
| 远安县 | 1740.00 | | | | |
| 兴山县 | | 300.00 | | | |
| 秭归县 | | 787.00 | 12.00 | | 50.00 |
| 长阳土家族自治县 | 575.00 | 592.00 | | | |
| 五峰土家族自治县 | 604.00 | | 12.00 | | |
| 宜都市 | | | | | |
| 当阳市 | | | | | 65.00 |
| 枝江市 | | | 75.00 | | |

续表2

单位:万元

| | 本年完成投资合计 | 防洪 | 灌溉 | 除涝 | 供水 |
|---|---|---|---|---|---|
| **襄阳市** | **91123.00** | **54307.00** | **21652.00** | | **14085.00** |
| 市辖区 | 1298.00 | | 1298.00 | | |
| 襄城区 | 3473.00 | 2670.00 | 473.00 | | 250.00 |
| 樊城区 | 3047.00 | 2640.00 | 157.00 | | 250.00 |
| 襄阳县 | 12923.00 | 8068.00 | 1570.00 | | 3285.00 |
| 南漳县 | 5177.00 | 3630.00 | 300.00 | | 1050.00 |
| 谷城县 | 12105.00 | 7795.00 | 1870.00 | | 1650.00 |
| 保康县 | 3186.00 | 1936.00 | 100.00 | | 1150.00 |
| 老河口市 | 13714.00 | 6347.00 | 5705.00 | | 1650.00 |
| 枣阳市 | 20605.00 | 7126.00 | 10179.00 | | 3300.00 |
| 宜城市 | 11656.00 | 10156.00 | | | 1500.00 |
| **鄂州市** | **12880.92** | **4366.00** | **2556.72** | **2935.20** | **1491.00** |
| 市辖区 | 4625.00 | 3105.00 | | | |
| 梁子湖区 | 1520.29 | 885.00 | 262.29 | | 373.00 |
| 华容区 | 5163.84 | | 2028.64 | 2935.20 | 188.00 |
| 鄂城区 | 1571.79 | 376.00 | 265.79 | | 930.00 |
| **荆门市** | **40402.00** | **22744.63** | **11217.37** | | **5300.00** |
| 掇刀区 | 2242.00 | 910.00 | 800.00 | | 250.00 |
| 东宝区 | 4974.00 | 2667.00 | 1653.00 | | 550.00 |
| 屈家岭区 | 826.00 | 565.00 | | | 250.00 |
| 京山县 | 16663.40 | 8855.03 | 4838.37 | | 2550.00 |
| 沙洋县 | 1932.60 | 1546.60 | 100.00 | | 200.00 |
| 钟祥市 | 13764.00 | 8201.00 | 3826.00 | | 1500.00 |
| **孝感市** | **36343.20** | **20408.20** | **6898.00** | | **8749.00** |
| 市辖区 | 2504.00 | 17.00 | 1950.00 | | 537.00 |
| 孝南区 | 2509.00 | 1400.00 | | | 1105.00 |
| 孝昌县 | 5107.00 | 2463.00 | 1600.00 | | 945.00 |
| 大悟县 | 11873.00 | 9118.00 | 1600.00 | | 1065.00 |
| 云梦县 | 2624.00 | 924.00 | | | 1700.00 |
| 应城市 | 3720.00 | 2570.00 | 78.00 | | 1072.00 |
| 安陆市 | 4564.20 | 2154.20 | 1600.00 | | 715.00 |
| 汉川市 | 3442.00 | 1762.00 | 70.00 | | 1610.00 |
| **荆州市** | **59401.00** | **7446.00** | **25789.00** | **9281.00** | **11570.00** |
| 市辖区 | 1702.00 | | 1702.00 | | |
| 沙市区 | 715.00 | | 215.00 | | 500.00 |
| 荆州区 | 6518.00 | 2248.00 | 2070.00 | | |
| 公安县 | 2155.00 | | 1355.00 | | 800.00 |
| 监利县 | 16795.00 | 448.00 | 10465.00 | 2336.00 | 2770.00 |
| 江陵县 | 6334.00 | 1250.00 | 1934.00 | | 2150.00 |
| 石首市 | 1997.00 | 245.00 | 1440.00 | | 300.00 |

续表3

单位:万元

| | 发电 | 水保及生态 | 机构能力建设 | 前期工作 | 其它 |
|---|---|---|---|---|---|
| **襄阳市** | **790.00** | **137.00** | **12.00** | **140.00** | |
| 市辖区 | | | | | |
| 襄城区 | | 80.00 | | | |
| 樊城区 | | | | | |
| 襄阳县 | | | | | |
| 南漳县 | | 57.00 | | 140.00 | |
| 谷城县 | 790.00 | | | | |
| 保康县 | | | | | |
| 老河口市 | | | 12.00 | | |
| 枣阳市 | | | | | |
| 宜城市 | | | | | |
| **鄂州市** | | **1520.00** | **12.00** | | |
| 市辖区 | | 1520.00 | | | |
| 梁子湖区 | | | | | |
| 华容区 | | | 12.00 | | |
| 鄂城区 | | | | | |
| **荆门市** | | | **12.00** | | **1128.00** |
| 掇刀区 | | | | | 282.00 |
| 东宝区 | | | | | 104.00 |
| 屈家岭区 | | | | | 11.00 |
| 京山县 | | | | | 420.00 |
| 沙洋县 | | | | | 86.00 |
| 钟祥市 | | | 12.00 | | 225.00 |
| **孝感市** | | | **288.00** | | |
| 市辖区 | | | | | |
| 孝南区 | | | 4.00 | | |
| 孝昌县 | | | 99.00 | | |
| 大悟县 | | | 90.00 | | |
| 云梦县 | | | | | |
| 应城市 | | | | | |
| 安陆市 | | | 95.00 | | |
| 汉川市 | | | | | |
| **荆州市** | | **4491.00** | **124.00** | | **700.00** |
| 市辖区 | | | | | |
| 沙市区 | | | | | |
| 荆州区 | | 2200.00 | | | |
| 公安县 | | | | | |
| 监利县 | | 76.00 | | | 700.00 |
| 江陵县 | | 1000.00 | | | |
| 石首市 | | | 12.00 | | |

续表4

单位:万元

| | 本年完成投资合计 | 防洪 | 灌溉 | 除涝 | 供水 |
|---|---|---|---|---|---|
| 洪湖市 | 19250.00 | 2450.00 | 5468.00 | 6945.00 | 3400.00 |
| 松滋市 | 3935.00 | 805.00 | 1140.00 | | 1650.00 |
| **黄冈市** | **54086.13** | **36634.89** | **5398.18** | **70.00** | **6546.00** |
| 市辖区 | 35.00 | 20.00 | 15.00 | | |
| 黄州区 | 1562.10 | 304.00 | 50.00 | | 450.00 |
| 团风县 | 6532.00 | 5342.00 | | | 1150.00 |
| 红安县 | 10676.96 | 3972.00 | 3481.00 | | 1800.00 |
| 罗田县 | 2841.68 | 2203.00 | 338.68 | | 300.00 |
| 英山县 | 1801.30 | 1172.30 | 50.00 | | 575.00 |
| 浠水县 | 6413.00 | 3792.00 | 200.00 | 70.00 | 950.00 |
| 蕲春县 | 5746.00 | 4746.00 | | | 1000.00 |
| 黄梅县 | 4175.63 | 2900.63 | 1230.00 | | 41.00 |
| 麻城市 | 4693.46 | 4402.96 | 33.50 | | |
| 武穴市 | 8060.00 | 7780.00 | | | 280.00 |
| **咸宁市** | **35959.00** | **20168.00** | **7408.20** | **905.80** | **4565.00** |
| 咸安区 | 6700.00 | 3025.00 | 1600.00 | | 1610.00 |
| 嘉鱼县 | 5771.00 | 2544.00 | 910.00 | 800.00 | 715.00 |
| 通城县 | 4569.00 | 2954.00 | 598.20 | 25.80 | 627.00 |
| 崇阳县 | 5864.00 | 3407.00 | 1800.00 | | 457.00 |
| 通山县 | 6555.00 | 5138.00 | | | 847.00 |
| 赤壁市 | 6500.00 | 3100.00 | 2500.00 | 80.00 | 309.00 |
| **随州市** | **13059.75** | **10045.75** | **1635.00** | **170.00** | **969.00** |
| 市辖区 | 234.00 | 64.00 | | 170.00 | |
| 曾都区 | 50.00 | 50.00 | | | |
| 随县 | 8322.00 | 6042.00 | 1635.00 | | 645.00 |
| 广水市 | 4453.75 | 3889.75 | | | 324.00 |
| 恩施土家族苗族自治州 | 35494.51 | 11451.27 | 7726.25 | | 6738.85 |
| 恩施市 | 1770.23 | 547.27 | 91.39 | | 1047.57 |
| 利川市 | 4041.65 | 905.00 | 1605.00 | | 1294.65 |
| 建始县 | 4391.86 | 1025.00 | 2355.86 | | 727.00 |
| 巴东县 | 6471.63 | 3230.00 | 506.86 | | 1065.63 |
| 宣恩县 | 3357.00 | 2330.00 | | | 727.00 |
| 咸丰县 | 2359.00 | | | | 727.00 |
| 来凤县 | 6270.14 | 950.00 | 1892.14 | | 727.00 |
| 鹤峰县 | 6827.00 | 2458.00 | 1275.00 | | 423.00 |
| 厅直单位 | 3147.00 | 32.00 | 2023.00 | | |
| **仙桃市** | **12327.00** | **3015.00** | **5262.00** | | **3450.00** |
| **潜江市** | **9233.95** | **3895.95** | **1738.00** | | **3600.00** |
| **天门市** | **3385.00** | **310.00** | **875.00** | | **2200.00** |
| **神农架林区** | **1896.00** | **834.00** | | | **950.00** |

续表5

单位:万元

| | 发电 | 水保及生态 | 机构能力建设 | 前期工作 | 其它 |
|---|---|---|---|---|---|
| 洪湖市 | | 975.00 | 12.00 | | |
| 松滋市 | | 240.00 | 100.00 | | |
| **黄冈市** | | **4493.06** | **64.00** | **140.00** | **740.00** |
| 市辖区 | | | | | |
| 黄州区 | | 758.10 | | | |
| 团风县 | | | | | 40.00 |
| 红安县 | | 773.96 | | | 650.00 |
| 罗田县 | | | | | |
| 英山县 | | | 4.00 | | |
| 浠水县 | | 1351.00 | | | 50.00 |
| 蕲春县 | | | | | |
| 黄梅县 | | | 4.00 | | |
| 麻城市 | | 61.00 | 56.00 | 140.00 | |
| 武穴市 | | | | | |
| **咸宁市** | **865.00** | **1674.00** | **183.00** | **80.00** | **110.00** |
| 咸安区 | | 371.00 | 4.00 | | 90.00 |
| 嘉鱼县 | | 802.00 | | | |
| 通城县 | 260.00 | | 4.00 | 80.00 | 20.00 |
| 崇阳县 | 130.00 | | 70.00 | | |
| 通山县 | 235.00 | 330.00 | 5.00 | | |
| 赤壁市 | 240.00 | 171.00 | 100.00 | | |
| **随州市** | | | | | **240.00** |
| 市辖区 | | | | | |
| 曾都区 | | | | | |
| 随县 | | | | | |
| 广水市 | | | | | 240.00 |
| 恩施土家族苗族自治州 | 6521.00 | 2801.14 | 156.00 | 100.00 | |
| 恩施市 | | 84.00 | | | |
| 利川市 | | 172.00 | 65.00 | | |
| 建始县 | 205.00 | | 79.00 | | |
| 巴东县 | 165.00 | 1404.14 | | 100.00 | |
| 宣恩县 | 300.00 | | | | |
| 咸丰县 | 1620.00 | | 12.00 | | |
| 来凤县 | 1560.00 | 1141.00 | | | |
| 鹤峰县 | 2671.00 | | | | |
| 厅直单位 | 810.00 | | 100.00 | 182.00 | |
| **仙桃市** | | **600.00** | | | |
| **潜江市** | | | | | |
| **天门市** | | | | | |
| **神农架林区** | | | **112.00** | | |

## 2011年水利工程完成投资按建设性质——分至项目类型

单位:万元

| 项目类型 | 合计 | 新建 | 扩建 | 改建 | 恢复 | 单纯购置 |
|---|---|---|---|---|---|---|
| 总　计 | 598948.14 | 232882.65 | 51607.84 | 276850.42 | 31558.23 | 850.00 |
| 控制性枢纽工程项目 | 478.00 | | 478.00 | | | |
| 其他枢纽工程 | 478.00 | | 478.00 | | | |
| 防洪项目 | 266870.46 | 43962.67 | 18411.21 | 177290.35 | 24768.23 | 726.00 |
| 江河湖泊治理工程 | 85398.46 | 38856.67 | 2520.00 | 36983.79 | 6208.00 | |
| 行蓄洪区安全建设 | 448.00 | | | | 448.00 | |
| 城市防洪工程 | 2115.31 | 563.00 | | 1552.31 | | |
| 水库除险加固 | 174345.69 | 4434.00 | 15757.21 | 138439.25 | 14116.23 | 722.00 |
| 其他防洪项目 | 4563.00 | 109.00 | 134.00 | 315.00 | 3996.00 | 4.00 |
| 灌溉除涝项目 | 156148.95 | 41906.25 | 20340.63 | 85041.07 | 6419.00 | |
| 灌区建设工程 | 37685.00 | 1480.00 | 14315.00 | 20709.00 | 1181.00 | |
| 节水灌溉工程 | 9518.87 | 900.00 | | 6831.87 | 167.00 | |
| 小型农田水利建设 | 76042.88 | 37130.25 | 4521.63 | 28708.00 | 4861.00 | |
| 水库工程 | 2619.00 | 58.00 | 4.00 | 2507.00 | 50.00 | |
| 泵站工程 | 29998.20 | 2288.00 | 1500.00 | 26140.20 | 70.00 | |
| 其他灌溉除涝项目 | 285.00 | 50.00 | | 145.00 | 90.00 | |
| 供水项目 | 99971.67 | 85251.67 | 6127.00 | 7552.00 | | |
| 人饮解困及饮水安全工程 | 99171.67 | 84451.67 | 6127.00 | 7552.00 | | |
| 其他供水工程 | 800.00 | 800.00 | | | | |
| 水务项目 | 843.00 | | | 827.00 | | 16.00 |
| 其他水务项目 | 843.00 | | | 827.00 | | 16.00 |
| 水电开发利用 | 20099.00 | 15188.00 | 2451.00 | 2460.00 | | |
| 水力发电工程 | 15190.00 | 10639.00 | 2451.00 | 2100.00 | | |
| 电网建设与改造 | 100.00 | | | 100.00 | | |
| 其他电气化工程 | 4809.00 | 4549.00 | | 260.00 | | |
| 水保及生态 | 53323.06 | 45863.06 | 3571.00 | 3518.00 | 371.00 | |
| 水土流失治理 | 43369.96 | 41066.96 | | 2303.00 | | |
| 水利血防项目 | 9953.10 | 4796.10 | 3571.00 | 1215.00 | 371.00 | |
| 机构能力建设专项 | 985.00 | 711.00 | | 162.00 | | 108.00 |
| 水文设施及能力建设 | 516.00 | 440.00 | | 12.00 | | 64.00 |
| 其他水利发展项目 | 469.00 | 271.00 | | 150.00 | | 44.00 |

## 2011年水利工程完成投资按规模——分至项目类型

单位:万元

| 项目类型 | 合 计 | 大中型 | 小 型 | 其 它 |
| --- | --- | --- | --- | --- |
| 总 计 | 598948.14 | 5768.40 | 524588.85 | 68590.89 |
| 控制性枢纽工程项目 | 478.00 | | 478.00 | |
| 其他枢纽工程 | 478.00 | | 478.00 | |
| 防洪项目 | 266870.46 | 155.03 | 235343.43 | 31372.00 |
| 江河湖泊治理工程 | 85398.46 | | 68158.46 | 17240.00 |
| 行蓄洪区安全建设 | 448.00 | | 448.00 | |
| 城市防洪工程 | 2115.31 | | 2115.31 | |
| 水库除险加固 | 174345.69 | 155.03 | 160422.66 | 13768.00 |
| 其他防洪项目 | 4563.00 | | 4199.00 | 364.00 |
| 灌溉除涝项目 | 156148.95 | 4574.37 | 139387.08 | 12187.50 |
| 灌区建设工程 | 37685.00 | 1500.00 | 33724.00 | 2461.00 |
| 节水灌溉工程 | 9518.87 | 3074.37 | 6326.00 | 118.50 |
| 小型农田水利建设 | 76042.88 | | 71269.88 | 4773.00 |
| 水库工程 | 2619.00 | | 2484.00 | 135.00 |
| 泵站工程 | 29998.20 | | 25453.20 | 4545.00 |
| 其他灌溉除涝项目 | 285.00 | | 130.00 | 155.00 |
| 供水项目 | 99971.67 | | 80518.28 | 19453.39 |
| 人饮解困及饮水安全工程 | 99171.67 | | 80518.28 | 18653.39 |
| 其他供水工程 | 800.00 | | | 800.00 |
| 水务项目 | 843.00 | | 727.00 | 116.00 |
| 其他水务项目 | 843.00 | | 727.00 | 116.00 |
| 水电开发利用 | 20099.00 | 810.00 | 17458.00 | 1831.00 |
| 水力发电工程 | 15190.00 | 810.00 | 13029.00 | 1351.00 |
| 电网建设与改造 | 100.00 | | | 100.00 |
| 其他电气化工程 | 4809.00 | | 4429.00 | 380.00 |
| 水保及生态 | 53323.06 | | 50206.06 | 3117.00 |
| 水土流失治理 | 43369.96 | | 40623.96 | 2746.00 |
| 水利血防项目 | 9953.10 | | 9582.10 | 371.00 |
| 机构能力建设专项 | 985.00 | | 471.00 | 514.00 |
| 水文设施及能力建设 | 516.00 | | 224.00 | 292.00 |
| 其他水利发展项目 | 469.00 | | 247.00 | 222.00 |

## 2011年水利工程完成投资按建设阶段——分至项目类型

单位:万元

| 项目类型 | 合计 | 筹建 | 本年正式施工 | 本年收尾 | 单纯购置 | 前期工作 |
|---|---|---|---|---|---|---|
| 总　计 | 598948.14 | 6065.95 | 493124.72 | 88441.33 | 850.00 | 6309.14 |
| 控制性枢纽工程项目 | 478.00 | | 478.00 | | | |
| 防洪项目 | 266870.46 | 3751.95 | 224018.06 | 34428.31 | 726.00 | 2885.14 |
| 江河湖泊治理工程 | 85398.46 | 3275.95 | 67488.37 | 12384.00 | | 1420.14 |
| 行蓄洪区安全建设 | 448.00 | | 448.00 | | | |
| 城市防洪工程 | 2115.31 | | | 2115.31 | | |
| 水库除险加固 | 174345.69 | 452.00 | 151680.69 | 19795.00 | 722.00 | 1465.00 |
| 其他防洪项目 | 4563.00 | 24.00 | 4401.00 | 134.00 | 4.00 | |
| 灌溉除涝项目 | 156148.95 | 195.00 | 124521.03 | 26087.92 | | 2249.00 |
| 灌区建设工程 | 37685.00 | 50.00 | 32208.00 | 4156.00 | | 1271.00 |
| 节水灌溉工程 | 9518.87 | | 7987.87 | | | |
| 小型农田水利建设 | 76042.88 | 95.00 | 62132.16 | 11352.72 | | 898.00 |
| 水库工程 | 2619.00 | | 2604.00 | 15.00 | | |
| 泵站工程 | 29998.20 | 50.00 | 19384.00 | 10564.20 | | |
| 其他灌溉除涝项目 | 285.00 | | 205.00 | | | 80.00 |
| 供水项目 | 99971.67 | 727.00 | 92747.67 | 5547.00 | | 950.00 |
| 人饮解困及饮水安全工程 | 99171.67 | 727.00 | 91947.67 | 5547.00 | | 950.00 |
| 其他供水工程 | 800.00 | | 800.00 | | | |
| 水务项目 | 843.00 | | 827.00 | | 16.00 | |
| 其他水务项目 | 843.00 | | 827.00 | | 16.00 | |
| 水电开发利用 | 20099.00 | | 13435.00 | 6439.00 | | 225.00 |
| 水力发电工程 | 15190.00 | | 9506.00 | 5459.00 | | 225.00 |
| 电网建设与改造 | 100.00 | | 100.00 | | | |
| 其他电气化工程 | 4809.00 | | 3829.00 | 980.00 | | |
| 水保及生态 | 53323.06 | 1392.00 | 36191.96 | 15739.10 | | |
| 水土流失治理 | 43369.96 | 1392.00 | 29885.96 | 12092.00 | | |
| 水利血防项目 | 9953.10 | | 6306.00 | 3647.10 | | |
| 机构能力建设专项 | 985.00 | | 677.00 | 200.00 | 108.00 | |
| 水文设施及能力建设 | 516.00 | | 252.00 | 200.00 | 64.00 | |
| 其他水利发展项目 | 469.00 | | 425.00 | | 44.00 | |

## 工程量计划表——分至项目类型

| | 土方(万立方米) | | 石方(万立方米) |
|---|---|---|---|
| | 全部计划 | 本年计划 | 全部计划 |
| 合 计 | 45466.85 | 10162.07 | 4541.07 |
| 控制性枢纽工程项目 | 77.57 | 12.50 | 0.63 |
| 其他枢纽工程 | 77.57 | 12.50 | 0.63 |
| 防洪项目 | 27545.37 | 3059.07 | 1046.94 |
| 江河湖泊治理工程 | 3548.56 | 1715.04 | 362.01 |
| 行蓄洪区安全建设 | 0.96 | 0.96 | |
| 城市防洪工程 | 128.89 | 14.96 | 35.65 |
| 水库除险加固 | 23791.42 | 1254.05 | 638.47 |
| 大中型病险水闸除险加固 | 10.66 | 10.66 | 0.50 |
| 其他防洪项目 | 64.88 | 63.39 | 10.31 |
| 灌溉除涝项目 | 6191.86 | 2197.72 | 571.81 |
| 灌区建设工程 | 2585.68 | 373.17 | 227.20 |
| 节水灌溉工程 | 946.57 | 89.90 | 95.68 |
| 小型农田水利建设 | 2530.86 | 1658.72 | 238.74 |
| 水库工程 | 6.96 | 6.96 | 2.08 |
| 泵站工程 | 119.37 | 68.37 | 7.41 |
| 其他灌溉除涝项目 | 2.43 | 0.60 | 0.70 |
| 供水项目 | 2662.35 | 1688.79 | 1968.31 |
| 人饮解困及饮水安全工程 | 2662.10 | 1688.54 | 1968.05 |
| 其他供水工程 | 0.25 | 0.25 | 0.26 |
| 水电开发利用 | 1548.68 | 1506.17 | 83.08 |
| 水力发电工程 | 1507.61 | 1467.80 | 57.54 |
| 电网建设与改造 | 0.40 | 0.05 | 0.16 |
| 其他电气化工程 | 40.67 | 38.32 | 25.37 |
| 水保及生态 | 7428.68 | 1697.37 | 868.48 |
| 水土流失治理 | 6263.10 | 1483.57 | 846.98 |
| 流域生态综合治理 | 72.15 | | 3.33 |
| 水利血防项目 | 1093.43 | 213.80 | 18.17 |
| 机构能力建设专项 | 0.49 | 0.16 | 0.60 |
| 水文设施及能力建设 | 0.33 | | 0.27 |
| 其他水利发展项目 | 0.16 | 0.16 | 0.33 |

续表

| | 砼(立方米) | | 金属结构(吨) | |
|---|---|---|---|---|
| | 全部计划 | 本年计划 | 全部计划 | 本年计划 |
| 合　计 | 8341856.94 | 2827846.87 | 242314.83 | 40101.59 |
| 控制性枢纽工程项目 | 4652.00 | | | |
| 其他枢纽工程 | 4652.00 | | | |
| 防洪项目 | 2634321.84 | 1467302.80 | 79819.30 | 24981.17 |
| 江河湖泊治理工程 | 736009.35 | 437416.77 | 21970.96 | 2730.36 |
| 行蓄洪区安全建设 | 0.55 | 0.55 | 96.00 | 96.00 |
| 城市防洪工程 | 159165.99 | 9349.00 | 124.28 | 3.00 |
| 水库除险加固 | 1706109.32 | 987757.45 | 57430.06 | 21953.81 |
| 大中型病险水闸除险加固 | 15300.00 | 15300.00 | 196.00 | 196.00 |
| 其他防洪项目 | 17736.63 | 17479.03 | 2.00 | 2.00 |
| 灌溉除涝项目 | 4716706.64 | 897497.67 | 148953.21 | 8133.55 |
| 灌区建设工程 | 2032628.86 | 281345.76 | 125771.97 | 3717.24 |
| 节水灌溉工程 | 1773403.00 | 108517.76 | 10276.33 | 338.60 |
| 小型农田水利建设 | 756192.74 | 447616.74 | 7649.00 | 1547.47 |
| 水库工程 | 19586.61 | 18986.61 | 25.01 | 25.00 |
| 泵站工程 | 134893.70 | 41030.70 | 5201.90 | 2503.50 |
| 其他灌溉除涝项目 | 1.73 | 0.10 | 29.00 | 1.74 |
| 供水项目 | 250588.95 | 176429.52 | 8014.86 | 4563.37 |
| 人饮解困及饮水安全工程 | 245588.95 | 171429.52 | 7864.86 | 4413.37 |
| 其他供水工程 | 5000.00 | 5000.00 | 150.00 | 150.00 |
| 水电开发利用 | 179391.84 | 72257.78 | 3918.26 | 1795.76 |
| 水力发电工程 | 155457.78 | 60941.22 | 2875.44 | 1030.76 |
| 电网建设与改造 | 80.06 | | 91.82 | |
| 其他电气化工程 | 23854.00 | 11316.56 | 951.00 | 765.00 |
| 水保及生态 | 537625.64 | 212283.08 | 1386.20 | 611.74 |
| 水土流失治理 | 146175.34 | 42481.08 | 188.70 | 73.72 |
| 流域生态综合治理 | 54000.00 | | | |
| 水利血防项目 | 337450.30 | 169802.00 | 1197.50 | 538.02 |
| 机构能力建设专项 | 1853.03 | 1500.03 | 19.00 | 4.00 |
| 水文设施及能力建设 | 353.00 | | 19.00 | 4.00 |
| 其他水利发展项目 | 1500.03 | 1500.03 | | |

## 工程量完成表——按项目类型分

| 项目类型 | 土方(万立方米) | | 石方(万立方米) | |
|---|---|---|---|---|
| | 累积完成 | 本年完成 | 累计完成 | 本年完成 |
| 总　计 | 39250.25 | 32433.33 | 2875.00 | 2038.11 |
| 控制性枢纽工程项目 | 49.00 | 12.50 | 0.40 | 0.10 |
| 其他枢纽工程 | 49.00 | 12.50 | 0.40 | 0.10 |
| 防洪项目 | 25832.12 | 24872.12 | 724.51 | 552.65 |
| 江河湖泊治理工程 | 2272.13 | 1578.25 | 185.91 | 106.05 |
| 行蓄洪区安全建设 | 0.96 | 0.96 | | |
| 城市防洪工程 | 120.22 | 15.46 | 34.13 | 0.23 |
| 水库除险加固 | 23363.36 | 23203.41 | 493.66 | 435.56 |
| 大中型病险水闸除险加固 | 10.66 | 10.66 | 0.50 | 0.50 |
| 其他防洪项目 | 64.80 | 63.38 | 10.31 | 10.31 |
| 灌溉除涝项目 | 3058.60 | 1938.07 | 228.68 | 142.09 |
| 灌区建设工程 | 832.12 | 341.44 | 69.89 | 26.84 |
| 节水灌溉工程 | 501.96 | 79.55 | 35.43 | 1.11 |
| 小型农田水利建设 | 1624.11 | 1447.26 | 115.35 | 108.68 |
| 水库工程 | 6.96 | 6.96 | 2.08 | 2.08 |
| 泵站工程 | 92.86 | 62.27 | 5.89 | 3.34 |
| 其他灌溉除涝项目 | 0.60 | 0.60 | 0.04 | 0.04 |
| 供水项目 | 2130.28 | 1593.72 | 1098.99 | 1040.91 |
| 人饮解困及饮水安全工程 | 2130.03 | 1593.47 | 1098.73 | 1040.65 |
| 其他供水工程 | 0.25 | 0.25 | 0.26 | 0.26 |
| 水电开发利用 | 1507.59 | 1492.00 | 58.27 | 45.59 |
| 水力发电工程 | 1467.09 | 1453.22 | 32.91 | 23.04 |
| 电网建设与改造 | 0.05 | 0.05 | | |
| 其他电气化工程 | 40.45 | 38.73 | 25.36 | 22.55 |
| 水保及生态 | 6663.67 | 2524.47 | 762.32 | 256.34 |
| 水土流失治理 | 5790.66 | 2348.92 | 747.13 | 249.48 |
| 流域生态综合治理 | 7.50 | | 0.30 | |
| 水利血防项目 | 865.51 | 175.55 | 14.89 | 6.86 |
| 机构能力建设专项 | 0.49 | 0.16 | 0.60 | 0.33 |
| 水文设施及能力建设 | 0.33 | | 0.27 | |
| 其他水利发展项目 | 0.16 | 0.16 | 0.33 | 0.33 |

续表

| 项目类型 | 砼(立方米) | | 金属结构(吨) | |
|---|---|---|---|---|
| | 累计完成 | 本年完成 | 累计完成 | 本年完成 |
| 总　计 | 3767678.77 | 2331309.38 | 52347.58 | 36798.10 |
| 控制性枢纽工程项目 | 2186.00 | | | |
| 其他枢纽工程 | 2186.00 | | | |
| 防洪项目 | 1617955.00 | 1190574.96 | 28855.00 | 22806.44 |
| 江河湖泊治理工程 | 382563.24 | 322327.99 | 1670.77 | 1327.53 |
| 行蓄洪区安全建设 | 0.55 | 0.55 | 96.00 | 96.00 |
| 城市防洪工程 | 157433.99 | 10174.00 | 95.28 | 23.00 |
| 水库除险加固 | 1044934.19 | 825293.39 | 26794.95 | 21161.91 |
| 大中型病险水闸除险加固 | 15300.00 | 15300.00 | 196.00 | 196.00 |
| 其他防洪项目 | 17723.03 | 17479.03 | 2.00 | 2.00 |
| 灌溉除涝项目 | 1543844.75 | 710025.64 | 15518.12 | 7261.36 |
| 灌区建设工程 | 462076.12 | 222423.12 | 6259.08 | 3246.93 |
| 节水灌溉工程 | 568796.00 | 58233.00 | 3934.90 | 472.00 |
| 小型农田水利建设 | 410460.22 | 370177.10 | 1168.36 | 1157.69 |
| 水库工程 | 19384.61 | 18986.61 | 25.00 | 25.00 |
| 泵站工程 | 83127.70 | 40205.70 | 4129.04 | 2358.00 |
| 其他灌溉除涝项目 | 0.10 | 0.10 | 1.74 | 1.74 |
| 供水项目 | 193364.26 | 170506.10 | 4587.01 | 4351.16 |
| 人饮解困及饮水安全工程 | 188364.26 | 165506.10 | 4437.01 | 4201.16 |
| 其他供水工程 | 5000.00 | 5000.00 | 150.00 | 150.00 |
| 水电开发利用 | 91074.07 | 72360.07 | 2274.00 | 1616.00 |
| 水力发电工程 | 72924.51 | 60534.51 | 1343.00 | 871.00 |
| 电网建设与改造 | | | | |
| 其他电气化工程 | 18149.56 | 11825.56 | 931.00 | 745.00 |
| 水保及生态 | 306471.66 | 185766.58 | 915.95 | 747.14 |
| 水土流失治理 | 134708.71 | 42699.58 | 141.08 | 70.22 |
| 流域生态综合治理 | 5000.00 | | | |
| 水利血防项目 | 166762.95 | 143067.00 | 774.87 | 676.92 |
| 机构能力建设专项 | 1853.03 | 1500.03 | 19.00 | 4.00 |
| 水文设施及能力建设 | 353.00 | | 19.00 | 4.00 |
| 其他水利发展项目 | 1500.03 | 1500.03 | | |

## 单项工程和土地征用

单位:个、公顷、万元

| | 单项工程个数 | 已实施的单项工程个数 | 已完工项目个数 |
|---|---|---|---|
| 合 计 | 1403 | 1122 | 778 |
| 控制性枢纽工程项目 | 1 | 1 | 1 |
| 其他枢纽工程 | 1 | 1 | 1 |
| 防洪项目 | 545 | 480 | 355 |
| 江河湖泊治理工程 | 106 | 81 | 55 |
| 行蓄洪区安全建设 | 1 | | |
| 城市防洪工程 | 5 | 5 | 5 |
| 水库除险加固 | 427 | 389 | 290 |
| 大中型病险水闸除险加固 | 1 | | |
| 其他防洪项目 | 5 | 5 | 5 |
| 灌溉除涝项目 | 450 | 252 | 113 |
| 灌区建设工程 | 24 | 21 | 10 |
| 节水灌溉工程 | 13 | 6 | 3 |
| 小型农田水利建设 | 281 | 144 | 38 |
| 水库工程 | 21 | 21 | 20 |
| 泵站工程 | 98 | 59 | 41 |
| 其他灌溉除涝项目 | 13 | 1 | 1 |
| 供水项目 | 331 | 317 | 254 |
| 引水(调水)工程 | | | |
| 人饮解困及饮水安全工程 | 331 | 317 | 254 |
| 水务项目 | 1 | 1 | 1 |
| 其他水务项目 | 1 | 1 | 1 |
| 水电开发利用 | 21 | 19 | 15 |
| 水力发电工程 | 14 | 12 | 9 |
| 其他电气化工程 | 7 | 7 | 6 |
| 水保及生态 | 44 | 42 | 31 |
| 水土流失治理 | 33 | 31 | 24 |
| 水利血防项目 | 11 | 11 | 7 |
| 机构能力建设专项 | 9 | 9 | 8 |
| 水文设施及能力建设 | 3 | 3 | 3 |
| 其他水利发展项目 | 6 | 6 | 5 |

续表

| | 单项工程个数 | 已实施的单项工程个数 | 已完工项目个数 |
|---|---|---|---|
| 合　计 | 642.4217 | 8.5397 | 99.58 |
| 控制性枢纽工程项目 | | | |
| 其他枢纽工程 | | | |
| 防洪项目 | 23.09 | 6.99 | 47.66 |
| 江河湖泊治理工程 | 1.92 | | |
| 行蓄洪区安全建设 | | | |
| 城市防洪工程 | | | |
| 水库除险加固 | 19.57 | 6.99 | 47.66 |
| 大中型病险水闸除险加固 | 1.6 | | |
| 其他防洪项目 | | | |
| 灌溉除涝项目 | 2.2 | | |
| 灌区建设工程 | | | |
| 节水灌溉工程 | | | |
| 小型农田水利建设 | 2.2 | | |
| 水库工程 | | | |
| 泵站工程 | | | |
| 其他灌溉除涝项目 | | | |
| 供水项目 | 9.0797 | 0.7797 | 8.4 |
| 引水(调水)工程 | | | |
| 人饮解困及饮水安全工程 | 9.0797 | 0.7797 | 8.4 |
| 水务项目 | | | |
| 其他水务项目 | | | |
| 水电开发利用 | 9 | | 1.53 |
| 水力发电工程 | | | |
| 其他电气化工程 | 9 | | 1.53 |
| 水保及生态 | 599.052 | 0.77 | 41.99 |
| 水土流失治理 | 568.99 | | |
| 水利血防项目 | 30.062 | 0.77 | 41.99 |
| 机构能力建设专项 | | | |
| 水文设施及能力建设 | | | |
| 其他水利发展项目 | | | |

# 2011年水利工程新增能力及效益

| | 水库总库容（亿立方米） | 有效灌溉面积（万亩） | 除涝面积（万亩） | 发电装机容量（千千瓦） |
|---|---|---|---|---|
| 湖 北 | 3.233686 | 55.366 | 26.2835 | 44.838 |
| 武汉市 | | | | |
| 黄石市 | 0.2941 | | 21.45 | |
| 十堰市 | | 0.068 | | 20.126 |
| 宜昌市 | 0.2879 | 2.048 | 2 | 10.36 |
| 襄阳市 | 0.0293 | 0.2 | | |
| 鄂州市 | | | | |
| 荆门市 | | | | |
| 孝感市 | | 2.7 | 2.52 | |
| 荆州市 | 0.588 | 45.6 | 0.3 | |
| 黄冈市 | 1.7324 | | | |
| 咸宁市 | 0.077986 | 1.83 | 0.0135 | 0.15 |
| 随州市 | 0.124 | 0.72 | | |
| 恩施土家族苗族自治州 | | 2.2 | | 11.802 |
| 厅直单位 | 0.1 | | | 2.4 |
| 仙桃市 | | | | |
| 潜江市 | | | | |
| 天门市 | | | | |
| 神农架林区 | | | | |

续表1

| | 排灌装机容量（千千瓦） | 改善灌溉面积（万亩） | 改善除涝面积（万亩） | 新建及加固堤防长度（公里） | 水保治理面积（万亩） |
|---|---|---|---|---|---|
| 湖 北 | 442.765 | 376.1171 | 95.2635 | 174.367 | 522.7963 |
| 武汉市 | | 30 | | | |
| 黄石市 | | 0.86 | 0.08 | | |
| 十堰市 | | 6.5654 | 0.08 | 29.346 | 503.6948 |
| 宜昌市 | | 15.759 | 0.5 | 108.009 | 9.918 |
| 襄阳市 | | 89.76 | | | |
| 鄂州市 | | | | | |
| 荆门市 | | | | | |
| 孝感市 | | 31.1 | 10 | | |
| 荆州市 | 442.765 | 38.54 | 72.59 | 10.21 | 2 |
| 黄冈市 | | 129.68 | | 1.5 | 4.53 |
| 咸宁市 | | 10.1277 | 1.0135 | 14.75 | 0.39 |
| 随州市 | | 0.26 | | | |
| 恩施土家族苗族自治州 | | 3.845 | | 1.5 | 2.2635 |
| 厅直单位 | | 9.62 | | 2 | |
| 仙桃市 | | 10 | 11 | | |
| 潜江市 | | | | | |
| 天门市 | | | | | |
| 神农架林区 | | | | 7.052 | |

续表2

| | 饮水安全达标人口（万人） | 节水灌溉面积（万亩） | 渠道防渗长度（公里） | 河道整治长度（公里） | 恢复灌溉面积（万亩） |
|---|---|---|---|---|---|
| 湖 北 | 214.498 | 11.927 | 324.72 | 279.902 | 2.25 |
| 武汉市 | 10.258 | | | 4.38 | |
| 黄石市 | 20.48 | 2.14 | | 24.3 | |
| 十堰市 | 22 | 1.575 | | 8.971 | |
| 宜昌市 | 20.61 | 2.692 | 206.91 | 29.015 | 0.25 |
| 襄阳市 | 20.08 | 0.01 | | 54 | |
| 鄂州市 | | | | 6.2 | |
| 荆门市 | | | | | |
| 孝感市 | 60.14 | | 2 | 16.2 | 0.2 |
| 荆州市 | 17.5 | 5.51 | 110.01 | 4.48 | |
| 黄冈市 | 3.75 | | | | |
| 咸宁市 | 11 | | | 24.206 | |
| 随州市 | | | 5.8 | | |
| 恩施土家族苗族自治州 | 15.18 | | | 32.9 | 1.8 |
| 厅直单位 | 6 | | | 2.95 | |
| 仙桃市 | 7.5 | | | 72.3 | |
| 潜江市 | | | | | |
| 天门市 | | | | | |
| 神农架林区 | | | | | |

续表3

| | 恢复库容(亿立方米) | 新增堤防长度（公里） | 供水受益人口（万人） | 涵闸新、改建(座) | 改善或恢复库容（万立方米） |
|---|---|---|---|---|---|
| 湖　北 | 0.1876 | 13.05 | 9.84 | 2 | 3531.876 |
| 武汉市 | | | 5.07 | | |
| 黄石市 | | | | | 0.0346 |
| 十堰市 | | | | | 7.649 |
| 宜昌市 | | 1.6 | | | 979.001 |
| 襄阳市 | | | 2.27 | | 981.1213 |
| 鄂州市 | | | | | |
| 荆门市 | | | 0.5 | | |
| 孝感市 | 0.172 | | | 2 | 0.5 |
| 荆州市 | | | | | 0.4 |
| 黄冈市 | | | | | 1145.97 |
| 咸宁市 | | 11.45 | 2 | | 3 |
| 随州市 | | | | | |
| 恩施土家族苗族自治州 | 0.0156 | | | | 414.2 |
| 厅直单位 | | | | | |
| 仙桃市 | | | | | |
| 潜江市 | | | | | |
| 天门市 | | | | | |
| 神农架林区 | | | | | |

# 11 农垦和监狱系统农场

# 农垦基本情况

| 指　标 | 单位 | 2010年 | 2011年 | 增减数 | 增减% |
|---|---|---|---|---|---|
| **一、农场组织情况** | | | | | |
| 农场个数 | 个 | 53 | 53 | | |
| 分场个数 | 个 | 192 | 191 | −1 | −0.5 |
| 国有及国有控股工业 | 个 | 101 | 84 | −17 | −16.8 |
| 国有及国有控股建筑业 | 个 | 14 | 14 | 0 | 0.0 |
| 国有及国有控股商业 | 个 | 20 | 19 | −1 | −5.0 |
| 生产队个数 | 个 | 2,184 | 2,213 | 29 | 1.3 |
| **二、乡(镇)情况** | | | | | |
| 乡(镇)政权数 | 个 | 7 | 7 | | |
| 村民委员会数 | 个 | 138 | 138 | | |
| **三、农垦人口与收人** | | | | | |
| 总户数 | 户 | 444,822 | 451,265 | 6,443 | 1.4 |
| 年末人口 | 人 | 1,399,035 | 1,424,345 | 25,310 | 1.8 |
| 年内平均人口 | 人 | 1,387,166 | 1,411,220 | 24,054 | 1.7 |
| 年内出生人口 | 人 | 13,846 | 15,048 | 1,202 | 8.7 |
| 年内死亡人口 | 人 | 5,749 | 6,549 | 800 | 13.9 |
| 年末住房面积 | 万平米 | 4,234 | 4,877 | 643 | 15.2 |
| 劳平纯收入 | 元 | 13,327 | 15,183 | 1,856 | 13.9 |
| 人平纯收入 | 元 | 7,610 | 8,830 | 1,220 | 16.0 |
| **四、农垦土地情况** | | | | | |
| 土地总面积 | 公顷 | 343,867 | 344,453 | 586 | 0.2 |
| 耕地 | 公顷 | 136,640 | 136,878 | 238 | 0.2 |
| 林地 | 公顷 | 51,721 | 50,277 | −1,444 | −2.8 |
| 水面 | 公顷 | 56,380 | 57,516 | 1,136 | 2.0 |
| 茶果桑园 | 公顷 | 6,522 | 6,472 | −50 | −0.8 |
| **五、农机及水利化肥** | | | | | |
| 农业机械总动力 | 千瓦 | 1,427,520 | 1,541,957 | 114,437 | 8.0 |
| 大中型拖拉机 | 台 | 6,315 | 7,355 | 1,040 | 16.5 |
| 小型拖拉机 | 台 | 40,297 | 43,190 | 2,893 | 7.2 |
| 联合收获机 | 台 | 2,502 | 2,775 | 273 | 10.9 |
| 当年实际机耕面积 | 公顷 | 139,411 | 146,852 | 7,441 | 5.3 |
| 当年实际机播面积 | 公顷 | 36,827 | 36,791 | −36 | −0.1 |
| 当年机械收割面积 | 公顷 | 117,309 | 127,138 | 9,829 | 8.4 |
| 农业用电量 | 万度 | 33,404 | 36,061 | 2,657 | 8.0 |
| 农药施用量 | 吨 | 6,908 | 7,338 | 430 | 6.2 |
| 化学除草面积 | 公顷 | 81,055 | 84,742 | 3,687 | 4.5 |
| 化肥施用折纯量 | 吨 | 152,952 | 152,708 | −244 | −0.2 |
| 有效灌溉面积 | 公顷 | 114,084 | 117,194 | 3,110 | 2.7 |
| 排灌站数量 | 座 | 948 | 971 | 23 | 2.4 |

续表

| 指　标 | 单位 | 2010年 | 2011年 | 增减数 | 增减% |
|---|---|---|---|---|---|
| **六、工业及固定资产投资** | | | | | |
| 国有及规模以上工业企业 | 个 | 723 | 655 | -68 | -9.4 |
| 工业年末从业人数 | 人 | 127,002 | 134,770 | 7,768 | 6.1 |
| 固定资产原值年末数 | 万元 | 2,068,009 | 3,080,740 | 1,012,731 | 49.0 |
| 产品销售收入 | 万元 | 5,118,514 | 6,970,255 | 1,851,741 | 36.2 |
| 企业利润总额 | 万元 | 271,989 | 791,069 | 519,080 | 190.8 |
| 农垦固定资产投资 | 万元 | 2,350,638 | 3,173,848 | 823,210 | 35.0 |
| 第一产业 | 万元 | 215,289 | 176,580 | -38,709 | -18.0 |
| 第二产业 | 万元 | 1,469,557 | 2,208,373 | 738,816 | 50.3 |
| 第三产业 | 万元 | 665,792 | 788,895 | 123,103 | 18.5 |
| **七、农垦从业及社保情况** | | | | | |
| 社会平均从业人数 | 人 | 702,040 | 720,450 | 18,410 | 2.6 |
| 第一产业 | 人 | 349,642 | 349,675 | 33 | 0.0 |
| 第二产业 | 人 | 212,764 | 226,344 | 13,580 | 6.4 |
| 第三产业 | 人 | 139,636 | 144,431 | 4,795 | 3.4 |
| 国有经济从业人员 | 人 | 384,749 | 395,674 | 10,925 | 2.8 |
| 国有经济从业人员报酬 | 万元 | 516,261 | 591,909 | 75,648 | 14.7 |
| 参加社保缴费人数 | 人 | 342,168 | 343,189 | 1,021 | 0.3 |
| 参加社保领退休费人数 | 人 | 219,273 | 229,444 | 10,171 | 4.6 |
| **八、文教卫生及物质消耗** | | | | | |
| 科研单位 | 个 | 30 | 30 | 0 | 0.0 |
| 科技人员 | 人 | 321 | 367 | 46 | 14.3 |
| 科研经费 | 万元 | 2,188 | 2,740 | 552 | 25.2 |
| 学　校 | 个 | 287 | 274 | -13 | -4.5 |
| 普通中学 | 个 | 82 | 81 | -1 | -1.2 |
| 小学 | 个 | 199 | 190 | -9 | -4.5 |
| 教师人数 | 人 | 10,483 | 10,320 | -163 | -1.6 |
| 在校学生 | 人 | 146,147 | 140,360 | -5,787 | -4.0 |
| 医疗单位 | 个 | 569 | 597 | 28 | 4.9 |
| 医院 | 个 | 96 | 80 | -16 | -16.7 |
| 病床 | 张 | 5,566 | 5,816 | 250 | 4.5 |
| 医生 | 人 | 3,141 | 2,604 | -537 | -17.1 |
| 物资消耗 | | | | | |
| 钢材 | 吨 | 218,025 | 252,612 | 34,587 | 15.9 |
| 木材 | 立方米 | 322,635 | 217,777 | -104,858 | -32.5 |
| 水泥 | 吨 | 1,032,392 | 910,266 | -122,126 | -11.8 |
| 化肥 | 吨 | 519,678 | 521,125 | 1,447 | 0.3 |
| 电力 | 万度 | 178,882 | 210,667 | 31,785 | 17.8 |

# 农垦种植业生产情况

| | 播种面积(公顷) | | | 总产量(吨) | | |
|---|---|---|---|---|---|---|
| | 2010年 | 2011年 | 增减% | 2010年 | 2011年 | 增减% |
| 农作物合计 | 317,271 | 307,607 | −3.0 | | | |
| 粮豆合计 | 157,061 | 150,141 | −4.4 | 876,426 | 877,350 | 0.1 |
| 夏粮小计 | 81,969 | 81,119 | −1.0 | 327,304 | 344,876 | 5.4 |
| 小麦 | 78,252 | 78,254 | 0.0 | 317,702 | 334,365 | 5.2 |
| 大麦 | 1,545 | 1,151 | −25.5 | 5,577 | 4,225 | −24.2 |
| 蚕豆 | 1,865 | 1,285 | −31.1 | 3,275 | 3,683 | 12.5 |
| 秋粮小计 | 75,092 | 69,022 | −8.1 | 549,122 | 532,474 | −3.0 |
| 稻谷 | 44,855 | 42,288 | −5.7 | 369,937 | 368,100 | −0.5 |
| 早稻 | 2,448 | 2,386 | −2.5 | 16,711 | 15,850 | −5.2 |
| 中稻 | 39,230 | 37,142 | −5.3 | 331,054 | 331,454 | 0.1 |
| 晚稻 | 3,177 | 2,760 | −13.1 | 22,172 | 20,796 | −6.2 |
| 玉米 | 22,076 | 19,255 | −12.8 | 144,167 | 128,690 | −10.7 |
| 黄豆 | 5,397 | 4,730 | −12.4 | 15,031 | 13,632 | −9.3 |
| 棉花(皮花) | 54,090 | 58,820 | 8.7 | 73,622 | 82,889 | 12.6 |
| 油料合计 | 38,638 | 33,625 | −13.0 | 106,128 | 93,763 | −11.7 |
| 花生 | 5,055 | 4,720 | −6.6 | 30,309 | 26,297 | −13.2 |
| 芝麻 | 5,816 | 4,408 | −24.2 | 8,048 | 7,410 | −7.9 |
| 菜籽 | 27,745 | 24,451 | −11.9 | 67,704 | 59,982 | −11.4 |
| 麻类 | 41 | 54 | 31.7 | 80 | 57 | −28.8 |
| 甘蔗 | 119 | 123 | 3.4 | 9,535 | 10,240 | 7.4 |
| 药材 | 380 | 375 | −1.3 | 1,003 | 824 | −17.8 |
| 蔬菜瓜类 | 52,672 | 52,660 | 0.0 | 1,666,136 | 1,629,181 | −2.2 |

# 农垦农作物播种面积

单位:公顷

| 单位名称 | 小麦 | 稻谷 | 玉米 | 棉花 | 油料 | 单位名称 | 小麦 | 稻谷 | 玉米 | 棉花 | 油料 |
|---|---|---|---|---|---|---|---|---|---|---|---|
| 全省合计 | 78,254 | 42,288 | 19,255 | 58,820 | 33,625 | 清 河 | 1,278 | 1,154 | 199 | 11 | 131 |
| 东西湖 | 772 | 1,197 | 1,934 | 3,698 | 835 | 随 阳 | 767 | 353 | 380 | 92 | 74 |
| 汉 南 | 1,735 | 381 | 6,313 | 4,826 | 955 | 龙感湖 | 3,360 | 3,140 | | 1,000 | 855 |
| 桐 湖 | 360 | 135 | 180 | 160 | 395 | 万丈湖 | 872 | 2,229 | 21 | 236 | 817 |
| 涨渡湖 | 374 | 500 | 83 | 274 | 219 | 八里湖 | 54 | 847 | | 501 | 521 |
| 龙王咀 | 72 | 230 | 20 | 10 | 234 | 南 湖 | 143 | 152 | 24 | 185 | 146 |
| 武 湖 | 79 | 97 | 33 | 133 | 113 | 龟 山 | 232 | 384 | | 64 | 484 |
| 金 水 | 93 | 1,107 | 27 | 20 | 93 | 林 店 | 60 | 278 | | 15 | 173 |
| 人民大垸 | 6,688 | 1,900 | 265 | 5,233 | 1,997 | 军 垦 | 380 | 921 | 200 | 380 | 240 |
| 大同湖 | 933 | 401 | 247 | 1,004 | 1,835 | 阳新综合 | 247 | 688 | 183 | 39 | 419 |
| 大沙湖 | 2,212 | 194 | 203 | 1,818 | 1,118 | 半壁山 | 393 | 640 | 130 | 247 | 154 |
| 三 湖 | 2,980 | 787 | | 2,600 | 666 | 荆头山 | 185 | 922 | 48 | 220 | 284 |
| 菱角湖 | 2,230 | 51 | 363 | 1,703 | 37 | 江 北 | | | | | |
| 六合垸 | 1,755 | 594 | 21 | 1,400 | 174 | 花 湖 | | | | | |
| 太 湖 | 1,873 | 1,020 | 200 | 1,644 | 898 | 东 风 | 67 | 479 | 2 | 2 | 263 |
| 荒 湖 | 2,860 | 900 | 6 | 2,900 | 600 | 头 墩 | 187 | 530 | 71 | 190 | 190 |
| 小 港 | 109 | 420 | | 13 | 320 | 黄盖湖 | 200 | 446 | 131 | 140 | 432 |
| 沙市农场 | 71 | 129 | 5 | 243 | 275 | 中洲垸 | 2,640 | 773 | 171 | 2,370 | 88 |
| 总 口 | 4,835 | 1,816 | 366 | 3,872 | 958 | 朱 湖 | 507 | 1,772 | 307 | 520 | 652 |
| 西大垸 | 2,133 | 1,266 | | 1,733 | 666 | 华 严 | 459 | 264 | 56 | 549 | 320 |
| 运粮湖 | 2,571 | 849 | 76 | 1,812 | 312 | 五 三 | 8,000 | 3,060 | 2,670 | 3,840 | 820 |
| 熊 口 | 2,067 | 267 | | 2,000 | 480 | 官庄湖 | 1,558 | 173 | 187 | 1,238 | 840 |
| 后 湖 | 2,167 | 1,522 | 80 | 1,627 | 1,272 | 万福店 | 1,623 | 1,186 | 54 | 467 | 369 |
| 周 矶 | 309 | 285 | 108 | 300 | 386 | 蒋 湖 | 2,283 | 186 | 210 | 1,850 | 1,191 |
| 王 集 | 751 | 430 | 600 | 304 | 5,509 | 草埠湖 | 5,025 | 90 | 1,493 | 3,624 | 258 |
| 张 集 | 5,992 | 3,604 | 1,383 | 1,092 | 2,866 | 长 港 | 567 | 834 | | 500 | 538 |
| 车 河 | 1,093 | 696 | 141 | 121 | 93 | 竹溪综合 | 53 | 9 | 64 | | 60 |

## 农垦畜牧、水产、林业生产情况

| 指　标 | 单位 | 2010年 | 2011年 | 增减数 | 增减% |
|---|---|---|---|---|---|
| **水　果** | | | | | |
| 年末茶园面积 | 公顷 | 966 | 974 | 8 | 0.8 |
| 干毛茶产量 | 吨 | 466 | 429 | –37 | –7.9 |
| 年末水果面积 | 公顷 | 5,598 | 5,027 | –571 | –10.2 |
| 当年水果总产量 | 吨 | 85,579 | 85,755 | 176 | 0.2 |
| 桃子 | 吨 | 22,641 | 22,322 | –319 | –1.4 |
| 梨子 | 吨 | 22,039 | 23,049 | 1,010 | 4.6 |
| 柑桔 | 吨 | 30,629 | 31,278 | 649 | 2.1 |
| **林　业** | | | | | |
| 当年造林面积(公顷) | 公顷 | 4,681 | 3,719 | –962 | –20.6 |
| 木材采伐量 | 立方米 | 50,153 | 92,821 | 42,668 | 85.1 |
| 毛楠竹采伐量 | 万根 | 36 | 36 | 0 | 0.0 |
| 板栗 | 吨 | 455 | 578 | 123 | 27.0 |
| 油茶籽 | 吨 | 78 | 94 | 16 | 20.5 |
| **畜牧业** | | | | | |
| 年末大牲畜 | 头 | 49,265 | 37,667 | –11,598 | –23.5 |
| #牛 | 头 | 49,265 | 37,667 | –11,598 | –23.5 |
| 肉类总产量 | 吨 | 171,384 | 175,467 | 4,083 | 2.4 |
| 年内出栏肥猪 | 头 | 1,817,667 | 1,910,122 | 92,455 | 5.1 |
| 猪肉 | 吨 | 145,413 | 152,809 | 7,396 | 5.1 |
| 牛肉 | 吨 | 5,018 | 4,422 | –596 | –11.9 |
| 羊肉 | 吨 | 938 | 1,067 | 129 | 13.8 |
| 禽肉 | 吨 | 19,981 | 17,117 | –2,864 | –14.3 |
| 牛奶 | 吨 | 33,050 | 33,398 | 348 | 1.1 |
| 禽蛋 | 吨 | 39,542 | 45,953 | 6,411 | 16.2 |
| **水产品** | | | | | |
| 水产养殖面积 | 公顷 | 44,075 | 46,071 | 1,996 | 4.5 |
| #养鱼面积 | 公顷 | 38,604 | 39,669 | 1,065 | 2.8 |
| 水产品产量 | 吨 | 333,727 | 366,347 | 32,620 | 9.8 |
| #鲜鱼产量 | 吨 | 310,698 | 340,057 | 29,359 | 9.4 |

## 农垦主要工业产品产量

| 指　标 | 单位 | 2010年 | 2011年 | 增减数 | 增减% |
|---|---|---|---|---|---|
| 木 材 | 立方米 | 30,387 | 30,002 | –385 | –1.3 |
| 大 米 | 吨 | 939,421 | 993,777 | 54,356 | 5.8 |
| 小麦粉 | 吨 | 84,414 | 154,543 | 70,129 | 83.1 |
| 配合饲料 | 吨 | 671,561 | 759,637 | 88,076 | 13.1 |
| 混合饲料 | 吨 | 134,388 | 316,276 | 181,888 | 135.3 |
| 食用植物油 | 吨 | 451,857 | 571,528 | 119,671 | 26.5 |
| 盐 蛋 | 万枚 | 6,541 | 8,467 | 1,926 | 29.4 |
| 皮 蛋 | 万枚 | 8,534 | 10,611 | 2,077 | 24.3 |
| 糖 果 | 吨 | 27,562 | 33,620 | 6,058 | 22.0 |
| 酸 奶 | 吨 | 76,512 | 91,220 | 14,708 | 19.2 |
| 罐 头 | 吨 | 48,514 | 52,657 | 4,143 | 8.5 |
| 饮料酒 | 吨 | 363,838 | 366,060 | 2,222 | 0.6 |
| #啤酒 | 吨 | 355,407 | 354,381 | –1,026 | –0.3 |
| 软饮料 | 吨 | 1,246,525 | 1,566,883 | 320,358 | 25.7 |
| 精制茶 | 吨 | 308 | 301 | –7 | –2.3 |
| 棉 纱 | 吨 | 146,669 | 196,077 | 49,408 | 33.7 |
| 棉 布 | 万 $M^2$ | 12,636 | 20,462 | 7,826 | 61.9 |
| 毛 巾 | 万条 | 35 | 35 | 0 | 0.0 |
| 服 装 | 万件 | 3,600 | 3,904 | 304 | 8.4 |
| 运动鞋 | 万双 | 6.6 | 7.2 | 1 | 9.1 |
| 机制纸及纸版 | 吨 | 26,182 | 32,974 | 6,792 | 25.9 |
| 磷肥折纯量 | 吨 | 16,167 | 16,046 | –121 | –0.7 |
| 塑料制品 | 吨 | 156,788 | 174,231 | 17,443 | 11.1 |
| 水 泥 | 吨 | 2,776,476 | 2,520,005 | –256,471 | –9.2 |
| 青红砖 | 万块 | 179,055 | 254,398 | 75,343 | 42.1 |
| 红 瓦 | 万块 | 3,872 | 7,749 | 3,877 | 100.1 |
| 石 灰 | 吨 | 81,335 | 89,650 | 8,315 | 10.2 |
| 工具车 | 万台 | 13.3 | 13.0 | –0.3 | –2.3 |
| 发电量 | 万度 | 13,420 | 13,480 | 60 | 0.4 |

## 农垦产值、增加值、出口情况

| 指　标 | 单 位 | 2010年 | 2011年 | 增减数 | 增减% |
|---|---|---|---|---|---|
| 农业总产值(现价) | 万元 | 1,227,548 | 1,430,898 | 203,350 | 16.6 |
| 种植业产值(现价) | 万元 | 626,232 | 696,879 | 70,647 | 11.3 |
| 林业产值(现价) | 万元 | 14,685 | 15,693 | 1,008 | 6.9 |
| 牧业产值(现价) | 万元 | 274,319 | 361,263 | 86,944 | 31.7 |
| 渔业产值(现价) | 万元 | 288,242 | 329,006 | 40,764 | 14.1 |
| 工业企业合计(含个体私营) | 个 | 2,304 | 2,442 | 138 | 6.0 |
| 现行价产值 | 万元 | 6,304,600 | 8,338,209 | 2,033,609 | 32.3 |
| 食品加工业 | 个 | 477 | 452 | –25 | –5.2 |
| 现行价产值 | 万元 | 1,254,985 | 1,779,580 | 524,595 | 41.8 |
| 食品制造业 | 个 | 148 | 147 | –1 | –0.7 |
| 现行价产值 | 万元 | 271,800 | 412,336 | 140,536 | 51.7 |
| 饮料制造业 | 个 | 144 | 149 | 5 | 3.5 |
| 现行价产值 | 万元 | 583,937 | 689,269 | 105,332 | 18.0 |
| 纺织业 | 个 | 193 | 184 | –9 | –4.7 |
| 现行价产值 | 万元 | 616,619 | 794,522 | 177,903 | 28.9 |
| 医药制造业 | 个 | 28 | 25 | –3 | –10.7 |
| 现行价产值 | 万元 | 127,927 | 160,069 | 32,142 | 25.1 |
| 非金属矿物制品业 | 个 | 174 | 171 | –3 | –1.7 |
| 现行价产值 | 万元 | 299,797 | 372,567 | 72,770 | 24.3 |
| 农垦生产总值(当年价) | 万元 | 3,616,309 | 4,563,000 | 946,691 | 19.6 |
| 第一产业 | 万元 | 603,640 | 699,973 | 96,333 | 7.5 |
| 第二产业 | 万元 | 2,142,754 | 2,775,368 | 632,614 | 23.7 |
| 第三产业 | 万元 | 869,915 | 1,087,659 | 217,744 | 18.5 |
| 出口供货商品总金额 | 万元 | 164,427 | 233,855 | 69,428 | 42.2 |
| 直接出口金额 | 万元 | 108,425 | 179,294 | 70,869 | 65.4 |
| 出口工业品金额 | 万元 | 142,387 | 190,628 | 48,241 | 33.9 |
| 种子生产企业 | 个 | 14 | 13 | –1 | |
| 种子生产基地面积 | 公顷 | 3,540 | 2,828 | –712 | |
| 种子生产量 | 吨 | 5,920 | 11,238 | 5,318 | |
| 种畜禽场(站) | 个 | 10 | 11 | 1 | |
| 认证的绿色食品 | 个 | 56 | 52 | –4 | |
| 认证的有机食品 | 个 | 5 | 5 | 0 | |
| 认证的无公害食品 | 个 | 16 | 16 | 0 | |
| 开发莫桑比克水稻生产 | 公顷 | 120 | 300 | 180 | |
| 开发津巴布韦烟叶生产 | 公顷 | 30 | 120 | 90 | |

## 2011年监狱系统农场基本情况

| 项目 | 单位 | 合计 | 其中: | | | | |
|---|---|---|---|---|---|---|---|
| | | | 沙洋办事处 | 襄北公司 | 江北公司 | 襄南公司 | 黄湖公司 |
| 职工人数 | 人 | 43668 | 24793 | 6088 | 6590 | 4624 | 1573 |
| 农场科技人员 | 人 | 1393 | 911 | 156 | 195 | 104 | 27 |
| #农业 | 人 | 599 | 363 | 63 | 96 | 59 | 18 |
| 工程 | 人 | 794 | 548 | 93 | 99 | 45 | 9 |
| 耕地面积 | 公顷 | 22460 | 11901 | 4647 | 3536 | 2332 | 44 |
| #水田 | 公顷 | 11310 | 6758 | 596 | 3371 | 547 | 38 |
| 果园面积 | 公顷 | 60 | 17 | 9 | | 34 | |
| 茶园面积 | 公顷 | 27 | 23 | 4 | | | |
| 养殖面积 | 公顷 | 903 | 579 | 62 | 175 | | 87 |
| 固定资产投资 | 万元 | 48764.22 | 33664.52 | 5267 | 762.7 | 9070 | |
| #生产性 | 万元 | 7628.14 | 6161.44 | 704 | 762.7 | | |
| 在固定资产投资中 | | | | | | | |
| 拨款 | 万元 | 27723.8 | 13906.8 | 4563 | 184 | 9070 | |
| 贷款 | 万元 | | | | | | |
| 自筹 | 万元 | 10386.92 | 9104.22 | 704 | 578.7 | | |
| 其他 | 万元 | 14.5 | 14.5 | | | | |
| 农业机械总动力 | 千瓦 | 54439 | 25427 | 16543 | 9619 | 2850 | |
| 农业用电量 | 万千瓦时 | 1745 | 1062 | 263 | 330 | 45 | 45 |
| 农用动力机械 | 台 | 496 | 257 | 165 | 74 | | |
| #电动机 | 台 | 380 | 255 | 125 | | | |
| 柴油机 | 台 | 42 | 2 | 40 | | | |
| 农用排灌机械 | 台 | 292 | 138 | 80 | 74 | | |
| 农用加工机械 | 台 | 204 | 119 | 85 | | | |
| 大中型拖拉机 | 台 | 374 | 122 | 151 | 49 | 52 | |
| 小型拖拉机 | 台 | 109 | | 3 | 7 | 99 | |
| 农用水泵 | 台 | 231 | 107 | 50 | 74 | | |
| 谷物烘干机 | 台 | 29 | 27 | | 2 | | |
| 大中型机引农具 | 台 | 1566 | 456 | 485 | 221 | 404 | |
| 联合收割机 | 台 | 109 | 28 | 54 | 21 | 6 | |
| 机动脱粒机 | 台 | 2 | | 2 | | | |
| 农用运输车 | 辆 | 1 | 1 | | | | |
| 机耕面积 | 公顷 | 18179 | 8849 | 4000 | 3182 | 2104 | 44 |
| 机播面积 | 公顷 | 18239 | 8580 | 6807 | 972 | 1880 | |
| 机收面积 | 公顷 | 25006 | 10374 | 6794 | 6346 | 1417 | 75 |
| 有效灌溉面积 | 公顷 | 15113 | 9280 | 1733 | 3393 | 663 | 44 |
| 机电排灌面积 | 公顷 | 13978 | 8794 | 1267 | 3210 | 663 | 44 |
| 旱涝保收面积 | 公顷 | 11828 | 6985 | 1026 | 3110 | 663 | 44 |
| 水库 | 个 | 28 | 4 | 9 | | 15 | |
| 化肥施用折纯量 | 吨 | 12522 | 6658 | 841 | 4071 | 952 | |
| 农药施用量 | 吨 | 586 | 425 | 48 | 110 | 3 | |

注:2003年起所有农场更名为公司,沙洋农场更名为楚垣集团公司沙洋办事处。

## 2011年监狱系统农场农业总产值、商品产值、增加值

单位:万元

| 项目 | 合计 | 其中: | | | | |
|---|---|---|---|---|---|---|
| | | 沙洋办事处 | 襄北公司 | 江北公司 | 襄南公司 | 黄湖公司 |
| 按当年价格计算 | | | | | | |
| 农林牧渔业总产值 | 84056.9 | 52636.0 | 9534.0 | 16617.8 | 4599.8 | 669.3 |
| 1、农业 | 53861.4 | 31254.0 | 4556.0 | 13340.3 | 4569.8 | 141.32 |
| 2、林业 | 376.9 | 298.0 | 3.0 | 75.9 | | |
| 3、牧业 | 22020.0 | 16434.0 | 4348.0 | 1238.0 | | |
| 4、渔业 | 5973.0 | 3844.0 | 347.0 | 1254.0 | | 528 |
| 5、农林牧渔服务业 | 1825.0 | 806.0 | 280.0 | 709.0 | 30 | |
| 按当年价格计算 | | | | | | |
| 农林牧渔业增加值 | 37957.8 | 24131.0 | 4635.0 | 7104.1 | 1985.7 | 102.0 |
| 1、农业 | 28645.2 | 17774.0 | 2928.0 | 5965.8 | 1965 | 12.4 |
| 2、林业 | 250.6 | 220.0 | | 30.6 | | |
| 3、牧业 | 5372.8 | 3792.0 | 1385.0 | 195.8 | | |
| 4、渔业 | 2823.7 | 1957.0 | 173.0 | 604.1 | | 89.6 |
| 5、农林牧渔服务业增加值 | 865.5 | 388.0 | 149.0 | 307.8 | 20.7 | |
| 分配法计算 | | | | | | |
| 国内生产总值 | 84125.9 | 44212.0 | 11444.0 | 15502.7 | 12377.5 | 589.7 |
| 第一产业 | 37957.8 | 24131.0 | 4635.0 | 7104.1 | 1985.7 | 102 |
| 第二产业 | 36382.8 | 19780.2 | 4051.0 | 7836.1 | 4227.8 | 487.66 |
| 工业 | 34248.8 | 17879.0 | 3942.0 | 7712.3 | 4227.8 | 487.66 |
| 建筑业 | 2134.0 | 1901.2 | 109.0 | 123.8 | | |
| 第三产业 | 9785.3 | 300.8 | 2758.0 | 562.5 | 6164 | |
| 交通、邮电 | 91.5 | 52.5 | 39.0 | | | |
| 商贸业 | 899.0 | 133.6 | 385.0 | 369.4 | 11 | |
| 其他 | | | | | | |

注:2003年起所有农场更名为公司,沙洋农场更名为楚垣集团公司沙洋办事处。

## 2011年监狱系统农场生产情况

| 项目 | 单位 | 合计 | 其中: | | | | |
|---|---|---|---|---|---|---|---|
| | | | 沙洋办事处 | 襄北公司 | 江北公司 | 襄南公司 | 黄湖公司 |
| 全年农作物总播面 | 公顷 | 37856 | 21736 | 6794 | 7059 | 2189 | 78 |
| 全年粮食作物总播面 | 公顷 | 33610 | 19181 | 6794 | 6366 | 1196 | 73 |
| 全年粮食总产量 | 吨 | 174743 | 107894 | 17495 | 43233 | 5611 | 510 |
| #夏粮播面 | 公顷 | 15971 | 8875 | 2890 | 3308 | 863 | 35 |
| 夏粮产量 | 吨 | 77277 | 42719 | 12255 | 18346 | 3736 | 221 |
| 秋粮播面 | 公顷 | 17639 | 10306 | 3904 | 3058 | 333 | 38 |
| 秋粮产量 | 吨 | 100894 | 68603 | 5240 | 24887 | 1875 | 289 |
| 棉花播面 | 公顷 | 1889 | 604 | | 485 | 800 | |
| 棉花产量 | 吨 | 2267 | 675 | | 794 | 798 | |
| 油料播面 | 公顷 | 953 | 755 | | 138 | 60 | |
| 油料产量 | 吨 | 2994 | 2336 | | 422 | 236 | |
| #油菜籽播面 | 公顷 | 402 | 271 | | 118 | 13 | |
| 油菜籽产量 | 吨 | 866 | 523 | | 317 | 26 | |
| 茶叶产量 | 吨 | 2 | 2 | | | | |
| 水果产量 | 吨 | 92 | 32 | 60 | | | |
| 水产品产量 | 吨 | 7239 | 4774 | 400 | 1412 | | 653 |
| 大牲畜年末存栏 | 头 | 55 | 55 | | | | |
| #耕牛 | 头 | 55 | 55 | | | | |
| 羊年末存栏 | 只 | 0 | | | | | |
| 家禽年末存栏 | 万只 | 2 | | 2 | | | |
| 生猪年末存栏 | 头 | 100992 | 77390 | 19317 | 4285 | | |
| 肥猪出栏 | 头 | 140366 | 106063 | 25441 | 8862 | | |
| 家禽出栏 | 万只 | 2 | | 2 | | | |
| 肉类产量 | 吨 | 10637 | 7945 | 1944 | 748 | | |
| 禽蛋产量 | 吨 | 80 | | 80 | | | |
| 造林面积 | 公顷 | 4361 | 3259 | 294 | 222 | 586 | |
| #当年造林面积 | 公顷 | 618 | 32 | | | 586 | |

注:2003年起所有农场更名为公司,沙洋农场更名为楚垣集团公司沙洋办事处。